周蓓 主编

『民國專題史』叢書

謝振民 編著

河南人民出版社

中華民國立法史（上）

在中國古代專制制度下，立法權被包容在皇權之中。立法作爲國家政治的一項專門活動，始自辛亥革命後建立的民國政府

圖書在版編目(CIP)數據

中華民國立法史 ：全2冊 / 謝振民編著．—鄭州 ：河南人民出版社，2016. 4
(民國專題史叢書 / 周蓓主編)
ISBN 978-7-215-10088-6

Ⅰ．①中… Ⅱ．①謝… Ⅲ．①立法-法制史-中國-國民 Ⅳ．①D929. 6

中國版本圖書館 CIP 數據核字(2016)第 079661 號

河南人民出版社出版發行
(地址:鄭州市經五路66號 郵政編碼:450002 電話:65788063)
新華書店經銷 河南新華印刷集團有限公司印刷
開本 710 毫米×1000 毫米 1/16 印張 99
字數 1500 千字
2016 年 4 月第 1 版 2016 年 6 月第 2 次印刷

定價 ：500. 00 圓(上、下)

出版前言

中國現代學術體系是在晚清西學東漸的大潮中逐步形成的。至民國初建，中央政治權威進一步分散和削弱，加之新文化運動帶給國人思想上的空前解放，新學的啓蒙，新知識分子的産生，民國學術如草長鶯飛，進入一個自由而蓬勃的時代。中國傳統學科乃中國學術之根基與菁華所在，民國學人采用『取今復古，别立新宗』之方法，引入西方的學術觀念，積極改造，使史學、文學等學科向現代學術方向轉型。此外，大力推介西方社會科學的新學科和自然科學，在學習、借鑒乃至移植西方現代學術話語和研究範式的過程中，逐漸建立中國現代學科，使中國的學科門類迅速擴展。一時間，新舊更迭，中西交流，百花齊放，萬壑争流，開創了中國現代學術的源頭。

伴隨知識轉型和研究範式轉换而來的，還有學術著作撰寫方式的創新。中國古代的著作向來以單篇流傳，經後人整理匯編後，方以成册成集的面目出現并持續傳播。直到十九世紀末，東西方的歷史編撰體裁不外乎多卷本的編年體、紀傳體和紀事本末體等，章節體的出現標志着近代西方學術規範的産生和新史學的興起。章節體具有依時間順序，按章節編排；因事立題，分篇綜論；既分門别類，又綜合通貫的特點。以章、節搭建起論述之框架，結構分明，邏輯清晰，較傳統的撰寫體裁容量大、系統性强。它的傳入，使中國現代學術體系從内容到形式被納入了全球化的軌道。民國時期專題史的研究、譯介、編纂、出版恰恰是在這樣的背景下欣欣而發，是學術的實驗場，也是歷史的記録儀。編選『民國專題史』叢書的初衷正是爲了從一個側面展示中國學術從傳統向現代過渡的歷史進程。

專題史是對一個學科歷史的總結，是學科入門的必備和學科研究的基礎，也是對一個時代艱深新鋭問題的解答，是學術研究的高點。民國專題史著作中，既包含通論某一學科全部或一時代（區域、國别）的變化過程的，又囊括對一時代或一問題作特殊研究的，還有少部分是對某一專題的史料進行收集的。原創與翻譯并重，翻譯的底本大多選擇該學科的代表著作或歐美大學普及教本，兼顧權威性和流行性，其中日本學者的論著占據了相當比重。日本與中國同屬東亞儒家文化圈，他們在接納西方學術思想和研究模式時，已作了某種消化與調適，從思維轉換的角度看，更便于中國借鑒和利用，他們的著作因而被時人廣泛引進。

與當代學術研究日趨專業化、專門化、專家化的『窄化』道路迥乎不同的是，中國傳統學術崇尚『學問主通不主專，貴通人不尚專家』的通識型治學門徑，處于過渡轉型期的民國學術在不同程度上保留了這種特徵。民國學術大師諸學科貫通一脉、上千年縱横捭闔之功力自不待冗言，外交家著倫理政治史、文學家著哲學史、化學家著戰争史等亦不乏其人，民國專題史研究呈現出開放、融通、跨界撰述的特點。與此同時必須看到，自晚清以來，中國的命運就在外侮屢犯、内亂頻仍的窘境中跌宕彷徨，民族存亡仿若命懸一綫。這股以創建學科、總結經驗、解决問題爲指歸的專題史出版風潮背後，包裹着民國學人企望以西學爲工具拯民族于衰微的探索精神，及以學術救亡的愛國之心。梁任公曾言：『史學者，學問之最博大而最切要者也，國民之明鏡也，愛國心之源泉也。』這種位卑未敢忘憂國的歷史使命感和國民意識是今人無法漠視和遺忘的。

『民國專題史』叢書收録的範圍包括現代各個學科，不僅限于人文社會科學，學科分類以《民國總書目》的分科爲標準，計有哲學、宗教、社會、政治、法律、軍事、經濟、文化、藝術、教育、語言文字、中國文學、外國文學、中國歷史、西方史、自然科學、醫學、工業、交通共19個學科門類。本叢書分輯整理出版，内不分科，單本發行，方便讀者按需索驥。既可作爲大專院校圖書館、學術研究機構館藏之必備資源，也可滿足個人研讀或興趣之收藏。

與目前市場已有的一些專題史叢書相比，『民國專題史』叢書具有規模大、學科全、選本精、原版影印的特點。本叢書選目首重作者的首創、權威和著作影響力，尤其注重選本的稀見性。所謂稀見，即建國後没有再版，且多數圖書館没有收藏，或即便有收藏，也是歸于非公開的珍本之列予以保存，普通讀者難以借閲。部分圖書雖有電子版，但作爲學術研究的經典原著讀本，紙質版本更利于記憶和研究之用。本叢書精揀版本最早、品相最佳的原版圖書作爲底本，因而還具有很高的版本收藏價值。

『民國專題史』的著作是民國學者對于那個時代諸問題之探究，往往有獨到之處，無論其資料、觀點短長得失如何，要之在中國現代學術史的構建與發展進程中，自有其開宗立論之地位。

例言

一　我國法制，代相沿襲，損益可知。惟自清末變法，大陸、英美兩法系侵入，遂有顯著之革新，至最近數年，所有現代法治國應具備之法律，均已先後制定。顧國內出版界，尚無關於此類之載籍，著者不敏，纂述此書，挺為史料之整理，藉供學者之參考，更冀讀者作進一步之研究。

二　本書緒論，述關於立法之一般概念，及吾國法制沿革與立法運動之起原。總論述法統之遞嬗，詳立法之制度，并衡量立法機關立法之成績。各論述各法律制定與修訂之經過，編制上與實質上之要點，闡明立法旨趣、立法主意、及其立法精神之所在。

三　我國法制革新，垂三十餘年，本書為縱而之敘述，分為十期，藉明自然之階級。

四　民國以來之法律，至為繁賾，本書為橫而祇敘述，依普通例大別為九，俾各以類相從。

五　本書所述，以經立法程序之法律為限，其他行政命令之與各該法律有關系者，間亦略加援引，以明原委。

六　本書所述，以立法機關通過之法律案為限，其他預算案、公債案、宣戰案、媾和案、條約案等，則尚未遑。

七　本書敘述史實，詳今略古，并略參學理，惟不加以評斷。

八　本書以官書檔案爲依據，並博信各家分述惟我國學評論史及歷代律例典要等書并國外法學原著，聞各國法律本文多未略一一檢閱重要史料，則采自下列各書報：

程樹德中國法制史

都巍中國法制史

朱方中國法制史

丁元普中國法制史

楊鳴烈中國法律發達史

淺升虎夫中國法典編纂沿革史（陳重民譯）

吳宗慈中華民國憲法史

王景濂法統遞嬗史

江庸五十年來中國之法律（見申報所刊之最近五十年）

修訂法律館法律草案量編

全國經界局經界法規草案

馬超俊等勞動法典草案

工商部工商法規討論委員會工商法規輯覽卷一集健法

岑德彰中華民國憲法史料

立法院編譯處各國破產法選編

黃鴻壽清史紀事本末

郭孝成中國革命紀事本末

高勞辛亥革命史

谷鍾秀中華民國開國史

高勞帝制運動始末記

劉楚湘癸亥争辯紀略

謝彬民國政黨史

李劍農最近三十年中國政治史

譚逸君中華民國政治史

許指嚴民國十周紀事本末

商務印書館第一閲中國年鑑

孫曜中華民國史料

半粟中山出世後中國六十年大事記

民智書局總理全集

鄒魯中國國民黨史稿

華林一中國國民黨史

劉咏蕘高品裔中國國民黨史

中央政治會議政治總報告

中央訓練部中國國民黨歷次重要宣言及決議案

光緒政要

大清光緒新法令

大清宣統新法令

中華民國臨時政府新法令

中華民國新法令

民國五年法令大全

民國十年現行法令全書
民國十三年法令大全
國民政府現行法規
增訂國民政府現行法規
國民政府司法例規
民國元年參議院議事録
民國二年憲法起草委員會會議録
民國五年憲法會議公報
民國十四年國憲起草委員會公報
中央周報
中央黨務月刊
國民政府公報
立法院公報
立法專刊

立法院第一二三四五六七七周年工作概況

立法院四周年紀念刊

國民會議實録

國難會議記録

第二次全國内政會議報告書

東方雜志

中華法學雜志

法律評論

國聞周報

時事月報

國際勞工消息

勞工月刊

内政消息創刊號

四於法學參考各書，略如下列：

王世杰比較憲法

張知木憲法論

朱采真憲法新論

美濃部達吉憲法學原理（歐宗佑何作霖譯）

趙琛行政法總論　行政法各論

白鵬飛行政法總論

美濃部達吉行政法撮要（陳鄴芳陳思謙譯）

鐘盾言現行地方自治法令講義

董修甲現行審組織法評義

陳柏心自治法草案評議（見東方雜志第三十一卷第十九號）

陳瑾昆民法通義總則　債編總論　債編各論

金啓昌民法要論總則　物權　親屬繼承

黃右昌民法親屬釋義

羅鼎民法繼承法

胡長清中國民法總論　民法總則　中國民法債編總論
李浦公司法要論　票據法要論　海商法要論　保險法要論
張知本破産法論
秦瑞玠大清新刑律釋義
王寵惠中華民國刑法
郗朝俊刑法原理
趙琛梢刑法原理
徐朝陽中國訴訟法溯源
石志泉民事訴訟條例釋義　新民市訴訟法評論
陳瑾昆刑事訴訟法通義
陳達中國勞工問題
史尚寬勞動法原論
白鵬飛比較勞動法學大綱
吳尚鷹土地問題與土地法

孟普慶中國土地法論

朱采真土地法釋義論

章淵岩現代立法問題

九　本書系試擬之作，疏漏固所難免，別擇尤愧未能，而結構體裁，更苦無適當之準據，南二草創，尚冀讀者諒之教之。

目次

第三編　各論

附錄

第一編 緒論

第一章 立法之意義

立法二字，數見於吾國載籍。商君云：「伏羲神農教而不誅，黃帝堯舜誅而不怒，及至文武，各當時而立法。」史記律書云：「王者制事立法。」漢書刑法志云：「聖人制禮作教，立法設刑。」荀悅漢紀序云：「昔在上聖，唯建皇極，經緯天地，觀象立法。」劉勰新論云：「治民御下，莫正於法，立法施教，莫大於賞罰。」庾信羽調曲云：「樹君所以牧人，立法所以靜亂。」凡此皆創作制度，納民軌物之意。

洪荒之世，草木榛榛，鹿豕狉狉，人類渾渾噩噩，無所謂法，更無所謂立法。及世運漸進，純任自然。易曰：「包犧氏之王天下也，仰則觀象於天，俯則察法於地。」老子云：「人法地，地法天，天法道，道法自然。」人類習於自然之律，而相喻於無形。於是乎有所謂法，但無所謂立法。迨後人文漸啓，更由自然現象而演爲人類共同生活之軌則，於是乎有所謂立法，但多直接或間接託之於神意。易云：「聖人以神道設教，而天下服矣。」海拉利圖（Heraclitus）謂法律係根據神之意志而生。索福客儷（Sophocles）謂神法爲一切法律之淵源。埃及之美納斯（Menes）

法典，巴比倫之罕馬拉比(Hammurali)法典，印度之馬尼(Manu)法典，猶太之摩西(Moses)律法，回回之科蘭(Koran)經典，均由於神之創造或啓示。及文明大啓，則由神立法而代以君主立法。辛尼加（Seneca）謂君王爲上帝之代表，人類一切問題皆可解決，解決之結果即爲法律。其他羅馬學家均認帝王之命令即爲法律。布丹(Bodin)謂法律爲主權者之命令。河奎納士(St. Thoms Acquinas)謂統治者爲公衆利益社會幸福所發布之命令而含有眞理者，即爲法律。霍布士（Hobbes）謂法律爲主權者之命令，有最高權，有強制力，人民不能反抗。此雖有立法之事實，但無立法之名稱。

立法之名詞，由立憲主義而發生。自君王立法，不免束縛人民自由，而流於專制，於是一般哲學家發表「社會契約」之理論。極力主張人民之自由平等。陸克（John Locke）謂法律之目的，不在消滅或限制個人自由，而在保障或擴張個人自由，幷主張分國權爲立法、執行、外交三種，而以最高權力之立法權歸之於人民。孟德斯鳩(Montesquieu)襲其說而發揚光大之，幷參證英國政制，倡爲三權分立之說，謂無論何等政府，其中皆有三權之分立，議會有立法權，元首握行政權，法廷行司法權，各不相侵，始可以保國羣之自由。迨後北美獨立，法國革命，均師其意，制定成文憲法，明示三權之鼎立。而立憲運動，日以普遍，世界大多數國家，亦先後步武法、美，實施憲政。於是國家權力分爲立法、行政、司法，立法權由立法機關獨立行使，立法機關依立法程序所通過之決議，即爲法律，而立法二字遂成爲專有之名詞。

立法為國家權力之作用，而為國家意思之表示，本有實質、形式兩方面之意義。統治者之發布命令，含有眞理，而又有強制人民遵行之力，此可謂實質上之立法。立法機關之行使立法權，以議決一切事件，無論內容如何，均為法律，此可謂形式上之立法。現代之所謂立法，納實質於形式之中，即法律之成立，必須依照立法程序，經立法機關之議決。而行政機關之頒發命令，以執行法律，或基於法律之委任為限。其他行政命令，雖與法律同有拘束人民之效力，仍不可謂之法律，只以補充法律而稱為補充命令，或與法律獨立而稱為獨立命令。命令不得抵觸法律，法律之效力強於命令，而立法作用實立於行政行為之上。

吾國數千年來，一切典章制度，大致由臣僚所草擬，經君主之裁決，雖有立法之實質，而無立法之形式。至前清豫備立憲，立法運動，遂以萌芽。自辛亥起義，民國成立，采三權分立之制，設立立法機關，以行使民國立法權。嗣後雖迭次發生政變，根本大法亦數經變更，但大體上仍保持立法權之獨立，法統屢絕而復續。依中華民國臨時政府組織大綱第十條，中華民國臨時約法第十六條、第十九條，中華民國約法第三十條、第三十一條，中華民國憲法第三十九條各條所規定，行使中華民國立法權之機關為參議院、國會、立法院，各有議決法律案之職權。此參議院、國會、立法院之決議法律，即實質與形式上之立法。

自民國迄今，每遇政變，即有非法機關，制定諸種法律，但不旋踵，即歸消滅，此為立法之變例。民國十五年至十七年間，全國隸於國民黨黨治之下，黨與政府均得制定法律，立法權幷未獨立，法律與命令無甚區別，此可謂黨治下之立法至國民政府厲行訓政，試行五權制度，設立立法院，以爲最高立法機關，有議決法律案之職權，惟其立法原則，則由國民黨之中央政治會議所決定，此可謂訓政時期之立法。立法院之組織，與立法之程序，雖較之三權分立制之議會微有差異，但其立法作用，仍以表示國家意思，兼有實質、形式之意義。

立法復有廣義與狹義。就廣義言，行政機關之頒行條例章程，自治團體之訂立公約規則，均可謂之立法。就狹義言，必立法機關依立法程序之議決法律案，乃可以謂之立法。又中華民國臨時約法第十六條規定「中華民國之立法權，以參議院行之」，而第十九條列舉參議院之職權凡十二。中華民國約法第三十條規定立法以立法院行之，而第三十條列舉立法院之職權凡九。國民黨第三屆中央執行委員會第二次全體會議通過治權行使之規律案，其第一項規定一切法律案，及有關人民負擔之財政案，與有關國權之條約案，或其他國際協定案，均屬於立法範圍。是立法機關之議決法律案固爲立法，而議決預算、決算、公債、幣制、稅法、條約等案，及其他重要國際事項，亦可謂之立法。惟後者可謂立法機關廣義之立法，而前者爲立法機關狹義之立法，亦卽通常之所謂立法。

自世界大戰後，三權分立之制，受時代潮流之激盪，已日趨於崩潰，而國家立法之方式，亦有顯著重要之變革。瑞士及美國西北數州，久已實行直接立法制，卽全國公民，對於法律均得直接表示其意思。現德憲第七十三條規定聯邦議會內部，或與聯邦參議院或總統，因立法上發生衝突，均提交國民公決，選民亦得請願提出法律案，或將已議決未公布之法律提交國民公決。蘇俄則將立法、行政、司法三權合而爲一，以全國蘇維埃大會爲最高權力機關，閉會時則以中央執行委員會爲最高權力機關。中央執行委員會之下設中央人民委員會，由各委員分任一切事務，而中央人民委員會與中央執行委員會均得制定法律。吾國將來實行憲政，雖仍須設立立法院以行使治權中之立法權，而建國大綱及最近宣布之中華民國憲法草案均規定國民大會對於法律有創制與複決之權，惟其詳細程序，未能懸擬，茲姑不具論。

第二章　立法之程序

立法機關之議決法律案，通常有一定之程序。此立法程序，各國不盡相同，即按諸吾國法例，亦殊不一致，大約爲(一)法律案之提出，(二)立法原則之決定，(三)法律案之審議，(四)兩院之協議，(五)法律案之覆議。茲分述於次：

(一)法律案之提出　關於法律案之提案權，臨時政府組織大綱並未規定。依臨時約法第三十八條、第四十五條，「臨時大總統得提出法律案於參議院，」但須經國務員之副署。依參議院法第四十條，並得隨時修正或撤回。至參議員能否提出法律案，臨時約法並無明文，惟依參議院法第四十一條，議員提出法律案，須有十八以上之贊成者。又依國會組織法第十二條第二項，議院法第二十八條至第三十條，及中華民國憲法第一百零三條、第五十五條第二項「兩院議員及政府各得提出法律案，」惟同一法律案「不得同時提出於兩院，」「議員提出法律案須有二十人以上之連署，」政府提出之法律案在未經議決以前得隨時提出修正案但不得撤回。又中華民國約法第十八條及第三十一條第六款規定大總統與立法院均有提出法律案之權，惟立法院幷未成立而此約法旋亦廢棄。

民國十七年三月一日，國民政府公布立法程序法。其第五條規定得提出法律案於中央政治會議者，爲(甲)中央政治會議委員，(乙)國民政府，(丙)國民政府所屬各部院會及各省市政府。又依十七年十月三日國民政府組織法第二十條、第三十五條、第三十九條、第四十六條，及十七年十月二十日立法院組織法第二十二條、第十五條各條所規定，行政、司法、考試、監察各院各得關於其主管事項，提出法律案於立法院，幷得在未經議決以前隨時提出修正案，或撤回原案。至立法院委員提出法律案「須有五人以上之連署。」二十一年六月二十三日，中央第二十五次常會通過立法程序綱領，其第一條至第四條規定(甲)國民政府及五院均有法律提案權；(乙)國民政府直轄機關得呈由國民政府核提法律案；(丙)各院之各部會及行政院直轄之省市政府，均得呈由各該院核提法律案。至二十二年四月二十日中央第六十七次常會修正之立法程序綱領，則於原規定有法律提案權之機關，增加一「中央政治會議，」又將原條文所定立法院得自提法律案，改爲立法院委員得依法提出法律案。

(二)立法原則之決定　此爲訓政時期之立法程序，中央政治會議爲全國實行訓政之最高指導機關，依十七年十二月二十五日中央第一七九次常會所通過之該會議暫行條例，其第五條規定「立法原則」爲政治會議討論及決議事項之一。故凡法律案之提出事實上均先由中央政治會議決定原則，再交立法院依據審議。此立法原則之決定，爲立法院立法必經之程序。至二十一年六月中央常會通過立法程序綱領，特明定政治會議提出法律案，即自定原則；國民政府及五院提出法律案，應擬定原則草案，其核提所屬各機關之法律案，應審定原則草案，均是由政治會議決定。立法院對於政治會議所定之原則，不得變更，但得陳述意見。迨後立法程序綱領經中央常會加以修正，但關於此種規定，幷無變更。

(三)法律案之審議　參議院之審議法律案，臨時政府組織大綱第十一條，及臨時約法第二十一條，僅規定參議院會議須公開與得秘密之情形，及會議時之法定表決人數。至參議院開會之法定出席人數，與表決之可否同數應依議長之所決，以及關於議事之一切規則，均詳定於參議院法第五章。

國會審議法律案，依國會組織法第十二條、第十三條、第十五條、及第十六條所規定，由「兩院分別行之，」其議定「以兩院之一致成之，」「兩院非各有議員總數過半數之列席，不得開議，」幷各「以列席議員過半數之同意決之，可否同數時，取決於議長。」中華民國憲法則分定於第五十五條至第五十八條，幷於第五十九條定爲「兩院之議事公開之，但得依政府之請求或院議秘密之。」至法律案議決之要件，通常必經三讀會之順序，此於議院法第二十七條定有明文，「但因政府之要求，議長或議員十人以上之動議，經院議可決者，」得省略之。又依議院法第二十八條，政府提出之法律案，除緊急外，非經審查，不得議決。

中央政治會議之議決法律案，依立法程序法第七條、第八條，除有特殊緊急情形外，須先交由法制局爲初步審查，并得由法制局長列席申述意見。

關於立法院審議法律案之重要規定，分訂於十七年十月二十日立法院組織法第十八條及第二十條。立法院會議之法定出席人數，爲委員總數三分之一，表決人數，爲出席委員之過半數，「可否同數時，取決於主席」。「立法院會議須公開之，但經委員七人以上，或各院院長、行政院各部部長、各委員會委員長之請求，得開祕密會議。」依法規制定標準法第一條、第二條及立法院議事規則第十條、第十一條，立法院之通過法律案，須經三讀會之程序，但院長得酌量情形，或全數委員三分一以上連署請求，得省略之。

讀會之詳細程序，參議院議事細則第四章第二節，衆議院規則第六章第二節，及立法院議事規則第五章第三節均有規定，第一讀會於朗讀議案標題後，得由提案者說明其旨趣，即就大體討論，如爲議員或立法委員提出之案，則議決應否開第二讀會；否則應付委員會審查，俟報告後，再議決應否開第二讀會。凡議決不須開第二讀會之議案，即行作廢，第二讀會朗讀議案條文，并逐條討論議決，其修正之條項及文字，得交原審查委員會整理之，第三讀會議決全案，除發現有互相抵觸事項，或與其他法律抵觸，得提起修正之動議外，祗得爲文字上之修正。

（四）兩院之協議　民國二年四月八日成立之國會，爲參衆兩院所構成。國會之議決法律案，須經兩院之一致。其不能一致者，則由兩院推定委員協議，以協議之結果，再交由各院表決之。依議院法第六十條至第六十九條之規定，凡甲院通過或提出之法律案，經乙院修正議決時，如甲院不同意，得向乙院請求協議，乙院不得拒絕。此項協議，由兩院推定同數之委員，組織協議會行之。協議會非兩院推定之委員各有三分二以上之出席，不得開議；非出席委員過半數之同意，不得議決；其審議以兩院議決不相一致之事項爲限。協議會之決議案，提交兩院表決時，不得再加修正。此爲兩院制之立法機關所採用之程序。

（五）法律案之覆議　立法機關議決之法律，尚須經由行政機關之公布，乃可以施行，但行政機關得交回覆議。法律之公布與覆議，是否亦爲立法程序？學者主張不無異同，惟立法程序法有關於覆議之規定，茲併述之。臨時政府組織大綱第十三條規定「臨時大總統對於參議院議決事件，如不以爲然，得於具報後十日內，聲明理由，交會覆議。」臨時約法第二十三條，中華民國約法第三十四條，中華民國憲法第一百零五條，均定有大總統對於立法機關議定之法律案，如有異議，得聲明理由咨請覆議之明文。但臨時約法規定參議院對於覆議事件，「如有到會參議員三分之二以上仍執前議時，」即應公布；中華民國憲法則定爲「如兩院仍執前議時，應即公布之。」惟中華民國約法規定立法院雖有出席議員三分二以上，仍執前議，「而大總統認爲於內治外交有重大危害，或執行有重大障礙時，經參議院之同意，得不公布之。」

又依立法程序法第九條，國民政府接到中央執行委員會所交政治會議議決之法律案，得於十日之公布期內，請求中央政治會議覆議，以一次為限。立法院議決之法律案，國民政府有無令交覆議之權，現行法幷未明定，依國民政府組織法第十三條及第三十一條，國民政府公布立法院議決之法律，須經由國務會議之議決。至二十一年六月中央常會通過之立法程序綱領第六條本規定立法院通過之法律案，在未公布前，中央政治會議認為必要，得發交覆議，以一次為限；但旋又修正為由中央政治會議以決議案發交立法院依據修正之。似此，立法院之立法，不適用覆議之程序。

以上所述，均為普通立法之程序。至憲法制定之程序，則國會組織法、中華民國約法、訓政時期約法，均略有規定。依國會組織法第二十條、第二十一條，「民國憲法案之起草，由兩院各於議員內選出同數之委員行之。」其議定由兩院會合行之，「以參議院議長為議長，衆議院議長為副議長，非兩院各有總議員三分二以上之出席，不得開議，非出席議員四分三以上之同意，不得議決。」此條文曾經國會於十二年三月議決修正為會合會之正副議長均有事故時，以兩院副議長臨時代理，幷改定出席人數為總議員五分三以上，表決人數為出席議員三分二以上。中華民國約法第五十九條至第六十一條規定中華民國憲法案由參政院推舉委員十人組織憲法起草委員會起草，參政院審定後，由大總統提交國民會議決定之。訓政時期約法第八十六條、第八十七條規定「憲法草案當本於建國大綱，及訓政與憲政兩時期之成績，由立法院議訂」俟全國有過半數省分達到憲政開始時期，由國民政府開國民大會決定頒布之此則完全本於孫中山先生所著建國大綱之規定。

第三章　立法之範圍

國家最重要機關之組織權，與其相互關係，以及人民之基本權利與義務，通常爲憲法所規定。至國家其他事項，何者應定以法律？而立法機關之制定法律，應以何者爲限？斯即所謂立法之範圍。

立法云者，即制定法律之謂。茲欲說明立法之範圍，須先確定法律之範圍，歷來關於法律範圍之解釋，大要有三種理論：

第一、以法律爲賦有普遍性之規則　此說以法律之特質，在其普遍性，所謂普遍性，其涵義不外兩點：一則法律決非對於特殊或現在事件所下之決定，而係對於合於法律條文所規定之未來一切事件所立之一種規則；一則法律決非對於特定個人或特定若干人所成立之決定，而係對於將來凡適合法律條文所規定之任何個人所立之一種規則。法儒狄驥(Duguit)及其他一般學者大率對於法律立如斯之定義。由是則立法機關之立法，應以制定各種賦有普遍性之規則爲限，舉凡規則之不含有如斯之普遍性，即不屬於立法之範圍，即立法機關之決定，如無如斯之普遍性，亦不在其立法範圍以內。

第二、以法律爲變更權利之規則　此說以法律之要件，在能影響人民之權利，換言之，凡國家任何機關所頒布之規則，如其內容足以變更人民與人民間之權利關係，或人民與國家及其機關間之權利關係者，均爲法律。以是主斯說者，訓法律爲「權利規則。」準斯定義，一則立法機關所通過之一切決議，初不必盡具法律之性質，因不必盡能影響人民之權利；一則立法機關所通過之決議，初不必係對於未來一般事件或任何個人始得稱爲法律，即係僅對於特定現實事件，或特定人民，如其影響足以變更人民之權利，仍當稱爲法律。德儒拉麗(Laband)夙倡此說，德人之采納此說者殊衆。以是凡足以影響人民權利之規則，均屬立法之範圍，行政機關除基於法律之委任或執行法律外，不得制定，而立法機關之立法，應以制定對於人民設定新權利，或變更其原有權利之規則爲限。

第三、以凡由立法機關依立法程序所成立之一切決定均爲法律　此說以凡立法機關依立法程序所通過之決議，其效力既皆相等，而俱立於行政機關所頒布命令之上，則無論其是否賦有普遍性，能否影響私人之權利，其性質固皆相等，初不當認某者爲法律，某者非法律。換言之，立法機關決議之是否爲法律，全屬形式問題，而與內容或實質無關。凡立法機關之決定，非由立法程序而成立者，既不似經由立法程序而成立者有支配行政命令之效力，自不能目爲法律；如經由立法程序而成立者，對於行政機關，對於法庭，其效力固皆在行政命令之上，固不能不一概目爲法律。法儒馬爾伯(Carré de Malberg)依據法國法律之實況，即力倡此說，以排除他說。準是，立法機關制定法律之範圍，在實質上幷無限制，惟在形式上須經由完整之立法程序。

關於立法範圍之學理，已從實質與形式簡述如上。依吾國根本法所明定應以法律規定或必須依據法律之事項，則有如下列：

一 國土及其區域之變更（中華民國憲法第三條。）

二 國籍（中華民國憲法第四條，訓政時期約法第二條。）

三 人民基本權利之享有、行使，及其限制或停止；人民基本義務之履行（臨時約法第二章，中華民國約法第二章，中華民國憲法第四章，訓政時期約法第二章。）

四 已達學齡兒童之受義務教育，未受義務教育人民之受成年補習教育（訓政時期約法第五十條，第五十一條。）

五 借貸重利及不動產重租之禁止（訓政時期約法第四十五條。）

六 妨礙公共利益之職業或營業之限制或禁止（訓政時期約法第三十七條。）

七 凡一省達到憲政開始時期，中央及地方權限之劃分（訓政時期約法第六十四條。）

八 中央與地方課稅之劃分，中央對於各地方課稅之種類，及其徵收方法，為免除弊害，或維持公益之限制（中華民國憲法第二十七條，訓政時期約法第六十一條、第六十二條。）

九 兩院議員之選舉（中華民國憲法第四十三條。）

十 兩院議員之歲費，及其他公費（中華民國憲法第七十條。）

十一 大總統之宣告戒嚴（臨時約法第三十六條，中華民國約法第二十六條，中華民國憲法第八十六條。）

十二 大總統副總統之歲俸（中華民國憲法第九十一條。）

十三 國民政府委員之名額（訓政時期約法第七十三條。）

十四 各部總長之執行主管行政事務（中華民國約法第四十一條。）

十五 陸海軍之編制（中華民國憲法第八十二條。）

十六 新課租稅，及變更稅率（中華民國約法第五十條、中華民國憲法第一百零九條。）

十七 法院之編制，法官之資格（臨時約法第四十八條，中華民國約法第四十四條，中華民國憲法第九十八條。）

十八 法院之審判民事刑事訴訟，行政訴訟，及其他特別訴訟（臨時約法第四十九條，中華民國約法第四十五條，中華民國憲法第九十九條。）

十九 大理院審判彈劾大總統之訴訟之程序（中華民國約法第四十六條。）

二十 懲戒法官之條規。法官之減俸、停職、或轉職。（臨時約法第五十二條，中華民國約法第四十八條，中華民

國憲法第一百零二條），

廿一　監察院之行使彈劾與審計之職權（國民政府組織法第四十一條。）

廿二　監察委員之保障（國民政府組織法第四十三條）

廿三　審計院之組織，及審計員之資格（中華民國憲法第一百二十一條。）

廿四　審計員之懲戒處分審計員之減俸、停職、或轉職（同上）

廿五　公務員之經考試院考選、銓敘（國民政府組織法第三十七條。）

廿六　省政府之組織，蒙藏之地方制度，縣政府及縣自治籌備會之組織，各種市區之組織（訓政時期約法第七十八條，及第八十條至第八十三條。）

廿七　法律之變更或廢止（中華民國憲法第一百零六條。）

廿八　國民政府及各院部會之組織（訓政時期約法第七十七條，國民政府組織法第二十四條、第三十二條、第三十六條、第四十條、第四十七條。）

中華民國憲法設國權一章，劃分中央與地方之事權；凡應由國家立法之事項，於第二十三條、第二十四條，分款列舉，立法範圍，甚為確定。其詳如次：

一　外交；

二　國防；
三　國籍法；
四　刑事、民事、及商事之法律；
五　監獄制度；
六　度量衡；
七　幣制及國立銀行；
八　關稅、鹽稅、印花稅、煙酒稅、其他消費稅，及全國稅率應行劃一之租稅；
九　郵政、電報、及航空；
十　國有鐵道及國道；
十一　國有財產；
十二　國債；
十三　專賣及特許；
十四　國家文武官吏之銓試、任用、糾察、及保障；
十五　農、工、礦業、及森林；
十六　學制；

十七　銀行及交易所制度；

十八　航政及沿海漁業；

十九　兩省以上之水利及河道；

二十　市制通則；

廿一　公用徵收；

廿二　全國戶口調查及統計；

廿三　移民及墾殖；

廿四　警察制度；

廿五　公共衛生；

廿六　救卹及游民管理；

廿七　有關文化之古籍、古物、及古蹟之保存。

民國十八年五月四日，立法院第二十二次會議通過法規制定標準法，并經國民政府於同年五月十四日公布。此法對於應經立法院立法之事項，為概括之規定，即（一）關於現行法律之變更或廢止者；（二）現行法律有明文規定，應以法律規定者；（三）其他事項涉及國家各機關之組織，或人民之權利義務關係，經立法院認為有以法律規定之必要者。此外幷明定「應以法律規定之事項，不得以條例章程規則等規定之；」「條例章程規則等不得違反或抵觸法律。」

立法機關通常有議決預算、決算、全國稅法、募集公債與增加國庫負擔契約，及議決或同意宣戰、媾和、締約與其他重要國際事項之權，學者稱之爲財政權與同意權，似不屬於立法權之範圍。惟前大陸各國，多以明文規定預算爲法律，各項租稅，中華民國憲法第二十三條且定爲國家立法事項之一；而條約亦有與立法事項有關係者；似此等案之議決，顯已涉及立法之範圍。十八年六月十七日第三屆二中全會通過治權行使之規律案，其第一項規定「一切法律案，及有關人民負擔之財政案，與有關國權之條約案，或其他國際協定案等，屬於立法範圍者，非經立法院議決，不得成立，」顯已認定財政條約等案均屬立法之範圍。凡此均可謂屬於廣義立法之範圍。以前各法所定應立法之事項，乃屬於狹義立法之範圍，亦即普通所謂立法之範圍。

第四章　立法之趨勢

吾國立法，可分三時期。清末欽定之憲法大綱，完全采自日本，辛亥九月公布之十九信條，又爲虛君共和制，但均不足以救滿清之顚覆。民國成立，模擬法、美成規，采三權分立制，先後制定臨時約法，中華民國約法，中華民國憲法，但均未切實施行，未能收法治之效。國民政府統一全國，厲行訓政，實施五權分立制，並頒布訓政時期約法，而法制有顯著之變更。關於私法方面，清末編纂有民商等律草案，內容多直接繼受外國法。至民國復先後設立修訂法律機關，從事修訂，但均爲草案，未經提交正式立法機關議決。國民政府立法院成立後，始起草民法法典，及關於商事各單行法；並經議定公布施行。吾國立法垂三十餘年，因時代之潮流不同，而立法之趨勢迥異。茲扼要分述於次：

近世憲法，有兩大最顯著之趨勢，即漸由政治而傾向於經濟，由確保人民之權利，而注重於人民之教養。清季憲法大綱之要點有二：即一關於君上之大權，二關於臣民之權利義務。十九信條僅規定皇帝內閣與國會之職權。臨時政府組織大綱亦只規定大總統之職權，與參議院之組織與職權。臨時約法、中華民國約法、中華民國憲法，其內容均爲關於人民之基本權利義務，與立法、行政、司法三機關之組織與職權，及其相互關係之規定，凡此均在保障人民權利，以謀政治問題之解決，至於經濟問題，國民教育問題，均未計及。十二年四月，憲法起草委員會更草具生計教育兩章，惟兩院議員因急於完成憲法，以圖掩飾賄選，致未討議通過。至訓政時期約法，則除規定人民權利義務中央與地方之權限，及政府之組織外，復於國民生計、國民教育，爲確切詳明之規定，俾政府依據實施，以滿足人民衣食住行樂育之需要。最近宣布之憲法草案亦有關於國民生計教育之具體規定。立憲主義之革新，此爲近代必然之趨勢。

我國之有立法運動即采用代議制。清末資政院，其議員分欽選民選兩大類，爲當時之代表機關，民國初元之參議院，參議員由各地方自定方法選派，爲全國之代表機關。民國二年成立之國會，其議員由人民間接選舉，爲正式人民代表機關。此各代表機關，以立法爲主要職權，亦謂之立法機關。惟代議制度，爲農村社會之產物，自工業革命資產集中，經濟問題日趨嚴重，社會生活，漸形複雜，立法職務倍覺艱難，於是代表機關與立法機關有分離之傾向，而代表選舉之方法，亦有革新之趨勢。按照建國大綱及最近宣布之憲法草案所規定，國民大會由國民代表所組織，雖對於法律有創制權、複決權，而國家正式立法機關，實爲立法院。依孫中山先生權與能分之說，國民大會爲政權機關，立法院爲治權機關，是代表機關與立法機關完全分離。至國民代表之選舉，近代學者均倡職業代表主義，各國有以職業代表制與地域代表制相輔而行者，亦有以各職業團體選舉之代表，代替各地方選舉之代表者。吾國之國民代表，雖仍由各縣市選舉，但二十年所開之國民會議，其代表完全由各地方之法定團體選出。最近頒布之國民大會代表選舉法，亦采區域選舉與職業選舉兩方法，俾與世界之潮流一致。

他國私法，清末編有民律商律等草案，至民國復迭經修訂，大都直接繼受外國法。近代各國法制，均以個人主義爲中心，遠紹羅馬法系，近采拿破崙法典，持自然法學派天賦人權之說，務在確保個人之利益，極其流弊，對內則發生資本主義，對外又發生帝國主義。吾國革命，其目的在顛覆帝國主義，資本主義，以求國際上之自由平等，故現時立法，有由個人主義進入社會主義之傾向，并漸由權利本位而代以義務本位，即不僅保護個人利益，尤在注重社會公益。現民法於法人取干涉主義，限制宣告禁治產之範圍，縮短消滅時效之期間，並明定凡乘人急迫輕率或無經驗所訂之契約，法院得以撤銷；借貸關係，約定利率，不得超過百分之二十，并禁止以折扣或他法取巧；民事責任，不必以過失爲要件；所有權之行使，爲他人之干涉無礙，不得排除；買賣契約，不得破壞租賃契約；無人繼承之遺產，除淸償債權，交付遺贈物外，歸屬於國庫。凡此均爲民法之精神，所以限制個人之利益，保護社會團體之公益，此不獨吾國立法如此，即各國亦有相同之趨勢。

清末編纂法典，民律與商律分而爲二。民國成立以來，迭有修訂，而體例一仍其舊，雖一度擬將民商法典合併，卒以憚於更張，未克實現。考商法之與民法分編，本立法形式上之沿革，在學理上殊無重要之根據。英、美以商業稱雄於世界，均無特別商法法典，法、德、日雖已另編商法法典，但其內容極不一致。意大利爲商業發達最早之國，而其國之學者，主張民商合一爲最力，其他各國學者，亦均倡民商法統一之說，晚近蘇俄民法、暹羅民法，均包括有關於商事之規定。民商合編法典理論與法例幾有一致之趨勢。立法院起草民法，即從現代立法之潮流，遵照中央政治會議決定之原則，編訂民商統一法典，將通常屬於商人通例之經理人及代辦商，屬於商行爲之交互計算、行紀、倉庫、運送營業、承攬運送等，均併入債編，其性質特異，不能合併者，則分別制定公司法、票據法、海商法、保險法等，既適應世界立法之趨勢，而與吾國社會實際狀況，亦相符合。

民國元年頒行之暫行新刑律，係就大淸新刑律略加刪改而成。民國五年，法律編查館有第一次之刑法修正案，七年修訂法律館又有第二次之刑法修正案。十七年，司法部又將第二次刑法修正案略予刪修，呈經國民政府公布施行。晚近刑事政策，注重社會之防衛，刑事立法之趨勢，漸由報應主義而傾向於目的主義，由客觀主義而側重於主觀主義。一九二七年德國刑法草案，一九二二年奧大利亞刑法改正案，一九一八年瑞士刑法草案，一九三零年意大利刑法，一九二六年蘇俄刑法，及一九三二年日本刑法改正案均有關於保安處分之規定，并擴大法官量刑之範圍。吾國暫行律與刑法雖有感化教育、監督品行、監禁處分及假釋，管束規則等規定，然範圍太狹，且所定法定刑之範圍雖寬，暫行律無關於刑之酌科之規定，刑法特予增入，亦未盡妥善。立法院修訂新刑法，則增設保安處分一章，詳加規定，分爲感化教育、監護、禁戒、強制工作四種，并擴張適用之範圍。又將刑之酌科及加減併爲一章，分別加以修改，俾法官注意犯罪人主觀而爲科刑之標準。凡此均爲多數國家共同之趨勢，而於吾國刑事政策，良有裨益。

自產業革命，社會經濟組織，發生劇烈之變化，於是法律漸由傳統個人主義，而傾向於社會化，私權絕對之原則，契約自由之原則，均已動搖而日趨於崩潰，而勞工立法，土地立法之運動，遂應運而生。吾國以前私法，多爲前清草案，直接繼受外國個人主義之法律，不足以適應現代之潮流。立法院除編纂新民法外，并同時遵照國民黨政綱，起草土地法、勞工法。土地法第七條規定中華民國領域內之土地，屬於國民全體，其經人民依法取得所有權者，爲私有土地。此著明土地以國有爲原則，而亦維持私有制之存在。但又於第八條、第十四條設相當之限制，以符平均地權之原則。其第四編明定市地鄉地使用之限制及條件，就所有權原則爲根本之修正。勞工法則采單行法形式，對於工作時間、工資標準、工作狀況、工人年齡、工人福利、工廠設備，均有明確詳密之規定。工會又有締結團體協約權及罷工權。如是則僱主爲法律所限制，不得自由訂酷刻之條件，而工人得在法律保護之下，締平等合理之契約。凡此勞工立法土地立法之趨勢，不獨吾國爲然，而在施行社會主義或社會政策之國家，尤爲顯著。

第五章　中國法制之沿革

中華爲世界文明古國，先王觀象天地，取法自然，體會造化之本原，演爲人事率循之準則。洪荒之世，代遠難稽，孔子删書斷自唐、虞，吾國法制，實導源於典謨。夏商率由舊章，漸更增益。成周文謨武烈，典章燦然，舉凡體國經野，設官分職，化民成俗，明刑弼教，以及一切制度文爲，具詳周禮。宋王應麟氏所撰玉海卷六十五有所謂「唐虞制令，皋陶法律，夏政典科條，禹法，湯四方獻令，湯令，殷刑書，周刑書，三王法令」等，雖其詳不可考，亦可想見二帝三王法制之盛。

厥後周衰，穆王作呂刑，五刑之屬三千。惟有疑各得罰鍰以贖之，墨辟疑赦罰百鍰，劓辟疑赦罰惟倍，剕辟疑赦罰倍差，宮辟疑赦罰六百鍰，大辟疑赦罰千鍰。至春秋，鄭鑄刑書，晉鑄刑鼎，皆以濟一時之變。迨及戰國，諸子爭鳴，法家稱盛。漢書藝文志云：「法家者流，出於理官，」有李悝三十二篇，商君二十九篇，申不害六篇，處子九篇，愼到四十二篇，韓非子五十五篇，游棣子一篇，務在循名覈實，信賞必罰，以圖富強，爲中國法學最盛之時。又杜氏通典云：「魏文武師李悝，選次諸國法，著法經，以爲王者之政，莫急於盜賊，故其律始於盜賊。須劾捕，故著囚捕二篇。其輕狡、越城、博戲、借假、不廉、淫侈、踰制等，以爲雜律一篇。又以其律具其加減，是故所著六篇而已。」李悝法經六篇，實爲他國歷代律例之淵源。

秦用商鞅，專務法術，以法經爲圭臬，更變本而加厲，嚴刑峻罰，卒致始皇有荊軻之變，商君亦罹車裂之禍。漢高祖入咸陽，除秦苛政，約法三章，即殺人者死，傷人及盜抵罪。及統一天下，以三章法不足以禦奸，乃命相國蕭何摭拾舊律，於法經六篇外，增戶、廐、興三篇，謂九章之律。後張蒼定章程，叔孫通增傍律十八篇。文帝時，鼂錯爲內史，更定律令凡三十章。至武帝，張湯增越宮律二十七篇，趙禹增朝律六篇，合蕭何及叔孫通所增之律，共爲六十篇，凡三百五十九章，法網日以繁密。宣帝、元帝均詔蠲除律令。成帝政尚寬大，復詔刪律爲二百章。和帝命陳寵鈞校律令，撰辭訟比例七卷，決事科條八卷，司徒鮑昱奏上之。其後又除蠶室之刑，而馬融、鄭玄諸儒爲之章句。獻帝時，應劭刪定律令，又作駮議。兩漢法制，略具於是。

漢亡，三國鼎立。蜀承漢制，吳亦無多創作。魏明帝命陳羣等修定新律十八篇，將具律冠於首，改爲刑名，更於漢九章律外，增劫掠、詐僞、毀亡、告劾、繫訊、斷獄、請賕、驚事、償贓九篇。

晉武帝命賈充、羊祜、杜預等十四人定律令，就漢律增十一篇，共二十篇，都六百三十條。宋律仍晉律之舊。齊武帝命王植校定晉律，仍爲二十篇。梁武帝命蔡法度、沈約、范泉等增損晉律，作梁律二十篇；又定令三十卷，科三十卷。陳武帝命范泉、徐陵等定陳律二十篇，多依據梁律。後魏初作新律，刑罰至爲峻烈，至太武帝命崔浩更定律令，共三百七十條，凡二十篇。北齊定齊律十二篇，首曰名例，合刑名法例爲一篇。又加入新目，明著重罪十條，一曰反逆，二曰大逆，三曰叛，四曰降，五曰惡逆，六曰不道，七曰不敬，八曰不孝，九曰不義，十曰內亂，自是後代律書，必列十惡之條。北周定周律二十五篇，較齊律煩而寡要。隋文帝初命高熲楊素定新律十二卷，後以律尙嚴密，人多陷罪，乃勅蘇威、牛弘等更爲刪減，共留五百條，約爲十二篇。煬帝卽位，又詔修律令，除十惡之目，三年律成，亦爲五百條，凡十八篇。自五胡猾夏，時經變亂，律例紛繁，至此法制簡要，稍有條理。

唐興，高祖命裴寂、蕭瑀等撰武德律。太宗貞觀十一年，命長孫無忌、房玄齡等撰律十篇，高宗永徽二年，定律三十卷，加入捕亡、斷獄二篇，故貞觀律與永徽律合爲十二篇，凡五百條。大致一依隋開皇律。永徽四年，長孫無忌等又撰義疏，卽今所傳之唐律疏義，實折中於漢魏六朝而集其大成，爲我國以前最完善之律書。唐自武德、貞觀、永徽，又頒有令格式三種，以關於政制爲多，篇目浩繁，今不可考。馬氏通考云：「唐之刑書有四，曰律令格式。令者，尊卑貴賤之等數，國家之制度也。格者，百官有司所常行之事也。式者，其所常守之法也。凡邦國之政，必從事於此三者，其有所違及人之爲惡而入於罪戾者，一斷以律。」玄宗開元十年，詔張說等撰六典，綿歷數載，張九齡等繼續編纂，至開元二十六年完成，分爲理典、教典、禮典、政典、刑典、事典六部，分別規定國家各重要機關之組織與職掌，及其施政之準則。現世所謂憲法、行政法、民法、刑法等，至唐均燦然大備。

唐亡五代迭興，世衰道微，法制無足稱述。趙宋受命，創業垂統，惟法度典章，多因唐制。至顯德時，始定刑統二十卷，開寶時益為三十卷。神宗以律不足以周事情，又編有勅，凡律所不載者，一斷以勅，乃更其目曰勅令格式。凡麗刑名輕重者為勅，約束禁止者為令，別等級高下者為格，有體制楷模者為式。當時王荊公銳意變法，厲行新政，其最著者，如農田、水利、保甲、保馬、青苗、均輸等，惟多附會周官，雖號新法，實沿古制。元初循用金律，世祖至元二十八年五月，乃以公規治民、禦盜理財等十事，緝為一書，名曰至元新格，命刻板頒行。仁宗又以格例條畫，有關於風紀者，類集成書，號曰風憲宏綱。英宗復命宰執儒臣，加以損益，至至治三年書成，謂之大元通制。其大綱有三：一曰詔制，為條九十有四；二曰條格，為條一千一百五十有一；三曰斷例，為條七百十有九。分篇二十，卽名例、衞禁、職制、祭令、學規、軍律、戶婚、食貨、大惡、姦非、盜賊、詐偽、訴訟、鬬毆、殺傷、禁令、雜犯、捕亡、恤刑、平反，其目與隋唐律微有異同。至正六年，又頒至正條格，凡二十三卷。此後鮮有增損，元亦旋亡。

明太祖平武昌，卽議定律令。吳元年冬十月，命左丞相李善長為律令總裁官，參知政事楊憲、傅瓛、御史中丞劉基、翰林學士陶安等二十八人為議律官。十二月書成，凡為律一百八十五條，吏律十八，戶律六十三，禮律十四，兵律三十二，刑律一百五十，工律八；凡為令一百四十五條，吏令二十，戶令二十四，禮令七十，兵令十一，刑令七十一，工令二。洪武六年，詔刑部尚書劉惟謙、翰林學士宋濂等詳定大明律，次年二月書成，其篇目一準於唐，曰衞禁、職制、戶婚、廐庫、擅興、盜賊、鬬訟、詐僞、雜律、捕亡、斷獄、名例；采用舊律二百八十八條；續律百二十八條；舊令改律三十六條；因事制律三十一條；掇唐律以補遺百二十三條；合六百有六條，共三十卷。九年，太祖覽律條，猶有未當，命丞相胡惟庸、御史大夫汪廣洋等詳議，釐正十有三條。十六年又命尚書開濟定詐僞律條。惟律令已不傳，即明代亦不遵用。

洪武十八年，太祖患民徇私滅公，釆輯官民過犯，條爲大誥。其目凡十：(一)攬納戶，(二)安保過付，(三)詭寄田糧，(四)民人經該不解物，(五)灑派拋荒田土，(六)倚法爲奸，(七)空引偷軍，(八)黥刺在逃，(九)官吏長解賣囚，(十)寰中士夫不爲君用。次年復爲續編三編，皆頒學宮以課士，里置塾師教之。二十二年，刑部言比年條例增損不一，以至斷獄失當，請編類頒行，俾中外知所遵守。太祖遂命翰林院同刑部官取比年所增者，以類附入，凡三十卷，四百六十條，此即今所傳之大明律，其篇目如左：

名例律一卷　四十七條

吏律二卷　職制十五條　公式十八條

戶律七卷　戶役十五條　田宅十一條　婚姻十八條　倉庫廿四條　課程十九條

　　　　　錢債三條　市廛五條

禮律二卷　祭祀六條　儀制二十條

兵律五卷　宮衞十九條　軍政二十條　關津七條　廄牧十一條　郵驛十八條

刑律十一卷　盜賊廿八條　人命二十條　鬬毆廿二條　罵詈八條　訴訟十二條

受贓十一條　詐僞十二條　犯姦十條　雜犯十一條　捕亡八條

斷獄廿九條

工律二卷　營造九條　河防四條

洪武三十年，作大明律誥成，太祖諭羣臣曰「朕倣古爲治，明禮以導民，定律以繩頑，刊著爲令，行之既久，犯者猶衆，故作大誥以示民，使知趨吉避凶之道。……然法在有司，民不周知，故命刑官，取大誥條目，撮其要略，附載於律。……編次成書，刊布中外，令天下知所遵守。」明史刑法志云：「蓋太祖之於律令也，草創於吳元年，更定於洪武六年，整齊於二十二年，至三十年始頒示天下。」

成祖永樂元年二月，定誣告法，及監生犯罪律。孝宗弘治五年七月，刑部尚書彭韶等議刪定問刑條例，宜選屬官，彙萃前後奏准事例，分類編集，與大明律並用，從之。弘治十五年，大明會典編成，御製序有云：乃敕儒臣，發中祕所藏諸司職掌等書，參以有司之籍册，凡事關禮度者，悉分館編輯之，百司庶府以序而列，官各領其屬，而事皆歸於職，名曰大明會典，輯成來進，總一百八十卷。」武宗正德四年，命內閣參校大明會典，頒之天下。世宗嘉靖續纂會典，將弘治十六年以後事例附入。萬曆重修大明會典，歷十二載始成。有明法制，較前代更爲美備。

滿清入關，多沿明制。世祖順治三年，大學士剛林等編定大清律集解附例十卷，其篇目悉依明律。聖祖康熙二十三年五月，諭內閣開館編纂會典，至二十九年四月書成，凡百六十二卷，體例大致倣明會典，明會典大致倣唐六典，唐六典又略倣周禮六官之制。世宗雍正元年八月，命大學士朱軾等編纂大清律集解，至三年八月告竣，共三十卷，律文四百三十六條，附例八百二十四條。雍正二年，諭內閣續修會典，自康熙二十六年至雍正五年所定各部院衙門禮儀條例，悉分類編輯，至十年十月告成，凡經九載，共二百五十卷。

高宗乾隆元年，簡命大臣，取律文及歷年奏定成例，詳慎參定，重編大清律例，凡四百三十六門，一千零四十九條，共四十七卷。乾隆二十七年，和碩親王等十一人撰定會典百卷，會典則例一百八十卷。先是康熙雍正兩朝會典沿襲明會典體例，以事例附載各條下，至是則例始自會典分離。御製序有云：「夫例可通，典不可變，今將緣典而傳例，後或摭例以淆典，其可乎？於是區會典則例各為之部，而相輔以行。」又凡例有云：「會典以典章會要為義，所載必經久常行之制。茲編於國家大經大法，官司所守，朝野所遵，皆總括綱領，勒為完書。其諸司事例，隨時損益，一以典為綱，以則為目，庶詳略有體。」四庫全書提要又云：「一具政令之大綱，一備沿革之細目，互相經緯，條理益明。」乾隆四十一年，大學士于敏中等編修戶部則例一百二十卷。

仁宗嘉慶六年九月，諭增修乾隆二十三年以後事例，編輯成書。十月，王杰等酌議八條奏上，遂開館纂修，至十七年七月，成會典八十卷，會典事例九百二十卷。正總裁官為托津、曹振鏞，副總裁官為崇祿、王以銜，此外幷置提調纂修諸員。此書體裁倣乾隆會典，而內容更較複雜。嘉慶二十四年四月，刑部奏請纂修律例，宣宗朝亦兩次纂修，第一次在道光元年，第二次在道光四年。道光二十九年十二月，刑部又奏明開館纂修律例，至咸豐二年十二月告竣。同治二年五月刑部復奏明開館纂修，至同治九年二月完成，例文增至一千九百九十二條，後又增章程百餘條，較前更趨繁密。

德宗光緒九年，諭開館纂輯會典及會典事例，先後派定總裁官崑岡、徐桐等六人，至光緒二十五年八月告成，會典凡百卷，會典事例凡一千二百二十卷。時國勢陵夷，外侮紛乘，德宗屢頒明諭，力圖變法維新，光緒二十八年四月初六日，諭派沈家本、伍廷芳考訂現行律例，三十三年又諭設修訂法律館，簡派沈家本、俞廉三、英瑞等為修訂法律大臣；又命疆吏袁世凱、劉坤一、張之洞等慎選熟悉中西法制人員保送京師入館編纂，并諭出使各國大臣調查各該國現行法律，隨時奏報，以資參考。沈家本等奉命後，先從事於修改舊律，迻譯東西洋關於法制書籍，旋延聘日人志田鉀太郎、松岡義正、岡田朝太郎等協同修訂。先後完成法院編制法，於宣統元年十二月頒行，大清現行刑律於宣統二年四月頒行，大清新刑律經奉旨交由資政院議決總則，於宣統二年十二月與分則及附加暫行章程一併頒行。法院編制法及新刑律至民國略加刪改，暫行援用。至大清現行刑律，為吾國最後而最進步之舊式法典，關於民事部分至民國後仍施行有效，茲錄全部篇目如次：

名例卅九條　職制九條　公式十一條　戶役十二條　田宅十條　婚姻十五條

倉庫廿三條　課程四條　錢債三條　市廛五條　祭祀六條　禮制十九條

宮衛十五條　軍政十八條　關津二條　廄牧十條　郵驛十五條　賊盜廿七條

人命二十條　鬭毆廿一條　罵詈八條　訴訟十條　受贓十條　詐偽十一條

犯姦九條　雜犯十條　捕亡七條　斷獄廿八條　營造八條　河防四條

以上共計三百八十九條附例一千三百二十七條

附禁烟十二條　秋審條款一百六十五條

至宣統三年，修訂法律館又繼續編成商律總則、商行為、海船法等編；民律總則、債權、物權、親屬、繼承五編；民事訴訟律四編，刑事訴訟律六編，但均為草案，未及公布施行。此外商部編訂有商人通例及公司條例，於光緒二十九年十二月頒行；商會簡明章程，於光緒二十九年十一月頒行；商標註册試辦章程，於光緒三十年頒行；破產律，於光緒三十二年四月頒行。又民政部擬訂違警律，於光緒三十四年頒行；報律於宣統二年十二月頒行。此為吾國偏纂現代法典之始，實為吾國法制演進之一大關鍵。

吾國伊古以還，文化遐被，聲教遠訖，四裔朝覲訟獄，航海梯山，咸來觀光上國，如朝鮮、安南、緬甸、琉球、暹羅、日本，其一切法律制度，莫不淵源於我國。惟以立國素重禮讓，致治務崇德教，任法視為下乘，措刑播為美談，而歷代律例法令，只以輔禮教之不及，孔子曰：「道之以德，齊之以禮。」太史公云：「法令者，治之具，而非制治清濁之源。」

漢書藝文志云：「信賞必罰，以輔禮制。」唐律疏義云：「德禮爲政教之本，刑罰爲政教之用。」故道德禮教與法令律例融而爲一，盡善盡美，可經可久，吾中華法系，實較世界各法系爲完備而精進。

第六章　中國立法之起源

吾國法制之沿革，已略如上述。至現代之所謂法律，有實質與形式兩義。就實質上之法律言，則吾國數千年來，已有所謂立法；如就形式上之法律言，則吾國之立法運動，實起原於清之末季。清自鴉片戰爭後，海禁大開，外侮迭乘，於是曾國藩、左宗棠、李鴻章諸人，倡辦洋務，以圖富強。如同治二年設同文館於京師，四年設江南機器製造局於上海，五年設船政局於福建，九年復設機器製造局於天津，十一年派選學生赴美肄習開礦冶鐵，輪船招商局亦於是年成立。光緒元年籌辦鐵甲兵船，二年派武弁赴德習陸軍，六年購鐵甲兵船，設水師學堂於天津，十三年開辦漠河金礦，十四年北洋海軍成立。凡此設施，均注重於機械、輪船、礦務、軍事等，而對於歐美政制，仍深閉固拒，或且鄙夷以爲無足深道。

光緒甲午之役，我國敗績，舉國上下，乃日以變法相號召。當時在朝有康南海等之維新運動，在野有孫中山先生等之革命運動，雖皆未成功，而影響甚鉅。至光緒二十四年四月，清帝遂下諭定國是，六月中諭變法，隨即擢用康有爲、梁啓超、楊銳、劉光弟、林旭、譚嗣同，厲行新政，惟未及百日，即發生「戊戌政變」。庚子五月拳匪亂作，八月，八國聯軍陷京師，兩宮幸西安，下詔罪己後，又下詔變法，明示維新圖強之意。光緒二十七年三月，設督辦政務處，後又改爲會議政務處，審議新政並一切因革事宜。

光緒三十一年，日俄戰終，江蘇名士張謇貽書直督袁世凱，力勸主張立憲，並云：「日俄之勝負，立憲專制之勝負也。今全球專制之國誰乎？一專制當衆立憲，尚可倖乎？」袁世凱遂與江督周馥、鄂督張之洞等聯銜奏請自今十二年後，實行立憲政體。同年六月，清廷乃倣日本明治維新時派遣伊藤博文赴歐考察憲政之故事，簡派載澤、戴鴻慈、徐世昌、端方、紹英出洋考察政治。七月、九月，御史趙炳麟、駐法使臣孫寶琦亦先後奏請立憲，由是頒布憲法，召集國會，成爲當時熱烈之呼聲，此爲吾國之有立憲運動之始。八月，五大臣出都，忽遇革命黨人投擲炸彈，載澤、紹英受傷。徐世昌、紹英後不果行，改派李盛鐸、尚其亨代之。十月二十九日，清廷又倣日本明治設立憲政調查所之例，派會議政務處王大臣設立考察政治館。十一月，五大臣啓行，由日歷美而達英、德諸國。至光緒三十二年正月，在途奏請宣布立憲，期以五年實行。是年夏，五大臣先後返國，復奏陳立憲事宜，朝命醇親王載灃等會議，直督袁世凱亦入京商議憲政，端方以爲宜倣日本維新之例，先宣布六條誓文，載澤以爲欲防革命，舍立憲無他道，清廷於是於七月十三日頒發明諭，宣示預備立憲之旨，此爲清廷正式承認立憲主義之始。原文略云：

「時處今日，惟有及時詳晰甄核，仿行憲政，大權統於朝廷，庶政公諸輿論，以立國家萬年有道之基。……亟應先將官制分別議定，次第更張，並將各項法律詳慎釐訂，而又廣興教育，清理財政，整頓武備，普設巡警，使紳民明晰國政，以預備立憲基礎。著內外臣工，切實振興，力求成效。俟數年後規模粗具，察看情形，參用各國成法，妥議立憲實行期限，再行宣布天下。」

清廷旋即特派載澤等編纂官制，并派慶親王奕劻等總司核定。該王大臣等公同詳核審議，擬定中央官制，繕單具奏，於光緒三十二年九月二十日奉諭宣布。其要點如次：

(一)內閣軍機處一切規制照舊。

(二)外務部、吏部、學部均照舊。巡警部改為民政部。戶部改為度支部，以財政處併入。禮部以太常、光祿、鴻臚三寺併入。兵部改為陸軍部，以練兵處太僕寺併入；應設立之海軍部及軍諮府未設以前，均暫歸陸軍部辦理。刑部改為法部，責任司法。工部併入商部，改為農工商部。專司輪船鐵路電線郵政，名為郵傳部。理藩院改為理藩部。

(三)外務部堂官缺照舊，各部堂官均設尚書一員，侍郎二員，不分滿漢。各部尚書均充參預政務大臣，輪班值日，聽候召對。

(四)都察院糾察行政缺失，伸理冤滯，改為都御史一員，副都御史二員，六科給事中改為給事中，與御史各缺均照舊。大理寺改為大理院，專掌審判。資政院博采羣言，審計院核查經費，均著以次設立。

(五)宗人府、翰林院、欽天監、鑾儀衛、內務府、太醫院、各旗營侍衛處、步軍統領衙門、順天府、倉場衙門，均毋肅吏改。

次年五月，又宣布外官制，將各省按察使改為提法使，學政改為提學使，增設巡警勸業道，裁分巡分守各道，又分設審判檢察各廳。命由東三省先行開辦，直隸、江蘇亦擇地先辦，其餘各省分年分地請旨辦理，統限十五年一律通行。

光緒三十三年六月，直督袁世凱奏陳日法協約成立，軍機危迫，請實行立憲。清廷即於七月初五日諭改考察政治館為憲政編查館，暫由軍機處王大臣督飭原派該館提調，詳細調查編定，次第施行。該王大臣等以該館為憲政樞紐，議就編制法規、統計政要兩大端，分設編制、統計兩局，各派局長及科員等分理其事，而以提調總司其成，擬具辦事章程十六條，繕單具奏，於七月十六日奉旨依議。依該章程所定，該館有統一全國法制之責，其職掌凡四：(一)議覆奉旨交議有關憲政摺件及承准軍機大臣交付調查各件；(二)調查各國憲法，編定憲法草案，(三)考核法律館所訂法典草案、各部院各省所訂各項單行法及行政法規；(四)調查各國統計，頒定格式，彙成全國統計表及各國比較統計表。該館附設官報局，綜理編輯、校對、印刷、發行四項事宜。

同年八月，清廷又派汪大燮、于式枚、達壽分赴英、德、日考察憲政。八月十三日，明諭：「立憲政體，取決公論，上下議院，實為行政之本。中國上下議院一時未能成立，亟宜設資政院，以立議院基礎。著派溥倫、孫家鼐充該院總裁。」九月，通飭各省督撫籌設諮議局，由紳民公舉議員，以備資政院選舉議員時公推遞升。十二月，復派景星、俞廉三、曹鴻勛協理開辦資政院事務。溥倫等奉命後，即積極籌辦，并遴選學部右侍郎寶熙、農工商部右侍郎沈雲沛等酌定院章綱目分任擬稿共分十章，經會議十餘次詳加審核，擬定第一章總綱，第二章選舉，共十五條，具摺奏進，於光緒三十四年六月十日奉旨依議，其餘八章，并着迅速妥擬具奏。時憲政編查館亦奏擬諮議局章程、諮議局議員選舉章程，於六月二十四日奉諭照所議辦理。中國人民之有選舉權及被選舉權，蓋自此始。

汪大燮等奉命考察憲政，至光緒三十四年六月先後回國，奏請立憲，清廷乃諭憲政編查館資政院王大臣迅將君主憲法大綱及議院選舉各法，擇要編輯，并將議院未開以前，逐年應行籌辦各事，分期擬議，臚列具奏，該王大臣等遵即分別擬定奏進，原摺略云：

「中國國體自必用欽定憲法，此一定不易之理，故欲開設議院，必以編纂憲法為預備之要圖……而憲法為國家不刊之大典，一經制定，不得輕事變更。……故編纂之初，尤非假以時日，詳細研求，不足以昭慎重。……東西君主立憲各國國體不同，憲法互易，論其最精之大義，不外數端：一曰君主神聖不可侵犯；二曰君主總攬統治權，按照憲法行之；三曰臣民按照法律有應得應盡之權力義務而已。……臣等謹本斯義，輯成憲法大綱一章，首列大權事項，以明君為臣綱之義；次列臣民權利義務事項，以示民為邦本之義。雖君民上下同處於法律範圍之內，而大權仍統於朝廷，雖兼采列邦之良規，而仍不悖本國之成議。至議院選舉各法，均與憲法相輔而行，凡議事權限，選舉被選舉資格，非有一定之準繩，必啓臨時之紛擾，亦應隱括大意，預為籌定，以便將來纂輯條文，有所依據。謹分輯議院要領，及選舉要領各一章附焉。……

至開設議院以前應行籌備各事，頭緒至爲紛繁，辦理宜有次第。……綜其大綱，預備自上者，則以清釐財政，編查戶籍爲最要；而融化滿漢畛域，釐定官制，編纂法典，籌設各級審判廳次之。預備自下者，則以普及教育，增進智能爲最要，而練習自治事宜次之。……臣等公同商酌，擬自本年光緒三十四年起，至光緒四十二年止，限定九年，將預備各事，一律辦齊，謹分別年限，臚列上陳。」

清廷據奏，於八月初一日，明降諭旨略謂：「該王大臣所擬憲法及議院選舉各綱要，條理詳密，權限分明，……將來編纂憲法及議院選舉各法，卽以此作爲準則。……至單開逐年應行籌備事宜，均關立憲國應有之要政，必須秉公認眞次第推行。……卽責成內外臣工，遵照單開各節，依限舉辦，每屆六個月，將籌辦成績，臚列奏聞，幷咨報憲政編查館查核。……至開設議院，應以逐年籌備各事，辦理完竣爲期，自本年起，務在第九年內將各項籌備事宜，一律辦齊，屆時卽行頒布欽定憲法，幷頒布召集議員之詔。」

憲法大綱共二十三項，純爲將來起草憲法之原則，多係直接采自日本，茲錄如次：

君上大權

一　大清皇帝，統治大清帝國，萬世一系，永永尊戴。

一　君上神聖尊嚴，不可侵犯。

一 君上有欽定法律及發交議案之權（凡法律雖經議院議決，而未奉詔令批准頒布者，不能見諸施行。）

一 君上有召集開閉停展及解散議院之權（解散之時，即令國民重行選舉新議員，其被解散之舊議員即與齊民無異，倘有抗違，量其情節以相當之法律處治。）

一 君上有設官制祿及黜陟百司之權（用人之權，操之君上，而大臣輔弼之，議院不得干涉。）

一 君上有統率陸海軍及編定軍制之權（調遣全國軍隊，制定常備兵額及一切軍事，皆非議院所得干預。）

一 君上有宣戰、講和、訂立條約、及派遣使臣與認受使臣之權（國交之事，由君主親裁，不付議院議決。）

一 君上有宣告戒嚴之權，當緊急時，得以詔令限制臣民之自由。

一 君上有爵賞及恩赦之權（恩出自上，非臣下所得擅專。）

一 君上總攬司法權，委任審判衙門，遵欽定法律行之，不以詔令隨時更改（司法之權，操諸君上，審判官本由君上委任，代行司法，不以詔令隨時改更者，案件關係至重，故必以已經欽定法律爲準，免涉紛歧。）

一 君上有發命令或使發命令之權，惟已定之法律，非交議院協贊，奉經欽定時，不以命令更改或廢止（法律爲君上實行司法權之用，命令爲君上實行行政權之用，兩權分立，故不以命令改廢法律。）

一 在議院閉會時，遇有緊急之事，得發代法律之詔令，並得以詔令籌措必需之財用；惟至次年會期，須交議會協議。

一 皇室經費，應由君上制定常額，自國庫提支，議院不得置議。

一 皇上大典，應由君上督率皇族及特派大臣議定，議院不得干預。

臣民權利義務

一 臣民中有合於法律命令所定資格者，得為文武官吏及議員。

一 臣民於法律範圍以內，所有言論、著作、出版、及集會結社等事，均准其自由。

一 臣民非按照法律所定，不加以逮捕、監禁、處罰。

一 臣民可以請法官審判其呈訴之案件。

一 臣民應專受法律所定審判衙門之審判。

一 臣民之財產及居住，無故不加侵擾。

一 臣民按照法律所定，有納稅當兵之義務。

一 臣民現定之賦稅，非經新定法律更改，悉仍照舊輸納。

一 臣民有遵守國家法律之義務。

議院法要領及選舉法要領之要點，大致爲議院采兩院制。議院提議事件，須係乎全國公同利害。議員言論，不得對朝廷有不敬之語及誣蔑毀辱他人。行政大臣如有違法情事，議院祇可指實彈劾，不得干預朝廷黜陟之權。君上大權所定及法律上必需之歲出，議院非與政府協議，不得廢除減削。議員之選舉，采間接選舉制，其所定之選舉權資格及被選舉權資格甚嚴。

資政院總裁溥倫等前經奏准院章總綱及選舉兩章，至宣統元年，又續擬餘八章，並將前兩章加以改訂，於七月初八日奉諭：「着京外各衙門一體遵行。」第二章原名「選舉，」經倣照諮議局章程體例，改爲「議員，」至選舉詳細辦法，則另訂選舉章程於九月十三日奏准施行。資政院於是粗具規模，此爲吾國有立法機關之始。資政院章共六十五條，分十章：(一)總綱，(二)議員，(三)職掌，(四)資政院與行政衙門之關係，(五)資政院與各省諮議局之關係，(六)資政院與人民之關係，(七)會議，(八)紀律，(九)祕書廳官制，(十)經費，選舉章程依院章第九條所列各項人員各爲一章，都凡八種。

依各該章程所規定，資政院總裁副總裁各二人由皇上特旨簡充，全院議員分爲欽選、民選兩大類，人數各爲一百，任期三年。欽選議員又分七種：(一)宗室王公世爵十六人，(二)滿漢世爵十二人，(三)外藩王公世爵十四人，(四)宗室覺羅六人，(五)各部院衙門官三十二人，(六)碩學通儒十人，(七)納稅多額者十人。此七種議員，均由資政院開單奏請欽選，其名單大率數倍於應出議員名額，惟擬定之方法並不一致，有出自各該團體互選者，有純粹由各該官署推薦者，亦有采用其他標準者。民選議員順直九人，江蘇、浙江各七人，江西、山東、四川各六人，安徽、湖北、湖南、河南、山西、廣東各五人，福建、陝西、雲南各四人，奉天、甘肅、廣西各三人，吉林、黑龍江、新疆、貴州各二人。此各議員均由各該省諮議局按照各該省應出議員名額加倍互選當選人，呈由各該省督撫複加選定。資政院有議定法典、修改法典，并議決國家預算、決算、稅法與公債之權，但須「請旨裁奪」，始能見諸實施。資政院常年會以九月初一日起，至十二月初一日止，可展至一個月以內之期限；臨時會須奏明候旨召集，以一個月爲會期。

清廷之限定九年籌備立憲，亦係倣日本籌備立憲之期限，惟當時一般人士以時局日亟，期限太長，多所指摘。宣統元年十一月，江蘇諮議局議長張謇以「外侮益劇，部臣失策，國勢日危，民不聊生，救亡要舉，惟在速開國會」等語，通電各省諮議局，即有蘇、浙、皖、贛、湘、鄂、閩、粵、桂、豫、魯、直、晉、奉、吉、黑等省諮議局各派代表三人，齊集上海，組織「國會請願同志會」，約定須俟國會正式成立，始行解散。十二月，各代表同往京師，於次年正月由孫洪伊領銜呈遞請願速開國會書，請都察院代奏，旋奉諭旨不准。四月，各代表又聯合各省法團商會及海外華僑各舉代表，組織「國會請願代表團」，同時上書都察院請代奏請速開國會者十起，奉諭仍俟九年籌備完竣，再行降旨定期召集議院。九月，代表團又上書資政院，請提議即開國會，設立責任內閣，當經該院議決奏請。各省督撫亦聯電軍機處，主張內閣、國會，從速同時設立。清廷乃於十月初明諭允於宣統五年召開國會，將九年期限縮短三年，并着先行組織內閣，一面特派溥倫、載澤爲纂擬憲法大臣。

資政院章程及選舉章程已於宣統元年先後頒行，至次年四月，清廷降諭定八月二十日爲召集議員之期。宣統二年九月一日，資政院舉行開院禮，爲第一次之集會，其最重要之議案爲請願速開國會案，於九月二十日經全體議員一致可決。彈劾軍機大臣案，於十一月具奏，并請別組責任內閣，經奉旨：「朝廷自有權衡，非該院總裁等所得擅預。」宣統三年預算案，收支不相償者數千萬，經議決減削者，清廷任意不削減，其議決充甲項之用者，亦任意挪用於乙項。其他議決各案，清廷幾無不弁髦視之。至十二月一日，該院照章閉會。

宣統三年四月，資政院奏請開臨時會不准。清廷頒布內閣官制，成立新內閣。六月，資政院總裁奉諭會同內閣總理協理大臣改訂院章，資政院之權限因之略爲縮小。八月十九日，武漢革命軍起，九月一日，資政院開第二次常會，多數議員主張一取消親貴內閣，二憲法須由人民代表協贊，三立解黨禁，四即開國會，當經一致可決，并即入奏，均奉明諭裁可。九月八日，駐在灤州之陸軍第二十鎭統制張紹曾、協統藍天蔚、第六鎭統制吳祿貞等草擬十二條憲法提案，以張氏名義入奏，清廷立予容納，交由資政院起草憲法。十三日，資政院議決十九信條奏上，清廷即明諭刊刻謄黃，宣示天下，十月六日，清帝并與攝政王宣告太廟，誓與國民永遠遵守。

十九信條之內容，固仍爲憲法之大綱，而非完全之憲法，但就其效力言，實非一種草案，而係一種臨時憲法。九月十八日資政院之選舉袁世凱爲內閣總理大臣，即係依其第八條之規定。玆錄該信條全文如次：

第一條　大清帝國之皇統萬世不易
第二條　皇帝神聖不可侵犯。
第三條　皇帝之權，以憲法規定者爲限。
第四條　皇帝繼承之順序，於憲法規定之。
第五條　憲法由資政院起草議決，皇帝頒行之。
第六條　憲法改正提案之權，屬於國會。
第七條　上院議員，由國民於法定特別資格中選出之。
第八條　總理大臣，由國會公選，皇帝任命之；其他國務大臣由總理大臣推舉，皇帝任命之；皇族不得爲總理大臣，或其他國務大臣，並各省行政長官。
第九條　總理大臣受國會之彈劾時，非解散國會，卽內閣總理辭職。但一次內閣不得爲兩次國會之解散。
第十條　皇帝直接統率海陸軍，但對內使用時，須經國會議決之特別條件。
第十一條　不得以命令代法律，除緊急命令外，以執行法律及法律所委任者爲限。
第十二條　國際條約，非經國會之議決，不得締結，但宣戰媾和，不在國會開會期內，由國會追認之。
第十三條　官制官規，以法律定之。

第十四條　本年度之預算，未經國會議決，不得適用前年度預算；又預算案內規定之歲出，預算案所無者，不得為非常財政之處分。

第十五條　皇帝經費之制定及增減，依國會之議決。

第十六條　皇室大典，不得與憲法相抵觸。

第十七條　國務裁判機關，由兩院組織之。

第十八條　國會之議決事項，皇帝頒布之。

第十九條　第八、第九、第十、第十二、第十三、第十四、第十五、第十八各條，國會未開以前，資政院適用之。

上列十九信條，與前憲法大綱迥異，已非日本之君主立憲制，而有似於英國之君主立憲制，所謂「議會政治，」所謂「虛君共和，」悉可於條文中見之。清雖遜位，未及施行，實為我國歷史上之第一憲法。

清廷自明諭變法維新以來，關於現代法典編纂之事業，亦殊有成績可觀，并已由實質上之立法，漸進於形式上之立法，茲以簡述於前章，故不復贅。

第二編 總論

第一章 制定約法時期

自辛亥年八月武昌首義，至民國二年四月參議院閉幕，歷時年餘，國家根本大法，及國會之組織與議員之選舉等法，均於此最短期間先後制定公布，奠民國之基礎，具法治之雛形，實爲中華民國立法之草創時期，亦爲最重要之時期。

第一節 中華民國臨時政府之組織

辛亥夏歷八月十九日，武昌起義，黎元洪被推爲軍政府鄂軍都督，湯化龍爲民政部長。未及二月，各省相繼響應，宣告獨立者，有湘、贛、晉、滇、皖、蘇、浙、黔、桂、閩、粵、魯、陝、川等省。於是長江上下游，先後動議組織聯合機關，以謀共同一致之進行。武昌於九月十九日由湖北都督府通電各省，請派全權委員赴鄂組織臨時政府。上海爲當時革命運動策源地，亦有設立聯合機關之成議，惟因審慎發起之人，致通電較遲。九月二十一日，江蘇都督程德全，浙江都督湯壽潛，聯電上海都督陳其美倡議請各省公舉代表，集議上海。文云：

「自武漢起義，各省響應，共和政治，已爲全國輿論所公認。然必事有所取則，功乃易於觀成。美利堅合衆國之制，當爲吾國他日之模範。美之建國，其初各部頗起爭端，外揭合衆之幟，內伏渙散之機，其所以苦戰八年，收最後之成功者，賴十三州會議總機關，有統一進行，維持秩序之力也。考其第一次第二次會議，均僅以勸助各州會議爲宗旨；至第三次會議，始能確定國會，長治久安，是亦歷史上必經之階級。吾國上海一埠，爲中外耳目所寄，又爲交通便利，不受兵禍之地，急宜倣照美國第一次會議方法，於上海設立臨時會議機關，磋商對內對外妥善方法，以期保疆土之統一，復人道之和平。務請各省舉派代表，迅卽涖滬集議。」

電末列集議方法四條：

一　各省舊諮議局各舉代表一人；

一　各省現時都督府各派代表一人，均常駐上海；

一　以江蘇教育總會爲招待所；

一　兩省以上代表到會，卽行開議，續到者隨到隨與議。

又提議大綱三條：

一　公認外交代表；

一　對於軍事進行之聯絡方法；

一　對於清皇室之處置

此電發出之次日，江蘇都督府代表雷奮、沈恩孚，浙江都督府代表姚桐豫、高爾登，又以同前旨趣通電各省，請迅派代表赴滬。至九月二十五日，各代表陸續到滬者計有十省，即開第一次會議，當議決定名爲各省都督府代表聯合會。九月二十七日至三十日，迭開會議，議決會所仍設上海，電請武昌即派代表與會，幷承認武昌爲民國中央軍政府，以鄂軍都督執行中央政務。

十月三日，鄂都督府代表居正、陶鳳集到滬。次日各省代表聯合會議決赴武昌開會，仍留一部分代表駐滬爲通信機關。各代表到鄂後，於十月十日開第一次會議，推譚人鳳爲議長。十二日、十三日續開會議，議決臨時政府組織大綱二十一條，即日宣布。後又於十一月十三日、十四日，加以修正，以適應當時之政象。

十月十四日，滬督電告南京光復，各代表聯合會即議決以南京爲臨時政府所在地，各代表應於七日內齊集南京。留滬代表團亦於十四日議決臨時政府設立南京，幷舉黃興爲大元帥，黎元洪爲副元帥。十五日又議決大元帥職權，即以大元帥主持組織中華民國臨時政府。十月二十三日，各代表集會南京，以參議院一時未能成立，依臨時政府組織大綱第十六條之規定，代行其職權。十一月初六日，孫中山先生到滬，十一月初十日，開選舉臨時大總統會，到會代表，計有奉、直、豫、魯、晉、陝、蘇、皖、贛、閩、浙、粵、桂、湘、鄂、川、滇十七省，每省爲一票，孫中山先生得十六票，當選爲臨時大總統。十一月十三日，爲陽歷一月一日，代表會議決中華民國紀年改用陽歷，又定五色旗爲國旗，孫總統即於元旦就職。一月三日代表會選舉副總統，黎元洪以十七票當選。中華民國臨時政府即組織成立。

第二節　參議院之成立

自臨時政府組織大綱公布後，各省都督府即依第七條第八條之規定，自定方法選派參議員三人，以組織參議院。至一月二十八日，各省所派之參議員陸續抵寧者，已達十七省，約三十餘人，未到者即以各該省之代表代理，參議院遂於是日正式成立，選舉林森為議長，陳陶遺副之。孫大總統祝開院文略云：

「人有恆言，革命之事，破壞難，建設尤難。夫破壞云者，仁人志士，任俠勇夫，苦心焦慮於隱奧之中，而喪元斷脰於危難之際，此其艱難困苦之狀，誠有人所不及知者。及一旦事機成熟，倏然而發，若洪波之決危隄，一瀉千里，雖欲禦之而不可得，然後知其事似難而實易也。若夫建設之事則不然，建一議，贊助者居其前，則反對者居其後矣。立一法，今日見為利，則明日見為弊矣。又況所議者，國家無窮之基，所創者，亙古未有之制。其得也，五族之人受其福；其失也，五族之人受其禍。嗚呼！破壞之難，各省志士先之矣；建設之難，則自今日以往，諸君子實文所黽勉仔肩而弗敢推謝者也。矧為北寇未滅，戰雲方布，立法事業在在與戎機相待為用，破壞建設之二難，畢萃於茲，諸君子勉哉。」

參議院成立後，以各省代表所議決之臨時政府組織大綱，無國民基本權利義務之規定；又以附則所定臨時政府成立後，六個月內召集國會之期限太促，爰准行制定臨時約法，以爲組織大綱之代替。自二月七日開始起草，至三月八日全案通過，并即日宣布。臨時政府組織大綱采總統制，宋教仁曾提一修正案爲責任內閣制，但因多數人反對甚烈，迄未實現。此次議決之臨時約法，竟采責任內閣制，并變本加厲，蓋所以抑制袁氏。參議員谷鍾秀謂：「各省聯合之始，實有類於美利堅十三洲之聯合，因其自然之勢，宜建爲聯邦國家，故采美之總統制。自臨時政府成立後，感於南北統一之必要，宜建爲單一國家，如法蘭西之集權政府，故采法之內閣制。」此等議論，雖似言之成理，實以掩飾對人立法之眞相。

二月十二日，清帝明詔退位，孫中山先生即於同日咨達參議院，辭臨時大總統職，并推薦袁世凱繼任，略謂：「此次清帝退位，南北統一，袁君之力實多，其發表政見，更爲絕對贊同共和，舉爲公僕，必能盡忠民國。且袁君富於政治經驗，民國統一，賴有建設之才，故敢以私見貢薦於貴院，請爲民國熟計，無失當選之人，大局幸甚。」二月十四日，孫總統親蒞參議院陳述意見。十五日開臨時大總統選舉會，到會之參議員凡十七省，每省爲一票，結果，袁世凱得十七票，當選爲中華民國臨時大總統。後黎元洪亦電參議院辭臨時副總統。二月二十日開臨時副總統選舉會，黎元洪亦得全場一致之票當選。

第三節 優待清室及滿蒙回藏條件之議決

袁世凱自被清廷任爲內閣總理大臣後，即派唐紹儀與民軍代表伍廷芳議和。經數度磋商，最後乃議定條件三項：(甲)關於大清皇帝優禮之條件，凡九款；(乙)關於皇族待遇之條件，凡四款；(丙)關於滿、蒙、回、藏各族待遇之條件，凡七款。各項條件，經臨時政府提交參議院於二月五日開會討論，僉以原開條件，除丙項大致尚妥外，其餘多有遮礙國體之處：如甲項第一款「大清皇帝尊號，相承不替，與各國君主相等」第八款「大清皇帝有大典禮，國民得以稱慶」乙項第一款「襲封仍用大清皇帝册寶」均其最著者，遂爲修正之決議。二月六日，參議院咨覆大總統，略云：

「其中所開甲乙丙三項，本院議決丙項係民國五大民族相約之條件，與優待清帝無涉，應另作一起，於清帝未退位前先行宣布，故列作第一清單。原案甲乙兩項，係清帝退位後，乃得享此優待。應於清帝退位後始生效力，即於清帝退位後，乃可爲正式之宣布，故列作第二清單。第二清單之內所開各條，凡有「大清皇帝」字樣，已改作「清帝」二字。此二字若清廷尚有要求，務從原案，則本案亦可讓步，仍稱大清皇帝，以示通融。合將以上各節，並附清單兩扣，咨達請即照行。」

第一清單關於滿、蒙、回、藏各族待遇之條件，與原案無甚差異，僅略有文字上之修改。第二清單爲關於清帝遜位後優待之條件，及清皇族待遇之條件，凡與國體有礙之點，均完全刪去；并將清帝歲用改爲四百萬元，原有禁衛軍，明定歸陸軍部編制，嗣清廷復要求甲項第一款「外國」字樣，仍改爲「各國」；第二款「四百萬元」仍改爲「四百萬兩」，伍代表以此項條件，既經參議院議決，萬難更動卻之。二月十二日，參議院復議決如清帝三日內不依約退位，即收回優待條件。是日清帝即下退位之諭，略云：

「朕欽奉隆裕皇太后懿旨，前因民軍起事，各省響應，……特命袁世凱遣員與民軍討論大局，……兩月以來，尚無確定辦法……今全國人民心理，多傾向共和。南中各省，既倡議於前，北方諸將，亦主張於後。人心所嚮，天命可知，予亦何忍因一姓之尊榮，拂萬民之好惡。是用外觀大勢，內審輿情，特率皇帝將統治權公諸全國，定為共和立憲國體。……袁世凱前經資政院選舉為總理大臣，當茲新舊代謝之際，宜有南北統一之方。即由袁世凱以全權組織臨時共和政府，與民軍協商統一辦法。總期人民安堵，海內乂安，仍合滿、漢、蒙、回、藏五族完全領土，為一大中華民國。予與皇帝得以退處寬閒，優游歲月，長受國民之優禮，親見郅治之告成，豈不懿歟！」

清帝退位詔諭頒布後，所有各項優待條件，即於辛亥年十二月二十六日，即民國元年二月十三日公布，并由臨時政府照會各國駐京公使。元年八月十九日，中華民國政府又公布蒙古待遇條例九款。三年十二月二十六月，政府復訂定善固清皇室優待條件善後辦法七款。

第四節 臨時政府地點之議定

當南京光復之初，各省代表聯合會及留滬代表團，均議定以南京為臨時政府所在地。二月十三日，孫中山先生咨參議院辭臨時大總統職，文末附條件三項。其第一項為「臨時政府地點設於南京，為各省代表所議定，不能更改。」參議院於十四日開會討論，谷鍾秀、李肇甫等皆主張臨時政府地點改設北京。略謂：

「南北既經統一，即應籌全國所以統一之道，臨時政府地點，爲全國人心所繫，應設足以統馭全國之地，使中國能成完土，庶足以維繫全國人心，并達我民國合五大民族而爲一大中華民國之旨。前經各省代表指定臨時政府地點於南京，係因當時大江以北，尙在淸軍範圍，不得不暫定臨時政府適宜之地。今情勢既異，自應因時制宜。」

討論結果，以二十票對八票之多數，可決臨時政府地點應在北京。孫總統接到此項決議案，異常憤激，立即依法咨交覆議，仍主張臨時政府地點設於南京。十五日，參議院復開會詳加討論，辨爭甚烈，多數參議員經孫中山盡力解釋，不堅持前議，結果以十九票對七票之多數，遂爲臨時政府仍設南京之決議。參議院咨復大總統略云：

「大總統咨回本院關於臨時政府地點移駐北京一案，業經本院照臨時政府組織大綱第十四條，開會復議。討論結果，主張仍照原案者，不及三分之二，臨時政府地點，仍在南京。」

袁世凱前於二月十三日宣布政見電文，已表示國都不應南遷，及當選爲臨時大總統，孫中山先生及參議院迭次電催南下就職，乃通電以去就力爭，略謂：

「北方軍民意見，尙有紛歧，隱患實深，皇族受外人愚弄，根株潛長。北方外交團向以凱離此爲慮，屢經言及。奉江兩省，時有動搖，外蒙各盟，迭來警告，內訌外患，遞引互牽，若因凱一去，一切變端立見，殊非愛國救世之素志。若舉人自代，實無措置各方面合宜之人，然長此不能統一，外人無可承認，險象環生，大局益危。反覆思維，與其孫大總統辭職，不如世凱退居。」

旋參議院於三月六日議決辦法六條，其第一條，卽由參議院電知袁大總統，允其在北京就職。四月二日，參議院議決臨時政府遷往北京。四月五日，參議院亦議決移北京開會，電咨袁大總統指定場所，並通告各議員如期前往，略云：

「本院前已議決遷往北京辦法，自四月初八日始，休會十五天，限於二十一日齊集北京。……惟此次休會之理由，不過爲本院遷移必須之手續。將來到京之時，在院諸君，必如期齊集，方無礙於本院進行。……本院爲民國立法機關，現在各種草案未經議決者悉關緊要。此外關於民國一切重大問題，立待解決者尚多。查休會期間，不得過十五日，院法業經明晰規定，務望諸君尊重院法，到京之行，幸勿後期。」

第五節　參議院之波折

參議院於元年一月二十八日開成立大會。開會之前一日，發生一問題，卽未獨立省分之代表，代理參議員者，有無表決權？先是各省代表集會武昌時，已有未獨立省分之代表無表決權之決議，惟因組織臨時政府之迫切，各該代表初未計較，而事實上亦未施行。故宣布臨時政府組織大綱，各代表一同簽字；臨時大總統副總統之選舉，國務員之商榷，亦均參與投票。至是發生此問題，勢在必爭，於是直隸奉天兩省代表相繼辭職，其結果，必須有發言決表權乃已。

參議院成立後未及一月，江蘇參議員陳陶遺、楊廷棟、凌文淵等，均先後辭職。湖北參議員劉成禺、張伯烈、時功玖等因借款問題之爭議，亦相繼辭職。旋湖北臨時省議會發出通電，謂參議院之參議員，非出自民選。且辭職者甚多，所餘僅二十三人，不足法定之數，斷難開會。勿論該院所決定之臨時約法，爲何項性質，決不承認其有效。特發起組織臨時國會，已得十一省電復贊成等語。此爲民國法統上之第一次糾紛。參議院當於三月十九日電湖北省議會，認爲無效，謂：「貴會所提議，斷不能完全實行，非徒無益，實生糾紛」云云。又通電各省云：

「本院之成立，根據於臨時政府組織大綱。現公布之臨時約法，亦載明十個月內，由大總統召集國會。當此參議院既成立之後，國會未成立之先，乃以一省議會名義，輒召集臨時國會，不知何所依據？若不承認臨時政府組織大綱及臨時約法，則已公布之法律，已選出之總統，已組織之臨時政府，皆將無效，民國基礎，於以動搖。且今日以一省議會反對參議院而召集臨時國會，他日將又有一省議會反對臨時國會而召集第二臨時國會，起覆紛紜，事權不定，民國前途，將何利賴？方今國基初肇，所賴以維持培植者，端在守法。參議院爲法定機關，萬不可任意破壞。至於參議員本應依約法選派，規定選派方法，權在各省，或民選，或公派，一惟各省自定。萬不能執民選二字，反對參議員，因以反對參議院。行動法外，破壞國基，湖北省議會提議，實爲不當，應作無效。」

三月二十日，參議院又通電各省，駁斥湖北省議會之發起組織臨時國會，有云：

「參議員能否完全代表人民之意，乃參議員之選派方法問題，非參議院可否消滅問題。若謂都督選派之議員不足代表人民，儘可按照臨時約法第十八條規定選派五人之數，盡由民選。選定後，即可陸續來院，與各該省前派之參議員實行交替。臨時約法規定選派方法，由各省自定之，已將臨時政府組織大綱規定都督選派一節删去。是各省如何選派，其權皆在各省，主張民選，應依約法選舉參議院之參議員，方不失爲正當。……又安見立法機關，名爲臨時國會則可，名爲參議院則不可，此尤大惑不解者也。總之，參議院可以全體改選，參議院爲法定機關，斷不能改。」

是時湖北省議會雖有組織臨時國會之提議，而湖北都督黎元洪尚持反對態度，并主張依臨時約法，添選參議員二員，湊足五人之數。雖湖北省議會以法理事實未協，堅不承諾，而黎都督仍直接派員前往參議院，繼續進行。而參議院亦發出咨電，謂參議員可全體改選，五人可盡由民選。臨時大總統袁世凱更迭次電令各省選出參議員，以組織約法上之參議院。卒之參議員漸次改選，而湖北省議會發起之臨時國會，迄未實現。

第六節　參議院法之議決

參議院爲民國臨時立法機關，依臨時約法第二十七條之規定，「參議院法，由參議院自定之。」參議院於三月二十七日常會議決參議院法十八章，共一百零五條，咨由大總統於四月一日公布。參議院法之要點，略如次述：

參議院以各行省、蒙、藏、青海，有五分三以上選派參議員到院時，即行開會，會期至解散之日為止。每星期一至星期五上午九時至十二時，為尋常會議時間，但有緊急事件，得開特別會。開會之出席人數，為到院參議員之過半數，決表人數為出席參議員之過半數，可否同數時，取決於議長。惟彈劾大總統，須有參議員總數五分之四以上之出席，出席四分之三以上之可決；彈劾國務員須總數四分之三以上之出席，出席三分之二以上之可決；選舉大總統、副總統，須總數四分之三以上之出席；對於覆議事件，須有到會參議員三分之二以上仍執前議，乃得公布施行；此均為關於出席與表決人數之特別規定。又參議院會議須公開之；但依政府之要求，議長或參議員之提議，經多數可決者，得開祕密會議。

凡中華民國年滿二十五歲以上之男子，得為參議員；但（一）褫奪公權或停止公權者，（二）吸食鴉片者，（三）現役海陸軍人，（四）現任行政或司法職員，均失其當選之資格。參議員不受歲費，其任期以參議院解散之日為限。參議員非有正當理由，不得辭職或請假，不得任意缺席，如無故缺席連續至五日者，應酌定五日以上之期間，停止其發言；一月內無故缺席至七日以上者除名。參議員於會議時，有違背院法及議事規則，或紊亂議場秩序者，議長得警告制止之，或取銷其言論，或令其退出；其有攜帶兇器入議場者除名。參議員充全院委員，并得被選舉或指定充常任委員及特別委員，擔任審查法制、財政、庶政、請願、懲罰，以及其他特別或重要事件。

參議院議長維持院內秩序，整理議事，對於院外代表參議院，任免並監督指揮祕書長及其下各職員。議長有事故時，由副議長代理；均有事故時，另選臨時議長，行議長之職務。議長副議長之任期，與參議員同；如因故請假或辭職，須提出理由書，付院議決定。議長副議長，有違法徇私情節，經參議員十人以上之提議，得交懲罰委員會審查後，付院議決定，如多數認為不稱職時，即解職另舉。

參議院之議決法律、財政、及重大議案，須經三讀會之程序；但依政府之要求，或議長議員之提議，經多數可決，得省略之。參議院之提出質問書，須有參議員十人以上之連署；如認為政府之答復不得要領時，得咨請國務員到院答辯。參議院提出建議案，須參議員五人以上之連署，經由院議通過；如政府不能采用，不得再行建議。參議院受理人民請願，須有參議員三人以上之介紹，如有參議員十人以上之要求，得提付院議。惟變更臨時約法之請願，干預司法及行政裁判之請願，請願書署總代表之名義者，或有侮辱政府及參議院之語者，均不得受理。

參議法有最重要之規定，即關於當時大總統副總統之選舉，參議院於施行選舉之前一日，參議員十人以上之連署，得推舉臨時大總統或副總統之候補人。選舉用無記名投票法，其對於候補人以外之投票，作為無效。但袁世凱、黎元洪之當選，在參議院法制定之前；迨後國會成立，則依照大總統選舉法選舉正式大總統副總統；此等規定，并未實行。至彈劾大總統，須有參議員二十人以上之連署提案，用無記名投票法表決，通過後，即通告最高法院，限五日內互選九人，組織特別法庭，定期審判。

參議院經費由國庫支出，其款目凡四：（一）參議員公費及旅費，（二）議長副議長津貼費，（三）祕書廳經費及守衛經費，(四)雜費及預備費。

第七節　適用舊有法律之議決

民國初建，所有法制，均未遑制定，臨時大總統於元年三月十一日，下令宣告暫行援用前清法律及新刑律；文云：

「現在民國法律未經議定頒布，所有從前施行之法律及新刑律，除與民國國體牴觸各條，應失效力外，餘均暫行援用，以資遵守。」

三月二十一日，臨時大總統據司法部呈請轉咨參議院承認，將前清制定之各項法律及草案，以命令公布遵行，復咨參議院查照議決。其咨文有云：

「據司法部總長伍廷芳呈稱『竊自光復以來，前清政府之法規既失效力；中華民國之法律，向未頒行；而各省暫行規約，尤不一致，當此新舊遞嬗之際，必有補救方法，始足以昭劃一而示標準。本部現擬就前清制定之民律草案、第一次刑律草案、刑事民事訴訟法、法院編制法、商律、破產律、違警律中，除第一次刑律草案關於帝室之罪全章及關於內亂罪之死刑，礙難適用外，餘皆由民國政府聲明繼續有效，以為臨時適用法律，俾司法者有所根據。謹將所擬呈請大總統咨由參議院承認，然後以命令公布，通飭全國一律遵行，俟中華民國法律頒布，即行廢止。是否有當？尚乞鈞裁施行。』等情，前來；查編纂法典，事體重大，非聚中外碩學，積多年之調查研究，不易告成。而現在民國統一，司法機關，將次第成立，民刑各律及訴訟法，均關係緊要，該部長所請，自是切要之圖。合咨貴院，請煩查照前情，議決見覆。」

旋參議院開會討論，其議決暫時適用之法律，較司法部所擬爲多，且亦略有異同；當即咨請政府查照辦理。文略云：

「本院於四月初三日開會決議，僉以現在國體旣更，所有前清之各種法規，已歸無效。但中華民國之法律，未能倉猝一時規定頒行。而當此新舊遞嬗之交，又不可不設補救之法，以爲臨時適用之資。此次政府交議當新法律未經規定頒行以前，暫酌用舊有法律，自屬可行。所有前清時規定之法院編制法、商律、違警律、及宣統三年頒布之新刑律、刑事民事訴訟律草案，並先後頒布之禁煙條例，國籍條例等，除與民主國體抵觸之處，應行廢止外，其餘均准暫時適用。惟民律草案，前清時幷未宣布，無從援用，嗣後凡關民事案件，應仍照前清現行律中規定各條辦理。惟一面仍須由政府飭下法制局，將各種法律中與民主國體抵觸各條，簽注或簽改後，交由本院議決公布施行。」

前清頒行之法規，及未頒行之草案，入民國後，均經政府分別刪去與國體牴觸各條，通飭暫行適用。惟迄未提交參議院議決公布施行，而參議院爲臨時立法機關，未幾亦宣告解散。迨正式國會成立，擾攘十餘年，始終未將國家重要法律，分別制定；議員之爲世所詬病，斯亦重要原因之一。

第八節　參議院之改組

臨時政府組織大綱第七條第八條規定議參院由各省都督府自定方法，各派遣參議員三人組織之。參議院未成立之前，以各省都督府代表會代行其職權，及成立後參議員亦多由各省代表所改充。蓋以光復之初各地方秩序未復，一時辦理選舉不易，不得不爲此權宜之計。至三月十一日，臨時約法公布，其第十八條規定「參議員每行省內蒙古、外蒙古、西藏各選派五人，青海選派一人，其選派方法，由各地方自定之」似此參議員之人數增多，并漸由指派而趨於選舉，自較前爲進步。

三月十八日，袁臨時總統通令各地方依照臨時約法選派參議員，略謂：「在從前參議院參議員，各省有由都督遴派者，有由地方議會公推者，有尙未選派者，現在統一政府，不日成立，參議院亟應組織完備。應由各地方迅速妥定選派方法，選派赴會。」臨時約法規定參議員選派方法，由各地方自定，當時各省已依照臨時政府組織大綱派遣參議員三人者，本有加派二人適足五人之議。湖北臨時省議會忽發起組織臨時國會，并指斥參議員之非民選。參議院乃於三月二十日通電各省，謂參議員五人可盡由民選。袁總統亦發出通電，限各地方自電到之日起，於一月以內，如額選足，以重立法大綱。

參議員之應由民選，自爲正當之辦法，亦爲各省所力爭。惟應由人民直接選出？抑由各省民意機關選出？其方法仍由各地方自定。政府特又發出勘電，明示各省選派參議員，以臨時省議會爲選舉機關，是采間接選舉制，想亦為多數省分之主張，故進行甚為順利。其電文略云：

「查共和國家之議會，斷無不由民選之理。從前參議院組織，本係一時不得已之辦法。茲當組織約法上參議院之始，自應逐漸進步，以合共和原則。參議員選派方法，依約法委任各地方自定。細繹法意，自因蒙藏各地方與內地情形不同，一時未能施行民選制度，故不得不設此因地制宜之規定。至內地各省選舉事宜，早經辦理有年，此次選舉參議員，自應查照該院咨電，一律採用民選。現在各省臨時議會次第成立，應即以該議會為選舉機關。所有各省應選參議員五人，均由該會投票選出。俟選齊集會時，即知照現在參議員辦理交代，以重立法。」

旋政府又以各省尚有未成立省議會者，復通電：「凡省議會至今未成立者，即以原設諮議局，改為省議會，迅速選定參議員。」至四月二十三日，各省選舉參議員抵京報到者尚無多人。政府又電飭各省都督行文省議會，催已經選定者，迅即起程；未經選定者，速行選舉，并限於電到五日內，將起程及選舉日期，由電呈報。四月二十五日，袁大總統復分電桂閩滇川陝湘粵魯黔等省，以奉天吉林黑龍江甘肅新疆浙江江蘇湖北江西九省，均經先後報告開會選舉日期，及當選人姓名，內外蒙古等處參議員亦經分別選定。此項新選議員，刻已陸續抵京，一俟報到過半數時，所有各省派出之參議員，應即實行交替，催即查照歷次電令，依限辦竣。

參議院自依臨時約法，通電改選參議員後，歷時月餘，各地方均已分別選竣，當選人亦先後來院報到，并實行接替。四月二十九日參議院舉行開院禮，到參議員百餘人，較前增加三倍。五月一日參議院改選吳景濂爲議長，湯化龍爲副議長。南北統一後之立法機關，由是成立，亦儼然一全國代表機關。

是時參議院議席，除西藏參議員迄未選派外，共百二十一席。同盟會與共和黨各得四十餘席，而統一共和黨得二十五席，號爲第三黨。同盟會原爲革命黨人之祕密團體，入民國後，變爲公開之政黨；以孫中山先生爲總理，黃興爲協理，宋教仁等爲幹事。以有十數年之歷史，黨基甚固。共和黨由章炳麟、張謇等之統一黨，籍忠寅、周大烈等之國民協進會，張伯烈、劉成禺等之民社，合併而成，冀以抵抗同盟會。統一共和黨發軔於南京政府時代，以蔡鍔、王芝祥爲總幹事，彭允彝、殷汝驪、歐陽振聲等爲常務幹事。成立未久，黨勢較弱。同盟會主張民權，謀以抑制袁氏；共和黨揭櫫國權，則又擁護袁氏；惟統一共和黨之政見，折中於兩黨之間，有舉足輕重之勢。

第九節　參議院之組織與職權

參議院爲一院制，自成立迄解散，組織上曾經一度之變更。在南京時，參議員由各省都督府派遣，每省以三人爲限，蓋依臨時政府組織大綱所規定。迨後遷往北京，各地方依臨時約議改選參議員，每省五人，由臨時省議會選出，內外蒙古、西藏各五人，青海一人，其選派方法自定之。參議院長依臨時政府組織大綱第十四條，臨時約法第二十四條，「由參議員用記名投票法互選之，以得票滿投票總數之半者爲當選。」其得票次多數者爲副議長。

依參議院法第二十四條至第三十條所規定，參議院設全院委員、常任委員、特別委員三種。全院委員以全院參議員充之，委員長由本院選定，但議長副議長不在被選之列。常任委員分設法制、財政、庶政、請願、懲罰五部，由參議員用無記名連記投票法互選之，其各部員數，由院議決定；委員長由各委員互選之；特別委員由議長指定，或本院選出，委員長亦由各委員互選。又依參議院法第九十六條、第九十七條，參議院設祕書廳，置祕書長一人，祕書員若干人，此外必要職員由議長酌定。

參議院之職權，臨時政府組織大綱第十條，臨時約法第十九條，均有規定，內容大致相同，惟臨時約法所定較詳。茲列舉於次：

一　議決一切法律案；

二　議決臨時大總統制定之官制官規；

三　議決臨時政府之預算決算，調查臨時政府之出納；

四　議決全國稅法、幣制、及度量衡之準則；

五　議決公債之募集及國庫有負擔之契約；

六　承諾臨時大總統之（一）任命國務員及外交大使，（二）宣戰、媾和、及締結條約，（三）宣告大赦、特赦、減刑、復權，（四）設立臨時中央審判所；

七　議決臨時大總統交議事件；

八　答復臨時政府諮詢事件；

九　受理人民之請願；

十　建議關於法律及其他事件之意見於政府；

十一　咨請政府查辦官吏納賄違法事件；

十二　提出質問書於國務院，並要求其出席答復；

十三　參議院對於臨時大總統，認爲有謀叛行爲時，得以總員五分之四以上之出席，出席四分之三以上之可決彈劾之；

十四　參議員對於國務員認爲失職或違法時，得以總員四分之三以上之出席，出席員三分之二以上之可決彈劾之。

又依臨時約法第二十九條及第五十五條，參議院有最大之職權二：(一)臨時大總統、副總統，由參議院選舉之，但須有總員四分之三以上之出席；(二)參議院議員三分之二以上之提議，經參議員五分之四以上之出席，出席員四分之三之可決，得增修臨時約法。

第十節　國旗軍旗商旗之議定

自武昌首義，各省響應，惟所用國旗，未能一致。參議院特提出統一國旗案，嘗議決以五色旗為國旗，咨請臨時政府查照頒行。孫總統函復應俟國會成立，付之國民公決，此時未可遽定。函意似主張采用青天白日旗，以為有十餘年革命之歷史，且為華僑所同情，外人所認識，象美而義深。茲錄原函於下：

「本總統對於此問題，以為未可遽付頒行。蓋現時民國各省已用之旗，大別有三，武漢首義，則用內外十八省之徽誌，蘇浙則用五色之徽誌。今用其一，必廢其二。所用者，必比較為最良，非有絕大充分之理由，不能為折衷定論。故本總統不欲遽定之於此時，而欲俟滿虜既亡，民選國會成立之後，付之國民公決。若決定於此時，則五色旗遂足為比較最良之徽誌否？殆未易言。

一　清國舊例，海軍以五色旗為一二品大官之旗，今黜滿清之國旗，而用其官旗，未免失體。

二　其用意為五大民族，然其分配色取義不確，如以黃代滿之類。

三　既言五族平等，而上下排列，仍有階級。

夫國旗之頒用，所重有三：一旗之歷史，二旗之取義，三旗之美觀也。武漢之旗，以之為全國之首義尚矣。蘇浙之旗，以之克復南京。而天日之旗，則為漢族共和黨人用之南方起義者十餘年，自乙未年陸皓東身殉此旗後，如黃花岡、防城、鎮南關、河口，最近如民國紀元前二年廣東新軍之反正，倪映典等之流血，前一年廣東城之起義，七十二人之流血，皆以此旗。南洋美洲各埠華僑，同情於共和者，亦已多年升用。外人總認為民國之旗。至於取義，則武漢多有極正大之主張。而青天白日，取象宏美。中國爲遠東大國，日出東方，爲恆星之最者。且青天白日示光明正照自由平等之義。著於赤幟，亦爲三色。其主張之理由尙多，但本總統以爲非於此時決定，則可勿詳論。因而知武漢所主張，亦有完滿之解說。究之革命用兵之際，國旗統一，尙非所急。有如美國，亦幾經更改，而後定現所行用之旗章。故本總統以爲暫勿須定施行，而俟諸民選國會成立之後。」

參議院自改組後，認爲有議決國旗統一之權，復於常會提出討論，仍議決以五色旗爲國旗，幷併議決商旗、軍旗，咨請袁大總統公布施行。文略云：

「查國旗爲全國徽誌，於對內對外，關係綦重。現在統一政府，業經成立，若非將國旗式樣規定通頒，不足以昭劃一。本院爲全國立法機關，於國旗統一，當然有議決之權。經於五月某日常會期內，復加討論，僉以前當起義之初，沿江各省，卽以五色爲國旗。通行已廣，全國幾已一致。蓋旗者常也，周官司常，掌九旗之名物。中國漢宋諸儒學說，則均以仁義禮智信爲五常。而凡制度等威之辨，聲音臭味之殊，載籍所傳，又率以五爲定數。至彩色一端，近世科學家言雖區分爲七，而在中國習慣，則五色二字，早已貫澈人民心理。況中華民國，由五大民族結合而成，於旗色之五，亦隱然不謀而合。是以五色旗爲中華民國之旗，就道德上、歷史上、習慣上、政治上，種種方面觀察，非惟足以代表全國精神，且爲中華民國永久不磨之特色。現友邦公使，外域華僑，函電所通，均已共曉，……應卽定爲中華民國國旗。幷略采美法日本諸邦之制，商旗亦得適用國旗，以一羣情，而免繁複。此外陸軍所用之星旗，原爲武昌首義之旗；海軍所用之天日旗，原爲十餘年前共和黨人倡始革命之旗；亦已通行各處。惟與國旗五色，尚少關聯。應就五色旗之左方上角，綴以星旗，其大小居全旗四分之一，即定爲陸軍主旗。又就五色旗之左方上角，綴以青天白日，其大小亦居全旗四分之一，即定爲海軍主旗。仍於星旗及青天白日旗之四周，留一白色虛線，以清界限。至星旗原係十八星，茲於旗之中央增繪一星，合成十九星。星點大小，則中央與內外四周，均爲一律，庶衆星環繞，旣昭統一之規，而薄海大同，兼寓平等之義。若夫天日旗之取象，則示青天白日，光明正照，固無待贅言。以上各節，均經公衆議決，茲將繪成旗式三紙，咨送公布施行。抑有進者，國旗五色，固含五族同等之意，究非以何色分配何族。陸軍旗之十九星，亦絕非表示區域。從前外間傳說，或有誤解。應請通電全國，俾曉此意，以免誤會，而化畛域。」

時袁大總統以參議院所定陸海軍旗式，彩色紛綸，形式參錯，瞭視易淆，不足以昭識別，且又有破損國旗之嫌。於五月二十六日，依臨時約法第二十三條，咨交參議院覆議，請仍以星旗爲陸軍旗，天日旗爲海軍旗，不必綴於五色旗之上，而陸海軍行動之時，向先以國旗，繼以軍旗，自然聯貫。參議院當即開會討論，各議員不執前議，并容納政府意見，經多數可決，咨由袁大總統於六月初八日公布。文云：

「參議院議決以五色旗爲國旗，商旗適用國旗，以十九星旗爲陸軍旗，以青天白日旗爲海軍旗，本大總統按照約法第二十二條公布之。」

第十一節　國會組織法議員選舉法之議定

參議院爲民國初建之立法機關，究屬臨時性質。臨時約法第五十三條規定：「本約法施行後，限十個月內由臨時大總統召集國會。其國會之組織及選舉法，由參議院定之。」參議院依此規定，即議定國會組織法，及衆議院議員選舉法、參議院議員選舉法，均咨由政府於元年八月十日公布。民國正式國會，即依此三法產生，茲述其要點如次：

國會之組織采兩院制，即以參衆兩院搆成。與臨時政府組織大綱及臨時約法規定立法機關之采用一院制異。

衆議院議員之選舉權，屬於凡有中華民國國籍之男子，年滿二十一歲以上，在選舉區內住居滿二年以上，具有下列資格之一者：(一)年納直接稅二元以上者；(二)有值五百元以上之不動產者，但於蒙藏青海，得就動產計算之；(三)在小學以上畢業者；(四)有與小學校以上畢業相當之資格者。有衆議院議員之被選舉權者，爲凡年滿二十五歲以上有中華民國國籍之男子；於蒙藏青海，并以通曉漢語爲限。此爲關於選舉權資格及被選舉權資格之積極規定，但亦有消極之規定，即(一)褫奪公權尚未復權者；(二)受破產之宣告確定後尚未撤銷者；(三)有精神病者；(四)吸食雅片煙者；(五)不識文字者，均不得享有選舉權及被選舉權。又(一)現役陸海軍人及在徵調期間之續備軍人；(二)現任行政司法官吏及巡警；(三)僧道及其他宗教師，均停止其選舉權及被選舉權，小學校教員及各學校肄業生，停止其被選舉權。

有參議院議員之選舉權者凡六：(一)各省省議會議員，(二)蒙古選舉會會員，(三)青海選舉會會員，各該會員即各該地之王公、世爵或世職，(四)西藏選舉會會員，即達賴喇嘛及班禪喇嘛會同駐藏辦事長官遴選之相當人員，(五)中央學會會員，(六)華僑選舉會會員，即華僑僑居地所設各商會選出之選舉人，但各以一名為限。至參議院議員之被選舉權，則凡有衆議院議員被選舉之資格年滿三十歲以上者，均有之；至華僑則幷以通曉漢語為限。

衆議院議員之選舉，在各省由有選舉資格者，選出初選當選人，再由初選當選人，選出複選當選人，即為議員。各以該省行政長官充選舉總監督，以各該區行政長官充初選監督，幷由總監督委任複選監督。在各特別區，由有選舉資格之人，直接選出議員，以各該區行政長官充選舉監督。衆議院議員任期三年，選舉年限以三年為一屆。參議院之議員由有選舉權之各團體選出，各以該省行政長官，選舉會所在地行政長官，駐藏辦事長官，教育總長，工商總長充任選舉監督，參議院議員任期六年，每二年改選三分之一；其第一屆於開會後分為二十七部，每部以抽籤法分為三班，第一班滿二年改選，第二班滿四年改選，第三班任滿改選。兩院議員之選舉，均用無記名單記投票法，幷應選定同數之候補當選人。無論何人，不得同時為兩院議員。

兩院之職權完全平等，凡臨時約法所賦予參議院之職權，為兩院所公有。議會會期為四個月，開會閉會，兩院同時行之。議事由兩院各別行之。議定以兩院一致成之。但關於建議、質問、查辦官吏之請求、政府諮詢之答復、人民請願之受理、議員逮捕之許可、院內法規之制定等，兩院各得專行之。

民國憲法，應由國會制定。兩院各選出同數之委員起草，幷會合議定；會合時，以參議院議長爲議長，衆議院議長爲副議長，非兩院各有總議員三分二以上之出席，不得開議，非出席議員四分三以上之同意，不得議決。蓋以憲法爲國家根本大法，其議定之出席人數，與表決人數，不得不有最高度之限制。

此三法自公布施行後，於七年二月，經臨時參議院加以修正，但至九年八月，修正案即已失效。十二年三月，國會復將國會組織法第二十一條加以修改，以減少憲法會議出席人數之限制，而期憲法之完成。

第十二節　省議會議員選舉法及省議會暫行法之議決

前清光緒三十四年六月頒布諮議局章程，幷通諭各省召集諮議局，以爲地方議事機關。民國成立，政府通令改爲臨時省議會；幷以此項議會章程，係屬法律，應候參議院議決公布施行。旋參議院議決省議會議員選舉法，於元年九月四日公布，又議決省議會暫行法，於二年四月二日公布。玆將兩法要點，略述於左：

各省省議會議員名額，依參議院議決，元年九月二十五日公布之各省第一屆省議會議員名額表所規定。直隸爲最多，凡一百八十四名。江蘇、浙江次之，爲一百六十名，一百五十二名。江西、四川同爲一百四十名。更次，山東一百三十二名，河南一百二十八名，廣東一百二十名，山西一百十二名，安徽、湖南各一百零八名，湖北一百零四名。吉林、黑龍江、新疆爲最少各四十名。其餘福建九十六名，雲南八十八名，陝西八十四名，廣西七十六名，奉天六十四名，甘肅五十六名，貴州五十三名。

省議會議員選舉權及被選舉權之資格，與衆議院議員選舉法所規定完全相同。選舉之程序，采間接選舉制，分初選複選，均用無記名投票法。初選以縣爲選舉區，由選舉人選出初選當選人，其名額爲議員之二十倍。複選合若干初選區爲選舉區，由初選當選人選出複選當選人，卽爲議員，並應選定同數之候補當選人。各省設選舉總監督，以本省行政長官充之；各縣設初選監督，以本縣行政長官充之；複選區設複選監督，由總監督委任之。選舉年限以三年爲一屆；省議會議員卽以三年爲任期。任滿再被選得連任；但不得同時爲國會議員。

省議會議長一人，副議長二人，由議員分次用無記名單記法選舉，各以得票過半數者爲當選。議長維持秩序，整理議事，對外代表省議會。議長有事故時，由副議長代理；議長副議長俱有事故時，由議員中選舉臨時議長代理。議員改選，議長副議長一併改選。

省議會之職權凡十二：（一）議決本省單行條例，但以不牴觸法律命令爲限；（二）議決本省預算及決算；（三）議決省稅及使用費規費之徵收，但法律命令有規定者，不在此限；（四）議決省債之募集及省庫有負擔之契約；（五）議決本省財產及營造物之處分並買入；（六）議決本省財產及營造物之管理方法，但法律命令有規定者不在此限；（七）答覆省行政長官諮詢事件；（八）受理本省人民關於本省行政請願事件；（九）建議關於本省行政及其他事件之意見於省行政長官；（十）彈劾省行政長官之違法，經由內務總長提交國務會議懲辦之；（十一）咨請省行政長官查辦本省行政官吏之違法納賄；（十二）提出對本省行政事項有疑義之質問書於省行政長官，限期答覆，如答覆不得要領，得要求省行政長官自行到會或派員到會答辯。

省議會分常年會及臨時會二種。常年會每年一次，由省行政長官召集，以六十日為率，其有必須連續開議者，得延長二十日以內。臨時會因特別緊要事件發生，由省行政長官或議員半數以上之請求召集之，會期至多不得逾三十日。省議會非有議員半數以上出席，不得開議；議案之表決，以出席議員過半數為準，可否同數，取決於議長。省議會之議決事件，省行政長官應於十日內公布；如不以為然，應於五日內咨交覆議；如認為違法，得咨請撤銷；如省議會不服，得提起訴訟於平政院，在平政院未成立時，由最高法院受理之。

第十三節　參議院之解散

臨時約法第二十八條規定：「參議院以國會成立之日解散。」又第五十三條規定：「本約法施行後，限十個月內由臨時大總統召集國會。」臨時約法於元年三月十一日公布施行，是參議院之存續期間，最多只能至二年一月為止。惟中華民國正式國會遲至二年四月八日成立，參議院即於是日解散；院長吳景濂致閉會詞，略云：

「竊維本院自南京移設北京，迄將一載。而更溯元年一月二十八日本院正式開幕於南京之期，則已閱十有四月矣。此十有四月中，本院先後開會，綜二百二十次，議決之案，凡二百三十有餘，立法綱要，未始不於此稍稍植基礎也。……今幸國會成立，凡一切問題重要所待維持而解決者，皆將於完全立法機關是賴。語所謂失之東隅，收之桑榆者也。」

參議院為民國初建之臨時立法機關，歷時未久，其開會次數，與決議案件，已具詳於吳議長之報告。而制定各項法律之成績，似較正式國會為優；茲彙列於下：

中華民國臨時約法五十六條　元年三月十一日公布

國會組織法二十二條　元年八月十日公布

衆議院議員選舉法一百二十一條　元年八月十日公布

參議院議員選舉法四十四條　元年八月十日公布

衆議院議員各省複選區表　元年八月十三日公布

西藏第一屆國會議員選舉法四條　二年四月十日公布

省議會議員選舉法九十九條　元年九月四日公布

各省第一屆省議會議員名額表　元年九月二十五日公布

省議會議員各省複選區表　元年十月二日公布

省議會議員各省覆選區表施行法三條　元年十月二日公布

省議會暫行法四十一條　二年四月二日公布

國務院官制十二條　元年六月二十六日公布

各部暫行官制通則二十條　元年七月十八日公布

外交部官制十條　元年十月八日公布

內務部官制十三條　元年八月初八日公布

財政部官制十四條　元年十一月二日公布

陸軍部官制十六條　元年八月三十一日公布

海軍部官制十三條　元年八月三十一日公布

司法部官制十二條　元年七月二十四日公布

教育部官制十二條　元年八月二日公布

農林部官制十三條　元年八月二日公布

工商部官制十一條　元年八月八日公布

交通部官制十四條　元年八月十九日公布

參謀本部官制十條　元年十月三十日公布
國務院祕書廳官制十條　元年七月十八日公布
法制局官制十條　元年七月十八日公布
銓敍局官制八條　元年七月二十日公布
印鑄局官制九條　元年七月十六日公布
稽勳局官制九條　元年七月二十日公布
蒙藏事務局官制十三條　元年七月二十四日公布
籌備國會事務局官制七條　元年八月十日公布
法典編纂委員會官制七條　元年七月十六日公布
國史館官制九條　元年十月二十八日公布
中央觀象臺官制九條　元年十一月二十九日公布
陸軍官制表　元年八月十九日公布
陸軍測量官官制三條　元年十一月二十五日公布
陸軍官佐士兵等級表　元年八月十九日公布

海軍官佐士兵等級表　元年十月二十日公布
中央行政官俸法八條　元年十月十六日公布
中央行政官官等法八條　元年十月十六日公布
陸軍測量官官俸法二條　元年十一月二十五日公布
技術官官俸法五條　元年十一月二日公布
禮制七條　元年八月十七日公布
服制十條　元年十月三日公布
陸軍服制　元年十月二十三日公布
陸軍官佐禮服制　元年二十三日公布
中央學會法十八條　元年十一月二十九日公布
中國銀行則例三十條　二年四月十五日公布
興華匯業銀行則例三十一條　元年十一月十六日公布
國籍法二十二條　元年十一月十八日公布
戒嚴法十七條　元年十二月十五日公布

印花稅法十三條　元年十月二十一日公布
行政執行法十一條　二年四月一日公布
中國鐵路總公司條例十三條　二年三月三十一日公部
元年六釐公債條例十六條　二年二月十九日公布

第二章　制定憲法時期

民國開創，瞬已二年，正式國會，亦經成立。全國人心，喁喁望治，亟盼早日制定憲法，永矢咸遵，選舉正式總統，得列強之承認，以增進國際上之地位。當時國會議員，亦殫精竭慮，壹志專心，共同努力於制憲事業，并已議定大總統選舉法。後雖處惡劣之環境，受強暴之威脅，閱時數月，卒於艱難困苦中完成憲法草案。距袁氏下令撤銷國民黨籍議員之資格，不過三日。其情勢之危迫，可以想見。此為中華民國立法成績最著之時期。

第一節　國會之召集

自臨時政府於元年八月十日公布國會組織法，及參衆兩院議員選舉法後，復於八月十三日公布衆議院議員各省覆選區表。八月二十日，公布衆議院議員選舉法施行細則。九月五日公布衆議院議員選舉日期令，規定於元年十二月十日舉行初選，二年一月十日舉行覆選。元年十二月八日，又公布參議院議員選舉法施行細則；并公布參議院議員第一屆選舉日期令，規定各省省議會，中央學會，華僑選舉會之參議院議員選舉，於民國二年二月十日舉行，蒙藏青海選舉會之參議院議員選舉，於民國二年一月二十日舉行。

二年一月十日，臨時大總統發布正式國會召集令，限當選之參衆兩院議員，於二年三月以內齊集北京。文略云：

「民國正式國會，爲共和建設所關。本大總統躬承我國民付託之重，迭經飭由國務總理，內務總長督令籌備國會事務局，及各該參議院議員選舉監督，衆議院議員選舉總監督，選舉監督等分別妥速籌備。并先後制定參議院衆議院議員各選舉日期令，俾各依限進行。自約法施行以來，現已十個月屆滿。據國務總理內務總長呈，據籌備國會事務局呈稱：『衆議院議員覆選舉，除據報延期各省分外，餘均於民國二年一月十日遵令舉行。其參議員選舉亦將次第遵令舉行』等語。……茲幸國會議員已如法選出，亟應依照約法，下令召集。自民國二年一月十日正式國會召集令發布之日起，限於民國二年三月以內，所有當選之參議院議員，及衆議院議員，均須一律齊集北京，俟兩院各到有總議員過半數後，卽行同時開會。」

旋政府下令定中華民國二年四月八日行民國議會開會禮，屆期，兩院議員齊集衆議院會場，舉行國會第一次開會典禮，國務總理及國務員均蒞會，到參議院議員百七十七人，衆議院議員五百人，推議員中年齒最長之楊瓊爲臨時主席，宣讀開會詞。大總統未到，派祕書長梁士詒賫致頌詞，文曰：

「中華民國二年四月八日，我中華民國第一次國會正式成立，此實四千餘年歷史上莫大之光榮，四萬萬人億萬年之幸福。世凱亦國民一分子，當與諸君子同深慶幸！念我共和民國，由於四萬萬人民之心理所締造。正式國會，亦本於四萬萬人民心理所結合。則國家主權，當然歸之國民全體。但自民國成立，迄今一年，所謂國民直接委任之機關，事實上尚未完全。今日國會諸議員，係國民直接選舉，卽係國民直接委任。從此共和之實體，藉以表現，統治權之運用，亦賴以圓滿進行。諸君子皆識時俊傑，必能各紓讜論，爲國忠謀。從此中華民國之邦基，益加鞏固，五大族人民之幸福，日見增進，同心協力，以造成至強大之民國。使五色國旗，常照耀於神州大陸，是則世凱與諸君子所私心企禱者也。謹致頌曰：中華民國萬歲！民國國會萬歲！」

國會成立後，參議院於四月二十六日選舉張繼爲議長，王正廷爲副議長。四月二十八日，衆議院選舉湯化龍爲議長；三十日，選舉陳國祥爲副議長。贛寧事起，張繼、白逾桓等離京。九月三日，參議院改選王家襄爲議長。

第二節　省議會之召集

前清籌備立憲，於各省設有諮議局。民國成立後，臨時政府電飭各省都督，將原有諮議局改組爲臨時省議會。幷以此項議會章程，應候參議院議決公布施行；在未頒行以前，所有各省省議會組織及選舉之方法，暫由各該省現有議事機關，商知該省長官，按照普通選舉簡易辦法，妥愼規定，迅速辦理。

旋參議院議員，應依照約法改選，其選舉方法，由各地方自定。政府特於四月四日電令各省，從速組織省議會，以便議定方法，選出參議員，以組織約法上所規定之立法機關。電文略云：

「查臨時省議會爲代表本省人民及監督地方行政之機關，至爲重要。迭據各省來電，此項議會，尚有未經成立者，殊於進行有礙。此次選舉參議員方法，依約法既由各地方自定，若代表地方之機關先未成立，則一切從何着手？……查各省臨時省會議，多由原設諮議局改組而成。該局議員本係地方公民依法選出，今國體雖更，人民猶是，以固有正當之代表，爲暫時繼續之機關，於法於理，均無不合。除業經改組各省外，所有未經設立此項議會之省，應各就原設諮議局，撤去諮議局之名，改爲臨時省議會。即以原選議員，作爲該會議員，行使其應有之職權。……此項議會，既以臨時爲名，本非常設。一俟參議院成立，將常設之省議會組織及選舉各法議決公布後，再行按照執行。」

旋參議院議決省議會議員選舉法，於元年九月四日公布施行。政府即制定省議會議員第一屆選舉日期令，通飭各省遵照選舉第一屆省議會議員。至民國二年，各省省議會議員之初選複選，多數依限辦竣。政府乃於二年一月十日通令各省長官，先行發布省議會議員召集令，凡複選已竣各省分，限於民國二年二月十日以前召集。至複選延期各省分，限於該省省議會議員複選舉行後，由該省行政長官約定日期召集。各省省議會議員，均一律依令齊集省城，俟到有總議員三分之二以上時，即行開會。

臨時政府復以省議會議員選舉法雖已頒行，而關於省議會之組織及職權之法律，參議員尚未議定，各省省議會召集開會，無所依據，特於一月三十一日通令暫照前清諮議局章程辦理。令文略謂：「在省議會暫行條例未經公布施行以前，前清諮議局章程，係屬現行法律之一。所有各省省議會一切組織及其職權，除該章程與民國國體及新頒法令牴觸者外，當然適用。為此通令各省行政長官，於該省省議會召集後，應令暫照此項現行章程，分別辦理。」迨後參議院制定省議會暫行法，於二年四月二日公布施行；諮議局章程當然廢止，各省省議會即依照此法辦理。維民國為統一國，各省應否有此龐大議事機關，尚屬未解決之問題，故此法仍係暫時性質；至民國三年，各省省議會即經政府通令解散。

第三節　國會之組織

依國會組織法第一條至第五條及第八條，又議院法第十四條及第二十二條，國會由參衆兩院構成。參議院以各省省議會，蒙藏青海華僑各選舉會，及中央學會選出之議員組織之，其分配（一）各省省議會各選出十名，（二）蒙古選舉會選出二十七名，（三）西藏選舉會選出十名，（四）青海選舉會選出三名，（五）中央學會選出八名，（六）華僑選舉會選出六名，共二百七十四名。衆議院以各地方人民所選舉之議員組織之，各省以每人口滿八十萬選出一名，（在人口總調查未畢以前，各省選出之名額，最多者四十六名，最少者十名，共為五百五十六名；又蒙藏青海選出之名額共為四十名；凡五百九十六名。兩院議員總計八百十七人。兩院議長副議長各一人，各由本院議員依所定規則互選之。兩院各設委員會三種：（一）全院委員會，（二）常任委員會，（三）特別委員會。

參議院委員會依其規則所規定，各委員會各設委員長一人。全院委員會審議重要問題，全院委員以全院議員充之。全院委員長於每一會期開始選舉，但議長副議長不在被選之列。常任委員會分爲十三股，於每次會期之始，選舉各項常任委員，計法制股審查委員十五人，財政股審查委員十五人，內務股審查委員七人，外交股審查委員七人，軍事股審查委員七人，交通股審查委員七人，教育股審查委員七人，實業股審查委員七人，預算股審查委員二十三人，決算股審查委員十一人，請願股審查委員九人，懲戒股審查委員九人，院內審計股審查委員五人。常任委員各於該股中分次選舉委員長及理事各一人，以得票最多數者爲當選，票數同者抽籤定之，特別委員會爲審查特別案件而設，其員數議長依院議隨事定之，特別委員依院議由議長指定，或議員選出之。其由議長指定者，以首名爲委員長，次名爲理事；由公選者以票數最多者爲委員長，次多者爲理事。

參議院設祕書廳及警衞處，依各該組織規則所規定，祕書廳設祕書長一人，掌理全廳事務，分設文牘、議事、速記、公報、會計、庶務六科，設祕書六人分掌各科事務。警衞處設警衞長一人，巡官四人，巡長八人，巡警六十八人，專管院內警衞及消防事務。

衆議院各委員會之組織，規定於衆議院規則第二章。全院委員會，以全院議員組織之，全院委員長，於每年開會之始選舉，但議長副議長不在被選之列。常任委員會以各項常任委員組織之，計法典委員二十五人，預算委員四十九人，決算委員四十九人，外交委員十五人，內務委員十九人，財政委員二十五人，軍政委員十五人，教育委員十五人，實業委員十五人，交通委員十七人，請願委員二十五人，懲戒委員十五人，院內審計委員十五人。常任委員由全院議員選舉，常任委員長一人，理事一人或數人，由該會委員互選，均以得票多數者爲當選。特別委員會之員數，以院議決之，特別委員由議長指定，以首列者爲委員長，但關於審查議員資格之特別委員會委員由議員選舉，以得票最多數之一人爲委員長。

又依衆議院規則第十章，衆議院設祕書廳，分議事、速記、文書、會計、庶務五科，設祕書長一人，綜理全廳事務，祕書及速記技士各若干人，分掌各科事務，其員數至多均不得過三十人。

第四節　國會之職權

國會之職權，依國會組織法第十四條第十三條之所定，在「民國憲法未定以前，臨時約法所定參議院之職權，爲民國議會之職權。」惟國會爲兩院所構成，臨時約法所賦予參議院之職權，既爲兩院所公有，則關於兩院職權之分配，似已幾於平等。至職權內之事項，有必須兩院共行之者，有兩院各得專行之者。其得專行之事項凡七：（一）建議，（二）質問，（三）請求查辦官吏之納賄違法，（四）答覆政府之諮詢，（五）受理人民之請願，（六）許可議員之逮捕，（七）制定院內之法規。其餘各事項，則須由兩院共同行之。即凡法律案、財政案、彈劾案，及其他承諾事件之議定，必以兩院之一致成之。但預算決算，須先經衆議院之議決。

十二年中華民國憲法規定國會之職權，與前所述微有異同。茲依據各條文臚列如次：

一 行使立法權（第三十九條）

二 議定國軍額數（第三十二條第四項）

三 承諾或追認大總統之宣戰（第八十四條）

四 承諾大總統之締結媾和及關係立法事項之條約（第八十五條）

五 議定募集國債及締結增加國庫負擔之契約（第一百十條）

六 議定直接有關國民負擔之財政案，惟衆議院有先議權（第一百十一條）

七 議定預算案，惟先由衆議院議決，參議院修正或否決，須求同意，如不得同意，原議決案即成爲預算（第一百十二條）

八 衆議院認大總統副總統有謀叛行爲時，得以議員三分二以上之列席，列席員三分二以上之同意彈劾之（第六十條）

九 衆議院認國務員有違法行爲時，得以列席員三分二以上之同意彈劾之（第六十一條）

十 衆議院承諾國務總理之任命（第九十四條）

十一 衆議院得決議不信任國務員（第六十二條）

十二 衆議院追認或否認預備費之支出，及財政緊急處分，並得否認決算案（第一百十四條、第一百十八條、

第一百二十條）

十三 參議院審判被彈劾之大總統、副總統、及國務員，惟非以列席員三分二以上之同意，不得判決爲有罪或違法（第六十三條）

十四 參議院承諾大總統之解散衆議院（第八十九條）

十五 參議院承諾大總統之宣告復權但以對於彈劾事件之判決爲限（第八十七條）

十六 參議院裁決省與省爭議事件（第三十一條）

十七 參議院承諾最高法院院長之任命（第九十八條第二項）

十八 參議院選舉審計院院長（第一百二十二條）

十九 兩院各得建議於政府（第六十五條）

二十 兩院各得受理國民之請願（第六十六條）

廿一 兩院各得咨請政府查辦官吏之違法或失職（第六十四條）

廿二 兩院各得自行審定議員之資格，幷許可議員之逮捕或監視（第四十六條、第六十九條）

廿三 兩院議員得提出質問書於國務員，或請求其到院質問之（第六十七條）

廿四 兩院議員得提出法律案（第一百零三條）

十五　國會得發議修正憲法，幷由議員組織憲法會議修正憲法，或解釋憲法（第一百三十六條、第一百三十七條、第一百三十九條、第一百四十條）；

十六　國會議員組織總統選舉會選舉大總統與副總統（第七十三條、第七十八條）。

以上所述各職權，有同屬於兩院者，有專屬於一院者。關於公有職權之行使，有必須兩院之一致者，有兩院各得自行決定者。至專有職權之分配，大抵財政權多屬之衆議院，監督權多屬之參議院。又兩院議員之提出法律案與質問書，依議院法第二十九條及第四十條，均須有二十人以上之連署。大總統副總統之選舉，憲法之解釋或修正，則由兩院議員組織總統選舉會與憲法會議行之，此又似非國會之職權，應均爲議員之職權。

學者通常謂立法機關之職權有三：（一）立法權，（二）監督權，（三）財政權。財政權本爲監督權之最重要者；而監督權又大致分爲（甲）同意權，（乙）彈劾權，（丙）質問權，（丁）建議權，（戊）請查辦官吏權，（己）投不信任票權，（庚）審判彈劾案權，（辛）受理請願權。前所列舉國會之職權雖多，總括之不外此三權。

第五節　國會之政黨

前參議院之政黨有三：（一）同盟會，（二）共和黨，（三）統一共和黨。當時尚有其他各小黨，如湯化龍、林長民等之共和建設討論會，孫洪伊等之共和統一黨，伍廷芳、陳錦濤、徐謙等之國民共進會，岑春煊、伍廷芳、溫宗堯等之國民公黨，黃興等之共和實進會，張國維等之民國公會，潘鴻鼎等之國民黨，以及共和俱進會，共和促進會，及國民新政社等。至民國元年八月，同盟會及統一共和黨，與國民共進會、國民公黨、共和實進會合併而改組國民黨。後共和黨亦吸收民國公會與前國民黨；但章炳麟派仍依舊分出而爲獨立之統一黨。元年十月，共和建設討論會與共和統一黨合併而成民主黨，并加入共和俱進會、共和促進會、國民新政社，以梁啓超爲領袖。當籌辦正式國會議員選擧時，競選黨派卽國民黨、共和黨、統一黨、民主黨共計四黨。此四黨以國民黨爲最大，共和黨次之，統一、民主兩黨均小。

正式國會開幕，國民黨競選結果，獨獲勝利，在兩院約佔四百席，爲絕對多數。其餘三黨均失敗，共和黨在兩院議員不及二百人，民主黨議員不足百人，統一黨議員只二三十人，後亦增至百餘人。三黨懾於國民黨勢力之厚，乃以利害關係共謀抵抗，合併而成進步黨。國民黨爲革命分子所組織，奮發激昂，傾向於地方分權，以遏抑總統之野心。進步黨爲舊立憲派之淵藪，穩健溫和，傾向於中央集權，以擴張元首之權力。兩黨之勢力，在參議院，國民黨議員人數，遠在進步黨之上，故參議院議長副議長爲國民黨黨員。在衆議院，兩黨人數約略相等，故議長之選擧至決選二次，期間亙二十日，但卒爲進步黨黨員所得。當時兩院議員隸籍數黨，或竟未入黨者，亦不在少數；實則各黨所佔之議席，大約如左表：

黨籍		衆議院	參議院	合計
國民黨		二六九	一二三	三九二
進步黨	共和黨	一二〇	五五	一七五
	統一黨	一八	六	二四
	民主黨	一六	八	二四
		一五四	六九	二二三
跨黨者		一四七	三八	一八五
無黨者		二六	四四	七〇
總計		五九六	二七四	八七〇

未幾，國民黨呈分裂現象，劉揆一等出組相友會，景耀月、孫毓筠等出組政友會，郭人漳、夏同龢等出組超然社，陳家鼎等出組癸丑同志會，此外尚有集益社、潛社等小團體，於是國民黨在國會之勢力大減。但進步黨不久亦有分裂之事實，即民社派之張伯烈等與統一黨之吳宗慈等，仍樹共和黨之旗幟以獨立；又有進步黨黨員李慶芳等擁戴梁士詒為黨魁組織公民黨，由是進步黨之勢力亦削。贛寧之役以後，蒙藏議員多由進步黨出組憲政公會。旋憲政公會復與超然社、相友會、集益社、潛社等合組大中黨。迨後國民黨一小部分黨員，感覺當時環境

之危險，爲謀保存其潛勢力，乃與進步共和兩黨一部分人士結合組織民憲黨。及兩院議員職務停止，國會告終，政黨無活動之餘地，多名存而實亡。國會之政黨，及其分合之始末，略具於是，茲圖示於次：

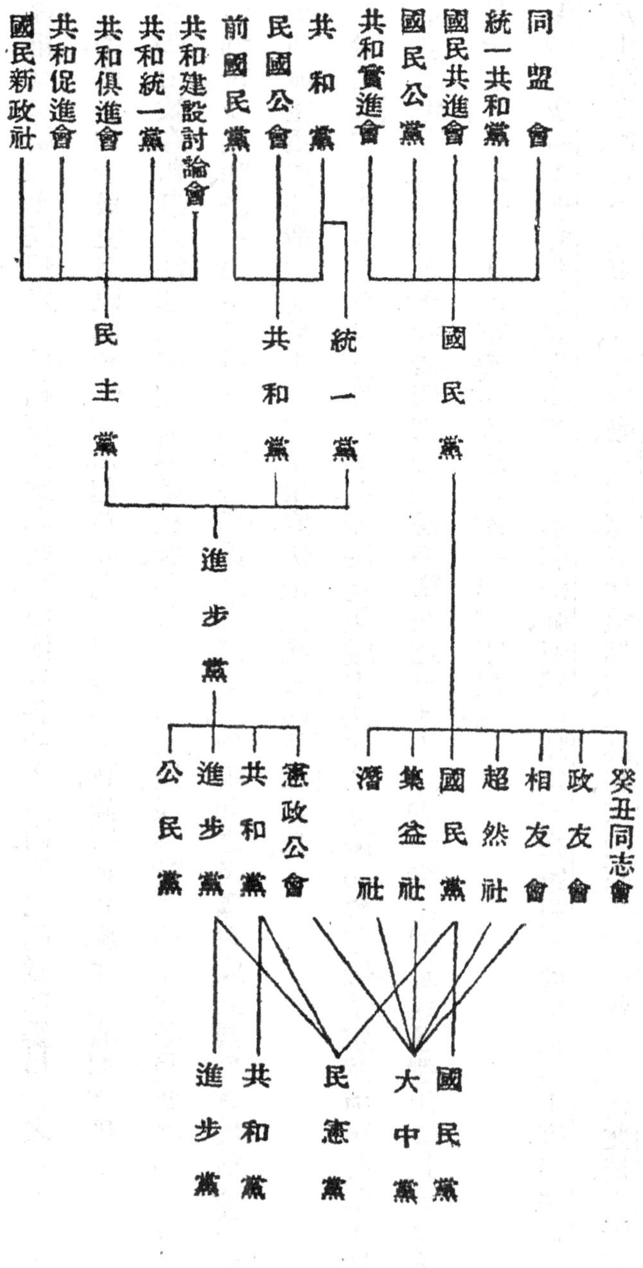

第六節　憲法起草委員會之組織

國會組織法第二十條規定:「民國憲法案之起草,由兩院各於議員內,選出同數之委員行之。」但當民國二年一月頃國會尚未成立各政團對於憲法起草問題,意見殊不一致,雖國會組織法定有明文,仍不無異議。梁啓超等主張由政府組織憲法起草機關,而以總統府、各省都督、參議院、及各政黨所派之委員,爲其組成分子。當時十八省都督及共和統一、民主諸黨,與夫迎合袁氏之官僚策士均附和之。及國會成立,國民黨員佔議席最多,羣起反對,前派主張,遂歸消滅。關於憲法起草事宜,仍依據國會組織法辦理。

國會於民國二年四月八日成立,遲之又久,始決定組織憲法起草機關。國會組織法定爲由兩院選出同數委員起草憲法,但委員人數若干?幷無明文。參議院乃議決選三十八人,諮詢衆議院同意,遂各選出委員三十八人,幷候補委員十五人以組織憲法起草委員會。參議院選出之委員爲:

湯漪、蔣舉清、丁世嶧、藍公武、朱兆莘、楊永泰、解樹強、陳銘鑑、陸宗輿、高家驥、段世垣、陳善、王賡、王用賓、金永昌、向乃祺、趙世鈺、石德純、張我華、金鼎勳、饒應銘、車林桑都布、王鑫潤、宋淵源、呂志伊、曹汝霖、金兆棪、王家襄、蔣曾煥、河穆爾靈圭。　又候補委員爲盧天游、劉積學、田永正、徐鏡心、程瑩度、楊渡、楊福洲、籍忠寅、姚華、劉映奎、齊忠甲、李槃、袁嘉穀、楊增炳、辛漢。

衆議院選出之委員如次:

張耀曾、黃雲鵬、楊銘源、夏同龢、谷鍾秀、李國珍、孫潤宇、劉崇佑、劉恩格、褚輔成、孫鐘、李芳、汪榮寶、伍朝樞、李慶芳、史澤咸、何雯、黃璜、汪彭年、易宗夔、王印川、張國溶、王紹鏊、吳宗慈、王敬敷、陳景南、彭允彝、李肇甫、徐秀鈞、孟森。又候補委員為黃贊元、龔政、陳發檀、馬小進、劉彥、駱繼漢、陳鴻鈞、谷芝瑞、林萬里、沈河清、孫洪伊、李景龢、楊廷棟、范熙壬、虞廷愷。

憲法起草委員選定後，於二年七月十日開預備會，十二日開成立會，議定以北京宣武門外之天壇祈年殿為會所。十五日復開會，議定委員會之規則。其內容之最重要者，為委員會設委員長一人，理事六人，由委員互選；委員會非有三分二委員之出席，不得開議，決議以委員總額半數之一致成之；委員開會時，除兩院議員外，禁止旁聽。七月十九日，開會選舉委員長及理事，結果湯漪當選為委員長，蔣舉清、楊銘源、王家襄、黃雲鵬、夏同龢、楊永泰，被選為理事，嗣王家襄辭職，以李國珍補之。

憲法起草委員會委員共六十八人，候補委員三十人，以國民黨黨員為最多，約有二十八人；進步黨黨員次之，約十九人；其餘小政團亦各有數人不等。自贛寧革命失敗後，國民黨委員張耀曾、谷鍾秀等，與進步共和兩黨委員李國珍、劉崇佑等聯合，而成為民憲黨，於是進步黨委員汪榮寶等在委員會中之勢力大減。而國民黨委員之離京者已有多人，其被繫與被捕殺者亦有數人，國民黨委員之人數既已減少，在委員會之勢力亦較衰。此後憲法起草委員會開會，能常到會之委員，不過四十餘人。

憲法起草委員會自成立後，即積極從事起草憲法，至十月三十一日，中華民國憲法案三讀通過，咨交憲法會議，即世所謂天壇憲法草案。十一月十日，憲法起草委員會自行解散。

第七節　先選總統之定議

當國會成立之初，先定憲法後選總統，爲政黨共同之意見，亦爲議員多數之主張。迨贛寧革命爆發，議員中之急進派國民黨員，認定國會在北京無自由行使職權之餘地，主張南遷。參議院議長張繼前已離京，並力勸程德全、譚延闓、孫道仁各督，紛紛電請議員南下。時多數議員均不贊成，於是有最激烈黨人密謀炸毀議會之風聲。臨時大總統袁世凱因尚未得任正式總統，必須由國會選舉，又恐議員相率南下，將爲敵人所利用，乃特頒明令，保護兩院議員，聲明尊重約法上議員應有之特權。

贛寧敗後，袁氏勢焰益張，亟欲早正大位；而當時國中有總統被選希望者，亦舍袁氏莫屬。進步黨議員遂紛紛提出先選總統後定憲法之議案，大旨以民國成立，瞬已二年，起草憲法，時逾二月，尚未竣事，將來憲法會議，更不知遷延若干時日，始能完成大法，正式總統久懸，不足以系全國之人心，正國際之觀聽，故應先選總統，成立正式政府。時國民黨議員受環境之壓迫，咸亦惴惴危懼，雖心有未服，以勢孤力微，無法與之對抗。又恐袁氏悍然不顧，采取斷然處置，解散國會，遂亦表示贊同，冀以緩和空氣，保全實力。二年九月五日，衆議院開會討論此案，遂以二百一十三人對一百二十六人之多數，爲先選總統之決議。惟關於選舉正式大總統之方法，臨時約法幷未規定，卽牽涉未來憲法問題，非一院所能決定，因更諮詢參議院求其同意。旋參議院亦於九月六日開會議決，表示贊同。

九月十二日，參衆兩院依國會組織法關於制憲之規定，會合討論選舉總統之方法。惟本案有先決之問題二：(一)總統選舉法可否依普通立法程序制定？抑必須經制定憲法之程序？(二)憲法可否先制定一部分之總統選舉法？此一部分制定後，於全部憲法制定時當如何？經各議員詳加審議，僉以國會之產生，旣由普通法之國會組織法；則總統之產生，自亦可由普通法之總統選舉法。但國會爲制定憲法之機關，爲臨時約法所明定，在國會未成立前，無制憲之機關，不得不以普通法產生國會。今旣有國會，且爲制憲之機關，大總統選舉法當然須經制定憲法之程序。再憲法上關於總統之規定，最重要者爲職權，而其職權又與國會、國務院、法院等相關聯，若僅制定選舉法，則總統選出後，無活動範圍之可言，殊非憲法上立法之本旨。且全部憲法制定時，此種選舉法若重行編入，則是剛性憲法之一部分，有忽焉廢止之嫌；若仍舊單行，亦非近世法典主義所許。但臨時約法之效力與憲法等，其第五十四條定有明文。總統選出後，所有職權，自應依臨時約法所規定。至將來憲法完成，將此種選舉法倂入其中，不過條文次序之移易，不得謂之廢止。卽偶有修改，亦必經制定憲法之程序，更無單行之疑慮。當經兩院會合議決，由憲法起草委員會起草憲法一部分之總統選舉法。

旋憲法起草委員會草具大總統選舉法，提交憲法會議，於十月四日三讀通過，全案議決，幷自行公布。國會隨即開大總統選舉預備會議決：(一)以憲法會議議場爲總統選舉會會場；(二)以十月六日爲選舉日期，大總統選出之次日選舉副總統；(三)總統選舉會以憲法會議議長爲主席，副議長爲副主席；(四)兩院各抽籤八人，爲開票、檢票、發票員，屆期國會組織總統選舉會，議員出席者共七百零三人，兩次投票均不足法定票數，無人當選。乃就第二次得票最多之袁世凱黎元洪二人舉行決選，袁世凱以五百零七票之過半數，當選爲民國第一任正式大總統。翌日選舉副總統，出席議員七百十九人，黎元洪以六百十一票當選爲正式副總統。

第八節　袁氏干涉制憲之步驟

當正式大總統未選舉前，國會正努力制憲，袁氏左右數上條陳，謂憲法草案，諸多不利於總統，於是謠傳軍警將有干涉國會之舉動。惟袁氏固欲利用國會選舉正式總統，故尚不動聲色，虛與委蛇，并一面頒布明令，對於議員特加保護，一面戒飭左右，對於憲法起草，不得妄加干涉。及十月十日袁氏就任正式大總統，遂肆無忌憚，干涉國會制憲，至再至四，無所不用其極。

十月十六日，袁氏咨請國會於憲法成立前，立即增修臨時約法。蓋袁氏雖依大總統選舉法當選爲正式總統，而正式大總統之職權，依該法附則之所定，固仍須以臨時約法關於臨時大總統之規定爲準。臨時約法采責任內閣制，袁氏不堪其束縛，故於就任後即提出增修案。其請求修正之點，不外擴張大總統之職權，即(一)總統制定官制、官規，任免國務員、外交大使，以及一切文武職員，并宣戰、媾和、締約，不徵參議院之同意；(二)總統享有緊急命令權及財政緊急處分權。時國會議員率認憲法行將制定，約法卽當廢止，實無增修之必要。袁氏之提出增修約法案，其意固在抨擊臨時約法，亦所以表示對於正式憲法之主張，此爲干涉制憲之初步。

國會之制定大總統選擧法，卽以憲法會議名義公布，袁氏深致不滿。只以總統選擧期迫，恐稍有爭持，必致遷延時日，大選問題，或將另生枝節，故隱而未發。及就正式總統職，乃於十月十八日，咨憲法會議，爭憲法公布權。大旨以臨時約法第二十二條及第三十條，有「參議院議決事件，咨由臨時大總統公布」及「臨時大總統公布法律」之規定。又國會組織法第十四條規定：「民國憲法未定以前，臨時約法所定參議院之職權，爲民國議會之職權。」認爲憲法會議之議決公布大總統選擧法，於現行法律及立法先例，俱有未妥，事關立法權限，請從速答覆。憲法會議以憲法草案未成，無開議之機會，遂亦置而未復。此爲袁氏干涉制憲之第二步。

袁氏於提出增修臨時約法案時，幷一面咨達憲法會議，對於民國憲法有所陳述，特飭國務院派遣顧鰲、饒孟任、黎淵、方樞、程樹德、孔昭焱、余棨昌八委員出席憲法會議及憲法起草委員會代達意見。十月二十四日，憲法起草委員會開會，八委員突至，言奉派來會陳述意見。憲法起草委員會以依照該會規則，僅許議員旁聽，其他無論何人，不特無發言權，抑且無旁聽權，遑論陳述意見，因予拒絕。憲法會議亦以該會議性質，與國會不同，大總統對於憲法會議既無提案權，自無派員出席說明之理由。其實憲法草案大綱，早經決定，條文亦已大部分議有結果，卽令八委員得以陳述意見，亦決不致有所變易。此爲袁氏干涉制憲之第三步。

八委員之被拒，袁氏尤憤懣異常，乃斷然爲破毀憲法草案之計。十月二十五日，袁氏卽通電各省都督民政長指摘憲法草案之不當，嗾使反抗。電文內所列舉之點凡四，有曰：

「今草案第十一條，國務總理之任命，須經衆議院同意；第四十三條，衆議院對於國務員爲不信任之決議時，須免其職。比較臨時約法，弊害尤甚。……是國務員隨時可以推翻，行政權全在衆議員少數人之手。……今草案第八十七條，法院依法律受理民事、刑事、行政及其他一切訴訟云云。是不遵約法另設平政院，乃使行政訴訟亦隸法院。行政官無行政處分之權，法院得制行政官之肘。……今草案第五章規定國會委員會，由參衆兩院選出四十人共同組織之。會議以委員三分二以上列席，列席員三分二以上同意決之。……此不特侵奪政府應有之特權，而僅四十委員，但得二十餘人之列席，與十八人之同意，便可操縱一切。試問能否代表兩院意見？以少數人專制多數人，此尤侮蔑立法之甚者也。……今草案第一百八九兩條，審計員由參議院選舉之，審計院長由審計員互選之云云。審計員專以議員組織，則政府編製預算之權，亦同虛設，而審計又用事前監督，政府直無運用之餘地。」

於是各省軍民長官羣攘臂瞋目而議憲法；甚焉者且力倡解散國民黨，撤銷國民黨籍議員，撤銷憲法草案，解散憲法起草委員會，解散國會之議。此爲袁氏干涉制憲第四步所得之結果。未幾，各省軍民長官之所請，果一一實現。

第九節　議院法之議決

國會成立後，專注於制定憲法，其他各項法律，尚多未遑。常會四月，轉瞬即屆，迨延長會期以後，於九月議決議院法十九章，共九十四條，咨由政府於二年九月二十七日公布。國會之組織與職權，國會組織法已定其大要，而議院法更詳爲規定，以爲國會一切活動之準則。茲略述其內容如次：

議會之開會，無論常會或臨時會，兩院議員應於期前十日，各自集會於本院。開會之日，兩院議員會合舉行開會式；終了之日，則會合舉行閉會式。兩院得於會期內休會，但其期間不得逾十五日；一院休會未得他院同意者，不得逾七日。議會會期之延長，其期間由兩院臨時定之。

議員初次到院，應將當選證書提出審查。開會逾一月，議員尚未到院者，應解其職；但已報有不得已之故障，得以院議展期至兩個月爲限。議員請假七日以內，由議長許可；七日以上，付院議決定。其辭職之許否，亦付院議決之。議員有缺額時，由院通知國務院以各該候補當選人遞補，以補足前議員之任期爲限。議長維持院內秩序，整理議事，指揮監督秘書長及其所屬各職員，對外爲一院之代表。議長有事故時，副議長代行其職權；均有事故時，即另選臨時議長。議長或副長出缺時，應行補選。議長副議長之任期，參議院二年，衆議院三年。

議院之議決法律、財政及重大議案，須經三讀會之程序；議決政府提出之議案，須經委員會審查，但因政府之要求，議長或議員十人以上之動議，經院議可決者，得省略之。預算案之交委員會審查，應於三十日內提出報告。彈劾大總統案之提出，各院須有總議員五分一以上之連署；彈劾國務員案，須有總議員十分一以上之連署，用無記名投票表決之。議員提出建議案，須有十人以上之連署，可決後即日咨達政府。如政府不能採用，同會期內不得再行提出。議員質問政府，得以二十人以上之連署，提出質問書，如政府答覆後，認為不得要領時，得請國務員限期出席答覆。議員對於政治上緊急問題，得臨時動議，經可決後，要求國務員出席答覆。議員提出查辦案，須有十人以上之連署，政府查辦終結，應即咨覆。請願事件，須有議員五人以上之介紹，經委員會審查後，提付院議可決，再咨政府，並要求其報告。凡以總代表名義之請願，牴觸憲法之請願，干預審判之請願，請願書對於政府或議院有侮辱之語者，均不得受理。

議院議事之結果分為可決、否決，或修正議決。政府提出之議案，經甲院否決時，應通知政府，經甲院可決，或修正議決時，應移付乙院。甲院移付或其提出之議案，經乙院否決時，應通知政府及甲院；經乙院可決時，應咨達政府，並通知甲院；經乙院修正議決時，應回付甲院。甲院對於乙院回付修正議決之案同意時，應咨達政府，並通知乙院；如不同意，即請求協議。乙院不得拒絕。

國務員及政府委員得隨時出席兩院，及各委員會、協議會，發表意見，但不得中止議員之發言，並不得參預表決。各委員會及協議會亦得請國務員及政府委員出席說明之。

兩院各得懲戒本院議員，於付委員會審查後，經院議決定，由議長宣告之。懲戒方法凡五：(一)抑發，(二)於一定之期間內停止發言，(三)於一定之期間內停止出席，(四)於公開議場謝罪，(五)除名，但須有出席議員三分二以上之可決。議員無故缺席者，按日扣歲費十元；連續至三次者，酌定五日以內之期間，停止其發言；連續至六次者，酌定十日以內之期間，停止其出席；經停止出席期滿後，仍無故缺席連續至三次者除名。議員攜帶凶器入場者除名。懲戒之動議，須有議員二十人以上之贊成，并須於應行懲戒事件發生後五日內行之。議長副議長有違法情節，經總議員五分一以上之提議，交懲戒委員會審查後，付院議決定。如有總議員三分二以上之出席，出席議員三分二以上認爲違法時，即解職另選。

兩院經費由國庫支出。其款目有三：(一)議員歲費及公費，(二)祕書廳及警衛經費，(三)預備費。

第十節　國民黨籍議員之取銷

大總統袁世凱前通電詆譏憲法草案，得各省文武長官之聲援，乃出以非常之手段，於二年十一月四日，下令解散國民黨；并飭警備司令官，督同京師警察廳，查明自江西湖口起事之日起，凡國會議員之籍隸國民黨者，一律追繳其議員證書及徽章。是日下午四時，軍警開始執行，徹夜不息，至次晨八時始畢。計被追繳之議員，凡四百三十八人。初僅追繳三百五十餘人，兩院猶足法定人數，尚有開會之希望；遂又補行追繳八十餘人，即凡湖口起事以前已退出國民黨者，亦無一倖免。自是國會以不足法定人數，不能開會。至十一月十三日，參衆兩院乃以議長名義，發出通告，聲明自十一月十四日起，暫行停發議事日程，中止議事。

十一月十七日，衆議院爲政府以命令追繳國民黨籍議員證書徽章，依法提出質問，請於三日內明白答復；文略云：

「近閱報載，大總統十一月四日命令解散國民黨，幷追繳該黨國會議員證書徽章。……獨是國民黨與籍隸國民黨之議員，在法律本屬兩事，其處分自不能從同。……查議院法第八條，議員於開會後，發現不合資格之疑義時，各院議員得陳請本院審查，由院議決選舉十三人組織特別委員會審查之。據此，議員資格之疑義，其審查權屬之兩院，院法規定，彰彰可證。今政府以隸籍國民黨之議員，早不以法律上合格之議員自居爲理由，豈非以政府而審查議員資格，侵害國會法定之權限乎？至於追繳證書徽章，直以命令取消議員，細按約法，大總統無此特權，不識政府毅然出此，根據何種法律？此不能不懷疑者一也。十一月四日命令之結果，國民黨議員被取消者三百餘人，次日又追加百餘人，遂過議員總額之半，兩院均不能開會。……政府確爲懲治內亂嫌疑耶？則應檢查證據，分別提交法院審判，不得以概括辦法，良莠不分，致令國會人數不足，使不蒙解散之名，而受解散之實也。……究竟政府方針，對於民國是否有國會之必要？對於國會是否以法律爲正當之解決？此不能不懷疑者二也。……茲依議院法第四十條提出質問，應請政府於三日內明白答覆。」

十二月三日，參議院亦以政府之下令追繳議員證書徽章，國務員輔弼總統，列名副署，應負責任，特依約法第十九條第九款，議院法第四十條，提出質問書於國務員，限三日內答覆。原書質問之點凡四：(一)政府擅以命令取消議員，果依何種法律？(二)此項被取消之議員，究竟是否有罪？(三)以命令除議員之名，并令非法之候補者如額遞補，是否爲何法？(四)政府既以非法使議會永無開會之日，又不願居破壞國會之名，究奚所取義？是何居心？」

十二月二十三日，國務院答覆兩院質問，以質問書，依約法第十九條，及國會組織法第十四條之規定，應經由議院提出相詰難，略謂：

「此次質問書之提出，在議院議長通告停發議事日程之後，既已停發議事日程，何能提出質問書？且查當日提出質問書之情形，係發生於兩院現有議員之談話會，以法律規定所無之談話會，而提出屬於法律上議院職權之質問書，實爲約法、國會組織法、議院法規定所未特許。……查十一月四日大總統命令，曾聲明此舉係爲挽救國家之危亡，減輕國民之痛苦起見，並將詳細情形，布告國民。蓋以議員多數而爲搆成內亂之舉，係屬變出非常，不特議院法未規定處理明文，即各國亦無此先例。大總統於危急存亡之秋，是非心迹，昭然天壤，事關國家治亂，何能執常例以相繩。」

此種不負責之答覆，其爲遁詞，無待煩言。

府政下令取消國民黨籍兩院議員後，并於十一月十二日電飭各省都督民政長追繳各該省省議會議員致各省省議會亦陷於停頓。

第三章　增修約法時期

自國民黨籍議員取消後，兩院無形解散，民國之法治初基，遂摧毀無餘，而國家之根本大法，亦完成無望。袁氏挾其私組之政治會議，以停止兩院議員之職務，復特設約法會議，參政院等御用機關，增修約法，修改大總統選舉法，藉便私圖。終以參政院代行立法院之勸進，帝制自爲，而私造之法，亦毀滅無餘。卒致身亡名裂，爲天下後世笑。此爲中華民國立法最黑暗之時期。

第一節　政治會議之組設

當熊希齡之組閣，其大政方針最重要之點，即爲省制之改革。意在廢省，以固中央，謀國家之統一。袁氏以爲事體重大，須召集一地方長官之代表委員會議，方能決定。熊總理遂於二年十一月五日電令各省行政長官派遣委員，組織行政會議。袁氏適於此時下令撤銷國民黨籍國會議員，乃因利乘便，令改開政治會議，以爲立法施政之樞紐，冀令稍分政府蹂躪法律，摧殘國會之責任。迨各省人員均已派定，袁氏復於十一月二十六日特頒明令，派員合組政治會議。原令有云：

「共和精義，在集衆思廣忠益，以謀利國福民，期於實事求是。現在正式政府已經成立，本大總統督同國務員，業將大政方針，次第議決。但建設之始，萬端待理，關於根本大計，討論尤須詳盡。前經電令各省舉派人員來京，特開政治會議，以免內外隔閡，俾得共濟時艱。現各省所派人員，不日齊集；應再由國務總理舉派二人，各部總長每部舉派一人，法官二人，蒙藏事務局酌量舉派數人，本大總統特派李經羲、梁敦彥、樊增祥、蔡鍔、寶熙、馬良、楊度、趙惟熙；合組政治會議機關。務各竭所知，共襄郅治，奠邦基於磐石，以慰全國喁喁待治之心，本大總統有厚望焉。」

二年十二月十二日，袁氏特任李經羲為政治會議議長，十四日特任張國淦為副議長。十二月十五日，政治會議開幕，議場設北海之承光殿。

政治會議為政府之諮詢機關，全體議員共八十人，均為中央及各地方所派之代表，計(一)各省代表，每省二名，共四十四名；(二)國務總理代表二名；(三)各部代表，每部一名，共十名；(四)蒙藏代表，每族八名，共十六名；(五)總統府代表八名。議員須具三種之資格：(一)年齡滿三十五歲以上；(二)有十年以上之政治經驗；(三)明瞭世界大勢，品學兼優。政治會議以議決關於民國建設之政治問題為範圍，凡行政上應興應革事件，經政府之諮詢，亦得議決之。

政治會議成立後，奉袁氏之諮詢救國大計，及增修約法程序，即議決停止國會議員之職務，解散各省省議會，建議特設造法機關，議定約法會議組織條例。政治會議除參與袁氏破壞正式立法機關，及國家根本大法之謀議外，幷無其他成績可言。至三年六月二十日，參政院成立，政治會議始消滅，歷時凡六閱月。

第二節　國會議員職務之停止

自二年十一月四日，政府下令撤銷國民黨籍國會議員後，兩院以不足法定人數，陷於停頓。惟袁氏及各省軍民長官，猶以爲未足，必欲去之而後快。十二月十六日，各省都督民政長等聯電大總統，謂國會開會七閱月，糜費數百萬，立法成績毫無，請諮詢政治會議以救國大計。電末幷云：

「賴我大總統以救國爲己任，毅然剛斷，將亂黨議員資格，一律取銷，令候補當選人以次換補。顧候補人員與前次人員資格相同，無論一時斷難如額，即使如額，而八百餘人築室道謀，仍恐議論多而成功少。……現者國民黨議員悉經解散，其餘穩健議員，素知自愛，聞已羞與噲伍，憤欲辭職。雖欲固結，已屬無從。留此少數之人，既無成立之希望，應請大總統給資回籍，另候召集。各議員皆明達廉潔，決不戀戀於五千元之歲俸，而浮沈於不生不滅之間，以誤國家大計。狂夫之言，聖人擇焉。」

袁氏據電，即於十二月十八日令交政治會議迅速討論辦法，詳細具覆。政治會議於十二月二十九日開會提議，經各議員就本案大體，一再討論，以爲關係重要，應先行派員審查。即由議長依據政治會議規則第十條，指定蔡鍔、饒漢祥、許鼎霖、朱文劭、顧鰲、姚震、梁建章、沈銘昌、孫毓筠、鄧鎔、方樞、那彥圖、貝允昕、王印川、陳瀛洲等爲審查員。三年一月二日、六日，審查員等兩次開會審查，全體議決，即於一月七日，擬具意見書，提出報告。政治會議於一月九日開正式會議，經各議員詳細討論，認各省都督民政長等之所請爲正當，當經全體議決，即日呈請大總統裁奪施行。原呈略謂：

「本會議意見，以爲原電所陳，不無可采。蓋就國會本體而論，其組織法發生於約法，選舉法發生於組織法，種種不良之點，既經一度試驗，已屬無可諱言。……我國國會開會，計自民國二年四月，至今已逾九月，延期倍過正期。立法機關，終歲常設，即使人數過半有餘，亦非政治良軌。何況議員實存少數，更無庸再擁延會之虛名。……則今日即徇各省地方長官之請，明白宣布，使濟濟賢能議員，暫結殘局，而養朝氣以待將來之結合，實亦無戾於救國之精神，且可以促國會之再造，此原電之可采者一也。至就議員個人而論，自國民黨議員悉經解散後，其餘穩健明達之士，留則無職可盡，去則棄職爲嫌，進退兩難，身心俱苦，爲國家愛重人才，豈宜如此，此原電之可采者二也。本會議全體決議，認原電所請另候召集一節，係屬度勢審時，正當辦法。應請大總統俯納各都督民政長之議，宣布停止兩院現有議員職務。」

袁氏遂於三年一月十日，以熊希齡等全體閣員之副署，下令停止國會殘留議員職務。聲明兩院現有議員，既與現行國會組織法第十五條所載總議員過半數之規定不符，應即依照政治會議議決，毋庸再爲現行國會組織法第二條暨第三條之組織。如何給資？由國務總理財政總長籌畫施行。一應兩院事務，由內務總長督飭籌備國會事務局分別妥籌辦法，免滋貽誤。所有民國議會，候依照約法，另行召集。

袁氏於令下之日，並發出布告，詳述前籌備召集國會之經過，及追繳國民黨籍議員證書徽章之原因，並此次停止議員之職務，在促國會之再造。末云「須知改良國會，關係於共和政治之前途，非常重大。……一俟釐訂組織各法，及選舉程序以後，政府自必切實進行，依法召集，以慰我國民喁喁望治之心。」卒之立法院組織法，及立法院議員選舉法雖已制定公布，而立法院迄未成立。至五年八月，國會第一次恢復，民國之無正式立法機關，凡兩年又六月。

第三節　各省省議會之解散

國會議員，既經政府下令停止職務，則各省省議會自難倖免。贛寧之役，政府經於二年八月，先後明令解散江西、廣東、湖南等省省議會，并停止用兵各省省議會。三年二月，各省都督民政長聯電政府，以地方議會非從根本解決，收效無期，所有各省省議會議員，似應一律停止職務；一面迅將組織方法，詳為釐訂，以便另行召集。政府即將電陳各節，發交政治會議公同議決，呈候核奪施行。

政治會議遂於三年二月十日列入議事日程，經各議員一再討論，決定先付審查；當照章指派議員裴鐸、馬良、饒漢祥、顧鰲、劉馥、王印川、李慶芳、張一麐、孫毓筠、林萬里、朱文劭、秦望瀾、鄧鎔、龍建章、黎淵等為審查員。該審查員等開會三次，審查完竣，提出報告書，經政治會議於二月二十六日開會提議，當即議決，并於二月二十七日呈請大總統俯准將各省省議會一律解散。原文略云：

「在中國今日之省，其性質是否應認為自治團體？抑純為國家之地方行政區域？尚屬疑問。本會議以為吾國行省制度區域過廣，祇宜作爲最上級地方行政區域，不宜施行自治區制。按歐洲大陸諸國，及日本自治制通例，雖即以國家之地方行政區域，兼爲自治團體之自治區域，然大抵級愈下者，認其自治權愈寬。由是層累而上，至於最上級行政區域，或且僅有官治而無自治。誠以自治之事，級愈小，境愈小，則人民公共關係愈見親密，而自謀亦易周。其他地方行政區域，級愈高而境愈廣者，微獨與國家政權接觸益近，不宜委任自治；且就令認爲自治團體，亦必無事可辦，徒擁虛名。中國行省轄地之廣，幾埒於歐美一國。世界各國現行自治團體中，求其區域如是之廣者，絕不之見，故難任令省各自治，致蹈聯邦國制之嫌……省既不能認爲自治團體，則當然不應於中央議會與地方議會之間，發生此性質不明之省議會。查省議會之設，係沿襲前清諮議局制度而來，其權限亦略相等。綜其職務範圍，幾於省自爲政。即各省議會按暫行法，因其議決本省單行條例之權，雖有不得抵觸國家法令之規定，然國會立法之範圍，無形之中，已受種種限制，而國家之立法權不能統一。因有議決本省預算決算之權，致中央之行政事務，每牽入地方自治範圍，而國家之財政權又不能統一。因有彈劾本省行政長官之權，致與國會請求查辦官吏權，顯有疊床架屋之弊，而國家之一切用人行政，皆不能統一。溯自民國成立之初，各省臨時省議會之設，大率自定職權，本非整齊畫一之制。嗣政府初次提出地方制度各案，即欲確定其職權範圍，以免踰越。及至第二第三次修正地方制度各案，政府鑒於前車，即毅然有廢止各省議會之計畫，均因事體重大，積久未決，旋以國會組織在即，參議院議員依法多應由省議會舉出，於是有省議會議員選舉法之制定。及省議會成立後，紛紛以會章爲請，乃補定省議會法，倉卒成立，遂一以諮議然尚名之曰暫行法者，固已預留根本解決之餘地。故自省議會成立以來，政府固認爲一時權議院亦認爲非國家永久之圖。因仍舊貫，暫立法規，施行至今，情見勢絀。故省議會之不宜於統一國家國家之不應有此龐大之地方議會，殆無疑義。……據以上理由，是該都督民政長等以解散各省議會爲請，揆諸法理，按之事勢，均屬可行。擬請大總統俯如所請，將各省省議會一律解散。」

袁氏據呈，即於三年二月二十八日下令將各省省議會實行解散，幷聲明各省將來應否組織別稱議事機關，統俟釐定地方制度時，再行通盤籌畫，折中定制，俾利推行。終袁氏時代，地方制度迄未釐定，地方議事機關之應否設立，亦未擬議。至五年八月十四日，政府復令各省省議會應於十月一日，由各省行政長官依法召集開會。屆期，各省省議會一律恢復。

第四節　約法會議之特設

民國二年十二月十六日各省軍政長官聯電政府諮詢政治會議以救國大計，除請資遣國會議員外，並請修正民國根本法，略謂：「歷考中外改革初期，以時勢造法律，不以法律強時勢。美爲共和模範，而開國之始，第一次憲法即因束縛政府不能有爲，遂有費拉德費亞會議修正之舉。……現在政治會議已經召集，與美國往事由各州推舉之例正同。」二年十二月二十二日，政府復諮詢政治會議以增修約法程序，令仰併案討論辦法具覆。

政治會議於二年十二月二十九日開會提議，經各議員就大體上一再討論，以爲此案關係重要，應先行審查。當由議長依據政治會議規則第十條，指定蔡鍔、饒漢祥、許鼎霖、朱文劭、顧鼇、姚震、梁建章、沈銘昌、孫毓筠、鄧鎔、方樞、那彥圖、貝允昕、王印川、陳瀛洲等爲審查員。各審查員於三年一月二日、六日，兩次開會審查，全體可決。提出意見報告書，經政治會議於一月九日開正式會議議決，即日呈覆大總統裁奪施行。原文略云：

「本會議以爲約法之應行增修，與增修案之得由大總統提出，揆之法理事實，均屬毫無疑義。本會議所當討論者，即係以何種機關議決此項增修案之問題。……本會議依據法理，參之事勢，僉以爲宜於現在之諮詢機關，及普通之立法機關以外，特設造法機關，以改造民國國家之根本法。既可示天下以尊重約法之意，且與該兼領都督等以時勢造法律之意相符。……且有此一造法機關，將來約法修定以後，凡附屬於約法之各種重要法案，即可由其制定。……本會議討論至再，全體議決，並希望此種造法機關如果設立，應請召集各地方富於學識經驗聲望素著之員，妥愼組織，以符尊重造法機關之本旨。」

政府據政治會議呈復議決特設造法機關，以增修約法，及附屬於約法之各重要法案，即准如議進行。惟以此種造法機關，究應如何組織？應用何種名稱？其職權範圍及議員選派方法，應如何妥愼規定？特再諮詢政治會議，剋日議決具復。

政治會議於三年一月十六日開會提議，經大體討論後，即決定派員審查，當即指定蔡鍔、許鼎霖、劉馥、顧鼇、方樞、王印川、李慶芳、鄧鎔、朱文劭、孫毓筠、劉邦驥、黎淵、貢桑諾爾布、林萬里、陳瀛洲等爲審查員。該審查員等於一月十九日、二十三日，兩次開會審查，多數議決，擬具約法會議組織條例草案，並附具意見書，提出報告。政治會議復於一月二十四日開正式會，經各議員先行議定大體，復逐條討論，均經全體議決，當日呈覆。原呈略云：

「茲謹將本會議議決組織造法機關各項大綱，並其所根據之理由，分別撮要，爲我大總統陳之。第一，關於造法機關之名稱，查此項造法機關，既因議決增修約法案而設，即稱約法會議，以符名實。第二，關於造法機關之職權，查本會議前以應特設造法機關，改造民國國家之根本法，及附屬於約法之重要法案等情，呈覆大總統在案。……故擬以議決增修約法案，及附屬於約法之重要法案爲其職權。第三，關於造法機關之組織，……增修約法，關係國家根本大計，……是以本會議多數意見，僉以爲應於現有之各機關及各團體以外，選出議員若干人，而後可以有適當之組織。第四，關於造法機關之議員選派方法，……爲尊重造法機關起見，擬仍酌用選舉方法，然當以學識經驗爲準。而其選舉區畫，則不得不取都會集中主義；選舉資格，又不得不取人才標準主義。……至此項選舉方法如何折衷釐訂之處，現經會議各員全體議決，以爲此項選舉方法，應即因時立制，一方而使各選舉監督於一定條件之下調查，列入選舉册組成選舉人名會，並於最嚴重條件之下調查，列入被選舉人名册，其數均各倍於法定員額有差，以之提出於該選舉會，作爲被選舉人。而一面仍由選舉人於列入名册之被選舉人中，以自由意思投票公選，庶有選舉人之精神，而無選舉人之弊害。……惟調查遺漏，既不容當事人呈報選舉違法，又無利害關係人提起選舉訴訟，則選舉監督之認定權過重，恐有流弊。故擬於中央政府所在地方特設議員資格審定會，以爲糾正選舉監督之機關，則不患救濟之無術。以上各節，均係本會議對於造法機關議決之大綱，及其所根據之理由。」

袁氏據政治會議呈復議決約法會議組織條例二十二條，即於三年一月二十六日公布施行。依該條例所規定，約法會議議員由京師選舉會選出四人，各省選舉會每省選出二人，蒙藏青海聯合選舉會選出八人，全國商會聯合會選舉會選出四人，各該選舉會分別以內務總長、各省民政長、蒙藏事務局總裁、農商總長爲選舉監督。凡選舉人必須有中華民國國籍年滿三十歲以上之男子，而具有四種資格之一者：(一)曾任或現任高等官吏而通達治術者，(二)曾由舉人以上出身而夙著聞望者，(三)在高等專門以上學校三年以上畢業而研精科學者，(四)有萬元以上之財產而熱心公益者。選舉人均由選舉監督調查認定，列入選舉人名册。至蒙藏青海，得以在京之王公、世爵、世職、及其他相當人員充選舉人；全國商會聯合會得以在京之職員及其他殷實會員充選舉人；各由選舉監督認定列入名册。

約法會議議員被選舉人之資格更嚴，由選舉監督調查有中華民國國籍之男子，年滿三十五歲以上，而具有三種資格之一者，列入被選舉人名册：(一)曾任或現任高等官吏五年以上而確有成績者；(二)在內外國專門以上學校習法律政治之學三年以上畢業，或曾由舉人以上出身，習法律政治之學，而確有心得者；(三)碩學通儒，富於專門著述，而確有實用者。

有一約法會議各選舉會之選舉，用記名單記投票法，以得票較多數者爲當選。當選人由約法會議議員資格審定會審定後，給予議員證書；如不合格，由各該選舉監督開會另選。約法會議議長副議長各一人，由議員互選，以得票過半數者爲當選。投票至二次無人當選時，以第二次得票較多者二人決選之。

政府於公布約法會議組織條例時，并一面令飭各選舉監督遵照後關於選舉程序之施行細則訂定頒布後，即各切實進行，俾此項特設造法機關得以尅期成立。又設立籌備約法會議事務處，飭將選舉事宜次第籌辦。旋各選舉監督先後報告各當選人均依法選出，復經議員資格審查會審查完竣。至三年三月十八日，約法會議舉行開會式，出席議員四十四人，選舉孫毓筠爲議長，施愚爲副議長。議員除浙江、廣東、雲南，應各另選一人外，共五十七人。

第五節 約法會議之造法

約法會議成立後，袁大總統於三月二十日提出增修約法大綱案，咨交約法會議開會討論，咨文中有最扼要之語云：

「竊以民國草創，根本大法，雖不能不取法於共和先進諸國，而事事削足適履，究其實，或將以利吾國者始，而害吾國者終，福吾民者求，而禍吾民者應。……故爲目前建設國家計，根本法上之關係，宜有兩種時期，蓋增修約法爲一時期，制定憲法又爲一時期。質言之，則施行約法爲一時期，而施行憲法當別爲一時期也。增修約法與施行憲法既應別爲一時期，則第一要義之所在，當知施行約法，爲國家開創時代之所有事；即與施行憲法，爲國家守成時代之所有事者截然不同。」

袁氏咨文之語意，與孫中山先生革命方略所定訓政憲政兩時期之旨相符，當民國成立之初，即未依照實施，故中山先生有云：「民國建元之初，予極力主張施行革命方略，以達革命建設之目的。……而吾黨之士多期期以爲不可，經予曉喻再三，辯論再四，卒無成效，……予於是不禁爲之心灰意冷矣。」袁氏獨能見及，雖是否由衷，要未可以人廢言也。旋約法會議即依照袁氏所提增修臨時約法大綱七項，另行議定中華民國約法，由政府於三年五月一日公布。此約法標題無「臨時」字樣，蓋已接受袁氏之意見，認定建設國家應有兩種時期約法，并非施行於短時期也。自此約法公布後，中華民國臨時約法，國會組織法，衆議院議員選舉法，參議院議員選舉法，均毀滅無餘。

自中華民國約法公布後，大總統選舉法之基礎即不免有動搖。第一，大總統選舉法規定選舉大總統之機關，爲由國會議員所組織之總統選舉會。中華民國約法所規定之立法機關爲立法院，采一院制，法律事實均有變更。第二，大總統選舉法規定大總統副總統同時缺位時，由國務院攝行其職務。中華民國約法采總統制，不設置國務院，將來關於攝行總統之職務，無其他法定機關。第三，大總統選舉法附則明定大總統之職權，暫依臨時約法關於臨時大總統之規定。臨時約法既因中華民國約法施行而廢止，則該附則所謂「暫依」已失其根據。且臨時約法與中華民國約法所規定大總統之職權，範圍廣狹懸殊。參政院代行立法院以大總統選舉法與現行新約法抵觸之點甚多；并以約法會議有修正與憲法效力相等之約法之職權，自可修正屬於憲法一部分之大總統選舉法；爰於八月十八日開會議決，建議大總統轉咨約法會議將大總統選舉法修正案分別起草議決。

約法會議卽將大總統咨交參政院建議修改大總統選舉法案列入議事日程，於八月二十六日開會討論大體。復於九月七日十二月二十五日十二月二十八日先後開會詳加討論，議決修正大總統選舉法，咨由大總統於民國三年十二月二十九日公布施行。

約法會議原以議決增修約法案及附屬於約法之重要法案爲其職權；除議決中華民國約法及修正大總統選舉法外，經先後議決參政院組織法，咨由政府於三年五月二十四日公布，立法院組織法，及立法院議員選舉法，均於三年十月二十七日公布。後約法會議又依中華民國約法第六十一條之規定，議定國民會議組織法，由政府於四年三月十二日公布。四年三月十八日，約法會議以議事告竣，宣告閉會，歷時剛一年。

第六節　參政院之成立

中華民國約法第七章規定設立參政院，以應政府之諮詢，審議重要政務。參政院依其組織法所規定，設院長一人，副院長一人，均由大總統特任。參政五十人至七十人，由大總統簡任，但須具有五種資格之一：(一)有勳勞於國家者，(二)有律法政治之專門學識者，(三)有行政之經驗者，(四)碩學通儒有經世著述者，(五)富於實業之學識經驗者。

大總統應交參政院決議之事件凡三：(一)依約法所定，須經參政院同意事件。此類事件有四：(甲)大總統之解散立法院；(乙)大總統之發布與法律有同等效力之教令；(丙)大總統之爲財產緊急處分；(丁)大總統之不公布於內治外交有重大危害，或執行有重大障礙時之法律案。(二)約法，及附屬於約法各法律疑義之解釋事件。(三)行政官署，與司法官署之權限爭議事件。大總統得諮詢參政院徵集其意見之事件凡六：(一)關於締結條約事件，(二)關於設置行政官署事件，(三)關於整理財政事件，(四)關於振興教育事件，(五)關於擴充實業事件，(六)其他大總統特交事件。

又依中華民國約法第五十九條、第六十條、第六十七條，參政院有特殊之職權三：(一)推舉委員十人，組織憲法起草委員會起草憲法；(二)審定憲法；(三)代行立法院之職權。

袁氏於三年五月二十四日公布參政院組織法後，復於五月二十六日特任黎元洪爲參政院院長，汪大燮爲副院長，幷任命各參政，多網羅一時名流。三年六月二十日，參政院正式成立，袁氏即下令停止政治會議，以故參政院隱然爲政治會議之繼承機關。

參政院爲政府之諮詢機關，但同時爲中華民國憲法案之起草及審定之機關。四年七月一日，袁氏令參政院推舉憲法起草委員，參政院即於七月三日推定參政李家駒、汪榮寶、達壽、梁啓超、施愚、楊度、嚴復、馬良、王世澂、曾彝進十人，組織憲法起草委員會。但旋因君憲運動發生，起草正式憲法之議，無形消滅。

參政院自成立後，政府即令代行立法院職權。旋參與袁氏帝制之謀議，三次建議，兩次勸進。未幾，帝制失敗，袁氏憤亡，參政院亦於五年六月二十九日經政府下令裁撤，閱時兩年又一月。

第七節　參政院之立法

參政院於三年六月二十日成立，袁氏即於三年六月二十九日下令宣布參政院代行立法院職權，文曰：「依約法第六十七條，立法院未成立前，參政院代行其職權。現在參政院業經開院，立法院尚未成立，所有約法上規定屬於立法院之職權，應即由參政院代行之。」至民國四年，立法院尚未成立，政府復依立法院組織法第八條，「立法院之開會日期，自每年九月一日起，至十二月末日止」，令參政院按照會期，代行立法職權。立法院雖經籌備，迄未成立，似參政院始終為立法院之代替機關。改行政會議為政治會議，以消滅國會，復設參政院以繼承政治會議，并代替立法院，此為袁氏之一貫政策。

前國會立法成績殊尠，為各省軍政長官所詆諆。參政院代行立法院職權，除建議修改大總統選舉法，并議定國民代表大會組織法外，曾於民國三年、四年，議決多數法律案，茲列舉於次：

違令罰法五條　三年七月十四日公布

官吏犯贓治罪法十條　三年七月十四日追認
行政訴訟法三十五條　三年七月二十日公布
糾彈法十三條　三年七月二十日公布
訴願法十八條　三年七月二十日公布
治安警察條例四十一條　三年八月二十九日追認
豫戒條例十四條　三年八月二十九日追認
警械使用條例十一條　三年八月二十九日追認
修正行政執行法第二條第二款、第三條、第四條第三款、第五條、第七條第二項、第三項、第四項。　三年八月二
十九日公布
民國三年內國公債條例十六條　三年九月一日追認
狩獵法十四條　三年九月一日公布
商會法六十條　三年九月十二日公布
審計法十九條　三年十月二日公布
會計法三十七條　三年十月二日公布

嗎啡治罪法十二條　三年十月十九日追認

森林法三十二條　三年十一月三日公布

懲治盜匪法十一條　三年十一月二十七日公布

懲治盜匪法施行法五條　三年十二月六日公布

出版法二十三條　三年十二月四日公布

修正印花稅法十一條　三年十二月七日公布

私鹽治罪法十五條　三年十二月二十二日公布

擴充民國三年內國公債債額條例五條　三年十二月二十日公布

暫行刑律補充條例十五條　三年十二月二十四日公布

證券交易所法三十五條　三年十二月二十九日公布

修正國籍法二十二條　三年十二月三十日公布

權度法二十六條　四年一月六日公布

權度營業特許法十六條　四年一月六日公布

修正中國銀行則例第十六條、第二十一條、第二十六條、第二十九條。　四年九月三十日公布

司法官懲戒法三十四條　四年十月十五日公布

審計官懲戒法二十七條　四年十月十五日公布

違警罰法五十三條　四年十一月七日公布

土地收用法三十八條　四年十月二十二日公布

著作權法四十五條　四年十一月七日公布

民業鐵路法七十五條　四年十一月十二日公布

商會法四十六條　四年十二月十四日公布

五年，參政院代行立法院開臨時會。三月二十二日，袁氏下令撤銷承認帝位案，參政院以前一再勸進，致招各方面之責言，恐此後議事，不足以代表民意，乃於三月二十五日大會議決，此次臨時會所議事件，以回復因帝制廢止各案為限，其餘事件，應俟正式選舉之民意機關成立，詳愼討論。當依約法第三十一條，提出建議，咨請政府查照施行。袁氏於四月一日咨復參政院略謂：「在立法院尚未成立以前，如有依法應行開會，及應議事件，自應仍依約法第六十七條之規定辦理，」但嗣後參政院對於立法院之職權，幷未有所行使，未幾即被裁撤。

第八節　立法院之籌備

中華民國約法對於立法權采一院制，其第三十條規定「立法以人民選舉之議員組織立法院行之。立法院之組織，及議員選舉方法，由約法會議議決之。」約法會議議定之立法院組織法，立法院議員選舉法，均經政府於三年十月二十七日公布。

依前兩法之所定，立法院以中央特別選舉會、各省及各特別行政區域選舉會，蒙藏青海各選舉會選出之議員組織之。中央特別選舉會選出四十人。各省選舉會共選出二百零二人，計直隸、奉天、山東、河南、江蘇、江西、浙江、湖北、四川、廣東十省，每省十人；吉林、山西、安徽、福建、湖南、陝西六省，每省九人；黑龍江、甘肅、新疆、廣西、雲南、貴州六省，每省八人。各特別行政區域選舉會共選出九人，計京兆四人，熱河二人，綏遠、察哈爾、川邊各一人。蒙藏青海各選舉會共選出二十四人，計內外蒙古十六人，西藏六人，青海二人。

中央特別選舉會之選舉人須有九種資格之一：(一)有勳勞於國家者；(二)任高等官吏一年以上者；(三)碩學通儒；(四)在本國或外國高等專門以上學校三年以上畢業，或有與高等專門以上學校畢業相當資格者；(五)在高等專門以上學校充教員二年以上者；(六)有一萬元以上之不動產者；(七)有商工實業資本一萬元以上者；(八)八旗王公世職、世爵；(九)華僑在國外有商工實業資本三萬元以上者。各省各特別行政區域選舉會之選舉人須有四種資格之一：(一)任高等官吏者；(二)在中學校以上畢業，或有與中學校以上畢業相當之資格者；(三)有五千元以上之不動產者；(四)有商工實業資本五千元以上者。蒙藏青海各選舉會以年滿三十歲以上之王公、世爵、世職，及其他相當人員為選舉人，不限定何項資格。

各省及各特別行政區域之初選選舉會，以選舉人之具有四種資格之一者，爲初選被選舉人：(一)任高等官吏一年以上者；(二)在高等專門學校肄業或畢業，或有與高等專門學校畢業相當之資格者；(三)有一萬元以上之不動產者；(四)有商工實業資本一萬元以上者。凡得被選舉爲立法院議員之被選舉人，須有七種資格之一：(一)有勳勞於國家者；(二)任高等官吏五年以上者；(三)碩學通儒；(四)在本國或外國高等專門以上學校三年以上畢業，或有與高等專門學校畢業相當資格者；(五)在高等專門以上學校充教員三年以上者；(六)有三萬元以上之不動產者；(七)有商工實業資本三萬元以上者。但蒙、藏、青海，得以王公、世爵、世職，及其他相當人員爲被選舉人。

中央特別選舉會，及蒙藏青海選舉會，依單選制之方法行之；以內務總長及蒙藏院總裁爲監督。各省及各特別行政區域選舉會依覆選制之方法行之；以縣知事爲初選監督，以該省或該特別行政區域之行政長官爲覆選監督。中央特別選舉會，蒙藏青海選舉會，各省各特別行政區域選舉會之初選區，覆選區，各設選舉資格調查會，調查選舉人名册及初選被選舉人名册。京師設全國選舉資格審查會，審查被選舉人名册，被選舉人經審定後，即爲立法院議員。

立法院議員任期四年；不得兼任參政院參政，及行政官吏，但由蒙藏青海選出者，不在此限。議員到院後，發現資格有疑義時，由議長指定議員十三人以上，組織特別委員會審查後，付院議決定之。議員於開會後，滿一個月尚未到院者，應解其職，但報有不得已之故障，得以院議延期至兩個月爲限。議員辭職之許否，由議長付院議決定。立法院議長，副議長，由議員用記名單記投票法分別選舉之。議長維持院內秩序，整理議事，指揮監督祕書長及其所屬職員，對外代表立法院。議長有事故時，副議長代行其職權。議長副議長之任期，以議員任期期滿爲限。

又依中華民國約法，第三十一條，立法院之職權凡九：(一)議決法律；(二)議決預算；(三)議決或承諾關於公債募集，及國庫負擔之條件；(四)答覆大總統諮詢事件；(五)收受人民請願事件；(六)提出法律案；(七)提出關於法律，及其他事件之意見，建議於大總統；(八)提出關於政治上之疑義，要求大總統答覆，但大總統認爲須祕密者，得不答覆之；(九)對於大總統有謀叛行爲時，以總議員五分之四以上之出席，出席議員四分之三以上之可決，提起彈劾之訴訟於大理院。

政府於公布立法院組織法，及立法院議員選舉法後，即於三年十月三十日下令着籌備立法院事務局將選舉進行程序，切實按法統籌辦理，幷飭各省各特別行政區域選舉監督督同所屬各初選監督，遵照法定程序，依限執行。三年十二月十日，籌備立法院事務局呈報籌備選舉程序，以調查選舉人及被選舉人資格爲第一步，幷籌備立法院之一切程限，均視調查期限之修短以爲衡。原呈略云：

「查立法院爲民國議會，實邦本安危所繫，政治隆汚所關，成立固不容遲延，籌備尤未便草率。……惟是立法院何時可以成立？應以各項選舉何時可以舉行爲斷。選舉何時可以舉行？應以資格審查何時可以終結爲斷。審查何時可以終結？應以調查資格何時可以辦竣爲斷。……我國各省各地方幅員之廣狹不齊，風氣之開塞互異。加以山國澤國，沿海沿邊，語言交通，不盡利便。……本局此次籌備辦法，明義開宗，卽在注重調查。而對於選舉調查期限一端，純以酌量地方情形爲要義。應先由各選舉監督，各就本管區域地方之廣狹，人口之多寡，事務之繁簡，詳加體察，約計調查選舉資格何時可以開始？造具調查名册何時可以告成？凡應行覆選各選舉區，并應分別初選覆選，預擬調查期限，各應需若干時日？迅速報明本局核辦。一俟各地方分別報齊，再由本局彙總查核，連同其他一切期限，分別規定，呈請令定通行遵照，俾利推行。」

籌備立法院事務局自着手籌備，一意延宕，始終藉口於調查選舉人及被選舉人之資格未能辦竣，致其他一切籌備程序，均無從進行。政府方利用參政院代行立法院職權，以是立法迄未成立。

第九節　國民會議之籌備

中華民國約法規定制定憲法之程序，先由參政院推舉委員十人，起草中華民國憲法案，由參政院審定後，提出於國民會議決定之。國民會議之組織，應由約法會議議決。約法會議卽議定國民會議組織法，咨由政府於四年三月十二日公布。

國民會議依其組織法所規定，其議員由中央特別選舉會，各省各特別行政區域選舉會，蒙藏青海各選舉會選舉，所選出之人數，與各該選舉會選出立法院議員之人數，完全相同，其選舉被選舉之資格，及凡關於選舉之程序，均準用立法院議員選舉法之規定。又由立法行政司法各機關選舉會各選出二十人；故國民會議議員較立法院議員多六十人。立法行政司法各機關選舉會之選舉，用互選制，於京師舉行，分別以內務部總長，平政院院長，司法部總長為監督。立法機關選舉會之互選，以立法院議員為互選選舉人，如在參政院代行立法院職權時，以參政為互選選舉人。行政機關選舉會之互選選舉人，須中央行政官署薦任以上行政職，年滿三十歲以上，而具兩種資格之一者：(一)高等專門以上學校習法律政治之學三年以上畢業，或有與高等專門以上學校畢業相當之資格者；(二)歷辦行政事務經驗至三年以上者。司法機關選舉會之互選選舉人，須京師各級法院薦任以上司法職，年滿三十歲以上，而具兩種資格之一者：(一)高等專門以上學校習法律政治之學三年以上畢業者；(二)歷辦司法事務經驗至三年以上者。

國民會議設議長副議長各一人，由議員用記名單記投票法互選之，以得票過投票人總數之半者為當選，投票至二次無人當選時，各以第二次得票較多者二人決選之。議長維持議場秩序，整理議事，指揮監督事務局職員，對外為國民會議之代表。議長有事故時，副議長代行其職權。國民會議設審查會，由議員用記名連記投票法互選審查員四十人組織之，審查長由審查員用記名單記投票法互選之，各以得票過投票人總數之半者為當選。

國民會議之職權在決定中華民國憲法案，其會期以四個月爲限。開會日期由大總統宣告，期滿卽行解散，如中華民國憲法案尚未議決，於解散後另行選舉。國民會議之議決中華民國憲法案，須先交由審查會審查；審查會非有總審查員四分三以上之出席不得開議，非出席審查員三分二以上之同意不得議決。國民會議出席人數與表決人數之限制，與審查會同；其議決憲法案，只有可決或否決之權，如認爲應須修正，得提出意見書咨由大總統交憲法起草委員會依原起草程序行之。國民會議議員於議場提出動議，須有二十人以上之附議；提出修正意見書須有四十人以上之連署。中華民國憲法案未經公布以前，國民會議議員於會議事項，須負嚴守祕密之責。

政府於公布國民會議組織法後，卽設立辦理國民會議事務局，飭卽妥速籌辦。四年六月十日，復下令申明立法院與國民會議應各剋期成立，略云：

「立法院爲國家立法機關，國民會議爲國家造法機關，均關重要。……自各該組織選舉法先後公布以來，業經飭由籌備立法院事務局，辦理國民會議事務局，暨各選舉監督，按照法定程序，切實執行。幷准將兩項選舉事宜，兼營幷進。迭據該局呈報各覆選區辦理選舉事務所已經一律成立。各初選區辦理選舉事務所，及選舉資格調查會，復經分別籌設在案。所有初選調查期限，業由本大總統以教令公布。辦法旣已明定，籌備卽有範圍，……着籌備立法院事務局兼辦理國民會議事務局局長，會同各覆選區覆選監督，及行單選制之各選舉監督，飭辦理選舉人員務將選舉調查事宜，迅速分別辦理，以便實行選舉，不准稍涉稽延。俾此項重要機關，各得尅期成立。」

旋帝制運動發生，九月一日，參政院代行立法院開會，有多數公民團體呈遞變更國體請願書，於是該院建議政府召集國民會議，以為根本之解決。此建議案政府雖經采納，但亦迄未實現。中華民國憲法案之起草，曾由參政院推舉委員組織憲法起草委員會，嗣因帝制運動，無形擱置。中華民國憲法案始終未能草竣，而國民會議亦始終未能成立。

第十節　君憲運動之始末

自中華民國約法制定頒行，袁氏已成為獨裁元首；自大總統選舉法修正公布，袁氏更儼然將為終身總統。於是一般希意承旨攀權附勢之政客官僚，大倡君主立憲之議，以為袁氏稱帝之先聲。民國三年夏，清室遺老勞乃宣、劉廷琛、宋育仁、章梫等，乘機實行復辟運動，首發布勞乃宣所著之正續共和解，繼有宋育仁等擬聯合國史館守舊人員呈請還政清廷。肅政使夏壽康等特呈請查禁，袁氏乃於三年十一月二十三日特頒明令，嚴加禁止，并飭由步軍統領將宋育仁逮捕押回原籍。

四年八月上旬，袁氏顧問美人古德諾博士在亞細亞日報發表一篇共和與君主論文，謂君主優於共和，中國不宜采用民主國體。八月十五日，楊度、孫毓筠、嚴復、劉師培、李燮和、胡瑛六人，遂發起組織籌安會；於十九日發布啓事，宣告成立，并推定楊度爲理事長，孫毓筠爲副長，嚴劉李胡四人爲理事。該會通告會員書，謂其宗旨「在研究君主民主國體二者孰適於中國，專以學理之是非，與事實之利害爲討論範圍。」又通電各省文武長官，請派代表到京，並寄發入會願書，謂代募會員加入討論。時肅政使以全體名義呈請解散籌安會，袁氏只令內務部「對於該會以後言論行動，爲之酌定範圍。」內務部曾三度下令取締，但該會仍函電交馳，積極進行，至十月十三日，復改稱憲政協進會。

籌安會原擬俟各省代表到齊，會議決定後，即呈請實行君主立憲。旋以該會非法定機關，無權變更國體，於是利用各省旅京人士，組織各種公民請願團，俟參政院代行立法院開會，即上書請從速議決實行，袁氏亦於八月三十日下令申明一切變更國體之請願，由參政院受理。四年九月一日，參政院開院，有自稱山東、江蘇、甘肅、雲南、廣西、湖南、新疆、綏遠等省區代表，呈遞變更國體請願書。六日，參政院開談話會，袁氏派楊士琦到院宣言，大旨謂：「改革國體，極應審慎，如急遽輕舉，恐多障礙。……如徵求多數之民意，自必有妥善之辦法。」參政院隨即討論議決，於九月二十日咨送請願書八十三件於政府，并建議提前召集國民會議，爲根本上之解決，抑或另籌徵求民意妥善辦法。

旋又有梁士詒等主使組織請願聯合會，再向參政院上書，謂國民會議爲決定憲法之機關，不能代決國體問題，應請立即議定召集徵求民意機關辦法。參政院於九月二十八日開會討論，參政梁士詒、孫毓筠等主張召集國民代表大會，投票解決國體。當經可決，幷指定梁士詒、汪有齡、施愚、陳國祥、江瀚、王邵廉、王樹枏、劉若曾八人起草國民代表大會組織法。草竣後，參政院復於十月二日開會議決，咨由政府於十月八日公布施行。

國民代表大會組織法規定關於全國國民之國體請願事件，以國民代表大會代表國民全體之公意，用記名投票方法決定之。投票結果由各該選舉監督報告代行立法院，彙綜票數，比較其決定意見定爲國民代表大會之總意見。國民代表大會代表之人數爲：(一)各省各特別行政區域以其所轄現設縣治之數爲額；(二)內外蒙古三十二人；(三)西藏十二人；(四)青海四人；(五)回部四人；(六)滿蒙漢八旗二十四人；(七)全國商會及華僑六十人；(八)有勳勞於國家者三十人；(九)碩學通儒二十人。國民代表之選舉，以國民會議組織法所定之初選當選人及其他單選選舉人爲基礎。

自十月八日國民代表大會組織法公布後，至十月二十八日國民代表選舉完竣，至十一月二十日全國國民代表投票決定國體，一律告竣。嗣各省區國民代表大會先後將投票結果電告參政院，幷彙送決定國體問題票數，委託該院爲國民代表大會總代表。十二月十一日，參政院開會彙查全國國民代表共一千九百九十三人，得主張君主立憲票一千九百九十三張；幷接准各省區國民代表大會文電，一致推戴袁氏爲皇帝，即草定頌揚功德總推戴書，咨陳袁氏。袁氏即日咨覆謙讓，參政院復以總代表名義再上推戴書，袁氏乃於十二月十二日咨覆承認帝位，並於三十一日下令改明年爲洪憲元年。

袁氏於四年十二月十二日下令承認帝位，雲南唐繼堯等卽於十二月二十三日電致袁氏，請其取消帝制，並電請懲辦帝制禍首，限二十四小時內答覆。十二月二十五日，雲南宣布獨立，並通電各省同舉義師。未幾，西南各省紛紛響應，袁氏乃於五年二月二十三日下令停止籌備大典；各省仍相繼獨立，袁氏爲挽救計，更於三月二十二日下令撤銷承認帝位案。最後各省竟一致要求袁氏卽日辭職，以謝天下，袁氏羞憤交集，遂於六月六日逝世。

第四章　審議憲法時期

國會自議員停止職務後，至五年八月恢復，開第二次常會，仍繼續制憲。惟因審議憲法草案，辨爭甚烈，調協甚難，尙未完成二讀程序。旋以宣戰案之殭持，段總理之免職，督軍團之稱兵，國會遂被非法解散；致民國成立六年，國家根本大法，猶未制定頒布。當此時期，國會議員雖仍努力制憲，究不免競尙意氣，玩忽職責，殊鮮立法成績可言。

第一節　恢復約法之爭議

袁氏殂落，黎氏繼任，此爲法律事實所當然。惟關於舊約法之恢復，卽發生南北之爭議。五年六月六日袁氏逝世之遺令有云：

「不意感疾，浸至彌留。顧念國事至重，寄託必須得人。依約法第二十九條，大總統因故去職，或不能視事時，副總統代行其職權，本大總統遵照約法，宣告以副總統黎元洪代行中華民國大總統職權。」段祺瑞亦於六日以國務院名義通電全國，略謂：「袁大總統於本月六日巳因病薨逝，業經遺令遵依約法第二十九條，宣告以副總統黎元洪代行中華民國大總統之職權。」七日又通電云：「本月七日上午七時，黎副總統遵依約法，接任中華民國大總統職權。」袁氏遺令與段氏通電所謂遵照之約法，乃三年五月公布之新約法。惟黎氏就任誓詞則云：「當依據民國元年頒布之臨時約法，接任大總統之職權。」但誓詞後又云：「並誓於代行大總統職權之時，確守國憲。」黎氏本意在適用元年臨時約法，而語句稍有含混。

當雲南起義時，已認定恢復約法為切要。軍務院第一號布告云：「此次興師，其大義在擁護國法。」第二號布告又云：「夫法也者，國家所恃以相維於不敝也。……故此次之真精神，一言蔽之曰，擁護國法而已。國會既為約法上最主要之機關，且為一切法律所從出，若不速圖規復，則庶政將安所麗。為此通告各省國會議員諸君，迅速籌備集會程序及地點，俾一切問題得以解決。」是其意不僅在恢復約法，尤在恢復國會以故自黎氏繼任大總統後，國會議員首發宣言，反對適用新約法，略云：

「袁世凱民國三年頒布之所謂中華民國約法，全由袁氏一人私意妄自竄亂而成，一切增修程序，既與臨時約法所載相違背，……不發生國法上之效力，……民國開基之臨時約法，固至今無恙也。現在黎大總統繼任，實根據民國二年十月國會所制定大總統選舉法第五條之規定，應承繼本任總統袁世凱之任期，至民國七年十月為止。袁世凱遺命及段祺瑞通告所稱依約法第二十九條，由副總統代理之說，係依據袁世凱三年私造之約法，萬難承認。」

隨岑春煊陸榮廷等相繼通電，響應國會議員之宣言，岑氏電文更明白指出若依代行大總統職權之規定，限於三日而止，以相抵觸。南方對於恢復舊約法及國會持之之堅，於此可以概見。惟舊國會之恢復，以適應當時之情勢，則尚無不可，如就嚴格之法理言，殊有難解釋之疑問。原國會自二年四月八日開幕至五年四月八日，已滿三年法定期限，衆議院議員應當解職。縱令恢復舊法統，亦只應適用舊國會選舉法，從新改選，以國會代表民意之原則而論，民意非經久不變者，亦以依舊法改選為宜。惟改選非短時期所能竣事，當時民黨勢力所及，不過西南數省，亦必為北洋軍閥所操縱，故對於舊國會議員資格之恢復，持之尤為堅決。

段氏對於黎總統之地位，即由代理變為繼任，并無反對之意，惟恢復臨時約法，實不贊成，謂不能以命令變更法律。於六月二十日，發出通電，大意謂三年修改之約法，行之已久，今一旦以總統命令宣告廢止，復用元年約法，在政府初無成見，恐啟後來政府以命令變更法律之漸。唐紹儀梁啟超伍廷芳等聯名去電駁復，略謂：

「如此次我大總統依法繼任，政府對內對外，迭經聲明，所依何法？非根據元年約法規定程序所衍生之大總統選舉法耶？使三年約法而為法也，一法不容兩存，則被該法所廢止之大總統選舉法，定當非法，云何能依？果爾則何不於六月九日開所謂石室金匱以別求元首？夫我大總統正位，而國內外共仰爲合法者，無他焉，以三年約法之不成爲法也。又如我公今所長之機關爲國務院，國務院者，元年約法上之機關，三年約法所未嘗有也。三年約法若爲法，元年約法定非法，公所長之院何由成立，今發布院令而中外共許爲合法者，無他焉，以三年約法之不成爲法也。揆諸法理如彼，徵諸事實如此，則三年約法之非法，確成鐵案。……宣告廢止，無廢更法律之可言。」

段氏接到此義正辭嚴之電文，仍不屈服，至六月二十五日李鼎新宣布海軍獨立，乃於六月二十九日，由大總統下令申明元年臨時約法及二年大總統選舉法爲有效，三年解散之國會，應即召集以完憲法，恢復舊約法及國會之問題，得以正當解決，其詳當於下節述之。

第二節　國會之恢復

自五年六月七日，黎氏接任大總統後，南北兩方，對於舊國會之恢復，有堅強之辯爭，函電紛馳，迄未解決。軍務院撫軍長唐繼堯發出蒸電，開列四條，其第一條爲「請黎大總統即日宣言國家根本法，當以國會解散以前所公布者爲準；」第二條爲「請召集前參衆兩院議員，速在天津開國會……」惟蔡鍔主張依元年參議院之例，每省由舊國會議員中推舉五人以上十人以下，集合開會，代行國會職權，不堅持完全恢復舊國會。後由岑副撫軍長春煊通電聲明，以唐撫軍長蒸電所開四條，爲南軍一致之主張，代表獨立各省最後議決之案，請其促實現。國務總理段祺瑞則恐國會恢復，諸事受裁制，不能大權獨攬，深非所願，表示異議。至六月二十五日，李鼎新以海軍總司令名義，與第一艦隊司令林葆懌，練習艦隊司令曾兆麟等集合各巨艦於吳淞口外，發表獨立宣言，略謂：

「黎大總統雖已就職，北京政府，仍根據袁氏擅改之約法，以遺令宣布，又豈能取信天下，饜服人心。……今率海軍將士於六月二十五日，加入護國軍，以擁護今大總統，保障共和爲目的。非俟恪遵元年約法，國會開會，正式內閣成立，北京海軍部之命令，概不承受。」

於是段氏知恢復國會爲大勢所趨，乃於六月二十九日副署大總統申令，召集國會，遵行臨時約法，令文內開：

「共和國體，首重民意，民意所寄，厥爲憲法，憲法之成，專待國會。我中華民國國會，自三年一月十日停止以後，時越兩載，迄未召復，以致開國五年，憲法未定，大本不立，庶政無由進行；亟應召集國會，速定憲法，以協民志而固國本。憲法未定以前，仍遵行中華民國元年三月十一日公布之臨時約法，至憲法成立爲止；其二年十月五日宣布之大總統選舉法，係憲法之一部，應仍有效。」

又令開：

「茲依臨時約法第五十三條，續行召集國會，定於本年八月一日起繼續開會。」

當二次革命發動時，國會議員有認定在北京不能行使職權，主張南下開會者。及經袁氏強暴追繳證書，並非法停止職務後，咸各惴惴危懼，或則蹩躄靡騁，未能自行集會，雖雲南起義，軍務院成立，以軍事倥偬，期間迫促，亦未有召集國會之主張。至黎氏繼任，始下令召集國會，於八月一日開會，屆期國會在衆議院開會，稱爲第二次常會，仍由湯化龍陳國祥爲衆議院正副議長，王家襄王正廷爲參議院正副議長，議員出席者共五百十九人。國會繼續開會時，大總統黎元洪蒞院補行就任宣誓禮，至十月三十日補選副總統，馮國璋以五百二十票當選。國會恢復後，仍繼續制憲，以前憲法起草委員會咨交之草案爲討議之基礎，自九月五日至十三日，開憲法會議三次，完成初讀程序，即以全案付審議。自九月十五日起，審議會開始審議，至六年一月十日止，大部分議有結果。又於六年一月二十六日開二讀會，至國會二次解散，仍有一部分未及通過。

第三節　政黨之分合

國會成立之初，各政黨在兩院之勢力，與所佔之議席，並分合之情形，已具述於前。當反帝制期間，國民進步兩黨，立於同一戰線，進步黨之梁啓超湯化龍等，並大唱不黨主義。至國會恢復，進步黨分組兩團體，一爲憲法討論會，以湯化龍劉崇佑等爲首領，一爲憲法研究同志會，以梁啓超林長民等爲首領。後因國民黨人復合，有凌縱一切之勢，湯梁等亦覺分立無意義，又互相結合，併爲憲法研究會，於是從前之「進步黨」，現在概爲「研究系」，亦即「研究系」一名詞之所由來。憲法研究會成立後，長久保持其形勢，並未再分小派。

至於國民黨一方面，自癸丑討袁之役失敗後，國民黨首領孫中山李烈鈞等，皆避居海外，於民國三年，在日本組織一中華革命黨。國民黨之温和派，懷疑中山先生之辦法，多未加入。及日本提出二十一條要求之交涉發生，李根源、鈕永建、程潛、陳炯明、章士釗等二十八人發出停止革命一致對外之通電，於是有所謂「歐事研究會」之組織。中華革命黨本為祕密團體，與普通政黨不同，未便標出名義；歐事研究會之名義亦不適用，未幾即歸消滅。國會恢復後，張繼以國民黨領袖之資格，暗中糾合舊日同志為無形之組織，初僅標一「張寓」，後因進步黨分組憲法討論研究兩會，亦易名曰「憲法商榷會」。於是國民黨之温和派與急進派形式上復合為一，惟精神上之結合，較前更為薄弱。

憲法商榷會內分「客廬」「丙辰俱樂部」「韜園」三系。「客廬」系屬國民黨之穩健派，以張繼所領袖之團體為中心，吳景濂派，王正廷派，谷鍾秀、張耀曾派均先後加入。「丙辰俱樂部」系多舊國民黨中之急進分子，可代表中華革命黨，以林森、居正、田桐等為主要人物。「韜園」系以孫洪伊、丁世嶧、温世霖等為領袖，多為舊進步黨之覺悟分子。憲法商榷會之內容如是複雜，故其人數雖多，而戰鬥之陣容，精神之團結，反不及對方之憲法研究會遠甚。

當時政黨，除上述外，尚有各小團體，名目繁多。如舊大中黨主要分子孫潤宇、江天鐸、烏澤聲等組織之「憲政討論會」，李慶芳、康士鐸、田應璜等之「憲法協議會」，黃雲鵬、解樹強等之「平社」，張伯烈、何雯等之「憲友會，」楊士聰等之「憲政會，」孫鐘、景耀月等之「蘇園，」梅光遠等之「衡社，」劉艷澤等之「友仁社，」王人文等之「靜廬，」李盛鐸等之「民彝社」等。

各政黨在國會之人數，憲法商榷會為最多，凡三百五十，內「客廬」派二百六十，「韜園」派五十，「丙辰俱樂部」四十。憲法研究會次之，共一百五十。此外憲政討論會七十，憲政會與平社各四十；憲法協議會蘇園各二十，其餘各小團體及無所屬者共三十。在國會之勢力，以憲法商榷會與憲法研究會為最大，并常處於對立之地位，其所持之政見，幾完全相反。憲法研究會主張集權中央，擁護段內閣；對於憲法反對規定省制，贊成立法機關采一院制。憲法商榷會則主張地方分權，於憲法內規定省制大綱，省長民選，立法部采兩院制；對於段內閣，除谷鍾秀、張耀曾因入閣關係，表示擁護外，餘均持反對態度。

憲法商榷會原分三系，旋又裂為四派：(一)谷鍾秀、張耀曾一派脫離「客廬」系，而別組「政學會。」(二)「客廬」系之嫡派張繼、吳景濂等，亦改組為「益友社。」(三)褚輔成、王正廷等又由「益友社」中分出，組織「政餘俱樂部。」(四)「丙辰俱樂部」與「韜園」又離「益友社」而獨立，合組「民友社。」於是憲法商榷會遂完全消滅。此外各小團體亦復互相合併，「民彝社、」「憲友會、」「憲政會、」「蘇園、」「憲法協議會」五政團連合而為「大同俱樂部，」但未幾即內訌分裂。後有段氏左右靳雲鵬、李國鎔等之奔走，復聯絡「平社、」「憲法協議會、」「憲政會、」「蘇園、」「衡社、」「友仁社、」「靜廬、」「民彝社、」「憲友會」等政團合組

「中和俱樂部。」惟憲法研究會自組成後，即未分裂，憲法研究會、憲政討論會、中和俱樂部，可以謂之政府黨；而政府之反對黨則爲舊國民黨之民友社、政餘俱樂部、益友社、政學會。茲將各政黨之分合圖示於次：

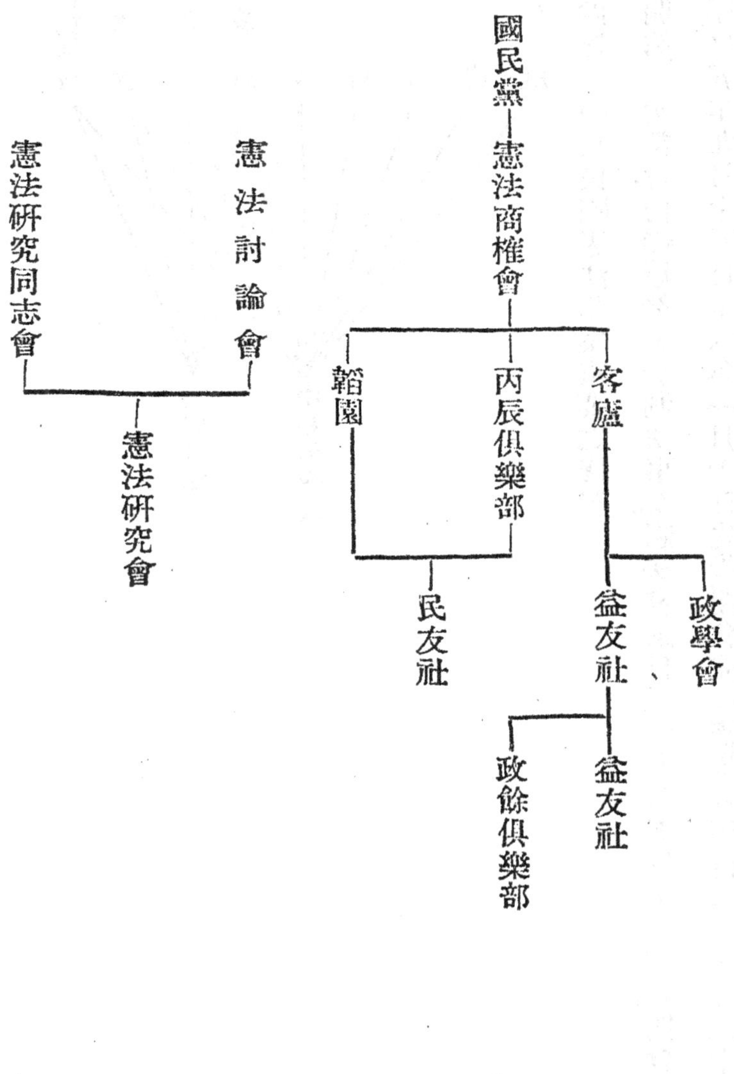

憲政討論會

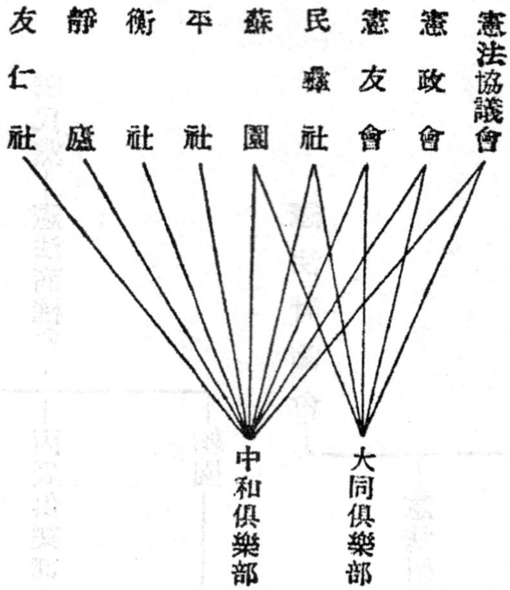

第四節　中華民國憲法草案重要之修正

國會恢復開第二次常會，仍繼續努力於制法事業。憲法會議自五年九月五日至十三日開會三次，完成憲法草案初讀程序。自五年九月十五日至六年一月十日先後開會，完成審議程序。自六年一月二十六日至四月二十日，開二讀會，逐條討論通過，但仍有一部分懸案未及完成二讀程序。中華民國憲法草案，經二讀會議決後，有最重要之修正，茲分述於次：

第一、關於孔教之規定　尊孔問題，發端於民國元年。二年六月二十二日，政府特以明令恢復祀孔。當憲法起草委員會起草憲法時，進步黨黨員極力主張以孔教爲國教，而國民黨急進分子多持異議。兩派各走極端，結果，憲法草案第十九條第二項規定「國民教育，以孔子之道，爲修身大本；」第十一條又規定「中華民國人民，有信仰宗教之自由，非依法律不受限制。」當開憲法審議會與二讀會時，議員張伯烈吳宗慈等謂此二條顯然衝突，且修身大本屬倫理問題，不應訂入根本法內，主張删去第十九條第二項。湯松年、陳銘鑑、朱兆莘等則謂孔道乃教育問題，非宗教問題，依荷蘭憲法先例，教育方針亦無不可載入憲法，贊成維持原案。又有一般議員如王敬芳等謂孔教爲天經地義，萬不可磨滅，不特不排斥外教，且可融化他教，主張增加一條，定爲「中華民國以孔子之教爲國教。」最後各方妥協，廢去草案第十九條第二項，將第十一條修正爲「中華民國人民，有尊崇孔子及信仰宗教之自由，非依法律不受限制。」

第二、關於國會委員會之規定　中華民國憲法草案第五章規定國會委員會之組織與職權，意在於國會閉會期間，留一監督政府之機關。在二讀會中，多數委員以爲法美諸先進國，均無此項委員會，僅智利有此先例。且委員全體僅四十人，難免不受政府之操縱。我國國會會期較智利已多一月，復有臨時會之規定，殊無設置委員會之必要。結果，依審議會之議決，將草案第五章完全删去。

第三、關於緊急命令權之規定　草案第六十五條規定「大總統爲維持公安，或防禦非常災患，時機緊急，不能召集國會時，經國會委員會之議決，得以國務員連帶責任，發布與法律有同等效力之教令。」於二讀會提出討論時，各議員攻擊甚烈，謂緊急教令既與法律有同等效力，則一切法律均可爲此種教令所停止或變更，有行政侵犯立法之虞。各國憲法之有緊急命令之規定，大半爲君主立憲國，不足爲民主共和國之訓。草案對於內亂、外患、天災、地變，已授總統以宣告戒嚴、對外宣戰、及財政緊急處分等權，自無再規定緊急命令權之必要。且草案中關於國會委員會之條文既已删除，則此種規定，更無存在之餘地。於是原案以不得出席人數四分三之贊成而廢棄。

第四、關於議員兼任國務員之規定　草案第二十六條規定「兩院議員不得兼任文武官吏，但國務員不在此限。」在審議會討論時，議員張國淦等主張删去但書，謂議員兼任國務員，政府可藉以左右議院，將使衆議院之彈劾權，及不信任案之議決權，發生種種障礙。而贊成維持原案之議員則謂草案係采議院內閣制，議員兼任國務員，可破除立法行政兩方之隔膜；且在英法等國行之已久，先例足師。雙方辯論甚久，卒無結果。至二讀會復行辯論，結果以五百一十八人之可決，删去但書。

第五、關於國會集會之規定　草案規定國會自行集會、開會、及閉會，但常會以外之臨時會，則必須由總統牒集。各議員對此辯爭甚烈，二讀會議決修正爲依總統之牒集，或兩院議員各有三分一之聯名通告，國會均得開臨時會。

以上所述，均為中華民國憲法二讀通過案與原草案相異之要點。此外草案第七十二條大總統頒予榮典之規定，及第九十六條現行租稅未經法律變更仍舊徵收之規定，均經二讀會議決廢棄。至憲法草案經審議會議決增加之事項，其最重要者為地方制度，但未及通過二讀會。

第五節　對德奧宣戰案之延擱

國會自五年八月恢復後，有最重要的議案二：一為制憲，一為宣戰。卒之，憲法案尙未完成，宣戰案亦未議決，而國會卽遭第二次的解散。

自中華民國三年六月歐戰開始，我國於八月六日宣告中立，政府特頒布中立條規，對於德奧與聯軍兩方面均無偏袒，一切事宜，悉按國際公法辦理。後德國施行潛水艇作戰計劃，於民國六年一月通告各國，宣言自二月一日起，實行海上封鎖政策，凡中立國船隻到指定禁止區域以內，卽行擊毀。各國先後向德抗議；美國幷向德宣告絕交。駐京美公使通牒我國，請求為一致之行動。政府再三籌劃，當表贊同，卽於六年二月九日，向駐京德使提出嚴重抗議。

我國自向德抗議後，德使久未照復，政府卽決定對德絕交。三月四日，國務總理段祺瑞進謁總統，請電令駐協約國公使向駐在國政府磋商我國對德絕交後之條件，並電令駐日章公使宗祥轉告日政府，請以友好之誠意援助。我國所提出希望的條件凡三：（一）庚子賠款，德奧方面永遠撤銷，協約方面緩還十年；（二）現行進口稅，實抽百分之五，改正貨價後，實抽七分五，裁釐後抽十二分五；(三)解除辛丑條約中國於天津周圍二十里內不得駐兵，并解除各國駐兵使館及京津鐵路的約束。黎氏以關係重大，未取得國會同意，不允拍發電令。段總理憤然辭職赴津，經馮副總統親往調解，始返京復職，前項電令亦併照發。政府旋提出對德絕交案，咨請國會同意。三月九日，段國務總理宴兩院議員於迎賓館，疏通意見。三月十日，國務員全體出席國會，報告外交方針，及對德絕交之理由，衆議院卽日投票表決，贊成者三三一票，反對者八二票，多數通過。參議院於次日投票，贊成者一五八票，反對者七二票，亦予通過。適德使於三月十日賫到覆文，聲稱礙難取消無限制的潛水艇戰爭。我國政府遂於三月十四日正式宣告對德絕交。

自對德問題發生後，黎大總統，馮副總統皆反對加入協約國，各省軍民長官亦多懷疑慮。在野要人孫中山、唐紹儀等，及各地方商民團體，迭電中央，力陳加入協約國的非計。惟研究系首領梁啓超氏則極端主張加入，謂參戰可以提高中國國際上之地位，將來在和平會議席上有發言之資格。當時協約國亦以修改關稅稅則，及緩付庚子賠款諸條件，引誘中國加入戰團。國會中研究系議員皆從其領袖梁氏之意見，主張加入協約國。商榷會系之丙辰俱樂部派，則竭力反對；而益友社派及政學會派，則皆贊成。此時贊成反對兩方面，皆權衡於國家之利害，并非牽於平時之黨見。

及對德正式宣告絕交，本有急轉直下之勢；惟贊成反對兩方面仍各走極端。參議院議員章士釗因建議增設不管部國務員，羅致在野領袖，既可調和各派感情，又可統一對外意見。但政府未能采納，僅於國務院組織一國際政務評議會，由總理聘請各派人士爲評議員。梁啓超氏於三月二十六日致函評議會，主張速向德奥宣戰。地方各團體多加反駁，諸評議員意見亦不一致。馮國璋於四月八日致電政府，仍反對參戰。段氏乃召集各省軍民長官開軍事會議，四月二十五日開幕，到有督軍七人，都統二人，省長二人，代表十六人，段氏自爲主席，結果全體一致簽名，贊成參戰。五月一日，國務會議通過對德奥宣戰案。三日，督軍團公宴兩院議員，代段氏疏通宣戰意見。七日政府提出對德奥宣戰案，咨請國會同意。

六年五月八日，衆議院開祕密會議，討論宣戰案，國務員全體出席，報告對德奥宣戰之意見，當卽表決付全院委員會審查。五月十日，衆議院開全院委員會，忽有所謂公民請願團約數千人，包圍議院，散發傳單，毆辱議員多人。并有代表趙鵬圖等六人入謁議長，聲稱須於當日通過宣戰案；當經議長湯化龍拒絕，卽將全院委員會改爲大會，以電話通知國務總理、內務總長、司法總長出席質問。段祺瑞、范源濂先後到院，當命警察總監解散公民團。是日衆議院審查宣戰案因公民團之滋擾，毫無結果，議員均深憤激。國務員谷鍾秀、張耀曾、程璧光、伍廷芳相率引咎辭職，國務會議連日停止。段氏仍於五月十五日、十八日，兩次咨催國會速議宣戰案。五月十九日，衆議院開會，議員褚輔成提議，謂：「現內閣僅餘段總理一人，不能舉責任內閣之實，本院對於此等重大外交案件，應俟內閣改組後再議。」當經多數可決。對德奥宣戰案從此延擱，段氏旋被免職，國會亦遭解散。

第六節　軍人威脅國會之經過

自民國成立以來，軍人與議員常立於反對之地位。三年一月，袁氏之下令停止兩院議員職務，雖由於政治會議之議決，實由於各省軍政長官之呈請。及袁氏稱帝，西南各省舉義反對，最後一致要求袁氏退位，馮國璋於五年四月十七日發出通電，謂「大總統在任四年，……羣生依賴，責任所在，既非反對者所得獨持異議，亦非當局者所得自卸仔肩。」馮氏又於五月一日提出辦法八條，大致第一條爲承認袁大總統對於民國暫負維持之責，俟國會開幕後，即辭職另選；第二條爲參酌國會組織法及選舉法，嚴定資格，愼防流弊，速籌國會。五月五日，馮氏即與張勳、倪嗣沖會商，決定在南京舉行會議。後南京會議雖無結果，其爲自謀團結，意圖破壞國會，已甚顯然。

旋南京會議解散，張勳即召集各省代表集會徐州。徐州會議於五年六月九日舉行，張勳自爲主席，提出會議綱要十項。其最要者爲「絕對抵制迭次倡亂之一般暴烈分子，參預政權。」所謂「一般暴烈分子」，自係指國民黨議員而言，其憎恨之深，可以概見。各代表對十項綱要大都贊同，幷主張設一固定聯合機關，公推一資望隆重之人爲領袖。但會議告終，尙無具體組織。

迨國會開幕，段氏左右徐樹錚等與倪嗣沖及張勳代表萬繩栻等，祕密往還謀議，推張勳爲領袖，電各省復派代表，集會徐州。至九月二十一日，各代表會議結果，即組織「省區聯合會」，幷制定章程十二條。加入此會者，初爲九省，後增至十三省。該章程第二條爲「本團體爲防止暴亂分子私攬政權而設，國會開幕後，如有藉故擾亂，與各省區為難者，本團體得開會集議，為一致之行動，聯合公討之。」第七條為「本團體運合以後，各方面如有妨害國家統一之行為，及對於政府有非理之要求，為公論所不容者，本團體即以公敵視之。」觀此章程，此種組織，意在合謀抵制民黨，而於國會頗具威脅的勢力。

五年十二月八日憲法審議會討論地方制度，研究系議員主張省制以普通法律定之，反對民選省長。商榷會議員則主張省制入憲，省長民選。雙方辯爭劇烈，竟致鬥毆，後又各發通電，互相醜詆，於是北洋軍閥暗中主持，有所謂「憲法促成會」之組織。名為促成憲法，實即威脅國會。復以內務總長孫洪伊與國務院秘書長徐樹錚之牴牾，引起府院之衝突，即有二十二省軍民長官馮國璋等忠告總統、總理、國會之聯電。大意謂總統宜信任總理，總理秉持大政，國會宜早定憲法，勿干涉行政。此無異對於國會下一警告，其威脅更為迫切。

六年一月九日，張勳、倪嗣冲、靳雲鵬、徐樹錚等又在徐州開省區聯合會，以謀對付國會。當時國會地位，已甚危殆，因有將再解散之謠傳。旋對德問題發生，五月七日，政府提出對德與宣戰案，衆議院於五月十九日議決俟內閣改組後再議。督軍團遂以孟恩遠之領銜，聯名具呈政府，通電各省，訾議憲法，并請解散國會。原文略云：

「日前憲法會議二讀會及審議會通過之憲法數條內，有『衆議院有不信任國務員之決議時，大總統可免國務員之職，或解散衆議院；惟解散時須得參議院之同意。』又『大總統任免國務總理，不必經國務員之副署。』又『兩院議決案，與法律有同等效力』等語。實屬震悚異常。……如認此憲法為有效，則國家直已淪胥於少數暴民之手；如憲法俯而舉不認為有效，則禍變相尋，何堪逆計。……考之各國制憲成例，不應由國會議定。故我國欲得良妥憲法，非從根本改正，實無以善其後。……以常事與國會較，固國會重；以國會與國家較，則國家重。今日之國會既不為國家計，是已自絕於人民。……惟有仰懇大總統權宜輕重，毅然獨斷。如其不能改正，即將參衆兩院即日解散，另行組織，俾議憲之局，得以早日改圖。庶幾共和政體，永得保障。」

黎總統隨召孟恩遠等入府，諭以依照約法，總統無解散國會之權。各督軍遂相率出京，往天津、徐州等處會議。旋黎總統免去段祺瑞國務總理職，各督軍遂先後宣告獨立，必威脅黎氏解散國會而後已。

第七節　國會之解散

國會自恢復後，迭受武人之威脅，其環境之危殆，與情勢之險惡，已具述於前。自六年五月十日，公民團滋擾衆議院後，國會議員憤恨已極，多數主張倒閣。黎總統亦以宣戰案延擱，段氏政策不行，遂於五月二十三日，以國務員伍廷芳之副署，下令免去段祺瑞國務總理兼陸軍總長本職，即以伍氏代理國務總理，以陸軍部次長張士鈺代理部務。段氏免職後，立即出京，並發出通電，謂該項命令，未經總理副署，不能發生效力，將來地方國家發生何等影響，概不負責。其意固在卸責，而各省武人遂因以稱兵，國會卒致非法解散。

各省督軍前以宣戰案未能通過，呈請解散國會，未奉批答，已深憤慨。至段氏免職，遂乘機先後發難。五月二十九日，安徽省長倪嗣沖首發通電，與中央離脫關係；電文有「羣小怙權，擾亂政局，國會議員，乘機搆煽，政府幾乎一空」等語。相繼宣告獨立者，有奉天、陝西、河南、浙江、山東、福建、山西、黑龍江八省。獨立各省，復擬共同進兵京師，乃於六月二日在津設立軍務總參謀處，分軍事、軍機、軍需等部，以雷震春為總參謀。並通電全國，謂總統聽信羣小，排斥正士，暴民盤據國會，勾通府中，以奪取政權。出師各省，意在鞏固共和政體，另訂根本大法。後又擬設立臨時政府，臨時議會，但未能實現。

研究系前以關於憲法的主張失敗，積憤甚深，遂乘宣戰案之延擱，煽動督軍團破壞國會，以圖根本改造，於是有孟恩遠等聯名訾議憲法，請解散國會之呈電。至各省宣告獨立，湯化龍卽辭衆議院議長，研究系議員均相率不出席，以爲消極之聲援。國會遂致停會。黎氏以形勢日趨嚴重，擬假外援以自固，時張勳方爲「省區聯合會」盟主，且未宣告獨立，乃於六月一日電召入京，共商國是。六月七日，張勳由徐州率兵北上，八日至天津，電黎總統提出調停條件七項：（一）保全黎總統地位；（二）解散國會，舉行新選舉；（三）實行責任內閣制；（四）解散各省省議會；（五）肅清總統左右；（六）組織新憲法會議；（七）特赦政治犯，並對於解散國會一項，要求於四十八小時以內答復。黎氏不得已，擬卽下令解散國會，時國務總理段祺瑞已免職，新總理李經羲尚未履任，代理總理伍廷芳欲避違法之嫌，拒絕副署，乃以步軍統領江朝宗代理國務總理之名義副署，於六月十二日發布解散參衆兩院令。令文仍據各省督軍孟恩遠等五月十九日請解散國家之呈文，末云：

「查參衆兩院，組織憲法會議，時將一載，迄未告成。現在時局艱難，兩院議員紛紛辭職，以致迭次開會，均不足法定人數。憲法審議之案，欲決定而無從。自非另籌國會無以慰國人憲法期成之喁望。本大總統俯順輿情，深維國本，應即准如該督軍等所請，將參衆兩院即日解散，剋期另行選舉，以維法治。此次改組國會，本旨原以符速定憲法之成議，并非取消民國立法之機關。邦人君子，咸喻此意。」

黎氏於解散令發布後，復通電各省敘述受迫之情形，與甘冒違法之苦衷。文略云：

「乃者國會再開，成績殊尠。……皖奉發難，海內騷然。衆矢所集，皆在國會。請求解散者，星電絡繹，異口同聲。元洪以約法無解散之明文，未便破壞法律，曲徇衆議。而解紛靖難，智勇俱窮。……安徽張督軍北來，力主調停，首以解散國會爲請。……元洪籌思再四，法律事實，勢難兼顧，實不忍爲一己博守法之虛名，而使兆民受亡國之慘痛。……迫不獲已，始有本日國會改選之令。……所望各省長官，其經發難者，各有悔禍厭亂之決心。此外各省，亦皆曲諒苦衷，不生異議，庶幾一心一德，同濟艱難。」

國會解散後，兩院議員相率南下，在上海設立通信處。並發通電，聲述依臨時約法，大總統無解散國會權。且副署解散令之江朝宗，爲步軍統領，非國務員，不能代理國務總理。大總統爲暴力脅迫，已失自由，此非法命令，當然無效。張勳於六月十四日入京，六年七月一日，遂發生復辟之變。段祺瑞復任國務總理，誓師馬廠，於七月十二日討平之。

第五章　法統分裂時期

自國會解散，西南各省倡議護法。兩院議員陸續赴粵集會；旋開憲法會議，討議憲法草案中懸而未決之條文，及地方制度全章後以一部分議員之拒絕出席，流會多次，不得不暫行停頓，議憲遂以告終。馮段執政，重組參議院，修改國會組織法，及議員選舉法。新國會成立，歷時兩載，殊鮮立法成績，可資紀述。雖當時憲法起草委員會已草具中華民國憲法草案，咨送審議，新國會亦未正式討論。

國家根本大法既久未完成公布，於是各省相繼倡導聯省自治，主張先定省憲，再組織聯省會議，制定國憲。而省憲運動，遂以風靡一時。

民國成立以來，雖國內屢有戰事，國會兩次解散，然尚未演成兩政府兩國會并立之局勢。自北方召安福國會，南方建護法政府，南北對峙，法院分裂，變亂紛爭，歷數年而莫能定。

第一節　兩院議員之集會

參衆兩院自六年六月十二日解散後，議員紛紛赴滬，共謀恢復。旋復辟亂作，段氏復任國務總理，誓師聲討，張勳敗遁。馮段執政，謀改造國會，舊國會無恢復望。七月十九日，孫中山先生電請國會議員，擇地開會，略謂：

「今清主已失敗，正國會自奮之時。文嘗觀時勢，江河流域，已爲荆棘之區。惟西南諸省，擁護共和，歡迎國會。諸君宜集會於粵滇湘各省，擇其適當之地，以開會議，而行民國統治之權。如人數不足，開緊急會議亦可，責任所在，萬勿放棄。文以不材，忝爲民國先驅之役，引領渴望，何日忘之。」

自是國會議員遂陸續赴粵，與孫中山先生及西南各省共謀護法。至八月中旬，至粵議員已達百三十餘人，惟尙未足法定人數，擬先開非常會議，以應付非常事變。爰於八月十九日發出通電，決定於八月二十五日在廣州開非常會議。屆期，兩院蒞粵議員即舉行非常會議，舉林森、褚輔成爲正副議長。八月二十九日，復議決國會非常會議組織大綱十一條，即日宣布施行。依此大綱所規定，國會非常會議以現任國會議員組織之，至內亂戡定，臨時約法之效力完全恢復時爲止。國會非常會議之議事，以參衆兩院議員會合行之，非有十四省以上之議員列席，不得開議，非列席議員過半數之同意，不得議決。軍政府有交議事件，或有六省以上之議員聯合提議，或人民請願事件，經委員會之審查，國會非常會議均得隨時開會議決之。國會非常會議之正副議長，就現任兩院正副議長內推定之，正副議長均有事故時，得選舉臨時議長。

嗣後舊國會議員來粵者日衆，七年三月十八日，兩院議員開談話會，決議於六月十二日開正式會議，以繼續第二屆常會之會期。至六月十二日，到會議員仍不足法定人數，實際上正式會議仍未獲成立。於是擬將未到會之議員除名，而以候補議員遞補，然除名亦須經過半數議員之決議，此除名之規定亦無法適用。至七月十二日，爲急於湊足法定人數，雖已聲明此次集會爲繼續第二屆常會之會期，仍借用議院法第七條「議員於開會後，滿一個月尚未到院者，應解其職」之規定，解去參議員五十一人，衆議員一百四十七人之職。至八月十二日，又依同條「但有不得已故障報告到院時，得以院議展期延至兩個月爲限」之規定，解去參議員五十八人，衆議員六十九人之職。後兩院議員陸續被解其職者尚多。此等解職議員之遺缺，先後以候補議員遞補。至七年九月，國會議員法定人數湊足，正式會議遂得成立。

國會既開正式會，遂繼續議憲。九月二十八日，憲法會議之審議會開始集會，審議地方制度，至十二月二十三日竣事。是時議員應召而集者，兩院各有三分二以上之人數，於是憲法會議得開二讀會，議決以審議完畢之地方制度大綱，交憲法起草委員會起草。旋因南北議和，議員多已離粤，地方制度條文雖已草定，仍不克報告大會。自八年十一月至九年一月，憲法審議會及二讀會各開會多次，卒因各政黨間政見不同，協商無效，會議又致停頓。九年一月二十四日，憲法會議議長遂宣告停止議憲。

民國九年，護法議員中之一部反對政務總裁岑春煊謀與北方妥協，軍政府遂假財政困難爲口實，不發國會維持費，幷嗾使粤督莫榮新監視議員行動，派兵搜查兩院祕書廳。參議員議長林森，副議長王正廷，衆議院議長吳景濂，副議長褚輔成及議員等先後離粤，幷於九年四月發出通電，聲明另擇地點，繼續開會。但大部分議員雖已離粤，其少數議員仍留廣州，照常開會，並選舉主席代理議長職務。七月，護法議員相率抵滇，卽在雲南省城開非常會議，擬組織政府；以唐繼堯不表贊同，又於八月十九日開兩院聯合會議，決國會及軍政府移設重慶。該議員等遂紛紛離滇赴川，於九月十九日抵重慶。旋因川省軍人內訌，議員不能久留，復於九年十月發布宣言，告別川中父老，十月三十日，粵軍總司令陳炯明入廣州，離粵議員又陸續回粵，十年一月十二日開兩院聯合會，四月十七日，復開國會非常會議，並議決中華民國政府組織大綱，舉孫中山先生爲非常大總統。直至十一年六月，孫中山先生與陳炯明決裂，護法議員乃先後去粵；此後舊國會議員即正式集會北京。

第二節　護法國會之政黨

當國會開幕之初，有國民進步兩大黨。至五年八月，國會第一次恢復，有憲法商榷會與憲法研究會兩大系，憲法商榷會原分客廬、韜園、丙辰俱樂部三派；後又裂爲政學會、益友社、民友社、政餘俱樂部。六年六月，國會二次解散，研究系首領主張改造國會，屬於該系之議員，多未南下，赴粵護法之議員，大都屬於憲法商榷會所分之四派，惟至粵後略有變遷。護法議員在廣州開非常會議時，其最大派別可分爲政學會、益友社、民友社。

政學會爲舊國民黨之穩健派，由「南關五十號派」與「石行會館派」合併而成。南關五十號派爲民國五年北京政學會之一部分，曾與研究系攜手。其嫡系不過三十人，擁岑春煊爲首領，輔之以章士釗、冷遹、張耀曾、谷鍾秀，利用莫榮新爲傀儡，以攫取護法政府之一切實權。其主張與北方之研究系極相似。石行會館派一部出於「北京平社」，一部出於「北京憲法研究會」；到粵後，由李根源竭力結合，併爲一派。其幹部人物爲劉治洲、徐蘭墅、劉彥等；與民友社系絕不相容。

民友社以「照霞樓」爲本部，其中堅人物爲林森、謝持、馬君武、居正、田桐等，又加入由進步黨脫離組織韜園之分子，及舊共和黨議員所組織之共和派，各以孫洪伊、汪乃昌、彭介石等及王湘、高振霄等爲中堅人物。民友社以地位與歷史關係，與政學會及當時桂系軍人均積不相能。

益友社之機關爲「褚寓」，政餘俱樂部亦附入之，稱舊國民黨之温和派，爲南方國會中之惟一多數黨。其領袖爲吳景濂、褚輔成、王正廷，均爲參衆兩院之正副議長。政學會與民友社發生爭議時，益友社恆立於調和地位，西南實力派與之頗表同情。

民國七年秋，國會非常會議決定改開正式會議，乃借用議院法第七條之規定，解未到會之參衆兩院議員職，約數百人，其遺缺先後以候補議員遞補。此新補之議員，組織一「新新俱樂部」，在護法國會內佔議席甚多。新新俱樂部之政見較近於益友社，惟以缺乏經驗，好爲高論，致被人目爲激烈派。

此外尚有「蒙古議員俱樂部」，只十人；「文社」，約四十人；「廣東議員俱樂部」，約二十人；「廣西議員俱樂部」、「雲南議員俱樂部」，各十五人。此各小團體在國會中獨自行動，惟所佔議席既少，勢力亦極微。

護法國會內政團雖多，仍以政學會、益友社、民友社三系爲最大。新新俱樂部議員則分別附於三系。內益友社約六十餘人，民友社約五十餘人，政學會約六十餘人。政學系可稱爲極右黨，民友系可稱爲極左黨，益友系則立於兩黨之間，據有兩院議長四席之三，頗有左右輕重之勢。

九年春，民友、益友兩系議員，因反對政務總裁岑春煊將與北京政府妥協，多離粤赴滇赴川。惟政學系議員仍留廣州。九年十月三十日，陳炯明入廣州，護法議員又紛紛回粤，於十年一月十二日開兩院聯合會後又復開非常會議。惟此時議員合計只二百二十餘人，其中堅分子爲民友社以「照霞樓派」即舊國民黨之最左派，共約數十人；餘則以新新俱樂部之議員爲最多；政學系及益友系議員大都散去。

第三節 護法政府之成立

五年袁氏殂落，黎氏繼任，賴西南之護法，及海軍之獨立，臨時約法始得恢復。六年夏，督軍團在京開會，並聯名呈請解散國會時，孫中山、岑春煊、唐紹儀等即電請黎大總統維持約法，以固民國基礎，滇督唐繼堯續發通電，亦有「如有破壞國會，危及元首者，義不共戴」之語。及解散兩院令下，粤督陳炳焜，桂督譚浩明通電暫行自主，謂：「國會非法解散，所有私意改造，不依法定手續成立之政府，萬不能承認。」海軍總長程璧光亦辭職南下，謀有所舉動。復辟亂平，陸榮廷、陳炳焜、譚浩明等再三電詢馮代總統對於國會問題，如何解決？陸榮廷並密電馮氏，謂：「若不速定國會問題，則榮廷對於西南各省，無法調停。」使馮段當時稍有轉圜之意，則西南護法運動，或不致於擴大。

六年七月二十日，孫中山先生乘海琛軍艦抵粤，粤省長朱慶瀾，督軍陳炳焜，及省議員等開會歡迎，中山先生當宣示召集艦隊來粤，以粤爲海軍根據地，然後歡迎國會議員來粤集會，並請黎總統南下組織政府之意。七月二十一日，海軍總司令程璧光，第一艦隊司令林葆懌通電各省，以三事自矢：一擁護約法，二恢復國會，三懲辦禍首；並聲明自約法失效國會解散之日起一切命令無所根據，當然無效，發此命令之政府，亦當然否認。翌日率領全艦隊開赴廣東，於八月八日駛入黃埔；同來者有唐紹儀、汪兆銘、章太炎諸人。

自參衆兩院解散後，議員即陸續赴粵，至八月中旬，到有百五十餘人。八月十八日孫中山先生公宴各議員於黃埔，即開談話會，決定在粵組織政府。八月二十五日，國會開非常會議，討論組織政府案，三十一日繼續開會，議決軍政府組織大綱十三條，即日宣布施行。此組織大綱明定中華民國軍政府之組織，在戡定叛亂，恢復臨時約法。軍政府設大元帥一人，元帥三人，由國會非常會議分次選舉，以得票過投票總數之半者爲當選。又設外交、內政、財政、陸軍、海軍、交通六部，各設總長一人，由國會非常會議分別選出，咨請大元帥特任，輔助大元帥執行職務。凡各省督軍贊助軍政府或舉全省兵力宣布與非法政府斷絕關係者，均任爲軍政府之都督。臨時約法之效力未完全恢復以前，大元帥行使中華民國行政權，並對外代表中華民國。九月一日，國會非常會議選舉孫中山先生任大元帥，次日選舉陸榮廷、唐繼堯爲元帥，後又選出各部總長。九月十日，孫中山先生就大元帥職，軍政府組織成立。

六年十一月，長江三督李純、王占元、陳光遠通電主和，岑春煊在上海亦通電勸和。孫中山先生對於和議雖不反對，但堅決以恢復約法與國會爲唯一條件，並發出通電，略謂「此次西南舉義，旣由於蹂躪約法解散國會，則舍恢復約法及國會外，斷無磋商之餘地。文雖不敏，至於擁護約法，維持國會，實具犧牲之精神。依照軍政府組織大綱，非至約法完全恢復，國會職權完全行使時，斷不廢止。」但岑春煊等仍傾向和議，至七年一月二十日，岑春煊、章士釗、陸榮廷、李根源等，在廣州組織西南自主各省護法聯合會，不啻爲與北方議和之總機關。七年五月四日，軍政府改組，孫中山先生向非常會議辭大元帥職，離粵赴滬，並發出通電，略云：

「慨自國會非法解散，中更復辟之役，民國已無依法成立之政府。……文不忍坐視正義之弗伸，爰於滬上與民國諸老，倡義護法。海軍將士，亦有宣言，相率南來。粵省議會，乃有請國會議員來粵開會之議決，由是發生國會非常會議於廣州，於中華民國六年八月三十一日公布軍政府組織大綱，文不才，被舉爲大元帥，……是用不避艱險，不辭勞瘁，以爲護法討逆倡。自是以後，粵、桂、滇、黔、川、湘，又莫不宣言護法。……其他表同情而來附義者，尚復所在多有，不得不謂爲護法之巳告成功。……乃者非常會議議決改組軍政府，以應各省之要求，今而後庶可資萃策羣力，以昭護法之大業，而告厥成功。……謹略述顛末，向非常會議辭大元帥之職，幸公鑒焉。」

第四節　護法政府之改組

軍政府成立之初，陸榮廷、唐繼堯不就元帥職，謀與北京政府議和。孫中山先生在粵，雖有護法議員之擁護，但除海軍外，毫無實力，政學會與桂系既對中山先生不滿，益友系要人吳景濂、褚輔成等鑒於軍政府與陸唐關係疏遠，不能發生實際力量，亦漸向右傾。於是改組軍政府之議，甚囂塵上。至七年四月，漸趨成熟。所謂軍政府之改組，即取消大元帥之首領制，而改為實力派之合議制，意在排除孫中山先生。七年四月十四日，湯漪、楊永泰起草軍政府改組案，得羅家衡等四十人之連署，提出於國會非常會議，雖有民友社議員之竭力反對，卒於五月四日，以大多數議員之贊成，可決軍政府改組案。五月十八日，國會非常會議議決中華民國聯合軍政府組織大綱，即日公布，並通電全國，略云：

「曩者軍政府成立伊始，祇以事屬首創，未臻完備。遂使唐陸兩公，謙讓未遑；西林一老，置身局外；伍唐陳林胡諸總長，袖手於廣東；幸賴孫公中山一人，仔肩危局，撐持至今；斯豈諸公護法之彼此異志歟？抑亦立法未善之所致也。同人等返躬內省，鑒於時局上之要求，而共認軍政府改組之不可緩久矣。今則修正中華民國軍政府組織大綱，業於本日議決公布。自時厥後，同人等最終希望，惟在海軍及各省同志，戮力一致，擁護新政府之成立及發展，如身使臂，如臂使指，以繼續現軍政府未竟之功，回復約法之效力，維持國會之尊嚴，建設統一之基礎，促進憲法之成立，同人謹拭目望之。」

聯合軍政府組織大綱全文共十二條，規定軍政府於國會大總統之職權不能行使期內，行使中華民國之行政權；其職權凡六：（一）關於和戰事件，（二）辦理共同外交與訂立契約，（三）監督共同財政，與辦理內外公債之募集，（四）裁決省與省之爭議事件，（五）關於承認護法省區軍隊之加入事件，（六）關於統籌軍備及計劃作戰事件。軍政府以由國會非常會議所選出之政務總裁七人組織政務會議，行使其職權；并設內務、陸軍、海軍、交通、司法八部，直隸政務會議；此爲中華民國采用行政合議制之始。

七年五月二十日，國會非常會議選舉唐紹儀、唐繼堯、孫文、伍廷芳、岑春煊、陸榮廷、林葆懌七人爲政務總裁。七月五日，唐繼堯等通電就職，宣告軍政府依法成立。八月十八日，軍政府開第一次政務會議，十九日，岑春煊被推爲政務會議主席。八月三十一日，軍政府通電否認北平國會選舉大總統。十月九日，廣東國會開兩院聯合會，議決自七年十月十日起，委託軍政府執行國務院職權，攝行大總統職務，至次任大總統選出就職之日爲止。軍政府即開政務會議議決承受，并發布通電，略謂：「軍興以來，軍政府及護法各省各軍，對內對外，迭經宣言其護法之職志，惟在完全恢復約法之效力，取消解散國會之亂命，以求眞正之共和，爲根本之解決。……乃聞徐氏已就僞總統，事果屬實，何殊破壞國法。……本軍政府代行國務院職權，依法攝行大總統職務，護法戡亂，固責無旁貸也。」

改組後之軍政府雖以護法相號召，實極希冀與北京政府議和，并無擁護國會之誠意。八年十月二十七日，在粵舊國會忽提出改組軍政府案，又有議員提出不信任政務總裁主席岑春煊案，雖其結果均未通過，而軍政府之前途已難樂觀。九年春，舊國會議員多數離粵，發出通電，聲明軍政府政務總裁只有岑春煊、陸榮廷、林葆懌三人在粵，政務會議不足法定人數，自三月二十九日以後之命令，概屬無效。時舊國會議員仍有少數留粵，乃於五月四日開會補選熊克武、温宗堯、劉顯世爲政務總裁，六月二日，孫中山、唐紹儀、伍廷芳、唐繼堯又聯合宣言，謂在粵政務總裁不足法定人數，軍政府一切政令無效。離粵議員亦於八月七日在雲南開兩院聯合會，議決免岑春煊職，旋補選劉顯世爲政務總裁。十月二十二日，岑春煊卽宣言引退，復於二十四日，與陸榮廷、林葆懌、温宗堯聯名通電，解除軍政府職務。

時粵軍已迫近廣州，陳炯明於十月三十日入城。孫中山、唐紹儀、伍廷芳等遂相率返粵，於十一月二十九日開政務會議，繼續執行職務。舊國會議員亦繼續回粵，於十年一月十二日開兩院聯合會，後又改開非常會議。旋孫中山先生提議取消軍政府，選舉總統，組織正式政府，護法議員多數贊成，以爲北方政府本不合法；九年十月，徐世昌通令重選國會議員，不依新法而依舊法，卽已自承名分不正；惟法統不可中斷，故有由舊國會選舉總統，組織政府之必要。陳炯明等及褚輔成派之議員則力持異議，謂西南各省，多樹立自治旗幟，護法二字，已不足以資號召；且在粵議員距開常會法定人數甚遠，更不足選舉總統之法定人數，卽令選出總統，仍不得謂之合法政府。惟國會非常會議卒於十年四月七日議決中華民國政府組織大綱，復依大綱第二條選舉大總統，孫中山先生以二百一十三票當選。

孫中山先生於五月五日就大總統任，組織政府，并下令撤消軍政府，又發表對內對外宣言。中山先生此時雖欲堅持護法之主張，但仍不能不順應自治之潮流，觀其宣言有云：

「國會代表民意復責文以戡亂圖治，大義所在，其何敢辭。竊維破壞建設，其事非有先後，政制不良則政治無術。集權專制，爲自滿清以來之秕政，今欲解決中央與地方永久之糾紛，惟有使各省人民完成自治，自定省憲自選省長。中央分權於各省，各省分權於各縣；庶幾既分之民國，復以自治主義相結合，以歸於統一；不必窮兵黷武，徒苦人民。」

十一年五月奉直戰終，直系軍人倡恢復法統之議。長江上游總司令孫傳芳於五月二十八日發出通電，勸徐世昌孫文及時引退。孫中山先生亦於六月六日發表宣言，略云：

「六年以來，戰事延長，是非莫定，直至今日法之不可毀，始大白於天下。……夫約法之效力不墜，在使國會自由行使其職權，國會之能自由行使職權，在掃除一切不法之武力。否則國會之自由行使職權，不但徒託空言，抑且供人利用，尚求已亂，實以釀亂。故欲使今日以後，國會自由行使職權，不再受非法之蹂躪，第一當懲辦禍國渠魁，第二當保障國會安全。」

孫中山先生之宣言，除上述兩點外，并主張化兵爲工，以爲停戰條件，但無一語表示引退之意。嗣北方武人以法統重光，先後電勸孫文取消非常大總統。北京學界則由蔡元培領銜，電請孫文停止北伐，實踐與徐世昌同時下野之宣言。粵軍將領葉舉等則搜集國中請孫下野之文電，於六月十五日開軍事會議，決定迫孫下野，以洪兆麟師圍攻總統府，並通電全國，略謂：「天心厭亂，舊國會已自行召集，徐氏復引咎退位。南北用兵累年，所志無非護法，今目的已達，自無用兵之必要。……興等同屬國民，同隸粵軍，為國為粵，不忍因一人而禍天下，為此籲請孫中山先生實踐與徐同退之宣言，徹底尊榮，翩然下野。」孫中山先生於八月八日乘英艦至香港，十四日抵滬，十五日發布宣言，敍述歷年護法之經過，廣州兵變之情形，並表示此後力求建國最大方略之貫澈。

第五節　臨時參議院之召集

民國六年七月一日，復辟變作，大總統黎氏於二日電致南京馮副總統，請其依約法第四十二條，及大總統選舉法第五條，暫代行大總統職務；并任命段祺瑞為國務總理，令暫行護攝。段氏當馳赴馬廠誓師，未及半月，即討平其亂。七月十四日，黎氏通電引咎辭職，並推馮氏繼任大總統。段氏以宣戰案之延擱，與舊國會仇視甚深，不願恢復，乃於七月二十四日通電各省，徵詢召集臨時參議院之意見，謂：「國會之職權，乃由約法上之參議院遞嬗而來，有參議院行使立法職權，即無異於國會之存在，是與約法精神，共和本旨，皆不違背。且人數無多，選派由地方自定，依據約法，可以迅速成立。救時之計，無逾於此。」各省先後電覆贊同，惟以北京政局尚未大定，馮氏亦未蒞京就職，故暫為擱置。

時研究系以在舊國會勢力薄弱，關於憲法問題，未能貫澈其主張，積怨甚深，梁啓超、湯化龍等乃極力主張改造國會。彼等所持理由，謂中華民國已為張勳復辟滅亡，今國家新造，應依第一次革命先例，召集臨時參議院，重定國會組織法及兩院議員選舉法，再行召集新國會。但此種議論，究不可通，復辟期間，不滿半月，而洪憲帝制，歷時百日，既國會經袁氏之解散，可以恢復，則黎氏之非法解散，亦應恢復。惟國會議憲，久未完成，屢起黨爭，自啓外侮，深爲國人所不滿。當時政學會卽不堅持恢復舊國會，但反對召集臨時參議院以圖根本改造，而主張依照元年國會組織法，及參衆兩院議員選擧法，重選議員，成立新國會。此不僅可以調和各方意見，且係正當辦法；但國民黨之急進派既極端反對，而研究系亦絕不贊同，故終不爲政府所采納。

六年七月三十一日，馮氏由寧北上，八月一日就職。九月二十九日，政府通令各省及蒙藏青海選派參議員，組織參議院。原令有云：

「國會組織法暨兩院議員選擧法，民國元年係經參議院議決，咨由袁前大總統公布。歷年以來，累經政變，多因立法未善所致，現在亟應修改。着各行省、蒙、藏、青海各長官，仍依法選派參議員，於一個月內到京組織參議院，將所有應行修改之組織選擧各法，開會議決。此外職權，應俟正式國會成立後，按法執行，以示尊重立法機關之至意。」

據右令文，臨時參議院之召集，專以修改國會之組織選擧各法，與研究系之主張完全相符。至立法職權，仍俟正式國會成立行使，與段氏七月二十四日通電之原意微異。旋各地方卽依照臨時約法第十八條之規定，自定方法，選派參議員五人或一人，陸續赴京集會。十一月十日臨時參議院正式成立；十四日各參議員投票互選王揖唐爲議長，那彥圖爲副議長。

臨時參議院召集之初，國會非常會議卽於十月六日通電反對；謂國會之組織，屬於憲法內容之一部，非純普通立法作用，惟國會始有修正之權。至臨時約法第五十三條雖有國會之組織及選舉法由參議院議決之規定，實列於第七章附則之內，絕對以適用於一時爲限，與法之正文繼續有效者迥別，不得妄爲比附。且約法第二十八條固明白規定參議院於國會成立之日解散；今民國國會成立已久，大總統在約法上只有召集國會之權，絕無改造國會之權。非常會議反對召集參議院之理由甚爲充足，但亦毫無效果。

臨時參議院成立後，各省軍政長官曹錕等十六人於十一月三十一日電致該院，請依法行使立法機關職權，略云：

「舊日國會，雖繫民權，兩次召集，兩經解散，成績無聞，名譽失墜，萬無恢復之理。……至於召集新國會，亦爲近今一種主張；但國會不良，乃因組織法選舉法不善，若非改弦而更張，則前車不遠，後轍將覆，徒勞選舉之功，難收代議之效，斯亦未敢貿然贊同。夫舊國會既不可恢復，新國會又不便召集，左右思維，函電商榷，惟有請貴院迅將政府提出之國會組織選舉兩法，尅日議決施行，以爲召集正式國會之張本。在此過渡時期，立法機關，未便久虛，擬請貴院依據約法，行使職權，代議政治，俟正式國會成立，宣告解散。」

惟臨時參議院并未接受該督軍等之請求，仍依照政府命令，僅修改國會組織法，及參衆兩議員選舉法，不行使立法機關之職權。至七年八月十二日，新國會成立，臨時參議院卽宣告解散。

第六節　國會組織法及議員選舉法之修改

自六年十一月十日臨時參議院成立之後，政府即於十二月十四日提出修正國會組織法、修正參議院議員選舉法、修正衆議院議員選舉法等案，咨請查照議決。其提請修正之要點，略如次述：

第一、參議院組織之根本修正　組織參議院之議員分爲（甲）學術代表，（乙）事益代表，（丙）勛績代表，（丁）滿蒙回世爵互選之議員，（戊）高等行政司法官選舉會選出之議員，（己）華僑代表。廢去地方代表制，以免蹈聯邦國家之嫌，而保持上院應有之特質。

第二、參議院議員任期之改定　兩院議員任期均定爲三年，並删去每二年改選三分一之規定。

第三、減少衆議院議員之名額　衆議院議員全體名額定爲三百五十三人，較原額減去十分之四。

第四、增加選舉衆議院議員之區域　於應選出衆議院議員之各行省以外，加入京兆、熱河、綏遠、察哈爾、川邊五處，概作爲行政區域，與各行省性質無異。

第五、增入官吏不得兼任議員之規定　删去原選舉法中停止官吏被選舉權之規定，而限制官吏兼任議員，俾於當選後，可擇彼就此。

第六、限制延會之期間　明定國會會期之延長，不得逾一定之期間，俾免任意議定會期及終年開會之事實。

第七、於兩院專行職權中删去請求查辦官吏之權　此項職權，定爲應由兩院共同行使，以免一院行之太濫，反損議會之尊嚴。

第八、删去關於憲法起草及議定之條文　其理由以制憲機關之性質及權限，與普通議會不同，不必定於國會組織法中，應予删去。

臨時參議院接受政府提出之國會組織法及議員選舉法修正草案，即開會討論其大體，決定交付審查。復開二讀會，將審查結果，詳加討論；旋經三讀程序通過，咨由政府於七年二月十二日公布施行。此修正案對於政府提請修正之旨趣，并未完全容納，兹述其要點於次：

第一、參議院議員選舉機關之變更　原組織法規定參議院議員由各省省議會，蒙藏青海華僑各選舉會，及中央學會選出；修正案則改爲由中央與地方選舉會選出，地方選舉會由初選選舉人選出之初選當選人組織之，中央選舉會分爲六部組織之。參議院之組織，仍兼采地方代表制。

第二、參議院議員名額之減少　原組織法規定參議院議員由各省省議會選出十名，共二百二十名，蒙藏青海華僑各選舉會及中央學會共選出五十四名，合計二百七十四名。修正案改爲由地方選舉會每省選出五名，每特别行政區選出一名，共一百三十八名；中央選舉會，第一部選出十名，第二部選出八名，第三部選出五名，第四部選出四名，第五部選出二名，第六部選出一名，共三十名，合計一百六十八名。

第三、參議院議員選舉權資格之提高　地方選舉會初選選舉人之資格：(一)須曾在高等專門以上學校畢業，及與高等專門以上學校畢業有相當資格任事滿三年者；或曾任中學以上學校校長及教員滿三年者；或有學術上之著述及發明，經主管部審定者。(二)須曾任薦任以上官滿三年者；或曾任簡任以上官滿一年者；或曾受勳位者。(三)年納直接稅百元以上；或有不動產值五萬元以上者。中央選舉會第一部選舉人須曾在國立大學或外國大學本科畢業，以其所學任事滿三年者；或曾任國立大學校校長及教員滿三年者；或有學校上著述及發明經主管部審定者。第二部選舉人須退職大總統、副總統、國務員，及曾任特任官滿一年以上；或曾受三等以上勳位者。第三部選舉人須年納直接稅一千圓以上者；或有一百萬元以上之財產，經營農工商業，經主管官廳證明者。第四部選舉人須華僑有一百萬元以上之財產，經駐在地領事官證明者。第五部及第六部之選舉人，須滿洲或回部王公，具有政治經驗者。

第四、衆議院議員名額之減少及選舉區域之增加　原組織法規定衆議院議員，各省以每人口滿八十萬選出一名，在人口總調查未畢以前，各省應共選出五百五十六名，蒙藏青海應共選出四十名。再選舉區分為二十二行省及三藩部。修正案改為各地方以每人口滿百萬選出一名，在人口總調查未畢以前，各省區應共選出三百五十五名，蒙藏青海共應選出二十八名。又將京兆、熱河、察哈爾、歸綏、川邊，由原省劃出，成為獨立選舉區。

第五、衆議院議員選舉權關於財產上資格之增高　原選舉法規定年納直接稅二元以上，或有值五百元以上之不動產者，有選舉衆議院議員之權，修正案則定爲以年納直接稅四元以上，或有值一千元以上之不動產爲限。至關於學識上之資格，則無甚差異。

第六、國會延長會期之限制　原組織法規定民國議會之會期，依事情之必要得延長之，幷未加以限制。修正案則限定延長期間，不得逾兩個月。

此外修正案與原組織法及選舉法所規定大致相同，毋庸贅述。

第七節　新國會之召集

馮段執政，不召集舊國會，於六年九月二十九日令內務部籌備國會選舉事宜，文曰：「依約法第五十三條，本有召集國會之規定。此次國體再奠，所有約法上機關，亟應完全設立。著內務部按照民國元年籌備國會事務局辦理事宜，迅速籌辦，預備選舉。」七年二月十二日，政府公布修正國會組織法、修正衆議院議員選舉法、修正參議院議員選舉法。二月十七日，公布蒙古四部西藏第二屆衆議院議員選舉施行法。二月十八日，又令內務部籌備選舉，文云：「國會組織法及兩院議員選舉法，均經修正公布。所有選舉事宜，著內務部督飭籌備國會事務局，按照法定程序，迅速籌備，愼重執行，以符本大總統尊崇立法之至意。」三月六日，又公布兩院議員第二屆選舉日期，令規定各省區地方選舉會之參議院議員覆選舉，暨蒙古、西藏、青海地方選舉會之參議院議員選舉，於七年六月二十日舉行；各省區衆議院議員覆選舉，暨蒙古、西藏、青海衆議院議員選舉，於七年六月十日舉行；遇有必要情形，得酌量延期五日，但至長以十日為限。

各地方奉令後，即遵照進行，所有選舉事宜，均如期辦竣，兩院議員，亦先後依法選出；政府乃於七年七月十二日下令召集，略謂：

「民國成立，於今七年，事變紛乘，邦基未固；以致憲典虛懸，率循無自，庶政待理，邦治難幾。本大總統時切殷憂，力圖修舉。現在國會議員，既經依法選出，自應刻期齊集，以期修明法令，綱舉宏綱，共濟時艱，永維國本。茲定於民國七年八月一日以前，所有當選之參議院議員，衆議院議員，一律齊集京師，定期開會，用副國家尊重立法之至意。」

七年八月十二日，國會宣告成立，世謂之新國會，亦謂之安福國會。八月二十一日，衆議院開會選舉議長，王揖唐以二百六十二票當選為議長，劉恩格以一百七十六票當選為副議長。次日，參議院亦開會選舉，梁士詒得一百一十九票，朱啓鈐得一百一十四票，當選為議長副議長。

此次新國會之選舉，護法各省一致反對，兩廣雲貴四川均未遵辦；兩湖陝西亦以戰爭變亂，未能舉行；實際奉令選舉者只有十四省及其他特別區；蒙藏青海之議員，則由北京指選。新國會之政黨，以「安福系」為最大，兩議院員逾三百三十餘人，佔絕對多數。「安福俱樂部」由中和俱樂部改組而成，以徐樹錚、王揖唐、王印川、劉恩格、黃雲鵬、田應璜、曾毓雋、姚震等為首領；當籌辦選舉時，即操縱一切，故競選結果大獲勝利。次為「交通系」

以梁士詒、朱啓鈐、周自齊、葉恭綽、龍建章等爲首領，有議員約百數十人。此外尙有曹汝霖、陸宗輿等之「新交通系，」孫潤宇、江天鐸等之「討論會系，」但所佔議席均少。當研究系主張召集臨時參議院改造國會時，本謀擴張研究系之勢力。惟自修正國會組織法及議員選舉法公布後，研究系閣員均已下野，自難與安福系競爭，故其結果幾完全失敗，在兩院議員只有二十餘人。

大總統選舉法第三條規定「大總統任期五年；」又第五條規定「大總統缺位時，由副總統繼任，至本任大總統任滿之日止。」袁氏於二年十月十日就任正式大總統，袁氏逝世，黎氏於五年六月七日繼任；黎氏辭職，馮國璋於六年八月一日繼任。袁大總統任期應於七年十月十日屆滿，馮代總統卽於七年八月十二日通電表示去位之意。九月四日，參衆兩院組織總統選舉會選舉總統，到會議員共四百三十六人，徐世昌以四百二十五票當選。次日選舉副總統，因未足法定人數延期。在未舉行大選之前，廣東軍政府卽於八月三十一日通電反對，聲明如非法國會竊用大權，貿然投票，無論所選爲誰，決不承認。九月四日，復電徐世昌勸勿就職，但徐氏仍於七年十月十日就任正式大總統。軍政府則於十月九日通電，執行國務院職權，攝行大總統職務。

七年十二月，參衆兩院各選委員三十人，合組憲法起草委員會，從事制憲。憲法起草委員會於八年一月六日開會，議決不用二年憲法草案，指定起草員另行起草。至八年八月十二日，全案議決，共一百零一條，謂之中華民國憲法草案。惟參衆兩院幷未會合正式提出討論。

新國會成立之初，第三師師長吳佩孚卽於七年八月二十一日自衡陽通電主和，并詆諆新國會，有云：「國會者立法之最高機關也，此次新國會選舉，政府以金錢大施運動，排除異己，援引同類，因之被選議員，半皆惡徒。此等國會，不但難望良好結果，且必以立法機關，受行政指揮，而等贅旒。極其流弊，卒以政府不受法律約束，僞造民意，實行專制，釀成全國叛離，外人瓜分之禍。」南方軍政府政務總裁岑春煊亦於八月三十日電復贊成促進和平。是時南北兩方均傾向和議，而新國會實爲障礙，故不獨西南指爲非法，卽北方軍人亦表示反對。九年七月直皖戰終，皖系大敗。八月三日政府下令解散安福俱樂部。八月三十日新國會閉會；溯自七年八月開幕，歷時凡兩年。

新國會自成立以來，共開常會三期，除完成憲法草案外，並議決多數法律，茲彙列於次：

修正國會組織法第六條　八年一月二十五日公布

修正參議院議員選舉法第十七條　八年一月二十五日公布

修正議院法第二十條　八年一月二十五日公布

修正國會組織法第五條　八年四月二十二日公布

修正衆議院議員選舉法第九十八條　八年四月二十二日公布

文官高等考試法十五條　八年八月二十七日公布

文官普通考試法十五條　八年八月二十七日公布
外交官領事官考試法十五條　八年八月二十七日公布
監所職員官等法七條　八年九月四日公布
監所職員官俸法七條　八年九月四日公布
縣自治法六十九條　八年九月七日公布
修正懲治盜匪法第十一條　八年十一月二十七日公布

第八節　新新議員之選舉

新國會自九年八月三十日閉會後，即無形消滅。九年十月二十四日，南方軍政府政務總裁岑春煊、陸榮廷、林葆懌、温宗堯等通電解除職務，幷云：自今以後，當局應從全國軍民願望，依法召集國會，遵循法規，與民更始。」意在南北兩國會同時取銷，另行籌備新選舉。北方政府乃於十月三十日下令籌辦統一善後事宜，幷下令着內務部依照元年公布之國會組織法、暨參議院議員選舉法、衆議院議員選舉法，督同各省區長官，迅速籌辦選舉。於是七年修正之國會組織法，衆議院議員選舉法，參議院議員選舉法，均完全失效。

自九年十月籌辦選舉令發布後，各省意見紛歧。浙督盧永祥即擬通電反對，然恐勢孤被斥，乃先電鄂督王占元徵求同意；並電贛督陳光遠，謂在統一未成功以前，決不可再辦新選舉，以增時局之糾紛。鄂督比即電覆贊成，贛陳亦不反對，乃聯名電商蘇督齊燮元。蘇齊覆電謂選舉爲國家大典，斷難主張不辦，自陷違法；且欲促進統一，尤非急辦選舉不可。浙盧又電直督曹錕，表示停辦選舉之意。曹氏卽電勸盧、王、陳等不應有此主張，致陷大局於不可收拾。盧永祥乃於十年三月三日發一緩辦選舉之通電，謂新國會與政府在在有聯帶之關係，旣未有解散之明文，如欲使其消滅，則必指爲非法，卽牽入元首地位問題，更恐陷於無政府之狀況。今旣恢復舊組織法，舊選舉法，則舊國會勢不能不同時恢復。如此次全體改選，則政府又不免有違法之嫌。末云：

「綜上所論，卽此一新國會，一舊國會，已多難解決之問題；若再發生一新國會，其困難當更甚於今日，非治絲益棼而何？況以現勢而論，滇、黔、粵、川、湘五省，其不能舉行選政，已屬顯然，其他各省，尙難預計。……卽幸而粉飾告成，是否不爲統一上之障礙物，當不待煩言而解。夫名以選舉而謀爲統一，若結果不能統一，且於統一前途有礙，實不如緩舉之爲愈也。」

盧氏此電，理由正當，影響於新選舉之前途甚大。時閩督李厚基亦有展緩兩月之主張，故籌辦選舉之令，雖已頒布多日，而障故過多，進行上甚感困難。粵軍旣入廣州，舊國會且已選舉總統，組織正式政府，西南各省，對於北京政府之命令，自不遵辦。浙、閩、鄂、贛等省，既已表示於前，亦難轉圜於後，均不遵令籌辦。於是新選舉之形勢日壞，殊難有完成之希望。國務院乃於十年三月二十四日發通電催各省區速辦，並限於四月底一律選舉完竣，勿再延緩。然各省仍視若具文，結果只有江蘇、安徽、山東、山西、陝西、甘肅、新疆、奉天、吉林、黑龍江、蒙古十一省區遵令舉辦，如額選出議員，卽世所謂新新國會議員，亦謂之民十議員。

查照舊法籌辦新選，本爲南北兩方多數之主張。各省軍民長官曹錕等三十一人於九年九月十日聯名通電，發表解決時局意見，有云：「現在新舊國會，怠棄職務，不滿人民之願望。復以黨派關係，不足法定人數，開會無期。而時效經過，尤爲法理所不許。值此時局艱危之際，欲求救濟，舍依法改選，更無他道之可循。果能根據舊法，重召新會，護法之義既達，則統一之局立成。」乃自徐氏發布籌辦選舉之令以後，護法各省既不舉行，北京政府治下之少數省區亦持異議。致已選出之議員，淹留北京，一載有餘，始終以法定人數不足，未能開會。及十一年五月，奉軍戰敗，直系軍人復主張恢復舊國會。新新國會議員乃通電全國，痛詆舊國會議員，力陳法律上不可恢復之理由；並謂新舊國會均失監督政府能力，而新新國會乃爲民意所歸。但此電毫無效果；卒之，舊國會得以恢復，新新國會議員旋卽星散。

第九節　省憲運動之演進

中國在前清本爲大一統帝國；惟以疆域遼闊，交通阻隔，各省區情勢複雜，又有適用聯邦制之基礎。辛亥革命，山東宣布獨立時，諮議局向清廷提出條件，其最末四條爲：「憲法須注明中國爲聯邦政體；外官制，地方稅皆由本省自定，政府不得干涉；諮議局章程卽爲本省憲法，得自由改定之；本省有練兵保衞之自由。」江蘇都督程德全等倡議各省公舉代表集議上海之電，更明言「美利堅合衆國之制，當爲吾國他日之模範。」臨時政府組織大綱由各省代表制定;臨時總統選舉之投票,每省以一票爲限。此不獨吾國已發生聯邦制之思想,幷已漸趨於實施。迨袁氏任正式總統,集權中央,當時政黨及學者,均主張擴大省自治權,一時聯邦論文甚囂塵上。至國會二次解散,西南倡議護法,北有段派暗鬥,直皖大戰,南則粵桂擾攘,孫陳決裂,於是聯省自治運動,不惟普遍於南方,抑且波及於北方,蓬勃進展,有一日千里之勢。

聯省自治運動,本含有兩方面之意義:一方面容許各省自治,由各省自定省憲,自組政府,統治本省。在省憲範圍以內,不僅可以免去中央之干涉,並可以防止省與省之糾紛。一方面由各省選派代表,組織聯省會議,制定聯省憲法,將中央與地方之權限劃清,以完成國家之統一,即確定中國爲聯邦制。惟當時聯省自治之呼聲雖高,而眞能認識此意義者至少;以故運動結果,徒以供軍閥之利用,幷未收自治之實效。

湖南首倡聯省自治,譚延闓以湘軍總司令名義,於九年七月二十二日發布通電,宣示湖南自治宗旨,此即世所謂「禡電」。旅居京滬之湘省名流,羣起響應;熊希齡等並在京請由梁啓超氏代擬一湖南省自治法大綱,寄回湖南,督促譚氏實行。十一月二日,譚延闓、趙恒惕等復宣言湖南實行自治,以樹聯省自治之基礎,不受何方之干涉,亦不侵略何方。旋趙恒惕繼任湘軍總司令,省議會選舉第十二區司令林支宇爲省長,由軍民兩署協定一湖南制定省自治根本法籌備章程,交由省議會議決施行。依此章程,湖南省憲法經過起草、審查、複決之程序,於十一年一月一日公布施行。

川省感於南北紛爭局勢靡定，亦倡議自治。至十年一月八日，四川陸軍第二軍軍長劉湘等即通電宣布，略謂：「近數月來，各機關各法團要求自治；全省各軍將領亦於前月十日在渝會議議決依川省人民公意，制定省自治根本法，行使一切政權。并對於南北任何方面，不爲左右袒。永不許外省軍隊侵入本省境內，務期順應民心，完成民治。」三月二十一日，劉湘等復通電聲明自中華民國合法統一政府未成立以前，川省完全自治，內以鞏固地方之基礎，外以促進國家之統一。六月六日，各軍將領公舉劉湘爲四川總司令兼省長，於七月二日就職。至十二年一月，四川省憲起草委員會組織成立，歷時月餘，草案告成，但未議決公布施行。

繼川湘自治運動而起者爲浙江。十年六月四日，浙督盧永祥通電主張自定省憲。六月十六日，浙江省憲起草委員會成立，着手起草省憲。旋草案完成，經由浙江省憲法會議議決，於九月九日公布，當時稱爲「九九憲法」，但未切實施行。十一年浙江省議會以浙江省憲法未經全省人民投票公決，議決再由省民自行提出憲法草案，將「九九憲法」作爲草案之一。旋省憲審查會將各草案分別審查，結果併爲三種，以紅黃白三色識別，名曰「三色憲法草案，」預定於十二年八月一日交由全省公民複決。但屆時未能舉行，此「三色憲法草案」與「九九憲法」同未發生效力。

廣東爲護法政府根據地，但亦爲自治潮流所激盪，并已草定省憲法於十年十二月十九日，經省議會通過，移交省署。十四年一月十三日，福建省議會亦公布省憲法，惟同時該省軍民長官致函否認。此外雲南、廣西、貴州、陝西、江蘇、江西、湖北、奉天等省，或由當局宣言制憲自治，或由人民積極運動制憲，但均無甚結果。

各省旣一方面宣言自治，自定省憲，復一方面主張聯省，制定國憲。九年冬，蘇鄂旅京公民組織自治聯合會，先後加入者有豫、魯、甘、贛、川、閩、粵、皖、晉、桂等省。十一月六日，各省代表齊集京師，在贛會館開成立大會。九年十一月十七日，直省議會電各省省議會各選代表三四人，即日會集上海，共同制定省自治法。十年八月十一日，湖南總司令趙恆惕通電各省，主張開全國國民大會於漢口，或其他南北代表所共同贊成之地點，草定各省省憲法，於省憲法制定之後，再倣美國之例，制定中華民國憲法。凡此均爲聯省自治之正鵠，但始終未能實現。此後北京臨時執政府有「國憲問題尚未解決，省憲應暫緩」之明令，雖各省是否遵從？而聯省自治運動確已漸趨於終止。

第六章　恢復法統時期

西南倡議護法，凡歷五年，卒獲法統重光，黎氏復職，國會正式繼續開會。惟野心軍人，覬圖竊據大位，竟迫逐元首，賄買議員，而所謂人民代表，亦復恬不知恥，貪婪鬻身，致國家最高主權機關，陷於飢法營私之地。雖已完成憲法，終爲人民所唾棄。從茲法統斷絕，國會消滅，永無恢復之望。此爲民國代議制度之沒落時期。

第一節　法統之恢復

國會自六年六月十二日解散後，雖有大部分議員赴粵集會，然未足法定人數，只開非常會議。後改開正式會議，而遞補議員究未盡合法定程序，以嚴格論，似仍不能繼續第二屆常會之會期。至十年十二月二十三日，旅京舊國會議員忽發表宣言，主張仍由舊國會完成憲法，促進自治。此爲恢復法統運動之見端，并以應付聯省自治運動之潮流。十一年四月初旬，北京舊國會議員連日集議，并發布繼續行使職權之宣言。張紹曾即通電附和，主張(一)由國會自由行使職權；(二)由各省共謀根本改造。奉直戰後，衆議院議長吳景濂等結合參議院議長王家襄，及前熱河都統張紹曾，以恢復法統之計畫進之曹錕、吳佩孚。吳佩孚乃於十一年五月十四日通電各省，徵詢恢復舊國會之意見。十五日，長江上游總司令孫傳芳通電主張恢復法統，略謂：「南北統一之破裂，既以法律問題爲厲階，統一之歸束，即當以恢復法統爲捷徑。應請黄陂復位，召集六年舊國會，速制憲法，共選副座。」恢復舊國會本爲直系預定統一南北之策略，但曹錕、吳佩孚復於五月十九日通電徵求意見，大意謂：「近來國內人士，有倡恢復六年國會者，有倡召集新新國會者，有倡國民會議協同制憲，聯省自治者，究以何者爲宜？」十餘省區均電復贊成恢復舊國會。京津名流亦於五月二十二日，在熊希齡宅集議後，即聯名通電，主張恢復舊國會。

十一年五月二十四日，舊國會一部分議員在天津順直省議會設立第一屆國會繼續開會籌備處，並發布通電，聲明「一俟籌備就緒，即行定期開會。」五月二十八日，直系將領電覆表示贊助。六月一日參衆兩院議長王家襄、吳景濂，暨議員二百零三人，在天津開會，發表即日由國會行使職權之宣言，略云：

「民國憲法未成立以前，國家根本組織，厥爲臨時約法。依據約法，大總統無解散國會之權；則六年六月十二日解散參衆兩院之令，當然無效。又查臨時約法第二十八條，參議院以國會成立之日解散，其職權由國會行之；則國會成立之後，不容再有參議院發生，亦無疑義。乃兩院既經非法解散，旋又組織參議院，循是而有七年之非法國會，以及同年之非法大總統選舉會。徐世昌之僞大總統，既係選自非法大總統選舉會，顯係篡竊行爲，應即宣告無效。自今日始，應由國會完全行使職權，再由合法大總統依法組織政府。護法大業，亦以完成，其西南各省因護法而成之一切特別組織，自應於此終結。」

六月二日，徐世昌下令宣告辭職。曹錕等即於同日通電翊戴黎大總統依法復位。黎氏於六月十一日蒞京，暫行大總統職權；六月十二日下令撤銷六年六月十二日所發布之國會解散令，並電促兩院議員剋期入都，繼續行使職權。六月十六日參衆兩院咨達大總統，聲稱定於十一年八月一日正式開會。廣州孫陳適於此時決裂，於是護法議員紛紛離粤北上。十一年八月一日國會以到有過半數之議員，遂正式開會，是爲舊國會之二次恢復。參議院議長仍爲王家襄，副議長王正廷；衆議院議長仍爲吳景濂，副議長陳國祥病故，改選張伯烈繼任。

舊國會自恢復後，政黨大有變遷，大別之爲九系，每系復分各小派別，茲列舉於次：

一 中國國民黨系

1 護法議員聯歡社 謝持、周震麟、田桐等。

2 南潯沿六十四號　徐德利等。

二 政學會系

1 憲政社　谷鍾秀、張耀曾、李肇甫、李根源等。

2 匡廬　湯漪、王有蘭、王侃等。

三 段祺瑞系

1 安福系　烏澤聲等。

2 浙廬系　褚輔成等。

四 奉天系　劉恩格等。

五 益友社系

1 民憲同志會　吳景濂、羅家衡、馬驤、趙世鈺等。

2 香爐營第十六號　胡鄂公、易次乾等。

六 新共和黨系

1 新民社　張伯烈、胡祖舜等。

2 誠社　駱繼漢等。

3 後孫公園十一號　鄭江灝等。

4 頤　園　彭漢遺、黃贊元等。

七 孫洪伊系

1 全　民　社　溫世霖、史澤咸、景耀月等。

2 宏廟二十三號　李春榮等。

3 西河沿一八二號　張益芳等。

4 均　社　錢崇愷等。

5 民　治　社　王湘、牟琳、王乃昌、吳宗慈等。

八 討論會系

1 樂　園　司徒穎、江天鐸等。

2 適　廬　譚瑞霖等。

九 研究系

1 憲法研究會　蒲伯英、王家襄、盧公武、籍忠寅等。

2 憲法學會　鄭毓怡等。

以上九系，前四系爲反對曹錕派；後五系爲擁護曹錕派，惟憲法研究會之林長民，民憲同志會之褚輔成、呂復等，均南下，未參加賄選。此外尚有擁曹之各小團體，名目繁多，毋庸詳舉。

第二節　法統之爭執

舊國會議員原各有黨派，自六年六月解散後，一部分議員赴粵集會，倡議護法；其餘議員則散居各地，以待時機，或別有圖謀。廣州國會議員固以護法相號召，而此次國會之恢復，則由未赴廣州之王家襄派，及由廣州退出之吳景濂派，密與直系軍閥協商，以恢復民國六年國會未解散時之原狀爲目的，并以破壞護法政府及非常國會，完成南北之統一。

廣州護法國會，原只參衆兩院議員之一部分，至民國七年，乃將未到之議員解職，分別以候補議員遞補，勉以湊足法定人數，世謂之民八議員。當恢復法統將實現時，廣州議員即於十一年六月三日通電主張繼續民八國會，否認王家襄等在天津籌備之民六國會。所謂民六國會，即民國六年六月非法解散之國會，其議員謂之民六議員。民六議員仍積極進行，又得實力派之援助，漸足法定人數，至十一年八月一日，會在北京開正式會議。時民八議員，均已先後離粵，因在上海組織一法統維持會，北京亦有一部分民八議員組織一法統學會，互相呼應，高唱民八國會爲正統之說。

當時國會雖已恢復，而民八民六之爭仍烈，所持亦各有理由。民八議員謂民國六年國會之解散，法律上應不生效，議員自由集會廣州，爲法律所許可；且已依據議院法，補足法定人數，正式開會議憲，行使立法職權。現欲完成憲法，只能由民八國會繼續進行，此次集會實卽護法之成功。至其餘各議員，放棄職權，不赴廣州集會，除名另補，乃當然之程序；既經除名之議員，豈尚有職務可復，且有曾充安福國會議員者，有曾任僞政府官吏者，安得靦顏再言法統，故斷無恢復民六國會之可言。

民六議員亦反脣相譏，謂議員赴粤集會，只能認爲護法手段，不能認爲適法行爲。査國會組織法第十五條，「兩院非各有總議員過半數之出席，不得開議；」議院法第六條「新到院議員，應將當選證書提出本院審查；」第十三條，「議員缺額，由院通知國務院，依法遞補，」廣州護法國會開議時，卽未依組織法第十五條之規定，按之違法行爲自初無效之原則，不但解除議員職務不生效力，卽民七民八之名義，法律上亦不能成立。至其遞補分子，既無當選證書，又非依法續補，根本上不能認爲有議員資格。國會此次開會，乃由黎總統明令撤銷民六解散令，在法律上毫無遺憾。且自十年冬季以來，奔走運動，謀國會之復活，皆民六議員之力，功成身居，於情理亦得其平。

民六國會既已恢復，民八議員以護法成功，竟致向隅，殊懷憤恨。復以孫中山先生之激勵，孫洪伊之慫恿，遂於八月三十日闖入衆議院議場，案毆議長，阻開憲法會議。民六議員則商請巡警保護，嚴密防範，彼此相持約兩旬，民六國會乃於九月十八日舉行第二屆常會閉會式，以爲不抵抗之抵抗。

當時兩院議員人數，實以前已赴粵之民六議員爲最多，其未赴粵之民六議員，及在廣州遞補之民八議員，均居少數。惟民六議員中因死亡或辭職，民八議員得以依法遞補已出席於國會者，復有數十人，故民八議員之不能出席者，實爲最少數。少數既不能戰勝多數，而政府爲調停計，復設一政治善後討論會，以謀安插。此不能出席之民八議員，旋亦軟化，於是法統之爭執，暫告一結束。

至十二年六月十三日政變發生，議員紛紛南下，民八議員亦多出京。旋南下議員決定遷地開會，卽在滬組織籌備處，於七月十四日舉行移滬集會式，國民黨系議員凌越等突偕同民八議員數十人到會，盡踞議席，當卽大起衝突，又發生民六民八法統之爭。迨後赴滬議員多北上參加賄選，法統之爭既未決，而移滬集會之議亦未實現；賄選告成，法統亦不旋踵而告終。

第三節　國會組織法之修改

國會組織法與議員選舉法，前於民國元年，由參議院議定，經臨時大總統於元年八月十日公布。六年六月國會解散後，政府復召集臨時參政院，並提出修正國會組織選舉各法案，咨請議決。該院卽將國會組織法中關於規定議員名額及選舉機關各條文，分別修正通過，連同議員選舉法修正案，一併咨由政府於七年二月十二日公布。至九年十月三十日，大總統徐世昌又下令依照元年國會組織法及議員選舉法，籌辦新選舉，於是修正國會組織法，及修正兩院議員選舉法，同時失其效力。

十一年八月國會二次恢復後，擬即完成十年未決之憲法，藉以收拾時局，奠定國基。惟憲法會議往往以不足法定人數而流會，長此遷延，則憲法之議決無期。於是國會議員提議修改國會組織法，以減少憲法會議出席人數之限制。國會組織法第二十一條規定「民國憲法之議定，由兩院會合行之，前項會合時，以參議院議長為議長，衆議院議長為副議長，非兩院各有總議員三分二以上之出席，不得開議，非出席議員四分三以上之同意，不得議決。」依據此項條文，凡開憲法會議時，參議院總額為二百七十四人，必須有一百八十三人出席，衆議院議員總額為五百九十六人，必須有三百九十八人出席，方足法定人數。當時兩院會合議憲時，衆議院法定人數不感不足，參議院則常差數人，每致流會。

修正國會組織法之議案提出後，於十二年三月，經參衆兩院分別開會議決，將國會組織法第二十一條第二項修正為「前項會合時，以參議院議長為議長，衆議院議長為副議長，正副議長均有事故時，以兩院副議長臨時代理。非兩院有總議員五分三以上之出席，不得開議，非出席議員三分二以上之同意，不得議決；但關於議憲程序，以兩院議員總數過半數之出席開議，出席議員過半數之同意議決。」此修正案經由政府於十二年四月三十日公布。

國會之修改組織法，本以減少出席人數之限制，俾憲法會議較易成會，憲法得以早日議定頒布。但議員出席既不踴躍，憲法會議仍不免流會，於是國會又於十二年五月議決修改憲法會議規則，規定議員出席憲法會議，每次得支出席費二十元，缺席者扣歲費如之，議員請假，必須有五人以上之證明，缺席過二次者除名。自國會組織法及憲法會議規則分別修正後，憲法會議即常足法定人數。兩院議員依法已享有優厚之歲費及旅費，今又增出席費一項，以引誘出席於憲法會議，因之國會益爲當世所詬病，而草草通過之憲法，亦爲國人所鄙夷。議員議憲，尚須利誘，則選舉大總統之必須以重金賄買，固無足怪。

第四節　政變之發生

徐大總統於十一年六月二日退位，黎氏於十一年六月十一日蒞京復職，當通電聲明暫行大總統職權，維持秩序，法律問題，俟國會開會，靜候解決。惟黎氏之復職及復職後之任期，各方意見不一致。當直系軍人通電翊戴黎氏時，浙督盧永祥，淞滬護軍使何豐林先後通電表示反對，謂黎總統任期，已由馮國璋補滿，現實無職可復。而擁護黎氏者，對於任期亦有所解釋，張紹曾於六月六日通電有云：「查約法及總統選舉法之規定，總統在任期中離職之情形，只有三種：一曰死亡缺位，二曰彈劾去職，三曰因故不能執行職務。三者有一，即爲合法離職，三者以外，總統不得讓職權於他人，他人不得以離職要總統，若其有之，是非法也。黎大總統於六年七月被迫離職，尚餘任期一年三月有餘。……黃陂續任，應竟其前此未盡之期。……法理彰明，決非曲解。」

國會開會後，對於黎氏任期，並未提出解決。熱心制憲之議員，欲將任期延長，俟憲法公布後，再選總統。依附曹錕之議員，則欲縮短任期，以便早日大選；甚至謂黎氏任期，僅能補足洪憲改元之八十三日，及張勳復辟之七日。而黎氏左右則謂總統任期，應自袁氏召集約法會議，新約法失效之日起算，至十四年九月始滿。至十二年五月初旬，議員范樵、吳蓮炬等提出解釋總統任期案，謂黎氏此次復職，為補足洪憲改元，訖袁氏死亡之日，其任期只百六十日，現已超過一百七十五日，應自動辭職，由國務院攝行總統職務，一面速組織總統選舉會，選舉次任大總統。繼續提案者念餘起。黎氏不欲久留，亦咨催國會從速改選。略謂：「元洪復職之初，曾宣言法律問題，聽候國會解決。嗣兩度咨請辭職，未承開議；補任期間，亦未解釋。……現在尸素已久，歲序將周。……深望轉告同人，查照總統選舉法，注意準備。」

十二年五月，國會議決修改憲法會議規則，規定議員出席憲法會議之出席費，由議長吳景濂等入府，商請黎氏設法籌措此項經費。黎總統即召國務總理張紹曾、國務員吳毓麟、稅務督辦孫寶琦等會議，當決定由海關建築經費項下，每月撥制憲經費十七萬元，即轉知總稅務司照辦。曹錕及其所屬津保兩系黨徒聞之，以為黎氏欲謀蟬聯總統，國務員高凌霨等亦憤恨不平。黎氏乃於六月六日發出通電，說明促成憲法之苦衷，略云：「元洪憂患餘生，急於求去。憲法期成，不過兩月，制憲以外，絕無所求，耿耿此心，可質天日。」

黎氏雖一再表示求去，而曹錕及其黨徒仍迫不及待。六月六日張紹曾內閣提出總辭職。旋陸軍檢閱使馮玉祥、京畿衛戍總司令王懷慶等集合軍警五百餘人包圍總統府及黎氏私邸索餉，復糾集流氓數百人組織請願團，促黎退位。黎氏不得已，商由農商總長李根源任閣揆，於十二年六月十三日下令免去張紹曾等國務總理及全體國務員職；裁撤巡閱使、巡閱副使、陸軍檢閱使、督軍、軍理；並定於民國十四年一月一日實行裁釐。又同時咨參衆兩院撤銷辭職文，并聲明「在京不能自由行使職權，定於本日移津。」黎氏即於是日午後一時偕同新任陸軍總長金永炎等乘車赴津。

六月十六日，參衆兩院開會合會，由吳景濂主席，以人數不足，改爲談話會。駱繼漢動議請照過半數人數，仍改爲會合會。馬驤提議略謂大總統黎元洪於六月十三日離職出京，應即依大總統選舉法第五條第二項之規定辦理，自十三日起，黎元洪所發命令，概不生效。主席遂宣告改開大會，以馬議員之提議付表決，張端發言反對無效，贊成者三百五十四人，多數通過。參衆兩院即咨送國務院查照。時國務總理張紹曾辭職後未復任，高凌霨等即通告攝行大總統職務。惟議員褚輔成等二百餘人發布宣言，謂六月十六日兩院會合會之議決，違法之點凡十，應根本無效。國民黨議員亦通電否認。黎氏在津於六月二十日致函兩院，及外交團，并通電全國，聲明前發命令有效，國會違法，略云：

「六月十三日上午，元洪尙在北京，所發命令，手續並無缺誤，國會依何法律，可以追加否認？卽元洪出京以後，仍爲在職之大總統，所發命令，只須有國務員依法副署，自應一概有效。……至六月十六日，兩院不根據法律，私開會合會，其人數及表決，率意爲之，尤爲不合。……自今以往，元洪職權，未得國會確當之解免，無論以何途徑，選舉繼任，概爲非法。」

議員褚輔成等及黎氏之電，均詞嚴義正。惟直系軍人旣以武力迫逐元首，而兩院議員復付以法律上之效力；卒致賄選告成，曹錕與國會同歸於盡，皆六月十三日之政變有以釀成之。

第五節　國會議員之南下

民國十二年六月十三日政變發生後，國會議員分為兩派。全民社等三十餘政團贊成驅黎，準備次任大總統之選舉。政學系及褚輔成一派議員共二百餘人隨黎氏至津，主張遷地開會，於六月二十一日發表宣言，以四事正告國人：(一)北京為軍閥暴力所包圍，國會不能自由行使職權，故相率離京；(二)在亂事未戡定以前，國會暫移上海行使職權，完成大法；(三)至亂事平定，首都秩序回復之日，國會仍還京開會；(四)自六月十四日起，北京偽國務院對內對外一切行動，均屬無效。六月二十三日，浙江軍務督辦盧永祥通電贊成國會議員遷地制憲，赴津議員遂決定移滬集會，并推定章士釗、呂志伊、褚輔成、田桐四人先赴滬籌備，即組織國會移滬籌備處。旋議員抵滬者日衆，遂於七月十四日舉行移滬集會式，推年長之衆議院議員凌鴻壽為主席，發表對內對外宣言。其對內宣言略云：

「國會成立以來，疊遭政變，同人忝為民役，恆用疚心。每於困心衡慮之中，為委曲求全之計，而其結果，乃有不忍為國人道者。六月十三日之變，畿輔軍閥竊位亂國之罪，跡象彰彰，舉國共瞻，無待申述。同人旣不敢以國憲為人驅除，將大位奉之國賊；復念吾國為禮讓名教之邦，同人俱受父兄師保之訓，又不敢稍越幾希之戒，而爲自謀之謀。則今日南遷，勢不容已。同人等此物此志，不約而同。茲謹於十二年七月十四日下午二時在上海舉行移滬集會式，一俟數及法定，卽行正式開會，行使職權。」

其對外宣言略云：

「中華民國，以北京政變，內閣竊柄，已無政府。加之武夫橫行，威逼利誘，國會失其自由。同人爲保全機關之神聖及個人之人格計，決計南遷。現已到滬者達三百人以上，其餘尚在京津，剋期待發，此皆守法持正之士。茲謹於民國十二年七月十四日午後二時在上海舉行集會式，俟足法定人數，卽行正式開會，行使職權。經此集會，留京議員陷於強暴，卽有議案，不生法律效力。北京武人，如有假借政府名義，與各國訂何項條約，磋商何種借款，吾國會概不承認。」

南下議員此次集會忽又發生民六民八法統之爭，此後內部卽漸有分裂。旋推定焦易堂、潘大道、褚輔成、凌越等四人爲籌備主任，對內輪流主席，對外代表國會，辦事乃略有頭緒。時留京議員雷殷一百零三人致書離京議員商權三事：（一）俟憲法制定及和平統一完成後，再選舉大總統；（二）勿同時分設兩個國會，兩個政府；（三）制憲不限於北京，適當地點，由同人多數商定。惟北京國會吳景濂等仍積極籌辦大選，而滬上議員亦意見紛歧，商權卒無結果。八月二十四日，北京參衆兩院開談話會，通過臨時支給常會出席費辦法，卽每次常會出席議員得支出席費百元，以期誘回離京議員。八月二十八日，北京各政團復派代表張魯泉等二十八人分道南下，提出種種條件，勸離京議員於九月五日以前回京。國會移滬籌備處亦以金錢收買公民團日夜巡邏於車站輪埠，防止議員之出境，而議員之潛返北京者，仍實繁有徒，且日益加多。

至九月十五日，國會移滬籌備處擬卽開會，但因議員人數過少，絕無成會之望。旋決定於九月二十日開北京移滬國會，並電留京議員速迅來滬，勿懷觀望。但北京議員無一人南下，而上海議員之回京者日衆。延至九月二十二日開會，出席議員只一百三十六人，仍不足法定人數。九月二十五日南下議員乃以參衆兩院名義，通電全國，謂來滬報到議員已過半數，北京國會議決各案，不生法律上之效力。旋北京國會以完成憲法相號召，藉以誘致議員之北返，而離京議員之貪圖厚利者，則亦假入京制憲之名，以爲掩飾。南下議員始終不足法定人數，未能在上海開正式會議。

第六節　議員任期之延長

國會於民國二年四月八日成立，如按時間計算，至民國五年四月八日，衆議院議員之三年任期已滿。惟以兩次解散，時效中斷，按執行職務期間計算，則國會二次恢復後，衆議院議員任期，應至十二年十月十日屆滿。十二年七月，參議院議員郭步瀛等提議延長國會第三期常會至衆議院議員第二屆召集開會之前一日止。其所舉之理由有四：（一）衆議院議員任期只兩月餘，倘不延長會期，憲法將無成立之望；（二）倘衆議院議員任滿而卽行解職，試問在南北未統一前，能否依法如額選出？假不幸而第二屆選舉不成，則僅有一參議院，何能行使國會職權？(三)衆議院第三期常會既有延長之必要，則參議院第三期常會，當然同時延長；(四)國會遇特別故障，任期延長，有英國先例可援。惟兩院以不足法定人數，未能開會，此案即無從提出討論。

旋衆議院議員王茂材等又提出修正國會組織法案，擬於第七條增加一項：「職員職務，應俟下次依法選舉完成，開會前一日解除之。」南下議員特移書反對，並勸各議員從速離京，文略云：

「我民國二年所改選之國會，任期三年，至今猶在，早爲國人所詬病，然我所以能遷延至今，不克卸責者，則因兩次遭非法解散，首都陷於暴力，不能自由行使職權，可以自解於天下。故兩次法統恢復，天下亦翕然從之，能爲諒解。今次北京政變，逼宮劫印，以逐元首，利誘威逼，以臨國會，軍警公民，白晝橫行，與民二民六完全相同。……自六月十三日以後，明明爲國會中斷，先例可援，宣言具在。我同人自應同心協力，繼續奮鬥，必至原狀回復，暴力消滅，法律生效，乃能卸責。所謂一息尚存，此志不容稍懈，固無須提案延長任期，而我之任期，實無法以終了也。」

衆議院議員任期延長案雖已提出，以南下議員之力持異議，而北京參衆兩院亦以法定人數不足，未能開會議決。旋滬上議員返京者日衆，至九月七日，衆議院開常會，出席議員三百零五人，即將延長任期案提出討論。馬驤謂此案關係重要，請議長當場指定議員審查。吳景濂乃指定牟琳、馬驤、胡祖舜、徐傅霖、王敬芳等五人爲審查員，即日審查完畢，由胡祖舜報告，略謂：「審查會對王議員修正案，認爲可以成立。其理由：(一)衆議院任期將滿，國會萬不可中斷；(二)國家政爭，終無統一希望，不可不有統一之國會以維繫之。惟原修正案係專對衆議院而言，中華民國國會由參衆兩院組織成立，故對於參議院任期，亦須顧及。茲將加以修正，於國會組織法第七條下增加一條：『前兩條議員職務，應俟下次選舉完成，依法開會之前一日解除之。』」主席即以審查會修正案付表決，在場議員三百零八人，贊成者二百六十一人，多數通過。繼續開三讀會，當即議決，幷咨達參議院。

議員延長任期案通過後，輿論譁然，猶冀參議院予以糾正。而留京參議院議員亦馳函反對，略謂：

「溯此案自發生以後，即遭輿論界之攻擊，或謂係大選之交換條件。夫大選爲國會職責，決不受政潮鼓盪，使國常陷於無政府之險境，尤不能對於任何方面爲條件之要挾。……惟衆院爲任期所限，切身利害所關，昧然有此越軌行爲，同人等不能不加以糾正。……蓋兩院制之優點，即在甲院可以糾正乙院之失，俾法律方面不受政潮激動而發生破壞，亦不因權利衝突而引起政爭。故兩院制結晶之點，即在於本院能調劑各方面之不平，而使國家永處於鞏固不搖之地位。……萬一同人不察，昧然通過，則國人爲維持國法計，必將有嚴厲之抵制。此時不僅衆院議員爲全國所吐棄，即本院亦將與之偕亡。此爲本院同人生死關頭，謹掬血忱，伏希鑒察。」

九月二十六日，參議院開常會，出席者一百三十八人，谷嘉蔭主席，由趙連琪提議變更議程，先議衆院移付延長任期案，在場者多數贊成，並主張不必討論，即開審查會當場審查，衆無異議。主席遂指定宋楨、納謨圖、王湘、陳銘鑑、婁裕熊五人爲審查員。審查畢，由陳銘鑑報告審查結果，於十數分鐘內，連開三讀會，照原案通過。此案經兩院議決後，卽咨送攝政內閣。攝閣初靳不公布，洛陽吳佩孚尤表示反對；吳景濂及留京議員爭持多日，攝閣乃於十月四日公布，幷同時公布第一屆衆議院議員改選令。

參衆兩院通過之議員任期延長案，幷未提及議長之任期，至十二月十八日，衆議院會因議長問題，發生鬥毆。議長任期旣未解決，而政府又於十三年一月一日發布衆議院議員改選令，於是議員乃思借選舉副總統，以圖苟延殘喘。卒之副選改選，均未實現。至十三年十二月，段祺瑞出任臨時執政，國會乃無形消滅。

第七節　制憲賄選之幷進

直系軍閥之倡議恢復法統，其目的在統一南北，纂竊大位，幷無護法守法之誠意。及國會恢復以後，多數議員均主張從速完成憲法，藉以收拾時局，奠定國基，幷略盡國民代表之職責。但同時又有一部分議員主張先解決現總統是否合法？如合法，其任期如何計算？如不合法，是否承認爲臨時政府？

至十二年五月初旬，依附曹錕之議員范樵、吳蓮炬等首提解釋總統任期案，繼續提案者達二十餘起，其意均在促黎氏去職，早日選舉次任大總統。而參議院議員韓玉辰發表先制憲法後選總統意見書，其結論有云：「先制憲法，後選總統，爲今日國是之所在。自現在至八月底爲完成憲法期間，在此期間內同人專精一力，從事於憲法之探討，期於三月有成。憲法公布之翌日，卽組織總統選舉會，行次任大總統之選舉。」省憲同志會則聯合兩院議員四百餘人發表制憲大選同時並進之宣言，略謂：

「衆議院議員任期行將屆滿，尅期制憲爲吾兩院同人最大最急之任務。大總統任期，亦行將屆滿，選舉次任總統，亦爲吾兩院同人極大之任務。民國十二年八月三十一日以前，應將六年已經通過二讀及付審議諸條，並十一年修訂各章憲法案通過三讀會。當憲法案通過三讀會之日起，應即籌備大總統選舉事務。於九月三十日以前舉行選舉，一面準備憲法施行附則，及憲法公布程序。公布憲法，選舉總統，同日行之，」

未幾，黎大總統被軍人迫脅離京，兩院議員亦紛紛南下，并擬移滬集會。是時京滬兩方議員，均不足法定人數，制憲大選，勢不得不暫行停頓。惟曹錕仍謀竊據大位，直系要人亦積極籌辦。八月十八日，各政團共同籌商大選進行方法，當決定三項：（一）拍發藍公武所擬之勸南下同人回京電；（二）兩院每星期開會兩次，每出席一次，得借支歲費五十元；（三）公推代表辛漢等十二人於十九日訪吳景濂，請定期開總統選舉預備會。旋赴滬議員返京者日多，兩院乃發出通知，定於九月八日下午二時在衆議院議場開大總統選舉預備會。屆期，兩院出席議員共四百二十七人，距過半數之四百三十六人，尚差九人，遂以流會。至九月十日，再開預備會，兩次延長時間，尚不足法定人數，王伊文主張再延長三十分鐘，至下午三時，議長吳景濂，報告簽到者四百三十六人，已過半數，遂宣告開會，議決於九月十二日開總統選舉會。

至九月十一日，高凌霨、熊炳琦、王毓芝、邊守靖、劉夢庚等在外交大樓宴請兩院議員，疏通大選。次日，開總統選舉會，到會議員四百二十二人，距大總統選舉法所規定之出席人數五百八十一人，尚差一百五十九人。出席議員又因延長時間及人數以少報多，發生爭執，一時秩序大亂，無結果而散。時兩院議員對於大選意見，仍甚紛歧，有主張再開預備會者，有主張先制憲法者，有主張急辦大選者。惟直系軍閥、閣員、議員等連日秘密會議，積極進行，對於在京議員，設法使其出席，對於津滬議員，設法使其回京，并公然塡發每議員五千元賄選費之支票，或密訂其他特別條件。吳景濂又發表議員出席可以不選曹之談話，葉夏聲電勸國民黨議員出席選孫，熊炳琦等向議員擔保攝閣公布議員任期延長案，吳佩孚電致籌辦大選諸人，限於雙十節前選出總統，於是大選乃有成功之希望。十月五日，國會議員開大總統選舉會，至下午二時，主席吳景濂報告簽到人數，計參議院一百五十二人，衆議院四百四十一人，共五百九十三人，超過法定人數，開始投票選舉，結果，曹錕以四百八十票當選爲大總統。以視袁世凱之必經決選而始能當選，是利誘之勝威脅遠甚。

當北京籌辦大選時，以制憲相號召，而滬上議員之參加賄選，則亦藉口於制憲而北上。惟因離京議員意圖破壞大選，卽從事阻止議憲，以故北京憲法會議屢次流會。而吳景濂仍每週開憲法會議三次，一次不輟，直流會四十四次。至九月四日，憲法會議以有議員五百五十餘人之出席，乃得成會，主席吳景濂以地方制度章原第二條以下付表決，均逐條通過。十月六日又開憲法會議，將國權一章及民六懸案完全通過二讀。十月八日，憲法會議繼續開三讀會，中華民國憲法全案遂以通過。至生計教育兩章草案，則全被委棄，不及付議。十年來未決之憲法，兩院議員竟於三日完成，其欲掩飾賄選之罪惡，如見其肺肝然。十月十日，曹錕就任總統，憲法會議亦同日舉行憲法公布典禮，當時稱爲「賄選憲法」。

第八節 賄選制憲之反響

自十二年六月十三日政變發生後，議員多紛紛離京，謀遷地制憲。而留京議員則假制憲之名義，以圖進行賄選。吳景濂等且發表先憲後選之宣言，而曹錕亦於七月二十四日發出促成憲法之通電，并有「私人權利，夙不敢爭」之語，離京議員詷其陰謀，於是推議員范熙壬等回京阻止憲法會議；劉楚湘等百三十二人復聯名函致吳景濂，請停開憲法會議，略謂：「憲法爲國家百年根本大法，在此法紀紊亂狀況之下制出，何以垂永久而詔來茲？同人等爲愛國會，愛法律，愛憲法計，用特函請議長將憲法會議暫行停開。」南下議員之意圖破壞賄選制憲，雖未完全生效，而北京憲法會議卽屢次流會，而總統選舉預備會亦流會一次。

及賄選有急轉直下之勢，國人遂群起反對。十月二日，浙籍議員邵瑞彭得賄選費五千元之支票，曾攝製銅版，向京師檢察廳告發。雖該廳處直系軍閥積威之下，未能實行偵察，而賄選鐵證，已昭示全國。各省軍政長官如浙江盧永祥，奉天張作霖，淞滬何豐林，四川熊克武、劉成勳，廣東楊希閔、許崇智、廖仲愷，及海軍將領林建章等，均先後通電反對賄選，冀促曹錕、吳景濂等之覺悟。又各省聯席會議，全國學生總會，各省區同鄉會，三十五路商聯會，江西公團聯合會，勞工同盟會，贛民自治促進會，江蘇自治期成會，工商友誼會，國會後援會，民生協濟會，五路商聯會等，亦各發通電，聲明賄選運動無論至何程度，終歸無效，並否認北京之僞國會，私開僞選舉會。其餘痛斥賄選文電，有如雪片紛飛，不勝枚舉；而曹錕吳景濂等仍利欲薰心，不顧一切，積極進行。

迨賄選告成，滬上議員百七十一人首發宣言明正賄選之罪。唐繼堯通電聲明賄選無效，幷主張組織聯省政府，戡定禍亂。孫中山先生且以大元帥名義下令討伐曹錕，通緝附逆議員。雙十節，上海有國民討曹遊行大會，請護軍使出師討賊，幷電外交團否認曹錕之當選爲總統，電各省一致聲討僞曹。杭州有救國大會與市民大會，聯合議決電舉孫中山先生爲討曹軍總司令，鑄曹錕鐵像於西湖，拆毀受賄議員之房屋。安慶蕪湖等處亦有學生結隊遊行示威，搗毀議員家宅情事。旅滬人士又發起各省公民會議，醵資爲豬身議員鑄鐵像，以儆奸邪，雖未成爲事實，亦可想見國人之憤激。

北京國會之倊促通過憲法，本以掩飾賄選，國人舉視若無物，惟上海議員仍激烈反對。潘大道等主張將制憲權奉還國民，以取消北京國會制憲之權能。張樹森提出制憲方法三種：（一）非常國會制憲，（二）國民制憲，（三）非常國會起草，國民公決。更有議員痛言議員已有三分之二附逆，亟應設法補救。經上海全體議員詳加討議，卽將會議結果，拍發通電反對，惟對於約法所賦予之制憲權尙未放棄。十月十日北京國會公布憲法，湯漪同時以憲法起草委員會委員長名義通電全國，舉出三義，以期國人之詳察：

「第一，憲法爲建國根本，制憲尤爲愚十年來之懷抱；然果由犯罪團議決而宣布之，在根本上已失其尊嚴，憲法爭議，由此益棼，我國民當然不負擁護之義務。第二，代議原則，在以少數服從多數。惟今日國會多數黨，以觸犯刑律為唯一之武器，代議政制之信用，因之破產；則凡所議決通過，卽使擁有八百六十九人之多數，卽使毫無揑報頂冒等情，而愚以藐焉中處之身，尙敢以自明責任之義，絕對否認之。第三，繼今以往，凡我國人認為民國政治，惟有建築於多數國民同情之上，而其運用之際，絕對不主張利用現社會弱點，本諸提高向上主義，奉以周旋者，則愚願以公開之行動，與之合作。」

張君勱則於十月十一日在申報發表痛斥制憲黑幕之文，末謂與其嚴詞抗辨，不若據法力爭。爭而得，則憲法本無效而進為有效，卽可增進國民之權利。爭而不得，則政府卽為毀法之人，憲法不取消而自取消。至其所舉力爭之點凡四：「第一，要求政府明定期限，裁減軍隊，以符憲法上軍費限於行政費四分之一之規定。第二，撤退各省駐防軍，從速實行憲法上之國民軍制。第三，各省要求制憲，使各省立於民治之下，不得由軍閥干涉。第四，要求財政統一，軍人不得據鐵路奪國款。」此外詆諆憲法之輿論，更不一而足。

賄選制憲雖幸同時告成，但不旋踵，曹錕既被幽禁，憲法亦完全廢棄。

第九節　清室優待條件之修正

辛亥起義，民軍與清廷各派代表議和，議定清帝退位後優待之條件，及清皇族并蒙滿回藏各族待遇之條件，經民國參議院議決，由臨時政府於元年二月十三日公布，并照會各國駐京公使。

三年十二月二十六日，政府又公布鞏固清皇室優待條件善後辦法七款，規定清皇室應尊重中華民國國家統治權，凡行爲與現行法令抵觸者，概行廢止。其一切文書契約，適用民國紀年；如爲民事上法律行爲，應依現行法令辦理。清帝諭告及一切賞賜，但行於家族及其屬下人等；贈給官民以物品爲限，所有賜謚及其他榮典，概行廢止。宮內所用各項執事人役及太監等犯罪在違警範圍以內者，按警察法處分，其犯刑律者，送司法官廳辦理。

六年七月，張勳復辟失敗，西南伍廷芳、唐紹儀等聯名通電，謂優待條件，係由清帝退位而生，今忽僭位，當然無效。北洋軍界亦以全體名義發出通電，擬定處置清室之條件凡四：「（一）取消民國優待清室條件，四百萬經費停止繳付。（二）取消宣統名義，永不准再以帝名號稱號召滿蒙，應卽貶溥儀爲平民。（三）所有宮殿朝房，及京內外清室各公地府園，盡歸國家公共之有。（四）懲辦此次叛逆之諸元凶，以遏奸邪之復萌。」惟以清舊臣徐世昌之奔走轉圜，由清室內務部轉函民國內務部，謂張勳率領軍隊入宮，矯發諭旨，擅更國體，冲人莫可如何，當爲天下所共諒。民國政府卽據以明令宣布，而清室優待條件，遂仍得保存繼續有效。

自復辟後，清帝仍居宮禁，幷有時對於民國官吏人民發布諭旨，頒爵賜謚。十三年春，議員李燮陽曾提議廢除清室優待條件，多數議員以爲有關國際大信，未能見諸事實。至十三年冬，北京政變發生。馮玉祥於十一月五日派鹿鍾麟、張璧、李煜瀛三人與清室內務大臣紹英交涉，勒令溥儀廢去尊號，移出宮禁，告以攝政內閣已將優待條件修正，並提示修正要旨：(一)永除皇帝尊號，與國民享同等權利；(二)民國每年補助清室家用五十萬，並特支二百萬開辦工廠收容旗籍貧民；(三)清室照原條件第三條遷出宮禁，自由擇居，民國仍任保護；(四)清室宗廟陵寢永遠奉祀，民國派兵保護；(五)清室私產歸清室享有，公產歸民國。紹英當即報告清帝，召集御前會議，決定對修正各點，完全容納，並廢除帝號，即日出宮。

攝閣於十三年十一月五日公布修正清室優待條件五條；七日組織辦理清室善後委員會，會同清室近支人員，清理公產私產。八日，善後委員會成立，李煜瀛任委員長，實行接收保管公產。十一月十三日攝閣又公布善後委員會組織條例八條，規定設委員長一人，委員十四人，由國務理總聘任，並得指定五人爲常務委員，監察員六人由委員公推。委員會審查在保管中之各項財產，分別公私，以定收回國有或交還清室，以六個月爲期，審查終了，即行取銷，但遇必要時得酌量延長。

當攝閣依馮玉祥等之主張，修改清室優待條件，一時國內議論紛紜。急進派主張廢除，以貫澈辛亥革命未竟之精神；穩健派謂宜愼重，於條件之存廢不加論斷。合肥段氏由天津電致馮玉祥，胡適之致函王外長，均謂該條件有國際關係，條約性質，似有認爲國際條約之意。惟國際法所謂條約，乃國家與國家所締結，經代表國家主權之元首之批准而成立。優待條件雖規定清帝尊號仍存不廢，但究非國家主權之代表，清室亦不可以謂之國家，其非國際條約，顯而易見。且民國之優待清帝，以清帝之宣布贊成共和國體，復辟以後，即將該條件全部廢止，亦不爲過。民國爲杜漸防微，懲前毖後，將該條件予以相當之修改，不惟當然，抑且必要。惟優待條件曾於民國元年經參議院之議決，攝閣修改此項條件，適值政變，未能提交立法機關通過，似於立法程序，未盡允當。

第七章　廢棄法統時期

國會自二次恢復，以賄選之穢行，貽憲法之汚點，深爲當世所詬病。嗣後護法護憲，均不足以資號召，而法統永無重光之望。似世界大多數國家所采用之代議制度，在中國已告失敗。段祺瑞受軍人之推戴，出任執政，入主中樞，毅然廢棄法統，以圖根本改革。惟自善後會議閉幕，國民代表會議迄難召集，政策未能貫澈，政變忽又發生，段氏乃不得不宣告下野。時中國國民黨已於十三年一月改組，創造黨之新生命，以實行國民革命。從茲中國將由法治遞嬗於黨治，此特爲過渡時期。

第一節　臨時執政府之成立

自十二年十月五日賄選告成，孫中山先生卽於十月九日通電討曹，幷通緝賄選議員。十月十二日，浙江盧永祥通電宣告拒絕北京政府命令。十三日，汪精衞、姜登選等以各省聯席會議代表名義，發出反曹通電。惟當時奉浙粵等省尚未實行出兵，以後之反直大戰，乃由江浙之役發動。江浙釁端，醞釀於十二年冬至十三年九月初，戰事遂以爆發。九月三日，盧永祥通電討曹，九月五日，孫中山先生宣言移師北指，十三日，復親往韶關督師。九月四日，張作霖通電響應浙盧，並於十五日分六路出兵入關。曹錕於九月七日下令討伐盧永祥、何豐林，又任吳佩孚爲討逆軍總司令，於十八日下令討伐奉張。江浙戰爭尚未告終，奉直戰爭忽又開始。

十月十三日，馮玉祥胡景翼兩軍與奉軍將領妥協，又與京畿警備副司令聯絡一致，遂於十月十九日由古北口班師回京，二十三日到達京師，佔領各要地，即聯名通電停戰主和。十一月二日，曹錕被迫退位，由黃郛組閣攝政。十一月十日，齊燮元、蕭耀南、孫傳芳、周蔭人、杜錫珪、馬聯甲、蔡成勳、劉鎮華、李濟臣、李炳之等通電擁護段祺瑞。十五日，張作霖、馮玉祥、胡景翼、孫岳等推段氏任臨時總執政。十九日，齊燮元等復聯名電促段氏早日入京，以維中樞。段祺瑞乃於二十一日發出通電，宣布大政方針，即世所謂「馬電」，略謂：

「共和肇造，十有三年，干戈相尋，迄無寧歲，馴至一國元首，選以賄成。……法統已壞，無可因襲，惟窮斯變，更始爲宜。外觀大勢，內察人心，計惟澈底改革，方足以定一時之亂，而開百年之基。……現擬組織兩種會議，一曰善後會議，以解決時局糾紛，籌備建設方案爲宗旨，擬於一個月內集議，其會議簡章另行電達。二曰國民代表會議，擬援美國費府會議先例，解決一切根本問題，以三個月內齊集，其集議會章俟善後會議議定後即行公布。會議完成之日，即祺瑞卸責之時。總之，此次暫膺艱鉅，實欲本良心之主張，冀爲澈底之改革。」

段氏於十一月二十二日入京，二十四日就臨時執政職。廢棄法統爲當時實力派及在野名流多數人之主張，段氏馬電，特爲明白宣示，故就任執政，既不根據約法，復不依據憲法，乃公布「中華民國臨時政府制」。此制全文共六條，規定臨時執政總攬軍民政務，統率海陸軍，對外代表中華民國。臨時執政府置國務員，由臨時執政命分長外交、內務、財政、陸軍、海軍、司法、教育、農商、交通各部，并召集開國務會議。國務會議實兼國會、總統、內閣三者之權力而有之，故臨時政府制，實爲一純粹獨裁制。然終以緩衝無地，窒礙難行，至十四年十二月二十六日，段氏又下令修正，增設國務院，以國務總理爲國務會議之主席。此修正臨時政府制，又似采責任內閣制，臨時執政即等於不負責任之總統。至十五年四月，奉聯軍入京，段氏於四月二十日下野，臨行特任胡維德署國務總理，攝行臨時執政職權。五月十三日，曹錕時代之國務總理顏惠慶等復職攝政，臨時政府制即歸消滅。

十五年六月二十二日，攝閣開第一次國務會議，決定由海軍總長杜錫珪組閣攝政，並於是日明令發表。至十月五日，杜錫珪辭國務總理兼職，由顧維鈞以外交總長兼代國務總理攝政。至十六年六月十六日，顧閣通電辭職，六月十八日，張作霖任大元帥，并發表軍政府組織令。迨後國民革命軍繼續北伐，於十七年夏底定幽燕，北京政府即從此告終。

㈣ 第二節　法統之廢棄

法統之廢棄，爲當時勢所必至，故段氏馬電有「法統已壞，無可因襲」之語。段氏於十三年十一月二十四日就臨時執政職，并於同日公布中華民國臨時政府制。此制是否可以代替元年臨時約法，或十二年憲法？誠不無疑問，惟在臨時政府存續期間，實有根本法之性質。故段氏又於同日下令「所有從前行政司法各法令，除與臨時政府制抵觸或有明令廢止者外，均仍其舊。」是法令之與臨時政府制相抵觸者，應一律認爲無效，即明示臨時政府制之效力在一切法令之上。一國之根本法不能有二，其爲廢棄以前之約法或憲法，已屬顯然。

十一月二十九日，臨時政府開國務會議，司法總長章士釗提議檢舉賄選事件，經全體國務員一致通過，即轉飭遵辦。十一月三十日京師地方檢察廳奉令實行檢舉，分各檢察官爲十一班，同時往各議員住宅及關係銀行搜索證據，得有議員署名蓋章之賄選支票兩百餘張，及與賄選有關之密函多件。時議員多已避匿六國飯店及使館界，故未逮捕一人。十二月六日，執政即下令着內務陸軍兩部，將賄選竊位之曹錕，嚴行監視，聽候公判。因賄選事件之檢舉，又發生撤銷曹錕憲法及消滅國會之問題。惟以種種障礙，臨時執政未遽發明令，而事實上國會已無形解散，憲法亦完全廢棄。

十三年十二月十三日，國務會議擬下三令：一、撤銷曹錕憲法；二、宣告臨時約法失效；三、消滅國會。令已擬就，仍未發布。十四年一月四日，未參加賄選之國會議員特通電擁護約法，以阻止臨時政府之明令廢棄法統，原電略云：

「夫立國必有所始，約法者，民國之所以始也。曩者袁氏稱帝，毁而去其籍，則嘗更立章制，以愚國人。然曾不旋踵，袁氏覆敗，而約法如故。其後屢經變亂，不絕如縷之法統，終益光明。……曹氏骫法擴國，其罪既著，翦除明復，自同前例，詎復可容異議？愛國之士，誠欲澈底改造，宜共追溯建國最初之原則，詳繹全權在民之精意。創制因革之事，一俟總名義機關之成立而議決之。……特舉三事，鄭重宣示於國民之前。一、民國之成，基於約法，除由總民意機關得另制定根本法替代外，無論何人，均無加以毀棄或變更之權。二、主權在民，爲共和立憲國家之大經大法，民國約法第二條特有規定，昭示無窮。前項總民意機關之發生及其組織，必須本此精神，如有擅造假冒，國人不得承認。三、約法未經總民意機關另制定根本法替代以前，決不失其效力。」

十四年一月六日，唐繼堯通電仍主張「賄選國會，當然解散，約法及曹錕公布之憲法，當然無效。」至四月二十一日，善後會議閉幕，臨時政府乃於四月二十四日毅然下令廢棄法統，文云：

「自臨時政府成立，本執政負改造之責，與民更始。就職以來，良用祇懼。玆幸國民代表會議條例，業經善後會議一致議決，咨由本執政公布在案。國是既定，衆紛可理。主權還諸國民，法統已成陳迹。所望制憲大業，早日觀成，民國議會，依法產生，長治久安，實多利賴。至未參加賄選之前國會議員，首倡正義，志切匡時，仍當與本執政共濟艱難，力圖建設。應如何特設機關，俾抒抱負之處，着臨時法制院妥訂條例，呈准施行。」

此令除聲明法統應即廢棄外，并表示對於未參加賄選之議員，仍當別謀安插。至十四年五月四日，臨時政府即有建設會議條例之公布，規定會員由臨時執政聘任前參衆兩院不參加賄選之議員充之。此後雖有護憲護法之倡議，但均無結果，而法統終於廢棄。

第三節　善後會議之召集

民國十三年十一月二十四日，段氏就任臨時執政時，宣言於一個月內召集善後會議，由善後會議產生國民會議，解決一切根本問題。十二月二日，國務會議通過善後會議條例，至十二月二十四日明令公布。依該條例所規定，善後會議以解決時局糾紛，籌議建設方案爲宗旨。組織之人員有四：(一)有大勳勞於國家者；(二)此次討伐賄選，制止內亂各軍最高首領；(三)各省區及蒙藏青海軍民長官；(四)有特殊之資望學術經驗，由臨時執政聘請或派充者。其應行議決之事項亦有四：(一)國民代表會議之組織方法，(二)關於改革軍制事項，(三)關於整理財政事項，(四)由臨時執政交議各案。會期以一個月爲限，於必要時，得延長二十日。

臨時執政自公布善後會議條例後，即決定善後會議於十四年二月一日以前在北京開會；并於十二月三十日通電各方召集會員，計各軍最高首領，自孫中山先生至樊鍾秀石靑陽等五十七人，各地方軍民長官三十九人。十四年一月一日，又電請有大勳勞於國家之孫中山黎宋卿二人，及有特殊資望學術經驗之章太炎、唐少川等三十八人爲會員。一月二十九日，電聘各省區省議會議長，省教育會會長，省總商會會長，省農會會長各一人，及北京、天津、上海、漢口各總商會會長各一人爲專門委員。

二月一日，善後會議行開幕禮，到會員八十六人，未足三分二之法定人數。二月三日，善後會議開談話會，九日開預備會，實到會員一百十九人，已足法定數，即討論議事細則。二月十三日，善後會議開第一次大會，國民黨系會員馬君武等亦出席，會員總額由一百六十六人增至一百七十五人。是日到會會員共一百三十二人，通過議事細則，選舉趙爾巽為議長，湯漪為副議長。十九日，開第二次大會，議案為（一）整理軍事大綱，（二）整理財政大綱，（三）國民代表會議條例草案，討論結果，第一第二兩案保留，第三案俟下次續議。二十三日開第三次大會，褚輔成偕滇黔湘代表出席，并提出臨時政府改組大綱，擬定以執政三十三人組織國務院，處理國務，湘代表鍾才宏亦提出聯治大綱，此兩案以會員之持異議，始終擱置。二十七日、三月三日、十日，善後會議開第四次、第五次、第六次大會。三月十六日開第七次大會，會期已滿，重要議案，均未議決，乃決定自十七日起，休會兩星期，至三月三十一日起，延長會期二十日。

三月三十一日，善後會議續開第八次大會，至四月七日，開第十二次大會，討論國民代表會議條例草案，審查會代表報告審查經過後，即議決交付二讀。至四月十八日，善後會議開第二十一次大會，將國民代表會議條例草案逐條通過，並續開三讀會，宣告全案通過。其他整理軍事大綱，與整理財政大綱，均未成立，惟通過軍事善後委員會條例，及財政善後委員會條例。四月二十日，善後會議開末次會，二十一日，舉行閉會禮。

善後會議自開會至閉幕，歷時兩月餘，開會二十二次，并無其他成績可述，僅議決國民代表會議條例，軍事善後委員會條例，財政善後委員會條例，均咨由臨時執政於四月二十四日公布。國民代表會議雖籌備甚久，迄未成立。軍事財政兩善後委員會，雖經臨時執政於五月十六日派定委員、委員長，但未辦理善後事宜，實際上軍事財政亦或無從整理。

第四節　中國國民黨之主張

自曹錕賄選竊位，孫中山先生首倡正義，率師北伐。時奉張作霖，浙盧永祥亦各爲反直之運動，於是有所謂奉浙粵之三角同盟。旋奉直大戰開始，馮玉祥胡景翼等班師回京，幷電請孫中山先生北上，共謀國是。孫中山先生即於十三年十一月四日決定離粵。十月十日，以中國國民黨總理名義，發表解決時局之宣言，申述國民革命之目的，在造成獨立自由之國家，以擁護國家及民衆之利益。對於時局，主張召集國民會議，以謀中國之統一與建設，在國民會議召集以前，先召集一豫備會議，以各團體之機關派出之代表組織之，決定國民會議之基礎條件，及召集日期，選舉方法等事。其應派出代表之團體凡九：(一)現代實業團體，(二)商會，(三)教育會，(四)大學，(五)各省學生聯合會，(六)工會，(七)農會，(八)共同反對曹吳各軍，(九)政黨。國民會議則由九團體之團員直接選舉之代表組織之，人數較豫備會議爲多。於會議以前，應赦免政治犯，並保障各地方之團體及人民有選舉、言論、與提出議案之自由。國民會議實現以後，即提出國民黨第一次全國代表大會宣言所列舉之政綱，以期得國民徹底之明瞭與贊助。

孫中山先生發出宣言後，即於十一月十三日啓行北上，十七日抵上海。十九日開茶話會，招待新聞記者，宣布政見，說明此次入京之主張，在開國民會議與廢除不平等條約兩大事。十二月四日到達天津，三十一日抵京，時臨時政府已公布善後會議條例，幷通電召集會員，定期開會。孫中山先生以與前所宣示解決時局之主張未盡相符，不甚贊成。旋爲委曲求全計，乃於十四年一月十七日電致段執政，詳述關於參加善後會議人員之意見，略云：

「溯自去歲十一月十三日文發廣州，曾對於時局發表宣言，主張以國民會議爲和平統一之方法，而以預備會議謀國民會議之產生。……及十二月四日抵天津，爲肝病所困，許君世英造訪病榻，出示馬電全文及善後會議條例，並云：此條例已於國務會議通過。當時曾就鄙見所及，竭誠相告，想承轉達。……文籌思再三，敢竭愚誠，爲執事告。文不必堅持預備會議名義，但求善後會議能兼納人民團體代表，如所云現代實業團體、商會、教育會、大學、各省學生聯合會、工會、農會等，其代表由各團體之機關派出，人數宜少，可期得迅速召集。如是，則文對於善後會議及善後會議條例，當表贊同。至於會議事項，雖可涉及軍事、財政，而最後決定之權，不能不讓之國民會議。」

段氏接電，即於一月二十一日開特別會議，決定量予采納。即於一月二十九日通電聘任各省省議會議長，各省教育會、總商會、省農會，及京、津、滬、漢等處總商會會長爲善後會議專門委員。蓋依原條例第六條所規定，善後會議就應行議決事項，設專門委員會審查大會所交議案，並得出席報告及陳述意見。國民黨認爲專門委員只有發言權，無表決權，仍不滿意。乃於一月三十日議決不參加善後會議，并於二月二日通電各法團，大意謂中央執行委員會仰體本黨總理意旨，議決對於善後會議，不能贊同。二月十日，國民黨又發通電，聲明善後會議構成分子，非以人民團體爲主要，決不能以之產生國民會議；并主張由國民自制國民會議組織法，列舉國民會議必備之條件有三：

「(一)構成分子，須如本黨總理宣言所列現代實業團體、商會、教育會、大學、各省學生聯合會、農會、工會、各軍、各政黨。然後國民會議，始得名稱其實。

(二)選舉方法務求普遍，形式務求公開，予選舉人以充分之選舉自由，嚴禁一切包攬把持營私舞弊等事。

(三)會議之際，務求國民意思得充分表現，無論何種勢力，均不得有干涉會議之嫌疑。」

惟當時國民尚未能注意及此，中國國民黨之主張，亦未能實現。

第五節　臨時參政院之設立

善後會議本以一個月爲期，於必要時，亦只得延長二十日。善後會議於十四年二月一日開幕，延長會期後，應於四月二十日閉會。段氏乃先籌設臨時參政院。於四月七日提經國務會議議決，名爲輔佐臨時執政，實即爲善後會議之續，并隱爲非正式之臨時立法機關。

四月十三日，臨時執政公布臨時參政院條例九條。依該條例所規定，臨時參政院以七項人員組織之：(一)各省軍民長官各派代表一人；(二)京兆、熱河、察哈爾、綏遠、西康、蒙古、西藏、青海長官各派代表一人；(三)邊防督辦、宣撫使、各總司令，及指定各總司令，或各軍最高將領，各派代表一人；（四）內外蒙古、西藏、青海、滿籍各旗、回部、及華僑，由臨時執政共派十六人，以各該地方旗部人爲限；（五）各省省議會議長一人，各區有議會者議長一人；（六）各省區法定各團體之會長互選一人；（七）臨時執政派充二十人至三十人。所有各項人員，均爲參政。臨時參政院設議長副議長各一人，均由臨時執政就參政中特派之。

臨時議政院應議決之事項有六：（一）關於省自治之促成，及在國憲幷省憲未施行前應先規定之自治暫行條例案；（二）關於善後會議，財政善後委員會，及軍事善後委員會議決之執行事項；（三）關於消弭及調停各省間或各省內部相互間之紛爭事項；（四）關於與外國宣戰、媾和、或與締結之條約案；（五）關於募集內外公債及增加租稅事項；（六）其他臨時執政認爲應行諮詢事項。臨時參政院之行使職權，至正式政府成立之日爲止。

臨時參政院條例公布後，在京之各省法團代表，於四月二十一日聯合函陳臨時執政，謂組織該院之人員，幾完全爲各省區幷各軍之代表及政府所派充，法定團體互選之人太少，未能容納民意，一致謝絕參加。五月一日，臨時執政乃修正臨時參政院條例，幷派趙爾巽、湯漪等爲參政，以趙爾巽爲議長，湯漪爲副議長，光雲錦爲祕書長。其餘各參政，大致卽爲各軍各省區派往列席善後會議之全權代表所改充。五月三日，臨時執政公布各省區法定團體會長互選參政程序令。十三日，催促各省法團速將選出人員電呈，以便派充參政。旋政府陸續派定參政，共一百九十三人，幷通電宣告臨時參政院定六月五日開會。遲至七月三十日，臨時參政院乃正式成立。臨時參政院議長、副議長,即善後會議之議長、副議長,其組織之人員,亦大致相同,故臨時參政院亦可謂由善後會議改組而成。

段氏自任臨時執政,其一切措施,似襲袁氏之故智。袁氏於下令撤銷國民黨籍國會議員後,即組織政治會議,約法會議,最後又設立參政院以代行立法院之職權。段氏則先召集善後會議,繼之以臨時參政院。臨時參政院得議決自治暫行條例,并對外宣戰、媾和,或締結條約,及募債增稅等事,且直接行使立法機關之職權。袁氏之約法會議曾議決一國民會議組織法,段氏之善後會議亦通過一國民代表會議條例,國民會議與國民代表會議均為特殊制憲機關,均始終未及成立,則又前後如出一轍。袁氏以圖謀帝制而覆亡,段氏亦卒被軍人逼迫下野,所謂臨時參政院,即隨執政之命運而告終。

第六節　國民代表會議之籌備

段執政就任之初,即宣言組織國民代表會議,援美費府會議先例,以解決一切根本問題。十四年二月一日,段氏發表建設宣言,又謂:「此次國民代表會議之召集,旨當制定國憲,為一勞永逸之計。」并舉出國民代表會議之組織應極端注意者有二:「(一)國民代表選出之方法務求公溥,而後所謂國民總意者,始有表現之可能;(二)會議職權無取夸大,議事程序須極鄭重,而後民國根本大法,乃得早觀厥成。」旋善後會議議定國民代表會議條例,經臨時政府於十四年四月二十四日公布。

國民代表會議爲一種特殊制憲機關，其職權以制定憲法及其施行附則爲限。國民代表會議議員由各省區及蒙藏青海華僑選舉，總額約五百人，計(一)吉林、黑龍江、福建、陝西、甘肅、新疆、廣西、雲南、貴州各選出十六人，奉天、安徽、湖北、湖南各十八人，山西十九人，廣東二十人，山東、河南各二十二人，四川、江西各二十四人，浙江二十六人，直隸、江蘇各二十七人；(二)京兆、熱河、察哈爾、綏遠、西康各選出八人；(三)內外蒙古選出三十人；(四)西藏前後藏各選出八人；(五)青海選出五人；(六)華僑選出十六人。國民代表會議設議長副議長各一人，由議員用有記名單記投票法互選；又設審查會，由議員用有記名連記投票法互選審查員組織之。國民代表會議會期，以三個月爲限，但得延長一月，在此期間，即須議決憲法及其施行附則，並宣布之。

凡中華民國國民年滿二十五歲以上之男子，均有選舉及被選舉爲國民代表會議議員之權。但褫奪公權尚未復權者，經證明爲癲癡者，不能解說幷書寫本國日用通行之文字者，均不得有選舉權及被選舉權。現任陸海軍、巡防隊、警備隊、警察署職官或現役兵警，停止其選舉權及被選舉權。現任行政司法官吏，或辦理選舉人員，於其管轄或選舉區域內，停止其被選舉權。各省區議員之選舉，采複選制；蒙藏青海華僑之選舉，采單選制。初選單選均用無記名單記投票法，覆選用無記名連記投票法。覆選單選當選人，即爲國民代表會議議員。

十四年五月一日，臨時政府公布國民代表會議籌備處條例，五月三日特派許世英爲籌備處主任，飭即積極籌備。六月三十日，段執政又公布國民代表會議議員選舉程序令，幷鄭重聲明：「國民代表會議之選舉，果能依照選舉程序，如期辦理，則召集之令，自可於本年十月以前公布，屆時會議成立，憲法亦得剋日頒行，……倘國人對於國民代表會議仍懷疑義，視若迂圖，……是本執政誠信未孚，政策不行，更何忍以愛國者誤國，以利民者禍民，即當以政權還我國民，聽其自決。」七月一日，臨時執政公布國民代表會議議員選舉日期，令定十四年八月十六日至三十一日為初選舉期，九月一日至二十日為複選舉期。九月十九日，復通令各省區趕辦選舉，以便國民代表會議得以早日開會。十月二十九日又下令限已當選之國民代表會議議員於十五年一月十五日以前齊集京師，定期開會。

由善後會議產生國民代表會議，國民黨曾表示反對。臨時政府雖迭令催促各省區籌辦選舉，而少數省分仍延不進行。至十五年一月初旬，段氏見各方空氣不佳，擬通電下野，聲明「自一月十六日起即不視事。」雖經左右勸阻，并由湯漪將電文加以修正，但段氏地位，仍甚危殆，而國民代表會議迄未宣告成立。

第七節　國憲起草委員會之召集

國民代表會議雖為制憲機關，但只有議決權，而無起草及提案權。依國民代表會議條例第二條所規定，中華民國憲法案及其施行附則，由國憲起草委員會起草，限三個月完成，咨由臨時執政提出於國民代表會議。國憲起草委員會委員由各省軍民長官各推舉一人，各區長官各推舉一人，臨時執政選聘三十人，內外蒙古西藏各二人，青海一人，仍由臨時執政分別選聘，並定期召集。各地方法團得提出關於憲法之意見書於國憲起草委員會國民起草委員會委員得隨時出席於國民代表會議，說明憲法草案旨趣。

十四年五月三日臨時執政公布國憲起草委員會規則，規定國憲起草委員會設委員長一人，理事六人，由委員用無記名投票法分次互選，以得票較多者爲當選。委員長整理議事，維持會場秩序，如因故不能出席，由理事依次代理。理事輔助委員長整理議案，及一切關係議案之文件。國憲起草委員會非有委員總額五分三以上之報到，不得開會；非委員總額過半數之出席，不得開議，非出席委員三分二以上之同意，不得議決。國憲起草委員得分部起草憲法，并得就憲法問題之一部或全部提出議案，但須有十人以上之連署。

旋臨時執政聘定梁士詒等二十人爲國憲起草委員，并於七月四日電請各省區軍民長官推舉國憲起草委員，文略云：

「祺瑞竊念十三年來，禍變相乘，厥源崩析，大法未立，實爲總因。此次政局改變，我國民最重大之任務，任於制憲。臨時政府及各地方軍民長官對於國民最大之負荷，在於爲制憲之準備。起草委員之選聘及推舉，即爲祺瑞與諸公求所以盡此準備制憲之職責。推選得人，國家利賴。美國費府會議，當時人選，皆碩才通學，介立特我之士。祺瑞聞見，容有未周，諸公當能更加訪厲，求得純懿博洽之儒，隆禮徵聘，共成鴻業。抑祺瑞更有鄭重聲明者，臨時政府因制憲召集國民代表會議，更爲準備制憲組織國憲起草委員會。祺瑞當政府之重任，誓本此爲周旋，決不苟安，坐誤國是。所望國人勿眩惑於一時泯棼之象，遂忽視此萬世根本之圖。」

各省區軍民長官自奉段氏電令後，即各推定國憲起草委員一人。蒙藏青海之國憲起草委員，亦經政府分別選聘。至七月十七日，臨時執政乃下令召集開會，略謂：「現國民代表會議議員之選舉，業經次第舉行。憲法草案，亟待如期完成。所有國憲起草委員會委員，應於八月三日齊集京師，依法開會。」政府選聘及各省區推舉之國憲起草委員，共計七十人。至八月三日，以有委員總額五分三以上之報到，遂得舉行開幕式。八月八日，國憲起草委員會開會，選舉林長民為委員長，並通過議事細則；又通電各地方法團，徵求對於國憲之意見。至十二月，國憲起草委員會即在法定起草期間內，完成中華民國憲法案，咨交政府，並通電全國，敍述起草之經過，及全案之內容。惟國民代表會議始終未及集會，此中華民國憲法案亦無從交議，迄未成為正式憲法。

第八節　護憲護法之告終

自賄選制憲，同時告成，國會既自絕於國人，法統亦為國人所厭棄。惟軍閥政客，仍欲利用「護憲」「護法」以資號召；而拒選與賄選議員，更繼續努力，以僥倖於萬一；卒之徒託空想，均未實現。

當十三年十月十九日馮湖班師，吳佩孚率所部退津，於十一月十七日抵漢，以蘇督齊燮元等二十一人之名義，發出篠電，提議在武昌組織護憲軍政府，大意謂：「合法之國會政府，不能行使職權，憲法完全失效。……亟應聯合建設護憲軍政府，以為對內對外之機關。……所有征討大計，惟護憲軍政府是賴。」電末附有組織大綱十條，規定護憲軍政府代表中華民國，執行對內對外一切政務，采合議制，於大元帥下設置元帥，凡各省區之巡閱使、督軍、督理、督辦、都統、海軍總司令，均爲元帥，以元帥會議行使一切軍政事務。元帥會議設正副主席各一人，由各元帥互選。元帥會議下設內務、外交、軍政、財政、交通五部，各設部長次長各一人。護憲軍政府至憲法效力回復，護憲目的完全達到之日撤銷。惟江蘇省長韓國鈞於十九日通電反對護憲，其他各省，亦多表示異議，湖北、江蘇、河南各省人民團體更運動阻止護憲，吳佩孚之主張，迄未成爲事實。

十三年十一月二十二日，國會反對賄選議員三百七十九人在北京成立國會非常會議，幷發表宣言，有「期存大法於一綫，用策國律之進行」等語。十一月二十五日又議決國會非常會議組織大綱十一條，規定該會議由未參加十二年十月五日非法大總統選舉會之國會議員組織之，有制定一切臨時法規，並議決關於政治重要事件之權；非有十四省以上之議員列席，不得開議，非列席議員過半數之同意，不得議決；由各省議員互選一人充行政委員，執行一切事務，幷於開會時依次主席。國會非常會議雖迭次宣言護法，但臨時政府幷不措意，國人亦不加以重視。至十四年四月二十四日，段執政下令取消法統，國會非常會議議員異常憤恨，擬於四月二十六日集議反對，警廳即派警驅散兩院夫役，內務部亦派員接收國會印信文件器具，該會議行政委員會遂宣告無法行使職權。

北京賄選議員，因臨時政府下令舉行檢舉，均逃往天津，於十三年十二月一日發布宣言，聲明在京不能執行職務，暫將國會移津。至十四年十月二十一日，吳佩孚任十四省討賊聯軍總司令，賄選議員復紛紛往漢，於十五年一月七日發出通電，主張去段祺瑞，恢復十三年攝政內閣，恢復舊國會，選舉新總統，改選衆議院，修正憲法。此電意在護憲，但當時電覆贊成者甚少。

十五年四月，奉聯軍迫近京畿，段氏旋即下野，北京政局陷於中斷之狀態，議員政客，乘機活躍，護憲護法，各有奔競。參與賄選議員在京設有通訊處，倡議護憲，謀國會之復活，及曹錕之復職。國會非常會議議員亦設立俱樂部，極力擁護約法，謀恢復十二年六月十三日政變以前之局勢。實力派之吳佩孚、孫傳芳則極端主張護憲，而奉方張作霖則又表示護法。時王士珍等組織京師臨時治安會，維持地方秩序，於五月五日，調停吳佩孚張作霖之意見，提出折衷辦法：一、雙方贊成顏惠慶組閣，但聲明係依大總統選舉法第五條第三項復職；二、顏復職後，即任命新總理攝政；三、憲法國會俟軍事收束，公開討論，兩方均同意。於是護憲護法之爭，得一不解決之解決。

十五年五月三十日，在京國會議員及由漢返京之議員，共一百七十四人，聯名發出通電，謂暴力消除，即繼續開十三年之臨時會。六月十九日，集京議員要求顏惠慶撥借懷仁堂，俾便於二十二日舉行集會式，並派代表乞吳佩孚維持，但毫無結果。至八月十五日，吳佩孚乃遣散國會議員，由符定一主持發款，每名百元，往領者四百三十餘人，國會即於此告終，護法護憲之運動亦於此告終。

第八章 過渡黨治時期

自民國十五年四月，奉聯軍會攻京畿，段執政下野，一時有護法護憲之爭，迄未得適當之解決。北京陷於紛亂狀態，法統既絕，國會亦完全消滅。

中國國民黨於十三年一月在廣州開第一次全國代表大會，實行改組。十四年七月一日國民政府成立。十五年六月，國民政府特任蔣中正為國民革命軍總司令，誓師北伐。十五年十月，由湖南佔領武漢。十六年三月，克復南京，即定為首都。至十七年六月，奉軍退出關外，國民革命軍進抵北平，軍事告終，全國統一。

此數年間，中國已由法治遞嬗於黨治。前此以約法或憲法為國家根本大法，一切法律均不得與之抵觸。在黨治時期，國民政府受黨之指導監督，一以黨義黨綱為依據。國家所立之法，不得與黨義黨綱相抵觸，即以前之法律，凡與黨義黨綱相抵觸者無效。黨義黨綱雖無根本法之形式，實有根本法之實質。此外并無形式上之國家根本大法。黨治初期之異於法治時期與訓政時期者在此。

第一節 中國國民黨之略歷

中國國民黨為孫中山先生所創立，經迭次之改組而成。過去演進之階段，大別為五：(一)興中會，成立於清光緒二十年，即西歷一八九四年；(二)同盟會，成立於清光緒三十一年，即西歷一九零五年；(三)國民黨，成立於民國元年，即西歷一九一二年；(四)中華革命黨，成立於民國三年，即西歷一九一四年；(五)中國國民黨，成立於民國八年，即西歷一九一九年。

清光緒二十年甲午，中日開戰，孫中山先生赴檀香山，創設興中會，訂定章程十項。其宗旨在聯絡中外有志華人，講求富強之學，以振興中華。總會設於中國，按年公推總辦、幫辦、管庫、華文文案、洋文文案各一人，董事十人。支會分設各地，但須有會友十五人方得成立。當時入會者寥寥，僅有孫中山先生之親友數十人。其胞兄德彰及鄧蔭南，并願傾家相助。

清光緒三十年夏，孫中山先生自美至日。時革命團體有黃興等組織之華興會，章太炎等組織之光復會。中山先生為集中革命勢力起見，乃合併興中會、華興會、光復會，定名為同盟會。加盟者數百人，中國十八省，除甘肅外，均有人入盟。同盟會成立後，發布宣言，明示國民革命在一國之人皆有平等自由博愛之精神，并定驅除韃虜，恢復中華，建立民國，平均地權四綱。分處分之序為三期：一、曰軍法之治，二、曰約法之治，三、曰憲法之治。同盟會設總理一人，又設執行、評議、司法三部；執行部有庶務、內務、經理、外文、會計、書記各長；評議部有評議長、評議員；司法部有部長、檢事長。總部設於日本東京，中國各重要城市設立支部，又在香港設一總支部。不一年，國內外加盟者已逾萬人。

及辛亥起義，民國成立，同盟會移總部於南京，由祕密革命團體改為公開之政黨，定總章凡七章，都三十四條。其政綱凡九：(一)完成行政統一，促進地方自治；(二)實行種族同化；(三)採用國家社會政策；(四)普及義務教育；(五)主張男女平權；(六)勵行徵兵制度；(七)整理財政，釐定稅制；(八)力謀國際平等；(九)注重移民開墾事業。總部設總理一人，協理二人，下設幹事部、評議部。幹事部分為總務、交際、政事、理財、文事五部，每部設主任幹事；評議部設評議員。各省均設有支部，當時之勢力甚大。

民國初元，政黨林立，同盟會之宋教仁、黄克強、章太炎等，謀擴張黨勢，奪取政權，乃以同盟會為基礎，與統一共和黨、國民共進會、共和實進會、國民公黨合組為國民黨。先由五政黨各舉委員協議合併計劃，及進行事項。至元年八月二十五日正式成立。其宣言有云：「一國政黨之興也，祇宜兩黨對峙，不宜小羣分立。」政綱分為五項：(一)促進政治統一，(二)發展地方自治，(三)實行種族同化，(四)注重民生政策，(五)維持國際和平。國民黨本部設於國都，又設交通部於各商埠，設支部於各省會，設分部於各府廳州縣。本部職員有理事九人，互選理事長一人，參議三十人，基金監三人，審計員七人；又幹事分為總務、交際、政事、文事、會計五部，各部設主任幹事一人，副主任幹事一人，幹事若干人。

自民國二年二次革命失敗以後，國民黨完全被袁氏解散。孫中山先生認為有恢復革命精神，組織革命團體之必要。乃於民國三年七月，設立中華革命黨於日本，公布總章三十九項。其宗旨在實行民權民生兩主義，并掃除專制政治，建設完全民國，分進行秩序為軍政、訓政、憲政三時期。黨本部在日東京，設總理一人，協理一人，下分總務、黨務、財政、軍事、政治五部。每部設部長副部長各一人。又由黨員合組一協贊會，分立法、司法、監督、考試四院，設會長、副會長各一人，每院各設院長一人。

中華革命黨爲祕密革命團體，各支部在國外因居留地政府立案關係，仍多沿用國民黨名義。在國內不能公開組織，而黨員多爲前國民黨黨員，幷爲國會議員，暗以黨團作用，別謀活動。至八年十月十日遂正式通告改中華革命黨爲中國國民黨，幷公布規約三十二條。內定「本黨以鞏固共和，實行三民主義爲宗旨。」設總理一人，下分總務、黨務、財政三部，各設主任幹事、副主任幹事各一人，幹事若干人。本部設於上海，總支部、支部、分部分設國內及海外華僑所在地。至十三年一月改組，卽爲現在之中國國民黨，另詳述於次節。

第二節　中國國民黨之改組

前節述中國國民黨過去演進之階段爲五，而由現在以溯過去，則中國國民黨之演進，可分爲兩大階段，卽十三年改組以前爲一階段，十三年改組以後又爲一階段。

中國國民黨自成立後，黨務無甚進展。至九年冬，陳炯明率粵軍佔領廣州。孫中山先生回粵，於十年春設中國國民黨本部辦事處於廣州。時中國共產黨已成立，幷已加入第三國際。孫中山先生督師桂林時，蘇俄派代表馬林往見，討論國民共產兩黨合作問題。十一年八月，孫中山先生被難抵滬。蘇俄代表越飛亦同時到達北京，卽派人攜函來滬接洽。中山先生乃決計將中國國民黨之組織加以改進。九月四日，召集各省同志張繼等五十三人，交換意見，一致贊同改組。九月六日，指定田桐等九人爲改組案起草委員。至十一月十五日，又召集各省同志五十九人審查全案，推胡漢民、汪精衞爲宣言起草委員。旋宣言起草完竣，於十二月十六日，召集同志六十五人審查修正，彙呈中山核定，於十二年一月一日正式發表。一月二日又召集會議，公布總章二十五條，幷推定本部各重要職員。此爲中國國民黨改組之第一步。

十二年一月二十六日，孫中山先生與越飛發表聯合宣言。未幾，孫中山先生回粵重建大元帥政府；越飛亦往日養病，廖仲愷偕行，同居月餘，對於黨務改進問題，研討甚詳。十二年夏，孫中山先生又派蔣中正赴俄考察，俄復派鮑羅廷到粵，與中山先生數度詳商，遂決定改組中國國民黨。至十一月，發表改組宣言，有云：

「吾黨組織，自革命同盟會至中國國民黨，由祕密的團體而爲公開的政黨，其歷史上之經過，垂二十年。……中間雖迭更稱號，然宗旨主義，未嘗或離。顧其所以久而不能成功者，則以組織未備，訓練未周之故。……吾黨有見於此，本其自知之明，自決之勇，發爲改組之宣言，以示其必要。先由總理委任九人，組織臨時中央執行委員會，以始其事。行將召集海內外全黨代表會議，以資討論。關於黨綱章程之草定，務求主義詳明，政策切實，而符民衆所渴望。而於組織訓練之點，則務使上下溝通，有指臂之用。分子淘汰，去惡留良，吾黨奮鬥之成功，將繫乎此。願與同志共勉之。」

孫中山先生於是委任鄧澤如等九人爲臨時中央執行委員，林直勉等五人爲候補執行委員，聘鮑羅廷爲顧問。在廣州開始黨員嚴重登記，着手組織區分部、區黨部、市黨部，幷調查農工及中產階級狀況，統一宣傳機關，限制黨員對外發表關於黨務之意見，設講習所以訓練各區分部執行委員。旋定民國十三年一月二十日開全國代表大會。代表名額，每省六人，由中山先生指派三人，各省黨員互推三人，海外總支部支部約十二人，並定大會議事日程綱要，及推定說明人。大會地點假國立廣州高等師範學校。

十三年一月二十日，中國國民黨第一次全國代表大會開幕，出席代表共一百六十五人，孫中山先生以總理資格主席，致開會詞，略謂：「此次國民黨改組，有兩件事：第一件，是改組國民黨，要把國民黨再來組織一個有力量有具體的政黨；第二件，便是用政黨的力量去改造國家。」并由中山先生指定主席團五人，提出國民黨宣言案，指定胡漢民等九人審查。又提出組織國民政府案，當經可決。二十一日，指定譚平山等九人為黨務審查會委員。二十二日，指定謝持等十九人為中國國民黨章程草案審查員。二十三日，可決中國國民黨第一次全國代表大會宣言全文。二十五日，中山先生報告俄國行政首領列寧逝世，可決用大會名義致悼，並延會三日。二十八日，可決中國國民黨章程全案。二十九日，通過黨務審查會報告。三十日選舉中央執行委員二十四人，候補執行委員十七人，中央監察委員十一人，候補監察委員五人。大會於是日閉會，即發布宣言，說明中國之現狀，并詳闡主義，列舉政綱，以告全國。中國國民黨之改組，於是完成。

國民黨總理孫中山先生之改組本黨，召集第一次全國代表大會，實以託孤之精神，將革命大任付諸全黨同志。及兩廣肅清，革命策源地鞏固，國民黨乃於十五年一月召集第二次全國代表大會於廣州，一月四日開幕，至十九日完畢，修正國民黨總章，並通過關於政治、財政、軍事各決議案。其要旨認為政治建設方面，尤應努力於第一次全國代表大會議決最小限度政綱之具體實現；改善國家財政制度之最要事項，在統一財政，建立預算，改革租稅，改進銀行，改良幣制，利用公債，厲行關稅政策等；軍隊中必須之工作爲注意政治訓練，統一軍需，改良士兵生活等項。

北伐軍事告終，訓政開始，國民黨於十八年三月召集第三次全國代表大會，通過黨務政治軍事外交各報告決議案，并將國民黨總章爲第二次之修正。此外決議案之最重要者爲(一)根據 總理教義，編製過去一切黨之法令規章，以成一貫系統，確定 總理主要遺教爲訓政時期中華民國最高根本法案；(二)訓政綱領之追認案；(三)確定訓政時期黨政府人民行使政權治權之分際及方略案；(四)確定地方自治之方略及程序以立政治建設之基礎案；(五)確定教育宗旨及其實施方針；(六)確定訓政時期物質建設之實施程序及經費案。

民國二十年「九一八」事變爆發後，國民黨召集第四次全國代表大會，以謀救亡圖存，自十一月十二日至二十三日，舉行預備會二次，正式會九次。決議案共三十五件，關於團結禦侮者，有團結禦侮辦法案，組織國難會議案，國家建設案；關於軍備及國防案，獎慰華僑案；關於黨務者，有對於第三屆中央黨務報告之決議案，追認恢復黨籍案；關於政治者，有依據約法關於國民生計教育之規定確定其實施方針案，救濟失業華僑，保護回國華僑等案。

國民黨自實施訓政，國難嚴重，國人遂有促進憲政之運動。第五次全國代表大會本應於二十二年十一月舉行，惟以勦匪工作未竣，延至二十四年十一月十二日開幕十二日十三日開預備會二次，至二十三日閉幕，共開大會七次，決議接受憲法草案並授權於第五屆中央執行委員會決定宣布憲法草案及召集國民大會日期。其餘黨務政治軍事各報告，均經大會審查，幷決議照審查意見通過。國民黨自召集第一次全國代表大會後，十一年來，共舉行全國代表大會四次，考查歷次大會議決案及宣言，均能依據　總理遺教，繼承改組精神，幷擔負革命使命，一俟憲法頒布，即可完成建國之大功。

第三節　中國國民黨之組織

中國國民黨過去之組織，已略述於前。自改組後，采取民主集權制，其組織益臻嚴密完善而有系統。全黨自下而上，分為五級，即（一）區分部，（二）區黨部，（三）縣黨部，（四）省黨部，（五）最高黨部。分別以區分部黨員大會，全區黨員大會或代表大會，全縣代表大會，全省代表大會，全國代表大會為其權力機關；但閉會期間則為區分部執行委員會，全區執行委員會，全縣執行委員會，全省執行委員會，中央執行委員會。各下級黨部執行委員會須受上級黨部執行委員會之管轄，遞級而直轄於中央執行委員會。

區分部為黨之基本組織，須有黨員五人以上。區分部黨員大會至少每兩星期開會一次，其職權為（一）接納及采行區分部執行委員會之報告；（二）決定本區分部黨務進行之方策；（三）研究本黨主義與政綱，及討論黨務政治問題；（四）選舉本區分部執行委員及候補執行委員。區分部執行委員會以執行委員三人組織之，幷互選常務委員一人，執行日常黨務。

全區黨員大會每兩月舉行一次，但得經縣執行委員會之核准，召集全區代表大會，其職權爲（一）接納及采行區執行委員會之報告；（二）決定本區黨務進行之方策；（三）選舉本區執行委員、候補執行委員，及監察委員、候補監察委員，以組織區執行委員會及區監察委員會。區執行委員互選常務委員一人，執行日常黨務。

全縣代表大會每六個月舉行一次，全省代表大會每年舉行一次，但有特別情形，得召集臨時全縣代表大會，或全省代表大會。其職權有三：（一）接納及采行縣或省執行委員會及本黨縣或省機關各部之報告；（二）決定本縣或本省黨務進行之方策；（三）選舉縣或省執行委員、候補執行委員，及監察委員、候補監察委員，以組織縣或省執行委員會及監察委員會。縣執行委員會每星期至少開會一次，幷選舉常務委員一人，執行日常黨務。省執行委員會每兩星期至少開會一次，幷選舉常務委員三人至五人，執行日常黨務。

全國代表大會爲黨之最高權力機關，黨章原定每年舉行一次，後經第三次全國代表大會修改爲每二年舉行一次。但中央執行委員會認爲必要，或有省黨部及等於省黨部半數以上請求時，得召集臨時全國代表大會。全國代表大會之召集，中央執行委員會遇有不得已情形時，得通告展期，但不得超過一年。全國代表大會開會日期，及重要議題，須於三個月前過告全體黨員。全國代表大會之組織法、代表選舉法，及各地方應派代表之人數，均由中央執行委員會規定。全國代表大會之職權凡四：（一）接納及采行中央執行委員會及中央各部之報告;(二)修改本黨政綱及章程;(三)決定對於時事問題應取之政策及政略;(四)選舉中央執行委員、候補執行委員及監察委員、候補監察委員,以組織中央執行委員會及中央監察委員會。中央執行委員互選常務委員五人至九人,組織常務委員會,執行職務。

各級執行委員會之職權大致有四:(一)執行代表大會之決議;(二)組織各地黨部,並指揮其活動;(三)組織黨務機關;(四)支配黨費及財政。各級監察委員會之職權亦有四:(一)依據本黨紀律,決定所屬黨部或黨員違背紀律之處分;(二)稽核同級執行委員會財政之收支;(三)審查黨務之進行情形;(四)稽核同級政府之施政方針及政績,是否根據本黨政綱及政策。

特別行政區域如蒙古、西藏、熱河、察哈爾、綏遠等,其黨部之組織與省同。特別市黨部之組織,與省黨部同;重要市鎮黨部之組織,與縣黨部同。國外黨部之組織,總支部等於省支部等於縣,分部等於區分部之下設區分部。此外尚有軍隊、海員、鐵路等特別黨部,爲黨章所未規定。又黨員在祕密公開或半公開之非黨團體如工會、俱樂部、會社、商會、學校、市議會、縣議會、省議會、國議會之內,須組成國民黨黨團,在非黨團體中擴大本黨勢力,並指揮其活動。但黨章經第三次全國代表大會修正後,所有關於黨團之規定,已完全删除。

中國國民黨之組織,十九年十月九日第三屆中央執行委員會第一一三次常務會議曾通過一系統圖,茲錄於次:

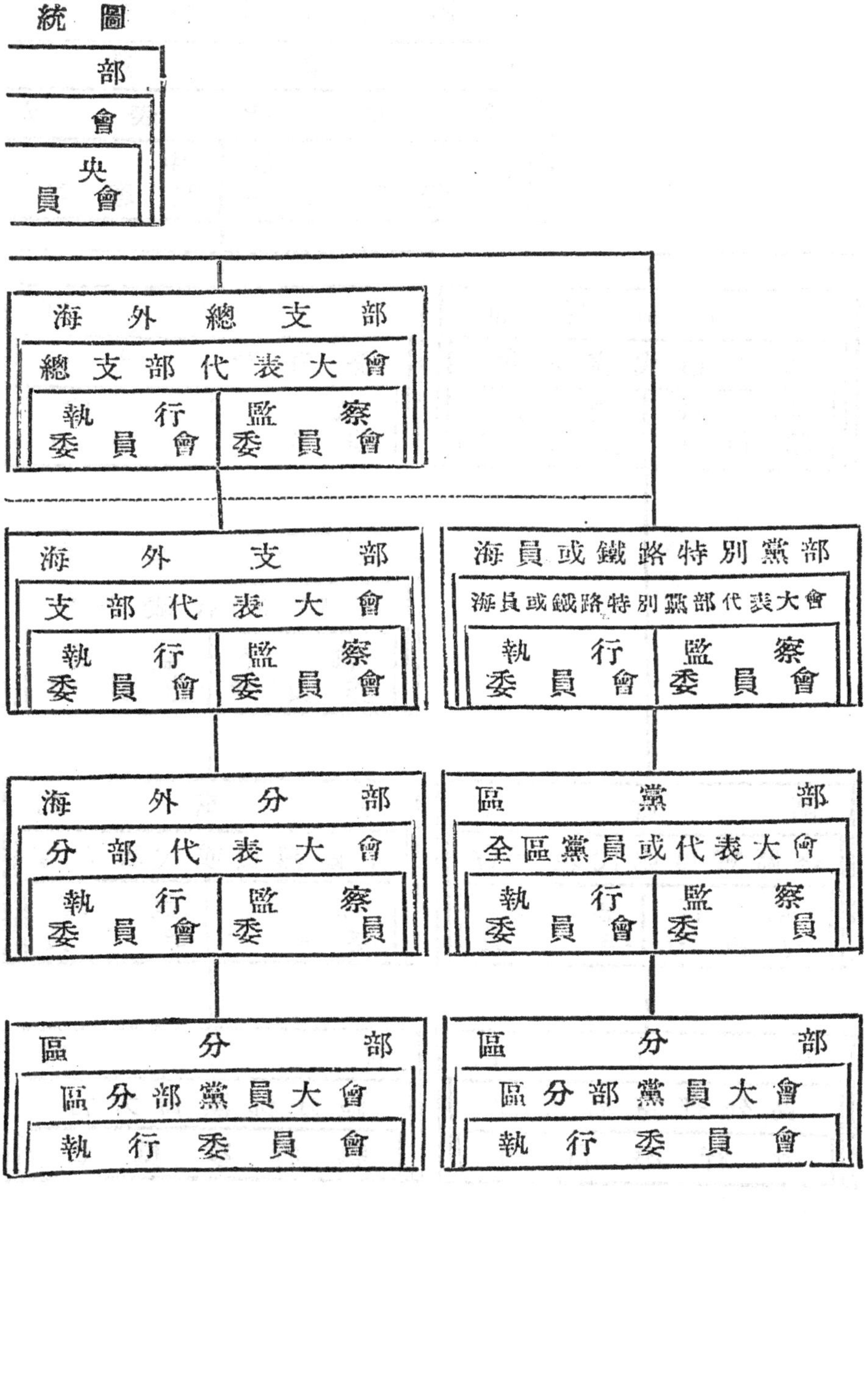
統圖
部
會
央
員 會
海外總支部
總支部代表大會
執行委員會
監察委員會
海外支部
支部代表大會
執行委員會
監察委員會
海員或鐵路特別黨部
海員或鐵路特別黨部代表大會
執行委員會
監察委員會
海外分部
分部代表大會
執行委員會
監察委員
區黨部
全區黨員或代表大會
執行委員會
監察委員
區分部
區分部黨員大會
執行委員會
區分部
區分部黨員大會
執行委員會

中國國民黨組織系

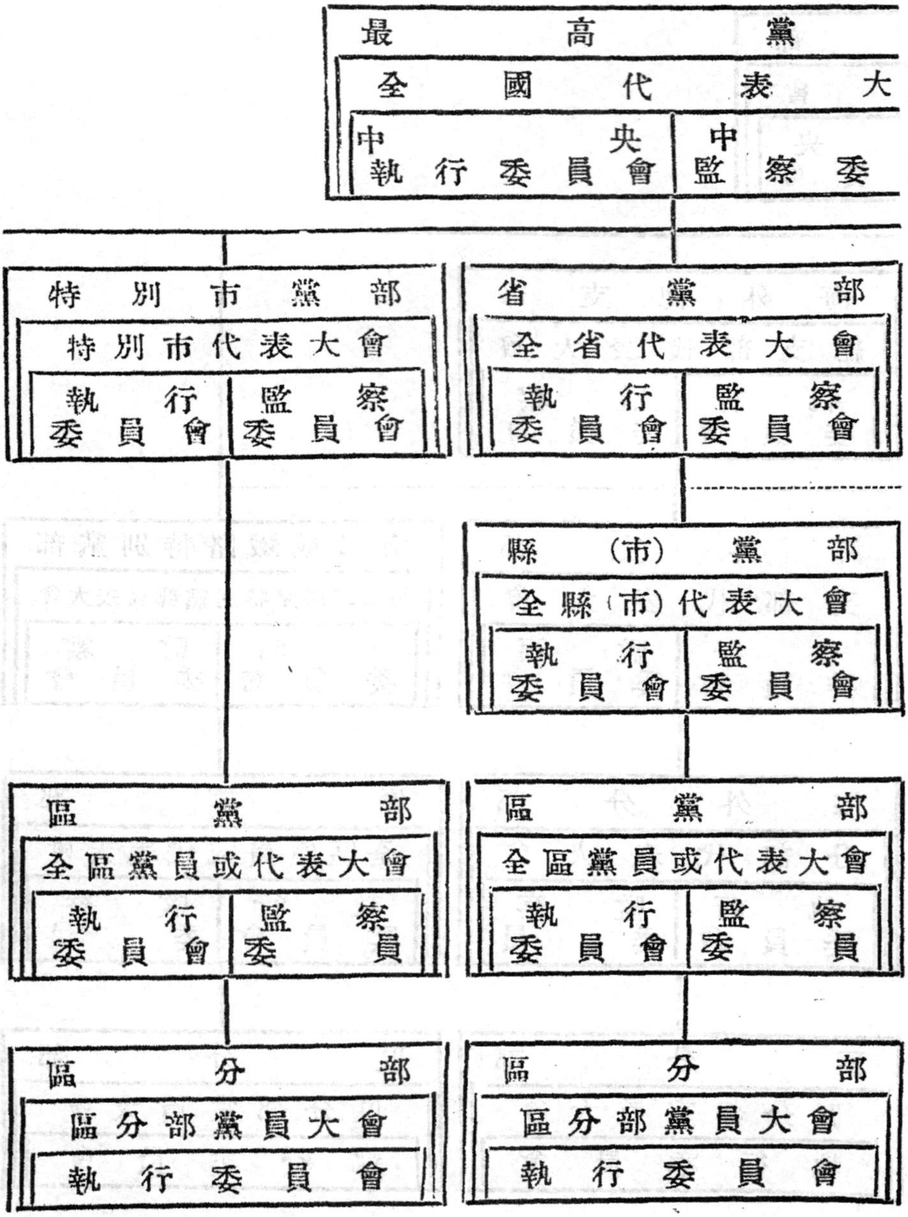
最高黨
全國代表大
中央執行委員會
中監察委
特別市黨部
特別市代表大會
執行委員會
監察委員會
省黨部
全省代表大會
執行委員會
監察委員會
縣（市）黨部
全縣（市）代表大會
執行委員會
監察委員會
區黨部
全區黨員或代表大會
執行委員會
監察委員
區黨部
全區黨員或代表大會
執行委員會
監察委員
區分部
區分部黨員大會
執行委員會
區分部
區分部黨員大會
執行委員會

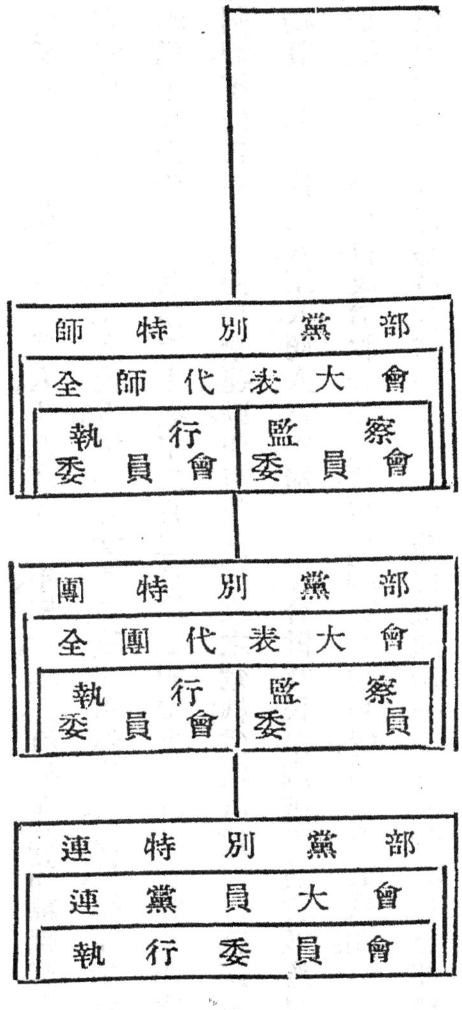

第四節　中央執行委員會之組織

中國國民黨之最高權力機關爲全國代表大會。全國代表大會之組織，選舉等法，及各地方之代表人數，均由中央執行委員會決定。惟全國代表大會常會，黨章原定每年舉行一次，後又修改爲每二年舉行一次，中央執行委員會幷得展期一年召集，而其開會期間又至暫，故黨之最高權力機關，實爲中央執行委員會，此於黨章亦有明文規定。

中央執行委員由全國代表大會選舉，其人數亦由全國代表大會決定。第一屆二十四人，第二屆第三屆均三十六人，第四屆七十二人，第五屆一百二十人。又候補中央執行委員第一屆有十七人，第二屆二十二人，第三屆二十四人，第四屆五十五人，第五屆六十人。依十三年黨章，中央執行委員會每兩星期至少開會一次，並互選常務委員三人組織祕書處，執行日常黨務。又得派遣中央執行委員於指定地點，組織執行部。十五年修正之黨章，則定爲中央執行委員會互選常務委員九人組織常務委員會，執行職務，對中央執行委員會負其責任。遇必要時，得設特種委員會；併得派中央執行委員、候補執行委員，分赴各地，指導黨部執行黨務。中央執行委員會每半年至少開全體會議一次，候補委員得列席會議，遇執行委員缺席，卽依次遞補，有臨時表決權，但不能超過出席執行委員人數三分之一。

中國國民黨自第一次全國代表大會閉幕後，幾完全采取蘇俄布爾塞維克黨之組織，幷「於有形無形中受鮑羅庭之操縱。」中央執行委員會中設組織、宣傳、農人、工人、商人、青年、婦女、軍人、海外九部。組織部職在組織並指導下級黨部。宣傳部職在宣傳黨義黨綱。農人、工人、商人、青年、婦女各部，職在指導農民、商民、學生、婦女、勞工等運動。軍人部、海外部職在指導軍隊及僑民之黨務。至十七年二月二日，第二屆中央執行委員會第四次全體會議以此種組織過於破碎割裂，不能自成系統；而民衆運動亦有離黨獨立之危機；爰決議將海外部歸併組織部，宣傳部仍舊，而訓練事宜獨設一部。其他農人、工人、商人、青年、婦女各部，合併爲民衆訓練委員會。並應事實上之需要，設各種特別委員會，如經濟設計委員會、政治設計委員會、黨史編纂委員會等，但非常設機關。

民國十七年三月八日，第二屆中央執行委員會第一二一次常務會議通過「中央執行委員會組織大綱，規定中央執行委員會設常務委員會，下設祕書處，組織宣傳訓練三部，及民衆訓練委員會。祕書處由常務委員互推三人組織之，設書記長一人，各部設部長一人，民衆訓練委員會設委員七人至十一人，均由常務委員會選任。

至民國二十年十二月，第四屆中央執行委員會第一次全體會議決議中央執行委員會組織宣傳兩部改爲組織委員會，宣傳委員會，訓練部取消，另設民衆運動指導委員會。第四次常務會議乃依此決議案通過一中央執行委員會組織大綱，規定中央執行委員會以全體中央執行委員推選常務委員九人組織常務委員會，設祕書處及組織、訓練、民衆運動指導、海外黨務四委員會。祕書處設祕書長一人，由常務委員兼任，各委員會置委員九人至十七人，就中指定主任委員一人，副主任委員一人，均由常務委員會選任。常務委員會於必要時，幷得設特種委員會。

民國二十四年十二月六日，第五屆中央執行委員會第一次全體會議又通過中央執行委員會組織大綱六項。依此大綱所定，中央執行委員會推定常務委員九人，幷就常務委員中推定主席副主席各一人，以組織常務委員會。中央執行委員會之下設祕書處、組織部、宣傳部、民衆訓練部。又設海外黨務計畫委員會，地方自治計劃委員會，國民經濟計劃委員會，文化事業計劃委員會，財務委員會，撫卹委員會，黨史史料編纂委員會及其他各特種委員會。祕書處設祕書長一人；各部設部長一人，副部長一人；各會設主任委員一人，副主任委員二人，委員若干人。

中央執行委員會之職權凡六：（一）對外代表本黨，（二）執行全國代表大會之決議，（三）決定黨務方案與法規，（四）組織各地黨部並指揮之，（五）組織本黨之中央機關各部，（六）支配本黨黨費及財政。以上各種職權，於中央執行委員會全體會議閉會期間，則由常務委員會行使之。

第五節　中央政治會議之組織

中國國民黨自改組後，黨務進展甚速。總理孫中山先生以黨務軍政均關重要，乃先成立政治委員會，繼成立軍事委員會。政治委員會於十三年七月十一日舉行第一次會議，時政治委員無定額，且不限於中央執監委員，經孫中山先生指派者為胡漢民等七人。七月十四日，中央執行委員會開第四十三次會議，胡委員漢民提出政治委員會對中央執行委員會之權限案，經決議：（一）關於黨事，對中央執行委員會負責，按照性質，由事前報告，或事後請求追認；（二）關於政治及外交問題，由總理或大元帥決定辦理。惟政治委員會關於黨務之議決案甚少，其關於政治及外交事項議決後，仍候孫中山先生為最終之決定，故政治委員會由中山先生直接負責。

孫中山先生逝世後，政治委員會於十四年六月十四日，開第十四次會議於大本營，決定建立國民政府，並有關於政治委員會之決議兩項：（一）在中國國民黨中央執行委員會內設政治委員會，以指導國民革命之進行；（二）關於政治之方針，由政治委員會決定，以政府之名義執行之。十五年一月，第二次全國代表大會關於中央黨務報告之決議案，其第二項有下列之規定：

「除國民政府所在地設置政治委員會外，各重要地點，遇必要時，經中央執行委員會常務委員之核准，得分設政治指導機關。」

同年一月二十三日，第二屆中央執行委員會開第一次全體會議，常務委員提出中央執行委員會政治委員會組織條例七條，經會議通過。該條例規定政治委員會爲政治指導機關，設委員若干人，候補委員若干人；政治委員會認爲必要時，得推任同志，在某地方組織分會。

十五年四月七日，第二屆中央執行委員會臨時全體會議決議，政治委員應與常務委員同開一政治會議，以代替政治委員會之會議。至七月十五日，政治會議開第一次會議，承接政治委員會之第一六三次會議。

十六年三月十日，第二屆中央執行委員會第三次全體會議通過一統一黨的領導機關案，其中有關於政治委員會之條文凡三：

第六條　在中央執行委員會下設政治委員會，軍事委員會等。

第七條　政治委員會以常務委員會全體委員，及由中央執行委員會全體會議選舉之中央執行委員及候補執行委員六八組織之。

國民政府部長，雖非政治委員會委員，亦得列席政治委員會會議，但無表決權。

政治委員會委員中，由中央執行委員會全體會議指定七人爲主席團。

第八條　政治委員會對於政治問題議決後，交由中央執行委員會指導國民政府執行之。

三月十三日，全會復通過政治委員會及分會組織條例，規定政治委員會爲中央執行委員會下之最高政治指導機關；并得因適應革命之需要，向中央執行委員會建議在國內各重要政治地域設立分會。政治委員會分會對於地方政治問題之決議，得直接交由地方政府執行之。至同年九月十六日，中央特別委員會成立，於十九日開第三次會議，議決取消政治會議，及各地政治分會，所有職務，分別交由黨部政府執行。

十七年二月，第二屆中央執行委員會開第四次全體會議，汪兆銘等提議選出政治委員若干人，組織政治委員會，以決定政治方針，并主張詳細規定政治委員會與政治分會之權限。張靜江提議請恢復政治會議，並於必要地點設置分會。經數次審查委員會之審查，於二月三日決議如下：

(一)中央政治會議及各地分會可仍存在，候第三次全國代表大會決定。各分會應專理政治，不兼管黨務，現在經本會通盤籌劃，於廣州、武漢、開封、太原四處設立分會。關於政治指導之區域，廣東、廣西屬廣州分會；湖南、湖北屬武漢分會；河南、陝西、甘肅屬開封分會；山西、綏遠、察哈爾屬太原分會；其不屬於以上四分會者，概由中央政治會議處理之。

(二)政治會議組織條例，及政治會議分會條例，交中央常務委員會修訂。

中央常務委員會即於三月一日第一一九次會議，決議修正中央執行委員會政治會議及分會暫行條例規定中央政治會議爲中央執行委員會特設之政治指導機關，對中央執行委員會負責。法律問題，經中央政治會議議決，由中央執行委員會交國民政府執行。凡重要政務，則於議決後逕交國民政府執行。政治分會於其特定區域內，指導並監督最高級地方政府，其決議案，即交該政府執行之。至八月十四日，第二屆中央執行委員會第五次全體會議又修正中央政治會議暫行條例；幷決議各地政治分會，限於十七年年底一律取消。

十七年十月二十五日，中央執行委員會第一七九次常務會議，委員譚延闓、胡漢民提出修正中央政治會議暫行條例案，經決議修正通過。全條例凡十三條，其要點有三：(一)以中央執監委員及國民政府委員，爲政治會議當然委員；其他委員須爲黨服務十年以上，富有政治經驗，或負黨國重任，其地位在特任官以上者。(二)政治會議討論及決議之事項凡五：(甲)建國綱領，(乙)立法原則，(丙)施政方針，(丁)軍事大計，(戊)國民政府委員，各院院長、副院長及委員，各部部長，各委員會委員，各省省政府委員、主席，及廳長，各特別市市長，駐外大使、特使、公使，及特任特派官吏之人選。(三)政治會議爲全國實行訓政之最高指導機關，對於中央執行委員會負責；其決議直接交國民政府執行。

十八年四月十一日，第三屆中央執行委員會第一次常務會議，推定譚延闓等五委員修改政治會議暫行條例，經於四月十五日第二次常務會議通過中央執行委員會政治會議條例十五條。其增修之點有三：(一)標題删去「暫行」字樣。(二)政治會議委員由中央執行委員會就中央執行委員，中央監察委員中推定，不得超過中央執監委員總數之半，較原定委員名額爲少。(三)政治會議下置政治報告組、經濟組、外交組、財政組、及其他專組，各設委員一人至三人，擔任審查與設計事宜，此爲前條例所未規定。嗣後此條例迭有修改，但大體上無多變更。

至二十年六月，第三屆中央執行委員會第五次全體會議，准于右任、丁惟汾、葉楚傖、吳敬恆四委員提議爲政治會議條例對於委員人數限制太嚴，請予修正，當將該條例第三條修正通過。第一百四十七次常務會議又准戴傳賢、陳果夫、陳立夫、丁惟汾四委員提議爲此次政治會議委員人數增多，分組委員亦宜隨之增加，復將該條例第十一條加以修正。於是中央政治會議委員之名額，改爲不得超過中央執監委員總數三分之二，幷得設候補委員，其名額不得超過中央執監委員三分之一，而各組委員亦增爲九人至十三人。

二十年十二月，第四屆中央執行委員會第一次全體會議通過中央政治會議組織原則三項：(一)中央政治會議以中央執監委員組織之；(二)中央政治會議設常務委員三人，開會時輪流主席；(三)中央候補執監委員得列席政治會議。中央政治會議前於十八年五月八日第百八十次會議推定蔣委員中正爲主席，至此遂由主席制改爲常務委員制，全會並推舉蔣中正、汪兆銘、胡漢民爲常務委員。

民國二十四年十二月，第五屆中央執行委員會第一次全體會議通過中央執行委員會組織大綱六項，其第四項以次規定中央執行委員會設政治委員會，就中央執監委員中推定主席副主席各一人，委員十九人至二十五人組織之，政治委員會設祕書處及法制、內政、外交、財政、經濟、教育、土地、交通各專門委員會。祕書處置祕書長副祕書長各一人，各專門委員會各設主任委員副主任委員各一人，委員九人至十五人。中央常務委員會第一次會議通過一政治委員會組織條例十一條，規定其討論及決議之事項爲立法原則，施政方針，軍政大計，財政計畫特任特派官吏及政務官之人選及中央執行委員會交議事項，大致與前政治會議條例所定者相同。

第六節　國民政府之創立

民國十二年春，滇桂各軍入廣州，陳炯明通電下野，許崇智沈鴻英等先後電請孫中山先生回粵。中山先生於二月十五日由滬啓程南下，二十一日抵粵，復任大元帥，組織大本營，設內政、外交、財政、建設四部，參謀、祕書兩處，及法制局審計局。此亦爲當時與北方對峙之政府。

十三年一月，中國國民黨開第一次全國代表大會，孫中山先生提出組織國民政府案，並說明提案之旨趣，有云：

「本總理之意，以爲此次大會之目的有二：一改組本黨，一建設國家。而於建設國家，尙有應研究之問題二：一立卽將大元帥政府變爲國民黨政府；二先將建國大綱表決後，四出宣傳，使人民了解其內容，結合團體，要求政府之實現。……以上二問題，隨大會擇定其一，皆無不可。」

大會當決議二項：一、國民黨當依此最小限度政綱爲原則，組織國民政府；二、國民黨當宣傳此主義於工商實業各界及農民、工人、兵士、學生，與夫一般之羣衆，使人人知設統一國民政府之必要。

組織國民政府案雖經議決，但以廣東尚未完全底定，又革命勢力亦未澈底肅清，故一時未能籌備成立。十三年春，孫中山先生離粵北上，胡漢民代行大元帥職權，主持大本營軍政事宜。十四年三月，孫中山先生逝世。至六月，楊希閔、劉鎮寰等次第削平，於是國民政府有積極籌設之必要。六月十四日，國民黨中央執行委員會之政治委員會開第十四次會議，決議改組大元帥府爲中央政府，采合議制，并定名爲國民政府；關於政治之方針，由政治委員會決定，交由國民政府執行。政治委員會又於第十六次會議決議國民政府以委員若干人組織之，並於委員中推定一人爲主席，并定十四年七月一日爲新政府成立期。旋中央執行委員會議決政府改組大綱六項：

一、設置國民政府，掌理關於全國之政務，以委員若干人組織會議，并於委員中推定常駐委員五人，處理日常政務，并設政軍各部，每部設部長一人，以委員兼任，如將來有添部之必要，經委員會議決行之。

一、設置軍事委員會，掌理全國軍務，以委員若干人組織會議，并於委員中推定一人爲主席。凡關於軍事之命令，由軍事委員會主席及軍事部長署名。在軍事委員會內，設軍需等處，分掌職務。

一、設置監察部，以委員若干人組織之，監察政府各種機關官吏之行動，及考核款項之收支狀況。

一、設置懲罰院，以委員若干人組織之，專治官吏之貪贓不法，及不服從政府命令者。

一、設置省政府，掌理全省政務，分爲內政、外交、財政等廳，每廳設廳長一人，并由各廳長聯席會議推定主席一人。

一、設置市政委員會，在現在職業集團、農會、工會、商會、教育會、自由職業團體六種團體中各保委員三人，合十八人，以組織市政委員會，並任命委員長一人爲市政委員會主席。設置財政、工務、公安、教育、衛生五局，每局委任局長一人。

政治委員會第二十四次會議通過國民政府組織令，至第二十五次會議，又決議改國民政府組織令爲國民政府組織法，并提經中央執行委員會決議通過。至七月一日，國民政府正式成立，以汪精衛等十六人爲委員，推汪精衛爲主席，許崇智爲軍事部長，胡漢民爲外交部長，廖仲愷爲財政部長。並發表宣言，敍述國民政府之組織，期於集中同志心力，以共同負荷先大元帥之志事；國民政府之職責，卽在履行先大元帥之遺囑，而期其實現。

國民政府之組織，采一權制，所有立法、行政、司法、考試、監察各權，并非獨立行使，亦未分設機關。惟中央執行委員會原議決置監察部、懲罰院，似略采孫中山先生五權憲法之意，但亦迄未籌設。至軍事委員會、省政府、市政委員會等，則先後組織成立。

第七節　黨治初期之立法

中國國民黨厲行黨治，因之中華民國立法權，亦大都由黨行使，并未成立正式立法機關。中央執行委員會，爲國民黨全國代表大會閉幕期間之最高權力機關，凡關於國家根本組織之法，及最重要之法，如歷次國民政府組織法，軍事委員會組織大綱，國民革命軍總司令部組織大綱等，均爲該會所通過。政治委員會，或政治會議，爲國民黨特設之最高政治指導機關。其暫行條例，雖無行使立法職權之具體規定，但以國民政府既行一權主義，則關於政治之指導，似無分於行政與立法，故實際上議決之法律甚多。并以國家各重要法律，一時未能議定，爰於第一百二十次會議，有援用以前法律之決議，文云：「一應法律，在未制定頒行以前，凡從前施行之各種實體法、訴訟法、及其他一切法令，除與中國國民黨黨綱或主義，或與國民政府法令抵觸各條外，一律暫准援用。」此決議案并經國民政府於十六年八月十二日通令遵照。

黨治初期之法律，固大多數由中央執行委員會，與政治會議或政治委員會制定；但國民政府間亦草擬法規，逕行公布施行，惟究爲命令，抑係法律，殊難得區分之標準。十六年中央特別委員會時代，中央政治會議曾一度取消，立法權卽完全由國民政府行使。如十六年十月二十五日公布之修正省政府組織法，十六年十一月五日公布之監察院組織法，外交部及司法部組織法，十六年十一月十一日公布之財政部及交通部組織法，均爲國民政府所制定。

在此時期，黨與政府雖均得行使立法權，但其立法應經如何程序，殊無明文規定。至十七年二月二十二日，中央政治會議第一百二十九次會議決議，一切法律，概須由政治會議議決，凡經政治會議議決之法律，概稱曰某法。國民政府及其所屬各機關，僅得制定關於施行法律之規則，此規則謂之條例。本此原則，乃制定立法程序法十條，提經中央執行委員會交由國民政府於十七年三月一日公布。中央執行委員會亦於十七年三月一日，第一百十九次會議，通過中央政治會議暫行條例五條，其第三條有「法律問題經中央政治會議議決」之規定。從茲立法有一定之程序，而中央政治會議，亦儼然爲黨治下行使立法職權之機關。

立法程序法之內容可分四點說明之：第一、中央政治會議委員國民政府，國民政府所屬各院部會，及各省市政府，均得提出法律案於中央政治會議，中央政治會議並得命法制局起草法律案。第二、中央政治會議討論法律案並議決之，但除有特殊緊急情形外，須先交由法制局爲初步審查。第三、中央政治會議議決之法律，由中央執行委員會交國民政府於十日內公布之，但在公布期限內，國民政府得請求中央政治會議覆議，以一次爲限。第四、國民政府得制定施行法律之條例，國民政府直屬各機關，亦得制定條例，但須呈經國民政府核准；凡條例不得與法律抵觸，依以上四點，不獨規定立法上必經之程序，甚爲詳盡，即國民政府與各行政機關之制定條例，亦復限制綦嚴，較前之法律與命令，未有顯然之分別者，似已大有進步。

黨治初期雖無正式立法機關，惟關於法律之起草與審議，會設有專管機關。十六年五月，政治會議第八十次會議決議組織中央法制委員會。委員由中央政治會議決定，咨請國民政府任命，名額暫定九人，設常務委員三人，處理常務召集會議。承中央政治會議及國民政府之命，草擬並審查一切法制，亦得自行草擬並審查各項法制，建議於中央政治會議及國民政府，但不得自行宣布。該會成立後，至十六年九月裁撤。

十六年六月，中央政治會議第一百次會議，依陳委員果夫之提議，決議設立法制局，隸屬於國民政府，法制局置局長一人，編審六人至九人，分掌（一）草擬及修訂關於經濟事項之法律條例案；（二）草擬及修訂官制、官規，暨一切關於行政法律條例案；（三）修訂民刑等法規，暨一切關於司法之法律條例案。所有草擬或修訂之法律條例等案，均應呈由國民政府交中央法制委員會審議，提經中央政治會議通過，再交國民政府公布施行。至十七年十月，國民政府實施五院制，設立立法院，法制局即奉令結束。

第九章　實施訓政時期

孫中山先生之革命方略，定革命進行之時期爲三：第一、軍政時期；第二、訓政時期；第三、憲政時期。自十五年六月，國民政府出師北伐，至十七年七月，全國統一，卽由軍政時期而入於訓政時期。國民黨第二屆中央執行委員會，於是舉行第五次全體會議於首都，以討論實施訓政之方案，當決議：「訓政時期，應遵照　總理遺教，頒布約法，」及「立法、行政、司法、考試、監察五院，應逐漸實施。」

十七年十月，國民政府依全會之決議，試行五院制。立法院於十二月五日成立，爲黨治下之正式立法機關，數年來分別草擬修訂審議各項法律案，逐次完成各重要法典，及單行法，由國民政府公布施行。十九年秋，國民黨中央執行委員擴大會議通過中華民國約法草案。二十年五月，國民會議開會於首都，制定中華民國訓政時期約法。此數年間，漸以完成訓政，促進憲政，厲行法治，實為中華民國立法最盛之時期。

第一節　五中全會之開幕

自北伐完成，軍事結束，第二屆中央執行委員會於十七年八月召集第五次全體會議。八月一日，開談話會，決定預備會之日期。八月七日，開預備會，推定譚延闓、蔣中正、于右任、戴傳賢、丁惟汾，五委員為主席團，譚延闓等三十九委員為各種提案審查委員。八月八日，舉行全會開會式，到中央委員于右任等三十四人，由蔣委員中正致開會詞。中央常會提出組織中華民國暫行約法起草委員會案，原案為國民政府法制局所建議，經中央常會采為提案。其建議共分三項：

(一)由中央執行委員會指定中央委員數人，專家數人，組織中華民國暫行約法起草委員會，責其於一定期限內，提出中華民國暫行約法案。

(二)中華民國暫行約法案，應規定左列事項：

1　人民之權利義務，

2　中央政府之組織，

3　中央與地方之關係（地方職權及地方制度之大要），

4　黨與政府之關係。

（三）中華民國暫行約法案，應由中央執行委員會議決，第三屆全國代表大會批准國民政府公布。

中央執行委員朱霽青亦提議組織中華民國約法起草委員會，制定約法草案，以便提交第三次全國代表大會通過施行。此外南京特別市黨務指導委員會有「頒布訓政約法」之建議；上海商業請願團所請願之事項凡七，而以「頒布約法」居首。

以上各案，經審查委員會第二組詳加審查，旋提出報告略稱：「本組合併審查結果，認為訓政時代，應遵總理遺教，頒布約法。此次全會應即組織中華民國約法起草委員會，限期完畢，由中央執行委員會議決，趕於第三次全國代表大會開會時，呈請通過公布。」經於八月十一日第二次正式會議決議：「訓政時期，應遵照總理遺教，頒布約法。」

時中央執行委員胡漢民、孫科適自海外回國，力主開始試行五權制度，提出訓政大綱草案，謂黨國今後發展之原則有三：

（一）以黨統一，以黨訓政，培植憲政深厚之基。

（二）本黨重心，必求完固，黨應擔發動訓政之全權，政府應擔實行訓政之全責。

㈢以五權制度作訓政之規模，期五權憲政最後之完成。

其所擬訓政大綱，卽本此原則而定，分爲兩項：第一爲關於政治會議之組織與職權，第二爲關於國民政府及五院之組織與職權。又附以說明，對於原則上之說明凡四，對於制度上之說明凡五。

審查委員會審查此案結果，第二組與第三組之意見微異，第二組審查報告略云：「如果標明依照建國大綱，同時成立五院，於法律與時期皆有重大之問題，不可不特別愼重。然按之事實的需要，宜先試設考試監察兩院，其他似宜暫緩。」第三組審查報告則謂：「關於中央組織之內容及程序，總理所著之國民政府建國大綱，已有至明確之規定，自應本此規定，設立五院，逐漸實施。」併提經全會第二次正式會議決議：「訓政時期之立法行政司法考試監察五院，應逐漸實施。」

五中全會於八月十五日閉會，凡開正式會議四次，決議關於黨務、政治、軍事之要案甚多，惟訓政時期頒布約法，設立五院之決議案，尤爲重要。雖約法遲至民國二十年始正式頒布，而五院卽積極籌備，先後成立。此爲試行五權制度，確立訓政基礎之關鍵，故備述之。

第二節　訓政方案之確定

第二屆中央執行委員會第五次全體會議閉幕後，中央常務委員會卽遵照決議案，以確定實施訓政之具體方案，於十七年十月三日第一七二次常會，制定訓政綱領，并通過國民政府組織法，公布施行。

訓政綱領爲確定黨與政府及人民之關係，并政權治權行使之分際，以期促進憲政，弼成全民政治。全文共六條，規定之要點有三：（一）訓政時期中國國民黨全國代表大會代表國民大會領導國民，行使政權；閉會時，則以政權付託中央執行委員會執行之。（二）選舉、罷免、創制、複決四種政權，訓練國民逐漸推行；行政、立法、司法、考試、監察五種治權，付託國民政府總攬執行。（三）中央政治會議指導監察國民政府重大國務之施行；并議決國民政府組織法之修正及解釋。

國民政府組織法共四十八條，大要規定國民政府及五院之組織與職權。國民政府以五院組織之，設主席委員一人委員十二人至十六人組織國務會議處理國務。是國民政府之組織，顯然采用合議制；惟就軍事言，國民政府主席兼陸海空軍總司令，則國民政府統率陸海空軍之職權，自必由主席單獨行使，是亦不得謂爲單純合議制。關於國民政府之職權，雖試行五權制，似仍爲一權主義。蓋國民政府之公布法律，發布命令，必經國務會議議決，是五院職權內之事項，仍須經國務會議爲最終之決定，則顯非五權分立主義。

五院各設院長副院長各一人，行政院下分設各部會，立法院設立法委員四十九人至九十九人，監察院設監察委員十九人至二十九人。立法院之職權，不僅決議法律，並議決條約、預算、大赦、宣戰、媾和等案，似已涉及行政之監督。司法院職權，不僅掌理司法審判，並兼理司法行政，官吏懲戒，行政審判等事宜。考試院職權，不僅專司考選，並兼及銓敍。監察院職權，不以彈劾爲限，並兼司審計。行政之職權，行政院設各部會分掌之。

十月八日，中央常務委員會選任蔣中正等十六人爲國民政府委員，蔣中正爲國民政府主席，譚延闓爲行政院院長，胡漢民爲立法院院長，王寵惠爲司法院院長，戴傳賢爲考試院院長，蔡元培爲監察院院長。十月十日，國民政府主席、委員及各院院長均宣誓就職。十月二十五日，國民政府發表宣言，宣示今後進行建設之方針，有關於建設先決條件者二，有關於實際建設者三。國民政府之改組於是完成。

十八年三月，國民黨第三次全國代表大會對於訓政綱領及國民政府組織法完全同意，並於政治報告決議案有云：

「在過去軍政時期，本黨事實上得全國民衆之努力參加革命，而完成開國之大業，更受全國人民之信賴，而付與訓政之大任。此一歷史的事實，經訓政綱領與國民政府組織法之頒布，乃成爲法律上確定之效力。過去國民革命之軍事進展，根本上實挾有全國人民同懷依據三民主義，五權憲法，以建設國家之願望。此一普通的願望，經訓政綱領與國民政府組織法之頒布，乃得從政權與治權之創始建設上，洞闢其實現之途徑。故訓政綱領與國民政府組織法之頒布，實爲國民革命由軍政時期入於訓政時期之一大進展也。」

此國民政府組織法與訓政綱領，在訓政時期，均不得不視爲根本法。以故二十年公布之中華民國訓政時期約法，均已容納，分別規定於第三章及第七章第一節，雖內容微有變更，而大體上無甚差異。

第三節　立法院之成立

中央執行委員會於十七年十月三日第一七二次常會，通過國民政府組織法，規定以五院組織國民政府。復於十月八日第一七三次常會，選任胡漢民爲立法院院長，林森爲副院長。中央政治會議亦於同日開臨時會議，通過立法院組織法，由國民政府於十七年十月二十日公布施行。中央政治會議又決定立法委員人選標準，以其人曾爲黨國效忠在革命過程，未嘗有違背黨義之言論行動，而於法律政治經濟有相當之學識經驗者爲合格；旋決議任命焦易堂等四十八人爲立法院立法委員，並經由國民政府於十七年十一月七日明令發表。十一月十四日，國民政府又任命鈕永建爲立法委員。十二月五日，立法院院長胡漢民、副院長林森，偕同各立法委員宣誓就職，黨治下之正式立法機關，卽於是日宣告成立。

立法院成立後，院長胡氏卽依立法院組織法第一條之規定，指定各委員分組法制、外交、財政、經濟四委員會。十二月八日，立法院開第一次會議，議決依組織法第二條之規定，增置軍事委員會；並由院長指派立法委員焦易堂爲法制委員會委員長，傅秉常爲外交委員會委員長，鄧召蔭爲財政委員會委員長，邵元冲爲經濟委員會委員長，鈕永建爲軍事委員會委員長。十二月十二日，又開第二次會，依立法院組織法第五條之規定，議定各委員會組織法，呈由國民政府於十二月二十六日公布施行。至立法院議事規則，前經國民政府公布後，又制定旁聽規則，呈准國民政府備案。

十八年一月二十九日，立法院開第十次會議，議決起草各重要法典，並整理現行法規；當指定立法委員傅秉常等五人起草民法，馬寅初等五人起草商法，吳尙鷹等五人起草土地法，呂志伊等七人起草自治法，邵元冲等五人起草勞工法，分別組織各法起草委員會；後又由胡院長令派委員劉盥訓等九人組織整理法規委員會。

立法院關於院務之處理，及立法資料之搜集，又依組織法第六條、第七條、第九條、第十一條之規定，分設祕書、統計、編譯三處，置祕書長、處長、編修、祕書、科長、科員各職員。

立法院爲訓政時期之立法機關，旣非普通立法國家之國會，亦非憲政時期由各縣人民選舉代議士所組織之立法院。訓政綱領規定中華民國於訓政時期，政權由中央執行委員會執行，治權由國民政府執行。立法爲五種治權之一，選舉爲四種政權之一；故立法院屬於國民政府，幷爲整個國民政府之一，而立法院院長由中央常務會議選任，立法委員由中央政治會議決定。此等組織之立法院，似不能表現民治精神，有類於黨之御用機關。惟以黨建國，以黨訓政，爲國民黨總理孫中山堅決之主張。建國大綱宣言有云：「大多數之人民，久經束縛，雖驟被解放，初不瞭知其活動之方式，非墨守其放棄責任之故習，卽爲人利用，陷於反革命而不自知。」似此，則訓政時期之立法院，完全由黨產生，自無不當。

現時立法機關，有主張采用地域代表制者，有主張采用職業代表制者，亦有主張兼采兩制者，究竟利弊得失如何？尙未可一概而論。立法院院長、委員，均受命於黨，卽爲黨之代表，無所謂地域與職業之區別，亦可免組織上之紛爭。

第四節　立法院之組織

國民政府之試行五權制度，本爲五中全會所議決。而立法院成立於訓政時期，究應如何組織。在孫中山先生遺教上殊難研求得確切之依據。惟當時國民黨之諸中央委員，親炙中山先生教澤多年，習聞建國大計，政治主張，幾經商權討論，凡黨與政府之關係，政權與治權之關係，黨及政府與人民相互之關係，莫不審愼周詳，折中至當，始決定現國民政府及五院之組織。

依國民政府組織法第二十六條、第二十七條所規定，立法院由院長與委員組織而成。立法院院長、副院長，應如何產生，在當時之國民政府組織法，幷未訂有明文，惟按諸事實，均由中央執行委員會選任。至二十年十二月三十日公布之國民政府組織法，乃於第十條詳定之。按國民政府組織法第三十條載：「立法院會議，以院長爲主席，」又立法院組織法第十三條載：「院長指揮全院院務，及其所屬機關，」第二十四條載：「院長維持院內秩序，整理議事程序，」是院長一方面爲立法院之長官，一方面爲立法院會議之主席。又國民政府組織法第二十六條第二項明定立法院院長因事故不能執行職務時，由副院長代理之，是副院長僅爲院長不能執行職務時之代理人員，幷非院長之輔弼者，亦無其他職務可言。

立法委員額數，國民政府組織法第二十七條定爲四十九人至九十九人，但按諸事實，胡院長時爲四十九人，邵覃兩副院長時爲六十餘人，孫院長時爲九十八人。立法委員以立法爲專責，出席立法院及各委員會會議，有提案、討論、表決之權；依國民政府組織法第二十九條，及立法院議事規則第六條之規定，不得缺席會議，及兼其他事務官。關於立法委員之產生，本由立法院院長提請依法任命。二十年十二月二十六日，第四屆中央執行委員會第一次全體會議通過之修正國民政府組織法，於第三十條明定立法委員之半數，由法定人民團體選舉，其選舉法另定之，因之委員額數，亦改為五十八至一百人。惟人民團體選舉立法委員法迄未制定頒布，此項規定，亦迄未實行。至第三次全體會議又決議修改該條條文，仍回復原案，故第三屆立法委員九十八人，完全由院長孫科提請任命。

立法院內部之組織，依組織法第一條、第二條，設法制、外交、財政、經濟、軍事五委員會。又由院議決指定各委員專任起草各重要法案，先後成立民法、刑法、商法、自治法、土地法、勞工法各起草委員會。又為整理現行法規，指定委員組織整理法規委員會，但法規整理完竣，即已結束。二十一年十二月，中央執行委員會第三次全體會議決議：「立法院應速起草憲法草案發表之，以備國民之研討。」立法院即於二十二年二月組織憲法草案起草委員會，規模甚為擴大，組織亦較完備，至二十三年二月，憲法草案初稿完成，即奉令裁撤。

依立法院組織法第三條，各委員會委員由立法委員分任；又依第四條，各委員會設委員長一人，由院長指定。按諸過去事實，各立法委員分任各委員會委員，并非自行參加，或開會互選，乃亦由院長指定。立法院長視各會會務之繁簡，有指派多數委員者，亦有指派少數委員者。立法委員各就其學識經驗，有專任一委員會委員者，有兼任數委員會委員者。至各法起草委員會，不設委員長，僅由委員中指定一人，負編制議程召集會議之責。

立法院各委員會，依其組織法第二條，爲審議議案之機關。至各法起草委員會，本職在起草，但迄今各該法多已草訂完竣，并經議決公布施行，事實上各該委員會亦爲審議議案機關。立法院依組織法第二條，本得增置各委員會，則立法院各委員會組織法，是否專限於法制、外交、財政、經濟、軍事五委員會得以適用？抑除憲法草案起草委員會另訂有組織條例外，其餘各委員會亦均得適用或準用？此爲立法上解釋問題，亦爲立法院內行政問題。惟實際法制、外交、財政、經濟、軍事五委員會，均依照組織法組織，爲永久性質，憲法草案起草委員會按組織條例組織；其他各法起草委員會之組織，既未另頒組織條例，亦未依據組織法，似爲暫時性質，但至今仍均存在。

立法院依組織法第六條至第十二條之規定，置祕書、編譯、統計三處。祕書處設祕書長、祕書、科員各職員，掌會議紀錄，文書之收發、保管、撰擬、委員職員任免與勤惰之登記，典守印信，以及關於會計庶務等事項。編譯處設處長、編修、科員各職員，掌各國法制之編譯，立法參考資料之檢討，本國法規之編輯刊行，及關於特別編譯等事項。統計處設處長、科長、科員各職員，掌調查編輯全國之法律、政治、經濟、社會之統計，及編輯刊行統計年鑑及單行本報告表册等事項。二十年四月國民政府成立主計處，下設統計局，立法院乃將統計處歸併於主計處，另設統計科，辦理關於立法之統計調查等事項，立法院各委員會依其組織法第三條所規定，設祕書、科員、速記、書記各員，辦理紀錄、文書及其他一切事務。

第五節　立法院之職權

立法院爲試行五權制之立法機關，幷非全國人民之代表機關。其職權依國民政府組織法第二十五條第二項之規定，爲議決法律案、預算案、大赦案、宣戰案、媾和案、條約案、及其他重要國際事項。

立法院以議決法律案爲主要職權。法律之提案權屬於中央政治會議，國民政府，行政、司法、考試、監察四院，及立法委員。黨能否提出法律案？現行法尙無明文，惟檢查立法院過去之議案，有修正工會法、商會法、農會法、漁會法、工商同業公會法、及各施行法等草案，均由中央民衆運動指導委員會擬具，經中央執行委員會第三五次常會決議交立法院審議，是最高黨部亦得提出法律案。立法院之議決法律案，必經三讀會之程序，惟按諸實例，有最緊急或甚簡單之議案，逕由院長直接交委員會審查，略去一讀者。亦有議案經二讀會通過，不付三讀，卽議決全案者。又有繁難或重要之議案，於提出二讀會時，再付審查，或經數次審查，乃開二讀會者。大致以經過一讀、二讀，省略三讀之法律案爲最多。法律案議決後，又須經國務會議之議決，乃由國民政府主席及五院院長署名公布。但自國民政府組織法修正後，法律公布，不必經如何會議，爲最後之決定。

立法院之議決預算案，與普通立憲國議會之議決預算不同。蓋拒絕預算，爲國會監督政府之武器；而預算不成立，更易引起政府責任問題。立法院之行使議決預算案之職權，只是對於國家財政上之收入支出及人民負擔之限度，租稅徵收之數額，政府各項費用之分配，予以詳密之審查，定爲公平之議案，然後交由國民政府公布施行。惟預算制度，在吾國尚在萌芽時代，前北京國會，既未有藉議決預算以反對政府之事實；現立法院成立以來，對於行政院提交之預算案，於交財政委員會審查後，亦大都照案通過。

立法院之議決大赦案、宣戰案、媾和案、條約案，及其他重要國際事項，學者謂之同意權。此等職權，惟行三權憲法國家之議會有之；在試行五權制度政府之下，即由與議會性質相類似之立法院行使之。依國民政府組織法第二十二條第三款、第四款，此等案均由行政院提出，幷應經行政院會議議決，又依同法第三條、第四條、第十一條，此等權之行使，屬之國民政府，幷應經國務會議之議決。惟依二十年十二月三十日公布之修正國民政府組織法，其第八條及第十五條規定國民政府以五院獨立行使五種治權，幷各自對中央執行委員會負責，則此等權應由行政院單獨負責，以國民政府名義行使之。而立法院之議決此等案，其行使同意權，幾與立憲國之議會無甚差異。

立法院除上述職權外，尚有所謂質詢權。立法院組織法第十六條載：「立法院關於本院議決案之執行，得向各院及行政院各部各委員會提出質詢；前項質詢，須經本院議決行之。」立法院之質詢，與議會之質問不同。第一、限於本院議決案之執行，其非關於本院議決之事項，不得提出。第二、對於各院及行政院各部會行之。以文字上解釋，不得對於其他三院之各部會提出，但按諸事實，司法行政部原屬司法院，後改隸行政院，現又改屬司法院，如立法院議決案，有由司法行政部、中央公務員懲戒委員會、銓敘部、考選委員會、審計部執行者，除得向司法考試監察三院提出質詢外，應亦得逕向各該部會提出之。第三、質詢案之提出，須經議決，卽立法院院長，或立法委員聯署，均不得提出。

又依十八年六月十七日，第三屆中央執行委員會第二次全體會議通過之治權行使之規律案，其第一項規定「一切法律案，及有關人民負擔之財政案，與有關國權之條約案，或其他國際協定案等，屬於立法範圍者，非經立法院議決，不得成立。如未經立法院決議而公布施行者，立法院有提出質詢之責。」此所謂質詢，與前述之質詢不同。第一、前為關於立法院議決案之執行；此則以屬於立法範圍各案，未經立法院決議而公布施行為限。第二、前向各院及行政院各部會提出；此則向公布施行之機關提出。第三、前為得提出質詢，此則應提出質詢。至此項質詢，應否經立法院議決，雖未明定，但立法院以會議行使各項職權，是亦必經議決無疑。此等質詢，為職權上被侵所提之抗議，不獨立法院有此權，卽其他四院亦有之。

立法院除有兩種質詢權外，亦有質問權。依監察院組織法第十一條「監察委員不盡職時，立法院得向監察院提出質問。」此種質問之提出，第一、須向監察院；第二、限於監察委員之不盡職。蓋監察院為最高監察機關，亦不可無其他機關以監察之。故監察委員不盡職，除監察委員可以互相彈劾外，立法院亦得提出質問，卽隱寓監察之意。至監察委員是否盡職？應否提出質問？立法院自有裁量之餘地，似應提經會議議決。惟按之實例，立法院成立以來，對於此權，並未有所行使。

此外立法院尙有最重要之職權，卽起草憲法權。訓政時期約法依建國大綱第二十二條，於第八十六條規定立法院當本於建國大綱，及訓政與憲政兩時期之成績議訂憲法草案。至憲法之議決權，則屬於國民大會。

第六節　立法院之特質

五權憲法爲國民黨總理孫中山先生所特創，而五權制度，於開始訓政時，卽已采用，現尙在試行期間。立法爲五種治權之一，立法院爲行使立法權之機關，其組織與職權，已具述於前；惟其特質，亦應加以相當之研究，茲併說明於次：

孫中山先生在政治上最大之發明，爲權與能分，卽政權與治權分。立法院爲最高立法機關，與普通立憲國之國會絕不相同。現各國憲法，大都三權鼎立，卽行政、司法、立法各自獨立，以求平衡。五權憲法，不僅分爲行政、立法、司法、考試、監察五種治權，幷又分爲選舉、罷免、創制、複決四種政權，政權與治權尤應絕對分離。三權分立制之國會，如以五權憲法衡之，則旣得行使政權，復得行使治權，實爲政權兼治權之機關。五權分立制之立法院，則僅能行使治權之立法權，與其他行政、司法、考試、監察四院，同爲治權機關。

顧或以爲立法院旣爲治權機關，則職權上應以立法爲限，不得監督政府，凡預算、大赦、宣戰、媾和、條約等案，及其他重要國際事項，均不必經立法院之議決。是又不然，蓋所謂政權，只選舉、罷免、創制、複決四權。國民大會行使中央統治權，只在中央官員之選舉與罷免，及中央法制之創制與複決。關於預算、大赦、宣戰、媾和、條約等案，及其他重要國際事項之議決，既非屬於政權範圍，而國民大會亦無權干預，自應由其他相當機關以行使此職權。立法院雖非國會，但其地位亦頗近似。孫中山先生於五權憲法演講有曰：「立法機關就是國會，」在三權制度下國會所得行使之職權，於五權制度上無其他機關可以代爲行使，自以屬於立法院爲宜。且預算、大赦、宣戰、媾和、及締結條約，與其他重要國際事項，爲國家政務之最重要者，如不經立法院之議決，逕由行政院單獨行使，亦非愼重國務之道。王寵惠氏於研究五權制度述略有曰：「例如宣戰、媾和、締結條約、預算案等國家重要問題，必須有決定之機關，今當訓政時期行政院與立法院係受黨之指導監督，均非基於民選制度，是上列各種職權，與其專屬之於行政院，毋寧由行政院與立法院兩機關共同審愼而決定之。……且能表現行政立法兩權之運用也。」

訓政時期設立五院，黨外學者，與黨內同志，均不無異議。依建國大綱十九條：「在憲政開始時期，中央當完成設立五院，」於憲政開始之前，先設立立法院，釐訂各種法制，以立法治之基礎，而爲實施憲政之準備，則亦爲事勢所當然。惟立法院應完全由黨產生，卽立法原則，亦由中央政治會議決定，庶符以黨訓政之精神。故訓政時期之立法院，不獨院長與委員不必民選，卽參加半數之法定人民團體選舉之委員，亦無實施之必要。

現時立法機關之組織，有所謂兩院制與一院制。兩院可以愼重審議法案，融洽多數意見，而程序繁重，時間曠廢，亦其一弊。一院議事敏捷，權力集中，惟決議草率，或有瑕疵，甚至恣肆專橫，殊難救濟。立法院爲一院制，內有常設之各委員會，爲審查議案之機關；而所有議案，均先由中央政治會議，詳加審核，決定原則，立法院對於原則不得變更，但亦得陳述意見。且立法院已議決之案，於未公布前，中央政治會議認爲必要，并得以決議發交修正。是現立法院制，有兩院詳密審愼之益，而無一院輕率專恣之虞；有一院簡捷敏活之效，而無兩院展轉延擱之弊，實至完善而妥適。將來憲政時期之立法院，即可本訓政時期試行之成績而改進之，但大體上必無多變更，此於立法院通過之憲法草案可以知之。

第七節　立法院議事之規則

立法院以會議行使職權，關於議事之重要規定，已分訂於立法院組織法。至議事之詳細程序，應另以規則補充，故立法院組織法第二十五條明定立法院議事規則另定之。

立法院未成立前，國民政府即於十七年十一月十三日公布立法院議事規則六十九條。此規則并未著明依據立法院組織法第二十五條，亦未經過立法程序，惟依第六十九條所定，曾經國民政府國務會議之議決。至二十四年五月，立法院將該規則修正爲七十條，旋又將第三條加以修正，經國民政府於同月六日、十四日先後公布施行。

立法院常年開會，依立法院議事規則第二十七條至第二十九條，立法院會議每週開至少一次，日期由院長指定。關於向各院及行政院各部會提出質詢，或向監察院提出質問之事項，立法委員總數三分一以上聯署，得申請召集會議，應否召集，由院長核定。立法院各委員會之會議，依其組織法第四條由委員長隨時召集；經委員三分一以上之請求，亦得召集。至立法院會議之召集，無明文規定，惟院長指定日期，自應由院長召集。立法委員不得請求召集會議，亦不得自動集會，即當特殊情形，合於法定條件，申請召集時，而核定之權，仍屬之於院長。

立法委員應出席會議，此則無須明定，惟議事規則第六條訂有消極之限制，即「非以正當理由申請院長准假者，不得缺席於院會議及委員會會議。」立法院會議之法定出席人數，限額甚低，依立法院組織法第十八條，爲委員總數三分之一。至立法院各委員會會議，依組織法第六條「須有委員過半數之出席，方得開議。」立法院與立法院各委員會會議之法定表決人數，依各該組織法第十九條及第七條，均爲出席委員之過半數，可否同數時，取決於主席。但各委員會「遇有少數委員，對於議案堅決不同意時，得另備意見書附帶報告。」至立法院會議，多數委員可決之議案，少數委員雖堅不同意，亦無其他效力。惟依議事規則第六十五條、第六十六條，院長對於否決或廢棄之議案，得具意見，提請中央政治會議議決發交復議，立法院不得再否決之。此爲院長之特權，且必經中央政治會議爲最後之決定。

立法院會議，依國民政府組織法第三十條及第二十六條第二項之規定，由院長主席，院長因事故未能出席時，由副院長代理主席。立法院各委員會會議，依其組織法第五條：「以委員長爲當然主席，委員長有故障時，由院長指定一人爲代理主席。」是知立法院會議，與立法院各委員會會議之主席，爲中央執行委員會所選任，立法院院長所指定；如主席缺席，只有停止會議，不能由委員臨時推定主席。

依議事規則第十條、第十一條，凡法律之議案須開三讀會議決之，但院長得酌量情形，或委員全數三分一以上之連署請求，均得省略之。又第十四條規定：「各院移送之法律案、大赦案，及行政院移送之條約案，外交重要事件，預算案須經院長發交專任委員會審查。」又依第九條及第三節各條所規定，第一讀會於議程配付於委員後翌日行之，朗讀議案標題後，提案者須說明其旨趣。各委員會審查議案之結果，由各該委員長以書面報請院長提交大會，即議決開第二讀會，或逕予廢棄。第二讀會於第一讀會翌日或同日行之，將議案逐條朗讀議決，其修正之條項文句，得交專任委員會整理之。第三讀會於第二讀會翌日或同日行之，即議決議案全體之可否。

惟依議事規則第九條，及立法院實際議事情形，議程須於開會前三日分送於各委員，其於配付議程之翌日開會者實爲例外。凡各院移送之案，政治會議及國民政府交議之案，立法院均提出第一讀會，并議決付各該關係委員會審查。其省略一讀，由院長直接發交審查者，限於最緊急或最簡單之議案，但其例極少。議案審查完竣，再提出第二讀會，最速亦在第一讀會之次週，有遲至數月或年餘者，亦有經數次之審查而始開第二讀會者。其省略審查程序，或於第一讀會同日或翌日緊接提付二讀之案亦極少。至第三讀會多從省略，其有最重要之議案必開三讀會者，多於第二讀會後繼續行之。

議事規則內容，此外尚有關於議席、開會、延會、散會、討論、修正、表決、秩序、紀律、議事錄各規定，茲不具述。

第八節　重要法律之編纂

清末設修訂法律館，編擬法律多種，未及頒行而革命事起：

民國成立，臨時政府設法典編纂會，參議院幷議決該會官制七條，於元年七月十六日公布。會長由法制局局長兼任，置纂修及調查員，掌編民法、商法、民刑事訴訟法，幷上列附屬法，及其餘各法典。次年該會將前清票據法草案加以整理，共分三章，都九十四條。

民國三年二月，政府又設法律編查會，幷公布規則十四條。法典編纂會卽於同月三日奉令裁撤。法律編查會掌調查編纂關於民刑事等法規，以司法總長爲會長，置副會長一人，編查員二十八人，顧問若干人，均由會長聘任。該會先後編有民律親屬編草案，及強制執行法、公司法、破產法、修正刑法各草案。

民國七年七月，政府撤銷法律編查會，仍設修訂法律館，公布條例十八條，規定該館掌編纂民刑事各法典及其附屬各法規，置總裁一人，副總裁二人，總纂二人，纂修六人，幷設調查員、譯員，延聘中外顧問及名譽顧問。自民國七年至十五年，該館陸續編定刑法第二次修正案，幷加以改定，又公斷法草案、票據法第二次、第三次、第四次、第五次各草案，及民律總則、債、物權、親屬、繼承各編草案。

民國十六年六月，國民政府設立法制局，置局長一人，編審六人至九人，掌草擬並修訂各項法律條例案。至十七年十月，該局纂定親屬法繼承法兩草案。

以上各法律草案均未經立法機關議決頒行。至十七年十二月五日，立法院成立，立法委員呂志伊、焦易堂、傅秉常、林彬、盧仲琳提議指定委員限期起草各法典案，原提案有云：

「查國家所應具備而我國尚未頒行之法典甚多，一則無以應國人之需要，二則予外人以維持領事裁判權之口實。故訂定此種法典，實爲本院職責中之最重要者，似宜先定其進行之手續，謹提議如左：

（一）由院長指定本院委員若干人，擬定應先草擬之各法典，權其緩急，分別列表；

（二）由院長指定本院委員將各該法典，分別草擬，並定其草擬期限。」

立法院於十八年一月二十六日第九次會議，提出討論，當議決由各委員會委員長將應先訂定之各法典擇要列表提出，再定限期草擬。法制、外交、財政、經濟、軍事五委員會委員長焦易堂等共同詳加討論，以訓政開始，各種法規，均待成立，權輕重而審緩急，應先行起草民法、商法、土地法、自治法、勞工法五種，并先由院會指定委員若干人爲一組，卽由組中商定原則，提請中央政治會議核定，以便依據起草，當報經立法院提出第十次會議議決三項：

一　先起草民法、商法、土地法、自治法、勞工法；

二　民法由委員傅秉常、史尙寬、焦易堂、林彬、鄭毓秀起草，並由傅委員秉常召集會議；

商法由委員馬寅初、王世杰、戴修駿、衛挺生、樓桐孫起草，並由馬委員寅初召集會議；

土地法由委員吳尚鷹、鄧召蔭、陳肇英、王用賓、黃昌穀起草，並由吳委員尚鷹召集會議；

自治法由委員呂志伊、焦易堂、鈕永建、繆斌、劉積學、孫鏡亞、曾傑起草，並由呂委員志伊召集會議；

勞工法由委員邵元沖、王葆眞、史尚寬、羅鼎、盧奕農起草，並由邵委員元沖召集會議。

三　以上各法典，特聘王寵惠、戴傳賢爲顧問。

各該委員經指定後，即分別組織民法、商法、土地法、自治法、勞工法各起草委員會，積極從事草擬，期將各該法典從速完成。

民國二十年十二月，立法院以上列各法，已漸次議定頒布，刑法有修訂之必要，爰指定委員劉克儁、郗朝俊、羅鼎、史尚寬、蔡瑄起草刑法修正案，由劉委員克儁召集會議。二十二年一月，立法院孫院長又加派徐元誥、趙琛、盛振爲、瞿曾澤四委員會同起草。

數年來各該起草委員會均將各該法律先後編擬完竣，幷提經立法院議決公布，茲表列於次：

法律	議決會次	公布日期	施行日期
民法第一編總則	第二〇次	十八年五月二十三日	十八年十月十日

民法總則施行法	第四七次	十八年九月二十四日	十八年十月十日
民法第二編債	第五八次	十八年十一月二十二日	十九年五月五日
民法債編施行法	第七四次	十九年二月十日	十九年五月五日
民法第三編物權	第六一次	十八年十一月三十日	十九年五月五日
民法物權編施行法	第七四次	十九年二月十日	十九年五月五日
民法第四編親屬	第一二〇次	十九年十二月六日	二十年五月五日
民法親屬編施行法	第一二七次	二十年一月二十四日	二十年五月五日
民法第五編繼承	第一二〇次	十九年十二月二十二日	二十年五月五日
民法繼承編施行法	第一二七次	二十年一月二十四日	二十年五月五日
票據法	第五一次	十八年十月三十日	自公布日施行
票據法施行法	第九七次	十九年七月一日	自公布日施行
公司法	第六四次	十八年十二月二十六日	二十年七月一日
公司法施行法	第一三一次	二十年二月二十一日	二十年七月一日

海商法	第六八次	十八年十二月三十日	二十年一月一日
海商法施行法	第一一一次	十九年十一月二十五日	二十年一月一日
保險法	第六八次	十八年十二月三十日	
保險業法	第四屆第二〇次	二十四年七月五日	
破產法	第四屆第二二次	二十四年七月十七日	二十四年十月一日
破產法施行法	第四屆第二三次	二十四年七月十八日	二十四年十月一日
交易所法	第四九次	十八年十月三日	十九年六月一日
銀行法	第一三三次	二十年三月二十八日	
儲蓄銀行法	第三屆第六三次	二十三年七月四日	自公布日施行
中央銀行法	第四屆第一六次	二十四年五月二十三日	自公布日施行
合作社法	第三屆第四七次	二十三年三月一日	
船舶法	第一一七次	十九年十二月四日	二十年七月一日
船舶登記法	第一一八次	十九年十二月五日	二十年七月一日

船舶載重線法	第一七一次	二十年十二月五日	
民事訴訟法第一編至第五編第三章	第一〇九次	十九年十二月二十六日	二十一年五月二十日
民事訴訟法第五編第四章	第一二九次	二十年二月十三日	二十一年五月二十日
民事訴訟法施行法	第一七七次	二十一年五月十四日	二十一年五月二十日
民事調解法	第七〇次	十九年一月二十日	二十年一月一日
民事訴訟法	第三屆第八五次	二十四年二月一日	二十四年七月一日
民事訴訟法施行法	第四屆第一四次	二十四年五月十日	二十四年七月一日
縣組織法	第二四次	十八年六月五日	十八年十月十日
修正縣組織法第六條第七條第四十條第四十三條	第九六次	十九年七月七日	
縣組織法施行法	第五〇次	十八年十月二日	十八年十月十日
區自治施行法	第四九次	十八年十月二日	十八年十月十日
修正區自治施行法第十七條第十九條第二十條第二十六條第三十八條第六十四條第六十五條條文	第九六次	十九年七月七日	

鄉鎮自治施行法	第四四次	十八年九月十八日	十八年十月十日
修正鄉鎮自治施行法第十四條第十五條第二十一條第六十三條條文	第九六次	十九年七月七日	
縣保衛團法	第三〇次	十八年七月十三日	十八年十一月一日
修正縣保衛團法第四條第六條第九條條文	第一三八次	二十年四月十一日	
市組織法	第八七次	十九年五月二十日	自公布日施行
鄉鎮坊自治職員選舉及罷免法	第九九次	十九年七月十九日	二十一年十一月一日
縣參議會組織法	第一八九次	二十一年八月十日	二十二年三月十二日
縣參議員選舉法	第一九四次	二十一年八月十日	二十二年三月十二日
市參議會組織法	第一九四次	二十一年八月十日	二十二年三月十二日
市參議員選舉法	第一九四次	二十一年八月十日	二十二年三月十二日
縣自治法	第三屆第八六次		自公布日施行
縣自治施行法	第三屆第八六次		
市自治法	第三屆第八六次		自公布日施行

市自治施行法	第三屆第八六次		
蒙古盟旗組織法	第一六五次	二十年十月二日	自公布日施行
工會法	第五一次	十八年十月二十一日	十八年十一月一日
修正工會法第十六條條文	第一六九次	二十年十二月二十日	
修正工會法第二十三條條文	第二〇一次	二十一年九月二十七日	
修正工會法第三條條文	第三屆第二六次	二十二年七月二十日	
工會法施行法	第九二次	十九年六月六日	自公布日施行
修正工會法施行法第十三條第十六條條文	第一七三次	二十年十二月十九日	
修正工會法施行法第四條第五條條文	第三屆第二六次	二十二年七月二十日	
工廠法	第六七次	十八年十二月三十日	二十年八月一日
修正工廠法	第二一一次	二十一年十二月三十日	
工廠法施行條例	第一二一次	十九年十二月十六日	二十年八月一日
修正工廠法施行條例	第二一一次	二十一年十二月三十日	

工廠檢查法	第一三九次	二十年二月十日	二十年十月一日
勞資爭議處理法	第七九次	十九年三月十七日	自公布日施行
修正勞資爭議處理法	第二〇一次	二十一年九月二十七日	
團體協約法	第一一三次	十九年十月二十八日	二十一年十一月一日
職業介紹法	第四屆第二四次	二十四年八月七日	
土地法	第九五次	十九年六月三十日	
土地法施行法	第四屆第八次	二十四年四月五日	
刑法	第三屆第七八次	二十四年一月一日	二十四年七月一日
刑法施行法	第四屆第九次	二十四年四月一日	二十四年七月一日
刑事訴訟法	第三屆第八四次	二十四年一月一日	二十四年七月一日
刑事訴訟法施行法	第四屆第九次	二十四年四月一日	二十四年七月一日

第九節　現行法規之整理

民國十七年十二月，立法院既經成立，所有法律案，自可由立法機關經立法程序議決。惟以前各機關頒布之單行法規章程，多含有法律之性質，亦應加以整理，立法委員樓桐孫等五人遂有整理現行法規之提議；文略云：

「竊革命之起，起於舊有法制之不復適合於社會種種生活之需要；革命之重，重於能創制一般的整個的新法律，以適應新需要，而保障國權，民權，及各種事業之發展。……現本院既經成立，急應呈請國民政府令行各院、各部、各委員會、及各省省政府、各特別市市政府等，限期將各該機關所頒行各種有法律性質之規章條例，檢送本院正式議決，再依照國民政府組織法第二十一條之規定，送由國務會議議決公布之，以重本院之職責，而免法立之紛歧。」

立法院即於十七年十二月二十五日，提經第三次會議議決付法制委員會會同原提案人審查。旋審查完竣，復於十八年一月二十九日，提出立法院第十次會議議決通過，呈請國民政府轉令各機關遵照辦理。

旋立法委員郭泰祺等五人又提議整理現行法規，宜定審查程序及標準，並擬具三項如次：

（一）關於實體法及手續法，擬各按性質，分別議定。例如其法有全國一致之性質者，則釐訂其錯雜，而爲統一法典之編制。其法有因地制宜之性質者，則采納各省市政府陳述之意見，兼容并包，以期適合實用。

（二）關於各種現行法規，擬依照本院議事規則第十四條之規定，彙合審查，分別釐定。蓋各機關現行法規，究在何時頒行，及是否經政治會議議決，暨國府公布，均難稽考，非經此審查手續，無以免散漫之虞，而收綜貫之效。

（三）關於各機關組織章程，及辦事規則，擬築總審核，由本院察照各機關情形，議定大綱，得於大綱範圍內，各按該機關事務之分配，訂定細目。庶辦法劃一，而不致扞格難行。

立法院即於十八年二月二十三日，提出第十四次會議議決付法制委員會審查。法制委員會審查結果，擬定立法院整理現行法規之標準三項，於十八年五月四日，提經立法院第二十二次會議議決通過。即：

一　十七年三月一日立法程序法公布前，經大元帥府（十二年二月二十一日起）或國民政府公布涉及國家各機關之組織，或人民之權利義務關係者，認爲法律。

二　十七年三月一日立法程序法公布後至十七年十二月五日立法院成立止，經國民政府以法之名稱公布者爲法律。

三　立法院成立後，以法之名稱議決，經國民政府公布者爲法律。

國民政府據立法院呈，即於十八年二月四日通令各院部會，及各省市政府將以前頒行之各種法規條例，檢送立法院審核。立法院於十八年四月二十七日令派立法委員劉盥訓等九人組織整理法規委員會，從事於現行法規之整理。整理法規委員會成立後，即將各機關檢送之各項法規，分別門類，推定委員劉積學、蔡瑄整理內政類、衛生類，張鳳九整理外交類、軍事類，曾傑、劉盥訓整理財政類，戴修駿整理農鑛類、工商類，陶玄整理教育類，莊崧甫整理交通類，趙士北整理司法類。

各委員先後將各類現行法規整理就緒，並繕具報告，由整理法規委員會召集會議，共同討論，分別追認、修正、或廢棄，提經立法院大會議決。至十九年十二月，該會已將其餘各案整理完竣，乃逐案簽註意見，繕具清册，呈報立法院鑒核，并即結束會務。清册內所列各案，立法院即按其類別，分別交由各委員會核明具報，或於審議有關係議案時參考整理現行法規，於是告竣。

民國二十二年二月，中央政治會議以現行行政法規，應加整理，特決議組織行政法規整理委員會，推定戴傳賢等十五人爲委員，以戴傳賢爲委員長，孫科宋子文爲副委員長，旋又加推張知本等八人爲委員。

三月二日，戴委員長等舉行預備會，召集各院祕書長，各部會次長，副委員長，徵詢對於整理各行政法規之意見，決定於委員會下設一專門委員會，分爲十組整理，俟有結果，再提會核定。第一組掌官制、官規，與考試、銓敍，及各組彙核事項，設專門委員十二人；第二組掌內政、禁煙、水利、賑務，委員十三人；第三組掌外交、僑務，委員四人；第四組掌陸海空軍，委員十人；第五組掌財政，委員六人；第六組掌教育，委員六人；第七組掌建設、實業、交通、鐵道，委員十人；第八組掌蒙藏，委員二人；第九組掌司法，委員三人；第十組掌監察、審計，委員五人。各組之專門委員由各院部會推定，立法院所推之委員最多，共十人，次爲內政部，推八人，財政部推四人，軍政部推三人，餘各推一二人，均由該會聘任。

五月十三日，該會正式成立，幷設立祕書處，以陳大齊爲祕書長，分科辦事，所有各職員，均由各機關調用，專門委員會各組卽開始整理各項行政法規，分別提出意見，陸續開會討論，所有討論結果，均呈由中央政治會議仍依通常立法程序辦理。至二十三年十月，該會先後開會七十餘次，各種現行行政法規，均大致整理完竣，共三百九十餘件，其中以關於司法之法規爲最多，計一百餘件，軍事法規九十餘件，財政法規三十餘件，內政法規二十餘件，其他十件八件者極多，而以教育法規爲最少，尙有事實上一時不能整理各案，卽一倂彙報中央政治會議察核。該會遂於是年十月十七日結束。

第十節　立法工作之分配

民國十七年六月，國民革命軍底定幽燕，北伐完成，卽將結束軍事，實施訓政。國民政府乃令各部會局草擬訓政時期施政綱領，幷飭由內政部長召集會議，彙總審查，分別修正，合訂爲訓政時期國民政府施政綱領草案，函送中央執行委員會，於九月七日提出第九十二次常務會議討論。但以頭緒紛繁，迄未議決。該草案之關於國民政府法制局者，計有三項：

一　依據黨義黨綱，按照立法程序，須行左列法規：

1　關於中央及地方行政之組織之各種法規，

2　關於中央及地方行政之各種法規，

3 關於地方自治之各種法規，
4 關於考試事項之各種法規，
5 關於立法事項之各種法規，
6 關於司法事項之各種法規、
7 關於監察事項之各種法規，
8 關於財政之各種法規，
9 關於軍事之各種法規，
10 關於教育事項之各種法規，
11 關於交通事項之各種法規，
12 關於農礦事項之各種法規，
13 關於土地事項之各種法規，
14 各種勞工法規，
15 各種刑事法規，
16 各種民事法規，

17 各種商事法規。

二 頒行訓政時期之約法。

三 頒行國民大會組織法。

十八年六月十五日，第三屆中央執行委員會第二次全體會議討論關於訓政時期之規定案。當決議：「訓政時期規定為六年，至民國二十四年完成。其訓政工作分配年表，交政治會議，根據中央會議，於十八年九月前制定之。」中央政治會議提出第一八五次會議議決，限各院部會將訓政時期六年內之工作，各就該管範圍內，擬定分配年表，附具說明書，於七月底呈報國民政府，彙送政治會議審核。並將十七年國民政府訂定之訓政時期國民政府施政綱領草案，頒發各院部會參考。立法院即遵照中央會議案，造具訓政時期立法工作按年分配簡明表，並繕具說明書，於十八年八月七日呈由國民政府轉送中央政治會議。茲錄原表於次：

訓政時期立法工作按年分配簡明表

工作性質	工作類別	完成期限	附記	備考
編纂法典	民法之起草	十八年	政治會議已頒發前兩編原則	指定委員傅秉常等起草
	商法之起草	十八年	政治會議須有民商法統一案	指定委員馬寅初等起草

	土地法之起草	十八年	政治會議已頒發原則	指定委員吳尚鷹等起草
	勞工法之起草	十八年		指定委員邵元沖等起草
	自治法之起草	十八年		指定委員呂志伊等起草
	民事訴訟法	十八年		
財政立法之規劃	起草稅法	十九年六月以前		
	起草公債法	十八年	原則已通過	
	起草預算法	十九年度以前		
	起草財務行政法	十九年度以前		
	起草會計法	十八年		
	起草審計法	十八年		
	國家與地方收入劃分之法制	十九年度以前		
	國家與地方支出系統劃分之法制	十九年度以前		
經濟立法之規劃	自治縣經濟建設各種法規	十九年	如管理糧食局等組織法	根據地方自治實行法制定之

	自治縣社會建設各種法規	十九年	如養老育幼等法規	根據建國大綱第十一條制定之
	中央協助地方興業殖產之法規	十九年		根據建國大綱第十二條制定之
	草定銀行法	十九年		
	草定各種合作社法	十九年		根據地方自治實行法規定之
	草定糧食整理法	十九年		
	草定漁業法	十九年		指定委員林彬等起草
	草定森林法	十九年		
	草定採礦法	十九年		
	草定公路條例	十九年		
軍事立法之規劃	國民體育法	已完成		各種軍事法規須視軍事整理進行
	縣保衛團法	已完成		情況如何再爲酌定
	兵役法		已通過原則建議政治會議	
關於民衆團體之法規	工會法	十八年		勞工法起草委員會起草

	農會法	十八年		勞工法起草委員會起草
	商會法	十八年	政治會議已頒發原則	
	漁會法	十八年		委員林彬等起草
關於政權建設之法規	協助籌辦地方自治員訓練考試之法規	十八年		根據建國大綱第八條制定之
	自治縣官員罷免選舉之法規	十九年		根據建國大綱第九條制定之
	自治縣法律創制複決之法規	十九年		根據建國大綱第九條制定之
	國民代表選舉法及其他選舉法	二十年		根據建國大綱第十四條制定之
	國民代表大會組織法	二十年		根據建國大綱第十四條制定之
	憲法草案	二十年至二十四年		根據建國大綱第二十二條草定之

立法院數年來立法之工作，大致依照右表所分配。惟在此訓政時期六年中，國民政府方努力於剿匪、禦侮、綏靖、救災，關於訓政設施，或多未遑，而立法工作，亦直接間接受其影響，致表內所列之各種法規，未能一一完成，或且不無變更。三屆二中全會議決之訓政時期，尚有一年，訓政時期內應頒行之諸種法律，或可於民國二十四年內議決公布，是在第四屆立法委員之立法效率如何耳。

第十一節　立法程序綱領之制定

民國十七年三月一日，國民政府公布有立法程序法十條，規定中央政治會議得議決一切法律，惟除特殊緊急情形外，須交法制局爲初步審查國民政府所屬各部院會，及各省市政府得提出法律案。法律案經議決後，由中央執行委員會交國民政府公布，但得請求覆議一次。至十七年十月，國民政府改組，實施五院制，以立法院爲最高立法機關，有議決法律案之職權。中央政治會議第一百六十七次會議，王委員寵惠，蔡委員元培提議稱：「查立法院爲全國立法之總匯機關，舉凡立法事項，均應歸其釐訂。嗣後關於立法原則，應先經政治會議議決，而法規之條文，則由立法院依據原則，起草訂定。」當經決議通過。至此，立法程序法顯已失其效力，而中央政治會議亦只決定立法原則，不復行使立法職權。

立法院之立法，依據國民政府組織法，立法院組織法，及立法院議事規則，亦殊有一定之程序。依國民政府組織法第二十條、第二十二條第一款、第三十五條、第三十九條、第四十六條，及立法院組織法第二十二條，行政、司法、考試、監察四院，各得提出法律案或議案於立法院；立法委員有五人以上之連署，亦得提出法律案。又依立法院組織法第十五條，各院提出之議案，在未經議決以前，得隨時修正或撤回。依立法院議事規則第十條、第十一條、第十四條，凡法律案之議決，均須經三讀會之程序，幷發交專任委員會審查，但均得省略之。依國民政府組織法第十三條、第三十一條，立法院議決之法律，須經國民政府委員組織之國務會議議決公布之；但無關於覆議之規定。

至二十年九月，第三屆中央執行委員會開第一五七次常務會議，常務委員提出立法程序綱領案，當經決議先交各委員究研，再將原案及各委員意見彙送第四次全國代表大會。二十年十一月第三屆中央執行委員召集第二次臨時全體會議，復將此案提出討論，經決議保留。至二十一年六月，中央政治會議函致中央常務委員會，以立法程序綱領，關係立法手續，至爲重要，應即趕速制定，俾資遵守。中央第二十三次常務會議，即將該案提出討論，並推定居正等七委員審查。旋居委員等審查完畢，提出修正案，經中央第二十五次常務會議決議通過；即函由政治會議轉送國民政府通令施行。

立法程序綱領共六條，其要點有三：第一、法律案之提出於立法院，分直接與間接。有直接提案權之機關爲：(一)政治會議，(二)國民政府，(三)五院。有間接提案權之機關爲：(一)各院之各部會，(二)行政院直轄之省市政府，(三)五院以外之國民政府直轄機關。第二、法律案之提出，均由政治會議決定原則，立法院不得變更，但得陳述意見。(一)政治會議自提之案，自定原則。(二)國民政府交議之案，立法院自提之案，行政、司法、考試、監察四院移送之案，均應擬定原則，請由政治會議核定。(三)各院核定各部會之提案，行政院核定各省市政府之提案，國民政府核定五院以外之直轄機關之提案，均應審定原則，送政治會議決定。第三、立法院通過之法律案，在國民政府未公布前，政治會議認爲必要，得發交復議一次，立法院應即修正。

二十一年七月中央第二十八次常務會議，蔣中正、汪兆銘兩委員提議修正立法程序綱領第六條，略謂：「第二十五次常會通過之立法程序綱領第六條，『立法院會議通過之法律案，在國民政府未公布以前，中央政治會議認爲有復議之必要時，得說明理由，發院復議，應依據修正，但同一議案之復議，以一次爲限。』竊以爲如此，則法律案之最後決定在於立法院，與以黨治國之原則，及五院均對中央執行委員會負責之規定，均有不合。擬修改爲『立法院會議通過之法律案，在國民政府未公布以前，中央政治會議認爲有修正之必要時，得以決議案發交立法院，應依據修正之，』當否請公決。」當經決議通過。

二十二年三月，中央常務委員兼立法院院長孫科提議修正立法程序綱領，列舉條文上應修正之點凡三：(一)於有提案權之機關，增加一「中央政治會議」，并將「立法院」改爲「立法委員」。(二)凡有間接提案權之機關，提案以其主管事項爲限。(三)立法原則，除祕密軍事法案外應先交立法院審議，再送中央政治會議決定。又舉出關於適用條文上應注意之點，以政治會議決定各法案之原則，宜就有關人民權義之重且大者爲之。並僅定其主義大綱即可，不必將全部條文均爲訂定。當經中央常務委員會交付審查，並提出第六十七次常務會議決議：「(一)立法程序綱領，照審查修正案通過；(二)原提案關於適用上之意見，交政治會議注意。」此修正通過之立法程序綱領，對於原提案提出修正之第一點、第二點完全容納，至關於決定立法原則之規定，仍維持原案，但於第四條增加一項，定爲法律案之原則，政治會議得先交立法院審議，然後爲最終之決定。

第十二節　立法院歷屆改組及工作之概略

立法院以會議行使立法權，由委員與院長組織而成。立法委員有一定之任期，國民政府組織法第二十八條定爲二年；立法院院長則無明文規定其任期。第一屆立法委員於十七年十二月五日宣誓就職，至十九年十二月任期屆滿。立法院院長胡氏乃依國民政府組織法第二十七條之規定，另行遴定次屆立法委員人選，提經中央政治會議決議通過，交由國民政府依法任命。十九年十二月十六日，國民政府明令任命呂志伊等四十九人爲立法委員，呂委員等卽於十二月二十日宣誓就職。第二屆立法委員多由前屆委員蟬聯，各委員會委員長，亦均由原委員兼任，名雖改組，實仍舊貫。

二十年三月，中央執行委員會第一百三十次常務會議決議准立法院院長胡漢民辭職，選任林森爲立法院院長，邵元沖爲立法院副院長，在林院長未到任以前，由邵副院長代理。三月五日，邵元沖蒞院視事，三月二十三日宣誓就職，實行代理院務。邵元沖代理期間，蕭規曹隨，無大更張，惟對於立法委員略有補充，先後提請任命張維翰等十四人爲立法委員，均於十月十二日經國民政府明令發表，并同於十月十九日宣誓就職。

二十年十一月十二日，國民黨召集第四次全國代表大會於首都。第四屆中央執行委員會旋開第一次全體會議，於十二月二十八日選任張繼爲立法院院長，覃振爲副院長。覃副院長於二十一年元旦宣誓就職，一月十一日到院視事，並代理院長職務。後中央執行委員會又於第六次常務會議決議選任孫科爲立法院院長，但未到院就職，仍由覃副院長代理。二十一年五月十四日，中央執行委員會第十九次常務會議，決議，選任覃振爲司法院副院長，遞遺立法院副院長選任邵元沖繼任，在院長孫科未到任以前，代理院長職務。邵元沖卽於五月十九日到院接事，並代行院長職務。

第二屆立法委員任期，應於二十一年十二月屆滿。立法院院長孫科乃依修正國民政府組織法第三十條之規定，提出適當人選，經中央政治會議之決議，於二十二年一月十二日，由國民政府明令任命馬寅初等九十人爲立法委員，大致舊任委員與新選委員各居半數。一月十六日，孫院長偕同全體第三屆立法委員，在國民政府大禮堂宣誓就職；隨召集談話會，指派各立法委員分任各委員會委員，幷以焦易堂爲法制委員會委員長，傅秉常爲外交委員會委員長，馬寅初爲財政委員會委員長，吳尙鷹爲經濟委員會委員長，陳肇英爲軍事委員會委員長。立法院遵照四屆三中全會之決議，起草憲法，又於一月二十四日組織憲法草案起草委員會，以委員張知本等四十餘人任委員，由孫院長自兼委員長，指定張知本、吳經熊分任副委員長。至二十三年二月，憲法草案初稿完成，該會卽奉令結束。

立法院第一屆開會一二一次，第二屆開會九三次，共計二一四次。至第三屆會議，又自第一次起算，共開會八六次。自十七年十二月五日起，至二十三年十二月三十一日止，立法院共開會三百次，共計通過法律案三百六十四件；茲將每年度開會之次數及通過法律案之件數，彙列於次：

十七年度 自（十二月八日）第一次會議起至（十二月二十九日）第四次會議止
共開會四次 通過法律一件
十八年度 自（一月五日）第五次會議起至（十二月二十四日）第六十八次會議止
共開會六十四次 通過法律共八十七件
十九年度 自（一月四日）第六十九次會議起至（十二月三十日）第一百二十四次會議止
共開會五十六次 通過法律共六十四件
二十年度 自（一月十日）第一百二十五次會議起至（十二月十九日）第一百七十四次會議止
共開會五十次 通過法律共七十件
二十一年度 自（一月十六日）第一百七十五次會議起至（十一月二十六日）第二百一十四次會議止
共開會四十次 通過法律共六十三件
二十二年度 自（一月二十日）第三屆第一次會議起至（十二月十五日）第三屆第四三次會議止
共開會四十三次 通過法律共四十一件
二十三年度 自（一月十二日）第三屆第四四次會議起至（十二月二十一日）第三屆第八六次會議止
共開會四十三次 通過法律共三十八件

第十三節　擴大會議之舉行

自民國十三年中國國民黨改組以還，中國已漸由法治而入於黨治；前屢發生法統之爭，後又不免有黨統之爭。十九年二月二十三日，閻錫山馮玉祥李宗仁等四十五人正式發出由全體黨員總投票決定黨統問題之通電，有「三屆續統可，二屆復統亦可，產生四屆亦無不可」等語。二月三十日，國民黨之鄒魯陳公博兩派集議由一二三三屆中央委員發表共同宣言，召集一部分委員在北平組織中央擴大委員會，解決今後黨政問題。其宣言要點爲推閻錫山主持政治，馮玉祥李宗仁贊襄軍事，汪精衛專辦黨務；先成立中央幹部擴大委員會，推定常務委員二十一人，由常務委員會產生政治會議。五月七日，汪精衛草具關於北方黨務問題之宣言，主張召集第三次全國代表大會，開國民會議，先成立中央擴大會議，積極籌備，俾得次第實現，以解決黨務國事。六月一日，汪精衛通電主張速開擴大會議，惟不放棄粵二屆黨統之立場，鄒魯謝持等深致不滿，亦於六月五日發出通電，力主廢棄黨統。旋以趙丕廉冀貢泉之奔走斡旋，粵二屆中央委員發宣言，發起擴大會議，滬二屆中央委員亦發出贊成之宣言，擴大會議遂於七月十三日在北平懷仁堂成立，即發表總宣言，署名者爲汪精衛、閻錫山、王法勤、謝持、鄒魯、馮玉祥等三十人。

七月十四日，擴大會議開談話會，組織辦事處，以趙丕廉、陳公博、傅汝霖、分任文書、庶務、會計三科主任。七月二十五日，汪精衛與擴大會議委員擬定基礎條件七項，以籌備國民會議，制定根本法，集中人材，中央與地方采均權制等爲主要原則。二十八日擴大會議又開第一次談話會，通過七項基礎條件，并定八月上旬舉行正式會議，由趙丕廉電各委員到平出席。三十一日，擴大會議開第二次談話會，推顧孟餘、陳公博等起草中央黨部規則，王法勤、趙丕廉等起草政治會議規則；擬定六個月內公布約法草案，再召集第三次全國代表大會，半年或一年後召集國民會議。八月六日，擴大會議開預備會議，決擴大會議組織大綱及中央政治會議規則，并決定常務委員、組織、宣傳、海外三部部長與民衆訓練委員各人選。

八月七日，擴大會議開正式會議，發表宣言，對七項基礎條件，加以具體之解釋；并通過擴大會議組織大綱，中央政治會議規則，及各部組織條例；又決定以汪精衛等爲常務委員，鄒魯等爲組織部委員，顧孟餘等爲宣傳部委員，覃振等爲民衆訓練委員。十三日，擴大會議開第一次聯席會議，發表擴大會議組織大綱，及常務委員會與組織、宣傳、海外、民訓等部組織條例，并政治會議規則。三十日，擴大會議推汪精衛、鄒魯、陳公博、冀貢泉起草國民政府組織大綱，於九月一日通電公布，并推定閻錫山、唐紹儀、汪兆銘、馮玉祥、李宗仁、張學良、謝持爲國民政府委員，閻錫山爲主席，隨卽宣誓就職。九月八日，擴大會議又開會議，決第三次全國代表大會組織法，并籌備委員會組織條例，及閻錫山所提之訓政規約，與地方保安條例。旋東北軍入關，擴大會議遷往太原，未幾，各委員均紛紛赴滬返粵，擴大會議卽無形解散。

擴大會議成立後，卽以制定約法爲當前急務，先後推定汪兆銘、張知本等爲約法起草委員，議定約法基本原則，通過約法起草委員會組織條例，幷成立約法起草委員會，徵詢全國關於約法之意見。約法起草委員會迭次開會，積極起草，月餘完成全部約法草案。此草案經擴大會議議決通過；當於十月二十七日發表宣言，敍述訓政時期有頒布約法之必要，及約法起草之經過，與約法草案之內容，幷決定三月後提交國民會議，如認爲時勢之必要，卽以此草案頒布施行。

擴大會議歷時甚暫，且於中國國民黨總章，毫無根據，惟所通過之約法草案，近人屢有稱述，特略紀其始末。

第十四節　國民會議之召集

民國十三年十月十日，國民黨總理孫中山先生發表宣言，主張開國民會議，以謀中國之統一與建設，迨北上逝世，又遺囑同志促國民會議之實現。十五年國民政府誓師北伐，十七年統一全國，以反革命勢力未能完全肅淸，致國民會議，亦未能於最短期間召集。

十九年十一月，第三屆中央執行委員會舉行第四次全體會議，主席團蔣中正、胡漢民、于右任、戴傳賢、丁惟汾，提出召集國民會議案，略稱：

「本黨遵奉　總理遺敎，負民國建國之重任，民國人民應行使之政權，由本黨代理而行使之，以期保育民國之健全發育，而不爲專制餘孽所毒害。在訓政開始之時，一切建國根本問題，應與國民公約，乃得齊一全國國民之心志，集中全國國民之能力，以立民有民治民享之基，而明本黨執政時期之責任，此國民會議所以亟應召集也……其頒布憲法日期前已規定訓政綱領，宜再提請國民會議正式議決。茲特提議，請決定於民國二十年五月五日召集國民會議，其召集方法，應請交常會趕速制定由國民政府公布施行。」

伍委員朝樞，張委員羣，亦各有召集國民會議，及特組根本法起草委員會，從速草成國民會議組織法，選舉法，幷約法各草案以便提交四全大會及國民會議分別議決之提案。當經第三次正式會議併案決議：「照主席團之提議，決定於民國二十年五月五日召集國民會議；其召集方法，交常會趕速制定，由國民政府公布施行。」

十九年十二月，中央第一一六次常會決議：「推蔣中正、胡漢民、孫科、戴傳賢、陳果夫、葉楚傖、于右任、丁惟汾、朱培德、吳敬恆、王寵惠、林森、李文範、焦易堂，起草召集國民會議方案，由吳委員敬恆召集。」旋吳敬恆等草具國民會議代表選舉法草案，提經十二月二十九日中央第一二一次常會決議通過，交由國民政府於二十年元旦公布施行。

國民會議代表選舉法共二十三條，依此法所規定，國民會議代表總額為五百二十名，由各省選出四百五十名，各市選出二十二名，蒙古選出十二名，西藏選出十名，在外華僑選出二十六名。各代表均由各地方按照定額，從下列團體選出之：(一)農會；(二)工會；(三)商會及實業團體；(四)教育會，國立大學，教育部立案之大學及自由職業團體；(五)中國國民黨。其當選人應以從事於農業十年以上，或從事於工業、商業、教育事業或各種自由職業五年以上現尚未改業者為限。國民會議代表之選舉，各省以民政廳長為總監督，各縣市以縣長市長為蒙藏及在外之華僑以蒙藏委員會，僑務委員會爲總監督。

二十年一月五日，中央常務委員開談話會，以國民會議代表選舉法經已公布，其施行法亦亟應制定，當指定李文範等九委員負責起草。李委員等旋擬具國民會議代表選舉法施行法草案，提經中央第百二十三次常會決議修正通過，共五十五條，函交國民政府於同年一月二十日公布。一月二十九日，中央第百二十五次常會又通過中國國民黨出席國民會議代表選舉施行程序二十一條，通令各級黨部遵照。

二十年一月十九日，中央常務委員談話會繼續研究召集國民會議案，以國民會議代表選舉事宜，在各省區雖有選舉總監督之設，然綜理全部事務，及指導一切進行，須有一總機關爲之樞紐，似應由國民政府從速組織國民會議選舉總事務所，以便指導各省區選舉總監督辦理選舉事宜。一月二十二日，中央第百二十四次常會認爲此項辦法，實屬必要，經決議：「函國民政府辦理。」國民政府於一月二十三日第七次會議決議籌設國民會議選舉總事務所，特派戴傳賢爲主任。又於二月六日第九次會議決議，派孫科爲副主任。復於二月十七日，公布國民會議選舉總事務所組織條例九條。該事務所即於是日開始辦公，積極進行，督促各省市區趕辦選舉，未及三月，各代表均相繼選出，首途來京，而國民會議遂得如期開幕。

二十年三月十九日，中央第百三十二次常會研究國民會議之組織，當決定原則，推委員戴傳賢、邵元沖、劉蘆隱、邵力子起草組織法。旋戴委員等擬具草案，提經中央第百三十四次常會決議修正通過，交由國民政府於四月二十四日公布。國民會議組織法共分六章，都二十八條，規定國民會議由各省市職業團體、國民黨、及蒙藏華僑所選出之代表組織之。國民黨中央執監委員及國民政府委員得出席國民會議。中央候補執監委員，五院所屬各部會長官，國民會議主席團特許之人員得列席國民會議。國民會議出席者互選七人至九人組織主席團，於每次開會時推定一人爲主席。國民會議代表報到過半數時，由國民政府定期舉行開會式，各代表應舉行宣誓，并於誓詞簽名蓋章。會期定爲十日至十五日，但必要時得延長之。國民會議設(一)代表資格審查委員會，(二)提案審查委員會，(三)特別審查委員會；又設祕書長一人，下設祕書警衞兩處。

五月四日，中央第百四十次常會以國民會議即日開幕，特制定國民會議各委員會組織條例，及國民會議議事規則，均交由國民政府即日公布。此條例共二十三條，分六章：(一)通則，(二)代表資格審查委員會，(三)提案審查委員會，(四)特別審查委員會，(五)事務，(六)附則。此規則共八十七條，分總則、議事、附則三章。

民國二十年五月五日，國民會議在首都正式開幕，到代表四百四十七人，及中央委員、國府委員、來賓等共千餘人，共開預備會二次，正式會八次，迄十七日閉會。五月八日，國民會議開第一次會議，國民政府提出中華民國訓政時期約法草案，由國府委員戴傳賢說明其旨趣，各代表就大體討論後，即決議交約法審查委員會審查，該會旋審查完畢，提經五月十二日第四次會議決議通過。五月十六日第七次會議，主席團徵詢公布約法之日期，經決議：「定民國二十年六月一日爲中華民國訓政時期約法公布日期，」即由國民政府屆期公布。國民會議并於閉幕後發表宣言，敍述遵孫中山先生遺教制定約法之意，並闡明約法之內容，爲國民共信共守，以期完成訓政，實現憲政。

第十章　憲政開始時期

自民國十七年七月，國民政府統一全國，卽實施訓政，籌辦自治，以期憲政之開始。民國二十年「九一八」國難猝發後，國人奔走呼號，羣謀救亡圖存。國民黨中央委員亦多主張結束訓政，開放政權，實行憲政。雖全國各省未必有全數之縣皆達完全自治，而中央已完成設立五院。第四屆中央執行委員會第四次全體會議有實行均權制度之決議，第五次全體會議通過劃分中央與地方權責綱要之原則，中央政治會議并已決定詳細辦法，交由政府執行。立法院又已完成中華民國憲法草案，國民大會組織法及代表選擧法，經國民政府明令頒布。凡此均爲建國大綱所定憲政開始時期所應有之設施，此數年間，實可謂之憲政開始時期。

在此時期，立法院又先後制定新刑法、民刑事訴訟法、縣市自治法各大法典，固不僅奠憲政之基礎，并足以促吾國於法治，從茲召集國民大會，頒布憲法，組織民選政府，卽可完成建國之大功。此時期爲由訓政轉入憲政之樞紐，亦爲吾國黨治下立法演進最末之階段。

第一節　促進憲政之運動

孫中山先生革命方略規定革命之進行，及建國大綱所定建設之程序，均分爲軍政、訓政、憲政三時期。民國十八年六月，第三屆二中全會決議規定訓政時期爲六年，至民國二十四年完成，此與同盟會宣言所定三年完成縣自治，全國平定後六年制定憲法之期限大致相符。惟按之訓政成績，距憲政之實施甚遙，而促進憲政運動則發生於「九一八」事變以後。民國二十年冬，京粵各開第四屆全國代表大會，第四次中央執行委員開第一次全體會議於首都，中央委員孫科等提出國民代表會大綱，列舉五項：

(一)甲、國民代表會由每省職業團體共舉代表十八人組織之；乙、特別市及未設省之蒙藏等於省。

(二)憲政未實現以前，國民代表會爲民意代表機關，關於內政外交之重要事項，須得其同意。

(三)國民代表會籌備憲政進行事宜。

(四)國民代表會選舉若干人爲立法院監察院委員，其名額以全院委員之半數爲準。

(五)第四項之候選人，不限於國民代表。

中委李烈鈞、張知本等十餘人亦提出縮短訓政時期，進入憲政時期案，其辦法爲(甲)於六個月內設立國民大會；(乙)國民大會籌備會人員由人民選出之；(丙)國民大會籌備會之責任，除籌備各項事務外，並須擬訂國民大會代表選舉法及施行細則；(丁)國民大會籌備會設立後，於一年內開國民大會，決定國是。此外尚有何委員香凝提政治公開，由人民組織監政委員會案，楊委員庶堪等提縮短訓政，速行憲政案。經全會主席團提出併案討論，當決議：「應從速限期完成地方自治，籌備召集國民代表機關，交中央常會遵照建國大綱妥速議定辦法。」當強敵侵陵國難嚴重，不獨黨外愛國志士有促進憲政之運動，而黨中中央委員亦多縮短訓政之提議。惟當時仍有一二元老，尙持異議，深以無黨則無國，放棄訓政，危及黨國爲憂，全會雖有籌備召集國民代表機關之決議，亦迄未見諸實行。

國民政府遵照四屆一中全會之決議，召集國難會議，討論禦侮救災綏靖各事宜，於二十一年四月七日舉行。當時會員有楊端六等提議設立中央民意機關案，主張政府應如期結束訓政，召集國民大會，制定憲法。又陳書農等提議於最短期間，召集國民代表大會案；馬良等提實施民治，促成憲政，以紓國難案；胡廷鑾等提速開國民大會，進行制憲案；褚輔成等提順應民意，迅施憲政，以求一致禦侮案；高陽等提限期召集制憲會議，實施憲政案；葉夏聲等提請政府召集國民大會案；宋淵源等提制憲救國，即召集國民大會主持實行案；王曉籟等提對內結束訓政，即日實施憲政案；林學衡等提請國民黨召集第五次全國代表大會，討論縮短訓政，籌備憲政案；張耀曾等未出席會議，亦電請籌備憲政，限八個月內，制定民主主義之憲法宣布之。以上各案，經禦侮審查委員會彙總審核，認爲討論之焦點有四：

（一）國民代表大會（或國民制憲會議）之成立時期；

（二）國民代表大會之召集方法；

(三)憲法起草方法;
(四)國民代表大會未成立前,應否設立民意機關?其組織及職權又應如何?旋於第四次會議決議原則四項:
(一)政府應切實辦理地方自治,如期結束訓政;
(二)憲政未實施以前,提前設立中央民意機關,定名爲國民代表會;
(三)國民代表會有議決下列各事項之權:(甲)預算決算,(乙)國債,(丙)重要條約;
(四)國民代表會之組織,代表之額數,及其成立時期,交審查委員會審議後,提下次大會討論。
又於第五次會議決議具體方案二項:
(一)國民代表會由各大都市職業團體,海外華僑,及各省區地方人民選出之代表三百人以上組織之;
(二)國民代表會應於民國二十一年十月十日以前成立,在國民代表會未開會前,政府應依據上列原則,修正國民政府組織法。
當時政府原意國難會議所討論,以禦侮救災綏靖爲限,右述各提案及議決案,以爲越出範圍之外,不惟未予采納,亦不加以重視。
民國二十一年十二月,第四屆中央執行委員會開第三次全體會議,中央常務委員會提出定期召集國民參政會,並規定組織要點案,經決議照原案通過。又孫科等二十七委員提集中國力,挽救危亡案,亦經決議修正通過，原決議案中關於憲政之準備分爲三項：（一）爲集中民族力量，澈底抵抗外患，挽救危亡，應於最近期間，積極遵行建國大綱所規定之地方自治工作，以繼續進行憲政開始之準備；（二）擬定民國二十四年三月開國民大會，議決憲法，并決定頒布日期；（三）立法院應速起草憲法草案發表之，以備國民之研討。國人促進憲法運動之結果，雖國民參政會迄未召集，而立法院旋卽着手起草憲法，并已完成憲法草案。

第二節　國民參政會組織選舉各法之議定

自國難猝起，二十年十二月，四屆一中全會有籌備召集國民代表機關之決議，二十一年四月，國難會議有提前設立中央民意機關之決議，中央乃於二十一年五月，第三零九次政治會議，決議：「訓政時期中央民意機關，定名爲國民參政會。」又於八月第三二二次政治會議決議：「國民參政會決議事項之最後決定權，屬於中國國民黨中央執行委員會。」二十一年十二月第四屆中央執行委員開第三次全體會議，中央常務委員蔣中正等七八提議定期召集國民參政會，並舉出要點四項：（一）國民參政會於民國二十二年內召集之；（二）國民參政會代表之產生，采用選舉及延聘兩方法；（三）國民參政會之職權，應以訓政時期約法爲基礎，參酌中央政治會議，及國難會議所舉各點規定之；（四）關於國民參政會之一切法規，交由中央執行委員會常務會議於四個月內，依照立法程序，制定頒布施行。當經決議照原案通過。

旋中央執行委員會於第五十一次常務會議決議推定戴傳賢、顧孟餘、孫科、陳立夫、伍朝樞、段錫朋、茅祖權七委員起草關於國民參政會各項法規。戴委員等迭次集會討論，擬具國民參政會組織法草案及國民參政會會員選舉法草案兩種提經中央第五十八次常會決議，加推居正等九委員加入起草委員會再行審查。居委員等當即集會審議，將組織法草案，詳細研究，酌加修改；至選舉法草案，以關於選舉方法等，尚有數點，擬請常會決定原則後，再行審議條文，並就各委員所舉意見，歸納為問題數則，一併提請核議。當經中央第五十九次常會決議：「（一）國民參政會組織法修正通過，送政治會議交立法院；（二）國民參政會會員選舉法原則決定如左：（1）用間接選舉制，（2）選舉票用單記法，（3）選舉人應記名，（4）以比較多數為當選，（5）被選人年齡不必規定，（9）選舉監督不必加入黨部人員。」居委員等復開會討論，以國民參政會會員選舉法內容繁複，非倉猝所能完備，認為可僅由中央決定規則，其詳細條文則交由立法院訂定；乃提經中央第六十次常會通過國民參政會會員選舉法原則九項，連同國民參政會組織法，一併函送中央政治會議轉交立法院辦理。

國民參政會組織法全文分八章共二十三條，規定國民參政會為國民政府於訓政時期，徵采國民公意之機關。會員共一百六十八，由各省市職業團體，及蒙藏并海外華僑選舉一百五十人，國民政府聘任十八人，任期均為一年，但得延長至一年為限。會員互選七人組織主席團，掌理（一）關於議事程序之整理進行事項，（二）關於國民參政會之行政事項，（三）關於國民參政會會員之保障及執行懲戒事項。國民參政會審議國民政府交議之預算、宣戰、媾和等案，及其他重要國際事項，并得提出法律案，受理人民請願，建議關於政治設施於國民政府。

每年開常會兩次，於三月二十九日及十月十日舉行，會期一月，於必要時得延長之，幷得召集臨時會，均不得逾十五日。在會期中設資格、提案、分組、懲戒四審查委員會，其組織另定之。

國民參政會會員選舉法原則除中央第五十九次常會通過之六點外，又決定國民參政會會員中應選舉之一百五十名名額之分配，計（一）各省職業團體選出者一百零九名；（二）各市職業團體選出者二十一名；（三）由蒙古選出者六名；（四）由西藏選出者六名；（五）由海外華僑選出者八名。各省市之會員，最多者六名，最少者一名。又定各省市有選舉權之團體為（一）農會（漁會）；（二）工會；（三）商會及實業團體；（四）教育會，國立大學，獨立學院，教育部立案之大學，獨立學院，及自由職業團體。

民國二十二年三月，立法院於第三屆第十次會議，將國民參政會組織法，及國民參政會會員選舉法原則，提出討論，當議決付法制委員會審查，幷依據原則，起草選舉法。該會旋即迭次開會討論，結果，除國民參政會組織法無須審查外，另擬具國民參政會會員選舉法草案，都二十六條。此草案完全依中央決定之原則，增加關於選舉監督，各省初選複選，及選舉訴訟之規定。幷以婦女名額，有另予規定之必要，將原則所定選舉額數一百五十名，改為一百五十六名，定為「由各省市婦女團體選出者六名」。立法院將該會所擬國民參政會會員選舉法草案詳加審核後，即於二十二年六月函送中央政治會議。

國民參政會之召集，本為四屆三中全會所議決，但組織選舉各法雖已分別議定，中央迄未着手籌備，是或以情勢變遷，殊無設立民意機關之必要，與所謂「決而不行」者有別。

第三節　憲法起草程序與原則之決定

自四屆三中全會決議立法院應速起草憲法草案後，立法院院長孫科即莅院視事，於二十二年一月二十日立法院第一屆第三次會議，討論起草憲法草案進行事宜，決定組織憲法草案起草委員會，當指派立法委員張知本等三十六人爲該會委員，後又加入委員衞挺生等四人，以張知本、吳經熊分任副委員長，孫氏自兼委員長。張副委員長旋即起草該會組織條例，提經立法院第三屆第四次會議通過，呈由國民政府於二十二年二月十八日公布。該會設二科，置祕書二人及科員、速記、書記各員，分辦科務。第一科掌理徵集、審查、編纂事宜，第二科掌理文書、議事、紀錄事宜。又置專員、纂修，擔任搜集材料，並協助起草工作。

憲法草案起草委員會成立後，每週間開會一次，由委員長主席，必須有全體委員過半數之出席，方得開議，出席委員過半數之同意，方得議決。二月九日，開第一次會議，討論憲法草案起草之程序與期間，議決以張知本氏所提出之起草憲法草案程序案交付吳經熊等審查。旋審查完竣，提經二月十六日第二次會議議決起草程序，分爲四期：

一　研究時期　由二十二年二月二十二日至八月二十一日

二　初稿時期　由二十二年八月二十二日至十一月二十一日

三　評論時期　由二十二年十一月二十二日至二十三年二月二十一日

四　再稿及討論時期　由二十三年二月二十二日至四月二十一日

起草程序既定，二月二十三日第三次會議乃討論研究之問題，及委員職員之分配，當議決分爲四組研究，各委員至少擔任一組，專員纂修亦得參加意見。第一第二兩組，由張知本召集，第三組由吳經熊召集，第四組由傅秉常召集，各組應研究之問題如次：

第一組研究問題　領土、國體、主權、旗色。

第二組研究問題　人民權利，人民義務，國民生計，憲法解釋，違憲制裁，國民教育。

第三組研究問題　國民大會，四權行使，軍制，國家會計，中央與地方均權。

第四組研究問題　中央政府制度，省制，縣制。

在研究時期，除由本會委員職員研究關於憲法之各重要問題外，並積極向外界徵求意見，聘定伍朝樞、戴傳賢、覃振、王世杰四人爲顧問，一面分函國內名流學者，一面刊登全國各報，有「事關起草國家根本大法，亟應博采衆議，以期完密」之語。同時分別函呈中央黨部，及國民政府通飭所屬組織憲法草案聯合研究會，以研究所得，報告來會，藉資參考。

憲法草案起草期間，原定至二十三年四月二十一日止。後中央有提前召集第五次全國代表大會及國民大會之議，憲法草案應早日完成，憲委會乃於四月六日第九次會議議決縮短起草程序，定(一)研究時期，自二十二年四月一日至四月三十日；(二)初稿時期，自五月一日至六月三十日；(三)本會討論時期，自七月一日至七月十五日；(四)公開討論時期，自七月十六日至八月十五日；(五)再稿時期自八月十六日至八月三十一日；(六)大會討論時期自九月一日至九月十五日。惟西南方面，對於第五次全國代表大會，不僅不贊同提前或如期召集，并請求展期一年；中央亦以種種關係容納其主張。而國民大會，亦不能仍照原案於二十四年三月開會。因此，起草憲法草案之期間，尚可加以伸縮，無庸如此迫促，該會乃於六月十三日第十三次會議，又決議變更憲法草案起草之程序如左：

一　初稿審查時期　二十二年八月二十一日至十月二十日

二　初稿討論時期　二十二年十一月一日至十一月三十日

三　公開評論時期　二十二年十二月一日至十二月三十一日

四　再稿時期　二十三年一月一日至一月十五日

五　院會討論時期　二十三年二月一日至二月十五日

起草之程序及時期雖如此議定，但實際憲法草案自起草至完成，并未完全依照，以後又迭有變更。

憲法草案起草之程序，第一步爲分組研究各重要問題。各組研究之結果，每週提出大會討論，定爲原則，以便第二步依據起草條文。憲法草案起草委員會自三月二日開第四次會議，至四月二十七日開第十二次會議，先後將憲法上各問題分別議決，茲擇其最重要者，列舉如次：

(甲)關於總綱者

一 中華民國爲三民主義共和國。

二 中華民國主權屬於國民全體。

三 中華民國領土，采概括之規定，非經國民大會議決，不得變更。

四 中華民國國旗，定爲紅地左上角青天白日。

(乙)關於人民權利義務者

一 中華民國國民，無男女、種族、宗教、階級、職業之區別，在法律上一律平等。

二 中華民國國民，有依法律行使選舉、罷免、創制、複決之權。

三 人民有身體、遷徙、居住、言論、著作、信仰、結社、集會等自由。

四 人民有納稅、服兵役、服公務之義務。

(丙)關於國民大會者

一 國民大會由每縣或其同等區域選出代表一人組織之；其代表之選舉，應以普通、平等、直接之方法行之。

二　凡國民年滿二十歲者，有選舉代表權，年滿三十歲，經考試及格者，有被選代表權。
三　國民大會每三年開會一次，會期爲一個月，必要時得召集臨時會。
四　國民大會之職權，選舉或罷免中央官員，創制或複決法律修改憲法，核批各院報告。
（丁）關於中央與地方之均權
一　中央事權，取列舉主義。
二　地方事權，取概括主義。
（戊）關於中央政制者
一　設總統及副總統，由國民大會選舉，軍人非退職後不得當選。
二　總統爲國家元首，不直接負行政責任。
三　行政院院長，由總統經立法院之同意任免。
四　考試司法兩院院長及立法委員監察委員，由國民大會選舉，立法院長，監察院長，由各該院委員互選。
五　總統任期六年，不得連任。司法考試兩院院長，立法委員監察委員任期均爲三年。
六　立法委員名額不得過二百，監察委員名額不得過五十。
（己）關於地方制度者

一　省毋須制定省憲。
二　省采省長制，省長以民選爲原則，但在未完成自治之前，暫由中央任命。
三　省設參議會，省政府，省民代表會。
四　縣制遵照　總理遺教，不另定原則。

以上各原則，憲法草案初稿起草人固應絕對遵守，但以後憲委會開會討論，仍得加以修改，實際上修改之處甚多。

第四節　憲法草案初稿之發表

憲法上各問題既已議定原則，憲法草案即可開始起草。憲委會開第二次會議時，孫兼委員長即指定委員張知本、吳經熊、傅秉常三人爲初稿起草人，意在分組研究與初步起草同時幷進。但起草人幷未屬稿，惟張知本氏在滬發表談話，主張在蘇州之天平山起草，其理由（一）表示平等（二）避免繁囂（三）予國民以深刻印象，正如德憲日憲之擇地起草。未幾，張氏以病辭，雖經慰留，仍未入京，此議亦未貫徹。至四月六日，憲委會開第九次會議，孫氏以中央決定提前召集第五次全國代表大會，憲法草案應於二十二年九月底以前起草完竣，乃加派立法院各委員會委員長焦易堂、馬寅初、陳肇英、吳尚鷹爲初稿起草人。

二十二年四月二十一日，初稿起草人開會，推定吳副委員長經熊爲初稿主稿人。主稿人自五月一日着手起草，至五月三十一日起草完竣，幷得孫院長之許可，於六月八日以私人名義發表。一時頗引起國人之注意，各報章雜志批評甚衆，惟毀多而譽少。旋張知本氏發表一憲法草案，論者謂較吳稿爲優。至八月三十一日，孫氏召集初稿起草人第一次會議，討論審查初稿之程序，決定以吳稿爲藍本，參照張稿，並參考各方貢獻意見，逐條研究。截至十一月十六日止，初稿起草人共開會十八次，將初稿全部審查完竣，定爲十章，都一百六十六條，修正之點甚多，茲摘錄於下：

（一）原案關於領土採概括主義，修正爲採列舉主義。

（二）原案關於民族之維護各條，除第二十二條保留外，概行删除。

（三）於原案國民大會章始端，增加一條，爲「中華民國國民大會，爲代表人民全體之最高權力機關。」

（四）於原案國民大會代表之選舉，加入海外華僑。

（五）修正國民大會每三年召集一次，其會期以一個月爲限。

（六）原案國民大會代表之職務，以次屆開會之前一日爲止，修正爲「國民大會代表之職權，於閉會之日終了。」

（七）增入於國民大會閉會期間，設國民委員會之規定。

（八）原案關於國務會議之規定取銷。

(九)原案有總統選舉之規定，修正爲另以法律定之。

(十)原案規定總統不得連任，修正爲任期六年，連選得連任一次。

(十一)原案總統有統率海陸空軍及代表國民政府，對外宣戰、媾和、或締結條約等權，修正爲均由國民政府統率或行使。

(十二)原案行政院院長由總統提交國民政府任命，修正爲由國民大會選舉。

(十三)關於省制，增加一條，爲「省爲中央直接管轄之地方行政區域。」

(十四)原案省代表會制取銷。

(十五)關於省長之人選，增加一項，爲「軍人非解除軍職三年後，不得爲省長候選人。」

(十六)原案國民生計章，依照　總理遺教修正。

(十七)原案憲法之保障一章刪去。

(十八)關於編制，原案以三民主義分篇，修正爲第一章總綱，第二章人民之權利義務，第三章國民經濟，第四章國民教育，第五章國民大會，第六章中央與地方之權限，第七章中央政制，第八章省，第九章地方政制，第十章附則。

憲法草案初稿經初稿起草人共同審查，修正通過後，即提交憲委會討論。該會自二十二年二月九日至六月三十日，共開會十三次後以初稿起草人正起草憲法草案初稿，卽停止會議。至十一月三十日，乃繼續開第十四次會議，審議初稿起草人審查修正之初稿，並決定每星期加開會議一次，至二十三年二月二十三日，開第二十四次會議，共開會十一次，將全案審議完畢，完成初稿，共分十章，都百六十條。憲委會此次討論初稿，各委員儘量發表意見，辯爭甚烈，歷時甚久，對於初稿起草人修正之初稿，仍多修正，茲列其最重要者如次：

（一）關於領土本已由概括主義改爲列舉主義，惟秩序紊亂，乃依長江、黃河、珠江、黑龍江數大流域，以及於邊疆順序排列。

（二）關於改良勞工狀況一條，特別增入「婦女兒童從事勞動者，應按其年齡及身體狀態，施以特別之保護」一項。

（三）關於教育經費之規定，改「寬籌」爲「中央應爲其預算總額百分之十五，在地方應爲預算總額百分之三十」，較前顯有進步。

（四）關於國民大會，本已加有「爲代表人民全體之最高權力機關」之條文，惟所謂「最高權力」，殊嫌含混，如改爲「政權」，又與「主權」無甚區別，經長時間之辯論，終予刪除。

（五）關於國民大會代表之選舉，增入「無記名」法，頗覺重要。

（六）關於行政院院長任免之條文，增加一項，定爲立法院提出不信任案，或監察院提出彈劾案，經國民委員會決議接受時，行政院長應卽去職。

（七）關於司法院之隸屬機關，本已加入行政法院，惟行政院訴訟應歸普通法院受理，任何法官，均有諳熟各種法律之必要，故議決删去。

（八）關於司法院設專部掌理司法行政，及考試院設委員會辦理考試事務之規定，均議決删除。

憲法草案起草委員會通過憲法草案初稿，卽公開發表，徵求意見，備爲將來提出立法院大會討論時參考之資料。孫兼委員長於國府紀念週及立法院紀念週，詳述初稿之內容，希望國人一致研討批評，俾得議定一完善之憲法草案。憲委會成立年餘，以憲法草案初稿完成，卽於二十三年二月二十八日結束。

第五節　憲法草案初稿之審查

憲法草案初稿發表後，孫院長於二十三年三月二十二日令派立法委員傅秉常等三十六人爲審查委員，由傅委員召集。三月三十日，傅委員等開第一次審查會議，當議決：（一）凡本院收到之憲草初稿意見，及報紙雜志中關於憲草初稿之評論，先由委員三人作初步審查。（二）經初步審查後決定采取之意見及評論，隨時印送各審查委員參考，並交指定人員分別摘要集錄於憲草初稿各條文之末，經初步審查委員核定後，彙印成册，以作審查根據。（三）推定傅委員秉常、林委員彬、陶委員履謙爲初步審查委員，由傅委員召集。（四）俟四月底徵求意見期滿，整理完竣後，再行開會審查。初步審查委員先後開會八次，審查各方意見書及報紙雜志之評論，共二百八十一件，其決定採印者，共二百十六件，即分送各審查委員參考。

六月十一日憲法草案初稿審查委員開第二次會議議決將憲法草案初稿分別審查，推定負責人召集各審查委員開會討論，自六月十三日起至七月十二日止，每星期三四兩日舉行審查會，限一月完畢。各委員共分九組：第一組審查總綱附則，召集人傅秉常；第二組審查人民權利義務，召集人吳經熊；第三組審查國民經濟，召集人吳尚鷹；第四組審查國民教育，召集人梁寒操；第五組審查國防軍事，召集人陳肇英；第六組審查財政，召集人馬寅初；第七組、第八組審查國民大會之組織與職權及中央政制，召集人均爲孫院長；第九組審查地方政制，召集人焦易堂。

各小組會議審查結果，即提出全體審查委員會議討論。自六月十三日起，至六月二十九日止，各小組先後開會，將憲草初稿各部分別審查完畢，并連開全體審查委員會議七次，對於各組所擬修正案，詳加討論，分別增删修改，全部整理完竣，定爲中華民國憲法草案初稿審查修正案。全案共分十二章，都一百八十八條，較初稿增二十八條，章節名稱次第亦略有變更，內容諸多修正，較前更有進步，茲扼要分述於次：

(一)全文之首增加弁言，以表現憲草之精神。

(二)增「軍事」「財政」兩章。原有之「地方政制」一章，改爲「縣」「市」兩章。「中央與地方權限」一章，除關於財政、軍事、及地方制定單行規章各條，分別併入「財政」「軍事」「縣」「市」各章外，餘均删除。

（三）「總綱」章内加入「中華民國各族，均爲中華民族之構成分子，一律平等」一條，以貫澈民族主義之精神。

（四）人民權利義務一章，仍采間接保障主義，以資賅括。

（五）關於國民大會之組織，（甲）確定代表名稱爲「國民代表」；（乙）國民代表之選舉，除依原定地域標準外，加入人口比例；（丙）國民代表任期，定爲四年；（丁）國民大會每兩年開會一次，會期仍爲一月，但得延長一月；（戊）國民代表，得由原選舉區人民罷免之；（己）確定國民大會複決權之運用。

（六）國民委員會改爲國民大會委員會，其委員由各該省區國民代表互選。

（七）原有國民政府名義，改爲中央政府，所有國民政府之職權，改屬於總統。總統爲國家元首，兼爲行政首領。行政院長對總統負責，并由總統直接任免。

（八）立法、司法、考試、監察四院院長，由國民大會選舉罷免。

（九）立法委員之選舉，改爲兩種方法：一由各省區及僑民國民代表各選三人；二由院長遴選專門人才，提請國民大會，或國民大會委員會決選。監察委員之選舉，由各省區國民代表各選二人。

（十）關於省制之變更，頗少省長之產生，改爲任命制。

(十一)關於國民經濟,改正較多:(甲)改善財富分配及發展農村經濟之條文,均改采概括主義;(乙)增加獎勵保護生産事業,與對外貿易及限制經營公用事業與有獨占性企業之條文。

(十二)關於教育一章修改之點有三:(甲)教育宗旨確實改定;(乙)義務教育年齡補入爲六歲至十二歲,(丙)義務教育及補習教育,均免除學費。

(十三)財政一章共六條,對於收入之劃分預算決算之編製,課稅之限制,及政府機關出納、主計、審計各別之獨立,均有規定。

(十四)軍事一章共十二條,規定(甲)設軍隊之目的,(乙)軍隊之編制,(丙)軍令權行使之方法,(丁)戒嚴之限制,(戊)國防區域之劃分,(己)軍費及軍需支出之標準,(庚)軍人不得干政。

(十五)關於憲法之解釋,改由最高法院擬具意見,提請國民大會或國民大會委員會決定。

(十六)關於修正憲法之提議,另增一項,限制提案人應於國民大會開會前一年公告之。

(十七)關於憲法之保障,亦增一條,規定抵觸憲法之法律,經最高法院擬具意見,提請國民大會或國民大會委員會決定,由總統宣告其無效。

憲法初稿審查委員會議定憲法初稿審查修正案,仍由立法院再作一度非正式之公布。立法院適於暑期停會六週,期滿開會,將此修正案提出院會討論議決後,即爲正式憲法草案,幷不經再稿之程序。

第六節　憲法草案之議決

自憲法草案審查修正案非正式公布後，國人仍多摘要批評，並詳陳意見。二十三年九月十四日，立法院舉行第三屆第六十六次會議，開始審議起草憲法草案案，當議決：所有關於憲法草案之意見及評論，均交委員傅秉常、林彬、陶履謙審查，由傅委員召集。傅委員等數度集會審查完竣，將各意見書類，及批評文稿，共計二十三件，印送各委員參考，并撮要說明集中之點凡五：

（一）關於憲草全部　有認爲中央與地方之權限，未加劃分，殊屬不當者。

（二）關於第一章總綱　有主張弁言中既有遵照孫先生之遺教一語，則第一條關於國體之規定，不應再有「三民主義」字樣者。有謂第四條關於領土之規定，於列舉之後，復贅以「及其他固有之疆域」一語，殊屬不妥者。

（三）關於第三章國民大會　有主張國民大會應減少代表名額，增加開會次數，而將國民大會委員會取消，或減小其職權者。

（四）關於第四章中央政府　有主張總統應有董率五院之權者，有主張中央政制，宜采內閣制者。有主張提交國民大會複決之案，應以經國民大會自行要求複決之案爲限者。有主張監察院及監察委員之失職，應由國民大會直接彈劾罷免者。

（五）關於第六章省　有主張省應有自治權，省長由人民選舉者。有認爲就省參議會之設立，及其職權而論，顯與「省爲國家行政區域」之意義相矛盾者。

九月二十一日，立法院開第三屆第六十八次會議，將憲法草案審查修正案提出討論，首由傅委員秉常報告審查經過，卽舉行初讀，各委員作大體上之討論後，主席宣告開始二讀，逐條討論議決，迄散會共通過第一章總綱，第二章人民之權利義務，凡二十六條。

適前司法院長王寵惠氏由歐返國，孫院長徵詢其對於憲法草案之意見，復與汪行政院長赴廬謁晤軍事委員會蔣委員長，共同詳加商討，均以五權憲法之最高原則，在政權與治權劃分淸楚。後孫院長又偕委員傅秉常等往滬，與王寵惠再行硏究，將憲草審查修正案第三章國民大會，第四章中央政府，第五章省，分別加以變更，擬具新草案，其修改之要點，略如次述：

（一）關於國民大會　（甲）縮小國民大會之複決權，規定國民大會只複決法律，其他預算、宣戰、媾和、條約、戒嚴、大赦等案，不交複決。（乙）取消國民大會委員會，將其職權分屬於國民大會，五院院長會議，或立法監察兩院聯席會議。

（二）關於中央政制　（甲）提高立法院職權，成爲國會性質。（乙）立法委員之選舉，以地域人口之比例定名額之多少。（丙）行政院長兼外交部長，並爲行政會議之主席。（丁）立法院開會時，行政院各部會長官當然列席。(戊)在國民大會閉會期間，司法考試兩院院長去職，原定由國民大會委員會選舉，改爲由總統經立法院之同意，任命代理院長。至立法監察兩院院長因故去職，則均由委員互選代理院長。(己)增加彈劾案之提議人及連署人之人數，及變更受理彈劾案之機關。

九月二十八日，立法院舉行第三屆第六十九次會議，繼續討論憲法草案，主席首報告與王寵惠氏、汪院長、蔣委員長商榷之情形，及擬具新草案之經過。委員傅秉常詳述新草案之內容。委員朱和中等提議交付審查，再提出大會討論。主席徵得多數委員之意見，即開二讀會審議。此次會議共二日，通過國民大會章五條，即第二十七條至第三十一條。

十月二日，立法院開第三屆第七十次會議，主席宣告繼續審議憲法草案，有先決之原則二：(一)國民大會委員會應否取消？(二)總統應由國民大會選舉？抑由國民直接選舉？關於國民大會委員會之取消，全體委員無異議通過。對於總統之選舉問題，各委員發生激烈之爭辯，結果，維持原案由國民大會代國民選舉總統。原則決定，主席即將憲法草案第三十二條以次各條文提付二讀，凡歷三日，通過第三十二條至第三十五條，又删去第三十六條至第四十一條關於國民大會委員會各條文，以下條文，依次遞改，并通過中央政府章關於總統之第三十六條至第五十四條各條文。

十月五日、六日、八日、九日、十一日、十二日、十三日，立法院復於第三屆第七十一次、第七十二次、第七十三次會議，先後開二讀會，將憲法草案第五十五條至第一百七十八條，完全通過。

憲法草案於立法院大會逐條討論時，各委員發表之意見，與表決之結果，足資紀述，茲舉其最重要者如次：

（一）關於國體　審查修正案規定「中華民國爲三民主義共和國」周緯謂我國既爲民主國家，祇須將三民主義精神融貫於條文之中，毋庸標明三民主義字樣。羅運炎謂主義兩字具有時代性，將來不易解釋。又有委員主張維持原案表決結果，以過半數贊成通過。

（二）關於領土　修正案對於領土采列舉式，末有「及其他固有之疆域」張維翰主張刪去。傅秉常加以解釋，謂（1）我國沿海島嶼，如東西沙羣島等，未列入行省之內；（2）恐以後發現新島嶼。李仲公主張將「及其他」三字易以「等」字，庶於列舉之中，兼含有未盡之意。贊成者四十五人，多數通過。

（三）關於民族　修正案定「中華民國各族，均爲中華民族之構成分子。」陳長蘅謂「各族」二字，不能有精確之指示，應加「民」字；又「中華民族」應改爲「中華國族」結果，多數贊成通過。

（四）關於國民代表選舉之方法　修正案規定國民代表之選舉，用無記名投票法，謝壽康謂我國戶口調查未清，教育未普及，人民程度不齊，恐易受人操縱。呂志伊謂無記名之弊端，可另以法律糾正。衞挺生等主張刪去「無記名」三字。張志韓謂欲防選舉舞弊，須投票記名，始可於事前防範，事後補救。史維煥謂選舉之舞弊，無論記名不記名，均可發生，本條最重要之原則，在尊重選民之意志，如欲使選民得以發揮本意，自以「無記名」爲善，主席付表決，以五十三人之贊成，仍照原案通過。

（五）關於國民代表之罷免　修正案規定「國民代表違法或失職時，原選舉區得依法律改選之。」經各委員討論之結果，删去「得」字，并改「改選」爲「罷免」。

（六）關於國民大會之會期　修正案原定「國民大會每二年開會一次，」新草案定爲每四年召集一次，二讀會通過時，仍規定每二年召集一次。

（七）關於總統之選舉　程中行謂總統與立法院處於對等地位，其產生方法應與立法委員相同。陳茹玄謂前國會兩次選舉總統，一爲威脅，一爲利誘，故總統以人民直接選舉爲善。史維煥謂人民直接選舉總統，可提高其對於政治運用之智識與興趣。谷正綱謂總統由人民直接選舉，則各地方各受操縱，民權更爲空泛，不如由國民代表代爲選舉，較切實際。朱和中謂根據 總理遺教，及建國大綱第二十五條，總統應由人民直接選舉。主席加以解釋，謂 總理遺教中對於民權之行使，分爲兩方面，在地方行使直接民權，在中央行使間接民權，否則根本無須國民大會。表決結果以七十二人之贊成，仍照原案，總統由國民大會選舉。

（八）關於國民大會之職權　新草案規定國民大會創制立法原則，呂志伊等主張改爲「創制法律」，以四十六人之贊成通過。又規定國民大會受理監察院對於總統、副總統、立法、司法、考試、監察各院院長之彈劾案，收受幷受理總統，及立法、司法、考試、監察四院之報告，幷提請解決之事項，以呂志伊等之提議，大多數委員之贊成完全通過。主席提議「修正憲法」為國民大會重要之職權，應予加入，衆委員無異議通過。

（九）關於軍人當選總統之限制　修正案規定「現役軍人不得當選為總統副總統，」笠景松謂現值內憂外患，不應限制軍人不得當選總統。劉盥訓謂我國十餘年內亂，均由軍閥階之厲，本條應當維持。史尚寬主張改為「軍人非解職後，不得當選為總統、副總統，」主席付表決，多數贊成通過。

（十）關於行政院之性質　修正案規定「行政院為中央政府行使行政權之最高機關，」盛振為謂與前條文所定「總統總攬行政權」有重複。傅秉常謂前為規定總統之職權，此係規定行政院之性質。結果，仍照原案通過。

（十一）關於立法院之性質　修正案規定「立法院為中央政府行使立法權之最高機關，對國民大會負其責任。」盛振為謂對「最高」二字懷疑，因立法院只有一。張志韓謂可分為兩條，前一句說明立法院之性質，後一句說明立法院之責任。衛挺生謂本條語氣連貫，毋庸再分。結果照原案通過。

（十二）關於立法院之職權　修正案規定立法院之職權，采列舉主義。周緯主張加入質詢權。鍾天心謂質詢權屬於監察院。傅秉常主張將質詢權規定於立法院組織法中。陳長蘅等謂立法院當然有質詢權，應規定於憲法中。結果增加一條，爲「關於立法事項，立法院得向各院、各部、各委員會提出質詢。」

(十三)關於立法委員之選舉　樓桐孫等各提出修正案，各委員對於各省應選之名額，與人口之比例，及蒙藏與僑民應選之名額，爭辯甚烈。主席指定樓桐孫等審查後，歸納各委員意見，另擬修正案，諮詢大會同意通過，大致規定立法委員選舉之方法爲二：(甲)由各省、蒙、藏，及旅外僑民所選出之國民代表，舉行預選，各提出候選人名單，不以國民代表爲限，由國民大會選舉之。其名額，各省以人口爲比例，最多者十人，最少者三人，蒙、藏、僑民各爲六人。(乙)由立法院院長擇有專門學識經驗者，提出候選人名單於國民大會選舉之，其名額不得超過國民代表所選總額三分之一。

(十四)關於行政立法兩院之聯絡　傅秉常謂五院均爲治權機關，幷非立於敵對地位，故立法行政兩院應互相溝通，新草案特定爲立法院開會時，行政院各部會長官當然列席。焦易堂等主張刪去，保持立法獨立之精神。劉盥訓等謂行政院有人列席立法院會議，既無表決權，幷不侵犯立法權。主席付表決，以多數委員之同意，卒予刪去。

(十五)關於司法院之職權　修正案原定「司法院爲中央政府行使司法權之最高機關」，衆委員無異議。及討論司法院之職權，以多數委員之主張，歸併於此條，幷刪去「法院依法律受理民事、刑事、行政及其他一切訴訟，與非訟事件」之條文。

（十六）關於最高法院之取消　修正案原定司法院設最高法院，新草案改爲設審判庭，檢察署。多數委員均主張司法院卽司法審判機關，不另設最高法院，至於設庭設署，可規定於司法院組織法中。結果，於條文內刪去「最高法院」幷「審判庭檢察署」各字樣。

（十七）關於司法院行政部之隸屬　修正案原定司法院設司法行政部。呂志伊等謂司法行政部應隸於行政院，司法院不應兼管司法行政。陳長蘅謂司法行政如移歸行政院，恐影響司法之獨立。表決結果，仍維持原案。

（十八）關於考試院之職權　修正案規定「考試院爲中央政府行使考試銓敍權之最高機關」黃右昌主張刪去「銓敍」兩字幷於句末加「掌理考試銓敍」六字。衆無異議通過。

（十九）關於監察委員之選舉　修正案原定監察委員由國民大會每省國民代表，及蒙、藏與僑民所選出之國民代表各選二人。依鍾天心等之提議，改爲「由各省、蒙古、西藏、及僑居國外國民所選出之國民代表，各預選二人，提請國民大會選舉之」多數委員贊成通過。

（二十）關於監察院之質詢　梁寒操提議監察院應如立法院，得向各院部會提出質詢。劉盥訓謂應研究質詢之方式。主席謂監察院在未彈劾前，可提出質詢，如認爲答覆圓滿，則無須彈劾。結果，增加一條，「監察院爲行使監察權，得向各院、各部、各委員會提出質詢，」衆委員無異議通過。

(廿一)關於彈劾案提議之人數　新草案規定彈劾案提議與連署之人數，分次列舉，較修正案所定之人數爲多。劉盥訓提出新修正案，規定彈劾案之提出只須監察委員一人提議，五人審查決定；但對於總統及五院院長之彈劾案，則須監察委員十人以上之提議，全體委員二分一以上之審查決定，始得提出。表決結果，大多數贊成通過。

(廿二)關於受理重大彈劾案之機關　新草案規定對於總統、副總統、立法、司法、考試、監察各院院長之彈劾案，由立法院委員司法院推事，各互選五人，聯席審查，認爲有理由時，應開臨時國民大會，被彈劾人幷應迴避。史尙寬謂此等重大彈劾案，可直接交國民大會。吳尙鷹謂須愼重，應先由全體立法委員審查。主席以此問題關係重大，指定林彬等審查。林委員等審查後提出修正案，各委員仍繼續發表意見，主席宣告中止討論。先以原則付表決，計贊成監察院提出最重大之彈劾案直交國民大會者，共六十四人，多數通過。主席又指定張志韓等五人再審查。審查後所提之修正條文，陶履謙、陳長蘅等均認爲不妥，主席乃另擬條文，規定此等重大彈劾案，應向國民大會提出，在閉會期間，應請國民代表召集臨時國民大會。結果，衆委員無異議通過。

(廿三)關於現役軍官之彈劾　修正案定「監察院對於現役軍官之彈劾，其提出程序，受理機關，及懲戒方法，以法律定之。」羅鼎謂公務員不分文武，應刪去此條，結果以多數委員之贊成，完全刪去。

(廿四)關於省長之任命　修正案規定省長由中央政府任免，陳長蘅主張民選，衞挺生表示反對，劉盥訓提出折中辦法，主張由行政院長提出省長人選，交省參議會決定。李仲公等請維持原案，表決通過。

(廿五)關於人民教育子女之義務　修正案規定「中華民國人民受教育之機會一律平等」。羅運炎提議憲法中應規定人民有教育子女之義務。王孝英附議，並主張將次第二條改為「六歲至十二歲之學齡兒童，一律受強迫教育」。陶玄謂人民如何教育子女，政府如何籌設學校，應另以法律規定。衆委員無異議，仍分別照原案通過。

(廿六)關於國民參加國防之義務　修正案規定國民有參加國防之義務，呂志伊謂前已規定人民有服兵役之義務，此似重複，應删去。朱和中等謂此兩條性質不同，一指平時，一指國家總動員時。結果照原案通過。

(廿七)關於軍費之預算　修正案規定軍費於預算中確定。劉通主張對國家軍費預算，應在憲法中規定最高額。谷正綱主張軍費在平時，應定為不得超過預算總額百分之三十或四十。傅秉常謂軍費預算，不能在憲法中規定有二原因：一因各國無先例，二因國家軍備之擴充縮減，隨時代為轉移。結果照原案通過。

(廿八)關於法律之解釋　修正案規定「憲法所稱之法律，謂經立法院通過，總統公布之法律」。史尚寬謂此條似將國民大會創制之法律除外。主席謂國民大會創制法律，仍須交立法院備查，由總統公布。結果，原案無異議通過。

（廿九）關於憲法之保障　修正案規定「一切法律及命令，與憲法牴觸者無效。依前項規定無效之法律，經最高法院擬具意見，提請國民大會或國民大會委員會決定後，由總統宣告其無效。」多數委員以本條第一項係采美之當然無效制，第二項又定爲須決定宣告，似不倫不類，應予删去，衆無異議。焦易堂謂法律牴觸憲法者無效，命令牴觸法律者無效，不應將法律與命令混爲一談。張志韓謂以命令變更法律爲政治未上軌道常有之事，應另加一項，以保障法律。呂志伊提議修正爲「法律與憲法牴觸者無效；命令與憲法或法律牴觸者無效。」衆無異議通過。

（三十）關於憲法之解釋　修正案規定「憲法之解釋，由最高法院擬具意見，提請國民大會或國民大會委員會決定之。」以多數委員之意見，另擬新修正案，「憲法之解釋，由司法院爲之。」史尚寬謂憲法係立法院起草，如由司法院解釋，有侵犯立法權之嫌。且憲法須以國家政策爲依歸，政策又隨時代爲轉移，法官多抱保守觀念，解釋憲法機關，應詳加研究。主席謂英國憲法解釋權屬大理院，法官非盡爲保守派，如司法院對於憲法稍有誤解，國民大會尚可補救。結果仍照新修正案通過。

立法院於第三屆第六十八次至第七十三次會議，連開二讀會通過中華民國憲法草案後，復於十月十六日，第三屆第七十四次會議開三讀會，修正文字，整理條項，三讀既畢，主席以中華民國憲法草案全案付表決，當經出席委員一致議決通過，共分十二章，都一百七十八條。

第七節　憲法草案之修正

立法院議定中華民國憲法草案後，於二十三年十一月九日呈請國府轉送中央。同年十二月十日，第四屆中央執行委員會開第五次全體會議，於第一次會將中華民國憲法草案提出討論，首由祕書逐條朗讀畢，各委員相繼發表意見，大致均謂依據建國大綱第二十二條、第二十三條之規定，憲法須由國民大會決定頒布。在國民大會未召集之前，爲草憲與宣傳之階段。在此階段內，本黨所負之使命，一面應廣徵各方意見，以期盡善盡美；一面應擴大宣傳，使民衆對憲法有深切之瞭解與認識。當經議決交付初步審查，并推定林森等四十六委員組織憲法草案審査委員會，作初步審查，由林委員召集，並由立法委員傅秉常等七人列席審查會，以備諮詢。

十二月十一日，五中全會憲法草案審查委員會開會，到林委員森等四十八人，列席委員傅秉常等三人，林委員主席，各委員對憲法草案詳加討論，當經先決定審議程序四項：

（一）將憲法草案發交常務會議，組織憲法草案審查委員會。此會至少每星期開會一次，並得邀集立法委員及專家列席。

（二）於第五次全國代表大會前兩個月，將修正意見發交立法院根據修正。

（三）立法院修正後，再呈由常務會議審核，提出第五次全國代表大會。

（四）第五次全國代表大會通過後，作爲本黨決定之憲法草案，依法提出國民大會

至關於草案之內容，以此次全會中央執監委員到者極多，亟應詳徵意見，以備將來審查會之參考，當併經決定，請由大會詳細討論一次，並以分章討論爲宜，尤須注意於每章中之重要問題，如：

（一）第一章第一條「三民主義」字樣，應否在本草案中明爲規定？

（二）第四條領土是否採列舉規定？

（三）第二章人民權利是否采憲法間接保障主義，人民自由仍須受法律限制？

（四）第三章國民大會代表之產生問題，任期問題，會期問題，及組織問題。

（五）第四章第一節關於總統之規定。

（六）五院之關係及其均衡。

（七）第五第六兩章關於省縣之規定。

（八）第十一章關於軍事之規定。

（九）第十二章關於解釋憲法之機關等問題。

林委員等對於憲法草案初步審查完畢，即繕具報告，提經全會第二次會決議，照審查意見通過，並將草案

第一章審議完畢。十二月十四日，全會開第五次會，繼續討論草案其他各章，當以時間關係，不能逐條審議，遂作大體上之討論。蔣委員中正，張委員知本，焦委員易堂等相繼發言。總合各委員之意見，對立法院費年餘之精力審愼議訂之憲法草案，大致認爲滿意。謂民國以來，歷次試行草擬之憲法中，所有之弊端缺點，此次憲草均已防範補救。惟處於今日之時代，我國之環境如此，世界之潮流又如彼，我國如何始能創成一強有力之國家，則百年大計之憲法中，應灌注充分之精神，而此次憲草中則尙覺疏漏，應予補充云云。全體委員對各委員所發表之意見，均表同情，遂作如下之決議：

「中華民國憲法草案，應遵奉　總理之三民主義，以期建立民有民治民享之國家。同時應審察中華民族目前所處之環境，及其危險，斟酌實際政治經驗，以造成可運用靈敏能集中國力之制度。本草案應交常會依照此原則，鄭重核議。」

至二十四年十月，中央常務委員會始將憲法草案審查完竣，於第一百九十二次常會決議如次：

中華民國憲法草案，應交立法院照左列原則，重加修正：

一　爲尊重革命之歷史基礎，應以三民主義、建國大綱、及訓政時期約法之精神，爲憲法草案之所本。

二　政府之組織，應斟酌實際政治經驗，以造成運用靈敏能集中國力之制度，行政權行政之限制，不宜有剛性之規定。

三　中央政府及地方制度在憲法草案內應於職權上爲大體規定，其組織以法律定之。

四　憲法草案中有必須規定之條文，而事實上有不能及時施行，或不能同時施行於全國者，其實施程序，應以法律定之。

五　憲法條款，不宜繁多，文字務求簡明。

立法院於十月十七日令派委員傅秉常、吳經熊、林彬、馬寅初、吳尙鷹、何遂、梁寒操七人依據原則五項，將憲法草案審查修正。傅委員等於十八十九兩日集會詳加研討，當將原草案第五章「省」，第六章「縣」，第七章「市」合併爲地方制度一章，分「省」「縣」「市」三節。「財政」一章删去，其有必須規定之條文，則併入「國民經濟」一章內。「軍事」一章完全删去，其他各章條文亦經分別增删修改，惟第一章至第三章，則仍照原案結果，成修正案八章、九節，都一百四十九條。

十月二十四日，立法院於第四屆第三十四次會議開二讀會，將憲法草案修正案提出討論，各委員對於第七十條復議之案維持原案時之公布或執行，及第九十三條彈劾及懲戒程序以法律定之等規定，辯論甚久，結果，第七十條保留付原審查委員審查。第九十三條全删，恢復原憲法草案第九十八條及第一百條，列爲第九十三條、第九十四條，對於彈劾案提議與審查之人數，及受理重大彈劾案之機關，爲具體之規定。至其餘各條，均以次通過。次日，立法院復開第四屆第三十五次會議討論保留條文，傅委員秉常報告審查結果，并提出新修正案，各委員仍多爭辯，主席乃另擬條文，遂獲通過。主席復將二讀通過之憲法草案全案省略三讀付表決，出席委員一致無異議通過，此為第二次憲法草案。

此草案共一百五十條，較前草案少二十八條，內容上重要差異之點，略如次述：

一　前草案規定軍人非解職後不得當選為總統、副總統，並不得任為省長，此草案均予删去。

二　前草案規定行政院設政務委員二十人，此草案改為若干人，不限定額數。

三　司法考試兩院院長，前草案規定「由總統經立法院同意任命之」，此草案删去「經立法院同意」字樣，總統可直接任命。

四　立法院復議之案，經出席委員三分二以上之決議維持原案時，前草案規定「總統應即公布或執行之」，傅委員等審查修正之案改為「總統得留交下屆國民大會複決之」，二讀會通過時，仍維持前草案，惟加一但書，規定對於法律案條約案，則得提請國民大會複決之。

五　前草案所定司法考試監察三院所設之部會，及各該部會長官任免之程序各條文，此草案均予删去。

六　前草案規定審計委員會之決算報告，經監察院會議審查後，依法律公布之，此草案亦予删去。

七　前草案對於省縣參議會之會次會期及職權，幷縣之自治事項，均設有詳細之規定，此草案完全删去，概定為「以法律定之。」

八　此草案於附則章增一條，規定「憲法規定事項，有另定實施程序之必要者，以法律定之，」此爲最重要修正之點。俾憲法於將來頒行時，有伸縮迴旋之餘地。

第八節　憲法草案之宣布

立法院議決第二次中華民國憲法草案，以中央即將召集第五次全國代表大會，接受憲法草案，并決定頒布日期，卽繕具全案，函報中央執行委員會。民國二十四年十一月一日，第四屆中央執行委員會召集第六次全體會議，二日，舉行第二次會，卽將該草案提出討論，經委員李烈鈞、張知本等發表意見後，當決議組織審查委員會審查，推定召集委員居正、張繼、孫科三人，委員許崇智、戴傳賢、張知本等五十七人，參加審查人王世杰等五人。三日，居委員等召集第一次審查會，經各委員大體討論後，認爲有先作初步審查之必要，當推定葉楚傖、陳布雷、甘乃光、羅家倫、梁寒操五委員及傅秉常、吳經熊兩同志組織小組審查委員會，集中各委員所發表意見，製成報告，再行討論。葉委員等於當日下午集會詳加討論，擬具初步審查報告書，經居委員等於四日召集第二次審查會修正通過，提出審查意見兩點如次：

（一）本會同人認爲立法院最近修正之憲法草案，大體均屬妥善，惟爲適應國家現實情勢，及便於實施起見，似尚應有充分期間，加以詳盡之研究與討論。但現距代表大會爲日無多，且代表大會會期甚短，恐亦無暇逐條詳商爲最後之決定。因此擬請六中全會將上列理由，連同本憲法草案，送請第五次全國代表大會，請將宣布憲法草案及召集國民大會日期，先行決定。並對於憲法草案加以大體審查，指示綱領，再行授權於下屆中央執行委員會，爲較長時間之精密討論後，提請國民大會議決頒布之。

（二）各中央委員關於憲法草案之意見，擬請轉陳大會指定委員分別條理，附同草案，送五全大會，以資研討。

全體會議於五日第三次會提出討論，當決議照審查意見通過。

同年十一月十二日，第五次全國代表大會舉行於南京。中央執行委員會依據六中全會決議案，提召集國民大會及宣布憲法草案案，詳述憲法草案起草審查及修正之經過，末云：

「茲當五次全國代表大會開會，亟待大會對於斯案之重要原則有所指示，使下屆中央有所率循焉。中央同人當國家危難之秋，受全體同志付託之重，與全國國民屬望之殷，咸認國事至此，舍團結無以圖存，非統一則不能對外。……則提早召集國民大會，俾民意有所宣達，庶舉國上下，咸能有一致之精神與步驟，以解除外患，挽救危亡。……至立法院最近修正之憲法草案，根據　總理之遺教，秉承中央之指示，苦心修訂，逾年始成，於理論事實，尚能兼顧，似宜依照第六次全體會議之議決案，切實辦理，以期成爲完善之草案。他日國民大會開會，一經通過，全國國民永矢咸遵，夫然後能竟革命之功，成凝命之德，中華民族復興與民國鞏固之基礎，於焉確立矣。」

大會於十八日第三次會提出討論，當決議組織審查委員會審查，審查委員名單由主席團決定。主席團於第四次會報告推定吳敬恆、張知本等二十五人爲審查委員，主席團全體參加，由吳敬恆、張繼兩人召集開會，幷指定傅秉常等三人列席審查會。十九日下午，吳委員等召集審查會，當將各案詳加研討，擬具審查意見，提經大會第五次會決議如下：

（一）宣布憲法草案及召集國民大會日期，由大會授權於第五屆中央執行委員會決定之，惟須於二十五年以內施行。

（二）憲法草案由大會接授之，但應由第五屆中央執行委員會據大會通過之重要憲草各提案修正之。

（三）其餘有關各案，由大會交第五屆中央執行委員會於修正憲法草案積極采用。

同年十二月二日，第五屆中央執行委員開第一次全體會議，於首次會討論召集國民大會及宣布憲法草案案，當決議由主席團綜合各委員意見，商定初步辦法，再行討論。主席團即擬具具體辦法，提經第二次會決議通過，共分三項如次：

（一）中華民國二十五年五月五日宣布憲法草案，十一月十二日開國民大會，國民大會代表之選舉，應於十月十日以前辦竣。

（二）設憲法草案審議委員會，指定委員葉楚傖、王用賓、張知本等十九人組織之，由葉楚傖、李文範召集開會，負責審議草案及經大會認爲應予採納之提案，於兩個月內擬定修正案，呈由常會發交立法院再爲條文之整理。審議委員會得設專門委員若干人，以備諮詢。

（三）國民大會組織法及代表選舉法，應即併交審議委員會草擬原則，呈由常會發交立法院迅速議決公布。

自五全大會，一中全會閉幕後，各方對於憲法草案貢獻意見者甚多，均經中央一一加以審核。至二十五年四月，中委孫科、葉楚傖、戴傳賢、梁寒操、傅秉常等以現在滬濱養疴之中委王寵惠係我國法學專家，特往滬徵詢意見，幷共同商榷，僉認爲憲法草案有增設過渡條款與授總統以發布緊急命令權之必要，此因世界各國憲法多有此規定，我國自亦應以大多數之立法例爲標準。葉委員楚傖即將商討結果及各方意見，併交傅委員秉常等整理，以便分送全體審議委員參考。至四月中旬，葉委員等迭次召集各委員及專門委員開會，就原草案及五全大會交下之指案，詳加研究，並由蔣委員中正、孫委員科等先後指示關於審議修正之意見，經併合審議，結果，擬具審議意見如次：

（一）第八章「附則」二字應改爲「憲法之施行及修正」。

（二）在「憲法之施行及修正」一章內，對於原草案內不能同時實施之條文，應另定適當條款。

（三）原草案第二十二條人民有依法律服兵役之義務，應於「服兵役」三字下加「及工役」三字。

(四)國民代表任期改爲六年。
(五)國民大會改爲每三年召集一次，由總統召集之。
(六)原第三十一條第二項改爲國民大會經五分二以上代表之同意，得自行召集臨時國民大會。並應另加「總統得召集臨時國民大會」及「國民大會開會地點必須在中央政府所在地」二項。
(七)選舉罷免創制複決四權之行使，另以法律定之。——在國民大會章另加一條。
(八)總統副總統之任期，均定爲六年。
(九)五院各設副院長一人。
(十)各院院長副院長（除行政院外）及立法監察兩院委員之任期，均定爲三年。立法監察兩院院長及委員，連選得連任。
(十一)原第三十八條「依法」二字應删，並應將此條移置於原第三十六條之後。
(十二)原第四十四條應删。
(十三)在原第四十三條後增加兩條：
一　規定總統有發布緊急命令及爲緊急處分之權。
(附擬條文)國家遇有緊急情形，或國家經濟上有重大變故須爲急速處分時，總統得經行政會議之議決，發布緊急命令，爲必要之處置。

前項命令中如有須經立法院之議決者，應於發布命令後三個月內提交立法院追認。

二　總統得召集五院院長會議解決關於兩院以上事項，及總統交議事項。

(十四)行政院政務委員仍照原草案不規定名額，但應規定不管部之委員不得過管部者之半數。

(十五)原第五十九條改爲「行政院設行政會議，由行政院院長副院長及政務委員組織之，以行政院長爲主席。」

原第六十條「總統交議之事項」改爲「總統或行政院院長交議之事項。」

(十六)原第六十七條關於立法委員之產生，應改爲全數選舉，在憲法之施行章內規定一過渡辦法，半數選舉，半數由立法院院長呈請總統任命。

(十七)關於監察委員之產生，應在憲法之施行章內規定一過渡辦法，半數選舉，半數由監院院長呈請總統任命。

(十八)原第一百零五條應修正如左：

「凡事務有因地制宜之性質者，屬地方自治，地方自治事項，以法律定之。」

(十九)在憲法之施行章內，應規定未完成自治之縣，其縣長由中央任命之。(市亦同)

（二十）原第一百四十六條第一項關於違憲問題，應規定只能由監察院提出，並規定其提出時間之限制，（例如法律施行後六個月即不能提出謂其爲違憲）及其詳以法律定之。

（廿一）原第一百五十條應删，另定施行日期。

（廿二）在憲法之施行章內應規定一條：「第一屆國民大會之職權，由制定憲法之國民大會行使之。」

以上各條，擬請交立法院分別依照修正，或整理文字。其原草案內與本會所提意見有連帶關係之條文，並應修正之。

（廿三）下列各條，擬請交立法院再行審議整理：

甲　原第二十四條第二十五條；

乙　原第三十二條第六款；

丙　原第一百三十九條至一百四十四條。

以上憲法草案審議委員會審議意見二十三點，經中央常務委員會於四月二十三日提出第十次會議決議：（一）照審議意見通過交立法院；（二）原草案第七十六條「公務員懲戒」應删去。立法院即令交委員傅秉常、吳經熊、馬寅初、吳尚鷹、何遂、梁寒操、林彬審查。傅委員等於四月二十七日集會共同討議，當遵照中央所定原則，將憲法草案條文分別增删修改完竣，仍分八章，都一百四十八條。五月一日，立法院開第四屆第五十九次會議，將該審查修正草案提出討論，首由傅委員秉常報告審查經過畢，主席即宣告開始二讀，自第一條至第一百四十八條均以次通過，其中討論最久辯爭最烈而修正通過者，爲次列各條：

一　第四十四條　此條與第四十五條均係遵照中央原則第十三點增入，條文亦與該點所附之條文相同，惟略有文字上之修改。呂志伊發言，認本條文之「情形」兩字似甚抽象，主張改爲「事變」。衛挺生主張將本條文改爲「國家遇有非常事變，須爲急速處分時，總統有發布緊急命令及急速處分之權，」謂非常事變可包括一切政治上、社會上、經濟上之重大變亂。楊公達謂原條文立法意旨係指三種場合，一爲國內發生暴動，一爲國際發生戰爭，一爲經濟發生變更，皆係就中國實際情形，規定適當處置辦法，似無修改必要。主席乃以呂案付表決，贊成者四十四人，遂將此條第一項中之「情形」改爲「事變」。

黃右昌又以本條所謂緊急處置爲慎重計，無一不須經立法院之追認，主張將第二項「前項命令之事項，須經立法院議決者」刪去，改爲「但應於發布命令後三個月內提交立法院追認。」周緯主張將三個月縮短爲一個月。傅秉常謂本條追認案提出之時間，在中央審議時曾再三硏究，以憲法頒布後之立法院，亦如各國現時之議會，每年有一休會時間，定爲三個月，即在顧慮將來立法院之休會。周緯謂果有緊急事變發生，立法院在休會期內，亦可召開臨時會。呂志伊附黃議，幷謂本條立法精義，幷不在提請追認時間之久暫，而在使總統務須遵守提請追認之手續。主席遂以黃案付表決，以五十五人之贊成通過，即將本條第二項刪去而改爲但書。

二　第四十五條　對於此條，史尙寬、傅秉常、徐元誥等均有意見發表，主席宣告交由原審查委員等整理。傅委員秉常報告整理結果，主張增一第二項，大意爲憲法與法律另有規定事項，不適用前項之規定。呂志伊主張不設五院會議，衛挺生謂五院會議，可調解五院間之爭端，此制爲各國所僅見，吾人應保留之。嗣劉盥訓、傅秉常、郗朝俊、陳茹玄先後發言，主席以各委員意見紛歧，乃起立說明本條文之旨趣，略謂憲法草案原無此規定，中央以現在情況下之五院，因有中常會中政會爲最高決定機關，故院與院間幷無不可解決之事。憲法頒布後，國民大會幷不終年開會，故由總統召集五院長會議，以解決兩院以上之事項，藉收疏通調解之效。惟中央原則與草案條文之硬性的固定的規定，確有修改之必要。樓桐孫等又各提修正案，主席歸納各委員意見，提一新修正案，即「總統得召集五院院長會商關於兩院以上之事項，及總統諮詢事項，」結果無異議通過。

三　第五十一條　全草案通過二讀後，鍾天心對總統缺位時，應如何補救，提出討論，主席謂副總統一面於總統不能視事時代行其職權，一面亦爲候補總統，故萬一總統缺位，當然由副總統繼任，惟條文上應加以明白之規定。呂志伊謂總統副總統均缺位時，則應改選，此點亦應規定。各委員先後發表意見，僉謂鍾氏所提者，確應規定，呂氏所提者，則以第五十三條規定行政院院長代行總統職權，不得逾六個月，故總統副總統均缺位時，當然改選，無庸明定，遂決議第五十一條增加第一項，爲「總統缺位時，由副總統繼其任。」

四　第一百三十條　此條第三項原爲「各級政府不得於國內徵收貨物通過稅；但因改良水陸道路，而對於通過舟車徵收之使用費，不在此限。」鄭洪年主張將但書刪去，謂以前釐捐，久爲世人詬病，此項但書如不刪去，則裁釐前之舊病，又將有復活之機會，流弊甚大。陳長蘅則反對其說，謂公路之養路費，如不對汽車徵收使用費，則必向人民徵稅。國家建築公路，徵收經營汽車業者之使用費，實較向人民徵稅爲公允。主席謂此項所規定之使用費，實以刪去爲宜，全體委員均無異議。

五　第一百四十條　此條原規定：「法律與憲法牴觸者無效。前項情形，由監察院於該法律施行六個月內，提請司法院解釋，其詳以法律定之。」各委員對於此條爭辨最爲激烈，張志韓首提本條與第七十九條「司法院有統一解釋法律命令之權」有無衝突之疑義。呂志伊主張將第二項刪去，謂最易感覺法律與憲法牴觸者爲行政機關，而非監察院。再則如有牴觸，司法院可自行解釋，無待監察院提請。且立法院卽不應制定違憲之法律，而監察院職司彈劾，責任綦重，如再責以審核法律違憲與否，將不勝其繁。羅鼎主張將本條完全刪去，謂牴觸憲法之法律，當然無效。主席謂本條係根據中央原則而擬訂，應予維持，各委員多表同意。衛挺生、徐元誥又對於提請解釋之期間各有爭辯，卒以史尚寬之提議修改「前項情形」四字而結束辯論，結果改爲「法律與憲法有無牴觸」九字。

六　第一百四十三條　此條規定在過渡時期，立法委員監察委員之半數由各該院院長提請總統任命，惟立法委員有「擇有專門學識經驗者」之限制，而監察委員則無類此之規定，主席主張刪去，以歸一致。衛挺生則謂應加規定，梁寒操並主張對於監察委員資格亦加限制。傅秉常謂立法委員與監察委員任務不同，不妨一加以限制，一不必規定。楊公達謂立法委員究應由何等人才充任，院長自有權衡遴選，總統對於院長所提人選，亦不致不加察核，此等限制可以删去，各委員均無異議。

二讀完畢後，主席宣告將各修正條文提付三讀，其餘各條均省略三讀，三讀既畢，遂以中華民國憲法草案全案付表決，全體委員一致無異議通過。此爲第三次憲法草案，仍分八章九節，都一百四十八條，其修正前草案最重要之點，均爲中央原則所決定，除增設過渡條款與授總統以發布緊急命令權外，爲(一)國民大會由每二年召集一次改爲每三年召集一次；(二)國民代表、總統、副總統之任期由四年改爲六年，立法司法考試監察各院院長及立法委員監察委員之任期由四年改爲三年；(三)删除「總統總攬行政權」之條文；(四)公務員懲戒改由監察院掌理。

立法院議訂中華民國憲法草案，卽呈由國民政府於民國二十五年五月五日明令宣布。

第九節 國民大會組織法及代表選舉法原則之決定

自民國二十年「九一八」國難發生後，舉國惶惶，痛國亡之無日，於是有開放黨禁，結束訓政，召集國民大會，制定憲法之呼聲。是年十二月，第四屆中央執行委員開第一次全體會議於首都，中委李烈鈞、張知本等十餘人提議於六個月內設立國民大會。二十一年四月，國民政府召集國難會議，亦有於二十一年十月十日以前成立國民代表會之決議。同年十二月，第四屆三中全會決議擬定民國二十四年三月開國民大會。二十二年三月，中央有開臨時全國代表大會，提前召集國民大會之議，中央政治會議乃於第三百五十一次會議決議交立法院根據建國大綱及　總理遺教擬具國民大會組織法選舉法原則，送會核定，立法院即令交憲法草案起草委員會起草，至二十三年二月，該會結束，乃改交法制委員會辦理，惟迄未草擬完竣。

民國二十四年十一月，第五次全國代表大會決議召集國民大會日期，由大會授權於第五屆中央執行委員會決定，惟須於民國二十五年內實施。同年十二月，第五屆中央執行委員會第一次全體會議決議民國二十五年十一月十二日開國民大會，國民大會代表之選舉，應於十月十日前辦竣，國民大會組織法及代表選舉法交憲法草案審議委員會草擬原則，呈由常會發交立法院迅速議決公布。至二十五年二月，該委員會擬定國民大會組織法原則，及國民大會代表選舉法原則，於二月二十日提經中央常務委員會第六次會議決議通過，交立法院。又戴委員傳賢對於國民大會代表選舉法原則亦提出意見，併經決議送立法院參考。國民大會組織法原則共分八項如次：

一　組織（一）依國民大會代表選舉法選出之代表組織之。

（二）中國國民黨中央執監委員均得出席國民大會。

（三）左列人員得列席國民大會：

1 中國國民黨候補中央執監委員，
2 國民政府主席，
3 國民政府委員，
4 國民政府各院部會之長官，
5 國民大會主席團特許之人員。
(四)國民大會出席者互選二十五至三十一人組織主席團。
二 職權 (一)制定憲法。
(二)憲法所付予之其他職權。
三 會期十天至二十天，必要時得延長之。
四 法定人數 (一)非有到會代表過半數之出席不得開議，其議決以出席者過半數之同意爲之。
(二)憲法之通過，應有到會代表三分二以上之出席，經出席者三分二以上之同意決定之。
五 地點國民大會開會地點，在國民政府所在地。
六 召集由中國國民黨中央執行委員會交由國民政府召集之。
七 國民大會設祕書長一人，由主席團推定之。

八 國民大會得設各種審查委員會。

國民大會代表選舉法原則共分六項如次:

一 選舉方法

(一)區域選舉與職業選舉並用。

(二)一人不得兼有兩個選舉權。

(三)在區域內與職業團體中均有選舉權者，以參加職業選舉爲原則。

(四)在兩個職業團體中有選舉權者，任擇其一。

二 代表人數及名額之分配

(一)代表人數八百至一千二百人。

(二)職業團體代表占總額百分之三十五至四十，區域代表占百分之六十至六十五。

(三)各省市名額之分配，屬於區域者以人口爲比例，屬於職業團體者，視地方各業發展情形爲標準。

(四)實業團體及自由職業團體，以團體爲單位，不另分區域，其名額分配以會員人數或事業範圍爲標準，

三 選舉人及候選人資格

(一)選舉人資格以曾經舉行公民宣誓者爲限，但有下列情形之一者，不得有選舉權:

1 反叛國民政府經判决確定或尙在通緝中者，

2 曾任公務員而有貪汚行爲經判决確定者，

3 褫奪公權尙未恢復者，

4 禁治產者，

5 有精神病者，

6 吸食鴉片或其代用品者。

(二)候選人之資格

1 區域選舉之候選人，除具有選舉人資格外，應以年齡在二十五歲以上者爲限。

下列各款，交立法院參考：

甲 對於地方公益事業素有勞績者，

乙 捐資興辦地方公益者，

丙 學問資望爲地方所欽仰者。

2 職業團體之候選人，除具有選舉人資格外，應以在各該團體有選舉權，而年齡在二十五歲以上者爲限。

下列各款，交立法院參考：

甲　從事農業十年以上者，

乙　從事工業或商業五年以上者，

丙　從事教育事業五年以上者，

丁　從事各種自由職業五年以上者。

(三)區域選舉與職業選舉均由中央指定候選人。

1　區域選舉候選人指定及選舉之程序：

甲　區域選舉由中央就地方情形，將每省劃分爲若干選舉區。

乙　各選舉區由區內各縣鄉鎭長聯合推選十倍於該區應出代表之候選人。

丙　各選舉區推選之候選人，經省政府核減五分之一，再由中央指定三倍於各該區應出代表之名額。

丁　各區代表由各該區公民以普選方法，就中央所指定候選人中選舉之。

2　職業選舉候選人指定及選舉之程序：

由各職業團體之機關職員提出三倍於代表名額之候選人，經中央指定三分之二，由各職業團體全體會員選舉之。

3　不分區域之實業團體，及自由職業團體，其候選人指定及選舉之程序，與職業團體同。

（四）候選人以選舉區域人民與本團體會員爲限。

四　華僑之選舉，由僑務委員會辦理。

五　邊疆省區及未經設省之區域，其代表之產生由中央政府決定之，

（一）蒙古西藏選舉事務，由蒙藏委員會辦理。

（二）東北四省選舉辦法如下：

1　無區域與職業之別，采混合制，代表名額亦不依人口比例，由中央決定。

2　候選人由中央按照代表名額之三倍或二倍指定。

3　中央印發選舉證由四省人民或團體覓保向寄居地地方政府領取。

4　領有選舉證者，向當地政府投票，或將選舉票逕寄中央。

5　各地方政府對於四省公民投票，應另備票匭，俟選舉完畢，解送中央開票。

六　軍隊代表二十至三十名，其選舉方法另定之。

戴委員傳賢提出之意見，其最重要如次：

（一）第二項第四款實業團體及自由職業團體以團體爲單位，不另分區域，對於此種團體之組織，在本原則通過後，至開始選舉前，應有時間空間之限制，以防止因辦選舉而組織團體之流弊。

（二）候選人資格問題，關於年限的規定，應有一個說明，以免將來發生選舉訴訟時，無法解決，

（三）第三項第三款選舉區如何劃分，似應於選舉法加以規定，俾將來劃分時有法律上之根據。

（四）華僑選舉與蒙藏選舉，均應有選舉監督，似應在選舉法上加以說明。

同年四月，立法院院長孫科，副院長葉楚傖以國民大會代表選舉法原則中尙有應請補充及酌予修改之處，列舉理由三點，提經中央常務委員會於第九次會議決議增修原則三項，幷連同各委員會意見，函送立法院查照辦理。此三項增修原則如次：

一　國民大會各種代表之總額，規定如左：

（一）各省市區域代表名額共計六百八十七名，

（二）各省市職業團體代表名額共計三百二十二名，

（三）自由職業團體代表名額共計五十八名，

（四）蒙古西藏代表名額共計四十名，

（五）東北四省代表名額共計二十三名，

（六）國外僑民代表名額共計四十名。

以上各款之詳細辦法，由立法院參照各委員意見，就各該總額內酌量增減之。

二　選舉法原則第三項第三款第三目修正為「各選舉區推選之候選人，省政府得予以簽註，呈由中央指定三倍於各該區應出代表之名額。」

三　選舉法原則第二項第四款所定「實業團體」之名稱刪去。

各委員之意見，以戴委員傳賢、于委員右任所提出者為最重要。戴委員以自由職業團體代表名額共五十八名，可仍照原案。惟律師團體代表名額過多，應酌量減少，其酌減之數額，分別增加於教育團體，工程師團體，及其他各自由職業團體。于委員右任以新疆民族複雜，而現在情形，較前進步，代表名額，似嫌過少，應在相當比例之下，增加數名。戴于兩委員意見均經立法院略加采納。

第十節　國民大會組織法及代表選舉法之制定

立法院自奉中央頒發國民大會組織法及國民大會代表選舉法兩原則後，即令派委員傅秉常、梁寒操、林彬等二十四人遵照起草，并指定傅委員秉常召集開會。民國二十五年三月三日，傅委員等開第一次會議，將中央所定原則，提出共同詳加研究，結果推定林彬、徐元誥、呂志伊、黃右昌、史維煥五委員起草初稿，限三星期內完成，三月七日十一日五委員先後集會研討原則中應先解決各點，及代表名額分配等問題，并分向各關係部會徵詢意見，着手草擬條文。至三月十八日，完成國民大會組織法草案初稿，十九日完成國民大會代表選舉法草案初稿，惟關於各種代表名額之支配，及選舉區域之劃分，并其他各要點，則認為應慎重規定，均暫行保留，俟向中央請示後，再行決定。

三月二十七日，傅委員等開第二次會議，首由林委員彬報告兩初稿起草經過，并擬提請中央核示各點，當經各委員詳加討論，分別予以解決。惟對於代表名額之支配，實業團體之界限，及各選舉區推選之候選人可否免經省政府核減之程序等問題，則因關係重大，結果呈由孫院長葉副院長轉請中央核定。四月二日，中央常務委員會於第九次提出討論，當議定增修原則三項，連同戴委員傳賢等所提意見，一併函送立法院轉交傅委員秉常等查照辦理。

四月十七日，傅委員等開第三次會議，當遵依中央原訂及增修原則，將國民大會組織法草案初稿全部通過，都二十條。國民大會代表選舉法草案初稿共六十二條，除其中關於代表名額分配之條文一律保留，交林委員彬等五人整理外，亦分別修正通過。四月二十七日，林委員等即將保留各條及附表整理完竣，經傅委員等於四月二十九日開第四次會議討論通過，國民大會組織法及代表選舉法兩草案於是完成。

四月二十四日，立法院開第四屆第五十七次會議，將國民大會組織法草案提出討論，首由傅委員秉常報告起草經過，略謂同人起草本法時，對於國民大會職權曾縝密考慮，覺有一重大疑問，即此次國民大會除制定憲法外，是否尚須行使憲法所賦予之職權？抑另開國民大會行使憲法所賦予之職權？經再三研究，結果，遵照中央頒發原則，明定國民大會制定憲法，幷行使憲法上所賦予之職權，林委員彬亦起立報告本法之立法精神，略謂本法所指之國民大會，幷非憲草中之國民大會，故其組織職權與會期等均與憲草中所規定者不同。主席乃命紀錄祕書將草案逐條朗讀，讀畢，即宣告開始二讀，第一條第三條無異議通過，第二條修正通過，第四條第五條討論甚久，未及議決，餘各條均未開議。

四月三十日，立法院開第四屆第五十八次會議，繼續討論，梁委員寒操提出修正案，幷說明其旨趣，略謂：

「自本法草案披露以後，輿論界對本院在本法所負之事實責任，頗爲諒解，惟對立法技術問題，則頗多期望。爲調整本法體例，擬冠以弁言『國民政府茲依照中國國民黨第五次全國代表大會決議，召開國民大會，特制定國民大會組織法公布之。』藉明本法之所由來。將草案第二條改列第一條，以示此次國民大會之主要使命。次將草案原第一條改爲第二條，原第四第五兩條改爲第三第四兩條，以示此次國民大會組織之基幹。此種修改，並不違背中央原則，僅作條文文字之修飾。至此次國民大會係爲推行憲政而召集，在訓政時期本黨既代表人民行使政權，在憲政開始時期，本黨中央委員參加會議，自爲過渡時期應有之程序，凡屬國民，當能體諒斯旨。」

呂委員志伊繼續起立發言，謂梁委員所提修正案，應依本院議事規則，在二讀完畢後討論，各委員一致附議。主席卽宣告繼續二讀，二讀旣畢，院會接受梁案予以討論。對於弁言，各委員均主張於本院呈報國民政府公布國民大會組織法時一併敍明，毋庸創此特殊立法先例。第一條以原第二條改列，第二條則參酌張志韓意見，以原第一條改列，第三條參酌劉克儁意見，以原第四條改列，均修正通過。原第五條改列爲第四條，原第三條第一項改爲第五條，第二項依黃右昌提議，改爲第六條，均照原草案通過。原第六條至第十八條均依次遞改，略有文字上之修正。原第十九條依劉通提議删去，全法仍爲二十條。各條議畢，繼續三讀，國民大會組織法全案遂無異議通過。在二讀會中各委員討論最久者，爲下列兩點：

(一)國民大會之職權　原草案第二條規定國民大會之職權爲(一)制定憲法，(二)憲法所賦予之其他職權。羅鼎主張將「其他」二字删去。鍾天心謂「其他職權」不外選舉權，不如改爲選舉權。傅秉常謂本條之爭點，卽在本法所指之國民大會是否僅限於制定憲法？抑尙須行使憲法所賦予之其他職權？惟制定憲法開一國民大會，行使憲法賦予之職權又開一國民大會，手續似過麻煩，在今日情況下亦屬不易。主席乃宣讀中央所定原則，謂此次國民大會除制定憲法外，仍行使憲法賦予之職權。樓桐孫謂根據各國憲法先例及　總理遺教，非常時期之國民大會本有兼有此兩種職權之必要。史尙寬主張將「憲法所賦予之其他職權」删去，另在憲法過渡條款中規定。主席謂與原則出入甚大，結果照梁寒操所提修正案通過，卽「國民大會制定憲法，及行使憲法所賦予之職權。」

（二）中央執監委員之出席國民大會　原草案第四條規定國民大會開會時，中央執監委員均得出席。史維煥、陳茹玄等謂本法所稱之國民大會既能行使憲法所賦予之職權，則中央執監委員能否有出席國民大會之特權，似應考慮。主席起立發表沈痛之演說，略謂當茲國難嚴重，爲團結人心集中力量起見，故有召開國民大會必要，俾民意有所宣達，庶舉國上下或有一致之精神與步驟，以解除外患，挽救危亡，非謂召開國民大會以後，國民黨革命建國之責任可解除。呂志伊、陳長蘅則謂應加以但書之限制，因召開國民大會以後，政權可以不變，治權機關不能不改選，經各委員再三商洽，決定照梁寒操所提修正案，改爲「中國國民黨中央執行委員、中央監察委員爲國民大會當然代表」，既可補充原則之意旨，又可避免將來解釋之麻煩，遂無異議通過。

五月一日，立法院開第四屆第五十九次會議，於通過中華民國憲法草案後，繼續討論國民大會代表選舉法草案，首由傅委員秉常作詳盡之報告，林委員彬對於各種代表名額之支配，亦有詳細之說明，略謂：

「關於區域選舉省市應出代表名額之支配，係依照中央原則以人口多寡爲比例，此項人口之統計，係根據內政部二十四年底編造之各省市戶口統計表，并參考本年報部之各省市戶口統計表所載各省市人口之總數。各省代表以九名爲最低額，四十四名爲最高額，各市代表以二名爲最低額，八名爲最高額，以期各省市代表名額不致相差過鉅。每省人口未滿百萬者，出代表九名，百萬以上每增加滿八十萬人增出代表一名，但以四十四名爲限。每市人口未滿二十萬者，出代表二名，二十萬以上每增加滿三十萬人增出代表一名，但以八名爲限。此種辦法既可預防人口較多之省市，不致多出代表，操縱會議，而可顧全人口較少之省市，亦得選出代表參加會議，共紓救國之意見。

至各省選舉區之劃分，係以內政部擬劃選舉區表爲依據。各選舉區代表名額計算之方式，爲(一)以全省所轄之縣數(市或設治局均作縣算)除該省應出之代表名額，爲每縣應出之代表率；(二)以前項代表率乘每選舉區所轄之縣數，爲該區代表之名額；(三)依前項分配代表有餘額時，則分配於剩餘小數較大之選舉區，小數同者，儘先排列於在前之選舉區。此因我國幅員廣大，交通不便，各縣人口之統計，不僅調查需時，且亦不甚精確，故對於省之代表名額分配，可以人口比例爲原則，而對於每選舉區之代表名額分配，則不得不求諸他途。旋以建國大綱規定國民大會每縣均應選派代表一人參加，乃決定每選舉區代表名額之支配，以其所轄縣市或設治局多寡爲標準，藉符　總理遺教之精神。

關於職業選舉各種職業團體代表名額之支配，係依實業部送來之各省市職業團體調查參考材料，并比照國民會議時所分配職業代表之名額，而爲適當之分配。自由職業團體代表名額之支配，係參考內政、實業、教育各部所供給之調查表册，以各業所處地位及其事業範圍爲標準。

關於特種選舉東北四省代表名額之支配，係依據中央原則辦理，在各省市區域選舉代表名額內合併分配，因其選舉方法不同，故列入特種選舉中。蒙藏代表名額之支配，係酌采蒙藏委員會之意見，分就地與寄地兩種選舉程序。在外僑民代表名額之支配，係酌采僑務委員會之意見，并比照國民會議代表選舉法而規定。軍隊代表名額之支配，係依照中央原則所定之最高額，并采用軍事委員會之意見而定其選舉之方法。以上各種代表名額之支配，均經縝密研究，可稱公允適當。」

林委員報告畢，因時間已屆，未及開議。二日繼續開會，主席即宣告開始二讀，第一條因國民大會組織法條文之次序變更，修正通過。自第二條至第三十四條均照原案通過。第三十五條規定華僑應出之代表名額，傅秉常以華僑選舉固應以人口爲比例，亦須顧及革命歷史，因中國之革命史，無一頁不與華僑有關，尤以在美國與菲律賓之華僑爲最，主張各增代表一名，并將在馬來與暹羅者各減一名。楊公達謂本條將香港澳門作爲國外，有喪失國權之語病。黃右昌提議將「國外」改爲「在外」均無異議通過。餘各條無多討論，均照原案通過。繼討論附表，第一三四各表均無異議通過。第二表係列各省所分之選舉區，及各區所包括之縣市，湘之羅鼎，滇之呂志伊，晉之劉盥訓等均主張重加研究，主席乃將各委員意見，諮詢院會同意，授權林彬等五委員負責整理，整理完竣後，逕呈院長核定。二讀既畢，國民大會代表選舉法全案遂經出席委員一致同意省略三讀程序通過。

立法院議定國民大會組織法及國民大會代表選舉法，即呈由國民政府於民國二十五年五月十四日明令公布。國民大會組織法共二十條，不分章節。國民大會代表選舉法共六十二條，分八章：(一)總綱，(二)區域選舉，(三)職業選舉，(四)特種選舉，(五)選舉總事務所及選舉監督，(六)選舉及當選無效，(七)選舉訴訟，(八)附則，第四章又分遼寧、吉林、黑龍江、熱河四省之選舉，蒙古、西藏之選舉，在外僑民之選舉及軍隊之選舉四節。此兩法之要點，卽爲中央常務委員會所定之原則，此外略如下列：

一　國民大會出席代表互選三十一人組織主席團，國民大會每次開會時，由主席團推定一人爲主席。

二　國民大會設代表資格審查委員會，提案審查委員會，必要時得設特種委員會，幷置秘書警衛兩處。

三　國民大會代表之分配：(一)依區域選舉方法選出者，計各省六百三十八名，各市二十七名；(二)依職業選舉方法選出者，計農會漁會一百一十名，工會一百零八名，商會航業公會一百零四名，自由職業團體五十八名；(三)依特種選舉方法選出者，計東北四省四十五名，蒙古二十四名，西藏十六名，在外僑民四十名，軍隊三十名，總額爲一千二百名。

四　中央設國民大會代表選舉總事務所，直隸於國民政府，置主任副主任各一人。各省設選舉總監督，以民政廳廳長充任，各選舉區設選舉監督，以各該區最高行政長官充任，或由選舉總事務所就該區內行政長官派充。直隸於行政院之市設選舉監督，以市長充任。東北四省及自由職業團體之選舉，以內政部部長爲選舉總監督。蒙藏在外僑民及軍隊之選舉，分別以蒙藏僑務軍事各委員會委員長爲選舉總監督，並得設選舉監督，由選舉總事務所派充之。

五　選舉日期及場所，由選舉監督定之。

六　關於國民大會代表選舉之投票開票，分別置管理員監察員，由選舉監督派充之。

七　國民大會代表之選舉，以無記名單記法行之，以得票比較多數者爲當選，票數相同時，抽籤定之。當選證書，由選舉監督發給。

八　選舉無效，應依法改選，當選無效，或當選人不願應選時，應以候補人依次遞補。

八、[illegible]

[illegible]

七、國民大會代表之[illegible]

六、國[illegible]國民大會代表[illegible]

第三編　各論

第一章　憲法

「憲法」之名詞，散見於吾國載籍。國語有云「賞善罰姦國之憲法也。」管子曰「有一體之治，故能出號令，明憲法矣。」此所謂「憲法，」乃普通法令刑律之意，並無根本大法之義。現世所謂憲法，有兩方面之意義。以實質言，憲法爲規定國家根本組織及其活動範圍之法律，吾國之周禮，唐之六典，明淸兩代之會典，均可謂爲成文憲典。以形式言，憲法之效力高於普通法律，其修改之程序，異於普通法律，如是則吾國之有憲法實萌芽於晚淸之立憲運動，而正式根本法，則與民國以俱來。

淸自光緒三十三年七月，下詔宣示預備立憲之旨，至光緒三十四年八月，乃明諭頒布憲法大綱二十三項。其內容分爲兩大部分：(一)君主大權，共十四項；(二)臣民權利義務，共九項。此大綱大致采自日本，由憲政編查館草定，雖經會商資政院，但當時該院議員尙未召集，只有正副總裁及其他幫辦協理等官員。且係一種原則，只爲將來編纂憲法之準繩，在正式憲法未頒以前，並無若何效力。至宣統三年八月，武昌起義，淸廷復於是年九月十三日頒布十九信條。此信條由資政院根據統制張紹曾等之提案而議決，規定憲法起草議決之權，屬於資政院，而提案修改之權屬於國會；采責任內閣制，表現當時「虛君共和」思想至爲顯著。就其內容言，固仍爲一種憲法原則，但就效力言，實可謂爲一種臨時憲法。

民國創立以來，其根本法有已失其效力者，有不爲國人所承認者，有僅爲草案并未公布者，有已公布現正施行者，有草案完成尚待決定者，茲依次分述之。

第一節　中華民國臨時政府組織大綱

辛亥八月十九日，武昌起義，各省相繼響應。九月十九日，湖北都督府電請各省迅派全權代表赴鄂。九月二十一日，蘇督程德全，浙督湯壽潛，聯電滬督陳其美，倡議各省公舉代表，集議滬上。九月二十五日各代表在滬開第一次會議，定名爲各省都督府代表聯合會。十月初四日，聯合會議決移鄂開會。時漢陽失守，武昌危急，各代表等乃假漢口英租界順昌洋行爲會址，於十月十日開第一次會議，推譚人鳳爲議長。十二日，議決先制定臨時政府組織大綱，選舉雷奮、馬君武、王正廷起草。十三日，卽議決臨時政府組織大綱二十一條，卽日宣布。此大綱自起草至議決，不過兩日，程序至爲簡略。說者謂雖爲雷奮等起草，實則出自宋教仁之手。簽名者，有湖北代表時象晉、孫發緒、胡瑛、王正廷；山東代表謝鴻燾、雷光宇；福建代表潘祖彝；湖南代表譚人鳳、鄒代藩；安徽代表趙斌、王竹懷、許冠堯；廣西代表張其鍠；浙江代表陳毅、陳時夏、湯爾和、黃羣；江蘇代表馬君武、雷奮、陳陶怡；直隸代表谷鍾秀；河南代表黃可權；共二十二人。各省代表人數不等，表決權均爲一票。

臨時政府組織大綱宣布後，議者謂遺漏「人權」應予補充；或有謂行政各部，不應訂入根本法，致無伸縮餘地；或又謂組織大綱采美之總統制，而無副總統之規定，解釋者則謂此大綱之有效期間甚短，其第二十條規定臨時政府成立後，六個月內召集國民會議，屆時自當另定完全憲法。湘代表宋教仁主張修改組織大綱最力，幷晏集各代表陳說必須修改之理由，歷二小時，但贊成者甚少。十一月十二日，孫臨時大總統派黃興至寧，蒞代表會發表修改組織大綱之意見。時已午後九時，於是由雲南代表呂志伊，湖南代表宋教仁，湖北代表居正提出修正案，要點如下：

一　原第一章臨時大總統下加「臨時副總統」五字；原第一條改爲「臨時大總統、副統統，皆由各省代表選舉之，代表投票權，每省以一票爲限。」

二　原第五條改爲「臨時大總統制定官制官規，幷任免文武職員，但任命國務各員，須得參議院之同意。」

三　原第三章行政各部改爲「國務各員」；原第十七條改爲「國務各員執行政務，臨時大總統發布法律及有關政務之命令時，須副署之。」

前列三項，第一二兩項已於當晚議決，第三項延至次日始議。時有宋教仁謀爲國務總理之謠傳，各省代表因誤會組織大綱之修改，完全出於私意，攻擊之不遺餘力。次日，即民國元年一月二日，蘇、皖、浙、閩、桂五省代表忽提出異議，謂修改組織大綱問題異常重大，不應於夜間議定，應作無效。實則當時代表會開會，并無定時，只須有十省以上之代表到會，其決議案即爲有效。組織大綱修正案之議決已具備此條件，推翻實爲不合。惟多數代表仍主張另提修正案，並經決議如次：

一　原第一條改爲「臨時大總統副總統皆由各省代表選舉之，以得票滿投票總數三分之二以上爲當選，代表投票權，每省以一票爲限。」

二　原第五條改爲「臨時大總統得制定官制官規，兼任免文武職員，但制定官制官規，及任命國務各員，及外交專使，須得參議院之同意。」

三　原第六條後增一條，爲「臨時副總統於大總統因故去職時，得升任之；如大總統有故障不能視事時，得受大總統之委任，代行其職權。」

各代表又以臨時政府組織大綱本爲暫時根本法，惟一再修改，紛紜反覆，恐政府將無鞏固之日，於是議定修改程序三條，限制甚嚴，此後亦未發生修正之事實。

此組織大綱共四章二十一條，可謂民國開創之臨時憲法，值軍事倉皇之時，爲暫時權宜之計，草創伊始，美備蓋難。其精神極似美國憲法，對於人民之基本權利與義務，無明文規定。規定臨時大總統之權限甚大，不設國務總理，采嚴格總統制。立法機關爲參議院，采一院制；參議員每省三人，由各省都督派遣，蓋在軍事時期，各地方秩序未復，舉辦選舉不易，故未能遽由民選。其施行期限，以中華民國憲法成立之日爲止。元年三月十一日，臨時約法宣布，此大綱即當然廢止。

第二節　中華民國臨時約法

民國元年一月二十八日，參議院成立，各參議員以臨時政府組織大綱過於簡略，無人民基本權利義務之規定。同第二十條所定臨時政府成立後六個月內召集國會之期限太促，各地選舉籌備不及，勢非予以修正不可。惟仍就原組織大綱修正，則不能賅括國民權利義務各條，遂決定制一臨時約法，以代替組織大綱。時臨時政府法制局局長宋教仁擬具臨時政府組織法草案，共分七章，都五十五條，由孫總統咨送參議院參考編訂。此草案之要點有三：(一)列舉人民之權利義務，惟關於權利，得依法律限制；(二)規定大總統得單獨宣告大赦、特赦、減刑、復權，及與外國宣戰、媾和，無須經參議院之同意，並得發布同法律之教令；(三)有「臨時大總統，除典試院、察吏院、審計院、平政院之官職及考試懲戒事項外，得制定文武官職官規」之條文，似略采五權憲法之意。惟參議院接受此草案後，仍主張自行起草，并於元月三十一日議決，將草案退回政府。該院旋組織編輯委員會，擬具中華民國臨時約法草案，於二月七日提付院會討論，至三月八日，即已完成審議、第二讀會、第三讀會之程序，即日公布，所經時間，不過三十二日。至三月十一日，又經臨時大總統公布。

臨時約法共七章，凡五十六條，在正式憲法未產生以前，其效力與憲法等。惟其制定之機關，爲南京參議院；

參議員由各省都督派遣，幷非由國民選舉，雖足以代表多數省分，究未能代表全國，殊有違背民主主義之精神。但就事實言，當時參議院雖非國民代表機關，實可以代表一切革命勢力。該約法經過合法審議程序，無威脅利誘情事，得全體參議員表示同意，一致可決，故其效力權威在吾國其他諸種憲法之上。

臨時約法之內容，大致要點有三：第一、增入「人民」一章，規定人民之權利義務，但甚簡略，並於第十五條定爲「本章所載人民之權利，有認爲增進公益，維持治安，或非常緊急必要時，則依法律限制之。」則所列權利，只能限制行政司法兩機關，不能限制立法機關。第二、立法機關仍采一院制，參議院之參議員由各地方自定方法選派。第三、行政機關采責任內閣制，大總統由參議院選舉，又設副總統。蓋以民選總統程序複雜，當時勢難實行。而未來總統之必須畀諸袁世凱，亦爲當時勢所必至，故設有國務員負責之規定，以減削其權威，而預防其專擅。又黎元洪前已由各省代表選舉爲副總統，並爲起義元勳，故因人而設此職位。凡此均與當時政象不無關係，要自有其立法精神之所在。

第三節　民國二年中華民國憲法草案

臨時約法第五十四條規定：「中華民國之憲法，由國會制定。」又依第五十三條，國會之召集，應在本約法施行後十個月以內。臨時約法於民國元年三月十一日公布施行，遲之又久，正式國會始於民國二年四月八日成立。國會開幕後，即積極進行制憲，由參衆兩院各於議員內選出起草委員三十人，於七月十三日成立憲法起草委員會。該委員會於七月十五日開第一次會議定委員會之規則；於七月十九日開第二次會選舉委員長一人，理事六人。時共和初建，大法未立國本未定，全國人心，亟望早日制定憲法，選舉正式總統，得各國之承認。參議院特開會議定自憲法起草委員會委員長選定之日起限四十五日內完成憲法草案，函經衆議院同意，咨請該委員會查照。

憲法起草委員會旋開第三次會議，議定憲法起草程序，分爲兩步：第一，大綱起草，將憲法內最重要之事項作爲議題，討論有結果，始爲條文起草；第二，條文起草，根據議決之大綱，分次章節，系以條文，再逐條討論，爲形式完備之憲法案。大綱起草者爲委員孫鐘、張耀曾、汪榮寶、黃雲鵬四人，大綱議題凡十二：(一)領土是否規定？用列舉？抑概括？(二)人民權利義務，是否采列舉之規定？(三)國會采兩院制？抑一院制？其選舉與權限如何規定？(四)行政部之組織，採總統制？抑內閣制？(五)大總統選舉之方法及權限；(六)副總統應否設置？(七)國務員之權限；(八)平政院應否設置？(九)審查法律權；(十)解釋憲法權；(十一)預算、決算、審計院；(十二)憲法修正問題。以上十二條，於八月二日，憲法起草委員會開第四次會，提出討論，至九月二十三日，開第二十一次會，即完全議畢，共開會十八次，其他尙有開會時臨時動議，經表決作爲議題者：(一)孔教問題，(二)省制問題。

大綱十二條既巳分別議有結果，乃開始條文起草。起草條文者爲委員黃雲鵬、張耀曾、孫鐘、李慶芳、汪榮寶五人。旋起草完畢，憲法起草委員會於十月十四日，第二十四次會，開二讀會，提出逐條討論議決，至十月二十八日，第三十二次會，共開會九次，全案條文通過，完成第二讀會之程序。復於十月三十一日，第三十三次會，接開三讀會，一日而畢，中華民國憲法草案全案成立，卽世所謂天壇憲法草案。時值贛寧二次革命失敗之後，議會情勢危迫，委員之被袁氏捕殺或逃亡者已有十餘人，解散之風已播，憲法起草委員會爲急於完成使命，俾免功虧一簣，故三讀會得以一日而畢。憲法草案全案議決後，於十一月一日咨交憲法會議。

憲法草案自起草至議決，歷時三月餘，其間辯爭最烈者，爲省制問題與孔教問題。憲法起草委員會於九月二十三日開第二十一次會議，丁世嶧提議地方制度問題，各委員均主緩議。至二讀會既終，主席諮詢陳銘鑑所提之地方制度，應否入憲？汪彭年謂關係重大，未有具體提案，卽不加以討論。吳宗慈主張地方制度，可讓之單行法規定，不必訂入憲法。時國會勢甚危殆，憲法起草委員會急於收束，各委員對於此問題遂未詳加討論。當憲法大綱議畢後，委員陳銘鑑提出孔教應否規定爲國教案，朱兆莘提議以孔教爲國家教化之大本，黃贊元提議中華民國以孔子之道爲風化大本，討論結果各該案均完全廢棄。至二讀會畢，汪榮寶又動議國民教育，以孔子教義爲大本；陳銘鑑主張以孔子之道爲倫理之大本；孫潤宇謂倫理之大本可改爲修身之大本。經各委員互相協調，乃定爲「國民教育以孔子之道爲修身之大本」，多數委員贊成通過。

憲法草案全文分十一章共一百十三條，其最要之點凡六：(一)列舉人民之自由權利甚詳，惟依法律得以限制，或停止或侵犯；而所謂「依法律」並未定有特殊之條件與明確之範圍。(二)規定國會由參衆兩院構成，並於閉會期間，設國會委員會，由議員中選出四十委員組織之。(三)采責任內閣制，衆議院對於國務總理之任命，有同意權，對於國務員，得為不信任之決議，大總統經參議院之同意，得解散衆議院。惟行政機關有頒布緊急命令權，與財政緊急處分權，但均須經國會委員會之議決。(四)行政訴訟由法院依法受理。(五)設審計院以審核國家歲出之支付命令，及歲出歲入之決算案；審計員由參議院選舉，院長由審計員互選。(六)憲法之修正與解釋，均由國會議員組織憲法會議行之。

第四節　大總統選舉法

憲法起草委員會成立後，即積極進行草憲。參衆兩院原議定限該委員會自委員長選出之日起，於四十五日內完成憲法草案。瞬至限期將屆，而憲草似未能傯促告成。九月五日、八日，參衆兩院先後議決選舉中華民國總統，不能俟諸全部憲法完竣之後，應先行選舉。九月十二日，復依照國會組織法，開會合會，以兩院議員各三分二以上之出席，將先選總統案提出討論，僉謂選舉法應由憲法起草委員會起草，並限定五日內起草完竣，交由兩院於九月十七日會合議定，當經出席議員四分三以上之同意議決，函請憲法起草委員會查照辦理。

關於大總統選舉之方法，在憲法起草委員會中前已提出大綱，於八月十二日第七次會，十四日第八次會，詳加討論，其有結果者凡三：

(一)選舉機關　由兩院議員組成國民議會，或國民公會。

(二)當選票額及出席人數　以兩院議員總額四分三之出席，得出席議員三分二之票額爲當選。如一次不足票額時，得舉行二次投票；二次投票不足時，取票額較高之二人決選，以比較多數爲當選。

(三)總統任期　定爲六年，不得連任，得再任。

旋憲法起草委員會繼續開會，議定總統選舉法中應加入之大綱爲(一)總統資格問題，(二)副總統選舉問題，(三)就職宣誓問題，(四)附則問題。及參衆兩院函憲法委員會限期起草總統選舉法，即由該會委員長指定伍朝樞，汪榮寶，何雯爲起草員。起草員等當根據前後議定之大綱，分別擬就條文，於九月十五日、十六日，經委員會兩次開會討論完畢，共爲草案正文六條，附則一條，并具理由書一併提交憲法會議。

九月二十六日，兩院議員合組憲法會議，開議大總統選舉法，先由憲法起草委員會委員長湯漪說明草案旨趣，完成初讀，即決議付審議。審議會於九月二十九日，三十日，兩次開會，將草案提出逐條討論議決，其結果：

(一)標題，第一條，第二條第一項，第三條第二項，第四條，第六條，附則，均照草案原文通過。

(二)第二條第二項所定之總統選舉會之出席人數，改爲選舉人總數三分二，當選票數改爲投票人數四分三，決選改爲以得票過半數爲當選。

(三)第三條原案分爲三項，因提出修正案，將第一第二兩項併爲一項，改爲「總統任期五年，如再被選，得連任一次」，原第三項，改第二項。

（四）第五條原案分三項，改爲四項。第一項爲「大總統缺位時，以副總統繼任，其因精神喪失，不能執行職務時，以副總統代理之」，第二項爲「繼任或代理，以本任大總統任滿期限爲限」，第三項爲「副總統同時缺位，或不能代理時，由國務院攝行其職務」，第四項爲「民國議會議員，須依期自行集會，組織總統選舉會，行次任大總統之選舉。」

大總統選舉法草案審議完畢，即交由憲法起草委員會整理文字。十月四日，憲法會議開三讀會，出席議員六百七十二人，主席以大總統選舉法全案付表決，起立者六百五十一人，以出席議員四分三以上之同意議決。三讀會畢，楊永泰提議宣布手續，劉崇佑主張由議長宣讀一過，即爲大總統選舉法完全發生效力之時，惟交通不便，可以憲法會議名義咨行政府，通告全國，以補足宣布之手續。衆委員均贊同，當即議決宣布，并送登政府公報，於十月五日由憲法會議咨達袁大總統查照辦理。

大總統選舉法自起草至公布，歷時未及一月，雖時間短迫，容有未盡周妥之處，而其立法精神，亦有可述：第一、總統之産生，采國會選舉制，不采人民選舉制，蓋以吾國由專制一躍而爲共和，人民直接選舉，驟難實行。第二、大總統就職，必宣誓遵守憲法，此雖虛文，所關甚鉅。第三、當選爲總統，必須有最高度之票額，以免爲強有力者所覬覦，而僥倖以獲選。第四、設置副總統，以備大總統缺位，或因故不能執行職務時，得繼任爲大總統，或代理其職務。第五、大總統任滿，應即解職，即連任以一次爲限，俾免久據高位，致生異心。

自新約法於三年五月一日公布施行後，參政院代行立法院以大總統選舉法與該約法諸多牴觸，并事實上萬難實行，乃於三年八月十八日開會議決，大總統選舉法，應由約法會議修正，當提出建議案，咨請政府查照辦理。政府卽錄案轉咨，并聲明大總統選舉法修正案，務與新約法適合吾國國情相宜，事關國家根本大法，應如何統籌兼顧之處，應由約法會議起草議決。

約法會議嘗將修正大總統選舉法案，列入議事日程，於八月二十六日開會討論大體，決定先付審查，由議長指定議員李盛鐸、王樹枏、陳瀛洲、舒禮鑑、齊耀珊、邵章、向瑞琨、胡商彝、朱文劭、嚴天駿、夏壽田、王印川、柯劭忞、那彥圖、寶熙等十五人為審查員。經審查員等迭次開會討論，審查完結，繕具報告書，該會議復於九月七日開會議決起草修正案，由議長指定議員嚴復、王世澂、顧鰲、鄧鎔、程樹德、夏壽田、李槃等七人為起草員，嚴起草員等迭經集會詳細研究，擬具修正大總統選舉法草案，於十二月二十一日提出約法會議大會討論，議決交付審查，由議長指定施愚、馬良、梁士詒、鄧鎔、李盛鐸、趙惟熙、王祖同、那彥圖、王揖唐、曾彝進、巴哈布、馮需、汪涵、齊耀珊、舒禮鑑等十五人為審查員。審查員等嘗將該修正草案詳細審議通過，由約法會議於十二月二十五日開會提付初讀，就大體討論後，繼續開二讀會，逐條討論議決，於十二月二十八日，接開三讀會，通過修正大總統選舉法全案。

約法會議議決修正大總統選舉法後，咨由政府於三年十二月二十九日公布，並另以告令宣示修正之理由。其主要之點凡四：(一)大總統任期定為十年，連任不加限制。(二)總統繼任人，應由現任大總統推荐合於資格者三人由總統選舉會選舉。(三)總統選舉會由參政院參政及立法院議員各互選五十人組織之。(四)每屆大總統任滿舉行選舉之年如參政院認爲政治上有必要時，得爲大總統連任之議決。

第五節　中華民國約法

民國二年十月十日，袁世凱就任正式大總統，於十月十六日，向衆議院提出增修臨時約法案，其請求增修之點有五：

一　約法第三十三條修正爲「大總統制定官制官規」不交參議院議決。

二　約法第三十四條修正爲「大總統任免文武職員，」删除但書「任命國務員及外交大使須得參議院同意」之規定。

三　約法第三十五條修正爲「大總統宣戰、媾和、及締結條約，」不經參議院之同意。

四　於約法第四十條下增一條，爲「大總統爲保持公安防禦災患，於國會閉會時，得制定與法律同效力之教令。」

五　於前條後又增一條，爲「大總統爲保持公安，防禦災患，有緊急之需用，而不及召集國會時，得以教令爲臨時財政處分。」

時國會正從事於憲法之起草，不久卽當制定公布，以臨時約法無增修之必要，對於政府提案，並未加以討論。

三年三月十八日，約法會議成立，袁氏於三月二十日復提出增修臨時約法大綱七項：

一　外交大權歸諸總統，對外宣戰、媾和、及締結條約，不須參議院或國會之同意。

二　大總統制定官制官規，及任用國務員與外交大使、公使無庸經參議院或國會之同意。

三　采用總統制，不置國務總理各部總長均稱國務員，直隸於大總統。

四　正式憲法應由國會以外之國民會議制定，大總統公布之；正式憲法之起草權，歸於大總統及參政院，其修正權歸於大總統與立法院。

五　關於人民公權之褫奪回復，大總統得自由行之。

六　大總統有緊急命令權，但次期國會開會時，須於十日內，提出於國會得其承認。

七　大總統有緊急財政處分權，但次期國會開會時，須得其承認。

右列大綱，較二年十月十六日提出之案，更爲變本加厲。後袁氏又咨請約法會議將清帝遜位後優待條件，及清皇族與滿蒙回藏各族待遇條件，一併增入約法，以確定其效力。

約法會議當將增修約法大綱案列入議事日程，開會討論，決定先付審查，由議長指任議員馬良、那彥圖、嚴復、王揖唐、王邵廉、鄧鎔、王丕煦、傅增湘、許世英、李湛陽、陳瀛洲、關冕鈞、莊蘊寬、趙惟熙、曾彝進等十五人爲審查員。

審查會迭次討論結果，對於約法增修大綱，一致贊成，具書報告，提經約法會議開會議決，由議長指任議員施愚、顧鼇、黎淵、程樹德、鄧鎔、王世澂、夏壽田等七人爲起草員。旋該會議又將優待等條件增入約法案提出討論，當決定由議長指定議員寶熙、那彥圖、阿旺根敦、江曲達結、噶拉增、夏壽田、劉心源、賈耕、嚴天駿、王世澂、王祖同、王樹枏、梁士詒、秋桐豫、邵章等十五人審查。審查完畢後，復經提會討論，議決交起草員倂案起草。

該起草員等迭次集會研討，草具中華民國約法增修案，經約法會議提出大會討論，大體決定，仍付審查，由議長指任議員嚴復、王揖唐、梁士詒、曾彝進、許世英、陳瀛洲、龍建章、朱文劭、張國溶、王印川、李渠、舒禮鑑、汪涵、王學曾、張其鍠等十五人爲審查員。嚴議員等迭次詳細審查，分別修正通過，提經約法會議討論大體後，接開二讀會，議定中華民國約法都十章，共六十八條；復於三年四月二十九日開三讀會，議決全案。

約法會議議決中華民國約法後，卽咨由大總統於三年五月一日公布施行。該咨縷述增修約法之經過，撮舉全體議員對於增修約法之意見，幷詳敍新約法之旨趣云：

「此次增修約法主旨所在，不外力謀國權之統一，以期鞏固國家之基礎。……以統治權之不可分割也，於是設總攬機關，以議會政治之萬不宜於今日之中國也，於是以總攬統治權，屬之於國家元首，以重大總統之權，而又不能無所限制也，於是有對於全體國民負責之規定。以國勢至今，非由大總統以行政職權，急起直追，無以救危亡也，於是凡可以掣行政之肘，如官制官規之須經院議，任命國務員、外交官以及普通締結條約之須得同意等項皆予刪除。凡可以為行政之助者，如緊急命令，緊急財政處分等，悉予增加。以國權脆弱，亟宜注重軍防也，於是特定陸海軍之統率及編制權，以揚國威而崇兵備。以共和建設來日方長，非策勵殊勛，不克宏濟艱難也，於是設各項特別榮典，以符優待，而勸有功。以大總統之職責既重，必須有籌議政務機關，以備諮詢也，於是有參政院之設，以維持共和立憲之精神。至於優待條件，為統治權移轉所關，亦民國國家之所由成立，確定效力，尤屬當然。」

中華民國約法之內容，大致如約法會議原咨上述各點；此外對於立法權，采一院制，設立法院，并規定在立法院未成立前，以參政院代行其職權。此約法施行後，臨時約法即行廢止。

第六節　民國八年中華民國憲法草案

民國七年八月十二日，新國會成立，至十二月，參衆兩院各於議員中選三十人，合組憲法起草委員會，從事制憲。該委員會於十二月二十七日、三十日兩次開會，選舉委員長及理事四人，議決本會規則，其最重要之規定為(一)委員長主持會內一切事務，於會議時為主席，理事整理議事錄及一切文件，委員長有事故時，以名次列前者代行其職務。(二)開會須有委員三分二以上之出席，決議以委員總額半數之一致成之。(三)委員長欲自與討論時，應臨委員席，理事在會議時，發言表決與委員同。(四)開會時，兩院議員得隨時旁聽。

八年一月六日，憲法起草委員會開會，總決不適用二年憲法草案，另行起草，并指定起草員五人。起草員等即共同研究，提出憲法大綱二十條，經委員會於一月十三日開會，議決大體，又於一月十五日起至四月九日止，共開會九次，將大綱各條分別議決。各起草員復依據大綱草具條文，並經迭次開會審查，逐條通過。委員會即開二讀會，將憲法草案提出討論，五月三十日議決第一條至第十七條，六月十六日議至第三十一條，六月二十三日，議至第五十六條，六月二十七日，議至第五十九條，并將草案國務院章第六十條、第六十一條，交起草員另擬條文。六月三十日，繼續討議，議決第六十條至第七十五條第一項，七月四日，議至第九十四條，七月十一日，將國務院章各條議決，憲法草案即完全二讀通過，當交由起草員等整理文字，草擬說明書。至八月十二日，憲法起草委員會繼續開三讀會，議決全案，謂之中華民國憲法草案，即咨送參衆兩院。九月十九日，該委員會復開談話會，整理憲法草案說明書，當日完畢。惟新國會并未將此草案提出討論。

此憲法草案共一百零一條，名雖不用二年憲法草案，實則從該草案抄襲而來者十之八九。但其內容之重要者，亦約略可述：第一、關於立法，參議院由中央與地方選舉會選出之議員組織之，衆議院以各選舉區選出之議員組織之。彈劾總統及國務員之權，任命國務員之同意權，不信任權，預算之先議權，預備費支出與財政緊急處分之追認權，均畀之衆議院，而以審理彈劾案權，及宣告免刑、復權，并任命審計院長各同意權，畀之參議院。第二、關於行政，大總統於國務總理及各部總長外，得任命其他國務員，國務員對於衆議院負連帶責任。第三、關於司法，行政訴訟由平政院裁決。第四、關於憲法之解釋，由參衆兩院議長、及大理、平政、審計各院院長，組織特別會議行之。

第七節　各省憲法

自民國六年六月十二日，國會解散，法統分裂，各省倡議聯省自治，而省憲運動，遂以風靡一時。各省有已制定省憲公布施行者；有已完成草案尚未議決者；有僅有制憲動機，尙未起草者；有已公布而爲省當局所否認者；茲分述於次：

湖南省憲法　民國九年十一月二日，湖南省政府宣言自治，着手制定省憲，擬定省憲制定程序，分爲起草、審查、及公民複決，提經湖南省議會議決，名爲湖南制定省自治根本法籌備章程。該省政府依據此項章程，特聘起草委員十三人組織起草委員會，蓋以省自治根本法起草任務，應畀諸有專門法政學識與經驗之人。至十年三月二十日該委員會宣告成立，卽從事於省憲之起草。草案完成後，再由各縣人民選出代表一百五十餘人組織審查會，於八月二十日正式開會審查。旋卽經過三讀順序，全案通過，幷於十二月十一日，經全省人民總投票可決，至十一年一月一日，由省長公布施行。

湖南省憲法全文分十三章，共一百四十一條，其最重要之點有二：第一、省權之確定，凡省之事權，均列舉於憲文之中，以爲省機關活動之範圍，幷爲將來國憲劃分之標準。第二、民權之擴張，如選舉權之普及於男女兩性，省憲之修正，省議會之解散，省長之決選或罷免，法律之創制與複決，均由全省公民或法團連署或總投票行之。

此外規定省議會以公民直接選出之議員組織之，其名額以人口爲比例。省行政權由省長及省務院行使，省務員對省議會負責。省設高等審判廳，對於本省民事、刑事、行政、及其他一切訴訟，爲最終之判決。縣爲地方行政區域，並與市鄉同爲自治團體。惟憲文雖屬完善，而湖南政治仍甚窳敗，實未能收一時之效。

湖南省憲法公布以後，以事屬創始，施行上常發生困難。十二年八月，縣議會聯合會因有修正省憲之決議案。至十三年五月，縣議會聯合會復呈由省政府函致省議會，請贊助省憲之修改。七月中旬，湘有力軍人唐生智、葉開鑫等，分別電致各該防區內選出之省議員，請署名於修正省憲案。九月一日，省議會開會，修憲案經省議員及縣議會署名，已足法定人數，趙省長恆惕卽向省議會提出憲法會議組織法草案修正案。九月二十七日，省議會將修正憲法會議組織法十三條經三讀後表決成立，由省政府於十月一日正式公布，並宣布贊成修憲提案議員一百三十八人之姓名。十月九日，省長下令定於十日召集憲法會議，宣示所聘之省憲法會議議員共四十人。十月十日，憲法會議開幕，二十三日，開第一次正式會議，討論修改關於司法制度部分，二十四日至三十日，迭次開會，討論修改行政及立法部分，至十一月二十日閉幕，於法定期限四十日中，將省憲修改完竣。

湖南省憲法修正之要點，大致如次：(一)省議會改由全省公民間接選出之議員組織，議員名額減少，暫定爲一百零八名。(二)司法制度改行四級三審制，以國民政府之大理院爲終審機關。(三)省行政權由省長及省務員行使，改省務院長制爲省長制。(四)省長之決選，及未滿任前之退職，改由全省縣議員投票表決。

湖南省憲法雖已修改竣事，尚須交由全省公民總投票表決，乃爲成立。十一月十七日，湖南省議會烈派會堅決反對所提理由有三：(一)此次修憲未先定草案人少期促，既不完善，難垂久遠；(二)修改之點行政部分大權獨攬，立法部分恢復階級制，與自治原理背馳；(三)時局未定，修改難得標準。和平派則主張暫時不付總投票。以故湖南省憲修正案至十四年五月十三日，始經過全省公民複決之程序，正式公布施行。

浙江省憲法　十年六月四日，浙江督軍盧永祥通電自制省憲。同時省議會亦通過浙江省憲法會議組織法。該會議由省議會選出五十五人及各縣縣議會各選一人組織之。先以省議會選出之五十五人組織省憲法起草委員會，於六月十六日成立，限開會後三十日內完成省憲草案。省憲草竣後，即召集憲法會議，詳加審議，至九月七日，已通過三讀，於九月九日正式公布施行，世稱爲「九九憲法」。浙江省憲法制定之程序，較湘憲爲簡單，而完成日期亦較敏捷，計自起草至宣布爲時不過三月。浙憲全文凡十七章，共一百五十八條，內容大致與湘憲同。惟省機關之組織，多設一監察會，有查辦行政司法官吏、審判行政訴訟、監視各項官吏考試及請省議會懲罰議員等權。又同時頒布施行法二十三條，以定憲法條文所規定事項實施之程序。

浙江省憲法及其施行法公布後，迄未見諸實行。民國十一年，浙江省議會以「九九憲法」未經公民投票表決，遂議決再由省民自行提出憲法草案，將該憲作爲草案之一，一併提交人民複決。在複決前，由各草案提案人，票舉審查員組織省憲審查會，以審查各草案而議決之。旋省民提出省憲草案凡百部，并舉出審查員共一百一十八，於十一年十一月四日，開浙江省憲法審查會於杭州，將各草案彙總審查，至十二年一月二十六日閉會，議決憲法草案三種，卽所謂「紅黃白三色憲法草案」。紅色草案采行政委員制，黃色草案采責任省政院制，白色草案采省政務會議制。三色草案議決後，原定於十二年八月一日爲舉行總投票之期，省民贊成何色憲法草案，卽投何色之票，而以得票比較最多數之草案，決定爲浙江省憲法。惟預定時日已過，複決仍未舉行，三色草案與「九九憲法」同未發生效力。至十五年一月一日，浙江省自治會議又公布所議決之省自治法，及省自治法施行法。省自治法全文凡一百八十四條，大致與「九九憲法」無甚差異，惟增加「省民之生計」一章，但不久亦成泡影。

廣東省憲法草案　自九年冬粵軍囘粵，陳炯明爲粵軍總司令，兼廣東省長，極力主張聯省自治，省議會卽着手起草省憲，至十年十二月二日，將省憲法草案審查完竣，於十二月十九日通過全案，移交省署。此草案分十五章共一百三十五條，內容大致仍與湘憲類似，規定省議會以全省公民選舉之議員組織之；如違法失職，由全省縣議會三分一以上之連署，提出解散省議會案，經全省公民總投票過半數可決時，省長應卽解散之。省長由全省縣議會及特別市議會議員總投票選舉。省設政務院，政務院長及各廳廳長均爲政務員，如全體受省議會不信任投票，省長非解散省議會，卽應令全體政務員辭職。省之司法權以各級法院行使；省法院對於民刑事及其他一切訴訟事件，爲最終之審判。惟此草案未經全省公民總投票表決，迄未成爲正式憲法。

四川省憲法草案　十二年一月十日，四川省憲法起草委員會成立，歷時月餘，完成省憲草案，全文分十三章，共百五十九條，較學憲草案詳密，但內容大致相同。

福建省憲法　十三年一月，福建省議會議定制憲規程，舉出起草員，完成省憲草案，交由各縣教育及農商等會所舉代表組織之審查會審查。同年夏審查完畢，提付各縣公民複決。至十四年一月十二日，已有五十五縣之公民投票可決，乃於同月十三日，由福建省議會正式公布施行。惟同時該省軍政當局函致省議會，否認憲法發生效力。

此外江蘇省議會於十年議定制憲規程二十條，規定由省議會選舉委員二十三人，組織省憲起草委員會。草案完成，再交省議會及農、商、教育、律師各會代表合組審查會審查之。審查會議決後，即提請全省公民大會決定公布。同時一部分省議員擬具江蘇省制草案六十四條，惟始終未經審查程序，尙未成爲正式草案，故無從交由公民複決。至十四年四月二十二日，江蘇省議會又召集臨時會，修正制憲規程，并推舉省憲起草員，進行制定省憲，但亦終未實現。

十年七月五日，陝西省議會提議組織省憲法會議，并通過組織法，規定省憲以學者起草，法團審查，人民總決。時江西省議會亦提出制憲議案，及省憲會議組織法案。十一年五月八日，湖北省議員汪雲畯等四十餘人通告全省各界，請一致促成省憲，但此三省省憲運動，均無結果。其餘各省，或僅由當局宣言自治，或尙無制定省憲之動機，茲不贅述。

第八節　中華民國憲法地方制度國權生計教育各章草案

中華民國憲法草案於二年十月三十一日完成，惟關於地方制度，憲法起草委員會以當時國會情勢危殆，無暇從容討論，不得不暫爲擱置。五年八月一日，國會恢復，稱爲第二次常會，決定繼續民國二年之制憲工作。十月二十日，憲法會議開始審議地方制度，計十月二十三日、二十五日、十一月十七日、二十九日、十二月四日、六日、八日，先後開審議會九次，國民黨議員多主省制入憲，而憲法研究會及憲法討論會之議員，則肆力反對。始則有表決方法之爭執，繼則有投票舞弊之大衝突。於十二月八日審議會中，雙方辯爭甚烈，竟至發生轟動一時之大鬬毆案，事後各發通電，互相醜詆，致啓督軍干憲之漸，紛呶擾攘達一月之久。

旋經各黨再三協商，至六年一月十日，憲法會議始復開審議會，通過地方制度草案十六條，交由憲法起草委員會標列章條次序。迨該草案提付二讀會時，僅通過標題，第一條條文否決，不能不以全章再付審議。湯漪秦廣禮駱繼漢呂復等又各提出修正案，於是各方意見又分裂。至五月二十一日，審議會開會，繼續審議地方制度，惟以不足法定人數延會。後於五月二十三日、二十五日、三十日，共開會三次，由審議長摘出問題十九項，先付審議，其時督軍團干憲之事已發生，不能從長討議，僅得結果八項。至六月十二日，國會遂被第二次之解散，而地方制度竟未及審議完竣當時各方爭論之要點，爲省制應否入憲與省長應否民選。急進者主張省制入憲，并主張省長民選。反對者堅持省長應由中央任命，并不應以任何省制列入憲文。折中派則主張省制入憲而不主張民選省長。在各黨協商原案，以及湯漪與駱繼漢之修正案，均已承認省長由總統任命；呂復修正案規定省長之產生，由議會分次選舉二人，由總統擇一任命；惟秦廣禮修正案則仍主張由人民選任。至於省制入憲問題，主張者與反對者之原因相同，而見解適異。均以當時督軍跋扈，省政混亂，主張入憲者，欲藉以矯正此狀態，而納諸常軌；反對入憲派，則恐積重難返，反以墮憲法之威信；故原案與各修正案，其內容均未采取聯邦主義。至各該案雖均已列舉地方機關可以立法或執行之事項，但所定省議會之職權，以不牴觸中央法律爲限，而地方事權，仍可以受中央立法機關之剝奪。

七年九月，西南國會開正式會，九月二十八日，憲法會議之審議會開始集會，於十月二十四日、二十九日，十一月一日、五日、八日、十二日、十五日、十九日、二十二日、二十六日、十二月三日、六日、十日、十三日，先後共開會十五次，不足法定人數流會一次，因時局關係，改開兩院聯合會一次，實開審議會十三次，將北京憲法會議審議未完之地方制度，繼續審議竣事。時兩院議員各達三分二以上之人數，憲法會議得以續開二讀會，於第一次會議決以審議完畢之地方制度大綱，交憲法起草委員會起草。

憲法起草委員會於八年一月九日開會，由主席指定孫鍾、吳宗慈、呂復、何畏、韓玉辰五委員起草條文，歷時一月，起草完竣，復開會議決。惟因當時南北議和，滬上議員多已離粵，未能報告大會。和議經年，毫無結果，八年冬，西南國會復繼續議憲，於八年十一月十八日至九年一月十二日，先後開審議會及二讀會各若干次，以地方制度之省長職權問題及國會解散問題，爭辯最烈，協商無效。卒致一部分議員拒絕出席，憲法會議流會八次，議長林森遂不得不於九年一月二十四日宣告暫時停會，西南國會議憲於是告終。

民國十一年八月，舊國會二次恢復，繼續民國六年之制憲工作，西南國會審議地方制度之結果，遂完全廢棄。十一年八月十日，憲法會議之審議會開第一次會，出席者，參議院一百三十九人，衆議院三百二十五人，審議長王正廷發言略云：「地方制度章在五年前，經憲法起草委員會提出十六條，又有湯漪、呂復、丁世嶧、駱繼漢、秦廣禮各提修正案，交付到會，今提出一併審議。」審議結果，決定大綱三項：(一)省之地位及權限，(二)省與中央之關係，(三)縣制如何規定，以爲繼續審議之標準。八月十二日，有所謂中華民國修正憲法草案請願團，在京開會，議決於憲法草案中應加入(一)聯省民主，(二)女子參政，(三)信教自由，(四)教育獨立，(五)保護勞工，並發表宣言，向憲法會議請願，經分別略予采納。

八月十二日、十五日、十九日、二十二日、二十六日、二十九日，十月二十六日、三十一日，十一月七日，憲法會議先後開審議會，將地方制度章議畢，并依陳銘鑑之提議，決定加入國權一章。十一月十四日、十六日，繼續開審議會，孫潤宇、袁麟閣提議增加教育及學校一章，王鑫潤、江浩提議增加勞工一章，由主席以教育章及生計章付表決通過，至二十五日分別審議完竣，一併交憲法起草委員會起草審議會。即於是日收束，其未決各事項，併交起草委員會參考。

憲法起草委員會即繼續開會，議定以國權一章爲第一類，其議題爲（一）國家事權，（二）省與中央之關係，（三）省與省之關係。地方制度章爲第二類，其議題爲（一）地方制度，（二）省憲法通則，（三）縣制大綱，（四）省憲法制定通則。教育生計兩章爲第三類，其議題爲（一）國民教育，（二）國民生計。至十二年二月，共開會二十七次，先後草定地方制度、國權、生計、教育各一章。十一年十二月二十三日，憲法起草委員會將地方制度、國權兩章草案，咨送憲法會議。原咨有云：

「查中華民國憲法案，自民國六年二讀會議決增加地方制度專章以來，所有原案在形式上雖經本委員會釐定章次，然對於實際上之精密討論，尚付缺如。茲事體大，關係國本，原案既未及通過，而全案之修正，多至數十，民國大法之久稽成立，未始非由於此。現原案及修正案重付審議，探討益勤，新義益富，惟條文未備，無從提付二讀。本委員會依據迭次審議結果，特行議定地方制度修正案全章，都爲十條；並依立法上之順序，於原案國會章前，增加國權一章，都十六條，以明定國家之組織，劃分中央地方之權限。對於全部草案，則爲綜挈大綱之規定，於地方制度，則爲基本權利之賦予。於本月二十三日開三讀會，全體可決。」

十二年四月十七日，該委員會又將生計教育兩章草案咨提憲法會議，文略云：

「查此次審議會審議報告，以關於國民生計，在憲法上有規定之必要，議定交由本委員會討論起草。茲本委員會依據審議結果，特行議定增加生計一章，凡七條；並依審議會中各項提案之旨趣議定增加教育一章，都爲七條；均已於本年二月一日開三讀會全體可決。」

國權章之要點有三：(一)列舉中央與各省各有或共有之事權；(二)省法律不得與國家法律牴觸；(三)省與省爭議事件由參議院裁決。地方制度章之要點有四：(一)劃分省縣兩級，省設省長，或省政務委員，縣設縣長；(二)賦予各省以制定省憲之權，並確定制憲之機關；(三)列舉省憲之大綱；(四)縣制由省憲會議制定。生計章之要點有二：(一)國民有勞動之義務；(二)勞工及精神勞動受國家之保護。教育章之要點有四：(一)教育主旨爲致力於人格完成，發展民主國之國民精神；(二)義務教育學年以六年爲限；(三)未受教育之成年，國家及地方應予以補習之機會；(四)國家應保護學術上之研究。

第九節　中華民國憲法

民國二年十一月三十一日，中華民國憲法草案完成。越三日，大總統袁氏即下令追繳國民黨籍議員之證書徽章，三年一月十日，復下令停止國會殘餘議員職務，致中華民國憲法未能制定頒行。五年六月二十九日，政府下令召集國會，國會即於同年八月一日開始集會，決定繼續民國二年之制憲工作，將中華民國憲法草案提出憲法會議討論。九月五日、八日、十三日，憲法會議開第一讀會，憲法起草委員會委員長湯漪有總說明書一篇，以說明草案之旨趣，其餘各委員有書面說明，或口頭說明，并有各議員隨時質問，經委員等分別詳加解釋，完成初讀程序，主席諮詢大會同意，卽以全案付審議。

九月十五日、二十日，憲法會議開審議會二次，決定將草案所有重大問題，先行討論，然後再將草案內之緊要問題提出討論。嗣復於九月二十二日、二十五日、二十七日、二十九日，十月二日、四日、六日、十一日、十三日、二十日、二十三日、二十五日、十一月三日、六日、十七日、二十九日，十二月四日、六日、八日、二十日、二十七日，六年一月八日、十日，先後共開審議會二十四次，將原案所有之問題，審議完竣。結果，維持原案者凡八：（一）國土，（二）人民自由權，（三）兩院制，（四）參議院之組織，（五）不信任國務員之決議，（六）國務總理之同意權，（七）法院受理行政訴訟，（八）財政緊急處分。刪除原案者一，卽國會委員會。未解決者五：（一）國民教育，以孔子之道爲修身大本；（二）議員兼任國務員；（三）緊急敎令；（四）解散衆議院；（五）審計院之組織。又各議員於審議會中提出增加之問題，爲主權、教育、國防、國教、陸海軍各章及法官任免、國會查辦權各條文，亦經分別審議完畢，并大部分議有結果。

憲法草案完成審議程序後，憲法會議於六年一月二十六日至四月二十日，繼續開二讀會，將草案提出逐條討論議決，但仍有一部分未及完成二讀程序。草案共一百十三條，大部分照原文通過。其間辯爭最烈，衝突最多者，爲孔教與地方制度問題。其他如第二十二條參議院之組織，第二十三條衆議院之組織，第三十二條國會開會期；第四十三條不信任國務員之決議；第七十五條解散衆議院；第九十三條後加一條，爲國會決議案交覆議時，適用法律之規定；及第一百零七條，第一百零八條，審計院之組織各問題；亦經多次之辯論。其經表決通過者，爲孔教問題，及第二十二條、第二十三條、第四十三條。其餘均表決無結果，遂再付審議。

憲法草案於付二讀會後，經議決修正而最重要者有五：（一）草案第十九條第二項「國民教育，以孔子之道，爲修身大本」删除，將第十一條修正爲「中華民國人民有尊崇孔子及信仰宗教之自由，非依法律不受限制。」（二）草案第五章關於國會委員會之規定，全被否決。（三）草案第六十五條關於緊急教令權之規定，完全廢棄。（四）草案第二十六條「兩院議員不得兼任文武官吏，但國務員不在此限，」二讀會删去但書。（五）草案第三十一條規定國會臨時會由大總統牒集，二讀會改爲依大總統之牒集，或兩院議員各有三分一之聯名通告，國會均得開臨時會。

憲法草案經二讀會議決增加者凡六：（一）加主權一章，定爲一條，即「中華民國主權，屬於國民全體。」（二）關於人民自由權增一條，爲「人民自由權，凡無背於憲政原則者，皆承認之。」（三）關於兩院公有職權增一條，爲「兩院對於官吏違法或失職行爲，得咨請政府查辦之。」（四）草案第八十五條增一項，「最高法院院長之任命，須經參議院之同意。」（五）於會計章增一條，「凡直接有關國民負擔之財政案，衆議院有先議權。」（六）關於憲法之效力增一條，爲「憲法非依本章所規定之修正程序，無論經何種事變，永不失其效力。」又經二讀會議決刪去者有二條：(一)「大總統頒予榮典；」(二)「現行租稅，未經法律變更者，仍舊徵收。」

憲法會議二讀會除將憲法草案全案大部分照原案通過，幷經議決修正、增加、刪除者外，其公決緩議者有二：(一)衆議院解散參議院同時休會；(二)國務員受衆議院不信任之決議，大總統非解散衆議院，卽免國務員職。其經多次辯論表決卒無結果者凡五：(一)地方制度問題；(二)第三十二條國會開會期；(三)第七十五條大總統之解散衆議院；(四)第九十三條後加一條，國會決議案交覆議時適用法律案之規定；(五)第一百零七條、第一百零八條，審計院之組織。此未決各案，經再付審議，雖審議已有結果，因國會解散，未及經過二讀程序。

十一年八月一日，國會復正式集會，仍積極繼續制憲。十一月三十日，十二年一月十一日、十六日、十八日、二十日，憲法會議先後開二讀會，將地方制度章第一條通過後，議員意見分歧，枝節叢生，乃由各政團協商妥洽，決議兩項：(一)地方分權主義；(二)省縣並重主義。又以地方制度與國家權限劃分有密切關係，將增加之國權一章，提出修訂，共分七項：(一)劃分國家事權與地方事權；(二)國家事權由中央任官辦理；(三)地方事權，除國家設官辦理外，得委任自治職員辦理；(四)國家官吏采委任制，自治職員采選舉制；(五)省有奉行國家法律義務，縣有奉行國家及省法律義務；(六)國家不干涉省縣自治，省不干涉縣自治；(七)憲法正文均爲原則，其暫行辦法，及推行先後次序，另以施行附則定之。

至十二年十月四日、六日，憲法會議復開二讀會，將地方制度章完全通過。並將國權一章，省略審議程序，逐條提出通過。又依籍忠寅、吳宗慈之動議，將六年二讀會未決各條文，省略審議長之報告，由議長將六年最後審議結果提付表決通過。馬驤臨時動議，主張增一條，為「議員之職務，應俟次屆選舉完成，於開會之前一日解除」孫潤宇主張所加條文，與憲法前文省略付審議，併經表決通過。至生計教育兩章，未及提出憲法草案，於是完成二讀程序。

二讀會畢，牟琳動議略謂：「按憲法會議規則第十四條，憲法草案通過二讀會後，應依便宜，交由原起草委員會整理其條項及文句，惟現在起草委員會開會甚難，應由主席指定議員若干人共同整理，以便迅開三讀會。」當由議長諮詢決定，指定委員三十人，參衆兩院各十五人，於七日開會，公推盧公武主席，八日繼續開會，將通過二讀之憲法草案整理完畢。同日，憲法會議開三讀會，將中華民國憲法全案通過，於十月十日由憲法會議公布。全文凡十三章，一百四十一條。

中華民國憲法雖已公布，而本文并無施行細則之規定。憲法起草委員會前已從事於施行附則議題之準備，惟迄未草具條文。及賄選告成，憲法會議僅將國權地方制度兩章，并六年二讀會未決各條文，匆匆通過，以圖掩飾。生計教育兩章，既已委棄，施行附則，亦付缺如，此憲在實際上竟毫未施行。

此憲之內容，前敘中華民國憲法草案及國權地方制度兩章草案時，已分別扼要述及，茲不復贅。惟與二年憲法草案，及六年二讀通過案相異之要點，則在增入國權與地方制度兩章，以劃分中央與地方之事權，確定省縣自治之通則，學者謂之為聯邦憲法。

第十節 中華民國憲法案

民國十三年十一月，段祺瑞氏出任臨時執政，於十四年七月十七日召集國憲起草委員會，至八月三日正式成立。該委員會於八月八日開會，票選林長民為委員長，並通過議事細則，即着手起草國憲。至十月二十六日，草案通過一讀，即繼續開二讀會，逐條討論通過，於十二月十一日完成三讀程序，全案成立，謂之中華民國憲法案。惟因當時國民代表會議始終未能成立，此草案即無從提交議決，迄未成為正式憲法。

此憲法案凡十四章，共百六十條，其內容與十二年十月十日之中華民國憲法頗相類似；即其所增之生計教育兩章，亦與十二年憲法起草委員會所提出之草案大致相同。至其相異之點，約略有八：(一)國土采列舉主義；(二)人民經地方自治團體職業團體之可決，得提出立法案；(三)衆議院議員由人民直接選舉，並得直接罷免；(四)參議院職權較為減縮；(五)總統由人民間接選舉；(六)憲法之修正，由國民會議行之；(七)憲法之解釋，國務員被彈劾事件之審判，中央與地方權限爭議之裁決，均屬於國事法院之職權；(八)恢復頒給榮典制度。此草案頗表現民主主義色彩，實較前憲為進步。

第十一節 中華民國約法草案

民國十九年秋，國民黨一部分同志，以護黨救國相號召，召集中央執行委員會擴大會議於北平，凡第一二三三屆中央執行委員，均得與會。擴大會議諸委員以據　總理孫中山先生遺教，在訓政時期，必有約法，如(一)同盟會宣言有云「第二期爲約法之治，凡軍政府對於人民之權利義務，及人民對於軍政府之權利義務，悉規定於約法。」(二)革命方略中有云「第二爲過渡時期，在此時期施行約法，俟事停止之日，立即頒布約法，以規定人民之權利義務，與革命政府之治權。(三)孫文學說有云「訓政時期，須頒布約法，以之規定人民之權利義務，與革命政府之統治權。」擴大會議遂決定制定約法，以爲訓政時期之國家根本大法。

十九年八月二十六日，擴大會議議定約法內容，並於九月二日，推定汪精衞、張知本、茅祖權、冀貢泉、陳公博、鄒魯、顧孟餘爲約法起草委員，九月八日，通過約法起草委員會組織條例。九月十六日，約法起草委員會正式成立，推汪精衞爲委員長，並通電全國，徵詢關於約法之意見，該委員會遵照擴大會議決議，迭次開會，積極起草，歷時月餘，完成中華民國約法草案，即提請擴大會議詳加討論，當經一致議決通過。該會議並決定先發表草案全部，付諸國人公評，以三月爲期，如有建議修正，合於　總理遺訓，及法理事實，當虛衷接納商榷，期滿即提交國民會議核議，如認爲時勢必要，即將此草案先行頒布施行。但未幾，張學良進兵平津，諸中委分別返滬回粵，國民會議既未召集，約法草案亦未頒行。

擴大會議於議決中華民國約法草案後，並於十月二十七日發表宣言，敍述訓政與約法之關係，及起草約法之經過，其闡明約法草案之內容有云：

「中央黨部披閱草案……以建國大綱爲綱領，而根據之以定條目，建國大綱注重於滿足人民之需要，訓導人民之知識能力使之能自決自治故草案於人民之自由權利義務一章，詳爲保障與規定，使能自動的以完成個人之人格，而擔當國民之大任。建國大綱注重於以縣爲自治單位，及中央與省之權限采均權制度。故草案於國權及中央制度地方制度諸章，悉準據此旨以爲釐定務期掃蕩十九年來大軍閥把持中央小軍閥割據地方之惡習及使人民得有行使直接民權之根據。此外更依據 總理遺教見諸建國方略，及第一次全國代表大會宣言者，訂爲教育生計兩章，以期養成民德民智民力，而馴致於民生主義實行之域。」

此草案全文共八章二百十一條，其主要之點凡六：(一)對於人民自由權利，取約法直接保障主義；(二)國權章所規定，極似美憲中央事權，取列舉主義地方事權，取概括主義；(三)國民政府之組織采五權分立制；(四)省制縣制，分別規定；(五)保障學術研究及思想之自由；(六)保護一切體力或精神之勞動並謀勞資間之調協。

第十二節　中華民國訓政時期約法

當擴大會議進行制定約法之際，國民黨同志中有謂不須約法者。以爲以黨治國，國之統治權由黨行使，只有黨之自由，無個人之自由。且國家組織及法令，悉當受命於黨，故以黨訓政，即不必有約法。又謂建國大綱各條，亦未言及約法，其宣言幷云「辛亥之役，汲汲於制定臨時約法，以爲可以奠民國之基礎，而不知乃適得其反」是 總理已不主張制定約法，但同時多數同志仍傾向於制定約法，謂建國大綱所云，乃指不經訓政之不當，非謂約法制定之不宜，故繼云：「非由於臨時約法之未善，乃由於未經軍政訓政兩時期，而卽入於憲政也。」因之，二十年三月，中委蔣中正、戴傳賢、于右任、丁惟汾、葉楚傖、孫科、朱培德、蔡元培、張人傑、吳敬恆、王寵惠、李煜瀛等向中央執行委員會提議起草約法，略云：

「本黨秉承　總理遺教，在此軍事結束訓政進行之時，召集國民會議。其目的在依遵　總理所示，謀全國之統一及建設的標準，於三民主義的訓政範圍以內，確立本黨與全國人民共同遵守之約法，使眞正的全民憲政得循是實現。此種約法爲中國民族整個的生命所寄，負訓政責任之本黨，不得不於再三鄭重考慮之後，定堅卓不移之決心；並應排除一切困難與謬見，根據　總理所指示，以確定其性質範圍與產生之方法，俾於國民會議樹久安長治之宏規。」

三月二日，中央第一三零次常會提出討論，當經決議通過，並推定吳敬恆、李煜瀛、于右任、丁惟汾、王寵惠、蔡元培、葉楚傖、邵元沖、劉蘆隱、孔祥熙、邵力子十一同志爲約法起草委員，由吳敬恆、王寵惠兩同志召集，

三月九日，約法起草委員會開第一次會議，公推王寵惠、邵元沖、邵力子三委員起草初稿，并推定王委員寵惠主稿，王委員等三人當根據中央常會決定原則，商擬約法大綱五章：第一章總綱，規定以建國大綱爲建設中華民國基本原則，建設程序分軍政、訓政、憲政三時期，在訓政時期中，以約法爲國家根本大法。第二章人民之權利與義務，規定凡中華民國人民，法律上一律平等，無種族宗教階級男女之分；人民非有犯罪證據或嫌疑，不得

逮捕、拘留、審問或處罰人民有居住、集會、結社、言論、通信、職業、信教等自由，非依法律，不受限制；又有受教育、應考試、擔任公職之權，并有納稅服兵役之義務。第三章政府組織，規定中央政府與地方政府之組織，以現行之國民政府及省縣市各政府組織法爲根據。第四章訓政綱領，即將民國十七年中央所頒訓政綱領條文全部納入。第五章附則，規定現行法律如與約法牴觸者，應一律修改之等等。

旋初稿起草委員等復迭經商討，以總理遺教所示建國之首要在民生，決定增加國民生計一章。又以國民教育甚關重要，惟是否另立專章，尙待起草委員會決定。主稿人王寵惠即依據商定綱要草擬條文，歷兩星期完竣，並會同邵元冲、邵力子詳細研究，完成初稿，凡七章六十八條。各章之要點，大約如次：

(一)總綱　以總理建國大綱第一條爲根據。

(二)人民權利及義務　舉凡人民在法律上及財產方面應享受之權利，均包括無遺。

(三)訓政綱領　除以民國十七年第二屆中央第一七二次常會通過之訓政綱領六條爲藍本外，並將第三次全國代表大會通過之訓政時期地方自治實施方略及程序各重要條文加入。

(四)國民生計　以總理民生主義爲原則，對勞工保護與增加生產等點，有詳細之規定。

(五)中央政府與地方政府之權限　遵照總理建國大綱，采均權制。

(六)政府組織　仍采用五院制。

規定。（七）附則　關於修改與約法抵觸之一切法律，及修改約法之手續，約法實施暨其施行期間，均有詳細規定。

三月二十五日，約法起草委員會舉行第二次會議，王寵惠首報告初稿起草經過，當由全體委員詳加討論，結果無多修正，惟議定增入國民教育一章，並決定原則，交由王寵惠等起草條文。旋國民教育全章草竣，經約法起草委員會先後開會兩次議決，編入初稿第五章。四月二十一日，該委員會開第五次會議，將約法草案全案通過。全案精神在條文前冠以敍言，聲明現入訓政時期，遵照　總理遺囑，召集國民會議，制定約法，以期促進憲政，授權於民選政府。再草案中央與地方之權限章僅著明采均權制度，未列舉中央與地方之事權。地方制度章規定各縣應速依照建國大綱第八條，籌辦自治。附則內未規定約法修改之方法，是或以施行期短，無修正之必要。

四月二十三日，中央常務委員會開第一三七次會議，吳敬恆等十一委員提出中華民國訓政時期約法草案，各委員審慎討議，均認爲大體無異議，當決議通過，仍提臨時全體會議決定。五月一日，第三屆中央執行委員舉行臨時全會常務委員會提出該約法草案，由邵元沖報告起草經過，當將全案審議通過，凡八章，八十二條，即送國民政府提出國民會議核定。

五月五日，國民會議正式開幕，於第一次會議，將中華民國訓政時期約法草案提出討論，先由主席于右任宣讀全文，即由國府委員戴傳賢說明草案之旨趣，各代表相繼發言作大體上之討論，當議決先付約法審查委員會審查，各代表提出之意見書共六十九件，併交參考。

約法審查委員會於五月九日、十一日開會兩次，將原草案及各意見書一併提出討論，當經分別采納，逐條通過。審查結果，較原案增加六條，關於國民生計者兩條，規定國家應與辦煤油金鐵礦業，創辦國營航業，並獎勵保護民營礦業及航業。關於國民教育者兩條，規定國家應獎勵補助華僑教育，及成績優良之私立學校。餘兩條為規定國民政府之編定預算決算，及國民政府之公布約法。又修正六條，原第五十條規定保障教育基金之獨立，修正為保障全部教育經費之獨立。原第七十九條規定約法解釋權由約法解釋委員會行使，修正為由國民黨中央執行委員會行使。餘四條為關於各院部會長官之任免，蒙藏地方之制度，縣自治籌備會之組織，各種市區之設置，均為文字上之修正。此外各條，大致照原文議決。

五月十二日，國民會議開第四次會議，將約法草案修正案提出討論，審查委員吳敬恆報告審查經過後，主席諮詢大會同意，宣告開始二讀，由主席逐條宣讀，依次討論議決。自第一條至末條，惟第四條略有文字上之修正，又於附則內加一條，為「凡法律與本約法牴觸者無效」。其餘各條，均照審查修正案通過。二讀既畢，接開三讀會，將中華民國訓政時期約法全案通過，並決定交由國民政府於二十年六月一日公布施行。

五月十七日，國民會議閉幕發布宣言，以告全體國民；其關於說明約法之內容者有云：

「此約法都凡八章，八十九條，對於人民之權利義務，國民生計，國民教育，中央與地方之權限，政府之組織等，均有切要之規定。其尤重要者，厥爲訓政綱領一章，用以確定訓政時期之政治綱領，與夫訓政時期中國國民黨及國民政府之權責，庶由此而促成憲政，此爲任何國家憲法所無，中華民國訓政時期約法所獨有者也。」

此約法第一章規定領土、主權、國體、國旗、國都等。第二章列舉人民之權利義務，惟於人民之自由權利，採法律保障主義。第三章規定國民黨行使中央統治權，國民政府行使五種治權，並訓導四種政權之行使。第四章規定發展實業，以勞資雙方協調互利爲原則。第五章規定三民主義爲教育根本原則。第六章規定中央與地方之權限，采均權主義。第七章規定政府之組織，中央采五權制度，地方分省縣兩級。第八章規定約法之效力及其解釋權之所屬；並議訂憲法草案之機關，與決定憲法頒布之時期。

第十三節　民國二十五年中華民國憲法草案

民國二十一年十二月，第四屆中央執行委員會舉行第三次全體會議，孫科等二十七委員提出集中國力，挽救危亡案，當經決議修正通過。原決議案第三關於憲政之準備，擬定二十四年三月開國民大會，議決憲法，並決定憲法頒布日期；立法院應速起草憲法草案發表之，以備國民之研討。二十二年一月，立法院即組織憲法草案起草委員會，由院長孫科兼委員長，並指定張知本等四十八人爲委員，以張知本、吳經熊爲副委員長。該會於二月九日開第一次會議，至四月二十七日，共開會十二次，議定憲法草案起草之程序及期間；推定委員張知本等七人爲初稿起草人，吳經熊爲初稿主稿人；並由各委員分組研究憲法上之重要問題，經迭次會議議決定爲憲法草案之原則。

憲法草案原則議定後，主稿人吳經熊卽於五月一日着手起草初稿，一月而畢。張副委員長旋因病辭職未准，亦擬定一憲法草案。至八月三十一日初稿起草人開會共同討論，詳細研究至十一月十六日止共開會十八次，議定憲法草案初稿全案。

憲法起草委員會於六月三十日開第十三次會決定變更起草程序後，卽停止會議。至十一月三十日，乃繼續開第十四次會議，將初稿起草人議定之憲法草案初稿提出討論；至二十三年二月二十三日開第二十四次會議，共開會十一次，將全案逐條通過，而正式之中華民國憲法草案初稿遂以完成，當由立法院刊布，徵求各方意見。憲委會卽於二十三年二月二十八日結束。

二十三年三月二十二日，立法院院長孫科令派委員傅秉常等三十六人爲憲法草案初稿審查委員，由傅委員召集。該審查委員等於三月三十日開第一次會議，決定推委員傅秉常、陶履謙、林彬作初步審查。傅委員等先後開初步審查會八次，將各方對於初稿之意見審查完竣，彙編分送各審查委員參考。六月十一日，傅委員召集第二次審查會議，當決定將初稿交付各委員，分九組審查。各組迭次集會研究，分別審查完畢。旋於六月十三日起至六月二十九日止，各委員繼續開審查會議七次，均由孫院長主席，將初稿全部修正通過，定爲中華民國憲法草案初稿審查修正案，凡十二章，都一百八十八條。

立法院於二十三年九月十四日至十月十三日，繼續開第三屆第六十六次及第六十八次會議，至第七十三次會議，將中華民國憲法草案審查修正案提付二讀，逐修討論通過。復於十月十六日舉行第三屆第七十四次會議，爲文字上之修正及各條項之整理，完成三讀程序，由主席以中華民國憲法草案全案付表決，經出席委員一致議決通過，此爲第一次草案。

此草案共十二章，都一百七十八條，經立法院呈報國民政府轉送中央察核。二十三年十二月，第四屆五中全會於第一次大會提出討論，當決議交林委員森等審查。旋審查完畢，繕具報告，提經第二次及第五次大會決定原則，交由中央常務委員會鄭重核議。至二十四年十月，中央第一百九十二次常會議決原則五點，交由立法院將該草案依照修正，立法院卽指派委員傅秉常等七人審查。傅委員等審查結果，擬具修正案，提經立法院於第四屆第三十四次及第三十五次會議開二讀會，逐條討論通過，幷省三讀，通過全案，共八章九節一百五十條，此爲立法院議訂之第二次中華民國憲法草案。

前項草案經立法院函送中央後，第四屆六中全會卽提出討論，並交由居委員正等審查，認爲尙應加以詳盡之研究與討論，當決議照審查意見通過。二十四年十一月，第五次全國代表大會復提出討論，當經決議接授，並授權第五屆中央執行委員會決定宣布日期，但應依據大會通過之關於憲草各重要提案重加修正。同年十二月，第五屆一中全會乃決議於民國二十五年五月五日宣布憲法草案，設憲法草案審議委員會，指定委員葉楚傖等十九人爲該會委員。至二十五年四月，葉委員等經廣徵各中央委員意見，就五全大會發交提案，分別歸納爲審議意見二十三點，提經中央第十次常會決議通過，交立法院。立法院即交由委員傅秉常等八人依據中央決議案將憲法草案加以修正，提經第四屆第五十九次會議三讀通過，此爲立法院最後議訂之中華民國憲法草案。

立法院受命議訂憲法草案，閱時三載，稿經七易。該院孫院長發表議訂憲法草案經過概略一文，謂其中蓋有許多困難之點，不容不詳加研究，以期至當，并舉其最重要者凡三：

「(一)五權憲法爲　總理遺教，吾人起草憲法，自當據爲憲政制度唯一之準繩。顧此制各國尙無先例，足資借鏡，求所以因應環境，充實遺教所詔示之各大原則，而期其折衷至當，此不得不從長計議者一。

(二)　總理建國方略定有建國三大步驟，自應按序遞進，漸底於成。今訓政工作尙未澈底完成，徒以迫於目前事態，遂有提早開始憲政之舉，是憲法草案中當不能不顧及此種缺陷，俾憲法實施以後，仍由民選政府領導人民完成自治大業，以竟訓政未完之功。故草案立制即應就正常的憲政與夫過渡時期的憲政，兼籌並顧，不容偏廢，此不得不從長計議者二。

(三)立憲爲國家百年大計，凡厥國人，無不切膚相關。吾人於起草之際，自應博諮周訪，廣羅衆議，俾法文所定，與民衆實際需要，深相契合，不致稍涉玄虛，窒礙難行。惟衆議紛繁，或不明中央提早開始憲政之用意，或懷疑五權制度實際運用之不便，其爲具體的建議之主張，自極左以至極右，往往一事而列說竟至數十，衡量取捨，遂費周章，此不得不從長計議者三。」

據上所述，立法院費如此長久之時間，經如此困難之問題，爲如此嚴密審愼之討議，始完成中華民國憲法草案，呈由國民政府於民國二十五年五月五日明令宣布，凡我國人，均應竭誠擁護，共促實施。

此草案共分八章，都一百四十八條。第一章總綱，規定國體、主權、領土、民族、國旗及國都。第二章人民之權利義務，列舉人民之自由權利及義務。第三章國民大會，規定國民大會之組織職權及會期，國民代表之選舉權、被選舉權、與選舉之方法，並其任期及保障。第四章中央政府，分五節，規定總統及立法司法考試監察各院之職權責任，總統、副總統、及立法司法考試監察各院院長、副院長、並立法委員、監察委員之任期。第五章地方制度，分三節，規定省政府之職權，省參議員、縣議員、市議員、縣長、市長之選舉及任期，省長之任期，縣長市長之職務，縣民市民之行使四權。第六章國民經濟，規定節制資本，平均地權，發展生產事業及中央與地方之徵收稅捐，募債公營專賣等事項。第七章教育，規定教育宗旨，教育經費，基本教育，補習教育，並教育事業及人員之獎勵或補助。第八章憲法之施行及修正，規定憲法之保障、解釋、修正、及過渡之事項。

此草案內容主要之點，略如次述：

一、國體定爲三民主義共和國，時人頗多懷疑，以（一）國體有永久性，主義須隨時改善；（二）民族民生與國體無關；（三）以主義定國體，似未脫訓政痕迹，不合憲政常軌；（四）主義之解釋不一，即難免發生國體問題之糾紛；（五）三民主義既列入憲典，則爲全國之唯一信條，與人民言論著作信仰等自由相背；（六）俄爲一黨專政之國，不足爲法；（七）總理遺教已貫澈於弁言及條文之內，不必有此空漠無據之規定。惟孫科氏在「我們需要何種憲法」一文之結論有云：

「第一，我們需要的是五權憲法，因爲它是最適合我們的國情，和時代的需要；第二，五權憲法必須以三民主義爲依歸，不但它的精神不應該違背三民主義，就是它的內容和形式，也可以應用三民主義的原理來研究來制定。」

據此，則疑難「三民主義共和國」者，當可以釋然。

二、領土采列舉主義，惟條文末有「等固有之疆域」字樣，似又兼采概括主義。

三、對於人民之自由權利，采間接法律保障主義，惟又規定限制人民自由或權利之法律，以保障國家安全，避免急難，維持秩序，或增進公益所必要者爲限，似仍嫌空泛。

四、國民代表之選舉，采地域代表制，並兼采人口比例制。惟立法院議決之國民大會代表選舉法規定選舉方法有三：（一）區域選舉，（二）職業選舉，（三）特種選舉。

五、國民大會之職權爲(一)行使四權;(二)修改憲法;(三)憲法賦予之職權,卽議決領土之變更,與許可國民代表在會期中之逮捕或拘禁。

六、總統職權甚大,似采三權憲法之總統制。總統有發布緊急命令之權,但應經行政會議之議決,與立法院之追認。至此種命令經立法院否定後之效力如何,無明文規定。副總統爲總統缺位時之繼任者,并爲總統不能視事時之代理人,無其他職權。

七、立法監察兩院院長副院長由國民大會選舉,行政、司法、考試三院院長由總統任命。立法委員監察委員均由各省蒙藏僑民所舉出之國民代表舉行預選,提出候選人名單於國民大會選舉之,惟監察委員之預選名額,各省蒙藏僑民均爲二人,立法委員之預選名額,各省以人口爲比例,最少四人,至多十六人,蒙藏及僑民各爲八人。

八、立法、司法、考試、監察四院之職權,就國民政府組織法所規定者略有變更。立法院不僅立法;並有議決預算、戒嚴、大赦、宣戰、媾和、條約等案及其他關於重要國際事項之權。司法院不僅掌理民刑訴訟之審判;並兼及司法行政及行政審判;惟無官吏懲戒權。考試院掌理考選,兼及銓敍。監察院掌理彈劾,兼及懲戒,並及審計。

九、省長由中央政府任免,似與建國大綱之規定不符。

十、縣爲地方自治單位,凡事務有因地制宜之性質者,劃爲地方自治事項。縣民直接行使四權。

十一、國民經濟制度以民生主義爲基礎。發展生產事業，以勞資協調爲原則。公用事業及獨占性之企業，以國家公營爲原則。土地之分配整理，以扶植自耕農及自行使用土地人爲原則；惟對於土地所有權，未規定最高之限度。

十二、貨物許自由流通，於出入國境時徵收關稅，以一次爲限，此外不得再徵收通過稅。

十三、確定教育經費，其最低限度在中央爲其預算總額百分之十五，在省縣市爲其預算總額百分之三十。

十四、憲法規定之事項，有未能立即實施者，其過渡之辦法有：(一)制定憲法之國民大會行使第一屆國民大會之職權；(二)在全國完成地方自治之省區未達半數以上時，立法委員監察委員之半數由立法院監察院院長提請總統任命；(三)在地方自治未完成之縣市，其縣長市長由中央政府任免。

十四、憲法之解釋權屬於司法院，惟法律與憲法有無牴觸，則由監察院提請解釋。

十五、憲法修改之提議權屬於國民代表，其他機關能否提議？提議公告後，是否由立法院擬具修正草案，均無明文規定。

十六、本憲法非自頒布日施行，其所定事項，有另定實施程序之必要者，以法律定之，俾得審時度勢，推行盡利。

第二章　行政法上

行政法為關於國家行政權之法，規定行政權之組織，及行政權與人民之關係。行政為國家作用之一，錯綜變化，廣泛複雜，而行政法無一定之條貫系統，可以編成法典。民國成立以來，凡關於行政權之組織及其作用之規範，大多數由行政機關以命令訂定，未經立法程序，而立法機關亦無暇及此。及立法院成立，為國民政府最高立法機關，對於行政之各重要單行法，先後議定頒行，並已漸臻完備。

學者分行政法為二：(一)關於行政權組織之法，(二)關於行政權作用之法。茲分為兩章敍述之。惟所述以經立法機關議決之重要行政法為限，至行政機關頒布之命令，與各該單行法有關係者，間亦引述，以明原委。

第一節　國民政府組織法

民國元年，臨時大總統孫中山先生咨提中華民國臨時政府組織法草案於參議院，該院旋即議決退回。六年秋，國會開非常會議於廣州，制定軍政府組織大綱，至七年五月加以修改，議定一中華民國聯合軍政府組織大綱。十年四月，國會非常會議復議決中華民國政府組織大綱。此各大綱施行時間甚暫，法統恢復，即無形失其效力。

至民國十二年二月，孫中山先生重蒞廣州，各軍公推為大元帥，成立元帥府。十四年三月，孫中山先生逝世，國民黨中央執行委員會議決廢棄大元帥府制，改設國民政府，於七月一日成立。國民政府自創立迄今，其組織法數經變易，計先後頒行者有左列數種：

第一，民國十四年七月一日中華民國國民政府組織法　民國十四年六月十四日，國民黨中央執行委員會政治委員會第十四次會議決議改組大元帥府為國民政府，采合議制。第二十五次會議議決中華民國國民政府組織法十條，幷提經中央執行委員會決議通過，交由國民政府公布。

此法內容甚為簡單，其要點有三：(一)著明「黨治」，於第一條明定「國民政府受中國國民黨之指導及監督，掌理全國政務。」(二)采合議制，於第二、第三、第五各條規定國民政府以委員若干人組織之，推定一人為主席，五人為常務委員，國務由委員會議執行，如出席會議委員不足半數，卽由常務委員行之。(三)行一權主義，於第六條載明設置軍事、外交、財政各部，其他各條，對於國民政府權限，毫無明確之規定，亦未涉及立法司法等權之分立。

第二，民國十六年三月十日修正中華民國國民政府組織法　民國十六年三月十日，國民黨中央執行委員會開第三次全體會議於漢口，議決首都設於武漢，幷通過修正中華民國國民政府組織法，於三月三十日由武漢國民政府公布。此修正案亦十條，其內容之簡略，及所規定之事項，與前法大致相同，惟廢去主席，明定國民政府委員會議，只須國民政府所在地委員過半數之出席；並於原定各部外，增交通、司法、教育、勞工、農政、實業、衞

生等部

未幾，國民黨因容共反共之爭，裂而爲二，自十六年四月十六日至十六年九月二十日，武漢與南京各設有中央黨部與國民政府，但南京政府未另頒國民政府組織法。十六年九月二十日，國民黨各方領袖協商妥洽，成立中央特別委員會代行中央黨部職權，推定國民政府委員四十餘人，組織國民政府，於是寧漢分立之局告終，而統一政府成立。在此時期，國民政府之組織，係以十六年三月十日之修正案爲根據，亦未另頒國民政府組織法。惟實際上國民政府所設之機關，及所制定之單行法，如教育行政委員會，中央法制委員會，法制局及大學院組織法等，與十四年之國民政府組織法，及十六年之修正國民政府組織法，均不一致，或且不無衝突。

第三、民國十七年二月四日國民政府組織法　中央特別委員會成立以後，國民黨內部意見又多紛歧，該會遂於十六年十二月二十八日自行宣告結束。十七年二月三日，第二屆中央執行委員會開第四次全體會議，於次日議定國民政府組織法，計十一條，交由國民政府於二月十日公布。此組織法與前兩法均無重大差異，惟常務委員定爲五人至七人，仍設主席一人。又國民政府直轄各機關，除原設行政各部外，復規定設最高法院、監察院、考試院、大學院、審計院、法制局、建設委員會、軍事委員會、蒙藏委員會、僑務委員會等。惟實際上，考試監察兩院，在此組織法存續期間，並未成立。

第四、民國十七年十月三日中華民國國民政府組織法　民國十七年秋，國民革命軍北伐完成，軍事結束，訓政開始。第二屆中央執行委員會復召集第五次全體會議，於八月八日開幕，八月十一日決議：「訓政時期之行政、立法、司法、考試、監察五院，應逐漸實施。」九月初旬，中央常務委員會決定以五院組成國民政府，受中國國民黨之指導與監督，執行訓政職責，俾先立五權憲法之基礎，即以此原則交由法制局起草國民政府組織法。

法制局旋即擬具國民政府組織法草案，由國民黨中央各委員於九月十九日提出討論，當推定胡漢民、戴傳賢、王寵惠三委員共同研究，於二十日成初稿共四十九條。大體上確定國民政府由五院組成，及五院之組織、職權，與其相互之關係。胡委員等復詳加討論，就初稿略有增減，於九月二十三日成第二次草案，綜各中央委員迭次研討之結果，共有五點：(一)確定國民政府之治權及其內容；(二)以五院合組國民政府；(三)擬定國民政府委員人數及主席人選；(四)規定五院各別職權及其主要組織；(五)定五院之總連鎖為國務會議。

第二次草案擬成後，由張人傑、李煜瀛、戴傳賢三委員於九月二十六日提出中央執行委員會政治會議，當經鄭重討議，並決定先付審查，推委員蔣中正、胡漢民、孫科、王寵惠、張人傑、李煜瀛、戴傳賢、李濟深、蔡元培、吳敬恆、譚延闓、李烈鈞、何應欽、王正廷等會同審查，由蔣中正召集。各審查委員迭經集會，詳細討論，除對於草案有所修正外，復決定問題二：(一)黨與政府之關係，於國民政府組織法全文前增加弁言以明之；(二)黨對人民與黨對政府之責任及權力關係，由中央執行委員會頒布訓政綱領以明之。十月二日，蔣委員中正復召集審查會，各委員送有意見書多份，原提案人亦提出修正案，當經一併審查完竣，將第二次草案分別修正通過，定為四十八條，報告中央政治會議。

十月三日上午，中央政治會議第一五七次會議，將國民政府組織法審查案提出討論，只略有文字上之修正，當決議通過。同時並議決關於解釋及修改問題，不另立專條，但加一決議案文云：「關於中華民國國民政府組織法之修正及解釋，由中國國民黨中央執行委員會政治會議議決行之。」同日下午，國民政府組織法全案，復經由中央執行委員會第一七二次常務會議照原文議決，即日以中國國民黨名義公布至關於國民政府組織法之解釋及修改之決議案，亦經列入訓政綱領第六項。

此國民政府組織法又於十月八日由國民政府公布，全文共四十八條，較前各法均為詳備，大要規定國民政府之組織與職權，及五院之組織與職權。國民政府由五院組成，總攬治權，設主席委員一人，委員十二人至十六人，分任五院院長、副院長；處理國務，公布法律，發布命令，以委員組織國務會議行之；是國民政府顯然采合議制，並行一權主義。行政院設各部會分掌行政職權。立法院設委員四十九人至九十九人；有議決法律、預算、大赦、宣戰、媾和、條約等案，及其他重要國際事項之職權。監察院設委員十九人至二十九人；行使彈劾及審計之職權。司法院掌理司法與行政審判，及司法行政，官吏懲戒之職權，考試院掌理考選銓敍事宜。惟國民政府主席、委員、及五院院長之產生方法，無明文規定，實際由國民黨中央執行委員會選任。

第五、民國十九年十一月十七日中華民國國民政府組織法　十九年十一月十二日，第三屆中央執行委員會召集第四屆全體會議，蔣中正、胡漢民、戴傳賢、王寵惠四委員提刷新中央政治，改善制度，整飭綱紀，確立最短期內施政中心以提高行政效率案，當於十七日第五次會議詳加討論，遂通過國民政府組織法修正案。其決議文云：「修正國民政府組織法中關於國務會議與行政會議之規定。」此修正案經由中央執行委員會函交國民政府於十一月二十四日通飭遵照。

全案修正之點凡四：(一)删除以國務會議處理國務之規定。(二)改「國務會議」爲「國民政府會議」，由國民政府委員組織，以國民政府主席爲主席。(三)改「行政院會議」爲「國務會議」。(四)廢除五院院長副署制，改爲公布法律由立法院院長副署，發布命令由主管院院長副署。此修正案不僅爲文字上之修改，而實質上亦有重要之變更，期實際政治中心由國民政府移轉到行政院，適符五權分立之精神。

第六、民國二十年六月十五日中華民國國民政府組織法　二十年六月十三日，第三屆中央執行委員會第五次全體會議以中華民國訓政時期約法業經國民會議制定頒布，其第七十七條規定「國民政府及各院部會之組織，以法律定之，」特將國民政府組織法，依據約法，加以修正，於六月十四日第二次會議決議「修正通過，送國民政府交立法院。」立法院於第一百四十六次會議提出討論，當議決：「中華民國國民政府組織法既經第三屆中央執行委員會第五次全體會議提出修正，決議通過，可逕由國民政府公布，毋庸經立法程序。」國民政府即於二十年六月十五日公布施行。

此組織法分十章，共五十二條，大致與前法相同，惟重要修正之點有六：（一）删去國民黨指導監督政府，並制定本法頒布之之弁言。（二）立總則一章，著明本法依據約法第七十七條而制定。（三）國民政府除以主席、五院院長、副院長爲當然委員外，並設委員十六人至三十二人，名額較前增多一倍以上。（四）國民政府主席、委員，未明定產生方法，惟五院院長、副院長，由主席提請國民政府依法任免。（五）增加國民政府授予榮典，編定預算決算之規定。（六）前法明定國民政府以五院組成，本法改爲國民政府設五院及各部會。再前法本由國民黨公布，本法既已删去弁言，依第五條所定，由國民政府公布。

第七、民國二十年十二月三十日修正中華民國國民政府組織法　民國二十年十一月，國民黨召集第四次全國代表大會，於十二日開幕，舉行預備會議二次，正式會議九次，於二十三日開幕。第四屆中央執行委員會於十二月二十二日開第一次全體會議，議決中央政制改革案如左：

一　國民政府主席爲中華民國元首，對內對外代表國家，但不負實際政治責任，并不兼其他官職；任期二年，得連任一次，但於憲法頒布時，應依法改選之。

二　國民政府委員會，設委員若干人。

三　在憲法未頒布以前，行政、立法、司法、考試、監察各院，各自對中央執行委員會負其責任。

四　行政院長負實際政治責任。

五　司法行政改隸行政院，設部管理。

六　國府主席及委員，五院院長，由中央執行委員會選任之。

根據以上決議案，全會卽議決修正國民政府組織法五十四條，交由國民政府於二十年十二月三十日公布。此修正案最重要之修正，卽上列中央政制改革案各項，其餘與二十年六月十五日組織法無甚差異。惟（一）刪去國民政府編定預算決算之條文；（二）刪除國民政府主席不能執行職務由行政院院長代理之規定；（三）廢除「國務會議，」行政院仍由院長、副院長、各部會長官組織「行政院會議。」此外尙有最重大之增訂，卽立法委員監察委員之半數，由法定人民團體選舉，但選舉法迄未頒布，此項規定亦迄未實行。

二十一年三月五日，第四屆中央執行委員會第二次全體會議決議修正國民政府組織法第三十七條，由國民政府於二十一年三月十五日公布。該條原規定「司法院院長兼任最高法院院長，司法院副院長兼任公務員懲戒委員會委員長，」修改爲最高法院院長，公務員懲戒委員會委員長，得由司法院院長，副院長兼任。

二十一年十二月十五日第四屆中央執行委員會舉行第三次全體會議；主席團提出修正國民政府組織法第三十條，及第四十八條條文案，於二十一日第五次會議決議通過，經國民政府於同年十二月二十六日公布。此修正案卽將各該條關於參加半數民選立法監察委員之第二項刪除，立法委員仍定爲四十九人至九十九人，監察委員仍定爲二十九人至四十九人，均由各該院院長提請國民政府主席依法任命。此次全會決定召集國民參政會，以期民意得以集中，訓政早日完成，幷交由中央常務委員會切實籌備。故立法委員監察委員之半數，毋庸另由法定人民團體選舉，即將國民政府組織法予以修正，但國民參政會迄未組織成立。

此次全會開第二次會議時，陳肇英等九委員提請修改國民政府組織法，仍以司法行政院屬司法院，經決議交政治組審查。該組審查完畢，提經全會第五次會議決議交政治會議。至民國二十三年十月，中央政治會議於第四百二十八次會議決議，司法行政部改隸於司法院，幷送請中央執行委員會於第百四十一次常會將國民政府組織法第二十四條第五款、第三十五條、第三十六條修正通過。此各修正條文經國民政府於二十三年十月十七日公布施行。其修正之點，即（一）司法官之任免，不經行政院會議議決；（二）司法院改爲國民政府最高司法機關，增設司法行政部，仍囘復四屆一中全會未修正前之原案。

第二節　行政院組織法

中華民國臨時約法采責任內閣制，參議院依據議決國務院官制十二條，於元年六月二十六日公布。大要規定國務院以國務員組織之，國務總理及各部總長均爲國務員。國務員輔弼臨時大總統負其責任，國務由國務員開國務會議議決行之。民國三年五月一日，中華民國約法頒布，采總統制，國務院官制即於是日廢止，由大總統袁氏另行公布大總統府政事堂組織令。及帝制失敗，袁氏又於五年四月二十一日公布政府組織令，至五月二十八日，將政府組織令加以修改，仍囘復責任內閣制，惟此令迄未改爲官制，亦未提交國會議決。

民國十七年八月國民黨二屆五中全會議決逐漸實施五院制，中央執行委員會即制定國民政府組織法，規定以五院組織國民政府，并指定委員譚延闓、蔣中正等起草五院組織法。旋譚委員等草竣行政院、立法院、司法院組織法，提經中央治政會議於十月八日臨時會議決議修正通過，由國民政府於十七年十二月二十日公布施行。

行政院組織法共十一條，第一條規定行政院以內政、外交、軍政、財政、農礦、工商、教育、交通、鐵道、衛生各部，及建設、蒙藏、僑務、勞工、禁煙五委員會組織之。第三條規定院長指揮院務及其所屬機關。第四條至第八條規定院內設秘書政務兩處，及各處所置之員額，與其所掌之事項。

民國十八年六月，行政院院長譚延闓以該院組織法第七條第二款規定「參事四人至六人，其中四人簡任，餘薦任，」與司法、考試、監察各院組織法所定參事均為簡任，未能一律，且所屬各部會之參事，亦均係簡任，尤與體制不符，當提經第二十七次會議決議呈請政府修正。國民政府即發交文官處函送中央政治會議，於第一百八十五次會議決議交立法院修改。立法院於七月十六日提出第三十四次會議議決：「行政院組織法第七條第二款修正為參事四人至六人簡任，」并呈由國民政府於十八年七月三十一日公布。

行政院組織法第一條原列十部，五委員會，後增設海軍部，僑務委員會亦改隸中央黨部，應將該條文予以修改，庶與事實相符。行政院於十九年二月，提出第五十九次會議決議呈請政府修改。國民政府提經第六十五次國務會議決議送政治會議。中央政治會議於三月十九日函送立法院核議。立法院於三月二十日，第八十一次會議議決付法制委員會審查。

行政院又以事務日繁，復因訴願法業經公布施行，驟增訴願案件，原組織法所定科員員額既少，俸給亦薄，難羅致相當人才，且考績優異者，無進升之階，擬援照國府文官處修正組織條例成案，將組織法第五條及第七條之第三款，均修正為「科員十八至二十八人委任或薦任，」提經第六十五次會議決議：「照修正，呈政府送立法院併前案審議。」國民政府即批交文官處函送政治會議，中央政治會議提出第二二五次會議，決議：「准照行政院所請修正，交立法院。」立法院於十九年五月三日第八十七次會議議決付法制委員會照案修正。

法制委員會於第六十一次、第六十七次、第六十八次會議，先後提出併案討論，通過行政院組織法修正案，將「海軍部」列入第一條第四款，自「財政部」以下各部會依次遞降一款，刪去「僑務委員會，」勞工、禁煙兩委員會仍列入第十四款、第十五款。又將第五條第三款改為「科員十八至二十八人委任。但其中四人得為薦任；」第七條第三款改為「科員十八至二十八人委任，但其中六人得為薦任；」并於第八條加一款為「關於訴願事項。」

五月三十一日，立法院於第九十三次會議，將行政院組織法修正案提出討論，當議決照審查修正案通過；并呈由國民政府於十九年六月十日公布施行。

民國十九年十一月，第三屆中央執行委員會第四次全體會議議決中央政制改革案，其第四項爲關於行政院組織之變更：

一 農礦工商兩部暫行合併爲實業部；

二 衛生部併入於內政部；

三 建設委員會應注意設計，指導國民建設，不必列於行政機關，當直隸於國民政府。

行政院遵照此項決議案，卽分別改併，惟組織法未加修改。

民國二十年十一月，第四屆中央執行委員會第一次全體會議復議決改革中央政制，由行政院負實際政治責任，司法行政改隸行政院，設部管理。又中央政治會議第二十一次會議亦議決僑務委員會改隸行政院。行政院以所屬機關，迭有變更，而政務較前繁重，高級職員不敷任使，應增置參事秘書員額，推廣薦任科員名額，特擬具該院組織法第一、第五、第七各條修正案，提出行政院會議通過，咨請立法院查照審議。

立法院於二十一年六月十八日，提出第一百八十九次會議議決付法制委員會審查。該會於第一百五十八次，及第一百五十九次會議，先後提出討論，結果將行政院組織法第一條照案修正通過，第五、第七兩條，認爲在國難厲行緊縮之時，實無修正之必要，當繕具審查報告，及修正案，呈請立法院核提大會公決。

二十一年七月十六日，立法院於第一百九十三次會議提出討論，當議決：「行政院組織法第一條、第五條、

第七條條文修正通過」并呈由國民政府於二十一年八月三日公布。此各條修正內容，即於第一條所列各部會，刪去「農礦部、」「工商部、」「衞生部、」「建設委員會，」加入「實業部、」「司法行政部」及「僑務委員會。」祕書增至八人至十四人，八人簡任，餘薦任；參事增至六人至十人，均簡任。

民國二十四年二月，行政院以該院組織法有修正之必要，即擬具修正草案，提出第百九十八次會議決議通過，送請中央政治會議交由法制組審查，並提經第四百四十四次會議決議照審查意見通過，交立法院。同年七月，行政院復因禁煙委員會奉令裁撤，衞生署改歸該院直轄，及勞工委員會事實上久未成立，無復列入組織法之必要，經一再將該院組織法第一條酌予修改，咨送立法院併案審議。立法院先後令交法制委員會會同財政委員會審查。該會等即交由委員衞挺生、郗朝俊作初步審查，并於第四屆第七次聯席會議提出討論，結果將審查行政院組織法草案修正通過。立法院於同年五月九日將該審查修正案列入第四屆第十六次議程，以與新預算案有關，未及提付二讀，即交該兩委員會重行審查。

至民國二十五年四月，行政院以前項修正草案，尙有再加修正必要，因另行擬具審查該院組織法草案，及原則草案，提經第二百五十四次會議決議通過，送由中央政治委員會第十一次會議決議，原則最後一項刪除，餘通過，交立法院審議。修正行政院組織法原則共爲五項如次：

一　行政院爲審核撰擬各項文件，由祕書長及政務處長指派簡任祕書參事分組辦事，每組設主任一人，

一　由院長就簡任祕書參事中指定兼任之。
一　行政院祕書長改爲特任。
一　行政院祕書政務兩處設置薦任科長八人至十六人，編審六人至十二人，委任科員四十八人至五十八人，祕書處並增添簡任祕書二人，原有薦任科員之設置卽予裁撤。
一　行政院爲處理訴願案件，得設訴願審議委員會，其委員由院長指派院內簡任人員兼任之。
一　行政院爲促進行政效率，及其他重要行政事務，得於院內設立委員會，其委員除以院內職員兼任外，並得聘任專門委員。

立法院卽將修正行政院組織法草案及原則五項交法制財政兩委員會併同前案審查。該會等復開聯席會議，一併提出討論，當將該修正草案重加修正通過立法院於第四次第五十八次會議將最末審查修正之案提出二讀通過，並省略三讀通過全案，卽是由國民政府於民國二十五年五月十二日公布施行。修正行政院組織法共十六條，其修正之要點，卽爲上述五項原則及删去「司法行政部」、「禁煙委員會」、「勞工委員會」，列入「衞生署」，其餘大致與原法相同。

按十七年十月二日中央執行委員會公布之訓政綱領其第六條規定：「中華民國國民政府組織法之修正及解釋，由中國國民黨中央執行委員會政治會議議決行之。」五院組織法之修正，無明文規定。惟國民政府由五院組成，并同為行使治權機關，五院組織法如有修正，似亦應經由政治會議之決議。惟行政院組織法歷次修正案，以及其餘各院組織法修正案，有由中央政治會議決議原則或內容者，有中央政治會議未提會討論即送審議者，亦有未經政治會議，逕由各該院咨送立法院者，立法院均依照普通立法程序辦理。

第三節　立法院組織法

民國初元之立法機關為參議院，其組織依據中華民國臨時政府組織大綱，及臨時約法。旋參議院議定國會組織法，於元年八月十日公布。全文二十二條，大致規定(一)國會由參衆兩院構成，(二)參衆兩院議員之名額及任期，(三)國會之會期及職權，(四)民國憲法之起草及議定。此組織法於七年二月，經臨時參議院加以修改，將參衆兩院議員之名額分別減少；又於十二年三月，經國會修改第二十一條第二項，減低憲法會議出席人數之限額。

民國三年，約法會議議定立法院組織法五十條，於三年十月二十七日公布。其要點有五：(一)立法院采一院制；(二)議員共二百七十五人；(三)會期自每年九月一日起至十二月末日止；(四)立法院分全院、常任、特別三委員會；(五)法律案、預算案、及其他重大議案，非經三讀會不得議決。但立法院迄未成立。

國民政府初無正式立法機關，民國十六年五月，中央政治會議第八十次會議決議設立中央法制委員會，并於第八十九次會議通過該會組織條例十二條，規定委員名額暫定九人，草擬並審查一切法制。中央政治會議又於第一百次會議決議設立國民政府法制局，通過該局組織法七條，規定置局長及編審掌理草擬及修訂各項法律條例等案。十七年五月，中央政治會議於第一百四十次會議，將法制局組織法加以修正，全文共九條，職掌略有變更，職員亦稍有增加。

民國十七年十月二十日公布之立法院組織法，共二十六條。第一條至第五條，規定立法院設法制、外交、財政、經濟四委員會，并得增置裁併各委員會委員由全院委員分任，委員長由院長指定。第六條至第十二條，規定院內置祕書、編譯、統計三處，及各處之員額與職掌。第十三條及第二十四條，規定院長之職權，其餘各條，大致規定關於會議之事項。

民國十七年十二月八日，立法院開第一次會議，主席提議依照組織法第二條，增置軍事委員會，委員呂志伊、焦易堂均贊成，當經通過。惟未修改組織法，將「軍事委員會」增入第一條。

民國十九年六月，中央政治會議第二二九次會議，委員胡漢民、林森、李文範提請修改立法院組織法，略稱：「立法院組織法第十一條第四項，原規定編譯處科員十八至二十八，委任。施行以來，頗感困難。其原因由於原條文第三項所規定之編修，均屬簡任，與第四項所規定之委任科員，其薪額等級，相差太遠。而實際上科員與編修之資格與能力，非相爲伯仲者不能勝任。……爲此擬將立法院組織法第十一條第四項之原文，修正爲科員十八人至二十八人，薦任或委任。」當經決議通過，交立法院。立法院即提出第九十六次會議議決，付法制委員會照案修正。該會於第七十九次會議，提出討論，僉以立法院組織法第十一條並無第四項，想係該條第三款之誤，當修正為「科員十八至二十八薦任或委任。」立法院復於六月二十八日提出第九十八次會議議決，照審查修正案通過，並呈由國民政府於十九年七月七日公布。

民國二十年，國民政府於文官處、參軍處外，復成立主計處，并於處內設置統計局，以為統計行政之中心。第十九次國民政府會議，立法院提議將院內所設之統計處，歸併主計處，以收畫一工作統一事權之效。至特殊之各項立法統計事務，於院內祕書處設置統計科辦理，當經決議照辦。四月二十五日，立法院於第一百四十一次會議議決，將該院組織法，付法制委員會照案修正，但該會迄未審竣具報。

民國二十年六月中央政治會議第二七六次會議，戴傳賢、陳立夫、丁惟汾三委員提議略謂：「查約法既已制定，國民政府組織法亦經公布，各院部會組織法，及省政府組織法，亟應根據約法及國民政府組織法重加整理，擬請指定委員草擬原則，提由下次會議核定後，再交立法院分別依據修正。」當經決議推葉楚傖、戴傳賢、吳敬恆、邵元沖、陳立夫、宋子文、劉尚清、焦易堂、于右任、蔡元培、陳布雷十一委員起草原則。嗣于委員右任等提出報告，認為立法、司法、考試、監察各院組織法，應由各該院依照約法及國民政府組織法，關於其應行補充或修改之點，擬具意見彙送政治會議決定。至行政院及其所屬部會組織法，依照約法及國民政府組織法，應行修改或補充之點，應由各部會擬具意見，呈由行政院，連同修正行政院組織法意見，送政治會議決定。復經中央政治會議第二七七次會議決議通過，並於六月二十五日，函由國民政府批交文官處函達各院，及立法院查照辦理。

各院部會遵即擬具各該院部會組織法修正草案，先後送請中央政治會議核定。修正立法院組織法草案，亦於六月二十九日呈由國民政府轉送政治會議。此修正草案之內容，即於第一條增加第五款「軍事委員會」；刪除第六條第二款「統計處」及第九條第十條關於統計處職員職掌之規定；於第八條第十條，加入關於統計調查及圖書館管理事項各款。惟中央政治會議對於各院部會組織法修正草案，迄未核議，立法院組織法亦未修正。

民國二十二年，立法院院長孫科蒞任，復擬具修正立法院組織法草案，提請中央政治會議核議，文略云：

「竊查立法院組織法，係民國十七年十月二十日國民政府公布施行，迄今時逾五年，事實多已變更。如本院軍事委員會，設立已滿五年，原組織法尚未列入。又如本院統計處，已於二十年四月歸併國民政府主計處，其特殊立法工作，於祕書處設科轉理，原組織法亦未列入。茲爲綜核名實起見，擬具修正草案，其所增刪各條款，均係根據已成之事實，爲適合實際之需要，不致變更預算，增加國庫開支。是否可行？提請公決。」

中央政治會議於第三五二次會議決議通過，并函由國民政府發交文官處函達立法院，依照立法程序辦理。立法院於四月二十八日，提出第三屆第十五次會議議決：「修政立法院組織法通過，」即繕具全案呈由國民政府於二十二年五月十一日公布。此修正案修改之點，與二十年六月二十九日呈送國民政府之修正草案，大致相同。

第四節　司法院組織法

民國十七年十月二十日公布之司法院組織法，共十六條，其要點有三：(一)司法院以司法行政，司法審判，行政審判三署及官吏懲戒委員會組織之。司法行政署綜理司法行政事宜；司法審判署對於民刑訴訟事件，依法行使最高審判權；行政審判署依法掌理行政訴訟審判事宜；官吏懲戒委員會依法掌理文官法官懲戒事宜。(二)司法院設祕書參事兩處，祕書處置祕書長、祕書、科員各職員，掌理文書、會計、庶務，并典守印信；參事處置參事四人至六人，撰擬審核關於司法之法律命令。(三)司法院院長綜理全院事務，並經司法審判署署長、庭長會議議決後，行使統一解釋法令，及變更判例之權。

旋中央政治會議又將司法院組織法加以修改，經國民政府於十七年十一月十七日公布。此修正案即將組織司法院之「司法行政署」改爲「司法行政部」，「司法審判署」改爲「最高法院」，「行政審判署」改爲「行政法院，」其餘均照原案。

民國二十一年四月，司法院以國民政府組織法業已修正，特依照擬訂修正司法院組織法草案，咨送立法院審議。此修正草案共二十條，要點有四：(一)考覈法院之確定判決，如發現承辦法官有違法失職情事，得依法交付懲戒，或加以儆告；(二)覆准死刑之執行；(三)明定解釋法令及變更判例之程序；(四)增設編譯處，酌置編譯及科員數人立法院於四月二十三日第一百八十二次會議，提出討論，當議決付法制委員會審查。該會以此案與行政院及司法行政部組織法有關，司法行政部隸屬問題，亦未確切解決，遂付諸延擱中。

第五節　考試院組織法

民國十七年二月四日，第二屆四中全會議定之國民政府組織法，於第七條有設立考試院之規定，但考試院并未成立。十七年十月，五院組織法起草委員蔣中正等擬具考試院組織法草案，提經中央政治會議第一五八次會議決議修正通過，逕由國民政府於十七年十月二十日公布。

考試院組織法共十七條，第一條至第五條，規定考試院以考選委員會及銓敍部組織之，並各該部會之長官與職掌。第六條至第十條，規定院內設祕書參事兩處，并各處所置之職員，及所掌之事項。其餘各條，大致規定院長之職權，及關於考試與任免公務員之事項。

民國二十二年，考試院以據銓敍部呈請援照行政院各部辦法，設置政務次長、常務次長各一人，咨請立法院將該院組織法第四條加以修改。立法院即令交法制委員會審查。該會於第三屆第三第四兩次會議先後提出討論，結果修正通過。立法院復提經二月十八日第三屆第五次會議議決，照審查修正案通過，並呈由國民政府於二十二年二月二十四日公布。該條原規定銓敍部設部長副部長各一人，修正案改爲設部長、政務次長、常務次長各一人。

第六節　監察院組織法

民國十四年六月，中國國民黨中央執行委員會政治委員會於第二十五次會議決議設立監察院，推鮑羅廷起草組織法；草竣後，提經第三十四次會議決議通過，交國民政府，旋復於第六十二次會議加以修正。至十五年十月，中央執行委員會政治會議第二十六次會議，又將國民政府監察院組織法爲第二次之修正，通過後，卽交國民政府公布施行。此法全文共十四條，規定監察院之職權凡六：(一)發覺官吏犯罪，(二)懲戒官吏，(三)審判行政訴訟，(四)考查各種行政，(五)稽核財政收支，(六)統一官廳簿記及表册之方式。監察院不設院長，置監察委員五人，審判委員三人，并設祕書處，分四科，置祕書長、科長、科員、監察員各職員。

民國十六年七月，中央政治會議於第一百零九次會議決議將審計職權併入監察院，并令中央法制委員會從速起草監察院條例。該會旋擬具草案三十六條，提付審查，適值時局變化，未及通過。至十六年十一月五日，國民政府公布監察院組織法十三條。此法內容與十五年十月之修正案大致相同。惟監察院之職權，將「關於懲戒官吏事項」改爲「關於彈劾官吏事項」，並删去「關於審判行政訴訟事項」。又監察院之組織，不設審判委員，置監察委員七人，院內置祕書處及三司，并各分科辦事。

民國十七年十月，五院組織法起草委員蔣中正等提出監察院組織法草案，經中央政治會議第百五十八次會議決議修正通過，送由國民政府於十七年十月二十日公布。此法全文共二十三條，第一條、第三條，規定監察院以監察委員行使彈劾權，并得特派監察使，分赴監察區行使彈劾權。第五條至第十條，規定監察委員得單獨提出彈劾案，并得彈劾其他監察委員。彈劾案提出後，由院長指定監察委員三人審查，如多數認為應付懲戒，雖官吏懲戒委員會議決被彈劾人不應受處分，原彈劾人不負責任。彈劾案經審查認為不應付懲戒，提案人仍請付懲戒，如官吏懲戒委員會議決被彈劾人不應受處分，原彈劾人應受監察委員保障法所規定之處分。第十二條、第十三條，規定審計部設部長副部長各一人，掌理(一)國民政府及各省市政府歲出歲入之決算，(二)國民政府所屬各機關每月之收支計算，(三)特別會計之收支計算。第十六條至第二十條，規定院內置祕書參事兩處及各處之職員與職掌。第二十一條規定院長綜理院務。第十一條規定監察委員不盡職時，立法院得向監察院提出質問。

民國十七年秋，監察院院長蔡元培擬具修正監察院組織法第十三條條文草案，提請中央政治會議核議，文略云：

「列國審計制度，有僅采事後監督主義者，如日本是。在此種主義之下，審計機關僅能於事後審核決算及計算。有兼采事前監督主義者，如英美德法等國是。在此種主義之下，審計機關不獨於預算執行後，有審核決算計算之權；並於預算執行時，有根據預算法令，核准或拒絕支付命令之權。國民政府自審計院成立以來，已於審計法中兼采事前監督之制，施行後不無效益。……茲因現行監察院組織法第十三條，未將事前監督權明白規定，特提出修正條文，敬候公決。」

中央政治會議於第一七八次會議議決交立法院。立法院於十八年三月三十日，提出第十七次會議議決，付法制委員會會同財政委員會審查。十八年八月，中央政治會議又於第一九二次會議，決議監察院組織法第十三條修正如左：

第十三條　審計部掌理左列事項：

一　審核政府所屬全國各機關之決算及計算；

二　監督政府所屬全國各機關預算之執行；

三　核定政府所屬全國各機關收入命令及支付命令；

四　稽察政府所屬全國各機關之冒濫，及其他關係財政之不法，或不忠於職務之行爲。

左列修正條文，經中央政治會議錄案函由國民政府轉令立法院查照。立法院於八月三十一日，第四十四次會議議決照案通過，並呈由國民政府於十八年九月十七日公布。

民國二十一年一月，監察院以國民政府組織法業經修正公布，其第八章第四十八條關於監察委員名額，及其產生方法之規定，與監察院組織法顯有變更，爰擬具修正草案，咨請立法院查照審議。立法院即令交法制委員會審查。該會於第一百四十一次、第一百四十七次、第一百四十八次、第一百五十二次及第一百五十三次會議，先後提出討論結果，將修正監察院組織法草案修正通過；並繕具審查報告，於六月四日，提出立法院第一百八十七次會議議決通過，經轉呈國民政府於二十一年六月二十四日公布。此修正案共十四條，與原組織法不同之點，即刪去關於彈劾事項之條文，於第一條第二項著明「彈劾法另定之。」至於監察委員名額與產生方法，雖因國民政府組織法之修正而變更，但與原組織法無甚關係，修正案亦未規定。

民國二十一年九月，監察院以彈劾案件，及人民告發事項，應事前查察，非有專門學識與經驗者，不易抉摘隱微，因擬增設薦任職調查專員十人，咨請立法院將該院組織法加以修改。立法院於交由法制委員會詳細審查後，即提出第二百零四次會議議決，監察院組織法第十一條條文修正通過，並呈由國民政府於二十一年十月十七日公布。此修正條文，即於原條文增加第二項，為「監察院於必要時得置調查專員四人至六人，薦任。」

監察院以審計部原設部長副部長各一人，於部務進行頗感未便，乃於二十二年二月二十日，咨立法院，請援照行政院各部及考試院銓敍部辦法，將該院組織法第四條修正，規定審計部設部長，及政務次長，常務次長各一人。立法院提出第三屆第八次會議議決，付法制委員會審查。該會審查結果，完全照監察院提案旨趣通過，並提經立法院第三屆第十次會議議決通過，轉呈國民政府於二十二年四月二十四日，公布修正監察院組織法第四條條文。

第七節　內政部組織法　附衞生署組織法

民國元年，中華民國臨時政府成立，臨時大總統孫中山先生飭由法制局擬具各部官制通則，及各部官制，先後咨送參議院審議。參議院卽依據議定各部暫行官制通則二十六條，規定各部總長對於主管事務負責，如事務主管不明，或牽涉二部以上時，提出國務會議決定。各部總長於其主管事務，或特別委任範圍內，得發部令，並得發諭令於地方官，於必要時得停止或取消地方官之命令處分。各部設承政廳及各司，並分設各科，置次長、參事、祕書長、祕書、司長、科長、科員、錄事，並得依便宜置工監、工正、工師、工手、副官、司務、編纂、主計、視察、審查各職員，分掌部務。旋參議院將前通則加以修改，議決修正各部官制通則二十條，於元年七月十八日公布。其內容無多變更，惟將「承政廳」改爲「總務廳」，「科長」、「科員」改爲「僉事」、「主事」，其餘條項文字亦略有修改。至民國三年七月，大總統袁氏將各部官制分別修改，各部官制通則卽於三年七月一日明令廢止。

參議院初議決內務部官制十條，第一條規定「內政總長管理警察、衞生、宗教、禮俗、戶口、田土、水利、工程、公益善舉、著作出版及地方行政，并選舉事務；監督所轄各官署及地方官。」第二條規定內務部職員之額數。其餘各條，規定內務部置民治、職方、警政、土木、禮教、衞生六司，並各司所掌之事務。旋參議院又議決修正內務部官制十三條，由臨時大總統於元年八月八日公布，內容與原官制大致相同，惟列舉各司職掌較詳。

民國二年十二月二十二日，大總統袁氏以教令第四十二號公布修正內務部官制十條；此修正案修正之點，卽在由六司改爲民治、警政、職方、考績四司。三年七月十日，袁氏又以教令第九十七號公布修正內務部官制二十條。此修正案與前修正案之異點有三：(一)增一典禮司；(二)列舉總長之職權；(三)次長定爲二人，並確定各職員之額數。至六年一月八日內務部仍呈准適用民國元年八月八日公布之官制，此後卽未變更。

國民政府初未設立內務部，十七年三月十四日中央政治會議於第百三十二次會議通過國民政府內政部組織法。此法全文共二十條，規定(一)內政部管理地方行政及土地、水利、人口、警察、選舉、國籍、宗教、公共衞生、社會救濟等事務；(二)設祕書處及民政、土地、警政、衞生四司，并各處司之職掌；(三)置部長、次長、參事、祕書長、祕書、司長、科長、科員、技正、技士及視察員、僱員等。中央政治會議旋於第百三十八次會議議決各院部應增設總務處，交由法制局擬具修正各院部組織法草案，復於第百四十次會議議決照修正草案通過，修正內政組織法，亦一併通過。

民國十七年十月國民政府改組，內政部改隸行政院，中央政治會議於第百六十五次會議議定內政部組織法二十三條，由國民政府於十七年十二月八日公布。其內容與前法略同，惟部內改設總務、統計、民政、土地、警政、禮俗六司，次長定爲二人，並增設技術人員。

民國十九年十一月，第三屆四中全會議決衞生部併入內政部。中央政治會議於第二百五十二次會議決議於內政部內設衞生署。內政部卽擬具該部組織法修正草案，及衞生署組織條例草案，呈由行政院咨送立法院審議。立法院於十九年十二月二十七日第一百二十三次會議議決付法制委員會審查。旋審查完竣，立法院卽於二十年三月七日第一百三十四次會議通過修正內政部組織法，及內政部衛生署組織法，同於二十年四月四日公布。此修正案卽於第四條增一第一款，列爲「衛生署」，幷確定科長科員、技正技士之員額，增置編審八人，視察十八至十六人。

衛生署組織法全文共十二條，規定衛生署掌理全國衛生事務；設總務、醫政、保健三科，置署長、科長、科員、祕書、技正、技佐分掌關於一切衛生及署內事務。

第八節　外交部組織法

民國元年，參議院議決外交部官制十條，由臨時大總統於同年十月八日公布。此官制第一條規定「外交總長管理國際交涉及關於居留外人，並在外僑民事務；保護在外商業監督外交官及領事官。」其餘各條規定外交部設總務廳、交際、外政、通商、庶政四司，並各廳司之職掌及參事、僉事、主事之員額。

民國二年十二月二十二日，及三年七月十日，袁大總統兩次公布修正外交部官制，擴大外交總長之職權，增加職員員額，明定其所掌之事務，並將外政、庶政兩司，併爲政務司。其餘內容，均與前法略同。

國民政府成立，卽設置外交部。其組織法經政治委員會第三十二次會議通過，共十一條，規定外交部置部長祕書長各一人，分設公法交涉、私法交涉、繙譯、調查、總務五科，並附設宣傳局，宣傳外交政策。

南京國民政府又將前組織法加以修改，於十六年七月五日公布。此修正案共十八條，規定外交部設祕書處，及政務總務兩司，置次長二人，司長二人，不設祕書長，置祕書、科長、科員，分掌部務。

民國十六年十一月五日國民政府復公布外交部組織法十八條。其內容與前各法均無甚差異，惟部內改設祕書處，及第一第二第三三司。中央政治會議於第百三十八次會議決議各院部應於祕書處外增設總務處，即於第百四十次會議通過修正外交部組織法，增加關於設置總務處之條文，由國民政府於十七年二月二十二日公布。

民國十七年十月，外交部改隸行政院，中央政治會議於第百六十五次會議通過該部組織法，於十七年十二月八日公布。此組織法全文共二十一條，規定外交部管理國際交涉，及關於在外僑民居留外人之中外商業。置總務、國際、亞洲、歐美、情報五司；設部長一人，次長二人，並祕書、參事、司長、科長、科員各職員。

民國二十年一月，行政院第十次國務會議以修正國民政府組織法第十八條規定行政院各部各設政務次長常務次長各一人，當議決修改各部組織法，將「常任次長」改為「常務次長」，咨請立法院審議。立法院於第一百三十次及第一百三十一次會議先後提出討論，當將外交部組織法第十三條，海軍部組織法第十四條，財政部組織法第十九條，實業部組織法第十五條，教育部組織法第十六條，交通部及鐵道部組織法第十二條，照案分別修正，並呈由國民政府於二十年二月二十一日公布。至軍政部組織法全案在立法院審議中，尚未通過，內政部組織法已於增置衛生署時併案修正。

第九節　軍政部條例

民國元年，參議院議決陸軍部官制十六條，由臨時大總統於同年八月三十一日公布。其第一條規定「陸軍總長管理陸軍軍政，統轄陸軍軍人軍屬，監督所轄各官署。」餘各條規定陸軍部置總務廳，及軍衡、軍務、軍械、軍學、軍需、軍醫、軍法、軍馬八司，并各廳司之職掌，及科長、科員、軍法官之員額。民國三年七月十日，袁大總統以教令第九十七號公布修正陸軍部官制二十三條，其內容無多變更，惟增加陸軍總長之職權，明定各職員之員額，及其所掌之事務。

國民政府成立，政治委員會於第三十一次會議通過「軍事部組織法，但未施行。十七年十月，行政院成立，設立軍政部，掌管陸海空軍行政事宜。中央政治會議於第百六十二次會議通過軍政部條例十五條，規定軍政部設部長一人，次長二人；置總務廳，及陸軍、海軍、航空、軍需、兵工五署，并審查處；又分設廳長、署長、副署長、處長、及參事、祕書，分掌各廳署處事務，並擬訂法規，撰擬機要文件。此條例經國民政府於十七年十一月二十一日公布施行。

民國十八年六月，軍政部擬具修正條例草案，呈由行政院轉呈國民政府，經國務會議第二十三次會議議決送中央政治會議。中央政治會議於第百八十四次會議決議送立法院。旋海軍部成立，行政院又飭由軍政部另擬修正案咨送立法院併案審議，但迄今仍未通過。

第十節　海軍部組織法

民國元年，參議院議決海軍部官制十三條，經臨時政府於同年八月三十一日公布。其第一條規定「海軍總長管理海軍軍政，統轄海軍軍人軍屬，監督所轄各官署」。餘各條規定海軍部置總務廳，及軍衡、軍務、軍械、軍需、軍學五司，及各廳司之職掌，並科長科員之員額。

民國三年七月十日，袁大總統公布修正海軍部官制二十一條，增入軍法司及其職掌之條文，并擴大海軍總長之職權，確定參事、祕書、司長、科長、科員、技正、技士之員額，及其分掌之事項。其餘內容，大致與原官制相同。

國民政府初未設海軍部，關於海軍行政，由軍政部設署主管。第二屆五中全會有發展海軍之決議，國民政府乃飭由行政院籌設海軍部，至十八年六月一日正式成立。該部旋卽擬具組織法草案，呈請行政院鑒核。行政院以軍政海軍兩部有連帶關係，而海政航政之管理範圍，亦應劃分明晰，乃飭該部將所呈草案分別修訂。海軍部遵將該部組織法草案修改妥協，呈由行政院轉呈國民政府令交立法院審議。立法院於十八年七月二十三日，第三十六次會議提出討論，當議決付軍事委員會審查。該會迭次開會詳加審查，卽將海軍部組織法草案修正通過。至十九年一月二十五日，立法院於第七十三次會議將審查修正案提出討論，當卽完成二讀程序，并省略三讀，通過海軍部組織法全案，呈由國民政府於十九年二月四日公布。

此組織法全文共二十三條，并附表二，規定海軍部管理全國海軍行政；部長綜理部務，統轄海軍軍人、軍屬，指揮監督所屬各機關。部內設總務、軍衡、軍務、艦政、軍學、軍械、海政七司，及經理處；置次長二人，參事、祕書、司長、處長、技監、科長、科員、技正、技士各職員，分掌事務。總務司分文書、管理、交際、統計四科；軍衡司分銓敍、典制、卹賞、軍法四科；軍務司分軍事、醫務、軍港、運輸四科；艦政司分修造、機務、材料、電務四科；軍學司分航海、輪機、製造、士兵四科；軍械司分兵器、設備、保管、檢驗四科；海政司分設計、測繪、警備、海事四科。所屬機關有各艦隊司令部，各地要港司令部，海軍陸戰隊，各地造船所，海軍學校，測量局，軍醫處，海岸巡防處等。

第十一節　財政部組織法

民國元年參議院議決財政部官制十條。參議院改組後，又議決財政部官制十四條，於元年十一月二日公布。兩官制內容無甚差異，大致規定財政總長總轄國家財務，管理會計、賦稅、公債、貨幣、及官產與銀行等事務；監督所轄各官署及公共團體之財政。財政部置參事、僉事、主事、及駐外財政員、編纂、技正、技士各職員；設賦稅、會計、泉幣、公債、庫藏五司，分掌部務。

民國二年十二月二十二日，袁大總統公布修正財政部官制十條，規定財政部置制用局，及賦稅會計兩司，設駐外財政員一人，參事四人，僉事四十八，主事七十八，技正一人，技士二人。至三年七月十日，袁氏又以教令第九十七號公布修正財政部官制二十條。此修正案與元年十一月二日公布之官制大致相同，惟明定財政總長之職權，及職員之員額，與其所掌之事務。

廣東國民政府成立，即設立財政部，其組織法於十四年七月二十四日公布。全文共九條，規定財政部管理財務行政，處理預算、決算，及監督所轄各機關。設部長一人，綜理部務；祕書三人，國庫主任一人，辦事員若干人，分掌部內一切事項。

國民政府定都南京，中央政治會議於第百十七次會議，通過財政部組織法二十三條，於十六年八月十日公布。其第一條至第四條，規定財政部及部長之職權，略同於三年七月十日公布之修正官制所規定。第五條至第十條，規定置次長一人，佐理部務，參事二人至四人，擬訂法規，祕書四人，掌管機要，廳長一人，處長三人，司長五人，並科長、科員、技術員、僱員若干人，分掌各廳處司事務。第十一條至第二十條，規定設總務廳，關稅、鹽稅、土地三處，賦稅、錢幣、公債、會計、國庫五司，並各廳處司之職掌。

民國十六年十一月十一日，國民政府又公布財政部組織法二十九條。此法內容與前法大致相同，惟增入關於菸酒稅、印花稅、禁烟、祕書四處之規定，並將關稅、鹽稅兩處改為關務、鹽務兩署，刪去關於土地處之條文。又規定置次長二人，於必要時得於各省設置財政特派員。至十七年四月，中央政治會議於第百三十八次會議決議各部院應增設總務處，並於第百四十次會議修正財政部組織法，加入關於總務處之條文。

民國十七年十月，國民政府改組，中央政治會議第百六十五次會議議決財政部組織法，由國民政府於十七年十二月八日公布。此法共二十九條，規定財政部管理全國財務行政，設關務、鹽務兩署，總務、賦稅、公債、錢幣、國庫、會計六司，菸酒稅、印花稅、捲菸煤油稅三處。其餘與前法略同。

民國十八年四月，財政部以煤油稅劃歸海關徵收，原第四條第十一款，及第十七條所列之「捲菸煤油稅處」應改爲「捲菸統稅處，」並删去條文內所有「煤油」字樣，當呈由行政院轉送立法院審議。立法院交財政委員會審查後，卽於第二十次會議提出討論，結果，將財政部組織法第四條，第十七條照案修正通過，幷呈由國民政府於十八年五月九日公布。

第十二節　農礦部組織法工商部組織法實業部組織法

民國元年參議院議決農林部官制及工商部官制各八條，規定農林總長管理農林、畜牧、漁獵、水產、墾殖事務，並監督所轄各官署；農林部設農務、林務、漁務三司；工商總長管理工商礦事務，並監督所轄各官署，工商部設礦務、工務、商務三司；兩部各置承政廳，幷各設參事、祕書長、祕書、司長、科長、科員、視察、審查、錄事、工監、工正、工師、工手各職員。旋參議院又議決修正農林部官制十三條，修正工商部官制十一條，同於元年八月八日公布。此兩修正案規定各部各設總務廳，幷明定參事、僉事、主事、技正、技士之員額，其餘大致與原官制相同。

民國二年十二月二十二日，袁大總統以教令第四十二號公布農商部官制十一條，農林工商兩部於是併而爲一。其第一條規定「農商總長管理農林水產牧畜工商礦事務，監督所轄各官署。」第五條至第九條，規定部內置礦政、農林、工商、漁牧四司，幷各司所掌之事務。第二條至第四條，及第十條，規定技監、技正、技士之職務；及參事、僉事、主事與技術人員之定額。民國三年七月十日，袁大總統以教令第九十七號公布修正農商部官制二十條，其內容與前官制略同，惟規定農商部於四司外置一總務廳，並擴大總長之職權，明定各職員之員額，與其所掌之事務。

國民政府在廣州時，關於農工商礦事務未設立專部。及遷都武漢，譚平山擬具農政部組織法草案，經政治委員會第二十一次會議通過，惟未施行。民國十七年三月十四日，中央政治會議於第百三十二次會議議定農礦部組織法、工商部組織法各十九條。農礦部綜理農林礦業行政事務，設祕書處及農務、農民、礦業三司；工商部綜理工商行政事務，設祕書處及工業、商業、勞工三司；各設部長、次長、祕書長各一人，參事祕書二人至四人，司長三人，幷科長、科員、技正技士各職員。中央政治會議於第百三十八次會議決議各部院應增設總務處，幷於第百四十次會議通過農礦部組織法、工商部組織法關於增入總務處及其職掌之條文。

民國十七年十月，中央政治會議於第百六十五次會議通過農礦工商兩部組織法各二十一條，同於十七年十二月八日公布。該兩法規定農礦部置總務、農政、林政、礦政三司；工商部置總務、工業、商業、勞工三司。各部各設部長，綜理部務，監督所屬機關及職員；次長二人，佐理部務；司長、科長、科員，分掌各該司科事務；祕書掌部務會議，及機要事務；參事擬訂法規；技監、技正、技士，辦理技術事務。

民國十九年十一月，第三屆四中全會決議農礦工商兩部合併為實業部。實業部於十九年十二月十二日成立卽擬具該部組織法草案，呈由行政院提經第四次國務會議決議送立法院。立法院於十二月二十三日第一百二十二次會議議決付法制委員會會同經濟委員會審查。該兩會於第十六第十七兩次聯席會議，提出詳加討論，認爲大致妥善，修正通過。二十年一月十日，立法院於第一百二十五次會議，將審查修正案提付二讀，逐條討論通過，並省略三讀，通過實業部組織法全案，卽呈由國民政府於二十年一月十七日公布。

實業部組織法全文共二十四條，第一條規定實業部管理全國實業行政。第二條、第三條、第十四條，規定部長之職權。第四條至第十三條，規定設林墾署及總務、農業、工業、商業、漁牧、礦業、勞工七司，并各司之職掌。餘各條規定次長二人，輔佐部長處理事務；并設祕書、參事、署長、司長、科長、科員、技監、技正、技士、技佐，分掌事務。

第十三節　教育部組織法附國立編譯館組織條例

民國元年，參議院議決教育部官制八條，規定「教育總長管理教育學藝及曆象事務，監督全國學校及所轄官署。」教育部設參事、祕書長、祕書、編纂、審查、司長、科長、科員、視察、錄事、工師、工手各職員；並置承政廳及普通教育、專門教育、社會教育三司。旋參議院又議決修正教育部官制十二條，由臨時政府於元年八月二日公布。其第一條規定教育總長之職權。第二條至第四條、第十條及第十一條，規定教育部置視學、技正、技士、參事、僉事、主事，及其員額。第五條至第九條，規定總務廳及三司所掌之事務。

民國二年十二月二十二日，袁大總統以教令第四十二號公布修正教育部官制十一條，其內容幾與前修正案完全相同，惟所定職員員額較少。三年七月十日，袁氏又公布修正教育部官制十九條，將教育部與教育總長職權分別規定，幷明定各職員分掌之事務，其餘仍與前修正案無甚差異。

國民政府在廣東時，設立教育行政委員會，掌管中央教育機關，幷指導監督地方教育行政。民國十五年二月，政治委員會於第百十四次會議通過該會組織法九條，規定教育行政委員由國民政府委任，並推舉常務委員二人，處理常務；下設行政事務廳，置祕書、參事、督學三處，分掌事務。

國民政府定都南京，采大學院制。十六年七月，中央政治會議於第百零九次會議通過大學院組織法十一條，規定大學院爲全國最高學術教育機關，管理全國學術及教育行政事宜。大學院設院長一人，幷設大學委員會，議決全國學術上、教育上一切重要問題。又設祕書處、教育行政處、中央研究院，及其他學術機關，幷於必要時，得設各項專門委員會。

民國十七年四月，中央政治會議於第百三十六次會議，將大學院組織法加以修正，幷卽決議通過。此修正案全文共二十二條，(一)規定大學院及院長之職權。(二)規定大學院設祕書、高等教育、普通教育、社會教育、文化事業五處，幷各處之職掌。(三)規定大學院置副院長一人，佐理院務，參事二人至四人，擬訂法規，並祕書長、處長、祕書、科長、科員，分掌各處科事務。中央政治會議第百三十八次會議，決議各院部應於祕書處外，設總務處，並於第百四十次會議通過修正大學院組織法中關於增加總務處之條文。

民國十七年十月大學院改組爲教育部，隸行政院下，其組織經中央政治會議第百六十五次會議通過，由國民政府於十七年十二月八日公布。此組織法全文共二十一條，規定「教育部管理全國學校，及教育行政事務」設總務、高等教育、普通教育、社會教育四司，及編審處。教育部長綜理部務，監督所屬職員及各機關；次長二人，輔助部長處理部務；祕書四人至六人，掌理部務會議，及機要事務；參事二人至四人，撰擬法規；司長、科長、科員，分掌各司事務。

民國十八年八月，教育部以第三屆第二次全體會議決議在教育部內特設專管蒙藏教育之司科，因即擬定修正該部組織法草案，呈由行政院轉呈國民政府令交立法院審議。立法院於同年八月二十四日，提出第四十二次會議議決付法制委員會審查。該會迭次開會討論，當照原提案修正，於第四條增一款，列爲「蒙藏教育司，」司長四人改爲五人；幷以華僑教育亦屬重要，增加「教育部置華僑教育設計委員會，掌理關於華僑教育設計事項」之條文。立法院復於第四十九次會議議決，照審查修正案通過，幷繕具修正教育部組織法全案，呈由國民政府於十八年十月一日公布。

民國二十年四月，教育部以對於國內教育設施，及各地教育行政，有派員視察指導之必要，擬增設督學四人至六人，呈經行政院提出第二十二次國務會議，決議，咨立法院修改教育部組織法。立法院於交由法制委員會審查後，即提出第百四十八次大會討論，當將修正教育部組織法第二十條至第二十四條，修正通過，呈由國民政府於二十年七月六日公布此修正案，即增一第二十條，爲「教育部設督學四人至六人，視察及指導全國教育事宜」，并確定科長科員之員額爲十四人至十八人及八十人至一百一十人。

民國二十一年六月，行政院以三屆四中全會及國民會議有設立國立編譯館之決議，乃飭由教育部擬具組織規程，及其進行步驟，并將編審處裁撤，所有該部組織法中關於編審處條文，即咨送立法院修正。立法院於七月二日第一百九十一次會議議決，付法制委員會審查。旋審查完結，提經立法院第百九十六次會議議決：（一）教育部組織法毋庸修正；（二）國立編譯館未經立法程序，逕行設立，應提出質詢。行政院復飭據教育部呈述國立編譯館設立經過及該部組織法修正理由，提出第四十七次會議決議通過，并送請中央政治會議核定。中央政治會議於第三百三十二次會議決議交教育法制兩組審查。審查結果，認爲（一）國立編譯館組織法草案，應依立法程序交立法院審議，並由本會議說明經過；（二）教育部編審處應即裁撤，教育部組織法交立法院審議修正；（三）編譯館得受教育部之委託，審查教育圖書。中央政治會議復於第三百三十三次會議提出討論，當決議照審查意見通過，並函由國民政府交立法院遵照辦理。

立法院於第三屆第二次會議，將此案提出，就大體討論後，即交法制委員會審查。該會於第三屆第二次、第四次、第七次及第十一次會議，先後提出審查結果，將國立編譯館組織法草案，改爲組織條例草案，并將條文及修正教育部組織法第三條、第四條、第六條、第十二條、第十六條條文，次第修正通過；當繕具審查修正案，提經立法院第三屆第十二次會議議決通過，呈由國民政府同於二十二年四月二十二日公布。

此修正教育部組織法各條文，卽删去關於「編審處」之規定，幷明定學校所用圖書儀器，及其他教育用品，均由教育部審定。

國立編譯館組織條例共十二條，規定國立編譯館隸教育部，編譯之圖書凡五：（一）關於闡明文化及高深學術者；（二）關於世界專門學者所公認具有學術上之權威者；（三）關於內容淵博卷帙浩繁，非私人短時間所能完成者；（四）關於教育上必要之圖書；（五）關於學術上之名辭。國立編譯館設館長、編譯、及幹事各職員。

第十四節　交通部組織法

民國元年，參議院議決交通部官制八條，施行時間甚暫，後又議決交通部官制十四條，於元年八月十九日公布。兩官制內容大致相同，規定交通總長管理路郵航電各政，監督所轄官署，及全國關於交通電氣事業。交通部置視察、技監、技正、技士、參事、僉事、主事各職員；設總務廳及路政、郵政、電政、航政四司。

民國二年十二月二十二日，袁大總統以教令第四十二號公布修正交通部官制十條，删去原設之一廳四司，改爲路政局、郵傳局、經理司。三年七月十日，袁氏又公布修正交通部官制二十二條，第一條、第十條至第十二條，規定交通部與交通總長之職權。第二條至第九條，規定交通部置總務廳，及路政、路工、郵傳、綜核、鐵路會計、郵傳會計六司，幷各廳司之職掌。其餘各條規定交通部置次長二人，佐理部務；參事四人，掌擬法規；祕書四人，掌管機要司長六人，僉事三十二人，主事七十人，分掌各廳司事務；技監二人，技正十二人，技士二十二人，辦理技術事務。此修正官制施行後，至民國五年八月，交通部提經國務會議議決廢止，仍適用元年八月十九日公布之官制。

國民政府成立，初僅設軍事、外交、財政各部。至民國十五年十一月，中央政治會議於第四十五次會議通過交通部組織法十五條，規定交通部管理全國鐵路、郵電、航政，及其他關於水陸空交通之建設與行政事務。交通部設祕書、鐵路、郵電、航政、無線電管理各處；設部長一人，管理部務，監督所屬職員；祕書長一人，處長三人，祕書、科長、視察、科員、技正、技士各職員，分掌各處科及機要與技術事務。

民國十六年七月四日、八月八日，國民政府兩次公布修正交通部組織法，共十八條，規定交通部設總務廳及路政、郵政、電政三司，置廳長、司長，分掌各廳司事務。又設參事四人，擬訂法規；設技術委員會，置主任及委員，辦理技術，並研究發展計畫。其餘與前法略同。

民國十六年十一月十六日，國民政府又公布交通部組織法二十二條，規定交通部設祕書處，及路政、電政、郵政、航政四司；並得設航政署、電政總局、郵政總局，及各鐵路局；置次長一人，輔助部長，整理部務。其餘仍與前法略同。中央政治會議第百三十八次會議決議各院部應增設總務處，並於第百四十次會議，通過交通部組織法關於增加總務處之條文。

民國十七年十月，中央政治會議於第百六十五次會議，通過交通部組織法二十一條，由國民政府於十七年十二月八日公布。此組織法與前各法最大之異點，卽在規定交通部管理並籌辦全國郵電航政，及監督民辦航業，將路政劃出另設鐵道部主管。部內置總務、電政、郵政、航政四司。部長綜理部務；次長二人，佐理部務；祕書掌部務會議，又長官交辦事件；參事撰擬法規；司長、科長、科員分掌各司科事務；技監、技正、技士、技佐，辦理技術事務。

民國十八年六月，第三屆二中全會決議航空事業，統歸軍政部主管；航空郵運，及其經費，歸交通部主管；海政歸海軍部管理，航政歸交通部管理。行政院依據此項決議案，卽飭軍政、海軍、交通三部，各擬具修正各該部組織法草案，劃淸權限，以專責成。交通部卽遵令草擬該部組織法修正案，呈由行政院轉送立法院審議。立法院卽交法制委員會審查。該會迭次開會討論，結果，另行擬定交通部組織法草案，於十九年一月二十五日，提經立法院第七十三次會議議決通過，並呈由國民政府於十九年二月三日公布。此組織法之內容，與十七年十二月八日公布之組織法大致相同，惟增入關於航空郵運之條文，并確定科長員額爲十六人至二十人，科員一百二十人至二百人，技正八人，技士八人至十二人，技佐六人至八人。

第十五節　鐵道部組織法

民國十七年十一月，國民政府設立鐵道部，隸行政院，主管鐵路行政。其組織法經中央政治會議第百六十一次會議通過，由國民政府於十七年十一月七日公布。此組織法共二十一條，規定「鐵道部管理並建設全國國有鐵道，規劃全國鐵道系統，及監督商辦鐵道」，設總務、理財、管理、建設四司，並得置各委員會。鐵道部長綜理部務，監督所屬職員及各機關；次長二人，佐理部務；祕書掌部務會議；參事擬訂法規；司長、科長、科員，分掌各司科事務；技監、技正、技士、技佐，辦理技術事務。

民國十八年十月，鐵道部以部中各司職掌，多所變更，前公布之組織法，與實際情形不合，似應酌予修正，特擬具修正該部組織法草案，呈由行政院轉呈國民政府，提經第四十五次國務會議決議交立法院。立法院於十八年十月十二日，提出第五十四次會議議決付法制委員會審查。該會審查結果，認爲大致妥善，當修正通過。立法院復於第五十九次會議，提出逐條討論，均照審查修正案通過，即繕具修正鐵道部組織法全案，呈由國民政府於十八年十一月十八日公布，此修正案修正之點，即改鐵道部四司爲總務司、業務司、財務司、工務司。其職掌除總務司仍舊外，餘均另行分配，列舉各職員前未確定員額者，修正案亦分別明定，計科長爲十二人至十六人，科員一百二十八至一百六十八人，技正十六人至二十八人，技士二十八至三十八人，技佐二十八人至二十四人。

第十六節　衛生部組織法

民國十七年十月，國民政府改組，設立衛生部，掌管全國衛生行政。其組織法經中央政治會議第百六十五次會議通過，由國民政府於十七年十一月二十四日公布。此組織法共二十二條，第一條至第三條，及第十二條，規定衛生部與部長之職權。第四條至第十一條，規定部內置總務、醫政、保健、防疫、統計五司，及各司之職掌。其餘各條規定次長、祕書、參事、司長、科長、科員、技監、技正、技士之員額，及其所掌之事務，并部長以至各職員之官階。

至民國十七年十一月，第三屆四中全會決議衞生部併入內政部，此組織法卽當然廢止。

第十七節　司法部組織法司法行政部組織法

民國元年，參議院議決司法部官制十二條，由臨時大總統於同年七月二十四日公布。其第一條規定「司法總長管理民事、刑事、非訟事件、戶籍、監獄及出獄人保護事務，並其他一切司法行政事宜，監督所轄各官署及司法官。」第五條至第九條，規定司法部置總務廳及民事、刑事、監獄三司，幷各廳司之職掌。第二條至第四條，及第十條、第十一條，規定部內設編纂、技正、技士、參事、僉事、主事，及各職員之員額。

民國二年十二月二十二日，袁大總統以教令第四十二號公布修正司法部官制十條，其內容幾與原官制相同，惟規定職員略少，計參事三人，僉事十九人，主事六十八人，技正一人，技士二人。三年七月十日，袁氏又以教令第九十七號公布修正司法部官制十八條，第一條規定司法部之職權。第七條至第九條，規定司法總長之職權。第十條至第十七條，規定司法部置次長一人，輔助總長，整理部務；參事四人，擬訂法規；祕書四人，掌機要事務；技正一人，技士二人，掌技術事務；司長三人，僉事十九人，主事六十八人，分掌各廳司事務。其餘各條，爲關於所設各廳司及其職掌之規定，與前官制略同。

國民政府成立之初，設立司法行政委員會，主管司法行政事務。民國十五年十一月，中央政治會議於第四十五次會議通過司法部組織法十條，交由國民政府於十五年十一月十五日公布。此法規定司法部管理全國司法行政，並指揮監督省司法行政；置部長一人，管理部務，並監督所屬職員及所轄法院；設祕書處及第一、第二、第三三處，置祕書長、處長、祕書、科長科員，并得任用法律及技術人員。

民國十六年八月九日國民政府公布司法部組織法十八條，其內容與三年七月十日公布之修正司法部官制，大致相同。同年十一月五日國民政府又公布司法部組織法十八條，此法與前法之異點，卽在於第四條增一款，列爲「祕書處」，并於第十二條定爲置祕書長一人，祕書四人至六人。

民國十七年四月，中央政治會議第百三十八次會議，兼代司法部長蔡元培提議於司法部組織法內增訂祕書處之職掌，列作第五條，并將第十三條第二項「總務司司長得由次長兼任」刪去，當決議通過。第百四十次政治會議又決議將司法部組織法條文內之「總務司」改爲「總務處」，原定「司長四人」改爲「處長一人，司長三人。」

民國十七年十月，國民政府實施五院制，司法部改稱司法行政部，隸司法院下。其組織法由司法院院長王寵惠擬具草案，提經中央政治會議第百六十二次會議決議通過，送由國民政府於十七年十一月十九日公布。此組織法之內容，仍與十六年八月九日公布之組織法略同，惟司法行政部次長定爲二人，并明定部長以至各職員之官階，及其任免之程序。中央政治會議通過司法行政部組織後，仍提交立法院審議。立法院交由法制委員會審查後，於十八年四月六日，提出第十八次會議討論，結果將原案第十五條之「科長科員各若干人，」改爲「科長十六人至二十四人，科員六十人至一百人，」其餘各條，大致照原文通過。立法院議決司法行政部組織法後，即繕具全案呈由國民政府於十八年四月十七日公布。

民國二十年十二月，第四屆一中全會議決司法行政，改隸行政院，設部管理，於是司法行政部隸行政院，但組織法并未修改，至二十三年十月三日經中央政治會議第四百二十八次會議之決議，司法行政部仍隸司法院。

第十八節　銓敍部組織法

民國元年國務院下設銓敍局，直隸於國務總理，掌職員任免升遷，及給與勛位、勳章、榮典、賞卹事務，設局長及祕書、僉事、主事各職員。其官制經參議院議決，凡八條，於元年七月二十日公布。民國三年五月十七日，袁大總統公布銓敍局官制七條，其內容與前官制略同。

國民政府初未設立銓敍機關，至十七年十一月，中央政治會議於第百六十七次會議通過銓敍部組織法，交由國民政府於十七年十一月十七日公布。此組織法共十二條，規定銓敍部掌理文官、法官、外交官及其他公務員與考取人員之銓敍事項。部長綜理部務，監督所屬職員，副部長佐理部務。部內置祕書處及登記、甄核、育才三司，並銓敍審查委員會，設祕書長、祕書、司長、科長、科員各職員。

民國二十二年一月，銓敍部擬照行政院各部辦法，設置政務次長、常務次長各一人，將組織法第二、第九、第十各條條文略加修改，擬具原則及修正草案，呈請考試院轉送中央政治會議核定。中央政治會議於第三百四十一次會議決議交立法院，幷議定原則三項：（一）取銷副部長及祕書長制度，改設政務常務兩次長；（二）規定科長科員人數；（三）規定銓敍審查委員會以政務次長爲主席。立法院於交由法制委員會審查後，提出第三屆第五次會議討論，當將銓敍部組織法第二條、第九條、第十條條文修正通過，幷呈國民政府於二十二年二月二十四日公布。此修正各條，規定銓敍部設政務次長、常務次長各一人，祕書六人，司長三人，科長十二人至十六人，科員六十八人至九十人；銓敍審查委員會以次長、司長、及有關係之科長組織之，以政務次長爲主席

第十九節　審計院編制法審計院組織法審計部組織法

民國三年六月十六日，大總統袁氏以申令公布審計院編制法十五條，規定審計院依審計法審定國家歲出歲入之決算，設院長副院長各一人，審計官十五人，協審官二十七人，幷置書記官長、書記官、核算官各職員。院內分三廳，各以審計官三人以上，協審官四人以上組織之，幷以審計官一人爲廳長。審計官、協審官須年滿三十歲以上，任薦任以上行政職滿三年以上，著有成績，或在專門以上學校，習政治經濟之學三年以上畢業，並任行政職滿一年以上者充之。審計院對於各地方審計事項，得派遣審計官或協審官爲實地審查。

國民政府在廣東時，關於審計事項，由監察院辦理。十六年四月國民政府定都南京。至十七年四月，中央政治會議於第百四十六次會議，通過審計院組織法，由國民政府於十七年七月十二日公布。此法共十七條，規定

審計院之職權爲（一）監督預算之執行（二）審核國家歲出入之決算。審計院之組織分祕書總務兩處，及第一第二兩廳，并於必要時得設審計分院及專門委員會，置院長、副院長各一人，處長一人，審計八人至十二人，協審十二人至十六人，并於審計中簡任二人，兼任廳長，祕書長一人，祕書二人至四人，書記官三人至五人，核算員若干人。

民國十七年十月，國民政府實施五院制，於監察院下設審計部。十八年三月，監察院於籌備期間，擬具審計部組織法草案，呈由中央政治會議於第百七十八次會議決議交立法院。該草案并附有說明，略云：

「查審計院組織法原設二廳，似覺不敷分配，茲擬增設第三廳以重事權。……現審計院組織法以第一廳掌理監督預算執行事項，第二廳掌理審核決算事項，不免牽強，而實際之經驗，預算決算分掌之於兩廳，界限雖然劃清，事務每多隔閡，該院行之不便，久思有以更張。故本草案第四條規定關於各廳分掌事務，另以規則定之，不列入組織法。又查審計院組織法規定協審十二人至十六人。方今政府應設各機關，多已漸次設立。且財政統一，亦正在努力進行，審計事務，自必增劇，故擬增設協審十六人至二十四人。此本草案與現行審計院組織法相異之要點。」

民國十八年三月三十日，立法院第十七次會議，將審計部組織法草案提出討論，當議決付法制委員會會同財政委員會審查。該兩會先後開聯席會議三次，詳加討論，將原草案修正通過，其修正之要點凡四：

一　采用會議制度　審計部隸屬監察院，與行政機關性質不同，本案於該部處理部務，采用會議制度，以杜壟斷牽掣之弊。

二　增設稽察人員　按監察院組織法第十三條規定審計部掌理事務，其第四款載明「稽察政府所屬全國各機關之冒濫，及其他關係財政之不法或不忠於職務之行爲，」蓋欲防止浮濫，摘發貪污，則於查核簿記以外，尤須釐覈實際情形，以爲審計之標準。本案依據條文，衡量事實，特於審計協審之外，增設稽察八人至十人，專司其職。

三　注重事前審計　我國舊制，偏重事後審計，以言弊端，實難枚舉。本案依據監察院組織法第十三條第二第三兩款之規定，對於事前審計，特加注重。凡各機關執行預算，及其收入命令，支出命令之監督核定，悉由第一廳掌理之。

四　另設駐外審計　審計人員，集居中央，對於京外機關，察核不易遍及，情形蔽隔，新弊斯生。果欲弊絕風淸，非設駐外審計人員，實地考查不可。故本案特規定審計部得設駐外之審計、協審、稽察，分別執行職務。

十八年十月十二日，立法院於第五十四次會議，將審計部組織法草案修正案提出討論，先由財政委員會報告審查經過，主席卽宣告開始二讀，自標題及第一條至末條，大致無異議通過。二讀既畢，主席諮詢省略三讀，以全案付表決，多數委員贊成通過。

立法院通過審計部組織法，卽繕具全案呈由國民政府於十八年十月二十九日公布。此法共二十一條，規定審計部以部長副部長審計組織審計會議，處理審計稽察重要事務，及調度審計、協審、稽察人員。部內分設祕書處及第一、第二、第三三廳，各分科辦事，以審計、協審、稽察、祕書兼任廳長科長，各科設科員二人至四人，或三人至六人。又於各省設審計處，掌理各該省各機關之審計稽察事務。再審計、協審、稽察任用之資格，此法規定甚嚴。

民國二十二年二月，監察院以審計部組織法規定以副部長襄理部務，以祕書長執行常務，於推進部務，頗感困難，擬援照行政院各部辦法，設政務次長、常務次長各一人，特咨請立法院將該部組織法第三、第四、第七各條條文加以修改。立法院卽交法制委員會審查。該會迭次開會討論，結果將審計部組織法全案修正通過，繕具報告，提經立法院第三屆第十三次會議議決通過，並呈由國民政府於二十二年四月二十四日公布。

修正審計部組織法共十九條，較原組織法增二條，其修正之點有三：(一)規定審計部置政務次長、常務次長，删去各條文內「副部長」「祕書長」字樣。(二)改祕書處爲總務處，祕書定爲二人簡任，餘薦任，以簡任祕書兼總務處長。(三)審計處除設於各省外，又規定得設於直隸行政院之市，幷在其他不能依行政區域劃分之機關，得設審計辦事處。

第二十節　主計處組織法

民國開創，至國民政府成立，均未設立主計機關。十八年，立法院院長胡漢民向中央政治會議提出設置主計總監部案，分述設置之理由及機關之組織甚詳。其列舉辦理會計、歲計、統計事務之總機關，應提高地位，擴充範圍，擬名爲主計總監部之理由凡三：

一　國計關係國政盛衰，故歷來良好之政治組織，皆隆重其地位。例如周時賦稅徵斂，屬於大司徒，而制用會計，則直隸於冢宰。漢時國家財賦，分掌於大司農及少府，而主計則另設計相掌之。英美主計長官，亦地位隆崇。可見古今中外，均以此爲監督財政之要着。

二　現今財政部之會計司，本已將全國會計、歲計、統計事務，合併於一處辦理，但以地位太低，範圍太小，殊難認眞辦理。

三　主計總監部地位既高，實權亦大，又可集中人才，由其維持全國各機關會計之獨立，指揮全國各機關統計之分辦合作，秉公斟酌損益全國各機關之歲計預算，則會計與統計預算，皆易於短期間內納入正軌。

該案擬定主計總監部之組織，約如次各點：

一　主計總監部主管全國會計、預算、統計，直隸民國政府，置主計總監一人，以國民政府委員充任，副總監一人，不限於國民政府委員，均特任職。

二　總監下置會計、歲計、統計三監，置會計長、歲計長、統計長各一人，均特派職，副會計長、副歲計長、副統計長各一人，均簡任職。

三　歲計監所屬分司，司下分科，分掌全國各機關預算事務。

四　會計監與統計監所屬設會計委員會，與統計委員會，其委員由各院部會之會計長官與統計長官充之，由會計監與統計監隨時召集會議，諮詢討論關於會計制度與統計辦法等事項。

五　各院部會之會計處，與統計處及其所屬機關之人員，除依法應受所在機關長官督率辦事外，一切行爲，均向會計監與統計監直接負責，其任免進退，由主計總監主持，或由其主管長官分別咨請主計總監執行之。

中央政治會議於第百八十二次會議，將胡氏提案，提出討論，當議決指定譚延闓、胡漢民、宋子文、趙戴文、孔祥熙五委員審查。該委員等旋審查完竣，提出報告略稱：「查此案係將全國會計、歲計、統計，歸納於最高之機關，旣有超然獨立之精神，復有統一集成之效用，原屬意美法良。第際此軍事尙未結束，地方未盡安定時期，此項計劃，能否卽見諸實行，尙須斟酌。故僉擬暫將此案交由立法院擬定一具體方案，留俟適當時機，再行決定實施，庶幾推行無阻，實效可期。」復經第百九十二次政治會議決議，主計總監部案，交立法院擬具具體方案，呈候核奪。

民國十八年九月二十一日，立法院於第五十次會議，將中央政治會議交議之主計總監部案提出討論，當議決付財政委員會起草具體方案。該會開第十八次常會討論，當推定委員陳長蘅、衞挺生起草。兩委員旋卽起草完竣，提經財政委員會第二十六次常會審查通過，都二十二條。立法院復於第七十七次會議，將該草案提出逐條討論，結果議定一主計總監部組織案，函送中央政治會議察核。此組織案共十五項，其內容大致與胡氏提案相同，惟明定會計、歲計、統計三監之職掌，並規定全國各機關應按事務之繁簡分別設會計長、會計主任、或會計員，及統計長、統計主任、或統計員分別辦理會計統計事項。各機關現有之會計統計組織，應依本案改組，其改組時期，由主計總監呈請國民政府以命令定之。

民國十九年二月，中央政治會議將主計總監部組織案提出第二百十八次會議討論，當決議交經濟組、財政組、政治報告組審查。該三組旋審查完畢，報告審查結果略稱：「經集合討論，認為此案可以成立。惟在開始之時，範圍可略縮小，先由中央各機關辦起，逐漸推行於各省，其機關應直屬於國民政府，與文官處、參軍處並列。其組織應另定，并推李文範、邵元沖、劉蘆隱三委員起草。嗣據草就國民政府主計處組織方案，復經集合審查，認為該方案大體尚屬妥洽，可以發交立法院依據起草組織條例。至其施行日期，可由國民政府決定。」復提經第二百三十八次會議決議通過，交立法院。

民國十九年八月十六日，立法院於第百零五次會議議決，將中央政治提議通過之主計處組織方案，交付財政委員會依據起草。該會遵即擬具主計處組織法草案，并開第三十九次常會提出逐條討論，修正通過。立法院復於第百一十六次會議議決，將該草案再付原起草委員會會同委員焦易堂、孫鏡亞審查。財政委員會於第四十一次及第四十二次常會，會同焦委員等審查完竣，繕具審查修正案，呈由立法院於第百一十七次會議提付二讀通過；並由主席宣告省略三讀順序，以全案付表決經出席委員三十五人一致議決通過。

立法院通過主計處組織法，呈由國民政府於十九年十一月二十五日公布。此法共十八條，規定「國民政府設主計處，掌管全國歲計、會計、統計事務」，分歲計、會計、統計三局，設主計長一人，主計官六人，兼任各局局長、副局長，並置科長、科員、祕書各職員。全國各機關主辦歲計、會計、統計之人員，分爲三等，受所在機關長官之指揮，直接對主計處負責，主計長并得隨時調遣。主計處以主計長、主計官組織主計會議，并得召集全國主計會議，以主計長、主計官、專門人員、各主要機關主辦歲計、會計、統計之人員、各主要機關之代表或其長官組織之，此兩會議均以主計長爲主席。

主計處自組織法公布後，即積極籌備，於二十年四月一日成立。該處旋呈請國民政府，擬援照文官參軍兩處成例，設置薦任科員，經第二十二次國民政府會議議決照准，由文官處函達立法院查照辦理。立法院即交由財政委員會修正主計處組織法，并於第百四十七次會議提出討論，當將主計處組織法第五條、第九條條文修正通過，呈由國民政府於二十年六月二十九日公布。此各修正條文，即規定主計處得於額定科員中設置薦任科員，并薦任科員之員額。

第二十一節　建設委員會組織法

民國十六年六月，中央政治會議第百十一次會議決議設立「中央建設委員會」，以期實現總理建國方務，統一各省建設行政特別委員會亦擬專設一建設部，但均未正式成立。十七年二月，中央政治會議第百二十七次會議決議設立中華民國建設委員會，專辦一切建設事宜，并制定建設委員會組織法十一條，由國民政府於十七年三月九日公布。此法規定建設委員會本　總理遺教研究籌備並實行關於全國之建設計劃。委員由中央政治會議遴選，并指定常務委員七人至十一人，互推一人爲主席。該會每年開會二次，於一月六月舉行。會內設祕書處，置祕書長一人，并得分設各處辦事。

民國十七年三月十四日，中央政治會議決議建設委員會與各部之權限兩項：(一)建設委員會之職權，依該會組織法第一條之規定，凡國營事業如交通、水利、農林、漁牧、礦冶、墾殖、開闢商港商埠及其他生產事業之須設計開創者皆屬之。(二)上項事業之已成者，其管理監督保護改良屬於中央各主管機關。

民國十七年十月，行政院成立，建設委員會改隸行政院，其組織法經中央政治會議第百六十五次會議通過，於十七年十二月八日公布。此組織法共十一條，規定建設委員會研究及計劃關於全國之建設事業及國營事業之不屬於各部主管者，或屬於各部主管得其同意者，均由建設委員會辦理并完成之。委員由國民政府聘任，就中指定委員長副委員長各一人，行政院各部部長、各省建設廳廳長均爲當然委員。該會每年開大會一次，如有重要事項得開臨時會。會內仍設祕書處，於必要時得設分會及其他附屬機關。

民國十九年十二月，第三屆四中全會通過刷新中央政治案，其第四項第三款爲「建設委員會應注重設計指導國民建設，不必列於行政機關，當直隸於國民政府。」建設委員會以職權系統均有變更，爰擬具修正組織法草案，呈由國民政府轉交立法院審議。立法院於十九年十二月二十三日第百二十三次會議議決付法制委員會會同經濟委員會審查。該兩會於第十八次及第十九次聯席會議，先後提出討論，當將原草案修正通過。二十年二月七日，立法院復於第百三十次會議，將修正建設委員會組織法草案審查修正案提出討論，當完成二讀程序，幷省略三讀通過全案，呈由國民政府於二十年二月十七日公布。

此修正案共二十條，規定建設委員會直隸國民政府，其職權有三：(一)遵照實業計劃，擬定全國建設事業之具體方案，呈國民政府核辦；(二)國民請求指導建設事業，應爲之設計；(三)辦理經國民政府核准試辦之各種模範事業。該會每半年開全體委員會一次，由委員長召集；設總務、設計、事業三處；置祕書長、祕書、處長、參事、科長、科員、技正、技士、技佐各職員。

第二十二節　蒙藏委員會組織法　附駐平辦事處規則

民國元年，參議院議決蒙藏事務局官制十三條，於同年七月二十四日公布，規定蒙藏事務局管理蒙藏事務，置總裁、副總裁、參事、祕書、僉事、主事、執事官各職員。

民國三年五月十七日，袁大總統以教令第六十七號公布蒙藏院官制十五條，其內容與蒙藏事務局官制略同，惟規定院內置第一、第二兩司，幷於原定職員外，另定有編纂四人，繙繹官十八。

民國十七年三月中央政治會議於第百三十三次會議，議定蒙藏委員會組織法，采用主席制。至第百四十六一次會議又決議改用常務委員制，并於第百四十二次會議將該組織法修正通過，交由國民政府於十七年六月十八日公布。此組織法共十五條，規定蒙藏委員會掌理關於審議蒙藏行政，及計劃關於蒙藏之各種興革事項。該會設委員七人或九人，由國民政府任命，并指定常務委員三人；分祕書、蒙事、藏事三處，置祕書長、祕書、處長、科長、科員各職員。

民國十七年十月，行政院成立，蒙藏委員會改隸行政院，即擬具組織法修正草案，經由中央政治會議送立法院審議。中央政治會議第百六十八次會議，又決議蒙藏委員會委員額數增為九人至十三人，并改為委員長制，交國民政府令立法院併案審議。十八年一月，蒙藏委員會委員長閻錫山以蒙藏僻處西北，道途迢遙，言語隔閡，請在北平設置辦事處，并將該會組織法加以修正，經中央政治會議第百七十一次會議決議交立法院併案辦理。立法院於第八次、第九次會議，將各該草案提出逐條討論，當通過蒙藏委員會組織法全案及蒙藏委員會駐平辦事處規則，呈由國民政府於十八年二月七日公布。

此組織法共十七條，其內容與前組織法略同，惟規定蒙藏委員會每星期開常會一次，設委員長、副委員長各一人，委員九人至十五人，并得於北平設辦事處，置處長副處長各一人。

蒙藏委員會駐平辦事處規則共十條，規定該處置第一、第二、第三、第四各科，分掌機要、文書、會計、庶務，及關於蒙藏，並招待交際事務；設科長、科員、繙譯、雇員。

民國二十一年一月，第四屆中央執行委員會開第一次全體會議，白雲梯等提議增加蒙藏委員會常務委員六人，當決議送國民政府辦理，並經國民政府委員會議決交立法院。同年四月，蒙藏委員會亦擬具該會組織法修正草案，呈由行政院交立法院審議。立法院先後交由法制委員會併案審查，并於二十一年七月八日，提出第百九十二次會議討論，當將蒙藏委員會組織法修正通過，呈由國民政府於二十一年七月二十五日公布。

此修正案共二十二條，修正之點有三：(一)規定蒙藏委員會委員爲十五人至二十一人，由國民政府選擇熟諳蒙藏政教情形者任命之，并指定六人爲常務委員，各委員應輪流分往蒙藏各地視察。(二)規定該會得於北平，及蒙藏或其他適當地方設辦事處，並得設招待所，(三)確定科長員額爲九人至十二人，科員爲五十人至七十人。

第二十三節　僑務委員會組織法

民國十年十二月十八日，北京政府以教令公布僑務局組織條例十四條，規定僑務局掌理本國在外僑民移殖保育一切事務，置總裁、副總裁各一人，參事四人、僉事六人，編譯二人、主事十人、評議十人。

民國十五年一月，國民黨第二次全國代表大會議決設立僑務委員會，至八月，中央政治會議第六次會議通過僑務委員會組織條例十四條，規定該會專管海外華僑事務，由國民政府任用委員五人組織之，并指定一人為主席委員該會設祕書處及移民、組織、交涉、調查各科，各科主任由委員分任，並設祕書、科員、辦事處、及名譽顧問諮議，又於必要時，得增設駐外僑務特派員及調查員。旋因國民政府北遷，該會遂併入廣東民政廳。

民國十六年十二月，國民政府於外交部下設僑務局，幷制定僑務局組織條例十四條，規定該局以保護華僑利益，發展華僑實業，調查華僑狀況為職責。該局設局長一人，祕書二人，科長三人，科員六人至九人，分置總務、調查、指導三科，幷設僑務委員會，及駐外僑務專員。

民國十七年二月，第四屆二中全會議決規復僑務委員會，直屬於國民政府。同年四月，中央政治會議第百三十八次會議通過僑務委員會組織法十四條，規定該會掌理關於華僑一切事務，每月至少開會一次。委員由國民政府任命，並指定三人至五人為常務委員，一人為主席。會內設祕書處，及第一、第二、第三三科，置祕書長、祕書、各科主任、科員，並於必要時選派僑務視察員，及聘任名譽顧問。此組織法經國民政府於十七年五月四日公布，惟施行後，中央政治會議於第百五十五次會議又略加以修正。

民國十七年十月，僑務委員會改隸行政院，乃擬具該會組織法修正草案，呈由行政院轉送立法院審議。立法院交由法制委員會審查後，即於第七次會議提出討論，當通過僑務委員會組織法全案，呈由國民政府於十八年二月五日公布。此組織法共十五條，規定僑務委員會置委員長、副委員長各一人，委員若干人，均由國民政府任命；分設祕書、普通僑務、文化事業三處，設祕書處長、科長、科員、及僑務專員或視察員。

民國十八年三月，第三屆一中全會議決將僑務委員會改隸中央黨部。二十年八月，中央執行委員會第百五十四次常會，委員于右任等提議將僑務委員會直隸國民政府，另行組織一海外黨務設計委員會，當決議通過，並提出僑務委員會委員人選，送由政治會議，提經第二百八十六次會議議決交國民政府任命。國民政府於第十次常會議決照辦，并令立法院修改僑務委員會組織法。立法院於第百六十一次會議議決，付法制委員會起草修正案。該會於第百三十次會議提出討論，結果另擬具僑務委員會組織法草案十五條，呈由立法院提出第百七十次會議通過，并呈經國民政府於二十年十二月七日公布。

此組織法之內容與前組織法略同，規定僑務委員會直隸行政院，設委員若干人，由國民政府任命，並指定常務委員七人至九人，委員長副委員長各一人。該會每年或二年開大會一次，每星期開常務會議一次；設祕書、僑務管理、僑民教育三處；置處長、科長、科員，并得聘名譽顧問，派僑務專員或視察員。

民國二十一年七月，僑務委員會委員會陳樹人以該會組織法規定委員除常務委員外，均為名譽職，待遇上殊欠平允，又大會每年或二年開會一次，時間太長，并各重要海口應設立辦事處，特呈請中央政治會議將該組織法第二條第二項、第三條、第十條加以修正。政治會議當交法制組審查，并提出第三百十七次會議決議，修正該法第二條，交立法院查照辦理。立法院於第百九十五次會議，提出討論，當將僑務委員會組織法第二條修正通過，并呈由國民政府於二十一年八月十三日公布。此修正條文規定僑務委員會委員，除常務委員支俸外，其餘委員在京供職者，得支公費，並明定委員長委員之官階。

第二十四節　禁煙委員會組織法

民國十七年七月十八日，國民政府公布禁煙委員會組織條例八條，規定禁煙委員會執行全國禁煙事務，設委員九人至十三人，常務委員二人至四人，主席委員一人，幷設祕書處，置祕書長、祕書、幹事各職員。

民國十七年十月，禁煙委員會主席張之江擬具該會組織法修正草案，呈由行政院轉送立法院審議，立法院卽交由法制委員會迭次開會審查，將原草案修正通過，復提出第十二次會議逐條討論，通過禁煙委員會組織法全案，呈由國民政府於十八年二月二十七日公布。此組織法共十六條，規定禁煙委員會督理全國禁煙事宜，每星期開會一次，設委員九人至十三人，委員長、副委員長各一人，內政、軍政、外交、交通、財政、鐵道、衞生、司法行政各部部長均爲當然委員。會內置總務、查驗兩處，設處長、科長、科員各職員。該會對於各地方文武官員，如妨礙禁煙禁令，或廢弛職務者，得依法提付懲戒；對於公務人員如有吸食鴉片嫌疑未經舉發者，得呈請檢舉調驗。

第二十五節　立法院各委員會組織法

民國十七年十二月十五日，立法院開第二次會議，主席提出本院各委員會組織條例草案，請公決。焦委員易堂發言略謂：「按照議事規則第二十一條，『凡法律案之提出，須將該法案之原則，及各條規定之理由，具備立法旨趣書提出之。』本案旣未具備旨趣書，應請院長指定一人，說明提案理由，然後討論大體。至於本案是否法律案?本席以爲當然是法律案,依立法院組織法第五條,『各委員會之組織另定之,』立法院議事規則第二條,『本院各委員會會議,除各委員會組織法另有規定外,仍依本規則行之。』本此兩條規定,本案應屬法律案,幷非各委員會辦事規則。」

主席即指由委員焦易堂說明提案旨趣,略云:「今日本院自行提出本院各委員會組織條例草案,當起草前,本院一部分委員曾開一次談話會,各委員長又開一次非正式會議,僉以各委員會應按法人組織,惟其性質只能對內,不能對外。會內應設常任職員,分任事務,故草案第三條規定設祕書一人至二人,科員二人至四人,速記員一人至三人,書記二人至六人。委員會開會,人數較少,紀錄可以從簡,如委員長認爲重要案件,再以速記方法全錄之,故有草案第八條之規定。又草案第九條規定,各委員會每次會議結果,祕書應作成議事錄,送委員長簽名,有委員主張須全體簽名,後因委員人數甚多,故由委員長一人署名。至其餘各條,爲關於議事當然之規定,無報告之必要。」

羅委員鼎繼續發言,略謂:「現本院各委員會已成立,至於組織條例,似無必要。因原草案第一條,僅明示各委員會組織的根據;第二條之規定,爲事實上所當然;第四條至第七條條文,本院組織法與本院議事規則均已有規定;至其他各條之內容,均爲當然之辦法,無分別規定之必要。本草案最要之點,爲第三條規定設置各職員,依議事規則第四條第二項,各委員會紀錄事項,由祕書處派員專任,無庸另設職員。本席認此案不能成立。」

委員張鳳九、盧仲琳相繼發言，均主張本案可以成立，主席付表決通過，并諮詢大會同意，宣告開始二讀，將草案逐條討論通過。二讀會之結果，標題改爲「國民政府立法院各委員會組織法，」第一條至第三條，均略有文字上之修正，第四條、第五條、及第七條至末條，均無異議通過。各委員討論最久，辯爭最烈者，爲第六條，原議「委員會會議出席及列席者，均須署名於簽到簿」委員呂志伊、劉盥訓、蔡瑄均主張對於委員會開會出席人數，應加限制，並應定爲各該會委員之過半數。衞挺生、孫鏡亞不贊成規定出席人數，謂恐長此流會，議案不易完結。主席諮詢改爲「委員會會議，須有委員過半數之出席，方得開議，」多數委員贊成通過。又委員樓桐孫，及王葆眞各動議增加一條，爲「委員會審議案件，得由院長或院會議預定審查期限，不得延擱；」及「各委員會得申請院長指派專門人員在各委員會服務。」主席諮詢列爲第八條、第十三條，原各條依次遞改，衆無異議通過。

二讀完畢，主席交由祕書長整理文字後，宣告開三讀會，祕書長朗讀全案條文畢，即以全案付表決，大多數委員贊成通過。

立法院通過國民政府立法院各委員會組織法，即呈由國民政府提出第十二次國務會議議決，於十七年十二月二十六日公布。此組織法共十八條，第一條規定各委員會依立法院組織法第一條至第五條組織之。第二條規定各委員會審議之議案凡四：（一）院長交議者，（二）院會議決付審查者，（三）本會委員提議者，（四）各委員會移送者。第四條至第七條，規定會議之召集及主席，并出席與表決之人數。第八條至第十一條，規定審議案件之期限，委員發表意見之紀錄，及議事錄之編製與保管。第三條、第十二條、第十三條，規定各委員會之職員，及職員之分派，各專門人員之指派。其餘各條規定聯席會議之決定與召集，并主席由各委員長互推，紀錄及其他事務由祕書擔任。

第二十六節　考選委員會組織法典試委員會組織法

民國十八年六月，考試院擬具考選委員會組織法草案，典試委員會組織條例草案，呈送中央政治會議，提經第百八十三次會議決議交立法院。立法院於第二十八次會議，提出討論，當議決交付委員焦易堂、呂志伊、羅鼎、衞挺生、林彬、孫鏡亞審查，由焦委員召集。旋又由院長指派委員王世杰、王用賓、邵元沖、馬寅初、戴修駿、陳長蘅、王葆眞、劉克儁、劉盥訓會同審查。焦委員於七月五日召集審查會議，詳加討論，結果將考選委員會組織法草案逐條修正通過，并將典試委員會組織條例草案，改為組織法草案，全案條文，亦修正通過，當繕具審查修正案各一份，報請立法院提會公決。七月十六日，立法院復於第三十四次會議提出討論，當即分別完成二讀程序，並省略三讀，均照審查修正案通過。

考選委員會組織法於民國十八年八月一日公布，全文共七條，規定「考選委員會掌理全國考選事宜，」以委員長、副委員長各一人，委員五人至七人組織之，設祕書長、祕書、科長、科員各職員。

典試委員會組織法於民國十八年八月二日公布，全文共九條，規定典試委員會於舉行考試時組織，執行關於典試事宜。典試委員長由主考官兼任，典試委員由考試院長提請國府簡派，襄試委員由典試委員長聘任。各科試題由典試委員擬呈委員長核定；應試人之成績，由典試委員會會議審定。

民國十八年十二月，中央政治會議於第二百零九次會議決議，考選委員會應於考選委員外，設專門委員十六人至三十二人，幷於必要時，酌設編纂十二人至二十四人，辦理編譯事務。考選委員會遵照此項決議案，爰擬具該會組織法補充條文草案，呈由考試院轉呈國民政府交立法院審議。立法院於十九年二月二十二日，提出第七十七次會議議決，付法制委員會審查。該會於第五十七次會議，提出討論，認為所擬條文，大致妥善，當照原案通過，幷分別列入原組織法內，另行擬定修正考選委員會組織法草案，提經立法院第七十八次會議通過，呈由國民政府於十九年三月十七日公布。此修正案較原組織法增二條，即關於規定設專門委員及編纂之條文。

民國二十二年一月，考試院以現行考試法規，應分別改善，特擬具修正典試委員會組織法草案，幷擬定原則四項：(一)明定典試委員長典試委員之官等，(二)典試委員人數定為三人至十五人，(三)列舉委員會之職權，(四)增入祕書處之組織及職掌，一併送請中央政治會議核定。該會議即交由法制教育兩組審查，結果認為所擬大致妥善，復提出第三百三十九次會議議決通過，交立法院。立法院提出第三屆第二次會議議決，付法制委員會審查。該會於第三屆第二次及第四次會議，先後提出討論，結果將原草案修正通過。同年二月十七日，立法院於第三屆第五次會議，將審查修正案提出逐條討論議決，完成二讀程序，并省略三讀，通過修正典試委員會組織法全案，呈由國民政府於二十二年二月二十三日公布。

修正典試委員會組織法共十六條，其要點即爲中央政治會議所決定之四項原則，大致規定考試日程，命題及閱卷之標準，審查應試人成績，開拆彌封，榜示及格人員等事項，均應經典試委員會議決行之。秘書處置祕書長、祕書、科長、科員、事務員；掌理文書、紀錄、試卷、會計、庶務、并典守印信，布置試場，核算分數等事項。典試委員會於考試完畢後，將辦理考試情形，連同關係文件簿册，呈轉考試院，并即撤銷。

第二十七節　公務員懲戒委員會組織法

民國三年一月二十九日，大總統袁氏以教令第五十九號公布文官懲戒委員會編制令，共三章，凡十九條。第一章共四條，規定文官懲戒委員會爲二，文官高等懲戒委員會設於中央，文官普通懲戒委員會設於中央及地方各官署。第二章共十條，規定文官高等懲戒委員會設委員長一人，由大總統於大理院長平政院長中遴派，委員十人，由國務總理於大總統顧問、大理院推事、平政院評事，及其他高等文職各官中呈請選派；任期均爲三年。委員長及委員，非有四人或六人之到場，不得開議，議事以多數決之。會內置事務長、事務員，并得酌用雇員，聘用顧問醫。第三章共五條，規定文官普通懲戒委員會委員長由各該官署長官兼，委員二人至四人，由各該長官於該署高等文職各官中臨時選派；非有委員長與委員之到場，不得開議，其議事及一切庶務，由各該官署辦理。

民國十八年十月八日司法院以監察院成立在即，監察委員提出之彈劾案，須移付懲戒機關議決處分，特籌設官吏懲戒委員會，并擬訂該會組織法草案，附具說明，呈由國民政府令立法院審議。該說明之最重要者，略如次述：

文官與法官之懲戒，雖同爲本會之職權，惟性質各異，不能以同一人員，辦理兩項懲戒。又文官本分高等文官與普通文官兩種，故本草案分爲三組，一爲高等文官懲戒委員組，一爲普通文官懲戒委員組，一爲司法官懲戒委員組。

各組委員人數，均爲奇數，所以便利進行。高等文官及司法官懲戒事件，較爲重要，故委員人數規定較多。

懲戒委員會雖係常設機關，而懲戒事件實不常有，故委員不宜專任，而以兼任爲宜。文官懲戒組所得議決懲戒者，不及於司法官；反之司法官懲戒組所得議決懲戒者，亦不及於文官。故定爲文官懲戒組，由法院推檢充任；而司法官懲戒組，則由司法行政官及行政法院人員充任，以企公平。

中央及各地方普通文官甚多，如凡有懲戒事項，必統由中央辦理，則案件繁多，既虞積滯，且交通不便省分，調查證據，往返尤費時日，轉有貽誤事機之慮，故規定得於各省設立分組，以利進行。

委員長專管本會行政事務，不令干涉懲戒及出席會議，所以保持懲戒之獨立也。

十八年十月十二日立法院於第五十四次會議，將官吏懲戒委員會組織法草案提出討論，當議決付法制委員會審查。該會於第三十五次會議決定推委員作初步審查，研討草案要點。及初步審查完畢，復於第百零六次會議提出審查，并函由司法王院長寵惠出席，及監察院派代表出席，均各提有意見書，繼續於第百零八次、第百零九次，及第百十四次會議，詳加討論，結果，廢去原草案，另行議定公務員懲戒委員會組織法草案。原草案用「官吏」二字，審查會以彈劾法及監察委員保障法均用「公務員」字樣，且「官吏」之範圍較狹，故改爲「公務員」。又原草案分懲戒委員會爲三組，審查會以對於法官懲戒事件，無分別辦理之必要，改爲中央公務員懲戒委員會，與地方公務員懲戒委員會。

二十年三月二十八日，立法院開第百三十七次會議，將公務員懲戒委員會組織法草案提付二讀，自標題及第一條至末條，均無異議通過，主席諮詢省略三讀，以全案付表決，大多數委員贊成通過。立法院通過公務員懲戒委員會組織法，并議決司法監察兩院組織法條文內所有「官吏」字樣，均修正爲「公務員」一併呈由國民政府提出第十七次會議，決議，交委員王寵惠等審查。旋審查完竣，國民政府復提會議決照改，并於二十年六月八日公布公務員懲戒委員會組織法。

此組織法共十五條，規定中央公務員懲戒委員會掌管全國薦任職以上公務員及中央各官署委任職公務員之懲戒事宜；置委員長一人，委員十一人至十七人，六人至九人專任，餘由現任最高法院推事兼任，任期均爲二年。會內置祕書書記官掌理分配案件，典守印信，並記錄編卷等事務。地方公務員懲戒委員會分設於各省，及直隸於行政院之市，以高等法院，或地方法院院長兼任委員長，以各該法院推事，及其他現任薦任職公務員兼任委員，掌管各該省市委任職公務員之懲戒事宜。懲戒事件之審議，在中央應有委員七人之出席，在地方應有委員五人之出席，并由委員長指定主席。

民國二十一年三月，司法院以國民政府組織法最近修正公布，明定中央公務員懲戒委員會委員長得由司法院副院長兼任，該會組織法第三條，及第九條應加修正。又第四、第五、第六、第十、第十一各條，亦擬分別酌加修正，爰擬具修正條文，咨請立法院審議。立法院提出第百七十九次會議，議決付法制委員會審查，該會於第百四十九次及第百五十五次會議，先後提出討論，結果，將公務員懲戒委員會組織法第四條、第十條、及第十一條，照修正草案通過，其餘各條，認爲無庸修正。

二十一年六月，立法院於第百八十八次會議，提出討論，當議決照審查修正案通過，並繕具修正公務員懲戒委員會組織法第四條、第十條、第十一條條文，呈由國民政府於二十一年六月二十九日公布。此修正第四條，規定中央公務員懲戒委員會專任委員之資格，較原條文寬；第十條規定祕書之人數與職掌，僅文字上略有修正；第十一條規定書記官之人數與官等，改爲二人薦任，餘委任。

民國二十三年二月，中央公務員懲戒委員會以前修正組織法稍有窒礙，擬具修正草案，呈由司法院轉送中央政治會議，提經第三百九十九次會議決議，交立法院審議。立法院交由法制委員會審查修正後，卽提出第三屆第五十七次會議逐條討論通過，并呈由國民政府於同年五月二十二日公布。修正公務員懲戒委員會組織法共十三條，其內容與原組織法略同，惟删去關於該會設置祕書之規定，改爲置書記官長一人，書記官十五人至二十人。

第二十八節　軍事委員會組織法國民革命軍總司令部組織大綱

軍事委員會組織法　民國十四年七月，國民政府在廣州成立，中央執行委員會議決設立軍事委員會，以統率海陸軍、航空隊、及軍事各機關，并議定該會組織法，於同年七月五日公布。此法共十一條，大致規定軍事委員會受中國國民黨之指導及監督，委員無定額，於委員中推舉一人爲主席，並由國民政府特任一人爲軍事部長。該會設政治訓練部、參謀團、海軍局、航空局、軍需局、祕書廳、兵工廠等機關，由各委員分任直接監督之責。關於國防計畫，軍事動員，軍制改革，高級軍官軍佐任免，陸海軍移防，預算、決算，及高等軍事裁判等事項，均由主席及軍事部長署名行之。

民國十六年三月，第二屆三中全會議決軍事委員會直屬於中央執行委員會，并通過組織大綱六章，共二十四條，由武漢國民政府於十六年三月三十日公布。此大綱較前組織法完備，第一章凡十一條，規定軍事委員會爲最高軍事行政機關，管理全國水陸空兵力及軍事製造機關。第二章凡五條，規定軍事委員會由中央執行委員會於高級軍官中選出委員九人至十二人，并於中央執行委員中選出委員六人共同組織之，平時一月開會兩次，戰時每兩月開會一次。第三章凡四條，規定軍事委員會主席團之職權，並於戰時得設立總司令。第四章、第五章各一條，規定軍事委員會設總政治部，參謀處，軍事製造處，海軍處，陸軍處，航空處，軍事經理處，軍事審計處，祕書處，及革命軍事裁判所。第六章共二條，規定高級軍官及各處長任命之程序。

民國十六年七月，南京國民政府將前軍事委員會組織法修正為軍事委員會組織大綱，共十三條，於同月十二日公布。此大綱規定軍事委員會為國民政府之軍事最高機關，負全國陸海軍編制統御教育經理衞生及充實國防之責，在戰時得設立國民革命軍總司令。委員由中央執行委員會遴選，交國民政府特任，并由委員互選五人或七人為常務委員，更互選一人為主席。會內設總務、參謀、軍務、軍事教育四廳，海軍、航空、經理、政治訓練四處。此大綱施行後，又經國民政府加以修正，於十六年十一月二十五日公布。其修正之要點，即將軍事委員會之主席制，改為主席團制，并由主席團推定常務委員，惟名額未加規定。該會所設之機關，亦因之略有變更，其編制及系統，則另以表定之。

民國十七年二月，第二屆四中全會又議決軍事委員會組織大綱十一條，由國民政府於同月十日公布。其內容與十六年七月十二日公布之修正組織大綱大致相同，規定軍事委員會仍采主席制，惟常務委員增為十一人至十五人，並明定開會之法定人數。

及北伐告終，民國十七年八月，第二屆五中全會通過整理軍事案，各軍遂分別編遣，中央軍事機關則將軍事委員會，國民革命軍總司令部及海軍總司令部，改組為軍政部，參謀本部，訓練總監部，及軍事參議院。「九一八」事變以後，軍事委員會又有恢復之必要，至二十一年一月，中央政治會議於第二十六次臨時會議議定軍事委員會暫行組織大綱五條，於同年三月十一日公布。此大綱規定軍事委員會直隸國民政府，為全國軍事最高機關；設委員長一人，委員七人至九人，行政院院長，參謀總長，軍政部長，海軍部長，訓練總監，軍事參議院院長，均為當然委員，并由委員互選三人至五人為常務委員。關於軍令事項，由委員長負責執行，其他事項，以會議討論決定，會內設辦公廳，置主任、副主任各一人。

民國二十一年七月十六日，國民府府又公布一軍事委員會暫行組織大綱。此為前暫行組織大綱之修正案，其修改之點有二：(一)於第三條所定之當然委員，刪去「行政院院長」，加入「本會各廳主任」；(二)於第五條辦公廳下，增入「第一廳、第二廳、第三廳」，即軍事委員會於辦公廳外，增設三廳，共為四廳。

國民革命軍總司令部組織大綱　自民國十四年軍事委員會成立後，即積極籌謀北伐，議決設置總司令一人，并推舉蔣中正為總司令。至十五年七月七日，國民政府公布國民革命軍總司令部組織大綱十條，規定總司令由國民政府特任，兼為軍事委員會主席，統轄陸海空軍，負軍事上完全責任。總司令部設於軍事委員會內，隨時進出於前方，政治訓練部、參謀部、軍需部、海軍局、航空局、兵工廠等，均直屬於總司令部。

民國十六年三月，第二屆三中全會除通過軍事委員會組織大綱外，并同時議決國民革命軍總司令條例，由武漢國民政府於十六年三月三十日公布。此條例共六條，規定總司令爲軍事委員會委員之一，隨時出駐前方。出征動員令由軍事委員會議決，經中央執行委員會通過，交由總司令執行。動員令下後，總司令在作戰地，及警備地，得宣布戒嚴，并得指揮前方之軍民財政各機關。

民國十六年五月二日，中央政治會議於第八十六次會議通過「國民革命軍總司令部組織大綱」，交由南京國民政府公布施行。此大綱共十三條，規定凡編入作戰軍戰鬥序列之海陸空軍，均歸總司令統轄指揮，其未編入者，仍由軍事委員會直轄。總司令部設參謀總長、參謀次長，及顧問、總諮議、諮議，其他之組織，另以表定之。作戰區域內之政務，由戰時政務委員會處理，受總司令之指揮。作戰目的完成，全軍復員時，總司令部即應裁撤。

民國十七年二月，第二屆四中全會又議決國民革命軍總司令部組織大綱六條，由國民政府於同月二日公布。此大綱規定總司令仍得兼軍事委員會主席，并節制指揮凡屬於國民革命軍之海陸空各軍。未幾軍事告終，總司令部裁撤，此大綱即行廢止。

第二十九節　參謀本部組織法

民國元年，參議院議決參謀本部官制十條，由臨時大總統於同年十月三十日公布。此官制規定「參謀本部掌管全國國防用兵事宜」，共設七局，設局長、高級副官、科長、科員、局副官，平時共百六十八人，又調查員六十八人。參謀總長統轄本部及全國參謀將校，輔佐大總統運籌軍務，並管轄陸海軍大學、陸海測量、各國駐紮武官軍事交通各事宜。此官制施行後，迄未修改。

民國十七年十一月，國民政府設立參謀部，并於十一月二十三日，公布參謀部條例九條，其內容與前官制略同。同年十二月三日，該部改爲參謀本部，此條例之標題亦經修正，惟條文尙未照改。

民國二十年三月二日，立法院軍事委員會呈由立法院轉呈國民政府通飭各軍事機關擬具組織法草案，送院核議，文略云：「依據軍事立法原則，對於各種軍事法規，深冀及早完成，俾軍制組織，有統一之標準……其已成立之各部院關於組織現行法規，未經立法程序者，似應分別送院審議。」

參謀本部旋即擬訂該部組織法草案，呈由國民政府送中央政治會議核議，經第三百十八次會議決議交軍事組審查。該組審查結果，認爲原草案大體妥當，似可照案通過，交立法院審議。中央政治會議復提出第三百二十二次會議，決議照審查意見通過，并函交立法院查照辦理。立法院交軍事委員會審查後，即於第二百零一次會議提出逐條討論議決，并省略三讀，通過參謀本部組織法全案，呈由國民政府於二十一年九月二十六日公布。此組織法共八條，規定「參謀本部直隸於國民政府，掌理國防及用兵事宜，」設總務廳及第一、第二廳，並得組織各委員會。「參謀總長綜理部務，統轄全國參謀人員，海陸空軍大學校，測量總局，及駐外武官，」參謀次長佐理部務，各廳廳長指揮所屬，辦理其主管事務。

第三十節　訓練總監部組織法

民國十七年十二月，國民政府設立訓練總監部，并以第九五號訓令頒發該部組織條例，并編制表，惟未公布。此項條例，後又修正一次，由國民政府轉送中央政治會議，提出第百七十一次會議決議通過。

民國二十年三月二十四日，訓練總監部繕具該部組織條例，及編制表函送立法院審議。立法院提經第三屆第三次會議議決付軍事委員會審查。二十二年二月七日，軍事委員會開第三屆第二次會議，提出討論，並函由訓練總監部派總務廳長李寶茂列席說明提案旨趣，當推定朱和中、王祺、孫維棟三委員初步審查。朱委員等審查結果，以原案第十二條所規定之政治訓練處，現已歸併於軍事委員會，即予刪去，其餘各條，亦分別加以修正。二月十四日，軍事委員會復開第三屆第三次會議，依據初步審查結果，詳加討論，逐條修正通過，都十七條，較原條例少二條，並將標題改爲訓練總監部組織法草案，呈報立法院核提大會公決。

二十二年二月二十四日，立法院於第三屆第六次會議將審查修正案提出逐條討論，大致無異議通過，惟刪去關於訓練總監部服務規程另定之條文。二讀既畢，主席諮詢省略三讀順序，以訓練總監部組織法全案付表決，多數委員贊成通過。

立法院通過訓練總監部組織法，呈由國民政府於二十二年三月七日公布。此組織法共十六條，規定「訓練總監部掌管全國軍隊教育及所轄學術教育，並國民軍事教育事宜」，設總務廳，步、騎、礮、工、輜重五兵監，及國民軍事教育，軍學編譯兩處，於必要時，並得增設特種兵監，海空各兵監，及政治訓練處。該部設總監一人，綜理部務，規劃並監督全國軍隊教育，及所轄學校教育，與國民軍事教育；副監二人，佐理部務；參事六人，審核法令章制，並考查教育事務，陳述其改良進步之意見；各兵監及廳長、處長，分掌其主管事務。

第三十一節 軍事參議院組織法

民國三年七月十八日，大總統以教令第一百號公布將軍府編制令十條，規定將軍府爲軍事上之最高顧問機關。置將軍，由大總統特任，會議軍政，校閱陸海軍，並置參軍、參謀。「將軍府事務，由大總統特任上將軍一人管理之」，設事務廳，置廳長及事務員。

民國十七年十一月，國民政府設立軍事參議院，以爲軍事上之最高諮詢建議機關，并頒布條例以定其組織。十八年八月，國民政府第三十九次國務會議，何委員應欽提出修正軍事參議院條例草案，經決議送立法院。立法院提出第四十四次會議議決付軍事委員會會同法制委員會審查。該兩會於第五次聯席會議提出詳加討論，認爲大致妥善，當將標題修正爲軍事參議院組織法草案，並刪去兩條，餘各條亦修正通過。

十八年九月七日，立法院開第四十六次會議，將審查修正案提出逐條討論，大致無異議通過；惟第四條、第五條，關於參議諮議之人數與資格，及職務上之區別，各委員討論甚久，並各提出修正案，主席先以審查案付表決，可否同數，主席決定照案通過。二讀既終，主席諮詢省略三讀，以軍事參議院組織法全案付表決，出席委員三十四人，贊成者三十二人，多數委員可決通過。

立法院通過軍事參議院組織法，呈由國民政府於十八年九月十八日公布。此組織法共十二條，規定軍事參議院爲軍事最高諮詢建議機關，設院長副院長各一人，參議三十人至六十人，諮議二十人至四十人；置軍事政治兩研究會，及總務軍事兩廳。參議諮議以學識優長，勳望卓著，久任黨國之陸海空軍將官及上校分別充任；平時專備諮詢建議，並擔任點驗校閱演習等事，戰時則遴任爲高級指揮官或其他相當職務。

軍事參議院組織法公布後，國民政府文官處奉主席諭，函請立法院修正該法第四條條文，將參議名額增爲七十人至九十人，諮議名額亦併酌予增加。立法院提經第五十一次會議議決，付軍事委員會審查，該會開第十次常會，提出討論，當將該條文修正通過，定參議爲四十五人至九十人，諮議爲三十人至六十人。立法院復提出第五十三次會議討論，結果，將該條修正爲「軍事參議院置參議二十人至九十人，諮議二十人至六十人，上將參議不得過十二人，中將參議不得過二十四人。」此修正條文，經國民政府於十八年十月二十二日公布。

民國十九年冬，軍事整理會議第六次會議議決縮小軍事參議院範圍，并限制參議諮議名額，當另議定該院組織法，經國民政府文官處陳奉主席諭，交立法院。立法院於二十年一月十日提出第百二十五次會議議決，付法制委員會會同軍事委員會審查，該兩會於第十四次聯席會議提出討論，認原案大致妥善，略予修正通過。立法院復於第百三十二次會議，將審查修正案提出逐條討論，大致均無異議通過；即繕具修正軍事參議院組織法全案，呈由國民政府於二十年二月二十八日公布。此修正案之內容，與前組織法及修正條文，幾完全相同，惟第十條原定「軍事參議院設總務軍事兩廳」改爲「設辦公廳，置文書庶務兩科。」

民國二十一年一月，軍事參議院以年來黨內糾紛迭起，武裝同志失所者多，統一政府既經成立，亟應集中人才，力謀團結，爰擬擴大組織，增加參議諮議名額，草具該院組織法修正案，呈由國民政府提出第一次會議議決，交立法院。立法院於一月二十九日，提經第百七十七次會議議決，付軍事委員會審查。該會於第六十五次常會，提出討論，僉以軍事參議院係集中軍事學識優長及有勳勞於黨國人才，以備諮詢建議，參議諮議員額，自可酌量擴充；惟修正草案所定參議諮議職務，涉及監察、審核、彈劾等事，侵犯監察院特權，應予刪除；結果，將該草案刪去四條，餘各條分別修正通過。

二十一年四月四日，立法院於第百八十次會議，將審查修正案提出逐條討論，各委員對於第四條所定參議諮議，認爲員額過多，在厲行緊縮政策之下，實有不合，但經原審查會解釋後，仍照審查修正案通過。其餘各條，大致無異議通過。最末主席諮詢省略三讀，以修正軍事參議院組織法全案付表決，多數委員贊成通過。此修正案修正之點有三：(一)增加參議諮議員額，於第四條規定「軍事參議院置參議九十八至一百八十八人，諮議六十八至一百五十八人，上將參議不得過二十五人，中將參議不得過五十八人」。(二)廢除政治研究會，第七條僅規定「得設各種軍事研究會」。(三)回復十八年舊制，第十條規定院內設總務軍事兩廳，各分兩科，但亦不另設辦公廳。此修正案經國民政府於二十一年四月十八日公布。

第三十二節　導淮委員會組織法黄河水利委員會組織法廣東治河委員會組織條例

民國三年一月八日大總統袁氏公布全國水利局官制十四條，規定該局掌理全國水利，並沿岸墾闢事務，設總裁、副總裁、視察、僉事、主事、技正、技士各職員，此爲民國有水利機關之始。全國水利局復擬具各省水利委員會組織條例十四條，於同年十二月二十一日呈准公布，但未能切實施行。

國民政府未設立主管全國水利之機關，惟於國內各重要河流分設委員會，關於其組織之法規，曾經立法機關議決者，有導淮委員會組織法、黄河水利委員會組織條例及組織法，廣東治河委員會組織條例等，茲分述於次：

導淮委員會組織法　民國十七年十月，中央政治會議第百六十七次會議決議設立導淮委員會，交國民政府文官處妥擬辦法，逕呈國民政府核奪。國民政府旋於十八年一月八日，公布導淮委員會組織條例十七條，規定導淮委員會掌理淮河流域全部測量疏濬，改良水道，發展水利及一切籌款施工事務。委員長、副委員長由國民政府特任，委員無定額，就中指定常務委員七人。會內設總務、工務、財務三處；置處長、科長、科員、辦事員，幷得聘任工程師、工務員、顧問、或專門委員，及編練工程隊或警衛隊。

民國十八年七月，中央政治會議第百八十四次會議以導淮委員會組織條例第二條條文詞句未妥，當決議交政府核議整理。旋導淮委員會呈擬修正該會組織條例草案，國民政府即一併提出第三十七次國務會議討論，經決議修正通過，并於同年八月二日公布，仍令交立法院查照追認。立法院於八月十日，提出第三十九次會議議決付整理法規委員會審查。該會審查結果，認爲大致妥善，呈由立法院提經第四十五次會議議決通過。此修正案共十八條，增修之點有二：（一）規定該會主治之河道兩岸及湖沼涸出之地畝，得由該會處理，其受益地畝，并得制定稅則徵收。（二）於各處增置祕書一人至二人，并於工程處增置總工程師、副總工程師各一人，工程師、副工程師、助理工程師、工務員各若干人。

民國十九年七月，導淮委員會以一切籌備及查勘測繪工作，次第告竣，內部組織，應注重工程方面事務，部分略予減縮，擬將總務財務兩處歸併，改爲祕書處，工務處改爲工程處，即草具該會組織條例修正案，呈由國民政府提出第八十三次國務會議議決交立法院。立法院提出第百次會議議決付法制委員會審查。該會即將原草案提出討論，結果修正通過，并將標題修正爲導淮委員會組織法草案。立法院於第百二十八次會議，將審查修正案提出逐條討論議決，并省略三讀，通過導淮委員會組織法全案，呈由國民政府於二十年一月三十一日公布。

此組織法共十四條，規定導淮委員會掌理導治淮河一切事務，其因而涸出之地畝，應通知地政機關處理。委員長、副委員長由國民政府特派，常務委員五人，於委員中指定之。該會每月開常務委員會一次，每三個月開全體委員會一次；設工程祕書兩處，置總工程師、副總工程師、主任工程師、工程師、副工程師、助理工程師、管理員、工務員，及處長、科長、科員各職員。

民國二十一年八月，導淮委員會以該會現行組織法規定分設工程祕書兩處，於事業進展窒礙殊多，擬於委員長之下，設祕書長一人，分總務、工程、地政三處，使會內外事業得如期並進，提經中央政治會議第三百二十二次會議，決議准設總務、工務、地政三處，不設祕書長，交立法院修正導淮委員會組織法。導淮委員會又擬定地政處之職權為「淮河流域所有公地，及工程實施後之新涸地畝及受益之地，其清丈、登記、徵用、整理等事項，在導淮工作期內，暫由導淮委員會處理之。」復經中央政治會議第三百二十四次會議，決議通過，交立法院。立法院提出第二百次會議議決，付法制委員會審查。該會於第百六十五次及第百六十七次會議，先後提出討論，結果照案修正通過。立法院復於第二百零四次會議，將審查修正案提出討論，當逐條修正通過，并繕具修正導淮委員會組織法全案，呈由國民政府於二十一年十月二十五日公布。此修正案共十七條，除規定該會分置總務、工程、土地三處及對於淮河流域之公地、新涸地、并受益地得暫行處理外，其餘內容，大致與前組織法略同。

民國二十二年三月，導淮委員會以該會技術人員官等，應明白規定，附屬機關，宜量予擴充，爰擬具該會組織法第十三條，及第十五條修正條文，呈由國民政府批交立法院審議。立法院交由法制委員會審查後，提出第三屆第十五次會議討論，當將導淮委員會組織法第十三條，及第十五條修正通過，并呈由國民政府於二十二年五月八日公布。此第十三條規定工程處設技正、技士、技佐，并確定其人數、官等、及職。第十五條規定該會於必要時，得呈准設立測量隊、工程隊、工程管理局，及土地整理處。

黃河水利委員會組織法　民國十八年一月，中央政治會議第百七十一次會議以黃河關係中國中部，及西北各省之人民、生命、財產，至爲重大，特決定設立黃河水利委員會，直隸國民政府，并通過該會組織條例十五條，於十八年一月二十六日公布。此條例規定黃河水利委員會掌管黃河測量疏濬灌溉，及一切興利防患籌款施工事務；設委員長一人，副委員長二人，委員若干人，均由國民政府特派，并指定委員若干人爲常務委員；每星期開常會一次，每季開大會一次。該會設總務、工務、財務三處，置處長、科長、科員，并得設工程師、工務員，聘任顧問或專門委員。

民國十八年七月，中央政治會議第百八十四次會議以黃河水利委員會組織條例第二條詞句未妥，決議交國民政府整理。國民政府提出第三十四次國務會議討論，當將該條修正通過，并交立法院追認。立法院提出第三十九次會議議決，付整理法規委員會審查。該會審查結果，認爲妥善，提經立法院第四十五次大會通過。此條爲關於黃河水利委員會職權之規定。

民國二十二年四月，中央政治會議開第三百五十三次會議，委員汪兆銘等提議黃河水利委員會應從速設立，其組織法應由立法院參照導淮委員會組織法擬定，當經決議通過，立法院即提出第三屆第十五次會議議決，付法制委員會遵照辦理。同年六月，黃河水利委員會擬具該會組織法草案，呈由國民政府令交立法院提前審議，立法院併交法制委員會查照。該會於第三屆第十五次會議議決，付劉委員積學等起草。旋該委員等擬定黃河水利委員會組織法草案，復提經第三屆第十九次會議修正通過。立法院於第三屆第二十三次會議，將該草案提出逐條討論議決，并省略三讀通過黃河水利委員會組織法全案，呈由國民政府於二十二年六月二十八日公布。

此組織法共十五條，規定黃河水利委員會掌理黃河及渭洛等支流一切興利防患施工事務；設委員長、副委員長各一人，委員十一人至十九人，每三個月開大會一次，遇必要時，召集臨時會議。該會設總務工務兩處，置處長、科長、科員、技正、技士、技佐，并得聘任顧問或專門委員；於必要時得呈准設立測勘隊，工程隊，工程管理局。

廣東治河委員會組織條例　民國十八年七月，中央政治會議開第百八十四次會議，委員胡漢民、孫科、古應芬提出國民政府廣東治河委員會組織條例草案，當經決議原則通過，交國民政府核議。國民政府提經第三十四次國務會議通過全案，於十八年七月二十四日公布，并咨立法院追認。立法院提出第三十九次會議議決，付整理法規委員會審查。該會迭次開會討論，認為妥善，應予追認，提經立法院第四十五次大會通過。

此條例共十七條，規定廣東治河委員會「掌理廣東全省河海之疏濬、築堤、建港、開埠以及一切預防水患，發展水利，籌款施工事項」；設委員長、副委員長各一人，委員若干人；每星期開常會一次，於必要時，召集臨時會隊，或警備隊。

議。該會置總務、工務、財務三處，設處長、科長、科員，并得聘任或委任工程師、工務員、顧問或專門委員，及編練工程

第三十三節 全國財政委員會組織條例

民國十四年二月，段臨時執政召集之善後會議，曾議定一財政善後委員會條例，於同年四月二十四日公布。但段氏下野，該條例卽失效力。

民國十六年六月，中央政治會議第九十四次會議通過中央財政委員會組織條例十條，規定中央財政委員會指導全國財政，由中央政治會議於委員中推定三人及財政部長、次長共五人組織之，并互推主席一人。該會得隨時調查各機關財政情形，並得擬定財政計畫呈請中央政治會議核定，交國民政府執行。

民國十八年一月，中央政治會議第百七十二次會議通過財政委員會組織大綱七條，於同月二十九日公布。此大綱規定財政委員會掌理審查國庫各項收支，凡軍政各費，均應經由該會核定；設委員長一人，委員若干人，以中央執監委員、編遣委員會常務委員、及行政、立法、監察三院正副院長、審計院長、財政部長任之。該會每星期開會一次，財政部應將前星期所收支之款項，報請審查。

民國二十年十一月十二日，國民政府又公布財政委員會組織大綱八條，規定該會設委員二十六人至三十八人，以政府人員及金融界工商界經濟學者并有經驗之專家任之，以行政院長爲委員長。該會之職權凡四：

（一）整理財政，（二）審查軍政各費之概算，（三）稽核公債之發行，（四）收支數目之考核及公布。

民國二十年十二月，第四屆中央執行委員會舉行第一次全體會議，於第二次會議通過改善財政制度方案原則，交國民政府辦理。國民政府卽設立全國財政委員會，并制定組織大綱，於二十一年一月十二日公布。立法院委員莊崧甫等十二人以此項組織大綱未經立法程序，與治權行使之規律相違，特提出質詢案，略稱：

「查全國財政委員會之設立，雖經第四屆中央執行委員會第一次全體會議通過原則，其組織大綱，亦經國府明令公布。茲查該大綱內所規定之職權，與立法院監察院及國民政府主計處在法律上所賦與之財政監督權，頗多牴觸。按照第三屆中央執行委員會第二次全體會議通過之治權行使規律，該會之組織，顯應以法律定之，以免妨礙五權分立制度下各院職權之獨立行使。爲此謹依法提出質詢案，敬請公決。」

適財政部以財政委員會依據和平會議議決案，實爲整理國家財政最重要之機關，擬將該會組織大綱酌加修正，以期集合全國金融實業領袖及經濟專家，協謀財政改進，爰擬訂修正草案，呈請行政院核轉施行。行政院提經第二次會議議決修正通過，轉呈國民政府發交文官處，於二十一年一月二十一日函達立法院查照。

立法院於第百七十六次會議，將莊委員崧甫等所提之質詢案，及文官處函送之全國財政委員會組織大綱修正草案，一併提出討論，當議決付財政委員會審查。該會旋審查完竣，報告審查結果，略稱：

「遵卽舉行第六十八次會議，詳細討論，除將該組織大綱標題修正爲全國財政委員會組織條例，並將逐條內容修正通過外，並以原組織大綱，未經立法程序，先於本年一月十日由國民政府公布施行，現雖補送本院審議，仍與治權行使規律第一款之規定不合，似應由本院呈請國民政府令行行政院嗣後特別予以注意。」

立法院復提經第百七十七次會議議決，付法制、財政、經濟三委員會審查。該會等於第三次聯席會議提出討論，以本案既送本院審議，質詢案可毋庸提出，並將該條例條文分別修正通過。

二十一年五月二十八日，立法院開第百八十六會次議，將最後審查修正案提出討論，先由審查會主席王用賓報告，略謂：

「此次審查結果，最要之點，卽認爲不必提出質詢案，因本院正擬質詢，政府卽將本案函送審議，可見當局尙有納諫虛心。再現行政院長、財政部長均已易人，質詢之對象已去，故將此節删除。至全國財政委員會組織大綱，乃根據上海和平會議議決原則，主張財政公開，關於軍費之支出限於國防及剿匪，對於內戰一切負擔，得以拒絕，審查會認爲必要，幷係全國財政委員會之主要精神，故分別規定於各條，惟職權上改爲行政院之諮詢機關。此外該會委員生產方法，審查會定爲委員長由行政院院長兼任，委員由行政院長就現任簡任職人員，金融界農工商業代表，經濟學者，財政專家，提出均等人數，呈由國民政府聘任。此乃本案大體上之修正，其餘內容均不必詳加說明。」

王委員報告後，主席宣告開始二讀，由紀錄祕書逐條朗讀，分別討論議決。惟第四條「軍費之支出，以國防及綏靖地方所需者爲限，對於國內戰爭之一切負擔，全國財政委員會應拒絕之」，各委員以爲全國財政委員會既定爲諮詢機關，則該條下半段等於具文。史委員維煥主張加一第二項，爲「前項經財政委員會拒絕之一切負擔，行政院不得支付，或列入預算」，衆無異議通過。又第六條、第七條，均經修正通過；其餘各條，大致照審查案通過。二讀既終，主席諮詢省略三讀順序，以全國財政委員會組織條例全案付表決，大多數委員贊成通過。

此條例經國民政府於二十一年六月十一日公布，全文共十一條，規定全國財政委員會之設立，爲促進財政改善，並實現財政公開；對於（一）整理財政，（二）審核收支概算，（三）審核公債之發行，（四）稽核報銷，（五）公告收支帳目，均有審查及建議之權。該會設委員長一人，委員三十五人至四十五人，并由委員互選常務委員七人至九人。委員長每月至少召集大會一次，必要時得召集臨時會議。會內置祕書長一人，祕書二人，幹事三人至五人，並得酌用雇員。

第三十四節　全國經濟委員會組織條例

民國二十年四月，中央政治會議開第二百七十次會議，委員蔣中正、于右任、宋子文、吳敬恆、孔祥熙、張人傑、孫科、陳立夫、李煜瀛等提議設立全國經濟委員會，並擬具組織條例草案，當經決議原則通過，交立法院。立法院提出第百四十次會議議決，付法制、經濟、財政三委員會審查。該會等卽開聯席會議兩次，將該草案提出詳加討論，結果修正通過。惟莊崧甫、史維煥、陳長蘅三委員聲明保留意見，向大會陳述，幷請轉呈國民政府將國民會議決議設立國民經濟委員會案交院合併討論。

同年五月三十日，立法院開第百四十四次會議，將審查修正案提出討論，法制委員會委員長焦易堂報告審查經過，略謂：

「本案於第一次聯席會議議決，付陳委員長蘅等初步審查。又繼續開第二次聯席會議，詳加討論，認原案尙屬妥當，略加修正通過。此外尙有一附帶報告，卽委員陳長蘅等均另有意見，主張全國經濟委員會應擴大組織，隸屬於國民政府，賦以審計、設計、調查之權。現國民會議決議有國民經濟委員會組織條例，應將此案與本案合併討論。究應如何？請大會公決。」

焦委員報告畢，陳委員長蘅復報告初步審查情形，略謂：

「三委員會舉行聯席會議審查本案時，各委員以爲關於內容上之問題甚多。又因本案係中央政治會議決定原則送院審議，故對於原案條文，無多修正。惟黃委員右昌曾陳述德之經濟委員會，專爲解決勞資糾紛而設，蘇俄經濟委員會設於黨內，決定全國經濟政策。因此各委員研究結果，以爲全國經濟委員會應隸屬於黨，或隸屬於國民政府，惟因與政治會議決定之原則不符，故未變更。又關於委員人數，原案規定除當然委員外，最多不得過十一人。史委員維煥認爲應擴大範圍，如實業團體及各地方，均應有代表加入，惟討論結果，未加采納。本席特將此兩點提出報告，併請公決。」

主席諮詢大會同意宣告開始二讀，自標題及第一條，至末條，均無異議通過；復諮詢省略三讀順序，以全國經濟委員會組織條例全案付表決，亦無異議通過。至對於陳委員等之意見，大會以此案既經議決，即未加以討論。此條例經國民政府於二十年五月三十日公布，全文共十條，規定全國經濟委員會之設立，爲促進經濟建設，改善人民生計，調節全國財政，凡國家一切經濟建設或發展計劃，其經費由國庫負擔或補助者，均應經該會之審定。該會設委員長、副委員長各一人，以行政院院長副院長充任，內政、財政、交通、鐵道、實業、教育各部部長，及其他有關經濟建設之中央各機關主管長官均爲當然委員，并由當然委員推選其餘委員，但至多不得過十一人。會內置祕書長、祕書、技正，並得組織各種專門委員會，及派專門人員視察或指導各種計劃之實施。

全國經濟委員會組織條例公布後，中央政治會議復於第三百十二次會議決議修正，并抄附修正草案函由國民政府於二十一年六月十四日令立法院遵照辦理。立法院提經第百九十次會議議決，付法制、經濟、財政三委員會審查。歷時年餘，該委員會尚未將此案審查完竣。

民國二十二年九月，中央政治會議於第三百七十四次會議決議：「全國經濟委員會應直隸於國民政府，取消委員長制，改設常務委員三人，交祕書處將該條例修正提出。」旋該會議祕書處商承常務委員，擬具全國經濟委員組織條例草案，提出第三百七十五次政治會議討論，各委員均以此次修改該會條例，除前次會議決議兩點外，其職掌應定爲(一)關於國家經濟建設，或發展計劃之審定事項；(二)關於國家經濟建設，或發展計劃應需經費之核定事項；(三)關於各項既定經濟建設，或發展計劃之直接實施，或督促指導事項。並爲執行上述職掌，應准分設各處所辦理所管事務。再該會委員，既係不支薪俸，暫時不必限定名額。當併經決議通過，交立法院。

立法院於第三屆第三十一次會議，提出討論，主席諮詢本案應否交付審查？略謂：

「全國經濟委員會組織條例自二十年五月三十日公布後，至二十一年六月，中央政治會議又加以修正，交本院審議，提經第百九十次會議議決，付法制委員會會同經濟財政兩委員會審查，惟至今尚未提出報告。現全國經濟委員會改組，中央政治會議決定修正原則，交本院從速議決公布，應否按照程序先交審查？」馬委員寅初謂：「本案甚簡單，與舊條例相差無幾，可以無須審查。」衛委員挺生謂：「省略審查程序，本院尚無先例，且全國經濟委員會職權甚大，此案應詳加研究。」焦委員易堂主張即付全院委員會審查。陳委員長衡主張交各委員會聯席會議審查。樓委員桐孫謂：「本案即祇應通過，可以省略審查，開始二讀。」主席即宣告省略審查，由大會繼續討論，並說明本案之要點有云：

「此次全國經濟委員會改組，爲應時勢之需要。現中央決定將美國棉麥借款，全部用於生產事業，以救濟農村經濟爲最大目的。借款總額爲美金五千萬元，合國幣約兩萬萬元，集中分配，完全交全國經濟委員會辦理，再該會原采委員長制，現改常務委員制，并改爲直隸國民政府。又該會除當然委員外，委員爲十一人，上年中央政治會議增爲二十一人，此次修正案定爲若干人，因必須金融及工商各界領袖參加，故委員額數不能決定，但均爲無給職。此外於全國經濟委員會之下，得設各種專門委員會，一方面爲技術機關，一方面仍爲執行機關。以上所述，爲本案最重要之點，至於條文，與前條例無多出入，對於大體上如無討論，即開二讀會。」

主席當命紀錄祕書逐條朗讀標題及第一條，無異議通過。至第二條、第三條，各委員討論甚久，發表意見甚多，結果修正通過。自第五條至第十條，均無多討論，大致照原案通過。二讀既畢，主席諮詢省略三讀，以修正全國經濟委員會組織條例付表決，衆無異議通過。

此修正案經國民政府於二十二年九月二十三日公布，全文共十條，其要點即爲中央政治會議所決定之原則，并經立法院院長於提出大會時加以說明。至其餘內容，大致與原條例無甚差異。

第三十五節　振務委員會組織條例

民國十年十月，政府爲統一賑務行政起見，特設賑務處，綜理各災區賑濟及善後事宜；并於二十九日公布暫行條例十條，規定該處設督辦一人，會辦幫辦各一人或二人，委員若干人。賑務處經管收支賑款，應隨時公布；辦理賑務各官署，應將災區狀況及關於一切賑濟事宜，隨時報告。

民國十七年七月二十七日，國民政府公布賑務處組織條例十三條，規定該處設處長副處長各一人，設總務、調查、賑濟三科，各置科長一人，科員若干人。處內又置賑款委員會，凡賑款之募集、保管、分配、使用，均應經該會之議決。此條例施行後，國民政府又將第三條加以修正，規定賑款委員會設常務委員五人，以一人為主席，就委員中指定之。此修正條文於同年八月三日公布。

民國十八年二月二十七日，國民政府公布賑災委員會組織條例，撤銷賑務處，設立賑災委員會，以統一全國賑災事宜。此條例共分四章十二條，規定該會由國民政府特派委員若干人組織之，并指定常務委員九人至十一人，以其中一人為主席；全體會議每月一次，常務會議每星期一次，臨時會議由主席召集。該會設執行、監察、設計三委員會及秘書處；置秘書長、秘書、科員、書記各職員。

民國十九年一月二十五日，國民政府明令改賑災委員會為振務委員會，并另定組織條例，公布施行。此條例共十條，規定振務委員會辦理各災區振務事宜，由國民政府特派委員十一人組織之，并指定常務委員五人，以其中一人為主席。內政、外交、財政、交通、農礦、工商、鐵道、衛生各部部長，均為當然委員。該會委員會議，每月一次，常務會議，每星期一次，必要時得開臨時會議。會內設總務、籌振、審核三組，各設總幹事、副幹事各一人，并得設設計委員會，酌用事務員或書記。

以上各條例，均由政府制定頒行，未經立法程序。至二十年四月，振務委員會以農礦工商兩部併為實業部，衛生部亦經裁撤，當然委員應隨之變更；又會內職員之名稱階級，未照官制規定，應將組織條例分別修改，爰擬具修正草案，呈由行政院提經第十九次國務會議議決，照送立法院。立法院提出第百四十次會議議決，付法制委員會審查。該會於第百二十次及第百二十二次會議，先後提出討論，認爲原草案大致尚妥，分別增修通過。立法院於第百四十七次會議，將審查修正案提出逐條討論，大致均無異議通過，并由主席諮詢省略三讀，以全案付表決，經出席委員一致議決通過。

此修正振務委員會組織條例，經國民政府於二十年六月二十九日公布，全文共十四條，其增修之點有二：(一)振務委員會之主席，改爲委員長，當然委員删去工商、農礦、衛生各部部長，加入實業部部長。(二)該會原設之各組，均改爲科，各組之總幹事、幹事亦改爲科長、科員，并明定各科之職掌。又增設秘書，確定各職員之官等，與其所掌之事務。其餘內容大致與原條例無甚差異。

第三十六節　總理陵園管理委員會組織條例

民國十四年三月十二日，中國國民黨總理孫中山先生逝世時，中央執監委員之在北京者，於四月四日推定張人傑等十二人爲葬事籌備委員，并於十八日在上海成立葬事籌備處，遵　遺言勘定南京紫金山爲陵墓地點。十八年，葬事籌備委員會呈請國民政府組織奉安委員會，定六月一日爲　總理奉安日期。同年六月三十日，國民政府明令設立　總理陵園管理委員會，并頒布章程，以定其組織。

十九年十一月，總理陵園管理委員會以該會職員并無簡薦委任之別，致未能甄別銓敍，特擬具修正組織章程草案，呈由國民政府提經第百次國務會議決議，送立法院。立法院於第百十九次會議提出討論，當議決付法制委員會審查。該會委員長焦易堂與各委員研討結果，認爲該案內容簡單，可以省略審查程序。立法院即於第百二十二次會議開二讀會，將該草案提出討論，結果，標題修正爲組織條例，條文亦依次議決，幷省略三讀，通過。總理陵園管理委員會組織條例全案，呈由國民政府於十九年十二月三十日公布。

此條例共十三條，規定總理陵園管理委員會之職責凡五：(一)護衛陵墓，(二)管理陵園，(三)辦理陵墓工程及陵園建設，(四)辦理陵園農林事業，(五)指導陵園內新村之建設。該會委員無定額，由國民政府特派，就中指定常務委員五人，下設園林設計委員會及總務警衛兩處。園林設計委員會委員亦無定額；總務處分文牘、會計、事務三課，及工程、園林兩組，警衛處分總務、管理兩課，各設處長一人，各課組均設主任一人，職員若干人，另置警衛大隊長、副隊長、小隊長、分隊長。其餘均爲關於各職員官等，及各課組隊職掌之規定。

第三十七節　故宮博物院組織法　故宮博物院理事會條例　國立北平故宮博物院暫行組織條例　中央古物保管委員會組織條例

故宮博物院組織法及該院理事會條例　民國十七年六月，國民革命軍進抵北京，中央政治會議於第百四十四次會議決定令內政部、大學院，擬定舊北京博物院名稱及章程，幷於第百四十五次會議議決該院定名爲故宮博物院，幷將故宮博物院組織法及理事會條例通過。旋中央執行委員會開第百四十九次常務會議，經委員亨頤提議組織古物保管會，廢除故宮博物院，復由中央政治會議第百五十五次會議決議，仍請中央執行委員會維持原案。故宮博物院組織法，及故宮博物院理事會條例，遂於十七年十月八日，由國民政府公布施行。

此組織法共二十條，規定故宮博物院掌理故宮及所屬各處之建築物、古物、圖書、檔案之保管開放，及傳布事宜；設祕書、總務兩處，古物、圖書、文獻三館，並得設基金保管委員會，及各種專門委員會。該院置院長、副院長各一人，及祕書長、處長、館長、副館長、祕書、科長、科員各職員。

此條例共八條，規定理事會爲故宮博物院議事及監督機關，決議及監督一切重要進行事項。理事無定額，博物院院長，副院長，內政部部長，大學院院長，均爲當然理事，理事長一人，常務理事三人至五人，均由理事推選。該會每年開大會一次，每月開常務理事會議一次，如有特別事項，得開臨時會議。

國立北平故宮博物院暫行組織條例　民國二十二年八月，中央政治會議以故宮博物院之組織，亟須改善，爰於第三百七十一次會議決議原則三項：(一)故宮博物院及其理事會，應隸屬於行政院；(二)該院物品之保管處分，與基金之存放，均由該院理事會秉承行政院辦理；(三)該院組織，應力求縮小。行政院依據決議案，即飭內政、財政、教育三部，會同該院之祕書、政務兩處，修改故宮博物院組織法，及故宮博物院理事會條例。該部處等旋即擬具修正草案，提經行政院第百二十四次會議決議通過，交立法院。立法院提出第三屆第三十次會議決議，付法制委員會審查。

時立法院委員傅汝霖等七人提議請中央統一古物保存機關，合設古物保管委員會，分管國内各地有關文化之古物案，立法院亦交法制委員會併案審查。

行政院將修正故宫博物院組織法草案及故宫博物院理事會條例草案函送立法院後，并一面函請中央政治會議察核。中央政治會議復提經第三百七十五次會議決議原則七項：（一）（二）與前原則大致相同；（三）理事會對於該院之一般監督事項，應報告行政院備案；（四）該院組織設總務處，及古物、文獻、圖書三館；（五）各處館人員總額，應比照行政院所擬修正故宫博物院組織法草案數額規定之；（六）故宫博物院院長簡任，並不得設副院長、副處長、副館長；（七）理事會設理事十七人至二十七人，由行政院聘任。中央政治會議決定原則後，即函由國民政府令交立法院遵照審議。立法院即交法制委員會併案審查。

法制委員會於第三屆第二十六次、第三十一次、及第三十三次會議，先後提出討論，將兩案次第修正通過；并議決十七年公布之故宫博物院組織法，及故宫博物院理事會條例，自新條例公布之日，應予廢止。立法院復提經第三屆第四十二次會議議決，再付法制委員會會同委員劉盥訓等九人審查。該會等即於第三屆第三十五次及第三十六次會議，先後提出審查，結果將故宫博物院理事會條例，歸併於故宫博物院組織法内，並將標題，改爲暫行組織條例，條文亦依次修正通過。

二十三年二月九日，立法院開第三屆第四十六次會議，將該審查修正案提出討論，審查會主席焦易堂先報告審查結果略云：

「此兩案前經提出，當討論時，認爲將故宮博物院組織法與故宮博物院理事會條例分而爲二，殊屬不妥，故再付審查。經審查會詳加討論，僉以本院曾通過「中央古物保管委員會組織條例」，故宮博物院應隸屬於該會之下，以收古物統一保管之效。惟該會尚未組織成立，現故宮古物，均寄存上海，每月租金約萬餘元，應繼續保管，故將故宮博物院組織法改爲暫行組織條例，作爲過渡辦法。至於本案內容，將原組織法與條例併而爲一。前法第二條規定各處長、館長均爲簡任，此次只將總務處長定爲薦任，各館長均改爲聘任，惟必須經理事會之同意。此外無多修正，毋庸詳加說明。」

焦委員報告畢，主席宣告開始二讀，自標題及第一條至末條，大致均無異議通過；主席復諮詢省略三讀順序，以全案付表決，亦無異議通過。

立法院通過國立北平故宮博物院暫行組織條例後，卽呈由國民政府於二十三年二月十七日公布。此條例共十六條，規定國立北平故宮博物院掌理故宮及所屬大高殿、淸太廟、景山、皇史宬、實錄大庫等處之建築物、古物、圖書、檔案之保管、開放及傳布事宜。該院設總務處及古物、圖書、文獻三館，幷得設各種專門委員會；置院長一人，處長一人，館長三人，科長八人至十一人，科員二十八人至三十六人，幷得置祕書及辦事員。該院設理事會，置理事十七人至二十七人，內政、教育兩部部長均爲當然理事，幷由理事推舉理事長一人，常務理事四人至六人。凡物品之保管及處置，預算、決算及基金之保管，並設立專門委員會，與其他重要事項，均應經理事會之決議。

中央古物保管委員會組織條例　民國二十年六月，行政院以古物保存法，業於十九年六月二日公布，爰依該法第九條第二項之規定，擬具中央古物保管委員會組織條例草案，提出第二十八次國務會議議決，呈由國民政府令交立法院審核。立法院交由法制委員會審查後，提出第百七十七次會議逐條討論議決，幷省略三讀，通過全案，呈由國民政府於二十一年五月十六日公布。

此條例共十四條，規定中央古物保管委員會計劃全國古物古蹟之保管、研究及發掘事宜；由行政院聘請委員六人至十一人，加入內政教育兩部代表各二人，國立各研究院各博物院代表各一人組織之，幷指定常務委員五人，以一人爲主席。會內置文書、登記、審核三科，設科長科員，幷得延聘專家爲顧問。

第三十八節　首都警察廳組織法首都衞戍司令部組織條例

首都警察廳組織法　民國三年八月二十九日，大總統袁氏公布有京師警察廳官制十八條，規定該廳管理京師市內警察衞生消防事項；置總監一人，都尉九人，警正三十九人，警佐一百二十八人，技正二人，技士四人；設總務、行政、司法、衞生、消防五處，幷分設警察署，編制警察隊。

國民政府定都南京，南京劃爲特別市區，設有公安局。至十八年三月五日，國民政府以國都首善之區，警察關係治安，至爲重要，特明令改南京特別市公安局爲首都公安局。內政部遵即擬具改組計劃書，幷首都公安局組織條例草案，呈由行政院提經第三十三次會議決議送立法院審議。

立法院提出第四十二次會議議決，付法制軍事兩委員會審查。該會等於第六次聯席會議，將該案提出討論，認為首都公安局既改歸內政部直轄，則與各地方公安局之性質有殊，其名稱組織，均應變更。又前北京政府舊制，京師警察廳隸內務部，英奧德法各國首都警察官署，亦均直隸最高級內政機關，對於首都市政機關，僅負協助之責。至日本警視廳雖受東京市政廳之指揮，但東京市長係先由民選三人，經天皇圈定一人特任之，似為例外。結果修正首都公安局組織條例草案，為首都警察廳組織法草案，原條文亦分別修正通過。

同年十月五日，立法院開第五十二次會議，將該審查修正案提出討論，先由焦委員易堂報告審查經過，主席即宣告開始二讀，標題及第一條至第五條，均無異議通過。第六條、第八條，修正通過，第十條全删。其餘各條，除條文次序變更外，內容均無異議通過。二讀既終，主席諮詢省略三讀，以首都警察廳組織法全案付表決，出席委員一致議決通過。

此組織法經國民政府於十八年十月二十三日公布，全文共二十一條，規定首都警察廳掌理首都公安事務，對於市政，有協助進行之責。該廳設廳長一人，下設總務、保安、司法三科，督察、訓練兩處，又就該管區域內，分設警察局、分駐所、派出所、守望及巡邏區；置祕書、科長、主任、科員、處長、督察長、督察、稽查、巡查、訓練官、訓練員、技正、技士、辦事員、錄事、局長、局員、巡官、長警等，必要時并得編練警察隊。

民國二十年三月，內政部以首都警察廳組織法第十二條規定各科各設主任及科員若干人，第十六條規定各科主任，以資深科員由廳長轉請薦任，而主任名義，爲現各機關官制及新舊俸給法所無。又該組織法第十三、第十四、第十五各條，均規定各項職員爲若干人，核與國民政府第六十三次國務會議決議確定各機關職員員額案不符，爰擬具各條修正條文草案，呈由行政院，提經第二十二次國務會議決議咨送立法院。

立法院即將此案提出第百四十二次會議議決，付法制委員會審查。該會於第百二十一次及第百二十三次會議，先後提出討論，結果，分別修正通過。立法院復於第百四十八次會議，將審查修正案提出逐條討論議決，並省略三讀通過首都警察廳組織法第十二條至第十六條、及第十八條修正條文，呈由國民政府於二十年七月六日公布。此各修正條文之要點有三：第一、確定科員、督察員、稽查、巡查、訓練員、技士、辦事員、錄事之名額；第二、删去主任名義，及提升薦任之規定；第三、分警察隊爲「保安」、「消防」、「偵探」各隊，幷規定得增設警士教練所，警察醫務所。

首都衞戍司令部組織條例　民國八年十一月十九日，北京政府公布「京畿衞戍總司令部組織令七條，規定京畿衞戍總司令管理京畿地方之警衞、災害之救防、公府暨官署之保護、陸軍諸建築物之防護等事宜。該總司令部設參謀、祕書、副官、執法、軍需、軍醫六處，各設處長一員，並置參謀、祕書、副官、執法、軍需、軍醫各職員。

民國十八年六月二十七日，行政院據軍政部呈送武漢衞戍司令部暫行條例草案，即咨請立法院查照審議，立法院提經第三十二次會議議決，付軍事委員會審查。該會於第六次臨時會議提出討論，僉以首都平津淞滬等處，均設有衛戍或警備機關，雖各地情形不一，法規未便參差，當議決另議定衛戍法，以便通行，并推定委員朱和中、陳肇英起草。九月十一日，該會復開第十一次會議，詳加討論，認爲此案應與法規整理委員會會同審查。該兩會旋開聯席會議，將該案提出共同討論，當議決衛戍司令部只設於首都，由本院議定首都衛戍司令部組織法，各地於必要時，得準用首都衛戍司令部組織法之規定。十一月二十九日，該兩會復開第二次聯席會議，推定劉盥訓、蔡瑄、朱和中、張志韓四委員起草首都衛戍司令部組織法，嗣起草完竣，提經第三次聯席會議，逐條討論通過，完成全部草案。

十九年二月十五日，立法院開第七十六次會議，將該草案提出討論，陳委員肇英報告起草經過後，主席卽宣告開始二讀標題及第一條、第二條，均無異議通過。第三條及第四條，關於首都衛戍區域及衛戍勤務之規定，各委員討論甚久，修正通過。第五條略有修正，第六條至第十八條，均無異議通過。主席復諮詢省略三讀順序，以全案付表決，經出席委員大多數議決通過。立法院議定首都衛戍司令部組織法，卽呈請國民政府鑒核。國民政府提經第六十五次國務會議決議：「送回立法院將組織法改爲組織條例。」立法院提出第七十九次會議議決通過，復呈由國民政府於十九年三月十七日公布。

此組織條例共十八條，規定「首都衛戍區域，由國民政府定之；」「首都衛戍司令，得將衛戍區域內陸海空軍，水陸警察，及與軍事有關係之各機關，擬具勤務分配方案，呈請國民政府分令遵辦；遇非常事變，并得呈請國民政府宣布戒嚴，或指撥部隊以供調遣。凡軍隊、飛機、艦艇通過或滯留衞戍區域者，須遵守各項衞戍規則，首都衞戍司令部設司令、副司令、參謀長各一人，祕書二人；分設參謀、副官、稽查、軍法、經理、軍醫、政治訓練七處，各設處長或主任一人；又設衞戍團，并得設特務隊、偵緝隊、通信排、鐵甲車隊，及郵電檢查所。該司令部得以稽查處與首都警察廳合組軍警稽查處。衞戍司令部除首都外，不得設立，其已設立者，經國民政府核准，應改爲警備司令部。

第三十九節　駐外使領館組織條例國際聯合會中國全權代表辦事處組織章程

民國元年十一月二十七日，外交部公布有駐外使領各館暫行組織章程九條，規定分駐各國使館所設公使，一二三三等秘書、隨員、主事之人數，及其總數；並分駐各地領館所設總領事、副領事、隨習領事、主事之人數，及其總數。

民國五年三月二日，袁大總統以教令第十號公布外交官領事官官制十八條，規定外交官領事官分爲特任、簡任、薦任。大使館設全權大使一人，參事一人，公使館設全權公使一人，幷各設參贊一人至三人，隨員一人至二人，主事一人至三人。每領事館設總領事、或領事、或副領事一人，副領事、隨習領事各一人，或均不設，主事一人或二人。未設領事之地，得設通商事務員；未設領事或通商事務員之地，得由外交部酌派名譽領事，或名譽副領事。

民國十一年九月二十八日，外交部以第一百五十一號令公布國際聯合會全權代表辦事處組織章程，共十一條，規定全權代表三人由外交部就富有外交經驗資望人員，或現任駐外各公使中呈請大總統簡派充任或兼任。全權代表辦事處設一等祕書一人，二等祕書、三等祕書、隨員、主事各二人，其資格與任用升轉及待遇方法，均與駐外使領館人員相同，并得於使領館人員中遴選兼充，但不得逾定額二分之一。

民國十八年八月二十一日，行政院咨請立法院審議駐外使領館組織條例，文略云：

「案據外交部呈稱：『竊查駐外使領館官制，尙係沿自淸季。民國五年舊外交部曾有修正使領館官制之舉，但雖經頒布，迄未見諸實行。現承改革之後，百度維新，時代日進，舊制多不適用，自應重加釐訂，俾資遵守。謹擬具使領館組織條例二十三條。並附外交官領事官官等表一份，呈請鑒核轉呈國府公布……』等情，據此，經本院第三十四次會議決議送立法院，相應抄送原條例及官等表，咨請查照審議。」

外交部又以國際聯合會中國全權代表辦事處，為我國與國際聯盟會接洽事務機關，任務至為重大，爰擬具該處組織章程九條，呈請行政院轉呈國府公布。行政院將原章程第二條「稟受」二字改為「稟承」，并提出第三十四次會議，決議修正通過，即呈由國民政府於十八年八年二十六日令交立法院審議。

立法院於第三十四次會議，將以上兩案一併提出討論，當議決付外交委員會會同法制委員會審查。該兩會先後開聯席會議兩次，繼續詳加討論，結果認為大致妥善，分別修正通過。立法院復開第七十二次會議，將各審查修正案提出討論，外交委員會委員長傅秉常報告審查結果後，主席即宣告開始二讀，駐外使領館組織條例第一條及第三條，無異議通過。第二條略有修正，第四條增加第二項，規定總領事館，領事館於必要時，得增設領事、副領事一人，第十條、第十一條，亦一併修正。第十三條略有文字上之修正，其餘各條，均無異議通過。所附之外交官領事官官等表，照原案通過。國際聯合會中國全權代表辦事處組織章程各條，大致均無異議通過。主席復各以全案付表決，均經衆委員無異議通過。

駐外使領館組織條例共二十二條，規定使館分爲三類：(一)大使館設全權大使一人、參事一人、祕書二人或三人，隨員一人或二人；(二)公使館設全權公使一人，祕書一人或三人，隨員一人或二人；(三)代辦使館設代辦一人，祕書一人或二人。領事館亦分三類：(一)總領事館設總領事一人，副領事、隨習領事各一人或二人；(二)領事館設領事一人，隨習領事一人或二人；(三)副領事館設副領事一人，隨習領事一人或二人。使領各館各設主事一人或三人。其未設領事館之地，得設通商事務員，或酌派名譽領事，或名譽副領事。全權大使、全權公使、代辦，辦理本國與所駐國之外交事務，監督所屬職員及領事。總領事、領事館領事、副領事館副領事，保護駐在地本國僑民及商業，監督所屬職員。

國際聯合會中國全權代表辦事處組織章程共八條，其內容與十一年外交部所公布之章程大致相同，惟規定辦事處設處長一人，處理例行事務。

第四十節　兵工廠組織法兵工廠組織條例

民國六年四月二日，陸軍部公布有陸軍兵工廠編制條例三十二條，規定陸軍部設上海、漢陽、德縣、鞏縣各兵工廠。兵工廠總辦隸陸軍總長，總理全廠一切事宜，會辦襄助廠務，下分總務、工務、審檢、材料四處，設處長、主任、及其他各職員，分掌廠內各事務。

民國十八年八月，軍政部兵工署擬具兵工廠組織條例草案，呈經軍政部轉呈行政院，飭據政務處審查簽註，提出第三十五次會議決議，照簽註修正，即呈由國民政府令交立法院審核。

立法院提出第四十六次會議議決付軍事委員會審查。該會開第十一次會議，提出討論，當將標題修正為兵工廠組織法草案；并以編制上微嫌缺略，將審計科提出獨立，增設審檢處，而以工務處之物料庫及技術委員會之試驗室隸屬之；其餘各條條文，亦分別修正通過。立法院旋開第五十二次會議，將審查修正案提付二讀，標題及第一條無異議通過。第二條關於設廠長副廠長之規定，各委員討論甚久，結果分作二項，第一項定廠長之職權，第二項定為如有必要時，得設副廠長。又第六條略有文字上之修正，其餘各條，均無異議通過。二讀既畢，主席即以兵工廠組織法全案付表決，經出席委員大多數贊成通過。

此組織法經國民政府於十八年十月二十九日公布，全文共二十八條，規定兵工廠製造陸海空軍軍用各種兵器，彈藥器具及材料；設廠長副廠長各一人；置總務、工務、審檢三處，審計科，及技術教育兩委員會。總務處設文書、會計、庶務、購料、醫務五課，及軍械庫、警衛隊；工務處設圖案室、各製造廠、動力廠；審檢處設物料庫、試驗室；各設處長、處員、課長、課員、主任、技術員、廠員、繪圖員、庫長、庫員、司事、司書各職員。審核科設科長、科員及司事、司書。技術委員會設專任委員及兼任委員。教育委員會由廠長指定委員若干人組織之。

民國二十年二月，軍政部以兵工廠組織法施行已久，認爲有修正之必要，當即令兵工、陸軍、軍需三署詳細審核。旋該署等擬修改兵工廠組織法爲兵工廠條例，并草訂條文，附具修改理由書，呈由軍政部轉呈行政院，提出第十四次國務會議決議送立法院。

立法院提經第百三十四次會議議決，付軍事委員會審查。該會於第五十八次、第六十次及第六十一次會議，詳加討論，并函請國民政府德顧問佛采而列席諮詢，由兵工署副署長宋式驫列席陳述提案旨趣，當經議決容納兵工署修正意見，交朱委員和中初步審查。旋初步審查完竣，該會復開第六十二次會議討論，結果將原草案逐條修正通過。

立法院於第百四十八次會議，將審查修正案提出討論，朱委員和中報告審查結果略云：「此次修正本案，最重要之點有三：第一、各兵工廠之技術委員會，均無所事，爲節省經費起見，即予裁撤；第二、改組審檢處，將物料庫移屬工務處；第三、凡此均爲試驗性質，如有不合，應再加修改，故改爲條例。」主席即宣告開始二讀，全案各條文，大致均無異議通過。惟本條例關於各職員員額，均定爲「若干人」，各委員討論甚久，委員黃右昌等主張加以限制，定一最高額與最低額。朱委員和中等則以各兵工廠範圍大小不同，主張維持原案。後由陳委員長衡等提議於第二十五條規定各廠職員由廠長擬定額數，呈由兵工署長轉呈軍政部核定，衆委員無異議通過。二讀既畢，主席諮詢省略三讀順序，以全案付表決，多數委員贊成通過。

修正兵工廠組織條例，經國民政府於二十年七月六日公布。其與原組織法不同之點，即爲委員朱和中所報告審查之結果，其餘均無甚差異。

第四十一節　修正中央造幣廠組織法

民國三年一月十九日，袁大總統以教令第五十八號公布有造幣廠官制五條，規定造幣廠掌理貨幣之鑄造，徽章之製造及生金銀之精鍊分析與金屬礦產之試驗事項。總廠設監督一人，分廠設廠長一人，至其他技師、技士、廠員之名額職掌，均由財政部以部令定之。同年二月四日，財政部即公布造幣廠章程七章五十一條，詳爲規定。

民國十八年四月十日，財政部公布中央造幣廠組織章程。至二十年，該項章程，未盡適用，財政部復加修訂，呈由行政院提出第二十八次國務會議決議通過，幷轉呈國民政府發交文官處，於二十年七月四日，函達立法院查照審議。立法院提經第百五十次會議議決，付法制委員會審查。該會尙未審竣，財正部又以該章程尙有應行修改之處，即於二十二年四月，呈由行政院咨請立法院將原案撤回。

旋財政部將原擬中央造幣廠組織章程草案，修改爲中央造幣廠組織法草案，共十八條，呈由行政院提經第百二十一次會議決議通過，并依立法程序綱領之規定函請中央政治會議核定原則。該會議提出第三百七十一次會議議決議交立法院。立法院提經第三屆第二十九次會議議決付財政委員會會同法制委員會審查。該兩會於第三屆第五次聯席會議，提出討論並函由財政部指派錢幣司長徐堪列席說明，當將原草案修正通過。

立法院於第三屆第三十四次會議，將審查修正案提出討論，焦委員易堂報告審查結果略云：「審查會對於原草案無多修正，只將原定副廠長二人改爲一人，祕書三人改爲二人，科員額數，略予減少，其餘均爲文字上之修正。」主席宣告開始二讀，自標題及第一條至末條，大致照審查案通過。主席復諮詢省略三讀順序，以修正中央造幣廠組織法全案付表決，出席委員無異議通過。惟此案前未經立法程序，而標題上加「修正」二字，似不無可疑之處。

此組織法經國民政府於二十二年十月二十一日公布，全文共十八條，規定中央造幣廠掌管鑄造國幣，銷燬及生金銀之精煉分析等事項，分置總務、會計、稽核、化驗、鎔煉、鑄造六處，及審查委員會。該廠設廠長、副廠長、及祕書、處長、總技師、技師、技正、技士、技佐、課長、課員各職員，并得酌用雇員及實習生。

第四十二節　國債基金保管委員會組織條例

民國二十一年，財政部擬具國債基金管理委員會條例草案，呈由行政院提經院會決議通過，并轉呈國民政府令交立法院審議。立法院提出第百八十二次會議議決付財政委員會會同法制委員會審查。同年八月，財政部復將該草案加以修改，呈經行政院，轉送立法院，交財政法制兩委員會併案辦理。該會等於第三屆第一次聯席會議，提出討論，當議決付委員陳長蘅、蔡瑄、張維翰、狄膺、陶玄初步審查。旋審查完竣，提出報告，經該會等第二次聯席會議議決，再付原初步審查委員并加推委員焦易堂、馬寅初、陳劍如、史維煥共同審查。該委員等審查結果，將標題修正爲國債基金保管委員會組織條例草案，并提經第三次聯席會議，逐條討論，分別修正通過。立法院於第三屆第十六次會議，將該審查修正案提出逐條討論議決，并省略三讀，通過全案，呈請國民政府鑒核。惟國民政府迄未將此案公布施行。

國債基金保管委員會組織條例共十四條，規定該委員會設委員十五人，并由委員互選常務委員五人，主席一人；每月至少開大會一次，由主席召集，但必要時得開臨時會議。國民政府應令財政部轉飭總稅務司，或其他徵稅機關，將各種公債庫券基金，每月如數撥交國債基金保管委員會保管備付；其屆期應付之本息，即由該委員會如數撥交代理還本付息之銀行照付。該委員會設祕書長、祕書、科長、科員，並得酌用雇員。

第四十三節　林墾署組織法中央模範林區管理局組織條例模範林場組織條例棉業試驗場組織條例種畜場組織條例地質調查所組織條例

民國二十年三月，實業部依其組織法第六條之規定，擬具林墾署組織法草案，呈由行政院提出第十五次國務會議，決議，送立法院。立法院提出第百三十五次會議，議決，付法制委員會會同經濟委員會審查。該兩會於第二十一次會議提出討論，認爲大致尚妥，惟以實業部組織法草案本已將林墾署規定在內，嗣因該署職掌，尚須從詳審議，故有林墾署組織法另定之規定，但其職員，仍包括於實業部組織法第十九條及第二十一條所定職員名額之內，原草案所定各職員，應予删去，結果，將第七條修正爲林墾署各職員，由實業部部長就實業部組織法所定職員中分別派充。又原草案第二條規定林墾署之職掌，分十九款列舉，亦經删去兩款；其餘各條，均分別修正通過。

立法院於第百三十八次會議，將審查修正案提出逐條討論議決，幷省略三讀，通過林墾署組織法全案，呈由國民政府於二十年四月十一日公布。此組織法共九條，規定林墾署掌理所有關於全國森林及墾殖之事項，置署長及科長、科員、技正、技士、技佐各職員，惟均由實業部職員調充。

實業部各附屬機關，其組織規程，均以部令定之。至二十年五月，實業部擬訂中央模範林區管理局，及直轄模範林場，棉業試驗場，地質調查所，種畜場各章程，呈由行政院提經第二十七次國務會議，決議，轉呈國府備案。國民政府發交文官處函送立法院審核。立法院卽交法制委員會會同經濟委員會審查。該會等遵開聯席會議，提出共同討論，當議決付黃委員序鵷等初步審查。嗣審査完竣，該兩會復開聯席會議，詳加研討，認爲將組織二字加在章程之上，似不鄭重，當均修正爲條例。又中央模範林區管理局，及模範林場，均與森林法有關，應俟該法議決後，方可依據審議，當議決該兩案均暫從緩議。其餘三案，認爲大致尙妥，卽分別修正通過。立法院於第百九十一次會議，將各審查修正案提出逐條討論議決，并省略三讀分別通過全案，一併呈由國民政府同於二十一年七月十八日公布。

棉業試驗場組織條例共十二條，規定該場掌理棉業之試驗、研究，幷改良種類，防治害蟲，測驗氣候，展覽產品等事項；設場長及技術員、推廣員、事務員，幷得招收練習生。

種畜場組織條例共十一條，規定該場掌理家畜繁殖，純種飼養，種畜推廣，及其他種畜比較試驗等事項；置場長，及技術員、事務員，幷得酌用雇員，及招收練習生。

地質調查所組織條例共十五條，規定該所掌理關於全國地質、礦山、礦床、礦產、土宜、水力、水利、地震之調查、測量、測候，及研究等事項；設圖書館，地質礦產陳列館，及燃料、土壤、地震、古生物學、地性探礦各研究室，置所長，及技士、調查員、助理員、主任、事務員，幷得酌用練習員與書記。地質調查所得隨時派員往各省實地調查測量；幷得派員往外國研究考察，或參加國際學術及技術會議；關於學術研究得商承中央研究院，及北平研究院合作辦理。

民國二十一年九月十五日，森林法公布後，至二十二年一月，立法院法制經濟兩委員會於第三屆第一次聯席會議，將中央模範林區管理局組織條例草案，及模範林場組織條例草案，一併提出討論，當議決付委員張志韓等五人重行初步審查。旋審查完畢，該兩會復開第二次聯席會議，將各草案分別修正通過。

立法院於第三屆第二十次會議，將各審查修正案提付二讀，中央模範林區管理局組織條例草案第一條、第二條，無異議通過。第三條、第十一條，修正通過。第四條刪除，其餘各條依次遞改，均無異議通過。模範林場組織條例草案第一條修正通過，餘各條無異議通過。最末，主席分別以全案付表決，均經衆委員無異議通過。

中央模範林區管理局組織條例經國民政府於二十二年六月十三日公布，全文共十六條，規定該局管理中央模範林區內山荒造林及林政事宜，其經營區域，以江寧、江浦、六合、句容、當塗、和縣所轄宜林山荒為限。該局設總務、技術、推廣三課，并得附設設計委員會，置局長及課長、課員、技術員、設計委員，則延聘林業專家充之。

模範林場組織條例共九條，亦經國民政府於二十二年六月十三日公布。該條例規定模範林場掌理模範林之經營管理，公有林私有林之指導，森林種子之檢定，樹苗之培養，及林產品之徵集及展覽等事項。該場置場長及事務主任、事務員、技術主任、技術員，并得酌用雇員，招收練習生。

第四十四節　全國度量衡局組織條例

民國四年三月，農商部以統一權度事宜，範圍所關甚廣，非集思廣益，審慎研究，不足以策進行，爰組織權度委員會，并擬具章程，呈奉批准公布。該章程共八條，規定權度委員會研究關於權度一切重要事項，委員分專任委員、兼任委員、名譽委員三種，幷由農商總長指定專任委員一人充委員長。

民國十七年九月，工商部擬具權度局組織條例草案，呈由國民政府函送中央政治會議，提出第百五十五次會議決議，交法制局作初步審查。該局審查結果，以原草案內容大致妥協，當將條文字句，分別修正，幷繕具審查報告，提經中央政治會議決議交立法院。

立法院提出第二次會議議決，付法制委員會審查。該會於第六次例會提出討論，將「權度局」改爲「度量衡局」，其餘無多修正。立法院於第十二次會議，將審查修正案提出逐條討論議決，幷省略三讀，通過工商部全國度量衡局組織條例全案，卽呈由國民政府於十八年二月十六日公布。

此條例共十八條，規定「工商部全國度量衡局掌理劃一全國度量衡事宜」，設總務、製造、檢定三科，及附設度量衡製造所及度量衡檢定人員養成所；置局長，及科長、技術員、檢定員、事務員，並以科長二人分兼各所所長。各省市縣政府，均應設度量衡檢定所或分所，全國度量衡局須分期派員至各省市縣視察。

民國二十年十一月，實業部以全國度量衡局組織條例間有尙須修正以期完善之處，經再三硏究，擬具修正草案，呈由行政院提出第四十六次國務會議，決議，送立法院審議。立法院卽交法制委員會審查。該會於開會議決，交由委員郗朝俊、呂志伊、趙迺傳作初步審查後，復開會共同討論，認爲大體妥適，卽略加修正通過。立法院於第百三十六次會議，將審查修正案提付二讀，逐條討論通過，幷省略三讀，通過實業部全國度量衡局組織條例全案，即呈由國民政府於二十一年五月十四日公布。此組織條例之內容，與前組織條例無甚差異，惟將標題及條文內之「工商部」改爲「實業部」，并確定局內各職員之名額，此外各條文亦略有文字上之修正。

第四十五節　海洋漁業管理局組織條例

民國二十年四月，實業部於行政院第十四次國務會議，提議保護漁業案，其治本辦法一項，擬就沿海七省，分設閩粵江浙冀魯遼寧等四漁業管理局，專任保護漁區，改進漁業諸要務，并擬從江浙區先行開辦，當經決議交財政海軍實業三部審查。該三部審查結果，以沿海漁業，因外人侵漁，海匪猖獗，衰落殆盡，實業部擬劃分漁區，籌設管理機關，以統一沿海漁業行政，確爲要圖，復提經第十七次國務會議決議，交財政海軍實業三部商洽辦理。旋財政部以所管江浙漁業事務局稅收遵令停止，將所有護洋行政部分，及所屬巡艦，於五月一日移交實業部，改組爲江浙區漁業管理局。該局成立後，即擬具組織章程，呈由實業部轉呈行政院，提出第二十七次國務會議，決議准予備案，呈請國民政府鑒核。國民政府即批交立法院審查。

立法院以漁業法係委員林彬、馬寅初、莊崧甫、陳肇英、蔡瑄起草，即將此案交該五委員會同審查。旋該委員等審查完竣，將原章程改爲實業部江浙區海洋漁業管理局組織條例，凡十二條。立法院提出第百八十三次會議議決，再付原審查委員會同委員衞挺生、馮兆異、朱和中、周緯、張默君審查。該委員等迭次開會，共同討論，僉以漁業法業經公布，將來漁業發達，必須設局管理之地方甚多，應定一劃一之組織法規，結果，將標題改爲海洋漁業管理局組織條例，於第二條規定海洋漁業分爲四區，幷將各條條文略予修正通過。

立法院於第百八十六次會議，將最後審查修正之案提出逐條討論，第二條、第八條，修正通過。第五條、第十一條、第十二條，略有文字上之修正。其餘各條，均無異議通過。最末主席諮詢省略三讀，以海洋漁業管理局組織條例全案付表決，多數委員贊成通過。此條例經國民政府於二十一年六月十一日公布，全文共十三條，規定全國海洋漁業分爲江浙、閩粤、冀魯、東北四區，各設一管理局，其管轄區域及設立時期，由實業部定之。海洋漁業管理局管理海洋漁業事務；設總務、保安、改進三課，及巡艦若干艘；置局長、及課長、課員、技術員、艦長，幷得酌用雇員。

第四十六節　商標局組織條例

商標局組織條例，由國民政府於十七年十一月二十二日公布，全文共十三條，規定商標局綜理商標註册事宜；設局長、副局長及其他各職員，幷得聘任專門顧問及法律專員；置審核、註册、審議、編輯、總務各課，幷於重要商埠，分設辦事處。

民國二十年六月，實業部以商標局組織條例對於局長以下各職員之員額與官等，未經明確規定，與中央緊縮政策不符，於公務員之甄別審查，亦有未便，爰分別釐定，幷擬具該條例修正草案十二條，呈由行政院提經第二十七次國務會議決議，送立法院。

立法院於第百四十九次會議議決，付法制委員會審查。該會於第百二十五次及第百三十七次會議，先後提出討論，當將原草案删併爲十條，并分別修正通過。立法院即提出第百七十七次會議，議決，再付法制委員會審查。該會復於第百四十二次及第百四十九次會議，詳加討論，僉以就該局事務而論，副局長一職，似非必要。且已置課長五人，審查員四人，均係薦任職，似可無庸另設祕書，所有祕書職掌可分別列入總務編輯兩課之中。又該局現有課員，尚不及原草案所定之最低額，應減爲二十八人至三十八人。結果將原草案第一條至第三條規定置副局長一人，祕書二人至四人，課員三十八人至四十八人，分別删減，并將其餘各條修正通過。

立法院於第百八十五次會議，將法制委員會第二次審查之修正案，提出逐條討論議決，并省略三讀順序，通過商標局組織條例全案，即呈由國民政府於二十一年五月三十一日公布。此條例共九條，其內容與前條例大致相同，惟無設副局長及辦事處之規定，并確定各職員之員額與官等。

第四十七節　國際貿易局組織條例

民國二十年五月，實業部以歐美各國，對於國外貿易，靡不全力經營，設置主管機關，爲謀減少入超，輔助人民從事對外貿易起見，特設立國際貿易局，并擬具組織條例草案，呈由行政院提經第二十三次國務會議決議，條例改爲章程，呈請國府公布。國民政府提出第二十三次會議決議交立法院。

立法院即令交經濟委員會會同法制委員會審查。該兩會即開聯席會議，共同討論，當經逐條修正通過，並將標題仍改爲國際貿易局組織條例草案。立法院即於第百五十次會議提出討論，馬委員長寅初報告審查結果，略云：

「國際貿易局由前工商訪問局改組而成。前北京原有一經濟討論會，後改爲工商訪問局，組織甚爲簡單，自局長以次，不過二十餘人。現擴大組織，改易名稱，交由本院審議。聯席會審查結果，有最大修正之點二：第一、原草案規定該局置五處，各委員以調查事務，可由統計處辦理，故删去調查處；第二、原草案規定職員百餘人，審查時酌予減少，定爲六十五人。其餘各條文只略有文字上之修正，毋庸加以說明。」

馬委員長報告畢，主席宣告開始二讀，自標題及第一條至末條，大致均無異議通過；主席復諮詢省略三讀，以國際貿易局組織條例全案付表決，經大多數委員贊成通過。

此組織條例經國民政府於二十年七月二十日公布，全文共十五條，規定國際貿易局之設立，在「調查中外商情，促進對外貿易，以發展國民經濟。」該局置總務、指導、統計、編纂四處，設局長、副局長，及祕書、各處主任、編纂專員、統計專員、指導專員、稅則專員、調查專員、科員，幷得酌用雇員，聘請名譽顧問。

第四十八節　商品檢驗局組織條例

商品檢驗，關係國際甚鉅。民國十七年，工商部呈奉國民政府令，分別設立上海、漢口、天津、廣州、青島五商品檢驗局，及南京、寧波、沙市、萬縣、濟南、梧州、汕頭、江門、福州、廈門十分處。初以各口岸商品出進口情形殊異，故各局組織，率係斟酌地方情形及商品繁簡，分別由部核定。後工商農礦兩部合併，農礦部原設之各農產物檢查所，卽分別裁撤，其事務併入各地商品檢驗局辦理。至民國二十年六月，實業部考核各商品檢驗局實際情形，擬具各局通用之組織章程二十四條，呈請行政院鑒核備案。該章程對於業務、職掌、權限、與員名官等，及人員任用程序，均經大體規定。惟以各局業務繁簡懸殊，而實行檢驗之商品種類，又係逐漸推廣，故於技術官、技術員、事務員之員額，均定為若干人。

行政院於第二十五次國務會議，將原章程提出討論，當決議通過，轉呈國府備案。國民政府即批交立法院，轉令法制委員會會同經濟委員會，商法起草委員會審查。

二十一年九月，行政院復據實業部呈送另擬商品檢驗局組織條例草案，提經第六十二次會議決議通過，送立法院。立法院即交該三委員會併案辦理。該會等迭次開聯席會議，共同審查，當即修正通過。

立法院於第二百十四次會議，將審查修正案提出逐條討論，第一條、第五條，各委員討論甚久，結果，修正通過，其餘各條，均無異議通過。最末主席諮詢省略三讀，以商品檢驗局組織條例全案付表決，多數委員贊成通過。

此條例經國民政府於二十一年十二月十四日公布，全文共十五條，規定商品檢驗局由實業部呈准行政院，於對外貿易之主要商埠設立之，并得設檢驗分處，依商品檢驗法執行檢驗事務。商品檢驗局設事務處與檢驗處，置局長及各處主任、事務員、技正、技士、技佐，并得酌用雇員，招收練習生。檢驗分處以技正兼主任，并置其他各職員。

第四十九節　中央工業試驗所組織條例

民國六年十一月二十三日，農商部以部令公布工業試驗所章程二十二條，規定該所掌一切工業分析試驗及鑑定事務，置所長、技術員、事務員，設總務股、分析試驗股、應用化學試驗股、窰業試驗股。

民國十九年七月，工商部設立中央工業試驗所，幷頒布規程，以定其組織。二十年九月，實業部以該所技術研究範圍逐漸增廣，設備亦隨以充實，事務更日趨紛繁，按諸事實，應將原規程加以修改，爰擬具修正草案十八條，呈由行政院提經第四十三次國務會議，決議准予備案，並轉呈國府鑒核。國民政府批交立法院核議。立法院於第百六十八次會議議決付法制委員會審查。該會於第百三十次及第百三十三次會議，先後提出討論，當將標題修正爲組織條例，並將所定技術員技術助理員，改爲技正、技士、技佐，其他各職員名額，亦略予減少，各條條文均分別修正通過。

立法院於第百七十四次會議，將審查修正案提出逐條討論，大致均無異議通過，幷省略三讀，通過中央工業試驗所組織條例全案，即呈由國民政府於二十年十二月二十六日公布。此條例共十六條，規定中央工業試驗所掌理考驗工業原料、改良製造方法、鑑定工業製品等事項；設化學、機械二組，置所長、技正、事務長、事務員、技士、技佐各職員，並以技正兼組主任。

第五十節　華僑教育設計委員會組織條例

民國十八年十月一日公布之修正教育部組織法第十四條規定：「教育部置華僑教育設計委員會，掌理關於華僑教育設計事項，其組織條例另定之。」教育部即依據此條，擬具該組織條例草案，呈由行政院提出第四十四次會議決議，咨送立法院迅予審議。

立法院提出第六十次會議議決付法制委員會審查。該會於第四十次常會提出討論，認爲大致妥善，結果略予修正通過。立法院復於第六十五次會議，提出逐條討論議決，并省略三讀通過教育部華僑教育設計委員會組織條例全案，呈由國民政府於十八年十二月二十一日公布。此條例共十二條，規定該委員會之職務有四：(一)擬訂改進華僑教育方案，(二)調查華僑教育情形，(三)計劃華僑教育經費，(四)計劃其他關於華僑之教育及文化事宜。委員分爲三：(一)當然委員，(二)聘任委員，(三)名譽委員，并由教育部長就當然委員，聘任委員中，聘請常務委員三人，每兩個月開全體會議一次，每半個月開常務會議一次。會內得設祕書一人，事務員二人，由教育部長指定部員兼任。

第五十一節　郵政總局組織法郵政儲金匯業總局組織法

吾國自創辦郵政，即訂有規程，由客卿主持，及交通部整理郵務，復訂定過渡辦法章程，呈奉國民政府批准照辦。後國民革命軍克復北平，郵政全部事權統一，該部乃將郵局組織，加以改革，并擬具郵政總局章程，於十七年八月十五日呈請國民政府核准備案，并即公布施行。原呈略云：

「吾國郵政規程，多採他國成法，參酌本國情況，折中核訂，施行已久。第其中有因舊政府放任，積成惡習，爲本黨政綱所不容者。有因名稱不正，致僭越職權，釀成喧賓奪主之弊者。凡此非另行擬訂，不足以樹改善之基，而收主權之效。查管理大權，向由洋總辦所獨攬，雖有局長，僅爲備位之員。今則所有行政事宜，皆歸局長主持，而洋總辦則退處贊襄地位，從前所已失之主權，至是概得收復。……查總局舊制，局長以下，置總辦一職，向以洋員充任，英文稱Co-Director General，顧名思義，僅可譯爲會辦。乃誤稱爲總辦，彼遂自居爲郵政最高長官，馴至總攬全權，把持一切，此皆定名不正，開此惡端。郵政局長洋文本稱Director General of Posts，譯爲郵政總辦，正合意義。……茲擬將局長改爲總辦，其次官仍稱會辦，以明階級，而重職別。……謹附擬訂章程清摺，伏乞訓示祇遵。」

此章程凡十五條，規定郵政總局管理全國郵政事宜；設總務、祕書、考績、財政、稽核、經畫、供應、聯郵、匯兌、儲金十處；置總辦、會辦、處長、副處長、佐理員、事務員，并得設祕書、書記。全國郵政，由總辦總理，會辦襄助；各區郵務長、副郵務長、郵務員，由總辦、會辦遴委，或呈請交通部委任；關於郵政章程及契約，由總局擬呈交通部核准施行。

民國十九年，交通部以郵政儲金匯兌事務，向由郵政總局兼辦，爲亟謀擴充整理起見，倣照各國成法，將儲金匯兌業務劃出，另設儲金匯業總局，呈由行政院轉呈國民政府令准，并制定章程，於十九年一月二十二日公布。此章程共十五條，規定郵政儲金匯業總局掌理全國郵政儲金及匯兌事宜，總局設於首都或上海，各地業務由郵局兼辦，或設立分局專辦。該局設總務、營業、會計、儲金、匯兌、劃撥、保險七處；置總辦一人，會辦二人，處長七人；并設立監察委員會，以財政部長、交通部長、審計部長、郵政總局及郵政儲金匯業總局總辦組織之。

民國十九年五月，交通部以郵政總局因劃出儲金匯兌業務，職掌變更，原定章程，不復適用；并以該章程施行已二年，其間關於用人行政諸端，部雖處監督地位，情勢仍屬隔閡，指揮殊難靈敏，應將總局考績、稽核兩處事項，劃歸部辦；且該局嗣後為管理全國郵務營業機關，應改為郵務總局，以符名實；特將原章程詳加審核，分別修訂，呈由行政院提經第六十九次會議決議，照轉呈政府備案。國民政府即批交立法院核議。

立法院於十九年五月二十四日，提出第九十二次會議議決，付法制委員會審查，該會於第七十九次，第八十二次會議，先後提出討論，僉以郵政總局係與人民有直接關係之重要機關，其組織不宜以章程定之，似應改為組織法，或組織條例，且該案內容待研究之點尚多，應函請交通部補具說明書，再行審議。再郵政儲金匯兌事務，已由交通部另設總局，并制定章程公布施行，該總局亦與人民有直接關係，其組織能否以章程定之？似亦須審核，應轉請行政院將該章程檢送一併審議，當併經議決通過。立法院復提出第百零二次會議議決，照法制委員會審查意見通過，即咨請行政院查照辦理。行政院當抄同郵政儲金匯業總局章程，咨送立法院轉交法制委員會併案辦理。

十九年九月十一日，中央政治會議開第二百四十三次會議，委員兼立法院院長胡漢民，副院長林森提請決定關於郵政儲金匯兌各法原則，經決議交王委員伯羣擬具草案，送法律、經濟、財政三組審查，由戴委員傳賢召集開會。旋王委員擬具郵政儲金匯業總局組織之理由及其原則草案如下：

一　分設之理

案郵政儲金匯兌事務，在昔雖由郵政總辦處理，但凡辦理儲金之郵局，本已各具儲金局之名稱。儲金之帳目，亦夙與郵政資產分別劃立。吾國郵政歷史已三十餘年，近來不特郵政事務益臻發達，即儲匯事務，亦極繁榮。然郵政事務為國家專辦性質，儲匯事務為商業競爭性質。……欲令郵政人員兼辦儲匯事務，在分工之科學智識上，既不足切應需要，且與近代經濟管理已臻分工化及科學化之方法，適得其反。……日本一八八七年，始在郵局開辦儲金，而一八九零年即已另設專局。……他如奧國、荷蘭、英、法，及其他先進各國，亦莫不皆然。……而吾國今所設置者，乃與日奧之制度更為切近，蓋日本郵政儲金之發達，冠於世界，而奧國儲匯制度最為完備也。

二　組織之大端

儲匯事務，在管理既須與郵政總局分立，則宜仿照他國成法，另設郵政儲匯總局，置總辦一人，會辦二人，執行該局事務。蓋一以營業為專責，一以會計為專責，而總其成於總辦，其辦法實采奧制。總會辦之下，應分置諸處，以便管理及擴充業務。至郵政保險之事項，亦為商業之性質，在經濟上，管理上，亦有科學分工之必要，宜由儲匯局管轄。其郵政劃撥事項，吾國今日固未推行，但先進各國，對此事業，邁進無量，宜與匯兌相輔併行，自亦宜由儲匯總局一併籌備也。

三　監察委員會之設置

郵政儲匯，關係國家經濟與國民經濟，至爲重要。爲鞏固國信，稽察周密起見，宜於執行事務之總會辦以外，設置監察委員會，由政府特派委員數人，曁財政部長、交通部長、審計部長、交通部郵政司長組織之，對於儲匯局之預決算，及其營業投資，及分局之設置變更，及其他重要事項，均有監察之權。交通部爲郵政主管機關，故交通部長，應爲是會之當然主席，儲匯局總辦，得列席監察委員會。

四　總決算及收支盈餘之分配

郵政儲匯總局，雖在事務之管理上，應與郵政總局分立，但其營業之盈餘，其預決算之編製，仍應與郵政總局之預決算相併合。蓋惟如是，郵政全體之收入支出，始有總數可言。而審計機關，亦可藉悉交通行政之經濟消長也。至於公積金之分配，特別準備金之保留，皆係商業經濟機關所必要之設備，自宜於章程中或條例中切實規定也。

此草案經該三組會同詳加審查，結果，郵政儲金匯業局應單獨設置，總局設局長一人，副局長二人；交通重要地點，得設分局，分局之設置，由交通部呈准行政院以院令定之。監察機關之組織，應成爲組織法中之一章或一節，其監察權之行使，另以章程定之。審查完畢，戴委員等即繕具審查報告，提經第二百四十六次政治會議議決交立法院。立法院復轉令法制委員會查照辦理。該會於第百零二次會議，併案提出討論，當將郵務總局章程，改爲郵務總局組織法；郵政儲金匯業總局章程，改爲郵務儲金匯業總局組織法；並將兩案條文，分別修正通過。

二十年六月二十日，立法院於第百四十七次會議，將各審查修正案提付二讀，自第一條至末條，大致均無異議通過。惟依衞委員挺生之提議，各案標題之「郵務」字樣，仍改爲「郵政」。二讀既畢，主席諮詢省略三讀順序，分別以郵政總局組織法、郵政儲金匯業總局組織法付表決，均經大多數委員贊成通過。此兩組織法議決後，均由國民政府於二十年六月三十日公布。

郵政總局組織法共十一條，規定該局「管理全國郵務，指揮監督各省區郵政管理局」；設總務、會計、經畫、聯郵、供應五處；置局長、副局長、處長、副處長、處員、主任祕書、祕書各職員。該局每年應擬具歲入歲出預算書，會計年度終了，應編造歲入歲出決算書，均呈請交通部核轉。

郵政儲金匯業總局組織法共十三條，規定該局之職掌及組織，與十九年交通部公布之章程大致相同。惟將「總辦」、「會辦」改爲「局長」、「副局長」。局內增設主任祕書一人，祕書二人至四人，副處長七人，處員六十人至八十人。又監察委員會委員由國民政府特派三人及交通、財政、審計各部部長，幷交通部郵政司司長充任之。此外規定郵政儲金匯業總局每年應擬具歲入歲出預算書，幷於會計年度終了編造歲入歲出決算書。

每年度郵政儲金匯業之淨餘，以十分之三爲公積金及特別準備金，其餘均報解交通部，併歸郵務收入之內。

民國二十三年一月，行政院據郵政經濟制度研究委員會呈送鞏固郵基方案實施綱要建議案，經分別擬具意見，送由中央政治會議提出第三百七十次會議決議通過。其要點有三：(一)郵政儲匯局應改隸郵政總局，合併問題，按照立法程序辦理；(二)儲匯局監察委員會組織，應加以修改；(三)儲匯局用人問題，以後應注重儲匯專業，訂定有關科目，舉行考試，俾得錄取專材。交通部旋即遵照上列決議，擬具郵政總局及郵政儲匯局組織法草案及原則，呈由行政院，轉送中央政治會議，交法制組審查修正，并提出第三百九十九次會議，決議通過，交立法院。

郵政總局組織法原則凡七項：

一　郵政總局增設副局長一人，兼任郵政儲匯局局長。

說明　因郵政儲匯局改隸總局，故增設副局長一人，兼任儲匯局局長，以期指揮便利，並不增加開支。

二　郵政總局置總務、考績、業務、計核、聯郵、供應六處。

說明　因儲匯局合併設置之結果，事務增加，且全國郵政人員，爲數已達三萬八千以上，考績一項，應有專司，故增設一處，以重職守。

三　郵政總局設視察長、視察、副視察。

說明　郵政總局管轄各區郵政，事務繁賾，耳目難周，故設視察人員，以考覈實情，兼爲洋員遷調地步。

四　郵政總局職員，除局長、副局長、祕書外，均應就郵政人員中遴選任用之。

五　郵政總局置郵政儲匯局，及各區郵政管理局，其組織法另定之。

六　郵政總局得置設計委員會，專司改良及發展郵政之設計。

說明　現在郵政人員多係積資遞升，且事務繁忙，於學理及計劃方面，難於兼顧周密，故於總局設置設計委員會，延攬專門人才，以謀改良發展。

七　郵政總局訂定關於郵政之章程，及重要契約，應呈經交通部核准。

郵政儲匯局組織法原則共五項：

一　郵政儲匯局隸屬於郵政總局，管理郵政儲金、匯兌。

二　郵政儲匯局設置總務、營業、計核、儲金、匯兌、保險六處。

說明　儲匯局原設七處，因合併關係，力謀縮小，故裁去劃撥一處。

三　郵政儲匯局職員，應就專門人才，及甄別或考試合格人員，遴選任用。

四　郵政儲匯局得營左列業務：

1　購買中央政府發行之公債。

2 以妥實有價證劵或棧單爲擔保之放款。

3 以有確實收益不動產爲抵押品之放款但其總額，不得超過本局資金總額百分之十五；抵押金額，不得超過該不動產估値百分之五十。

4 以本局定期存摺或存單爲擔保之放款。

5 票據貼現。

6 押匯。

7 經營倉庫業。

8 經營簡易人壽保險。

說明 郵政儲金，多爲平民儲蓄，來源不易，應策安全。惟其運用資金之範圍，倘過於限制，又復坐耗利息。茲依現在營業情形，參考各國投資方法，折衷規定儲匯局得爲上列八項營業，庶於流通資金之中，仍寓力求安全之意。

五 爲保障儲金安全起見，郵政儲匯局設置監察委員會，其要點如下：

1 由交通部呈請政府簡派人員五人，並由交通部呈准行政院，就國內重要工商金融業富有經驗資望之人員中，聘任四人組織之。

2　設委員長一人，副委員長二人，由政府就委員中指定之。

3　每年更換三分之一。

立法院准中央政治會議函送前案，即於二十三年三月二十三日，提出第三屆第五十一次會議議決，付法制委員會會同經濟委員會審查。該兩會迭開聯席會議，提出共同討論，當將郵政儲匯局名稱，仍照現行法改爲郵政儲金匯業局，並將兩草案條文分別修正通過，立法院復於第三屆第六十五次會議，將各該審查修正案，提出逐條討論，大致均無異議通過。三讀既畢，主席諮詢省略三讀順序，分別以全案付表決，均經多數委員贊成通過。

立法院通過郵政總局組織法，及郵政儲金匯業局組織法，即繕具全文，呈請國民政府鑒核，惟久未公布施行。此兩法之要點，即爲中央政治會議決定之原則，大致規定郵政總局設計委員會以局長爲委員長，副局長、處長、視察長、視察爲委員。郵政儲金匯業局會計獨立，一切收支，列入全國郵政預算書、計算書、決算書。其餘內容，略與二十年六月三十日公布之各法相同。

第五十二節　郵運航空處組織條例

民國十八年八月，交通部以航空爲交通新政，與郵務關係密切，遵照三屆二中全會決議案，特設郵運航空處，并訂定章程九條，呈由行政院提經第三十四次會議，決議，修正通過，呈請政府公布，國民政府即令交立法院審議。

立法院提出第四十五次會議議決，付法制委員會審查。該會於第三十九次常會，提出討論，當推定委員孫鏡亞等作初步審查，幷函請交通部王部長列席說明。初步審查委員等將原章程提出共同研究，並根據王部長之口頭報告，及所交之補充意見書分別審查完竣。法制委員會復開全體會議，共同詳加討論，僉以郵運航空事業，關係甚大，其主管機關之組織，未便以章程定之，當將原案標題改爲郵運航空處組織條例，草案條文亦量予修正通過。立法院於第六十二次會議，將該審查修正案提出討論，法制委員會委員長焦易堂，委員孫鏡亞先後報告畢，依陳委員肇英之提議，主席諭由紀錄祕書逐條朗讀，幷卽以全案付表決，經多數委員贊成通過。

立法院過過郵運航空處組織條例，於十八年十一月二十五日，呈由國民政府提經第五十八次國務會議議決，交回行政院飭由交通軍政兩部會商呈復。該兩部會商結果，以原條文均甚妥適，惟第七條規定該處附設之機關，其第二款爲「航空器修理廠及製造廠」應刪去「及製造廠」四字，當繕具修正案，呈由行政院轉呈國民政府提出第六十四次國務會議議決議送立法院。立法院提出第七十八次會議議決照案通過，幷呈復國民政府，提經第六十七次國務會議決議，照修正案公布。

郵政航空處組織條例經國民政府於十九年三月十八日公布，全文共九條，規定該處職權凡六：（一）規劃全國郵運航空線，（二）經營郵運航空事業，（三）籌辦國際郵航聯運，（四）核准或指定航空公司承辦郵運事項，

(五)管理或監督關於郵航事業必要之設備，(六)檢定承辦郵運航空公司之航空器及技術人員。該處設總務、業務、工務三科，並於必要時，附設各航空線管理局、航站、及航空器修理廠，置處長及科主任、科員、技術員，並得酌用雇員。

第五十三節　航政局組織法

民國十九年二月，交通部擬具航政局組織條例草案，呈請行政院轉送立法院核議，文略云：

「竊查我國江湖河海航路縱橫，貨物之轉運，旅客之往來，水上交通其重要不遜於陸路。惟以航業久形落後，兼受歷年軍事影響，致外輪霸佔航運，浸成喧賓奪主之象。……職部綜司航政，對外籌議收回航權，業經會同各部，酌具方案陳報備案。對內力圖發展航運，擬卽督同航商，添設船隻，以利民行。……職部職責所在，自應依照組織法第五條之規定，於重要港埠設置航政局。……現在海商法已奉國府明令公布，其中所定船舶海員及運送碰撞各章，均與航政關係密切。嗣後該法施行，須由主管機關就近隨時處理，是航政局更有從速設置之必要。茲特參照列邦成例，斟酌國內情形，擬具航政局組織條例草案十九條，繕呈鑒核，迅賜轉送立法院議決公布。」

行政院卽提出第五十九次會議，決議，照送立法院。

立法院提經第七十九次會議議決，付法制委員會審查。該會於第六十二次會議提出討論，認爲大致妥善，修正通過。立法院復提出第八十四次會議議決，再付法制委員會會同委員馬寅初、衛挺生、陳長蘅、吳尚鷹、傅秉常審查。旋該會等審查完竣，報告略稱：

「遵於第六十四次、第六十八次會議提出討論，僉以中央政治會議議決確立航政根本方針案內規定：(一)凡關港務，如埠頭倉庫港內航行標識船塢等，均歸地方管理；(二)向由海關代管航政各部分，暫行仍舊。而本修正案第四、第五、第六各條，所列航政局之職掌，與現在海關代管事項及應歸地方管理事項，頗多重複。將來航政局組織條例實施以後，關於監督管理方面，應如何劃清事權，以免衝突，似宜先行決定。且現在各省市地方，多經設有航政局，中央航政局與地方之權限，亦宜明白劃定，藉免牴觸。討論結果，認為本案應請行政院對於以上各點，先行解決，再行審議。」

立法院提經第九十三次會議議決，照審查報告通過，即於十九年六月二日咨請行政院查照辦理。行政院當飭據交通部核議呈復略稱：

「此項條例草案，原係依照職部組織法，及中央議決之航政海政劃分大綱，及航政根本方針案，分別擬訂。關於現在海關代理事項，及應歸地方管理事項，均經詳細研究，分別劃清，或行督監之權，或負管理之責，於權限上并無衝突及牴觸之弊。謹將關於航政局職掌之根據，及權限之劃分，酌具意見書，逐項說明，擬請轉咨併案審議。」

行政院卽交政務處查案簽註，幷飭先函商交通部再提會議。政務處遵卽分別簽註，函由交通部依照簽註各節，將該條例草案酌加修正，復經二次簽註，呈院提出第七十六次會議，決議：「航政局組織條例草案，照政務處簽註修改，併交通部意見書，送立法院審議。」

立法院提經第百次會議議決再付審查。法制委員會等卽召集會議，共同討論，結果，將標題改為航政局組織法草案，幷認為原草案規定航政局權限過大，職員名額過多，當分別修正，縮小管轄範圍，幷刪去關於設置祕書之規定。又原案規定該局設置處所，及管轄區域，由交通部定之，亦改為由行政院決定。其餘各條條文，均略予修正通過。

立法院於第百一十九次會議，將該審查修正案提出討論，先由焦委員易堂報告審查結果，委員史尙寬、馬寅初等相繼發言，對於航政局管轄之範圍，發表意見甚多。莊委員崧甫動議，謂：「第四條規定設立三科，按照下文所列職掌，一方面屬於事務，一方面屬於機務，可以改為兩科，將第二科第三科併為一科。」主席卽宣告開始二讀，標題及第一條、第二條，無異議通過。第三條規定航政局之權限，各委員復詳加討論，結果，修正通過。第四條依莊委員之提議，由三科改為二科，衆無異議。第五條略有修正；第六條原分四款，第七條刪去，卽將原有四款，併入第六條。原第十一條規定設科員十二人至十六人，因裁併一科，改為八人至十二人。其餘各條，依次遞改，均無異議通過。二讀既畢，主席諮詢省略三讀，以航政局組織法全案付表決，經出席委員一致議決通過。

此組織法經國民政府於十九年十二月十五日公布，全文共十四條，規定航政局掌處理航行海洋或航行二省以上船舶航政事宜，惟不及二百噸或二千擔之船舶除外。該局設第一、第二兩科，置局長及科長、科員、技術員，并得酌用雇員。

民國二十年六月，交通部以航政局組織法第三條規定航政局處理航政之船舶，限制過嚴，就法律事實兩方面言均窒礙難行，并應增加條文規定航政局得於重要港埠設置分局或管理處，特呈由行政院轉咨立法院將該法加以修改。立法院令交法制委員會會同委員馬寅初、衞挺生、陳長蘅審查後，即提出第百六十三次會議討論，焦委員長易堂報告審查結果略云：

「本案於法制委員會第百二十七次及第百二十八次常會，會同馬委員寅初等審查，交通部派航政司司長蔡培列席說明，當時陳述請求修正之點有三：第一、原組織法第三條之限制過嚴，應請删去；第二、將來有必須設立分局或管理處之地方，請增加一條，以便設立時有所依據；第三、現正收回航權，請於組織法內定一洋文祕書員額，以資佐理。審查結果，認爲原第三條所規定，確有窒礙，卽予删去。關於第二點，因現在各重要港埠均已設立航政局，其他各處尙無設立分局或管理處之必要，故未另予規定。至增設洋文祕書，雖關重要，但原法定有科長及技術人員甚多，自不患無精通洋文之人才，亦未加以規定。此外尙有最重要修正之點，卽於第九條規定航政局高級職員之資格，以免濫竽充數。其餘大致與原法相同。」

焦委員長報告畢，主席卽宣告開二讀會，逐條討論，自標題及第一條至末條，均無異議通過。主席復諮詢省略三讀，以修正航政局組織法全案付表決，經多數委員贊成通過。

此修正案經國民政府於二十年九月二十六日公布，全文共十四條，其與原組織法相異之點，已詳焦委員長之報告。惟原第三條既已删除，則關於航政局處理航政船舶之標準，於第五條增一第二項，規定「以適用海商法規定之船舶爲限」。

第五十四節　中央防疫處組織條例中央衞生試驗所組織條例海港檢疫管理處組織條例國立中醫研究院組織條例

中央防疫處組織條例　民國八年一月二十日，內務部公布有中央防疫處暫行編制十三條，規定該處掌理計劃預防傳染病，研究傳染病病原，檢查消毒治療材料，並製造痘苗、血淸及其他預防治療品；設處長、副處長、技術員、事務員，並得聘傳染病學、細菌學專家爲顧問。

民國十八年十月，衞生部以中央防疫處開辦以來，已十五周年，歷年改進，頗著效績，所有該處組織條例，亟應訂定公布，爰擬具草案，呈由行政院提經第四十三次行政會議決議送立法院。

立法院於同年十一月九日，提出第五十九次會議，議決付法制委員會審查。該會於第四十次、第四十一次、及第五十八次會議，先後提出討論，並函由衞生部長列席說明提案大旨，當確定原草案第七條、第九條所定職員之名額，并將其餘各條條文略予修正通過。十九年三月十五日立法院於第八十次會議，將該審查修正案提付二讀，第一條、第二條略有修正，其餘各條大致無異議通過。主席復以全案付表決，經大多數委員贊成通過。

立法院通過中央防疫處組織條例，呈由國民政府於十九年三月二十四日公布。此條例共十四條，規定中央防疫處掌理關於傳染病之研究講習及生物學製品之製造、檢查、鑒定等事項。該處設第一、第二、第三三科，科下分股，置處長及技正、技士、祕書、事務員，卽以技正、技士兼科長、股長，并得酌用技佐、雇員，延請名譽顧問。

中央衛生試驗所組織條例　民國八年四月二十一日，內務部以部令第二十五號公布衛生試驗所規程十一條，規定該所掌理衛生上各種試驗事務，設檢定藥品兩科，置主任、技術員、事務員。

民國十八年一月十一日，衛生部擬定中央衛生試驗所組織條例十二條，呈由行政院提經第十次行政會議決議通過，以部令公布施行。至二十年十月，內政部以該條例有亟須變更之處，爰擬具修正草案，呈經行政院提出第四十三次國務會議決議送立法院。

立法院提經第百六十八次會議議決，付法制委員會審查。該會卽推定委員劉師舜等三人作初步審查，復提出第百三十五次會議討論，當刪去原第十三條關於得設分所之規定，其餘各條大致照原案通過。二十一年三月三十日，立法院於第百七十八次會議，將該審查修正案提出逐條討論議決，并省略三讀通過中央衛生試驗所組織條例全案，卽呈由國民政府於二十一年四月十六日公布。

此條例共十三條，規定中央衞生試驗所掌理關於衞生之檢驗、鑑定、製造、研究等事項；設總務、病理、化學、藥物、細菌五科；置所長、技正、技士、技佐、事務員，幷得酌用雇員，酌收練習生。

海港檢疫管理處組織條例　民國二十年七月，內政部擬訂海港檢疫管理處暫行組織章程草案，呈請行政院鑒核。行政院以該草案第二條內有簡任薦任待遇字樣，核與第二十一次國務會議決議照銓敍部所議辦理之案不符，指令修正呈核。該部復另擬組織條例草案，呈由行政院提經第三十六次國務會議決議送立法院。立法院即提出第百六十次會議議決，付法制委員會審查。

二十一年二月，內政部復呈請行政院轉咨立法院從速審議該草案，原呈有云：

「查海港檢疫，事關國際衞生，對內對外，均極重要，故於前衞生部呈准之衞生行政實施計劃卷內，第一款甲項，即擬於民國十九年夏季，先行收回上海海港檢疫事務，其他海港，則於二年以內，次第收回辦理。現在上海、廈門、汕頭、營口、安東等港，業已先行接收，計至本年七月，已屆二年之期，所有尚未接收各港，亟應如期接收完竣，以堅對外信用。……關於已收各港之指揮監督，整頓改良，以及未收各港之進行接收，事務繁重，自應將海港檢疫管理處從速成立，擬請鈞院咨請立法院將海港檢疫管理處組織條例草案，提前審議，以期從速公布，遵照成立，俾利進行。」

立法院准行政院咨，即令法制委員會從速辦理。該會於第百三十一次及第百四十九次會議，先後提出討論，認爲大致尙妥，惟以原草案第二條至第七條，均爲分科及其職掌之規定，當完全删去，併入第一條各款，其餘各條，亦分別將文字略予修正通過。立法院於第百八十五次會議，將該審查修正案提付二讀，除第一條略有修正外，餘均無異議通過。主席復諮詢省略三讀，以海港檢疫管理處組織條例全案付表決，經多數委員贊成通過。

此組織條例經國民政府於二十一年五月三十一日公布，全文共七條，規定海港檢疫管理處掌理關於海港檢疫及國際檢疫之一切事項，設處長、總檢疫醫官、檢疫醫官、技士、祕書、處員，並得酌用雇員，延聘名譽顧問。

國立中醫研究院組織條例　民國十九年五月，中央政治會議委員譚延闓、胡漢民、陳肇英、朱培德、陳立夫、焦易堂提議設立國醫館。原提案略云：

「我國醫術，由軒岐迄今，具有四千年歷史，迭代先哲，苦心研究，兼各有其特別經驗，筆之於書，以傳後世。故我大中華民族，代以繁衍，各遂其生，得免夭札之患。現在我國提倡西醫，各省分設醫科專門學校，又或派遣留學，分赴各國，所以希望西醫精粹，輸入我國者至殷，第以我國地廣民衆，而西醫人才，驟難培養足用。又中西醫互有短長，亦有中醫治愈之病，而西醫束手者，故中醫在今，仍須並行提倡，以期收普遍療救之功。……茲擬援照國術館之例，提議設立國醫館，以科學的方法整理中醫學術及中藥之研究。其工作約分爲(一)學說的整理，(二)診斷法的整理，(三)藥品的研究，(四)針炙法的整理。務祈統系秩然，便於實施，以昌明絕學，惠濟民生。」

中央政治會議於第二百二十六次會議，提出討論，併經決議：「國醫應整理研究改良，其辦法交國民政府決定。」國民政府提經第七十六次國務會議決議：「交行政院就現有之醫學團體，督促其整理，俟其整理完善後，准予立案，並予以如國術館之補助。」

民國二十年三月十七日，各地醫藥團體代表舉行籌備大會，議定中央國醫館理事會章程八條，推定理事人選，組織理事會。旋理事會議定中央國醫館組織章程，呈由行政院轉呈國民政府備案。

二十三年一月，立法院法制委員會擬訂中央國醫館條例草案九條，呈由立法院提經第三屆第四十四次會議議決，付委員林彬等十人審查。林委員等當召集會議，詳加討論，議定應向中央政治會議建議原則五項：(一)修正內政部組織法，增設衞生司；(二)凡醫務行政事項，不論中醫、西醫，均歸衞生司掌管；(三)衞生行政人員應以具有中西醫知識者充之；(四)裁併衞生署，其職掌移屬於衞生司；(五)關於中醫西醫研究整理事項，應分別設立研究機關，隸屬於內政部。立法院復提出第三屆第四十六次會議議決，再付法制委員會審查。該會於第三屆第三十七次及第三十九次會議，先後提出討論，當將標題修正為國立中醫研究院條例草案，條文亦分別修正通過。

同年三月九日，立法院開第三屆第五十次會議，將該審查修正案提出討論，郗委員朝俊報告審查結果，略云：

「法制委員會此次審查本案，先付初步審查，本席爲初步審查之一人，故代爲報告。本案在理論上，各委員在大會討論時發表意見甚多，毋庸再述。在事實上，行政方面深恐紊亂行政系統，審查會對於此點，特別顧慮，務求於不紊亂行政系統之下，達到整理研究國醫之目的。至本案內容，因國醫條例，前經大會修正爲中醫條例，故本案所有『國醫』字樣，一律改爲『中醫』。本案名稱原爲『中央國醫館』，惟所辦事務，幷非管理醫務藥務行政，純爲研究機關，爲名副其實起見，改爲『中醫研究院』。但本案標題無『組織』二字，似尚有缺點。又原第五條，規定設評議會，此次改爲理事會，惟理事人數未變更，幷定爲無給職。其他各條，無多修正，可不必報告。」

郗委員報告畢，主席宣告開始二讀，標題加「組織」二字，無異議通過。第一條爲關於中醫研究院隸屬之規定，各委員辨爭甚烈，主席宣告停止討論，指定陳肇英等十一委員審查。陳委員等當卽審查完畢，其結果爲該院原定爲隸屬行政院，改爲隸屬內政部，院長原定爲簡任，改爲聘任。主席又宣告繼續討論，自第一條至末條，大致均無異議通過。二讀旣畢，主席諮詢省略三讀，以全案付表決，衆無異議通過。

立法院通過國立中醫研究院組織條例，卽繕具全文，呈請國民政府鑒核，惟迄今尙未公布施行。此條例共九條，規定國立中醫研究院之職掌有二：（一）以科學方法整理及改善中醫、中藥；（二）指導獎勵中醫中藥學術之研究。該院設院長、副院長、總幹事、幹事；並設理事會，置理事二十五人至四十九人，幷由理事推舉常務理事五人，理事長一人。院內按醫學分科，並得設所研究，及附設醫院、醫藥學校。

反省院條例　第五十五節　反省院條例軍人反省院條例首都反省院組織條例

民國十八年十月，中央執行委員會第四十四次常務會議，討論反省院組織法立法原則；當經決議：「(一)反省院歸法院管理，惟關於黨義訓導人員，須向黨部延請；(二)將前項決議，函政治會議，作為反省院組織法原則」。中央政治會議即函達立法院查照辦理。立法院於第五十九次會議提出報告，并交法制委員會審查。

法制委員會於第三十一次，及第三十九次常會，先後提出討論，當根據共產黨人自首法第八條，及中央常務會議決定之反省院組織法原則，草具反省院條例十三條。

同年十一月二十三日，立法院開第六十二次會議，將該草案提出討論，先由焦委員長易堂說明草案旨趣，略云：

「本案條文甚簡，但因向無標準，審議甚難。中央決定之原則本為組織法，審查會一再研究，以為反省院原為反動份子而設立，乃政治上不得已之一種短期辦法，故將標題改稱條例。至於本案內容，院長由各省高等法院院長兼任，訓育主任向各省省黨部聘請，評判委員會由院長主席，省黨部派代表列席。反省分為三期，至少應繼續三月，總期不得過五年」。

焦委員長報告畢，主席宣告開始二讀，逐條討論議決，第二條、第八條、第十條、第十二條、第十三條，均無異議通過，餘各條修正通過。主席復以反省院條例全案付表決，經出席委員一致議決通過。

此條例經國民政府於十八年十二月二日公布，全文共十三條，規定反革命人有下列情形之一者入反省院：(一)受反革命罪刑之執行，無期徒刑逾十年，有期徒刑逾二分之一，而有悛悔實據者；(二)受反革命罪刑之執行完畢，仍有反革命之虞者；(三)反革命罪宣告一年以下有期徒刑者；(四)依共產黨人自首法第八條規定移送者；(五)經中央黨部議決送反省院者。反省院設院長、總務、管理、訓育各主任，及助理員，并以院長、各主任、省黨部代表一人、高等法院推事及檢察官各一人，組織評判委員會。反革命人之反省，以六個月為一期，期滿，其未執行之刑期，以已執行論；但經評判委員會認為應繼續反省者，應再受反省處分。反省院如發覺受反省處分者，在反省期內，有新罪證，或認為不能感化者，應送交該管法院審判，或執行其刑。

軍人反省院條例　民國十八年十二月，陸海空軍總司令部以反省院條例，為司法行政部感化普通人民犯反革命罪而設，凡屬軍人犯反革命罪自不適用。惟軍官士兵之犯反革命罪者，亦應實施感化，擬援案組織軍人反省院，特呈由國民政府令立法院另行議定條例，俾資遵守。

立法院提出第六十七次會議議決，付軍事委員會起草。該會於第二十四次會議推定陳肇英、張志韓兩委員起草，草竣復提經第二十五次會議逐條討論，分別修正通過。立法院即將該草案提出第七十六次會議討論，主席諮詢略謂：「本案條文甚簡，不必逐條宣讀，如無異議，卽爲通過。」衆委員均無異議。

立法院通過軍人反省院條例，卽呈由國民政府於十九年三月三日公布。此條例共十二條，規定國民政府爲感化反革命軍人，設軍人反省院於首都；院長由軍政部軍法司司長兼任；評判委員會由院長、總務、管理、訓育各主任、中央黨部、軍事參議院、訓練總監部、參謀本部、海軍部各派代表一人組織之。其餘內容，大致與反省院條例相同。

首都反省院組織條例　民國十九年六月二十七日，中央執行委員會函請國民政府從速設立首都反省院，當提經第八十三次國務會議決議交王委員寵惠審查。旋審查完竣，提出意見三項，其最重要者如次：

「(一)設立問題　各省反革命案件層見叠出，若將此項人犯，一概收容於普通監獄之中，不獨人多擁擠，管理爲難，且於實施感化，尤多不便。……於首都所在地設立規模較大之反省院，洵屬切要之圖。惟此項反省院，對於各省反省院並無統屬關係，似不必用中央字樣，擬卽定名爲首都反省院。

(三)組織問題　現行反省院條例，規定反省院之設立，限於各省高等法院所在地，而反省院院長，復限於高等法院院長兼任。此次所擬之首都反省院，旣具有特殊情形，則關於組織方面，自須另定規程，庶足以資依據。茲遵照中央創設之意旨，參酌各省反省院辦法，擬具首都反省院條例草案凡十一條，藉供采擇。」

國民政府復提出第八十七次國務會議決議送政治會議。中央政治會議提出第二百三十八次會議，決議：

「首都反省院條例通過」一并函由國民政府提出第八十八次國務會議決議交立法院。立法院提出第百零五次會議議決付法制委員會審查。該會於第百十次及第百十二次會議，先後提出討論，結果，修正通過。

二十年三月十四日，立法院開第百三十五次會議，將該審查修正案提出討論，王委員用賓報告審查結果，略云：

「法制委員會審查本案，認爲有成立之必要，惟原第一條爲『司法行政部爲普遍感化反革命人起見，除於各省設反省院外，並依本條例於首都所在地，設首都反省院，』此可以不必規定，特予删去。又將原第五條、第六條併作一條，改爲第四條。原第八條第二項，亦予删去。原第九條本分兩項，改爲一項。其他較重要者，爲組織評判委員會之人員，原草案定爲（一）首都反省院院長，（二）該院各科科長，（三）中央黨部指派一人，（四）最高法院檢察署檢察官一人，審查時，加最高法院推事一人。又本條例除有特別規定外，仍適用反省院條例。而反省院條例，乃根據反革命治罪法，惟政府會公布一危害民國緊急治罪法，現又公布其施行條例，凡此均與本案有關，特爲附帶報告。」

王委員報告畢，主席卽宣告開始二讀，標題及第一條至末條，均無異議通過。又依史委員尙寬之提議，於第七條加一第二項，爲「首都反省院因事務上之必要，得酌用雇員。」最末主席諮詢省略三讀，以首都反省院組織條例全案付表決，大多數委員贊成通過。

此條例經國民政府於二十年三月二十一日公布，全文共九條，規定首都反省院置院長一人，設總務、管理、訓育三科，各置主任一人。反革命人合於反省院條例第五條規定之情形，而犯罪地在首都，或經中央黨部之議決，卽送入首都反省院；但犯罪地在未設立反省院之省，或在已設立反省院之省而有特別情事者，亦得送入首都反省院。

修正反省院條例第三條條文修正軍人反省院條例第三條條文修正首都反省院組織條例第五條第六條條文　民國二十年八月，中央訓練部據江蘇反省院訓育主任倪弼條陳改革訓育意見，經詳加審核，認爲(一)反省院訓育主任之待遇，應較優於總務管理兩主任；(二)反省院訓育主任之下應設訓育員，訓育員之下，再設助理員；(三)反省院訓育經費，應佔全院經費四分之一至三分之一；當函由中央執行委員會轉函司法院查照辦理。司法院以訓育員名目，現行反省院條例，軍人反省院條例，首都反省院組織條例，均無明文規定，旣須增設，應將各條例酌加修正，爰呈由國民政府批交立法院辦理。

立法院卽令交法制委員會審查。該會於第百三十一次會議提出討論，當將反省院條例第三條，軍人反省院條例第三條，及首都反省院組織條例第五條、第六條，分別修正通過。立法院於第百七十一次會議，將各該修正條文提出討論，當經議決通過，卽呈由國民政府同於二十年十二月五日公布。此修正各條，規定置訓育員若干人，由院長呈轉中央黨部指派，其餘均與原條文相同。

修正反省院條例　民國二十二年一月，中央組織委員會以各省反省院，一切組織進行事宜，均由法院辦理，以致系統分歧，工作困難，為實際上之效益計，應改由中央直接管轄，爰擬具修正反省院條例草案，提經中央第四十五次常會決議，原則通過，交政治會議。

中央政治會議特交政治報告組、法制組審查。該組等審查結果，認為法律的觀點，與黨的觀點，實際上殊難一致，現行反省院之組織及系統，實有改善之必要，當擬具改善原則，提經第三百四十三次政治會議決議：(一)反省院仍隸屬於司法行政部；(二)反省院院長不由高等法院院長兼任，司法行政部應就中央執行委員會所交付之人員任用之；(三)原修正案其他各點，並交立法院審議。

立法院提出第三屆第六次會議議決，付法制委員會審查。該會於第三屆第七次會議推定委員劉克儁等五人作初步審查。旋審查完竣，該會復開第十二次會議，詳加討論，當依據原則，及初步審查結果，將原案條文次第修正通過，都十二條。至反省院院長人選，各委員均以此係任用手續，中央既有決議，司法行政部自當遵辦，不必於條文中規定，並經決議通過。

二十二年四月二十一日，立法院於第三屆第十四次會議，將該審查修正案提出逐條討論，大致均無異議通過；復由主席諮詢省略三讀，以修正反省院條例全案付表決，經多數委員贊成通過。此修正案由國民政府於二十二年四月二十九日公布，全文共十二條，其與原條例相異之點，即將條文內之「反革命罪」改爲「危害民國緊急治罪法或前暫行反革命治罪法之罪。」又原第十二條規定本條例施行後，凡前有反省院或類似反省院者，應依照改組；其有受反省處分尙未完畢者，應否繼續，由評判委員會決定；以本條例施行已久，完全删去。

第五十六節　審計處組織法

民國十八年六月，監察院擬具審計處組織條例草案十二條，呈由中央政治會議提出第百八十五次會議決議交立法院。立法院提經第三十四次會議議決付法制委員會會同經濟委員會審查。該兩委員會於第三次第十三次及第十四次聯席會議，先後提出討論，結果將原草案修正爲十一條，并將標題改爲審計處組織法草案。呈由立法院於第百八十七次會議提出逐條討論議決，并省略三讀通過全案，轉呈國民政府於二十一年六月十七日公布。

審計處組織法共十一條，規定審計部於各省省政府所在地，或直隸於行政院之市政府所在地，設審計處；并得於中央及各省公務機關，公有營業機關，經國民政府之核准，設審計辦事處。審計處設處長一人，分第一、第二、第三三組及總務組，置審計、協審、稽察、祕書，分別兼任處長與各組主任，又置佐理員並酌用雇員。審計辦事處分甲乙兩種，其辦理事前審計，事後審計，或稽察事務之人員，於事務簡單之機關，各得兼管數機關之同種事務。駐外審計、協審、稽察之資格、保障、及兼任職務之限制，均準用審計部組織法之規定。

第五十七節　西陲宣化使公署組織條例蒙旗宣化使公署組織條例

民國二十一年冬，國民政府爲撫綏邊陲，懷柔遠人起見，特設置西陲、蒙旗兩宣化使，幷頒布宣化使行署組織條例。旋軍政部提議將西陲、蒙旗兩宣化使行署改稱行院，經行政院第八十一次會議，決議，原則通過，交內政軍政兩部，及蒙藏委員會，並邀參謀本部會商修正，由軍政部召集。軍政部遵卽召集各部會共同討論，當決議兩項：(一)宣化使除宗教外實含有秉承中央宣慰邊民之意，係一官署，擬仍名爲公署，並將西陲宣化使公署組織條例，逐條加以審查修正；(二)蒙旗宣化使行署組織條例，擬請行政院以西陲宣化使公署組織條例爲標準，參酌蒙疆情形，加以修正復經行政院第八十六次會議，決議：西陲宣化使公署組織條例，修正通過；蒙旗宣化使公署組織條例，交軍政部會同關係各部會擬具修正草案呈核。

民國二十二年二月，行政院卽將第八十六次會議通過之西陲宣化使公署組織條例，呈請國民政府鑒核，幷以此項組織，係屬臨時性質，似不必經過立法程序，請逕予公布施行。國民政府仍批交立法院審議。

立法院提出第三屆第六次會議議決，付法制委員會會同軍事委員會審查。該兩委員會於第三屆第二次、第四次、及第五次聯席會議，先後提出討論，結果，將原條例修正通過，都十一條。立法院復提出第三屆第十五次會議討論，各委員發表意見甚多，僉以此項公署，有無設立之必要，所關甚鉅，應請中央政治會議核定。旋中央政治會議於第三百五十五次會議決議：「本案經中央討論，認爲可行，斯項組織，應予成立，交立法院依照法定程序辦理」立法院即於第三屆第十七次會議，將該審查修正案提出逐條通過，并省略三讀通過西陲宣化使公署組織條例全案呈由國民政府於二十二年五月十八日公布。

此條例共十一條，規定西陲宣化使公署掌理西陲宣化事宜，置總務、宣傳兩處，設祕書處長、科長、科員，并得酌用雇員，聘任名譽顧問及諮議。

軍政部遵照行政院第八十六次會議決議案，即召集關係各部會，將蒙旗宣化使公署組織條例，參照西陲宣化使公署組織條例，重行修正。惟第八條關於聘任顧問諮議之規定，係蒙藏委員會提出，內政部已同意，參謀本部未予贊同，特繕具修正草案，一併呈請行政院鑒核。行政院提出第九十四次會議決議，顧問諮議准予設置，條例送立法院。

立法院提出第三屆第十三次會議議決付法制委員會會同軍事委員會審查，該會等於第三屆第五次及第八次聯席會議，先後提出討論，并函由蒙藏委員會委員長石青陽列席說明，蒙旗宣化使駐京辦事處又以宣化使章嘉不通漢文，請增設參贊一員，結果依據西陲宣化使公署組織條例，將該草案修正通過，都十一條，并於條文內增加關於設簡任祕書一員之規定。立法院於第三屆第二十五次會議，將該審查修正案提出逐條討論，大致均無異議通過，主席復諮詢省略三讀，照案通過，衆無異議。

立法院通過蒙旗宣化使公署組織條例，呈由國民政府於二十二年七月十四日公布，此條例之內容，大致與西陲宣化使公署組織條例相同。

第五十八節　省政府組織法

民國三年五月二十三日，大總統袁氏以教令第七十二號公布省官制十六條，規定「省置巡按使，管轄全省民政各官及巡防警備等隊，並受政府之特別委任，監督財政，及司法行政，暨其他特別官署之行政事務。」巡按使得發布省單行章程，但不得牴觸現行法令；於所轄地方官吏之命令或處分，認爲違背法令，或妨害公益，侵越權限時，得停止或撤銷之；於各該官吏，認爲應予懲獎，得請付懲戒，或請給獎勵，如查有貪劣款蹟，得逕行撤任。巡按使公署設政務廳，內分設總務、內務、教育、實業各科，廳長由巡按使薦任，幷委掾屬，佐理各項文牘事務。

民國五年七月六日，大總統申令改巡按使爲省長，所有省官制之巡按使名稱，一律照改。至六年九月八日，政府下令將省長公署政務廳內依據省官制第十四條所設之教育實業兩科廢止；同年十一月十三日，又公布修正省官制第十四條條文，卽將原規定省長公署政務廳內所設之四科，改爲第一、第二、第三、第四各科。

國民政府於各省省政，設置省政府管理之。惟關於省政府組織之法規，迭有變更，茲分敍於次：

十五年十一月省政府組織法　最初中央所制定之省政府組織法，因舊政治委員會文卷散佚，已無稽考。民國十五年十一月，國民政府公布省政府組織法十三條，規定「省政府於中國國民黨中央執行委員會指導監督之下，受國民政府之命令，管理全省政務；」其職權由國民政府任命委員七八至十一人組織省政府委員會行使之。該委員會由委員推選常務委員三人至五人，幷由常務委員互推一人爲主席。省政府得制定省單行法令，幷任免省內各機關薦任官吏。下分設民政、財政、建設、教育、司法、軍事各廳，必要時得增設農工、實業、土地、公益等廳，各設廳長一人，由委員兼任。又設祕書處，由省政府任命祕書三人組織之。

十六年七月八日省政府組織法　國民政府定都南京後，中央政治會議於第百零九次會議，將前省政府組織法加以修正，交由國民政府於十六年七月八日公布。此組織法亦十三條，其與前法不同之點有二：第一、省政府委員人數由七人至十一人增加爲九人至十五人；並廢除常務委員制，設主席一人，每日由委員以二人輪値，協助執行政務。第二、增加省政府職權，對於所轄地方官吏之命令或處分，認爲違背法令，或侵越權限，妨害公益時，省政府得停止或撤銷之，幷得彈劾所屬簡任官吏。

十六年十月二十五日修正省政府組織法　前組織法施行未久，國民政府又加以修正，於十六年十月二十五日公布。此修正案共十七條，較兩前法詳密。其不同之點，卽省政府主席原由委員互選，改爲由國民政府指定，僅於主席不能執行職務時，得由委員互選一人暫行代理。又明定省政府委員會之例會由主席召集，如有必要，或委員三人以上之提議，應召集特別會。再省政府原有任免省屬薦任官之權，修正案定爲所屬薦任官之任免，須依委員會之決議，呈經國民政府之核准。此外規定省政府各廳，對於主管事務，得以廳令行之。

十七年四月二十七日省政府組織法　十七年四月中央政治會議以省制有改革之必要，爰於第百三十七次會議，將省政府組織法加以修正，交由國民政府於同月二十七日公布。此組織法共二十五條，其內容除與前法相同者外，更有增加之規定三：第一、委員、廳長、祕書長均明定爲簡任職，委員幷不得派代表出席委員會。第二、於第八條至第十四條，及第二十條、第二十一條，規定各廳與祕書處之職掌，及廳長、祕書長之職權。第三、於第二十二條、第二十三條規定各廳處各設祕書、科長、科員，幷得酌設技正、技士、視察員、雇員及各職員所掌之事務。

十九年二月三日省政府組織法　民國十八年五月，中央政治會議以省政府組織法頒行以來，已逾一載，體察各省情形，尚有修正之必要，當卽分電各省，徵詢對於該法之意見，彙交古委員應芬等審查。旋古委員等分別詳加研究，審查完竣，幷擬具省政府組織法修正草案二十四條，提經第二百零三次政治會議決議，原則通過，送立法院。

立法院於十八年十一月十六日，提出第六十次會議議決，付法制委員會審查。該會於第四十五次常會提出討論，當將原草案逐條修正通過。

十九年一月十八日，立法院開第七十二次會議，將該審查修正案提出討論，先由法制委員會委員長焦易堂報告審查結果，略云：

「本案經中央政治會議通過原則，審查會只整理條文文字，其餘無多變更。惟有重要之點二：第一、當審查時，有數委員主張提高主席職權，以便逐漸達到憲政時期；第二、省政府主席與委員，不應兼任中央官職；惟政治會議對此兩點，幷無決定，究應如何？請討論公決。」

焦委員長報告畢，主席卽宣告開始二讀第一條、第四條、第五條、第十條、第二十二條，均修正通過，餘各條無異議通過。主席復諮詢省略三讀以省政府組織法全案付表決，經出席委員一致議決通過。

此組織法由國民政府於十九年二月三日公布，全文共二十二條，規定「省政府依國民政府建國大綱及中央法令，綜理全省政務」，幷得對於省行政事項發布省令，制定省單行條例及規程，省政府設委員七人至九人，幷由國民政府指定主席一人組織省政府委員會行使職權；分設祕書處及民政、財政、教育、實業各廳，必要時得增設農礦、工商兩廳，置祕書長及各廳廳長，由國民政府就委員中任命之。祕書處及各廳各設祕書、科長、科員，幷得酌設技正、技士、技佐、及視察員。

二十年三月二十一日修正省政府組織法　民國二十年一月，行政院開第十次國務會議，實業部提議修改省政府組織法，略云：

「擬請鈞院轉請將省政府組織法重加修正，第八條建設一廳，改爲實業廳，其第二第三兩項關於農礦工商兩廳之規定，卽行刪除，第十三、十四、十五三條建設、農礦、工商三廳掌理事務，並予酌量歸併。或建設廳暫行仍舊，但將農礦工商兩廳合併爲實業廳，其現時各省已設農礦工商兩廳者，卽行合併，僅設一廳者，卽改爲實業廳。僅設有建設廳者，或另設實業部，或改組實業廳，以期增加行政效率。」

當經決議，送立法院

立法院提出第百三十次會議議決，付法制委員會審查。該會於第百零七次及第百零九次會議，先後提出討論，各委員詳加研究，僉以建設廳似應仍舊，無庸修改，至農礦工商兩廳，則應合併爲實業廳，以收行政系統劃一之效。當將省政府組織法第八條加以修正，其第一項未變更，第二項定爲省政府得設實業廳，第三項規定未設實業廳之省，所有該廳事務，由建設廳兼辦。又將第十四第十五兩條所定農礦工商兩廳之職掌，併作一條，定爲實業廳之職掌。其餘各條，依次遞降一數，均未修改。立法院復於第百三十四次會議，將各該修正條文提出討論通過；并繕具修正省政府組織法全案，呈由國民政府於二十年三月二十一日公布。

第五十九節　省警務處組織法

民國七年一月二十三日，內務部曾擬訂各省警務處組織章程，呈奉政府核准公布施行。該章程共十三條，規定警務處得分設各科，但至多不得逾四科，置祕書、科長、科員、視察長、視察員、技正、技士，并得酌用雇員。至處長則由省會警察廳長兼任。

民國十八年二月，行政院令內政部長趙戴文，衞生部長薛篤弼，蒙藏委員會委員長閻錫山會同核議設立省警務處案。該部長等當即條具設立省警務處先決問題各點，呈經行政院提出第十三次會議，決議通過，復轉呈國民政府，提經第十九次國務會議，決議修正通過，由文官處函達行政院令發內政部遵照辦理。

內政部遵即依據決議案，擬具省警務處組織條例草案，呈由行政院發交政務處審查簽註，並提出第十九次會議決議，照簽註修改，復轉呈國民政府提經第二十五次國務會議決議，交立法院審查。

立法院於第二十二次會議提出討論，當議決付法制委員會審查。該會旋審查完畢，提出報告略稱：

「遵於第二十次常會提付審查，簽以警政關係全省人民治安，僅於民政廳中設科辦理，似有未妥。然查省政府組織法，關於監督全省縣市行政，及地方自治，規定由民政廳掌之，若警政事宜，劃將獨立機關，不相統屬，又多窒礙。該草案所擬辦法，尚能兼籌並顧，似可成立，爰加修正通過。」

立法院復於第二十七次會議，將該審查修正案提出逐條討論，除第二條略有修正外，餘均無異議通過；主席又以省警務處組織法全案付表決，大多數委員贊成通過。

此組織法經國民政府於十八年六月二十七日公布，全文共十條，規定「省設警務處，秉承民政廳廳長之命，掌理全省水陸警察事務。」警務處設處長一人，置二科至四科，設科長、科員、督察長、督察員、祕書、技術員，并酌用雇員。

第六十節　設治局組織條例

民國十九年三月，內政部以各省設治局事實上應暫予保留，並擬具設治局暫行條例草案，呈請行政院核准轉呈公布施行。原呈略云：

一查建國大綱第十八條規定縣為自治之單位。……惟在邊遠省分，與縣治相等地方，或因種族居處之不同，或因文化經濟之落後，依其人口財賦，及地方各種狀況，未能立時達到設縣程度，而開發之初，又不能不特設機關，以資治理。或則沿襲歷史上之習慣，改革之際，不無困難，如雲南等省之臨時行政委員，新疆貴州等省之分縣，廣東省之化猺化黎各局，東北西北各省之蒙旗招墾局、屯田局、設治局，西南各省之土縣土州，以及其他各項特殊行政組織，名目繁歧。……復查近年以來，寧夏、黑龍江等省行政，先後援照前內務部成案，咨部轉呈請設立紫湖、居延、洮樂、德都、富裕、鳳山、遜河、克東等設治局，迭經鈞院核呈國民政府令准設立。此外如熱河省，尚有林東、天山、魯北等設治局。綏遠省尚有大佘太設治局。黑龍江省尚有布西、索倫山、鐵驪、東興、甘南、泰康等設治局，均經前內務部呈准有案。……茲謹擬訂設治局暫行條例草案，呈送鈞院鑒核，轉呈國民政府核定公布。」

行政院當提出第六十三次會議，僉以設置設治局，本祇邊遠省分未設縣治地方之一種過渡辦法，而原擬條例泛稱各省，並未載明邊遠地方字樣，亟應重行修訂，以期明晰。再查現有特種行政組織之各省，如雲南等省之臨時行政委員等項，其情形亦各有不同，是否可以一律規定，均應加以縝密之研究，當經決議交內政部重行修訂呈核。內政部遵將原擬草案第一條、第六條分別修正，並將第十一條關於改組特種行政組織之規定，一併刪除，即繕具修正草案，呈由行政院提出第六十六次會議決議，轉呈政府核定公布。國民政府提經第七十三次國務會議決議，先行徵求邊遠各省意見，再行核辦。內政部當即遵辦，並准各省先後咨復對於該草案均表贊同，復呈由行政院轉呈國民政府將該草案批交立法院審核。

立法院卽將該案令交法制委員會會同自治法起草委員會審查。該會等遵於二十年一月六日開聯席會議議決，付劉師舜、郗朝俊、笪景崧三委員初步審查。旋審查完竣，復於四月十日開聯席會議，詳加討論，結果將標題改爲設治局組織條例草案，並逐條修正通過。立法院於四月二十五日，開第一百四十一次會議，將該審查修正案提出逐條討論議決，并省略三讀順序，通過設治局組織條例全案，卽呈由國民政府於二十年六月二日公布。

此條例共十條，規定設治局之設置，及其區域之劃分，應由省政府擬具圖說，咨請內政部呈由行政院轉請國民政府核准公布，但至相當時期，應改設縣治。設治局得發布局令，并制定單行規則，但不得牴觸中央及省之法令；設局長及佐理員，並得酌用雇員。其行政經費由省庫支給，必要時，省政府得咨請內政財政兩部會核呈准由國庫補助之。

第六十一節 官等法官俸法

民國元年四月，參議院在北京正式開院後，陸續議定陸軍官佐士兵等級表，於元年八月十九日公布；海軍官佐士兵等級表，於元年十月二十日公布；中央行政官官等法八條，官俸法八條，同於元年十月十六日公布；陸軍測量官官制三條，陸軍測量官官俸法二條，同於元年十一月二十五日公布；又技術官官俸法五條，於元年十一月二日公布。

民國七年八月，新國會成立，於第二期常會制定監所職員官等法，官俸法各七條，咨由政府於八年九月四日公布。茲將各該法表之內容，分述於次：

陸軍海軍官佐士兵等級表　陸海軍官均采用三等九級之制，上等曰將官，中等曰校官，初等曰尉官，每等各分上中少三級。陸軍軍佐，及海軍軍佐與輪機官不設上等一級，與將官同等官祇有二級，與校官尉官同等官仍各分三級。軍士及兵卒各分三級，軍士分為上士、中士、下士，兵卒分為上等兵、一等兵、二等兵。惟海軍於三級兵之下，又分一等練兵、二等練兵。陸軍軍隊分為師、旅、團、營、連、排各級。

中央行政官官等法　中央行政官除特任官外，分為九等，第一等、第二等為簡任官，第三等至第五等為薦任官，第六等至第九等為委任官。簡任官之任免敍等，由國務總理，或各部總長商承國務總理，呈請大總統行之。薦任官之任免敍等由各該長官，或各部總長經由國務總理呈請大總統行之。委任官之任免敍等，由各該長官行之。初任官者或陞任者之官等，須為各該官最低之等；各官之官等，非在官二年以上，受至各該官官等最高級之俸者，不得敍進一等。中央各行政官之官等，另附表詳列之。

中央行政官官俸法　此法附有簡任、薦任、委任各官月俸分級表，及官等俸給對照表。國務總理月俸千五百元，各部總長月俸千元。簡任官月俸分爲三級，由四百元至六百元，每級相差百元。薦任官月俸分七級，由二百元至三百六十元，每級相差二十元或四十元。委任官分爲十二級，由五十元至百五十元，每級相差五元、十元、或十五元。同一官等之官，由各該長官視其事務之繁簡，學識之短長，執務之勤惰，定其俸級，於執務半年得進一級。簡薦委任各官，進至各該官最高之等，受至最高級之俸，滿五年以上，確有功績者，得給以七百元、五百元、二百元以內之年功加俸。

陸軍測量官官制及官俸法　陸軍測量官隸於參謀總長，分爲測量總監、測量監、一二三等測量正、一二三等測量長、及測量士；其官俸比照陸軍中將以次至准尉官。

技術官官俸法　技術官之官俸，依本法附表所規定，技監月俸分爲六級，每級五十元，由五百五十元至八百元。技正月俸分十二級，每級二十元，由二百二十元至四百四十元。技士月俸分十四級，每級五元、十元、或十五元，由二十五元至百六十五元。其餘略同或適用中央行政官官俸法之規定。

監所職員官等法　此法附監所職員官等表，共分七等，第一等至第三等爲薦任，第四等至第七等爲委任。薦任典獄長之敍等，由司法總長呈請大總統行之，委任各職員之敍等，由司法總長行之。其餘仍與中央行政官官俸法之規定略同。

監所職員官俸法　此法附官俸表，及官等俸給對照表，以定監所職員之官俸。薦任分十二級，由百六十元至三百元；委任分十六級，由三十元至百五十元。監所職員之敍級，須自各該等最低之級起，由司法總長行之，並於任職滿一年，著有成績時，得依次進一級。薦任典獄長與委任各員，受至最高級之俸五年以上，成績卓著者，得給以二百四十元或一百二十元以內之年功加俸。

此外民國五年三月二日公布之外交官領事官官等官俸令十條；七年七月十九日公布之司法官官等條例十條，官俸條例十一條；七年八月十五日公布之法院書記官官等條例九條，官俸條例十條；十年七月三日公布之東省特別區域法院翻譯官官等條例七條，官俸條例五條；均由政府制定頒行，并未經立法程序。

民國十四年七月二十日，廣東國民政府公布文官官等條例六條，並附文官官等表及文官俸給表，詳列國民政府及所屬各機關各職員之等級，與俸給之差額。凡文官及司法官均依此條例及附表支俸。官等分為特等及一等、二等、三等、四等，自一等至四等又各分三級。官俸特任官八百元，簡任官分三級，由四百元至六百元，每級百元；薦任官分四級，由二百元至三百二十元，每級四十元；委任官分五級，由六十元至一百八十元，每級二十元或四十元。

民國十八年三月，行政院據預算委員會呈請由立法機關另定一官等官俸法，並先由國府頒一暫行條例，經提出第十二次行政會議議決，交各部會開聯席會議討論。旋各部會會同擬具官等俸給表及意見書，呈由行政院提出第二十四次行政會議議決，再交交通部部長王伯羣，外交部部長王正廷，代軍政部部長陳儀審查。該部長等審查結果擬訂文官俸給條例，及文官俸給表，復經提出第二十五次行政會議決議，呈請政府公布。

國民政府提出第三十六次國務會議決議送中央政治會議。中央政治會議提經第百八十八次會議議決，交胡委員漢民等審查。胡委員等卽將原條例改稱文官俸給暫行條例，並將條文酌加修正，提經第百八十九次政治會議議決：(一)文官俸給暫行條例照修正條文，由國民政府暫准行政院轉飭所屬各部會，於不牽動各該機關預算範圍內依照辦理；(二)將全案交立法院制定官俸法規。

十八年八月十日，立法院於第三十九次會議議決，付法制委員會會同財政委員會審查。該兩委員會於第三次聯席會議議決交委員衞挺生、戴修駿、陳長蘅、呂志伊、徐元誥作初步審查。衞委員等卽詳查中央及地方各機關現行官等官俸並薪給津貼、辦公等費開支情形，復參考外國各種俸給制度，迭次召集會議，詳加研究，至二十三年十二月審查完竣。其結果以本案關係用人行政至鉅，衡量目前財政軍政，殊難兼顧並籌，應予緩議。法制財政兩委員會復提出第三屆第十一次聯席會議議決，照初步審查報告，暫從緩議。

第六十二節　考試法

民國元年，孫臨時大總統就職後，以民國初建，需才孔殷，特令法制局迅擬文官試驗章程草案，文云：

「查國家建官任事，惟任賢能，乃懋厥職，古今中外，罔越斯旨。第考選之法，各有不同，尙公去私，庶無情弊。今當民國建設伊始，計非參酌中外，詢事考官，不足以網羅天下英才，而裨治理。合就令仰該局，迅將文官試驗章程草案，妥爲編纂，呈候咨交參議院議決頒行。」

法制局遵即先後擬具文官考試委員官職令，文官考試令，外交官考試委員官職令，外交官及領事官考試令，法官考試委員官職令，法官考試令各草案，呈由孫臨時總統咨送參議院核議，但該院迄未將各該草案議決。

自民國四年至六年，政府先後頒行文官、外交官、領事官、司法官、律師各考試令，但均未經立法程序。至民國八年，新國會開第二期常會，議定有文官高等考試法，文官普通考試法，及外交官領事官考試法，均咨由政府於八年八月二十七日公布。各該法之內容，略如次述：

文官高等考試法　此法共十五條，規定中華民國年滿二十五歲以上之男子，參與文官高等考試，須有四種資格之一：（一）國立大學或高等專門學校，修習各項專門學科三年以上畢業者；（二）經教育部指定外國大學，或高等專門學校，修習各項專門學科三年以上畢業者；（三）經教育部認可本國公私立大學，或高等專門學校，修編各項專門學科三年以上畢業者；（四）文官普通考試及格，分發學習期滿者，又修習政治、經濟、法律，與大學或高等專門學校畢業之學力同等，而有薦任以上相當資格，或經考試得有出身者，經國務院派員甄錄試驗及格，亦得送考。惟（一）褫奪公權，或停止公權，尚有復權者；（二）受破產之宣告，尚未復權者；（三）有精神病者；（四）虧欠公款，尚未清結者；（五）其他法令有特別規定者；均不得與試。文官高等考試每三年舉行一次，第一試試國文；第二試第三試就各項專門學科，分門考試；第四試就會經筆試之各學科口試之。

文官普通考試法　此法共十五條，規定中華民國年滿二十歲以上之男子，參與文官普通考試，須有四種資格之一：（一）有應文官高等考試資格之一者；（二）經教育部指定或認可之技術專門學校畢業者；（三）修習政治、經濟、法律與專門學校畢業之學力同等經甄錄試及格者；（四）曾任委任文職一年以上者。至關於應試資格消極之限制，完全與文官高等考試法之規定相同。文官普通考試，於文官高等考試後一年行之，第一試試國文，第二試分行政職與技術職各別考試之，第三試就曾經筆試之各學科口試之。

外交官領事官考試法　此法共十五條，規定外交官領事官考試，與文官高等考試合併舉行，第一試試國文及英、法、德、俄、日等一國以上之文字，第二試第三試就各學科分門考試，第四試先筆試，後口試，其科目爲約章成章、外交事件、草擬文牘及外國語。應試人之資格，大致與文官高等考試法所規定者相同，惟應先經甄錄試驗及格，由外交總長咨送考試。

民國十七年十月國民政府實施五權制，特設考試院，掌理考選及銓敍事宜。立法院先後議定關於考試之法律，計有左列數種：

考試法　民國十八年六月，考試院院長戴傳賢擬具考試法草案，呈由中央政治會議，提經第百八十三次會議，決議交立法院審查。立法院於第二十八次會議，提出討論，當議決交付委員焦易堂、呂志伊、羅鼎、衞挺生、林彬、孫鏡亞審查，由焦委員召集。立法院院長旋又指定委員王世杰、王用賓、邵元沖、馬寅初、戴修駿、陳長蘅、王葆眞、劉克儁、劉盟訓會同審查。焦委員於同年六月二十四日及七月二日，召集會議兩次，將原草案提出詳加討論，當即分別修正通過。其修正最要之點有四：(一)於原定普通高等兩種考試外，增特種考試一種；(二)限定普通考試每縣至少取錄五名，高等考試每省區至少取錄二十名；(三)明定試場試卷關防彌封等事，普通考試由所在省區民政廳掌之，高等考試由內政部掌之；(四)刪去原草案關於考試及格人員分發見習或試用之規定。

十八年七月十三日，立法院開第三十三次會議，將該審查修正案提出逐條討論，第一條無異議通過。原第十七條改爲第二條，修正文字通過。原第三條、第四條、第八條，均修正通過。原第七條爲關於各省縣應有最少限度及格人員之規定；原第十一條規定第一二試不及格者，不得應第二三試；原第十九條規定考取試卷，應交磨勘；原第二十一條規定考試院得舉行特種考試；均完全刪去。又恢復原草案第二十一條，并修正通過。規定候選人員考試，及特種考試，另以法律定之。其餘各條，均無異議通過。二讀既畢，主席諮詢省略三讀，以考試法全案付表決，大多數委員贊成通過。

立法院通過考試法，即呈由國民政府於十八年八月一日公布，并定於十九年四月一日施行。此法共十八條，規定凡候選及任命之人員，並應領證書之專門職業或技術人員，均須經考試定其資格；考試分普通、高等、特種三種。國民應普通考試，須經立案之公私立中等以上學校畢業，或有同等學力經檢定考試及格者。國民應高等考試，須(一)國立或經立案或教育部承認之國內外大學、獨立學院，或專科學校畢業，或有同等學力，經檢定考試及格者。(二)確有專門學術技能或著作，經審查及格者。(三)經普通考試及格四年後，或曾任委任官及與委任官相當職務三年以上者。普通考試及高等考試，每年或間年舉行，各以國文及黨義爲第一試，分科考試爲第二試，面試及成績審查爲第三試。舉行考試時，由國民政府派定主考官，組織典試委員會，由監察院派員監試，並得調用各機關人員。考試及格者，由考試院分別發給及格證書。

監試法襄試法　民國十九年七月，考選委員會擬具監試條例，襄理考試條例，呈由考試院轉呈國民政府，提出第八十六次國務會議，決議交立法院。立法院提經第百零三次會議議決，付法制委員會審查。該會當卽召集會議，提出詳加討論，將監試條例改爲監試法，襄理考試條例改爲襄試法，幷將各草案條文，分別修正通過。立法院於第百一十七次會議，將各該審查修正案，提出逐條討論議決，并省略三讀，通過監試法，襄試法全案，呈由國民政府同於十九年十一月二十五日公布。

監試法共八條，規定凡舉行考試，考試院應咨請監察院派定監察委員或監察使爲監試委員。試場內外之警衛及隔離，試卷之彌封，彌封號册之保管，試題之交發，試卷之點收，彌封之開拆，應試人總成績之審查，及格人之榜示等事項，監試委員應加以檢查或監視。內場如有潛通關節，及替換毀損遺失試卷，外場如有頂替傳遞換卷，並其他舞弊情事，監試委員應提出彈劾案，由典試委員長或襄試處主任負責。考試事竣，監試委員應將監試經過，呈報監察院。

襄試法共十條，規定凡舉行考試，設襄試處，辦理應考人之報名登記，試場之設備警衛，試卷及彌封號册之印製保管，並考試人之膳宿及其他供應等事項。該處設主任一人，分第一第三兩科，置祕書、科長、科員、辦事員，並於考試日遴派職員爲監場員。考試完畢，襄試處應將襄理考試情形，連同關係簿册文件，呈報考試院，并卽撤銷。

民國二十年六月，國民政府舉行第一屆高等考試，考試院以襄試法實施上尙有窒礙之處，應將第二條第二項及第三、第四、第五三條略加修訂，並於第五條後增訂第六、第七兩條，原第六條改爲第八條，以後各條依次遞推，當咨請立法院查照核議。立法院卽提出第一百四十五次會議議決通過，并呈由國民政府於二十年六月十三日公布。

修正襄試法共十二條，其修正之點有二：(一)原法規定襄試處設主任、祕書各一人，修正爲高等考試襄試處得設副主任一人，祕書長一人，祕書四人至八人，普通考試襄試處設祕書長一人，祕書二人。(二)增加之第六第七兩條，規定考試之警衛衛生事宜，其組織另以規程定之。

特種考試法　國民二十年二月，考選委員會以考試法第十六條載：「候選人員之考試，及其他特種考試，另以法律定之」，爰擬具特種考試法草案，呈由考試院咨請立法院審議。立法院提出第百三十三次會議議決，付法制委員會審查。該會於第百一十次會議提出討論，結果認爲大致妥善，修正通過。立法院復於第百三十四次會議，將該審查修正案提出逐條通過，并省略三讀通過特種考試法全案，卽呈由國民政府於二十年三月二十一日公布。

此法共九條，大致照原草案通過，規定特種考試之種類、方法、地點、期間，及應考人之資格，考試之分科與科目，均由考試院定之。其餘依考試法之規定。

修正考試法修正監試法　民國二十二年一月，考試院以現行考試法規應加改善之處甚多，當經通盤籌畫，逐一整理，認爲應行修正者有考試法、監試法，應行廢止者有襄試法、特種考試法，爰依立法程序綱領，分別擬具修正草案及原則，送請中央政治會議審定，其所擬修正考試法之原則凡六項：

一　原法較易改動之條文，移入施行條例內。

說明　原法第八條第一項規定三試之科目。據去年第一屆高等考試之經驗，第一試僅試國文與黨義科目太少，於三試總分數之結算上，似欠公允，實有加試其他基本科學一二三科之必要。而此種規定，應事勢之要求，或須時有變更，故擬移入施行條例內，以免時時牽動本法。

二　變更三試之名稱爲甄錄試、正試、面試，並規定分試取去。

說明　關於三試之取去，原法本無規定。惟在原施行細則內規定第一、第二兩試合併取去，……似不如分試取去，於應考人及典試方面均較利便。且第一試既擬於國文黨義之外，加試二三種基本科學，則應考人亦已獲有充分盡展所長之機會，故擬規定分試取去，並改三試名稱爲甄錄試、正試、面試，以期顯豁。

三　原法主考官名稱删去，關於典試委員長及典試委員官等之規定，移入典試委員會組織法內。

說明　原法之主考官，實卽典試委員長，此外幷無特定職權，故擬將此名稱删去。

四　增設臨時考試。

說明　定期考試，每年或間年舉行，要皆有一定之時期。而政府用人，或因實業之創設，或因事務之擴充，需才孔亟，不克久延。……故擬增設臨時考試，以濟其窮。

五　特種考試另設專條，並廢止特種考試法。

說明　原法第三條，特種考試與普通考試，高等考試並列。惟特種考試與普通、高等二種考試性質不盡同，考試方法亦有別，似以與普通、高等考試分離另立專條爲便。又特種考試亦屬考試之一種，同遵考試法之規定，原有特種考試法，並無特殊內容，似可廢止。至關於各種特種考試，可分別以條例規定之。

六　施行細則改爲施行條例。

說明　原施行細則內頗多重要之規定，且此次修正，又有自本法移入之條文，故擬改爲條例，以昭鄭重。

又修正監試法之原則共二項：

一 廢止扃試制度

說明 原法第二第三兩條，均與扃試制度有關，故擬全删。廢止扃試制度，則襄試處無須設立，故第四、第六兩條，亦擬照改。

二 頂替、傳遞、换卷等弊，不應由辦理考試人員負責。

說明 原法第六條規定外場頂替、傳遞、换卷等舞弊情事，應由辦理考試人員負責。惟頂替等情事，屬於應考人之舞弊，非辦理考試人員之舞弊。辦理考試人員，監試不周，致有上項情弊發生，雖亦應負失察之責，然究與自行舞弊者有别，不宜課以舞弊之責。

中央政治會議即將該案交法制組、教育組審查。該兩組審查結果，認爲所擬各原則，均屬妥善，擬請照案通過。中央政治會議復提出第三百三十九次會議討論，並決議，照審查意見通過，交立法院。

立法院提出第三屆第二次會議議決付法制委員會審查。該會先交由黄右昌等七委員作初步審查，并開會詳加討論，當將修正考試法、監試法兩草案修正通過，并議決廢止襄試法及特種考試法。立法院開第三屆第五次會議，先將修正考試法草案審查修正案提出逐條討論，標題及第一條無異議通過，第二條、第三條、第四條、第十五條、第十八條，依委員周緯、衞挺生等之提議，修正通過。其餘各條，均無議異通過。主席復諮詢省略三讀，以修正考試法全案付表決，大多數委員贊成通過。又將修正監試法草案審查修正案提出逐條討論，第一條修正通過。餘均無異議通過；末由主席諮詢省略三讀，以修正監試法全案付表決，多數委員贊成通過。兩案議畢，主席宣告將原有之特種考試法、襄試法，依審查報告予以廢止，衆委員均無異議。

立法院通過修正考試法、修正監試法，及議決廢止特種考試法、襄試法，即呈由國民政府同於二十二年二月二十三日分別明令廢止，並公布施行。

修正考試法、修正監試法之要點，即為中央政治會議決定之原則。此外於原法規定考試分普通、高等、特種三種，修正為普通考試與高等考試兩種，并明定候選人員考試條例與各種特種考試條例另定之。其餘內容，大致各與原法相同。

第六十三節　公務員任用條例公務員任用法縣長任用法

公務員任用條例　民國四年九月三十日，大總統袁氏公布有文職任用令十條，大致規定文職之任用。須有三種資格之一：(一)經文官高等考試及格，或文官普通考試及格者；(二)經文官甄用合格由大總統核定用途，交由政事堂銓敘局註册者；(三)已經正式任命之各項文職，依法令應行轉任、補任、及升任者。簡薦委任及文職，應就現任簡薦委任文職或曾任簡薦委任文職著有成績，或曾任最高等薦任委任文職期滿，經核准升用，或經文官高等考試，或普通考試及格者任用之。袁大總統并同時公布文職任用令施行令，及簡任薦任委任文職任用程序令。

民國十八年七月考試院擬具官吏任用暫行條例草案，送請中央政治會議提出第百九十次會議，決議，交立法院。

立法院於同年八月十七日提經第四十次會議議決，付法制委員會審查。該會於第三十四次常會提出討論，認為大致妥善，當將標題修正為公務員任用條例草案，並將條文修正通過。其修正之要點凡三：(一)於第八條規定凡考試及格人員，應儘先任用，並於第九條明定依次序選之法；(二)將原案第九條規定「考取人員，自分發之日起，經過三年而未敍用者，即喪失其資格」一完全删去；(三)原案規定官吏之任用，以現任或曾任官吏經甄別審查合格，或考試及格者選任之，於第二、第三、第四各條，分别加入對黨國有勳勞或致力革命若干年以上者一款。

立法院復開第五十五次會議，將公務員任用條例草案提出逐條討論，大致照審查修正案通過，惟增一第六條，規定「曾有反對國民革命之行為或言論者，不得為公務員，其已任公務員者，喪失其資格。」最末由主席諮詢省略三讀，以全案付表决，大多數委員贊成通過。

此條例經國民政府於十八年十月二十九日公布，全文共十三條，規定簡任官除政務官外，須就具有下列資格之一者遴任之：(一)現任或曾任簡任官經甄別審查合格者；(二)現任或曾任最高級薦任官二年以上，經甄別審查合格者；(三)對黨國有特殊勳勞，或致力革命十年以上者；(四)在學術上有特殊之著作經驗或發明者。薦任官須就具有下列資格之一者遴任之：(一)經高等考試及格者；(二)現任或曾任薦任官，與現任或曾任最高級委任官三年以上，經甄別審查合格者；(三)對黨國有勳勞，或致力革命七年以上者；(四)在教育部認可之國內外大學畢業，且有專門之研究者。委任官須就具有下列資格之一者遴任之；(一)經普通考試及格者；(二)現任或曾任委任官經甄別審查合格者；(三)曾致力革命五年以上，或在國內外大學或高等專門學校畢業者。

此條例第十三條規定施行日期以命令定之，至十九年八月二十三日，國民政府卽明令定於二十年一月一日施行。至公務員任用法公布，此條例卽當然廢止。

公務員任用法　民國十九年十二月，國民政府開第四次會議，戴委員傳賢，胡委員漢民提案略稱：「公務員任用條例，業經國民政府明令施行在案。惟公務員任用方法及程序，事關各種官制官規之整理，非俟行政制度籌畫妥善，不易決定。擬請將公務員任用條例撤回，交立法院詳細審定，改爲任用法，連同施行法一併公布。」當經決議，公務員任用條例，展至民國二十年七月一日施行，並令立法院查照辦理。

立法院於二十年一月十日，將該案提出第百二十五次會議議決，付法制委員會提前審查。該會於第百零三次、第百十五次、及第百十八次會議，先後提出討論，當將公務員任用條例修正爲公務員任用法，條文亦逐條修正通過；并議決公務員任用法之施行，應由銓敍部分別擬訂條例，俾便實施。

立法院於第百四十一次會議，將公務員任用法草案提出逐條討論，大致照審查修正案通過，并省略三讀，通過全案，呈請國民政府鑒核。國民政府於二十二年三月十一日明令公布公務員任用法，及公務員任用法施行條例，并定自二十二年四月一日起施行。

此法共十五條，其與公務員任用條例相異之點有五：（一）「簡任官」、「薦任官」、「委任官」改「爲簡任職公務員」、「薦任職公務員」、「委任職公務員」；（二）簡任職公務員之資格增加曾任政務官一年以上者，薦任職委任職公務員之資格，增加與高等考試普通考試相當之特種考試及格者；（三）删去規定曾有反對國民革命之行爲或言論不得爲公務員之條文；（四）明定考試及格人員之儘先任用，以銓敘部分發之先後爲序，廢除以年度標準序選之規定；（五）規定任用程序分試署實授，試署滿一年者始得實授。

縣長任用法　民國二年十二月二日，袁大總統公布有知事任用暫行條例七條，既未經立法程序，各省亦未能切實遵行。

民國十九年三月，內政部遵照三中全會注重縣長人選之決議，擬具甄選縣長方案，呈由行政院轉送中央政治會議，提經第二百二十九次會議修正，送中央執行委員會審核。中央第九十四次常會，將該案提出討論，當決議推戴傳賢、胡漢民、邵元沖、李文範、焦易堂五委員審查。戴委員等審查結果，另行擬定縣長考試任用原則草案六項，復經中央第百零八次常會決議，送政治會議。中央政治會議提出第二百四十四次會議，決議，交法制組審查，由戴委員召集。旋戴委員函報對於該草案之意見，略云：

「關於縣長考試任用原則草案，本係幾經中央各同志討論修改，已成定案，自屬可行，惟鄙意以爲第一項第二款太過詳細，用作中央決議，似過於拘束，將來難於變更，只宜作爲參考文件，附入決議文後。又第三項關係於縣長任用法之制定，中央決議，似以概括爲宜。決議文中只須說明縣長之任期，定爲三年，其敍用及考績方法，應由政府制定詳細規則，較有彈性。鄙意如此，並經徵得胡委員漢民、王委員寵惠、李委員文範、焦委員易堂同意，擬省去審查會手續，謹將所商結果，報請鑒核。」

中央政治會議復提出第二百四十八次會議，決議，照戴委員等審查意見通過，交立法院。立法院提經第百一十六次會議議決，付委員焦易堂、王用賓、衞挺生、孫鏡亞、羅鼎依照原則起草，由焦委員召集。

民國二十年十二月，內政部以縣長爲親民之官，爲愼重用人起見，有專訂任用條例之必要，爰擬具縣長任用條例草案，呈由行政院咨送考試院令交銓敍部核議。該部卽詳加審查，提出意見書，經由考試院轉咨行政院，提出第四十七次國務會議，決議，照銓敍部審查意見通過，咨送立法院審議。

立法院於第百七十七次會議，將該草案提出討論大體，當議決付法制委員會審查。該會委員長焦易堂將此案與前中央政治會議函送之案一併提出第百四十三次及第百五十八次會議，詳加討論，結果將標題改爲縣長任用法草案，並將條文分別修正通過。二十一年七月十六日，立法院開第百九十三次會議，將縣長任用法草案提出逐條討論，第一條、第四條、第五條、第六條，修正通過。第一條規定縣長之資格，增加經高等考試及格，並曾任薦任職一年以上者。第四、第五、第六各條，原定縣長試署期間為六個月，修正為一年；原定試署、署理，初次實授縣長者，以三等縣或二等縣為限，均完全删去。又原第八條規定實授三等縣或二等縣縣長任期已滿者得實授一等縣縣長，亦予删去。其餘各條，大致照審查修正案通過。二讀既畢，主席諮詢省略三讀，以縣長任用法全案付表決，大多數委員贊成通過。

此法經國民政府於二十一年七月三十日公布，全文共十二條，規定縣長之任用，須有下列資格之一：（一）依法受縣長考試及格者；（二）在教育部認可之國內外大學、獨立學院或專門學校，研究政治、經濟、法律、社會各學科，三年以上畢業，經高等考試及格，並曾任薦任職一年以上，或畢業後曾任薦任職三年以上者；（四）各省考取或現任之縣長，經中央舉行縣長覆核考試及格者。縣長任用程序分試署、署理、實授。試署署理期間均為一年，實授任期三年。任縣長滿六年，而成績特別優異者，得敍為簡任職或以簡任職待遇；其能在中央規定之訓政年限內，依法完成縣自治者，并優予敍奬。

縣長任用法公布後，內政部縷陳條文疑義，及奉行困難各點，呈由行政院轉飭該部會同銓敍部核議具復。該兩部迭次開會，詳加研究，擬具修正縣長任用法草案十八條，並附具說明，呈經行政院，轉送中央政治會議，提出第三百五十一次會議，決議交立法院審議。

立法院於二十二年四月十四日，將該草案提出第三屆第十三次會議議決，付法制委員會審查。該會即提經第三屆第十三次會議議決，付劉積學、黃右昌、鄭慷辰、胡宣明、董其政五委員作初步審查。初步審查完畢，法制委員會復開第三屆第十六次會議，詳加討論，當依據十九年中央決定之縣長考試任用原則，並參酌各方意見，將原草案修正通過，都十六條。立法院復開第三屆第十六次會議，將修正縣長任用法草案提出逐條討論，第一條關於縣長資格之規定，各委員討論甚久，結果仍照審查修正案通過。第二條略有文字上之修正，第十四條第二項及第十五條，規定縣長考績規則，及本法施行規則，由內政部定之，均予刪去。其餘各條，大致無異議通過。最末，主席諮詢省略三讀，以全案付表決，衆委員無異議通過。

修正縣長任用法經國民政府於二十二年六月三日公布，全文共十五條，其與原法相異最要之點有二：(一)規定縣長之資格較寬，即經高等考試及格，不限於學習何學科，及曾任簡任官一年以上，薦任官二年或三年以上，最高級委任官五年以上，並現任縣長，經甄別審查合格，成績列甲等者，均得任爲縣長；(二)縣長任用分試署及實授，廢除署理之程序，並規定試署期滿，成績優良者實授，不良者免職。

第六十四節　現任公務員甄別審查條例公務員登記條例

民國四年九月三十日，袁大總統公布有文官甄用令十七條，規定特任文職各特別行政區域行政長官，及最高級簡任長官，得保薦有與簡薦委任相當資格，或有特別才能，與辦理國家特別事務有異常勞績之人員二人，由大總統令交文官甄用委員會甄用之。該委員會設委員長一人，以國務卿兼任，副委員長一人，委員八人至十二人，由大總統特派或簡派。其甄用方法，分文書審查與詢問審查。審查合格，由委員長酌擬用途，呈請大總統核定，交由政事堂銓敍局註册，或分發任用。

此令爲政府制定頒行，其已經立法程序者，有現任公務員甄別審查條例，及公務員登記條例。

現任公務員甄別審查條例　民國十八年七月，考試院擬具現任公務員甄別審查暫行條例草案，並附具說明書，送請中央政治會議提出第百九十次會議決議交立法院。

立法院於第四十次會議將該草案提出討論，當議決付法制委員會審查。該會於第三十三次常會，提出詳加討論，結果認爲大致妥善，修正通過。立法院復開第五十四次會議，將該審查修正案提出逐條討論議決，并省略三讀，通過現任公務員甄別審查條例全案，即呈由國民政府於十八年十月三十日公布。

此條例共十條，規定現任公務員之甄別審查，分資格及成績二項，由考試院製定表格，分送各官署，發交所屬公務員塡寫，并由各該長官加具考語，擬定等次，彙送銓敍部，交銓敍審查委員會審查決定之。審查成績分爲甲乙丙丁四等，乙等以上者合格，丙等者降等或降級，丁等者不及格。合格者由銓敍部給與證書，仍以原官任用；降等或降級者，給與應降等級之證書，以應降之官等任用；不及格者，即予免職。至本條例規定簡薦委任各官之資格，大致與公務員任用條例所規定者相類似，并卽考試院原提案所謂「兩者互有關係。」

公務員登記條例　民國二十二年十月考試院院長戴傳賢擬具公務員登記條例草案及原則草案，呈送中央政治會議核定。原呈有云：

「查現任公務員甄別審查，業於本年三月底截止，公務員任用法，卽於四月一日開始施行。……惟從前舉行甄別審查，旣限於現任公務員，其在公務員任用法施行前因機關裁併，經費緊縮而退職，或因事辭職，未經甄別之人員，均未能同受資格之銓定，其中合格任用者，當不乏人。至各機關現任人員，在現任公務員甄別審查條例施行期內，或因特殊情形，或因地處邊遠，未及依法送甄別審查者，爲數計尙不少。玆爲救濟此項未送甄別人員起見，擬舉行公務員登記，卽曾任或現任公務員以前未經甄別審查者一律准予依照條例，聲請登記，由銓敍部加以審查，分別銓定其資格。」

中央政治會議提出第三百九十一次會議決議，原則通過，交立法院。公務員登記條例原則共爲八項，節錄於次：

一　爲銓定未經甄別審查之現任或曾任公務員之資格起見，舉行全國公務員總登記。

二　現任簡薦委任職公務員因特殊情形未送甄別，或在國民政府統治下曾任簡薦委任職公務員業經退職者，得聲請登記。

四　現任公務員之登記表及證明文件，應送由服務機關核轉銓敍部審查。但曾任公務員之登記表，得由本人

四　檢同證件，逕呈銓敍部審查。

五　公務員登記之資格，參酌公務員甄別審查之資格規定之。

六　請求登記之人員，經審查合格後，由銓敍部發給證書。

七　登記期間，暫定爲六個月，有必要時，得延長六個月。

二十三年二月九日，立法院將該案提出第三屆第四十六次會議，議決，付法制委員會審查。該會於第三屆第三十七次及第四十一次會議，先後提出詳加討論，結果，依據原則，將原草案分別修正通過，都十六條。立法院於第三屆第五十四次會議，將該審查修正案提出逐條討論，大致均無異議通過，并由主席諮詢省略三讀，以公務員登記條例全案付表決，多數委員贊成通過。

此條例經國民政府於二十三年四月二十三日公布，全文共十六條，其要點卽爲中央政治會議決定之原則各項。其規定公務員得聲請以簡任職登記之資格有三：(一)在國內外大學畢業，並有專門之研究者；(二)曾任國立大學教授三年以上者；(三)對於黨國有特殊勳勞，或致力國民革命十年以上者。以薦任職登記之資格有二：(一)在國內外大學或高等專門學校畢業者；(二)對黨國有勳勞，或致力國民革命七年以上者。以委任職登記之資格有二：(一)在高級中學或舊制中學以上畢業者；(二)曾致力國民革命五年以上者。曾任或現任公務員之登記表及證明文件，均呈由各該機關長官核轉，無本人逕呈銓敍部之規定。銓敍部審查合格與否，卽予登記，或不登記，或予降等、降級、或免職。

第六十五節　宣誓條例

民國十四年十一月一日，廣東國民政府公布有宣誓令五條，規定文武官員，及其他依法令執行職務之人，須宣誓後始得任事，其任事在前者，卽補行宣誓。宣誓於就職地公開行之，對黨國旗舉右手宣誓，幷須有職員一人在旁作證。

民國十八年九月，中央執行委員會以宣誓令內容簡單，究竟有無訂定施行細則之必要，函請政府酌核辦理。國民政府當提經第四十六次國務會議，決議，交文官處審查。該處審查結果，以該令內容誠覺過簡，並已遵行閱四年之久，今昔情勢不同，似有修正之必要，擬請交由立法院詳審擬議，以臻完善。國民政府復提出第四十七次國務會議，決議，交立法院。

立法院於同年十月二十六日，將該案提出第五十六次會議，議決付法制委員會審查。該會於第四十一次常會提出討論，結果另行擬具宣誓條例草案十一條，呈由立法院提出第九十一次會議，逐條討論議決，幷省略三讀，通過全案，轉呈國民政府於十九年五月二十七日公布。

宣誓條例共十一條，規定文官、軍官、自治職員、教職員，均須宣誓後任事，如因特殊情形先行任事者，須於二個月補行宣誓。舉行宣誓時，應由上級機關派員或直屬長官監誓。誓詞應簽名蓋章，呈送上級機關，或中央黨部備案。

立法院。

第六十六節 監察委員保障法

民國十八年六月，監察院擬具監察委員保障法草案，呈由中央政治會議提經第百八十五次會議決議交法制委員會審查，由法制委員會召集。該會等於八月九日、十五日，開第四次及第五次聯席會議，繼續提出討論，結果認原草案大致尙妥，分別修正通過。立法院於第四十次會議，將該審查修正案提出逐條討論議決，幷省略三讀，通過監察委員保障法全案，卽呈由國民政府於十八年九月三日公布。

同年七月十六日，立法院將該案提出第三十四次會議議決，付法制、外交、財政、經濟、軍事五委員會審查，由

此法共十一條，規定監察委員行使職權時所發之言論，對外不負責任；所在地之軍警機關，幷應予以充分保護。監察委員除現行犯外，非經監察院許可，不得逮捕監禁。其爲現行犯被逮捕時，逮捕機關須於二十四小時內通知監察院。監察委員非（一）經國民黨開除黨籍，（二）受刑事處分，（三）受禁治產之宣告，（四）受懲戒處分，不得免職、停職、轉任或罰俸。監察委員非有下列情事之一，不得以失職論：（一）受人指使，因而提出證據不眞確之彈劾案；（二）受公務員之餽遺供應有據；（三）在中央或該監察區內之公務員，有應受彈劾之顯著事實，經人民舉發，而故意不予彈劾。監察委員被彈劾，或經立法院提出質問，或監察院長認爲失職，非監察委員三人以上

審查，經多數認爲有上列三種情事之一，不得移付懲戒。監察委員之懲戒處分，以監察委員懲戒委員會行之。

民國二十一年一月，監察院以政府改組，國民政府組織法業經修正公布，監察委員保障法，亦認爲有修訂之必要，爰擬具修正草案，提經第十七次會議議決，送立法院審議。

立法院當將該修正草案，令交法制委員會審查修正，復提出第百八十七次會議，逐條討論通過，并省略三讀，通過修正監察委員保障法全案，即呈由國民政府於二十一年六月二十四日公布。此修正案共七條，即删去規定監察委員言論對外不負責任，監察院長加監察委員警告處分，及關於監察委員懲戒委員會之條文，其餘大致與原法無甚差異。

至關於公務員之保障，內政部曾於二十年十二月，擬具公務員保障法草案，呈由行政院咨送考試院，令交銓敘部審查修正，復轉咨行政院提出第四十七次國務會議，決議，照銓敘部審查意見通過，咨立法院審議。惟立法院僅於第百七十七次會議議決，付法制委員會自治法起草委員會參考。

第六十七節　考績法陸軍官佐考績條例

考績法　民國十八年七月，考試院擬具官吏考績法草案，呈由中央政治會議，提經第百九十次會議決議交立法院；并經國民政府令立法院依法審議。

立法院當將該案提出第四十次會議議決，付法制委員會審查。該會於第三十五次常會提出討論，結果，將標題修正爲公務員考績法草案，條文亦分別修正通過。立法院復於第五十六次會議，將該審查修正案提付二讀，結果標題修正爲考績法，第一條至末條，除第五條、第七條，删去關於省區銓敍委員會之規定外，均無異議通過。末由主席諮詢省略三讀，以考績法全案付表決，大多數委員贊成通過。

此法經國民政府於十八年十一月四日公布，全文共十條，規定公務員之考績，每年於六月十二月行之，以其直接長官執行初覈，主管長官執行覆覈，但其長官僅有一級時，卽由該長官考覈之。公務員因特殊情形，亦得由其主管長官舉行特種考績。銓敍部於每年度終了，卽將各次考績表審查完畢，評定等級，決定獎罰。長官之考覈，有徇私不公，或遺漏舛錯情事，應依法交付懲戒。

陸軍官佐考績條例　民國十八年八月，軍政部擬具陸軍官佐考績條例草案二十一條，呈由行政院交政務處審查簽註，提出第三十三次會議決議，照簽註修正通過，轉呈國民政府令交立法院審議。

立法院於第四十四次會議，將該案提出討論大體，當議決付軍事委員會審查。該會於第十次臨時會議，提出詳加討論，認原草案大致妥善，當卽分別修正通過。立法院復將該審查修正案提出第四十九次會議，逐條討論議決，幷省略三讀順序，通過陸軍官佐考績條例全案，呈由國民政府於十八年十月二十九日公布。

此條例共二十一條，規定陸軍官佐之考績，以各該管長官爲考績官，直轄高級長官爲覆考官。考績官應於考績表內酌定分數，以二十分爲足分，十六分以上者爲甲等，十二分以上者爲乙等，不滿十二分者爲丙等。覆考官覆核考績表，認爲有改易等次之必要時，應於表內註明，並署名蓋章，以明責任。考績表及名簿，每年造報一次，各軍事機關報部日期，以次年一月爲限。新委人員之考績表，於到差滿六個月造送。戰時人員之考績，除立有勳績者外，應於戰終兩個月內辦理。

第六十八節　頒給勳章條例陸海空軍勳章條例陸海空軍獎章給與法

頒給勳章條例　民國元年七月二十九日，臨時大總統以教令公布勳章令及頒給勳章條例。至五年十月七日，黎大總統分別加以修正。十年七月二十三日，政府又將頒給勳章條例再加修正。

勳章令共十五條，規定勳章之等級有三：(一)大勳章、(二)寶光嘉禾章、(三)嘉禾章。寶光嘉禾章分五等，嘉禾章分九等。勳章各附勳表，並分別配以各色之綬，其式均如附圖。

頒給勳章條例共十四條，規定大勳章除大總統佩帶外，並得特贈外國大總統、皇帝、君主。寶光嘉禾章由大總統特令頒給。嘉禾章除由大總統特令頒給外，各該管長官得敍述應受勳章人員之功績，咨送銓敍局核定等級，呈請大總統以命令頒給。頒給嘉禾勳章，特任官初受三等，簡任官初受四等，薦任官初受七等，委任官及有功於學問或事業者，初受九等，均得因所著功績超給，並得累功分別遞進至一等、三等、五等。頒給勳章於外國人員，按該國官等頒給。已受之勳章，除因被褫奪或停止佩帶外，終身享受之。

民國二十二年八月，外交部爲輯睦邦交，擬給予多明尼加國總統等勳章，呈由行政院提出第五十八次會議決議交內政外交兩部會同核議。該兩部旋擬具頒給勳章條例草案，及勳章、勳綬、勳表等圖式及說明，呈復行政院鑒核。該院以此案與銓敍部職掌有關，當咨由考試院飭據該部審查，陳述意見四點，交由內政外交兩部審查後，提出第百二十六次會議決議通過，送中央政治會議。中央政治會議提經第三百七十六次會議決議：「可頒給勳章，除贈給各國元首及外國官民外，在國難期間，祇國民政府主席得予佩帶，頒給勳章條例草案交立法院審議」。

立法院提出第三屆第三十三次會議議決，付法制委員會審查。該會於第三屆第二十八次會議提出討論，當決定付董其政、鄭懔辰、竺景崧、趙迺傳四委員共同初步審查。旋董委員等審查完畢，該會復開第三屆第三十二次會議詳加討論，結果將原草案修正通過，都十六條。立法院當於第三屆第四十次會議，將該審查修正案提出逐條通過，并省略三讀，通過頒給勳章條例全案，即呈由國民政府於二十二年十二月四日公布。

此條例共十四條，規定勳章分爲二種：(一)采玉大勳章，(二)采玉勳章。采玉大勳章除國民政府主席佩帶外，得特贈友邦元首。采玉勳章分爲九等，凡公務人員選任及特任初授三等，簡任初授五等，薦任初授七等，委任及非公務人員初授九等，均得累功遞進至一等。頒給友邦人員勳章，應參照各該國官等辦理。頒發勳章，於國慶日行之。凡已受勳章者，得終身享受之，但因犯罪受褫奪公權之宣告者，應卽繳還。勳章之式樣、綬制、色別，及所附勳表之色別，均由國民政府定之。授勳典禮儀式，由內政、外交、銓敍三部會同定之。

陸海空軍勳章條例　民國元年十二月六日，臨時大總統以教令公布陸海軍勳章令十六條，及陸海軍敍勳條例共二十二條，規定勳章分白鷹勳章與文虎勳章二種。各種勳章均分九等，一二等給與上等官佐；三等至六等給與中初等官佐，及准尉見習軍官；七八九等給與士兵。敍勳分二種：（一）殊勳，（二）武功及勞績。有殊勳者給與白鷹勳章；有武功或勞績者，給與文虎勳章。各種勳章，除大總統當然佩帶，并特令頒給外，得特贈外國大總統、皇帝、君主。所有立功人員應頒勳章者，均由該管長官具報陸海軍總長轉呈大總統批准遵行。受有勳章者，如身故或當褫奪時，應將勳章並執照繳陸海軍部註銷。

民國十八年五月十五日，國民政府公布一陸海空軍勳章條例，旋提經第三十一次國務會議決議送立法院追認。

立法院提出第二十九次會議議決，付整理現行法規委員會審查。該會遵即開會，將原條例提出討論，認爲大致妥善，并略有意見，分別於條文下加以簽註，以備采擇。立法院復於第三十九次會議議決，照審查案修正通過，即繕具陸海空軍勳章條例全案，呈由國民政府於十八年八月二十七日公布。

此條例共十二條，規定陸海空軍勳章分爲二種：（一）青天白日章，（二）寶鼎章。青天白日章不分等級，凡陸海空軍官佐士兵有特殊戰功者，得給與之。寶鼎章分爲九等，凡立有特殊戰功者，按下列標準給與之：（甲）將官一等至四等，（乙）校官三等至六等，（丙）尉官四等至七等，（丁）士兵六等至九等。青天白日章及一等至五等寶鼎章，均由國民政府明令頒給，六等以下之寶鼎章，得彙案核給之。受勳章之人員，身故或受褫奪時，應將勳章繳軍政部註銷。勳章授與之程序，及功績之款目另以細則定之。

陸海空軍獎章給予法　民國元年十二月六日，大總統袁氏除以教令公布陸海軍勳章令及陸海軍敍勳條例外，並同時公布陸海軍獎章令。此令共十條，規定陸海軍獎章分為四等：一等金色獎章，二等銀色獎章，三等藍色獎章，四等白色獎章；凡陸海軍人於平時戰時著有勞績，或非軍人，於陸海軍特別任務中著有勞績者分別給與之。一等二等獎章給與官佐，三等四等獎章給與士兵。各等獎章，均由陸海軍總長按照軍人或非軍人之勞績，分別擬定，呈請大總統核准頒給。

民國十八年六月，軍政部以陸海空軍人効命疆場，殺敵致果，著有特別勞績者，亟應頒發獎章，以資激勸，爰擬具陸海空軍獎章暫行條例及圖式，呈請行政院鑒核施行。行政院以陸海空軍獎章與陸海空軍勳章，前有並行不悖之先例，當將該條例轉呈國民政府提出第三十一次國務會議議決，交立法院審查。

立法院提出第二十九次會議議決，付軍事委員會會同法制委員會審查。該兩委員會於第四次聯席會議提出討論，認為大致妥善，當將原案標題修正為陸海空軍獎章給與法，全部條文亦分別修正通過。立法院復於第三十六次會議，將該審查修正案提出逐條通過，并省略三讀通過陸海空軍獎章給與法全案，即呈由國民政府於十八年八月十三日公布。

此法共十六條，規定陸海空軍獎章分爲甲乙兩種，每種各分一二兩等，甲種獎章給與官佐，乙種獎章給與士兵。獎章均用銀質，獎章綬用紅白藍三色。於平時戰時著有勞績之軍人，或於軍事特別任務中著有勞績之非軍人，應得獎章者，均由該管長官開具事實，遞次呈請軍政部審核後，呈由行政院轉呈國民政府頒給之，并附給執照。得有獎章者，如受刑事上處分褫奪公權時，該管長官應追還其獎章及執照，呈繳軍政部註銷。

第六十九節　糾彈法彈劾法

糾彈法　民國三年六月，參政院代行立法院職權，旋議定糾彈法，由政府於三年七月二十日公布。此法共十三條，規定肅政廳肅政史對於官吏有違憲違法，行賄受賄，營私舞弊，或溺職殃民等事件，即逕呈大總統糾彈之。或官吏有上列情事之一，經人民告訴告發者，由都肅政史指定肅政史二人以上審查之，如認爲應行糾彈，即逕呈大總統糾彈之。大總統認爲有所彈各款情事之一，得特交肅政廳，由都肅政史指定肅政史二人以上查辦之，如認爲應行糾彈，即逕呈大總統糾彈之。大總統對於糾彈事件，如認爲應行審理者，即交平政院，如認爲應付懲戒，或屬司法審判者，即分交主管官署行之。

彈劾法　民國十八年二月，監察院擬具彈劾法草案十三條，呈由中央政治會議提出第百七十八次會議決議交立法院。此草案之要點有二：(一)彈劾權適於一切公務員，并以違法失職爲彈劾範圍。(二)對於國民政府主席須認其有謀叛行爲，并須有監察委員全體三分一以上之連署，方得提出彈劾案。

立法院於十八年三月三十日，將該案提出第十七次會議議決，付法制委員會審查。該會於第十八次常會提出討論，認原草案大致妥善，當卽分別修正通過。其修正最要之點，卽删去關於限制彈劾國民政府主席之條文，其餘大致爲文字上之修正。立法院復於第二十五次會議，將該審查修正案提出逐條討論，大致均照案通過，幷省略三讀，通過彈劾法全案，卽呈由國民政府於十八年五月二十九日公布。

此法共十一條，規定監察委員對於公務員違法或失職之行爲，應以書面詳敍事實，附舉證據，提出彈劾案於監察院。監察院院長應另指定監察委員三人審查之，但不得指使或干涉彈劾事項。彈劾案如有涉及刑事事件，懲戒機關應將刑事部分交該管法院審理。監察院得接受人民舉發公務員違法行爲之書狀，但不得批答。

民國二十一年一月，監察院以政府改組，彈劾法有修正之必要，爰擬具修正草案，提出第十七次會議議決，送立法院審議。

立法院當將該草案令交法制委員會審查修正，復提出第百八十七次會議逐條討論通過，幷省略三讀，通過修正彈劾法全案，卽呈由國民政府於二十四年六月二十四日公布。

此修正案較原法增三條，其增修之點有二：（一）彈劾案提出後，由全體監察委員按序輪流以三人審查，不由院長指定；（二）彈劾案經審查後，如認爲應付懲戒，監察院卽將被彈劾人移付懲戒，如認爲不應交付懲戒，而提案委員尙持異議，卽再付其他監察委員五人審查，爲最後之決定。

第七十節　司法官懲戒法審計官懲戒法懲治官吏法公務員懲戒法

司法官懲戒法　民國四年，參政院代行立法院，於第二期常會議定司法官懲戒法三十四條，由袁大總統於四年十月十五日公布。此法共分總則、懲戒處分、懲戒委員會、懲戒程序、及停止職務五章，并附則一條。其內容之要點有五：(一)司法總長對於司法官認爲違背或廢弛職務，或有失官職上威嚴或信用時，得臚舉事實，呈請大總統交懲戒委員會審查之。(二)懲戒委員會由大總統遴任大理院長或平政院長爲委員長，平政院評事，大理院推事，總檢察廳檢察長及檢察官九人爲委員，任期均爲三年。(三)懲戒委員會奉交審查懲戒事件，即調查事實，令被付懲戒人提出申辯書，並面加詢問後，得爲懲戒之議決，具報告書呈由大總統交司法部依法執行之。(四)懲戒委員會對於懲戒事件，認爲被付懲戒人須受重大處分時，得呈請大總統命其停止職務。(五)懲戒處分分爲奪官、褫職、降官、停職、調職、減俸、誡飭。

審計官懲戒法　此法亦由參政院代行立法院於第二期常會議決，并同於民國四年十月十五日公布施行。全文共二十七條，規定審計官、協審官應被付懲戒之行爲，懲戒之程序，與懲戒處分之種類，均大致與前法相同。惟懲戒委員會委員長及委員之人選，增入司法總長與其他三等薦任文官，并定委員名額爲八人。又審計官，協審官之有應被付懲戒之行爲，由審計院長認定，呈請大總統交懲戒委員會審查之。肅政廳於審計官，協審官提起糾彈，經大總統認爲應付懲戒，或由平政院審理後呈明應付懲戒者，均得特交審查。再此法無關於停止被付懲戒審計官協審官職務之規定。

（三）關於文官之懲戒，前北京政府曾擬具暫行文官懲戒法草案，但未經國會議決。至七年一月十七日，復公布有文官懲戒條例二十六條，規定文官違背職務，或廢弛職務，或有失官職上之威嚴或信用，均應受懲戒。懲戒處分分爲褫職、降等、減俸、記過、申誡。特任官有應付懲戒之行爲時，由大總統交懲戒委員會審查。簡任官、薦任官有應付懲戒之行爲時，由國務總理，或由各該管長官經由國務總理轉請交付審查。委任官之應付懲戒，由各官署長官逕交懲戒委員會審查。

（四）懲治官吏法　民國十五年二月，廣東國民政府設有懲吏院。該院旋擬具懲治官吏法草案，提經政治委員會第百十二次會議通過，由國民政府於同月十七日公布。此法全文共十九條，規定文官、司法官及其他公務員，有違背誓詞，或違背或廢弛職務之行爲者，均應付懲戒。懲戒處分爲褫職、降等、減俸、停職、記過、申誡。監察院對於官吏，或各監督長官對於所屬官吏，認爲應付懲戒者，由監察院或請監察院咨送懲吏院懲戒之。懲吏院應製作議決書，並呈報國民政府；對於懲戒事件，認爲有刑事嫌疑者，應交法庭辦理。

公務員懲戒法　民國十八年十月八日，司法院擬訂官吏懲戒委員會組織法草案，呈由國民政府令交立法院審議。

立法院當將該案提出第五十四次會議討論，並議決付法制委員會審查。該會於第百零六次、第百零八次、及第百十四次會議，先後提出討論，除議定公務員懲戒委員會組織法草案外，并議定公務員懲戒法草案。立法院於二十年三月二十八日，開第百三十七次會議，將公務員懲戒法草案，提出逐條討論通過，并省略三讀，通過全案，卽呈由國民政府於同年六月八日公布。

此法共分五章，都二十八條，規定公務員應受懲戒之情事爲違法，或廢弛職務，或其他失職行爲。懲戒機關有三，如被彈劾人爲國民政府委員，則送中央監察委員會，政務官送國民政府，事務官送公務員懲戒委員會。監察院認公務員有應付懲戒之情事，應將彈劾案連同證據，移送懲戒機關。各院部會長官，或地方最高級行政長官，認所屬公務員有應付懲戒之情事，分別送監察院審查，或公務員懲戒委員會審議。其餘關於懲戒之處分，懲戒之程序，被付懲戒人之停止職務，及懲戒處分與刑事裁判之關係，均大致與前各法所規定者相同。

民國二十二年五月，中央公務員懲戒委員會以處理案件，遇有地方委任職公務員，與薦任職以上公務員，或與中央各官署委任職公務員之共同行爲，成爲牽連關係者，因懲戒機關不同，進行不無窒礙，經各委員詳加討論，僉以遇有此項情形，應援刑事訴訟法第十五條之規定，併案辦理，乃呈請司法院轉咨立法院將公務員懲戒法第十條加以修正。司法院卽擬具該條修正草案，於第一項後，增加一第二項，咨請立法院查照審議。

立法院當將該草案提出第三屆第二十一次會議，議決付法制委員會審查。該會於第三屆第二十次會議提出討論，結果將公務員懲戒法第十條條文修正通過。立法院卽於第三屆第二十三次會議，將該審查修正案提出討論通過，并繕具修正條文，呈由國民政府於二十二年六月二十七日公布。此修正公務員懲戒法第十條，即於原條文增一第二項，規定「同一懲戒事件，被彈劾者不止一人，而不屬於同一懲戒機關者，應移送官職較高者之懲戒機關，合併審議。」

民國二十二年六月，政務官懲戒委員會以公務員懲戒法第三條第二項規定降級、減俸、記過之處分，於政務官不適用之範圍過狹，殊難輕重允當，特呈請國民政府交立法院酌予修正為「前項第二款至第四款處分，於選任政務官不適用之。」國民政府當函送中央政治會議，提出第三百六十五次會議決議通過，交立法院。立法院於第三屆第二十七次會議議決，付法制委員會審查，復於第三屆第四十次會議議決，公務員懲戒法第三條條文照審查修正案通過，并呈經國民政府於二十二年十二月一日公布。此修正條文第一項未加變更；第二項改定為降級、減俸、記過之處分，於選任政務官、立法委員、監察委員不適用之，降級之處分，於特任特派之政務官不適用之。

第七十一節　公務員交代條例

民國三年九月，財政部擬訂有徵收官交代條例二十七條，呈奉大總統核准，於同月十二日公布施行。至民國十八年七月，財政部復訂定財政部直轄徵收機關交代章程二十八條，呈經國民政府令准通飭遵行。

民國十九年四月，中國國民黨中央執行委員會函請國民政府訂定統一行政官吏交代辦法，國民政府即

交由行政院令財政部核議。旋財政部呈復略稱:

「遵查關於官吏交代辦法,向未訂有專章,自宜及時頒定,以一遵守。惟在財政機關,徵收官吏經徵稅款,關係尤爲重要,於其交代手續更非詳密規定,不足以嚴考覈,而杜弊端,業經本部於上年七月間訂定所屬徵收機關交代章程二十八條,呈奉鈞院轉呈國民政府准予備案後,飭屬一體遵行在案。……竊以爲全國行政範圍,至爲廣大,各級官吏,因職掌之不同,交代關係,亦隨之互異。……事關通行法令,擬懇鈞院轉呈國民政府令交立法院擬議頒行,俾臻周妥。」

行政院當卽據情呈由國民政府於十九年六月二十六日,交立法院遵照核議。立法院於第九十九次會議,將該案提出討論,當議決付法制委員會會同財政委員會審查。該兩會先後開第九次及第十三次聯席會議,提出討論,結果議定交代條例草案十五條。立法院復於第百七十三次會議,提出逐條討論,當將標題修正爲公務員交代條例,第一條至末條,均略予修正通過,幷省略三讀通過全案,卽呈由國民政府於二十年十二月十九日公布。

此條例共十五條,規定前後任應交代之事項凡六:(一)經費實領實支及其餘存數;(二)經收各款已解未解數;(三)票照存根及未用票照,與票照性質類似之各種單證;(四)領售及餘存印花稅票,或其他債劵;(五)公有財產及物品;(六)印章及各種文卷、圖書、表册、簿記、收支憑證。前後任交代時,上級機關或主管長官,應派員監盤。前任或被裁人員交代逾限，或交代不淸逃匿，或交代淸册有虛揑漏報情事，卽停止任用，查封其財產抵償，並應依法懲處。後任或接收人員，對於交代故意留難，或延不結報者，予以記過、減俸、或免職處分。

第七十二節　公務員卹金條例

民國三年三月二日，大總統袁氏公布有文官卹金令二十四條，大致規定文官卹金爲（一）終身卹金，（二）一次卹金，（三）遺族卹金；并文官得受卹金之情事，卹金之額數，應褫奪或停止終身卹金，與應褫奪遺族卹金之情事，及應受卹金遺族之順序。

民國十六年九月九日，國民政府公布官吏卹金條例十六條，規定卹金亦分終身卹金、一次卹金、遺族卹金三種。官吏有下列情事之一者，得給以終身卹金：（一）因公受傷，致身體殘廢，不勝職務；（二）因公致病，致精神喪失，不勝職務；（三）在職十年以上，身體衰弱或殘廢，不勝職務；（四）在職十年以上，勤勞卓著，年逾六十，自請退職。官吏因公受傷或致病，未達身體殘廢，或精神喪失之程序者，得酌給一次卹金。官吏因公亡故，或在職十年以上，勤勞卓著而亡故，或受終身卹金未滿五年而亡故，均給以遺族卹金。官吏在職三年以上，未滿十年而亡故，亦得給其遺族一次卹金。官吏被褫奪公權，停止公權尙未復權，喪失國籍，受終身卹金後再任官職，均分別停止其卹金，或終身卹金。

民國二十二年六月，銓敍部以原有之官吏卹金條例，按諸現在情形，未盡適用，爰擬具修正草案，呈由考試院轉呈國民政府發交立法院審議，其呈明修正重要之點有六：

（一）原條例第三條第二款所稱因公致病，致精神喪失，不勝職務等語，似嫌寬泛，且易滋弊端。雖精神喪失，與身體殘廢不同，其因公殘廢則一，故擬將此款刪去，歸納於第一款，修正爲因公受傷或致病，致成殘疾，不勝職務。

（二）民國成立，已二十二年，原條例第三條第三第四兩款，及第九條第二款，規定在職十年以上，卽可享受年卹金，年限過寬，恐失之濫。玆參考外國撫卹成法，準酌我國財政狀況，修正爲在職十五年以上。

（三）原條例第十四條之規定，在職三年以上，未滿十年而亡故者，給予兩個月俸給之遺族一次卹金。如在三年零一月，與九年又十一月者，受同等卹金。又對於委任警官及長警，亦未依據原條例第十三條分別給卹，均欠公平，故有修正條例第八條至第十一條之擬定。

（四）遺族領受卹金之順序，依原條例第十條規定，首爲亡故者之妻，其妻受領後發生亡故或改醮情事，該項卹金可否移轉於未達成年之子女，原條例並未規定。現在發生此類情事，請求救濟者不少，曾經本部擬具移轉辦法，呈請備案在卷，故依據前擬辦法，而有修正條例第十七條之擬定。

（五）關於請卹期限，原條例漏未規定，故修正條例於第十九第二十兩條，擬定應領官吏年卹金或遺族年卹金者，自該官吏退職之日起，一年或二年內不請求時，其權利消滅。

(六)公務員甄別審查條例，及任用法，均經先後施行。嗣後官吏請卹，除政務官及長警外，非根據上項法令，經本部審查登記有案者，不必給卹。故修正條例於第二十三條擬定官吏之領卹，以經銓敍部甄別及格或依法任用者爲限。

立法院於第三屆第二十四次會議，將該案提出討論大體，當議決付法制委員會審查。該會旋審查完竣，立法院復提出第三屆第三十三次會議議決，再付法制委員會會同財政委員會審查。該兩會卽於三屆第六次、第七次聯席會議，先後提出討論，結果，將標題修正爲公務員卹金條例，條文亦分別修正通過。立法院嘗於第三屆第五十次會議，將該審查修正案提出逐條通過，幷省略三讀，通過公務員卹金條例全案，卽呈由國民政府於二十三年三月二十六日公布。

此條例共二十三條，規定卹金分四種：(一)公務員年卹金，(二)公務員一次卹金，(三)遺族年卹金，(四)遺族一次卹金。公務員有下列情事之一，得給予年卹金：(一)因公受傷或致病，至成殘廢，或心神喪失，不勝職務；(二)在職十五年以上，身體殘廢，不勝職務；(三)在職十五年以上，勤勞卓著，年逾六十，自請退職，但長警年逾五十，得退職受卹。公務員因公受傷或致病，未達殘廢或心神喪失之程度者，得酌給一次卹金。公務員因公亡故，或在職十五年以上病故，或受年卹金未滿五年而亡故，均得給予遺族年卹金。公務員因公亡故，除給予遺族年卹金外，並得酌給遺族一次卹金。公務員在職三年以上，十五年未滿而亡故者，分別給予遺族一次卹金。年卹金額數，按俸給十分之一，或俸給之半額至全額；一次卹金，按兩個月之俸給，至十個月之俸給酌給，公務員褫奪公權無期，或褫奪公權尚未復權，或喪失國籍，或受年卹金後，再度任職，均停止或喪失其領受卹金之權利。領受公務員年卹金或遺族年卹金者，自該公務員退職之日起，二年或三年內不請求時，其權利消滅。

公務員卹金條例公布後，考試院以該條例第十八條規定領取遺族年卹金之時效，自該公務員退職之日起算，似以自該公務員死亡之日起算，較爲適合，當函請立法院查核辦理。立法院卽轉交法制財政兩委員會審查。該會等於第三屆第九次聯席會議，提出討論，僉以該條條文，係照銓敍部所擬草案通過，惟詳加審核，應予修正，當將公務員卹金條例第十八條條文中「自該公務員退職之日起，」改爲「自該公務員死亡之日起。」立法院復於第三屆第五十九次會議，將該修正條文提出討論，並議決照審查修正案通過，卽呈由國民政府於二十三年五月二十六日公布。此修正條文卽規定得領遺族年卹金者，自該公務員死亡之日起，三年內不請求時，其權利消滅。

第三章　行政法下

行政法爲規定國家行政權之組織及其作用之法。關於行政權組織之法，已敍於前章。關於行政權作用之法，爲實質行政法，亦卽確定行政權與人民關係之法，於本章分述之。

第一節 國籍法附施行條例

民國元年四月參議院在北京開會後，議決有國籍法二十二條，由臨時大總統於同年十一月十八日公布施行。

此法規定之我國國籍，采血統主義，第一章規定固有國籍；第二章共十條，規定國籍之取得，及外國人或無國籍人之歸化；第三章共五條，規定國籍之喪失；第四章共四條，規定國籍之回復。

民國三年十二月，參政院代行立法院又將國籍法加以修改，由袁大總統於同月三十日公布。其修正之要點有三：（一）凡條文內之「內務總長，」均改為「內務部，」「須經國務會議，」均改為「須經大總統核准。」（二）於第二條增入「為中國人之養子者，」亦取得中華民國國籍。（三）縮短解除歸化人及取得中華民國國籍之子不得為各公職制限之年限，並回復國籍人不得為各公職之年限。

國籍法第二十一條規定「本法施行規則，以教令定之，」袁大總統於二年十一月四日，公布國籍法施行規則十三條，至四年二月十三日，又加以修正。

國民政府成立，仍適用舊國籍法。惟以施行已久，不無窒礙，於處理國籍案件，尤感困難。民國十七年三月，中央政治會議第百三十五次會議，外交部長黃郛提議由內政、外交、司法三部派員會同修訂國籍法及施行規則，當經決議照辦。旋該三部派定部員，迭次集會討議，擬定國籍法草案二十三條，國籍法施行條例草案十五條，於十七年五月二十六日呈由國民政府核交立法院審查。

民國十八年一月五日，立法院於第五次會議，將各該草案提出初讀，當議決付外交委員會會同法制委員會審查。該兩會於同年一月十二日開聯席會議，共同詳加討論，當將兩草案分別修正通過。計删去國籍法草案第三條、第五條、第十五條；國籍法施行條例草案亦删去第五條、第七條、第十二條；其餘各條，均有實質上或文字上之修正。其修正之要點，即在貫澈回復國籍較易，喪失國籍較難，與男女在法律上平等，女子應有獨立國籍之政策。立法院復於第十次會議，將各該審查修正案提出討論，外交委員會委員長傅秉常報告審查經過，略云：

「本案先由法制委員會指定委員五人作初步審查，復開全體會議作第二步審查。外交委員會亦將法制委員會審查結果兩次詳加審查。最後，兩會開聯席會議，共同審查，逐條修正通過。當審查時，先議定原則三項：第一、中國內地如上海等處，有外國租界，中國人多有入外國籍，以圖享受外國人之權利，而避免本國人應盡之義務者，故應防止中國人之隨意入外國國籍。第二、中國有多數華僑生長於南洋羣島，依法應取得外國籍，但其本心仍願爲中國人，故應予以較易回復國籍之機會。第三、女子有無獨立國籍，爲現世難決之問題。自美國法律創始明定女子有獨立國籍以後，法國即采折中制，至一九二四年瑞士法典亦規定女子有獨立國籍。本案確認中國女子，應有獨立國籍，惟外國女子爲中國人妻者，如其本國法定爲喪失國籍，自應認爲中國人。至各修正條文，已載關係文書，毋庸報告。」

傳委員長報告畢，主席宣告開始二讀，大致均無異議通過。主席復諮詢省略三讀，分別以國籍法及國籍法施行條例全案付表決，出席委員一致議決通過。立法院通過國籍法及其施行條例，即繕具全文呈由國民政府同於十八年二月五日公布施行。

國籍法共二十條，規定國籍爲固有與取得。凡(一)生時父爲中國人者；(二)生於父死後，其父死時爲中國人者；(三)父無可考或無國籍，其母爲中國人者；(四)生於中國地，父母均無可考或均無國籍者；均有中華民國之固有國籍。凡(一)爲中國人妻，依其本國法未保留國籍者；(二)父爲中國人，經其父認知者；(三)父無可考或未認知，母爲中國人，經其母認知者；(四)爲中國人之養子者；(五)歸化者；均取得中華民國之國籍。凡外國人或無國籍人，繼續五年以上在中國有住所，年滿二十歲以上，品行端正，有相當之財產或藝能，或外國人之父或母或妻曾爲中國人，或生於中國地，或有殊勳於中國；均得經內政部許可歸化。又中國人爲外國人妻，自請脫離國籍，經內政部之許可；或父或母爲外國人，經其認知，或自願取得外國國籍，經內政部之許可；均喪失中華民國國籍，惟婚姻關係消滅，或具備歸化之條例，仍得回復。取得國籍人與回復國籍人，於一定之年限內，不得任中華民國各重要公職。

國籍法施行條例共十二條，規定依前國籍法及其施行規則，已取得或喪失或回復國籍者，一律有效。凡取得或喪失或回復國籍者，與願取得或願喪失國籍者，均應由本人或父或母聲請該管官署或中國使領館，核轉內政部，並於國民政府公報公布之。中國人已取得外國籍，仍任中華民國公職者，由該管長官查明撤銷之。

第二節　戶籍法

民國自元年以降，幷未頒有戶籍法。十七年十一月，衞生部長薛篤弼呈請國民政府令飭各省市辦理戶口調查，使全國人口得一最精確之統計。國民政府當令由行政院轉飭內政部遵辦。旋內政部將籌辦戶口調查經過，呈復行政院鑒核，幷請咨行立法院提前訂定戶籍法，及戶籍登記條例，呈准頒行，俾得有所依據。行政院即於十七年十二月一日咨請立法院查照辦理。

民國十八年九月，立法委員陳長蘅等二十一人提議起草戶籍法，略云「查戶籍法與清查戶口，及推行地方自治，皆有密切關係。且　先總理建國大綱，及地方自治開始實行法，與二中全會決議案，均認定清查戶口，爲訓政時期初步最要工作，似應由本院或內政部提前訂定戶籍法，以利訓政之推行。」當經立法院第五十次會議議決，付自治法起草委員會從速起草。

十九年十二月，內政部以各省市辦理戶口調查，人事登記事項，紛請頒布戶籍法，以資依據，卽呈由行政院轉咨立法院迅予起草戶籍法，俾得提請公布施行。立法院於第一百二十三次會議議決，付自治法起草委員會會同委員史尚寬、林彬、陳長蘅起草。

二十年三月，內政部又呈請行政院咨催立法院從速草訂戶籍法，略云：

「案查前奉鈞院轉請國民政府轉行中央政治會議審查之訓政時期完成縣自治實施方案本部主管事務，分年進行程序表，關於辦理戶口調查事項，於本年內亟應實施：（一）依照戶籍法，組織或指定辦理戶籍機關；（二）劃定戶籍經費；（三）開始大調查等項工作。復查此次全國內政會議，關於軍政部提議之請速制定戶籍法，頒布施行案；青島市政府提議之請速頒布戶籍法案；暨河北省政府提議之在戶籍法未頒布以前，應暫定各縣市人民入籍脫籍臨時辦法案；當經議決，併案呈請行政院速催立法院頒發戶籍法等語。是戶籍法一項，實有從速規定之必要。」

行政院據情轉咨立法院，即於二十年三月十三日交由自治法起草委員會召集各起草委員迅速辦理。

至二十年十月，立法院以戶籍法久未草擬完竣，乃於第一百六十七次會議議決再加派委員黃右昌、董修甲、王伯秋會同起草；復於十月十九日令自治法起草委員會，查照第一百二十三次會議議決案，會同先後加派各起草委員，趕速起草，限於二十年十一月十五日前完成。

二十年十一月，自治法起草委員會等呈報草竣戶籍法，略云：

「職會遵於十八年十一月一日召開第十三次會議，推定委員陳長蘅、王用賓、劉景新共同起草，由陳委員召集在案。旋經初步起草完竣，報告到會。當開第十八次會議，僉以戶籍法與民法之親屬繼承兩編，關係彌深，而兩編原則，尚待中央政治會議決議，應俟兩編原則通過，交本院制定親屬法繼承法，呈國府公布後，再進行討論戶籍法草案。……復奉第一百二十三次，及第一百六十七次院會議決，先後加派尚寬、彬、右昌、修甲、伯秋共同起草并迭奉令催各在案。查本案自十八年十一月一日起至本年十一月二十五日止，先後召開會議三十三次，詳加研究，幾經修正。又請內政部、衞生署、主計處有關係部分，一再簽註意見，博訪周諮，不厭精詳。旁參英、美、德、法、日戶籍及人事登記各法典，以資借鏡。現已起草完竣，都爲一百三十五條，理合繕呈提會公決」

二十年十二月，立法院於第一百七十二次會議開二讀會，將該草案提出逐條討論，結果刪去三條，餘各條分別照案或修正通過，并省略三讀，通過戶籍法全案，即呈由國民政府於同年十二月十二日公布。

戶籍法共分八章，一百三十二條，規定關於戶籍與人事之登記事項。戶籍分（一）本籍、（二）客籍、（三）寄留地。人事分（一）出生、（二）認領、（三）收養、（四）結婚、（五）離婚、（六）監護、（七）死亡、（八）死亡宣告、（九）繼承。戶籍及人事之登記，以縣之鄉、鎭，及市之坊爲其管轄區域，設戶籍主任，戶籍員掌理之，以縣市政府爲直接監督官署。凡登記之聲請、變更，或更正，均應以書面爲之；如認爲戶籍主任之處分不當，或違法，得提起訴願、再訴願，并得提出行政訴訟。凡戶籍或人事，於法定期內應聲請登記而不聲請，經催告而仍不聲請，聲請不實或詐僞者，與戶籍主任不受理聲請，怠於登記，不爲呈報或轉送，不按期編送統計季報或年報，拒絕閱覽登記簿，不交付登記謄本或證明書者，均應分別處以罰鍰、罰金、或徒刑。

戶籍法第百三十一條規定施行細則由內政部定之。內政部即擬具該法施行細則，及關係書表册簿程式草案，呈請行政院鑒核。行政院以該草案大體尚無不合，惟間有欠妥之處，經飭據政務處審查簽註，交由該部參酌修正。內政部復擬具修正案，惟仍保留原案第二十六條及第三十條條文。行政院以該部主張保留該兩條原文，係爲有伸縮，便整理，使戶籍機關易於推行起見，尙有相當理由，惟與戶籍法第十七條顯有違背。至法律未妥，不便施行時，不妨加以修正，爰飭由內政部擬具該條修正草案，提出第百二十四次會議決議通過，幷咨立法院查照審議。

立法院於二十二年九月二十二日，第三屆第三十一次會議，將該修正草案提出討論，當議決付法制委員會會同自治法起草委員會及委員陳長蘅、林彬、史尙寬審查。該會等卽開第三屆第六次聯席會議，提出共同討論，當議定推委員史尙寬、陳長蘅、劉盥訓、趙文炳、鄧鴻業、劉積學、郗朝俊作初步審查，由史委員召集。旋又開第三屆第八次聯席會議，將初步審查結果，提出詳加審查。各委員均以戶籍登記與人事登記，性質逈不相同。人事登記簿可以蓋用騎縫印，戶籍登記簿祇須於每張編號蓋印，俾便稽考，無須蓋用騎縫印，當將戶籍法第十七條及第二十三條、第二十四條、第二十五條各條文修正通過。

立法院復於第三屆第五十一次會議，將各該修正條文提出逐條通過，幷呈由國民政府於二十三年三月三十一日公布。此修正戶籍法第十七條、第二十三條、第二十四條及第二十五條，規定戶籍登記簿於每張編記紙數號數蓋印，人事登記簿分爲各册，每張騎縫蓋印。

戶籍法第百三十二條規定「本法施行日期，以命令定之，」國民政府於二十三年四月二十七日明令定戶籍法自二十三年七月一日起施行。

第三節　行政執行法

民國二年，參議院制定行政執行法，由臨時大總統於二年四月一日公布施行。

此法共十一條，規定「該管行政官署，因維持公共之安寧秩序，保障人民之自由幸福，及執行法令，或本於法令之處分，認爲必要時，得行間接或直接強制處分。」間接強制處分爲（一）代執行，（二）三十元以下之怠金，均非預爲告戒，不得行之。直接強制處分爲（一）對於人得爲管束，（二）對於物得扣留、使用、處分，或限制使用；（三）對於家宅及其他場所得侵入搜索；均非認爲不能行間接強制處分，或緊急時，不得行之。

民國三年八月，參政院代行立法院將行政執行法第二條第二款，第三條，第四條第三款，第五條，第七條第二項、第三項、第四項，分別加以修正，由袁大總統於同月二十九日公布。此各修正條文，均大致爲文字上之修正。惟對於家宅之侵入，增加「在日入後日出前時，須先告知本人」之規定。

國民政府成立，仍暫援用舊行政執行法，惟以情勢變遷，殊多窒礙，行政院乃於民國二十一年四月二十九日，咨請立法院另行制定，呈請國民政府公布施行。立法院提出第百八十五次會議議決付法制委員會審查。該會於第百五十三次會議決定推委員黃右昌、郗朝俊、劉克儁、陶玄、史尙寬作初步審查，旋又加入羅鼎、蔡瑄、戴修駿三委員會同審查法制委員會復開第百七十次及百七十一次會議，將初步審查結果提出討論，當擬定行政執行法草案十二條。立法院將該草案提經第二百零九次會議議決，付委員王用賓、羅鼎、郗朝俊、劉盥訓、史尚寬、劉克儁、呂志伊審查。王委員等卽共同詳加審議，當將原草案略予修正通過。立法院復於第二百一十二次會議，將該審查修正案提出逐條通過，幷省略三讀通過行政執行法全案，卽呈由國民政府於二十一年十二月二十八日公布同日施行。

此法共十二條，其內容，與前法大致相同。惟將間接強制處分之「怠金」改爲「罰鍰，」幷規定中央各部會爲三十元以下，以次至其他行政官署爲二十元以下、十元以下、五元以下。

第四節　出版法

民國三年，參政院代行立法院職權，於第一次常會議決出版法，咨由大總統於同年十二月四日公布施行。

此法全文共二十三條，其要點有四：（一）出版之意義，分析之須具三要件：甲、出版之目的物爲文書與圖畫；乙、出版之方法爲機械，或印版，或其他化學材料；丙、出版之發行爲出售或散布。（二）出版關係人爲著作人、發行人、印刷人。（三）出版物內容之限制凡八：甲、淆亂政體者；乙、妨害治安者；丙、敗壞風俗者；丁、煽動曲庇犯罪人，刑事被告人，或陷害刑事被告人者；戊、輕罪重罪之預審案件未經公判者；己、訴訟或會議事件之禁止旁聽者；庚、揭載軍事外交及其他官署機密之文書圖畫者；辛、攻訐他人陰私損害其名譽者。（四）不法出版之處分有三：甲、禁止發行；乙、沒收其印本及印版；丙、處以有期徒刑，或拘役，或罰金。

民國十八年八月，中央宣傳部擬訂出版條例原則草案，經中央第二十九次常務會議議決送政治會議。中央政治會議第一百九十一次會議議決出版條例原則修正通過，交立法院。該原則共分六項於次：

一　為保障出版自由，防止不正當出版品之流行，應制定出版條例。

二　凡用機械、印版、或化學材料印製之新聞紙類，書籍、圖畫、影片、及其他文書出售或散布者，均認為出版品。

三　構成出版品之關係人如左：

1　編著人，

2　印製人，

3　發行人。

四　一切出版品之登記審查，由國民政府所屬之主管機關辦理，其登記審查條例另訂之。

五　凡出版品有左列情事之一者，不得登記；其已登記者，應撤銷之：

1　宣傳反動思想者，

2　違反國家法令者，

3　敗壞善良風俗者，

4 妨害治安者。

六 出版品之處置辦法如左:

1 糾正,

2 警告,

3 查禁或拘罰。

立法院准中央政治會議函送出版條例原則,於第四十一次會議提出報告,幷交法制委員會查照。十九年六月二十日,中央宣傳部以吾國出版事業,如雨後春筍日增月盛,純駁互見,特函請立法院從速制定出版條例,俾於辦理出版品登記審查各事項,有所遵循。立法院卽令交法制委員會遵照辦理。法制委員會於第六十六次會議議決推委員羅鼎、劉克儁、孫鏡亞三人,依據出版條例原則,從事起草,旋起草完竣,經法制委員會提出第九十四次、第九十七次及第九十九次會議,繼續討論,當通過出版法草案四十四條。

十九年十一月二十九日,立法院於第一百十九次會議,將出版法草案提付二讀,逐條討論通過,幷省略三讀,通過全案,卽呈由國民政府於十九年十二月十六日公布施行。

出版法分四章,共四十四條,規定出版品有三:(一)新聞紙,(二)雜誌,(三)書籍及其他出版品。出版品之發行，應以二份寄送內政部，其內容涉及黨義或黨務者，幷以一份寄送中央黨部宣傳部。出版品不得爲下列之記載：（一）意圖破壞中國國民黨或三民主義者，（二）意圖顚覆國民政府或損害中華民國之利益者，（三）意圖破壞公共秩序者，（四）妨害良善風俗者。不法出版之處分爲（一）禁止發行，（二）扣押出版品及其底版，（三）處以罰金、拘役、或徒刑。

第五節　著作權法

民國四年參政院代行立法院於第二期常會議定著作權法，由大總統於同年十一月七日公布。此法共分五章，都四十五條，規定文書講義演述樂譜戲曲，圖畫帖本照片雕刻模型，及其他關於學藝美術之著作物稟經內務部註册，專有重製之利益者，爲著作權。著作人終身享有著作權，死亡後，並得由其承繼人繼續享有三十年，如無承繼人，其著作權卽行消滅。以官署、學校、公司、局所、寺院、會所之名義，與不著姓名，或以別號發行之著作，其著作權得享有三十年。照片之著作權，得專有十年。著作權得轉讓於他人，但須註册。不得享有著作權之著作物凡五：（一）法令約章及文書案牘，（二）各種善會宣傳之勸戒文，（三）各種報紙記載關於政治及時事之論說新聞，（四）公開之演說，（五）依出版法不得出版之著作物。翻印仿製，及以其他方法假冒他人之著作者，與知情代爲出售者，註册時稟報不實者，未經註册假塡註册年月日者，均分別處罰，並沒收著作物。

國民政府定都南京後，以著作權之審定，應由大學院主管，其註册事宜，仍由內政部辦理，特將舊著作權法交法制局加以修訂。旋法制局會同大學院內政部擬具修正草案，經中央政治會議提出第百三十九次會議決議，著作權法修正通過，並由國民政府於十七年五月十四日公布。

此法共分五章，凡四十條，其內容大致與前法相同，惟相差異之要點有二：（一）內政部對於依法令應受大學院審查之教科圖書，於未經審查前，不予註册；（二）內政部發現著作物顯違黨義，或其他經法律規定禁止發行者，得拒絕註册。

第六節　違警罰法

民國四年，參政院代行立法院於第二期常會議定違警罰法，由大總統於同年十一月七日公布。

此法分九章，共五十三條，第一章總綱，規定違警之罰則爲主罰及從罰。主罰之種類有三：（一）拘留十五日以下，一日以上；（二）罰金十五圓以下，一圓以上；（三）訓誡。從罰之種類有三：（一）沒收，其物爲供違警所用，或因違警所得；（二）停止營業，其期間爲十日以下；（三）勒令歇業。以次各章爲妨害安寧之違警罰，妨害秩序之違警罰，妨害公務之違警罰，誣告僞證及湮沒證據之違警罰，妨害交通之違警罰，妨害風俗之違警罰，妨害衛生之違警罰，妨害他人身體財產之違警罰。

民國十七年，內政部另起草違警罰法，經司法部法制局會同審查，呈由中央政治會議提出第百四十八次會議通過，送中央執行委員會交國民政府於十七年七月二十一日公布。

此法亦分九章，共五十三條，其內容大致與前法相同，惟前法規定未滿十二歲人之違警不罰，此法改爲未滿十三歲人之違警不罰；幷增列召暗娼止宿者，以符咒邪術醫療疾病者，汚穢供人所飲之淨水者，漏逸或間隔蒸氣電氣或煤氣未至生公共危險者，分別各以拘役或罰金。此外各條尙略有文字上之修正。

第七節　治安警察條例豫戒條例

民國三年三月二日，大總統袁氏以敎令第二十八號公布治安警察條例；三月三日，又以敎令第三十號公布豫戒條例。此兩條例施行後，經政府提交參政院代行立法院於同年八月二十九日議決追認，改編爲法律第六號、第七號。

治安警察條例共四十一條，規定行政官署因維持公共之安寧秩序，及保障人民之自由幸福，得對於行使治安警察權之事項有七：（一）製造、運輸或私藏軍器爆裂物者；（二）攜帶軍器爆裂物及其他危險物者，（三）政治結社、及其他關於公共事務之結社；（四）政談集會、及其他關於公共事務之集會；（五）屋外集合及公衆運動游戲或衆人之羣集；（六）通衢大道及其他公衆聚集往來場所，黏貼文書圖畫或散布朗讀，又或爲其他言語形容並一切作爲者；（七）勞動工人之聚集。

豫戒條例共十四條，規定（一）無一定職業，常有狂暴之言論行爲者；（二）妨害他人之集會，或欲行妨害者；（三）不問公私，干涉他人之業務行爲，妨害其自由，或欲行妨害者；（四）不知檢束，常有破壞社會道德，或阻撓地方公益之言論行爲者；（五）意圖妨害他人之集會、自由或業務行爲，而使用有不知檢束無一定職業之人者；警察廳或縣知事得行豫戒命令命其於一定期內，從事合法之職業，時加檢束，不得妨害他人之集會，與一切自由，及業務行爲，幷不得使用他人妨害之。

第八節　警械使用條例

民國三年三月二日，大總統袁氏以教令第二十九號公布警械使用條例，旋提交參政院代行立法院於同年八月二十九日議決追認，改編爲法律第八號。此條例共十一條，規定警械爲（一）棍、（二）刀、（三）槍，警察官吏執行職務，非至窮於和平應付時，不得使用之。

民國二十二年五月，內政部以警械關係警容甚大，前條例內容大致尚妥，惟今昔官制不同，社會情勢亦異，爲因時制宜起見，特分別加以修訂，繕呈行政院，提經第百零六次會議決議通過，交立法院審議。立法院提出第三屆第二十三次會議議決，付法制委員會會同軍事委員會審查。該兩會於第三屆第九次及第十次聯席會議，先後提出詳加討論，結果修正通過。立法院復於第三屆第三十次會議，將該審查修正案提出逐條通過，幷省略三讀，通過警械使用條例全案，即呈由國民政府於二十二年九月二十五日公布。

此條例共十一條，其內容大致與前條例相同，規定警官警士執行職務，認爲必要時，得使用警棍指揮或制止。刀與槍之使用，須遇有下列情形之一：（一）警官警士之生命，身體受危害之脅迫，非使用刀或槍不足以抵抗或自衞時；（二）警官警士所防衞之土地、屋宇，或人之生命、身體、財產受危害之脅迫，非使用刀或槍，不足以保護時；(三)要犯脫逃或拒捕，非使用刀或槍，別無他法足以制止時；(四)暴徒擾亂公安，非使用刀或槍，不足以鎮壓時。警官警士使用警械應注意勿傷及其人致命之部位，與其他之人，並應將經過情形報告該管長官。

第九節　清鄉條例

民國十八年六月十五日，第三屆二中全會討論分區剿匪案，決議辦法三項，其第三項爲地方警衞部隊，由地方政府切實整理，協同國軍同時舉行清鄉事宜，其清鄉條例，由內政部定之。內政部遵卽擬具清鄉條例草案，呈由行政院提出第三十二次會議決議通過，轉呈國民政府令交立法院審核。

立法院卽將該草案提出第四十次會議議決，付軍事委員會審查。該會於第八次臨時會議提出討論，認爲大致尚妥，惟關於懲處部分，微嫌過略，當議決增加懲戒一章，列於原案第五章之後，並加一關於懲處之條文，遞列爲第二十九條，其餘各條文，均分別修正通過。立法院復於第四十四次會議，將該審查修正案提出逐條討論通過，並省略三讀通過清鄉條例全案，卽呈由國民政府於十八年九月十七日公布施行。

此條例共分七章，凡三十二條，規定施行期間以三個月爲限，延期不得逾六個月。各省設省清鄉總局，由省政府主席、民政廳長、省警務處長兼任局長、副局長及事務主任。各縣設縣清鄉局，由縣長、縣公安局長、地方公正士紳兼任局長、副局長、及助理員。縣境遼闊，并得於各區酌設清鄉分局。各縣清鄉局於期限內，應將全縣清鄉事宜辦畢，報由清鄉總局派員查驗。各省清鄉總局於期限內，應將全省清鄉事宜辦畢，咨內政部備案，並呈報行政院轉呈鑒核。各清鄉人員異常出力者，由該管長官隨時請獎，尋常出力者，俟清鄉完畢後彙案請獎。凡負清鄉責任人員，遇事因循，或臨時退縮，或有通庇盜匪，勒索舞弊等情，應由清鄉長官分別懲處，或呈請懲處。

清鄉條例公布後，施行期間瞬已屆滿，幷經延期六個月。行政院據湖北省政府呈稱該條例仍有繼續延長施行期間之必要，當轉呈國民政府，提經第九十七次國務會議決議，先電詢粵、湘、鄂、贛、蘇、浙、皖七省政府意見再行核辦。旋各該省先後電復，復經提出第六次國民政府會議決議，清鄉條例施行期間，延長至民國二十年六月底止。二十年六月，東北政務委員會以東北省區清鄉限期屆滿，盜氛未靖，擬再展期六個月，即呈請國民政府鑒核備案。國民政府於第二十三次會議提出討論，僉以清鄉條例施行期間，前已有令著延長至本年六月底止，與其一再延展，致與條文規定不相符合，不如將原條例加以修正，以便於六月底以前重行公布，當經決議，清鄉展期，暫予照准，並交立法院速修正清鄉條例。

立法院即將該案令交法制軍事兩委員會迅速審查。該會等於第十四次、第十五次、及第十七次聯席會議，先後提出討論，僉以清鄉條例，自民國十八年九月十七日公布，迄今已閱兩載。各省多未施行，其已施行者，又多未依第三條規定期限辦竣，一再呈請延期，亦與第四條但書之規定不合。查大股土匪，必須軍隊剿辦，其餘清鄉剿匪，依縣保衛團法組織之保衛團足以勝任，本條例無繼續存在之必要，似應即予廢止，當經出席委員一致可決。立法院復於第百七十一次會議，提出討論，並經議決照審查意見通過，即於二十年十二月二日，呈請國民政府明令廢止。

第十節　禮制服制

民國元年，參議院議決禮制，於同年八月十七日公布；又議決服制，於同年十月初三日公布。

禮制共七條，規定尋常相見，男子用脫帽禮，女子用一鞠躬禮。公宴、公禮式，及尋常慶弔、交際、宴會，用一鞠躬禮，慶典、祀典、婚禮、喪禮、聘問，用三鞠躬禮，惟男子脫帽，女子不脫帽。

服制共十二條，規定男子禮服分為大禮服、常禮服，禮帽分為大禮帽、常禮帽，料均用本國絲織品、或棉織品、或麻織品，色用黑。常禮服與禮靴各分甲乙二種。女子禮服週身得加繡飾。至禮服、禮帽、禮靴各式，均如附圖。

第十一節　國葬法

民國五年八月一日，國會第一次恢復，旋議定國葬法，咨由政府於同年十二月十八日公布。

此法共八條，規定中華民國人民，有殊勳於國家者，身故後，經大總統咨請國會同意，或國會議決，准予舉行國葬典禮，由大總統親往或派員致祭。國葬經費五千元，由國庫支出。墓地由國家於首都或各地方擇定相當地址，建築公墓，或專墓，或由遺族擇定塋地安葬，均由國家建立碑銘，以表彰之。關於葬禮及修墓一切事宜，由內務部派員辦理。殯葬時，由國家遣軍隊軍樂護送，所在地之官吏均往與祭，全國官署及公共團體均下半旗，設位遙祭。

民國十九年九月，中央政治會議第十八次臨時會議決議，譚故委員延闓因病逝世，特予國葬，並推定李委員文範邵委員元沖起草國葬條例送立法院。旋李委員等擬具草案提出立法院第百一十一次會議討論，當將標題修正爲國葬法，條文亦分別修正通過，幷省略三讀通過全案，卽呈由國民政府於十九年十月七日公布。

此法共七條規定中華民國國民，有殊勳於國家者，身故後，舉行國葬，由國民政府國務會議決定之。舉行國葬時，由國民政府派員組織國葬典禮辦事處，幷由國庫支出葬費。國葬舉行之日，凡公務人員，均臂纏黑紗，全國停止娛樂各機關、各團體及商店、民居，均下半旗誌哀。

第十二節　褒揚條例

民國三年三月十一日，大總統袁氏公布有褒揚條例十三條，至六年十一月二十日，政府又加以修正，但均未經立法程序。此條例大致規定（一）孝行純篤，（二）特著義行，（三）盡心公益，（四）有功藝術，（五）碩德淑行，（六）睦婣任卹，（七）節烈婦女，（八）年登百歲，均由內務部呈請褒揚之。

民國十八年三月，內政部以彰善旌能，國之大典，移風易俗，政有常規，値邪說橫行，綱維漸弛之時，尤應有振興禮教，提倡道德之舉，爰擬具褒揚條例及施行細則，呈請國民政府核定。惟國民政府第八九次會議決議緩議。至二十年二月，內政部以各省呈請褒揚之案，積有多起，核辦無所依據，而內政會議復議決轉請政府頒行褒揚法，乃繕具褒揚條例草案，呈由行政院提出第十三次國務會議決議，送立法院。

立法院即將草案提出第百三十三次會議議決付法制委員會審查。該會於第百一十一次、第百一十四次、及第百二十四次會議，先後提出討論，認爲大致尚妥，當將原草案略予修正通過。立法院復於第百四十九次會議，將該審查修正案提出逐條通過，並省略三讀通過褒揚條例全案，即呈由國民政府於二十年七月十一日公布，同日施行。

此條例共十六條，規定德行優異，熱心公益，均得褒揚。受褒揚人之事實，縣市政府、省政府、內政部，均有確實調查之責；其由鄉鄰親屬呈請者，應詳敍事實，依式塡列清册五份，並取具當地公正人民二人以上之證明書，褒揚方法爲(一)匾額、(二)褒章，並附給褒揚證書，均由內政部擬定，呈轉國民政府行之。送致褒揚品，由該管縣市政府行之。

第十三節　監督慈善團體法

民國十七年十二月，國民政府第十三次國務會議決議，交立法院趕速制定慈善團體立案註册條例，其內容必須規定(一)目的，(二)發起人之資格，(三)立案及註册，(四)會員，(五)職員，(六)會計淸算。文官處即錄案函達立法院查照辦理。

立法院於十八年一月十二日，第六次會議提出報告，並交法制委員會起草。該會於第十九次常會，提出討論，僉以關於慈善團體立案註册之條文，在民法上已有詳細之規定，似毋庸再定法規，惟對於慈善團體之目的，及其設施，則應有相當之監督，爰議定監督慈善團體法草案，並繕呈立法院提交大會公決。立法院當於第二十六次會議，將該草案提出逐條討論通過，並省略三讀通過監督慈善團體法全案，即呈由國民政府於十八年六月十二日公布。

此法共十四條，規定慈善團體，以濟貧、救災、養老、恤孤、及其他救助事業爲目的；除屬於財團性質者外，應有五人以上之發起人。發起人應有下列資格之一：（一）名望素著，操守可信者；（二）曾辦慈善事業著有成效者；（三）熱心公益，慷慨捐輸者；（四）對於發起之慈善事業，有特殊之學識或經驗者。其屬於社團性質者，每年至少應開總會二次，由董事報告詳細收支帳目，並說明辦理會務之經過情形。主管官署得隨時檢查慈善團體辦理之情形，及其財產狀況。辦理慈善事業著有成績者，主管官署得呈請國民政府或省政府褒獎之。

第十四節　監督寺廟條例蒙古喇嘛寺廟監督條例

監督寺廟條例　民國四年十月二十九日，袁大總統以敎令第六十六號公布有管理寺廟條例，至十年五月二十日，又經政府加以修正。

此條例共分五章，凡二十四條，規定寺廟須向地方官署呈請註册，其財產及僧道，與普通人民受同等之保護。凡著名叢林，及有關名勝或形勝之寺廟，由該管地方官特別保護。凡寺廟在歷史上有昌明宗敎陳蹟，或其徒衆恪守清規，爲人民所宗仰者，得由該管地方官詳請該管長官咨由內務部呈請大總統分別頒給經典、法物、或匾額以表揚之。寺廟財產，由住持管理，不得抵押或處分，並不得侵佔、沒收、或提充罰款。僧道之一切教規，從其習慣，但以不背公共秩序及善良風俗者為限。寺廟住持違背管理之義務，或僧道住持不守清規，情節較重者，該管地方官得申誡或撤退之。

民國十八年一月二十五日，國民政府公布有內政部所擬訂之寺廟管理條例二十一條，規定寺廟財產之所有權屬於寺廟，僧道住持不得把持或浪費，並不得私擅抵押或處分。僧道住持之傳繼，從其習慣，但非中華民國人不得繼承之，其有願退教還俗者聽。寺廟應按其財產之豐絀，自行辦理各級小學校、補習學校、圖書館、公共體育場、救濟院、貧民醫院、貧民工廠、合作社等。寺廟僧道有破壞清規，違反黨治，及妨害善良風俗者，得由該管市縣政府呈轉內政部核准後，以命令廢止或解散之。

寺廟管理條例施行後，各省往往發生窒礙，引起紛擾，內政部特呈由行政院轉呈國民政府，於十八年五月二十五日，將該條例令交立法院審核。立法院於第二十七次會議提出討論，當議決付委員焦易堂、衞挺生、陳肇英、陳長蘅、陶玄、莊崧甫、曾傑、邵元沖、史尙寬、林彬、王用賓、蔡瑄審查，由焦委員召集。該委員等先後開會四次，詳加討論，認為原條例窒礙難行，結果另行草定監督寺廟條例二十五條。立法院復於十八年十一月三十日第六十三次會議，將監督寺廟條例草案提出逐條討論通過，幷省略三讀通過全案，呈由國民政府於同年十二月七日公布。

此條例共十三條，規定凡有僧道住持之宗教上建築物，均爲寺廟，其財產及法物，應向該管地方官署呈請登記，并由住持管理之。寺廟之不動產及法物，非經所屬教會之決議，並呈請該管官署許可，不得處分或變更。住持須爲中華民國人民，於宣揚教義，修持戒律，及其他正當開支外，不得動用寺廟財產之收入。寺廟應按其財產情形，興辦公益或慈善事業，其收支款項及所辦事業，住持應每半年報告該管官署，並公告之。違反本條例強制之規定者，該管官署得革除其住持之職，並得逐出寺廟，或送法院究辦。

蒙古喇嘛寺廟監督條例　監督寺廟條例第十二條規定蒙古、西藏、西康、青海之寺廟不適用之。民國十九年十一月，蒙藏委員會呈送蒙古會議關於宗教各決議案於行政院，其第一爲蒙古各旗及平熱等處喇嘛寺廟管理辦法，第二爲蒙古喇嘛寺廟登記條例。行政院令由內政部分別簽註意見，予以改正，復發交蒙藏委員會依據修正後，卽轉呈國民政府批交立法院核議。

立法院提經第百二十二次會議議決，付法制委員會審查。該會於第百零六次會議提出討論，當決定推委員王葆眞、郗朝俊、蔡瑄、孫鏡亞、王用賓作初步審查。旋開第百十四次會議，將初步審查結果提出討論，並加推委員林彬、史尙寬、羅鼎共同整理。復開第百二十一次會議，詳加討論，結果議定蒙古喇嘛寺廟監督條例草案，其內容包括蒙古喇嘛寺廟管理辦法，蒙古喇嘛寺廟登記條例，及蒙古會議關於宗教之議決案。立法院卽於第百四十五次會議，將該草案提出逐條討論通過，并省略三讀通過蒙古喇嘛寺廟監督條例全案，當呈由國民政府於二十年六月十五日公布。

此條例共十八條，規定喇嘛寺廟之領袖喇嘛，視爲住持，由蒙藏委員會或該管蒙旗官署，分別派中華民國人民充之，綜管該寺廟事務，幷約束所屬僧衆。職任喇嘛，由住持按照慣例及等級派充，喇嘛換發劄付等事，由住持辦理，均分別呈報監督官署。住持應造具喇嘛名册，寺廟財產及法物淸册，並每年收支款項之預算決算，分別呈報監督官署。其餘各條內容，大致與監督寺廟條例相同。

第十五節　中華民國紅十字會管理條例

民國三年九月二十四日，大總統袁氏公布有中國紅十字會條例，至九年五月二十日，經陸軍內務海軍三部會同修正，呈奉政府核准公布施行。

此條例共十一條，規定中國紅十字會設總會於北京，設分會於各省；總會設會長副會長各一人，由大總統派充，任期三年，分會長由分會推舉，幷須經會長之認可，任期二年。該會依陸軍部海軍部之指定，輔助陸海軍戰時後方衞生勤務；並依內務部之指定，分任賑災施療，及其他救護事宜。該會得募款設立醫院，造就救護人材，儲備救護材料。該會戰時隨軍救護人員之待遇，與軍屬同，其應用房屋、糧食、船車、馬匹，得由會長分別陳請陸海軍部轉飭交給。該會須於每年一月內，將上年收支計算，事業成績，造具淸册，報告陸軍海軍內務三部；該三部並得隨時派員檢查該會之資產及帳簿。

民國十九年十月，中國紅十字會擬修改會章，呈請國民政府核准備案，主席卽批交文官處函送行政院轉令內政外交兩部會核。內政部於同年十一月十七日，召集外交部會議，因中國紅十字會一切事項，與陸海軍及衞生均有關係，復咨經軍政海軍及衞生三部派員出席，會同審核。僉以該會之設立，在條約上有根據，在國際間有地位，所辦主要事業，又爲救護各交戰國受傷疾病士兵等特殊之事，未便與普通慈善團體一例待遇，似可仿照日本等國，特訂條例，以資管理，當卽會同呈由行政院轉呈國民政府令立法院制定管理紅十字會法規，以便適用。

立法院於第百二十三次會議，將該案提出討論，當議決付外交委員會會同軍事委員會審查。該兩會於第二次聯席會議，推定趙迺傳、樓桐孫兩委員起草中國紅十字會管理條例，幷決定以內政部爲主管機關。旋趙委員等擬具中華民國紅十字會管理條例草案，該會等復開第四第五兩次聯席會議，將全草案詳加討論，修正通過。立法院卽於第二百十三次會議，將該草案提付二讀，逐條討論通過，幷省略三讀，通過中華民國紅十字會管理條例全案，繕呈國民政府於二十一年十二月十六日公布。

此條例共十四條，規定中華民國紅十字會設總會及分會。總會以內政部爲主管官署，並受外交軍政海軍三部之監督；分會隸屬於總會，以所在地地方行政官署爲主管官署。該會置理事監事各若干人，由全國會員大會就會員代表中選舉，理事互選常務理事五人，監事互選常務監事三人，呈由內政部轉呈行政院呈國民政府聘任之分會置理事監事各若干人，由分會會員大會選舉，俟分別陳報地方主管官署及總會核准認可後就任。總會應於每年一月七月，將過去半年之收支計算事業成績及將來工作進行計劃，報告於內政、外交、軍政、海軍各部；分會則報告地方主管官署及總會。其餘各條內容，大致與中國紅十字會條例相同。

民國二十三年九月，內政部以中華民國紅十字會管理條例第四條規定該會理事監事由全國會員大會就會員代表中選舉之。其施行細則第二十四條及第二十六條各第二項均規定理事監事由全國會員代表大會，就會員中選舉之。各條內容對於理事監事之當選資格，顯已兩歧，於適用上不無疑義。又以該會理事監事職責繁重，人選一項，允宜廣徵通才，藉裨會務，似未便僅以會員代表爲限，而剝奪多數會員之被選舉權，擬請將該條例酌加修改，即呈由行政院提出第百七十七次會議決議通過，咨立法院審議修正。

立法院提經第三屆第六十七次會議議決，付法制委員會審查。該會於第三屆第五十一次會議提出討論，僉以該施行細則第二十四第二十六兩條，與原條例第四條條文牴觸。行政院於公布該細則之前，自應咨請將原條例修正。今竟於該細則公布一年之後，始提請審議修正，顯然以命令變更法律，本案究應如何辦理，應請大會公決。立法院復於第三屆第七十一次會議，提出詳加討論，僉以命令不得違反法律，法規制定標準法訂有明文，既准行政院咨稱中華民國紅十字會理事監事人選，允宜廣徵通才，姑將原條例酌予修改。當議決將中華民國紅十字會管理條例第四條修正爲「本會置理事監事各若干人，由全國會員代表大會，就會員中選舉之」

并即於二十三年十二月二十三日，呈請國民政府公布施行。

第十六節　麻醉藥品管理條例

麻醉藥品之管理，前無法規。至民國十八年五月，禁煙委員會擬具麻醉藥品管理條例草案二十一條，呈經行政院提出第二十五次會議，決議，修正通過，轉呈國民政府鑒核。國民政府文官處即分別簽註意見，提出第三十二次國務會議決議，交行政院再核後，送立法院決定。行政院復飭政務處簽呈再提出第二十八次會議決議，將麻醉藥品管理條例草案，及文官處政務處簽呈，併送立法院審議。

立法院即將該案提出第三十三次會議議決，付法制委員會審查。該會於第三十五次常會提出討論，認爲禁煙委員會係督理全國禁煙事宜之機關，於麻醉藥品之輸入銷售，似以歸內政衛生兩部管理爲宜，當將原草案第三條、第五條加以修正，其餘各條字句，亦併略有增删。立法院復於第五十六次會議，將該審查修正案提出逐條討論通過，并省略三讀，通過麻醉藥品管理條例全案，即呈由國民政府於十八年十一月十一日公布。

此條例共二十二條，規定麻醉藥品之輸入及分銷，由內政衛生兩部指定總經理機關負責辦理。各省市需用麻醉藥品，由各該省市政府指定藥房經管分銷事宜。總經理機關自外國輸入麻醉藥品，按次由內政衛生兩部會同發給憑照，每年輸入數量，由行政院會議決定，其輸入口岸，限定上海一處。分銷機關向總經理機關購運麻醉藥品，按次由省市政府發給憑照。各地醫院、醫師、藥師、醫校需用麻醉藥品時，應向分銷機關購用。內政衛生兩部禁煙委員會，各省市縣政府，得隨時派員稽查總經理機關，分銷機關，并各醫院、醫校、醫師、藥師之運售使用情形，及現存品量。總經理機關、分銷機關、各醫院、醫校、醫師、藥師應每屆月終將麻醉藥品之購入、售出、及現存數目，列表報告，分別轉呈國民政府查核。

民國二十年七月，內政部以衛生部早經裁併，麻醉藥品管理條例內容如第三、第五、第七、第十、第十一、第十二、第十四至第十八、及第二十各條條文內規定應行之事項，均須會同衛生部辦理，於事實多不相符。爲循名覈實起見，似有修正之必要，特呈請行政院轉咨立法院將該條例審核修正，以利實施。行政院復以現行市組織法，已無特別市之名稱，該條例第四、第七、第十四、第十八各條內之「特別市」或「特別市政府」字樣，亦應修正，以符現制，特咨請立法院將該條例一併審議修正。

立法院卽將該案提出第百五十六次會議議決，付法制委員會審查。該會於第百二十六次及第百二十九次會議，先後提出討論，當將原條例中之「衛生部」及「會同」字樣一律刪去，并將第三條之「行政院會議」字樣，改爲「國務會議」，第四、第七、第十四各條條文內之「特別市」字樣，改爲「隸屬於行政院之市。」又原第十八條規定「在本條例施行前，各藥房、醫院、及醫學校如存有麻醉藥品，應於二個月內開列品名及數量，呈報省政府或特別市政府核明，彙報內政衛生兩部、及禁煙委員會」，以本條例施行已久，無規定之必要，併予刪去。另增入一第八條，爲「麻醉藥品之輸入數量及分銷情形，應由內政部至少每年公告一次」以下各條，均依次遞改。

立法院復於第百六十九次會議，將該審查修正案提出逐條通過，并省略三讀，通過全修正案，呈由國民政府於二十年十一月七日公布。此修正痲醉藥品管理條例修正之點，已述於上，其餘均大致與原條例相同。

第十七節　西醫條例中醫條例

西醫條例　民國十一年三月九日，內務部公布有管理醫師暫行規則二十八條，規定醫師須年在二十歲以上，并應具有四種資格之一：(一)在國內官公私立醫科大學，或醫學專門學校醫科畢業，經教育部核准註册，或給予證書者；(二)在外國官公私立醫科大學，或醫學專門學校醫科畢業，經教育部核准註册，或給予證書者；(三)在外國人私立之醫學堂三年以上畢業，領有文憑者；(四)外國人曾在各該國政府領有醫術開業證書，經外交部證明者。

民國十八年一月十五日，衛生部擬訂有醫師暫行條例，呈由行政院轉呈國民政府核准公布施行。此條例共二十五條，其內容大致與前暫行規則相同，惟於醫師資格，增加一「經醫師考試及格，領有證書者。」一

十八年十月，全國醫師聯合會以現行醫師暫行條例不合國情，窒礙難行，呈由行政院令交衛生部核辦。該部以前頒醫師暫行條例，對於醫師請領證書資格，限制過嚴，實有修正之必要，爰擬具修正草案，呈經行政院提出第四十九次會議決議，照修正案轉呈政府。國民政府卽令交立法院核議。

立法院提出第六十九次會議議決，付法制委員會審查。該會於第四十四次，及第五十八次會議，先後提出討論，認為該條例係專為西醫而設，當將標題改為西醫條例草案，並將條文修正通過。立法院即將該審查修正案提出第八十次會議議決，再付原審查委員會審查。法制委員會先交由孫鏡亞、鄭毓辰、劉積學三委員共同初步查審，又開第六十五次會議，詳加討論，結果標題仍改為西醫條例草案，條文增刪為二十條。立法院復於第八十八次會議，將法制委員會第二次審查修正案提出逐條通過，并省略三讀通過西醫條例全案，即呈由國民政府於十九年五月二十七日公布。

此條例共二十條，規定凡年在二十五歲以上，在國立或經教育部立案或認可之國內外醫學專門學校以上畢業，或經外交部之證明，外國人在各該國政府得有醫生證書，經考試或檢定合格給予證書後，得執行西醫業務。其有此種資格現已執行業務之西醫，在未舉行考試或檢定前，得繼續執行業務。西醫之開業、歇業、復業、移轉、死亡等事，應於十日內由本人或其關係人報告該管官署。西醫執行業務，應備治療紀錄，并應親自診察檢驗，分別填具診斷書、檢案書、或死產證明書。西醫關於公安上、審判上、及預防疾病等事，有協助該管法院、公安局、或行政官署之義務。西醫違反本條例強制之規定者，得由該管官署處以罰金，或送法院辦理。

中醫條例　民國十一年三月九日，內務部除公布管理醫師暫行規則外，并同時公布管理醫士暫行規則；一為關於西醫之管理，一為關於中醫之管理。此規則共二十七條，規定醫士須年在二十五歲以上，并須具有四稱資格之一：（一）曾經各該地方警察廳考試及格，領有證明文件者；（二）在中醫學校或傳習所三年以上畢業者；（三）曾任官公立醫院醫員三年以上，確有成績者；（四）有醫術智識經驗，行醫五年以上，有確實證明者。

民國二十二年五月，中央政治會議開第三百六十次會議，石瑛等二十九委員以十九年五月二十七日公布之西醫條例，完全屬於西醫方面，而對於中醫之管理法規，尚付缺如，特提出國醫條例原則九項，草案二十六條，請察核公決，當經決議，交內政教育兩部審議。該兩部審議結果，以中醫中藥之管理，均已分別頒有法規，無擬訂國醫條例之必要。復經中央政治會議提出第三百六十四次會議決議，將石委員等原提案及內政教育兩部審議意見，併交立法院審議。

立法院提出第三屆第二十六次會議議決，付法制委員會審查。該會於第三屆第二十四次、第二十八次、第三十次、及第三十四次會議，先後提出討論，結果，將原草案改為中醫條例草案，條文亦分別修正通過。立法院復於第三屆第四十三次會議，將該審查修正案提出逐條討論通過，并省略三讀，通過中醫條例全案，即繕呈國民政府鑒核公布。

此條例未經國民政府公布，全文共十條，規定凡年滿二十五歲，曾經中央或省市政府中醫考試或甄別合格，或發給行醫執照，或在中醫學校畢業，或曾執行中醫業務五年以上，經內政部審查合格給與證書者，得執行中醫業務。其餘內容，大致與西醫條例相同，或準用西醫條例之規定。

第十八節　救災準備金法

民國十九年四月，振務委員會呈請國民政府擬自本年度起，每年預算內列備荒專款五百萬元；專爲救災備荒之用，永不删除亦不移作他用；幷擬具備荒基金法草案，請核議公布，以垂永久。國民政府即批交文官處函送立法院審議。

立法院於第八十六次會議，將該草案提出討論，當議決付財政委員會審查。該會審查結果，以此案關係重大，應咨請行政院轉令內政財政兩部，及關係各部會妥議救濟災荒具體方案，再行審議。立法院復提經第九十一次會議議決，再付法制委員會會同財政委員會審查。該兩會於第七次聯席會議提出討論，認原草案規定稍欠詳密，當推定羅鼎、劉盥訓、蔡瑄、陳長蘅四委員另行起草，由羅委員召集。旋羅委員等草具救災準備金法，加入孫委員鏡亞共同初步審查後，法制財政兩委員會又開第九次聯席會議，提出討論通過，完成草案共十一條，立法院復於第百一十二次會議，將該草案提出逐條通過，幷省略三讀通過救災準備金法全案，即呈由國民政府於十九年十月十八日公布。

此法共十一條，規定國民政府每年應由經常預算收入總額內支出百分之一，爲中央救災準備金；省政府每年應由經常預算收入總額內支出百分之二，爲省救災準備金。救災準備金應設保管委員會，在中央由國民政府派定委員七人組織之，在省由省政府呈請行政院派定委員五人組織之，分別以內政部長、財政部長、民政廳長、財政廳長爲當然委員。遇有非常災害，爲市縣所不能救卹時，以省救災準備金補助之，不足再以中央救災準備金補助之。依被災情況，本年度救災準備金所生之孳息，不敷支付時，動用救災準備金不得超過現存額二分之一。救災準備金之收支保管委員會應按年度造具預算決算，分別呈報監督機關。

第十九節　護照條例

民國元年七月十七日，外交部公布有領署給發護照簡章七項，僑商回國請領護照簡章六項。民國五年三月十七日，外交部又公布一請領出洋經商護照章程八項。

民國十八年十二月三十日，外交部頒發出國護照暫行辦法二十條，駐外使領館發給回國護照及簽證外人來華護照暫行辦法十四條。至十九年七月，該部以前暫行辦法，係暫時施行性質，經參合各方意見，認爲應加修改，即另行擬訂護照條例草案，呈經行政院提出第一次國務會議決議送立法院。

立法院當將該草案令交外交委員會審查。該會於第十四、第十五、第十六各次會議，先後提出討論，并函請中央僑務委員會派員列席說明，結果將原草案修正通過。立法院於第百二十七次會議，將該審查修正案提出逐條討論通過，并省略三讀通過護照條例全案，即呈由國民政府於二十年一月三十一日公布。

此條例共十八條，規定護照分外交護照、官員護照、普通護照三種。國民黨中央執監委員、國民政府委員、各院部會之長官，外交官領事官，國民政府因公派往各國簡任以上之人員，并各員之眷屬隨從，及公文專差，均適用外交護照。此外中央及地方各機關因公派往各國之人員，適用官員護照。本國人民適用普通護照。外交護照，官員護照向外交部領取，普通護照向外交部或外交部指定之地方政府或駐外使領館領取。領照人到達目的地，應向本國使領館呈驗護照，免費登記。駐外使領館對於外人請求簽證護照，應令其塡事項表，並繳納簽證費，其數額由外交部定之。

第二十節　戒嚴法

中華民國臨時約法第三十六條規定：「臨時大總統得依法律宣告戒嚴。」參議院特制定戒嚴法十七條，於元年十二月十五日公布施行。

此法之內容，大致與日本之戒嚴令相同。規定戒嚴之宣告，以遇有戰爭或其他非常事變爲限。大總統得宣告戒嚴，或使宣告之；軍長、師長、旅長、要塞司令官、警備司令官、分遣隊隊長、艦隊司令長官、艦隊司令官、軍港鎭守長官、特命司令官，均得臨時宣告戒嚴，但須將戒嚴之情狀及事由迅速呈報大總統及其所隸屬之長官。戒嚴地域分爲警備地域與接戰地域。在警備地域內，與軍事有關係之地方行政與司法事務，其管轄權移屬於該地之司令官。在接戰地域內，地方行政與司法事務之管轄權移屬於該地之司令官；與軍事有關係之民刑事案件，由軍政執法處審判；如該地無法院，或與其管轄法院交通斷絕，所有民刑事案件，均由軍政執法處審判之，戒嚴地域內，司令官有執行左列事件之權：

一　停止集會、結社、或新聞、雜誌、圖畫、告白等之認爲與時機有妨害者；
二　凡民有物品可供軍需之用者，或因時機之必要，禁止其輸出；
三　檢查私有槍礮、彈藥、兵器、火具及其他危險物品，因時機之必要，得扣留或沒收之；
四　拆閱郵信電報；
五　檢查出入船舶及其他物品，或停止陸海之交通；
六　因交戰不得已之時，得破壞燬燒人民之動產不動產；
七　接戰地域內，不論晝夜，得侵入家宅、建造物、船舶中檢查之；
八　寄宿於接戰地域內者，因時機之必要，得令其退出。

戒嚴之情事終止時，應卽宣告解嚴，戒嚴失其效力。

民國十五年七月，國民革命軍誓師北伐，廣東國民政府特制定戒嚴條例，於十五年七月二十九日公布。此條例全文共十一條，較戒嚴法爲簡要，將宣布戒嚴之權，改爲屬於總司令；臨時宣布戒嚴之權，概括定爲屬於各該地軍事長官；幷規定此條例於宣布解嚴後失其效力。其餘內容，大致與前法相同。

民國十九年十月，立法院軍事委員會提議起草戒嚴法草案，略云：「竊五權分治，爲本黨建國精神。各種法規，均應本立法程序，及早完成。戒嚴法尤爲用兵及應付非常事變之所必要，爰參酌民國元年公布之戒嚴法，十五年公布之戒嚴條例，及日本等國之戒嚴令，起草戒嚴法凡十三條。謹依本院組織法第二十二條之規定，繕具草案，並附比較說明書，提請公決。」立法院於十九年十一月二十二日第一百十八次會議提出討論，當議決付軍事委員會會同法制委員會審查。

法制軍事兩委員會於第十四次聯席會議，共同討論，僉以戒嚴法關係國防綦重，審訂應極周詳，復於第三屆第十一次聯席會議，繼續審查，結果，另推委員重行起草。各起草委員即按我國國情，參酌各國成規，並徵集主管軍事機關意見，迭次開會討議，經將戒嚴法草擬完竣，復付初步審查，詳細審議，又開全體審查會，逐條討論，修正通過，都十六條。

二十三年十月，立法院開第三屆第七十一次會議，將戒嚴法草案修正案提出討論，當議決再付原審查委員會審查，限一個月內審竣。法制軍事兩委員會復開第三屆第十七次聯席會議，共同詳加討論，當將該草案修正案略予修正文字通過。立法院復於第三屆第八十一次會議，將最後審查修正之戒嚴法草案，提付二讀，自標題及第一條至末條，均無異議通過，并省略三讀通過全案，即呈由國民政府於二十三年十一月二十九日公布。

此法共十六條，規定遇有戰爭，對於全國或某一地域應施行戒嚴時，國民政府經立法院之議決，得宣告戒嚴，或使宣告之。國內遇有非常事變，對於某一地域應施行戒嚴時，國民政府得不經立法院之議決，宣布戒嚴，其餘內容大致與元年公布之戒嚴法相同。惟有最相異之點爲前法規定於接戰地域內，與軍事有關之民事刑事案件，由軍政執法處審判之，不得控訴及上告。此法規定接戰地域內關於刑法上之（一）內亂罪，（二）外患罪，（三）妨害秩序罪，（四）公共危險罪，（五）僞造貨幣、有價證劵及文書印文各罪，（六）殺人罪，（七）妨害自由罪，（八）搶奪強盜及海盜罪，（九）恐嚇及擄人勒贖罪，（十）毀棄損壞罪，軍事機關得自行審判或交法院審判之，判決後得於解嚴之翌日起依法上訴。

第二十一節 兵役法

民國十八年七月，立法院軍事委員會提議擬訂兵役法原則草案，略云：

「吾國徵兵之議，喧騰已久。本黨政綱業經規定。然卒未能實施者，以茲事體大，戶籍法未定也，警察未周也，教育未普及也，自治機關未完善也。若勉強行之，適成前清末季之徵兵，有名無實。然當此寰宇削平，編遣將次就緒，兵役一事，實關重要。雖徵兵制不能遽行，而整理募兵自不容緩。擬成兵役法案，冀爲徵兵之先導，凡徵兵制之優點，盡行採用，俟行政完備，改行徵兵，似較容易。……爰擬兵役法原則草案八條，呈請中央政治會議決定施行，是否有當？謹候大會公決。」

立法院提經第三十四次會議議決，付法制、外交、財政、經濟、軍事五委員會審查。該會等於第三次聯席會議，將該草案提出討論，認爲大致妥善，修正通過。立法院復於第三十八次會議，將兵役法原則草案審查修正案提出討論通過，都凡八條，并於十八年八月五日，呈請國民政府轉送中央政治會議采擇施行。

民國二十年十月，立法委員黃右昌等七人提議起草徵兵法，略云：

「我國向行傭兵制度，兵不曰徵而曰募，募則應之與否，聽諸人民，非法律上之義務也。中世紀之歐洲各國，亦采傭兵制度。自普魯士創行徵兵以來，各國相繼倣行，人民在憲法上享有種種權利，即有納稅服兵役之義務。舉國國民，按期負擔，不能因身分而解除，亦不能以金錢而解免。雖兵制各有不同，然采用國民皆兵制則一。……委員等外憤國恥之重大，內察國民之要求，竊以爲在此時期，應起草徵兵法，厲行徵兵制度，以爲常備兵之後備。……謹依本院議事規則第十六條，第十七條之規定，提案如右。」

立法院即於第百六十七次會議提出討論，當議決本院第三十八次會議議決之兵役法原則草案，如有補充或修正之點，付法制委員會、軍事委員會、自治法起草委員會會同擬具意見，提請公決，再轉送政治會議核定。該會等開第一次聯席會議討論，僉以原草案尚有應行修正之點，當推定陳肇英、朱和中、何遂、王柏齡、魏懷、黃右昌、羅鼎、王用賓、呂志伊九委員作初步審查。旋審查完畢，該三委員會復開第二、第三、第四各次聯席會議，詳加討論，結果將原兵役法草案逐條修正通過，都十八條，并繕呈立法院提交大會公決。

民國二十一年一月，軍政部以各國兵制，不外徵兵、募兵、民兵三種，以我國情形，驟難實行徵兵制、民兵制，爰協同參謀本部、訓練總監部派員研究討論，結果，認爲我國兵役非募兵之害，實募兵無法制之害，當擬具陸軍兵役法草案，復經三部會核修正，呈由行政院提出第五次會議決議轉呈國民政府，國民政府提出第一次會議決議，標題加「暫行」二字，交立法院，由文官處函達查照審議。

立法院於第百七十七次會議將法制委員會等審查修正之兵役法草案及文官處函送之暫行陸軍兵役法草案一併提出討論，當議決併付法制委員會、軍事委員會、自治法起草委員會審查。該三委員會即開第五次聯席會議提出討論，僉以兵役爲人民義務，其立法原則，應由最高政治機關決定，暫行陸軍兵役法草案純係募兵性質，似與　總理募兵制度漸改爲徵兵制度之遺教不符，當議決將修正兵役法原則草案提會公決後，轉送政治會議決定。立法院復於第百八十二次會議，將修正兵役法原則草案提出逐條討論，全案通過，并於二十一年四月二十八日，呈送國民政府轉請中央政治會議察核。

中央政治會議即將立法院議定之修正兵役法原則草案，交由軍事委員會審議。旋該會審查完畢，提出審查意見表，及所擬兵役法草案，附進行意見及說明書，經中央政治會議交法制軍事兩組審查後，提出第三百四十二次會議縝密討論，當議定兵役法原則，即函由國民政府於二十二年二月十六日令立法院遵照起草兵役法。此原則仍兼采募兵制，共爲五項：

一　中華民國之男子，均有服兵役之義務。

二　兵役分爲國民兵役及常備兵役之二種如左：

甲　國民兵役　凡男子自年滿十八歲起，至滿四十五歲止，其不服本項乙目常備兵役時，均服國民兵役。

平時，受規定之國民軍事教育；戰時，遇有必要，除因特種原因，依照規定爲緩役，免役者外，均依國民政府命令徵集之。

乙 常備兵役 平時募集年滿二十歲至二十五歲之男子，志願充常備兵，經檢定合格者，使之服役。其區分及任務與期限如左：

現役 常年在營，其期限爲三年，期滿退伍爲正役。但在陸軍步兵，除上等兵及各種特業兵外，其一般之一等兵、二等兵則滿二年，即使歸休。又輜重輸卒，則滿半年，得使歸休。

正役 以現役期滿退伍者充之，其期限均爲六年。平時在鄉惟受規定之演習召集，至戰時以動員召集，使之歸營。

續役 以正役期滿轉役者充之，其期限自轉役之年起，至年滿四十歲止，任務與正役同。

三 關於兵役事務，及在鄉軍人各種事項，由軍政部、內政部協同掌理之。

關於國民軍事教育事項，由訓練總監部、教育部協同掌理之。

爲前各項事務之準備及實施，就全國地方，劃定師區、團區，設置所必要之機關，掌理其事各地方官署及自治機關，對於前各項之事項，有依法辦理之責。

四 二三兩項中之左列事項，另以條例規則分別規定之：

一　國民軍事教育事項；

二　國民兵役戰時徵集之準備、實施、及緩役、免役、與其服役之規定各事項；

三　常備兵役之募集事項；

四　常備兵役之服役事項；

五　在鄉軍人之管理及召集事項；

六　關於師區團區之各事項。

五　關於海軍之兵役另定之。

立法院奉國民政府令發兵役法原則五項，卽令交軍事委員會起草。旋起草完竣，立法院提出第三屆第十四次會議議決，付法制委員會會同軍事委員會審查。該兩會於第三屆第五次、第六次、及第七次聯席會議，繼續提出討論，結果依據原則，將兵役法草案修正通過。立法院復於第三屆第二十一次會議將兵役法草案審查修正案提出討論，先由軍事委員會委員長陳肇英報告審查結果，略云：

「本案係法制軍事兩委員會會同審查，依據中央決定原則，將原草案略予變更。惟有最重要修正之點二：第一、由募兵制漸改爲徵兵制，原則上未加規定，審查會特定爲常備兵以徵集爲原則，如在地方自治未完成之區域，得以募充。就時間言，地方自治完成，卽應改行徵兵制；就空間言，某地方自治完成，某地方卽應改行徵兵制。第二審查會增加第六第七兩條，規定現役兵之應入營者，如有疾病，或精神喪失，或其他不可避免之專故，得給以一月之假期或緩役或免役。此亦爲原則所無，是否妥當？請討論公決。」

陳委員長報告畢，主席宣告開始二讀，第一條修正通過，第二條無異議通過，第三條、第四條、第五條，均略有文字上之修正。第六條、第七條全删，增加一第十條，規定兵役之免役緩役事項另定之。原第八條至第十條，改爲第六條至第八條，原第十二條、第十三條，改爲第十一條、第十二條，均無異議通過。原第十一條改爲第九條，修正通過。二讀既畢，主席諮詢衆委員同意，宣告兵役法全案通過。

立法院通過兵役法，即繕具全文，呈由國民政府於二十二年六月十七日公布。此法共十二條，其內容重要之點，即中央政治會議決定之原則，與陳委員長肇英報告審查之結果，茲不贅述。

第二十二節　陸海空軍懲罰法

民國二年四月一日，袁大總統公布有陸軍懲罰令，凡六章，共五十六條，規定陸軍官佐，及隸屬於陸軍之文官、見習官，違犯本令應受懲罰之款目有三：（一）重檢束，（二）輕檢束，（三）申誡。陸軍學生、弁目、兵匠夫役違犯本令應受懲罰之款目有五：（一）降級，（二）重禁閉，（三）輕禁閉，（四）禁足，（五）苦役。罰權分別屬於各本管上官，及團營連長、隊長或上等官、中等官、初步官。犯行采列舉主義，倘所犯情節有出於所列之外者，得核其輕重，比擬科辦。

民國三年七月九日，袁大總統又公布一海軍懲罰令，共分六章凡三十七條，規定海軍官佐及其他相當職官違犯本令應受之懲罰爲（一）停升，（二）管束，（三）訓斥，海軍士兵匠役違犯本令應受之懲罰爲（一）降等，（二）停升，（三）禁閉，（四）苦役，（五）停假，（六）站立。海軍部長、司令長官、司令官、艦隊隊長、及其他獨立職務之上等官佐、中等官佐各對於其所屬官佐軍人有科懲罰之權，犯行亦逐款列舉，大致與陸軍懲罰令所規定者相同。

民國十九年四月，立法院軍事委員會以吾國歷年戰亂，法制蕩然，軍事典章，尤多缺漏，復鑒於陸海空軍刑法，與陸海空軍審判法已次第公布，惟軍人違反軍紀風紀之適當律例，尚未完成，擬草訂陸海空軍懲罰法，俾軍人犯輕微犯行者有所警戒，爰於第二十四次會議推定朱和中張志韓兩委員起草。旋起草完竣，復於第二十七次至第三十次會議，詳加審查，即將陸海空軍懲罰法草案全部修正通過。

立法院於第八十四次會議，將該草案提出初讀，當議決付法制委員會會同軍事委員會審查。該兩委員會即開第十三次聯席會議，提出討論，認爲大致妥善，修正通過。立法院復於第百十一次會議，將該審查修正案提出逐條通過，幷省略三讀通過陸海空軍懲罰法全案，即呈由國民政府於十九年十月七日公布施行。

此法全文共四十九條，分七章。第一章總則，規定適用本法共同之原則。第二章犯行，采列舉之規定，共三十有六。第三章罰則，規定如有犯本法所列之犯行，陸海空軍官佐或其他相當人員應受之懲罰爲（一）停止進級，（二）重檢束，（三）輕檢束，（四）申誡；陸海空軍學生、士兵、匠役應受之懲罰爲（一）降等，（二）重禁閉，（三）輕禁閉，

（四）禁足，（五）罰役，（六）立正。第四章罰權，以陸海空軍長官之階級，定懲罰之權限。第五章及第六章，規定各級官長於處罰部下後，應速報告或通報；受罰者如有理由得以申訴。末章附則，規定本法施行之日期。

第二十三節　陸軍大學校組織法陸軍大學校兵學研究院組織條例

民國三年三月十一日，參謀本部以部令第二四八號公布陸軍大學校條例四十五條，大致規定陸軍大學校直屬於參謀本部，爲選拔品學卓越才識優異之青年軍官，使修養高等帥兵必要諸學術原理，及發揮其活用智能之所。該校設校長、教育長、副官、高等兵學教官、專任各教官、兵學助教官、騎術教官、編譯員、修輯員、軍需、軍醫、獸醫、中少尉准尉、上中下士及委任文官。候補學員以陸軍步騎礮工輜各兵科之上校以下軍官，曾畢業於陸軍軍官學校，服軍職二年以上者，施行初審再審試驗，由參謀總長決定去取員數，及入學日期傳知及第學員，入校肄業。學員肄業三年期滿，由參謀本部呈請大總統委任上等軍官，施行畢業試驗，由大總統親臨發給證書及徽章。

民國八年十一月十四日，參謀本部又將陸軍大學校條例加以修正，呈奉大總統核准公布施行。此修正條例共二十一條，較原條例簡單，其內容大致相同，惟規定陸軍大學校所置之職員略少，應考學員之資格略低。

民國十七年十二月二十一日，參謀本部擬具有陸軍大學條例，呈經國民政府核准，並明令公布施行。陸軍大學校以其中頗有數點，與該校事實不無窒礙，或與現狀未能吻合，爰召集校務會議，悉心考慮，由各組處主管人員，分別簽呈意見，并綜合討論，擬具修正草案，呈經參謀本部轉呈國民政府令交立法院核議。

立法院於十八年六月二十九日，提出第三十一次會議議決，付軍事委員會審查。該會於第五次臨時會議，將該修正草案提出討論，當將標題改爲陸軍大學組織法草案，條文亦分別修正通過。立法院復開第二十七次會議，將該草案提出逐條討論通過，并省略三讀通過全案，即呈由國民政府於十八年八月二十三日公布。

陸軍大學組織法共十六條，規定該校爲選拔品學優越之青年軍官，修習高等用兵學術，養成軍事高等人才；置校長、副校長、教育長、教育主任，聘任兵學教官、兵學教官、教官、編譯主任、編譯官、副官、軍需、軍醫、獸醫、文官。學員須具有下列資格，并經試驗及格者：（一）步騎砲工輜等兵科之軍官，曾畢業於國內外陸軍軍官學校，或同等之學校，其修業期間在一年半以上者；（二）曾服軍職二年以上，確有現任底差者；（三）勤勉強健，品行端正，確有成材之希望者；（四）年齡須在三十歲以內者。學員每年考取一班，修學期間三年，每學年終行學年考試，第三學年終行畢業考試，由校長呈轉國民政府主席派員監試，并由國民政府主席親臨授畢業證書及徽章。

民國十九年十月，參謀本部以陸軍大學校應增收航空軍官，擬具修正該校組織法草案，呈由國民政府發交立法院審議。立法院提經第百一十七次會議議決，付軍事委員會審查。該會於第五十次會議提出詳加討論，僉以航空人員既有航空班與航空學校之設，自應於陸軍大學校中增收航空軍官，俾資深造，當議決於陸軍大學校組織法第六條第一款後增加一款，列爲第二款，爲「曾畢業於國內外航空學校之航空軍官，」原第二款以下依次遞推。立法院復於第百一十八次會議，將該審查修正陸軍大學校組織法第六條條文，提出通過，并呈由國民政府於十九年十二月四日公布。

民國二十一年一月，陸軍大學校以該校組織法頒行後，按諸實際情況，尚有應加修正之點：（一）校長總理校務，常川在校負責，副校長可不設置；（二）凡校長、教育長以及各教官，均負有相當訓育責任，訓育處亦可暫不設置；（三）現聘兵學德教官四員，擬各附設輔助教官一員，又航空海軍為現代作戰必需之學科，擬增設航空海軍主任教官各一員；（四）教務主任除佐理教育計畫之實施外，並擬以兼任兵學研究會主任；當擬具修正草案，呈由參謀本部轉呈國民政府交立法院審議。

立法院即將該案令交軍事委員會審查。該會於第六十五次會議提出討論，認陸軍大學校原呈各點，尚屬適當，即將陸軍大學校組織法第四條、第五條加以修正，並增加一第十六條，原第十六條，遞改為第十七條。立法院即於第百八十次會議，將各該審查修正條文提出討論通過，并呈由國民政府於二十一年四月二十日公布。此各修正條文增修之點，即：（一）刪除副校長及訓育處，（二）添設兵學輔助教官及航空海軍教官，（三）規定教務主任兼兵學研究會主任，（四）明定校本部及各處會之組織，依附表之規定。

民國二十二年二月，參謀本部將陸軍大學校兵學研究會加以改革，擴充為兵學研究院，并草具該院暫行組織條例，呈奉國民政府核准備案。二十三年四月，參謀本部又將該暫行組織條例加以修正，函由軍政部呈請行政院轉呈國民政府發交立法院審議。

立法院提出第三屆第六十次會議議決，付軍事委員會審查。該會於第三屆第十二次會議提出討論，當議決推定委員何遂、黃一歐、李仲公、張國元、朱和中、王祺、戴任共同初步審查，由何委員遂召集，並函參謀本部派員列席。旋初步審查完畢，該會又開第三屆第十三次會議討論結果，將原條例修正通過。立法院復提出第三屆第六十三次會議議決，再付軍事委員會審查。該會開第三屆第十四次會議詳加討論，當將原條例重加修正通過，并將陸軍大學校組織法第十六條條文一併加以修正，俾兵學研究院之組織有所依據。立法院即於第三屆第六十五次會議將各該審查修正案提出逐條討論，當將陸軍大學校兵學研究院組織條例全案，及修正陸軍大學校組織法第十六條條文分別通過，并一併呈由國民政府同於二十三年七月十九日公布。

陸軍大學組織法第十六條原定校本部及各處會之組織，均依附表所規定；修正條文删去「及兵學研究會」六字，增列一第二項規定「本校設兵學研究院，其組織條例另定之。」

陸軍大學校兵學研究院組織條例共十一條，規定該院設主任一人，教官若干人，以專任研究員十二名至十五名，及兼任研究員若干名組織之，研究員以國內外陸軍大學畢業，並服務二年以上，學驗優越，成績卓著，年齡自三十歲至四十五歲者爲合格。研究課目之主要課目爲戰略、戰術、戰史、參謀要務、國防計劃、國家總動員；一般必修課目爲軍政、軍令、軍隊機械化、化學戰、陣地攻防、航空戰術、海戰學、要塞戰術、戰術教育法；自由選擇科目爲兵要地理之調查與研究、鄰邦兵備及各國編制裝備之研究、軍隊及學校教育之研究、各種特別演習及統裁指導法、各種新兵器之研究、典範令及軍語符號之研究、歷代兵略之研究、國家學、各國經濟狀況、社會狀況、各國政治史、外交史研究期限二年，期滿舉行畢業試驗，由參謀本部頒給證書，兼任研究員不給證書，但研究一年後，可派其兼任教官。

第二十四節 要塞堡壘地帶法

民國十九年七月，參謀本部擬具要塞堡壘地帶法，并與軍政部會商分條釐訂，呈由國民政府批交立法院審議。

立法院提出第百零三次會議議決，付軍事委員會審審。該會於第四十次及第四十一次會議詳加審議，結果，改標題爲要塞區域法草案，并將全部條文修正通過，立法院復於第百一十次會議，將該審查修正案提出討論，當議決再付原審查委員會會同委員羅鼎審查。

軍事委員會卽開第四十二次及第四十三次會議，會同羅委員鼎繼續審議，并函由參謀本部、軍政部派員列席說明，略謂要塞爲國防之重要設備，在國防會議未開，國防大計未決以前，法雖議定，實行則尙有待，然爲目前之要塞礮臺等計，似不能不訂定法律，以資適用。惟究應一法兩用？抑或分別釐定？應請各委員公決，各委員詳加討論，僉以沿海要塞、與沿江要塞、及各地礮臺，不僅性質有異，卽區域廣狹亦殊，一法兩用，似難通行，應分別審訂，以免削足適履之嫌。當經議決，要塞區域法，另提修正案，並補訂堡壘法，均交由參謀本部會同軍政部起草。立法院提出第百一十三次會議議決照審查意見通過，幷錄案呈經國民政府分令參謀本部軍政部遵照辦理。

旋參謀本部軍政部會同將要塞地帶法詳細研究，決定增加二條，列爲第二十五條、第二十六條，並修正第十六條，俾沿海沿江要塞均得適用，即擬具修正草案，呈由國民政府於二十年一月二十一日令交立法院審議。

立法院即將該修正草案轉交軍事委員會會同羅委員鼎審查。該會於第四十三次會議提出討論，僉以堡壘爲要塞搆成之要素，各地堡壘甚多，是否適用本法之規定？原草案幷未提及，當議決由原起草機關另提修正案，並增入堡壘一項，以臻完善。嗣參謀本部會同軍政部復另擬修正草案，將標題仍改爲要塞堡壘地帶法，函由軍事委員會提出第六十三次會議會同羅委員鼎詳細審查，並派員列席說明，結果將該修正草案逐條修正通過，都二十四條。立法院當於第百五十九次會議，將該審查修正案提出逐條通過，幷省略三讀，通過要塞堡壘地帶法全案，即呈由國民政府於二十年九月十八日公布。

此法共二十四條，分爲四章，第一章規定要塞堡壘地帶分爲第一第二兩區，由軍政部與參謀本部或海軍部協商定之。第二章規定在要塞堡壘地帶第一區第二區內限制及禁止之事項。第三章規定違犯限制及禁止之事項者，處以徒刑、拘役或罰金；但受處分而不服者，得於三十日內上訴於軍政部。第四章規定限制及禁止之事項，軍政部部長得就某區域內解除其全部或一部。

第二十五節　陸軍服制陸軍官佐禮服制陸軍軍常服軍禮服條例海軍服裝條例

陸軍服制　此制由民國元年參議院議定，經臨時政府於同年十月二十三日公布。全文不分條款，規定「主要五科步馬礮工輜，係按國旗顏色順序分屬軍需以下各科，則參酌擬定。」軍帽、軍官常服、官佐冬季外套，均用茶青色。帽章用銅製，領章肩章均長方形。陸軍預備學校學生徽章用銅製，軍帽服章與兵卒同。軍佐各學堂比較正科學堂辦理，惟領章仍各用本科顏色。

陸軍官佐禮服制　參議院議定陸軍服制，并同時議定陸軍官佐禮服制，由臨時政府同於元年十月二十三日公布。此制規定禮服、陸軍禮服、領章、肩章、袖章、袴章、禮帶、帶牌之顏色質料及式樣。至服用規則，則委任陸軍部以命令定之。

陸軍軍常服軍禮服條例　民國十八年五月十日，軍政部擬具陸軍軍常服暨軍禮服暫行條例，呈由行政院轉呈國民政府核准公布施行。旋以該條例第五條關於領章及軍刀有修正之必要，爰會同參謀本部、訓練總監部、及國民政府參軍處詳加討論，分別改訂，擬具修正草案，并附圖說，呈請行政院鑒核轉呈公布。行政院提經第二十八次會議決議轉呈政府；并以該條例圖說所有規定長度，多係援用繙譯他國之「生的」「米釐」等字樣，現度量衡法已奉明令公布，擬一律依照比例修正，改稱「公分」「公釐」以符法令；即一併呈由國民政府令交立法院審核。

立法院提出第三十六次會議議決，付軍事委員會審查，該會於第九次臨時會議提出討論，認爲原修正草案及行政院呈述意見均屬適當，當將標題改爲陸軍軍常服軍禮服條例，並將條文略予修正通過。立法院復於第四十三次會議，將該審查修正案提出逐條通過，幷省略三讀，通過陸軍軍常服軍禮服條例全案，卽呈由國民政府於十八年九月七日公布。

此條例共十條，規定軍常服軍禮服均用國產棉織品或毛織品，深灰色。領章將校尉用國產絲織品，士兵用國產棉毛織品。軍常服、軍禮服、軍帽、軍褲、外套、雨衣、手套、裹腿、皮鞋、馬靴、軍刀、領章、武裝帶、識別帶、值日帶以及軍屬服裝，均如附圖所規定。

民國十八年十二月軍政部以前條例所定校官領章，綴金線過寬，易與將官領章混淆，又士兵領章以黃色爲地，與官長領章類似，均應加以修改，以資識別，爰擬具修正案呈由行政院提出第四十八次會議議決，議轉呈政府修正。國民政府卽令交立法院審議。立法院提出第六十七次會議議決照案通過，幷呈由國民政府於十九年三月五日公布。

海軍服裝條例　民國二年一月十八日，大總統袁氏公布有海軍服制，規定海軍官佐服制爲大禮服、禮服、公服、常服、夏服、外套、雨衣等；海軍士兵服制爲禮服、常服、夏服、外套、雨衣等；各製式及等級之區別，均詳附表。惟此制并未經立法程序。

民國十九年四月，海軍部以各項服制，關係軍容，至爲重要，特擬具海軍服制及圖說，呈由行政院提出第六十九次會議決議照案轉呈政府。國民政府卽發交文官處函送立法院審議。

立法院提出第九十二次會議議決，付軍事委員會審查。該會於第三十五次會議提出討論，結果將原案標題改爲海軍服裝條例，全部條文及圖說附表亦分別修正通過。立法院復於第九十六次會議，將該審查修正案提出逐條通過，并省略三讀，通過海軍服裝條例全案。至所附圖說及各表，亦一併通過。

此條例經國民政府於二十年二月二十日公布，全文共三十三條，附海軍服制圖說七項，又附表二十有七，規定海軍服裝分爲七種：(一)大禮服，(二)禮服，(三)公服，(四)常服，(五)晚禮服，(六)晚公服，(七)晚常服。服大禮服、禮服、公服、或應服禮服公服而服夏服時，均應佩帶軍刀；其受有勛章、紀念章者，并應如式佩帶。准尉以上各員服大禮服禮服時，應用黑漆皮靴，服公服或常服時，得用黑皮靴，均應用白色手套。裹腿分黑黃二種，准尉以上及海軍學生用黑皮裹腿，上士以下用黃布裹腿。海軍將官、參謀官、國民政府海軍參軍、軍事參議院海軍軍事參議、及駐外海軍武官均應繫參謀帶於左肩上，副官繫副官帶於左肩上。海軍官佐服制等級之區別，海軍學生、士兵、及軍樂士兵服制之製式，均詳各表。

民國二十年七月，海軍部以海軍服裝條例所附圖表，有語意概括不甚明瞭之處，并第二十五條亦應加以修改，爰擬具修正草案，呈由行政院提出第三十一次國務會議決議轉呈政府。國民政府提經第五次常會決議交立法院。

立法院提出第百五十四次會議議決，付軍事委員會審查。該會於第六十三次會議提出討論，僉以海軍部所擬修正海軍服裝條例第二十五條條文及圖表說明各點，均係根據事實，認爲適當，當分別略予修正通過，立法院復提出第百五十七次會議議決，照審查修正案通過，并呈由國民政府於二十年八月三十一日公布。

海軍服裝條例第二十五條原規定「准尉以上各員服大禮服禮服時，應用黑漆皮靴，服公服或常服時，得用黑皮靴」修正條文改爲服大禮服時，應用黑漆皮靴，服禮服或公服及常服時，得用黑皮靴，圖表說明均大致爲文字上之修正。

第二十六節　陸軍禮節條例海軍禮節條例

陸軍禮節條例　民國二年三月十四日，大總統袁氏公布有陸軍禮節，全文共分三篇，都一百十二條。第一篇總則，凡八條。第二篇敬禮，第三篇儀節，下各分章節。敬禮分爲（一）軍人之敬禮，（二）軍隊之敬禮，（三）衞兵之敬禮，（四）步哨之敬禮。軍人敬禮有室內之敬禮與室外之敬禮，軍隊敬禮有停止間之敬禮，行進間之敬禮，教練間之敬禮。儀節分爲（一）隨扈，（二）儀隊，（三）大閱，（四）禮礮，（五）迎送軍旗。

民國十九年二月，立法院軍事委員會鑒於我國陸海空軍各禮節，或不適用，或尙闕如，爰擬參照現行陸軍禮節，暨以陸軍喪禮一篇，起草陸軍禮節條例，并經提出第二十六次會議議決，推定委員陳肇英起草。旋陳委員擬具陸軍禮節條例草案，該會復開第三十六次至第三十九次會議，提出詳加討論，結果修正通過。立法院於第百零一次會議，將該審查修正案提出逐條討論通過，并省略三讀通過陸軍禮節條例全案，卽呈由國民政府於十九年八月八日公布施行。

此條例共分五篇凡百四十條。第一篇總則，第二篇敬禮，第三篇儀節，其內容均大致與陸軍禮節同，惟將條文中之「外國之君主及總統」改爲「友邦元首」「總統」改爲「國民政府主席」「陸軍部」「陸軍總長」改爲「軍政部」「軍政部長」其他各條亦略有文字上之差異。第四篇喪禮，分爲(一)祭奠(二)儀仗兵及送葬隊(三)葬時弔礮或弔槍(四)喪章。第五篇附則，規定本條例施行之日期。

海軍禮節條例　民國元年十一月七日，臨時大總統公布有海軍禮礮條例及海軍旗章條例。海軍禮礮條例共分十章，凡四十條，規定禮礮分爲(一)總統禮礮，(二)節典禮礮，(三)對於文武官員之禮礮，(四)對於外國總統皇帝皇族之禮礮，(五)對於外國節典之禮礮，(六)對於外國國旗之禮礮，(七)對於外國文武官員之禮礮，(八)答礮。海軍旗章條例共四十八條，規定海軍旗章分爲(一)第一種旗章，(二)第二種旗章。第一種旗章之名稱凡九：(甲)大總統旗，(乙)海軍總長旗，(丙)海軍次長旗，(丁)海軍上將旗，(戊)海軍中將旗，(己)海軍少將旗，(庚　海軍代將旗，　辛)海軍隊長旗，(壬)長旒。第二種旗章之名稱凡五：(甲)海軍旗，(乙)艦首旗，(丙)運送船旗，(丁)工作船旗，(戊)紅十字旗。

民國二年三月十四日袁大總統公布有海軍敬禮條例及海軍喪禮條例。海軍敬禮條例共分七章，凡九十二條，規定敬禮分爲（一）軍人敬禮，（二）軍艦敬禮，（三）舢舨及小汽艇敬禮，（四）軍隊敬禮，（五）衞兵敬禮，（六）國慶日紀念日敬禮。海軍喪禮條例共分七章，凡三十五條，規定喪禮分爲（一）半旗，（二）發引礮或發引槍，（三）衞隊，（四）葬礮或葬槍，（五）喪章。

民國十八年十月，海軍部擬具海軍敬禮、喪禮、訪候三種條例草案，呈由行政院轉呈國民政府令交立法院審議。立法院提出第六十次會議議決海軍敬禮條例海軍喪禮條例兩草案付軍事委員會審查，海軍訪候條例草案毋庸經立法程序。軍事委員會於第二十二次及第二十六次會議，提出詳加討論，僉以該兩案均係關於海軍禮節，似應彙合編訂，以臻完備，當卽參照現行海軍敬禮、喪禮、禮礮、旗章各條例，議定海軍禮節條例草案，提請公決。立法院卽於第百三十次會議，將該草案提出逐條討論通過，并省略三讀，通過海軍禮節條例全案，當呈由國民政府於二十年二月二十八日公布。

此條例共分五篇，凡二百十四條，第一篇總則，第二篇敬禮，第三篇禮礮，第四篇旗章，第五篇喪禮，其內容均大致與前各條例相同。惟條文中之「總統」、「外國皇帝總統」均改爲「國民政府主席」、「外國元首」；其餘各條文字亦間有差異。

民國二十年十月，海軍部以海軍禮節條例內有語意概括，不甚明顯，及間有必須修正，以符體制之處，爰擬具修正草案，呈由行政院提出第四十七次國務會議決議通過，呈轉國民政府批交立法院審議。

民國二十一年四月，海軍部復以海軍禮節條例第百十七條第五款、第六款，及禮礮附表內語意微有不甚明瞭之處，再擬具修正條文，呈由行政院提經第二十一次會議決議通過，轉呈國民政府令交立法院併案審議。

立法院卽先後令交軍事委員會審查。該會於第六十六次會議，將該修正草案及修正條文並附表草案一併提出討論，認爲均屬妥適，當經出席委員一致議決通過。立法院復於第百八十八次會議，將修正海軍禮節條例草案，提出逐條討論，大致均無異議通過，并省略三讀順序，通過全案，卽呈由國民政府於二十一年八月二十日公布。此修正案大致於各條文間有文字上之修正，其內容與原條例無甚差異。

第二十七節　國軍剿匪暫行條例

民國十八年六月十五日，第三屆二中全會討論分區剿匪案，決議全國剿匪事宜，由國民政府責成編遣委員會，分劃區域，指定陸海空軍於最短期內，一律肅清，剿匪條例，由編遣委員會會同軍政部內政部擬定，旋編遣委員會卽函請軍政內政兩部指派代表，根據編遣進行程序大綱，會同釐定國軍剿匪暫行條例十九條，提經該會第二十三次常會議決，呈經國民政府於十八年九月六日令交立法院審議。

立法院提出第四十九次會議議決，付軍事委員會審查。該會於第九次常會提出討論，認爲大致妥善，當將全部條文修正通過。立法院復於第五十三次會議，將該審查修正案提出逐條討論通過，并省略三讀，通過國軍剿匪暫行條例全案，即呈由國民政府於十八年十月十五日公布。

此條例共十八條，規定各省政府應速將各該省治安情形及土匪淵藪，先行詳報編遣委員會，以憑劃區酌配駐軍淸剿。各剿匪區域自奉發條例之日起，務於六個月內肅淸匪患，幷將辦理情形詳報編遣委員會。各軍隊剿匪異常出力人員，由該管長官隨時請獎，其尋常出力者，俟匪患肅淸後彙案請獎。凡軍隊剿匪不力，或有縱匪通匪及騷擾地方情事，應分別懲處。凡匪徒自願繳械者，准其自新，但嚴禁收編。凡關於剿匪進行事宜，與地方有關者，由各該區與省市政府會商辦理。各部隊除切實奉行剿匪任務外，仍應勤加訓練，整飭軍紀風紀。

第二十八節　陸軍步兵師司令部組織條例

民國二十一年一月，軍政部以陸海空軍總司令部已經結束，所有全國各師之隸屬，及其任務，亟應明白規定，幷以訓政時期約法第六十六條，及國民政府組織法第二條，均有「國民政府統率陸海空軍」之規定，是師應直隸國民政府，惟師長於執行職務時，須分受軍政部、參謀本部、訓練總監部之監督指揮，特根據此旨，擬具師司令部條例十九條，呈由行政院提出第三次會議決議，通過，轉呈政府公布。國民政府提經第一次會議決議，修正通過，交立法院審議。

立法院提出第百七十七次會議議決，付軍事委員會會同法制委員會審查。該兩會於第十九次第二十一次聯席會議提出討論，當決定函軍政部調取師編制表併案審查，旋軍政部以各部隊編制或有應行修改之處，函請暫緩審議。二十一年十二月，軍事委員會核定師司令部暫行條例，發交軍政部呈由行政院轉呈國民政府仍批交立法院審議。立法院復交軍事法制兩委員會審查。該兩委員會於第三屆第二次第三次聯席會議，將兩條例一併提出討論，當將標題修正爲陸軍步兵師司令部組織條例，全部條文亦分別修正通過。立法院即於第三屆第九次會議，將該審查修正案提出逐條通過，并省略三讀，通過陸軍步兵師司令部組織條例全案，呈由國民政府於二十二年三月二十七日公布。

此條例共十九條，規定陸軍步兵師直隸於國民政府，設師長一人，并得設副師長一人。師長執行職務，凡關於軍政及人事事項，承軍政部長之命令，關於動員及作戰計劃，承參謀總長之命令，關於教育訓練，承訓練總監之命令。師司令部設參謀長一人，置參謀、副官、軍械、軍需、軍醫、軍法六處，各設處長一人，其編制依附表所定。

第二十九節　會計法

民國三年六月，參政院代行立法院職權，於第一期常會議定會計法，由大總統袁氏於同年十月二日公布。此法共分九章，凡三十七條，第一章總則，第二章預算，第三章收入，第四章支出，第五章決算，第六章期滿免除，第七章工程及買賣貸借，第八章出納官吏，第九章附則，其要點略如次述：

政府會計年度，以每年七月一日開始，次年六月三十日終止。國家歲入歲出，均應編入總預算，於上年度提交立法院。國家之租稅，及其他收入，依法令徵收或收納之，每會計年度內政府應支經費之定額，以該年度歲入充之。預算定額之使用由財政部發支付飭書，其違背法令者，國庫不得支付。總決算先經審計院審定後，提交立法院，其分門及款項之次序與總預算同。凡應納於政府之款，與政府應發之款，五年內未經政府通知令其完納，與未經債權人請領支付飭書或未請發現款者得免除完納與給發之義務。凡政府之工程，及財產物品之買賣貸借，均應公告招人投標。出納官吏掌現款及物品之出納，應負一切責任受審計院之審查。凡特別事項不能依據本法者，得設立特別會計。政府得指定銀行，命其管理金庫出納事務。

民國十七年七月，審計院擬訂會計法草案呈經中央政治會議交付審查後，提出第百四十七次會議決議大體通過，其有應加修正各點，交法制局整理。該局即將原草案酌加改正，所有條項文字亦分別整理完畢。旋財政部又提出修正案審計院對於該修正案復具有意見數條，遂由財政部、審計院、法制局合組審查委員會，將各該案一併提出討議，當擬具會計法草案修正案，提經中央政治會議於第百五十一次會議決議，俟五院組織法頒行後再議。迨國民政府改組，五院先後成立，此案迄未核議。

民國十八年六月，審計院以會計法亟待應用，特另行擬具草案四十二條，呈由國民政府令交立法院遵照審議。立法院提經第三十一次會議議決，付財政委員會參考。

民國二十二年九月，立法院院長孫科氏令立法委員衞挺生起草會計法。衞委員即參考英、美、德、日及夏威夷關於會計制度之法令及著述，並實地察詢京、滬、杭各地公私機關之會計實際辦法，又參照中央與地方關於會計之新舊法規，政府機關及私人所擬關於會計之法規草案，與關於中國官廳會計之私人著述多種，擬具會計法草案初稿。衞委員復與立法院顧問專員葛佛倫、楊衆先等就該初稿爲大體上之討議，再逐條詳細研究，計先後開會七十餘次，第一二兩章，凡易稿七次，第三四五三章，各易稿六次，其餘各章，亦均易稿四次或五次，全部初稿研討完畢，卽完成會計法草案全案共十一章，凡百五十二條。衞委員幷以會計在各國殊鮮一致之制度，可采之例極少，茲草創伊始，不敢稍涉輕率，呈請院長將該草案印發，徵求各地專家意見，彙總討論，經整理完竣後，再正式提出原則與草案，分別審議。

二十三年二月，孫立法院長將會計法草案批交各委員研究，研究結果，卽送衞委員整理。旋又提出第三屆第四十八次會議議決，付財政委員會會同法制委員會審查，衞委員整理完竣之案，逕送審查會討論。惟該案迄今尙未審查完畢。

第三十節　審計法

民國三年，參政院代行立法院職權，於第一期常會除議決會計法外，幷同時議決審計法十九條，於十月二日公布施行。大總統又制定審計法施行規則十七條，於十二月七日公布。

此法采事後監督制，規定（一）總決算（二）各官署每月之收支計算（三）特別會計之收支計算，（四）官有物之收支計算，（五）由政府發給補助費或特與保證之收支計算，（六）法令特定爲應經審計院審定之收支計算，均應審定。經管徵稅或他項收入之各官署，應於每月經過後，編造上月收入計算書；各官署每月經過後，應編造上月支出計算書，均送由審計院審查。審計院之審查，以總會議或廳會議決定之；對於各官署計算書如有疑義，得行文審查，認爲必要，得向各官署調閱證據或行委託審查。各官署之支出計算書，審計院審查議決爲正當者，應發給核准狀，不正當者，應通知該主管長官執行處分。審查完竣事項，五年內發現有錯誤遺漏重複等情事，得再行審查，如發現詐僞之證據，雖經過五年後，仍得爲再審查。

民國十五年，國民黨政治委員會第六十二次會議議決監察院組織法，依第一條第五款，監察院有稽核財政收入支出之職權，又第二條明定「審計法另定之。」政治委員會旋復議決審計法，交由國民政府公布施行。此法共十七條，與三年公布之審計法大致相同，惟將條文內各機關之名稱，分別改正，文字上略有修改，規定之事項，亦較爲簡單。

民國十七年三月二十一日，中央政治會議第一百三十三次會議議決軍事機關度支之審計，適用同一程序，並令法制局另行起草審計法。旋該局擬具草案，提經第一百三十六次政治會議議決修正通過，由國民政府於十七年四月十九日公布施行。

此法全文共二十三條，最要之點，爲兼采事前監督主義與事後監督主義。依第一條至第三條所規定，凡主管財政機關之支付命令，須先經審計院核准，如與預算案或支出法案不符，審計院應卽拒絕；凡未經核准之支付命令國庫不得付款；審計院對於支付命令之應否核准，應從速決定，至遲不得逾三日。此均爲關於事前監督之規定，至其餘各條內容，仍與前法無甚差異。

民國十八年二月，監察院籌備處以審計院原直屬於國民政府，現改爲審計部，隸監察院下，所有審計法中關於審計機關之諸種規定，不得不從新釐訂，爰飭由設計委員會擬具審計法草案，提經中央政治會議第一百七十八次會議議決交立法院。

十八年三月三十日，立法院第十七次會議，將審計法草案提付初讀，當議決付法制委員會會同財政委員會審查。該會等於第二屆第一次、第三次、及第三屆第一次聯席會議議決付委員焦易堂、衞挺生、陳長蘅、林彬、鄧召蔭初步審查。二十三年六月十二日，初步審查委員等召集會議，共同討論，僉以原草案與現行審計制度不符，毋庸審議，當決定另推林彬、衞挺生、陳長蘅三委員初步起草。全體審查會復開第十次聯席會議議決，照初步審查意見通過，報由立法院提出第三屆第六十六次會議議決監察院原擬草案毋庸審議，由林委員等另行起草審計法。惟迄今林委員等尙未將該法起草完竣。

第三十一節　預算法

我國自清季預備立憲，即試辦各省預算。宣統二年，度支部訂定預算例言二十一條，幷附以表册，通行京內外各衙門依式塡報。是年秋，該部編定宣統三年總預算書，提交資政院議決頒行，是爲我國辦理預算之始。至民國三年十月二日會計法公布其第二章卽爲預算，規定國家歲入歲出，均應編入總預算，於上年度提交立法院，此爲預算法之嚆矢。

國民政府成立，財政部爲實施預算制度起見，擬訂十六年度預算編案例言十一條，於十六年七月十三日經國民政府令准施行。至十九年二月二十六日，國民政府公布十九年試辦預算章程共四章五十條。主計處成立，國民政府又於二十年十一月二日，公布預算章程及辦理預算收支分類標準，預算章程共四章六十四條，較前章程尤爲詳密。

民國二十一年四月，立法院立法委員衛挺生、陳長蘅、王用賓、馮兆異、黃序鵷擬具主計法第一編預算草案，報請覃代院長提會公決文云：

「查本院自成立以來，財政委員會曾經設計編訂各種重要財政法律，其一部分計劃，已次第實現。惟已經通過之各種財政法律，多係組織法性質，非另定程序法，各關係機關難於行使職權。而主計制度，事屬新興，整頓財政，更爲基本，尤非制定程序法不可。挺生等爲應此切急需要，因起草主計法典，內分預算、統計、會計、決算四編。玆主計法第一編預算，已起草完成，謹依本院組織法第二十二條之規定，將該草案一百一十條淸繕成册，請編入議程，提交大會公決。」

衛委員等以本案爲程序法性質，關係國家政策與可稱爲立法原則之點不多，並草具立法旨趣書，列舉十點如次：

(一)中央及地方預算，每一會計年度，辦理一次。

說明　此點爲現行辦法，根據國民政府十九年二月公布之十九年度試辦預算章程。

(二)預算年度每年七月一日開始。

說明　此點爲現行辦法，根據前述試辦預算章程第二條。

(三)各機關之分預算及分概算事務，由其機關之辦理歲計事務之人員，依法受其所在機關長官之指揮辦理之。政府之總預算及總概算，由主計處辦理之。

說明　此點根據現行之國民政府主計處組織法第一條第六條第十二條及第十三條。

(四)歲計局對於總概算及總預算之各數額，各機關辦理歲計事務人員對於各機關之分概算或分預算各數額，得簽註意見，說明應修正之數額。

說明　此點根據國民政府主計處組織法第六條第九款之規定。

(五)國民政府及五院各概算之概數，及國民政府全部總概算之總數，均由國民政府委員會核定。

說明　在三權憲法之政府下，照例立法機關與司法機關之預算草案，送交行政首長，編入總預算書，而行政首長不得變更其內容。吾國采取五權制，若任五院各自定其概算，則總概算上歲出之額，勢必至於遠超過國家歲入之額，以致預算不能成立。各院概算應如何斟酌裁減，恰成院與院間不能解決，且無法解決之事項。根據現行國民政府組織法第十七條之規定，應由國民政府委員會議決之。

（六）國民政府編定預算。

說明　此點根據中華民國訓政時期約法第七十條。

（七）預算案由行政院會議議決，提出於立法院。

說明　此點根據現行國民政府組織法第二十四條第二款。

（八）預算案由立法院議決。

說明　此點根據前述國民政府組織法第二十七條。

（九）中央審定各省及直隸於行政院之市之預算，省審定縣及隸屬於省之市之預算。

說明　此點根據現行之國民政府監督地方財政暫行法之規定。

（十）訂定含有專賣及特許性質之契約，經營專賣或獨占事業，徵收賦稅捐稅，或其他有強制性之收入，均須依法為之。

說明　此點根據國民政府第九十一號訓令。

立法院於第百八十三次會議，將該草案及旨趣書提出討論，當議決，草案付財政委員會會同委員羅鼎、史尙寬、劉克儁、黃右昌、郗朝俊、蔡瑄、程中行、史維煥、朱和中審查；旨趣書送請中央政治會議核定。該會等先後開會十次，共同詳加討論，當依多數委員之意見，將主計法第一編預算改稱爲預算法，全部條文亦分別修正通過，并決定其餘各編，均各爲單行法，無須采取法典形式。

中央政治會議將該立法旨趣書交財政、法制、經濟三組審查。該組等審查結果，認爲大體妥適，即酌加增修，定爲預算法原則。中央政治會議復於第三百十八次會議提出討論，當議決照審查意見通過，即函送立法院查照辦理。此原則共十二項：

一　各級政府預算，每一會計年度辦理一次。

說明　此條參照國民政府二十一年十一月公布之預算章程。

二　預算年度每年七月一日開始，至次年六月三十日終止。

說明　此條參照前述預算章程第三條之規定。

三　年度預算屬於中央政府者稱國家預算；屬於省以下各級政府者稱各級地方預算。

國家及地方預算，各分爲（一）總預算，（二）機關別之分預算，（三）基金別之分預算。

預算各按其性質，分爲經常臨時兩門。

說明　此條係參照前述預算章程第四第六各條，並遵中央統一財政，廢除特別會計意旨將各種會計預算改稱爲基金別預算，仍各個分編，而以其關係國家或地方金庫之結果編入總預算。

四　國家預算，由國民政府編定公布之。

說明　此條係根據約法第七十條之規定。

五　機關別及基金別之分概算，分預算，均由駐其機關辦理歲計事務人員依法受該機關主管長官之指揮辦理之。政府之總概算、總預算，由主計處歲計局辦理。

說明　與旨趣書第三點之說明同。

六　主計處歲計局對於總概算總預算之各數額，各機關辦理歲計事務人員對於機關別基金別之分概算、分預算之各數額，均得簽註意見，並說明應修正之數額。

說明　與旨趣書第四點之說明同。

七　國民政府主計處編成年度總概算書，附具說明，提請國民政府委員會轉送中央政治會議核定。

說明　此條係根據國民政府主計處組織法第六條，並參照預算章程第二十三條之規定。

八　各機關依據中央政治會議核定之概數，編擬各類分預算，送交主計處彙編擬定總預算案，呈請國民政府交行政院提出立法院審議。

說明　此條係爲確立預算根據，並依國民政府主計處組織法第六條及國民政府組織法第二十四條之各規定。

九　與旨趣書第八點同。其說明亦與該點之說明同。

十　各機關各類分概算，應於每年度開始八個月以前送達主管彙編機關。

總概算案應於每年度開始六個月以前送達中央政治會議核定。

總預算案應於每年度開始三個月以前提出立法院。

議決總預算案，應於每年度開始十五日以前公布。

說明　辦理預算開始、核定、成立、公布各日期，均爲預算法中最重要之條件。我國幅員遼闊，編轉送達，須有相當時期。然編送過早，又慮情勢變遷，減少實行效力，故爲此折中擬定。

十一　各省及直隸於行政院之市之預算，由中央審定之；各縣及隸屬於省之市之預算，由各省審定之。

說明　與旨趣書第九點之說明同。

十二　分預算得設總額百分之一至百分之二之預備費。

總預算得設總額百分之三至百分之五之預備費。

說明　此條係參照十九年度試辦預算章程，及現行之預算章程折中規定。

立法院准中央政治會議函送預算法原則，卽交原審查委員會查照該會於第八十七次會議提出討論，當將前審查修正之預算法草案，根據原則各條，分別加以修正，其有不甚周密之處，亦經整理完竣，立法院於第百九十七次會議開二讀會，將該審查修正案提出逐條討論通過，幷省略三讀順序，通過預算法全案，卽呈由國民政府於二十一年九月二十四日公布。

此法共分九章，凡九十六條，附件十一。第一章通則，第二章預算之籌劃，第三章概算之擬編及核定，第四章預算之擬定及核定，第五章預算之審議，第六章預算之執行，第七章追加預算及非常預算，第八章地方預算，第九章附則。其內容重要之點，卽爲中央政治會議決定之原則，玆不贅述。此法於第九十六條規定施行日期，以命令定之，現尙未經國民政府明令定期施行。

第三十二節　統計法

民國二十一年六月立法院委員陳長蘅、衞挺生、王用賓、黃序鵷、史維煥、劉盥訓、馮兆異提出統計法草案，其提議書云：「查主計制度事屬新創，非先有程序法之制定，則其行使職權，殊嫌少所依據。前經起草主計法草案第一編預算，呈請提交院會，業由大會議決交付審查，並經審查完竣呈報在案。查前案審查多數委員主張改稱爲預算法草案，並主張以後各編各成爲一單行法。玆統計法草案，業經起草完竣，理合繕具該草案三十五條，依本院組織法第二十二條之規定，呈請提交大會公決。」

旋陳委員等擬具統計法原則草案，經立法院提出中央政治會議第三百二十三次會議決議修正通過，凡九項，並函達立法院查照依據起草統計法原則九項如左：

一、政府應辦之統計，由有直接關係之各機關分別辦理之。

二、左列統計，由國民政府主計處辦理之：

(一)屬於全國基本國勢調查者；

(二)不應專屬於任何機關之範圍者；

(三)各機關未及調查編製者。

三、各級政府於不抵觸上級政府之統計範圍內，得辦理地方統計。

四、各機關公務人員，及其工作之紀錄册籍，由統計人員掌管之。

五、立法、司法、考試、監察各機關，為行使職權，得商由最高主計機關分飭各機關主辦統計人員辦理其所需要之特種統計。

六、辦理統計事務範圍之劃分，及其他應行整齊劃一之事項，應經全國主計會議之議定。

七、政府所辦統計之公開程度，應分三類：

(一)祕密類　不得洩漏；

(二)公開類 其可以公開，而在某條件應祕密者，在該條件下，仍視爲祕密類；

(三)公告類 必須在規定條件下公告之。

八、政府辦理統計時，被調查者無論爲機關或個人，均有據實詳盡報告之義務。

九、政府及其人員，在辦理統計之時，不得利用其職權及地位，妨害被調查者之權利。

二十一年九月，立法院第二百次會議，將立法院委員陳長蘅等提出之統計法草案，及中央政治會議核定之統計法原則，一併提出討論，當議決付財政委員會會同委員羅鼎、史尙寬、劉克儁、黃右昌、郗朝俊、蔡瑄、史維煥、程中行、朱和中審查。財政委員會卽於第九十次會議會同各參加委員詳細討論，審查完竣，將該草案依據原則修正通過。

二十一年十月三日，立法院於第二百零四次會議，將財政委員會等審查報告之統計法草案修正案提付二讀，逐條討論通過，幷省略三讀，通過全案，卽呈由國民政府於二十一年十月十九日公布。國民政府並於二十三年四月十九日明令定統計法自二十三年五月一日起施行。

此法共分四章，凡三十二條，第一章通則，第二章統計之編製及報告，第三章地方統計，第四章附則，其要點卽前九項原則，茲不贅述。

第三十三節 海關進出口稅則

前清康熙二十八年，締結中俄條約，國際貿易以興，上海、廣東、寧波、福州各處均設關，置監督，課諸貨物稅。至道光二十二年，與英締結南京條約，開廣東、廈門、福州、寧波、上海爲通商港，議定進口出口貨物稅率，均照從價百分之五，惟主要貨物，則按從量百分之五納稅。關稅稅則於是確定，關稅協定亦從茲開端。

及咸豐八年，復與英締天津條約，約定爲關稅稅率之修正，即訂定新稅則，并約定以後每十年得修改稅則一次。依該約第一款，此次新定稅則，凡有貨物僅載進口稅則者，遇有出口，照進口稅則納稅；或有僅載出口稅則者，遇有進口，照出口稅則納稅。新稅則以從價百分之五爲準，而爲從量稅之規定；其未載明而非免稅之貨物，則核估時價，照值百抽五例徵稅。此爲第一次修改之稅則。

新稅則頒行後，免稅物品，範圍廣汎，難免漏稅之弊。有稅物品，價值騰貴，前定從量稅率，平均計算，僅及百分之四。光緒二十七年，締結辛丑條約，進口稅率，改爲切實值百抽五。除米穀金銀貨幣及生金銀外，從前免稅物品，悉照百分之五課稅。前定從價稅，亦改爲從量稅，其計算之法，以光緒二十二年至二十四年三年間各項商品平均之價值，即以扣除進口稅及雜費之市價，爲評價之基礎。光緒二十八年，英、德、日、西班牙、奧大利、荷蘭等國委員會於上海，協商續修進口稅則，以俄、法、意三國另生意見，未能定議。翌年，清廷簡派會議商約大臣，會同英、美、德、奧、比、西、日七國委員議訂就緒；嗣又與俄、意、法三國協議，略加改正。此爲第二次修改之進口稅則。

民國成立後，適值稅則十年期滿，我國提議修改，已得各國同意，旋因歐戰中輟。民國六年，對德奧宣戰後，始得各國承諾，修改稅則，切實值百抽五，於七年二月十九日議定，至八年八月一日施行。此爲第三次修改之稅則。

民國十一年一月十六日，華府會議議決關於修改中國關稅之協定兩件，一爲關於修改稅則之規定，一爲關於徵收海關附稅之規定。吾國根據此協定，即於是年三月三十一日，召集各國委員於上海，開修改稅則委員會，釐定切實值百抽五之新稅則，至九月二十九日竣事，定於民國十二年一月十六日起施行。此爲第四次修改之稅則。至關於此後修改稅則之期限，幷由華會規定於第四次修改蕆事四年後，應重行修改一次，俾所徵之稅，合乎特別會議所定之價，此後則每七年修改稅則一次。

國民政府成立，於十六年四月定都南京，即於是年七月二十日公布國定進口關稅暫行條例八條，規定進口貨品，除按現行稅則值百抽五外，另行徵稅，普通品值百抽七·五，奢侈品由值百抽十五至五十七·五。加稅雖重，但未能施行。十七年十二月七日，國民政府又頒布中華民國海關進口稅則，改用差等稅率，按照貨品性質，分別增高，由值百抽七·五至二七·五，較前顯有進步。旋我國與英、法、和、瑞、那等國簽訂關稅條約，又與義、比、葡、西、丹等國簽訂友好通商條約，均約定對於關稅及其關係事項應適用完全自主之原則，以各本國國內法規定之，立法院遂先後議定海關進出口稅則，茲分述於次：

民國十九年中華民國海關進口稅稅則　民國十九年七月，財政部以我國關稅主權，完全恢復，稅則實有徹底改訂之必要，即飭由國定稅則委員會縝密研究，擬具海關進口稅則稅率增減概要，呈經行政院轉呈國民政府，提出第八十六次國務會議決議交立法院。立法院提出第百零三次會議議決，付財政委員會審查。該會審查結果，認爲本案僅係財政部所擬修訂新稅率及現行稅率之簡略比較表，而非海關進口稅則草案，應請令財政部迅擬海關進口稅稅則送院審議。立法院復提出第百零九次會議議決，照審查意見通過，卽錄案呈請國民政府轉飭遵照辦理。

旋財政部擬具海關進口稅則草案，呈由行政院提出第八十八次會議決議送立法院。立法院卽令交財政委員會審查。該會先後召集常會八次，並函邀財政部關務署署長兼國定稅則委員會委員長張福運等列席說明，經迭次詳加討論，審查完竣，幷提出審查報告，列舉草案之要點凡四：

（一）本草案以增加收入爲主體，良以吾國直接稅甚少，不能不賴關稅收入增加，以資挹注。現在我國工業，大都尙未萌芽，不便遽采極端保護政策……其他貨品，除奢侈品外，槪不重徵，以免徒增一般消費者之負擔。

（二）本草案所定最高級稅率爲百分之五十……現當自主伊始，似不宜驟然激增，一則以示我國之爭關稅自主，重在收回主權，而不願捲入關稅競爭之旋渦，二則以免一般社會遭受重稅之影響。

（三）據稅則委員會報告，民國十八年采用新稅則後之關稅收入爲一萬零六百餘萬海關兩，此次新擬稅則預算可增收七八千萬兩。

（四）本草案財政部原本係中英文并列，於正式公布時，應將英文刪去，公布之後，可由財政部另印中英文對照本，以資應用。

立法院於第百十九次會議，將該審查修正案提出討論通過，即為民國十九年中華民國海關進口稅稅則，并呈由國民政府於十九年十二月二十九日公布。全部稅制共分十六類，列貨物凡六百四十七種。

民國二十一年七月，財政部以國難嚴重，七月份海關實獲稅收之數，支付應償內外債及賠款，計已不敷五百餘萬元之鉅，為顧全國家債信，維持全國金融起見，擬將下列貨品增加進口稅：

一	人造絲	每擔增加十個金單位
二	人造絲及蠶絲成品	增加百分之十五
三	安尼林染料	增加百分之十
四	人造靛	每擔增加二個金單位
五	藥品	增加百分之五
六	玩具及遊戲品	增加百分之十七·五
七	酒類	增加百分之三十（包括現徵洋酒類稅在內）
八	稅則未列各貨品	增加百分之二·五

中央政治會議提出第三百十九次會議，議決交財政經濟兩組審查。該組等審查結果，請將原案第一項改爲「人造絲每擔增加十五個金單位，」第二項改爲「人造絲及蠶絲成品增加百分之二十五，」增列一第三項「生絲增加百分之三十，」以下各項，依次遞改，餘照原提案通過。中央政治會議復提出詳細討論，當決議：「海關一部分貨品增加進口稅之種類及稅率照審查意見通過，交立法院從速審議。」立法院交由財政委員會審查後，即提出第百九十六次會議議決，照案通過，并呈經國民政府轉飭遵辦。

海關出口稅則　民國二十年三月，財政部提議改訂現行海關出口稅則，並擬定草案，呈經中央政治會議交由財政、經濟、外交三組審查，并提出第二百六十六次會議議決議原則通過，又提經第十五次國民政府會議決議交立法院。

立法院提出第百二十六次會議議決，付財政委員會審查。該會先後開第五十次、第五十一次及第五十二次常會，並函達財政部關務署署長張福運、國定稅則委員會副委員長周典等列席說明，當將原草案逐類討論通過，並議決：(一)關於原草案稅率仍適用關平銀兩，嗣後擬一律改兩爲元，以一幣制；(二)出口稅則公布時，擬將原草案之英文貨名概予删除，以崇國權。立法院於第百四十次會議，將該草案審查案提出討論，當通過海關出口稅則全案，即呈由國民政府於二十年五月七日公布。此稅則共分六類，列貨物凡二百七十種。

民國二十三年五月，財政部提議減免各種貨物出口稅，擬訂修改稅率草案，經中央政治會議決議通過，函由國民政府令交立法院審議。立法院卽將該草案交由財政委員會審查修正，幷提出第三屆第六十一次會議議決：「修訂出口稅則照審查修正案通過。」此修正海關出口稅則經國民政府於二十三年六月八日公布，內列應減免出口稅之貨品共六十四種。

第三十四節　鹽法鹽政改革委員會組織法

我國鹽政，自鈔引之制行，歷宋元明清而弊日深。清末籌議改革，成效未著，革命事起。民國二年十二月，財政部呈准頒行鹽稅條例十三條，定全國鹽稅每百斤爲二元五角。三年三月五日，袁大總統又公布製鹽特許條例十七條，規定凡爲鹽製造者，均須經政府之特許。至七年三月二日、四月五日，政府又將前兩條例分別加以修正，鹽稅改爲每百斤三元。對於呈請特許製鹽之限制亦加嚴。民國十一年一月，財政部擬訂整理鹽務大綱，呈經政府核准頒布，但亦未能切實施行。

國民政府成立，以鹽務關係國計民生，惟引岸制度代相因襲，積弊最深，謀澈底加以改革。民國十八年六月，三屆二中全會有整理鹽法，減輕鹽稅，調節鹽價之決議。七月二十三日，立法院第三十六次會議，討論私鹽治罪法案，當議決：（一）緩議；（二）咨行政院令財政部遵照二中全會決議，草擬鹽法全案，迅送本院議決施行；（三）指定委員莊崧甫、陳長蘅、鄧召蔭蒐集關於鹽法之資料。年餘，財政部迄未遵辦。立法院於第九十二次會議審議鹽製物品條例草案，案經議決：（一）本案係鹽法之一部，應付鹽法起草委員會參考，酌量采擇；（二）指定委員焦易堂、莊崧甫、陳長蘅、鄧召蔭、羅鼎、林彬、馬寅初、劉盥訓、方覺慧、王用賓、衞挺生、曾傑、樓桐孫、孫鏡亞、陳肇英起草鹽法，由焦委員召集。

焦委員等當即分別搜集參考資料，先後開起草委員全體會議四次，商榷起草要點，擬具全部草案。復迭經開會審查逐條討論通過，定爲全部鹽法草案凡七章，共三十九條，幷附具說明書，略錄於次：

「整理財政，爲我國目前之急圖。關於稅收方面，對於國家與地方稅，尤須積極改革，切實整頓。我國現時國稅收入之大宗，鹽稅實居其一，而弊害亦最深。舊時引岸制度，多被世襲鹽商及腐敗官吏把持操縱，既損國家說收，復增人民負擔。民國以來，雖有一番局部整頓，無如積弊太深，尚無多大成績。現值國民政府統一全國，亟應抱定決心，排除障礙，制定鹽法，從事鹽務全部根本改革，以裕國計民生。查本黨第三次全國代表大會政治報告議決案內，決定整頓財政之根本原則第五點爲『整理國稅與地方稅，並杜絕收稅機關之一切積弊』，鹽稅既爲國家稅收大宗，而其弊害亦不亞於釐金，自應在首先整理之列。又查中央執行委員會第二次全體會議，關於振刷政治案，(甲)決議第四項爲『整理鹽法，減輕鹽稅，剷除積弊，調節鹽價，財政部應於十八年內制定此項計劃，負責執行。』是不但明白規定整理鹽法，而且明白規定整理原則，限期由財政部負責辦理：

本院起草鹽法，由院長指定委員十五人，當經全體起草委員第一次會議議決加推二人，蒐集關於鹽法之資料。至全體起草委員第二次會議，復議決由主席指定委員七人整理起草要點，並再搜集材料。自第二屆立法委員就職後，復由院長令派委員十六人起草鹽法，由全體起草委員會議議決起草要點，並指定委員五人，初步起草條文，再由全體起草委員詳細審查，決定全部鹽法草案，凡七章，共三十九條。至於草案內容，均係恪遵二中全會所決定之整理原則，並取消專商引岸，改爲就場徵稅，任人民自由買賣，以期掃除數百年來民間積久之痛苦，而上符　總理民生主義之精神，此本案起草經過之大概情形也。」

民國二十年三月二十一日，立法院於第一百三十六次會議，將鹽法草案提付二讀，逐條討論通過，並繼續開三讀會通過鹽法全案，即呈請國民政府鑒核公布。

此法共分七章，凡三十九條，第一章總則，第二章場產，第三章倉坨，第四章場價，第五章征稅，第六章鹽務機關，第七章附則。其要點有六：

第一、廢除引岸制度。鹽法最大之原則爲就場征稅，自由買賣，第一條及第二十二條規定鹽任人民自由買賣，無論何人不得壟斷。場價由場長召集全體製鹽人之代表，按鹽之等次及供求狀況，議定公告之。

第二、確定鹽稅稅率。其第一條及第二十五條至第二十六條規定鹽就場征稅，食鹽每百斤國幣五元，漁鹽每百斤國幣三角，工業用鹽，農業用鹽，一律免稅。

第三、提高食鹽品質。其第三條第四條及第十九條規定鹽分爲（一）食鹽、（二）漁鹽、（三）工業用鹽及農業用鹽。食鹽須含有氯化鈉百分之八十五至百分之九十，所含水分不得超過百分之五至百分之八。縣市衛生機關得檢驗市售食鹽。

第四、統制鹽產。其第九條至第十三條規定鹽非經政府之許可，不得采製產鹽區域及每年產鹽總額，政府得限定之。凡產少、質劣、成本過重、或過於零星散漫之鹽場，政府得裁倂之。硝鹽、土鹽、石膏鹽等，政府應加取締或收買改製。

第五、建設倉坨。其第十四條至第十六條規定政府應於鹽場適宜地點，建設倉坨儲鹽，製鹽人不得私自存儲。私有倉坨，由政府管理，或給價收歸國有。

第六、整頓鹽務機關。其第三十三條、第三十六條及第三十七條規定設鹽政改革委員會，至鹽政改革完成之日裁撤。中央設鹽政署及稽核總所，各區設鹽場公署及稽核分所。其他鹽政機關、稽核機關、及緝私機關，均一律裁撤。

民國二十年五月，國民政府召集國民會議於首都，中央委員洪陸東等提議催促國府剋日施行新鹽法，並限期成立鹽政改革委員會案，代表陳斯宜等提議請政府公布新鹽法以利民食案，經審查委員會議決合併討論提出第三次會議決議，原則通過，交國民政府。國民政府即於同月三十日明令公布鹽法，惟未定期施行。

鹽法久未施行，至民國二十一年三月，立法院鹽法起草委員會以鹽法之推行，及關於鹽政之一切興革計畫，應設立鹽政改革委員會以掌理之，爰依鹽法第三十七條之規定，議定起草鹽政改革委員會組織法，幷推定都十八條。

法草案初稿二十一條。三月二十四日，鹽法起草委員會將該初稿提出詳加討論，予以分別删併，結果修正通過，陳長衡、莊崧甫、馬寅初、衞挺生、羅鼎五委員初步起草。陳委員等迭次集會共同研究，擬具鹽政改革委員會組織

立法院於四月二日開第一百七十九次會議，將該草案提付二讀，標題無異議通過。原第八條、第九條、第十四條均删去。原第十二條、第十三條、第十八條，改爲第十條、第十一條、第十五條，均照原草案通過。餘各條分別修正通過。二讀既畢，主席覃振氏諮詢大會同意，省略三讀順序，以全案付表決，經出席委員大多數贊成通過

鹽政改革委員會組織法經國民政府於二十一年五月二日公布。全文共十五條，規定鹽政改革委員會直隸行政院，由委員七人至九人組織之，委員長由行政院院長兼任，副委員長由國民政府就委員中指定，財政部部長爲當然委員。該會每星期開會一次，遇必要時，得召集臨時會議。會內置總務設計兩處，各置處長一人，由委員兼任，并置科長、科員、祕書、視察、技術專員，遇必要時，得選聘顧問，或專門委員，及調用鹽務人員與指導與鹽務有關之人員。

鹽法既未施行，鹽政改革委員會組織法雖明定爲自公布日施行，但該會亦未經政府籌設成立。至民國二十三年十二月，第四屆中央執行委員會召集第五次全體會議，中央委員陳肇英、石瑛、張繼、程天放提請尅日成立鹽政改革委員會，一年以內實行鹽法案，周啓剛、蕭忠貞、陳肇英、石青陽、洪陸東提恢復人民自由購運食鹽案，

經併案提出討論，當決議五項：

(一)按照鹽法第三十七條規定，限一個月內成立鹽政改革委員會，籌議各項規章及施行細則；

(二)在鹽政改革委員會內組織場產整理處，積極調査及整理場產，限一年內辦竣；

(三)限於民國二十五年年底完全施行鹽法；

(四)鹽政改革委員會每月應將工作進行情形，報告中央政治會議；

(五)由中央政治會議推定委員三人，負責審核該會工作報告，并督促其進行。

惟此決議案能否見諸實施，似尚未能懸擬。

第三十五節　印花稅法

民國元年十月，參議院議決印花稅法，咨由臨時大總統於同月二十一日公布。此法共十三條，規定各種契約簿據，分爲二類，第一類十五種，價値銀元十元以上貼印花一分或二分。第二類十一種，銀數十元以上貼印花二分，按累進稅率貼至一元五角爲止。印花票分爲五類：(一)赭色一分；(二)綠色二分；(三)紅色一角；(四)紫色，五角；(五)藍色，一元。應貼印花之件，如不依本法貼用，或未蓋章畫押者，按照應貼數目，罰貼印花百倍；如所貼不足定數者，罰貼印花五十倍；業經貼用之印花票，揭下再貼者，罰貼印花三百倍，僞造或改造印花票者，按照刑律僞造紙幣例處罰。

民國三年十一月，參政院代行立法院將印花稅法加以修正，定爲十一條，由袁大總統於同年十二月七日公布。其修正之點有二：(一)原第六條第七條規定應貼印花之件，如不貼用，在法庭上除補貼外，無合法憑證之效力，予以一併删除；(二)將原定罰貼印花百倍、五十倍、三百倍，改爲處罰金，最少五元，最多二百元。

民國三年十二月，財政部以印花稅法第二條所載各種契約簿據，價值在十元以下者均准免貼。惟吾國社會經濟程度較低，尋常貨物成交，多在十元以下。更恐商民不明立法本意，即價及十元者，亦或取巧分割，希圖規避，擬請嗣後所有各種契據，無論第一類或第二類，凡價值在十元以下者，均貼印花一分，經呈奉政府批令准如所擬辦理。法律如有不適用之處，自應依照法定程序修正，當時政府不依法提請立法機關修改印花稅法，而以命令變更之，顯與當時有效之中華民國約法第十九條相違。

民國十六年八月四日，財政部擬具印花稅暫行條例，提經中央政治會議第百十九次會議決議暫准施行，由財政部於同年十一月二十二日通令遵照辦理。此條例共九條，規定應貼用印花各件分爲四類：第一類十五種，第二類十四種，第三類四十五種，第四類四種。凡應貼印花之件，不貼用印花，或貼用時未蓋章畫押者，處以百元以下十元以上之罰金；貼不足數者，處以五十元以下五元以上之罰金；業經貼用之印花，揭下再貼者，處以百元以下十元以上之罰金。其餘各條內容，大致與前法相同。

民國二十年五月，國民會議開第八次會議，代表于小川等提議請制定印花稅法案，經決議交國民政府速令立法院妥慎審議。國民政府復提出第二十二次會議決議交立法院。立法院於同年六月二十日，提經第四十七次會議議決付財政委員會審查。

民國二十二年五月，財政部稅務署以印花稅暫行條例，成立倉猝，條文簡單，施行已及六載，今昔情形不同，各地習俗互異，乃不得不隨時以命令補充或遷更因之成案愈夥，稅務愈棼，不惟商民無所適從，即辦理稅務人員，亦往往莫知所措，爰派定起草人員，着手修訂，并令飭各省局條陳意見，俾供采擇。各該員參酌各省情形，各方意見，及各國稅法，依據現行條例，并歷次成案，精密研討，歷時半載，完成全部印花稅法草案共三十七條，經財政部呈由行政院提出第百二十七次會議決議，令該部依照法定程序，列舉原則，連同草案送院。財政部即草具印花稅法原則，檢同草案，一併呈由行政院提經第百三十二次會議決議通過，送中央政治會議。

中央政治會議當提出第三百八十三次會議議決印花稅法原則十一項：

一　民事或商事上，關於財產權之創設、變更、轉移、繼承、證明等行爲之憑證，均徵印花稅。但不憑以發生效力，或並無營業或權利義務關係者免。

二　個人或團體有所請求或陳述，向官署呈遞之文件，及官署或學校因個人或團體關係所發給之公證文書，均徵印花稅。但爲徵收捐稅而發，或已貼司法印花者免。

三　官營業以照納印花稅爲原則。

四　爲獎勵儲蓄、扶植農工、便利旅行起見，對於儲蓄事業（有獎儲蓄除外）及農工暨旅行所用憑證，得酌量減免。

五　憑證之效力或權利，較爲重大或使用時間長久者，課稅從重。其效力或權利，較爲輕微或使用時間短促者，課稅從輕。

六　常有的行爲之憑證，多採簡而易行之定額稅。稀見的行爲之憑證，多採易於計算之累進稅。

七　憑證種類名稱採概括式，注重其性質，以爲課稅之標準。性質不同者，不得比附。

八　何種憑證應由何人負責納稅，均明白規定。

九　罰金最低額與最高額之相差距離不宜過長，並須視漏稅之多寡，以定罰金之多寡。

十　發覺同一當事人多數漏稅證據，應併科，不得逐件處罰。

十一　判處及執行罰金之手續，應詳密規定。

此十一項印花稅法原則，經中央政治會議連同印花稅法草案，函由國民政府於二十二年十一月二十三日，立法院遵審照議，令立法院一併提出第三屆第四十一次會議議決，付財政、民法、商法、刑法四委員會審查。該會等卽開聯席談話會，決定交付初步審查。初步審查會迭次縝密討議，幷函約主管機關派員列席說明，當將印花稅法草案修正通過。該四委員會復於二十三年九月二十日、二十七日，迭開第三屆第一次第二次聯席會議，詳加討論結果，將初步審查修正案，修正通過，都廿九條。立法院於第三屆第七十三次會議，開二讀會，將該審查修正案提出逐條討論通過；并由主席諮詢省略三讀順序，以印花稅法全案付表決，經出席委員一致議決通過。

印花稅法通過後，上海市商會以該法規定商家最普通之發貨票、帳單、銀錢收據，自三元以上至十元者貼一分，以後每滿十元加貼一分，至一元爲止，係採累進稅法，顯與原則第六條不符，電請中央政治會議迅賜糾正。中央政治會議即批交立法院說明規定稅率理由。立法院即交原審查該案之四委員會核議。

財政部以印花稅法第三章罰則所定罰金，係按照應納稅額十倍至三十倍處罰，認爲有修正之必要，當詳述理由，呈請行政院轉送中央政治會議依據立法程序綱領第五條，將原通過之印花稅法，發交立法院修正第三章，以利施行。中央政治會議提出第四百三十一次會議決議：「照稅額倍數所科罰金不及五元時，應按五元科罰，其情事在二件以上者，按件科罰，不適用併科辦法，交立法院依據修正。」立法院併交該四委員會審查。

立法院開第三屆第八十一次會議，委員馬寅初等六人以上海市商會電稱新印花稅法所定發貨票、銀錢收據、帳單稅率較重，且與政治會議決定之原則不符，情詞迫切，不無相當理由，提請酌量修正，采用較爲簡而易行之定額稅。當經議決付該四委員會與修正印花稅法第三章案，併案審查。

旋財政等四委員會將各該案審查完竣，提出報告略稱：

「本會等本屆第四次聯席會議提出討論，並先期函達財政部指派代表，列席說明，經即詳細討論，並酌量現時商情，將發貨票、銀錢收據及帳單三項稅率分別修正，決議通過。……再關於修正印花稅法草案第三章罰則一案，經即同時提出討論，當以此次財政部所提之案，定爲按照稅額倍數科罰，數目不及五元時，應照五元罰科辦法，其間距離，似屬過長。舉例言之，如不貼印花稅票一分，倘處罰鍰五元，即爲五百倍，似與中央政治會議議決之印花稅原則第九款所定：『罰金最低額與最高額之相差距離，不宜過長，幷須視漏稅之多寡，以定罰鍰之多寡』一節，不甚符合。當經議決，照稅額倍數所科罰金不及三元時，應按三元處罰。……又此次財政部聲請修改罰則案內所稱『其情事在兩件以上者，仍應按件科罰，不適用併科辦法』，亦核與印花稅法原則第十款所定『發覺同一當事人多數漏稅證據，應併科，不得逐件處罰』一節互相歧異，故議決仍予維持原案，以符原則。」

立法院於第三屆第八十二次會議提出討論，當議決照審查報告通過；即繕具印花稅法全案，呈由國民政府於二十三年十二月八日公布。

此法共分四章，凡二十四條，規定印花稅由財政部徵收，不得招商包徵或勒派。印花稅票由財政部監製，並指定機關發行，通用全國。應納印花稅之憑證，由財政部指定主管機關，執行檢查。凡應納印花稅與免納印花稅之憑證，均分別列舉，幷明定稅率。違反本法，不貼印花稅票者，處應納稅額十倍以上三十倍以下之罰鍰；貼不足額或貼用未蓋章畫押者，減半處罰；已貼之印花稅票揭下重用者，加倍處罰；惟應納稅額之倍數計算不滿三元時，處以三元之罰鍰。違反本法所定情事，在兩件以上者，卽分別裁定，合併處罰。

第三十六節　傾銷貨物稅法

民國十九年冬，財政部以各國對於外國輸入貨物，具有不當廉賣之情形者，多已施行屯併稅法，以防止商業侵略，藉維國內實業。我國工業幼稚，出品難與進口外貨相競爭，特參照各國成例，擬具防止屯併稅暫行條例草案，呈由行政院提出第四次國務會議決議，交財政、實業、鐵道三部長查復。該部長等詳加審核，將原案標題改爲取締傾銷稅條例草案，條文亦分別加以修訂，呈復行政院提經第五次國務會議決議送立法院審議。

立法院提出第百二十三次會議議決付經濟委員會會同財政委員會審查。該會等卽開聯席會議，提出討論，當議決推定衞挺生、陳長蘅、史維煥三委員初步審查。初步審查完畢，該兩委員會復開第九次聯席會議，詳加審議，結果將該案標題又修正爲傾銷貨物稅法草案，并將全部條文分別修正通過。立法院復於第百二十九次會議，將該審查修正案提出逐條通過，并省略三讀通過傾銷貨物稅法全案，卽呈由國民政府於二十年二月九日公布。

此法共九條，規定外國貨物，以傾銷方法，在中國市場，與中國相同貨物競爭時，得征傾銷貨物稅。傾銷貨物稅之稅率，以貨價差額爲準。由傾銷貨物審查委員會呈請財政部實業部核擬，轉呈行政院咨立法院議決。傾銷貨物審查委員會以財政部關務署署長，實業部農業、工業、商業三司司長，及國定稅則委員會委員三人組織之。

第三十七節　營業稅法

民國二十年一月，立法院委員陳長蘅等十九人以報載財政部將各省徵收營業稅大綱，及補充辦法，公布施行，未經立法程序，提請咨行政院將各該案送院審議，經立法院第百二十九次會議議決通過，即轉咨行政院查照辦理。

二十年四月，財政部將各省徵收營業稅大綱，及補充辦法，并蘇、浙、湘、鄂、皖五省徵收營業稅條例，及施行細則，呈由行政院轉送中央政治會議決定原則，再交立法院審議。中央政治會議先交由經濟財政兩組審查，結果，認爲財政部所訂大綱及補充辦法，原則可予通過，其規定各業稅率及徵收程序時，應注意於不擾民及不妨害商業進展兩點。中央政治會議復提出大會議決，照審查意見通過，交立法院制定營業稅法。

立法院提出第百四十一次會議議決，付財政委員會會同經濟委員會起草，該會等先後開聯席會議三次，共同擬定營業稅法草案十五條。立法院復於第百四十五次會議，將該草案提出逐條通過，並省略三讀通過全案，即呈由國民政府於二十年六月十三日公布。

營業稅法全文共十三條，規定營業稅爲地方收入，得按年、按半年、或按季徵收，由納稅者向徵收機關直接繳納，不得由他人承攬包辦稅率由各省市政府酌定，但應依三種課稅標準：（甲）以營業總收入額爲標準者，徵收其千分之二至千分之十；（乙）以營業資本額爲標準者，徵收其千分之四至千分之二十；（丁）以營業純收益額爲標準者，徵收純收益額最少百分之二，最多百分之十。各省市財政主管機關，應將徵收之營業稅款，按期公告之，並編造報告表呈報財政部查核。

第三十八節　銀行業收益稅法銀行兌換劵發行稅法

銀行業收益稅法　民國二十年六月，財政部擬具銀行業收益稅法草案九條，呈由行政院提出第二十七次國務會議決議送中央政治會議。中央政治會議提出第二百七十八次會議決議交立法院。

立法院卽令交財政委員會會同經濟委員會審查。該兩委員會開第十七次聯席會議，提出共同審查，並函請財政部派員列席說明，當將原草案修正通過。立法院於第百五十二次會議，將該審查修正案提出逐條通過，並省略三讀，通過銀行業收益稅法全案，卽呈由國民政府於二十年八月一日公布。

此法共八條，規定凡股份有限公司組織之銀行，應領收益稅調查證，每半年完納收益稅一次。稅率以純收益額爲標準，最少百分之五，最多百分之十五。中央政府及地方政府設立之銀行，免徵收益稅。銀行業如有企圖漏稅隱匿不報者，應依法處罰。

銀行兌換劵發行稅法　民國二十年七月，財政部提議請徵收銀行兌換劵發行稅，幷擬具草案，經行政院第二十九次國務會議決議通過，送中央政治會議。該提案所舉之理由有三，原文略云：

「各銀行發行兌換劵，例須取得政府特許。推其獲得利益之原因，無非憑藉公權之結果。在各銀行旣因國家權力享發行之利益，自不可不對於國家盡納稅之義務，此其一。兌換劵準備，有現金準備保證準備兩部分，茲所擬課之稅，僅爲保證準備部分，而於現金準備部分，特從寬免。是按準備種類之性質，而定稅金徵免之標準，揆諸事理，洵屬持平，此其二。查徵收手續，貴乎簡便，各銀行兌換劵發行之額，本有册籍可考，茲定每年徵收一次，在徵稅機關，旣易勾稽，在納稅商民，亦多便利，此其三。」

中央政治會議將該案提出第二百七十九次會議決議，原則通過，交立法院審議。

立法院提出第百五十一次會議議決付財政委員會審查，並加派方覺慧、史維煥、史尙寬、張志韓四委員參加審查。該會於第五十六次會議，會同方委員等詳加討論，認原草案大致尙妥，當卽分別修正通過。立法院復於第百五十二次會議，將該審查修正案提出逐條通過，幷省略三讀通過銀行兌換劵發行稅法全案，卽呈由國民政府於二十年八月一日公布。

此法共九條，規定銀行發行兌換劵，應具十足準備金，以六成爲現金準備，四成爲保證準備。兌換劵發行稅稅率，以保證準備額爲標準，定爲百分之二·五；發行稅每年徵收一次，於每年度開始時徵收之，銀行不完納兌換劵發行稅，財政部得撤銷其特許發行權。

銀行兌換劵發行稅法公布施行後，上海銀行公會卽集會討議，以兌換劵發行稅影響金融，各銀行驟難負擔，呈請財政部核准減輕。至二十一年九月，中國、交通各銀行復呈請財政部俯恤商艱，迅將前定兌換劵發行稅稅率量予減輕，至多不得逾保證準備數百分之一·二五，幷懇轉呈行政院咨立法院核議。財政部以該銀行等所稱各節，尙係實情，應卽准如所請，將銀行兌換劵發行稅法第四條原定稅率百分之二·五改爲百分之一·二五；幷以該法其他各條條文，或因詞句稍欠明晰，或因推行不無窒礙，應按切事理，一併修正；爰擬具修正草案，呈由行政院提出第六十六次會議決議通過，咨送立法院審議。

立法院提出第二百零四次會議議決，付財政委員會會同經濟委員會審查。該會等於第二十六次聯席會議提出討論，並由財政部代表列席說明，當將原修正草案修正通過。立法院復於第二百零六次會議，將該審查修正案提出逐條通過，並省略三讀，通過修正銀行兌換劵發行稅法全案，卽呈由國民政府於二十一年十月二十九日公布。

此修正案共十一條，其增修之點有二：(一)減輕兌換劵發行稅稅率，定爲實際保證準備數額百分之一·二五；(二)規定財政部對於各銀行塡報兌換劵發行數額、及現金保證準備各數額，如確有隱匿漏報情事，除責令補繳發行稅外，幷處以五百元以上三千元以下之罰鍰。

第三十九節　棉紗火柴水泥統稅條例

民國十九年一月十七日，國民政府下令定於十九年十月十日起，裁撤全國釐金，及類似釐金之一切稅捐。旋財政部以籌備需時，請展緩兩月施行，國民政府復明令着財政部積極籌辦，限於二十年一月一日實行。財政部以釐金之害，其尤甚者爲節節留難，改良稅法，自宜從舉辦統稅入手，擬請就棉紗、火柴、水泥三項先行舉辦，並編訂統稅條例草案，呈請行政院核轉立法院審議。行政院以裁釐後收入驟短八千餘萬，自非速籌抵補不足以裨國用，卽將該草案提經第三次國務會議議決議通過，送立法院審議。

立法院提出第百二十二次會議議決付財政委員會審查。該會開第四十六次常會提出討論，並函由財政部派錢幣司長及統稅署長列席說明，當以原草案所擬稅率似嫌過高，原送估稅標準，調查殊欠詳盡，尙須確切詳查，再行核議。該會繼續開第四十七次常會，由財政部將調查情形詳爲報告，并交換意見，卽將原草案提出詳加討論，僉以原第三條第一項棉紗統稅所定徵收金單位一節，應改爲國幣，俾與其他稅收一律，以免參差，當逐條分別修正通過。立法院復於第百二十六次會議，將該審查修正案提出逐條通過，并省略三讀，通過棉紗火柴水泥統稅條例全案，卽呈由國民政府於二十年一月二十八日公布。

此條例共九條，規定棉紗、火柴、水泥統稅，均爲國稅。稅率棉紗每百觔徵收國幣二元七角五分至三元七角五分，或照海關估價，徵收百分之五；火柴每大箱徵收國幣五元至十元；水泥每桶徵收國幣六角。凡自外國輸入之棉紗、火柴及水泥，除由海關徵收進口稅外，并應分別徵收統稅。

第四十節　國民政府救災附加稅徵收條例

民國二十年十月，蔣主席中正擬具救災附加稅徵收章程，提經中央政治會議於第二百九十五次會議決議原則通過，交立法院審議。其原提案略云：

「此次國內災情奇重，區域廣大，救濟需款，至鉅且急，亟須統籌措辦，以赴事機……再四籌維，爲應付救災急需起見，目前惟有在關稅上酌徵附加稅，則施行較爲便利，並可勿庸增加經費。此項附加稅，擬自本年十二月一日起開徵，其稅率按關稅稅率徵收百分之十，計至二十一年七月底止。所徵稅款，約爲一千三百四十萬元，專以撥充振款之用。自二十一年八月一日起，按關稅稅率徵收百分之五，專爲歸還美麥價款本息之用，至清償之日爲止。」

立法院提出第百七十次會議議決，付財政委員會會同委員羅鼎審查。該會等於第六十三次會議提出討論，當將原案標題修正爲國民政府救災附加稅徵收條例，並將條文分別修正通過。立法院復於第百七十一次會議，將該審查修正案提出逐條通過，幷省略三讀，通過全案，即呈由國民政府於二十年十一月二十九日公布。此條例共五條，規定凡按海關進出口稅則徵收之進出口稅，除特殊各貨外，均應徵收救災附加稅。其稅率、期限、用途，均依照原提案所擬訂。

救災附加稅，於前條例第二條，應於二十一年八月一日起，改爲按關稅百分之五徵收。至二十一年秋，國家承災患之餘，財政益感困難，財政部擬請另行徵收關稅百分之五之附加稅，逐由立法院於二十一年七月三十日，第一百九十五次會議議決：「救災附加稅，自本年八月一日起，按照原定條例，應改按關稅稅率百分之五徵收。茲爲救濟財政困難起見，另按關稅稅率徵收百分之五之附加稅，以一年爲期。」此決議案經國民政府令行政院轉飭遵辦。

民國二十二年七月，財政部仍提議續徵海關附加稅百分之五，經行政院函由中央政治會議交財政組審查，幷決議姑准將此項附加百分之五，儘二十二年度內延長十一個月，應徵數額，列入非常預算，交政府先行執行，俟立法院開會時，再行提請追認。立法院開會後，卽將該案交由財政委員會審查完竣，幷提出第三屆第三十一次會議議決照案通過。

民國二十三年五月，行政院開第百六十一次會議，財政部提議現徵百分之五海關附加稅，請自本年七月一日起再行繼續徵收一年案，當經決議通過。中央政治會議以剿匪善後支出浩繁，財政困難情形，較之上年爲尤甚，行政院議決將現徵百分之五海關附加稅，再繼續徵收一年，自屬不得已之救濟辦法，卽提經第四百零九次會議決議，照案通過，交立法院從速審議。立法院交由財政委員會審查後，提出第三屆第六十一次會議議決照案通過，卽錄案呈請國民政府鑒核施行。

第四十一節　海關緝私條例

民國二十二年十月，財政部提出海關緝私條例草案，經行政院第百二十七次會議決議交財政、外交、司法行政三部會同審查，幷列舉原則，原提案略云：

「查海關緝私事務，爲重要行政之一端。……是以東西各國，對於海關緝私，大都有周密之設備，以資應付，并有詳明之法律，以爲制裁，兩者相輔而行，庶幾走私漏稅之徒，知所儆懼。從前我國關稅輕微，緝私事務，尚非重要。自關稅自主以後，情形逐漸變更，似宜急起直追，以圖適應環境。……所有此項法律，亦經飭據國定稅則委員會博考各國成規，參照我國現狀，擬具海關緝私條例草案。其間於關員檢查之權限，以及防範私運之手續，處分私運之罰則，均已分別規定，斟酌再三，可以認爲妥適。如蒙准予通過，呈請轉行立法院議決施行，實於國課商情，均多利賴。」

該三部即共同詳加審查，認爲應由財政部參酌審查意見，將原草案加以修正，并列舉原則，及每條附以說明，再行定期開會審查。旋財政部擬具第二次草案，并擬訂原則，提經該部等逐條審查修正，報由行政院提出第百三十六次會議決議通過，送中央政治會議核定。該會議於第三百八十六次會議提出討論，當決議海關緝私條例原則通過，連同原草案交立法院審議。此原則共爲六項：

一　海關緝私，應從速明定範圍，及執行程序。

二　海關緝私人員應授與充分之職權。

三　走私貨物、船隻、及商人，應就其所犯情節，由海關予以較重之處罰，並爲沒收貨物及對船隻之處分。

四　海關對走私貨物，事前稽查防範之方法，宜求嚴密，並應予以制裁與處分之權。

五　海關緝私處分之案件，得按抗議辦法聲請救濟；但處分全額在五百元以下者，不予受理，以防濫提抗議。

六　海關向來通行之章則，其與緝私條例規定不相牴觸者，應仍有效。

立法院提出第三屆第四十三次會議議決，付財政委員會會同外交委員會審查。該會等於第一次聯席會議，提出討論，並函由財政、外交、司法行政三部各派代表，列席說明，當決定推委員馬寅初、陳長蘅、陶履謙、史維煥、馮兆異初步審查。旋初步審查完結，該兩委員會復開第二次第三次聯席會議，繼續將初步審查結果，提出詳加討論，當將原草案修正通過。立法院復提出第三屆第五十三次會議議決，付委員林彬、史尚寬、陶履謙、戴修駿、陳長蘅重行審查。林委員等迭經集會研討，結果將該審查修正案修正通過。立法院於第三屆第六十一次會議，將最末審查修正之案提出逐條通過，并省略三讀，通過海關緝私條例全案，即呈由國民政府於二十三年六月十九日公布。此條例共三十五條，其要點即前六項原則，并詳財政部之提案，茲不贅述。

第四十二節　進口貨物原產國標記條例

自十九世紀以降，世界各國農工業生產日益發達，因而銷場之競爭愈演愈烈，每有假冒產地，巧奪銷路情事，故多采用產地標記制度以防範之。我國為各國競爭之市場，此種流弊尤甚，而又無法律以限制之。民國二十一年十月，立法委員陳長蘅等為保護國產起見，特擬具產地標記條例草案，提出立法院第二百零八次會議議決，付財政、經濟、外交三委員會審查。該會等迭次開會討論，當將原案標題修正為進口貨物原產國標記條例草案條文亦分別修正通過。立法院於第二百十二次會議，將該審查修正案提出逐條通過，并省略三讀，通過進口貨物原產國標記條例全案，即呈由國民政府於二十一年十二月十六日公布。

此條例共五條，規定凡進口貨物，及其容器與包裝，均應於顯著處，用顯明中國文字標記原產國名，如未標記，應由海關監視補施，其不補施者，禁止進口。進口貨物之標記，如有朦混情事，海關應即沒收之。

此條例於公布後六個月施行，洋商公會以貨物標記原產國名，須用中國文字，不免發生困難，紛請變更辦法，經財政部審核，認爲係屬實情，就原規定擬定補充辦法，呈由行政院轉送中央政治會議提出討論，并決議通過，交立法院審議。

立法院即交由財政、經濟、外交三委員會審查，并提出第三屆第十八次會議討論，當將進口貨物原產國標記條例第一條修正通過，并呈由國民政府於二十二年五月二十七日公布。此修正條文即於原條文末增加但書，爲「遇有困難時，得用原產國文字，標明原產國名。」

第四十三節　銀本位幣鑄造條例

民國三年二月七日，大總統袁氏公布有國幣條例十三條，規定國幣之鑄發權專屬於政府。以庫平純銀六錢四分八釐爲價格之單位，定名曰圓。國幣計算均以十進，每圓十分之一稱爲角，百分之一稱爲分，千分之一稱爲釐。銀幣之重量、成色、與法定重量、成色，其相比之公差，均不得逾千分之三。

民國二十二年春，財政部以廢兩改元，應因勢利導，擬將上海市面通用銀兩，與市面流行之一元銀幣，定爲規元七錢一分五釐合銀幣一元爲一定之換算率，即自二十二年三月十日起施行，同時由中央造幣廠開鑄銀本位幣，以昭大信，特擬具銀本位幣鑄造條例草案十六條，提經行政院第八十九次會議決議通過，送中央政治會議。原提案并說明草案之要點凡五：

一　本草案僅規定銀本位幣之鑄造，而不及輔幣，擬自銀本位幣統一，第二步再定輔幣，以免紛擾。

二　民三公布之國幣條例，原定一元銀幣總重庫平七錢二分，銀九銅一，後又改定爲銀八九銅一一。各廠陸續開鑄，十餘年來，鑄成之一元銀幣約及十四萬萬元，但各廠之機器優劣不一，重量成色未必完全合法。據本部化驗所得，多數之幣，重量爲二六・八六四一公分，成色爲八八八。今欲以銀本位幣統一，其重量成色，自必較舊有流通最多之幣稍稍低減，而又必低減無多，方能使新幣通行無礙，便於將舊幣收回改鑄，各國之改革幣制者類多如此，實無低減取贏之意，故本草案規定銀本位幣之總重爲二六・六九七一公分，銀八八銅一二也。

三　鑄幣必重量成色，絕對精確，方能取信，中央造幣廠機器最新，設備完善，鑄成之幣，無論何圓，必能悉合公差，絲毫無錯，與舊有各廠局之機器腐舊，辦法不良者，不可同日而語。況鑄幣權應專屬於中央政府，始無流弊，故本草案明定銀本位幣之鑄造，專屬於中央造幣廠。

四　民三國幣條例規定每元收鑄費庫平純銀六釐。據本部考查所得，在民八以前，每元實需鑄費爲庫平銀一分二釐強，民二十以前，則爲一分六釐左右。近來物價人工，較前尤昂，不稍加鑄費，則賠累無極，故本草案定鑄費每圓之百分之二·二五，亦僅足敷物料人工之費，絕無餘利可言。

五　舊有之一元銀幣既鑄有十四萬萬元之巨，今欲以銀本位幣統一，自必采逐漸代替之法，市面方不致發生紛擾。故本草案規定舊有之一元銀幣，與原定之重量成色相合者，在一定期限內，得同樣行使，而期限之長短，則應以本部考查新幣實際流通之情形而定之也。

中央政治會議准行政院函送該草案，即提出第三百四十六次會議決議原則通過，交立法院從速審議。立法院以銀兩合銀元之換算率施行期迫，於第三屆第七次會議將該草案提付初讀後，即開始二讀，省略審查及三讀程序，通過銀本位幣鑄造條例全案，即呈由國民政府於二十二年三月八日公布。

此條例共十五條，規定銀本位幣之鑄造權，及銀本位幣之重量、成色、代鑄銀本位幣之鑄費，與舊有一元銀幣之行使，均大致照原案通過。銀本位幣之重量、成色，與法定重量、成色相比之公差，均與國幣條例所規定者相同。

民國二十二年九月，財政部呈請行政院轉咨立法院修正銀本位幣鑄造條例第十二條條文原呈略云

「查銀本位幣鑄造條例第十二條規定『中央造幣廠得鑄廠條，其成色爲千分之九九九，每條重量與

銀本位幣一千元所含之純銀數量相等，並於其面標記之』等語，業由本部令飭中央造幣廠遵照辦理在案。其規定廠條之用意，原爲便利市面巨額款項收付之用。惟國內現有可供鑄造之銀類，成色至爲複雜，煉鑄九九九廠條，費時費工，鑄數尙不能充分加多；而市面情形，又需要廠條頗切。今爲適應需要起見，擬添鑄千分之八八零廠條一種，其成色重量與銀本位幣一千元相等，公差亦按銀本位幣鑄造條例第六條第七條之規定，而以千分之九九九者定爲甲種廠條，千分之八八零者定爲乙種廠條，兩種相輔而行，胥視市面需要情形，以定鑄數之多寡。所有銀本位幣鑄造條例第十二條原文，應卽修正。」

行政院當提經第百二十六次會議決議通過，咨立法院修正。立法院提出第三屆第三十二次會議議決付法制委員會審查；旋審查完畢，復提出第三屆第三十四次會議議決，銀本位幣鑄造條例第十二條修正通過。此修正條文，經國民政府於二十二年十月二十一日公布，其修正之內容，完全照原提修正案通過。

第四十四節　國民政府監督地方財政暫行法

民國十七年冬，全國財政會議於第三次大會議決財政部實行監督地方財政案，財政部卽依據擬具監督地方財政條例草案，幷附具理由書，呈由行政院提經第十一次會議議決通過，轉呈國府公布。該理由書略謂：

「考之環球各國，法蘭西爲共和先進，中央雖予自治團體以莫大權力，但於地方財政，仍由中央加以嚴密之監督。英倫三島財部對於各級地方財政，初雖放任，近亦負指示監督之責。環顧我邦，內外財政，經緯萬端，全局通籌宜循軌轍……而中央對於地方財政，必須加以綜覈之重要理由，可析爲左列之四者：

一　明瞭各地財政，

二　統計全部財政，

三　實行內外合作，

四　解決內外糾紛。」

國民政府將該案提出國務會議決議送中央政治會議。中央政治會議復提出第百七十二次會議決議原則通過，交立法院。

立法院於十八年二月，提出第十一次會議議決，付財政委員會會同經濟委員會審查。該兩委員會審查結果，認爲中央有監督地方財政之必要，其理由有三，幷將原草案修正通過，其要點凡四。其所舉三項理由如次：

（甲）對於地方稅收上，凡某稅應收，某稅不應收，中央須有監督之權，以免苛稅雜捐之流毒。例如（一）新創之稅不能隨意舉辦，（二）應廢之稅可以令其廢除。

（乙）對於地方稅務上，凡何債可發，何債不可發，中央須有監督之權，以免濫發新債，俾有一定之標準，以貫徹公債政策。

（丙）對於地方預算上，如急進的地方行政長官，逾量創辦新政，使地方負擔太重，人民不勝其任，中央有監督權，卽可予以限制。如落後的地方行政長官，遇有地方應辦之事，因循不辦，中央有監督權，卽可督促進行。

又所舉修正之要點如次：

（甲）總理主張中央與地方權限，采均權制度，凡全國一致者，歸中央，因地制宜者，歸地方。在此原則之下，各級地方政府，在其範圍內，本有處理之全權，而原案缺點，不免有中央過於集權之趨勢。倘照原案實施，地方得以自行處理之財政已屬無多，所以修正案雖認中央有監督地方財政之必要，而仍予各級地方以自行處理財政之權。

（乙）按照國民政府組織法，凡預算案應歸立法院議決，所以本修正案雖以審核權歸之財政部，而議決權仍屬於立法院。

（丙）原案第六第八兩條，對於各級地方政府所辦公共企業或事業，亦干涉其內部，此點似越乎監督財政範圍之外。蓋企業或實業有無流弊，應歸監察院監督，不屬於本條例範圍之內，所以删去。

（丁）現在全國財政系統，中央與各級地方間之關係，尙未完全確定。正式監督地方財政條例，必須俟將來再行規定，所以本案改爲暫行條例。

立法院於第十六次會議，將該審查修正案提付二讀，標題修正爲「國民政府監督地方財政暫行法。」第一條修正通過。原第二條、第六條、第七條、第九條均删去。原第三條、第四條、第五條、第八條，除條文次序依次遞改外，大致均無異議通過。原第十條改爲第六條，修正通過。二讀既畢，主席諮詢省略三讀，以全案付表決，大多數委員贊成通過。

此暫行法經國民政府於十八年四月八日公布。全文共六條，規定省及特別市編定之預算、決算，及新設稅目，增高稅率，或募集公債，均應呈交財政部審核，立法院議決，或監察院查核；縣及普通市編定之預算、決算，及加稅或募債，則呈交財政廳審核，省政府議決，或轉呈備案。

民國二十一年八月，財政部以前暫行法施行已久，情勢變遷，爰擬具修正草案，呈請行政院轉咨立法院審議，幷陳述應修正之點凡四：(一)自主計處成立，全國預算決算，均歸審核，原暫行法規定之程序，不復適用，則凡牴觸之條文，應分別刪訂。(二)地方政府欲闢稅源，應依照法定程序，乃或曲解法令，巧立名目，迭經人民聲請制止，故須於暫行法內明白規定，嚴加限制，庶無逾軌之行動。(三)約法頒布，對於地方課稅，明定以法律劃分之，暫行法應根據約法，列爲專條。(四)各地方財賦盈虧，收支狀況，暫行法應明定由各省市依限報部，以憑規劃整理。

行政院提出第六十次會議決議修正通過，送由中央政治會議交財政組、法制組、政治報告組審查，並依據審查結果，提出第三百二十八次會議決議制定原則五項：

一　各級地方財政之監督，除法律別有規定外，其財務行政之監督機關爲財政部。

二　各省及直隸行政院各市新設稅目，增高稅率，或發行公債，應依法令之規定。

三　各省市縣不得舉辦有約法第六十二條列舉各項弊害之捐稅。
四　中央與地方課稅之劃分，應依約法第六十一條之規定，以法律定之。
五　各省市縣之財政情形，及收支實況，除依法報告各監督機關外，應分別報請財政部查核。

中央政治會議決定原則，即連同原草案函送立法院審議。立法院提出第二百零八次會議議決，付財政經濟兩委員會審查。該會等舉行第二十七次聯席會議，提出討論，當根據原則，將原修正草案修正通過。立法院復於第二百十次會議，將該審查修正案提出逐條通過；並省略三讀，由主席以全案付表決，經出席委員一致議決通過。

此修正監督地方財政暫行法，經立法院呈由國民政府於二十一年十二月十三日公布，全案共十條，其修正之要點，即爲五項原則；餘均爲文字上之修正，內容大致與原法相同。

第四十五節　狩獵法

民國三年，參政院代行立法院職權，於第一期常會議決狩獵法十四條，於三年九月一日公布施行。

野生鳥獸，爲無主物，本以自由捕獲爲原則。然國家體造物好生之德，並期動物之繁殖，特制定法律，示以種種之限制。此法規定狩獵人須經警察官署核准，發給證書；狩獵器具亦由各地方警察官署定之。狩獵方法不得用炸藥、毒藥、劇藥、陷阱等。狩獵地點，不得在禁山、歷代陵寢、公園、公道、寺觀廟宇境內、羣衆集聚之地、及其他禁止狩獵之地，從事狩獵。狩獵期間，每年十月一日起，至翌年三月末日止。狩獵鳥獸，不得捕獲受保護之鳥獸，及竄入他人園地或柵欄內未得同意之鳥獸。如違反以上各規定，分別處以二十元以下之罰金。

民國十七年七月，內政部農礦部以前北京頒布之狩獵法，不盡適用，會同酌加修正，擬定修正草案十七條，呈經國民政府核交法制局審查。旋該局撤銷，未及辦竣。十九年九月，國民政府第九十三次國務會議決議，狩獵法草案交立法院。立法院即交法制委員會審議。該會於第八十九次、第九十三次、及第一百零五次會議，先後提出討論，結果，推定委員周緯另行擬具狩獵法草案，并經逐條討論，修正通過，凡十九條。

二十年二月七日，立法院於第一百三十次會議，將該草案提出討論，經議決再付法制委員會審查。法制委員會於第一百零九次、及第一百十七次會議，繼續討論，結果修正通過。

二十年四月十八日，立法院開第一百四十次會議，將該審查修正案提出逐條通過，并省略三讀，通過狩獵法全案，即呈請國民政府公布。國民政府依據國民政府組織法第十三條之規定，提出第二十次會議討論，并決議：條文有「市縣政府」字樣者，「市」之上均加「省」字，第五條「應經國民政府之特許」改爲「應經內政部之特許」，餘均照案公布，交立法院查照修正。

立法院即令交法制委員會遵照辦理。該會於第百二十三次會議詳加討論，僉以本法業經縝密審查，提會通過，內容尙屬妥適，按諸立法程序，在未經公布以前，亦覺未便修正，當即呈復立法院覆核。

二十一年六月，實業部以森林法、狩獵法亟待實施，呈由行政院轉咨立法院迅予審議，呈府公布施行，立法院卽據法制委員會呈復審查結果，呈請國民政府將前通過之狩獵法，迅予照案公布。

國民政府對於立法院通過之法律，能否交回覆議，國民政府組織法幷無明文，惟第十三條有公布法律，須經國務會議議決之規定。至民國二十年六月一日，中華民國訓政時期約法公布，其第七十五條規定公布法律，由國府主席依法署名行之。又修正國民政府組織法第五條規定國民政府公布法律國民政府據立法院呈，卽於二十一年十二月二十八日，明令公布狩獵法，但尙未定期施行。

此法共十九條，規定狩獵人應呈請狩獵地之市縣政府發給證書，但無國籍者，須經國民政府之特許。獵具之種類名稱及限制，由內政實業兩部定之。古蹟名勝、公園、公路及公水道，人民聚居或羣衆聚集之地，未收穫之耕種地，其他禁止狩獵之地，均不得狩獵。狩獵不得利用汽車、汽船或航空器爲之。狩獵期間每年自十一月一日起，至翌年二月末日止。違背本法規定，處以五十元以下之罰金。其餘內容均大致與前法同。

第四十六節　森林法

民國三年，參政院代行立法院職權，議決森林法六章，凡三十二條，於三年十一月三日公布施行。四年六月三十日，政府又以教令公布森林法施行細則二十條。

此法規定森林爲私有林、公有林、國有林三種。國有林爲（1）確無業主之森林，（2）依法律應歸國有之森林，(3)以相當價值收歸國有之公有或私有森林。國有林除(1)關係江河水源，(2)面積跨越兩省以上，(3)關係國際交涉，應由農商部直接管理外，得委託地方官署管理之。國有私有公有森林，得編為保安林，須有六種性質之一：(1)關於預防水患者，(2)關於涵養水源者，(3)關於公衆衛生者，(4)關於航行目標者，(5)關於利便漁業者，(6)關於防蔽風砂者。凡有中華民國國籍之個人，如願承領官荒山地造林，國家得無償給與之，并得免五年以外三十年以內之租稅。森林之監督有二：(1)對於公有或私有之荒山，該管地方官得酌定期限，強制造林；(2)對於公有私森林，該管地方官得禁止或限制其開墾，并得限制或警誡其濫伐或荒廢。竊取森林之主副產物，盜伐保安林，受運藏買其贓物，以及放火燒燬他人或自己之森林，損壞移轉為森林而設之標識，及森林之苗栽木植等，均依法科以相當之刑罰。

民國十八年一月，農礦部以前森林法不盡適用，乃重加修訂，擬成草案七十四條，呈經行政院交由政務處簽註意見，并提出第十四次行政會議決議，交財政、內政、農礦、軍政、教育五部長審查，由內政部長召集內政部長趙戴文遵即函由各部長派定代表，迭次集會，詳加研討，經將原草案審查完竣。行政院即將原草案及簽註並審查意見，一併咨送立法院審議。

立法院提出第十八次會議議決，付法制委員會會同經濟委員會審查。該兩委員會迭開聯席會議，提出討論，當將原草案修正通過。並報由立法院提經第百三十九次會議議決，再付委員羅鼎、莊崧甫、史尚寬、孫鏡亞、黃右昌審查。該委員等迭次開會討論，結果，將該審查修正案修正爲七十八條，并逐條討論通過。立法院復於第百九十八次會議將最末審查修正之案，提出逐條通過，并省略三讀通過森林法全案，即呈由國民政府於二十一年九月十五日公布。

此法分爲十章，共七十七條，第一章總則，第二章國有林及公有林，第三章保安林，第六章監督，第八章奬勵，第九章罰則，第十章附則，其內容均大致與前法相同，惟較詳密。第四章林業合作社，第五章土地之使用及徵收，第七章保護，均爲前法所無，規定經營林業者，有必要時，得限定區域組織林業合作社，但應訂定章程，受地方主管官署之許可及監督。森林所有人，經地方主管官署之許可，使用他人土地至三年以上，或變更土地之形質者，土地所有權人，得請求徵收其土地，其有所權歸需用土地人取得之其他權利概歸消滅。使用或徵收他人之土地，均應給付補償金。地方主管官署爲保護森林，得爲必要之命令或處分。森林保護區內，不得有引火之行爲。森林發生害蟲，或有發生之虞時，其所有人應驅逐或預防之。

此法第七十條規定：「本法施行日期以命令定之」，但國民政府尚未定期施行。

第四十七節　漁業法漁會法

民國十八年三月，國民政府第十六次國務會議，討論財政部呈爲歷查成案，聲復江浙漁業事務局應否裁撤案，經決議送譚委員延闓、胡委員漢民、陳委員果夫、戴委員傳賢、蔡委員元培審查，由譚委員召集。旋譚委員等審查結果，以根本辦法，應由立法院制定漁業法、漁會法，以資整理。國民政府提出第三次臨時國務會議決議照辦，由文官處於十八年四月八日函達立法院查照。

十八年四月十三日，立法院第十九次會議議決，漁業法、漁會法，付委員林彬、馬寅初、莊崧甫、陳肇英起草，由林委員召集。五月二十日，立法院復以院令加派蔡委員瑄會同起草，并改由蔡委員召集會議。

十八年五月，農礦部擬具漁會條例草案，呈由行政院轉送立法院提出第二十五次會議議決付蔡委員等審查。十月二十二日，蔡委員等起草完畢，報請提交大會公決，略云：

「當卽開會決定漁業法由蔡瑄、馬寅初先行起草，漁會法由莊崧甫、陳肇英先行起草。中間因翻譯外國漁業法典及調查各省漁業情形，輾轉需時，以致未能迅速脫稿。茲經起草員先後提出草案，迭次開會，詳加討論，僉以吾國漁業，向極放任，政府不加注意，漁民亦無力改良。加以近來捐稅煩苛，盜匪充斥，外人越界撈捕，賤價輸入，致漁業日就不振，漁民日漸困窮，自非予以充分之保護不可。故本法對於保護及奬勵，特定專章，以資改進。至漁業行政，除漁業繁盛地方另設漁業局外，概歸縣公署掌理。中央以農礦部，各省以農礦廳或建設廳爲主管監督官署，不另設機關，以免滋擾。漁民渙散，再制定漁會法以組織之，俾得同力合作，挽回利權，是則起草本法者區區之意也。」

立法院於第五十六次會議，將各該草案分別提出逐條討論通過，并省略三讀，通過漁業法漁會法全案，卽一併呈由國民政府同於十八年十一月十一日公布。

漁業法分六章共四十九條第一章總綱，第二章漁業權及入漁權，第三章行政及管理，第四章保護及獎勵，第五章罪則，第六章附則。全法大致規定凡在中華民國領海或其他公用水面取得漁業之權利者，應呈請該管行政官署登記，并轉報主管廳部備案。漁業權、入漁權，均視爲物權，其存續期間不得逾二十年。漁業權人得向入漁權人收取入漁費。凡欲經營采捕業或養殖業者，應呈請該管行政官署核准，但於必要時，得加以限制，或附以條件。漁業人間關於漁場之區域，漁業權與入漁權之範圍，及漁業之方法有爭執時，其關係人得呈請該管行政官署裁定之。政府爲獎勵漁業之改良發達，應於預算內特設漁業獎勵金，及漁業銀行之基金。侵害漁業之權利，遷移或損毁漁場之標識，拒絕或妨害該管行政官署之檢查簿據，或對於官吏之詢問不答辯或爲虛僞之陳述者分別處以罰金。

漁會法共二十九條，規定漁會爲法人，以增進漁業人之知識技能，改善其生活，並發達漁業生產爲目的。漁會以縣爲區域，重要港埠相距在四十里以外者，得設分會。凡同一區域内之漁業人，或營水產之製造、運輸、保管各業者，得連署五十人以上，發起組織漁會，但應開創立大會，議定章程，推出代表，請求該管行政官署立案，經核准後，並應呈報成立日期，及職員履歷，會員名簿。漁會設理事、監事，均由會員選任，又設事務員及調查員。漁會會員大會，每年一次，代表大會每三個月一次，臨時大會由會員三十人以上之提議，或理事監事認爲必要時召集之。漁會事務費以會員會費充之，事業費由大會議決籌集。漁會解散時，應選任清算人，如無可選任，由該管行政官署指定之。漁會得聯合組織全省漁會聯合會，但須呈經所在地官署立案。漁會或漁會聯合會有違反本法或基於本法所發布之命令時，得處其職員以罰金。

十九年一月十七日，立法委員蔡瑄等呈請立法院轉呈國民政府迅定漁業法、漁會法施行日期，以示政府提倡漁業體恤漁民之至意。立法院提經第七十三次會議議決通過，呈由國民政府提出第六十一次國務會議決議交行政院擬定。旋行政院飭據農礦部擬具意見，呈經國民政府於十九年二月十七日，明令漁業法、漁會法，自十九年七月一日起施行。

民國二十年十二月，行政院據上海市政府呈，咨詢立法院市區內能否設置漁會？立法院即令交法制委員會核議。該會於第百五十次、及第百五十三次會議提出討論，僉以漁會法第四條規定漁會以縣爲區域，對於市幷無明文，與其勉強解釋，與立法原意不符，不如修正法律，明定漁業繁盛之市，設置漁會，當經議決推定委員起草修正漁會法漁業法有關係之條文。旋起草完竣，該會復於第百五十八次會議詳加討論，當將漁會法第四條、第七條，漁業法第二條、第十八條、第十九條、第三十四條、第三十八條、第三十九條、及第四十七條條文修正通過。立法院於第百九十三次會議，將各該修正條文，提出逐條討論，均無異議通過，幷將漁業法第三條一併修正通過，卽呈由國民政府於二十一年八月五日公布。

此各修正條文修正之點爲於各條文「縣」之下，加「或市」二字，將「農礦部」改爲「實業部」；即規定漁會在漁業繁盛之縣市設置之，關於漁業之行政官署，在中央爲實業部，在地方爲縣或市政府。

第四十八節　礦業法　附礦產稅條例

民國三年三月十一日，大總統袁氏以教令第三十四號公布礦業條例，共分九章，都百十一條。第一章總綱，第二章礦區，第三章礦業權，第四章用地，第五章礦工，第六章礦稅，第七章礦業警察，第八章裁決訴願及訴訟，第九章罰則，末爲附則。

此條例未經立法程序，大致規定探礦權及採礦權爲礦業權，均視爲物權，不得分割，凡中華民國人民或法人得取得之。礦質共分三類，凡六十二種。礦區界限以直線定之，煤礦面積以二百七十畝以上，十方里以下爲限，其他各礦以五十畝以上五方里以下爲限。凡欲探礦者，應具呈文並附圖說，呈由該管礦務監督署長核准，凡欲採礦者，應具呈文並附圖說，經由該管礦務監督署長呈請農商總長核准，但必要時得令地方官調查或派員查勘。礦業呈請人及礦業權者，於必要時，得使用他人之土地，但應給以相當償金。礦工工價，應以通用貨幣一次或分二次發給。礦稅分礦區稅、礦產稅，均分兩期繳納。礦業工程如有危險或害公益時，礦業權者應預爲防範，或暫行停止。凡不服農商總長或礦務監督署長之處分或裁決，得提訴願或行政訴訟。以詐欺取得礦業權，或竊採礦質，或企圖逃稅，以及違背本條例強制之規定，均分別處以有期徒刑或罰金。

民國十八年六月，國民黨第三屆二中全會，討論關於礦產之開採案，當經決議：「已辦之礦產，准由依法取得采礦權者，依照礦業法繼續開采，由政府監督，並分別更定其稅率及領采期限。」中央執行委員會即錄案函由國民政府令行政院轉飭農礦部遵照辦理。農礦部依據決議案意旨，擬具礦業法草案十章，共百三十二條，呈由行政院提出第五十二次會議決議通過，並於十九年一月九日咨送立法院審議。

立法院於第七十一次會議，將該草案提付初讀，並議決付經濟委員會會同財政委員會審查。該兩委員會先後開聯席會議三次，並函由農礦部派員列席說明，當將該草案逐條修正通過。立法院復於第八十七次會議開二讀會，將該審查修正案提出逐條討論通過，惟第七十四條、第七十八條保留。又依多數委員之意見，以原草案第七十五條、第八十三條、及第八十五條有斟酌采用之必要，全案條文文字與次序，應分別加以整理，當經議決併交委員林彬、陳長蘅、孫鏡亞、衞挺生、史尙寬審查。林委員等即集會審查完畢，惟以第二讀會通過之第八十四條，認爲不必采用，當予删去。立法院繼續於第八十八次會議開三讀會，當將礦業法全案通過，即呈由國民政府於十九年五月二十六日公布，并明令定於十九年十二月一日起施行。

此法共百二十一條，分爲九章，第一章總則，第二章礦業權，復分爲五節，第一節礦業權之性質與效用，第二節礦業權之設定，第三節礦業權之變更與移轉，第四節礦業權之消滅，第五節礦業權之抵押，第三章國營礦業，第四章小礦業，第五章用地，第六章礦稅，第七章礦業監督，第八章罰則，第九章附則。

全法規定中華民國領域內之礦，均為國有，非取得礦業權不得探採。礦分為(一)凡五十種，(二)經國民政府所指定者。探礦權以二年為限，採礦權不得過二十年，限滿展期亦不得過二十年。礦區之地面水平面積，煤礦以十五公頃至五百公頃為限，其他各礦以二公頃至二百五十公頃為限，砂礦沿河身計算，以一公里至五公里為限。鐵礦、石油礦、銅礦、及適合煉冶金焦之烟煤礦，應歸國營，由農礦部劃定區域，設定國營礦業權，但亦得出租與中華民國人探採。以上各礦及鎢、錳、鋁、銻、鈾、銑、鉀、燐等礦，農礦部得劃為國家保留區，禁止探採。交通不便，礦量甚微，礦業未發達之區域，得設定小礦業權，以採礦為限，幷不得逾十年。其餘關於礦業權之性質與效用，礦業權之設定、變更、移轉、抵押、銷滅等，及礦業之限制、礦業之監督、用地、礦稅、罰則等，均大致與礦業條例所規定者相同。

民國二十年七月，財政部以礦產稅向歸該部管理，擬具礦產稅條例草案，及修改礦業法意見，呈由行政院提出第二十五次國務會議決議，交財政實業兩部會同審查。該部等即將原草案加以修正，幷根據財政部意見，擬訂修正礦業法草案，一併呈經行政院提出第三十三次國務會議決議送立法院審議。

立法院提出第百五十六次會議議決，付經濟委員會會同財政委員會及委員羅鼎、林彬、史尙寬審查。該會等迭開聯席會議，詳加討論，當將礦產稅條例草案及修正礦業法第九十三條、第一百一十六條條文草案修正通過，幷以礦業法第二條未列錳礦，而第十條列有錳礦，特修正第二條，增列錳礦於鎢礦之次。又以農礦部現已裁併，將礦業法條文內之「農礦部」一律修正為「實業部」。立法院復於第百七十次會議，將修正礦業法草案及礦產稅條例草案，一併提出逐條討論，大致均照審查修正案通過。

修正礦業法經國民政府於二十一年一月二十三日公布。其修正之點有四：(一)於第二條補列錳礦。(二)第九十三條原定礦產稅按礦產物價格納百分之二，改爲納百分之二至百分之十。(三)第一百一十六條原定漏稅者處應納稅額三倍以上之罰金，改爲處應納稅額二倍以上五倍以下之罰金。(四)各條文內之「農礦部」均改爲「實業部」。

礦產稅條例共八條，規定礦產稅由財政部派員徵收，如延不繳納，財政部得咨商實業部，撤銷其礦業權。凡已納稅之礦產物，除運往外國應繳出口稅外，不再重徵其他稅捐；惟礦產稅應以十分之五留歸地方政府。此條例通過後，迄未經國民政府明令公布。

第四十九節　商會法工商同業公會法

民國三年六月，參政院代行立法院職權，旋議定商會法三章共六十條，於三年九月十二日公布。此法規定商會及商會聯合會得爲法人。各省城、各商埠、及其他商務繁盛之區域，均得設立商會，但須由各該區域內有爲會員之資格者三十人以上發起，詳擬章程，稟請該管地方長官，詳由地方最高行政長官咨陳農商部核准。商會會員須具有三種資格之一：(一)公司本店或支店之職員，爲公司之代表者；(二)各業所舉出之董事，爲各業之代表者；(三)自己獨立經營工商業，或爲工商業之經理人者。商會設會長、副會長各一人，會董十人至三十人，並得置特別會董及書記、會計、庶務等辦事員；會董由會員選舉，會長、副會長由會董互選，特別會董由會董推選，任期均二年。商會得開定期會議及特別會議。商會經費由會員負擔。商會之解散，須經會員議決，農商部核准。各省城得設立商會聯合會，以全省各商會舉出之代表組織之。

民國四年，參政院代行立法院又於第二期常會議定商會法九章共四十六條，於四年十二月十四日公布。此法規定商會為總商會及商會。各地方最高行政長官所在地，及工商業總匯之各大商埠得設立總商會。各地方行政長官所在地，或所屬地工商業繁盛者得設立商會。總商會商會得經農商部核准，得聯合組織全國商會聯合會。其餘內容，大致與前法相同，惟無關於全省商會聯合會之規定。

民國七年四月二十七日，農商部以部令第四五號公布工商同業公會規則十條，至十二年四月十四日，農商部又以部令第二六七號略加修正，大致規定工商同業公會，以維持同業公共利益，矯正營業上之弊害為宗旨。工商同業公會之設立，以地方各重要營業為限，須由同業中三人以上之資望素孚者發起，並妥訂規章，由地方長官轉呈核准。但如違背法令，逾越權限，或妨害公益時，地方主管官廳，或最高行政長官，得命令解散之。

民國十八年一月，工商部以民國四年公布之商會法，按諸黨綱國情，諸多未合，特交由工商法規討論委員會詳加審核，根據本黨政綱，參照商業實際情況，擬具商會法草案四十七條，附具要點說明，及工商同業公會條例草案十六條，呈由行政院提出第十一次會議決議，轉咨立法院審核。商會法草案原附之要點說明，略如次述：

一 原則

（一）商民協會爲商人的集團，認業商的自然人爲會員，以圖謀商人之福利爲目的。

（二）商會爲商業的集團，認同業公會或商業的法人爲會員，以圖謀商業之發展爲目的。

二 組織

（一）在原則上商會固以工商同業公會爲組織單位，認同業公會爲會員。但在海外各埠華僑，及內地城市鄉鎮，未必各業均有同業公會之組織。本草案規定商會會員爲二種：一爲同業會員，一爲商店會員，使無同業之商店，亦可取得會員之資格，以資救濟。

（二）往者商會名稱有總商會與商會之分，而在組織上幷無總合之實。其所區別者，仍屬地域關係，何如將總商會取消，一概冠以地域名稱，較屬妥善。

（三）商會爲商業團體之最高組織，爲聯合發展工商業計，全省各縣市商會得聯合設一全省商會聯合會，各省商會聯合會及特別市商會得聯合設立一中華民國商會聯合會，使其系統一貫，聲氣相通，其於全國工商業之前途，不無裨益，故本草案有全國商會聯合會及全省商會聯合會之規定。

三 職員

（一）商會職員人數，因各地商會會員之多寡，事務之繁簡，完全不同，法律上不易爲之劃一，故宜由各地商會自由規定，始有伸縮之餘地。

（二）關於商會職員之任期，久爲各省商會糾紛爭執之焦點，故本草案明白規定任期爲四年，不得連任，使任期有一定限制，可免把持之弊。

旋國民政府又將商會法草案及工商同業公會條例草案，函送中央政治會議核議。中央政治會議提出第百七十二次會議討論，當決定推胡漢民、戴傳賢、王寵惠、孔祥熙、孫科、陳果夫六委員審查，由孔委員召集開會。該委員等卽開審查會二次，會同擬定商會法及工商同業公會條例原則各一件，提經第百七十七次會議決議修正通過，連同原草案送立法院審議。商會法原則共九項：

一 商會爲商業的集團，以同業公會或商業的法人爲組織之單位。

二 商會以圖謀發展工商業及國際貿易爲目的。

三 各特別市各市各縣及繁盛鄉鎮之同業公會，或商業的法人有五家以上之發起，均得在本區域內設立商會，並於設立時，應擬訂章程，呈請主管機關備案。

四 凡稱總商會必須由主管機關核定。

五 同業公會爲商會會員，別無同業者，以商店爲商會會員。前項會員，均應舉派代表，出席商會，稱爲會員代表，並得隨時更換之，但其資格宜加以明白規定。

六 全省各縣市商會得聯合設立全省商會聯合會；各省商會及特別市商會得聯合設立中華民國商會聯合會。

七 商會執監委員由會員就會員代表中選任，其人數由商會自由規定。

八 每任四年，每二年改選半數，不得連任。

九 旅外華商得設立旅外中華商會，並得加入中華民國商會聯合會。

工商同業公會條例原則凡五：

一 在同一區域內經營各種正當工商業之公司、行號，由七家以上之發起，在該區域內得設立一同業公會。

二 同業公會於設立時，應擬訂章程，呈請主管機關備案。

三 同業之公司行號，皆得爲本業公會會員。

四 同業公會採取委員制，並就委員中互選常務委員。

五 同業公會應受省或特別市政府及工商部之監督，遇必要時得解散之。

立法院於十八年三月九日第十六次會議，將商會法草案工商同業公會條例草案及原則一併提出討論，當議決付經濟委員會會同商法起草委員會、勞工法起草委員會審查。

嗣中央政治會議委員兼立法院院長胡漢民提請核議組織商會之單位，原提案略云：

「商會法原則中關於商會組織之單位有三種：(一)同業公會，(二)商業的法人，(三)別無同業之商店。對於此點，有四個問題，須請予以解釋，並於可能的限度，示以實例：(甲)商會組織之單位，是否以同業公會爲原則，商業的法人與別無同業之商店爲例外？(乙)一區域內是否僅限於一個同業公會？(丙)商業的法人如合原則之條例，是否必須組織同業公會？(丁)別無同業之商店，能否附合類似或一部相同之業，而組織同業公會？」

中央政治會議提出第百八十二次會議議決付孔祥熙等六委員審查。孔委員等卽集會審查完竣，其結果爲(一)商會組織之單位，應以同業公會爲原則，商業的法人及例無同業之商店爲例外；(二)一區域內應限於一個同業公會；(三)商業的法人，如合原則的條例，並非必要組織同業公會；(四)別無同業之商店，不必組織類似或一部相同之同業公會；當提經第百八十三次政治會議決議通過，送立法院查照辦理。立法院於第二十九次會議提出報告，幷令交經濟委員會及商法勞工法兩起草委員會併案審查。該委員會等迭次開會討論，當根據原則，將商會法草案及工商同業公會條例草案，分別逐條修正通過，幷將工商同業公會條例改爲法。立法院於第三十五次及第三十六次會議，將各該審查修正案提出逐條討論通過，並由主席諮詢省略三讀，分別以商會法、工商同業公會法付表決，經大多數委員贊成通過。

商會法於十八年八月十五日公布施行，工商同業公會法於十八年八月十七日公布施行。各該法之要點，即爲中央政治會議決定之原則，其餘內容，大致與前商會法、工商同業公會規則相同。惟規定本法施行後，前已成立之商會及商會聯合會，應於六個月內依本法改組；原有之工商各業同業團體，不問其用公所行會會館或其他名稱，均應於一年內依本法改組。

民國十八年九月，中央委員戴傳賢提議關於商會之原則，及新商會法運用之方法，擬定要點三項：

第一　二中全會所規定之人民團體組織方案，其目的有二：第一、未經成立各種人民團體之地方，其組織時有所依據；第二、已經組織之人民團體，未能健全者，其整理或改組時，有一定之辦法。……關於商會之組織，必須有單行之法律，此屬當然之事。至其條文上未曾涉及黨部之指導，亦爲法律當然之形式。……不論法律之規定如何，皆可運用合法者，惟在各級黨部切實明白方案之意義，與認識運用之分際與方針耳。

第二　新商會法第二章第六條之規定，與組織方案並無牴觸。……惟須由立法院另有一關於本法施行之決議，說明在訓政時期，……在召集正式之設立大會以前，必須經過向黨部申請許可及受黨部指導承認之籌備期間。

第三　新商會法規定商會之組織基礎在於商店，及同業公會。……惟在將來實際施行上，……宜由立法院在商會法或商會法之施行法中，規定各公會及商店代表人之資格，及登記方法。每一度之選舉期內，除法律所許可者外，不得更動其代表人。如此則可補法文之不足，而收圓滿之效。

中央執行委員會於第三十二次常會提出討論，當決議原則通過，幷函由中央政治會議提出第百九十五次會議報告後，即轉送立法院查照辦理。

立法院當交商法起草委員會會同勞工法起草委員會擬具一般民衆團體之指導方案，呈候提會公決。該會等兩次開會，詳加討論，結果，擬訂人民團體設立程序案，提經立法院第五十六次會議通過，幷轉呈國民政府於十八年十二月二日公布。此案規定職業團體與社會團體，均須遵照二中全會決議之人民團體組織方案所定之程序，受黨部之指導，方得依照現行各該關係之法規設立之。

民國十九年一月，工商部以前已成立之商會六個月內改組之期將滿，而邊遠之區，交通不便，籌備不及，各省市商會又紛紛呈請展緩改組期間，與其無期延宕，不如明令延長，擬請將商會法第四十二條商會改組期限，延長八個月，截至十九年十月十五日爲止，呈由行政院轉呈國民政府提出第六十二次國務會議決議交立法院。

立法院於十九年二月十五日，第七十六次會議提出討論，當將商會法第四十二條修正通過。此修正條文經國民政府於十九年三月三日公布，明定前已成立之商會及商會聯合會，應於本法施行後一年內改組之。

民國十九年一月，工商部復以工商同業公會法對於一區域以上之同業組織聯合會，無明文規定，事實上如全國瓷業，全國棉業，全國菸酒業，全國民營電業，全國醫藥團體，以及江浙皖絲繭業等，或具悠久之歷史，或爲對外所必需，擬請另定條例，或將該法酌予修正補充，以資救濟，呈經行政院提出第五十五次會議決議送立法院核議。

立法院即交商法起草委員會審核。該會詳加研討，以在一區域以上之同業，組織聯合會者，確不僅一二處，考察事實，揆度商情，似宜准其存在，惟法律未有明文，難資依據，擬將工商同業公會法略加修正，於第十三條之下，增加一條，在准許聯合之中，寓酌量限制之意，原第十四條以下，依次遞改。立法院於第百零三次會議，將該增修條文，提出討論通過，并呈由國民政府於十九年八月九日公布。此增加之第十四條，規定二以上之工商同業公會，各自經其會員三分二以上之同意，得組織聯合會，其章程應經省政府或工商部之核准，并受其會所所在地地方行政官署之監督。

民國二十一年八月，上海市商會以工商同業公會法第七條
故常，不願加入，致公會本身，難期健全，力量不能集中，一切應付均
院將該條條文加以修正。

立法院即令交商法起草委員會核議。該會討論結果，認原呈
予以修正，提經立法院第二百次會議議決通過，并呈由國民政府
定凡同業之公司、行號，均應為同業公會之會員。

第五十節 商標法

民國十二年五月三日國會議定商標法四十四條，幷由政府公布施行。

此法規定凡欲專用商標者，須呈請註册，自註册之日起由註册人取得商標專用權，其期間以二十年爲限，但得續展二十年。凡使用他人註册商標於同一商品，或僞造或仿造他人之註册商標，或以詐欺取得商標專用權者，均分別處以徒刑或罰金，並沒收其物件。

民國十四年九月十二日，廣東國民政府公布商標條例四十條，其內容及文字，均大致與前法相同，惟將條文中之「農商部」改爲「省政府」，「商標局」改爲「實業廳」，因當時廣東政府幷未設有該兩機關。

民國十七年，工商部設立全國註册局，適用舊商標法，幷將該法全文登載第一期商標公報，通告中外商人，而商標條例失其效力。十八年十一月，工商部以舊商標法適用以來，業經一年，依據處理之商標案件甚多，已有積久難返之勢，在行政方面事實上亦無窒礙難行之處，爲鄭重法律效用及免除適用疑義起見，特呈請行政院轉呈國民政府備案。

國民政府於第五十四次國務會議提出討論，僉以民國十六年八月，曾有明令，凡從前施行之各種實體法、訴訟法、及其他一切法令，除與黨綱、主義、或國民政府法令牴觸各條外，一律暫准援用，商標法之適用，自無不合。且該法內容，亦尙平允，沿用既久，一旦槪予更易，或恐中外商人有所不便，此時應經立法程序，將商標條例加以修正，當經決議通過。文官處卽於十八年十二月七日，函達立法院查照辦理。

立法院提出第六十五次會議議決、付商法起草委員會審查。該會卽開會討論，並函請工商部派員列席陳述意見，當參照成規，斟酌損益，將該條例略加修正通過。並擬定標題爲商標法。立法院復於第八十六次會議，將該審查修正案提出逐條討論通過，并省略三讀，通過商標法全案，卽呈由國民政府於十九年五月六日公布。

此法共四十條，其內容及文字，仍與舊商標法無甚差異，惟無關於規定處徒刑或罰金之條文。

立法院於議決商標法後，復呈請國民政府明定該法施行日期，經第百次國務會議議決自民國二十年一月一日起施行。

第五十一節 商品檢驗法

工商部籌辦商品檢驗，於民國十七年十二月頒布暫行規則，俾資適用。十九年二月，工商部召集各商品檢驗局局長會議，僉以前頒之暫行規則，頗覺不敷應用，亟應補充，以臻完善，爰就已往事實，斟酌損益，將商品檢驗暫行規則，修訂爲商品檢驗條例二十三條，並爲應付事實起見，於條例上加「暫行」二字，以部令公布施行。工商部公布該暫行條例後，復呈由行政院提出第六十六次會議決議，送立法院審議。

立法院提經第八十六次會議議決，付法制委員會、經濟委員會、商法起草委員會審查。

民國二十一年九月，實業部以前項暫行條例，施行已久，其中條文應酌爲修正，特改爲商品檢驗法，以昭鄭重，幷另擬具草案三十三條，呈由行政院提出第六十二次會議決議通過，咨送立法院查照審議。

立法院卽將該草案令交原審查委員會併案辦理。該會等前於十九年五月十六日開聯席會議，幷函由工商部派次長穆湘玥列席說明，當決定付馬寅初、孫鏡亞、張志韓三委員共同初步審查。旋初步審查完畢，該三委員會復迭開聯席會議，幷函請實業部派代表列席陳述提案意旨，經各委員詳加討論，當參照前暫行條例，及初步審查結果，將商品檢驗法草案修正通過。此審查修正案與實業部原草案立意不同，限於輸入之商品適用之。至於國內流通之商品，如杜絕毒質之攙加，防止病害之傳染，依審查意見，亦可施行檢驗，惟應由實業部妥議檢驗方法，務期不病商，不擾民，方可推行盡利。立法院復於第二百十三次會議，將該審查修正案提出逐條通過，幷省略三讀，通過商品檢驗法全案，卽呈由國民政府於二十一年十二月十四日公布。

此法全文共十九條，規定凡輸出輸入之商品，由實業部呈准行政院，設立商品檢驗局，於輸出國外，或由國外輸入之地點，執行檢驗，幷酌收檢驗費。應施檢驗之商品，由商人於輸入或輸出前報請檢驗，否則科以五百元以下之罰鍰。商品檢驗合格，由局發給執照，方可輸入或輸出；如不合格，卽通知原報驗人。應施檢驗之商品種類，各種商品檢驗合格之標準，檢驗費額，及本法施行細則，均由實業部定之。

第五十二節　華僑回國興辦實業獎勵法特種工業獎勵法工業獎勵法獎勵工業技術暫行條例

華僑回國興辦實業獎勵法　國民政府僑務委員會以我國地大土腴，物產豐饒，只以連年兵燹，以致利棄於地，家無蓋藏。惟環顧國內，不惟國帑驟形竭蹶，卽民間財力，亦覺枯窘萬分，只有海外各地僑胞，尚蓄餘貲，足以從事實業，爰制定獎勵華僑回國興辦實業條例八條，提出第三次全體委員會議決議通過，并於十七年十二月十二日，呈奉國民政府令交立法院審議。

立法院提出第五次會議議決，付經濟委員會會同法制委員會審查。該會等於十八年一月九日，開第一次聯席會議，提出討論，當決定推傅秉常、黃昌穀、林彬三委員作初步審查。旋復開聯席會議，根據初步審查結果，將原條例標題修正爲華僑回國興辦實業獎勵法，條文亦分別修正通過。立法院於第十三次會議，將該審查修正案提出逐條討論通過，并省略三讀，通過全案，卽呈由國民政府於十八年二月二十七日公布。

此法全文共九條，規定實業之範圍有五：(一)關於建築事業，(二)關於交通事業，(三)關於製造事業，(四)關於農礦事業，(五)關於其他依法允許人民經營之事業。華僑回國興辦實業欲受獎勵者，須呈請僑務委員會轉請主管機關核准。其所受之獎勵爲(一)得請當地官署特別保護；(二)得請交通機關於其需要材料及出產物品予以運輸上之便利；(三)得請僑務委員會派遣專員或行知地方官署予以指導保護；(四)得由僑務委員會轉請政府給予獎章或褒狀。

特種工業獎勵法　民國十八年二月，工商部擬具特種工業保障條例草案，呈由行政院議決送政治會議。中央委員孫科亦提出對於該草案之意見書，經中央政治會議一併提出第百七十四次會議決議，指定孔祥熙、趙戴文、易培基、薛篤弼、孫科、胡漢民六委員審查。孔委員等卽召集會議，公同討論。僉以我國工業不振，亟應制定條例，妥予保障。當就草案大體議定要點三項：（一）第一條「基本工業」定義空泛，應將各項急需興辦之工業，列舉規定；（二）保障方法中專賣與運輸免費兩項刪除；（三）保障時期應定一最高年限。復將草案文字詳加討論，除第一條至第三條依照要點修正外，其餘各條悉仍原文。中央政治會議復提出第百七十八次會議討論，當經決議，特種工業保障條例改稱特種工業保障法，交立法院審議。

立法院提出第十七次會議議決，付經濟委員會會同法制委員會審查。該會等迭開第六次、第八次聯席會議，提出詳加討論，結果認爲大致尙屬妥善，應予通過。立法院復於第三十四次會議，將該案提付二讀，標題修正爲特種工業獎勵法，條文亦逐一討論，分別修正通過。最末主席宣告省略三讀，以全案付表決，大多數委員贊成通過。

此法經國民政府於十八年七月三十一日公布，全文共七條，規定中華民國人民創辦基本化學、建築材料、製造機器、紡織、電料，及其他重要工業，或製品能大宗行銷國外，自己發明或輸入外國新發明，應用機械或改良手工，製造洋貨之代用品者，均得依本法呈請獎勵之。獎勵方法凡四：（一）准在一定區域內有五年內之專製權；（二）准減五年內國營交通事業運輸費；（三）准免或准減若干年材料稅；（四）准免或准減若干年出口稅。呈請獎勵者，應具呈請書，由工商部核准給予執照，並呈報國民政府備案。

工業奬勵法　民國二十二年十一月，實業部擬具特種工業奬勵法修正草案，呈請行政院轉送立法院審議，文略云：

「竊查特種工業奬勵法之頒行，係爲扶助國内幼稚工業，使其逐漸自立與發展，以應社會之需要，故對於依照該法核准奬勵者，應考核其營業成績，及供求情形，以防止朦混壟斷等情弊，庶於奬勵生產之中，兼寓監督限制之意。該法原文，對於此點，幷未規定，於實施上殊感困難。玆將該法酌加修正，就第五條之後，加入第六、七、八、九四條，原第六、七兩條，依次改爲第十條、第十一條，藉資補救。又該法原第一條丙款『輸入新發明』句中之『新發明』字樣，外人每認爲有妨害其專利權，提出質問，此次幷擬將『新發明』三字改爲『最新方法』，以保原意，而免誤會。」

行政院即將該草案提出第百三十四次會議決議通過，咨送立法院。

立法院提出第三屆第四十次會議議決，付經濟委員會會同法制委員會審查。該會等於第三屆第七次聯席會議提出討論，當決定推戴修駿、劉積學、鄧公玄、羅運炎、嚴端五委員初步審查。旋又開第十次聯席會議，依據初步審查結果，將原草案逐條討論，修正通過。立法院於第三屆第四十七次會議，將該審查修正案提出討論，當議決再付原審查委員會會同委員王祺、陳長蘅、衛挺生審查。該會等又開第三屆第十一次會議討論，決定推委員衛挺生等五人作初步審查，復繼續開第十三次會議，共同詳加審查，結果，將原案標題修正爲工業奬勵法草案，條文亦逐一修正通過。立法院復於第三屆第五十三次會議，將工業獎勵法草案提出逐條討論通過，并省略三讀，通過全案，即呈由國民政府於二十三年四月二十日公布。

此法共十二條，規定凡中華民國人民所辦工業，合於下列情事之一，得依本法獎勵之：（一）應用機器或改良手工製造貨物，在國內外市場有國際競爭者；（二）採用外國最新方法，首先在本國一定區域內製造者；（三）應用在本國享有專利權之發明，在國內製造者。獎勵方法除前法所列外，增一「給予獎勵金」。凡受獎勵者，應每年造具業務及財務報告書一次，呈送實業部考核。其餘內容大致與前法相同。本法施行，前法即行廢止。

獎勵工業技術暫行條例　民國二十一年五月，實業部擬訂獎勵工業技術暫行條例，呈由行政院提經第四次及第二十一次國務會議決議通過，以部令公布，並轉呈國民政府備案。旋該部部長孔祥熙以該條例第二十七條至第二十九條，對於僞造發明，竊用他人發明方法，及販賣僞造或仿造之物品等有科刑規定，特擬具妨害專利權科刑條文施行辦法，提經中央政治會議決議交法制經濟兩組審查。該組等旋審查完竣，提出報告略云：「爲獎勵工業技術起見，對於損害專利權之處罰，原則可予通過，惟該審查條例第二十七條至第二十九條各條條文，與其他法規有無牴觸或關聯之處，應交立法院提前審議。」當經第三百十次政治會議決議，照審查意見通過，并函達立法院查照辦理。

立法院提出第百八十八次會議議決，付法制委員會會同經濟委員會審查。該會等於第二十八次及第二十九次聯席會議，先後提出討論，結果，將該暫行條例修正為二十九條。立法院復於第二百零二次會議，將該審查修正案提出逐條通過，並省略三讀通過全案，即呈由國民政府於二十一年九月三十日公布。

此條例共二十九條，規定凡中華民國人民，對於工業上之物品或方法，首先發明者，得向實業部呈請獎勵，經審查確定後，發給證書，享有專利權十年或五年。凡發明於軍事上應祕密者，不予專利權，但政府應給以相當之報酬。因發明受獎勵者，對於原物品或方法再有新發明時，得呈請追加獎勵。凡利用他人物品或方法再有發明時，亦得呈請獎勵。專利權期滿，得呈請延長，以一次為限。獎勵呈請權、專利權，均得讓與或繼承。偽造或仿造發明品，或竊用其方法損害他人之專利權者，或販賣而陳列偽造品仿造品者，均分別處以有期徒刑、拘役、或罰金。

第五十三節　農會法附施行法

民國元年九月二十四日，農林部公布有農會暫行規程三十六條，規定農會以圖農事之改良發達為宗旨，分為(一)全國聯合農會，(二)省農會，(三)府縣農會，(四)市鄉農會。各種農會均為法人；會員須有四種資格之一：(一)有農業之學識者，(二)有農業之經驗者，(三)有耕地牧場原野等土地者，(四)經營農業者。市鄉農會，由該區域內具有會員資格者組織之；府縣農會、省農會，分別由各市鄉府縣農會舉代表組織之；全國聯合農會，由各省農會各舉代表四人組織之。農會置會長副會長各一人，並評議員、書記、會計、庶務、調查員。農會經費，分別由各會員農會分擔，其不足者，呈請主管官署酌撥公款，或給予補助金。農會每年應將該會事務及該區域內農業狀況，編成報告書分呈主管官署。農會解散時，會長副會長得爲淸理帳目人，淸理完結，須將帳簿及重要文牘呈報主管官署。

民國十二年五月十九日，農商部又以部令第三六五號公布修正農會規程四十二條，其重要增修之點有三：(一)「全國聯合農會」改稱「全國農會聯合會」，「府縣農會」改稱「縣農會」；(二)增加會員之消極資格爲(甲)褫奪公權尙未復權者，(乙)受破產之宣告確定後尙未撤銷者，(丙)有精神病者；(三)明定省縣市鄉農會職員任期爲二年，但再被選者得連任。其餘內容，大致與前暫行規程相同。

民國十八年四月，農礦部擬具農會條例草案四十四條，呈由行政院提出第十九次會議決議通過，送立法院。立法院卽交法制委員會會同土地法漁業法漁會法兩起草委員會審查。該會等於十九年五月二日，開聯席會議，提出討論，當決定付陳肇英、孫鏡亞、羅鼎三委員作初步審查。

民國十九年八月，立法院顧問戴傳賢氏提出關於農會之意見書，內容分爲六項：

一　農會之性質，爲一種產業自治團體，爲公法人之一種。

二　農會之目的，在於圖農業之改良發展。

三　農會之設立，須該地方有入會資格者三分之二以上同意，同時其同意人在該區域內所有及占有之土地面積，須爲二分之一以上。

四　農會之事業爲(甲)關於農業指導獎勵之設施,(乙)關於增進從事於農業者福利之設施,(丙)關於農業之研究調査,(丁)關於農業爭議之調解及仲裁。

五　農會之組織如下:

甲　會員總會—會員代表會—評議會

乙　會長—副會長—幹事—技師—書記

六　農會之會費,其徵收得採用賦課方法,如不繳納,得處以過怠金。

立法院即將該意見書令交經濟委員會研究起草,并將農礦部所擬農會條例草案,交該會併案辦理。該會迭次開會,詳愼研討,當擬具農會立法原則草案,經由立法院院長胡漢民送請中央政治會議詳加審核,并分別補充修正,提出第二百五十三次會議決議通過,共十六條如次:

一　農會以發展農民經濟,增進農民知識,改善農民生活,而圖農業之發達改良爲主旨。

二　農會應辦事業如左:

(1)土地水利之改良事項,

(2)種子肥料及農具之改良事項,

(3)森林之培植及保護事項,

(4)水旱蟲災之救濟及預防事項,
(5)農業及農民之調查統計事項,
(6)農業之研究討論事項,
(7)農業教育及農村教育之推進及普及事項,
(8)農業實驗場之舉辦事項,
(9)農產陳列所、農具陳列所、及農民公共圖書室閱報室等之設置事項,
(10)農民公共娛樂之舉辦事項,
(11)生產消費信用倉庫等合作事業之提倡及指導事項,
(12)治療所託兒所及其他養老濟貧之舉辦事項,
(13)糧食之儲積及調劑事項,
(14)對政府之諮詢及委託事項,
(15)對政府爲農業改良發達之建議事項,
(16)荒地開墾之奬勵事項,
(17)其他關於農業發達改良之指導宣傳及奬勵事項。

三　農會爲法人。

四　農會分鄉農會、區農會、縣市農會、省農會。

五　同一區域內，不得設立二個以上之同級農會。

六　下級農會爲上級農會之會員。

七　下級農會接受上級農會之委託，爲農業報告及調查事項。

八　凡居住該鄉內在二十歲以上，具有左列資格之一者，得爲該鄉農會會員：

(1)有農地者；

(2)耕作農地面積在二十畝，或耕作園地面積在五畝以上之佃農，

(3)中等以上學校畢業習農業者；

(4)經營與農業有關係之事業者。

九　鄉農會之組織，由該鄉內具有會員資格者五十人以上之發起，該鄉內有會員資格者三分一以上之同意組織之。

十　省農會、縣市農會、區農會，各由其下級農會過半數之同意組織之。

十一　實業部於必要時，得召集全國農會聯合會議。

前項會議，如有五省以上省農會之提議，亦得呈請實業部召集之。

十二 省農會適用委員會制，縣及以下之農會，置幹事長一人，副幹事長一人，幹事三人至五人。

應於各該地之必要，經主管機關之許可，得置評議員。

十三 農會設立，應擬訂章程，呈請主管機關備案。

十四 省農會之監督機關，為其所在地之省政府，縣市農會、區農會、鄉農會之監督機關，為其所在地之縣市政府。

十五 省農會、縣市農會、區農會、鄉農會之區域，依現有省縣市區鄉之區域，但有特別事由時，區農會、鄉農會之區域，得不依現有之區域。

十六 農會除經主管機關之許可，得經營第二條第十一款之合作事業外，不得為營利事業。

立法院於十九年十二月二十三日，將農會法原則提出第百二十二次會議議決，付原起草委員會從速起草。陳委員肇英等即依據原則，擬具農會法草案四十條，提經經濟委員會逐條討論通過。立法院於第百二十三次會議，將該草案提出討論，首由原起草人報告起草經過，并以該法亟待完成，請院長諮詢大會同意，省略審查程序，逕開二讀會。主席即宣告開始二讀，將農會法草案逐條討論過通，并諮詢省略三讀，以全案付表決，大多數委員贊成通過。

此法共分九章，凡三十六條，第一章總則，第二章設立，第三章會員，第四章職員，第五章會議，第六章經費，第七章監督，第八章解散及清算，末章附則。其重要之點，卽爲中央政治會議決定之原則，而內容較農會規程更爲詳密。此法經國民政府於十九年十二月三十日公布施行。

民國元年九月二十六日，農林部又公布農會規程施行細則九條，規定農會之主管官署，爲農林部、地方長官、府縣知事。各農會圖記，分別由各主管官署頒給。農會議決經費之預算，及分擔收入之方法，幷選擧之職員，均應呈報主管官署。市鄉及府縣農會之設立或解散，縣知事須呈報於地方長官；省農會之設立或解散，地方長官須呈報於農林總長。

民國十二年五月，農商部公布修正農會規程，幷同時公布修正農會規程施行細則十五條，規定全國農會聯合會、省縣市鄉農會經核准成立後，均由農商部分別刊發關防、鈐記、圖記。省縣市鄉農會應分別調查（一）主要農產，（二）農家副業，（三）農業制度，彙轉農商部查核，分報地方最高行政長官及地方主管官署，並分送各農會。其餘內容大致與前施行細則相同。

農會法公布後，立法委員焦易堂、孫鏡亞、郗朝俊復擬具農會法施行法草案十五條，提經立法院第百二十六次會議議決，付法制委員會會同勞工法起草委員會審查。該會等於二十年一月二十一日開聯席會議，提出討論，當將原草案修正爲十二條。立法院於第百二十八次會議，將該審查修正案提出逐條討論通過，幷省略三讀，通過農會法施行法全案，卽呈由國民政府於二十年一月三十一日公布。

此法共十二條，規定農會區域依現有之行政區域者，冠以該區域之名稱，其不依現有之區域者，得另冠名稱，呈請該管監督機關核定之。農會圖記，由該管監督機關頒發。下級農會爲上級農會之會員時，其所派出席代表，鄉農會、區農會、或市區農會二人，縣農會或市農會一人。農會職員任期一年，但得連任。全國農會聯合會會議代表之人數，及農會圖記之文質形式大小，均由實業部定之。

第五十四節　技師登記法公營事業技術人員領照法會計師條例

技師登記法公營事業技術人員領照法　民國十七年十月，國民政府法制局奉令結束，特將無線電台工程師登記條例，及服務執照條例，並無線電訓練學校立案規則，呈送國民政府批交立法院審查。

立法院於十七年十二月八日，提出第一次會議議決，付法制委員會審查。該會旋開會詳加討論，以各種工程師登記，各種技術人員執照，及各種技術訓練學校立案等法規，亟應同時兼籌並顧，詳愼審訂，未便一一單獨議決，致涉紛歧，結果所有各該條例規則，均暫從緩議。立法院復提出第六次會議議決，照審查意見通過，應由法制委員會會同經濟委員會從速起草各種工程師登記條例、各種技術人員執照條例、各種技術訓練學校立案規則，提會公決。該會等迭開聯席會議討論，除技術訓練學校立案規則，因教育部擬有專章，應暫緩起草外，當擬訂技師登記法，公營事業技術人員領照法兩草案，并分別討論修正通過。立法院於第二十七次會議，將各該草案提出逐條討論通過，並省略三讀，分別通過全案，一併呈請國民政府鑒核公布。

國民政府提出第三十二次國務會議議決，技師登記法通過公布，公營事業技術人員領照法通過，應由立法院將其第二十條修正爲「本法之施行，另以命令定之。」立法院卽於第三十二次會議，將公營事業技術人員領照法第二十條條文提出討論，當議決照國務會議議決修正案通過，并呈復國民政府鑒核。

技師登記法經國民政府於十八年六月二十八日公布，并由行政院以院令定自十八年十月十日起施行。全文共十七條，規定技師分爲農業技師、工業技師、礦業技師。下又各分數科。凡願充當技師者，均應繳費聲請登記，由各主管部選派專門人員組織技師審查委員會審查之。凡合格者，由各主管部發給技師證書，刊登政府公報，并呈報考試院。凡領有技師證書者，得設立事務所，執行業務，但應呈報所在地之主管官署。技師未經登記，而擅受委託辦理各種技術事務者，應由該管官署飭令停業，並得處以罰鍰。

公營事業技術人員領照法經國民政府於十八年八月十九日公布，但未定期施行。全文分五章，共二十條，規定凡在國營省營市營或其他公營事業服務之普通技術人員，均應領取執照，其是否合格，由各該事業之最高監督官署商承考試院，遴派技術專家組織考試委員會以考試定之。技術人員考試分學術兩科，依次行之，及格者，分爲甲乙丙三等，由該管考試機關發給執照，但須呈繳執照費及印花稅。領有甲等技術人員執照者，得任該項技術工作之主任領班等職；領有乙丙二等執照者，得任主任領班以下各職。

會計師條例　民國七年九月七日，農商部公布有會計師暫行章程十一條，規定凡中華民國人民，年滿三十歲以上之男子，在本國或外國大學商科或商業專門學校三年以上畢業，或在資本五十萬元以上之銀行或公司充任會計主要職員五年以上者，得呈請爲會計師。凡經核准之會計師，開始行使職務，應向農商部呈請登錄，列入會計師總名簿。會計師受有委託，得辦理關於會計之組織查核整理證明鑑定及和解各項事務，幷得受取相當之報酬及旅費。

民國十八年十一月二十六日，工商部又將前暫行章程加以修正，幷卽以部令公布施行。其修改最要之點，卽降低會計師之資格，餘無重要變更。同年十二月十四日，立法院開第六十五次會議，委員衞挺生等五人以會計師在現今社會，關係公共秩序，及經濟事業之發展至鉅，在各國法律均嚴限其資格，而工商部修正公布之會計師章程，竟許中學畢業者爲會計師，過於寬濫，似宜亟予糾正，擬比照技師登記辦法，速由本院起草條例公布，以貫徹本黨獎進經濟事業與保障民衆利益之精神，當經議決付財政委員會起草。

該會旋擬具會計師條例草案三十條，並提出第二十四次常會討論，逐條通過。立法院將該草案提出第七十一次會議，議決付原起草委員會審查，旋審查完竣，復於第七十二次會議提出，逐條通過，幷省略三讀通過全案，卽呈由國民政府於十九年一月二十五日公布施行。

會計師條例全文共二十五條，規定會計師受工商部之監督，於公務機關命令或當事人委託時，辦理關於會計之組織、管理、稽核、調査、整理、淸算、證明及鑑定各項事務。凡在國立或經教育部認可之國內外大學、獨立學院、或專科學校之商科或經濟科畢業，並曾教授會計主要科目二年以上，或在公務機關或有資本十萬元以上之公司，任會計主要職員二年以上，經工商部審查合格發給證書者，得爲會計師，會計師開始執行職務，應呈請所在地工商行政官署登錄於會計師登錄簿，並加入會計師公會。會計師公會置執行委員三人至七人，監察委員一人至五人。會計師公會應將會務，及會員職務概況，每半年呈報工商行政官署一次。

第五十五節　權度法權度營業特許法度量衡法度量衡器具營業條例

權度法　此法經參政院代行立法院議決，由政府於四年一月六日公布。全文共二十三條，規定權度以萬國權度公會所制定鉑銥公尺公斤原器爲標準，分爲（甲）營造尺庫平制，長度以營造尺一尺爲單位，重量以庫平一兩爲單位；（乙）萬國權度通制，長度以一公尺爲單位，重量以一公斤爲單位。權度原器，由農商部保管。農商部應製造副原器四份，以一份存部內，餘三份存內務財政教育三部，并應製造地方標準器，頒發各地方供檢查製造之用。全國公私用之權度器具，非依法令檢定後，不得販賣使用。人民欲以製造權度器具爲業者，須稟請農商部特許；欲以販賣或修理爲業者，須稟請該管地方官署特許。關於權度器具之製造、販賣、修理、及使用之犯罪，依刑律處斷。

權度營業特許法　此法亦經參政院代行立法院議決，并同於四年一月六日公布。全文共十二條，規定製造販賣或修理權度之營業，須分別稟請農商部，地方行政長官核准，發給特許執照，其特許以滿十五年爲期，但須繳納保證金後，方得開始營業。無特許執照，私營製造、販賣、或修理權度之業者，處以五百元以下之罰金。

度量衡法　民國十七年九月，工商部擬具權度法草案，呈由國民政府轉送中央政治會議提經第百五十五次會議決議，交法制局作初步審查。該局審查結果，認爲該草案係根據國民政府公布之權度標準方案所擬訂，內容均尚妥適，惟條文字句間有應加修改之處，特分別加以修正。中央政治會議復提出第百五十八次會議決議交立法院。

立法院於第二次會議，將該案提出討論大體，當議決付法制委員會審查。該會旋審查完竣，提出報告略云：

「遵於一月十八日第六次例會共同審查，討論結果，認爲此案之最大改革在第五條。舊制營造尺（即現案之市用尺）等於公尺百分之三二，庫平一兩（即市兩）等於原器百萬分之三七三零一，其小數之繁複，於市用甚感不便，現案所定，似甚相宜。惟名稱一節，應改作度量衡，以期與刑法上所定名稱一律。又市用制重量項下既名一斤爲十六兩，而斤又爲權重之單位，是一兩應作零·零六二五斤，故重量表應加以修改。至承制度量衡必須由工商部特許，不獨小題大做，且事實上不勝其擾，亦應略加修正。其餘內容，尚屬妥協，惟字句上間有修改之處。茲特擬具修正案，報告敬候提交大會公決。」

立法院復於第十一次會議，將該審查修正案提出逐條討論通過，並省略三讀，通過度量衡法全案，呈由國民政府提經第二十次國務會議之議決，於十八年二月十六日公布，幷定於十九年一月一日起施行。

此法共二十一條，規定中華民國度量衡採用萬國公制爲標準制，並暫設輔制，稱曰市用制。標準制長度以公尺爲單位，重量以公斤爲單位，容量以公升爲單位，市用制長度以公尺三分之一爲市尺，重量以公斤二分之一爲市斤，容量以公升爲市升。其餘度量衡之標準，度量衡原器之保管，副原器之製造，標準器之頒發，度量衡器具之製造、販賣、修理及使用，均大致與權度法所規定者相同。

度量衡器具營業條例　民國十八年四月十七日，工商部以部令公布度量衡器具營業規程，并於同年六月二十二日，呈由行政院咨送立法院審議，立法院卽令交法制委員會審查。

民國十九年七月，工商部提請核議度量衡器具營業條例，略謂：

「查度量衡新制業已實行，民用新制度量衡器，各地卽將開始製造，需用度量衡器具營業規程之處甚多。……惟熟察最近各省推行新制情形，尙有應行修訂之點，亟宜改正，以期完善。再查度量衡法第十七條第二項有度量衡器具營業條例另訂之等語，……現將原規程詳加研究，分別删訂，名曰度量衡器具營業條例，特提請公同討論，轉呈核定公布施行。再此項條例，待用甚殷，在未奉核定公布之前，可否加暫行字樣，由部先行公布，以應目前需要？併請公決。」

行政院於第七十九次會議提出討論，當決議：「條例核准，不必加暫行二字，先令該部暫以部令公布，一面送立法院議定。」

立法院復交法制委員會審查。該會提出第八十五次會議討論，結果，認爲該條例大致尙妥，略予修正通過。立法院於第百零六次會議將該審查修正案提出逐條通過，并省略三讀，通過全案，卽呈由國民政府於十九年九月一日公布。

此條例共九條，規定以製造、販賣、或修理度量衡器具爲業者，應呈請地方主管機關核發許可執照，以十年爲有效期間，並得呈請續展十年，但應分別繳納執照費，並備價承領標準器。領有許可執照者，如犯刑法第十三章規定各罪受刑罰之宣告時，應撤銷其執照。

第五十六節 中央學會法中央研究院組織法

中央學會法 民國元年參議院議決中央學會法十八條，由臨時大總統於同年十一月二十九日公布。

此法規定中央學會以研究學術，增進文化爲目的。會員無定額，由國內外大學或高等專門學校三年以上畢業，或有專門著述經中央學會評定者互選之，以得票滿五十票以上者爲當選，任期三年，但得連舉連任。外國人對於民國學術之發達有特別功績者，得由中央學會推爲名譽會員。中央學會依學術之種類，分爲若干部，會員各依其專攻學科分屬於各部，得隨時提出論文宣布之。中央學會設會長副會長各一人，由會員互選；各部各設部長一人，由各部會員互選。中央學會隨時開會討論關於學術及文化各事項，并得與外國各學術團體聯合研究，募集關於學術之論文及材料，又每年應將會內事項作成報告書，呈報教育總長，并宣布之。

中央研究院組織法　民國十六年七月八日，國民政府公布大學院組織法，其第七條規定該院設中央研究院。旋大學院院長核定中央研究院組織條例十條。十七年十月，大學院改組為教育部，同月三十一日中央政治會議於第百六十一次會議通過中央研究院組織法十一條，由國民政府於十七年十一月九日公布。中央研究院組織法之內容大致與組織條例無甚差異，規定該院為中華民國最高學術研究機關，其任務有二：（一）實行科學研究，（二）指導聯絡獎勵學術之研究。該院設院長一人，總幹事一人，幹事三人至五人；設評議會為全國最高學術評議機關，由院長聘任專門學者三十人組織之，院長為評議長，直轄之學術研究機關主任為當然評議員；又設物理、化學、工程、地質、天文、氣象、教育、動物、植物、歷史語言、國文學、考古學、心理學、社會科學各研究所，於必要時，并得設其他研究所。國內學術專家，科學研究機關或團體，及外國科學專家，於學術上有重要發明或貢獻，或對科學有相當之設備，經評議會之通過，得被選為該院個人名譽會員，團體名譽會員，及名譽通信員。

第五十七節　大學組織法專科學校組織法中學法小學法師範學校法職業學校法

清季頒定學制，蒙學修業期間四年，尋常小學、高等小學各三年，中學四年，高等學堂三年，大學預科本科各三年。又有農工商實業學堂、師範學堂、及最高級之大學院。此制後又略有修改，最初級為幼稚園，遞上為初等小學，最高級為通儒院。

科三年本科四年。此外有與中小學同級之甲乙種實業學校、師範學校，與大學同級之專門學校、高等師範學校。民國十一年，第八次全國教育會聯合會議決學校系統改革案，呈經政府提交國會修正通過，施行至今，大體上仍無多變更。依此案初等教育完全小學修業六年；中等教育中學與師範學校修業均六年，職業學校修業年限依地方情形定之；高等教育大學修業四年至六年，專門學校三年，大學院未定年限。至各級學校之詳細組織及規程，則有如下列各法：

大學組織法專科學校組織法　民國元年十月二十四日，教育部公布大學令二十二條，規定大學分為文、理、法、商、醫、農、工七科，以文、理二科為主，並設大學院。民國二年一月十二日，教育部又公布大學規程令二十八條，十六日，公布私立大學規程十四條。至六年九月二十七日，教育部將大學令加以修正，共十八條，規定設二科以上者，稱為大學，其但設一科者，稱某科大學。

民國元年十月二十二日，教育部公布專門學校令十二條，規定專門學校之種類，為法政、醫學、藥學、農業、工業、商業、美術、音樂、商船、外國語各專門學校等。教育部又於同年十一月十四日，公布公立私立專門學校規程十六條；十一月十三日，公布工業專門學校規程十條；十一月二十二日，公布醫學專門學校規程十條，藥學專門學校規程九條；十二月二日，公布法政專門學校規程十條；十二月六日，公布商船專門學校規程九條，外國語專門學校規程十一條；十二月十日，公布商業專門學校規程九條；十二月十一日，公布農業專門學校規程十條。

以上各令及規程，均由行政機關頒布施行，並未提交參議院或國會議決。

民國十八年五月，教育部以大學條例，專科學校條例關係於高等教育者至鉅，亟應釐訂頒行，爰分別擬具草案，呈由行政院交政務處審查後，提出第二十三次會議決議，照政務處簽註修改，送立法院核議。

立法院提出第二十五次會議議決，付委員戴修駿、曾傑、陶玄、王世杰、劉積學審查。戴委員等集會三次，詳加討論，認為大學條例草案尚屬妥善，當修正通過，并將標題改為大學組織法。至專科學校條例草案，決定暫從緩議。立法院復於第二十九次會議提出討論，將大學組織法第一條至第十條逐一修正通過，其第十一條以下，與專科學校條例草案，并議決付原審查委員會同委員孫鏡亞、黃居素、樓桐孫、衞挺生審查。戴委員等旋集會二次，將大學組織法第十一條以次審查完竣，并另擬定專科學校組織法草案，惟仍有少數審查委員堅持異議。立法院又於第三十一次會議，將大學組織法第十一條至末條，以次討論通過，并將專科學校組織法草案逐條提出討論通過。二讀既畢，主席分別以各該全案付表決，經大多數委員贊成通過。

立法院通過大學組織法、專科學校組織法，即繕具全文，一併呈請國民政府鑒核公布。國民政府提出第三十四次國務會議決議：「大學組織法第四條交立法院修正為『大學分文、理、法、教育、農、工、商、醫各學院』餘與專科學校組織法均照案通過」。立法院於第三十四次會議，將大學組織法第四條提出討論，結果照國務會議決議案修正通過，并呈復國民政府鑒核。國民政府卽於十八年七月二十六日，明令公布大學組織法及專科學校組織法。

大學組織法共二十六條，規定大學分文、理、法、教育、農、工、商、醫各學院，具備三學院以上者稱大學，否則爲獨立學院。得分兩科。國立大學由教育部設立之。由省市政府，私人或私法人設立者，爲省立、市立、私立大學、或學院。大學得設研究院。大學各學院，或獨立學院各科得分若干學系，並得附設專修科。大學設校長一人，獨立學院與大學各學院各設院長一人，各學系各設主任一人，教員分教授、副教授、講師、助教四種。大學設校務會，各學院設院務會議，各學系設系教務會議。大學修業年限，醫學院五年，餘均四年；學生修業期滿，考核成績及格，由大學或獨立學院發給畢業證書。

專科學校組織法共十三條，規定國立專科學校，由教育部設立。由省市政府，私人或私法人設立者，爲省立、市立、私立專科學校。專科學校設校長一人，教員分專任兼任兩種，并設校務會議。專科學校修畢年限爲二年或三年，學生修業期滿，考試及格，由學校給與畢業證書。

民國二十三年一月，教育部以省立大學校長之職責，較國立大學校長不稍輕減，大學組織法雖規定省立大學校長由省政府呈請任命，似指人選應由省政府提出，擬定省立大學校長爲簡任五級至三級，函由國民政府文官處轉陳提出國民政府委員會第九次會議決議，函立法院詢明立法本意，再行核辦。

立法院即令交委員戴修駿等核議，並提出第三屆第四十七次會議議決，交法制委員會修改大學組織法第九條條文。該會於第三屆第三十九次及第四十次會議先後提出討論，結果，將該條文修正通過。立法院復於第三屆第五十四次會議，將該修正條文提出討論通過，幷呈由國民政府於二十三年四月二十八日公布。此修正大學組織法第九條條文，即規定國立、省立、市立大學校長均簡任。

中學法小學法　民國元年九月二十八日，教育部公布中學校令十六條，小學校令四十七條，規定中學校由省縣設立之，小學校由縣城鎮鄉設立之，私人或私法人亦得設立中小學校。民國四年七月三十一日，教育部改初等小學校爲國民學校，幷公布國民學校令五十六條、高等小學校令三十條。五年十月九日，教育部又將國民學校令加以修正，至九年一月二十四日，復爲第二次之修正。

民國十七年一月十八日，大學院公布小學暫行條例二十九條，規定小學修業年限六年，前四年爲初級小學，後二年爲高級小學。同年三月十日，又公布中學暫行條例二十五條，規定中學分爲初級高級，修業年限各三年。初級中學實施普通教育，但得兼設各種職業科。高級中學分普通、師範、家事及農工商業各科，得依地方情形，單設一科，或兼設數科。

民國二十一年六月，教育部以中小學暫行條例閱時既久，施行上頗有難期適合之處，爰另擬中學組織法草案，及小學組織法草案各一種，呈由行政院提出第十四次會議決議通過，咨立法院，並送中央政治會議。

中央政治會議提出第三百十四次會議決議交教育組審查。該組審查結果，認爲兩草案大體已臻完善，僅中學組織法第二條第二項「初級中學或高級中學得單獨設立之」，應改爲「初級中學及高級中學得混合設立之」，以單獨設立爲原則，其規模較大者，不妨混合設立。此外中小學校長皆應兼任本校教課，直接與學生接觸，則訓練較易。中央政治會議復提出第三百十八次會議決議，照審查意見通過，並函由國民政府令立法院審議。

立法院提經第百九十八次會議議決，付法制委員會審查。該會於第百六十四次會議提出討論，當決定付委員陶玄、趙迺傳、黃右昌、程中行、竺景崧五委員初步審查。旋復開第百七十二次會議，依據初步審查結果，將中學小學兩組織法草案分別修正通過，並將標題改爲中學法、小學法。立法院於第二百十次會議，將各該審查修正案提出逐條討論通過，並省略三讀，通過中學法全案及小學法全案，即一併呈由國民政府於二十一年十二月二十四日公布。

中學法共十四條，規定中學分初級高級，由省、市、縣設立，私人或團體亦得設立之。中學設校長一人，應擔任教課，教員由校長聘任。高級中學入學資格，須初級中學畢業，其同等學力者，不得過總額五分之一；初級中學入學資格，須小學畢業或具有同等學力者；均應經入學試驗。初級或高級中學學生修業三年期滿，成績及格，由學校給予畢業證書。中學科目及課程標準，教員任用規程，中學規程，均由教育部定之。

小學法共十八條，規定小學由市、縣或區、坊、鄉、鎮設立之，省及私人或團體亦得設立。小學學級用單式編制，但有特殊情形者亦得用複式編制。小學得附設幼稚園。小學設校長一人，應擔任教課，教員由校長聘合格人員充任。初級小學學生修業四年期滿，高級小學學生修業二年期滿，成績及格，由學校給予畢業證書。小學之教學科目及課程標準，教員之檢定、任用、保障各規程，小學規程，均由教育部定之。

師範學校法職業學校法　民國元年九月二十八日，教育部公布師範教育令十三條，規定師範學校、女子師範學校、高等師範學校、女子高等師範學校均以養成中小學教員及保姆爲目的，均應分別附設小學校、中學校。學生免納學費，并供給校內必要費用。同年十二月十日，教育部又公布師範學校規程八十六條，並於五年一月八日加以修正，增爲八十八條。民國二年二月十四日，教育部公布高等師範學校規程三十五條，八年三月十二日，公布女子高等師範學校規程亦三十五條。

民國二年八月四日，教育部公布實業學校令十一條，實業學校規程六十條，規定實業學校分甲種乙種，爲農業、工業、商業、商船各學校，及實業補習學校等。省設立甲種實業學校；縣及城鎮鄉或農工商會得設立乙種或甲種實業學校，私人或私法人亦得設立實業學校。學生應納學費，但得酌量減免。

民國二十一年七月，教育部以中學暫行條例第四條規定高級中學分設普通、師範、農業、工業、商業、家事各科，施行以來，以一校兼辦數科，精力不能集中，訓練未臻嚴格，致未能獲充分之效果，擬以中學實施普通教育，而將農工商業師範等科劃出中學之外，另設師範學校及農工商等職業學校，庶各樹標的，可以平衡發展，爰分別擬具師範學校及職業學校組織法草案，呈由行政院提出第四十九次會議決議修正通過，送中央政治會議。

中央政治會議提出第三百十八次會議決議交教育組審查。該組審查結果，認爲師範學校組織法草案之精神爲（一）高中或初中畢業生，均以一年之訓練養成其師資；（二）設簡易師範訓練簡易小學之師資；（三）高中與師範分立，俾高中得專事升學之準備，而師範專事師資之養成。職業學校組織法草案之精神爲（一）以單科爲原則，（二）高級與初級職業學校分別設立，均極可取，當將兩草案條文分別略予修正。中央政治會議復提出第三百十九次會議決議，照審查意見通過，交立法院審議。

立法院提出第百九十八次會議議決，付法制委員會審查。該會於第百六十四次會議提出討論，并函由教育部派代表列席說明，當決定付黃右昌等五委員共同初步審查。旋初步審查完畢，該會復開第百七十四次會議，將各該草案次第修正通過，並將標題改爲師範學校法、職業學校法。立法院復於第二百十四次會議，將各該審查修正案提出逐條討論通過，並省略三讀分別通過全案，即一併呈由國民政府於二十一年十二月十七日公布。

師範學校法共十七條，規定師範學校由省市縣設立之。師範學校得附設特別師範科、幼稚師範科、附屬小學及幼稚園。師範學校設校長一人，教員由校長聘任。師範學校及其幼稚師範科入學資格，須初級中學畢業；特別師範科入學資格，須高級中學或高級職業學校畢業；均應經入學試驗。師範學校學生修業三年期滿，特別師範科學生修業一年期滿，幼稚師範科學生修業二年或三年期滿，實習完竣，成績及格，由學校給予畢業證書。師範學校及其附設各科之教學科目與課程標準，實習規程，校長教員之任用規程，師範學校規程，及畢業生服務規程，均由教育部定之。

職業學校法共十七條，規定職業學校分爲初級高級，由省市縣設立之，以單科爲原則，有特別情形時，得設教科，并得附設各種職業補習班。私人或團體亦得設立職業學校。職業學校設校長一人，教員由校長聘任。初級職業學校招收小學畢業生，或具有相當程度者，修業年限一年至三年；高級職業學校招收初中畢業生，或具有相當程度者，其修業年爲三年；招收小學畢業生，或具有相當程度者，其修業年限爲五年或六年。學生修業期滿，實習完竣，成績及格，由學校給予畢業證書。各級職業學校之教學科目，設備標準，課程標準，實習規程，校長教員之任用規程，及職業學校規程，均由教育部定之。

民國二十二年一月，中央政治會議委員兼教育部長朱家驊以立法院通過之各級學校法，間有與原提案之原則不無出入之點：(一)原案規定中小學及師範職業學校學生畢業，須經考試及格，而通過之案將考試及格改爲成績及格；(二)原案將師範學校職業學校單獨設立，而高級中學課程，卽不復設置職業科目，而通過之案規定中小學師範學校課程中仍得加設職業科目；(三)原案將正式師範學校程度提高，同時又顧及各地師資缺乏在初級中學之上，附設一簡易師範班，並顧及全國初級中學程度之縣立師範學校，及鄉村師範學校共有五百五十九校之多，擬一律改稱爲簡易師範學校，而通過之案將簡易師範班及簡易師範學校悉行取消；（四）初級職業學校修業年限本會議議決者爲自六個月至三年，而通過之案改爲自一年至三年，特提請函國民政府令行政院轉飭教育部於制定各項規程時，關於第一點，須將考試成績與平時成績，如何計算？詳密規定；關於第二點，將職業科目併入勞作科中；關於第三點，在規程中准設簡易師範學校及簡易師範班；關於第四點，不須修業一年之簡易職業，附入職業補習班內，庶法案暫無修改之勞，而事實上亦無窒礙難行之處。中央政治會議於第三百三十七次會議決議准予備案，即函由國民政府轉飭遵照辦理，並交立法院查照。

第五十八節 國民體育法

民國十八年一月，訓練總監部以各國提倡國民體育，不遺餘力，歐戰後益加注重，法國且於一千九百二十年頒布國民體育法案，特倣照法國先例，斟酌本國情形，呈請國民政府令立法院制定國民體育法，明定全國青年，均有奉行體育之義務。國民政府文官處即函達立法院查照核議。

立法院提出第十二次會議議決，付軍事委員會審查。該會於第五次常會提出討論，并函由訓練總監及教育部部長列席說明，當議決指定陳委員肇英起草。陳委員旋擬具國民體育教育法草案十五條，國民體育法施行法草案五條，提經該會第三次臨時會議詳加討論，分別修正通過。立法院復於第十七次會議，將各該草案提出討論，當將國民體育教育法改爲國民體育法，自第一條至末條均逐一通過，并省略三讀，通過全案。至施行法草案，認爲應於必要時另行擬定，併議決暫從緩議。

立法院通過國民體育法，卽繕具全文呈由國民政府提經國務會議之議決，於十八年四月十六日公布。此法共十三條，規定民國青年男女，有受體育之義務，父母或監護人應督促之。實施體育之方法，由訓練總監部會同教育部定之。高中或與高中相當以上之學校，均須以體育爲必修科。體育教員須有合格證書，其服務三年以上確有成績者，訓練總監部須予以相當獎勵。各自治之村鄉鎭市，必須設備公共體育場。各縣市鎭鄉村所組織之體育會，應受該管地方政府之監督。凡體育團體，不得加入政治運動。

第五十九節　古物保存法

民國十八年一月，河南省政府呈請國民政府制定保存古物法律，限制發掘古物，國民政府卽交立法院辦理。

立法院於第七次會議提出報告，並發交法制委員會審查。該會於第十六次會議提出討論，僉以古物於文化學術有莫大之關係，外人任意掘取，尤屬妨礙領土主權，自應明定法律，嚴予限制，當決定此案應予成立。立法院復於第二十一次會議提出討論，並議決付法制委員會起草古物保存法。該會提出第十九次會議議決，推委員戴修駿、孫鏡亞、劉景新起草，旋戴委員等起草完竣，提經該會第六十四次會議議決，付原起草委員會同王用賓、羅鼎、劉積學三委員共同初步審查。該會又繼續開第六十六次會議，依據初步審查結果，將古物保存法草案修正通過，共十四條。立法院於第九十二次會議，將該草案提出逐條討論通過，並省略三讀通過全案，即呈由國民政府提經第七十八次國務會議決議照案公布，其施行細則由行政院定之。

古物保存法經國民政府於十九年六月二日公布，幷定於二十年六月十五日起施行。全文共十四條，規定古物指與考古學、歷史學、古生物學及其他文化有關之一切古物而言。古物除私有者外，應由中央古物保管委員會責成保存處所保存之。保存者並應製成可垂久遠之照片。私有之重要古物，應向地方主管行政官署登記，不得移轉於外人，違者沒收，或追繳其價額。埋藏地下及暴露地面之古物，概歸國有。採掘古物，應由學術機關爲之，並由中央古物保管委員會派員監察。中央古物保管委員會由行政院聘請古物專家六人至十一人，教育部內政部代表各二人，國立各研究院各博物院代表各一人爲委員組織之。

第六十節　電影檢查法

民國十九年三月二十七日，中央執行委員會第八十二次常會，中央宣傳部呈擬電影檢查條例草案，請予公決施行，當決議送政治會議交立法院按下列原則制爲法律，由政府頒布施行：（一）電影檢查事宜，由各特別市政府負責辦理，但特別市黨部應派員參加指導；（二）甲地檢查後，乙地得免檢查；（三）檢查手續，應力求簡單與迅速；（四）國產影片，免收檢查費。

立法院提出第八十四次會議議決，付法制委員會審查。該會於第七十九次會議提出討論，當決定推樓桐孫、蔡瑄、鄭愾辰三委員起草。旋起草完竣，該會卽提出第九十二次會議詳加討論，結果通過電影檢査法草案十四條。立法院復於第百十三次會議，將該草案提出逐條討論通過，並由主席諮詢省略三讀，以全案付表決，經出席委員一致議決通過。此法關於電影檢査之手續，採用集中制，於第三條規定由教育部內政部派員組織電影檢查委員會辦理，並由中央宣傳部派員指導。立法部以此條與原則第一項雖微有出入，然按諸原則第三項力求簡單迅速之旨，似更能貫徹，經函由中央政治會議提出第二百四十八次會議決議通過。

電影檢查法經國民政府於十九年十一月三日公布。全文共十四條，規定電影檢查，由教育部派四人，內政部派三人，組織電影檢查委員會辦理之，並應請中央宣傳部派員參加指導。凡本國製或外國製之電影片，應由持有人聲請檢查。電影片（一）有損中華民族之尊嚴者，（二）違反三民主義者，（三）妨害善良風俗或公共秩序者，（四）提倡迷信邪說者，均不得核准。如無上列情形之一，電影檢查委員會應發給准演執照，以三年為有效期間。違反本法規定者，得處以三百元以下之罰鍰。

民國二十三年二月，中央執行委員會第一零九次常會討論統一電影事業指導職權一案，認為電影檢查委員會現行組織有變更之必要，當決議辦法三項：（一）電影檢査法第三條修正為「電影檢査委員會之組織另定之」；（二）電影事業指導委員會以中央宣傳委員會正副主任、內政部長、教育部長為當然常務委員，並加推委員及常務委員若干人；(三)電影檢查委員會須受電影事業指導委員會之指導，電影檢查委員會設主任一人，副主任一人委員若干人其人選由電影事業指導委員會推薦，由行政院聘任之。此決議案經中央政治會議提出第三百九十七次會議決議，函國民政府令立法院查照修改電影檢查法。

立法院提出第三屆第五十一次會議議決，付法制委員會審查。該會於第三屆第四十次及第四十三次會議先後提出討論，結果，將電影檢查法第三條條文修正通過。立法院復於第三屆第五十七次會議，將該修正條文提出討論通過，並呈由國民政府於二十三年五月十五日公布。此修正電影檢查法第三條條文規定「電影檢查委員會之組織，由行政院定之。」

第六十一節　教育會法

民國元年九月六日，教育部以部令第八號公布教育會規程十三條，規定教育會以研究教育事項，力圖教育發達爲目的，分省教育會、縣教育會、城鎭鄉教育會。組織教育會，應擬具章程，分別呈由省或縣行政長官核准立案，並轉報教育部備查。教育會得以研究關於學校、社會、家庭各教育事項，建議於教育官廳，並得分設各項研究會，或講演講習等會。教育會得設會長、副會長及其他職員；會員須現任教育職務，富有教育經驗，或有專門學識者。教育會經費爲會員入會金及會金，經地方議會議決，得由行政官廳給予補助金，遇必要時，得募集特別捐。

民國八年十一月十八日，教育部將前規程加以修正，增爲十九條。其增修之點有四：(一)教育會之名稱改定爲（甲）省教育會，（乙）特別區域教育會，（丙）縣教育會，（丁）區教育會。（二）確定會員之資格爲（甲）現任學校教職員，（乙）曾任學校教職員二年以上者，（丙）現任教育行政人員，（丁）曾任教育行政人員三年以上者，（戊）專門以上學校畢業擔任教育職務一年以上者。（三）規定凡研究教育學術著有聲望及協助教育經費者，得由教育會公推爲名譽會員。（四）明定教育會職員由會員互選，其任期爲一年或二年。

民國十七年二月十四日，大學院公布教育會條例共六章，凡二十四條，規定教育會分二級：（甲）省區教育會，（乙）市縣教育會。會員分爲當然會員及特別會員。凡現任學校教職員均爲當然會員。凡現任教育行政人員，曾在教育行政機關服務五年以上者，及專門以上學校畢業曾在教育機關服務一年以上者，均爲特別會員。市縣教育會會員互選執行委員八人至十六人，任期二年，每年改選二分之一；執行委員互選常務委員三人至七人，任期一年。省區教育會由各市縣教育會聯合組織之，每年由各市縣教育會會員互選代表二人，舉行大會一次，選出執行委員十一人至十五人，任期一年。執行委員會設祕書長一人，由大會選出聘任，并酌設祕書、書記、事務員，由祕書長聘任。教育會經費以入會費、常年會費、特別捐款、息金及政府補助費充之。

民國十八年十月，中央執行委員會以前各省縣公共團體有教育會一種，近來多已停頓，各地有組織教育協會以替代之者。此種團體在中央第二次全體會議通過之人民團體組織方案中并無明文，究應否存在？其組織及名稱應如何規定？特交訓練部審核。中央訓練部以人民團體組織方案分人民團體爲職業團體與社會團體，社會團體中列有文化團體一種，教育協會屬文化團體之一，自應准其存在，名稱亦尙妥協，惟關於組織方面，應根據人民團體組織方案，制定法規，方能有所遵循，特函請立法院早日制定教育協會組織法頒布施行。

立法院提出第五十七次會議議決，付法制委員會審查。該會旋審查完竣，提出報告有云：

「遵於職會第四十六次常會提出討論，僉以教育協會之發生，由於前此各地教育會多在軍閥勢力之下，法制人選，均屬不善，致變爲軍閥之附屬品。當日另設教育協會，以爲喚起民衆贊助革命之機關，實應時代需要。今則全國人民團體，統歸黨部指導，政府監督，應從改良教育會之法制人選着手，不應於教育會之外，另設教育協會。如認爲發展文化，僅一教育會尙虞不足，儘可聽教育界遵照人民團體組織方案，組織各種學會。查民國十七年二月十四日大學院曾公布教育會條例，在未經廢止或變更以前，自應繼續有效。如認此種條例有未完善之處，似宜由本院制定教育會法，或教育會條例，無庸制定教育協會組織法規，以免駢枝之弊。」

立法院於十九年二月一日提出第七十四次會議議決，照審查報告通過，并即指定委員戴修駿、馬寅初、張默君、李書華、陶玄、史尙寬、史維煥起草教育會法。戴委員等旋集會討論，擬定原則，推張默君、李書華兩委員草擬條文。條文草竣後，戴委員等復集會詳加討論，當通過教育會法草案共三十八條。立法院於第百二十六次會議，將該草案提出逐條討論通過，并省略三讀，通過全案，即呈由國民政府於二十年一月二十七日公布。

此法共三十八條，規定教育會爲法人，分爲（一）區教育會，（二）縣市教育會，（三）省教育會或行政院直隸市市教育會，分別由教育廳、教育局、縣市政府監督之。區教育會之設立，應由具有會員資格者二十人以上聯名發起，召集設立大會，訂立章程，呈請該管監督機關核准，並轉呈備案。省市縣教育會之設立，應由所屬教育會過半數之同意，訂立章程，呈請該管監督機關核准，並轉呈備案。教育部認爲必要，或省教育會及行政院直隸市市教育會十個以上提議，得召集全國教育會聯合會議。教育會會員須有五種資格之一：（一）現任學校或社會教育機關職員；（二）現任教育行政人員；（三）曾在高中以上學校畢業者；（四）舊制中學畢業曾服務教育界一年以上者；（五）對於教育確有研究，並有著作者。教育會分別設幹事、理事、監事，均由會員大會選舉，任期二年。會員大會分定期會議及臨時會議，由幹事會理事會召集之。教育會經費以會員入會費及常年費、地方政府補助費，特別捐，並資金之孳息充之。

第六十二節　民業鐵路法鐵道法

民業鐵路法　民國三年三月三十一日，政府公布民業鐵路條例。次年，參政院代行立法院，於第二期常會議決民業鐵路法，於四年十一月十二日公布施行，原條例即行廢止。此法全文共七十五條，其要點略述於次：

（一）鐵路公司　鐵路公司之組織，以股份有限公司爲限。設立鐵路公司，先由創辦人開具稟請書，署名簽押，連同各書類圖說，稟請交通部暫行立案。交通部認爲適法，應即照准，并發給執照，但應繳費五十元。創辦人認足或招足股本總額，該公司即爲成立；於收足第一次股款後，招集創立會議，選舉董事及監察人。公司復具稟連同書類圖說，請交通部正式立案；俟核准發給執照，即繳費百元，幷依法註册；其收集股款，限正式立案後一年半內繳齊。

(二)鐵路工程　鐵路公司於正式立案後，應置總工程師一人，主持全路工事；並應於原定期限內開工竣工。關於收用地畝，得依法辦理。關於官道、橋梁、河川、溝渠等工程之設施，應先稟請該管地方行政官署核准。鐵路橫斷通行官道，須築天橋隧道或柵門；其橫斷河川有築墩架橋之必要時，以不妨礙行船及流水為限。鐵路敷設若係單軌，須預留添設雙軌地步，軌間應寬一公尺四公寸三公分五公厘。鐵路公司每六個月，應將工程成績及費用，稟報交通部；並依交通部核定之工程方法及車輛圖式，建築構造。

(三)鐵路營業　全路工程完竣，經交通部派員履勘後，方得開車營業；並應將車隊開到時刻表，來往次數表，載客與運貨等級價目表，行車規則等，稟請交通部核准。鐵路公司不得兼營他種業務；關於減免運費及軍事運輸，得依關於國有鐵路之法令辦理。國有鐵路與民業鐵路，或二以上之民業鐵路，為聯絡運送或交互通車時，所有用費及運價，須以協議定之。鐵路公司每屆年末，應將營業情形，及出入盈虧，編造營業報造書，稟請交通部核定。

其他鐵路公司之請派巡警，募集債款，添招股本，變更章程或解散，與應遵行之義務；以及交通部監視之事項，得為處分之情事，應判定執行之罰則等，均有嚴密之規定。

鐵道法　民國二十年一月，鐵道部以我國自有鐵道以來，垂五十餘年，向無根本法之頒行，各法規之矛盾重複，時所不免，致各路自為風氣，欲求同條共貫，自非釐正法規系統不可，特調查各國成規，參照各路現狀，並依據中央政治會議通過之建設大綱原則，擬具鐵道法草案五章二十八條，以為一切鐵道之根本法，即呈由行政院飭據政務處審查簽註，並提出第九次國務會議決議，照簽註修正，送立法院審議。

立法院提出第百二十九次會議議決，付經濟委員會會同法制委員會財政委員會審查，該會等即開聯席會議，提出討論，並函由鐵道部派員列席說明，當決定付委員吳尙鷹、羅鼎、黃右昌、陳長蘅、劉盥訓、張志韓、馮兆異共同初步審查。旋審查完畢，該三委員會復開聯席會議，詳加討論，結果將該草案修正通過。立法院又於第百九十二次會議，將該審查修正案提出逐條討論通過，并省略三讀，通過鐵道法全案，即呈由國民政府於二十一年七月二十一日公布。

此法共二十二條，規定凡關係全國交通之鐵道，以中央政府經營為原則，其關係地方交通之鐵道，地方政府或人民均得經營之。專用鐵道，除由中央政府經營者外，地方政府或人民亦均得經營之。中央政府經營之鐵道，稱國營鐵道，由鐵道部管轄，地方政府經營之鐵道，稱公營鐵道，人民經營之鐵道，稱民營鐵道，均由鐵道部監督。鐵道部為完成全國應設之鐵道，應調查審定幹支路線起訖，分別國營、公營、民營，呈行政院轉呈國府公布之。鐵道軌距，應寬一公尺四公寸三公分五公釐。鐵道一切技術標準，及運價等第，聯絡運輸，或交互通車，均依鐵道部所定之圖式及規章辦理。鐵道會計應依會計法辦理。國民政府對於公營民營鐵道，得於營業滿三十年後協定價額收買之。

第六十三節　郵政儲金法郵政國內匯兌法

民國七年十一月二十四日，政府以教令公布郵政儲金條例十五條，規定郵政儲金直轄於交通部，由郵政總局經理之。儲金總額每人以二千元爲限，但學校及其他公益團體得增至三千元；每次存入須滿一元以上。儲金利率由郵政總局擬定，呈請交通部核准公告；利息按年計算，於每年六月及十二月結算，撥入儲金。儲金須以妥實方法，運用生息；并以審計院長、財政總長、交通總長、郵政總局局長、總辦、交通部郵政司司長、及國務院特派員組織儲金監理會，決定關於儲金運用生息一切事宜。儲金之存入支取，均以郵局所在地通用之銀元爲限。

民國十年十月十二日，政府公布有郵政條例四十七條，其第四條規定郵政機關兼管匯兌事務，但無關於郵政匯兌之單行法規。

民國十九年一月，交通部爲整理擴充郵政儲金匯兌事務起見，特專設郵政儲金匯業總局，并制定章程，呈准頒布施行。立法院以郵政儲金匯兌，與人民有直接關係，該局組織能否以章程規定？應詳加審核，特咨由行政院將該局章程咨送審議。十九年九月，中央政治會議開第二百四十三次會議，委員兼立法院院長胡漢民，副院長林森提議稱：「關於郵政儲金匯兌問題，關係國民經濟，國家財政，乃至一切實業建設，至爲重大，各國關於此項制度規章，極其嚴密，現立法院正討論本案，惟立法原則，應請先行決定，俾得着手起草。」當經決議交王委員伯羣擬具原則草案，送法律、經濟、財政三組審查，由戴委員傳賢召集。旋王委員擬訂郵政儲金法原則草案，分條開列，并加說明如左：

一　儲金事業之管轄

郵政儲金，歸交通部主管，由郵政儲金匯業總局專辦，并指揮監督各郵局經理其事務。

二　儲金種類

郵政儲金之種類及其規程，由郵政儲金匯業總局擬定，呈請交通部核准公布之。

三　儲金貨幣

郵政儲金之存入及支取，在幣制未劃一以前，均以當地之通用銀元爲限。

四　儲金額之限制

郵政儲金，每一人或一團體祇限一戶。每戶之存入，存簿儲金每次之存入至少須滿一元以上，其未滿一元者，照郵票儲金規則辦理；每戶存入之總額，存簿儲金屬於個人者以三千元爲限，屬於學校或其他公益團體者，以五千元爲限，逾限不計利息。支票儲金及定期儲金之存入限額，由郵政儲金匯業總局斟酌地方情形，及金融狀況，以各地匯兌額爲比例，隨時訂定之。

五　每次取款之限制

郵政儲金之支取，得視各局所在地之情形，隨時酌限數目；并因手續上之需要，對於取款者，亦得告知理由，延期支付。

六　儲金利率

郵政儲金之利率，及其結算方法，由郵政儲金匯業總局斟酌地方情形，及各地金融狀況，隨時擬訂，提交監察委員會核定之。

七　儲金之擔保

郵政儲金本息之發還，由郵政擔保之。

八　儲金之應用

郵政儲金，由郵政儲金匯業總局負責運用生息，至其運用範圍，由主管機關依建設之需要定之。

九　儲金之免稅

郵政儲金本息得免納國家捐稅。

十　儲金入之能力

關於郵政儲金事務無能力者，對於郵政儲金匯業總局之行爲，視爲有能力之行爲。

王委員又擬具郵政匯兌法原則草案，計分匯票爲四種，并分述其主旨如次：

一　普通匯票

查我國郵政自開辦迄今，已有三十餘年。當時匯款辦法，用銀兩封於信內，交局寄遞。厥後各處交通發達，乃應人民之需要，開始辦理普通匯票。今日郵局已臻至二千一百餘處，匯款已達一萬萬三千六百五十萬之鉅。惟我國幅員遼闊，幣制尚未統一，以致調撥款項甚感困難，故祇能在設立郵局之處可以開發及兌付普通匯票。

二　小款匯票

我國通郵局所，共有一萬一千八百餘處，其中通匯兌者爲二千一百餘處，俱爲郵局，其餘九千七百餘處，悉爲郵寄代辦所，不通匯兌。惟窮鄉僻壤，既無銀行設立，郵件又不准封裝銀錢鈔票，籌設匯款辦法，實屬刻不容緩。爰仿照日本小匯票之辦法，籌備小款匯票一種，推行至各郵寄代辦所，將於十月一日開始試辦，以求匯兌普遍，而便全國民衆。

三　電報匯票

現時國內各銀行，雖均設有電匯，而民衆信仰郵局，實較信任銀行尤切，則郵局之創辦電報匯兌，實屬急要之圖。

四　國外匯票

民國成立前，各國根據不平等條約，在我國通商口岸，或在其勢力範圍地帶內設立客郵，於收寄郵件外，並營匯兌業務，既侵國權，又損國體。幸經華盛頓會議議決各國一律撤回客郵，惟仍以創辦國際匯兌爲交換條件。一則顧世界之需要，一則應環境之迫促，我國遂按照國際郵政匯兌協定，或與相關各國郵政單獨訂定協約，國外匯兌，於是成立。

以上兩原則草案經戴委員召集三組開會，審查完竣，報由中央政治會議提出第二百四十六次會議決議交立法院。

立法院提經第百二十六次會議議決，交法制委員會會同經濟委員會起草郵政儲金法及郵政匯兌法。該會等於第二十次聯席會議提出討論，當決定付委員史維煥、馮兆異、樓桐孫、劉師舜起草。旋起草完畢，該兩委員會提出第二十三次聯席會議議決，付委員馬寅初等會同原起草委員初步審查；又繼續開第二十四次聯席會議，將初步審查結果提出詳加討論，當通過郵政儲金法草案十八條，郵政國內匯兌法草案十五條。立法院復於第百四十七次會議，將各該草案提出逐條討論通過，並省略三讀，分別通過全案，卽一併呈由國民政府於二十年六月二十九日公布施行。

郵政儲金法共十九條，其要點大致照原則草案通過，規定郵政儲金分存簿儲金、支票儲金、定期儲金及劃撥儲金四種。存戶在通儲區內，得向任何郵政儲金機關續存或支取。郵政儲金匯業總局應每三個月將全部資產負債表公告一次。

郵政國內匯兌法共十五條，規定郵政匯兌分爲普通匯兌、電報匯兌及小款匯兌三種，匯款及費用，均以國幣或當地之通用銀幣爲限。匯票之有效期間，不得少於三個月，逾期由郵局送還原局，通知匯款人領還，如不領還滿三年後，匯票作廢，匯款收作公款。郵政匯兌應免一切捐稅。

第六十四節　電信條例

民國四年四月十八日，袁大總統公布有電信條例二十二條，規定電報電話，不論有線無線，均稱爲電信，由國家經營，政府因必要情事，得以私設電信供公用或軍事通信之用；幷爲維持公安之必要，得指定區域停止或限制電報電話之傳達。關於電信之傳遞，無能力者之行爲，電報電話局視爲有能力者。電報電話之職員、工人、信差，於執行職務時，經過道路關津不得阻止，幷得通行宅地田地。電報電話線路，不論經過何地，得擇便建設。電報電話所用材料，概免課稅。違反本條例之規定者，分別處以罰金。

民國十七年五月，交通部以前條例不盡適用，特另擬電信條例草案二十四條，提經中央政治會議決議交法制局作初步審查。旋該局奉令結束，國民政府將該草案交立法院核議。

立法院於十七年十二月二十九日，提出第四次會議議決，付經濟委員會會同軍事委員會審查。該會等卽開聯席會議，將原草案提出討論，結果除第九條、第十一條、第十六條、第十七條、第十八條、末條照原文通過外，其餘各條均修正通過，并删除第二十三條全文。立法院復於第七次會議，將該審查修正案提出逐條討論，除删去原第九條外，餘均通過，並省略三讀，通過全案，卽呈由國民政府於十八年八月五日公布。

此條例共二十二條，規定凡國家經營之電信，由交通部管理之；電信機器及其附件，須有交通部之護照，方准進口。國營電信機關及其職員工役，對於往來電信，應嚴守祕密。其餘內容，大致與前條例相同。

第六十五節　國道條例

民國十八年二月，鐵道部以國道、省道、及長途汽車道等事宜，均劃歸管轄，特於部內設立國道設計委員會，迭次開會研究，期於最短時期內完成全國重要國道，於十年內建築本部線四零・二三七華里，二十年內建築邊防線二七・三一六華里，爰擬具國道暫行條例，呈由行政院提出第二十九次會議決議交立法院審核。立法院於十八年七月二十七日，提出第三十七次會議議決付經濟委員會會同財政委員會、土地法起草委員會審查。該會等於第一次、第二次聯席會議，先後提出討論，結果將原案標題改為國道條例，條文亦分別修正通過。立法院復於第百四十四次會議，將該審查修正案提出逐條討論通過，并省略三讀，通過全案，卽呈由國民政府於二十年六月六日公布。

此條例共十三條，規定凡連貫兩省區以上及有關國防之要塞、港灣、商埠之路，皆為國道，由鐵道部權衡緩急輕重，指定建築程序。各省區境內之國道，由建設廳或主管機關限期築成之。國道邊防線由鐵道部直接修築，或撥交有關係各省區辦理。關於國道事宜，各省區間如發生爭執，由鐵道部處理之。

第六十六節　商港條例航路標識條例

民國十八年八月，中央政治會議開第百八十七次會議，委員王伯羣提議確立航政根本方針案，其第四項列舉各項航政法規，請從速制定頒行，當經決議交譚延闓等八委員審查。旋譚委員等審查完竣，提經第百九十次政治會議決議照審查意見通過，交立法院查照辦理。時海務巡工司奚理滿擬具發展中國海上事業意見書，亦請制定航行法規，以資遵守，經總稅務司轉請關務署簽呈財政部呈由行政院咨立法院核辦。

立法院於第四十次會議，併案提出討論，當決議付法制委員會會同委員魏懷審查。該會等審查結果，認為應先由行政院令行關係各部分別擬具草案或意見書再行咨送審議。立法院提出第四十九次會議議決，照審查報告通過，并咨由行政院轉飭交通部遵照辦理。

十九年四月，交通部以航政事項，至為繁頤，如關於船舶行使之航路，須有航路標識條例，以資依據，關於船舶停泊之港灣，須有商港通則，以資遵守，此均係重要之航政法規，爰分別擬具草案，呈由行政院提出第六十七次會議決議，送立法院審議。

立法院於第八十八次會議，將各該草案提出討論大體，當議決付法制委員會會同軍事委員會、商法起草委員會審查。該會等迭開聯席會議，先決定付委員馬寅初等初步審查，復依據初步審查結果，將商港通則改爲商港條例，條文亦分別修正通過，至航路標識條例草案，并議決再付原初步審查委員會同樓委員桐孫審查。旋馬委員寅初等第二次審查完竣，該三委員會復開聯席會議，將航路標識條例草案修正通過。立法院先後於第三屆第二十二次會議及第五十七次會議開二讀會，將各該審查修正案提出逐條討論通過，并省略三讀，通過商港條例、航路標識條例全案，即繕具全文呈請國民政府鑒核公布。

商港條例經國民政府於二十二年六月二十七日公布，惟尚未定期施行。全文共二十九條，規定商港以經國民政府命令指定者爲限。船舶入港，應懸掛船籍國國旗及信號符字，并應在二十四小時內，提出報告單於主管航政官署，停泊於其所指定之地點。船舶在港內應緩輪慢行；夜間應懸掛各種燈號；不得施放槍礮烟火及使用爆發物；不得投棄煤屑、灰燼、油脂及其他不潔物件，除必要時外，不得任意鳴放汽笛。船舶在港內失火時，除急鳴警鐘外，日間應掛通報火警之旗號，夜間應放藍火或閃火。入港船舶如發現有流行病或傳染病，日間應懸掛旗號，夜間應懸掛紅白二燈，受衛生官員之檢驗。凡船舶出港，應先懸掛出港旗號，並報經主管航政官署許可。違反本條例之規定者，主管航政官署得處以二百元以下之罰鍰。

航路標識條例經國民政府於二十三年五月十五日公布，全文共八條，規定政府爲船舶航行之安全，設置燈塔、燈船、浮樁、標桿、霧號等航路標識，由交通部建造修理，並監督管理之。各地方政府及法定團體，經交通部之核准，得設置必要之航路標識，但交通部得以相當價額收買之。移轉或遮蔽航路標識，變更航路標識之性質，在禁止區域使用易於淆亂航路標識之燈光或警號，塗抹、攀登、衝撞航路標識，或繫泊船筏於航路標識，均分別處以三百元或十元以下之罰鍰。

第六十七節　監督商辦航空事業條例

民國十七年十一月，交通部擬具監督商辦航空事業條例草案二十三條，呈由行政院轉呈國民政府交立法院審核。

立法院於同年十二月八日，提出第一次會議議決付經濟委員會審查。該會於第三次常會提出討論，當議決：（一）付委員張志韓、馬寅初初步審查。（二）本條例應采下列原則：（甲）航空事業以國營爲原則，商營爲例外；（乙）政府爲吸收資本鼓勵航空事業起見，得於試辦期間，允許商人經營航空事業，並酌定試辦時期；（丙）航空事業得採用專辦方法；（丁）航空之保險及安全，須由政府詳密規定及取締。張委員等旋依據原則審查完竣，該會復開會將原草案提出詳加討論，分別刪修通過，增爲二十四條。立法院復於第八次會議，將該審查修正案提付二讀，第一條、第二條、第七條至第十四條、第十七條、第十九條至末條，均無異議通過，惟條文秩序略有變更。原第四條、第八條、第十七條均完全刪除；增加一第十八條；其餘各條均修正通過。二讀既畢，主席諮詢省略三讀，以全案付表決，經出席委員多數贊成通過。

立法院通過監督商辦航空事業條例，即呈由國民政府提出第十八次國務會議議決交國防會議，惟迄未公布施行。

此條例共二十二條，規定凡經營商辦航空事業，以有民國國籍者為限，須先指定航線，擬具計畫書、營業章程，及所定資本總額呈請交通部核准；於籌備完畢後，其飛機、飛艇、及其他航空器、飛行場、水艇等，應經交通部查驗合格，註册給照後，方得開始營業。其營業期限第一期為七年，以後每三年為一期，著有成效者，期滿得呈請繼續營業，但交通部亦得收歸部辦。飛行員非經考驗合格，不得充任。商辦航空事業負運送郵件之義務；載運貨物應依稅則納稅；載運旅客，應負保險之責；軍用器、危險品、違禁品，均不准運載。其所用飛機、飛艇、及其他航空器、飛行場、水艇等，交通部得隨時查驗，如有不安全之虞者，應禁止使用，或令其改善。商辦航空事業每屆年終，須將營業情形，及航空並一切設備之現狀，呈報交通部備查。

第六十八節　公營公用事業監督條例電氣事業條例

民營公用事業監督條例　民國十八年二月，上海特別市政府以公用事業，關係地方建設與民衆生活非常深切，請將應受地方官廳督察指導取締各點，明白規定於中央法規之內，爰擬具意見書，呈由行政院咨送立法院核議。

原意見書謂凡一地方之自來水、電氣、煤氣、電話、電車、公共汽車等事業，在在與當地人民日常生活有密切關係，依市政原理，應歸市辦。其有商人承辦者，地方官廳爲維護人民福利起見，對於各該公司內部組織，以及營業技術管理等等方面，亦應加以嚴格之督察。美國伊里諾一州，特置公用事業委員會，對於州內一切公用事業，行使監察之權。吾國廣州市對於水電二者，杭州市對於電氣一項，亦均訂有單行之管理規章。末列舉意見三項如次：

（一）由中央制定全國商辦公用事業條例，舉其大綱，俾各地方行政機關，依據此項大綱，分別擬訂詳細之監理方法，不受一般普通工商法規之拘束。

（二）在公司條例中明白規定，凡屬經營公用事業之公司，應受地方行政機關之監理。

（三）在其他工商等法規中，將商辦公用事業，與地方官廳之關係，明白規定。

立法院提出第十六次會議議決，付法制經濟兩委員會審查。該會等於第七次聯席會議提出討論，僉以公用事業，依照本黨政策，本應由中央或地方政府經營管理，現在暫歸商辦，原係過渡，爲維護社會利益計，自應加以監督，惟關於監督之法規，苟任各地方自由制定，則不獨畸重畸輕，且恐妨害事業之進行；結果認爲對於商辦公用事業，實有由本院從速起草監督商辦公用事業法，以資全國適用之必要。立法院復提出第二十七次會議議決，照審查意見通過，并指定孫鏡亞、張志韓、陳長蘅、劉克儁、王葆真五委員起草。孫委員等集會四次，即擬具監督商辦公用事業法草案十八條，并提出草案要點凡九：

（一）公用事業，以國家或地方經營爲原則，以商辦爲權宜。
（二）商辦公用事業，有應由國家監督者，有應由地方監督者，茲以由地方監督者爲本草案範圍。
（三）商辦公用事業之許可及登記程序，他種法律如公司法等應爲規定，本草案未便規定，以免牴觸。
（四）監督機關非明瞭商辦公用事業機關之狀況，無從行使監督權，故有第五條之規定。
（五）對於以前商辦公用事業，一方面須維持其應有之權利，一方面須矯正其越軌之行爲。
（六）監督機關應於杜漸防微之中，不背尊重所有權之意。
（七）商辦公用事業機關，不應專以本身利益爲目的，對於地方及用戶之利益，尤應兼顧。
（八）公用事業，准由商辦，本屬權宜之計，故應規定其年限。
（九）商辦公用事業，有外股外債及違法情事，監督機關應有取締處分之權。

立法院於第四十四次會議將該草案提出討論，大體當議決付委員焦易堂、曾傑、陳肇英、吳鐵城、吳尙鷹、王葆眞、劉克儁、孫鏡亞、陳長蘅、張志韓審查。焦委員等先後集會兩次，將原草案提出詳加討論，結果，改標題爲民營公用事業監督法草案，全案條文亦分別修正通過。立法院於第六十五次會議，將該審查修正案提出討論，焦委員報告審查結果後，主席卽宣告開始二讀，標題改爲條例。第一條略有文字上之修正。第九條全删，以下各條依次遞改。第二條、第七條、第十一條、第十二條及末條均無異議通過；其餘各條均修正通過。二讀既畢，主席諮詢省略三讀，以民營公用事業監督條例全案付表決，多數委員贊成通過。

此條例經國民政府於十八年十二月二十一日公布，全文共十七條，規定得許民營之公用事業凡七：(一)電燈、電話、及其他電氣事業；(二)自來水；(三)電車、公共汽車、或長途汽車；(四)煤氣；(五)航運；(六)航空；(七)其他依法得由民營之公用事業。民營公用事業分別由中央主管機關及省市縣政府監督。民營公用事業經監督機關許可後，應聲請登記；不得加入外股，或抵借外債；如管理不善，或設備不周，監督機關得限令改良。民營公用事業應於每營業年度終，造具關於職員、工務、營業及收支之表册，呈報監督機關；其全年純利達到實收資本總額百分之二十五時，次年應減少收費或擴充設備。民營公用事業滿二十年後，監督機關得收歸公營，但須於一年前通知，并給付現有資產之價額。民營公用事業違背本條例，監督機關得處以罰鍰，或令撤其負責人員，或停止其營業權。

民國十九年十一月，全國民營電業聯合會呈請國民政府行知立法院將民營公用事業監督條例分別加以修正，原呈略云：

「今之民營公用事業監督條例，……似尚不無窒礙難行之處，計其顯著者，約有三端：

其一、該條例第十一條內載：『民營公用事業，不得加入外股或抵借外債』等語，……按 總理三民主義民生篇有云『統一之後，要解決民生問題，一定要發達資本，振興實業的地方很多，第一是交通事業，第二是礦產，第三是工業，要發達這三種大實業，便不能不靠外國已成資本，纔是事半功倍。如果要等待我們有了資本之後，纔去發展實業，那便是很迂緩了。發展交通，開採礦業，其他建設輪船，發展航業，和建設種種工業的大規模工廠，都是非借重外國資本不可。』又建國方略中有云：『處今日之時會，倘吾國人民能舉國一致歡迎外資，歡迎外才，以發展我之生產事業，則十年之內，吾實業之發達，必能並駕歐美矣。』是 總理發展事業之宏模，其唯一方法，即為利用外資。……如為預防喪失主權計，祇須於准許利用外資之下，酌寓監督之意，便可杜絕流弊。為此擬請於原條例第十一條民營公用事業句下，不得加入外股句上，增入『除得中央監督機關核准外』一語，庶與 總理遺教互相發明，而利便羣生也。

其二、原條例第十四條內載：『民營公用事業滿二十年後，監督機關得備價收歸公營，但須於一年前通知。本條例施行前設立之民營公用事業，至本條例施行滿二十年後，得準用前項規定，收歸公營，其許可年限較短者，依其規定』等語。按公用事業，造端宏大，為用至廣。……若營業之期間太促，則不特設備難期展布，即其原定計畫，亦未必能一一實行。故美國電業專利之年限，有長至百年者，其繁榮發達，亦為世界之冠。……為此擬請於原條例中二十年之字樣，一律擴充為五十年，並懇將第十四條內『其許可年限較短者依其規定』等字樣刪去，以示公允。

其三、原條例第三條內載：『民營公用事業，除應由中央主管機關監督者外，其經營範圍屬於縣區域者，由縣政府監督，屬於市區域者，由市政府監督，屬於縣市兩個區域以上者，由省政府監督」等語，規定固已周詳。惟查各國民營公用事業之區域本不以行政區域為限。……今原條中對於一縣一市，及縣市兩箇區域以上之民營公用事業，雖已定有監督機關，而於兩省以上之民營公用事業，究應歸何處機關監督？則未經定明。……為此擬請於原條末句下增入『屬於兩個省區以上者，由中央主管機關監督』一語，庶臻完備，而清權限。」

建設委員會以全國民營電業聯合會呈請將民營公用事業監督條例第十一條、第十四條、及第三條轉呈修正，特詳加審核，并根據原呈各點，附具意見，呈由行政院轉咨立法院併案審議。原附意見，亦分三點如次：

(一)查民營公用事業，如許外人入股，損害主權，至重且大。從前租界外人設立之公用事業，現正盡力設法收回，此後自無再准加入外股之理。至抵借外債一節，祇須不損主權，不將公司管理營業權作抵，並經由監督機關及中央主管機關之核准，似可量予變通，庶於利用外資之中，仍寓嚴密監督之意。

(二)關於民營公用事業年限，可分數點說明：(甲)按照該條例第二條規定各款民營公用事業範圍甚廣，情形各別，但宜視該事業之性質，分別規定年限，以期適合實際情形；(乙)民營電氣事業，可定以三十年為限，但於期滿五年前，得重行聲請註册，繼續營業三十年，如未經中央主管機關核准者，監督機關得於三十年期滿後備價收歸公營，以後核准營業年限，亦以每三十年為一期；(丙)凡大規模之水力發電廠工程浩大，成本較鉅，其用水權年限，似應斟酌情形，另行規定，以資發展。

(三)按該條例第三條原意，無論屬於省市或縣監督之公用事業，其最高監督之權，仍屬於中央主管機關。故屬於兩個省區以上者，除各該省政府得就其主管範圍，在省界內加以監督外，中央主管機關當然有監督之權，似無須再加修改，轉生誤會。

立法院先後將全國民營電業聯合會原呈，及建設委員會審核意見，交委員焦易堂等十人核議。焦委員等旋審查完畢，提出報告略云：

「遵即開會討論，僉以原呈對於 總理遺敎所示利用外資，不無誤解。利用外資，當係指國家而言，非私人所得而援引，似未便將民營公用事業監督條例第十一條加以修正。其次民營公用事業監督條例第十四條所定二十年之期限，原呈所稱期限太促，未易收效，不無理由，似可稍予延長，修正爲三十年，庶經營者得以安心發展其事業。再原呈對於民營公用事業監督條例第三條擬加修正，查該條原有『民營公用事業，除應由中央主管機關監督者外』一語，是屬於兩個省區以上者，當然由中央主管機關監督，似無須再加修正。」

立法院於第百三十二次會議提出討論，當照審查報告，將民營公用事業監督條例第十四條修正通過，幷呈由國民政府於二十年三月七日公布。

民國二十二年五月，建設委員會以主管之電氣事業，亦屬公用事業之一，按照民營公用事業監督條例執行監督，頗感困難，爰擬具修正草案初稿，徵求交通、實業、鐵道三部同意，派員會同研討五次，逐條通過，呈由國民政府批交立法院審議。

立法院提出第三屆第二十二次會議議決，付經濟委員會會同法制委員會審查。該會等於第三屆第四次聯席會議提出討論，當決定付戴修駿、馬超俊、趙迺傳、姚傳法、董其政、王毓祥、羅運炎七委員初步審查。旋審查完畢，該兩委員會繼續開聯席會議，將原草案提出詳加討論，分別修正通過。立法院復於第三屆第三十六次會議，將該審查修正案提出逐條討論通過，并省略三讀通過修正民營公用事業監督條例全案，即呈由國民政府於二十二年十一月二日公布。

此修正條例共二十四條，較原條例多七條，規定亦較嚴密。其增修最要之點有四：(一)民營公用事業之一切技術標準，並會計制度及其標準程式，均由中央主管機關訂定；(二)民營公用事業如於業務、工務、或財務發生困難，得請求中央或地方監督機關協助；(三)民營公用事業如遇勞資爭議時，應依法受強制仲裁；(四)民營公用事業經中央主管機關呈請國民政府特許，得加入外股或抵借外債。

電氣事業條例　民國七年四月十一日，北京政府公布有電氣事業取締條例六十三條，規定凡欲經營電氣事業，應開具企業意見書，工程計畫書，經費概算書，呈准交通部立案後，方得開辦。電氣事業每屆一年，須將營業情形，工程狀況，於次年四月前，呈報交通部及主管官署。其餘大致均為關於工程技術，事業管理，主管官署監督，並違反本條例處罰之規定。

民國十八年十月，建設委員會以電氣事業爲全國建設事業之中心，亟應積極發展，以應要需。惟經營電氣事業者日衆，應頒單行法規以便實施監察管理，爰擬具電氣事業法草案，呈由行政院提出第四十二次會議決議送立法院審議。

立法院提出第五十七次會議議決，付審查監督商辦公用事業法委員焦易堂等審查。十八年十二月，建設委員會復補具電氣事業法草案要旨說明書，呈經行政院咨送立法院交焦委員等查照。原說明書共分三項如次：

（一）電氣事業之範圍

電之爲用甚廣，歐美各國依其用途區分爲電氣、電信及電氣運輸三種。本草案之電氣二字，即指第一種而言，電氣事業者，以電燈、電力、電熱爲事業之謂也。

（二）電氣事業需要單行法規之理由

電氣事業範圍，不限於一城一市，發電廠與用戶相隔每有千里者，故與其他地方性質之公用事業不同，應有全國一致遵行之中央法規，歐美日本皆有先例。

（三）建設委員會爲電氣事業中央主管機關之根據

查建設委員會組織法第二條第二項「水利電氣及其他國營事業，不屬於各部主管，均由建設委員會辦理之；」及第三項「民營電氣事業之指導監督改良屬於建設委員會；」故電氣事業應歸建設委員會主管。各地方政府監督民營電氣事業，乃奉行中央法令，與中央主管機關之權限並無衝突。焦委員等旋審查完畢，結果，以電氣事業，係公用事業之一種，現對於民營公用事業既擬有監督法，將來對於公營公用事業亦須有管理法，關於電氣事業無須另訂單行法規。立法院於第六十五次會議提出討論，當議決再付經濟委員會審查。該會即開會討論，當將原草案標題改爲電氣事業條例草案，條文亦分別修正通過，提經立法院第七十八次會議議決，再付原審查委員會會同委員林彬、陳長蘅、羅鼎、史尚寬審查。該會等當開會提出共同討論，結果全案修正通過。立法院復於第八十一次會議，將最末審查修正之案提出逐條討論通過，并省略三讀，通過電氣事業條例全案，即呈由國民政府於十九年三月三十一日公布。

此條例共十二條，規定電氣事業，係應一般之需用，供給電光、電力、電熱之營業，非經主管機關許可，不得經營。電氣事業人如欲擴充設備，得呈經建設委員會及工商部許可，發行債劵。電氣事業人因工程之必要，經主管人或所有人及占有人之許可，得使用河川、溝渠、橋梁、隄防、道路，并得在其房屋上之空間或無建築物之土地上設施線路，及砍伐妨礙線路之植物，但有損害，應補償之，如協議不諧，得呈請縣市政府處理之。

民國二十年十月，建設委員會擬具修正電氣事業條例草案十五條，呈由國民政府發交立法院審議。原呈列舉該條例應增修之點凡四，略云：

「按電氣事業包括公營、民營、及人民與公家合營三種，與民營公用事業監督條例性質不同，原條例未經明白規定，此爲應行修正規定者一。關於電氣事業之註册與取締，以及工程標準裝置事宜，均攸關公用安全，至爲重要。……而原條例未予總述，此爲應加以明白規定者二。電氣事業，關係各地公用治安甚鉅，除由主管機關監督指導外，地方政府均得依據條例及規則監督指導，無論民營公營，均應受同樣之取締，以昭大公，而期一致，此爲應加明白規定者三。……查營業期限，爲事業生命所繫，關係異常重要。政府奬勵人民投資生產，似應於電氣事業條例加以明白寬大之規定，此爲應加規定者四。」

立法院卽將該修正草案提出第百七十一次會議議決付經濟委員會會同委員林彬、陳長蘅、羅鼎、史尙寬審查。

同年十一月，建設委員會以前擬修正電氣事業條例草案，僅於電氣事業民營公營之性質，地方政府之監督指導，工程標準及營業期限各點加以明白規定。關於外人投資一節，似有補充之必要。爲防範外人電氣侵略起見，對於電氣事業之外人投資，或抵借外債，及委託租借等項，應詳爲規定，特增擬草案七條，呈由國民政府批交立法院併案審議。

立法院併交經濟委員會等審查。該會等迭次開會討論，結果，以建設委員會原呈所稱各節，雖不無可采，然此項條例，立法原意，本不分公營、民營、及人民與公家合營，凡營電氣事業者皆應適用，其於本條例未規定事項，則適用民營公用事業監督條例，原文規定甚爲明確，毋庸修正。至限制外人投資一節，於原條例第四條之後，增加二條，明白規定，以示限制。又原第五條應改爲第七條，內「工商部」三字應修正爲「實業部」。原第十條後增加一條爲第十三條，以規定電氣事業之取締，及工程標準裝置事宜。立法院於第百七十八次會議，將增加之電氣事業條例第五條、第六條、及第十三條逐一通過，並依據審查結果通過修正電氣事業條例全案，即呈由國民政府於二十一年四月十五日公布。

此修正條例較原條例增三條，其增修之點，即(一)電氣事業人非經中央主管機關核准，不得與外人訂立購買電流合同，公營電氣事業非經國民政府特許，不得借用外資；(二)電氣事業之取締，及其工作物之標準與裝置方法，均由主管機關規定。

民國二十二年六月，建設委員會根據行政上之經驗，及事實上之變遷，深覺修正電氣事業條例尚未臻完備，體察再三，認爲仍有修正充實之必要，爰復擬具修正草案二十條，呈經國民政府批交立法院審議。

立法院提出第三屆第二十二次會議議決，付經濟委員會審查。該會於六月二十八日開會討論，並函由建設委員會派代表列席說明。當以此草案與修正民營公用事業監督條例草案互有關係，應併案審查，以期周詳，遂決定提請院會將此案一併交付該會與法制委員會會同審查。立法院提經第三屆第二十四次會議議決，照審查意見通過。

經濟法制兩委員會於第三屆第四次聯席會議，將該案提出併同修正民營公用事業監督條例草案討論，當決定付委員戴修駿等七人初步審查。旋審查完畢，該會等復開第三屆第五次聯席會議討論結果，將修正電氣事業條例草案全案修正通過。

立法院將該審查修正案提出第三屆第三十六次會議討論，關於電氣事業特許，應否請由中央政治會議核定原則？各委員辦爭甚烈，意見紛歧，遂議決再付原審查委員會審查。該兩委員會先後開第三屆第六次、第八次及第九次聯席會議，提出詳加討論，結果以關於訂立特許專營協定書之第五第六兩條，恐滋流弊，概行刪除。第七條修正爲第五條，第八條修正爲第六條，并仍照現行第五條第六條原文，分別略加刪修，以下各條依次遞改。其餘各條內「註册」二字，依照修正民營公用事業監督條例，一律修正爲「登記」二字，以昭劃一。立法院於第三屆第四十七次會議將該最末審查修正之案提付二讀，自第一條至末條，均無異議通過；并由主席諮詢省略三讀，以修正電氣事業條例全案付表決，經出席委員大多數贊成通過。

此修正條例仍十五條，經國民政府於二十三年二月二十七日公布。其修正之點有三：（一）電氣事業之中央主管機關爲建設委員會，地方監督機關爲省建設廳及市縣政府；（二）電氣事業無論公營、民營，均須經中央主管機關登記，地方監督機關備案，方得開始營業；（三）凡電氣事業，非經國民政府特許，不得借用外資。此三點以第三點爲最重要，依此規定，電氣事業之借外資，不限於公營，卽民營亦得經國民政府之特許，借用外資。

周蓓 主編

『民國專題史』叢書

謝振民 編著

河南人民出版社

中華民國立法史（下）

在中國古代專制制度下，立法權被包容在皇權之中。立法作爲國家政治的一項專門活動，始自辛亥革命後建立的民國政府

第四章　自治法

我國古代法度，雖無自治之名稱，實有自治之精意。周禮比閭族黨州鄉之制，實爲地方自治之權輿。下逮兩漢嗇夫鄉老，尙多沿襲舊制，卽歷代之保甲鄉約，亦相因勿替。淸季籌備立憲，先後頒行城鎭鄉府廳州縣及京師各地方自治章程，大都倣效日制，實開吾國近代地方自治制度之端緒，未及籌辦完竣，而淸室遂亡。民國成立，仍沿淸制，繼續進行，粗具自治之規模。至民國三年二月，政府明令停辦各級自治會，另行頒布地方自治試行條例，民國八年秋，國會制定縣自治法，十年七月，政府又頒布市鄉自治制，惟均未切實施行。

及國民政府統一全國，開始訓政，以完成自治爲訓政時期最重要之工作，爰頒行特別市市縣各組織法，以爲初步訓練人民施行自治之依據。立法院成立後，先後議定縣市組織法、區鄉鎭自治施行法、鄉鎭坊自治職員選舉及罷免法、縣市參議會組織法、縣市參議員選舉法、縣市自治法及其施行法。雖自治之成績未可必，而自治之法律實最完備而精密，茲於次各節分述之。

第一節　淸季各地方自治章程

淸季預備立憲，期以九年，第一年應頒布城鎭鄉地方自治章程，第二年應頒布廳州縣地方自治章程，均由民政部憲政編查館同辦。民政部遵卽擬具城鎭鄉地方自治章程七章，於光緒三十四年七月二十八日，繕具清單奏進，奉旨飭憲政編查館核議施行。該館王大臣等卽詳愼審核，分別增修，共爲九章，都百十二條。并以原奏自治職員選舉，悉依照諮議局選舉章程辦理，而諮議局議員選舉係采用複選制，自治職員選舉應采用單選制，特另行擬具城鎭鄉地方自治選舉章程六章，共八十一條，一併繕單具奏，原摺略云：

「自治之事，淵源於國權，國權所許，而自治之基乃立，由是而自治規約，不得牴牾國家之法律，由是而自治事宜，不得抗違官府之監督。故自治者，乃與官治並行不悖之事，絕非離官治而孤行不顧之詞。惟立憲國之所異者，彼於官治自治之限閾，鄭重剖晰，勒爲法典，上下相信守之不渝。民固不得奮私智以上瀆，而官亦不得擅威福以下侵，用能互相保屬，而齟齬不生，各守分限，而責任亦無所貸。於是乎特立地方自治之名，使與官治相倚相成，而自治與官治乃有合則雙美，離則兩傷之勢矣。查民政部所擬章程，深明此意，列具各條，均能綱擧目張。惟茲事關係憲政根本，循名責實，不厭精詳，臣等復悉心考求，再三討論，增改釐訂，務求完備周密。……謹臚擧大要，及預行嚴防流弊之處，爲我皇上縷析陳之：

一、明示自治名義也。新政權輿，事端既多創擧，卽名義不免創設。若或望文生訓，籠統誤解，以自治爲不受管轄之意，不獨失國家馭民之柄，而無識官吏，或談虎變色，陰爲摧阻，以隳憲政之基。名之不正，則生心害政，在在堪虞，故於章首特爲標明，使人皆瞭然知地方自治之眞意，庶上下相疑之患，可以無慮。

二、劃淸自治範圍也。地方自治，旣所以輔官治之不及，則凡屬官治之事，自不在自治範圍之中。查各直省地方局所，向歸紳士經理者。其與官府權限，初無一定，於是視官紳勢力之強弱，以爲其範圍之消長，爭而不勝，則互相疾視，勢同水火。近年以來因官紳積不相能，動至生事害公者，弊皆官民分際不明，範圍不定之所致。今旣令人民自治，若再有此種情形，憲政前途何由日進，是以特將自治事項，指實條列，別爲款目，俾一覽而知其範圍之所在。此外非國家之所許，卽不容人民之濫涉。經理在民，董率在官，庶得相倚相成之意，而膠擾可以不生。

三、愼重自治經費也。萬事非財不舉，地方自治，旣不能動用國家正款，則於舊有公產公款而外，不能不別開籌措之途。然若漫無限制，則浮徵濫費，勢所難免，而甚者會斂逾等，或至與國稅相妨，則尤與自治宗旨相反。故特於經費章程內明定收捐之制，而仍規以定率，以至管理徵收，預算決算檢查，俱各詳示準繩，仍隨時報由地方官查核，所以防蹤濫虧蝕之弊，而期有餼廩稱事之實。

四、責重自治監督也。自治之事，旣淵源於國權，卽應受監督於官府，法理當然，無待煩稱。所慮官不知所以監督之道，寬猛一失其宜，不獨戕折良民自治之機，亦且爲長姦啓侮之漸，茲故以監督重權，上寄於民政部及各省督撫，下界於地方官吏，並確示監督條款，特訂自治職員罰則，俾得按章督責，無敢非尉。庶自治區域雖多，而一一就我準繩，不至自爲風氣，自治職員雖衆，而一一納之軌物，不至紊亂紀綱。」

清廷卽於同年十二月二十七日明諭略謂：「地方自治爲立憲之根本，城鎭鄉又爲自治之初基，誠非首先開辦不可。著民政部及各省督撫督飭所屬地方官選擇正紳，按照此次所定章程，將城鎭鄉自治各事宜，迅卽籌辦，實力奉行，不准稍有延誤。」兩章程卽於是日發生效力，此爲吾國采用近代地方自治制度之始。

城鎭鄉地方自治章程第一章總綱，分五節：（一）自治名義，（二）城鎭鄉區域，（三）自治範圍，（四）自治職，（五）居民及選民。第二章城鎭鄉議事會，第三章城鎭董事會，各分三節：（一）員額及任期，（二）職任權限，（三）會議。第四章鄉董，分二節：（一）員額及任期，（二）職任權限。第五章自治經費，分三節：（一）類別，（二）管理及徵收，（三）豫算決算及檢查。第六章自治監督。第七章罰則。第八章文書程式。第九章附條。城鎭鄉地方自治選舉章程第一章總綱。第二章城鎭鄉議事會選舉，分十一節：（一）選舉年限，（二）選舉等級，（三）人名册，（四）投票所，（五）投票簿投票紙及投票匭，（六）投票方法，（七）開票所，（八）檢票方法，（九）當選決定，（十）選舉變更，（十一）選舉爭議。第三章城鎭董事會選舉。第四章鄉董及鄉佐選舉。第五章罰則。第六章附條。此兩章程主要之點，略如次述：

一、自治區域　凡府廳州縣治城廂地方爲城，其餘市鎭村莊屯集等各地方，人口滿五萬者爲鎭，不滿五萬者爲鄉，其區域各以本地方固有之境界爲準。

二、自治範圍　城鎭鄉自治事宜，列舉凡七：

（一）關於教育事務　中小學、蒙養院、教育會、勸學所、宣講所、圖書館、閱報社、及其他關於本城鎭鄉學務事項。

（二）關於衞生事務　清潔道路、蠲除汚穢、施醫藥局、醫院、醫學校、公園、戒煙會、及其他關於本城鎭鄉衞生事項。

（三）關於道路工程事務　改正道路、修繕道路、建築橋梁、疏通溝渠、設置公用房屋、路燈、及其他關於本城鎭鄉道路工程事項。

（四）關於實業事務　改良種植、牧畜、及漁業、工藝廠、工業學校、勸工廠、改良工藝、整理商業、開設農事場、防護靑苗、籌辦水利、整理田地、及其他關於本城鎭鄉之農工商務。

（五）關於慈善事務　救貧事業、恤嫠、育嬰、施衣、施粥、義倉、積穀、貧民工藝、救生局、救火會、義棺、義塚、保存古蹟、及其他關於本城鎭鄉慈善事業。

（六）關於公共營業事務　電車、電燈、電話、自來水、及其他關於本城鎭鄉公共營業事項。

（七）關於舊有專業之繼續事務　因本地方習慣，向歸紳董經辦，素無弊端之各事。

上列各事之性質，有專屬於國家行政者，則不屬自治之範圍。城鎭鄉地方就自治事宜，得公定自治規約，但不得與此章程及其他法令相牴牾。

三、居民及選民　凡於城鎭鄉內有住所或寓所者，不論本籍京旗駐防或流寓，均爲城鎭鄉居民。居民具備

（一）有本國國籍者，（二）年滿二十五歲之男子，（三）居本城鎮鄉接續至三年以上者，（四）年納正稅或公益捐二元以上者，爲城鎮鄉選民。居民內有素行公正衆望允孚者，雖居本城鎮鄉不滿三年，及納稅捐不及二元，或納稅捐較最多之人尤多之女子，亦得作爲選民。至（一）品行悖謬營私武斷確有實據者；（二）曾處監禁以上之刑者；（三）營業不正者；（四）失財產上之信用，被人控實尚未清結者；（五）吸食鴉片者；（六）有心疾者；（七）不識文字者，均不得爲選民。又現充本地方之官吏或巡警，或現充軍人，或爲僧道及其他宗教師，均停止選民權之行使。在校肄業之學生，停止其被選舉權。

四、自治機關　城鎮鄉各設自治公所。城鎮鄉議事會及鄉選民會，爲議決機關，城鎮之執行機關爲董事會，采合議制，鄉之執行機關爲鄉董，係獨任制，其組織及職權如左：

（一）議決機關之組織　城鎮議事會議員以二十名爲定額，人口滿五萬五千者得增一名，自此以上每滿五千增一名，以六十名爲限。鄉議事會議員按照人口之數定之，最少五名，最多十八名。議員均以二年爲任期，每年改選半數。鄉選民會議員無定額，以全鄉選民充之。各議事會及鄉選民會各設議長副議長，均由議員互選，以二年爲任期。

（二）議決機關之職權　城鎮鄉議事會與鄉選民會議決：（甲）自治範圍內應行興革整理事宜，（乙）自治規約，（丙）自治經費歲出入預算決算，（丁）自治經費籌集及處理方法，（戊）選舉上之爭議，（己）自治職員之懲戒，(庚)全城鎮鄉訴訟及其和解之事。又選舉城鎮董事會職員，或鄉董鄉佐。監察董事會或鄉董執行事務，如視爲踰越權限，或違背律例章程，或妨礙公益者，得停止其執行。答覆地方官之諮詢，並條陳與地方行政及自治事宜有關係之意見。

(三)執行機關之組織　城鎮董事會設總董一名，董事一名至三名，名譽董事四名至十二名。鄉設鄉董一名，鄉佐一名。任期均爲二年。

(四)執行機關之職權　城鎮董事會與鄉董應辦之事件爲(甲)議事會議員選舉及其議事之準備，(乙)議事會議決各事之執行，(丙)依法令或地方官署委任事務之執行，(丁)執行方法之議決。又對於議事會議決事件，視爲踰越權限，或違背律例章程，或妨礙公益者，得交覆議。

五、自治選舉　城鎮鄉議事會議員由選民選舉，每年一次，於議員任滿三個月前定期舉行。選舉人分爲兩級，其所納稅捐足當全選舉人所納總額之半者，爲甲級，其餘爲乙級。兩級選舉人各選議員半數，若不能平分，其所餘單數由甲級選舉之。每屆選舉，總董或鄉董應派員查取合格人員，造具選舉人名册，並設投票所、開票所，分別製成投票簿、投票紙、投票匭。投票用無名單記法，以得票較多數者爲當選，票數同者以年長之人列前，年同者抽籤定之。當選人確定後，由總董或鄉董分別通知其應選者，並呈請地方官給予執照。城鎮董事總會董、鄉董、鄉佐由各該議事會選舉，每二年一次，董事、名譽董事由城鎮議事會選舉，每年一次，均用無名單記法投票，以得票滿議員總數三分之一者爲當選。總董選舉後，由議長擬定正陪，呈由地方官申請督撫遴選一名任用，當選董事、名譽董事、鄉董、鄉佐者，由議長呈請地方官任用。

六、自治經費　城鎮鄉自治經費以本地方公款、公產、公益捐及按自治規約所科之罰金充之。城鎮董事會，鄉董應每年製成預算表、決算表，分別於十一月二月交議事會議決後，由地方官申報督撫備案，並榜示公衆。

七、自治監督　城鎮鄉自治職各以該管地方官監督之。該管地方官應令其報告辦事成績，徵其預算決算表册，隨時親往檢查；並有申請督撫解散城鎮鄉議事會、城鎮董事會，及撤銷自治職員之權，但城鎮鄉議事會須於解散後兩個月內召集，城鎮董事會或鄉董須於解散或撤銷後十五日內重行成立或選定。

旋民政部擬定地方自治制度，分爲上下兩級，以城鎮鄉爲下級自治機關，而以府廳州縣爲上級自治機關，城鎮鄉地方自治章程及選舉章程既經欽定頒布，依限實施，自應將上級自治制度及時釐訂，以期相輔而行。又以預備立憲逐年籌備事宜清單所載第二年頒布廳州縣地方自治章程，而不及府，自因府有監督各廳州縣之權，無直接管理地方之責。惟邊省地方及東三省新設各府，往往即以知府直轄地面，名雖爲府，實與廳州縣無異，應併予增入，以免掛漏，爰擬具府廳州縣地方自治及選舉各章程繕摺奏進，於宣統元年十一月初七日奉諭著憲政編查館覆核具奏。

該館詳加考核，以原章程所定府廳州縣自治之編制及職權，大致比照城鎮鄉地方自治選舉各章程，無甚區別，而各該章程頒行未久，地方自治程度尚低，倘采用兩級自治同一之制，恐人民對於地方事務，於利害切己者，則互相侵奪，於利害無關者，又互相推諉，或至地方事業，發達無期，仍賴國家一一設官爲理，甚非磨練國民預備立憲之本意，特將各原章程分別增删更正，繕單奏請清廷欽定頒行，俾昭法守。原奏申敍修改之理由及要點有云：

「考各國自治制度，以分設上下級者居多。其上下級編制之法，論者或謂彼此宜用同一之制度，或謂上級自治之編制，不能與下級自治相同，其故有三：蓋地方公益事務，規模較大者，既非下級自治之力所能舉辦，且事有關係多數利害，而不便於分辦者，皆非由上級自治辦理不可，其故一也。國家委任事務，往往有需費較鉅，爲下級自治所不能擔負者，非由上級自治任之不可，其故二也。下級自治事務，一面當由官府監督，又一面當由上級自治監督，其故三也。然則上級自治，其地位介於官府與下級自治之間，兼有官治與自治之性質，故其編制，必爲官治與自治合併之制度，此上級自治與下級自治迥異之端也。……臣等悉心體察，酌加修改，其要義約有數端：

一、原章府廳州縣設董事會爲執行機關，茲改稱參事會，以府廳州縣長官爲會長，而爲常設之議決機關，其執行機關則寄諸府廳州縣長官，而不屬於參事會。

一、原章自治監督事宜尚未詳盡，茲逐一增列，凡府廳州縣長官，對於議事會及參事會之議決事件，有交令覆議及撤銷之權，凡監督官府，對於自治預算，有減削之權，對於應行核准事件，除批駁外，更有改正之權。

一、原章議事會得議決自治規約，茲從删除，凡規則均須經府廳州縣長官申請督撫核准，或咨民政部等衙門核准，然後施行。

一、原章屢用律例章程字樣，範圍既未確定，卽解釋不免紛歧，茲改爲法律命令，於各章條文一律修正。

一、原章議員董事各由選民互選，均以二年爲任滿，每年改選半數，茲改爲三年任滿，其參事會員卽於議員內互選，此項選舉章程，亦卽改稱府廳州縣議員選舉章程。」

清帝於同年十二月二十七日明降諭旨略謂：「朕詳加披覽，尙屬周妥，府廳州縣各官爲國家親民之吏，兼爲執行上級自治之職。此次所定章程，與城鎭鄉地方自治章程相輔而行，卽著民政部會同各督撫按照定章督飭各該地方官切實施行。各該地方紳民，於自治事宜休戚相關，尤當恪守範圍，公共協議，務期官民交勉，治理日隆，用副朝廷實行憲政，樂利同民之至意。」

府廳州縣地方自治章程共分八章，都百零五條。第一章總綱。第二章府廳州縣議事會。第三章府廳州縣參事會，各分三節：（一）編制及選任，（二）職任權限，（三）會議。第四章府廳州縣自治行政，分三節：（一）府廳州縣長官，（二）自治委員，（三）薪水及公費。第五章府廳州縣財政，分二節：（一）自治經費，（二）預算及決算。第六章府廳州縣自治監督。第七章文書程式。第八章附條。府廳州縣議事會議員選舉章程共四十七條，不分章節。此兩章程之要點如次：

一、自治區域　府廳州縣自治區域，各以該府廳州縣行政區域爲準，其範圍爲（一）府之直轄地方，（二）直隸廳或直隸州，（三）廳或州，（四）縣。府廳州縣行政區域有更改時，自治區域一併更改。

二、自治事務　府廳州縣自治事宜如左：

（一）地方公益事務，關於府廳州縣全體，或爲城鎮鄉所不能擔任者；

（二）國家行政，或地方行政事務，以法律或命令委任自治機關辦理者。

三、自治機關　府廳州縣之自治機關爲議事會、參事會、及府廳州縣長官。議事會及參事會爲議決機關，府廳州縣長官爲執行機關，此係倣德、日等國之制度，以國家行政長官，兼充地方自治團體之機關。各該機關之組織及職權如左：

（一）議事會之組織　府廳州縣議事會議員員額，以所屬地方人口總額爲準，二十萬以下者二十名，自此以上每加人口二萬得增一名，至多以六十名爲限。府廳州縣所屬城鎮鄉選民，除充本府廳州縣官吏或巡警外，均有選舉府廳州縣議員之權，有選舉權者，除小學堂教員外，均有被選舉權。選舉區以本府廳州縣所屬城鎮鄉之區域爲準。選舉日期，由府廳州縣長官定之。選舉人名册，應於選舉期五十日前編成。投票以無名單記法行之，以得票較多數者爲當選。當選人確定後，由府廳州縣長官通知其應選者，并應給予執照。府廳州縣議事會各設議長、副議長各一名，均由議員用無名單記法互選，議長、副議長、議員均以三年爲任期，任滿改選。

（二）議事會之職權　府廳州縣議事會應議決：（一）本府廳州縣自治經費歲出入預算、決算；（二）本府廳州縣自治經費籌集及處理方法；（三）城鎮鄉議事會應議決而不能議決之事件；（四）其餘依法令屬於議事會權限內之事件。以上各事件，得由議事會委託參事會代爲議決。議事會遇有官府諮詢事件，應隨時申覆；於地方公益事宜，得條陳官府核辦。

（三）參事會之組織及職權　府廳州縣參事會各以該府廳州縣長官爲會長，參事員由議事會於議員中互選，以議員十分之二爲額。參事會之職權爲：（一）議決議事會議決事件之執行方法及其次第；（二）議決議事會委託代議之事件；（三）議決府廳州縣長官交會代議事會議決之事件；（四）審查府廳州縣長官提交議事會之議案；（五）議決本府廳州縣全體訴訟及其和解事件；（六）公斷和解城鎮鄉自治之權限爭議事件；（七）辦理其他依法令屬於參事會權限內之事件。

（四）府廳州縣長官之職權　（一）代表府廳州縣；（二）執行議事會或參事會議決之事件；（三）提交議案於議事會或參事會；（四）議事會或參事會之議決及選舉如有越權違法，得交覆議，或即行撤銷；（五）議事會或參事會於府廳州縣之收支爲不適當之議決，或有礙公益者，得交覆議，並得呈請督撫核辦；（六）得令議事會停止會議，以十日爲限；（七）遇有議事會或參事會不赴召集或不能成立時，得將該事件交參事會代議，或申請督撫核准施行，但須於下次議事會或參事會開會時分別申明；（八）執行其他依法令屬於其權限內之事件；（九）得將其職權內事務之一部，委任城鎮董事會、鄉董、鄉佐代行。

四、自治經費　府廳州縣自治經費，以該府廳州縣之公款、公產、地方稅、公費、使用費、及募集之公債充之。府廳州縣長官每年應編成預算、決算，提交議事會議決後，申請督撫咨報民政部度支部存案，並於本地方榜示公衆。

五、自治監督　府廳州縣自治由本省督撫監督之，仍受成於民政部，其關係各部所管事務，並受成於各部。監督官府得令府廳州縣呈報辦事情形，隨時調閱文件，檢查收支帳目，並得減削其預算。督撫遇有不得已情節，得咨請民政部解散府廳州縣議事會，但應於三個月內改選，重行召集。

民政部以各省地方自治制度，分爲兩級，城鎮鄉地方自治及選舉章程已奉諭頒行，府廳州縣地方自治選舉各章程亦已着手編訂，惟京師爲首師之區，四方輻輳，戶口殷繁，所有地方區域官署階級均與各省不同，關於自治選舉等事，亟應分別變通，另訂專章，俾得推行無阻，特擬具京師地方自治章程及選舉章程，一併繕單於宣統元年七月二十六日奏請清廷飭交憲政編查館核議。該館遵即詳愼審議，將各原章程分別增删修正，於同年十二月二十四日具奏，幷奉旨依議，原奏敍述修改原章程之要點有云：

「臣等督飭館員將原訂章程詳加考核，於區域之劃分範圍之限制，區總各議事會董事會之辦法，經費之指項，監督之規制，均稱賅備。惟原章第九條，係規定巡警各區設區議事會董事會之制。查各區有人口較少財力較絀，專設則力有不及，不設則事有所闕，擬准與鄰近各區得相聯合設立一所，以從人情之便。

第十六條所載順天府及大興、宛平官吏，有直接督監自治之責者，不得選舉及被選舉自治職員一節，查順天府及大興、宛平原單章程並無規定監督明文，應刪改爲現任京師地方官吏有直接管理地方行政之職者，以符事實而免遺漏。

第三十七條區議事會會議每月二次，恐妨職務，擬改爲每月一次，每次三日，使期限有定，既可詳議利病，且免於他務有礙。

第九十三條總董事會以本地方選民由總議事會選舉正陪各一名，未免人數過少，擬改爲正陪二名。

第一百二十七條係規定巡警總廳廳丞各區長爲監督及外郊地方自治地方各區監督，惟京城向辦自治事宜，有分隸於各衙門，而不盡屬於巡警總廳步軍統領衙門者，擬加其第五條所列自治事宜，有應隸各衙門管理，並由各該主管衙門監督之一項，以清權限，而昭愼重。

第一百三十二條各自治監督行文董事會議事會用札，擬改爲用照會，冀可與紳民接洽。其餘各條，均甚妥協，擬概照原單辦理。」

京師地方自治章程共分八章，都一百三十六條。第一章總綱，分五節：（一）通則，（二）區域，（三）自治範圍，

(四)自治職，(五)居民及選民。第二章區議事會及區董事會，分二節：(一)區議事會，(二)區董事會。第三章總議事會及總董事會，分二節：(一)總議事會，(二)總董事會。第四章自治經費，分三節：(一)類別，(二)管理及徵收，(三)預算決算及檢查。第五章自治監督。第六章罰則。第七章文書程式。第八章附條。京師地方自治選舉章程共八十七條，分七章：(一)總綱，(二)區議事會選舉，(三)區董事會選舉，(四)總議事會選舉，(五)總董事會選舉，(六)罰則，(七)附條。第二章又分選舉年限選舉等級人名册投票所投票簿投票紙及投票匭投票方法開票所，檢票方法，當選決定，選舉變更，選舉爭議共十一節。此兩章程重要之點如次：

一、自治區域　京師地方自治區域合內外城及外郊構成之。內外城地方以巡警總廳所轄區域爲境界，其分區之法，即以巡警區之境界爲準。外郊地方以京營所轄地面爲境界，應就京營地面分區辦理。巡警區域與京營地面有更改時，自治區域一併更改。

二、自治範圍　京師地方自治事宜，亦係采列舉主義，與城鎭鄉地方自治章程所規定者相同。京師地方就自治事宜亦得公定自治規約。

三、居民及選民　凡於京師地方現有住所及寓所者，均爲居民。選民應具備之資格，及消極之限制，均與城鎭鄉地方自治章程所規定者相同。

四、自治機關　京師地方設(一)區議事會、區董事會，(二)總議事會、總董事會。內外城巡警各區及京營各區各設區議事會，議員以十五名爲定額，各區人口滿五萬五千時，得增設一名，自此以上，每加人口五千增一名，至多以三十名爲限。總議事會議員以各區議事會議員十分一爲定額。區議事會、總議事會各設議長、副議長各一名。議員、議長、副議長均以二年爲任期。內外城巡警各區及京營各區各設區董事會，以總董一名，董事一名至三名，名譽董事三名至六名組織之。總董事會以總董一名，董事五名，名譽董事十二名組織之。總董、董事、名譽董事均以二年爲任期。各該會之職權，大致與城鎮鄉地方自治章程所規定城鎮鄉議事會、城鎮董事會及鄉董之職權相同，惟其行使之範圍，均爲關於京師地方及其各區之事件。

五、自治選舉　區議事會議員由選民互選，凡應選者，分別由自治總監督，步軍統領衙門給予執照。總議事會議員由各區議事會於議員內互選，當選者由民政部給予執照。各議事會議長、副議長，均由議員互選。區董事會總董、董事、名譽董事均以本區選民，由議事會選舉，惟總董選舉後，由議長擬定正陪各一名，由自治監督或自治總監督遴選一名，照會任職；當選董事及名譽董事者，則由自治監督或自治總監督核准任用。總董事會總董、董事、名譽董事均以本地方選民由總議事會選舉，總董選舉後，由議長擬定正陪共三名，由民政部奏請圈出一人；當選董事及名譽董事者由民政部任用。其餘關於選舉之一切事項，大致與城鎮鄉地方自治選舉章程所規定者相同。

六、自治經費　京師地方自治經費，以本地方公款、公產、公益捐，及按自治規約所科之罰金充之。董事會每年應製成預算表、決算表，移交議事會議決後，呈報各該自治監督存案，並榜示公衆。自治經費出入之檢查，分爲定期與臨時。定期檢查每月一次，由董事會總董行之。臨時檢查每年至少一次，由董事會總董會同議事會議長議員行之。

七、自治監督　京師地方自治，內外城以巡警各區區長爲監督，巡警總廳廳丞爲總監督，均受成於民政部。外郊各區監督，由步軍統領衙門派員充之。其監督之方法，與城鎮鄉地方自治章程及府廳州縣地方自治章程所規定者相同。

第二節　諮議局章程諮議局議員選舉章程省議會暫行法省議會議員選舉法附省參事會條例

前淸籌備立憲，定地方自治制度爲兩級，以府廳州縣爲上級，城鎮鄉爲下級。惟我國版圖遼闊，人民衆多，府廳州縣之上，復有行省，地方自治議會未能直接中央議院，特籌設各省諮議局，以爲各級自治會與中央資政院之樞紐，而諮議局章程及議員選舉章程，且定於各地方自治及選舉章程之先。

淸光緒三十三年九月十三日諭各省督撫在省會速設諮議局，愼選公正明達官紳創辦，卽由各屬合格紳民，公舉賢能，作爲該局議員，條議事件，准巡稟貢政院查核。憲政編查館旋擬具諮議局章程，及諮議局議員選舉章程，一併繕單奏請淸廷欽定頒行。原奏申敍擬訂該章程之要義，及其內容之要點有云：

「伏查各國立憲制度，皆設上下議院於國都，其下多直接地方自治之議會。惟聯邦之制，各邦自有國會，帝國但總其大綱。中國地大民衆，分省而治，各省之政，主於督撫，與各國地方之治直接國都者不同，而郡縣之制，異於封建，督撫仍事事受命於朝廷，亦與聯邦之各爲法制者不同。諮議局之設，爲地方自治與中央集權之樞紐，必使下足以裒集一省之輿論，而上仍無妨於國家統一之大計，此其要義一也。

夫議院乃民權所在，然其所謂民權者，不過言之權而非行之權也。議政之權雖在議院，而行政之權仍在政府。即如外國監督政府之說，民權似極強矣，而議院攻擊政府，但有言辭，並無實力，但有政府自行求退，議院並不能驅之使行，普魯士、日本憲法且明載進退宰相、任免文武官之權，在於其君，此足見民權之是言非行矣。況諮議局僅爲一省言論之匯歸，尚非中央議院之比，則其言與行之界限，尤須確切訂明，不容稍有踰越，此其要義二也。

立憲之國，必有議院，此一定之理，欽定憲法之國，必先期宣布開設議院年限，此亦自然之序。今資政院、諮議局已次第建立，爲議院之基礎矣，基礎既立，則朝廷自將宣布開設議院年限，以定人心而促進步，此可預計者也。是則此日各省諮議局辦法，必須與異日京師議院辦法有相成而無相悖，宣布年限之後，局中議員即當隨時爲選入議院之預備，故議員資格、議事權限，皆當於此時早爲釐定，此其要義三也。

茲經臣等督飭館員，仰體聖訓，博考列國立法之意，兼采外省所擬章程，參伍折衷，悉心編纂，謹擬成各省諮議局章程十二章，六十二條。第一章總述綱要，明諮議局之緣起，及其設立之宗旨。第二章至第五章定諮議局議員之額數、分類、任期，兼及補缺改選辭職之事。第六章至第八章定諮議局之職任權限，及其會議監督之法。第九章以下定經理本局庶務籌支經費保持紀律之事，而以章程之施行修改，列爲附條殿焉。所有條項文句，均經斟酌再三，屢成屢易，椎輪之作，不敢即謂精密無遺，而因時制宜，斟酌亦不敢不力求詳愼。……其議員選擧事宜，端緒繁雜，非局章所能備載，若不詳細籌擬，另定專條，誠恐辦理紛歧，漫無把握，故別爲選擧章程一百十五條，以與局章相輔而行。」

此兩章程奏進後，清廷於光緒三十四年六月二十四日明降諭旨略謂：「茲據該王大臣擬呈各項章程，詳加披閱，尙屬周妥，均照所議辦理。……凡我士庶，均當共體時艱，同攄忠愛，於本省地方應興應革之利弊，切實指陳，於國民應盡之義務，應循之秩序，竭誠踐守，勿挾私心以妨公益，勿逞意氣以紊成規，勿見事太易，而議論稍涉囂張，勿權限不明，而定法致滋侵越，總期民情不虞壅蔽，國憲咸知遵循。……庶幾上下一心，漸臻上理。」諮議局章程十二章爲（一）總綱；（二）議員；（三）議長、副議長及常駐議員；（四）任期及補缺；（五）改選及辭職；（六）職任權限；（七）會議；（八）監督；（九）辦事處；（十）經費；（十一）罰則；（十二）附條。諮議局議員選擧章程共分八章：（一）總綱，（二）初選擧，（三）複選擧，（四）選擧變更，（五）選擧訴訟，（六）罰則，（七）專額議員選擧辦法，（八）附條。兩章程重要之點如次：

一、諮議局之組織　諮議局議員定額，各省多寡不同。凡屬本省籍貫年滿二十五歲之男子，具下列資格之一者，有選舉諮議局議員之權：(一)曾辦理學務及其他公益事務滿三年著有成績者，(二)曾在中學以上之學堂畢業者，(三)有舉貢生員以上之出身者，(四)曾任文七品武五品以上實缺職官者，(五)有五千元以上之資產者。非本省籍貫之男子，寄居本省十年以上，有萬元之資產者，亦有選舉權。凡屬本省籍貫或寄居本省十年以上之男子，年滿三十歲者，有被選舉權。選舉權與被選舉權消極之限制，與前各章程所定略同。選舉每三年一次，以廳州縣爲初選舉區，府直隸州爲複選舉區。初選監督應調查有選舉資格者造具人名册，分造投票簿，由列名投票簿者舉行初選，再由初選當選人舉行複選，均用無名單記商數投票法。複選當選人即爲諮議局議員，由複選監督給與議員執照。

諮議局設議長一人，副議長二人，由議員用單記投票法分次互選。又設常駐議員，以議員全數十分之二爲額，由議員用連記投票法一次互選。議員、議長、副議長任期三年，常駐議員任期以一年爲限。議員任滿後，即分別改選，再被選者得連任，以一次爲限。

二、諮議局之職權　諮議局職權凡十：(一)議決本省應興應革事件；(二)議決本省歲出入豫算決算；(三)議決本省稅法及公債；(四)議決本省義務之增加及權利之存廢；(五)議決本省單行章程規則之增删修改；(六)選舉資政院議員；(七)申覆資政院及督撫諮詢事件；(八)公斷和解本省自治會之爭議；(九)收受本省自治會或人民陳請建議事件；(十)呈請督撫查辦本省官紳之納賄及違法等事；

諮議局議定可行事件，呈候督撫公布施行，議定不可行事件，呈請督撫更正施行。督撫若不以然，得交諮議局覆議，若仍執前議，得咨送資政院核議。督撫如有侵奪諮議局權限，或違背法律等事，及他省與本省爭論事件，諮議局均得分別呈轉資政院核辦。

三、諮議局之會議　諮議局會議期分常年會及臨時會，均由督撫召集。常年會每年一次，自九月初一日起，至十月十一日止，有必須繼續會議之事，得延長十日。臨時會遇有緊要事件，經督撫之命令，或議員三分一以上之陳請，或議長、副議長，及常駐議員之陳請，均得召集，會期以二十日爲率。

凡會議非有議員半數以上到會，不得開議。議案之可否，以到會議員過半數之所決爲準，可否同數，取決於議長。會議不禁旁聽，但議員亦得公認禁止之。議決事件除議長副議長認爲應行祕密者外，均公布之。議員於議事範圍內所發言論，不受局外之詰責。議員在會期內，除現行犯外，非得諮議局承諾，不得逮捕。

四、諮議局之監督　各省督撫有監督諮議局選舉及會議之權，並於諮議局之議案，有裁奪施行之權。諮議局有（一）議事逾越權限，不受督撫勸告者；（二）所議事件違背法律者；（三）議員在議場有狂暴舉動，議長不能處理者；督撫得令其停止七日。諮議局有（一）所決事件有輕蔑朝廷情形者；（二）所決事件有妨害國家治安者；（三）不遵停會命令，或屢經停會仍不悛改者；（四）議員多數不赴召集，屢經督促仍不到會者；督撫得奏請解散，但應通飭重行選舉，於兩個月內召集開會。

五、諮議局之經費　諮議局經費，由督撫指撥專款，款目分為（一）議員旅費，（二）議長副議長及常駐議員公費，（三）書記長以下薪金，（四）雜費，（五）豫備費，由議長副議長按月清查一次，於常年會開會時造册清報，由議員審查之。

民國成立後，所有各省諮議局均改為臨時省議會。至民國二年，參議院議決省議會暫行法及省議會議員選舉法，於同年四月二日公布。省議會暫行法共四十一條，分六章：（一）組織及選任，（二）職權，（三）會議，（四）議決，（五）經費，（六）附則。省議會議員選舉法共九十九條，分七章：（一）總則，（二）初選舉，（三）覆選舉，（四）選舉變更，（五）選舉訴訟，（六）罰則，（七）附則。此兩法之內容大部分與諮議局章程及諮議局議員選舉章程相同，至差異之點，其重要者有二：

一、關於省議會之組織　各省省議會議員名額，較多於諮議局議員，惟省議會內不設常駐議員。省議會議員選舉資格及被選舉資格均較寬，即有民國國籍之男子，只須年滿二十一歲，在選舉區內住居滿二年以上，不限於屬本省籍貫，有下列資格之一者，有選舉權：（一）年納直接稅二元以上者，（二）有值五百元以上之不動產者，（三）在小學校以上畢業者，（四）有與小學校以上畢業相當之資格者。有民國國籍之男子，只須年滿二十五歲以上，不限於屬本省籍貫或寄居本省滿十年以上，即有被選舉權。

二、關於省議會之職權　省議會有議決本省單行條例，預算、決算，及省稅、使用費、規費之徵收，並財產營造物之處分、買入、與管理方法之職權，其範圍多屬於自治事務。省議會與省行政長官立於平等地位；省議會議決之事件，及覆議事件。有出席議員三分二以上仍執前議時，省行政長官均應於十日內公布之。省行政長官認省議會之議決爲違法時，得咨請撤銷，如省議會不服，得提起訴訟於平政院。省行政長官不得令省議會停會，更不得呈請解散省議會。省議會議員對於本省行政事項有疑義時，得以十人以上之連署，提出質問書於省行政長官，限期答覆，答覆後如認爲不得要領時，得要求省行政長官自行到會或派員到會答辯。省議會認省行政長官有違法行爲時，得以出席議員三分二以上之可決，提出彈劾案，經內務總長提交國務會議懲辦之。

民國九年夏秋間，聯省自治運動，日以擴大，政府特於民國十年六月二十三日以教令第十五號公布省參事會條例十八條，規定省設省參事會，以省長及參事員十二人組織之。省長爲參事會之會長，參事員由省長委任三人，聘任三人，省議會選舉六人，并選出同數之候補人。省參事會職權如左：

(一)籌畫關於省地方應行興革及一切行政事項；

(二)籌畫整理省有之不動產、營造物、公共設備及其他財產事項；

(三)審議省長提交省議會之預算決算案及其他議案；

(四)審議省議會建議案之可否執行；

(五)審議省長答覆省議會之質問案；

(六)受省長委託出席省議會說明提案之旨趣，或陳述意見；
(七)處理各級自治之紛爭及疑難事項；
(八)審議省議會議決案之執行方法；
(九)對於國家行政得建議及答覆省長之諮詢；
(十)其他依法令未規定歸中央管理之省地方各事項。

省參事會可以謂爲省長之諮詢機關，其性質與前清之府廳州縣參事會及市自治制所定之市參事會相似，與民國八年縣自治法所定之縣參事會不同。省議會卽爲省之議決機關，其議決事件，交由省長公布，省參事會議決事件，由省長執行。當時所采之地方自治制度，雖未明定省爲一級，然省在事實上巳以官治兼自治，並有漸成爲地方團體之趨勢。

第三節　地方自治試行條例

清自頒行城鎮鄉府廳州縣京師各地方自治及選舉章程後，民政部卽會同各省督撫迭次督飭各地方官積極籌設，悉具規模。及民國成立，賡續舉辦，所有各級自治會均相繼成立。至民國三年二月三日，大總統袁氏據各省民政長先後電呈各屬自治機關良莠不齊，平時把持稅捐，干涉詞訟，妨礙行政，遂明令停止進行，並着內務部迅將自治制度，重新釐訂。二月六日又下令將京師地方自治一併取消，所有京師地方自治制度，交由內政部彙案辦理。同年六月十八日，袁氏以法律必基於事實，而習慣尤賴於調查，改訂地方自治制度，要在調查各地方社會情形，方能折中至當，推行盡利，乃令內務部通咨各省於所屬各地方關於一切公益事宜，凡款目之收支，管理之方法，詳細調查具報，以為釐訂自治章程之依據。旋內務部按照各省調查事實，擬定地方自治試行條例，呈經政府提交參政院代行立法院審議通過，於同年十二月二十九日公布，列為法律第二十五號。

此條例共分五章，都三十八條，計第一章總綱，第二章自治職員，第三章經費，第四章監督，第五章附則，其內容重要之點如次：

一、自治區域　采一級制，可以謂之區自治。一縣之自治區域，得分為四區至六區，其二縣以上合併之縣得增至八區。自治區以人口之多少，財力之盈絀，分為（一）合議制，（二）單獨制。合議制自治區又分第一、第二、第三三級。其有戶口稀少，財力薄弱之偏僻村落，得緩設自治區。

二、住民及選民　凡住居於自治區內之男子，不論本籍與否，均為住民，而女子除外。住民具備（一）有本國國籍；（二）年滿二十五歲；（三）居住本區繼續三年以上；（四）年納國稅十元以上或有值五千元以上之不動產；乃為選民。其所定住民以男子為限，及選民財產上之資格，均較前清自治章程為嚴。至關於選民資格消極之限制，則與前清自治章程所定者略同。

三、自治事宜　自治區之事宜采概括主義，凡衞生、慈善、教育、交通、及農工商事項，不屬於國家行政者，均屬之。又依法令及監督官署委託之事項，亦得由自治區辦理。

四、自治機關　合議制自治區設（一）區董，（二）自治員。自治員第一級自治區十名，第二級自治區八名，第三級自治區六名。單獨制自治區只設區董一人。自治員由選民選出定額二倍，經縣知事遴選充任；區董由選民中選出三人，由縣知事委任。係以公選制度而雜官選制度。區董自治員均以二年爲任期，區董期滿改選，自治員每年改選半數。

合議制自治區由自治員組織自治會議，以區董爲議長。通常會議每年二次，以三月十月爲會議期，每次以二十日爲限，但得延長十日以內。臨時會議由縣知事因區董或自治員三分二以上之請求召集之。自治會議應行議決之事項爲（一）各種自治事宜；（二）自治規約；（三）歲出入預算、決算、及預備費之支出；（四）自治經費籌集及財產處理方法；（五）本地方公共利害訴訟及其和解事項。以上各事項，在單獨制之自治區，由區董決之。

區董應辦之事宜爲（一）提案之準備，（二）縣知事核准之議決事項，（三）依法令或縣知事委託辦理事項之執行，（四）自治會議議決事件執行方法之決定。又區董對於自治會議議決事件，或自治員對於區董所定執行方法，視爲違法越權，或妨害公益時，均得詳請縣知事核准停止執行，或提交覆議。

五、自治經費　自治經費以本地方原有公款公產及公益捐充之。區董每年應製成預算決算，分別於十月三月詳由縣知事交自治會議議決，詳請該管長官核定施行或核銷，幷於本地方公示之。自治經費之檢查，每年至少二次，由自治員二人以上會同行之。

六、自治監督　自治行政之直接監督爲縣知事，間接監督爲地方最高行政長官及內務部。縣知事得隨時命自治職員報告辦事成績，徵其預算決算表册，檢查自治經費。自治職員有違法、越權、或妨害公益之情事時，縣知事得撤退之，撤退至過半數時，全體應行改選。

至民國四年四月十四日，袁大總統又以教令第十九號公布地方自治試行條例施行細則四章，三十二條，規定地方自治試行條例之施行，分爲三期籌辦之：第一期，自治事宜之調查；第二期，自治事宜之整理及提倡；第三期，自治事宜之實行。關於自治事宜之調查或整理及提倡事項，由縣知事酌擬期限，詳由該管長官報經內務部核准，依限辦理。各該事項一律辦竣後，即由內務部呈請大總統以教令定地方自治試行條例施行於該行政區域之日期。惟各地方官多意存延宕，并不切實籌辦，而地方自治試行條例亦迄未施行。

第四節　縣自治法附市自治制鄉自治制

地方自治試行條例既未實施，至民國五年七月以降，各省遂屢有恢復縣以下各級自治之議，但亦未能實現。民國六年春，政府又擬另行訂定自治制度，內務部即設立自治制度編查委員會，以次長兼任委員長，指定參事、司長、及其他專門人員爲委員，掌理關於自治制度之調查及編訂事項，并於是年二月七日以部令公布該會規則，俾資遵守，惟終無甚結果。直至民國八年秋，政府乃擬定縣自治法，提經新國會議決，於民國八年九月八日公布，列爲法律第十二號。

縣自治法共分六章，都六十九條。第一章總則，分四節：（一）區域，（二）住民及其權利義務，（三）自治事務，（四）公約及規則。第二章縣議會，分二節：（一）組織，（二）職權。第三章縣參事會，分二節：（一）組織，（二）職權。第四章財政，分二節：（一）經費，（二）預算決算及檢查。餘兩章爲監督及附則。

一、縣自治區域　縣自治團體以縣之國家行政區域爲其區域，與各國之地方自治制度大致相同。惟此爲出於實際上之便利，縣之國家行政區域如有變更，縣自治區域即隨同變更。

二、縣住民及選民　凡住居縣內者，不分男女、成年未成年、本國人、外國人、原籍、寄籍或寄留，均爲縣住民，與前清章程所定者略同，而較地方自治試行條例所定爲寬。縣住民之有本國國籍年滿二十歲之男子，繼續住居縣內二年以上，具有四種資格之一者，有選舉縣議會議員之權：（一）年納直接稅二元以上者，（二）有動產或不動產五百元以上者，（三）曾任或現任公職或教員者，（四）曾在高等小學以上學校畢業或與有相當資格者。係采用制限選舉，財產資格與教育資格二者併用之主義。被選舉權之資格較嚴於選舉權之資格，即（一）年齡須二十五歲以上，（二）年納直接稅須四元以上，（三）動產或不動產須千元以上，（四）曾任或現任公職教員須一年以上，（五）須在中學校以上學校畢業，或與有相當之資格。此外選舉權及被選舉權消極之限制，較前各章程及條例所規定，更爲完密。

三、縣自治事務　縣自治團體爲公法人，其所處理之事務，爲國家行政範圍之一部分，可分爲固有事務與委任事務兩種。固有事務爲（一）教育，（二）交通水利及其他土木工程，（三）勸業及公共營業，（四）衞生及慈善事業，此係采列舉主義，惟較前淸章程所規定爲概括。委任事務爲依法令屬於縣自治之事務。惟縣自治團體處理各該事務，須（一）關係縣之全體或爲市縣所不能擔任者，（二）不屬於國家之直接行政。

四、縣公約及規則　國家立法，從形式上區別之，有法律與命令二種。縣自治團體設定一般之法則，其形式亦有二：（一）公約，須經縣議會之議決；（二）規則，由參事會制定；均以一定之公告式發布之。公約積極之界限有二：（一）關於縣住民之權利義務，（二）關於自治事務。其消極之界限亦有二：（一）不得牴觸國家法令，（二）不得侵及國家立法權及命令權之保留。規則積極之界限爲（一）關於縣公約之執行事務，（二）關於縣自治團體之財產營造物與公共設備之管理使用事項。消極之界限爲（一）不得牴觸國家法令及縣公約，（二）不得侵及國家立法權、命令權及縣自治團體制定公約權之保留。

五、縣自治機關　縣自治團體之議決機關爲縣議會，執行機關爲參事會，其組織及職權如左：

（一）縣議會之組織　地方團體會議之組織，除一八三一年以前，法拿破侖時代之州議會曾采用任命議員制度外，各國均采用選舉議員制度。縣議會議員之選舉，以單選舉法行之。議員之員額，以縣之人口爲標準，人口未滿十五萬之縣爲十名，人口滿十五萬者，每人口三萬遞增議員一名，至多以三十名爲限。議員之任期爲三年，每屆三年，卽全數改選。縣議會設議長副議長各一人，由議員用無記名投票法互選之。

（二）縣議會之職權　縣議會通常會由縣知事召集，每年一次，於四月一日開會，會期四十日，但得延長二十日。臨時會經縣知事認爲必要，或議員過半數之請求召集之，會期以十五日爲限。縣議會應行議決事項凡七：（一）以縣自治團體經費籌辦之自治事務，（二）縣自治團體之公約，（三）縣自治團體之預算決算，（四）縣自治稅規費使用費之徵收，（五）縣自治團體不動產之買入及處分，（六）縣自治團體財產營造物公共設備之經營及處分，（七）其他依法令屬於縣議會權限之事項。此外縣議會之職權尙有（一）選舉參事會之半數參事；（二）具陳對於地方行政與自治事務有關事件之意見；（三）答覆監督官署或縣參事會諮詢之事件；（四）推舉檢查自治經費出入之議員；（五）對於縣參事會所定規則及執行事務，視爲越權違法，或妨害公益時，得請監督官署停止其進行；（六）縣議會議事規則，旁聽規則，及書記薪給額數，與辦事規則之訂定。

（三）縣參事會之組織　縣參事會之地位，與舊之郡參事會，日之市參事會略同，以會長一人，參事四人至六人組織之。縣知事爲參事會之法定會長，參事之半數由縣議會選舉，其餘半數由縣知事委任。

（四）縣參事會之職權　縣參事會之職權凡七：（一）執行縣議會議決事項；（二）辦理縣議會議員選舉事項；（三）提出議案於縣議會；（四）制定縣自治團體之規則；（五）管理或監督縣自治團體之財產營造物或公共之設備；（六）管理縣自治團體之收入與支出；（七）依法令及縣議會之議決，徵收自治稅及規費。縣議會應行議決事項，除縣自治團體公約、預算、決算、及自治稅、規費、使用費之徵收外，均得由縣議會議決委託縣參事會處理。縣參事會對於縣議會之議決，認爲越權違法或妨害公益時，得提交覆議，並得呈請監督官署撤銷之。

六、縣自治財政　縣自治團體之經費，以縣自治團體財產之收入，公共營業之收入，縣自治稅，使用費，規費，過怠金充之。縣自治團體因救濟災害或經營公共營業，得由國家補助經費。縣參事會因調劑預算內之支出，得爲短期借款。縣參事會於每一會計年度開始前，應編製預算，於每一會計年度終結後，應編製決算，提交縣議會議決後，呈報監督官署，並布告之。縣自治經費出入之檢查，每年至少二次，由縣議會推舉議員三名以上，會同會長及參事行之，並報監督官署查核。

七、縣自治監督　自治團體之受國家監督，爲自治團體與國家區別之要點之一。惟監督權之範圍，隨各國法規之所定而不同，卽同一國家之區域，亦隨時代而有異。縣自治團體以道尹爲直接監督，其上級監督機關，依當時官制爲省長及內務總長。監督官署得對於縣自治團體發命令或處分，但不服時，得提起訴願；得令縣自治團體爲事務之報告，並調取文書簿據，或視察其事務，核閱其出納。道尹對於縣參事會參事之懲戒，準用文官懲戒之規定；認縣議會爲違法越權，或妨害公益時，得呈請上級監督官署解散之，但限於三個月內重行選舉召集。

民國十年六月十八日，政府以教令第十三號公布縣自治法施行細則二十一條，以教令第十四號公布縣議會議員選舉規則五十六條，共分九章：(一)總則；(二)人名册；(三)投票所、開票所；(四)投票紙、投票簿、投票匭；(五)投票開票及檢票；(六)當選通知及證書；(七)選舉變更；(八)選舉訴訟；(九)附則。同年九月十日，十月十三日，二十五日，二十九日，十一月二十四日，政府以次明令縣自治法自民國十年十月一日於浙江省所屬各縣施行；自民國十年十一月一日於綏遠特別區所屬歸、綏等二縣，察哈爾特別區所屬張、北等六縣施行；自民國十年十二月一日於吉林省所屬吉林等十七縣施行；自民國十一年四月一日於陝西省所屬長安等二十二縣，京兆特別區所屬各縣施行；自民國十二年四月一日於陝西省所屬富平等五十縣施行。其餘各省區，以籌辦不及，尚未定期施行。

民國十年七月三日，政府以教令第十六號公布市自治制，以教令第十七號公布鄉自治制。市自治制都七十八條，共分八章：(一)總則；(二)市自治會；(三)市參事會；(四)市職員；(五)經費；(六)市鄉組合；(七)監督；(八)附則。鄉自治制都三十三條，不分章節。十一年九月九日，政府又以教令第十七號公布市自治制施行細則十八條。此時所采之地方自治制度，仍分兩級，以縣為上級自治團體，市鄉為下級自治團體，大致回復前清舊制。市鄉自治制未經立法機關議決，亦未定期施行，其要點略如次述：

一、市鄉自治區域　市自治團體以固有之城鎮區域為其區域，但人口不滿一萬者，得依鄉自治制辦理市。分特別市普通市二種，特別市由內務部認為必要時，呈請政府以教令定之，餘均為普通市。鄉自治團體以固有之區域爲其區域。

二、市鄉自治事務　市鄉均爲法人，其所辦自治事務之範圍，采概括主義，與縣自治法之規定不同。市鄉關於自治事務，均得制定公約及規則，均以一定之公告式發布之。

三、市鄉住民及選民　關於市鄉住民，與縣自治法所規定者同，卽凡住居於市鄉內者，均爲市鄉住民。惟關於選民之資格，則較縣自治法所規定爲寬。市鄉住民內有本國國籍年滿二十歲之男子，只須繼續住居市鄉內一年以上，有下列資格之一者，卽有選舉市鄉自治會會員之權：（一）年納直接稅一元以上者，（二）有動產或不動產三百元以上者，（三）曾任或現任公職或教員者，（四）曾在國民學校以上學校畢業或與有相當資格者。凡有縣議會議員選舉權之資格者，只年齡須二十五歲，與任公職或教員須一年以上，卽有市鄉自治會會員被選舉權之資格。至選舉權及被選舉權消極之限制，大致同於縣自治法所規定。

四、市鄉自治機關　市鄉設自治會以爲議決機關，分別由市鄉住民選舉會員組織之。市自治會會員最少十名，特別市至多三十名，普通市至多二十名，鄉自治會會員最少六名，至多十名，其員額均以人口之多寡定之，任期二年，每年改選半數。市鄉自治會各設會長一人，由會員用記名投票法互選之。市鄉設自治公所以爲執行機關，置市長鄉長一人，由市鄉自治會就住民中具有市鄉自治會會員被選資格者選舉之。普通市市長選出後，呈請直接監督官署委任，特別市市長選出後，由直接投督官署咨請內務部任命，京都市市長則由內務部遴選，經國務總理呈請大總統任命，鄉長選出後由縣知事委任。市鄉自治會、市長、鄉長之職權，大致與縣自治法所規定縣議會縣參事會之職權相同，惟其行使之範圍，各限於市鄉內之事項。

特別市設市參事會，以市長、佐理員、區董、名譽參事員組織之，以市長爲會長，由市長隨時召集。其職權爲（一）議決提出於市自治會之議案，（二）議決市自治會所委託之事項，（三）議決市規則，（四）議決其他法令屬於市參事會之事項。以上各事項，在不設參事會之普通市，由市長決定之。

五、市鄉自治財政　市自治經費以本市財產及公共營業之收入、市自治稅、規費、使用費、過怠金充之。惟特別市得經監督官署許可，募集市民公債。鄉自治經費以本鄉財產及公共營業之收入、規費、使用費、鄉自治經費之附加稅及各項雜捐充之。至預算、決算之編製、議決、呈報、公布，則與縣自治法所規定者略同。

六、市鄉自治監督　市鄉以縣知事爲直接監督，京都市由內務部監督，特別市則由地方最高行政長官監督之。其監督之方法，大致與縣自治法所定關於縣自治之監督相同。

七、市鄉組合　市與鄉有彼此利益相關事項，必須聯合辦理者，得依市鄉之協議，呈經直接監督官署核准，設立市鄉組合。市鄉組合認爲法人。設立市鄉組合時，應訂立組合公約，規定（一）組合之名稱，（二）入組合之市鄉，（三）組合之共同事務，（四）組合公所之地址，（五）組合會議之組織及其會員之選舉，（六）組合職員之組織及其選任，（七）組合經費之分擔方法。市鄉組合解散時，應依關係市鄉之協議，呈請直接監督官署核准。二鄉以上亦得設立鄉組合，其經費由各該鄉分擔，餘一切與市鄉組合同。

第五節　特別市組織法市組織法

民國十六年四月，國民政府定都南京，即以南京爲特別市，於同年六月六日公布南京特別市暫行條例三十四條，共分六章：(一)總則，(二)市區域，(三)市行政範圍，(四)市行政組織及職權，(五)參事會，(六)附則。此條例規定南京特別市直接中央政府，以南京城廂內外及浦口之原有區域爲行政範圍。關於行政範圍內之各事項，采列舉主義。設市長一人，由中央政府任命，任期三年，下設財務、工務、公安、衞生、教育、土地、農工商七局，各局設局長一人，由市長薦請中央政府任命。又設參事會，由市長聘任參事九人至十三人，任期一年，參事會主席，由參事互選之。

民國十六年七月四日，中央政治會議又於第百十一次會議通過上海特別市暫行條例三十七條，規定上海特別市區域以上海、寶山兩縣所屬原有之淞、滬地區爲行政範圍。其章目與內容大致與南京特別市暫行條例相同，惟上海特別市政府多設一祕書處，及公用、公益、港務三局。

民國十七年五月，中央政治會議以各特別市暫行條例有改訂之必要，而普通市亦應制定組織法規，爰飭法制局分函各特別市政府及普通市政府，徵詢施政之實際狀況，以爲起草組織法之根據。該局旋擬具特別市組織法草案三十八條，市組織法四十一條，分別附具說明，於五月二十九日呈送中央政治會議審議。

特別市組織法草案對於南京、上海兩特別市之現制，大體上多予保存，以免新舊法規交替，多事紛更。惟以各方人士根據列國市制通則，及國民黨建國大綱所明定，於現制屢有批評，亦實具若干眞理，因之不能不酌加採納，予以絕對必要之補充或變更。依據此草案原附說明，其立法旨趣約如下述：

(一)關於特別市之隸屬關係，及其職務之範圍，久爲各方爭論之焦點。依照現制，特別市係直隸國民政府，而就其職務而言，特別市政府於處理市政外，更具有兼理國家行政之資格，以是論者多持異議。依反對者之意見，特別市政府匪惟不應兼理國家行政，並應直隸省政府，其職務應以處理市政爲限。此案規定特別市仍直隸於國民政府，惟其職權，則限於處理市政。凡市區內之國家行政，如中央不能直接辦理，而有委託地方辦理之必要時，則由省政府辦理，如是則特別市政府雖爲離省獨立之機關，而特別市究與具有處理一般行政事務之特別區有別。

(二)關於特別市市政事項，此案在原則上采列舉形式。此項列舉事項，無論中央有無法令明白規定，特別市政府於不牴觸中央法令之範圍內，均有辦理之自由。

(三)市政原係人民自治範圍，惟在訓政時代，民權遽難實施，故市政仍不能脫離官治。但斟酌地方情形，使市民有相當參預市政之機會，以爲四權訓練之基礎，實亦建國大綱所定訓政之條件。特別市現行制度受人指摘，即以其純采官治主義，而無使人民受四權訓練之機關，此案特於特別市政府現有組織之外，增置以市民代表組織之參議會，以爲市政審議機關，俾市民得直接行使選舉權，間接行使創制、複決、罷官諸權。至於各特別市在何時期，始可設立參議會，仍須由國民政府斟酌決定，至速須在特別市成立一年之後。此項市民代表機關應如何選舉，須精密考慮，則另以單行法規定之。

（四）此案對於現行寧、滬特別市組織條例上之市政會議，亦已酌量擴大其組織及職權，以期容納合議制之精神。其僅具諮議性質之參事會，亦予廢去，代以有定職之專任參事。

市組織法草案與特別市組織法草案大體一致，其差異不外三點：（一）特別市直隸於中央，市則直隸於省政府；（二）特別市之人口，除首都外，至少須滿百萬，市之人口則以二十萬爲最低限度；（三）特別市政府概設六局，市政府各局則分必設與得設兩項，俾有伸縮餘地。

中央政治會議於五月三十日開第百四十二次會議，將各該草案提出討論，當決議指定薛篤弼、蔡元培、李烈鈞、孔祥熙、陳果夫五委員審查。薛委員等旋審查完竣，提經中央政治會議於第百四十五次會議將特別市組織法及市組織法全案通過，函送中央執行委員會交由國民政府於民國十七年七月三日公布施行。

特別市組織法共三十九條，市組織法共四十二條，均分爲總則、市職務、市政府組織及權限、市參議會、市財政、市監督、附則七章，惟特別市組織法之第二章至第六章冠有「特別」字樣。此兩法之要點如次：

一、特別市直轄於國民政府，市直隸於省政府，均冠以所在地地名。凡（一）首都，（二）人口百萬以上之都市，

(三)其他有特殊情形之都市，均得建爲特別市。凡人口滿二十萬之都市，得建爲市。

二、特別市於不牴觸中央法令範圍內，市於不牴觸中央及省法令範圍內，辦理(一)市財政事項，(二)市公產之管理及處分事項，(三)市土地事項，(四)市農工商業之調查統計獎勵取締事項，(五)市勞動行政事項，(六)市公益慈善事項，(七)市街道溝渠堤岸橋樑建築及其他土木工程事項，(八)市內公私建築之取締事項，(九)市河道港務及船政管理事項，(十)市公用事業之經營取締事項，(十一)市公安消防及戶口統計等事項，(十二)市公共衞生及娛樂場所之設置取締等事項，(十三)市文化教育風紀事項。

三、特別市設特別市政府，市設市政府，各設市長一人。特別市政府設祕書處及財政、土地、社會、工務、公安、衞生、教育各局，置祕書長一人，參事二人至四人，局長七人，又因特殊情勢得置港務局。市政府之組織亦同，惟參事以二人爲限，衞生、教育、港務各局於必要時設置之。特別市與市均設市政會議，由市長、祕書長、參事、各局長組織之，議決(一)祕書處與各局之組織細則；(二)市單行規則；(三)市預算、決算；(四)新課稅捐，募集市債，及公共事業之經營；(五)各局處間權限之爭議。

四、特別市與市均設立以市民代表組織之參事會，議員任期二年，每年改選半數，議長副議長各一人，任期一年。參議會每年開常會兩次，會期以一月爲限，但得延長十五日，市長於必要時，幷得召集特別會議。應經市政會議議決之事項，應先交參議會審議。參議會關於市政興革事項，得提出建議案於市長；於全體議員半數以上之同意，得將通過議案，請市長交付市民複決；如認市長違法失職時，得依全體議員三分二以上之同意，向國民政府省政府請求罷免。

五、特別市與市之收入爲（一）土地稅，（二）土地增價稅，（三）房捐，（四）營業稅，（五）牌照稅，（六）碼頭稅，（七）廣告稅，（八）市公產收入，（九）市營業收入，（十）其他依法令特許徵收之稅捐。必要時得募集市債，但須經國民政府省政府之核准。

六、特別市政府與市政府怠於履行其法定職務時，國民政府各行政部院及建設委員會，省政府各廳及大學區校長得呈請國民政府省政府糾正之，如認其命令或處分違法越權者，幷得呈請停止、撤銷、或變更之。

第六節　縣組織法

民國十七年七月，中央政治會議以特別市與市組織法均已頒行，而縣爲自治單位，完成縣自治爲訓政時期最重要之工作，特交由法制局迅速擬具縣組織法草案，提會議決公布，以便依據實施。該局旋將縣組織法草竣，共五十六條，幷附具說明書，說明草案之要旨如次：

（一）建國大綱定縣爲自治單位，現時監督全縣自治之縣政府，即將來實行全縣自治之主要機關，自不能將縣政府與地方自治機關劃爲兩事，此案規定縣之組織，以縣政府爲全縣最高行政機關，各局各科爲其組織之一部分。其下設區，區以下鄉村劃編爲村，城廂及市集劃編爲里，同隸屬於縣政府，而受區之指揮，辦理自治事務。里村以下則編制爲閭鄰爲縣自治之基本組織。

（二）省政府組織法於分設各廳外，設有祕書處分科辦事。縣政府範圍雖小，其行政事項，實具一省雛形，此案比照省政府祕書處規定酌設二科至四科。其所屬各局，是否分行縣政府之職權，就各省現在情形言，極不一致。然多數縣分，仍係以縣地方事務屬之各局，而國家行政及省行政事務，則由縣政府直接處理，是以縣政府分設各科，實不可少。且所設科數，係由二科至四科，各科職員，亦不限定，以便各省酌量情形，伸縮辦理。

（三）訓政時期，人民尙未受四權訓練，一切縣政，自不能脫離官治之引導，然應使人民有行使四權之基礎。此案規定縣參議會由縣民選舉議員組成之，將來於選舉法中明定普選議員辦法，俾得試行四權，卽屬此意。

（四）區長一職，原應由區民選任及監督，惟當實行自治之初，此項人才，必須受相當之訓練，具有學識經驗，乃能勝任愉快，遽然求於普選，勢有所難。此案對於區長，特定爲采用普選制，又因人民未受訓練，而合於區長之人才亦少，不得不暫由縣長遴選相當人員充任，以收因事擇人之效。惟以區長一職，關係重要，不能不有嚴密之監督，特又規定由村里監察委員會推選三人，由縣政府委任二人，組織區監察委員會，以監察區長之違法失職各事。至區長民選，應俟本法施行二年後，再由省政府就各縣情形，酌定時期，會同內政部核准辦理，以期事實上有利而無弊。

（五）區制以下爲村，然城廂集鎭，非村之名詞所可包括，不得不另定名稱，以符實際。在已辦自治省分，多名爲街，實與集鎭不甚切合，倘名爲鎭，或名爲路，又於城廂不甚適用，此案特擬名曰里，俾與村之地位相等，其組織亦大略相同。村里爲人民共同之組合，亦爲人民切身生活之根據，故規定村里長副，卽由村里公民選舉罷免，行使直接民權。惟在區長民選實行以前，暫由人民加倍選出，報由縣長擇任，稍示限制。至於閭鄰之制，仿自成周，山西用之，頗著成效，近時江、浙、豫、皖、陝、甘各省，亦先後采用，此案併予明定，以期推行全國。

中央政治會議於第百五十一次會議將該草案提出討論通過，函送中央執行委員會交國民政府公布。中央第百六十二次常務會議以各縣應分三等，並確定編制，特將通過之案交回覆議。中央政治會議卽發交法制局分別修正，復提出第百五十三次會議通過，由國民政府於民國十七年九月十五日公布。

縣組織法共五十八條，分七章：(一)總則，(二)縣政府，(三)縣參議會，(四)區公所，(五)村里公所，(六)附則。其內容除原草案說明書所述外，餘如次列各點：

一、縣依現時固有之區域，按其戶口及地形分劃爲若干區。縣內百戶以上之鄉村地方爲村，百戶以上之市鎭地方爲里，二十村里以上爲區，但因地方習慣，或受地勢限制，及有其他特殊情形者，雖戶口村里較少，亦得組成之。村里居民大致以二十五戶爲閭，五戶爲鄰。

二、縣於不牴觸中央及省之法令範圍內，得制定縣單行規則，區村里得於不牴觸中央及省縣法令規則之範圍內，制定自治公約。

三、縣設縣政府，於省政府指揮監督之下，處理全縣行政，監督地方自治事務。縣政府設縣長一人，分二科至四科，設公安、財務、建設、教育各局，於必要時，得設衛生局、土地局，各科置科長一人，各局置局長一人，卽由縣長科長局長組織縣政會議，審議（一）縣預算決算，（二）縣公債，（三）縣公產之處分，（四）縣公共事業之經營管理，（五）縣長交議之其他事項。縣長由省長任用，科長由縣長呈請民政廳委任，局長由省政府各廳考選委任。

四、縣設參議會，以縣民選舉之議員組織之，任期三年，每年改選三分之一。縣參議會之職權爲：（一）議決縣預算、決算及公債，（二）議決縣單行規則，（三）建議縣政興廢事項，（四）審議縣長交議事項，（五）請求省政府查辦縣長之違法失職。縣參議會職權較大於特別市及市參議會，特別市及市參議會審議之事項，尙待市政會議爲最後之決定。

五、區置區公所，村置村公所，里置里公所，設區長、村長、里長各一人，管理各該區村里自治事務，並得設區助理員、副村長、副里長，襄辦事務。區民對於區公約及自治事項，村民大會或里民大會對於村里公約及自治事務，各有創制及複決之權。區民對於區長，村民大會或里民大會對於村長、副村長、里長、副里長，各有選舉及罷免之權。區民選舉監察委員五人或七人，村民大會或里民大會選舉監察委員三人或五人，各組織監察委員會，監察區村里之財政，糾舉區長、村長、副村長、里長、副里長之違法失職等事。區公所設區務會議，以區長、助理員及所屬村里長組織之，審議（一）區公所經費，（二）區公產之處分，（三）區公約及其他單行規則之制定及修正。閭設閭長一人，隣設隣長一人，分掌閭隣自治事務。閭長隣長各由閭隣居民會議推選，并得罷免之。

前清章程及民國八年十年之法制，定地方自治團體爲兩級，民國三年之試行條例則定爲一級。市縣組織法所采之自治制度以市縣爲一級，縣以下更分爲區，區以下爲村或里，村里以下爲閭與隣，市縣以自治兼官治，區以下則完全自治，居民均行使直接民權。市縣以市縣參議會，市縣政會議爲議決機關，市長、縣長爲執行機關，中央政府省政府爲監督機關。區村里以區民大會，區務會議，村民大會里民大會爲議決機關，區長村長里長爲執行機關，縣政府爲監督機關，更另行組織監察機關。縣組織法對於縣之自治事務，未加規定，僅列舉縣政府各局分掌之事項；對於區村里閭隣之自治事務，均采概括主義。對於自治之經費，規定甚爲簡單，未明認自治團體有徵收自治稅、規費、使費用、及過怠金之權。

第七節　縣組織法縣組織法施行法

民國十七年十一月二十日，內政部部長趙戴文呈經行政院核准於同年十二月十五日召集蘇、浙、閩、皖、贛五省及京、滬兩特別市開內政會議，討論肅清匪禍，及進行地方自治事宜。該會議屆期開幕，江蘇、浙江、福建各省民政廳分別提議修改縣組織法條文以便實行，迭經開會議決，經由內政部詳加查核，認爲妥洽，呈由行政院於民國十八年一月二十九日提出第十三次會議決議咨立法院查照審議。該會議議決修改縣組織法各條最要之點有三：（一）以民政廳與省政府係分權治事，修正省政府組織法規定民政廳有任免縣市行政官吏之權，將原第十一條改爲縣長由民政廳提請省政府任用。(二)將縣政府分設各局之職掌，分別補充，以臻完密。(三)以縣參議會職權重大，原定爲本法施行後一年辦理，恐人民使用四權之訓練，尚未純熟，特改爲區長民選時，卽選舉參議會議員，庶於愼重人選之中，仍寓促進民權之意。

立法院於同年二月五日開第十二次會議，將該案提出初讀，當議決付法制、外交、財政、經濟、軍事五委員會審查。該會等迭開聯席會議，將原案審查完竣，擬具審查修正案共五十三條。章目未加變更，內容之修改者，以次列各點爲最重要：

(一)籌備自治，爲縣政府在訓政時期唯一之工作，增入一第十二條，規定「凡籌備自治之縣，已達建國大綱第八條所規定之程度者，經中央查明合格後，其縣長應由民選，」以期促進籌備工作，早日達到自治完成地位。

(二)「村」「里」二字，在名義上及事實上均有妨礙。緣各縣地方，或三家爲一村，或五家爲一村，若必聯合百戶以上者爲村，勢必須二三十村而後可，如此則自然單位與法定單位相差太遠，而舊村與新村之稱謂亦混淆不淸。又百戶以上之市鎭地方爲里，在習慣上，其妨礙與村相等。特將「村」「里」改爲「鄉」「鎭」，所有條文內之「村」「里」字樣，均一併照改，以期名實相符。又以區之大小，不可過於限制，特改爲每區以二十至五十鄉鎭組成之，俾有伸縮之餘地。

(三)縣長綜理縣政，監督自治，責任綦重，遴選應不厭求詳，內政會議所擬修改條文，定爲縣長由民政廳提請任用，未限制提出人數，殊無遴選餘地，特改爲就合格人員中提出二人至三人，俾得愼選賢能，於自治前途，裨益匪淺。

(四)縣政府各科，均有專責，不能統籌全局，縣長於處理縣政外，尙須出巡，所有辦理機要，總核文稿等事，須有專員佐理，方能應付裕如，特增設「縣政府設祕書一人」之規定。又以各縣事務繁簡不同，在貧瘠縣分，不必過事鋪張，特改爲縣政府設置一科或二科，幷規定縣政府各局有縮小範圍之必要時，得呈請省政府改局爲科，附設縣政府內。

(五)縣政府各局長原定爲由省政府主管各廳考選委任，恐難與縣長聯絡，勢將動輒掣肘，於辦理一切事務，諸形不利，特改爲由縣長就合格人員中遴選呈請委任，藉收指臂之效。

(六)凡屬縣政府之佐治人員，無論職務大小，均應明定資格，以便選用，而免混進。又此項人員，亦須有所保障，俾得久於其職，安心任事，特規定其資格任用，及待遇保障另以法定之。

(七)縣參議會之設立，依內政會議所擬修正之條文，定爲於區長民選時行之。惟區長之民選，原定在本法施行二年後核定，幷將「二年」改爲「一年，」實際上實行民選區長之時期縮短一年，而參議會仍於本法施行一年以後酌定時期設立之。

(八)原第二十六條規定「縣長違法失職時,縣參議會得請求省政府查核處分之」此項職權應屬於監察機關,特予删去。

(九)區長爲縣與鄉鎮間籌辦自治之中堅人物,其責任至爲重大,應依建國大綱,必須考試訓練,方能勝任愉快。惟在民選以前,原定由縣長於區民中遴選,恐不免爲事實所窮,特改爲由民政廳就訓練考試合格人員委任之。

(十)原第三十七條規定在區長民選實行以前,由村里監察委員會推選三人,縣長委任二人,組織區監察委員會。以區監察委員會已定有明文,在區長未實行民選前,區長執行職務,既有縣長之監督,又有區務會議之限制,不至發生何種弊端,無須設此不完備之監察機關,致多扞格,特將原條文完全删去。

十八年五月十一日,立法院於第二十三次會議開二讀會,將該審查修正案提出逐條討論,除略有文字上之修正外,均照案通過。復於第二十四次會議開三讀會,縣組織法全案遂以多數委員之贊成通過。立法院即繕具全文,呈經國民政府於同年六月五日公布,并定於同年十月十日施行。此法除上述審查修正各點外,大致與十七年九月十五日公布之縣組織法相同。

此法公布後,第三屆二中全會議決有完成縣自治案,規定「於民國十九年內依照縣組織法完成縣組織。同時訓政人員初期訓練完畢。二十一年底以前初期調查戶口,清丈土地完畢。二十二年底各縣籌備自治機關完全設立。二十三年底以前，完成縣自治，其實施方案由行政院切實制定。」行政院遵照此決議案，即令內政部籌辦，務於期內完成縣自治。內政部特擬定縣組織法施行條例，就各省現在政治狀況，分別規定最後完成之期限，至期限以內，應於何時劃分自治區，何時編制閭鄰，則由各省政府體察本省情形，自行通盤籌畫，俾得措置裕如。并將此項施行條例呈由行政院轉呈國民政府明令公布，通飭施行。國民政府以該條例是否可行，即於十八年七月十五日令交立法院審核具復。

立法院於同年七月二十三日將該條例提出第三十六次會議議決，付自治法起草委員會審查，旋內政部據福建、湖南等省民政廳紛電請示新頒縣組織法施行日期，而湖北省政府已依照新法制定湖北省施行縣組織法辦法，咨請備案，當以完成縣組織，爲實施訓政之基本工作，而二中全會又決議限於十九年完成縣組織，是縣組織法施行條例，亟應提前公布，俾各省得以從事籌備，次第進行，爰呈請行政院轉咨立法院迅將該條例制定頒行。立法院復提出第四十次會議議決交自治法起草委員會從速審查。該會迭次開會討論，另行擬定縣組織法施行法草案，并逐條審查通過，共十七條。立法院即於第五十次會議將該草案提出討論通過，并呈由國民政府於十八年十月二日公布。

此施行法自縣組織法施行之日施行，其內容之要點凡三：

一、各省政府應於下列期限內完成縣之組織：（一）江蘇、浙江、山西、河北、廣東五省限於十九年六月終完成；

(三)江西、安徽、湖北、湖南、福建、山東、河南、遼寧、吉林、陝西、雲南、廣西十二省限於十九年八月終完成；(三)四川、貴州、甘肅、新疆、黑龍江、熱河、察哈爾、綏遠八省限於十九年十月終完成；(四)寧夏、青海、西康三省限於十九年十二月終完成。

二、縣組織法施行一年後，省政府應派員考查各縣區鄉鎮組織情形，彙報內政部，并將其合格者咨請核准區長民選。

三、內政部於各縣區長民選一年後，應據各省册報，考核其戶口、土地、警衛、道路、及人民使用四權情形，有合於建國大綱第八條規定之程度者，准其成爲完全自治之縣。

縣組織法自公布施行後，至民國十九年五月，立法院自治法起草委員會委員孫鏡亞、衞挺生、陳肇英先後提議修改，列舉應加以修正之條文凡四：

(一)鄉鎮之戶口，均以百戶者居多，宜於全體公民出席鄉民大會或鎮民大會時直接立法，不必另設立法機關，如美國、新西蘭各地，及瑞士國之初級地方自治，多采直接立法制，是其先例。公民既有直接立法之權，則法律有利於民者，可自行在大會制定，有害於民者，可自行在大會删廢，無須運用創制複決之程序爲之救濟。查縣組織法第四十三條有關於創制複決之規定，應予删除，此應修正者一。

(二)鄉鎮既采直接立法制，其戶口應有相當之限制。查縣組織法第七條規定百戶以上之村莊地方爲鄉，百戶以上之街市地方爲鎭，上至若干，漫無限制，此應修正者二。

（三）副鄉長副鎭長之設置，原爲襄助鄉長鎭長辦理事務。在戶口較多之鄉鎭，事務雖較繁劇，亦無每增百戶而增設副鄉長副鎭長之必要。查縣組織法第四十條規定每增百戶設副鄉長、副鎭長一人，不惟難收衆擎易舉之效，且有動致築室道謀之虞，此應修正者三。

（四）鄉鎭戶口既規定爲少者百戶，多者千戶，是戶口最多之十鄉鎭，其戶口已倍於戶口最少之五十鄉鎭。查縣組織法第六條規定每區應以二十至五十鄉鎭組成之，彈性尙嫌不足，此應修正者四。

自治法起草委員會於第十六次會議提出討論，認爲各該條文實有修正之必要，當議決付委員孫鏡亞、王用賓、陳肇英、陳長蘅、衞挺生初步審查。孫委員等旋審查完竣，擬具修正條文，提經自治法起草委員會於五月十五日開會討論，以次表決通過。立法院於第九十六次會議將該修正案提出逐條討論通過，幷呈由國民政府於十九年七月七日公布。

修正縣組織法第六條、第七條、第四十條、第四十三條之要點，卽（一）每區改爲以十鄉鎭至五十鄉鎭組成之；（二）限制鄉鎭不得超過千戶；（三）限定鄉鎭須在五百戶以上，始得增設副鄉長或副鎭長一人；（四）删除關於鄉民大會或鎭民大會創制權與複決權之規定。

第八節　鄉鎭自治施行法區自治施行法

立法院成立後，於民國十八年一月二十九日第十次會議議決自治法有從速制定頒行之必要，當指定委員呂志伊、焦易堂、鈕永建、繆斌、劉積學、孫鏡亞、曾傑七人組織委員會，積極起草，由呂委員召集開會。

民國十八年五月，內政部以縣組織法第四十二條及第五十一條分別規定區自治施行條例及村里自治施行條例由內政部另定之，現各省對於地方自治，均已着手進行，每項條例，亟應早日公布，以便實施，爰擬訂區自治施行條例草案六十條，村里自治施行條例草案八十五條，均經審查完竣，并以縣組織法正提出立法院修正中，各該條例與縣組織法甚有關係，特分別繕具全案，呈由行政院咨送立法院一併核定公布。立法院於第二十六次會議提出討論，當議決付自治法起草委員會參考，並從速另行起草。

十八年七月，內政部又以二中全會決議限於民國十九年內依照縣組織法完成縣組織，所有縣組織法第三十九條規定之區自治施行法，第四十七條規定之鄉鎮自治施行法，均應從速頒行，俾各省有所遵守，特呈請行政院轉咨立法院，即將前擬訂之區村里自治施行條例按照新頒縣組織法加以改正，提前公布，以便暫時適用，或另行議定區鄉鎮自治施行法，定十八年內明令公布施行。立法院於第三十六次會議提出報告，并交自治法起草委員會查照。

呂委員等自組織起草委員會後，即迭次開會討論，以縣組織法既已公布施行，而中央決定完成縣組織之期限亦甚迫促，特趕速起草區鄉鎮兩自治施行法。至十八年八月，完成鄉鎮自治施行法草案七章，共八十六條，並列舉要點如次：

（一）本法稱鄉鎮自治施行法，既非鄉鎮自治法，亦非鄉鎮自治法施行法，半含實體法性質，半含手續法性質，故規定不厭其詳。

（二）主要點規定於總綱；其次要點分別規定於各章。

（三）閭鄰之區域及職權較小，與會者祇須有居住年限，消極資格及年齡之限制足矣。鄉鎮之區域及職權較大，與會者非兼有智識程度之限制不可。此外閭鄰與鄉鎮之候選人，後者限制較嚴，前者限制較寬。

（四）建國大綱第八條有「誓行革命之主義」一語，孫文學說復諄諄致意於國民宣誓，茲遵　總理遺訓，規定公民須先宣誓，始可登記。

（五）組織之成立，應以區最先，鄉鎮次之，閭鄰又次之，而實現自治，則應先從閭鄰鄉鎮着手，而區居其次。

（六）自治團體不但為政治組織，並應為經濟組織，茲特於鄉鎮所辦事項之規定，注意此點。

（七）各縣區域遼闊，司法機關一時又不能多設，人民因訴訟事件，奔走數百里，延擱數年，無論勝敗，皆有罄家蕩產之危險。茲為采排難解紛習慣之長，而去其短起見，於鄉鎮公所內，附設調解委員會。

（八）人民失學者居多，不容諱言，行使直接民權，實有窒礙。茲於公所章內特別注重各種必需教育，以期民權行使，逐漸普及。

(九)在鄉長、鎮長全由民選及半由民選時，監察委員均應全由民選，其違法失職，均應罷免。鄉民大會或鎮民大會均應行使創制權、複決權，與縣組織法之規定相成而不相悖。

(十)閭長鄰長之選舉方法，應於鄉鎮自治施行法中規定之。在縣組織法中已有明文，茲特依照規定。至於鄉長鎮長及監察委員選舉與罷免、創制、複決等程序，應另以法律規定之。

立法院於第四十二次會議開二讀會，將該草案提出逐條討論，第一條，及第四條至第六條，均照案通過，第二條、第三條，修正通過。復於第四十三次會議繼續討論，各委員先後發表意見，認爲有付審查之必要，當議決自第七條以下，付自治法起草委員會及委員蔡瑄、王葆眞、林彬、陳長蘅、樓桐孫、黃居素、戴修駿、吳尙鷹、傅秉常審查，該委員等旋開審查會詳加討論，僉以該草案全部最關重要者爲第七第八兩條，除關於宣誓及登記問題，應予仍舊外，其關於公民名稱問題，則以祇須在第七條加以修正，自能明確，不必限用公民二字之名。其關於教育程度問題，則以公民之行使，似宜有教育程度之限制，但限制過嚴，恐又不易實行，應僅以能自書姓名者爲及格，俾免窒礙。結果將第七條第一款，及第八條第一款修正通過。立法院又開第四十四次會議討論，除删去第十一條外，自第七條至第八十五條均三讀通過，并由主席諮詢省略三讀，以全案付表決，經多數委員之贊成通過。

十八年九月，自治法起草委員會又以縣組織法爲根據，擬具區自治施行法草案六章六十六條，俾與鄉鎮自治施行法相銜接。立法院於第四十九次會議將該草案提出逐條討論，除原第二十三條分爲兩條外，大致照原案通過。二讀既畢，主席諮詢省略三讀順序，以全案付表決，經多數委員贊成通過。

鄉鎮自治施行法於十八年九月十八日公布，區自治施行法於十八年十月二日公布，均經國民政府明令定於十八年十月十日起施行。鄉鎮自治施行法共八十五條，分總綱、鄉鎮大會、鄉鎮公所、監察委員會、財政、閭鄰、附則七章。區自治施行法共六十七條，分總綱、區民大會、區公所、區監察委員會、區財政、附則六章。此兩法內容之要點如次：

一、鄉鎮區區域　鄉鎮區域之劃定，由縣政府派員會同區長辦理。區區域之劃定，由省政府派員協助縣政府辦理，其變更時，分別由縣政府區長召集有關係之區長、鄉長或鎮長會議繪圖列說呈核。鄉鎮各依其原有區域，其聯合各村莊或街市編成之鄉鎮，以所屬村莊或街市原有區域爲準。鄉鎮區域不明，或發生爭議時，由區長召集有關係之鄉鎮長協議後，呈請縣政府決定之。

二、鄉鎮區自治事務　鄉鎮區之自治事務共二十一：（一）戶口調查及人事登記，（二）土地調查，（三）道路橋樑公園幷一切公共土木工程建築及修理，（四）教育及其他文化，（五）保衞事項，（六）國民體育，（七）衞生療養，（八）水利事項，（九）森林培植及保護，（十）農工商業改良及保護，（十一）糧食儲備及調節，（十二）墾牧漁獵之保護及取締，（十三）合作社組織及指導，（十四）風俗改良，（十五）育幼、養老、濟貧、救災等設備，（十六）公營業事項，（十七）鄉鎮自治公約之擬定及區自治公約之制定，（十八）財政收支及公款公產之管理，（十九）預算決算之編造，（二十）縣政府區公所委辦事項，（二十一）其他依法賦與該區鄉鎮應辦事項。以上各事項，以現行法令或區鄉鎮民大會決議之範圍為限。凡二區二鄉或二鎮以上有共同利益之事項，得訂立公約聯合辦理之。

三、鄉鎮區公民　中華民國人民在本鄉鎮區域內居住一年或有住所達二年以上，年滿二十歲，經宣誓登記後，為鄉鎮區公民，有出席鄉鎮區民大會及行使選舉、罷免、創制、複決之權。閭鄰居民在區域內居住一年或有住所達二年以上，年滿二十歲者，有出席閭鄰居民會議，及選舉或罷免閭長鄰長之權。惟均有消極之限制，即（一）有反革命行為經判決確定者，（二）貪官汚吏土豪劣紳經判決確定者，（三）褫奪公權尚未復權者，（四）禁治產者，（五）吸用鴉片或其代用品者，均無以上各權。

四、鄉鎮區自治職員候選人　鄉鎮公民年滿二十五歲，有下列資格之一者，得為鄉鎮長、副鄉鎮長及鄉鎮監察委員之候選人：（一）候選公務員考試或普通高等考試及格者，（二）曾在國民黨服務者，（三）曾任委任官以上者，（四）曾任小學教職員或在中學以上畢業者，（五）經自治訓練及格者，（六）曾辦地方公益事務著有成績經縣政府核定者。區長及區監察委員候選人之資格則較嚴，即須曾任區黨部執監委員或上級黨部重要職員滿一年，曾任委任官須一年或任薦任官以上，或曾任鄉鎮長、副鄉鎮長、或鄉鎮監察委員一年以上者。但現役軍警、現任職官、僧道及其他宗教師，則應停止當選。有出席閭鄰居民會議之資格者，即得被選為閭長鄰長。

五、鄉鎮區自治機關　鄉鎮大會區民大會、閭鄰居民會議均為議決機關，鄉鎮公所、區公所、閭長鄰長均為執行機關，此外有監察機關、調解機關，教育機關，其詳如左：

（一）鄉鎮大會區民大會之職權凡六（甲）行使選舉、罷免、創制、複決四權；（乙）制定或修正自治公約；（丙）審核預算、決算；（丁）審議上級機關交議事項；（戊）審議本鄉鎮區公所或鄉鎮區務會議交議事項；（己）審議所屬閭鄰鄉鎮或公民提議事項。鄉鎮大會每年開會二次，并得開臨時會，會期不得過六日，以各該鄉鎮長爲主席，但關於鄉鎮長本身事件，則主席由到會公民推定之。區民大會每年開會一次，并得開臨時會，均得分場同日舉行，其各會場主席，由到會公民推定，會期亦不得過六日，閭鄰居民會議由閭鄰長召集，不能召集時，分別由鄉鎮長閭長召集，以召集人爲主席，會期不得過一日。

（二）鄉鎮區公所辦理自治事務，由鄉鎮區長執行，并須先由鄉鎮區務會議議決之。鄉鎮區務會議每月至少開會一次，以鄉鎮區長爲主席。鄉鎮區居民有違反現行法令，自治公約或一切決議案，違抗縣區命令，觸犯刑法或與刑法性質相同之特別法者，鄉鎮區長得分別報由區公所縣政府處理之。鄉鎮長、副鄉鎮長、委任區長、民選區長，任期均一年，均得再被選或連任。閭鄰長承鄉鎮長閭長之命，辦理本閭鄰自治事務，及縣政府與區鄉鎮公所交辦事務，并襄助鄉鎮長辦理主管之鄉鎮公所事務。閭鄰居民會議有違反法令或自治公約時，閭鄰長得報告鄉鎮公所核辦。閭長由到會居民七人以上之推選，鄰長由到會居民三人以上之推選，經各該閭鄰居民會議過半數之同意，即爲當選，任期均一年，均得再被選。

（三）鄉鎮區監察委員會每月開會一次，如有特別事件，得開臨時會，由各委員依當選次序，輪充主席，臨時會主席，以上次主席任之，開會須有過半數委員出席，其決議須有過半數出席委員同意。監察委員會糾舉鄉鎮區長違法失職情事，得自行召集鄉鎮區民大會；鄉鎮區公所之帳目及款產，得隨時調查，其財政收支與事務執行有不當時，幷得隨時呈請區公所縣政府糾正之。監察委員及候補監察委員任期均一年，均得再被選。

（四）鄉鎮區公所均應附設調解委員會，辦理民事調解事項及依法得撤回告訴之刑事調解事項。凡鄉鎮調解委員會未曾調解或不能調解之事項，均得由區調解委員會辦理。調解委員均無定額，鄉鎮調解委員由鄉鎮民大會於鄉鎮公民中選舉，區調解委員於區公民中選舉半數，在區長民選前，由區務會議選舉，在區長民選後，由區民大會選舉，餘半數於各鄉鎮調解委員中選舉之。調解委員會不能調解時，鄉鎮區長應根據調解委員會之報告，分別呈報區公所、縣政府，或函報該管司法機關。

（五）鄉鎮區公所應分別設立初級小學、高級小學、國民補習學校、國民訓練講堂；幷應使達學齡之男女，均受初級小學教育，十歲至四十歲之失學男女，在四年以內，均受國民補習學校或國民訓練講堂一年半之教育。國民補習學校每星期至少應有十小時之課程，國民訓練講堂每星期至少應有四小時之講演，其課程及講演以國民黨黨義、自治法規、世界及本國大勢，本縣詳情爲主要科目。

六、鄉鎮區財政　鄉鎮區財政之收入爲（一）鄉鎮區公產及公款之孳息，（二）鄉鎮區公營業之純利，（三）依法賦與之自治款項，（四）省縣區補助金。鄉鎮之財政收入又有特別捐，惟應先由鄉鎮務會議決定其總數，並不得有強制行爲，鄉鎮公民認爲無必要時，得行使複決權。鄉鎮預算決算，由鄉鎮民大會通過後，應報區公所彙轉縣政府備案。區預算決算，在區長委任時，須經區務會議之決議，在區長民選時，須經區民大會之決議，呈報縣政府彙轉省政府備案。遇有緊急支出超過預算時，鄉鎮區公所應提交鄉鎮區民大會追認，但在區長委任時，則提交區務會議追認。鄉鎮財政之收支，應於每三個月終公布一次，區財政收支，應於每月終公布之。

鄉鎮區兩自治施行法公布施行後，至民國十九年五月，自治法起草委員孫鏡亞、陳鐸英、張鳳九、衞挺生以各該法關於區民大會，鄉民大會或鎮民大會職權之規定，均有直接立法性質，又依縣組織法行使創制權、複決權，其界限實欠明晰，爰提議分別加以修改，擬於區民大會以行使四權爲原則，鄉民大會或鎮民大會以直接選舉、罷免及直接立法爲原則。原提案列舉應修正之點如次：

（一）鄉鎮地域較小，戶口亦少，全體公民可出席鄉鎮民大會直接立法，無運用創制複決程序之必要。鄉鎮自治施行法第十五、第二十一、第六十二各條，均有關於創制複決之規定，此應修正者一。

（二）鄉鎮自治施行法第十五條既須修正，其結果全條條文均應刪除。又同法第十四條第一項將選任罷免混合規定，難於了解，不如將關於罷免之文字抽出，以補充第十五條，庶不致減少條文，牽動全法之秩序，此應修正者二。

（三）區係合若干鄉鎮而成，其公民人數較多，在事實上不便於直接立法，宜以立法權委諸區務會議，全體公民對於法律祇宜在區民大會行使其創制複決之權。區自治施行法第十七、第二十六、第三十八、第六十四、第六十五各條之規定，有不止於創制複決者，將來施行不無窒礙，此應修正者三。

（四）區民大會分場開會，以固定在各鄉鎮爲宜，區自治施行法第十九條關於分場開會之規定，須逐次決定，實覺煩瑣，此應修正者四。

（五）區民大會既不能在同一場所開會，行使創制複決權時，祇有可否之表決，無開預備會整理議案之必要，區自治施行法第二十條有關於開預備會整理或修正議案之規定，此應修正者五。

自治法起草委員會於第十九次會議詳加討論，認原提案所舉各條，實有修正之必要，當決議付委員孫鏡亞、王用賓、陳肇英、陳長蘅、衞挺生初步審查，孫委員等旋集會審查，分別擬具修正條文，經自治法起草委員會於五月十五日開會，逐條討論通過。立法院於第九十六次會議將各該條文修正草案以次通過，即呈由國民政府於十九年七月七日公布。

修正鄉鎮自治施行法第十四條、第十五條、第二十一條、第六十二條，及修正區自治施行法第十七條、第十九條、第二十條、第二十六條、第三十八條、第六十四條、第六十五條，均大致照原提案之旨趣通過，其要點即（一）

刪除關於鄉民大會或鎮民大會行使創制權、複決權之規定；(二)改定區民大會職權，以行使選舉、罷免、創制、複決四權為限；(三)區之立法權，改屬於區務會議；(四)刪去關於區民大會得開預備會之規定。

第九節　市組織法

民國十八年八月，內政部以縣組織法經立法院修正後，已奉國民政府明令公布，其中關於區及鄉鎮閭鄰等各級自治組織及權限，均經明白規定，足資遵守。惟全國各市及特別市地方人煙稠密，商務殷繁，對於自治，更宜積極籌備，以重民治，特參酌縣組織法關於區鄉鎮閭鄰之規定，擬訂市自治條例草案，為在市自治法未頒行前之暫行辦法，呈由行政院提出第三十二次會議決議轉咨立法院核定。立法院提經第四十次會議議決付自治法起草委員會審查。該會審查結果，認為關於市自治完成以前之下級自治，應俟修正市組織法時，規定於市組織法內，毋庸另定條例。

十八年十月，內政部將十七年十二月內政會議擬訂之修改市組織法草案詳加審核，以縣組織法既經修正公布，則市組織法亦應參照修正，以明系統。又市組織法第三條所定設市之標準，以人口滿二十萬為限，較之特別市組織法第三條所定設特別市之標準，於人口定數外，並規定首都及有特殊情形之都市，似覺限制稍嚴，併應加以修正，以期適用。爰另行擬具修正市組織法草案，呈經行政院提出第四十一次會議決議送立法院審議。

立法院卽將該修正草案提出第五十五次會議議決，付自治法起草委員會參考。該會對於特別市組織法及市組織法早認爲有修訂之必要，並經指定委員負責初步起草。及初步起草完畢，復迭次開會討論，依據初步草案，議定市組織法草案，將各種市之組織，歸納爲一，另於條文內定其區別之處，共十一章，都一百三十一條。立法院於十一月三十日開第六十三次會議，將該草案提出初讀，各委員就大體上詳加討論，認爲本案重要之點，應先決定原則，方能依據審議，當卽議定市組織法原則草案十二項，提請中央政治會議核定，並議決先將此草案付法制委員會會同自治法起草委員會審查。中央政治會議將該原則草案提出第二百十四次會議決議交法律組、政治報告組審查，結果修正爲六項，復提出第二百十六次會議決議通過，於十九年二月十三日函達立法院查照，此原則六項如次：

一　各市均以所在地地名稱爲某某市。

二　具有左列條件之一者，設市，得直隸於行政院：

(一)首都所在地，

(二)人口在百萬以上者，

(三)在政治上經濟上有特殊情形者。

但具有上列二三兩項條件之一者，以非省政府所在地爲限。

三　具有左列條件之一者設市，隸屬於省政府：

(一)人口在三十萬以上者，

(二)市所收入營業稅、牌照費、土地稅每年合計占該市總收入二分之一者。

四　市經上級政府之核准，得設社會、財政、工務、公安、衞生、教育等局。

五　隸屬於行政院之市市長簡任，局長簡任或薦任，隸屬於省政府之市市長簡任或薦任。

六　市得設市參議會。

立法院於第七十六次會議將該原則提出報告，幷交法制自治法起草兩委員會依據審查市組織法草案。該會等於十九年二月二十五日開第一次聯席會議，詳細研討，當決定市組織之要點爲(一)市以下閭鄰以上分區坊二級；(二)每坊三百戶至五百戶；幷指定委員劉積學、劉景新、鄭慷辰初步審查。旋初步審查完竣，提出報告，該兩委員會復開第二次聯席會議討論，結果，再付劉積學、鄭慷辰、劉景新、王用賓、羅鼎、孫鏡亞、衞挺生、陳肇英、陳長蘅九委員審查。劉委員等迭次集會審議，將原草案分別修正整理，提經兩會聯席會議逐條討論通過，增爲十五章，一百四十五條。立法院於第八十七次會議將該審查修正案提出討論，卽完成二讀程序，幷由主席諮詢省略三讀，以市組織法全案付表決，出席委員均無異議通過。

市組織法經國民政府於民國十九年五月二十日公布施行，全文大致照審查修正案通過，都百四十五條，分爲十五章：（一）總則，（二）市職務，（三）市財政，（四）市政府，（五）市政會議，（六）市參議會，（七）區民大會，（八）區公所，（九）區民代表會，（十）區監察委員，（十一）坊民大會，（十二）坊公所，（十三）坊監察委員會，（十四）閭鄰，（十五）附則。此法將前特別市組織法、市組織法倂而爲一，幷包括鄉鎭區兩自治施行法之內容，其要點略如次述：

一、市設置及區劃　凡首都及人口在百萬以上，或在政治上經濟上有特殊情形之地方設市，得直隸於行政院，此與特別市組織法所定之特別市相同。凡地方之人口在三十萬以上或人口在二十萬以上，其所收之營業稅、牌照費、土地稅每年合計占總收入二分一以上者設市，隸屬於省政府，其所定設市之標準，較前市組織法所定者略高。市劃分爲區坊閭鄰，與縣組織法所定縣之級數相同，除有特殊情形者外，鄰以五戶，閭以五鄰，坊以二十閭，區以十坊爲限。

二、市公民　市公民之資格、權利，及其消極之限制，均與鄉鎭自治施行法所規定者相同。閭鄰居民出席閭鄰居民會議之資格則較寬，即只須在市區域內繼續居住六月以上，或有住所達一年以上。

三、市職務　市辦理之事項，以不牴觸中央及上級機關法令爲範圍，較前特別市組織法與市組織法所列舉者更爲詳密，共二十有四：（一）戶口調查及人事登記，（二）育幼、養老、濟貧、救災等設備，（三）糧食儲備及調節，（四）農工商業之改良及保護，（五）勞工行政，（六）造林、墾牧、漁獵之保護及取締，（七）民營公用事業之監督，

（八）合作社及互助事業之組織及指導，（九）改良風俗，（十）教育及其他文化，（十一）公安，（十二）消防，（十三）公共衞生，（十四）醫院、菜市屠宰場、及公共娛樂場所之設置及取締，（十五）財政收支及預算決算之編造，（十六）公產之管理及處分，（十七）公營業之經營管理，（十八）土地行政，（十九）公用房屋、公園、公共體育場、公共墓地等之建築修理，（二十）市民建築之指導取締，（二十一）道路、橋樑、溝渠、堤岸、及其他公共土木工程，（二十二）河道、港務、及船政管理，（二十三）上級機關委辦事項，（二十四）其他依法令所定由市辦理事項。

四、市財政　市財政收入，大致與特別市組織法、市組織法所定者相同，惟未列入土地增價稅及碼頭稅。區坊財政收入大致與區鄉鎮兩自治施行法所定區鄉鎮之財政收入相同，惟列有經區民代表會坊民大會議決之收入，而無特別捐。區坊預算決算之編制，及財政收支之公布，均與區鄉鎮兩自治施行法所定者略同。

五、市自治機關　市設市參議會、市政會議、區民大會、坊民大會、閭鄰居民會議，均爲議決機關，市政府、區公所、坊公所、閭長、鄰長，均爲執行機關，此外有區民代表會、監察機關、調解機關、教育機關，茲分述於左：

（一）市參議會由市公民選舉之參議員組織之。市參議員任期三年，每年改選三分之一，以與縣組織法所定之縣參議員一律。應經市政會議議決之重要事項，均應經市參議會議決或追認，其職權較大於特別市組織法、市組織法所定之參議會，餘均相同。市政會議之組織與職權，大致與特別市組織法、市組織法所定者相同。區民大會以行使選舉、罷免、創制、複決四權爲限，餘與區自治施行法所定者略同。區於區長民選時，設區民代表會，由區民大會選舉之代表組織之，每坊二人，每年改選二分之一，設主席一人，由代表互選之。區民代表會每三個月開會一次，并得召集臨時會，審核區預算、決算，審議市政府、區坊公所代表交議、提議及其他重要事項。坊民大會，閭鄰居民會議，均與鄉鎮自治施行法所定之關於鄉鎮大會，閭鄰居民會議者略同。

（二）市政府之組織及職權，大致與特別市組織法、市組織法所定者相同。區坊公所辦理（一）區坊民大會，區民代表會議決交辦事項；（二）區坊預算、決算之編制；（三）區坊財政收支及公款、公產、公營事業之管理；（四）市政府區公所委辦事項；（五）其他法令所定應辦事項。較區鄉鎮兩自治施行法所定區鄉鎮公所應辦之事項爲簡括。區公所設區長一人，坊公所設坊長一人，由區坊民大會選舉，任期均一年，得再被選。閭長、鄰長之職務，及其選舉之方法，大致與縣組織法、鄉鎮自治施行法所定者相同。

（三）區設區監察委員二人，由區民代表會選舉，能免於區民代表會閉會時行使監察職務，任期一年，得再被選。區監察委員會遇有（一）區公所財政之收入有與預算不符，或其他情弊；（二）區公所對於區民大會或區民代表會之議決案執行不力；（三）區長或區助理員有違法失職情事，應通知區民代表會主席召集區民代表會。坊設坊監察委員會，其組織職權，均與縣組織法及鄉鎮自治施行法所定關於鄉鎮監察委員會者相同。

（四）坊公所應附設調解委員會，其組織及調解之事項，并不能調解之處置，均與鄉鎮自治施行法所定者相同。

（五）坊公所應設之教育機關，及應使已達學齡男女之受小學教育，失學男女之受補習教育，并其主要科目，均與鄉鎮自治施行法所定者相同。

六、市自治職員候選人，區長坊長候選人之資格，及其消極之限制均與區鄉鎮兩自治施行法所規定關於區長鄉長鎮長者相同。區民代表會代表及坊監察委員候選人資格，均準用坊長候選人資格之規定。

第十節　鄉鎮坊自治職員選舉及罷免法

自縣組織法、區自治施行法、鄉鎮自治施行法先後公布後，立法院自治法起草委員會以各法中均有關於各級公民行使選舉、罷免、創制、複決四權之規定。惟其行使之程序，非另以法律詳密規定，無所遵循。且各該法均已定期施行，此項程序法尤應提前制定公布，庶足以收促進自治之實效；爰於十八年十一月一日第十三次會議議決，推定委員孫鏡亞、陳肇英、王用賓初步起草。至十九年三月，內政部又呈請行政院轉咨立法院將區鄉鎮公民行使四權之程序法規，迅予議定公布施行，原呈略云：

「關於人民行使選舉、罷免、創制、複決各權事項，在區自治施行法第九條、第十條、第十四條、第十七條，及鄉鎮自治施行法第十四條、第十八條、第二十一條，均已明白規定。惟查縣組織法第三十條第二項，及第四十三條第二項，分別定明區鄉鎮大會行使罷免、創制、複決等程序，另以法律定之。又立法院所定訓政時期立法工作按年分配簡明表內政權建設之法規項下，列有自治縣官員罷免、選舉之法規，自治縣創制、複決之法規等目，似於上述區自治施行法、鄉鎮自治施行法各規定外，尚有另訂法規之必要。現時各省對於縣之組織，均已積極舉辦，依法定期限，最早省分，於本年六月終即須完成，最遲者亦均限於本年終一律完成，所有區鄉鎮公民行使以上各權程序之法規，似應早日頒行，以資遵守。」

立法院提出第八十七次會議議決，付自治法起草委員會起草。初步起草委員孫鏡亞等迭次共同研究，以縣組織法、區自治施行法、鄉鎮自治施行法最近均有修正，其內容係區公民行使選舉、罷免、創制、複決四權，與市組織法關於區之規定相同。鄉鎮公民除行使選舉權、罷免權外，采直接立法制，無須創制、複決，自不必有行使創制、複決權程序之法規，與市組織法關於坊之規定相同。應合縣市之區鄉鎮坊分別制定二法，一為區民行使四權程序法，一為鄉鎮坊自治職員選舉及罷免法，特先擬具鄉鎮坊自治職員選舉及罷免法草案，提出自治法起草委員會第二十次會議逐條討論通過，共四章五十三條。立法院於第九十九次會議將該草案提出逐條討論，大致均照案通過，惟增一第五十二條，規定「本法施行細則，由內政部定之，」并將第五十四條改為「本法施行日期，以命令定之。」最末由主席諮詢省略三讀以全案付表決，經出席委員大多數之贊成通過。

鄉鎮坊自治職員選舉及罷免法經國民政府於十九年七月十九日公布，并於二十一年十月二十四日明令該法定於二十一年十一月一日起施行。此法共分總則、選舉、罷免、附則四章，都五十四條，其內容之要點如次：

一、自治職員之選舉，鄉鎮坊民大會先選舉鄉鎮坊長，次鄉鎮坊監察委員。選舉日期於大會議事日程中定之，於距大會開會七日前公告或送達於各公民。區公所應於選舉前五日內派定選舉監理員、投票管理員、開票管理員，并應製成投票紙、投票匭，於距大會開會七日前發交鄉鎮坊公所。大會議事日程送達前十五日內，鄉鎮坊公所應將公民姓名公告於本公所門首，公告期滿，應按照公民名册，造具投票人名簿。選舉用無記名投票法，按照應選出之名額，於候選人姓名上加圈，以得票比較多數者為當選。凡已當選為自治職員之一種者，不得同時當選為其他自治職員。

二、鄉鎮坊監察委員會依法糾舉之罷免案，及全體公民百分之三十以上人數之簽名提出罷免案，經鄉鎮坊監察委員會審查無誤時，均應提交大會公決。提出罷免案之公民，得附具理由書，於距大會開會十五日前送達各公民，被提出罷免案之自治職員，亦得提出答辯書，於距大會開會七日前送達各公民。投票紙分白藍二色，應記載被提出罷免案者之姓名、職務，凡贊成罷免案者投白票，反對罷免案者，投藍票，均應簽名於投票紙。罷免案確定後，大會主席應宣告改選。

至區民行使四權程序法，係委員等并未着手起草。至二十三年九月二十六日，自治法起草委員會開第三屆第五次會議，討論起草公民四權行使程序法案，當決定範圍限於縣市，并推定委員焦易堂、張維翰、陳茹玄、黄右昌、朱和中起草，惟迄今尚未起草完竣。

第十一節 縣參議會組織法市參議會組織法縣參議員選舉法市參議員選舉法

民國十七年七月三日，國民政府頒行特別市組織法及市組織法後，上海特別市黨務指導委員會以特別市參議會之制，於本黨政綱，初無依據，即提經第二十二次會議議決，呈請中央執行委員會轉函國民政府迅予取消，俾免侵越黨權。中央執行委員會函由中央政治會議提經第百四十九次會議議決，指定委員于右任、李烈鈞、薛篤弼、葉楚傖，及法制局長王世杰審查。于委員等遂於八月三十日集會討論，結果認爲特別市及縣市參議會制度，應予推行，以期本黨民權主義有完全實現之一日，當提出報告，聲敘理由如次：

（一）依照建國大綱，在訓政時期，人民應受「四權之訓練。」蓋四權之制，非一般民衆已有相當之政治訓練，決難運用得當。特別市市及縣之設置參議會，即所以謀人民了解四權之運用，練習四權之行使。依特別市及市組織法之規定，參議會雖有參預地方立法之權，然亦限於「審議」各種地方單行法規，及預算、決算，而不具「決議」之權。即其罷官權，亦限於呈請上級政府核行而止，而不能自行「罷免」。凡此種種，俱合訓練意義，與建國大綱之所定，蓋屬一致。

（二）上海特別市黨務指導委員會之非難參議會制，係認參議會爲侵奪地方黨部職權之機關，但依中央執行委員會五次全體大會決議，「各級黨部對於同級政府之舉措，有認爲不合時，得報告上級黨部，由上級黨部請政府依法查辦。」是則各級地方黨部不能直接參預地方政府之行政或立法，至爲明顯，侵權之說，自不能成立。

中央政治會議復提出第百五十三次會議決議，特別市及縣市參議會制度，應准予推行。上海特別市黨務指導委員會又以于委員等審查報告所述之理由尙不充分，條陳理由四項，請中央執行委員會轉函政治會議將此案提出復議。中央政治會議函由立法院提出第二次會議議決，付法制委員會審查。該會於十二月三十一日開第三次臨時會議審查，結果，與于委員等審查意見相同，其理由除于委員等報告所述者外，尙有四項：

（一）特別市及縣市各組織法，經中央政治會議議決國民政府公布，即成爲現行有效之法律，在未經依照合法程序廢止或修正以前，當然依法推行。

（二）據特別市組織法第二十二條第二項，及市組織法第二十五條第二項，縣組織法第二十八條之規定，均在特別市縣市政府成立一年以後，由國民政府核准，或省政府斟酌情形，呈請核准，始行設立，頗有伸縮餘地。各特別市及市縣黨部果認爲有特別情形，應予緩設，儘可呈請中央黨部，轉交國民政府核辦。

（三）對於參議會議員之選舉，選舉人應宣誓服從三民主義，始有選舉權。被選舉人之資格，亦宜嚴定其消極之限制，俾土豪劣紳及反動份子，無從施其運動，以冀獲選，則上海特別市黨務指導委員會所疑慮者，自可免除。

（四）特別市及縣市參議會設立之程序，既須呈請國民政府核准，必能詳審周密，不致侵犯黨權。査與建國大綱及對內政策所規定施行自治之意義，既不相背，又可作爲完成自治之過渡辦法，實無庸經總過慮。

立法院於十八年一月十二日，提出第六次會議議決，照法制委員會審查意見通過，並函由中央政治會議提經第百七十四次會議決議，縣市參議會制應予推行，交立法院於修訂縣市組織法時注意。

民國十八年一月十九日，立法院開第七次會議，委員陳長蘅、曾傑、衞挺生、鄧召蔭、陳肇英提議制定特別市縣市參議會組織法及參議員選舉法，經各委員詳加討論，認爲本案應予成立，當議決付法制委員會會同原提案人審查。該會旋即開會共同討論，僉以促進地方自治，爲訓政時期之要政，所以使人民受實地之訓練，養成其直接行使四權之能力，以作憲政時期之準備，結果認爲縣市參議會組織法及參議員選舉法之制定，誠不可緩，應即分別起草。同年二月十六日，立法院於第十三次會議提出討論，當議決照審查意見通過，付自治法起草委員會會同原提案人起草。

民國十九年一月，南京特別市第十區黨部第七區分部請中央轉咨國民政府核准設立南京特別市參議會，以宣民意一案，經中央執行委員會函送中央政治會議交內政部審議。該部旋具復略云：

「查特別市組織法第二十二條第二項規定特別市參議會，得於特別市成立一年後，由國民政府斟酌市政設施情形，核准設立。現時南京特別市已經成立二年，一切市政均在積極建設中，似可設立市參議會以策進行。但依法應由國民政府核准，始得設立。又特別市組織法第二十三條規定特別市參議會之選舉法另定之此項選舉法亦尚未奉令制定公布，應如何辦理之處，乞核議施行」。

中央政治會議提經第二百十四次會議決議交法律組審查。該組審查結果，以按照南京特別市現在市政設施情形，設立市參議會一節，認爲應予核准，由國民政府明令施行。至選舉法內關於選舉方法，及選舉資格人數等原則，應先決定再交立法院起草。中央政治會議復提出第二百十五次會議決議由法定團體選舉十六人，圈定八人，函政府轉行立法院遵照辦理。同年二月十五日，立法院提出第七十六次會議議決付自治法起草委員會等依據起草。

至民國二十一年四月，內政部擬具市參議會組織法，及市參議會議員選舉法等草案，提請行政院第二十四次會議決議通過；又擬具縣參議會組織法草案及縣參議會議員選舉法草案提請行政院第二十七次會議決議修正通過；併經分別轉送立法院中央政治會議查核審議。中央政治會議提出第三百零九次會議決議交法律組審查。該組旋審查完畢，並將審查結果，提出報告如次：

（一）市參議會議員之產生問題

查市組織法第二十八條規定市參議會由市公民選舉之參議員組織之。此次行政院轉送內政部所擬之市參議會組織法草案等二三兩條則將市參議會議員分爲兩種，除由全市各區公民直接選舉者外，政府並可在不超過議員總額四分之一之範圍內，於市公民中指派之。究竟此項市參議員應否全由市公民選舉？

抑或酌留一部分名額聽由政府指派？事關立法原則，應請大會先行決定。

(二)市縣參議員之任期問題

查市組織法第二十八條下半段規定，市參議員任期三年，每年改選三分之一。縣組織法第二十五條亦同。而內政部所擬之市參議會組織法草案第七條則規定市參議會議員任期爲一年，但得再被選。其縣參議會組織法草案第五條又將縣參議會議員任期定爲二年，得再被選。前後規定旣各有不同，將來事實上恐不免發生種種疑問，究應何所取捨？亦非提請大會抉擇，不足以資準據。

(三)縣參議會之職權問題

查縣組織法第二十六條第一款僅規定縣參議會有議決縣預算決算及募債事項之權，而內政部所擬縣參議會組織法草案第十條第三款則謂縣參議會可以議決募集縣公債。細繹所謂募債與募集縣公債文義，兩者似微有異同，若一旦以明文准許縣亦可以募集公債，其弊害將無所底止，關於此點，似以删去爲宜。至市參議會組織法草案第十三條第七款，及縣參議會組織法草案第十條第七款，又規定市縣參議會有議決市縣公民行使創制權提交審議事項之權，雖似已超越現行有效之市組織法第三十條，第二十五條，及縣組織法第二十六條所定之範圍，然與中央訓練民衆行使四權之原旨尙不違背，故未有所論列。

中央政治會議於第三百十次會議提出討論，當決議：(一)市參議會議員應由全市公民選舉，政府不必指

派；（二）市參議會議員任期應規定爲一年，縣參議會議員任期規定爲二年；餘照審查意見通過，交立法院審議，

立法院先後提出第百八十五次、第百八十六次會議議決付自治法起草委員會審查。該會以內政部既已草具市縣參議會組織法及議員選舉法，并經中央政治會議決定原則，卽不另行起草，將各該草案提出第二十七次會議議決，付委員劉積學、王用賓、朱和中、黃右昌、黃序鵷、王伯秋初步審查。劉委員等繼續集會五次，分別將原草案審查完竣。該會復於第二十八次會議依據初步審查意見，詳加討論，結果將市縣參議會組織法草案分別修正通過，計一爲二十三條，一爲二十四條，又將市縣參議會議員選舉法草案之標題删去「議會」二字，條文亦有增删，均爲五十八條。并以各草案條文，與現行之縣組織法及市組織法不無重複與牴觸之處，應同時修正，以期脗合，當決定將縣市組織法應行修正之點，加入修訂縣市組織法案內合併辦理。

立法院於二十一年六月十八日開第百八十九次會議，將各該審查修正案提出討論，各委員對於縣參議會之議決募集縣公債問題發表意見甚多，僉以中央政治會議議決將縣參議會可以議決募集公債一點删去，惟縣組織法第二十二條第二款，及公債法原則第七條後段均有關於縣公債之規定，是縣既能募集公債，縣參議會似無不可審議之理，爲求立法精神一貫起見，應將縣組織法第二十二條第二款，及公債法原則第七條加以修正，或仍規定縣參議會有議決募集縣公債之權，當議決：縣參議會組織法草案第三條第四款「募集縣公債事項」送請中央政治會議核定。主席隨宣告開始二讀，結果，縣參議會組織法其餘各條，均以次通過，立法院

復於第百九十次會議繼續開二讀會，當將縣參議員選舉法第一條至第十三條通過，至其餘各條，及市參議會組織法與市參議員選舉法兩草案，則議決再付法制委員會會同自治法起草委員會審查。

中央政治會議於第三百十五次會議將縣參議會組織法草案第三條第四款提出討論，當決議交法律組會同羅家倫、唐有壬兩委員審查。該組等審查結果，認爲公債法原則及縣組織法既均規定縣能募集公債，則該款條文卽不必刪去。中央政治會議復提出第三百十六次會議決議照審查意見通過，交立法院查照。

法制委員會與自治法起草委員會於七月一日召集第十九次聯席會議，將大會交付審查之案提出討論，經議決付委員史維煥、朱和中、趙迺傳、陶玄、黃右昌、郗朝俊、蔡瑄、劉克儁、劉積學、黃序鵷、王伯秋十一人共同初步審查。史委員等卽召集會議，詳加研討，將各該案審查完竣。該兩會復召集第二十次、第二十一次聯席會議，繼續提出討論，當將縣參議員選舉法草案第十四條以下條文及市參議會組織法草案、市參議員選舉法草案分別修正通過。

立法院旋開第百九十三次會議，將縣參議會組織法草案第三條第四款通過。又開第百九十四次會議，將縣參議員選舉法草案第十四條以下，及市參議會組織法、市參議員選舉法兩草案各條以次討論通過，完成二讀程序，並省略三讀，分別通過縣市參議會組織法、縣市參議員選舉法各全案，卽一併呈由國民政府同於二十一年八月十日公布。後國民政府又明令各該法定於民國二十二年三月十二日施行。

縣參議會組織法、市參議會組織法各二十五條，其要點如次：

一、縣市參議會爲全縣市人民代表機關，議決（一）關於籌備區長民選及完成縣市自治事項；（二）縣市單行規則；（三）縣市預算決算；（四）關於整理縣市財政收入募集縣市公債及其他增加縣市民負擔事項；（五）關於經營縣市公有財產及公有營業事項；（六）關於縣市民生計及救濟事項；（七）關於促進縣市教育及其他文化事項；（八）縣市公民行使創制權提交審議事項；（九）縣市長交議事項；（十）其他應興應革事項。

二、縣市參議員由縣市公民直接選舉，并得依法罷免。縣參議員之名額，在人口未滿十五萬之縣，爲十五名，超過十五萬者，每人口三萬增一名。市參議員之名額，在人口二十萬之市爲十五名，超過二十萬者，每人口五萬增一名。縣參議員任期二年，市參議員任期一年，均得再被選，均爲無給職，但縣參議員在開會期內，得酌給旅費。

三、縣市參議會設議長副議長各一人，由縣市參議員用無記名投票法互選之。

四、縣參議會每三個月開常會一次，市參議會每兩個月開常會一次，但經縣市長或縣市參議員五分一之請求，應卽召集臨時會。縣市參議會非有過半數參議員之出席，不得開議，議案非有出席參議員過半數之同意，不得表決，可否同數時，取決於主席。縣市參議會會議公開之，但主席或參議員三人以上提議，經會議通過時，得禁止旁聽。縣市參議會開會時，得請縣市長、局長或科長列席報告或說明。

五、縣市參議會決議案咨送縣市長執行，如延不執行或執行不當時，得呈請該管上級機關核定之。縣市長認決議案不當時，應詳具理由送交覆議，如全體參議員三分二以上仍執前議，而縣市長仍認爲不當時，應即提付縣市公民複決之。

六、縣市公民對於縣市參議會得依法行使創制權，對於縣市參議會之決議，得依法行使複決權。

縣參議員選舉法、市參議員選舉法各五十八條，各分八章：（一）總則，（二）選舉人名册及登記，（三）選舉人投票，（四）開票及檢票，（五）當選及應選，（六）選舉及當選無效，（七）選舉訴訟，（八）附則。其內容之要點如次：

一、凡縣市公民均有選舉縣市參議員之權，惟被選舉權則須年滿二十五歲，幷有四種資格之一者：（一）曾在初級中學以上學校畢業者，（二）經自治訓練及格者，（三）曾任職業團體職員一年以上者，（四）曾辦地方公益事務著有成績者。至褫奪公權、禁治產、或吸用鴉片或其代用品者，不得有選舉權及被選舉權。現在本縣市區域內之公務員，或現役軍警，停止其選舉權及被選舉權。現任小學教職員學校肄業生，僧道及其他宗教師，均停止其被選舉權。

二、采大選舉區制，以原有自治區爲選舉區，每區應選參議員名額，依人口比例定之。

三、縣參議員之選舉，以民政廳廳長爲選舉監督。市參議員之選舉，分別以內政部部長、民政廳廳長爲選舉監督。選舉事務由縣市選舉委員會辦理，以縣市長爲委員長，各區區長爲委員。

四、參議員之選舉，應於星期日或例假日行之，各選舉區應同日舉行，其日期由選舉委員會擬定，請選舉監督核准公告之。

五、選舉委員會應於選舉期前，按選舉區造具選舉人名册，在各鄉鎮坊公所設立選舉人登記事務所，辦理選舉人登記事務，幷於辦理登記十日前將各選舉區選舉人姓名榜示於鄉鎮坊公所。縣市公民登記經審查合格時，應給與選舉證一張。

六、選舉委員會於選舉時，分設投票所於各鄉鎮坊公所，編定各選舉區之投票人名簿，並製成投票匭、投票紙，分交於各投票所。投票人每人只領投票紙一張，投票用無記名連記式行之，將票投入匭後即退。選舉委員會依投票匭送到之先後，順序開票，凡選舉票寫不依式，夾寫他事，字跡模糊，或不用製定之投票紙書寫者，均無效。

七、當選人以在各該選舉區得票較多數者定之，票數相同時，以抽籤定之，候補當選人以次多數者充之。各選舉區當選人及候補當選人確定後，應即分別通知並榜示於鄉鎮坊公所。當選人願應選者，由選舉監督發給當選證書。

八、選舉人確認辦理選舉人有舞弊及其他違法情事，或當選人資格不符，票數不實，及落選人確認所得票數應當選時，均得於當選人榜示後三日內向該管地方法院起訴。選舉訴訟應先於各種訴訟審判之，並以一審爲止。選舉人名册因舞弊涉及該册選舉人達三分一以上，或選舉辦理違法，經法庭判決確定者，選舉無效，應重行依法選舉。選舉死亡，或被選人資格不符，或當選票數不實，經法庭判決確定者，當選無效。當選無效，或當選人不願應選時，應以候補當選人依次遞補。

第十二節 縣自治法市自治法附施行法

民國十九年十月一日內政部召集第一次全國內政會議，各省政府先後提議修改縣組織法，均以該法第七條修正條文增一第二項，限定鄉鎮不得超過千戶，致戶口繁盛地方，鄉鎮林立，區亦增多，區長之人選既難，經費之籌措不易，是宜刪去，俾有伸縮餘地。又該法第十六條第二項規定縣政府各局，如有縮小範圍之必要時，得改為科，惟在貧瘠縣分，仍難照辦，不如改為得將各局所辦事務，併歸縣政府原設各科辦理，較易施行。遼寧省政府以東北人口稀少，編訂鄉鎮閭鄰時，名實不符，提請因地制宜，變通辦理。山東省政府提議修改縣組織法施行法，以第三條所定完成縣組織之期限，自不能稍予變更，惟第三條所定展緩之期，固不妨略具彈性，俾與事實相應，應刪去「展期不得逾兩個月」之但書，另就各省實在情形，分定展限之期。各提案均經大會議決，由內政部呈由行政院提出第十六次國務會議議決，咨送立法院審議。立法院於二十年三月二十八日提出第百三十七次會議議決，付法制委員會會同自治法起草委員會審查。

民國二十一年五月，內政部據河南民政廳呈，以縣組織法第四十條規定鄉鎮在五百戶以上者，得增設副鄉長或副鎮長一人，同法第七條又定為鄉鎮均不得超過千戶，是副鄉長副鎮長最多不得過二人。而鄉鎮自治施行法第三十六條有「如副鄉長或副鎮長有二人以上時」之明文，與縣組織法第四十條條文不無牴觸。鄉鎭自治施行法係根據縣組織法而制定，自未便有所歧異，特轉呈行政院提經第三十六次會議之決議，咨請立法院查照修正。立法院卽令交自治法起草委員會審查。

民國二十一年六月，自治法起草委員會以審查縣市參議會組織法等草案，應將縣市組織法同時修訂，以期脗合。立法委員衞挺生等十八人以市組織法公布已久，與現在實際情形，不甚適合，提議加以修正，併經立法院第一百九十次會議議決，付法制委員會會同自治法起草委員會與前兩案合併審查。

民國二十一年十月，內政部以市組織法第三條規定人口在三十萬以上，或人口在二十萬以上，其所收營業稅、牌照費、土地稅每年合計占該地總收入二分一以上者設市施行以來，各省省政府每爲適應事實上之需要，或則請求通融辦理，如汕頭、貴陽、蘭州等市人口均不滿二十萬，均經先後呈奉令准設立。或則自訂章程，自立名目，設置市政局、市政籌備處、直轄自治區、直轄管理局等特種機關。爲統一法令，確定名實，及增加行政效率起見，擬將此不合法定設市條件之特種地方及原設有不合市縣組織法規定之各種機關，准由各省政府設置市政局，以爲補救事實之計，特草具市政局組織條例，呈由行政院提出第六十八次會議決議修正通過，送中央政治會議。中央政治會議提出第三百二十七次會議決議交立法院審議。立法院卽令交法制委員會會同自治法起草委員會併同前案審查。

民國二十一年十二月十日，內政部又召集第二次全國內政會議，議定地方自治改革方案，呈由行政院轉咨立法院交法制委員會會同自治法起草委員會於修訂縣市組織法時，酌核辦理。此方案大要如次：

甲　關於自治區劃分及組織者：

(一)現行縣以下之區、鄉、鎮、閭、鄰各組織，得由各省斟酌情形存廢之，但不得少於二級，或多於四級。其各組織之名稱，得由各省自行決定，鄉、村、保、莊、集、屯等固有名稱，亦得仍舊。

(二)區、鄉、鎮、閭、鄰或保甲等之編配標準，得酌量實際情形決定之，但須經主管官署核准，轉報內政部備案。

(三)在已能舉行區、鄉、鎮、坊民大會之地方，其出席人數之計算，應以各個公民爲單位，但如有困難時，經直屬上級監督機關之許可，得以戶爲單位。前項大會之能否舉行，由省政府斟酌各縣市自治進行狀況定之。

乙　關於自治事業及權限者：

(四)確認縣政府爲行政機關，而兼自治機關，區以下之自治組織爲自治機關，而兼下級行政之輔助機關。

(五)國家之地方行政事務，由縣行政機關辦理之，縣長一面爲地方政府之官吏，一面爲高級地方自治團體之首領。縣之自治職權，應以法律規定之，以區以下之自治能力所不及者爲限。

(六)各級地方自治團體，均具備法人資格，在法律範圍內，得行使其獨立之意思與政策。

（七）各級自治團體，受國家行政機關之委任，執行左列各項事務：

1. 人民保衛事項，
2. 法律秩序之維持，
3. 教育事項，
4. 禮義廉恥勤儉之勸導，
5. 民食調節事項，
6. 救濟事項，
7. 農工商業之指導及監督事項，
8. 水利交通及道路建築，
9. 公共衛生及消防事項，
10. 社會保險，
11. 徵稅，
12. 其他依國家法令及省法令賦與或委託之事項。

（八）省縣政府對於各級自治機關之行政監督，其範圍如下：

1.辦理各種行政，是否合於法律程序？

2.法定的委任職務，是否切實執行？

(九)省縣政府對於各級自治團體之監督方法如下：

1.責令報告，

2.發布命令，

3.強行加入預算項目，

4.代行被廢弛之職務。

(十)各級自治機關辦理以下各事，須經上級監督機關之核准：

1.增加人民之債務，

2.公產之變賣抵押，

3.新稅之徵收，

4.使用費與手續費之徵收，

5.其他增加人民負擔之事項。

(十一)區以下各級自治團體對於縣政府之監督及處分認爲不當時，得依法提起訴願。

（十二）人民對於各級自治機關之命令，及決議處分，有提出訴願權，但以侵害人民權利者爲限。

（十三）各級自治機關之決議案，須於一星期內呈報上級監督機關，監督機關接到報告後，如發現有違背法令情事時，須於兩星期內提出意見交回復議，如復議結果，原監督機關，仍不同意時，得再呈請上級監督機關核定之。

丙　關於自治經費者：

（十四）各級自治機關經費，在過渡時期，國家機關得以「協款」方法補助之，但補助金不得超過該自治機關歲入總額百分之四十。

（十五）各級自治機關之經費，須實行預算決算制度，呈請上級監督機關核准，其已有人民建議機關者，並須先經過人民議事機關之同意。

（十六）監督機關對於下級自治團體帳目，認爲有審核之必要時，得隨時派人舉行非常審核，但須先日以文書通告該機關。

（十七）區以下各級自治機關，應有確定之財源，其收入之範圍如左：

1. 該自治團體公有財產之孳息，及公營業之純利；

2. 人民請求官辦事務之特別費；

3.各種公共事業之捐款及使用費；
4.本區內之地主、房主、及企業家對於公營事業直接受利之特別捐款；
5.上級機關之補助金；
6.附加稅；
7.中央及省特許徵收之自治款項；
8.公債之募集。

關於自治人才者：

（十八）對於區鄉鎮長等領袖人材，應就當地之鄉望素孚，或有正當職業，而能熱心任事者物色之，並加以相當之講習，以能明瞭現行法令為合格。但邊遠省分之各縣區長，於必要時得物色鄰區或鄰縣合格人員充任。

（十九）對於地方自治之各種協助人才，應分科或分組訓練，使其有專門技能。訓練課程，得屬於專門性質者，至少應占全部課程三分之一，訓練方法應注重實習方面及操行之砥礪，與意志之統一。

戊　關於市自治者：

（二十）各市辦理自治之機關，應成立自治籌備委員會，由市政府參事、祕書長、各局長、各區長、及市民中之有自治學識經驗者若干人組織之。

（二十一）市自治區應采複區域制，並應於區域自治以外，注重職業自治。

（二十二）市參議會除區域選舉外，應酌量情形，采用法團代表制。其法團以曾經登記合格，並繼續存在三年以上者為限。法團代表參議員之名額，及選舉法，由各省市政府擬定，咨請內政部呈請行政院核准行之。

（二十三）各市區公所之組織，得分為社會、教育、公安、工務、衛生、農林各股，其職員應由市政府及各局抽調之，協助人民辦理各項自治事業，不另支薪。

（二十四）市之自治區域，以坊或鄉為基本單位，其閭鄰居民會議，得免除之。

第二次全國內政會議又議決修正縣組織法關於縣行政部分各要點，由內政部呈請行政院提出第八十六次會議決議，交內政、財政、實業、教育各部分別研究，商定呈核。各該部即派員迭次詳細研討，當將原案分別修訂，會呈行政院提出第百十二次會議決議再付審查，并加入交通部會同辦理。該五部旋審查完竣，行政院詳加察核，認為所擬修正各點，尚無不合，復提出第百十四次會議決議，照審查結果通過，咨送立法院連同地方自治改革方案合併審議。立法院即交法制委員會會同自治法起草委員會併案審查。此各要點共分為十四項，其最要之各項如次：

（一）確定縣為自治團體，同時為省以下之行政區域。

（二）確定縣事務之範圍，使不與國家及省之事務相混，凡不屬於國家及省之事務，均爲縣事務。

（三）確定縣政府在訓政時期爲省政府以下之行政機關，但同時兼爲縣自治之籌備機關，或執行機關。

（四）縣政府辦理國家或省之行政事務時，應完全受上級政府之指揮監督，辦理縣之事務時，由省政府監督之。

（六）縣政府爲整個機關，除教育事務以設局辦理爲原則，其在事實上不能設局縣分，得由縣政府呈經主管廳提出省政府會議核准設科外，其餘公安、財政、建設等事務，應以設科辦理爲原則。無論設科設局，均爲縣政府之一部，受縣長之統一指揮，並須一律合署辦公。

（九）縣之地位在政治上、經濟上或文化上有特殊情形者，得列爲特等縣，其縣長得敍爲簡任職，或以簡任職待遇。科長或局長得敍爲薦任職，或以薦任職待遇。

（十）確定縣之財政，以別於國家及省之財政。

（子）關於支出方面，除縣事務之經費，由縣庫支付外，所有國家事務之經費，由國庫支撥，省事務之經費，由省庫支撥。縣行政經費在訓政時期，由省庫支撥，其事業費由縣庫支給。裁局改科之縣，各局原有經費，應一律作地方事業費。

（丑）關於收入方面，縣須有相當於其事務所需經費之收入。下列各款收入，擬定爲縣收入：

1. 土地稅及營業稅之一部，

2. 房捐，

3. 縣公產及公營業之收入，

4. 其他依法規許可之稅捐。

縣得募集建設公債。

縣徵收各項稅捐及募集公債，應依照監督地方財政暫行法辦理。

(十三) 縣政府應依照縣事務範圍，每年編造全縣預算，並應於預算年度終結後編造決算。

(子) 縣預算及決算，由縣政府財政科或局秉承縣長編製之。

(丑) 縣預算年度及所分項目，準用預算章程之規定。

(寅) 在縣參議會未成立前，縣預算及決算，應先由縣行政會議審定，再由縣長呈送省政府核准之。在縣參議會已成立之後，縣預算及決算應先送交參議會議決，再由縣長呈送省政府核定。凡經參議會議決之預算，如與國家或省之法令無抵觸者，省政府不得修改之。

(十四) 確定區公所在縣自治未完成以前，爲縣政府之下級輔助機關，一面受縣政府之委任，執行國家與省及縣之行政事務，一面辦理本區內之自治事務。

民國二十二年三月，青島市政府以該市轄境兼有市鄉二種，彼此情形不同，擬將鄉村性質各自治區之組織權限，參照縣組織法、區鄉鎮自治施行法之各項規定辦理，以符事實，咨請內政部查核辦理。該部以第二次全國內政會議曾有市四郊村落集市地方得編劃爲鄉與坊同等之決議，該市爲推行盡利起見，擬請量予變通，似有相當理由，特呈由行政院函送中央政治會議提出第三百四十八次會議決議交立法院妥爲審議。立法院提出第三屆第十次會議議決，付法制委員會會同自治法起草委員會審查。

民國二十三年十月，北平市政府以市組織法第四十七條、第六十二條及第九十條各規定，自係指每屆選舉區長、區民代表、坊長之普通辦法，其各區長、區民代表、坊長遇有因病死亡，或因故去職應予補選時，是否亦依照該三條辦理，原法內并無明文規定，咨由內政部擬訂補選區坊長及區民代表補救辦法三項，呈經行政院提出第百二十八次會議決議修正通過，送請中央政治會議核定，轉交立法院審議。立法院提出第三屆第三十五次會議議決，付法制委員會會同自治法起草委員會與修正市組織法案合併審查。

民國二十三年二月，內政部以現行各種地方自治法規，因與各省市實際情形多不相符，以致推行以來，扞格極多，特就歷年推行地方自治困難癥結之所在，并斟酌現在實情，擬訂改進地方自治原則五項，逐項加以說明，備文提請第四屆四中全會討論，當經決議交政治會議詳細研究。中央政治會議交由法制組審查後改爲三項，并提出第三百九十六次會議決議：改進地方自治原則三項通過，即函由國民政府令立法院交法制委員會會同自治法起草委員會查照辦理。此三項原則如次：

一　確定縣與市爲地方自治單位。

縣爲一級，縣以下之鄉鎭村等各自治團體均爲一級，直接受縣政府之指揮監督。

市爲一級，市以下如有鄉鎭村則均爲一級，其組織與縣同。

在地域、人口、經濟、文化等情況特殊之處，得立爲特例，設區爲自治行政區域。

說明　縣以下之鄉鎭村等各爲自治團體，其等次依人口多寡或地面大小爲定。各自治團體等次之不同，在於組織之範圍，而不在權限，均直接受縣政府之指揮監督。其在地面廣大，或地處衝繁，人口衆多，經濟文化情況特殊，而附近鄉村又素有共同關係之處，得立爲特例，設縣與鄉鎭村間之區，但非普遍皆如是耳。

二　地方自治之進行，分爲三期如左：

(一)扶植自治時期。

縣市長依法由政府任命。

設縣市參議會，得由縣市長聘任一部分專家爲議員，任籌備自治及執行之責。

鄉鎭村長等由各鄉鎭村人民選舉三人，由縣市長擇一委任。

（二）自治開始時期。

縣市長依法由政府任命。

縣市議會由人民選舉。

鄉鎮村長等由人民選舉。

（三）自治完成時期。

縣市長民選。

縣市議會民選。

鄉鎮村長等民選。

人民開始實行罷免、創制、複決各權。

以上三時之進行程序，由各省市政府決定，報經內政部核准備案。

說明　以期間論，明年四月爲結束訓政開始憲政時期。而以條件論，則現在全國尚無具備建國大綱第八條所規定之條件，成爲完全自治之縣。故明年之開始憲政，祇能視爲應於國難、必要，至於地方自治，仍應分爲扶植自治、開始自治、完成自治各階段，循序漸進，務期達到完成自治之目的，不可躐等，致鶩虛名貽實禍，故定其循序漸進之方法如上。

三　推行地方自治之程序及方式，應因時因地而有不同，中央祇宜作大體及富有彈性之規定。在各縣及隸屬省政府之市由省政府分別擬定程式，咨請內政部核准行之。在各直屬市由內政部分別擬定程式，呈請行政院核准行之。爲適合各地方之特殊情形，及便利推行政令起見，每省至少應設置縣政建設實驗區一處，或分區設置實驗縣若干處，統一「政」「教」「富」「衞」各種組織與事業，以爲研究及實驗之中心，而期達到政治社會化，行政科學化之目的。

說明　我國疆域廣袤，歷史悠久，各地方之經濟、文化、政教、風俗，迥然不同，就種族而言，原有漢、滿、蒙、回、藏五族之分，而苗、猺等尙不在內。就經濟而言，則有農工商牧各爲主要產業之不同。就文化系統而言，則有租界文化、都市文化、農村文化、部落文化之別。故凡一種法令，適於都市者，未必適於農村，適於漢族者，未必適於蒙、回。乃現行自治法規，竟欲以嚴密統一之程序與方式，施於各種情形不同之地域與人民，方枘圓鑿，豈能相容，削足適屨，顧彼失此，無怪乎數年以來，一切法令，徒成具文，其勉強行之者，亦都生吞活剝，扞格難通，但見糾紛之時起，絕無實效之可言，故特規定如上。

民國二十三年三月，內政部以區鄉鎭自治施行法對於現役軍警，均止限制當選，而不停止其選舉權，易滋流弊，擬將區自治施行法第五條，鄉鎭自治施行法第七條，及有關之市組織法第六條分別加以修正，草具修正條文，呈經行政院提出第百四十七次會議決議通過，函送中央政治會議核定，轉交立法院審議。立法院提出第三屆第五十次會議議決，付自治法起草委員會審查。

民國二十三年五月，內政部以前擬改進地方自治原則，係為大體上之規定，而無詳細具體之說明，特又擬具該原則要點之解釋二十二項，呈由行政院提出第百五十九次會議決議修正通過，咨送立法院查照參考，並請速予依照改進地方自治原則將現行自治法修訂完竣。同年九月，中央政治會議以前核定之改進地方自治原則第二項內「任籌備自治及執行之責」一字樣，未甚妥善，特提出第四百二十二次會議決議刪去，函請國民政府令立法院查照。立法院先後令交法制委員會會同自治法起草委員會併同前案辦理。

法制委員會自治法起草委員會迭次召集聯席會議，僉以訓政時期，瞬將屆滿，而各縣市之自治設施，尚無適當之法律可資依據，當即議決起草縣自治法、市自治法，提出院會議決頒行。中因匪區尚未肅清，邊遠省分，毫未著手籌備，及其他種種原因，縣組織法施行法所列舉完成縣組織之期，未克如限報竣，以致起草兩自治法尚有所待。及立法院通過憲法草案，憲政即當實現，各縣市人民對於直接民權之行使，應早樹規模，以立憲政基礎。該兩委員會乃秉承　總理遺教，依據中央政治會議通過之改進地方自治原則，并參照兩次全國內政會議之決議案，及奉院令交下之修改縣市組織法各案，迭開聯席會議，詳慎研討，議定縣市自治法大綱，并推黃委員右昌起草縣自治法，朱委員和中起草市自治法。兩委員又親往青島、北平、定縣、天津及山西各縣實地調查，旋分別將縣市自治法及其施行法起草完竣。

至二十三年六月，該兩委員會先後開聯席會議，將各該草案提出詳加審查，當通過縣組織法、市組織法兩草案，議決廢止前頒行之縣組織法施行法、區自治施行法、鄉鎮自治施行法。又通過縣自治法施行法、市自治法施行法兩草案，以爲訓政憲政兩時期過渡之辦法。幷將各該草案發布，徵求意見，以資采擇，而期完善。同年九月三十日，徵求意見期滿，各方送來對於該草案之意見書多種，及各報紙雜志所發表之批評，亦甚繁夥，該會等均分別擇要彙編，印發各委員參考，幷於十一月七日、十三日開第十一次、第十二次聯席會議議決，縣市自治法及其施行法草案，付委員黃右昌、呂志伊、劉積學、朱和中、張維翰共同審查。黃委員等數次集會研討，將各方批評意見，盡量容納，其重要之點如次：

（一）自治區域以縣爲一級，縣之下鄉鎮爲一級。鄉鎮內之編制爲閭鄰，十戶爲鄰，十鄰爲閭，十閭以上爲鄉或鎮，但依地方情勢，戶數不足時，均得酌量編制或劃分之。又以縣政府所在地之城廂編鎮，或一個城廂分割爲無數鎮，於實際不合，參照第二次全國內政會議重新制定縣區鎮自治法規區或鎮以下實施保甲制度案，及內政部追送意見書，與舊日府廳州縣自治章程，將縣政府所在地居民在千戶以上者，劃分爲若干區，其不及千戶者，亦得废爲一區，並明白規定區與鄉鎮同級，區以閭鄰編制，亦與鄉鎮相同，鄉鎮或區公民關於四權行使完全一律。所稍不同者，即鄉鎮有獨立財政，鄉鎮民大會有議決本鄉鎮預算決算之權，鄉鎮監察員監察本鄉鎮財政，鄉鎮公所管理公有財產公營事業及編擬預算決算。區民大會，區監察員，區公所因在縣政府所在地，無須有此等職權。區公所辦公費，由縣政府補助之。此因性質與市相似，不能強與鄉鎮脗合。而市所屬之鄉村地方，有特殊情形者，亦得編爲鄉鎮，准用縣自治法之規定。

(二)閭鄰長由居民推舉，不另設居民會議。閭鄰附於鄉鎮條文之後，亦不另設專章。

(三)在自治法施行前，凡從前冠在鄉鎮上之區公所管有款產及所辦自治事業，由縣政府接收辦理，或歸鄉鎮單獨或聯合接收辦理之。

(四)全國一千九百餘縣，各地情形不同，規定全國縣自治之分期進行程序，由內政部定之。

(五)市自治法草案認市及區二級，區以閭鄰編制，大致與縣相同。

此外縣之自治事項，縣議會職權，市議員每年改選三分之一，均照憲法草案改正，縣市財政照立法院第八十次會議通過之財政收支系統法原則改正。至關於公民之消極資格，縣鄉鎮區長監察員，市區長監察員候選人之消極資格，均擬訂入公民四權行使程序法內，以昭劃一，此各草案即不予規定。黃委員等審查完畢，即提出報告，經兩會聯席會議議決，推委員黃右昌、衛挺生、郗朝俊重行審查，以臻完密。黃委員等復將四草案逐一續密審查，僅條項與文字上略有修正整理，內容無大更異。兩會又於十一月三十日、十二月一日、四日，先後開聯席會議三次，將各該草案審查案提出逐條討論通過，議定縣自治法草案七十九條，縣自治法施行法草案十七條，市自治法草案七十條，市自治法施行法草案十六條。自修訂縣市組織法至完成縣市自治法草案，歷時凡四載。

十二月十七日，立法院於第三屆第八十五次會議開二讀會，將縣自治法草案提出逐條討論，各委員對於縣政府所在地劃分自治區域之名稱，區公所之經費及鄉鎮區等公所得調解民事與依法得撤回告訴之刑事案件等問題，爭辨甚烈，結果全文除刪去關於區公所經費之第五十六條外，均照草案通過。主席以原第五十六條既經刪去，各條文次序均應變更，遂諮詢大會同意，將二讀通過之案，交委員黃右昌、呂志伊、劉積學、張維翰、朱和中整理。

十二月十八日，立法院繼續開二讀會，將縣自治法施行法草案提出逐條討論通過。又討論市自治法及其施行法草案，各委員對於市政府之組織，市議員之薪給等問題，有激烈辯論，結果，依多數委員之意見，市政府仍設社會、公安、財政、工務、教育、衛生六局，必要時，得增設地政、公用、港務等局，如因地方特殊情形，亦得將六局合併。惟此種設局之市政府，僅以首都及人口在百萬以上之市為限，餘則以設科為原則。市議員草案原定為無給職，主席以此種規定，不啻限制勞工競選，將來市議員必為富有者所包辦，主張定為市議員在開會期內，得酌給公費，俾勞工羣衆之當選者，不致有枵腹從公之虞，全體委員一致贊成通過。其餘各條文，各委員無多辯爭，大致均照草案通過。各該草案通過二讀後，主席一併交委員黃右昌等五人整理。

十二月十九日，黃委員召集會議，卽將各案之條項文字分別整理完畢。十二月二十一日，立法院於第三屆第八十六次會議開三讀會，先由黃委員右昌報告整理情形，主席卽命紀錄祕書將各案整理條文逐一宣讀，除縣自治法原第五十八條併入第五十六條，市自治法第二十二條第二項依史委員尚寬之提議修正為「常會臨時會之會期，均不得逾一月，一切議案均應於期內審議」外，均照二讀會通過之案通過。最末主席以縣自治法、縣自治法施行法、市自治法、市自治法施行法各全案付表決，出席委員一致無異議通過。立法院通過縣市自治法及其施行法，於二十三年十二月三十一日呈報國民政府，但迄今尚未明令公布施行。

縣自治法共七十七條，分九章：（一）自治區域，（二）縣自治事項，（三）縣公民，（四）縣民大會，（五）縣議會，（六）縣政府，（七）縣財政，（八）鄉鎮區，（九）附則。其內容之要點如次：

一、縣自治區域　縣自治之區域依其現有之區域。縣之下為鄉鎮，鄉鎮之編制為閭鄰，十戶為鄰，十鄰為閭，十閭以上為鄉或鎮。縣政府所在地則分為若干區，區之編制亦為閭鄰。各國地方自治現制，英為縣市、鄉鎮、村三級；美為縣市、鎮、村三級；德為省、縣市、村三級；法為州、市二級；日為府縣及市町村二級。此法以縣為一級，區鄉鎮為一級，閭鄰各為一級，共為四級，較縣組織法所定少一級。其區域之劃分以戶口為標準，但得依地方自然形勢或習慣酌量變更之。

二、縣自治事項　關於縣自治之事項，采列舉主義，即：（一）縣戶口之調查登記；（二）縣地政；（三）縣財政；（四）縣交通、水利，及其他工程、建設；（五）縣公作及公營事業；（六）縣警衛治安；（七）縣教育文化；（八）縣衛生；（九）縣保育救濟；（十）縣公有財產之保管及整理；（十一）縣名勝古蹟之保存；（十二）其他屬於縣自治之事項。

此爲縣組織法所未規定，惟該法列舉縣政府各局所掌之事項，更爲繁密，此則較爲概括。

三、縣鄉鎭區公民　縣公民卽爲各該鄉鎭區之公民，其積極之要件有五：（一）中華民國人民，卽須有或取得中華民國國籍；（二）在縣區域內繼續居住或有住所達一定之年限，各國對於公民住居時間有定爲一月者，亦有延長至兩年者，此法定爲一年或二年以上，較爲適中；（三）滿一定年齡，公民年齡，英、法爲二十一歲，普、奧爲二十歲，荷、日爲二十五歲，此法倣普、奧例，定爲二十歲；（四）宣誓，所以表示正心誠意擁護民國之意；（五）登記，人民宣誓後，必須將姓名登記於公民册內，此爲一定之程序。

四、縣鄉鎭區財政　各國均有法律明定地方機關之收入，法、比、荷、意、西、德、匈、日均采附加稅制；英之地方稅，率爲地價及房屋等稅；普魯士、丹麥、挪威、瑞典則直接徵收地方所得稅。此法規定縣財政之收入凡五：（一）縣土地稅稅收百分之七十以上，（二）縣營業稅稅收百分之三十，（三）縣公有財產之收入，（四）縣公營事業之收入，（五）其他依法應爲縣有之收入。鄉鎭區財政之收入亦有五：（一）依法賦與之收入，（二）鄉鎭區公有財產孳息之收入，（三）鄉鎭區公營事業之收入，（四）補助金，（五）經鄉鎭區民大會議決徵收之臨時收入。

五、縣自治機關　縣民大會、縣議會及各鄉鎭區民大會均爲議決機關，縣政府及各鄉鎭區公所均爲執行機關，此外有各鄉鎭區監察員及調解會，可以謂之監察與調解機關。各機關之組織職權如左：

（一）縣鄉鎭區民大會均以公民組織之。縣民大會每三年舉行一次，必要時得舉行臨時大會，均由縣長召集，但縣長應迴避者，則由縣議會議長召集，均於各鄉鎮區分設會場，同日舉行，須有全縣二分一以上之鄉鎮區均各有公民總數十分一以上之到場投票，投票公民過半數之決定，始生效力。鄉鎮區民大會每年一次，并得舉行臨時大會，均由鄉鎮區長召集，但鄉鎮區長應迴避者，則由鄉鎮區之監察員過半數聯名召集，均須有本鄉鎮區公民十分一以上之出席，出席公民過半數之同意，其決議始生效力。縣民大會行使選舉、罷免、創制、複決四權。鄉鎮區民大會議決（甲）本鄉鎮區自治規約，與其他鄉鎮區間之公約；（乙）選舉罷免鄉鎮區長，副鄉鎮區長，及鄉鎮區監察員；（丙）本鄉鎮區預算、決算；（丁）鄉鎮區長交議事項；（戊）鄉鎮區應行興革事項；（己）所屬閭鄰提議事項。

（二）縣設縣議會，由縣民大會選舉之縣議員組織之。縣議員名額以縣人口之多少為比例，最少七名，至多三十名；任期三年，連選得連任，違法或失職時，由縣民大會罷免之。縣議會設議長副議長各一人，由縣議員用無記名投票法互選。縣議會每半年開常會一次，并得召集臨時會，會期均為一月；非有過半數議員之出席，不得開議，表決以出席議員過半數之同意行之。縣議會之職權為（甲）議決縣預算，審核縣決算；（乙）議決縣稅及增加縣庫負擔之契約；（丙）議決縣有財產之經營及處分；（丁）對於縣財政之審計；（戊）議決縣單行規章；（己）建議縣政興革；（庚）議決縣長交議事項；（辛）答復縣長質問事項；（壬）受理縣民請願事項；（癸）其他法律賦與之職權。縣議會議決案咨送縣長執行，縣長得交覆議；如出席議員三分二仍執前議，縣長應卽執行，如延不執行，縣議會得召集縣民大會爲罷免縣長之決定，罷免案否決時，縣議會應即改選。

（三）縣設縣政府，置縣長一人，由縣民大會選舉，報經上級機關給予任狀，任期三年，連選得連任。縣政府設六科，因必要情形得改爲局，或減併科數；置祕書、科長、科員、助理員。縣長受省政府之監督，辦理全縣自治事務；受省政府之指揮，執行中央及省之委辦事項。鄉鎭區各設公所，置鄉長、鎭長、區長，辦理本鄉鎭區範圍內之自治事務，並置副鄉長、副鎭長、副區長，襄辦事務。鄉鎭區長，副鄉鎭區長任期均二年，連選得連任，均爲無給職，但得酌給公費。閭鄰置閭長鄰長，由閭鄰居民推舉，任期一年，襄助鄉鎭區長辦理自治事務。縣政府及鄉鎭區公所得召集縣政會議，及鄉鎭區務會議，此與縣組織法所定之縣政會議區務會議不同，前爲常設之機關，此於必要時召集之。

（四）鄉鎭區置監察員五人或三人，任期二年，檢舉鄉鎭區長及其他職員之違法或失職，監察鄉鎭區財政。鄉鎭區得召集調解會，調解本鄉鎭區民之民事，及依法得撤回告訴之刑事案件。調解會由鄉鎭區長，察監員一人，兩造各推一人或二人出席；調解以得兩造當事人之同意爲成立。

六、縣自治監督　各國監督自治之最嚴密者當推德國，普魯士之鄉區最初爲團長監督，次由縣長監督，縣長之外有省長，至最高之監督權則操之內政部長。法國之省長，握有監督本省各區各鎭之大權。意大利各區之決議案，必須經省長之批准。挪威地方機關之決議案，亦須經州長之批准。惟瑞士之自治區，除中央之委託職務外，不受任何上級機關之監督。此法規定縣長辦理自治事務，受省政府之監督，鄉鎭區每年度預算、決算案，應報縣政府備案。至前清章程及民國八年縣自治法所定關於自治監督權之範圍，監督之方法，不服監督之救濟，均無明文規定。

市自治法共七十條，分九章：(一)市之設置，(二)市自治事項，(三)市公民，(四)市民大會，(五)市議會，(六)市政府，(七)市財政，(八)區，(九)附則。其內容之要點如次：

一、市設置及區域　凡首都，或人口在百萬以上，或在政治上、經濟上有特殊情形之地方，設市，隸屬於行政院，如爲省政府所在地，則隸屬於省政府。凡人口在三十萬以上，而工商業發達之地方，得設市，隸屬於省政府。市分爲若干區，其所屬之鄉村地方得編爲鄉鎭，區鄉鎭之編制爲閭鄰，十戶爲鄰，十鄰爲閭，十閭以上爲閭或鄉鎭，但依地方情勢得酌量變更之。

二、市自治事項　市自治事項亦係列舉，凡二十：(一)戶籍之調查及登記；(二)育幼、養老、濟窮、救災之設備及管理；(三)糧食儲備及調節；(四)勞工事項；(五)合作社及互助事業之組織及指導；(六)改良風俗；(七)振興國貨；(八)公安及消防；(九)市財政；(十)市有財產之管理及使用、收益、處分；(十一)市營事業之管理；(十二)地政事項；(十三)公共土木工程及其他建築營繕；(十四)市民建築工程之指導及取締；(十五)公用事項之設備、管理及監督指導；(十六)港灣、河道、碼頭、倉棧、船舶之管理及取締；(十七)教育及其文化；(十八)名勝古蹟之保存，(十九)公共衛生；(二十)其他屬於市自治事項。

三、市公民　市公民之資格，與縣自治法所定縣公民之資格相同。

四、市財政　市財政收入與縣自治法所定縣財政收入各項相同，惟土地稅稅收得增至八十五，營業稅稅收，在隸行政院之市爲百分之七十。

五、市自治機關　市民大會、市議會、及各區區民大會，均爲議決機關；市政府與區公所爲執行機關；各區又設有監察員，幷得召集調解會；其組織職權如左：

(一)市民大會制，瑞士已普遍施行。北美之新英格蘭各州亦認市民大會爲一種適當之制度。西班牙法對於較小之市區，有關於全體選民參加自治之規定。英屬地人口之較稀者，在一定區域內，亦使全民參與自治事項。此法對於無論屬於行政院或省政府之市，均采市民大會制。市民大會以市公民組織之，每年一次，由市長召集，市長應迴避者，由市議會議長召集，必要時得召集臨時大會，均於各區分設會場，同日舉行，須有全市公民總數十分一以上之到場投票，投票公民過半數之決定，始生效力。市民大會行使選舉、罷免、創制、複決四權。區民大會以本區公民組織之，每年開會一次，由區長召集，幷得開臨時會，各區長應迴避時，由本區監察員過半數聯名召集，均須有本區公民十分一以上之出席，出席公民過半數之同意，其決議始生效力。區民大會之職權爲選舉罷免區長、副區長、及區監察員；議決區自治規約，及區長交議事項，閭鄰提議事項。

（二）市設市議會，以市民大會選舉之市議員組織之。市議員名額以市人口爲比例，最少十一名，至多五十名，每年改選三分之一。市議會議長之人數、選舉之方法、市議會之會次、會期、出席與表決之人數，及決議案之執行，均與縣自治法所定關於縣議會者相同。市議會之職權與縣議會之職權同，惟一爲關於縣之事項，一則關於市之事項。市議會與市長之關係，亦與縣議會與縣長之關係相同。

（三）市設市政府，置市長一人，由市民大會選舉，報經上級機關給予任狀，任期三年，連選得連任。市政府設社會、公安、財政、工務、教育、衛生六局，并得增設港務、地政、公用等局，惟除首都及人口在百萬以上之市外，均以設科爲原則，置祕書長或主任祕書、局長或科長、科員、課員。市長受上級機關之監督，辦理全市自治事務，受上級機關之指揮，執行中央或省委辦事項，市長因事務之需要，得召集市政會議，惟與市組織法所定常設之市政會議不同。區設區公所，襄助市政府辦理市自治事務；置區長、副區長各一人，任期二年，連選得連任。閭置閭長，鄰置鄰長，由閭鄰居民推舉，任期二年，襄助區長辦理自治事務。

（四）區置區監察員三人或五人，檢舉區長及其他職員之違法或失職。區公所得召集調解會，調解區民之民事及依法得撤回告訴之刑事案件。調解由區長、監察員一人，兩造各推一人或二人出席；調解以得兩造當事人之同意爲成立。

縣自治法施行法共十七條，市自治法施行法共十六條，大致規定縣市自治法施行後，第一次鄉民大會、鎮民大會、或區民大會，由縣長召集；第一次區民大會由市長召集。第一任鄉長、鎮長、區長，由鄉鎮區民選舉三人分別由縣長市長擇一充任。縣市自治辦有成績者，得逕依縣市自治法之規定，成立縣市議會，選舉縣市長；在未成立縣市議會之縣市，暫設縣市參議會，其組織及選舉，依縣市參議會組織法及縣市參議員選舉法之規定。縣市長未民選以前，縣長之任用，依縣長用法之規定，隸屬於行政院之市市長簡任，隸屬於省政府之市市長簡任或薦任。縣市自治進行程序，由內政部定之。

第十三節　縣保衛團法

民國三年五月二十日，政府以教令第七十號公布有地方保衛團條例六章，二十七條，規定各地方保衛事宜，以縣知事爲總監督，遴委地方紳商協籌辦理。各保衛團得按戶指定一人，編入名册，以十戶爲一牌，十牌爲一甲，五甲爲一保，置牌長、甲長、保長各一人，每團置團總一人。此外關於保衛團之職務、獎罰、經費，均設有詳密之規定。

民國十八年一月，內政部以該條例施行已久，情勢變遷，特另行擬具地方保衛團條例草案，呈經國民政府提出第十次國務會議議決議交行政院審核。該院以該草案關於淸查戶口、連保連坐及改編原有各種自衛團體，幷准各省自訂施行細則各項，均未詳細規定，卽分別增訂，幷逐條審查修正，提出第十一次會議議決議通過，呈由國民政府提出第十六次國務會議議決議交立法院審議。立法院提出第十一次會議議決，付法制委員會會同軍事委員會審查。

十八年五月，內政、軍政、工商三部各據全國商團聯合會呈請頒布商團條例，俾便組織商團，購槍自衛等情，即以各地方匪患未清，警察亦未普設，應俯順輿情，准如所請，爰會同擬訂商團組織條例十八條，呈請行政院核定施行。該院提出第十九次會議討論，以關於地方保衛事宜，內政部已擬有地方保衛團條例草案，商團應包括於地方保衛團之內，不宜獨立設置，當決議交由內政部參酌前草案重行審定後，轉呈國民政府發交立法院一併審議。立法院提出第二十七次會議議決，付法制軍事兩委員會併同地方保衛團條例草案審查。

該兩委員會於第三次聯席會議提出共同討論，認爲地方保衛團條例草案大致尚妥，當將標題改爲縣保衛團法草案，條文亦分別修正通過。至商團之組織，則以都市地方，軍警較多，維持治安，責無旁貸，此項組織，實無必要。且商人既可組織自衛團體，則其他農人工人等亦將援例呈請，勢必引起糾紛，發生流弊，當決定縣保衛團法內無庸包括商團組織之規定。立法院於第三十次會議將該審查修正案提出逐條討論通過，并省略三讀，通過全案，即呈由國民政府提經第三十四次國務會議之決議，於民國十八年七月十三日明令公布，并定於同年十一月一日起施行。

縣保衛團法共三十一條，分爲總則、編制、訓練、任務、獎懲、經費、附則七章，大致規定各縣保衛團之編制，每閭爲一牌，每鄉或鎮爲一甲，每區爲一區團，縣爲總團，以縣長、區長、鄉長或鎮長、閭長爲之長，并得增設副長。各甲長應將甲長牌長聯保切結，與同甲各戶聯保切結，送由區團長轉總團長備查，凡二十至四十歲之男子，均有入保衛團受訓練之義務。保衛團應受軍事及政治訓練。各牌長、甲長、區團長、總團長應隨時偵查居戶，搜捕盜賊，協助鄰境，追剿股匪；省縣政府得酌量情事，分別予以奬卹懲辦。保衛團經費，由總團長召集會議，就地籌集之。

民國十九年十月一日，內政部召集第一次全國內政會議，熱河省政府提議縣保衛團法第四條無總團得設副長明文，擬於「以縣長爲總團長」下，「區團甲牌」上，增入「總團」二字。又福建省政府提議頒定保衛團圖記規則，將縣保衛團法第九條改爲總團長圖記，由省政府刊發，區團甲牌長各圖記，由總團長刊發。此兩案均經議決，由內政部呈由行政院於二十年三月六日轉咨立法院查核審議。

立法院卽令交法制委員會會同軍事委員會審查。該會等旋開第十五次聯席會議討論，認爲不無理由，當將縣保衛團法第四、第九、第十各條加以修正。立法院於第一百三十八次會議，將該審查修國案提出討論，結果，將縣保衛團法第四條、第六條、第九條修正通過，第十條未予修正。此各修正條文，經國民政府於二十年四月十一日公布，其修正之點，卽縣保衛團總團得增設副長，由總團長聘任，保衛團圖記之式樣，由內政部定之。

第十四節　蒙古盟部旗組織法

民國二十年四月，蒙古會議通過蒙古盟旗組織法草案，經蒙藏委員會呈由行政院轉送中央政治會議核議。政治會議先交政治報告組審查，結果，認爲內容大體上尙屬適當，可交立法院審議，惟盟旗代表會議與盟長旗扎薩克之關係，及盟長旗扎薩克與省縣政府之關係，應加以注意。復提出第二百七十一次會議決議照審查意見通過，錄案函經國民政府令交立法院遵照辦理。

二十年五月二日，立法院提出第一百四十二次會議議決，付法制委員會會同自治法起草委員會審查。同年七月三十一日，該兩委員會開聯席會議討論，當議決付朱和中、黃右昌、郗朝俊、史尚寬、羅鼎五委員初步審查。朱委員等於八月十四日、十八日兩次集會討論，幷函請蒙藏委員會指派代表列席說明，當即審查完竣，幷擬具初步審查案，提出報告如次：

（一）改蒙古盟旗組織法爲蒙古盟部旗組織法，因蒙古各盟部向分內外扎薩克，內扎薩克俗稱之曰內蒙，計有哲理木盟、卓索圖盟、昭烏達盟、錫林郭勒盟、烏蘭察布盟、伊克昭盟六盟及呼倫貝爾部、察哈爾部。外扎薩克俗稱之曰外蒙，則稱部而不稱盟，如車臣汗、土謝圖汗、三音顏汗、扎薩克圖汗、塞音濟雅哈、唐努烏梁海、青塞特奇勒圖、烏納恩素珠克圖、巴圖塞特奇勒圖各部若只稱盟旗，對於外蒙似不足以包括，故改稱蒙古盟部旗組織法。惟外蒙各部，現受蘇俄宰割，號稱獨立，而其有識之士，呻吟於鐵騎之下，痛心於已往之非，近日頗多覺悟，故本案本　總理民族主義之精神，貫澈建國方略之實業計畫，對於外蒙絲毫不肯放棄，至其施行日期，則將來定之。

（二）以內蒙而論，其中亦有等於盟之部，盟旗二字亦不足以賅括，而應將部加入，故於本法第四條一項，准其適用盟之規定。

(三)盟長、旗、扎薩克與省縣政府之關係，盟民代表會議與盟長之關係，及議決案之如何執行，旗民代表會議與旗扎薩克之關係，及議決案之如何執行，均非辦事規則所能規定，故本法擬由蒙藏委員會呈請行政院定之。

九月二十五日，該會等復開聯席會議，詳加討論，結果將初步審查案第九條删去，餘各條均分別修正通過，都三十七條。立法院於十月三日開第一百六十五次會議，將該審查案提出逐條討論通過，并省略三讀，通過蒙古盟部旗組織法全案，即呈由國民政府於二十年十月十二日公布施行。此法內容主要之點如次：

一、區域　蒙古各盟部旗以其現有之域區爲區域，但於必要時，得以法律變更之。各盟及各特別旗直隸於行政院，各旗直隸於現在所屬之盟。等於盟之各部，得適用本法關於盟之規定。

二、人民　各盟部旗境內居住之蒙人，即爲各該盟部旗之人民，權利義務一律平等。

三、盟務及旗務　盟務由盟長綜理，旗務由扎薩克總理，重要旗務則由扎薩克旗務委員組織之旗務會議決定之。盟旗省縣遇有關涉事件，應會商辦理。蒙古地方之軍事、外交及其他國家行政，均統一於國民政府。

四、議決機關　各盟各設盟民代表會議，其代表由各旗旗民代表會議推選之，大旗三人，中旗二人，小旗一人，任期一年。盟民代表會議置常任代表五人至九人，由全體代表互選之。各旗各設旗民代表會議，由各佐各推代表一人組織之，任期一年。旗民代表會議亦置常任代表五人至九人，由全體代表互選之。盟旗民代表會議之職權爲關於盟旗務之立法、設計、審議、監察及其他特別規定之事項。盟長旗扎薩克對於盟旗民代表會議之議決案如何，執行由蒙藏委員會呈請行政院定之。

五、執行機關　各盟置盟長、副盟長、備兵扎薩克，幷得置幫辦盟務。盟長公署設總務、政務二處，各置處長一人，幷得用隨行祕書一人或二人。各旗置扎薩克及旗務委員。旗扎薩克公署設總務、政務二科，各置科長一人，幷得用隨行祕書一人。盟長公署，旗扎薩克公署均得因事務之必要，酌設各項專管機關，但應呈轉行政院核定之。

第五章　民法

民法爲規範人民日常生活之軌則，區判權利義務之準繩。吾國古代，雖無民法專書，而關於民事法則之見於載籍者，不勝縷舉。伏羲氏制嫁娶，以儷皮爲禮，於是有夫婦之倫，而家族制度，由此以奠其始基。神農之世，日中爲市，致天下之民，聚天下之貨，交易而退，各得其所，是爲商事法之萌芽。黃帝統一區宇，劃野分疆，立步制畝，創井田之鴻規，社會經濟組織，由斯以立。唐虞夏商，文化日進，法制章明，於人事則期於化民成俗，於經濟則務在利用厚生。周遠紹堯舜，近鑒二代，法度燦然具備，舉凡關於昏姻、田土、錢債、宗祧諸制，均詳載於周禮。

漢興去古未遠，相國蕭何作律九章，戶居其一。厥後漸更增益，令甲以下，流派滋繁，迄於後周，皆名戶律。北齊以婚事附之名爲婚戶律，後周分而爲二。隋開皇以戶在婚前，改爲戶婚律。貞觀準開皇之舊，凡戶婚錢債田土等事摭取入律，宋以後因之。清復折衷損益，戶律分爲七目，共八十二條。宣統二年四月，頒行現行刑律，內關於民事之規定，至民國以還，仍繼續有效，此均爲吾國固有之民法。

清末變法圖強，設立修訂法律館，編成大清民律草案五編，此爲吾國民律第一次草案。民國成立，先後設法典編纂會、法律編查會、修訂法律館，繼續編訂民律第二次草案。國民政府定都南京，法制局纂擬親屬法草案、繼承法草案，此可謂爲吾國民法第三次草案。及國民政府實施五院制，立法院成立，乃完成民法法典，逐編陸續公布施行。

第一節　現行律民事有效部分

清末外侮迭乘，海禁大開，與列強締結條約，每損及法權。光緒二十八年，呂海寰、盛宣懷在滬修訂各國商約，英、日、美三國均允許俟中國律例情形，審斷辦法，及其他事宜皆臻妥善，即放棄其領事裁判權。於是直隸總督袁世凱、湖廣總督張之洞、兩江總督劉坤一會銜奏請派員修訂法律。清廷遂於同年四月初六日明發諭旨略謂：「現在通商交涉，事愈繁多，著派沈家本、伍廷芳將一切現行律例，按照交涉情形，參酌各國法律，細心考訂，妥爲擬議，務期中外通行，自裨治理。」時伍氏方充美、日、祕三國公使，尚未回國。沈氏任刑部左侍郎，以編纂新律，恐扞格難施行，於光緒二十九年奏請將大清律例交刑部先行刪節，以備過渡之需。

光緒三十年四月初一日，沈氏等酌定辦法，請撥專款，正式開館治事，修訂大清律例，即交由該館繼續辦理。其修訂辦法分刪除、修改、修併、續纂四項，逐次草擬，陸續繕單進呈。至光緒三十一年，刪除一項完竣，綜計三百四十五條。至其餘三項，以適值官制變更，提調總纂各員，均先後遷調，未及屬稿。沈氏擬賡續其事，以竟前功，並奏陳辦法四則：

「一、總目宜刪除也。刑律承明之舊，以六曹分職。……現今官制，或已改名，或經歸併，與前迥異，自難仍繩舊式。茲擬將吏、戶、禮、兵、刑、工諸目，一律刪除，以昭劃一。

一、刑名宜釐定也。律以笞杖徒流死為五等，而例則於流之外，復增外遣充軍二項。……叅酌變通，漸趨寬簡，質言之，即死刑、安置、工作、罰金四項而已。……茲擬將律內各項罪名，概從新章釐定，以免紛歧。

一、新章宜節取也。新章本為未纂定之例文，……茲擬分別去留，其為舊例所無，如毀壞電桿，私鑄銀元之例。擇出纂為定例。若係申明舊例，或無關議擬罪名，或所定罪名復經加減者，無庸編輯。

一、例文宜簡易也。律文垂一定之制，例則因一時權宜，量加增損。……其中與現今之情勢未符者，或另定新章，例文已成虛設者；或係從前專例，無關引用者；或彼此互見，小有出入者；不勝縷舉。凡此之類，擬請酌加刪併。」

至光緒三十四年，大清律例修訂完竣，共刪除三百四十五條，綜計篇目三十，律文共三百八十九條，例文共一千三百二十七條，附禁煙條例十二條，秋審條款五門，一百六十五條，名曰大清現行刑律，於宣統元年十二月二十三日具奏，二十四日奉旨依議，幷於宣統二年四月初七日奉上諭：「著即刊刻成書，頒行京外，一體遵守。」

此律雖經頒行，年餘而清室遂亡。民國成立，以法制未定，暫行援用前清施行之法律，參議院於元年四月三日開會議決：「嗣後凡關於民事案件，應仍照前清現行律中規定各條辦理。」民國三年大理院上字第三零四號判例有云：「民國民法法典尚未頒布，前清之現行律除制裁部分及與國體有牴觸者外，當然繼續有效。至前清現行律雖名爲現行刑律，而除刑事部分外，關於民商事之規定，仍屬不少，自不能以名稱爲刑律之故，即誤會其爲已廢。」吾國舊律民事與刑事不分，此律關於刑事部分，幾全未施行，而關於民事部分，至民國仍繼續有效，此有效部分，可謂吾國之民事實體法。

此律關於民事部分如次：

服制圖　喪服總圖，本宗九族五服巫服之圖，妻爲夫族服圖，妾爲家長族服之圖，出嫁女爲本宗降服之圖，外親服圖，妻親服圖，三父八母服圖。

服制　斬衰三年條，齊衰杖期條，齊衰不杖期條，齊衰五月條，齊衰三月條，大功九月條，小功五月條，緦麻三月條。

名例　給沒贓物條，稱期親祖父母條，稱日者以百刻條，稱道士女冠條。

戶役　立嫡子違法條，附條例六則；收留迷失子女條，別籍異財條，條例一則；卑幼私擅用財條，條例二則。

田宅　欺隱田糧條，條例二則；盜賣田宅條，條例五則；典賣田宅條，條例三則；棄毀器物稼穡等條。

婚姻　男女婚姻條，條例三則；典雇妻女條，妻妾失序條，逐壻嫁女條，居喪嫁娶條，條例一則；父母囚禁嫁娶條，尊卑爲婚條，條例一則；娶親屬妻妾條，娶部民婦女爲妻妾條，娶逃走婦女條，強占良家妻女條，僧道娶妻條，出妻條，條例二則；嫁娶違律主婚媒人罪條，條例二則。

犯姦　犯姦條，親屬相姦律註條，縱容妻妾犯姦條，買良爲娼條，條例一則。

鬭毆　妻妾毆夫條，毆祖父母父母條，條例一則。

錢債　違禁取利條，條例一則；費用受寄財產條，條例二則；得遺失物條。

以上各部分，連同戶部則例中戶口之民人繼嗣項三條，及田賦之開墾事宜項二十四條，坍漲撥補項五條，牧場徵租項二十條，寺院莊田項四條，撤佃條款項八條，灘地徵租項十一條，均謂之現行律民事有效部分，直施行至民國十八年十月以降民法公布施行後，乃當然廢止，實民國以來之實質民法。

第二節　民律第一次草案

清光緒二十八年四月初六日諭派沈家本、伍廷芳考訂現行律例，惟專注於修改舊律，繙譯外國刑法專書，於民法尚未遑編纂。至光緒三十三年，民政部奏請釐訂民律，略謂：

「東西各國法律，有公法私法之分，公法者，定國與人民之關係，卽刑法之類是也。私法者定人民與人民之關係，卽民法之類是也。……各國民法，編制各殊，而要旨宏綱，大略相似。舉其犖犖大者，如物權法，定財產之主權，債權法，堅交際之信義，親族法，明倫理之關係，相續法，杜繼承之紛爭，靡不縷析條分，著爲定律。中國律例，民刑不分，而民法之稱，見於尙書孔傳。歷代律文戶婚諸條，實近民法，然皆缺焉不完。……因時制宜，折衷至當，非增删舊律，別著專條，不足以昭畫一。」

時憲政編查館亦奏請簡派大員修訂法律，淸廷遂派定沈家本、俞廉三、英瑞爲修訂法律大臣。沈氏等卽於光緖三十三年十月二十七日開館辦事，酌設二科，分任民律、商律、民事刑事訴訟律之調查起草。每科設總纂一人，纂修、協修各四人，調查一人或二人。又設諮議官，甄訪通曉法政品端學粹之員，分省延請，以備隨時諮商。凡各省習慣，及各國成例，得分別派員或咨請出使大臣調查。該館旋延聘日本法學博士志田鉀太郞、松岡義正專任起草民律，卽依據調查之資料，參照各國之法例，斟酌各省之報告，詳愼草訂，完成民律總則、債權、物權三編草案。復以全書浩繁，文義間有艱深，乃詳加校定條逐詮釋理由，以期明晰。至親屬繼承兩編，則由該館商同禮學館編訂，主編親屬法者爲章宗元、朱獻文，主編繼承法者爲高种、陳籙，至宣統三年八月完全脫稿，奏請飭下內閣核定，提交資政院審議。此卽所謂大淸民律草案，亦爲吾國民律第一次草案。其編輯宗旨，據原奏所稱，約有四端：

「一、注重世界最普通之法則。瀛海交通，於今爲盛，凡都邑鉅埠，無一非商戰之場，而華僑之流寓南洋者，生齒日益繁庶。按國際私法，向據其人之本國法辦理，如一遇相互之訴訟，彼執大同之成規，我守拘墟之舊習，利害相去，不可以道里計。是編爲拯斯弊，凡能力之差異，買賣之規定，以及利率時效等項，悉採用普通之制，以均彼我，而保公平。

二、原本後出最精確之法理。學術之精進，由於學說者半，由於經驗者半，推之法理，亦何莫不然。以故各國法律，愈後出者，最爲世人注目。義取規隨，自殊剿襲，良以學問乃世界所公，初非一國所獨也。是編關於法人及土地債務諸規定，採用各國新制，既原於精確之法理，自無鑿枘之虞。

三、求最適於中國民情之法則。立憲國政治，幾無不同，而民情風俗，一則由於種族之觀念，一則由於宗教之支流，則不能強令一致。在泰西大陸，尚如此區分，別其爲亞歐禮教之殊。人事法緣於民情風俗而生，自不能強行規撫，致貽削趾就履之誚。是編凡親屬、婚姻、繼承等事，除與立憲相背酌量變通外，或本諸經義，或參諸道德，或取諸現行法制，務期整飭風紀，以維持數千年民彝於不敝。

四、期於改進上最有利益之法則。文子有言：『君者盤也，民者水也，盤圓水圓，盤方水方。』是知匡時救弊，貴在轉移，拘古牽文，無裨治理。中國法制歷史，大抵稗販陳編，創制蓋寡。即以私法而論，驗之社交，非無事例，徵之條教，反失定衡，改進無從，遑謀統一。是編有鑒於斯，特設債權物權詳細之區別，庶幾循序漸進，冀收一道同風之益。」

大淸民律草案凡五編。第一編總則共八章。第一章法例。第二章人，內分六節，(一)權利能力，(二)行爲能力，(三)責任能力，(四)住所，(五)人格保護，(六)死亡宣告。第三章法人，分三節：(一)通則，(二)社團法人，(三)財團法人。第四章物。第五章法律行爲，分五節：(一)意思表示，(二)契約，(三)代理，(四)條件及期限，(五)無效撤銷及同意。第六章期間及期日。第七章時效，分三節：(一)通則，(二)取得時效，(三)消滅時效。第八章權利之行使及擔保，

第二編債權共八章。第一章通則，分六節：(一)債權之標的；(二)債權之效力；(三)債權之讓與；(四)債權之承認；(五)債權之消滅，又分淸償、提存、抵銷、更改、免除、混同六款；(六)多數債權人及債務人。第二章契約，分二十節：(一)通則，又分契約之成立及其內容、契約之效力、契約之解除三款；(二)買賣，又分通則、買賣之效力、買回、特種之買賣四款；(三)互易；(四)贈與；(五)使用賃貸借；(六)用益賃貸借；(七)使用貸借；(八)消費貸借；(九)雇傭；(十)承攬；(十一)居間；(十二)委任；(十三)寄託；(十四)合夥；(十五)隱名合夥；(十六)終身定期金契約；(十七)博戲及賭事；(十八)和解；(十九)債務約束及債務認諾；(二十)保證。第三章廣告。第四章發行指示證券。第五章發行無記名證券。第六章管理事務。第七章不當利得。第八章侵權行爲。

第三編物權，共七章。第一章通則。第二章所有權，分四節：(一)通則，(二)不動產所有權，(三)動產所有權，(四)占有。第三章地上權。第四章永佃權。第五章地役權。第六章擔保物權，分五節：(一)通則，(二)抵押權，(三)土

地債務，(四)不動產質權，(五)動產質權。第七章占有。

親屬法分七章。第一章總則。第二章家制，分二節：(一)總則，(二)家長及家屬。第三章婚姻，分四節：(一)成婚之要件，(二)婚姻之無效及撤銷，(三)婚姻之效力，(四)離婚。第四章親子，分五節：(一)親權，(二)嫡子，(三)庶子，(四)嗣子，(五)私生子。第五章監護，分二節：(一)未成年人之監護，(二)成年之監護。第六章親屬會，第七章扶養之義務。

繼承法分六章。第一章總則。第二章繼承，分二節：(一)繼承人；(二)繼承之效力，又分總則，繼承人應繼之分，分析遺產三款。第三章遺囑，分五節：(一)總則，(二)遺囑之方法，(三)遺囑之效力，(四)遺囑之執行，(五)遺囑之撤銷。第四章特留財產。第五章無人承認之繼承。第六章債權人或受遺人之權力。

以上五編前三編共一千三百十六條，計總則編三百二十三條，債權編六百五十四條，物權編三百三十九條。後二編親屬法都一百四十三條，繼承法都一百十條。全案大體倣德日民法，未及頒行而清亡。

第三節　民律第二次草案

民國成立，設法典編纂會，會長由法制局長兼任，并置編纂調查各員，從事於民法、商法、民刑事訴訟法之草訂。

民國三年二月，政府裁撤法典編纂會，設立法律編查會，隸司法部，以司長總長爲會長，并由會長聘任副會長，及編查顧問各員。先後任會長副會長爲梁啓超、章宗祥、汪有齡、董康、王寵惠諸氏。次年該會編成民律親屬編草案七章，都一百四十一條。其章目大致與大清民律親屬法草案相同，惟將第一章總則改爲通則；第二章家制只總則一節；第五章第一節未成年人之監護更分爲監護之成立，監護之職務，監護之終止三款，幷增一第三節保佐。

民國七年七月，政府又設修訂法律館，置總裁副總裁，幷總纂、纂修、調查各員。董康、王寵惠、羅文幹、江庸、馬德潤、余棨昌、石志泉諸氏相繼任總裁。民國十一年春，華盛頓會議開會，吾國提出收回領事裁判權問題，大會議決由各國派員來華調查司法，政府卽責成司法部對於司法上應行改良各事，趕速進行，幷飭修訂法律館積極編纂民刑各法典。該館卽參詳前清民律草案，調查各省民商事習慣，並參照各國最新立法例，於十四年至十五年完成民律總則、債、物權、親屬、繼承各編草案，是爲吾國民律第二次草案。當時起草總則者爲大理院院長余棨昌；債編主稿者爲該館副總裁應時，總纂梁敬錞；物權編起草者爲北京大學教授黃右昌；起草親屬繼承兩編者，爲總纂高种。惟適値政變，法統廢棄後，國會迄未恢復，此草案未能成爲正式民法法典。

民國以來之編訂法律機關，已有兩次之改變，其編纂法典大致竟清末未竟之業，或將前清草案分別加以改定。大清民律草案之所以必加修正，據江庸氏所舉之理由有三：

「(一)前案仿於德日，偏重個人利益，現在社會情狀變遷，非更進一步以社會爲本位，不足以應時勢之需求。(二)前案多繼受外國法,於本國固有法源,未甚措意。如民法債權篇於通行之「會」,物權篇於「老佃」、「典」、「先買」,商法於「鋪底」等全無規定,而此等法典之得失,於社會經濟消長盈虛,影響極鉅,未可置之不顧。(三)舊律中親屬繼承之規定,與社會情形懸隔天壤,適用極感困難,法曹類能言之,欲存舊制,適成惡法,改弦更張,又滋糾紛,何去何從,非斟酌盡美,不能遽斷。」

民律第二次草案大抵由第一次草案修訂而成,惟總則編物權編變更較少。債權編改爲債編,間採瑞士債務法。親屬繼承兩編則加入現行律民事有效部分,及歷年大理院判例,就前案稍有增損。此草案曾經司法部通令各級法院作爲事理援用。

此草案總則編章目較第一次草案省略「法例」、「法人」、「權利之行使及擔保」三章。第一章分「人」與「法人」二節。第三章增「行爲能力」一節。第五章規定消滅時效,而置取得時效於物權編,占有章中。全編共二百二十三條,計少一百條。

債編共分四章,省去第一次民律債權編草案「發行指示證券」、「發行無記名證券」、「不當利得」、「侵權行爲」一共四章。第一章增「債之發生」一節,分「契約」、「侵權行爲」、「不當利得」三款。第二章契約,與前草案微有異同。全編共五百二十一條,較前少一百三十三條。

物權編共九章,廢第一次草案物權編第六章擔保物權,將抵押權,質權各立一章,並增典權一章。全編共三百十條，較前少二十九條。

親屬編仍分七章，其節目與大清民律草案及民國四年親屬編草案互有異同。第一章仍爲「總則」，第二章增「家產」一節。第三章婚姻，第一節改爲「婚姻之成立」，分「定婚」「結婚」兩款，第三節婚姻之效力，分「夫妻之權利義務」及「夫妻財產制」兩款。第四章增「親子關係」「養子」兩節。第五章第三節改爲「照管」。其餘與前大致相同。全編共二百四十三條，較民國四年草案多一百零二條，較第一次草案多一百條。

繼承編共七章，共二百二十五條，較第一次草案多一章，多一百一十五條。關於繼承分爲「宗祧繼承」「遺產繼承」及「繼承人未定及無人承認之繼承」三章，又各分二節，故增條文特多。

第四節　親屬法草案繼承法草案

民國十六年六月，國民政府設立法制局，置局長一人，編審六人至九人，掌草擬及修訂各項法律。該局成立後，卽着手草訂國家各重要法典，以民法總則、債權、物權各編，有民間習慣及歷年法院判例，暫時尚足供司法者之運用，惟關於親屬繼承，習慣及判例皆因襲數千年宗法之遺跡，衡之世界潮流，旣相背馳，揆諸吾黨政綱，尤甚齟齬，爰決定先行起草民法親屬繼承兩編。草擬親屬法者爲祕書燕樹棠，草擬繼承法者爲羅鼎，至十七年十月相繼完成，並附說明，卽呈送國民政府移付立法院核議。其原呈略謂：

「竊維近世文明各國，標榜法治，類有法典，網羅庶事，條分縷析，資爲準繩。……其民事法典之釐訂，洪纖畢舉，尤極詳贍。……上年職局成立，畀以草擬法律案之重任，夙夜黽勉，期無隕越。一年以來，……悉心籌畫，公同討論，……爰將親屬繼承兩法儘先編擬。……至將來民法物權債權等編草案陸續告成，自亦可以單行法公布，或使各該編與親屬繼承兩法合併，成爲一種民事法典。頒布雖有先後之殊，系統幷無紊亂之虞。」

親屬法草案分通則、婚姻、夫妻關係、父母與子女之關係、扶養、監護人、親屬會議七章，共八十二條。其編制兼采大陸、英美兩派之長，倣最近蘇俄、瑞士等國民法之先例，凡大綱巨目有恆久性質者，則悉加釐訂，而事涉瑣屑，因時變通者，則解釋補充，待之法院。依據原附說明，此草案之編訂，期應黨國急切之需要，主張不敢稍涉偏矯，惟求切合社會上實現之要求，復不爲傳統因襲觀念所束縛，以期不背於倫理學、社會學及其他各種科學所指示之原理；其貫注全部之大原則，約有三種：

一、承認男女平等　重男輕女之習慣，由來已久，反映於法律，致男女間之差別待遇，遂成牢不可破之局勢。婦女解放夙爲各國共通之問題，有經立法者、政治家、及女權運動者數十年間之努力奮鬥，而仍未能達到最終之目的，在彼號稱先進之文明國家，而法律上男女地位之不平等，猶多在所不免，如離婚條件寬於男而嚴於女，對於子女行使親權認父應優先於母，於一定限度內仍認夫權之存在等等皆是。此草案則無論就何事項，苟在合理範圍以內無不承認男女地位之平等，實將上述種種歷史上之陳跡，於學理上無存在價值者，一掃而空之。

二、增進種族健康　早婚足以弱種，而我國習慣漫無限制；近親相婚，遺傳上易生惡果，我國向例則不禁中表通婚。此草案特明定結婚之最低年齡，以防其弊，并限定女系方面之血親，在三親等內者不得通婚。此外對於私生子問題，嚴定父母之教養責任，對於離婚問題，明認不堪同居之惡疾與重大不治之精神病，均足構成離婚之條件，均爲關於增進種族健康之規定。

三、獎勵親屬互助而去其依賴性　親屬法之編纂，有採家族主義者，如我國歷次之親屬法草案是；有採個人主義者，如歐洲衆多國家之民法是。此草案對於親屬扶養關係，僅認直系親屬及兄弟姊妹間，有互相要求扶養之權利，且直系卑親屬之得要求扶養，以尙未成年爲限。而子女以自己名義所得之財產，則認爲特有財產。除去依賴長上之惡習，獎勵獨立自主之精神，惟未分居之成年親屬，對於維持家族共同生活之財產，有所貢獻者，則承認其對於該項財產取得共有權，以保障其利益，而獎勵親屬互助之美風。

繼承法草案分通則、繼承人、繼承之效果、繼承人之應繼分、遺產之分割、無人承認之繼承、遺囑、特留分八章，都六十四條。此草案之編訂，依據原附說明，不拘於成例，囿於舊習，一本革命原理之所指示，期成一革命化之法規。其所采之主義，大要有六。

一、廢除封建遺制之宗祧繼承　宗祧繼承制之所由生，蓋本於封建時代之宗法觀念。其時認大宗爲一尊之統，故設大宗無後族人卽應以支子後大宗之制。孔子曰：「凡殤與無後者，祭於宗子之家。」喪服傳云：「爲人後者孰後，後大宗也。」又云：「大宗者收族者也，不可以絕。」則初制小宗暨支庶之不得立後，蓋無容疑。今此制行之既久，末流所至，其弊害愈益加劇，向之以是否嫡長爲應否立後之標準者，今則以所後人財產之有無多寡爲衡。此草案不明認宗祧繼承之制，所謂繼承，純屬遺產歸屬問題，與宗祧問題了無關涉。

二、男女在法律上之地位完全平等　我國舊習不認女子有繼承之權，親生之女，非其父母特別給予，不許對於遺產上主張任何權利。清律有戶絕財產，果無同宗應繼之人，歸親女承受之定例，限制之嚴，直與根本否認其有繼承之機會無擇。舊大理院判例認婦亡無子者，夫有承受其遺產之權，而無子守志之婦，則僅得於立繼以前，代應繼之人管理夫之遺產，兩相比較，男女間待遇之不平等，亦甚顯著。此草案關於承繼一切事項，均採男女機會均等主義。親女無論已未出嫁，對其父母之遺產，均有繼承之權，與子男毫無二致。而寡婦鰥夫，對於配偶之遺產，所得享受之權利，亦完全相同。即此外各種親屬，苟與被繼承人親等之遠近相等，絕不因性別而有所軒輊。

三、除爲遺族酌留生活費外許被繼承人以遺囑自由處置其財產　查多數國立法例，概設法定特留分之制，不問被繼承人財產之多寡，均須按照一定之法定比例，將其財產遺諸子孫。故設父爲巨富，則子可席豐履厚，坐享其成，長驕佚之漸，生依賴之心，流弊所及，殆有莫知其所底止者。此草案一面規定被繼承人應以遺產二分之一，遺留於其直系卑親屬及配偶；一面復規定被繼承人所遺留於其直系卑親屬及配偶之財產，倘任何人均達萬元，則得自由處分其所餘之財產，而不受二分之一之限制；以引導保有鉅額資金之被繼承人，使用其財產之大部分於社會公益事業，而減輕遺產制之弊害。

四、繼承人僅於所繼財產之限度內對於被繼承人之債務淸償之責　我國舊時法律觀念，深蒙宗法思想之影響，以家爲一不可分離之一體，幾不認個人有獨立之人格。故在刑事有親屬連坐之制，在民事以父債子還夫債妻還爲當然。此種觀念與現時以個人爲本位之法律原則，顯不相容，自應根本剷除，以求趨於大同。此草案基於此項原則，許繼承人以所繼之財產爲限，認償被繼承人之債務，惟若繼承人對於被繼承人之債權人有隱匿財產或其詐害情事，則不許其主張此種利益，以杜取巧規避之端。

五、增加國庫承受遺產之機會促進地方公益事業之發展　此草案限制繼承人之範圍，除直系卑親屬應以親等近者爲先不更設其他限制外，直系尊親屬非在二親等以內者，不令有繼承遺產之機會，旁系親屬則以親兄弟姊妹爲限。至配偶無論在何項情形，均有繼承一部遺產之權。若被繼承人無上述之各種親屬，則其遺產卽應歸屬國庫，充地方公益事業之用。蓋遺產制原屬利弊相伴，最近各國法律學者類多主張設置適當之限制，以防其弊浮於利，甚至有主張完全廢棄者。且吾人財產之增殖，固有全出於個人努力之結果，而大多數實皆受社會環境之賜。於無切近親屬之時，將被繼承人之財產還諸社會，以重公益而留紀念，實於公私均感便利。

六、配偶繼承遺產之次序不後於直系卑親屬　我國向例，被繼承人有直系卑親屬者，配偶無當然與之共同繼承之權。徵諸各國立法例，亦概認配偶承受遺產之次序，應後於直系卑親屬。然夫妻間之關係，與親子間之關係，孰爲密切？頗不易於判別。且男子創立產業，多得力於內助，一朝配偶亡故，生活費卽須仰給於其兒孫，甚至有時爲維持一家之和平與秩序，不得不聽命於兒孫，不惟有背崇德報功之義，人情上亦似有所不忍。此草案認配偶有獨立之繼承權，其秩序不後於直系卑親屬，庶得其平衡。

法制局草竣親屬法、繼承法，立法院尚未成立，遂以擱置。此兩草案雖未及發生效力，而卓著革新之精神，實爲我國立法上之一大進步。

第五節　民法第一編總則附施行法

民國十七年十二月，中央政治會議委員胡漢民、林森、孫科以吾國民法，久未頒行，立法院成立，亟應編訂完成，惟立法原則，應由中央決定，特擬具民法總則編立法原則草案，提請公決。中央政治會議於第百六十七次會議議決指定王寵惠、蔡元培、戴傳賢三委員會同原提案人審查。王委員等即集會詳加審議，認原提案所列原則，已臻妥善，惟尚有應予補充之處，特略加修正，作成審查案報由中央政治會議提出第百六十八次會議議決通過，并函送立法院查照辦理。此立法原則共十九條：

一　民法所未規定者依習慣，無習慣或雖有習慣而法官認爲不良者依法理。

二　民法各條應分別爲兩大類：(一)必須遵守之強制條文，(二)可遵守可不遵守之任意條文。凡任意條文所規定之事項，如當事人另有契約，或能證明另有習慣者，得不依條文而依契約或習慣；但法官認爲不良之習慣，不適用之。

凡任意條文，於各本條明定之。

三 失蹤人失蹤滿十年以上者，法院得爲死亡之宣告。

失蹤人爲七十歲以上者，得於失蹤滿五年後爲死亡之宣告。

失蹤人爲遭特別災難者，得於失蹤滿三年後爲死亡之宣告。

四 二人以上同時遇難而死，無證據足以證明其死亡之先後時，即推定其爲同時死亡。

五 足二十歲爲成年。

六 未滿七歲之未成年人無行爲能力，七歲至二十歲爲有限制之行爲能力人。

七 對於心神喪失及精神耗弱之人，法院得宣告禁治產。

八 姓名權受侵害者，被害人得請求法院禁止之。

九 同時不得有二處以上之住所。

十 外國法人之認可，依法律之規定。

在中國境內外國法人之設立營業及分設支店，應受中國法律及規章之支配。

經認可之外國法人，與同種類之中國法人有同等之權利能力及行爲能力；但法令另有規定者不在此限。

外國法人受中國法院之監督及管轄。

十一　法律行爲必須依方式者，宜定其方式，但種類不宜過多，所定方式亦不宜繁瑣。

十二　法律行爲，雖依法定條件，應認爲有效者，如乘他人之危急，或其他特定情形，顯失公平者，法院得撤銷之。

十三　以侵害他人爲主要目的而行使權利者，其權利之行使爲不法。

十四　因避免不法侵害所爲之行爲，不得認爲不法；但以不超越相當程度者爲限。因避免緊急危險，而損害或毀滅他人之物者，其行爲不得認爲不法；但以不超越相當程度者爲限。

十五　爲保護自己權利起見，對於他人之自由或財產施以相當制裁之行爲，不得認爲不法；但以舍此以外，無他方法，並事後即請求司法之援助者爲限。

十六　享受權利之能力不得放棄。

十七　自由不得拋棄。契約上自由之限制，不得違背公共秩序或善良風化。

十八　不於法定期間行使權利者，其權利因時效而消滅。法令時效期限，不得以契約延長及減短之，並不得預先拋棄時效之利益。

十九　最長時效期限，擬定爲十五年，定期給付之債權，擬定爲五年，關於日常交易之債權，擬定爲二年。

民國十八年一月二十九日，立法院於第十次會議議決指定委員傅秉常、史尚寬、焦易堂、林彬、鄭毓秀組織民法起草委員會，幷聘司法院院長王寵惠，考試院院長戴傳賢，及法人寶道（Padoux）爲顧問。該會成立後，卽遵照中央政治會議頒發之立法原則，着手起草民法總則，先後開會三十餘次，歷時兩月餘，至四月脫稿，全草案共分七章，都一百五十五條。立法院於四月十三日第十九次會議開二讀會，將民法總則草案提出逐條討論，是日未及議畢，復於四月十六日、十七日繼續開會討論，將全案條文完全議決，大致照原案通過，惟删去三條，各條文亦間略有修正。四月二十日，立法院於第二十次會議開三讀會，結果二讀會通過之各條文略有文字上之修正，原第六章與第七章互易，條文秩序亦遞次變更，民法總則全編遂以通過。

民法總則經國民政府於民國十八年五月二十三日公布，幷定自同年十月十日起施行。全編共分七章，凡一百五十二條。第一章法例。第二章人。分爲二節：（一）自然人，（二）法人。第三章物。第四章法律行爲，分爲六節：（一）通則，（二）行爲能力，（三）意思表示，（四）條件及期限，（五）代理，（六）無效及撤銷。第五章期日及期間。第六章消滅時效。第七章權利之行使。

民法總則立法理由，原起草說明書列舉四點，關於內容者三，關於編制者一：

一、習慣適用之範圍　習慣之效力，歐美各國立法例本自不同。我國幅員遼闊，禮俗互殊，各地習慣，錯綜不齊，適合國情者固多，而不合黨義違背潮流者亦復不少，若不嚴其取舍，則偏頗窳敗，不獨阻礙新事業之發展，亦將摧殘新社會之生機，殊失國民革命之本旨。此編根據法治精神之原則，定爲凡民事一切須依法律之規定，其未經規定者，始得援用習慣，并以不背公共秩序或善良風俗者爲限。

二、社會公益之注重　自個人主義之說興，自由解放之潮流，奔騰澎湃，一日千里，立法政策，自不能不受其影響。馴至放任過甚，人自爲謀，置社會公益於不顧，其爲弊害，日益顯著。且我國人民，本以自由過度，散漫不堪，尤須及早防範，藉障狂瀾。本黨既以謀全民幸福爲目的，對於社會公益，自應特加注重，力圖社會之安全。此編之所規定，輒孜孜致意於此點，如對於法人取干涉主義，對於禁治產之宣告，限制其範圍，對於消滅時效，縮短其期間等皆是。

三、男女平等之確定　男女平等之原則，本爲吾黨對內政策所規定，自應期其實現。惟重男輕女，由來既久，積重難返，苟不以革命之手段，澈底改革，則仍難達平等之目的。此編對於特別限制女子行爲能力之處，一律删除。并以我國女子，於個人之財產，有完全處分之權，復規定已結婚之婦人，關於其個人之財產，有完全處分之能力。至其他權義之關係，亦不因男女而有軒輊。

四、最新編制之採用　各國法典，對於總則編之編例，互有殊異。此編參酌暹羅、蘇俄等國民法，及最新之法意共同民法草案，摭全編通用之法則，訂爲法例一章，弁諸編首。至自然人與法人則合併爲一章，並減少其條文。契約則依其性質，分置債權及親屬等編。代理僅規定法定代理及意定代理共同適用之條文，而置其餘於債權編委任章中。時效祇規定消滅時效一種，取得時效則於物權編所有權之通則中規定之。

民法總則之要點，及與第一次第二次民律草案之異點，略如左述：

（一）編首設法例一章，爲全部法則總括之規定，此爲第二次草案所無，其內容亦與第一次草案總則編法例章有異。

（二）第二章人包括自然人與法人，并將行爲能力規定於法律行爲章，大體與第二次草案相同。第一次草案倣德日等國民法，第二章人專指自然人，而法人列爲第三章，并各分爲若干節。

（三）民法總則采男女平等主義，前已述及。第二次草案亦然，惟第一次草案倣法日民法，規定出嫁女子爲限制行爲能力人之一種。

（四）禁治產之宣告，限於心神喪失，或精神耗弱致不能處理其事務者；禁治產人無行爲能力。至準禁治產制不復採用。第二次草案從德民法，規定禁治產之適用範圍較寬，并分禁治財人爲無行爲能力與限制有行爲能力，於親屬編中分別置保護人或照管人。第一次草案倣法日民法，設禁治產與準禁治產之區別，對於禁治產人置監護人，對於準禁治產人置保佐人。

（五）法人分爲社團及財團。社團分爲營利社團及公益社團。營利社團依特別法之規定；公益社團及財團均非向主管官署登記不得成立，且登記前須得主管官署之許可。第二次草案規定營利社團，依特別法之規定；公益社團及財團以得主管官署之許可而成立；非公益社團及財團祇以訂立章程發表成立團體之意思爲必要，登記爲對抗第三人之要件。第一次草案規定有經濟上目的之社團法人，依特別法之規定；無經濟上目的之社團法人及財團法人，其設立須經主管衙門之允許，登記亦爲對抗第三人之要件。

(六)民法總則無關於外國法人之規定；第二次草案訂爲專款，次於社團法人財團法人之後；第一次草案則甚簡略。

(七)民法總則採用瑞俄先例，不立物之界說，僅規定動產、不動產、主物、從物等。第一次草案謂物爲有體物，并不分主物從物；第二次草案則加「能受法律支配之天然力視爲有體物」一項，并增入主物從物之規定。

(八)編末殿以權利之行使一章，以保護權利人之權利，此爲第二次草案所無，第一次草案有權利之行使及擔保一章，惟權利之擔保，完全係物權債權上之問題，可不必列入總則編中。

民法總則既經制定公布，民法起草委員會於十八年九月，擬具民法總則施行法草案，提經立法院第四十七次會議議決通過，并經國民政府於十八年九月二十四日公布，與民法總則同日施行。全文共十九條，大致爲關於(一)外國人與外國法人準用民法總則之規定；(二)在民法總則施行前發生之民事適用或遵行民法總則之規定。

第六節　民法第二編債附施行法

民商合編法典，爲現代立法之新趨勢。立法院民法起草委員會編定民法總則後，即繼續編纂民法債編。惟首應解決着，卽民商兩法是否合一之問題。民國十八年五月，中央政治會議委員兼立法院院長胡漢民，副院長林森提議編訂民商統一法典，以符本黨全民精神。原提案有云：

「查民商分編，始於法皇拿破崙法典。維時階級區分，蹟象未泯，商人有特殊之地位，勢不得不另定法典，另設法庭以適應之。歐洲諸邦，靡然相效，以圖新穎。然查商法所訂定者，僅爲具有商業性質之契約，至法律上原則或一般之通則，仍須援用民法。而商法上最重要之買賣契約，且多在民法中規定。是所謂商法者，僅爲補充民法之用而已，其於條例，固已難臻美備。且社會經濟制度遞嬗，信用證券，日益發達，投資商業者風起雲湧，一有限公司之設立，其股票與債券類分散於千百非商人之手，而簽發支票匯票等事，昔日所謂之商行爲，亦非復商人之所專有。商行爲與非商行爲之區分，在學說上彰彰明甚者，揆諸事實，已難盡符。……吾國商人本無特殊地位，強予劃分，無有是處。此次訂立法典，允宜考社會實際之狀況，從現代立法之潮流，訂爲民商統一之法典」

中央政治會議於第百八十次會議決議交胡委員漢民、戴委員傳賢、王委員寵惠審查。胡委員等審查結果，認爲應訂民商統一法典，縷陳理由八項，復經中央政治會議第百八十三次會議決議照審查意見通過，交立法院遵照編訂。原審查報告書所舉八項理由如次：

一、因歷史關係認爲應訂民商統一法典也　商法之於民法以外成爲特別法典者，實始於法皇路易十四。

維時承階級制度之後，商人驟於他種階級，各有其身分法，亦遂組織團體，成爲商人階級，而商法法典漸亦相因而成。此商法法典別訂於民法法典之外者，乃因於歷史上商人之特殊階級也。我國自漢初弛商賈之律後，四民同受治於一法，買賣錢債，並無民商之分。清末雖有分訂民法法典及商法法典之議，民國成立以來，亦沿其說，而實則商人本無特殊之階級，亦何可故爲歧視耶？

二、因社會進步認爲應訂民商統一法典也 反對民商法典統一者之言曰：商法所定，重在進步，民法所定，多屬固定。此在昔日之陳迹容或有之。不知凡法典應修改者，皆應取進步主義，立法者認爲應修改即修改，與民商合一與否無關。例如英國民商合一，而公司法施行後亦有數次之修改，而德國爲民商分立之國，乃商法之改變，遠不如英國。於此可見進步與否，並不在民商之合一與否也。是以各國學者，盛倡民商合一之論，其最著者，如意國之維域提氏（Viyonte）法國之他賴氏（Thaller）德國之典爾伯氏（Dernburg）皆有相當之理由。

三、因世界交通認爲應訂民商統一法典也 反對民商法典統一者之言曰：商法具有國際性，民法則否。此亦狃於舊見之說也。民商合一，對於商事法規，應趨於大同與否，立法者儘可酌量規定，並不因合一而失立法之運用。且民商畫分之國，其法典關於本國之特別規定者，亦不一而足也。

四、因各國立法趨勢認爲應訂民商統一法典也 意大利爲商業發達最早之國，而其國之學者，主張民商合一爲最力。英美商業今實稱雄於世界，而兩國均無特別商法法典，瑞士亦無之。俄國一千八百九十三年民法第一草案，一千八百九十六年民法第二草案，一千九百零六年民法第三草案，一千九百零七年民法第四草案，均包商法在內。似此潮流，再加以學者之鼓吹提倡，則民商合一，已成爲世界立法之新趨勢，我國何可獨與相反。

五、因人民平等認爲應訂民商統一法典也　人民在法律上本應平等，若因職業之異，或行爲之不同，即與普通民法之外，特定法典，不特職業之種類繁多，不能遍及，且與平等之原則不合。

六、因編訂標準認爲應訂民商統一法典也　昔時各國之商法，以人爲標準，即凡商人所爲者，均入於商法。德國於一千八百九十七年所訂之商法亦然。法國自大革命之後，以爲不應爲一部分之人專訂法典，故其商法以行爲爲標準，即凡商行爲，均入於商法典。然何種行爲係商行爲，在事實上有時頗不易分。我國如亦編訂商法法典，則標準亦殊難定。

七、因編訂體例認爲應訂民商統一法典也　各國商法之內容，極不一致。日本商法分爲總則、會社、商行爲、手形、海商五編，德國商法無手形，法國則以破產法及商事裁判所組織法訂入商法法典，體例紛歧。可知商法應規定之事項，原無一定範圍，而劃爲獨立之法典，亦止自取煩擾。再法典應訂有總則，取其綱擧目張，足以貫串全體也。而關於商法，則不能以總則貫串其全體。

八、因商法與民法之關係認爲應訂民商統一法典也　在有商法法典之國，其商法僅係民法之特別法，而最重要之買賣契約，仍多規定於民法，而民法上之營利社團法人，仍須準用商法。則除有特別情形，如銀行交易所之類外，民法商法牽合之處甚多，亦何取乎兩法併立耶？且民商劃分，如一方爲商人，一方非商人，適用上亦感困難。因民商法相關聯之處甚多，而非一般人所能意料者。

立法院院長胡漢民等既向中央政治會議提議此次編纂民法，請將民商訂爲統一法典，復提出民法債權編立法原則十五條，當經中央政治會議第百八十二次會議決議，交王寵惠、胡漢民、戴傳賢、趙戴文、陳果夫、孔祥熙六委員審查。王委員等經節集會討議，僉以原提案各條大致妥善，惟債權編情形與總則編略異，各原則每有重要之例外，起草條文時應加注意，當繕具審查報告，提經中央政治會議於第百八十三次會議決議「民法債權編立法原則，照審查報告通過」，並函交立法院查照辦理。此則原共十五條：

一　基於債務關係，債權人有向債務人要求給付之權利。

給付不以有財產價格者爲限。

不作爲亦得爲給付之標的。

二　在中國境內支付之金錢債務，雖以外國通用貨幣定給付額者，債務人仍得按給付時給付地之市價，以中國通用貨幣給付之；但依其情形，或當事人之意思，不得不以外國通用貨幣給付者，不在此限。

三　最高限之利率，定爲週年百分之二十。

法定利率定爲週年百分之五。

預約以至淸償期之利息估本再生利息者，其預約無效。但債務人爲銀錢業或儲蓄機關者，不在此限。

四　利息遲付逾六個月，經債權人之催告而不償還者，其遲付之利息，得再生利息。

五　損害之賠償，以行爲時當事人所預見或可得預見者爲限。

除因故意或重大過失所加之傷害外，如所應負之損害賠償，對於加害人之生計，有重大之影響時，法院得減輕其賠償金額。

六　債權人行使權利，及債務人履行義務，應依誠實及信用方法行之。

七　債務人因拒絕或怠於行使其權利時，債權人因保存債權，得以自己之名義，代行使其請求權；但專屬於債務人者，不在此限。

八　債務人之行爲，意圖有害於債權人之權利者，債權人得訴請撤銷之。

九　合法占有他人之物，而就該物有債權者，於該債務未履行前，得留置該物。

十　債務如可分割者，法院得斟酌債務人之境況，准其於相當期限內，分期給付。

十一　因契約互負債務者，於他方未爲給付前，得拒絕給付。

十二　當事人之一方，如不履行其債務時，相對人於特定情形，有要求強制執行或解除契約之權。

十三　因故意或過失不法侵害他人之權利者，負損害賠償責任。

十四　受僱人因執行職務，不法侵害他人之權利者，由僱主連帶負損害賠償責任。

被保護人不法侵害他人權利者，其保護人應連帶負賠償責任。

十五　因物所生之損害，該物之占有人應負賠償責任。

旋立法院以上列原則第三條第三項前半段與第四項似相牴觸，又第三項但書專以銀錢業或儲蓄機關為例外，則第四項之適用，是否以銀錢業或儲蓄機關為限？當由院長胡漢民氏提請中央政治會議解釋。中央政治會議於第二百零二次會議決議，民法債權編立法原則第三條第三項第四項修正如下：

利息不得再生利息；但當事人以書面約定利息遲付於一年後，經催告而不償還時，債權人得將遲付之利息，算入原本者，可依其約定。

前項規定，商業上別有習慣者，不適用之。

立法院先後將民法債權編立法原則十五條，及修正該原則第三條第三四兩項交民法起草委員會遵照起草。至十八年十一月，該會起草完竣，惟定編名曰「債」，不曰「債權」，雖與原則微有差異，實以示對於債權人債務人同等保護之意。其呈報起草經過略云：

「本案之編訂，悉遵照中央政治會議決定之原則，與夫本黨之政策及黨綱，同時對於民法總則編中貫通民法全部之四大原則，詳加參酌，先後開會百五十餘次，歷時五月，始克成稿，詳慎研討，參以各國法例，準諸本國習慣，期於至善，擬就民法第二編債，計二章，共六百零八條。」

立法院於十一月五日至八日開第六十八次會議，將該草案提出逐條討論，完成二讀程序，除删去四條幷略有修正外，大致均照案通過。復繼續開三讀會，由主席以全案付表決，委員均無議異通過。

民法債編經國民政府於民國十八年十一月二十二日公布，幷定自十九年五月五日起施行。全編分爲二章，自第一五三條至第七五六條，都六百零四條。第一章通則，分爲六節：（一）債之發生，（二）債之標的，（三）債之效力，（四）多數債務人及債權人，（五）債之移轉，（六）債之消滅。第二章各種之債，分爲二十四節：（一）買賣，（二）互易，（三）交互計算，（四）贈與，（五）租賃，（六）借貸，（七）僱傭，（八）承攬，（九）出版，（十）委任，（十一）經理人及代辦商，（十二）居間，（十三）行紀，（十四）寄託，（十五）倉庫，（十六）運送營業，（十七）承攬運送，（十八）合夥，（十九）隱名合夥，（二十）指示證券，（二十一）無記名證券，（二十二）終身定期金，（二十三）和解，（二十四）保證。

民法債編立法理由，依據原起草說明書列舉於次：

第一　關於編別者

一、此編遵照中央政治會議民商法合一之原則，參酌瑞士、暹邏、及蘇俄諸國民法，特將商法總則中之經理人及代辦商，商行爲中之交互計算、行紀、倉庫、運送營業、及承攬運送一併訂入。並倣瑞士債務法，以出版契約定爲專節。

二、此編倣最新立法例，以契約、代理權之授與、無因管理、不當利得、及侵權行為同為債權發生之原因。並倣瑞士債務法，將懸賞廣告定於契約條文之後，不另立一節，以免棌雜。

民法總則編僅規定法定代理意定代理共通之原則，而以意定代理於民法債編中規定之。顧意定代理與委任契約性質上似屬相近，但如併為一節，又不可通。此編特將代理權之授與另立一節，緊接於契約條文之後，以明同為債權發生原因之旨趣。

三、關於契約之規定，有關於契約之發生者，有關於契約之效力者，實有分別規定之必要。此編倣最新立法例，將契約之成立要件，卽契約之要約承諾，於第一章第一節第一款規定之；關於契約效力部分，如給付不能、定金、違約金及契約之解除等，則於第一章第三節另立一第四款，以免混淆。

四、外國立法例，有將雙務契約、利他契約、及有償契約，認為各個契約者，此編則倣一般立法例，以雙務契約及利他契約，訂於第一章第三節第四款一般契約效力之後；而以有償契約分置於第二章之各節，並於買賣通則中明定買賣契約以外之有償契約，準用關於買賣之規定。

五、我國關於懸賞廣告、提存、及倉庫諸端，尚屬幼稚，此編對於是等規定，力求概括。至僱傭契約，因擬另定勞工法典，此編亦從簡略。

第二　關於內容者

其一　通則部分

一、此編除遵照中央政治會議民法債權編原則外，其貫通全編之精神，尚有二點：（一）社會公益之注重，（二）斟酌情形分別爲保護債務人之規定。良以個人本位之立法，害多利少，已極顯然，故特置重社會公益，以資救濟。至若債務人固非皆爲弱者，然與債權人相較，其經濟地位，恆非優越，故於可能範圍內，對於債務人之利益，特加保護。

二、重利盤剝，東西各國皆懸爲禁例。此編遵照立法原則，於第二零三條明定應付利息之債務，其利率未經約定，亦無法律可據者，週年利率爲百分之五，又約定利率超過百分之二十者，債權人對於超過部分之利息無請求權。其以折扣或其他方法巧取利益者，並於第二零六條特設禁止規定。

三、因一方之故意過失，致他方發生損害者，應由加害人負賠償之責。然如損害之發生或擴大，在被害人亦與有過失，自應認爲例外。此編於第二一七條規定法院得斟酌情形，減輕或免除其賠償金額。又損害非因故意或重大過失所致者，如因賠償致加害人之生計發生困難，又於第二一八條明定法院得減輕其賠償金額。

四、誠實信用，乃社會生活之基礎，交易之安全發達，胥賴於此。此編第二一九條明定行使債權，履行債務，應依誠實及信用方法爲之，否則爲法律所不保護。又債務人就其過失行爲，固應負責，但亦應視其情形如何而定，此編第二二零條規定過失之責任，依事件之特性而有輕重，如其事件非予債務人以利益者，即應從輕酌定。

五、債務人之利益固應保護，債權人之權利亦非可置之不顧。此編遵照立法原則及一般立法例，於第二四二條明定債權人之代位權，即債務人怠於行使其權利時，債權人因保全債權，得以自己名義行使其權利；又於第二四四條明定債權人之撤銷權，即債務人所為之行為，有害及債權，或明知有損害於債權人之權利時，債權人得聲請法院撤銷之。

六、當事人間約定債務人不履行債務，應支付違約金者，如債務人全部不為履行，固得請求違約金之全部，然如履行債務之一部，而仍許其請求全部違約金，則頗失當。此編第二五一條規定法院得比照債權人因一部履行所受之利益，減少違約金。至違約金額，在當事人間固可自由約定，但如失之過高，亦欠允當。第二五二條特規定法院得減至相當之數額。

七、連帶債務之由法律行為而生者，此編規定以有債務人之明示為條件之一，如係默示，則不使其發生連帶債務。其因默示亦生法律上之效力者，均用為規定，反是則用明示字樣，如無明示，則連帶債務之成立，以法律有規定者為限。

八、關於債之清償地，有采債權人主義者，有采債務人主義者，此編則以當事人之意思及債之本質為準。第三一四條規定債之清償地，除法律另有規定，契約另有訂定及另有習慣外，依債之性質及其他情形定之。其不能依債之性質及其他情形決定者，在特別物之債，於訂約時物之所在地為之，如係其他之債，則於債權人之住所地爲之。

九、債務人之淸償債務，應淸償全部，始足保護債權人之利益。然如給付係屬可分，而債務人又不能爲全部淸償時，如必令其淸償全部，殊嫌過苛。此編第三一八條明定法院得斟酌債務人之境況，許其於無甚害於債權人利益之相當期限內分期給付，或緩期淸償。又給付縱非可以分割，法院亦得斟酌債務人之境況，許其於相當期限內展期淸償。

其二　各種債之部分

一、出賣人於買賣契約保留其買回權者，如買回期限漫無限制，對於社會經濟，諸多窒礙。此編第三八零條規定買回期限，不得超過五年，約定之期限較長者，縮短爲五年。

二、買賣之價金，爲買受人便利起見，分期給付，事所恆有。如當事人約定，買主一有遲延，出賣人卽得請求支付全部價金，殊不足以顯分期付價買賣之效用。此編第三八九條明定以買受人有連續兩期給付之遲延，而其遲付之價額已達全部價金五分之一者爲限，出賣人始得請求支付全部之價金。

三、舍己謀人，固屬難能可貴之美德，然如己身因此而致凍餒，亦爲事理之所難堪。此編第四一八條規定贈與人於贈與約定後，其經濟狀況顯有變更，如因贈與致其生計有重大影響者，得拒絕贈與之履行，其因贈與妨礙扶養義務之履行者，亦同。

四、買賣契約能否破壞租賃契約，各國法律，尚未一致。此編爲保護承租人之利益，明定買賣契約不能破壞租賃契約，但以租賃物已交付者爲限。即第四二五條規定「出租人於租賃物交付後，縱將其所有權讓與第三人，其租賃契約，對於受讓人仍繼續存在。」至租賃物之爲動產不動產，在所不問。

五、承租人就租賃物支出有益費用，因而增加該物之價值，及就租賃物增設工作物者，於租賃關係終止時，自應使出租人償還其費用，或由承租人收回其工作物。惟前者僅以現存之增加價額爲限，後者亦須無損於出租人之利益，此編特設第四三一條以明示之。

六、租賃物之全部或一部，因失火燬損者，承租人之責任如何，爲極難解決之問題。此編則視承租人已否爲善良管理人之注意，及其失火是否因其同居人等應負責之事由而生，以定承租人應否負責之標準。第四三四條規定承租人因重大過失，致失火而毀損滅失租賃物者，負損害賠償責任。

七、租賃物爲不動產，因其價值之變動，致原定租金失其平衡者，在社會經濟變動不定之今日，實所常見。此編第四四二條則定除租賃契約有定期者外，出租人得請求法院增加租金，承租人亦得聲請法院減少租金。

八、租賃契約之期限不宜過長，蓋社會經濟瞬息萬變，如期限過長，足以妨礙社會經濟之發展，此編第四四九條規定租賃契約之期限，不得逾二十年，其約定期限長於二十年者，縮短爲二十年。

九、租賃契約定有期限者，在期限屆滿前，不得終止契約。然在未定期限者，衡諸契約本旨，各當事人得隨時終止契約，但如有利於承租人之習慣，如鋪底之類，自應從其習慣，出租人不得隨時終止契約，此編特設第四五零條明加規定，以保護承租人之利益。

十、租賃物爲耕作地者，承租人之租金減免請求權，實有明爲規定之必要。此編於第四五七條明定承租人因不可抗力致其收益減少或全無者，得請求減少或免除租金，且明示此項請求權，不得預先拋棄。

十一、租賃物爲耕作地者，其承耕人尤應特予保護。此編於第四五八條、第四五九條規定出租人除收回自耕外，非承租人不支付租金，或違反第四三二條、第四四三條第一項，或第四六二條第二項之規定時，不得終止契約。

十二、僱傭之未定期限者，如不能依勞務之性質或目的定其期限，僱用人與受僱人各得隨時終止契約，但如有利於受僱人之習慣，則應從其習慣，此編特於第四八八條第二項明定之。

十三、欲獎勵著作物之發達，對於著作人之利益，不可不特爲保護。此編倣瑞士債務法，以出版契約定爲專節，而於著作人之利益尤爲注意。舉其著者，如第五一八條第二項、第五一九條、第五二二條、第五二四條第一項、第五二五條第一項、第五二七條規定出版人如怠於新版之印刷，即喪失其出版權。出版人對於著作物不得增減變更，並應以適當格式印刷著作物。著作物翻譯之權利，除契約另有訂定外，仍屬於出版權授與人。著作物全部出版者，於其全部印刷完畢時，給付報酬；分部出版者，於其各部分印刷完畢時，給付報酬。著作物交付出版人後，因不可抗力致滅失者，出版人仍負給付報酬之義務。著作物未完成前，因一定情事致不能完成其著作時，如出版契約關係之全部或一部之繼續爲可能且公平者，法院得許其繼續並命爲必要之處置。

十四、外國立法例，有以不受報酬爲委任契約之特色者，但在事實上委任以受報酬爲多。此編不問其受報酬與否，凡爲他人處理事務，皆爲委任，至受任人注意之義務，則因有無報酬而異。第五三五條規定在未受報酬之委任，委任人只須與處理自己事務爲同一注意爲已足；反之，如受任人受有報酬，則其處理事務，應以善良管理人之注意爲之，雖輕過失亦負責任。

十五、旅店之主人，飲食店之主人，如對於客人所攜物品之毀損喪失，不負責任，則行旅之安全將不可期。此編第六零六、六零七、六零九各條規定旅客或其他以供客人住宿爲目的之場所主人，對於客人所攜物品之毀損喪失，應負責任；飲食店浴堂之主人，對於客人所攜通常物品之毀損喪失亦同；其以揭示限制或免除此項責任者，其揭示爲無效。

十六、倉單有分爲存單及質單兩種者，亦有不爲分別者。此編因我國倉庫營業情形，不另定質單，僅規定倉單之塡發，倉單之式樣，及倉單之轉讓。

十七、物品運送人爲免除或限制其責任計，往往於交與託運人之提單，或其他文件，記載免除或限制其責任之文句，使託運人疏於覺察，以爲他日免責之根據，此種脫法行爲，非嚴加限制，不足以保護託運人之利益，而期運送之安全。此編於第六四九條明定除能證明託運人對於責任之免除或限制明示同意外，其免責記載不生效力。又於第六五九條規定旅客運送人交與旅客之票單收據或其他文件有同樣之記載者亦同。

十八、合夥之經營共同事業，雖係各合夥人分別出資爲之，然於合夥財產不足清償合夥之債務時，爲增進合夥信用，及避免合夥流弊起見，自應使各合夥人就其不足之額負連帶清償之責。此編特設第六八一條明示其旨。

民法債編之要點，前於列舉立法理由時，已概加敍述，玆就與第一次第二次民律草案差異之略，點述於次：

(一)此編稱曰債，債權債務均可包括，且隱寓保護債務人之意，與第二次草案同，惟第一次草案稱第二編爲債權。

(二)此編與第一二兩次草案最大之異點，卽一爲民商兩法合一，一爲民商兩法分離。第一次草案與第二次草案均以買賣、互易、贈與、使用租賃、用益租賃、使用貸借、消費貸借、雇傭、承攬、居間、委任、寄託、合夥、隱名合夥、終身定期金、賭博、和解、債務約束及債務承諾、保證爲各個契約關係。此編則將商人通例中之經理人及代辦商、商行爲中之交互計算、行紀、倉庫、運送營業、及承攬運送一併增入，統稱之曰各種之債。

(三)此編以清償、提存、抵銷、免除、混同五種爲債之消滅之原因，幷有關於共通法則之規定，此與第二次草案相同。惟第一次草案多更改一種，實則更改解釋上可包括於債權之讓與中。

(四)此編所定之特種買賣爲試驗買賣、貨樣買賣、分期付價買賣及拍賣。第一次草案以試驗買賣及貨樣買賣定爲特種買賣，第二次草案與之相同。

(五)此編所定租賃，不設區別，就中關於耕作地租賃之規定，臨與德國民法之土地租賃相當。第一第二兩次草案均將租賃分而爲二：一使用租賃，二用益租賃。

(六)此編倣瑞士立法例，關於出版之規定甚詳，爲前兩次草案所無，此亦爲與各該草案相異之要點。

(七)此編各種之債內有指示證券及無記名證券之規定，與第一次草案同，第二次草案無之。

(八)此編無關於賭博之規定，前兩次草案均認爲契約，此亦相異重要之點。

民法債編既經公布，民法起草委員復於十九年一月擬具民法債編施行法草案，提經立法院第七十四次會議議決通過，幷經國民政府於十九年二月十日公布，幷定自同年五月五日起施行。此法共十五條，大致規定民法債編施行前發生之債關於消滅時效之起算，利息之數額，債務之分期給付或緩期淸償，債務之抵銷，債務消滅公認證書之作成，不履行債務之責任，違約金之約定及賠償金額之減輕或免除，買回契約之期限，租賃契約之效力與期限，並拍賣之變通辦法等。

第七節　民法第三編物權附施行法

民國十八年十月，中央政治會議委員兼立法院院長胡漢民以民法物權編亟待起草，爰擬具立法原則十四條，并各附說明，提經中央政治會議於第百九十九次會議決議交法律組審查。該組於十月二十七日開會討議，當將該項原則及說明略加修正，并於第九條下增加一條，爲「支付典價占有他人之不動產而爲使用及收益者，爲典權人」原第十條改爲第十一條，以下遞推至第十五條止。中央政治會議復提出第二百零二次會議決議，民法物權編立法原則照審查修正案通過，並函送立法院查照辦理。此十五條原則如次：

一　物權除於本法或其他法律有規定外，不得創設。

說明　物權有對抗一般之效力，若許其以契約或依習慣隨意創設，有害公益，故明定除本法或其他法律有規定外，不得創設，以示限制。所謂其他法律，指特別法而言。蓋物權非必悉以民法規定，如漁業權、著作權、及其他另有特別法規定者皆是。

二　不動產物權，依法律行爲取得設定喪失及變更者，非經登記不生效力。

說明　物權既有極強之效力，得對抗一般人，而爲貫徹吾黨土地政策起見，其權利狀態，應使明確，故對於不動產物權之取得設定喪失及變更，採用登記要件主義，明定非經登記，不生效力。所謂不生效力者，不僅不能對抗第三人，卽當事人間亦不發生物權效力也。

三　所有人於法令所限制之範圍內，得自由使用收益處分其所有物，並排除他人之干涉。

說明　所有人固得任意使用收益處分其所有物，然爲社會公益及貫徹吾黨土地使用政策起見，不得不加以限制，故特設明文，以示其旨。至對於他人非法之干涉，則許其排除，以資保護。

四　以所有之意思，五年間和平公然占有他人之動產者，取得其所有權。

以所有之意思，二十年間和平繼續占有他人未登記之不動產者，得請求登記爲所有人。

以所有之意思十年間和平繼續占有他人未登記之不動產，而占有之始爲善意并無過失者，得請求登記爲所有人。

說明　爲注重社會公益起見，動產所有權及不動產所有權之狀態，不宜久不確定，故規定其取得時效。至時效期限，亦不宜過長，故分別規定動產取得時效爲五年，不動產取得時效爲二十年或十年。

五　土地所有權除法令有限制外，於其行使有利益之範圍內，及於地上地下，若他人之干涉無礙其所有權之行使者，不得排除之。

說明　土地所有權之效力，固可及於土地之表面土地之內部及土地以上之空間，然如漫無限制，亦屬有害公益，故明定須受法令之限制，至其行使，亦須以有利益者爲限，否則卽爲權利之濫用，應在禁止之列。

六　以所有之意思，占有無主之動產者，取得其所有權。

說明　無主之動產，得因占有取得其所有權，各國法律，大抵相同。但占有人如事實上無自己所有之意思，卽無使其取得所有權之必要，故明定以所有意思占有無主動產者，始取得其所有權。

七　依法律規定或依契約成一公同關係之數人，基於其公同關係而共有一物者，爲公同共有人。公同共有人非經全體同意，不得行使其權利，但其公同關係所由規定之法律或契約另有規定者，不在此限。

說明　我國祠堂祭田合夥等，均爲公同共有關係，故不可無公同共有之規定。至公同共有人，非如普通共有人對於共有物各有其應有部分，故明定除依其公同關係所由規定之法律或契約另有規定外，非經公同共有人全體之同意，不得處分公同共有物，或行使其他之權利，以保護公同共有人全體之利益。

八　佃權之設定，定有期限者，視爲租賃。

說明　佃權本有永久存續之性質，故定爲有期限者，卽視爲租賃，適用債編關於租賃之規定，以示區別。

九　佃權人因不可抗力，致其收益減少或全無者，得請求減少或免除佃租。

說明　佃權爲物權之一種，就理論言之，土地所有人固不應負何種責任，然佃權人多屬經濟上之弱者，故爲顧全實際狀況計，規定如因天災地變等不可抗力，致其收益減少，或全無收益時，仍許其請求減少佃租，或免除佃租，以保護佃權人之利益。

十　支付典價，占有他人之不動產，而爲使用及收益者，爲典權人。

說明　我國習慣無不動產質，而有典，二者性質不同。蓋不動產質爲擔保債權，出質人對於原債務仍負責任，苟質物價格低減，不足清償，出質人仍負清償之責，而典則否。質權既爲擔保債權，則於出質人不爲清償時，祇能將質物拍賣，就其賣得金額而爲清償之計算，無取得其物所有權之權利，典則用找貼方法，便可取得所有權。二者比較，典之習慣，實遠勝於不動產質。因（一）出典人多經濟上之弱者，使其於典物價格低減時，拋棄其回贖權，即免負擔，於典物價格高漲時，有找貼之權利，誠我國道德上濟弱觀念之優點；（二）拍賣手續既繁，而典權人既均多年占有典物，予以找貼，即取得所有權，亦係最便利之方法；故於民法中應規定典權。至典係以移轉占有爲要件，故又與抵押不同。

十一　典權存續期間，不得逾三十年，約定期間逾三十年者，縮短爲三十年。

說明　典權存續期間，漫無限制，則有害經濟上之發展，故明定其權利存續期間，不得逾三十年，約定期間逾三十年者，縮短爲三十年。

十二　出典人於典權設定後，仍得將典物之所有權，讓與他人。

說明　出典人於設定典權後，對於其典物之使用收益，固受限制，但典物之所有權，仍屬於出典人，以之讓與他人，自無不可。

十三　出典人於典期屆滿後，經過二年，不以原典價回贖者，典權人卽取得典物所有權。典權未定存續期間者出典人得隨時以原典價回贖典物但自出典後經過三十年不回贖者，典權人卽取得典物所有權。

說明　典權之特質，在於出典人有回贖之權利，如逾期不贖，則權利狀態，不能確定，於經濟上之發展，甚有妨害，故明定典權定有期間者，於期間屆滿後經過二年不回贖，未定期間者，經過三十年不回贖時，典權人卽取得典物所有權。

十四　出典人對於典權人表示讓與其典物之所有權者，典權人得按時價找貼，取得典物所有權，但其找貼以一次爲限。

說明　找貼習慣，於出典人及典權人雙方均甚利便，故設此項之規定。但習慣上往往有迭次請求找貼，致生糾紛者，故規定找貼以一次爲限。

十五　以動產所有權或其他物權之移轉，或設定爲目的，而善意受讓該動產之占有者，縱其讓與人無讓與之權利，其占有仍受法律之保護。

說明　爲保護交易上之安全起見，對於善意取得動產之占有人，應予以保護，故爲此項規定。

此原則經立法院發交民法起草委員會依據起草。該會先後開會四十餘次，擬具民法物權全編。立法院於十一月十九日、二十日開第六十一次會議提出討論，經過初讀後，即開始二讀，大致均照案通過，接開三讀會，逐條朗讀畢，全案遂無異議通過。

民法第三編物權經國民政府於民國十八年十一月三十日公布，并定自十九年五月五日起施行。全編共分十章，自第七五七條至第九六六條，都二百一十條，第一章總則。第二章所有權，分為四節：（一）通則，（二）不動產所有權，（三）動產所有權，（四）共同。第三章至第六章為地上權、永佃權、地役權、抵押權，第七章質權，分為二節：（一）動產質權，（二）權利質權。第八章典權。第九章留置權，第十章占有。

民法物權編立法理由除重要之點，中央政治會議核定之立法原則，已逐一詳加說明外，茲依據原起草說明書，就其編制與內容，摭要分述於次：

第一 關於編制者

一、此編冠以通則，凡一切物權之取得、設定、喪失、及變更均適用之。次以所有權、地上權、永佃權、地役權、抵押權、質權、典權、留置權各列一章。占有係一種事實，以之殿於全編之後。

二、各國法律多分質權為動產質、不動產質、及權利質三種。詳審我國質權習慣，祇有動產質及權利質，而無所謂不動產質，通常所謂不動產質，與法律上之典用語混淆。典為我國固有之習慣，此編對於典權特設專章，故於質權章中，不另設不動產質之規定。

三、關於留置權之立法例頗不一致。(一)有不設一般規定，依其性質散見於各條者。此種立法例，不但不於民法中規定留置權之通則，且不認其爲獨立之物權。(二)有於債權法中設一般規定者。此種立法例，以留置權爲債權之特別效力，故於債權法中設一般之規定。(三)有於物權法中設一般規定者。此種立法例，適與第一種立法例相反，不但設留置權之一般規定，且認其爲獨立之物權，於物權法中規定之。三種立法例中，以最後之立法例較爲合理，此編特於第九章設留置權之一般規定。

四、關於土地部分因與本黨土地政策相關甚切，有通常屬於物權法規，而此編不設規定，以之讓諸土地法規者，如土地所有人相鄰間關於經界之關係是。亦有僅定原則，以之讓諸他種單行法令詳爲規定者，如土地所有人與永佃權人間之關係是。

第二　關於內容者

一、關於不動產物權之取得、設定、喪失、及變更，各國法律有采地劵交付主義者，有采登記公示主義者，有采登記要件主義者。此編遵照立法原則，采用登記要件主義。其因繼承、強制執行、公用徵收、或法院之判決，於登記前已取得不動產物權者，固無庸經過登記程序，然欲處分其物權，仍非登記後不得爲之，特設第七五八條、第七五九條以明定之。

二、動產所有人大抵以占有其物爲管業之標準，則創設動產物權自以實際交付其物爲必要，此編特於第七六一條規定動產物權之讓與，非將動產交付，不生效力，蓋采交付要件主義。但在訂立讓與動產物權之際，受讓人已占有動產，或因他種理由，讓與人仍繼續占有動產，或其動產由第三人占有者，為使動產物權易於移轉起見，不能不另設變通辦法：關於第一種情形，采簡易交付主義，以讓與人合意時，卽生效力；關於第二種情形，采致定占有主義，由讓與人受讓人訂立契約，使受讓人取得間接占有；關於第三種情形，採指示交付主義，由讓與人將對於第三人之返還請求權讓與受讓人，以代交付。

三、為注重社會公益起見，此編遵照立法原則，於第七六五條規定所有人惟於法令限制之範圍內，得任意使用、收益、處分其所有物。其與此相關聯者，則為土地所有權行使之限制，亦設第七七三條以明示之。

四、關於水流事項，有關於排水正當權者，有關於用水正當權者，此編於第七七五條、第七七九條、第七八一條至第七八五條規定之。關於鄰地之使用，其情形有三：其一為安設工作物通過鄰地上下之正當權，其二為通行鄰地之正當權，其三為使用鄰地之請求權，則於第七八六條至第七八九條及第七九二條規定之。凡此規定，均為各國法律之所同。

五、無主之動產，得因先占取得其所有權，各國法律大抵相同，此編遵照立法原則，於第八零二條明定之。但其占有以有所有之意思為必要，其被占有之動產，須以無主者為限，所謂無主，指現不屬於他人所有者而言，曾否屬於他人，在所不問，如係有主，則應適用取得時效之規定。

六、我國祠堂祭田合夥等，均爲公同共有關係，此編遵照立法原則，並參酌我國固有習慣，特於第八二七條至第八三零條設公同共有之規定。公同共有與普通共有不同：（一）各公同共有人之權利，及於公同共有物之全部；（二）公同共有人之權利義務，依其公同關係所由規定之法律或契約定之，除該法律或契約另有規定外，公同共有物之處分，及其他之權利行使，應得公同共有人全體之同意；（三）公同關係存續中各公同共有人不得請求分割其公同共有物；（四）公同共有關係之消滅，以公同關係終止或公同共有物之讓與爲限。

七、地上權乃使用他人土地之權利，惟各國法律所定關於土地使用之方法，頗爲狹隘，此編采最新立法例，於建築物或其他工作物以外，兼及於竹木，於第八三二條明定之。

八、地上權係一種物權，非如使用租賃出租人有使承租人完全使用其租賃物之義務，此編特設第八三七條，規定地上權人，縱因不可抗力，妨礙其土地之使用，無論請求免除地租，或減少地租，均所不許。

九、地役權爲財產權之一種，得依時效取得，固屬當然，此編則於第八五二條規定以繼續幷表見者爲限。蓋在不繼續之地役權，其權利既非繼續存在，根本上不發生取得時效之問題；至在不表見之地役，供役地人絕少發覺之機會，故亦不許其依時效取得地役權。

十、抵押權爲物權之一，本不因時效而消滅，然如抵押權所擔保之債權，依消滅時效之規定，已歸消滅，而抵押權人於消滅時效完成後，復逾一定期限，不實行其抵押權，則無使其權利繼續存在之必要，此編特於第八八零條明定其抵押權消滅，以重公益。

十一、質權所擔保之債權範圍，如設定行爲另有訂定，自應以設定行爲之內容爲準，如設定行爲未另訂定，則質權所應擔保者有五：(一)原債權，(二)利息，(三)遲延利息，(四)實行質權之費用，如拍賣費等，(五)因質物隱有瑕疵而生之損害賠償。此編特於第八八七條明定之。

十二、典權人對於典物旣有使用收益之權，除當事人另有訂定或另有習慣外，典權人將典物轉典或出租於人，自無不可，此編特設第九一五條規定之。但於保護典權人之中，仍期無損於出典人之利益，故定典權定有期限者，其轉典期間，或租賃期間，不得逾原典權之期限，未定期限者，則不得定有期間，且轉典之典價，不得超過原典價，以免出典人回贖典物時發生糾葛。

十三、外國法律有認占有爲一種權利者，此編則倣最新立法例，而認爲一種事實，故不曰占有權，而曰占有。占有之事實爲各種物權之基礎，保護占有，法律上最爲重要，但關於占有之諸種事實證明困難，故基於事實之常態而設種種之推定，特設第九四四條以明示其旨。

十四、地上權、地役權及抵押權等，乃不必占有某物，亦得行使權利之財產權，其應爲保護，與有體物無殊，此編特於第九六六條規定行使其財產權之人爲準占有人，并準用關於占有之規定。

〈民法物權編與前第一次第二次兩草案差異之點，略如次述：

(一)此編倣德民法，以取得時效規定於所有權章之通則中。第二次草案倣瑞士民法，於不動產所有權節規定不動產之取得時效，於動產所有權節規定動產之取得時效。第一次草案則以取得時效規定於總則編。

(二)此編關於遺失物之拾得，倣日本民法，於動產所有權中設相當之規定，無須另訂特別法，第一次草案及第二次草案均讓諸特別法令規定之。

(三)法律條文之次要者，如野棲動物及蜂羣等所有權之歸屬等，此編不設規定，第一次草案及第二次草案均以之訂爲專條。

(四)我國習慣無土地債務及不動產質，就目前經濟狀況而論，亦無採用之必要，此編祇規定動產質權，權利質權，無復關於不動產質權及土地債務之規定。第一次草案倣德民法，規定土地債務、不動產質權、及動產質權，幷加入抵押權，倂爲一章稱爲擔保物權。第二次草案刪除土地債務，廢去擔保物權之名稱，將抵押權另立一章，並倣日民法，增入權利質權，將不動產質權、動產質權、及權利質權倂爲質權一章，又設通則一節，以爲共通適用之準據。

(五)典爲我國特有之習慣，遠勝於不動產質，而又與抵押不同，此編特設專章規定之，與第二次草案同，惟第一次草案則未加規定。

(六)此編倣德民法，認留置權有物權之效力，第一次草案及第二次草案均倣日瑞民法，以留置權爲雙務契約之效力，稱爲給付之拒絕。

民國十九年一月，民法起草委員會擬具民法債編施行法草案，幷同時擬具民法物權編施行法草案十六條，一併提經立法院第七十四次會議議決通過，復經國民政府同於十九年二月十日公布，幷定自同年五月五日起施行。此法大致爲關於民法物權編施行前發生之物權其消滅時效與取得時效之規定。

第八節　民法第四編親屬第五編繼承附施行法

民國十九年七月，立法院院長胡漢民，副院長林森提請中央政治會議核定民法親屬繼承兩編立法原則，以便依據起草，而符立法程序。原提案有云：

「查民法第一編總則，第二編債，第三編物權，均經政府次第公布，第四編親屬，及第五編繼承，亟待起草，俾使適用。惟親屬繼承兩編，對於本黨黨綱及各地習慣所關甚大，倘非詳加審愼，誠恐多所扞格，擬請先由本會議制定原則。……茲就立法主義上最有爭議各點，計親屬法上應先決者九點，繼承法上應先決者九點，提請先行決定，俾於制定原則時有所參考。」

中央政治會議於第二百二十次會議提出討論，當決議交法律組審查。該組即召集會議，將原提案所列親屬法及繼承法先決問題各九點，逐一詳加研討，均經審查完竣，幷繕具意見書提經中央政治會議第二百三十六次會議決議：「民法親屬編繼承編立法原則，均照審查意見通過，」並函交立法院查照辦理。

親屬法立法原則，仍分九點如次：

第一點　親屬分類

親屬應分爲配偶、血親、姻親三類。

說明　我國舊律分宗親、外親、妻親三類，係淵源於宗法制度，揆諸現在情形，有根本改革之必要。查親屬之發生，或基於血統，或基於婚姻，故親屬之分類，應定爲配偶、血親、姻親三類，而於血親、姻親更分直系、旁系，如此分類，不獨出於自然，且於世界法制相合。

第二點　夫妻及子女間之姓氏

一　以妻冠夫姓，夫入贅妻家時冠妻姓爲原則，但得設例外之規定。

二　子女從父姓。

三　贅婿之子女從母姓，但得設例外之規定。

說明　本問題可假定爲下列六項辦法，而研究其短長：

一、夫妻均以協定之姓（夫姓、妻姓、或第三姓）爲姓，子女亦從之；

二、夫妻各用本姓，子女倂用父母之姓；

三、夫妻各用本姓，子從父姓，女從母姓；

四、妻從夫姓，子女從父姓；

五、夫從妻姓，子女從母姓；

六、妻冠夫姓，子女從父姓。

第一、第二、第三三項，與男女平等之旨相符，此其長也。然用第一項辦法，夫妻既有擇姓之自由，而子女結婚，亦復有此自由，則其結果，恐有代易其姓之弊，則姓之所以爲姓者僅矣，此其短也。如用第二項辦法，在子女併用兩姓，原無不可，然子女之子女，即有二以上之字爲姓，每遞下一世，即增其字數，世無窮，而姓之字數增多亦無窮，扞格難行，此其短也。如用第三項辦法，則兄弟姊妹間各異其姓，未免奇異，此其短也。第四項辦法，妻不存本姓，專從夫姓，似有所偏。第五項辦法之偏亦相等，均不足取。第六項辦法，妻得保存本姓，而夫亦不致易姓，在實際上似較爲易行。至子女之姓，因另無完善之辦法，故擬仍從父姓。惟此係就妻嫁入夫家時而言，若夫入贅妻家時，則夫冠妻姓，所生子女亦從母姓，略示男女平等之意，故擬一併定爲原則。至應否另設例外，可由負責起草條文者從長討論。總之，本問題欲求男女完全平等，殊無圓滿辦法，已如上述，而男女平等，似應注重實際，如經濟平等、政權平等、及私權平等，不必徒鶩虛名。若關於姓氏，必使銖兩悉稱，殊屬難能，惟當於可能範圍內，企合於平等之旨而已。

第三點　親屬之範圍

親屬不規定範圍，而規定親屬之定義，及親等之計算方法。

說明　人類發生親屬之關係，有血親姻親之別，而血親姻親之範圍，原難確定。以血親言，由父母而祖推而上之，由子女而孫推而下之，既有血統相聯絡，雖輩數遼遠，謂之非親屬不可得也。直系如此，旁系亦然。以姻親言，其無確定之範圍，猶如血親。然則法律所以定親屬範圍者，乃因親屬相互間有時發生一種法律關係，在事實上不可漫無限制，故規定之以資適用耳。然而各種法律關係，其情形各有不同，即規定之範圍，亦應隨之而異，則雖強爲概括之規定，而遇有特種法律關係，例如民事上之親屬禁止結婚，親屬間之扶養義務及繼承權利，刑事上之親屬加重及親屬免刑等類，仍以分別規定其範圍爲合於實用，故親屬之範圍，無庸爲概括之規定。惟親屬之分類，既改用血親姻親之名稱，則其定義如何，自非以明文定之，不易明瞭。且血親姻親，關於特種法律關係，既須分別以其親疏爲據，則關於親疏，自須以親等計之，故應規定親屬之定義，及親等之計算方法。

又按計算親等之方法，分羅馬法與寺院法兩種。羅馬法之計算方法，直系親從已身上下數，以一輩爲一親等。旁系親從已身上數至同源之人，由同源之人下數至所指之親屬，以其總輩數爲親等之數。寺院法之計算方法，直系親與羅馬法同，旁系親則否。蓋從已身數至同源之人，再從所指之親屬數至同源之人，其輩數相同者，以一方之輩數定之，輩數不相同者，從其多者定之，此與羅馬法相異之點也。世界各國，用羅馬法者居多，羅馬法之計算，依血統之遠近，定親等之多寡，合於情理。寺院法源於歐西宗教遺規，其計算親等，不盡依親疏之比例，如兩系輩數不同，從其多者定親等之多寡，則輩數較少之系，往往不分尊卑，同一親等，於理不合，試爲圖以明之：

寺院法

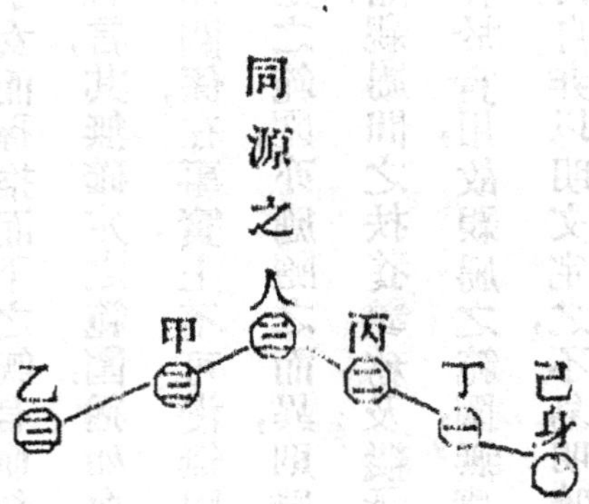

羅馬法

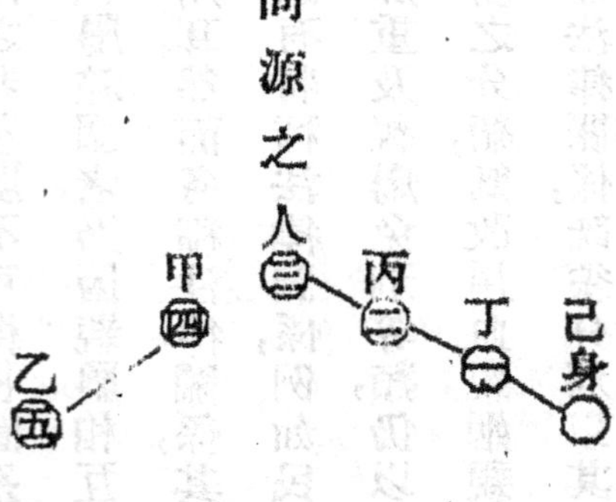

依上圖己身與甲或乙之親等，如以寺院法計算，均以輩數較多之一系定之，即從己身至同源之人，爲三親等，因之己身與甲及乙同爲三親等。如以羅馬法計算，則己身與同源之人爲三親等，與甲爲四親等，與乙爲五親等。兩相比較，自以依羅馬法之計算爲合理。

我國從前所以采用寺院法者，以其與昔日之宗親服制圖相對勘，凡五等服以內之宗親，可以寺院法四親等包舉之而無遺，故自前清民律草案，以迄最近各種草案，均以寺院法計算親等。今親屬之分類，既從根本上改革，分爲血親與姻親兩大類別，已與所謂服制圖者不生關係，自應擇善而從，改用羅馬法。

第四點　成婚年齡

成婚年齡男十八歲，女十六歲。

說明　各國所定成婚年齡，以氣候風俗之異，頗不一致，故男子最高有至二十一歲者，最低有十四歲者，女子最高有至十八歲者，最低有十二歲者，而男子成婚年齡略高於女子，則爲大多數國之通例。惟與國定爲男女一律十四歲，最近蘇俄民法亦有男女一律十八歲始許爲婚姻註册之規定，似符平等之義。然男女身體之發達有遲早之別，乃出於生理之自然，無取乎以人力強劑之平。茲折衷各國制度，男規定十八歲女十六歲爲成婚年齡，於我國國情，亦尚適宜。惟此所規定者，爲男女成婚年齡之最低限度，卽不達此最低限度者，應絕對禁止其成婚。至於男女婚姻自主之年齡，不在本問題範圍內，故從略。

第五點　親屬結婚之限制

與左列親屬不得結婚：

一、直系血親及直系姻親。

一、旁系血親及旁系姻親之輩分不相同者；但旁系血親在七親等以外，旁系姻親在五親等以外者，不在此限。

三、旁系血親之輩分相同，而在六親等以內者；但表兄弟姊妹不在此限。

說明　直系血親之禁止結婚，中外一律，卽直系姻親雖有例外（蘇俄及美國數州）而以禁止者爲多。至旁系血親與旁系姻親，各國禁止範圍不一，較我國甚爲狹小，按我國舊律，凡屬宗親，皆在禁止之列，幾無範圍之可言，而對於外親妻親，則較宗親爲狹，懸殊已甚。今斟酌損益於中外法制之間，對於我國向不禁止者，仍不禁止，例如原則第三款但書表兄弟姊妹是也。對於我國禁止過廣者，縮小其範圍，例如原則第二款旁系血親及旁系姻親輩分不相同者，從前不問遠近，均禁止之，茲擬加以但書之限制，蓋取解放之意也。至關於血親結婚之限制，於非婚生之子女，及其子孫，亦適用之。又關於姻親結婚之限制，於姻親關係消滅後亦適用之，均爲多數國立法例之所同。此外基於其他原因而應禁止適婚者，尙不止一端，其中有雖非親屬而略相彷彿者，則（一）爲養親與其所養子女之關係，（二）爲監護人與被監護人之關係，似應略倣外國立法例，規定在關係存在期間，或監護人責任終了前，不得結婚。凡此諸端，皆屬於詳細條文，故不列入原則。

第六點 夫妻財產制

一 夫妻財產制應定爲法定制及約定制兩種。

二 法定制定爲聯合財產制。

三 約定制除左列三種外，得規定他種制度：

一 共同財產制

二 統一財產制

三 分別財產制

四 夫妻得以契約於約定制中，選擇其一爲其夫妻財產制。

五 夫妻未以契約訂立夫妻財產制者，當然適用聯合財產制。

六 適用約定制（除分別財產制外）或法定制後，遇有特定情形，當然或依法院之宣告，改用分別財產制。

七 適用約定制後，在婚姻存續期內，夫妻得以契約改用他種約定制，但須加以適當之條件。

說明 各國民法，關於夫妻財產制度，規定綦詳，標準殊不一致。我國舊律，向無此種規定，配偶之間，亦未有訂立財產契約者，近年以來，人民之法律思想，逐漸發達，自當順應潮流，確定數種制度，許其約定擇用其一，其無約定者，則適用法定制。按各國民法，關於夫妻財產制之規定，皆因其本國情形而異，種類不一，利弊互見，且有條文複雜，適用困難者。茲就所有權、管理權、處分權、用益權、及負債關係各觀念，將夫妻財產制大別爲左列五種：

一　統一財產制

二　共同財產制

三　聯合財產制

四　奩產制

五　分別財產制

右各制之內容，可就其特質，略述於左：

一、統一財產制　雙方財產，均集中於夫之一方，妻所帶入財產之所有權，均移轉於夫，而妻只有請求返還權。（各國現行法制，惟瑞士民法第一九九條以此爲約定制。）

二、共同財產制　此制之特質，爲設定一種夫妻之共有財產，於共有財產外，各許獨有財產，夫對於共有財產有管理權及處分權，於共同財產關係終了時，雙方或其繼承人得將共有財產分析。至共有財產之範圍大小不同，故此制可細別爲左列三種：

甲　一班共同財產制（以此爲法定制者，如那威、芬蘭、荷蘭、葡萄牙等。）

乙 動產及所得共同制（以此爲法定制者，如法國、比國等。）

丙 所得共同制（以此爲法定制者，如蘇俄、西班牙、南美洲數國，及美國數州等。）

三、聯合財產制 妻之財產，除保留者外集中於夫之一方，而無夫妻共有之財產，蓋各別保存其原有之財產，特均歸夫一方管理耳。夫對於妻所帶入之財產，有用益權，及在特定範圍內有處分權，此其特質也（以此爲法定制者，如德國、瑞士、日本，及美國數州等。）

四、奩產制 妻之財產爲擔任家用起見，特指定一部分爲奩產，由夫管理，與妻之餘產雖截然分離，然其所有權仍屬於妻，夫對於奩產之全部或一部分，不得移轉及扣押（據調查所得，尚無以此爲法定制者）。

五、分別財產制 夫妻對於本人之財產，各別享有所有權、管理權、及用益權，而家用在原則上由夫妻平均分擔之（以此爲法定制者，如奧國、捷克、匈牙利、羅馬尼亞、意大利、希臘、土耳其、英國、及美國數州等。）

以上各夫妻財產制，僅係就其大端而言，實則各國采用某種制度時，往往參以別種制度。即以瑞士民法所規定之「聯合財產制，」實包涵所得共同制於中，綜其要點如左：

一、結婚時及婚姻存續期內，雙方所有財產，均爲「婚產，」妻保留者，不在此限。

二、關於婚產，在結婚時屬於妻者，及婚姻存續期內，妻所繼承或受聘之財產，皆爲妻之帶入產，妻仍保存其所有權。

夫對於自己帶入產，及婚產中不屬於妻之部分，均爲所有人。

三、妻之收益所得及其帶入產之天然果實，於分離時均屬於夫；但關於妻保留產者，不在此限。

四、婚產由夫管理，其管理費由夫負擔。

妻於可代表雙方範圍內有管理權。

五、夫對於妻之帶入產有用益權，並負用益權人之責任。

六、夫除管理外，非得妻之同意，不得處分妻之帶入產；但已歸夫所有者，不在此限。

七、妻對於婚產，在可代表雙方範圍內得處分之。

觀於上列七點，則瑞士之聯合財產制，既便於維持共同生活，復足以保護雙方利權，折衷得當，於我國情形，亦稱適合，故擬采之定爲通常法定制。遇有特定情形，例如一方破產時，當然改行分別財產制。又夫妻中一人因債務被強制執行，而不能清償時，法院得因他方一人之聲請，宣告改行分別財產制，故以分別財產制爲非常法定制，亦采用瑞士等國之成規也。

約定制擬以左列三種爲限：

一、共同財產制

二、統一財產制

三、分別財產制

約定財產制所以限於法定種類者，蓋恐配偶間任其自由訂約，漫無標準，則人各異其制，而第三人與之交易，殊感困難，在社會上亦覺不便也。

關於夫妻財產制，於約定後，在婚姻存續期內，是否許其以契約改用他種制度，亦一重要之牽連問題，似應加以規定。考諸各國，有禁止者（例如比國、西班牙、巴西、及南美洲數國、法國、意大利、日本、荷蘭等）有允許者（例如德國、奧國、捷克、瑞典、丹麥等）有折衷其間爲有條件之允許者（例如瑞士、土耳其、那威、英國）今擬采用折衷辦法，許雙方另訂契約，而加以相當條件，如（一）須經法院之許可，（二）不得害及第三人之權利，均可稍資限制。至條件之多寡，及其內容如何，應於起草條文時酌爲規定，庶免發生流弊。

第七點　妾之問題

妾之問題，無庸規定。

說明　妾之制度，亟應廢止，雖事實上尙有存在者，而法律上不容承認其存在，其地位如何，無庸以法典及單行法特為規定。至其子女之地位，例如遺產繼承問題，及親屬結婚限制問題等，凡非婚生子女，均與婚生子女同，已於各該問題分別規定，固無須另行解決也。

第八點　家制應否規定

家制應設專章規定之。

說明　個人主義與家屬主義之在今日，孰得孰失，固尚有研究之餘地，而我國家庭制度，為數千年來社會組織之基礎，一旦欲根本推翻之，恐窒礙難行，或影響社會太甚，在事實上似以保留此種組織為宜，在法律上自應承認家制之存在，並應設專章詳定之。

第九點　家制本位問題

一　家制之規定，應以共同生活為本位，置重於家長之義務。

二　家長不論性別

說明　承認家制存在之目的，原為維持全家共同生活起見，故應以家人之共同生活為本位，而不應以家長權為本位。瑞士與巴爾幹諸國所規定之家制，足供參考。我國習慣，注重家長之權利，而漠視其義務，又惟男子有為家長之資格，而女子則無之，殊與現在情形不合，故於維持家制之中，置重於家長之義務，並明定家長不論性別，庶幾社會心理及世界趨勢兩能兼顧。

繼承法立法原則，亦分九點如次：

第一點　宗祧繼承應否規定

宗祧繼承無庸規定。

說明　宗祧之制，詳於周禮，爲封建時代之遺物，有所謂大宗小宗之別。大宗之廟，百世不遷者，謂之宗，小宗之廟五世則遷者，謂之祧，此宗祧二字之本義也。宗廟之祭，大宗主之，世守其職，不可以無後，故小宗可絕，而大宗不可絕，此立後制度之所從來也。自封建廢而宗法亡，社會之組織，以家爲本位，而不以宗爲本位。祖先之祭祀，家各主之，不統於一，其有合族而祭者，則族長主之，非必宗子也，宗子主祭之制，不廢而廢，大宗小宗之名已無所附麗，而爲大宗立後之說，久成虛語，此就制度上宗祧繼承無繼續存在之理由一也。舊例不問長房次房，均應立後，今之所謂長房，固未必盡屬大宗，遑論次房。且同父周親，復有兼祧之例，因之長房之子，在事實上亦有兼爲次房之後者，與古人小宗可絕之義違失已甚，徒襲其名，而無其實，此就名義上宗祧繼承無繼續存在之理由二也。宗祧重在祭祀，故立後者惟限於男子，而女子無立後之權，爲人後者亦限於男子，而女子亦無爲後之權，重男輕女，於此可見，顯與現代潮流不能相容，此就男女平等上宗祧繼承無繼續存在之理由三也。基於上述理由，故認爲宗祧繼承，無庸規定。至於選立嗣子，原屬當事人之自由，亦無庸加以禁止，要當不分男女，均得選立及被選立耳。

第二點 遺產繼承是否以宗祧繼承爲前提

遺產繼承，不以宗祧繼承爲前提。

說明 我國舊律，遺產之繼承，惟限於直系卑屬之男子，蓋以宗祧繼承爲前提也。因之無子者必立嗣子，其親女無繼承遺產之權。守志之婦，雖得暫承夫分，仍須憑族長立嗣，是妻亦無繼承遺產之權也。凡此男女間不平等之制度，至於今日，已盡人知其不可行。至於直系尊屬，因舊律有子孫別籍異財之禁，故尊屬若在，其子孫即無遺產之可言。今則情勢變遷，卑幼私財之禁，已漸廢弛，如其死而無後，必仍爲之立嗣承產，而不許父母若祖享有此權，亦殊悖於事理。故居今日而言遺產繼承，自不應以宗祧繼承爲前提也。

第三點 繼承人之範圍順序及其應繼分

一 繼承人分法定繼承人及指定繼承人兩種。

二 法定繼承人除配偶外，依左列順序定之：

一 直系卑親屬

二 父母

三　兄弟姊妹

四　祖父母

三　非婚生子女經撫育或認領者，於繼承財產，與婚生子女同。

四　第一順序之法定繼承人不問性別，以親等近者爲先。

五　第一順序之法定繼承人中有於開始繼承前死亡或喪失繼承權者，由其直系卑親屬繼承其應繼分。

六　法定繼承人不祇一人時，不問性別，平均繼承，但有特別規定者不在此限。

七　養子女之繼承順序，與親子女同；但應繼分爲親子女之二分之一。

八　於無直系卑親屬時，得就財產之全部或若干分之幾，指定繼承人。

九　指定人及被指定人均不問性別。

說明　我國舊律，繼承財產以直系卑親屬之男子爲限，是狃於宗祧繼承之說，而以繼承宗祧爲繼承財產之前提也。故無子者，須立同宗昭穆相當之人以爲之繼，推究其弊，雖親如父母、祖父母及胞兄弟姊妹，甚至所生之子女，均不得預於繼承之列，揆諸人情，未免拂戾。茲除關於女子之繼承財產權，已經第二次全國代表大會議決有案，應即定入原則外，特於直系卑親屬之外，並規定其他親屬之亦得爲繼承人者，庶與現時趨勢相符。

各國於直系卑親及配偶以外之繼承人之範圍及順序，殊不一致，茲就直系卑親屬之外，所定其他繼承人略述於下：(一)德國規定父母及其卑親屬，祖父母及其卑親屬，曾祖父母及其卑親屬，遠祖及其卑親屬，均爲法定繼承人，而就中順序，以父母及其卑親屬爲先，祖父母及其卑親屬次之，以上遞推。(二)瑞士則規定父母（死亡在前者，由其直系卑屬代表繼承）及祖父母（死亡在前者，由其直系卑屬代表繼承）均爲法定繼承人，而就中順序以父母爲先。(三)巴西則規定直系尊親屬，及六親等內之旁系親屬（死亡在前者，能否由其卑親代表繼承，均有詳細之規定）皆爲繼承人，而就中順序以直系尊親屬爲先。(四)日本則規定直系尊親屬均爲繼承人，而順序以親等近者爲先，復於直系尊親屬之後，並及於戶主。(五)蘇俄則限於被繼承人死亡前一年以上，由其扶養而無勞動能力與財產者爲繼承人。似此之類，不勝枚舉。茲擬揆察我國國情，參酌外國成規，定爲父母及兄弟姊妹並祖父母均得繼承財產。

各法定繼承人之順序，所以列直系卑親屬爲第一順序者，取其合乎人情，而亦世界各國之所同也。父母先於兄弟姊妹，而兄弟姊妹先於祖父母者，雖非各國之所同，然以其愜於我國之人情，故擬定其順序如上。至於法定繼承人，截至祖父母而止者，因再遠則情已疏遠，故不多及。此外尚應說明者：(一)同一等序，以親等近者爲先，親等相同者同爲繼承人，殆爲繼承之通例，若其中有在繼承開始前死亡者，或喪失繼承權者，其人應繼分，擬規定由其直系卑親屬繼承。(二)直系卑親屬原限於婚生者，若庶子女及私生子女皆非婚生之子女也。然庶子女於今尚有存者，私生子女亦所難免，我國舊律，於庶子並無歧視，擬即仍之。至於私生子，在舊律則祇規定依子量予半分，然私生子女，若經認領，在法律上應認爲子女，關於繼承財產，與婚生子女同，亦最近立法之趨勢，故特予揭明。如親屬編內對於庶子女及經認領之私生子女，概括定爲在法律上與婚生子女無異，則關於繼承，自無特別規定之必要。(三)養子女原係被繼承人生前視同子女者，舊律定爲酌予財產，未免漫無標準，茲擬尊重被繼承人生前之感情，而定爲與親生子女同順位，但其應繼分爲親生子女應繼分之二分一。又查歐美各國，於法定繼承人外，多有許指定繼承人者，其制度發源於羅馬法，而各國多效之，且其範圍甚廣，例如(甲)不限於無法定繼承人時，(乙)被指定者不限於一人，(丙)不問其爲親屬非親屬，(丁)對於財產之繼承，或爲全部，或爲一部，均無不可，是蓋尊重死者之意思也。茲按照我國社會情形，似宜採用此種制度，故擬酌予採用，而加以變通，定爲於無直系卑親屬時，始得指定繼承人，繼承其財產之全部或一部，而指定及被指定者，均不問性別。

此外所應注意者，法定繼承人之順序，及應繼分，在被繼承人對於遺產無特別處分時適用之，但特留分仍不受其影響也。

第四點　配偶應否繼承遺產

配偶應有相互繼承遺產之權。

說明　我國舊律，妻對於夫無繼承遺產之權，所謂無子守志得承夫分者，不過暫行管理而已。而夫對於妻雖無明文規定，然習慣上夫之財產與妻之財產不分，妻亡之後，其遺產即爲夫之所有，前北京大理院判例，且明認妻亡無子者，夫得繼承遺產矣。此關於夫權制度，不合於現代思想者一也。我國舊律，惟繼承宗祧者，始得繼承遺產，二者不能分離，故配偶無遺產繼承之權。由今觀之，宗祧繼承，爲奉祀權之關繫問題，遺產繼承，爲財產權之移轉問題，命意不同，無庸牽混，此關於宗祧制度，不合於現代思想者二也。今就原則言，男女旣屬平等，繼承遺產又不以繼承宗祧爲前提，則以配偶間利害關係之深，自應認其有相互繼承遺產之權。

第五點　配偶繼承順序及應繼分

配偶繼承不限於一定之順序，其應繼分依左列各款定之：

一　有第一順序之繼承人時，與各繼承人平均分配。

二　與第二順序或第三順序之繼承人同繼承時，其應繼分爲遺產二分之一。

三　與第四順序之繼承人同繼承時，其應繼分爲遺產三分之二。

四　無第一順序至第四順序之繼承人時，其應繼分爲遺產全部。

說明　各國民法對此問題之規定，大別爲二類：(一)列配偶於一定之順序者，(二)無一定之順序，而與任何一順序均得同時爲繼承人，其應繼分有差別者。日本民法屬於第一類，配偶居第二順序，如有第一順序之直系卑親屬時，配偶即毫無所得，如無直系卑親屬時，配偶即得遺產之全部，未免偏枯不平。德國瑞士等國屬於第二類，權衡調劑，較爲折衷，可以采用，惟其對於應繼分之規定，過於繁瑣，均無取也。今酌定配偶之繼承，或與其他繼承人平均分配，或得遺產二分之一，或得遺產三分之二，或得遺產全部，蓋亦視其與同時繼承者之順序，而定其應繼分之多寡也。

第六點　繼承開始前贈與之財產應如何計算

法定繼承人在繼承開始前，因結婚分居、或營業等原因，已從被繼承人受有財產之贈與者，於繼承開始時，應將其受贈財產，併入遺產計算；但被繼承人於贈與時，有相反意思之表示者，不在此限。

說明　法定繼承人之繼承財產，既各有其應繼分，則繼承人中，如有於被繼承人生前，因特種原因，受有財產之贈與者，如不併入計算，是於繼承財產之外，多有所得，顯與繼承人間均平繼承之本旨不符，各國民法，對於併入計算問題，雖條文詳略互殊，而原則大致相同，故擬酌予採用。惟如贈與人於贈與之際，曾表示意思，不必併入遺產計算者，爲尊重當事人之自由意思起見，自應定爲例外。

第七點　對於遺產有貢獻之繼承人應否規定報償

對於遺產有貢獻之繼承人，無庸規定報償。

說明　瑞士采用要求報償之制度，以成年子女在共同生活中以勞力或資本爲貢獻者爲限。然在我國，凡同居共財者，有共維家產之責，固無論矣。即使異居分財，兩親屬間通力合作，彼此互助，亦視爲應盡之義務，如以法律明文，許其於繼承遺產時，要求報償，轉足以啓糾紛之端，故認爲無庸規定。

第八點　特留財產應否規定

特留財產，應加規定。

說明　各國關於此問題之立法例，有采個人自由處分之主義者，如英、美等國，有采維持親屬關係之主義者，如德、法、瑞士、日本等國。采第一主義者，對於個人之遺產，完全予以自由處分之權，不加限制。采第二主義者，則個人雖得自由處分，而法律規定親屬所享有之特留財產，絕對不受其影響。兩者相較，自以第二主義爲合情理，故擬采用之。

第九點　特留財產之範圍

特留財產之範圍，依左列各款之規定：

一　各直系卑親屬及配偶之特留分爲其應繼分二分之一。

二　父母之特留分爲其應繼分二分之一。

三　兄弟姊妹之特留分爲其應繼分三分之一。

四　祖父母之特留分爲其應繼分三分之一。

說明　各國對於特留財產，其規定之意義，及計算之標準，可大別爲二：（一）全體特留辦法，（二）各別特留辦法，前者爲法國法系所采用，其特留之分部，係爲列舉之繼承人全體保留，而其計算標準，係就遺產若干分之幾而定之。後者爲德國法系所采用，其特留之部分，係爲列舉之繼承人各別保留，而其計算標準，係就各繼承人應繼分若干分之幾而定之。兩者結果不同，例如享有特留分之繼承人中有一人喪失繼承權時，依第一辦法，其特留分卽歸其他享有特留分之繼承人，依第二辦法，則其特留分卽算入自由處分之部分，與其他享有特留分之繼承人無關。按特留分原係自由處分之例外，享有者既喪失其權利，以之歸入自由處分部分，於理爲優，且此辦法，與其他享有者亦無妨礙，故擬采之。至特留分之爲應繼分之二分一，或爲三分一，亦就各種關係之重輕而爲差別耳。

立法院第百零二次會議將民法親屬繼承兩編立法原則提出報告，并交民法起草委員會遵照起草。該會以親屬法繼承法關係黨綱國情民俗至爲重大，應詳密研討，審愼草訂，方可以盡利推行，納民軌物。爰一面商同統計處製定表册多種，發交各地，徵集習慣。一面就前北京司法部之習慣調查報告妥爲整理，並將關於親屬繼承之各重要問題分別交由各委員及顧問比較各國法制，詳加研究，折衷至當。先後共開會三十餘次，乃議定民法親屬編草案及繼承編草案。立法院於第百二十次會議將各該草案提出討論，即分別完成三讀程序，民法第四編親屬，第五編繼承，遂完全通過。

民法親屬編經國民政府於十九年十二月六日公布，並定於二十年五月五日施行。全編分七章，自第九六七條至第一一三七條，共一百七十一條。第一章通則。第二章婚姻，分五節：（一）婚約，（二）結婚，（三）婚姻之普通效力，（四）夫妻財產制，（五）離婚。第三章父母子女。第四章監護，分二節：（一）未成年人之監護，（二）禁治產人之監護。第五章扶養。第六章家。第七章親屬會議。

民法繼承編經國民政府於十九年十二月二十六日公布，與親屬編同日施行。全編分三章，自一一三八條至一二二五條，共八十八條。第一章遺產繼承人。第二章遺產之繼承，分五節：（一）效力，（二）限定之繼承，（三）遺產之分割，（四）繼分之拋棄，（五）無人承認之繼承。第三章遺囑，分六節：（一）通則，（二）方式，（三）效力，（四）執行，（五）撤銷，（六）特留分。

民法親屬編、繼承編之立法理由，除中央政治會議決定之立法原則已加說明外，茲依據原起草說明書，分別略述於次：

第一　關於親屬編者

一、親屬分類之改進　親屬分類爲此編重大之改進。我國舊律，及歷次草案，除配偶外，向分親屬爲宗親、外親、及妻親，此係以男系爲主，頗與男女平等之原則不符。此編遵照立法原則，倣各國通例，以血統關係及婚姻關係爲親屬分類之標準，卽凡有血統關係之親屬，概稱血親，無復宗親外親之區別。依此規定，則父之父母固爲血親，母之父母亦爲血親，伯叔兄弟及子之子孫固爲血親，姑姊妹及女之子孫亦爲血親。其次由婚姻關係而生之親屬，概稱姻親，細別之有三：(一)血親之配偶，如兄弟之妻、伯叔父之妻、伯叔祖父之妻、姪之妻、姪孫之妻，推而至於堂兄弟之妻、堂伯叔父之妻、堂姪之妻、以及再從兄弟之妻皆是。(二)配偶之血親，就夫言之，如妻之父母、祖父母、兄弟、兄弟之子、伯叔父、堂兄弟、以及妻之姊妹、姊妹之子、姑之子皆屬之。(三)配偶之血親之配偶，就夫言之，如妻兄弟之妻、兄弟之子之妻、伯叔母、堂兄弟之妻、以及妻之姊妹之夫、姊妹之子之妻、姑之夫、姑之子之妻皆屬之，反是就妻言之，亦可類推。

二、男女平等之確立　確立男女平等，爲民法一貫之精神，其於此編尤爲顯著，如(一)第一次草案認妻爲限制行爲能力人，此編則否。(二)舊律及歷次草案關於離婚條件，均寬於男而嚴於女，此編則否。(三)歷次草案關於親權之行使，均以父爲先，必父不行能使親權時，始由母行使之，此編則以共同行使爲原則。(四)歷次草案於一定之制度內，仍承認夫權之存在，此編則無夫權之明文。凡此實現男女平等之精神，大致與前法制局所擬之親屬法草案相同。

三、種族健康之增進　此編以增進種族健康爲貫通全部之原則，其例與前法制局所擬之草案大致相同，如(一)明定結婚之最低年齡，(二)限制親屬結婚之範圍，(三)以不治之惡疾，及重大不治之精神病爲解除婚約及離婚之原因。凡此均犖犖大者，其他與種族之健康有關者，尚難縷舉。

四、夫妻財產制之釐定　各國民法關於夫妻財產制之規定綦詳，此編遵照立法原則，亦特設專節規定之。計分夫妻財產制爲法定財產制與約定財產制兩大類，以聯合財產制爲法定財產制，以共同財產制、統一財產制、及分別財產制爲約定財產制。夫妻得於數種約定財產制中擇用其一，以爲夫妻財產制，如無約定，則適用法定財產制。惟夫妻財產制契約之訂立、變更或廢止，應以書面爲之，且非經登記後，不得以之對抗第三人。

五、嫡子庶子嗣子及私生子等名義之廢除　我國舊律及歷次草案稱妻所生之子爲嫡子，非妻所生之子爲庶子，此外復有嗣子及私生子之別。嗣子者法律所擬制之子，而以繼承宗祧者也。私生子則指由苟合或無效之婚姻所生之子而言。此編則以是否由婚姻所生爲骨幹，其由婚姻關係受胎而生之子女爲婚生子女，反是則爲非婚生子女，非婚生子女因生父母結婚或經生父認領，則視爲婚生子女。至嗣子原屬宗祧繼承之遺制，民法繼承編既不規定宗祧繼承，自無復嗣子之可言，此編祇設關於養子之規定。

六、親屬互助及獨立之獎勵　此編之另一要點爲獎勵親屬之互助及獨立，舉其概要有三：(一)我國舊律，子女不得私有財產，一切需求，均仰給於家，此編則明定特有財產之範圍，以助長子女經濟之獨立。(二)關於親屬間之扶養關係，舊律極爲模稜，此編明定親屬相互間扶養之範圍及程度。（三）歷次草案關於親屬間一切之紛爭，均有賴於法院之判斷，殊違親屬互助之誼，此編則以排難解紛之權，畀之親屬會議，且其職權範圍較各國民法所規定者爲廣。

七、家制之規定　親屬法之編纂，原有家族主義與個人主義，二者得失如何，尚難遽斷。此編遵照立法原則，特設專章以規定家制。惟關於家有採形式主義者，有採實質主義者，前者如日本民法是，凡隸屬於同一戶籍者，即謂之家。後者如瑞士民法是，惟經營共同生活之親屬團體謂之家，是否同一戶籍，在所不問。此編不采形式主義，倣瑞士民法，規定以永久共同生活爲目的而同居之親屬團體謂之家。

第二　關於繼承編者

一、繼承人之範圍順序及其應繼分之規定　繼承人之範圍順序及其應繼分，各國法律所規定者，殊不一致。我國舊律遺產繼承以直系卑親屬爲限，且限於男子，其分析遺產，除私生子依子量與半分外，不問嫡庶均以子數均分。此編遵照立法原則，分繼承人爲二：一法定繼承人，二指定繼承人。除配偶外，凡直系卑親屬、父母、兄弟姊妹、祖父母均爲法定繼承人，而以直系卑親屬爲第一順序，父母爲第二順序，兄弟姊妹爲第三順序，祖父母爲第四順序。於無直系卑親屬時，得指定繼承人。同一順序之繼承人有數人時，按照人數平均繼承，但養子與配偶之應繼分不在此限。指定繼承人則依遺囑繼承其財產之全部或一部。

二、酌給財產範圍之擴張　依我國舊律，其酌給財產，惟以義男女婿爲限，未免過狹。此編倣蘇俄立法例，明定被繼承人生前繼續扶養之人，應由親屬會議，依其所受扶養之程度，及其他關係，酌給財產。蓋爲被繼承人生前繼續扶養之人，如因被繼承人死亡，即喪失其扶養，不但非死者之遺志，即就社會政策立論，亦非所宜也。

三、限定繼承之承認　此點與前法制局所擬之草案大致相同。繼承人對於被繼承人之債務，是否完全負責，各國法律不同，有采絕對限定繼承，繼承人償還被繼承人之債務，以因繼承所得之遺產爲限者，有采絕對包括繼承，凡被繼承人所負之債務，均由繼承人完全負償還之責者。有原則上采包括繼承，但許繼承人得限定以繼承所得之遺產，償還被繼承人之債務者。此編倣大多數立法例，特設限定繼承之制度，惟主張限定繼承之利益，以善意而無應行歸責之情形爲限。如非限定繼承，又非拋棄繼承，則繼承人對於被繼承人之債務，仍應負完全清償之責，而於限制繼承人義務之中，仍寓保護債權人權利之意。

四、確定拋棄繼承權者其應繼分之歸屬　此編所謂繼承，專以遺產繼承爲限，自無不許拋棄之理。惟繼承人之拋棄其繼承權者，其應繼分之歸屬如何，各國法律不一，德國民法視爲未開始繼承，根本上不發生應繼分歸屬之問題。瑞士民法則定爲直系卑親屬拋棄繼承權者，其應繼分歸屬於生存之配偶，先位之繼承人拋棄繼承權者，其應繼分歸屬於次位之繼承人。此編參酌條理，就法定繼承人及指定繼承人而爲相異之規定，即法定繼承人中有拋棄繼承權者，其應繼分歸屬於其他同一順序之繼承人；同一順序之繼承人均拋棄繼承權時，準用關於無人承認繼承之規定，其遺產於淸償債權，並交付遺贈物後，以其賸餘歸屬於國庫。至指定繼承人拋棄繼承權者，其指定繼承部分歸屬於法定繼承人。

五、遺囑方式之釐訂　關於遺囑之方式，各國法律不盡相同，有定爲公證遺囑、自書遺囑、及口授遺囑者，如瑞士德國民法是。有定爲普通方式與特別方式，以自書遺囑、公證遺囑、及密封遺囑屬於普通方式，口授遺囑屬於特別方式者，如日本民法是。此編參酌我國習慣，定遺囑方式爲自書、公證、密封、代筆、及口授五種，而於各種方式設有顯明之區別。種類既多，則遺囑人之爲遺囑，以任擇其一爲之爲已足，自無遺囑難於成立之虞。

六、特留財產之明定　我國舊律，祇有繼承人應繼分之規定，被繼承人對於遺產處分權之範圍如何，殊鮮根據。大多數國法律均有特留財產之規定，德國特留財產爲法定應繼分價格之半。瑞士則直系卑親屬爲應繼分各四分之三，父母各二分之一，兄弟姊妹各四分之一，生存配偶與其他法定繼承人同爲繼承時，則爲財產之全部，僅配偶爲繼承人時爲二分之一。至日本不但因其爲家督繼承人與遺產繼承人而有不同，且因其爲直系卑親屬與否而各異。此編遵照立法原則，特設特留財產之規定，其範圍，各直系卑親屬、父母、配偶之特留分，各爲其應繼分二分之一，兄弟姊妹，祖父母之特留分，各爲其應繼分三分之一，以繼承人與被繼承人之親疎，定特留分與應繼分之比例，實與吾國國情相合。

吾國親屬法有前淸之親屬法草案，爲民律第一次草案之第四編，有民國四年之民律親屬編草案，有民國十四年之民律草案親屬編，爲民律第二次草案之一編。有民國十七年法制局所擬之親屬法草案，共計四種。民法親屬編與上列四種草案之差異，除於敍述立法理由時已略爲涉及外，大要如下述各點：

（一）此編分親屬爲配偶、血親、姻親三類，親等之計算採羅馬法，不定親屬之範圍。法制局所擬之草案親屬之分類與此編同，其範圍血親限於四親等，姻親限於三親等，其餘三草案親屬之分類及範圍爲（甲）宗親，以四親等爲限；（乙）夫妻；（丙）外親，以三親等爲限；（丁）妻親，以二親等爲限。計算親等，四草案均采寺院法。

（二）此編以我國舊律及習慣均重視婚約，並倣德瑞民法，特設專節規定之。法制局所擬草案及第二次草案，均大致相同。民國四年草案及第一次草案從舊民法，無關於婚約之規定。

（三）關於親屬結婚之限制，此編規定不得與之結婚之親屬爲：（甲）直系血親及直系姻親；（乙）旁系血親及旁系姻親之輩分不相同者，但旁系血親在八親等之外，旁系姻親在五親等之外者，不在此限；（丁）旁系血親之輩分相同，而在八親等以內者，但表兄弟姊妹不在此限。法制局所擬草案規定四親等內之血親，及姻親輩分不相同者，不得結婚；但與下列輩分相同之血親結婚者，不在此限：（甲）母之旁系卑親屬不在三親等內者，（乙）祖母之旁系卑親屬，（三）曾祖母之旁系卑親屬。餘三草案均規定：（甲）同宗者不得結婚；（乙）四親等內之宗親，三親等內之外親，二親等內之妻親，均不得結婚，但外親或妻親中之旁系親，其輩分同者，不在此限。在以上之親屬範圍外而有切近之尊卑輩分，或爲同母異父者，亦不得結婚。

（四）關於結婚之形式要件此編從習慣采事實婚主義定爲須有公開之儀式及二人以上之證人。法制局所擬草案亦同。餘三草案倣日民法采法律婚主義規定婚姻從呈報戶籍吏而生效力。

（五）此編爲求男女平等之實現規定妻以其本姓冠以夫姓以夫之住所爲住所子女從父姓未成年者以父之住所爲住所；贅夫以其本姓冠以妻姓以妻之住所爲住所子女從母姓未成年者以母之住所爲住所。第一次草案僅規定關於同居事務由夫決定；第二次草案規定妻於本姓上冠夫姓同居事務由夫主持；民國四年草案未設此類規定。此三草案均規定子須於行親權之父或母所指定之處定其居所。法制局所擬草案對於夫妻子女之姓氏住所均未規定。

（六）此編對於夫妻財產制規定甚詳。第一次草案及民國四年草案均規定婚姻財產之契約須於婚前訂立在婚姻中亦得撤銷但不得害及第三人之權利。由婚姻而生之一切費用由夫負擔夫無力負擔妻負擔之。妻於成婚時所有之財產及成婚後所得之財產均爲其特有財產夫有管理使用及收益之權離婚時仍爲妻所有。第二次草案設專款規定夫妻財產制定爲夫婦未訂立財產契約卽適用法定財產制但其內容仍與前草案大致相同惟較詳密。法制局所擬草案無夫妻財產制之名稱其所定夫妻財產之關係除增入夫妻得設置共有財產外仍大致與前各草案相同。

（七）此編關於監護分未成年人之監護及禁治產人之監護不設監督監護人以其權畀之親屬會議法制

局所擬草案亦同。餘三草案均於未成年人與成年人之監護外，又另設禁治產人之保佐或照管，惟民國四年草案無關於監護人之監督人之規定。

（八）此編大體仿日本法，規定扶養義務之範圍為（甲）直系血親相互間；（乙）夫妻之一方與他方之父母同居者其相互間；（丙）兄弟姊妹相互間；（丁）家長家屬相互間。法制局所擬草案規定直系卑親屬對直系尊親屬負扶養之義務，直系尊親屬對未成年之直系卑親屬亦同。餘三草案均定為直系宗親，兄弟姊妹，妻之父母及壻互負扶養之義務。

（九）此編對於家制設有專章，惟偏重於家長之義務。法制局所擬草案未規定家制。餘三草案均設專章規定家制。以第三次草案為最詳，且特設關於家產之規定。

吾國繼承法除民法繼承編外，有第一次草案、第二次草案及法制局所擬之草案。民法繼承編與三草案之差異，略如下述各點：

（一）此編對於宗祧繼承，不加規定，遺產繼承亦不以宗祧繼承為前提。法制局所擬草案及第一次草案均無關於宗祧繼承之規定。惟第二次草案規定繼承以男系之宗祧繼承為要件，宗祧繼承人有繼承遺產之權。

（二）此編規定繼承人分法定繼承人及指定繼承人兩種，均不分性別；配偶相互繼承，不限一定之順序。三草案均無關於指定繼承人之規定。法制局所擬草案，關於繼承采男女平等主義，配偶繼承遺產，亦不限一定之順序。第一次草案規定遺產由直系卑屬繼承，所繼人無直系卑屬時，由夫或妻承受遺產，親女之承受遺產，其次序在最末，親姊妹無承受遺產之權。第二次草案關於繼承遺產之規定，大致與第一次草案同。

（三）此編規定遺囑之方式凡五，法制局所擬草案亦同。第二次草案從日民法，定爲自立、公正、代筆及口授四種。第一次草案規定甚簡，分爲（甲）自立，（乙）指定證人二人口授，（丙）指定官吏或相當人員二人口授。

（四）此編規定特留財產之範圍，自直系卑親屬至祖父母，依關係之重輕定爲應繼分之二分一，或三分一。法制局所擬草案規定被繼承人應以其財產二分一作爲特留分，給與直系卑親屬及配偶。第一二兩次草案均規定所繼人應以其財產之半作爲特留財產，給與直系卑屬，無直系卑屬者，給與夫或妻或直系尊屬。三者相較，以此編依情感之親疏，而定特留分之多寡爲合理。

民法親屬編繼承編既經國民政府公布，並已定期施行，民法起草委員會爰復遂編擬具施行法草案。於二十年一月二十日，提經立法院第百二十七次會議分別議決通過，由國民政府同於同月二十四日公布，與親屬編繼承編同日施行。

民法親屬編施行法共十五條，大致爲關於在民法親屬編施行前消滅時效之規定；並發生之親屬事件，適用民法親屬編之各規定，如：（一）婚約，（二）再婚期間，（三）已結婚者之夫妻財產制，（四）離婚之原因，（五）婚生子女之推定及否認，（六）非婚生子女，（七）收養關係及終止收養之原因，（八）父母子女間之權利義務，（九）監護人之權利義務等。

民法繼承編施行法共十一條，大致爲關於民法繼承編施行前（一）消滅時效之規定，（二）子女及嗣子女繼承權之規定，（三）喪失繼承權之規定，（四）特留分之規定，（五）遺產管理人權利義務之規定。

第六章　商法

我國舊律關於刑事之法詳，關於民事之法簡，說者謂爲民刑不分。而戶律分爲戶役、田宅、婚姻、倉庫、課程、錢債、市廛諸門，民法與商法更合爲一。自海禁大開，中外互市，清光緒二十九年十二月初五日頒行商人通例九條，公司律一百三十一條；至三十二年四月又頒布破產律六十九條，此爲吾國有商事單行法之始。

光緒三十四年十月，修訂法律館聘日本法學博士志田鉀太郎起草，同考訂，至宣統元年，編定大清商律草案第一編總則，凡九章，一百零三條；第二編商行爲，凡八章，二百三十六條；公司法草案六編，三百十二條；海船法草案六編，二百六十三條；票據法草案三編，共九十四條。宣統二年，農工商部采取各商會所編成之商法調查案，修訂爲大清商律草案，但均未頒行，此爲吾國編纂近代商法法典之始。

民國成立，法律編查會於民國四年完成破產法草案三編，三百三十七條；五年，完成公司法草案七章，二百五十九條。自民國十一年至十四年，修訂法律館又先後編成票據法第一、第二、第三、第四、第五各次草案。其編制體例，仍大致爲民法與商法各獨立爲一法典。修訂法律館雖有民商合編之擬議，終以改編之業，繁而難舉，非假以歲月，不克蒇事，而當力圖改進司法，收回法權之際，又未便將此等關係重要法典，置爲緩圖，故仍分別修訂。

至民國十八年六月，中央政治會議於第百八十三次會議決議編訂民商統一法典。立法院遵照此項決議案，編纂民法時，卽將通常屬於商法總則之經理人及代辦商，商行爲之交互計算、行紀、倉庫、運送營業及承攬運送均併入債編，其他商事法之不能合併者，則分別制定單行法，茲分述於此章。

第一節　公司法附施行法

清光緒二十九年三月二十五日，諭派載振、伍廷芳、袁世凱先訂商律，作爲則例。時伍氏方在上海與各國會議商約，載振等往返函商，先將各國商律，摘要譯錄，以備草訂時參考之資。同年七月十六日，清廷設立商部，載振等復奉命授爲尚書侍郎，伍氏於八月蒞任，卽共同籌議編輯，歷時三月餘，編訂商人通例及公司律，繕册奏請欽定，於是年十二月初五日奉旨依議。載振等本奉命編訂商律，原摺敍述公司律有從速先訂之必要，略謂：

「當以編輯商律門類繁夥，實非尅期所能告成，而目前要圖，莫如籌辦各項公司，力袪曩日渙散之弊，庶商務日有起色，不必坐失利權，則公司條例亟應先爲妥訂，俾商人有所遵循，而臣部遇事維持，設法保護，亦可按照定章覈辦，是以趕速先擬商律公司一門，並於卷首冠以商人通例。」

商人通例共九條，爲商律之總則，惟內容甚爲簡單。公司律共一百三十一條，其最要之點，略如次列各條：

第一條　凡湊集資本共營貿易者，名為公司，共分四種：一合資公司，一合資有限公司，一股分公司，一股分有限公司。

第四條　合資公司，係二人或二人以上集資營業，公取一名號者。

第六條　合資有限公司，係二人或二人以上集資營業，聲明以所集資本為限者。

第十條　股分公司係七人或七人以上創辦，集資營業者。

第十三條　股分有限公司係七人或七人以上創辦，集資營業，聲明資本若干，以此為限。

商部編定公司律後，即未繼續編擬全部商律。修訂法律館編纂大清商律，由調查員日人志田鉀太郎起草，做日本立法例，定為獨立法典，其第一編總則，較之商人通例，甚為詳備，共分法律、商業、商業登記、商號、營業帳簿、商業所有人、商業學徒、代辦商九章，都百零三條。第二編商行為共二百三十六條，分八章：（一）通則，（二）買賣，（三）行鋪營業，（四）承攬運送業，（五）運送營業，（六）倉庫營業，（七）損害保險營業，（八）生命保險營業。公司法草案亦較公司律詳密，分為六編，第一編總則，分二章：（一）法例，（二）通則。第二編合名公司，分五章：（一）設立，（二）內部之關係，（三）外部之關係，（四）股東之入股及退股，（五）解散。第三編合資公司。第四編股分公司，分九章：（一）設立，（二）股分，（三）股東總會，（四）董事，（五）監查員，（六）會計，（七）公司債，（八）定章之變更，（九）解散。第五編股分合資公司。第六編罰則。

宣統二年，各商會以修訂法律館所編之商律，係直接采取日本法，恐於國情不甚相合，乃實際訪查商場習慣，參照各國最新立法例，編成商法調查案，上之政府。農工商部復加修訂，定爲商律草案，奏請清廷提交資政院核議。旋以革命事起，未及議決頒行。此草案共爲二編：（一）商法總則，分七章，共八十四條；（二）公司律，分六章，共三百三十四條。民國二十年冬，張謇任農商總長，其發表政見宣言，謂世界以大企業立國，中國以法律不備之故，遂敗壞不可收拾，故農林工商部第一計畫卽在立法。惟法律非旦夕可期，乃將此公司律之一部改稱公司條例，作爲現行條例之一，呈由袁大總統於三年一月十三日，以教令第五十二號公布，幷廢止前淸通行之商人通例及公司律。旋又將此商法總則改稱商人通例，呈經袁大總統於同年三月二日以教令第二十七號公布，幷明定於民國三年九月一日，與公司條例同時施行。

公司條例之立法要旨，以干涉限制爲主，與我國國情相合。全文共二百五十一條，分爲六章。第一章總綱。第二章無限公司，又分六節：（一）設立，（二）公司內部之關係，（三）公司對外之關係，（四）股東之退股，（五）公司之解散，（六）清算。第三章兩合公司。第四章股分有限公司，又分十節：（一）設立，（二）股分，（三）股東會，（四）董事，（五）監察人，（六）公司之計算，（七）公司債，（八）變更章程，（九）解散，（十）淸算。第五章股分兩合公司。第六章罰則。其內容頗爲完密，其重要之點如次：

（一）無限公司　凡二人或二人以上設立無限公司，應訂立章程，於十五日內向該管官廳註册。公司分派盈虧，以各股東出資之多少為準；其所有財產不足抵補虧欠時，股東應負連帶清償之責。此項責任，如股東退股，於註册後滿二年消滅，如公司解散，於註册後滿五年消滅。

（二）兩合公司　以無限責任股東與有限責任股東組織之。無限責任股東之組織，與無限公司之股東同；有限責任股東之責任，以額定出資為限。

（三）股分有限公司　此種公司之成立，應有七人以上為發起人，訂立章程，認足股分，或招募足額。第一次股銀繳齊後，發起人應選任董事及監察人，或速召集創立會選任董事及監察人。股東之責任，以繳清其股分銀數為限。

（四）股分兩合公司　設立此種公司，應由無限責任股東發起人訂立章程，募集股分，召集創立會選任監察人，股東至少一人負無限責任，其餘各就所認股分照數繳款於公司。

商人通例共七十三條，分為七章：（一）商人，（二）商人能力，（三）商業註册，（四）商號，（五）商業帳簿，（六）商業使用人及商業學徒，（七）代理商。其立法采商人主義，規定為商業主體之人為商人，列舉商業凡十有七。商業註册事項由該管官廳管轄。商號以自由主義為原則，并得單獨轉讓。商業帳簿采折衷主義，其保存期為十年。商業使用人分為經理人、夥友、勞動者三種。非商業使用人而常為商人代理或介紹其營業範圍內之商行為者，謂之代理商。

公司條例由前清商律草案删修而成，未經立法程序。法律編查會特又編纂公司法草案七章，二百五十九條。此草案由日本法學博士岩谷孫藏與余棨昌共同起草，於民國五年完成。其各章節目大致與公司條例相同，內容分公司爲五種：(一)無限公司，(二)分責無限公司，(三)兩合公司，(四)股分公司，(五)股分兩合公司。

公司條例頒行後，政府曾於民國三年九月二十一日加以修正，後又於十二年五月八日更加修正，但仍未能臻於妥善。民國五年法律編查會編定之公司法草案，亦未經立法機關議決頒行。民國十七年七月，工商部以商法爲處理商事之重要法規，亟應着手修訂，以爲實施之資，特組織工商法規討論委員會，責令編纂全部工商法規。該會成立後，以我國公司林立，需用公司法甚殷，乃準乎黨綱，酌諸國情，本歷年事實上之經驗，擬具公司法草案八章，二百五十六條，經工商部呈由行政院提出第十四次會議決議通過，并提經中央政治會議第百七十五次會議決議交立法院審議。此草案分公司爲五種，除公司條例所列四種外，增入分擔無限公司一種，以備外國公司在我國設立支店之適用。

工商部又以商法之首，應冠以總則，而商人通例內容與本黨黨義及最近立法趨勢，均有不甚符合之處，特飭由工商法規討論委員會擬具商法總則草案九章，八十九條，并各附以說明，呈經行政院提出第二十五次行政會議決議通過，咨送立法院併案審議。

立法院自成立後，即於民國十八年一月，指定委員馬寅初、戴修駿、衛挺生、樓桐孫、羅鼎組織商法起草委員會，編定商法。旋中央政治會議決議民商合編法典，其不能合併者，分別訂立單行法。立法院議定商法體例，不采法典形式，對於工商部所定之商法總則及公司法兩草案，未予采用，僅留備參考。

立法院商法起草委員會對於公司法推定衞委員挺生初步起草，并自三月七日至七月十七日止，迭次集會研討，議定公司法原則草案六十四條，後又分別併爲三十二條。此草案之要點，依據原附說明，略如下述：

（一）公司種類之變更　公司條例規定公司分爲四種，原則草案删去股份兩合公司，增加保證有限公司。蓋以股分兩合公司爲英美制度所無，在前世紀中，法國甚爲盛行，後則日見減少，日自明治初年至現在，亦只三十餘家，吾國自民國成立以來，并無此種公司。考之他國，此種公司，流弊甚深，學者多主張廢除，自以删去爲宜。又歐美近數十年來，甚盛行者爲一種小團體有限公司，斟酌於此種公司制與保證有限公司制，采用一種小團體之保證有限公司，小其團體，俾易於設立，保證責任，定股本三倍以上，並禁止招募股分與轉讓股分，免受外人操縱，庶有利無弊，而與吾國國情尤爲相合。

（二）合夥人數之限制　合夥與無限公司性質本無大異，所不同者，無限公司營業須公開，合夥營業則不必公開。惟公開可以保護民衆利益，不公開易以發生流弊，牽動金融。十人以上之合夥，分子複雜，影響更巨，原則草案特改爲合夥營業，以五人爲限，庶範圍較小，弊害較少，且與英國制度相同。

（三）舉行創立會須股款繳足二分之一　公司條例規定繳足股款四分之一，即得召集創立會，如是則公司實力太弱，對外以股本總額爲號召，民衆易受其欺，而按股派息，名實多不相符，此草案改爲股款繳足二分之一，方得舉行創立會。

（四）無記名股票限三分之一記名股限用同一姓名　股票以記名爲原則，而習慣上又有無記名式股票之需要，此草案爲防流弊起見，規定無記名股票不得過全額三分之一，記名股票爲同一人所有者，須用同一姓名。

（五）規定股東會人數及股額　股東會開會若僅以人數爲標準，則小股東權大，以股額爲標準，則大股東權大。惟公司之盈虧，大股關係較深，此草案定爲股東會以股東總數三分之一以上之出席代表股額過半數舉行之。

（六）改定董事人數至少爲五人　公司條例定爲董事至少三人，按民權初步，三人始能開會，三人中若一人缺席，則董事會卽無法行使職權，草案特改定爲五人。

（七）提高監察權　此草案改定監察人由股東會選任，則除股東仍得當選外，並得選社會上有聲譽與有專門學識之專家參加監察事務，俾免監察人甘受董事之利用，而監察權得以無形提高。

公司法原則草案經立法院胡院長漢民於十八年八月提出中央政治會議第百九十次會議決議交孔委員祥熙、李委員文範審查。孔委員等卽共同詳細研究，將原草案分別加以修正，其修正之點凡十，最要之點爲删除合夥人數之限制，并恢復股分兩合公司制，其餘大致爲文字上之修改，中央政治會議復於第百九十一次會議提出討論，當決議：「公司法原則照審查修正案通過，交立法院。」此原則共分爲六章三十六條如次：

第一　總則

一　公司分爲五種：

一　無限公司，

二　兩合公司，

三　股分有限公司，

四　保證有限公司，

五　股分兩合公司。

二　公司爲法人。

三　凡公司不得爲他公司之無限責任股東；但爲其他公司之股東時，其入股總額，不得超過該公司實收股銀總數四分之一。

第二　無限公司

四　無限公司應有股東二人以上。

五　贏虧之分派，如章程無規定時，以股東出資之多寡爲準，僅於贏餘或虧損之一面定有分派之比例時，其所定比例，於贏虧兩面均適用之。

六　非得全體股東之同意，不得變更章程，及爲公司事業範圍外之行爲。

七　公司解散之事由，及股東之退股或除名，應列舉的規定。

第三　兩合公司

八　兩合公司以無限責任股東與有限責任股東組織之；有限責任股東之責任，以額定資本爲限。

九　股東之責任，無限或有限，應於章程中明白規定之。

十　有限責任股東不得以信用或勞務爲出資，并不得執行公司業務及代表公司。

第四　股分有限公司

十一　股分有限公司應有七人以上爲發起人。

十二　認足股分總數時，認股人交足股款二分之一，卽舉行創立會。

十三　創立會應依法定程序，決議一切事項，並選任董事及監察人。

十四　非設立註册後，不得發行股票，發行價格不得低於票面。

十五　公司股分，每股不得少於十元。

一六 公司得發行無記名股票，但不得超過資本總額三分之一；記名股票爲同一人所有者，應用同一姓名。

一七 股東之責任，以所認之股額爲限。

一八 股東會由董事會召集，以股東總數三分之一以上出席代表股額過半數舉行之，每股有一議決權，一股東而有十一股以上者，應以章程分別限制之，但每股東之議決權，至多不得超過全體權數五分之一。

一九 有股分總數二十分之一以上之股東，得請求董事會召集股東臨時會。

二十 董事至少五人，由股東會就股東中選任之，其任期不得過三年，但得連舉連任。

二一 有總股分十分之一以上之股東，得控告董事或監察人。

二二 公司控告董事或被董事控告時，監察人爲公司代表。

二三 監察人由股東會於股東中選任之，任期一年，但得連舉連任。

二四 監察人認爲必要時，得召集股東會。

二五 監察人不得兼任公司董事及經理人，有二人以上時，得各自行其監察權。

二六 公司債非經股東會議決，不得募集，其總數不得超過已繳之股款。

二七 非經股東會議決，不得變更章程，增減資本。

二八 公司解散之事由，應列舉的規定。

第五　保證有限公司

二九　股東之保證責任，不得少於認繳股本之三倍，股東人數不得多於五十人。

三〇　公司股分不得向市場招募或轉讓。

三一　公司不得發行債劵。

三二　公司宣告破產時，各股東所負之責任，除所繳之股本外，以其保證額爲限。

三三　股東認繳之股本，應一次繳足，每股不得低於一千元。

第六　股分兩合公司

三四　股分兩合公司設立時，應由無限責任股東爲發起人，其股東至少有一人負無限責任。

三五　無限責任股東得於創立會及股東會陳述意見，但雖有有限股分，亦不得加入決議。

三六　公司之事項，除應須股東會決議外，並應得無限責任股東之同意。

此原則三十六條，經立法院於第四十一次會議提出報告，并交商法起草委員會查照。該會即詳愼研討，認爲保證有限公司係新創之制，應暫行保留，當經由院長胡漢民向中央政治會議提請核定，原提案略謂：

「查公司法原則案中第二十九條至第三十三條關於保證有限公司之規定，本爲取法於歐洲各國之小組有限公司辦法，在中國公司組織中尙屬創舉。値茲黨國一切行政司法組織均尙未臻完備，商場中之信用調查亦未舉辦，各股東之保證責任是否確實，若專恃行政之取締，與司法之監督，恐一般民衆利益之保障，過於粗疏，可否將公司法中保證有限公司一章，暫行保留？如將來仍視其設立為必要，則仿照德法兩國先例，另以單行法行之」

中央政治會議於第二百零六次會議提出討論，當決議：「公司法原則中關於保證有限公司一章暫行保留，由立法院另訂單行法」，立法院併交商法起草委員會查照。

公司法初步起草委員衛挺生即遵照中央決定原則，斟酌國內商情，旁考各國制度，草具公司法初稿，提經起草委員會開會詳加討論，并邀集民法起草委員傅秉常、焦易堂、史尚寬、林彬及院外專家數人，列席參加意見，自十一月下旬至十二月四日，繼續開會十有餘次，將初稿逐條討論通過，完成公司法草案六章，共二百三十四條。立法院院長胡漢民復召集商法起草委員、民法起草委員，及工商部部長孔祥熙、次長穆湘玥開審查會，將原草案全案審查完竣，立法院即於第六十四次會議，將該草案提付三讀，除删去一條外，各條無多修正，大致照原案通過，并接開三讀會，公司法全案遂以通過。

公司法經國民政府於民國十八年十二月二十六日公布，并明令定於民國二十年七月一日起施行。全文分六章，共二百三十三條，第一章通則；第二章無限公司，分六節：（一）設立（二）公司之內部關係，（三）公司之對外關係，（四）退股，（五）公司之解散，（六）清算；第三章兩合公司；第四章股分有限公司，分十節：（一）設立，（二）股分，(三)股東會，(四)董事，(五)監察人，(六)會計，(七)公司債，(八)變更章程，(九)解散，(十)清算第五章股分兩合公司；第六章罰則。

公司法之要點，即爲中央政治會議決定之原則，茲不復贅；惟與公司條例之差異，其重要者略如下述：

一、第一條規定公司係以營利爲目的而設立之團體，而公司範圍大爲擴張，與公司條例所定以商行爲爲業而設立之團體爲公司者大有區別，此爲民商法合編應有之結果。

二、公司之設立登記，有成立要件主義與對抗條例主義。公司條例采第二主義，此法第五條規定「公司非在本店所在地主管官署登記後不得成立」係以登記爲公司成立之要件采第一主義，其干涉較甚，限制亦較嚴。

三、公司如未彌補損失，遽行分派盈餘，或非實有盈餘，名爲派利，暗實蝕本者，依公司條例第三十九條，債權人有令各股東返還之權利，但此法無明文規定。

四、此法第四十六條規定無限公司因章程所定解散之事由發生而解散。但依公司條例第五十條，公司得以股東全體或二人以上之同意繼續辦理，其不願者，即爲退股，是謂公司之繼續，此項規定，此法并未采入。

五、無限公司之清算，依公司條例第六十一條，得依股東議定之方法行之，是謂任意清算；此法則定爲應依法律之規定爲之，是謂法定清算。

六、無限公司之債權人，已過催告期限，始行報明債權者，僅得對於清償債務後尙未分派之財產請求之，公司條例第七十一條第四項定有明文，此法亦未采取。

七、兩合公司自章程訂立後，應於十五日內向主管官署聲請登記，其應登記之事項，除無限公司之登記事項外，並應將各股東之責任無限或有限一併登記。此法第七十一條只定有準用第二章之規定，關於兩合公司之設立登記，并無明文，但解釋上應與公司條例第八十三條同。

八、此法第八十一條第八十二條規定兩合公司之有限責任股東遇有不得已之事故時，得經全體無限責任股東四分三以上之同意退股，或聲請法院准其退股；如不履行出資之義務，或有不正當行爲妨害公司之利益，得經全體無限責任股東之同意，將其除名；此均爲公司條例所未明定。

九、公司條例規定公司設立時，得發行優先股，此法則定爲公司因增加資本或整理債務時，始得發行優先股，較爲妥善。

十、股東會決議之事項，如股東聲請法院宣告其爲無效，則須繳存其股票，蓋恐訴訟完結以前，將股分轉讓於人，與公司脫離關係；且由公司之請求，更應出相當之擔保，蓋防股東之濫訴，致公司有損害時，得使其賠償；凡此公司條例均有明文，此法無此規定。

十一、旧商法明定董事人數須三人以上，此法定爲董事至少五人，公司條例倣德商法，不設最少數之限制。

十二、董事無正當理由告退致公司有不利時，依公司條例第百五十六條，應對公司負損害賠償之責；又依第百六十二條，董事非得監察人之允許，不得爲自己或他人與本公司爲商行爲；此法均未規定。

十三、公司無盈餘時，不得分派股息及紅利；但公債金已超過資本總額二分之一，或由盈餘提出之公積金，已超過該盈餘數額十分之一，公司得以其超過部分派充股息，以維持股票之價格，此法第百七十一條定有明文，公司條例無此規定。

十四、公司條例所定罰例，以罰金爲限，最重爲千元以下。此法規定之罰則，最重者爲一年以下之徒刑，或二千元以下之罰金，處罰既較重，列舉應處罰與得處罰之情事亦較多。

民國十九年二月，商法起草委員會以公司法業經公布，其施行法亟應制定，以利施行，爰擬具公司法施行法草案四十一條，經全體委員開會討論，幷函請實業部派員列席陳述意見，逐條審查通過。立法院於第百三十一次會議開二讀會，將該草案提出討論，結果删去八條，餘各條均逐一通過，幷由主席諮詢省略三讀，以全案付表決，經出席委員大多數贊成通過。

公司法施行法經國民政府於民國二十年二月二十一日公布，全文共三十三條，大致規定公司法施行前成立之公司，應依公司法改正之事項，及改正各該事項之時期。此法自公司法施行之日施行，卽於民國二十年七月一日起施行。

第二節　票據法附施行法

吾國票據始見於載籍者，爲唐之飛錢。在宋則有便錢交子，并爲置務以掌其事，往滯有制，僞造有罪，蓋即票據法之權輿。自交子法廢，歷元明淸三代，雖票據通行民間，而律例初無關於票據之規定。淸末修訂法律館聘日人志田鉀太郎起草商法，編有票據法草案三編，十五章，凡九十四條，并提交憲政編査館審核，旋以政變，未及頒行，此爲吾國編纂票據法之嚆矢。

此草案第一編總則，分法例通則兩章。第二編匯票，分十二章：（子）匯票之發行及款式，（丑）票背簽名，（寅）承諾，（卯）代人承諾，（辰）保證，（巳）滿期日，（午）付款，（未）拒絕承諾及拒絕付款之場合執票人之請求償還權，（申）代人付款，（酉）副票及草票，（戌）匯票之僞造變造及遺失，（亥）時效。第三編期票，只期票一章。全案根據海牙統一假案，并參酌德日兩國之票據法而成，編制悉倣假案，編首冠以總則，則采日本之例。惟罅漏牴觸，所在皆有，且展轉迻譯，與志田原稿亦多出入，此後各票據法案均未加以采用。

民國十一年，修訂法律館復從事起草票據法新案，先派員分赴各省調査票據習慣，推定王鳳瀛、李炘、許藻鎔、周纖駢、羅鼎五人共同起草，閱數月蕆事，是爲修訂法律館第一次草案，亦稱共同案。對於前淸票據法草案，稱曰票據法第二次草案。全案分四章，共百零九條。第一章總則，第二章匯票，又分爲十一節：（子）發行及款式，（丑）背書，（寅）承受，（卯）參加承受，（辰）保證，（巳）滿期日，（午）付款，（未）參加付款，（申）償還之請求，（酉）複本及謄本，（戊）拒絕證書；第三章支票；第四章本票。

修訂法律館法顧問愛斯加拉亦同時起草商法法典，其第二編有價證券，第二卷特別適用條例，第一部為票據，共分三章，凡百十五條。其章目與前各案大致相同，是爲修訂法律館第二次草案，亦稱愛氏案。

愛氏起草商法之旨趣，依據所提報告，其重要者有如下述：

「修訂中國商法法典，能保存中國舊有之商事習慣，復參合以新商法適用之條規，庶法典一頒，自無窒礙難行之慮矣。

各國立法例趨向，大要可分爲三，一爲拉丁法系，一爲日耳曼法系，一爲央格魯撒遜法系。中國將來立法，首在參酌國情，對此三種法系，軒此而輕彼，或軒彼而輕此，均不得當。法蘭西雖爲編制法典之先進國，其模範非人所可駕而上之者，然鄙人猶不敢偏袒法國立法制，蓋深知其制度之實在內容，與最初所編纂法典，微有不同。至提議將德國法典譯本，或采用英國法制，作爲中國法典，鄙人更不敢贊同也。

質言之，鄙人於起草法典之際，以個人考慮爲先，更就各國法家對於立法例所下評論，得其旨趣，然後從事起草，故草案之條文，不啻將中國舊有之習慣，及各國立法上之經驗，合爲一物也。」

惟愛氏起草票據條例，則變更前述主張，其所附說明理由有云：

「鄙人起草中國票據法，本擬就中國票據習慣，先定大綱，創一總論，求與國際票據之習慣適合，或告鄙人以中國票據習慣上太不劃一，欲就各地不同之習慣，規定大綱，頗非易事，故本編所草擬，不置重中國各地之習慣，專注意國際統一之規定。

夫票據立法制，各國本不甚相同，欲謀票據之統一，因有千九百十年及千九百十二年海牙萬國票據法之會議，萬國統一票據章程，倘實行於中國或各國，習慣上難保無牴觸之處。然中國既參與該會，且國中從未有正式宣布之票據法，自應以采取該會所規定爲宜也。

海牙萬國票據法會議之議定，於各國立法制上殊有影響，意大利商法之最近修正案，又法國一千九百二十二年二月八號法律關於票據之制度，多采取統一票據章程所規定也。

中國欲擴張國外之貿易，須采用統一票據程章，定一票據法，求與各國劃一，關係重要，自不待言。關於匯票及本票部分，多采用統一票據章程所規定，草案內條文有悉依其原文者，因統一票據章程編定甚爲詳慎也。但間有捨棄統一票據章程所規定者，則或因中國之特殊情形，或鄙人覺采取他種學說較勝於統一票據章程也。」

共同案與愛氏案係同時分別起草，立法觀念根本不同，故其編制形式及實質內容，均顯有差異，茲比較分述於次。

一、關於立法政策　愛氏案置重於國際票據法制之統一，根據一九一二年國際票據統一法案而略加變動，對於國內各地習慣，則不甚注意。共同案則置重於實際上之應用，務求推行盡利，故博徵英美德日先例，以謀票據信用之鞏固，及流通力之增加，并盡量采納各地之習慣，以期適合國情。

二、關於編制形式　愛氏案采法典主義，故列入商法法典中第二編，且在票據之前，釐訂有價證劵普通適用之法則，合爲商法典中有價證劵專編。共同案則采單行法主義，以票據爲獨立之商事法。

三、關於票據觀念　各國票據法分爲三大系統，卽法國法系，英美法系，及德國法系。法國法系認票據爲輸送現金之代替，故亦稱送金主義。英美法系及德國法系皆以票據爲信用流通之工具，故亦稱信用主義、流通主義。愛氏案係根據統一法案，雖非繼受法國法系，但對於資金觀念尙未完全排除，故原案說明於第四條揭明匯票具有片務之性質，對於匯票資金之理論置而不述。其他條文，仍不免隨時流露其舊觀念之彩色，并皆含有送金主義之意味。共同案則純采取信用主義、流通主義，如不認票據行爲爲絕對商行爲，不認同地異地之制限，及第七條票據無效之影響，與善意取得票據之保護，第十八條無記名式匯票之采用，皆所以貫澈信用主義，流通主義之精神。以上各點，爲愛氏案與共同案實質上區別之要點。

四、關於章節編次　愛氏案對於各項票據不設總則，而在匯票章內設總則一節，凡本票以不違反其性質者適用之，支票則適用本票之規定，但於支票之性質及法律上有相反規定者不在此限，與統一案之編次相似，特統一案無支票，而愛氏案有之耳。共同案首設總則一章，規定各種票據共通適用之條項，係采日本票據法之先例，則又與志田案相類似。此其一。愛氏案於匯票之後，第二章爲本票，第三章爲支票，而共同案則支票在前，本票在後，次序顚倒。此其二。他如遺失僞造及變造與時效之規定，愛氏案另立專節，共同案則歸納於總則章中；愛氏案第八節關於拒絕承受及拒絕付款時之溯求權，共同案則分爲償還之請求及拒絕證書規定於第九節第十一節中。此其三。

五、其他細目：

（一）票據文句　愛氏案第九條、第九十條、第九十五條，均不以「票據文句」爲發行票據款式之要件，認爲無關重要，而共同案則認爲票據款式之要件，於第十六條、第九十七條、第百零五條明定之。

（二）簡略背書　愛氏案以簡略背書爲原則，共同案則以記名背書爲原則。

（三）擔保承受付款之記載　共同案許發行人得絕對不負擔保承受之責，愛氏案則否。

（四）提示付款之期限　愛氏案對於提示付款之日期，采嚴厲規定，執票人於到期日卽應提示請求付款，不認英美之恩惠日，亦不采統一案得於滿期日後二營業日內提示之規定；共同案則准其延長二日或三日。

（五）票款之提存處所　愛氏案采列舉規定，共同案則采概括規定。

（六）拒絕證書之作成機關　愛氏案根據比利時、暹羅及德國一九零八年拒絕證書條例，以郵政管理員爲作成拒絕證書之機關；共同案則依多數立法例，以公證人爲作成拒絕證書之機關。

（七）票據喪失之救濟　愛氏案對於匯票喪失之場合，執票人以連續整齊之背書證明其正當之權利，共同案則采公示催告之制。

以上所舉，皆其犖犖大者。他如條文繁簡，亦互有不同，關於拒絕證書及複本繕本之規定，共同案較詳於愛氏案，支票一章，則愛氏案比共同案增多二十餘條。

修訂法律館以前兩草案相差甚遠，莫衷一是，乃於民國十三年有票據法第三次草案之編定。此草案對於前草案中一切應注意之事項，及國際聯盟會經濟股於一九二三年海牙萬國票據法會議關於統一兌換所議事項之繼續討論，皆一一詳加攷慮。其編制形式，與共同案同，亦采單行法主義。全案共分五編，都一百五十六條。第一編總則，第二編匯票，分爲十一章，其章目與共同案第二章之節目略同，惟將拒絕承受及拒絕付款時之溯求權併爲第九章，複本繕本分列爲第十章、第十一章。第三編期票，第四編支票，第五編票據之僞造遺失及被竊，凡關於票據之僞造遺失及被竊之一切規定，均併入於此編，此爲此案特異之點。

送金主義與信用主義之取舍，爲前兩草案差異之要點，亦爲當時起草員爭論之焦點。此草案之立法主義，悉依共同案；至其內容，有采共同案者，有采愛氏案者，亦有爲重要之修正或補充者。條文較前案爲詳，而文字不及共同案之簡賅，選用名辭，亦未盡當，故不爲以後各案所采用。

第三次草案既未臻於妥善，修訂法律館復於民國十四年根據共同案，并參酌第三次草案，另行編定票據法第四次草案。全案共四章，都一百十七條，其章目與共同案大致相同，惟將第二章第一節發行及款式，改爲發票及款式，第三節承受改爲承兌，第六節滿期日改爲到期日，第九節償還之請求改爲追索權，拒絕證書不另立一節，併入追索權節內，複本謄本各立一節，并將謄本改爲謄本本票支票之章次互易。至條文內之文字亦均依節目分別照改，實質上修改之要點，如拒絕證書作成機關改爲公證機關該管法院及商會；提存所定爲該管法院或得受提存之機關；提示延期一律定爲四日。其他各條亦略有刪改，惟多數條文與共同案無甚出入。旋修訂法律館又將第四次草案重加整理，并略予修改，定爲票據法第五次草案，章目未變更，條文增爲一百二十二條。此草案經分送各地商會，銀行公會，錢業公會徵求意見。上海銀行公會曾集會討論，并擬具意見書送請審核，因該館改組中輟。

民國十七年七月二十九日，工商部工商法規討論委員會成立，委員徐寄廎提議繼續起草票據法。該會於八月二十三日在上海開會討論，決定采用前修訂法律館最後所訂之草案，並參照歷次草案及滬銀行公會之意見書，與最近財政部金融監理局所擬之草案，旁及英之 Bill of Exchange Act，美之 Negotiable Instruments Law，分別采其義蘊，擷其精華，以爲增刪改善之資。一面以吾國歷來關於票據之習慣爲考鏡，以期將來推行之合軌。歷時兩月餘，開會二十餘次，擬成票據法草案，都四章，凡一百二十四條，是爲該會票據法第一案，其章目與第五次草案完全相同。

此案完成後，經由工商部特聘工商界具有經驗及專門學識人員詳加審查，提出意見，交由工商法規討論委員會整理。該會各委員最初之意見，以吾國社會經濟，尙未發達，商業之信用不廣，本票流通必多於匯票，故擬采用俄國票據法先例，以本票爲主，匯票爲附，所有共通適用之條文，詳定於本票章內，匯票則適用本票之規定。此種立法政策，陸委員夢熊主張尤力，但卒未被采用。該會仍就以前各票據法草案，幷參照外國立法例，斟酌而損益之，又經兩月餘，擬定新案，是爲票據法第二案。

此案共四章，凡一百四十三條，其章目與第一案大致相同，惟將拒絕證書另立一節，第三章本票改爲憑票。其實質上之要點爲(一)擴充總則章之規定，將前各草案匯票章內關於無記名見票即付式之票據，關於利息之支付及利率之計算，關於數目文字之記載等規定，均移入於總則章內；(二)提單之匯票，不特設規定；(三)改本票爲憑票；(四)對於票據抗辯之制限倣共同案，采承繼瑕疵說，此外尙有文字上之修訂，及增加之新規定。

工商法規討論委員會擬定票據法第二案，首冠以總說明，各條又附加說明，幷擬具票據法原則五十七項，經工商部詳加覆核，呈由行政院提出第二十二次會議決議先交財政部審查。旋該部審查完畢，提出意見書，呈由行政院於民國十八年五月二十五日，連同原草案一併咨送立法院審議。立法院提出第二十七次會議議決，付商法起草委員會審查。

立法院商法起草委員會起草票據法，先擬其原則草案十九項，經立法院院長胡漢民、副院長林森，提請中央政治會議於第百八十五次會議決議：「交戴委員傳賢、朱委員子文審查。」戴委員等共同詳細研究後，覺原草案尚屬精密，至有無缺陷，非至施行後不能發現，擬請即照原草案通過，俾免遲延。中央政治會議復提出第一百九十三次會議決議：「票據法原則通過，送立法院。」此原則與工商法規討論委員會所擬之原則大致相同，惟較簡略，共分十九條如次：

一　本法所稱票據爲匯票、本票及支票。

二　票據依所載文義，由簽名人負責。

三　票據上依法應記載之事項，不得缺略。

四　以善意或無重大過失而取得票據者，享有票據上之權利。

說明　本條爲保護善意占有者而設，票據爲流通證券，屢經輾轉，故取得者，苟無惡意，或重大過失，即爲正當之持票人，得行使票據上之權利，不許眞正所有者請求其爲票據之返還。此爲各國立法例一班所承認。

五　受票據上之請求者，對於善意之執票人，不得以自己與請求人之前手間所存抗辯，向之對抗。

說明　本條定抗辯之限制，所以保護善意取得者，而便票據之流通。抗辯之意義，債務人對於執票人設詞以避免義務之謂也。例如甲爲發票人，乙爲債務者，己爲執票人，丙丁戊爲己之前手，己向乙請求履行債務時，乙以爲與丙或丁或戊有欠款抵銷，而拒絕付款，則是對於己爲抗辯也，是以自己與己之前手間所存抗辯對抗己也，殊足以妨害票據之流通，故不許之。但若己明知票據有瑕疵，而故意取得之，卽不得爲善意之執票人，乙可以對之抗辯。

六　匯票之發票人，應按照匯票文義，擔保承兌及付款。

七　無記名式匯票因交付而轉讓，無須背書。

八　記名式匯票，除禁止轉讓者外，得依背書而轉讓之。

九　執票人於到期日前，不論何時，得向付款人爲承兌之提示，付款人於承兌時，應記載承兌或其他同義字樣。

十　付款人承兌後，應負付款之責。

十一　執票人於到期日前行使追索權時，得請求預備付款人爲參加承兌。

十二　票據債務人以外，不問何人，經執票人同意，均得參加承兌。

說明　參加云者，第三者加入於票據關係之謂也。發票人委託他人付款而發匯票，或因與他人尙未接洽妥當，或因款項尙未送到，致他人不肯承兌，當此之時，執票人可以向其前手（發票人與在執票人以前之背書人皆稱爲前手。）行使追索權，實出於不得已之所爲，非其本意，且前手受後手之追索，明明暴露票據信用之缺点，此時若於行使追索權之外，別有救濟方法，維持票據信用，匪特執票人之利益，而于亦得以保全聲譽，此參加承兌制度之所由設也。

十三　匯票不獲付款時，參加承兌人應負付款之責。

十四　票據之保證人與被保證人負同一責任。

十五　參加付款，不論何人均得為之，但有參加承兌人或預備付款人時，執票人應先向之為付款之提示。

說明　參加承兌人之為參加承兌也，本有付款之準備，到期日自應向之請求付款。預備付款人係預防付款人萬一不守信而設，付款人既拒絕付款，執票人對之為付款之提示，乃當然之事。至第三者之參加付款，則與參加承兌不同，參加承兌後，或尚有不付款之虞，故執票人有允否之權，若夫參加付款，則票據債權上最後之目的已達，萬無拒絕之理。

十六　匯票到期不獲付款時，執票人對於出票人所有背書人及其他負責人，得行使追索權。

十七　本票除關於承兌、參加承兌、及複本等各節外，均準用匯票之規定。

說明　匯票之付款人，承兌之後，即為承兌人，處於主要債務人地位，故絕對負清償之責。至本票之發票人，即是付款人，本來絕對負清償之責，無所用其承兌，故匯票章中關於承兌及參加承兌各節，於本票均不適用。至複本之作用，原為便於流通匯票之付款人或居於異地，執票人得以複本之一份寄往異地，提示承兌，另以一份爲背書而轉讓。本票之發票人，即爲付款人，無請求承兌之必要，故匯票中關於複本一節，於本票亦不適用。

十八　支票之付款人，以銀行業者爲限。

十九　支票限於見票即付。

此十九條原則，經立法院於第四十五次會議提出報告，幷交商法起草委員會查照。該會依據立法原則，參酌歷次票據法草案及工商法規討論委員會所擬之票據法第二案，財政部審查之意見，幷各國立法例，與吾國商事習慣，迭次開會討論，擬定票據法草案一百三十八條，呈請立法院提交大會公決。該會幷擬具說明書，敍述吾國票據不發達之原因凡七：(一)無一定之款式，(二)無確定之種類，(三)無背書制度，(四)無承受制度，(五)票據非信用證券，(六)票據非抽象證券，(七)無拒絕付款之救濟。而歷年來關於票據之判例，多依據各地之習慣，或由法官以條理判斷，在上海一埠，各國領事多援用各該國票據法，與我國國情相違，票據法實有制定之必要。至本草案編訂之準據，則如下述：

「查票據法之先例，大約可分法法系與英、德法系兩種，法法系以票據代現金之輸送，英、德法系以票據爲信用之媒介，票據之作用不同，故立法之宗旨大異。在法國法，票據上之法律關係，與其基礎關係，不認其有嚴正之分離；在英、德法票據關係與基礎關係視爲兩事，不相關連。……蓋英、德系之規定，注重於信用及流通兩端，故以票據爲抽象證書，具有獨立效用；法法系之規定，仍墨守舊時送金觀念，故票據僅視爲證明基礎關係之契約，根本主義不同，而英、德系與法國系遂劃若鴻溝，不相逾越矣。……法法系在十九世紀初期，亦會風靡一時，然自英德法施行後，大受打擊，昔日繼承法系者，今亦改絃易轍，日趨於新，即在法蘭西本國，改革之聲，亦甚囂塵上。……柯恩氏（Cohn）有言曰：『法國系與英、德系，係根本牴觸，無調和餘地，……只能犧牲其一，不能兼用其兩，』洵爲深中肯綮之論。吾國匯票，僅爲隔地間送金之具，無可諱言，試問訂立票據法者，將聽其習故蹈常，長此終古，不謀所以利用促進之道乎？如曰否也，則舊主義實無兼采之理由。……故本草案之編訂，係參考吾國票據法第二次第四次兩草案，及工商部送院審議之草案，復取材於德、日、英、美之成法，至法國法中之適合於我國商情者，亦並收之，並不囿於一系之主義也。」

立法院於第五十次會議，將該草案提出逐條討論，大致均照原案通過，惟增加第五章附則，增加一第一百三十九條，規定「本法自公布日施行，」又以第十九條關於時效之規定，第五十八條關於保證責任之規定，意義均未完足，議決加派委員史尚寬、林彬會同商法起草委員重行審查。史委員等即集會共同討論，結果在第十九條及第五十八條之後各加一項以補充之。立法院復開第五十一次會議，將該兩條提出討論通過，併接開三讀會，通過票據法全案，即呈由國民政府於十八年十月三十日公布施行。

票據法共分五章，都一百三十九條。第一章總則，第二章匯票，分爲十二節：（子）發票及款式，（丑）背書，（寅）

承兌，(卯)參加承兌，(辰)保證，(巳)到期日，(午)付款，(未)參加付款，(申)追索權，(酉)拒絕證書，(戌)複本，(亥)謄本；第三章本票第四章支票第五章附則。其實質上重要之點，卽爲中央政治會議所決定之十九條原則，玆並依據原草案說明書，分述於次：

一　各國立法例關於票據之種類不一，德、意兩國僅以匯票及本票稱爲票據，支票不認爲票據。日本舊商法支票與票據亦非同類。英美法系以支票視同匯票，故支票亦爲票據之一種。日本新商法第四三四條明定票據爲匯票、本票、支票三種。吾國前清票據法草案僅規定匯票及期票二種。此法於第一條明定票據爲匯票本票及支票，并以支票與匯票相同之點甚多，除承受參加及複本等數項不適用外，餘如背書付款償還請求及拒絕證書等均準用匯票章之規定。

二　匯票爲要式證券，必須要式具備，方爲完全之票據，其票據乃生效力。此法於第二十一條規定要式中之必載事項凡八：(一)標明匯票字樣，所以明該票之性質，且使發票人自覺票據上之責任；(二)一定之金額，所以圖流通上計算之便；(三)付款人之姓名或商號，以示付款人在承兌後，卽爲主要之債務者；(四)受款人之姓名或商號，所以表示對於該票上第一次之債權人；(五)無條件支付之委託，以示匯票與本票之區別；(六)發票地及發票年月日，發票地可以在涉訟私法上適用行爲地法之時作爲依據；(七)付款地，所以定執票人要求付款之地；(八)到期日，所以定債權人行使權利，債務人履行義務之時期。但此等事項如缺一無效，恐於事實上反多不便，故又於該條以次各項，設有例外之規定。

三　匯票依背書而轉讓，日本之背書頗重連續，其日文匯票之反面，大概印有背書欄，故次序井然，先後背書，無錯亂之虞。英、美反是，背書之地位，可任人隨意選擇，因此第二背書人之背書，或反在第一背書人背書之上。此法倣日本之成規，於第三十四條規定背書須有連續性，執票人且須以背書之連續證明其權利。

四　英、美法律所規定票據承兌分爲二種：(一)普通承兌，(二)附條件承兌，日本商法第四六九條則規定付款人對於票據之金額得爲一部之承兌，除一部承兌外，如付款人不爲單純承兌時，卽與拒絕承兌同，是除付款人爲一部之承兌外，其餘一切附有條件之承兌，皆以拒絕承兌視之。此法以承兌附有條件，有妨票據之流通，特倣日本成規，於第四十四條規定付款人承兌時，經執票人之同意得就匯票金額之一部分爲之，除一部分承兌外，其他附有件條之承兌，視爲承兌之拒絕，但承兌人仍依所附條件負其責任。

五　參加承兌人須負擔票據上之嚴格債務，匯票不獲付款時，應負支付之責，故當其爲參加承兌時，須使其有一定方式，必須在匯票正面記載(一)參加承兌之意旨，(二)被參加人姓名，(三)年月日，此法特於第五十一條明定之。

六　票據債務之保證，爲多數立法例所許，我國商業社會，關於票據之付款，向無一定保證之方式，此法爲求明確起見，於第五十六條規定保證之方式，使保證得法律之保障，發生強大效力。

七　普通債務契約，對於償還日期之方式，不設限制，一任當事人之自由。惟票據之效用在乎流通，其付款日期，不可不明白規定，故多數立法例定滿期日之方式。此法定匯票到期日有（一）定日付款，（二）發票日後定期付款，（三）見票即付，（四）見票後定期付款，以示一定之標準。吾國習慣匯票亦有定期付、見票付、及見票後定期付之分，此法所定四種方式，與法理習慣，均無不合。

八　付款之提示，在英、美及法法系諸國，限於滿期日，如於是日不爲提示，即喪失票據上之權利。此法以此項規定，於執票人未免過苛，故從德日立法先例，定爲到期日之後二日仍屬有效，於第六十六條明示之。

九　付款以提示日爲通例，但有時付款人難免有困難之處，倘即行使追索權，非特有增加費用之弊，且有損執票人之利益，並使其他票據債務人均蒙不利之影響，如有補救方法，自以補救爲宜。此法於第六十七條規定執票人得允許付款延期之請求，惟延期無限制，票據當事人亦均蒙不利，故又定爲延期須經執票人之同意，並不得逾三日。

十　參加付款之理由與參加承兌同，無非爲保全票據債務人之信用，而阻止執票人追索權之行使。其參加之時期，在拒絕付款以後，但須予以限制，蓋匯票不獲付款時，執票人即可對於票上各負責人行使其追索權，故欲爲參加者，至遲務必在拒絕證書作成期限之末日以內，此法特於第七十四條明定之。

十一　匯票不獲承兌時，德、日立法例采擔保主義，先請求擔保，及到期不付款，再請求償還。其餘各國亦有采選擇主義者，此主義有二：(一)遇不獲承兌時，或請求擔保，或請求償還，一任執票人之自由；(二)與前手以選擇權，或供擔保，或爲償還，悉聽其便。此法以不獲承兌，票據之信用已見薄弱，請求擔保，似屬無益，選擇主義，徒增法律關係之複雜，不足采取，故不如從英、美立法例，采期前償還主義，於第八十二條明定在到期日前得逕行使追索權。

十二　拒絕證書之作成機關，各國立法例不同，(一)法、意、日三國均以公證人或執達吏爲作成機關；(二)奧、葡、荷三國則以公證人或審判廳官吏爲其機關；(三)瑞士所定之作成機關爲公證人，及其他依法律或依官廳職權受有權限之人；(四)西班牙規定惟公證人得作成拒絕證書；(五)德國、比利時規定公證人，執達吏或郵政吏員爲作成該證書之機關；(六)美流通證劵法規定公證人或拒絕地方可尊敬之住民得作成拒絕證書，票據法則規定公證人得作成該證書，無公證人之地，可擇兩證人以代之。我國法制，尚在幼稚時期，將來關於公證人制度，是否采用，未能懸擬，惟多數立法例均以公證人爲作成拒絕證書之機關，此法特於第一零三條規定公證人爲作成機關之一，又以法院遍地皆是，商會與銀行公會尤爲商界公共信任之機關，故均以作成拒絕證書之職權畀之。

十三　複本之本體爲票據之一，各有獨立效力，必請求發票人給與之，謄本非與原本相併，不得主張本來之票據關係，可以由執票人隨意作成。凡無複本之執票人，於原本送致他處請求承兌時，可以作成謄本，爲背書而轉讓，故謄本雖無獨立效用，亦有輔助票據流通之功能。此法特規定複本上可以爲一切票據行爲，謄本上僅許爲背書及保證，對於執票人及其後手與原本上所爲者有同一效力。

十四　吾國商業上本票流通最廣，效力亦最強大，幾與現款相等，設遇發行商號或有倒閉，則以本票最先受償爲通例。此法參酌法理習慣，特於第一一八條規定本票發票人之付款責任，與匯票承兌人相同，以期保全本票之信用，而維交易之安全。

十五　支票之流通期間，各國法律均無一定，英、美無相當之限制，因銀行轉帳制度甚發達，實際上輾轉流通者甚少。法國則因發出地與支付地之異同，其期間亦因之而略異。日本則限定爲十日。此法倣法、日之成規，於第一二六條規定在發票地付款者，限自發票日起十日內付款；不在發票地付款者，自發票日起一個月內付款；發票地在國外，付款者在國內者，自發票日起三個月內付款。

十六　保付支票，在吾國早已通行。此種支票，發生於美國，即付款之銀行，因出票人或領款人之請求，在支票加以付款保證之記號或文字，一面從存戶帳中將支票上所記之數，如數劃開，另列於保付支票帳內，銀行既經保付，即負支票付款之義務，受取支票者，雖不信任存戶，亦必信任銀行，則受授之間，無虞詐欺，而支票之流通更爲活潑。此法參照習慣，亦采保付支票之制。

票據法既經公布施行，則其施行法自有頒行之必要。至十九年三月，工商部擬具票據法施行法草案，呈由行政院令交財政部審查。該部以票據法公布後，曾擬具取締私發紙幣冒用本票名義辦法兩項，以期補充該法第一一七條規定，幷已轉送立法院審議。工商部所擬草案，其第二、第三、第四、第八各條，核與前擬補充意見，均屬相符，認爲可行，至其他各條亦經詳加審核，所有擬行删補之處，卽分別簽具意見，以備採擇。行政院卽將該草案及審查意見一併提出第六十一次會議決議送立法院。

立法院提出第八十二次會議議決，付商法起草委員會審查。該會卽集會詳加討論，當將票據法施行法草案修正通過。立法院復於第九十七次會議將該審查修正案提出逐條討論通過，幷省略三讀通過全案，卽呈由國民政府於十九年七月一日公布施行。

此法都二十條，大致規定票據法施行前所發與匯票、本票、支票性質相同票據之了結期限，及補充票據法之各事項。

第三節　海商法　附施行法

我國古時，閉關自守，海禁森嚴，海上貿易未興，無所謂海商法。淸光緒三十四年十月，修訂法律館聘日人志田鉀太郎起草商法，至宣統元年完成海船法草案六編，都二百六十三條。此案大體上採取日法，並兼采德法，內容甚爲詳密。第一編總則，分法例、通則兩章。第二編海船關係人，分所有者與海員兩章。海員章又分總長、船長、船員三節。第三編海船契約，分三章；（一）運送物品契約，（二）運送旅客契約，（三）保險契約，其第一章又分傭船契約、搭載契約、載貨契約三節。第四編海損，分共同海損與海船之衝突兩章。第五編海難之救助。第六編海船債權之擔保，分法定質權與抵當權兩章。

海船法草案幷未頒行，尚無法律上之效力。至民國十五年十一月十八日，政府公布海船法案，其內容與海船法草案無大差異，仍分六編，二百六十三條，惟條文字句與特別名詞略有修改。

民國十八年十一月，立法院商法起草委員會以海商法關係海上商業甚巨，爰推定樓委員桐孫着手起草，博採他邦成規，廣徵我國習慣，擬具草案初稿，復開會詳加討論，幷函由交通工商兩部，及財政部關務署，江海關監督公署，輪船招商總局各派員列席參加意見，計自同年十二月二日起至十四日止，開會十有餘次，將初稿逐條討論，分別修正通過，完成海商法草案八章，一百七十四條。立法院又提出第六十六次會議議決，付商法起草委員會會同民法起草委員會審查。該會等旋審查完竣，繕具報告，經立法院提出第六十八次會議逐條討論通過，幷接開三讀會通過全案，即呈由國民政府於十八年十二月三十日公布，並定於二十年一月一日起施行。

海商法全案大致照原草案通過，仍分八章，都一百七十四條。第一條總則，凡七條，第二章船舶，分二節：(一)船舶所有權，(二)優先權及抵押權。第三章海員，分二節：(一)船長，(二)船員。第四章運送契約，分三節：(一)貨物運送，(二)旅客運送，(三)船舶拖帶。第五章船舶碰撞。第六章救助及撈救。第七章共同海損。第八章海上保險。此法之立法主義，及其實質上之要點，茲分述於次：

一、各國立法例有海船與內水船分別規定者，如德國是。有海船與內水船不設區別者，如英國是。有僅規定海船而不及內水船者，如法日商法及吾國海船法案是。此法倣英立法例，於第一條規定「本法稱船舶者，謂在海上航行，及在與海相通能供海船行駛之水上航行之船舶」，此為民商法統一應有之結果。

二、船舶之國籍，應依如何方法定之？立法主義有三，卽建造地主義，海員國籍主義，及船舶所有人國籍主義是。此三主義，各國有全采者，有兼采其二者，有僅采其一者。此法采第三主義，於第三條規定：

左列船舶，為中國船舶：

（一）中國官署所有者；

（二）中國人民所有者；

（三）依照中國法律所設立在中國有本店之左列各公司所有者：

甲、無限公司其股東全體為中國人者；

乙、兩合公司或股份兩合公司，其無限責任股東全體為中國人者。

丙、股份有限公司，其董事三分二以上為中國人，並其資本三分二以上為中國人所有者。

又船舶所有人為法人時，船舶之國籍應如何定之？則立法主義有四：（一）設立準據法，（二）本店所在地，（三）重要職員之國籍，（四）出資人之國籍。各國立法例有須依本國法設立，而本店亦須在本國者，如英、法、比等國是。有本店須在本國，而職員之全部或一部亦須爲本國人者，如德、日、荷、意等國是。有本店須在本國，而出資人亦須於一定限度內爲本國人者，如那威是。有須依本國法設立，而職員及出資人均須於一定限度內爲本國人者，如美國是。依上條規定，此法實兼采四種主義。

三、船舶爲動產，立法例有以明文規定者，如法、意商法，比海法商，及日舊商法是。有不以明文規定者，如德商法、英商船條例、及日新商法是。此法采第一主義，於第八條規定船舶適用民法關於動產之規定，惟本法有特別規定者除外。

四、船舶所有權移轉之條件，立法主義，頗不一致。（一）有爲諾成契約者，是曰意思主義，德法系采之。（二）有爲要式契約者，是曰形式主義，法法系及英、美采之。此法采第二主義，於第十條規定船舶全部或一部之讓與，非作成書面，並呈經主管官署或中國領事官署蓋印證明，不生效力。

五、船舶共有，自爲民法上物權之共有關係，惟是否兼有民法上債權之合夥關係？則學說有三：（一）單純共有說，法學者主張之；（二）合夥兼有說，德學者主張之；（三）折衷說，日學者主張之。此法采單純共有說，於第十八條規定「共有關係，不因共有人中一人之死亡、破產或禁治產而終止」，與民法關於合夥規定，合夥人死亡、受破產或禁治產之宣告而即退夥者，大不相同。

六、船舶所有人責任之限制，各國立法主義可分爲四：（一）委付主義，法法系諸國采之，故又名法法主義；

(二)執行主義，德法系諸國采之，故又名德法主義；(三)金額主義，英國法律采此主義，故又名英法主義；(四)船價主義，美國采之，故又名美法主義。四種主義互有短長，一九零七年在比利時之萬國海法會議擬定條例案，使船舶所有人於德、法、英、美四主義中自由選擇其一。一九零八年比利時之法律，即采此條約案者，故學者名之曰選擇主義。一九零九年及一九一零年此種條約案復提出於國際會議，重加討論，而法之委付主義遂被删除，僅用德、英、美三種主義。一九二三年船舶所有人責任限制規定之統一條約，實兼采英、美兩主義，故名曰併用主義。此法及舊海船法案均采德之執行主義，規定船舶所有人所負責任，以本次航海之船舶價值，運費及其他附屬費為限。惟船舶所有人所負有限責任之債務，此法於第二十三條列舉事項凡九，舊海船法案則采概括主義。

七、船舶之一定債權，日商法定為先取特權，舊海船法案倣德商法之立法例，定為法定質權。此法則定為優先權，於第二十七條及第二十八條列舉優先之債權凡六，得優先受償之標的物凡五。

八、船長代理權之範圍，各國立法主義有三：(一)行為主義，如英國是；(二)船舶所有人之所在地主義，如法國是；(三)船籍港主義，如德國是。舊海船法案采德主義，此法兼采法、德兩主義，於第五十二條規定「船長得代表船舶所有人僱用服務於船舶之人員，並得訂立航海所必要之契約。」

九、貨物運送契約分為二種，即傭船契約與件貨契約，此法於第七十條規定之。其契約之性質若何，學說雖不一致，要以承攬說為正當。又傭船契約有全部傭船與一部傭船之別，依海船法案第一一五條，此項契約為一種諾成契約依此法第七十一條、第七十二條，此項契約爲一種要式契約。

十、載貨證劵，依海船法案第一四七條之規定，因託運人之請求有發一通或數通者，就各國立法例言，英、法則爲三份，法法系則爲四份。此法倣德、日商法，僅於第八十七條明定證劵可有數份，而未確定其份數。

十一、依海船法案第一七七條，運送旅客契約，因船舶沉沒，船舶不能航海，船舶被捕獲，或旅客死亡，而當然終了。此法第一零八條則定爲船舶雖因不可抗力不能繼續航海時，船長亦應設法將旅客運送至目的地。此種規定較爲嚴密，更足以保護旅客之利益。

十二、近世航海汽船，速率增加，往來頻繁，因之船舶碰撞，層見迭出。萬國海法會曾於一九一零年議定關於規定船舶碰撞之統一條約，此法關於船舶碰撞，倣此項條約，設立第五章以規定之。

十三、在中世紀以前，無所謂海難救助，自路易十四世之海事條例起，對於遭遇海難者，始設有保護之規定，嗣後逐漸發達，遂成海難救助之制度。德國新舊商法，均設有救助一章，英之商船條例，於海難救助規定尤詳。惟各國之規定未能一致，爲謀統一起見，遂於一九一零年開國際會議於勃魯塞爾，議定關於規定海難救助之統一條約。日新商法海難救助一章，卽係修正商法時，基於各國所締結之條約而追加規定者。但依日舊商法規定，有救援與救助之別，而日新商法則否。吾國舊海船法案係倣日新商法，亦無救援與救助之區別，此法倣日舊商法，分爲救助及撈救，設第六章以規定之。

十四、海損有廣狹兩義，廣義海損爲航海上所生之一切損害，得分爲實物海損及費用海損二種。狹義海損乃因非常原因所生之損害，有單獨海損與共同海損之別。單獨海損爲因天災不可抗力或不法行爲所生之損害，應歸何人負擔，依民法一般原則定之。共同海損爲在海難中，船長爲避免船舶及積貨之共同危險所爲處分，而直接發生之損害及費用，應由各利害關係人分別負擔，此法於第七章規定之。

十五、船舶或積貨是否須因海損處分而得保存，立法主義有二：（一）因果主義，卽海損處分與殘存物保存，其間須有因果關係，若海損處分毫無效果，而以他種原因得以保存船舶或積貨者，則不生共同海損之問題，如日商法是。（二）殘存主義，卽海損處分後，祇船舶或積貨有所保存卽可，其與海損處分有無因果關係，則非所問，如德國是。此法采殘存主義，於第一三五條規定「共同海損應以所存留之船舶積貨之價格及運費之半額，與共同海損之損害額爲比例，由各利害關係人分擔之。」

十六、海上保險契約，依前海船法案第一八零條，爲一種諾成契約，依此法第一四六條，則爲一種要式契約，此法之立法主義較前案爲進步。

海商法經國民政府明令公布後，工商部以原條文並未規定施行日期，是否自公布日起？抑另以命令定之？未敢擅斷，特呈由行政院轉呈國民政府交立法院核議。立法院卽交由商法起草委員會審核，認爲該法施行日期，應俟該法施行細則訂定後，再行決定。至十九年十月，商法起草委員會復以海商法公布已久，亟應定期實施，爰呈由立法院轉呈國民政府提經第一百次國務會議決議自民國二十年一月一日起施行。

民國十九年十月，交通部擬具海商法施行法草案，函由商法起草委員會開會討論修正，并提經立法院第一百十七次會議議決通過，卽呈由國民政府於十九年十一月二十五日公布自海商法施行之日施行。全文共九條，大致規定在海商法施行前發生而又適用海商法之海商事件及其適用之條文并國籍證書、通行證書、海員名册、旅客名册、屬具目錄、航海記事錄等方式，均由交通部定之。

第四節 保險法

我國昔無保險業務，自海禁大開，外人多在通商大埠設立公司，經營保險事業，往往假借其本國法律或判例，強參以各地方之習慣，依其意思，確立條件，被保險人殊少注意，或未盡了解，惟俯首就範，毫無主張餘地。吾國律例法規，關於保險契約一項，并無明文規定，而法院判決例之關於保險案件者，尤寥寥可數。大淸商律草案第二編商行爲，其第七章、第八章關於損害保險生命保險之規定甚詳，但該律并未頒行。前北京修定法律館法顧問愛斯嘉拉曾於一九二七年四月完成保險契約法草案四章共一百零九條。第一章保險總則，分四節：(一)通例，(二)保險契約，(三)保險人與被保險人之義務，(四)時效。第二章損害保險，分三節：(一)通例，(二)火災保險，(三)責任保險。第三章人身保險，分三節：(一)通例，(二)人壽保險，(三)災害保險。第四章終結條款。旋北京政府瓦解，修訂法律館未將此草案加以整理。

此草案主要參考之法案，爲一九零四年及一九二五年之法國草案，一九零八年德國與瑞士法律，一九二五年意大利商法法典草案及一八九九年日本商法典。其他各國對於保險法有相當完備之規定者，如比利時、西班牙、荷蘭、俄羅斯、英吉利、加拿大及美洲合衆國之數邦，亦均斟酌采取，俾臻完善。其起草此法之旨趣，據原案總說明書敍述其最重要者有云：

「抑制保險人，扶助被保險人之社會任務，應由立法者司之。何種條款，應予禁止，何種條款，應行訂入，皆爲立法者之事。德、瑞兩國法律關於保險一項，顯著其盡善盡美之制度者，即爲强制規定之繁夥，而在訂約人之自由意思，竟無變更之權。……法國一九二五年之草案，采用相反的方法，以爲强制條文，應超過於解釋或補充契約當事人意思之條文，但方法雖異，原則固同。至各國法制，保障被保險人之利益，制止保險人之專權，若有一致之傾向。……此種敵對態度，在法國更屬嚴重，致已付表決之各草案，遲延通過，豈能辭其責哉。且也對於保險業之懷疑傾向，不可言之過甚，尤其在中國保險事業尚屬草創，必須有以激發鼓勵之，而本草案在苛酷的規定與危險的放任之中，力求調解之法，可以覘見也。」

民國十八年十一月，立法院商法起草委員會擬具保險契約法草案，爲求審慎起見，函約民法起草委員共同討論，自十一月二十三日至二十五日，迭次開會，詳細審查，當將原草案逐條修正通過。立法院於第六十八次會議，將該草案提付二讀，結果，標題删去契約二字，改爲保險法，并增一第一條，原第一條改爲第二條，修正通過，餘各條依次遞改，大致均照原案通過。二讀既畢，接開三讀會，由主席以保險法全案付表決，出席委員均無異議通過。

保險法經國民政府於民國十八年十二月三十日公布，但尚未定期施行。全文分三章，都八十二條。第一章總則，分四節：(一)通則，(二)契約之成立，(三)契約當事人之義務，(四)時效。第二章損害保險，分三節：(一)通則，(二)火災保險，(三)責任保險。第三章人身保險，分三節：(一)通則，(二)人壽保險，(三)傷害保險。其內容重要之點，略如次述：

一、保險契約之定義，各國立法例有設立規定者，如意大利商法典，法國一九零四年草案，及日本商法典是。有不設立規定者，如德、瑞兩國草案，法國一九二五年草案是。此法不規定保險契約具體之定義，惟於第一條明示準用本法之範圍。

二、保險契約效力之起點，及其存續期間，應載明於保險單，其期間超過十年者，除人壽保險外，當事人之一方，得於每屆十年之前三個月，通知他方終止契約；契約繼續有效之默認條款，其期限不得逾一年以上，此法於第三條明定之。

三、保險契約爲一種要式契約，應由當事人雙方簽名，此法於第八條列舉其應記載之事項凡八：(一)當事人之姓名及住所，(二)保險之標的，(三)所保危險之性質，(四)保險責任開始之時日及保險期間，(五)保險金額，(六)保險費，(七)無效及失權之原因，(八)訂約之年月日。

四、保險人之義務，此法於第十二條至第十五條規定之如左：

(一)保險人對於由不可預料或不可抗力所致之滅失或損害，除保險單內有明文限制外，均負責任。

(二)保險人對於由要保人或被保人之過失所致之滅失或損害，除出於故意或重大過失外均負責任。

(三)因履行人道上之義務所致之滅失或損害保險人應負責任。

(四)保險標的物之滅失或損害，係因第三人所致，而該第三人之行爲雖依法應由要保人或被保險人負責，保險人仍負責任；但出於該第三人之重大過失所致者，保險人除有特約外，不負責任。

(五)保險人對於由要保人或被保險人所營之事業，或其所有之物或動物所致之滅失或損害，應負責任。

(六)保險人應於約定期限內給付保險金額，無約定者應於接到通知後十五日內給付之。

五、要保人之義務，此法於第十六條、第十七條、第二十條、第二十三條分別規定之如左：

(一)訂立契約時，要保人對於保險人以書面所爲之詢問，應據實聲明。要保人故意或因重大過失遺漏或爲不實之聲明，足以變易或減少保險人對於危險之估料，或其危險已發生者保險人得解除其契約，無須返還其已受領之保險費。

(二)要保人應於約定時期給付保險費。

(三)要保人對於保險單內所載明增加危險之情形，應聲明者，應於知悉後卽向保險人聲明之。

(四)要保人或被保險人之行為，增加危險，如其程度於訂約時已存在，保險人卽不訂約或增加保險費者，要保人或被保險人應先聲明之。

(五)危險增加不由於要保人或被保險人之行為者，要保人或被保險人應於知悉後十五日內向保險人聲明之。

(六)要保人或被保險人自知有保險人應負保險責任之事故發生後，應於五日內通知保險人。

六、保險價額與保險金額之關係，此法於第三十二條、第三十四條、第三十七條規定之。卽(一)保險金額超過保險標的物價值之契約，係由當事人一方之詐欺而訂定者，他方得解除契約，如有損害，並得請求賠償。(二)無詐欺情事者，其契約僅於保險標的物價值之限度內為有效。(三)此無詐欺情事之保險契約，經當事人一方將超過價值之事實通知他方後，保險金額及保險費均應比例減少。(四)保險標的物之價值，超過保險金額者，保險人之負擔，以保險金額對於保險標的物之價值比例定之。(五)善意訂立數個保險契約，而其保險金額之總額，超過保險標的物之價值者，各保險人對於保險標的物之全部價值，僅就其所保金額，負比例分擔之責，其總額不得超過保險標的物之價值。

七、被保險人無論是否爲要保人，均享受保險契約上之權利。然此項權利，乃附隨於保險標的物而不可須臾離者，若被保險人死亡，或保險標的物所有權移轉時，則保險契約似應歸於消滅。蓋以繼承人或受讓人本與保險契約毫無關係故也。然與其使保險契約消滅，再爲保險，曷若視保險契約仍爲繼承人或受讓人之利益而存在，則於各當事人均爲便利。此法特倣德瑞保險契約法之立法例，於第四十條規定被保險人死亡或保險標的物所有權移轉時，保險契約仍爲繼承人或受讓人之利益而存在，但保險人或繼承人、受讓人，均有終止契約之權。惟保險人之終止契約權，自知有繼承或受讓後經過一個月不行使而消滅。

八、火災保險人應賠償之損害，有直接間接二種。即由火災所致於保險標的物之滅失或損害，爲直接損害，由救護行爲及拆卸房屋所致於保險標的物之損害，爲間接損害；均由火災保險人負賠償之責，此法於第四十六、第四十七兩條規定之。

九、於第三人由被保險人應負責任事由所致之損害未受賠償以前，德國法律允許第三人有優先請償之權利，而直接給付以保險金額。此法於第五十五條規定保險人不得將保險金額之全部或一部給付於被保險人，以保護第三人之利益。

十、由第三人訂立之死亡保險契約，則受益人將以被保險人之速死爲利，而發生種種危險，是宜有以預防之。關於此立法主義有三：（一）利益主義，即對於被保險人之生死，須有利益關係之謂，復分爲二：其一、金錢利益主義，英、美及日本舊商法采之；其二、金錢及其他利益主義，比利時、荷蘭、意大利、及葡萄牙采之。(二)同意主義，卽須取得被保險人同意之謂，德、瑞保險契約法采之。(三)折衷主義，卽兼采利益及同意兩主義之謂，匈牙利采之。此法采第二主義，於第六十一條規定「由第三人訂立之死亡保險契約，未經被保險人以書面承認，並經其指定保險金額者，其契約無效。」

十一、人身保險契約中除人壽保險外，其最重要者，厥爲傷害保險，此法倣德、瑞保險契約法之立法例，特設專節以規定之。

第五節　破產法　附施行法

我國舊律，無破產之名詞，亦無關於破產之規定。惟大清刑律中，對於侵蝕倒閉商民各款者，可由官廳拘捕監禁，分別查封寓所資產及原籍家產，勒令家屬限兩個月將侵蝕各款完竣。此種法例，仍與現時所謂宣告破產之情形大不相同。

清末五口通商之後，中外貿易頻繁，都市商業日趨發達，商人因經營失敗，資本虧折，不能清償債務者遂時有所聞。彼時既無破產法規可資依據，多由商人團體協議清理，或由地方官吏強制執行。惟以此種事件，因無成文法律處理終感困難，應謀所以救濟之道。光緒二十九年七月，商部成立後，乃參考各國成規，衡量本國商情，編訂破產律，咨送修訂法律大臣沈家本、伍廷芳參加意見，略予修正，卽會同具奏，於光緒三十二年四月奉旨依議，原摺略云：

「竊維商律之有公司一門，所以使已成之商業咸得有所維護。乃或因經營未善，或因市價不齊，卽不能不有破產之事，而狡黠者往往因緣爲奸，以致弊端百出，貽害無窮。故刑部於光緒二十五年十月間議覆前兩江總督臣劉坤一奏奸商倒騙，請照京城錢鋪定例分別辦理摺內申明治罪專條，自枷杖軍流以至永遠監禁。蓋謂近來商情變幻，倒騙之局，愈出愈奇，必如此嚴懲，庶奸商知所畏服。然詐僞倒騙者之出於有心，與虧蝕倒閉者之出於無奈，雖皆謂之破產，而情形究有不同。詐僞倒騙洵屬可恨，虧蝕倒閉不無可原，若僅以懲罰示儆之條，預防流弊，而無維持調護之意，體察下情，似於保商之道猶未盡也。玆經臣等督飭司員，調查東西各國破產律及各埠商會條陳商人習慣，參酌考訂，成商律之破產一門，由舉董清理以迄還債銷案，尤注重於倒騙情弊，爲之分別詳議監禁罰金等項罪名。脫稿後，咨送法律大臣臣家本、臣廷芳會同商定，都凡九節，六十九條，繕具清册，恭呈御覽。」

此律九節卽第一節呈報破產，第二節選舉董事，第三節債主會議，第四節清算帳目，第五節處分財產，第六節有心倒騙，第七節清償展期，第八節呈報銷案，第九節附則。全律精神及內容重要之點，國民政府法律顧問法人愛斯嘉拉氏有最簡單之評述，略謂：

「其條文雖少，然對於商業上適用於商人之執行法要點，亦皆具備。故一九零五年之破產律，可謂盡備瀿賅括之能事矣。該律雖儘量吸收歐美法律觀念，同時且不離開中國固有習慣，尤以其保持商會寶貴之任務爲最著。商會對於破產之任務，大部分係調查與公證性質，若就該律之第一條觀之，卽可知之矣……該律對於破產之適用範圍，僅以商人爲限。清理人係由主持全部破產程序之商會選擇任用。該律並規定有債權人會議及破產之預備程序。其預備程序，直至債務人之資財與其債務，能作精確之比例之時爲止。而對於財產之拍賣，亦有特別規定，其拍賣之執行，亦由商會主持。」

此律雖甚完善，但未能收相當之成效，因其第四十條規定「歸償成數，各債主一律辦理，」與向章先洋款，後官款，後華洋商分攤之例不合，商部行文戶部財政處反對之。但上海、北京等處錢商則一致贊成，彼此相持不決，清廷遂於光緒三十三年十月二十七日以明文廢止。此律廢止後，大理院仍於兼顧商業習慣之中，間或援用其法理，以裁判破產之案件，而由其判決例，遂創立一種不完全之破產制度。

破產律旣已廢止，修訂法律館調查員日法學博士松岡義正又擬有破產法草案三編，共三百六十條，但未經該館審定。民國四年，法律編查會將此未審定之案，加以刪訂，編成破產法草案三百三十七條，仍分三編。第一編實體法，分四章：（一）總則，（二）破產債權，（三）破產財團，（四）破產之效力。第二編程序法，分六章：（一）總則，（二）破產之宣告，（三）破產債權之呈報及調查，（四）破產財團之管理及變價，（五）破產之完結，（六）復權手續。第三編罰則法。

此草案大體倣日本立法例，采一般破產主義，強制執行主義、懲戒主義、不溯及主義，與不免責主義。其精神與破產律及大理院判例中之破產制度完全異致。第一、此草案所定之破產程序，非僅適用於商人，並對於一般債務人適用之。第二、破產律特別保守中國法律精神及各地商人習慣，此草案則專襲德、日法制。且日本破產法規，多半抄襲德國一八七七年二月十日之破產法，該法曾於一八九八年修正，至一九零零年一月一日方開始施行，因此此草案在實際上專襲德國之破產制度。此草案曾於民國十五年十一月十八日經司法部通令各級法院參酌援用，惟大理院采用其法理著爲判例者，僅寥寥數點而已。

國民政府成立後，各級法院感於裁判破產案件之困難，司法行政部乃於民國二十三年有破產法草案之編定，並交由愛斯嘉拉研究，提出意見書，其最扼要之評語有云：「草案對於純粹學理上之構造，極其精良，但其性質則嫌太爲抽象。且其對於受一種完全不同之精神所陶冶之西方立法，采取過甚，而對於中國商業應用實際之所在，反無相當注意。」全草案共三百三十三條，其內容之冗長蕪雜，幾與民國四年之破產法草案相等。對於最近世界各國通行之和解制度既未采取，而於中國傳統之商人習慣及二十餘年大理院及最高法院判例中所闡明之法理，亦未能酌量采納。其根據之主要資料，僅限於前草案及德、日之舊法與現行法，範圍殊嫌太狹，而於此等資料，亦未能慎重選擇。此草案因可議之點甚多，並未提交立法院審議。

我國既無破產法，司法者每遇破產案件，苦無明文可資援引，於是實業部、司法行政部乃會同草具商人債務清理暫行條例，於民國二十三年八月呈經行政院修正通過，幷提請中央政治會議於第四百二十二次會議決議准予備案。原提案敍述擬定此條例之理由有云：

「方今各國，幾皆采強制和解之制，藉以防止破產。辦法雖不盡同，而要在使債務人提出和解方案，擬具淸償債務及保障之方法，請求債權人承認，如經法定人數之債權人同意，則少數不同意者，亦須受其拘束。時在未宣告破產前，可因是免其破產，在已宣告後，一經和解成立，卽須終結破產程序，意良法美，無逾此者。

我國破產法尙未頒布，然法院適用條例以宣告破產者，事所恆有。其有債務人具備破產之條件而未宣告破產者，大抵由多數債權人分別提起訴訟，迨判決確定後，合併強制執行，當執行之時，雖未提起訴訟之債權人，亦出而參加分配，結局由法院將債務人全部財產，悉予查封拍賣，以得價分配各債權人，其結果與宣告破產無異。而在訴訟進行中，債務人狡展拖延，俾案不速結，先時巧將財產布置，致令債權人耗財勞力，屆結案而毫無所獲者，往往有之，是則債權人所受之不利，更甚於債務人之宣告破產也。彼債務人於其財產，雖得隱匿若干，而因防避執行，不敢出爲利用，坐食待盡，等於廢人，其爲不利，並不減於受破產之宣告，亦彰彰明甚。

近來民生凋敝，百業蕭條，各地商號，周轉不靈，以至於倒閉者，比比皆是。感上述之痛苦者，實以商人爲最甚，國家亟應爲籌救濟，爰酌采外邦法例，擬訂商人債務淸理條例草案。其主要目的，在采行強制和解之制，而於和解不能成立時，並使債權人得利用淸理程序，迅速實行其權利。」

此條例共六十二條，原提案列舉其內容之要旨凡九：

（一）商人不能清償其所負債務時，該債務人或其債權人均得聲請法院，宣告清理。法院於訴訟或執行程序，發見債務人負有多數債務，不能清償，認爲以宣告清理爲宜者，亦得依職權宣告之。

（二）債務人聲請宣告清理，須提出和解方案，開載清償債務辦法，及其他和解之條件，如分期或減成清償，由第三人爲清償之保證人，或設定擔保物權，借入供清償之款項或維持營業之資金，由債權人監督或擔當營業是也。由債權人聲請，或由法院依職權宣告清理者，債務人亦隨時得提出和解方案。

（三）法院爲宣告清理之裁定者，應即選任清理人，所有債務人財產，屬於清理之範圍者，應由清理人管理之，但清理人得允許債務人共同管理，或受清理人之監督，自行管理。又債務人於宣告清理後，除通常之營業行爲外，非經清理人同意，不得就其屬於清理範圍之財產，爲法律行爲，且雖屬通常之營業行爲，如清理人有異議時，債務人仍不得爲之。債務人之行爲違背上述規定者，債權人得否認其效力。

（四）債務人宣告清理後，所有債權人，除就債務人之特定財產有優先受償之權者外，僅能依清理程序行使其權利。欲加入清理之人，應於法院所定期間內，將其債權額及權利發生原因，申報法院，並提出證明文件。

（五）法院應召集債權人會議，就和解方案爲可否之決議，如有到場債權人之過半數，而其債權額達於申報債權總額四分三以上者之同意，即爲可決。又債權人會議，得決議選任監察人及撤換清理人等事項。

（六）債務人對於清理人、監察人及債權人會議，有說明財產狀況之義務。法院於認有必要時，得拘提債務人及其營業經理人，如有逃亡或隱匿毀棄財產之虞者，並得命看管之。又法院得依利害關係人之聲請，或依職權，就債務人之財產，命為假扣押、假處分，或其他必要之措置，此其處分，雖在宣告清理以前，亦得為之。

（七）和解方案經債權人會議可決，並經法院認可者，清理程序即告終結，債務人回復其財產之管理及處分權，但嗣後管理及處分財產，應遵從和解條件所定之限制。又和解成立後，所有得加入清理程序之債權人，不問其已否加入，均受和解之拘束。倘債務人日後不依照和解履行時，債務人得撤銷和解條件所定之讓步，如經一定人數之債權人聲請，並得由法院撤銷其和解。

（八）債務人於債權人會議終了前，不提出和解方案，或自債權人初次會議期日起二個月內，未經為和解方案之可決，又或法院不認可和解或撤銷和解之裁定確定者，該法院應即對於債務人宣告破產，將以前之清理程序，視為破產程序而續行之。在續行之程序，通常祇須由清理人將債務人之財產變價，以之分配於各債權人。

（九）本條例中關於和解之規定，於債務人在破產程序提出和解方案者準用之，即債務人因不能清償債務，雖已由法院宣告破產，尚許債務人提出和解方案，於債權人可決後，將破產程序廢止也。

此條例經行政院提交立法院審議。惟立法院自制定民法法典及各商事單行法後，即擬編纂破產法，并於民國二十三年二月一日令交民法起草委員會起草。該會委員傅秉常等商定起草程序，先從事於關係資料之搜集，次之決定要點，更次之草擬初稿，徵求意見，最終乃完成草案，提出院會公決。關於參考資料，搜集有英、美、法、德、日、暹羅、波斯、祕魯、阿根廷、菲列濱、南司拉夫、加拿大、香港、巴力斯坦及海峽殖民地之破產法，法、日和解法，德和議法草案，波蘭預防破產法令，並吾國之破產律、破產法草案。至先決要點，則由傅委員與司法行政部羅部長鈞任詳加商討，徵詢顧問寶道、愛斯加拉、賴班亞之意見，並就正於國際法庭法官王寵惠，參照歐美諸邦關於破產立法之最近趨勢，而立法原則乃始確定。

民國二十四年春，傅委員等開始起草，先擬定全案目次，次着手草擬條文，每週開會三日，旋加緊工作，酌增每週開會次數，及每次開會時間。凡各種有關係之資料，均隨時參酌，比較其異同，考論其得失，又凡民刑法、民刑訴訟法與和解或破產程序有關之點，亦均隨時稽覽，以免重複牴牾。顧問寶道並擬具清理債務草案附具說明，送會參考。全部條文擬就後，更加以審核修改，並重行編列次序，完成初稿，共分四章十節，都百六十條，計歷時三月，開會三十餘次。

初稿草竣，并弁以說明，鉛印成册，分送司法院、司法行政部、各級法院、各省市商會、各地律師公會、各大學法學院及各顧問，並在報紙披露，公開徵求意見。至五月下旬，計收到各方意見書及采自報紙雜志之評論，共五十三件，即摘要彙編。顧問寶道復徵得上海各國商會律師及法律專家意見多種，而愛斯加拉、山頓、許理等亦先後自巴黎香港來函陳述其對於初稿之觀察及批評。傅委員等乃復開會詳慎研究，并請寶道列席參加討論，結果，參照各方意見將初稿加以增删修訂，成破產法草案一百五十九條，計修改三十三條，删去三條，增訂二條，章節次序一仍初稿之舊。自開始起草至完成草案，閱時五月餘，先後開會約四十次。

同年六月一日，立法院於第四屆第二十二次會議將該草案提出討論，先由傅委員秉常報告起草經過，并謂本草案編制不分實體與程序。內容采用我國舊有習慣，於破產前適用和解程序，以期合乎國情。對剩餘債務免除其請求權，以示破產人自新之路，一面對詐欺破產者，訂以罰則，藉保債權人利益。至條文手續，力求簡單，俾利施行。傅委員報告畢，主席即宣告開始二讀，結果修正十九條，餘均照案通過。主席復諮詢省略三讀，以破產法全案付表決，衆委員無異議通過。

破產法經國民政府於二十四年七月十七日公布，全文共四章，第一章總則。第二章和解，分三節：(一)法院之和解，(二)商會之和解，(三)和解及和解讓步之撤銷。第三章破產，分七節：(一)破產之宣告及效力，(二)破產財團之構成及管理，(三)破產債權，(四)債權人會議，(五)調協，(六)破產財團之分配及破產之終結，(七)復權。第四章罰則。此法最大之原則有四：(一)遵守三民主義之立法精神，(二)適應一般社會之實際需要，(三)保存中國固有之優良習慣，(四)采納各國法典之優點。其內容之要旨，依據原草案說明書，及傅委員秉常破產法之制定及其內容一文，則有如下列：

第一　關於全部者

一、編制之體例　破產法之編制，各國有分爲實體法程序法兩部者，如德日破產法是；有不爲實體程序之分，而按和解及破產程序之進行，以爲編列之次第者，如英法破產法是。我國破產律之編制屬於後者，而兩次破產法草案之編制則屬於前者。按實體與程序之區分在學理上固甚允當，然必於法規中盡爲兩部，則適用轉滋困難。此法第一第二兩章關於和解及破產之規定，皆以程序進行之先後爲次第，至於第一章總則，及第四章罰則，則規定和解與破產皆可適用之條文，庶幾綱舉目張，俾利施行。

二、適用之範圍　破產法適用之範圍，各國有采商人破產主義，以破產法爲商法法典之一部者；有采一般破產主義，以破產法爲獨立之法典者；亦有采折衷主義，雖以破產法爲獨立法典，而於適用之程序，則因商人非商人以爲區別者。按破產制度之所以專適用於商人，殆因此種制度之產生，係適應於商人債務之糾紛。然時至今日，破產者未必盡爲商人，卽破產法之適用範圍，亦不應以商人爲限。且民商法典合一制度，已爲近世立法上之共同趨勢，我國民法五編，卽依此而制定，破產法之編訂，自宜本此精神，采用一般主義，不因商人非商人而有所歧異。

三、和解制度之采用　各國習慣對於不能淸償之債務人，所沿用之淸理方法，厥爲破產，故其法律中亦祇有破產之規定。自一八八六年比利時公布關於和解之法律後，其他國家亦輾轉仿效，而從事於司法淸理法、預先和解法、預防破產法等之制定，然大都於破產法外，別成爲獨立之法規，惟和解制度程序較簡，費用較微，債務人旣有繼續其業務之可能，而債權人債務人間關於和解條件，亦較多自由商洽之餘地。此種制度，對於破產程序中各種嚴格之規定，洵有補偏救弊之長，亦正與我國和平讓步息事寧人之習尚隱相脗合，與其於破產法外別爲制定，不如逕列入破產法中，此法特於破產章前設和解一章，以資適用。

四、調協制度之規定　我國社會習慣，崇尙和平，對於債務人不能淸償債務而非出於惡意者，類能寬恕矜憐，不爲已甚，與歐洲各國視破產爲犯罪者不同。而在債務人方面，無論其爲商人非商人，每至經濟窘迫之時，輒多方設法，以斬了結，卽至無法了結之時，亦必倩人排解，請求債權人爲相當之讓步，而以對簿公庭爲可羞，與歐洲各國視破產爲常事者亦頗異趣。此種優良習慣，允宜保存。此法於此特加注意，於有破產之聲請前，旣許債務人向法院爲和解之聲請，或向商會爲和解之請求，卽在破產程序開始後，亦許其提出調協計畫，俾於債權人債務人均有裨益。

五、程序及條文之力求賅括　我國和解及破產之事實，固非創見，惟關於和解及破產之法規，則尙在施行之始。程序方面，固應力求簡要，以適國情，卽條文之內容，亦宜以明白顯豁爲主，俾一般人民易於瞭解。且我國幅員遼闊，民事習慣，隨地而殊，欲以固定劃一之法條，範疇繁雜錯綜之事實，於理於勢，均不可能。各國破產法有多至數百條者，此種龐大繁密之法規，似非我國所應仿效。此法對於和解及破產應有之法則，固應使其詳備，惟繁冗苛細之條文，則極力避免，其有已經他法規定，而爲和解或破產當然適用者，概從省略，以免重複。

六、期日及期間之酌量從寬　和解及破產之各種程序，應以簡單敏捷爲標準，惟以我國疆域之廣袤，交通之梗塞，遇有和解或破產事件發生時，對於各債權人文書之送達，及各債權人關於其債權之申報，及參加債權人會議之旅程等，展轉往來，有需時日，此種狀況，尤以公司之和解或破產爲然，此法關於各種期日及期間之規定，皆酌量從寬，以顧事實。

第二　關於總則章者

一、和解及破產之原因采概括主義　關於和解及破產之原因，英美法采列舉主義，大陸法采概括主義。列舉主義雖較爲詳密，然人事變幻，非可預見，苟於各種事實，不能臚舉無遺，轉有掛一漏萬之弊。此法對於此點，特采用概括主義，而以不能淸償爲和解或破產之原因，蓋無論債務人有任何之行爲，凡至不能淸償債務之時，即應依破產法之規定，開始和解或破產之程序（第一條。）

二、債務人或破產人之財產采屬地主義　和解在外國成立或破產在外國宣告時，債務人在國內之財產，是否屬於破產財團，有三種不同之立法例：（一）屬地主義，即惟有在外國之財產，應歸屬破產財團；（二）普及主義，即凡債務人所有之財產，不問其在外國或國內，皆應歸屬破產財團；（三）折衷主義，即對於債務人之動產，適用普及主義，而對於其不動產，則適用屬地主義。普及主義頗與一人一破產之旨趣相符，然以地域上之隔離，程序進行，每稽時日，此法既以簡單敏捷爲和解及破產程序不易之前提，對於在外國成立之和解，或宣告之破產，自以采用屬地主義爲宜（第四條。）

三、管轄法院之確定　和解及破產事件，程序至繁，而牽涉之範圍尤廣，故對於管轄之法院，允宜以明文定之。惟民事訴訟法關於此點並未規定，而該法第六條復畀當事人以自由選擇之權，此法既定破產之聲請，債權人及債務人俱得爲之，而聲請和解之權，且更專屬於債務人一方，如不明定管轄法院，則聲請人將得以己意左右之，而予多數關係人以不便。此法特定和解及破產事件，專屬債務人或破產人住所地之地方法院管轄，債務人或破產人有營業所者，專屬其主營業所所在地之地方法院管轄，主營業所在外國者，專屬其在中國之主營業所所在地之地方法院管轄，其不能依此規定以定管轄法院者，則由債務人或破產人主要財產所在地之地方法院管轄（第二條。）

四、民事訴訟法之準用　和解及破產事件，程序至繁，既如前述，惟可準用民事訴訟法之規定者甚多，此法除對於專屬和解或破產之程程，分別釐訂於各章節外，至其他爲民訴法所已有者，即不復爲重複之規定，而特於總則章專列一條，以揭其義（第五條。）

第三　關於和解章者

一、稽延破產之防止　和解制度，在若干國家本視爲債務人之權利，以債務人藉此制度可以繼續其業務，管理其財產，而信用名譽亦可保全。然果令債務人利用寬大之法律，而故意稽延其破產之實現，此於債權人轉多不利。此法特規定（一）聲請和解，須在有破產之聲請前，蓋使債務人自知有不能清償債務之情形時，應立卽爲和解之聲請；（二）對於駁回和解之裁定，不得抗告，蓋防止債務人利用抗告期間，以圖拖延破產之宣告（第六條、第九條）。

二、和解條件磋商之自由　各國和解法規中，有訂明債務人對於債權人所應清償之最小成數，及清償之期限者。但我國習慣，向無此種限制，如債權人願接受更低之成數，或增長債務人清償之期間，亦無以法律干預之必要。此法僅定和解條件，由債務人與債權人自由磋商，對於清償之成數及期限，不爲強制之規定（第二十五條）。

三、利用和解制度之限制　此法對於善意之債務人，固許其利用和解制度，以免於破產，然如債務人具有惡意者，則不許其享受和解之利益（第十條、第二十條、第二十四條、第四十六條、第四十九條、第五十一條、及第五十二條）。

四、債務人之監督及其行爲之限制　此法雖許債務人在和解程序進行中繼續其業務，但同時亦設爲必要之防閑，故關於債務人之監督，及其行爲之限制，均以明文規定之（第十四條、第十六條、及第四十九條）。

五、債權人利益之保護　此法對於和解之條件，雖許債務人債權人以自由磋商之權，然於債權人會議之決議，是否允當而不背於多數債權人之利益，及債務人有無詐欺之行爲，亦並爲相當之注意，故關於債權人會議之決議，及和解之撤銷，均以明文定之（第二十七條、第四十九條、第五十條至第五十四條。）

第四　關於破產章者

一、破產之宣告以聲請主義爲原則　關於破產之宣告，各國法典，有采聲請主義者，有采職權主義者，此法采聲請主義爲原則，卽破產得因債權人、債務人或繼承人、遺產管理人及遺囑執行人之聲請宣告之。惟於必要時，則兼采職權主義以爲補充，例如在民事訴訟程序或民事執行程序進行中法院查悉債務人不能淸償債務時，在和解不成立或未經認可，或經撤銷時，法院均應依職權宣告債務人破產是（第五十八條至第六十條、第二十條、第二十四條、第三十五條、第四十九條、及第五十四條。）

二、關於破產財團采用膨脹主義　關於破產財團之立法，有固定主義與膨脹主義二種。此法采用膨脹主義，卽破產宣告後，破產終結前，破產人所取得之財產，亦歸屬此破產財團。蓋此法旣規定破產債權人依破產程序已受淸償者，其債權未能受淸償部分請求權，視爲消滅，則於破產程序，自不能不使債權人受較多之分配（第八十二條及第一百四十九條。）

三、撤銷權之規定　德日法例，對於破產人在破產宣告前所爲有損於債權人利益之行爲，特定債權人有否認權，其性質爲撤銷權之一種。此法雖無否認權之名稱，而於得撤銷之行爲，則分別以明文規定之（第七十七條至第八十條。）

四、別除權之規定　在破產宣告前，對於債務人之財產，有質權、抵押權、或留置權者，對於破產人之特定財產，得不依破產程序而受清償。此法特爲別除權之規定（第一百零八條。）

五、抵銷權之擴張　依民法之規定，二人互負債務，而其給付種類相同，並均屆清償期者，始得爲抵銷。此種限制規定，於破產債權人過於不利，實有擴張抵銷範圍之必要。但債權人惡意取得之債權，則無許其抵銷之理，此法分別以明文規定之（第一百十三條及第一百十四條。）

六、和解條文之準用　調協即爲破產開始後之和解，其程序原與和解大致相同。此法除於特殊情形加以規定外，其他各點，則皆準用和解之條文（第一百三十七條。）

七、破產終結後請求權之消滅　破產終結後，破產債權未受清償之部分，視爲消滅與否，各國立法例不同。惟債務人而至破產，已處於至不幸之地位，一旦程序終結，宜許其解除束縛，另覓生機。若許債權人對於未能受償部分，仍爲清償之請求，衡以人情，誠覺太酷，並與我國固有習慣，亦不相符。且於破產財團之財產，既采膨脹主義，是對債權人利益之保護，已相當周至，則於債務人方面，亦應同時顧及，免其陷於絕境。此法特規定破產債權人依調協或破產程序已受清償者，其債權未能受清償之部分，請求權視爲消滅，惟對於惡意之破產人，則不許其受此規定之利益，故復設但書以限制之（第一百四十九條。）

八、復權之規定　此法關於復權之規定，分爲兩種：（一）破產人於破產終結後，依淸償或其他方法，解免其全部債務時，得爲復權之聲請；（二）破產人雖未能解免其全部債務，但亦未犯詐欺破產罪或詐欺和解罪者，則於破產終結三年後，或於調協履行後，亦許其爲復權之聲請，俾予破產人以自新之路（第一百五十條。）

第五　關於罰則章者

一、本章設置之理由　近世立法例，關於破產犯罪，多規定於破產法中。我國刑法，亦無破產犯罪之條文，此法特設罰則一章，以適用於和解破產二者。

二、本章之概要　此法對於不能淸償之善意債務人及破產人，所有各種規定，皆取寬大之旨。但對於惡意之債務人及破產人，苟不明定法條，從嚴處置，則狡黠者或將恣行犯罪行爲，而無所顧忌，社會經濟，亦將受莫大之損害。故規定凡債務人犯詐欺和解罪者，破產人犯詐欺破產罪，或在破產宣告前一年內，曾有特定犯罪行爲，或於破產程序進行中，不履行此法所訂特定義務，或爲詐欺之行爲者，均應處刑（第一百五十二條至第一百五十六條、及第一百五十九條。）

當傅委員秉常等起草破產法完成草案時，卽與司法行政部商洽此法之施行，該部卽擬具破產法施行法草案十條。及立法院通過破產法全案，傅委員等乃就該草案加以修正，共爲六條，提經立法院於第四屆第二十三次會議議決通過，並呈由國民政府於二十四年七月十八日公布。破產法施行法大致規定破產法施行前不能清償債務之事件，已由法院或商會開始處理者，不失其效力。依破產程序所爲之羈押，準用刑事訴訟法之規定。破產法施行前受破產宣告者，得依破產法爲復權之聲請。

破產法及其施行法制定後，傅委員等以我國近年以來民生凋敝，破產事件日益增多，亟應見諸施行，以應實際需要，爰建議以民國二十四年十月一日爲各該法施行之期，經立法院大會通過，並呈奉國民政府核准施行。破產法及其施行法施行後，商人債務清理暫行條例即失其效力。

第六節　銀行法

清光緒三十四年正月十六日頒布銀行通行則例，此爲吾國有銀行法之始。此則例共十六條，大致規定凡經營各種期票匯票之貼現，短期拆息，經理存款，放出款項，買賣生金銀，兌換銀錢，代收公司銀行商家票據，發行期票匯票及市面通用銀錢票之店鋪，均稱爲銀行，有遵守本則例之義務。凡欲創立銀行，須預定資本總額，取具殷實商號保結，呈由地方官查驗轉報度支部核准註册。凡銀行每半年預詳造所有財產目錄，及出入對照表，呈送度支部查核；如有特別事故，應由度支部派員前往檢查各項册簿憑單現款，及營業情形；每年結帳後，須造具出入對照表，登報公告周知；違者處以五兩至千兩之罰款。各省官辦或官商合辦之行號，統限於本則例奏定後六個月內報部註册，過期不註册者，科以至少五百兩之罰款，每遲六個月，罰款照加。

民國元年，財政部先後擬定中國銀行則例三十條，商業銀行暫行則例十四條，海外匯業銀行則例二十三條，惠工銀行則例三十二條，儲蓄銀行則例十二條，庶民銀行則例六十六條，及興華匯業銀行則例三十一條，呈經臨時大總統咨交參議院核議。該院旋議決興華匯業銀行則例，於民國元年十一月十六日公布。又議決中國銀行則例，於民國二年四月十五日公布。至其餘各則例均未議決，各該銀行亦未成立。民國三年四月七日，袁大總統以教令公布交通銀行則例二十三條，十七日又公布勸業銀行條例五十三條。民國四年九月，參政院代行立法院修正中國銀行則例第十六、第二十一、第二十三、第二十九各條，於同月三十日公布。至六年十一月二十一日，政府又以教令修正該則例第二、第三、第十六、第十七各條。此爲民國以來關於各特種銀行之單行法規。

民國九年三月，財政部幣制局會同設立銀行法規修訂會，以財政次長幣制局副總裁爲會長，會員由部局委任或聘任，掌修改編訂銀行法規事宜。該會旋擬具修正銀行法，銀行法施行細則，及儲蓄銀行法各草案，惟未提交國會議決公布。民國十三年，財政部又起草銀行通行法，共二十五條，銀行通行法施行細則共十九條，其內容已漸臻完備，後交由第五屆銀行公會聯席會議加以研究，並簽註意見，但亦無甚結果。民國十六年十月二十五日，國民政府公布中央銀行條例十九條，至十七年十月六日，又加以修正，增爲二十條。同年十月二十六日，國民政府又公布中國銀行條例二十四條，十一月十六日，公布交通銀行條例二十三條，惟關於普通銀行之法規迄未頒行。

民國十九年四月，立法院以普通銀行法亟待制定，特交商法起草委員會起草。該會委員馬寅初衡量本國商情，參酌他邦成例，詳密研究，歷時數月，擬具銀行法草案，并附具說明書，提經全體起草委員迭次開會討論，逐條審查通過，都五十九條。二十年二月二十八日，立法院開第百三十三次會議，將銀行法草案提出討論，先由馬委員報告起草經過，及全案旨趣，衆委員無異議，主席卽宣告開始二讀，結果標題及第一條至第十二條均照原案通過。原第十三條、第三十條至第三十二條、第四十五條、第五十四條、第五十七條、第五十八條均刪去。餘各條除略有文字上之修正，幷次序逐一遞改外，大致均無異議通過。二讀既畢，接開三讀會後，主席卽以全案付表決，經大多數委員贊成通過。

銀行法經國民政府於民國二十年三月二十八日公布，惟未定期施行。全文共五十一條，其立法主義與方針，及內容重要之點，茲依據原草案說明書，略述如次：

一、立法主義　各國對於銀行法之規定，采特許主義與準則主義。特許主義，卽國家對於創辦特種銀行業之銀行，制定一種專門法規，以爲依據，中國銀行條例與交通銀行條例，皆依據特許主義所制定之制法規則主義，卽國家對於創辦一般銀行業之銀行，制定一種通行法規，以爲一般之依據，此法卽依據準則主義制定之法規。惟特種銀行，除各依其特種法規辦理外，其未規定事項，仍適用此法之規定（第五十條。）

二、立法方針　此法爲澈底改善普通銀行制度，定有七大方針：（甲）限定營業之範圍（如第一、第九、第二十九各條，）（乙）充實銀行之資本（如第五、第六、第七、第十四、第十六、第三十、第三十八各條，）（丙）助長經營之穩健（如第九、第十、第十一、第十二、第三十一、第三十二、第三十四各條、）（丁）保護存戶之利益（如第十四、第十五、第十八、第二十八、第四十一、第四十二各條，）（戊）實施嚴密之監督（如第十八、第二十二至第二十五、第四十三、第四十五各條，）（己）防遏不當之競爭（如第二、第三、第二十六、第三十六各條，）（庚）圖謀銀行之改進（如第三十三條。）

三、確定銀行之定義及其營業之範圍　民國十三年未經公布之銀行通行法規定凡開設店鋪，經營存款放款匯兌貼現等業務者，無論用何名義，均認爲銀行。此法第一條規定凡收受存款、放款、票據貼現、匯兌或押匯，均爲銀行，雖不稱銀行，亦視爲銀行，此與銀行通行法所定雖微有差異，而立法之用意無殊。惟非營銀行業務之公司，用表明其爲銀行之文字，殊非所宜，特於第十三條設禁止之規定。

四、限制經營銀行之主體　前日本銀行條例，於銀行之經營主體，幷無何等規定與限制，不問個人或法人，均得設立銀行。故日本銀行除股份公司外，有合資公司、合名公司、及個人組織之分。惟日本新銀行法第三條規定銀行業非資本金百萬元以上之股份公司不得經營之，換言之，卽銀行經營之主體，係以具有百萬元以上之股份公司爲限。吾國金融組織尚未達健全時代，而合夥或無限公司組織之銀號錢莊，又占金融界之大部分勢力，此法顧全商情，對於經營銀行之主體，特定爲公司組織，幷限合夥組織之銀行，於本法施行後三年內變更爲公司之組織，於第二條第四十條明定之。

五、限定銀行資本之總額　前清銀行通行則例，對於銀行資本總額，未加規定。民國十三年之銀行通行法增訂一條，爲「凡經營銀行業務者，無論公司或其他組織，其資本總額須達五十萬元，但商業簡單地方，得呈由地方長官轉請財政部核減其資本總額」此乃立法之進步。近年來銀行濫興，尤以資本薄弱之小銀行爲最多。日本昭和二年三月三十日所頒布之新銀行法，取嚴格主義，規定經營銀行業之股份公司，須有資本金百萬元以上，以勅令所指定之地域設有總行或分行之銀行，其資本金不得在二百元以下。此法於第五條規定股份有限公司、兩合公司、股份兩合公司組織之銀行，應募足國幣至少五十萬元，無限公司組織之銀行，應收足國幣至少二十萬元，惟商業簡單地方，得請由財政部核減。此實一種適當之限制，并合乎世界銀行業之趨勢。

六、銀行開業之監督　近年來我國創立之銀行，大致均於開業後，始呈報注册立案。此法采事前監督主義。於第三條規定凡創辦銀行，應先訂立章程，載明必要事項，呈轉財政部核准；如係招股設立之銀行，并須訂立招股章程，呈經財政部核准後，方得招募資本。又於第六條規定經財政部核准登記之銀行，應俟資本總額認足，並收足總額二分之一時，分別備具各要件，呈請財政部派員或委託地方主管官署驗資具證，經認爲確實，發給銀行營業證書後，方得開始營業。違者，又於第四十六條規定處以五千元以下一千元以上之罰金。

七、銀行之存立有效時期　中央銀行條例第四條規定「中央銀行以三十年爲營業期限，期滿時，得呈請國民政府核准延長」中國銀行條例第五條規定「中國銀行營業年限，自本條例公布日起算，滿三十年爲期，期滿時得由股東總會議決，經財政部核准延長之。」交通銀行條例第五條之規定亦同。此法草案亦規定一般銀行之存立有效時期，以三十年爲限。惟於二讀會時，多數委員認爲毋庸限定，經議決删去。

八、銀行之營業時間　銀行營業之時間，各國立法例無確定而不可變通之規定。大概商業進步之國，其時間較短，若吾國之商業習慣，尚沿舊例，營業時間，自當較長。此法於第二十條規定「銀行之營業時間，自上午九時起至十二時止，下午一時起至四時止，但因營業上之必要，得延長之。」雖有但書之變通，然原則上仍采六時勞働制。

九、銀行出資入股之禁止　銀行買賣股票，原無不可。惟出資附入其他公司或行號股份，實不相宜。銀行如以股本附股，則係減少資金，須經股東會議決，官廳承認，如不經此手續，即屬違法，此其一。如以存款附股，則不免將流動之現金，變爲固定性質，有礙周轉。倘營業不佳，一受損失，勢必危及銀行本身，此其二。但各國銀行法規，關於此項附股禁條，殊少概見，即吾國從前銀行則例，亦無禁止附股明文。此法爲鞏固金融，防微杜漸計，特於第十條規定銀行不得爲商店或他銀行他公司之股東，其已出資入股者，應於本法施行後三年內退出。

十、銀行兼業之範圍　銀行之本業，應以存款、放款、貼現、匯兌等爲其範圍。但與銀行業有關係之業務，如倉庫業，保管業，債權之取償，金錢之收交，及有價證券之買賣等，亦未始不可作爲附業而兼營之。日本新銀行法第五條即承認此項附屬業務可以兼營。吾國產業幼稚，國際貿易，亦未發達，放款匯兌等業，均未能十分發展，多數兼營倉庫業，或買賣有價證劵，亦屬事實上之需要。此法特於第九條規定銀行得兼營（甲）買賣生金銀及有價證劵，（乙）代募公債及公司債，（丙）倉庫業，（丁）保管貴重物品，（戊）代理收付款項。在此附業範圍以外，均不許兼營，其已兼業者，恐一時難於結束，又於第三十九條規定於本法施行後三年內，仍得繼續其業務，逾期卽應停止。

十一、銀行之信託業務　信託業與銀行業有相互之關係，此法倣日美立法例，許銀行兼營，惟加以嚴密之規定：（甲）銀行業自己之資產，不得與信託之資產相混同，否則應卽完全視爲信託資產（第三十一條）（乙）信託業對其受託事項，非因特別事故，并預得委託人之同意，不得轉託他銀行或他公司（第三十一條）（丙）信託業對其所受託財產，除盡力保存外，同時應謀相當之利殖，但不得有違反受益人利益之行爲（第三十二條）（丁）信託業對其受託之事務，除向委託人徵收相當之報酬外，不得再從信託上取得不正之利益（第三十二條）（戊）銀行經營信託業務之資本不得以銀行資本與法定公積金抵充（第三十條）。

十二、銀行之儲蓄業務　晚近各國銀行，多兼營儲蓄業務。各國立法例，對於儲蓄銀行，多有特別法規，此法倣之，不加規定，應俟另訂儲蓄銀行法，俾辦理儲蓄業務者有所依據。

十三、分行制度之采用　吾國各大銀行，無一不有分行遍設於國內各地。分行制度，德、法、英、日各國均采用之，其收效最宏者當推加拿大。吾國經濟發展之情形，已呈一種偏頗之現象，亟應倣加拿大之法，將流資自發達過剩之區域，散布於未曾開發之區域，且一人與數銀行往來，在吾國已露不少流弊，尤有多設分行之必要。此法特采用分行制，惟於第二十六條及第三十六條規定銀行設置分支行及辦事處或代理處，須得財政部之核准，其前已設立者，應於本法施行後六個月內補請核准。

十四、不規定存款支付準備金之成數　存款準備金之比例，須視金融之季節，地方之習慣，與商業之狀況而定，不便在法律中爲呆板之規定。如保存百分之二十現金準備，於金融和緩之時，事實上非所必需，而銀行大受束縛，不易發展其業務。而在金融緊急之時，殊嫌不足，一旦發生恐慌，銀行反歸咎於法律之不當。此法特倣各國立法例，對於存款支付準備金之成數不加規定。

十五、銀行營業之監督　銀行之開業，此法采事前監督主義。銀行營業，亦應加以事後之監督，此法所定監督方法之最要者，爲檢查與報告。其第二十三條及第二十五條規定財政部於必要情形，得派員或委託所在地主管官署檢查銀行之營業情形及財產狀況，檢查員應於檢查終了十五日內，將檢查情形，呈報或轉報財政部查核。其第十八條及第二十二條規定銀行每營業年度終，應造具營業報告書，呈報財政部查核，並造具資產負債表，損益計算書公告之，如係有限責任組織之銀行，應添具公積金及股息，紅利分派之議案等表册公告之。財政部並得隨時命令銀行報告營業情形，及提出文書帳簿。財政部查核結果，如認該銀行難於繼續經營時，即可爲相當之處置，則又於第二十四條明定之。

十六、法定公積金之最低額　日本現行銀行法於支付準備金一點，并無規定，僅日本商法第一九四條載有各公司之法定公積金應達於各該公司資本總額之四分一爲止，由每期利益金中提撥二十分之一以充之。吾國公司法第一七零條規定公司分派盈餘時，應先提十分一爲公積金，但公積金已達資本總額二分之一者，不在此限。從嚴格論，支付準備金與法定公積金之本質原不相同，惟支付準備金既無規定，則法定公積金亦足以補其缺陷，非提高公積金與資本總額之比例不可。此法特於第十六條規定有限責任組織之銀行，於分派盈餘時，應先提出十分之一爲公積金，其數額須達到資本總額一倍爲止。

十七、銀行營業年度之期間　公司法第四章第六節會計，未曾規定營業年度之期間。惟銀行之營業，應在一定時期之內，辦理結束，計算其成績，審核其損益，分派股息，提存公積，并決定將來業務之方針，關係較爲重要。他國立法例，關於此點，雖不主極端干涉，但多明定限制，俾資遵守。此法援各國通例，將一年分爲上半期與下半期兩屆，於第十七條規定「銀行營業年度爲一月至六月，及七月至十二月。」

十八、外國銀行之取締　外國銀行徧設國內各地，不惟金融受其影響，即上至國家財權，下至人民商權，幾無不受其挾持。惟其由來已久，積重難返，應予以嚴格之取締。各國對於外國銀行雖無取締之明文，而國家法律常有所限制。美國對於外國銀行，有禁止其吸收存款之例，日本之外國銀行，須依其銀行條例施行細則之規定，呈請其大藏大臣認可，其他各國之外國銀行亦須依各該國之法律而後得以設立。我國之外國銀行，設立之初，即依據本國之法律，地點大都在租界及有治外法權之區域，故可以爲所欲爲。今日形勢大異於前，法權與租界有收回之可能，一旦實現，則外國銀行當受我國法律之取締。此法所謂銀行，包括外國銀行在內，故對於外國銀行，不特設專條以規定之。

第七節　儲蓄銀行法

清光緒三十四年頒布銀行通行則例後，又頒行儲蓄銀行則例十三條。民國元年，財政部又擬具儲蓄銀行則例十二條，呈經臨時政府咨交參議院核議，但未議決頒行。

民國十九年，立法院商法起草委員會擬訂銀行法時，以晚近銀行多兼營儲蓄業務，各國立法例，對於儲蓄銀行，多定有特別規定，卽擬於一般銀行法外，另訂儲蓄銀行法，俾辦理儲蓄業務者有所依據。至民國二十三年六月，商法起草委員馬寅初等乃擬具儲蓄銀行法草案十八條，呈由立法院於第三屆第六十三次會議提出逐條討論，除删去原第十七條外，均大致照原案通過，并由主席諮詢省略三讀，以全案付表決，衆委員均無議異通過。

儲蓄銀行法經國民政府於民國二十三年七月四日公布施行，全文共十七條，其內容最要之點如次：

一、凡以複利方法收受零星存款者，爲儲蓄銀行，其不稱儲蓄銀行者，亦視同儲蓄銀行，均應爲股份有限公司組織，非經財政部核准，不得設立。儲蓄銀行資本總額，至少須達國幣五十萬元，在商業簡單地方，得呈請財政部核減，但不得減至十萬元以下；普通銀行兼營儲蓄銀行業務，至少須收足資本百萬元。

二、儲蓄銀行所營之業務，以下列爲限：（甲）隨時收付之活期存款；（乙）整存整付之定期存款；（丙）零存整付，或整存零付，及分期付息之定期存款；（丁）保管業務；（戊）代收款項及匯兌；（己）代理買賣有價證券；（庚）公益團體及合作社之款項收付；（辛）公益團體及合作社之通知存款。

三、儲蓄銀行之運用資金，應依下列各方法：（甲）購入政府公債庫劵，及其他擔保確實經財政部認可之有價證劵；（乙）以政府公債庫劵，及其他擔保確實經財政部認可之有價證劵爲質之放款；（丙）以繼續有確實收益之不動產爲抵押之放款；（丁）以他銀行定期存單或存摺爲質之放款；（戊）購入他銀行承兌之票據；（己）存放於他銀行；（庚）對於農村合作社之質押放款；（辛）以農產物爲質之放款。

四、儲蓄銀行之借貸對照表，及其財產目錄，須於每三個月公告一次，並呈報或呈由所在地主管官署轉報財政部備案。財政部得隨時派員或委託所在地主管官署檢查其業務內容，及其全部財產實況。

五、普通銀行兼營儲蓄銀行業務時，其全體股東、董事、監察人，視爲儲蓄部之股東、董事及監察人；並應將儲蓄部與銀行部之資產負債劃分獨立，儲蓄部之資產，不得因銀行部之破產而受影響。

六、有奬儲蓄應禁止之，在本法施行前已辦之有奬儲蓄，應卽停收儲蓄存款，其結束辦法，由財政部擬呈行政院核定。

七、儲蓄銀行財產，不足償還各儲戶債務時，董事、監察人，應負連帶無限責任；此項職責，非卸職登記二年後，不得解除。

八、儲蓄銀行，或兼營儲蓄業務之銀行，違反本法強制之規定者，處千元以上五千元以下之罰金，財政部並得令停止其營業，或處董事、監察人、及清算人百元以上三千元以下之罰金。不結束有獎儲蓄者，處董事、監察人、或股東三年以下之有期徒刑，並科千元以上五千元以下之罰金。

第八節　中央銀行法

民國十三年八月七日，廣東大元帥府公布有中央銀行條例十六條，八月二十二日，又公布中央銀行規程三十八條，中央銀行組織規程十二條。至十六年十月二十五日，國民政府又公布中央銀行條例十九條，中央銀行監理委員會組織條例八條。同年十月二十九日，財政部核准中央銀行章程七章，共三十二條。十七年十月，財政部將中央銀行條例加以修正，共二十條，提經國民政府委員會第九十九次會議通過公布施行。旋中央銀行增設匯兌局，經行政院會議通過，並奉中央政治會議核准備案。至二十三年三月，中央銀行呈國民政府請將現有之匯兌局併入業務局，並將業務局之國庫科改設國庫局，以專責成。國民政府以中央銀行條例尚未經過立法程序，即批交立法院一併審議。立法院提出第三屆第五十二次會議議決付財政委員會會同經濟委員會審查。

二十三年八月，財政部就中央銀行條例章程，參酌目前金融狀況，與夫國家銀行應采之方針，擬具中央銀行法草案七章三十六條，及原則草案七項，提經行政院第百六十七次會議決議送中央政治會議核定。中央政治會議第四百十五次會議決議交法制財政兩組審查，並函立法院財政委員會派員參加。該組等審查結果，將該原則草案修正爲十一項，提經第四百十九次政治會議決議修正通過，即連同中央銀行法草案一併函送立法院查照辦理。此原則共分十項如次：

一　中央銀行爲國家銀行，由國民政府設置之。

二　中央銀行由國民政府授予左列四種特權：

甲、發行兌換券及輔幣券　中央銀行兌換券及輔幣券有特殊地位，以樹立統一發行之基礎，但其發行數額，應經政府核准。

乙、經理政府所鑄新幣及輔幣之發行　政府所鑄新幣及輔幣之發行，與人民請求代鑄新幣，均由中央銀行經理之。

丙、經理國庫　國庫及國營事業一切款項之收付，悉由中央銀行經理，並得代理省市縣金庫及其公營事業款項之收付，但在中央銀行未設分行之地方，得由中央銀行委託其他銀行代理。

丁、承募政府內外債及庫劵並經理還本付息事宜　政府募集內外債，發行庫劵，悉由中央政府承募，其還本付息事宜，亦由中央銀行經理，但於必要時，得由中央銀行委託其他銀行共同辦理。

三　中央銀行資本總額定爲銀本位幣一萬萬元，由國庫撥足，於必要時，經政府核准，並得擴充資本總額，及招集商股，但商股總數，不得超過資本總額百分之四十。

招集商股時，應由本國經營銀錢業之法人儘先認購，俟各法人所購商股已達到中央銀行資本總額百分之三十以上時，始許一般人民個人入股，但人民個人入股，應經財政部長之核准。

四　中央銀行設理事會，由國民政府特派理事十一人組織之，其中應有實際經營農業工業商業及銀行業者各一人。理事會設常務理事五人至七人，由國民政府於理事中指定之。

中央銀行設總裁一人，由國民政府於常務理事中特任之，副總裁一人，由國民政府於常務理事中簡任之，各局處主管人員由總裁提經理事會同意任用之。

中央銀行設監事會，由國民政府特派監事七人組織之，其中應有實際經營農業工業商業及銀行業者各一人，國民政府審計機關一人。

五　中央銀行收管各銀行法定準備金，辦理票據交換及各銀行間之劃撥結算。

六　中央銀行隨時公布貼現率，以備各項票據之貼現。

七　中央銀行不得直接經營工商業，但經政府特許者不在此限。

八 中央銀行純益，應提百分之五十以上爲公積金，俟公積金已達資本總額時，始得減爲百分之二十五。

九 中央銀行純益，除提充公積金外，得由總裁提經理事會議決，在餘額內酌提若干爲行員福利金，餘額應解繳國庫，作爲政府之特權收入。

十 中央銀行對於發行兌換券，至少應有百分之六十之現金準備。

至二十四年三月，財政部以中央銀行營業發展，事務日益繁劇，原設副總裁一員不敷處理，擬請增爲二人，又原擬草案規定副總裁係由常務理事中簡任，擬改爲由理事中簡任，提經行政院第二百零四次會議決議通過，復送請中央政治會議提出第四百四十九次會議決議：（一）中央銀行法原則四關於總裁及副總裁之規定，修正爲中央銀行總裁一人特任，副總裁二人簡任，任期均爲三年，各局處主管人員由總裁提經理事會同意任用；（二）財政部原送中央銀行法草案第九條條文應依此爲文字上之修正，即函由政府令交立法院從速審議。行政院院長汪兆銘，中央銀行總裁孔祥熙又以中央銀行理事監事任期屆滿，而立法院審議此案尚需時日，擬請將修正中央銀行法原則第四項先予施行，提經中央政治會議第四百五十次會議決議通過，交立法院查照。

立法院先後將中央銀行法草案，中央銀行法原則及修正并先予施行之原則，令交財政經濟兩委員會併同前案審查。該會等於二十三年九月二十六日開第三屆第十三次聯席會議提出討論，並函由財政部派代表列席說明，當議決付初步審查，並推定委員馬寅初、陳長蘅、衛挺生、史維煥、陳茹玄、姚傳法、周一志七人爲初步審查委員馬委員等集會三次，將中央銀行法草案審查完竣，該兩會復於二十四年五月三日開第四屆第五次聯席會議，詳加討論，當依據初步審查結果將該草案修正通過，都三十五條。立法院於第四屆第十六次會議開二讀會，將該審查修正案提出討論，結果依據原則第四項甲款，增加一第十七條，餘大致照案通過。二讀既畢，主席諮詢省略三讀，以中央銀行法全案付表決，出席委員均無異議通過。

中央銀行法經國民政府於民國二十四年五月二十三日公布施行，全文共三十六條，分七章：（一）總則，（二）資本，（三）組織，（四）特權，（五）業務，（六）決算及報告，（七）附則。此法最重要之點，卽爲中央政治會議決定之原則，其餘則如下列：

一、中央銀行自本法施行日起，以三十年爲營業期限，期滿兩年前，得呈請國民政府核准延長之。

二、中央銀行應經理事會議決，由總裁執行之事項凡八：（一）業務方針，（二）兌換券發行數額，（三）準備數額，（四）預算決算，（五）資本之擴充，（六）各項規章，（七）國內分行及國外代理處之設置及廢止，（八）總裁提議事項。

三、監事會之職務凡四：（一）帳目之稽核，（二）準備金之檢查，（三）兌換券發行數額之檢查，（四）預算決算之審核。

四、中央銀行之業務凡十三：（一）經收存款，（二）收管各銀行法定準備金，（三）辦理票據交換及各銀行間之劃撥結算，（四）國民政府發行或保證之國庫證券及公債息票之重貼現，（五）國內銀行承兌票國內商業匯票及期票之重貼現，（六）買賣國外支付之匯票，（七）買賣國內外殷實銀行之即期匯票支票，（八）買賣國民政府發行或保證之公債庫券，（九）買賣生金銀及外國貨幣，（十）辦理國內外匯兌及發行本票，（十一）以生金銀爲抵押之放款，（十二）以國民政府發行或保證之公債庫券爲抵押之放款，（十三）政府委辦之信託業務。

五、中央銀行業務，應受下列限制：（一）放款期限不得過六個月；（二）對於私人或公司或其他私法人之放款、重貼現、或其他墊款，及收買其匯票支票、或其他票據，合計每戶不得超過五十萬元，如係股份有限公司，不得超過該公司資本及公積金總額三分之一；（三）供長期投資購買地產、礦產、房產、機器等項用途所發生之票據，供消費目的而非用於目前業務上需要所發生之票據，或供投機買賣所發生之票據，均不得收買或重貼現，或作其他放款之附屬擔保品；（四）不得承受貨物爲借款之擔保品；（五）不得直接經營各項工商業；（六）不得爲第三者擔保，或爲票據之承兌；（七）不得爲信用放款或透支；（八）不得爲有投機性質之營業。

六、中央銀行以每年十二月終爲總決算期，應造具財產目錄、資產負債表、營業報告書、損益計算書、盈餘分配表，交由理事會議決，監事會審定，呈報國民政府備案。

第九節　交易所法

民國三年，參政院代行立法院職權，於第一期常會議決證劵交易所法，咨由袁大總統於同年十二月二十九日公布施行，四年五月二十五日，大總統又以教令公布證券交易所法施行細則二十六條。

此法係采輯日本取引所法而成，全文共三十五條，分八章，第一章總則，第二章組織及設立，第三章經紀人，第四章職員，第五章交易，第六章監督，第七章罰則，第八章附則。其內容重要之點有四：

（一）證券交易所之設立，須擬訂章程，稟經農商部核准，咨行財政部備案，以股份有限公司組織之，每地方以一所爲限，幷應繳納營業保證金於國庫，以設立後滿十年爲營業期間。

（二）證券交易所之經紀人、理事長、理事、監察人，須爲中華民國人民，稟經農商部核准，均不得自爲買賣，違者處以五百元以下二十元以上之罰金。

（三）證券交易所之買賣，分現期定期二種，得照章令買賣兩方各繳證據金及追加證據金，幷得照約定價格，向兩方抽收經手費，每種證券每日買賣之平均價格，須議定市價揭示之。其由買賣所生之一切責任，由經紀人負之。

（四）證券交易所之行爲，有違背法令，或妨害公益，或擾亂公安時，農商部得（甲）解散之，（乙）停止其營業，（丙）停止或禁止其一部分之營業，（丁）撤消其決議或處分。

民國十年三月五日，政府又以教令公布物品交易所條例四十八條，惟未經立法程序。此條例仍分八章，章目與前法完全相同，內容亦大體無甚差異，惟易證券爲物品，條文較爲繁密。

民國十八年四月，工商部擬定交易所法草案，及其施行細則草案，呈由行政院提出第二十一次會議決議送立法院。原呈略云：

「竊查交易所爲調劑供求，平準物價之商業機關，實握交易之樞紐，與社會經濟關係甚大。民國三年，前北京政府頒布證券交易所法，條理尙屬一貫，而隙漏甚多。至十年所頒之物品交易所條例，尤多駁雜不純，遂致投機壟斷者乘隙以起，於是傾家蕩產者，不知凡幾，金融時起恐慌，而交易所之基礎，亦因以動搖，流弊所及，至今未已。本部審往策來，認爲必須另行制定交易所法，而繼以嚴厲之執行，始足以盡其調劑供求、平準物價之功用。特交由工商法規討論委員會起草，復經本部詳加審核，擬定交易所法草案五十八條，及交易所施行細則草案二十七條，……呈請鈞院鑒核轉咨立法院審議。」

該草案附有總說明，說明起草之旨趣有二：(一)增入會員組織交易所之規定，(二)限制兩個以上同類營業交易所之設立。原文略云：

「夷考歐美先進各國，其交易所本有股份有限公司組織，及會員組織二種，凡商業繁盛地方，已有資力雄厚，及信用鞏固之買賣經紀人者，則其交易所大抵爲會員組織，否則適用股份有限公司組織，使交易所得厚集資本，以保障經紀人之信用。衡之我國現狀，自暫以股份有限公司組織爲宜。然立法所以垂久遠，而商業必期其進展，若以股份組織爲限，未免畫界自囿。且現有之上海金業交易所，華商證券交易所等，按其實際，實係同業公會所蛻化，而爲會員之權輿。故審往策來，合現行之證券交易所法，及物品交易所條例，參以先進各國之成規，彙成本草案，加列會員組織之規定，以期施行盡利。

復次交易所之最大任務，在乎調劑供求，故必有公定之市價，以爲買賣之標準。若同一區域，而有兩個以上同類營業之交易所，則市價不一，即失其調劑供求之效，各國於此，均明定限制。我國上海一隅，既有證券物品交易所，復有紗布證券等交易所，彼此牴牾，使交易所及第三者均蒙不利，此種現象，亟應改正，以圖健全之發展。故本草案規定同一區域，同類營業之交易所，應限期合併。庶幾資本集中，信用益固，其事實上未能合併者，則於存立期滿後解散，確立同類不並存之原則，漸蘄交易所事業之合軌。」

十八年五月四日，立法院於第二十二次會議，將交易所法等草案提出初讀，各委員就大體討論後，認本案可以成立，當議決付經濟委員會會同商法起草委員會審查。該會等於同年六月十四日開聯席會議，共同詳加討論，當將原草案逐條修正通過，另行擬定交易所法審查修正案，幷決定該法施行細則可由工商部訂定，毋庸經立法程序。立法院復開第四十九次會議，將該審查修正案提出逐條討論通過，幷省略三讀，通過全案，即呈由國民政府於十八年十月三日公布，幷定於十九年六月一日起施行。

此法將有價證券交易所與物品交易所合併規定，幷增入同業會員組織交易所之制，又認買賣有價證券或依標準物買賣貨物之市場均爲交易所，非依本法不得設立。全文共五十八條，分八章，第一章設立，第二章組織，第三章經紀人及會員第四章職員，第五章買賣，第六章監督，第七章罰則，第八章附則。其內容上重要之點，除大致與證券交易所法及物品交易所條例相同者外，略如次述：

（一）商業繁盛區域，商人得呈請工商部核准設立買賣有價證券或買賣一種或同類數種物品之交易所。

（二）交易所得用股份有限公司組織，或同業會員組織。

（三）交易所之經紀人或會員，須為有中華民國國籍之人民或法人。

（四）中華民國法人為交易所之經紀人或會員，須具有左列各條件之一：

（甲）無限公司、兩合公司、或股份兩合公司，其無限責任股東與執行業務之職員全體為中華民國人民；

（乙）股份有限公司，其股份額過半數，及議決權過半數，並其董事監察人三分之二以上均為中華民國人民。

（五）交易所之職員為理事長一人，理事二人以上，監察人若干人，任期均為三年；職員如有缺額，工商部得令交易所補選繼任之。

（六）交易所應設評議會，評議交易所之重要事項。

（七）股份有限公司組織之交易所，其為買賣者，以該所經紀人為限；同業會員組織之交易所，其為買賣者，以該所會員為限。

（八）交易所買賣之期限，有價證券不得逾三個月，棉花、棉紗、棉布、金、銀、雜糧、米穀、油類、皮革、絲、糖等，不得逾六個月，其他物品不得逾工商部所定之期限。

（九）罰則之最高者，爲三年以下徒刑，或一萬元以下罰金或罰鍰。

第十節　合作社法

消費合作社創始於英國洛基台爾地方，其後各國人士，各按其本國之需要情形，與夫社會之經濟狀況，因地制宜，而其基本原則，莫不根據於洛基台爾消費合作社之組織，發揚光大，成效甚著。近來國人感生活程度日高，分配人居中漁利，多有發起合作社者，惟政府對於此項條例，未曾頒布，法律上尙無保障，國人對於此種新興事業，又缺乏學識經驗，常不免於失敗。民國十八年一月，工商部以職責所在，特飭由工商法規討論委員會詳加研究，參酌國內社會經濟狀況，根據洛基台爾式合作社之原則，擬定消費合作社條例草案共九章，七十八條，呈經行政院提出第十一次會議決議送立法院審核，該會幷附具說明書，說明草案之要點如次：

一、組織合作社人數　合作社應推行普遍，雖窮鄉僻壤，亦可組織，故人數規定爲十人，又凡屬國民，皆得組織，應不分階級，不設畛域，士農工商均得享受同一之待遇，故不冠以工會或工人字樣。

二、合作社免納營業稅及所得稅　合作社係社會事業，而非私人營利性質，故政府宜提倡鼓勵，予以免稅之便利。

三、合作社之管理及監察　合作社於註册後，其行爲亦應加以限制而糾正之，故有關於主管機關管理及監察合作社之規定。執監委員及經理副經理有舞弊及吞款情事，并應照刑法各本條處斷。

四、合作社不能退股之原則　合作社在國內尚屬創舉，國人多不能澈底了解眞諦，加入爲社員者，類多徇於情面，稍有事故，卽請求退股，殊有礙合作社之發展，故以不退股爲原則。

五、社員與團體社員之表決及選舉權　合作社原則係權利義務一律，不論入股多少，故限定社員與團體社員之選舉及表決權爲一員一權。

六、合作社執監委員人數　合作社既得以十人而設立，則委員人數之多寡，宜有伸縮餘地，故定執行委員爲五人至十五人，候補執委爲一人至七人，監察委員爲三人至七人，候補監委爲一人至三人。

七、合作社社員認股之限度　合作社必須多收社員，始能發達營業，免除大股東操縱社務之流弊，故規定社員購股，不得超過總股額十分之一，股金總額不得超過五百元。

八、合作社社員購物之條件　合作社社員購物須用現金，其暫准記帳，須於月底結付，至多不得延長五日，一方面養成社員節儉生活，一方面充實社中經濟狀況，故明加規定。

九、社員之分配盈餘　合作社與普通商店不同，係救濟平民生計之組織，非資本家逐利之淵藪，故社員分配盈餘，不以入股多少爲比例，而以消費多少爲比例，此乃合作社之唯一基本原則。

十、合作社股金之利率　現在國內通行利率甚高，必須折中規定，方能吸收股金，故定爲常年六釐。

立法院於第十次會議將該草案提出初讀，各委員就大體討論後，均主張暫緩審議，遂議決緩議。至十九年一月，立法院以合作社法亟待完成，特交委員樓桐孫起草，並檢發工商部所擬消費合作社條例草案，以備參考。樓委員卽考察國內社會經濟情形，參照各國現行合作法規，詳愼研究，至二十一年九月，擬具合作社法原則草案，經由立法院院長提請中央政治會議於第三百二十五次會議決議修正通過，共分十款如次：

一　本法所稱合作社，謂依平等原則，在互助組織之基礎上，以共同經營方法，謀社員經濟之利益，與生活之改善，而社員人數與資本額均可隨時變動之團體。

說明　此係標明合作社之定義，並確定其性質，再略加詮釋於後：

（甲）合作社社員人數及資本額，皆應隨時可以變動者，因合作社乃人的結合而非資本的結合也。合作主義之宗旨，厥在謀最大多數人之利益，以利經濟上之解放與自主。若合作社之社員人數及資本額，亦如股份有限公司之必須於章程中載明股份總額，則社務一經發達，原有社員，卽可閉關自守，流弊必將無窮，故法、比等國立法例皆以明文規定之。德國合作社法所謂「無限社員名額之會社，」而使合作社應備一公開社員名簿，存記於主管法院。日本產業組合法第十條所謂「合作社不得限定其社員之人數，」皆卽此意。

（乙）合作社係以共同經營方法，謀社員經濟之利益，與生活之改善者。其經濟利益一語，實即指商業上之利益而言，此非謂合作社純然與一般的商業無異，而無社會的與倫理的要素也。祇謂合作社之商業，乃依社會的及倫理的方法與立場，以經營之耳。故合作社之商業的要素，及互助的要素，實爲法律上所必要。何謂以共同經營方法，簡言之，卽合作社本身必須工作是也。若將任何一社員或數社員，擯諸於合作社事業經營之外，而委由非社員經營之，則與合作主義之精神不合，但業務上有必要時，致須雇用外間工人，自所不禁。

（丙）合作社之經營業務，應爲完全平等，此又合作主義主要之原則也。合作社既爲人的結合，而非資本的結合，社員出資之多寡，儘有不同，而其爲人則一，故社中一切權利，悉以人爲單位，而不以資本爲單位，此合作主義所以爲經濟制度中之德謨克拉西也。

（丁）合作社之目的，不在謀個人之私利，而在謀全體社員之經濟上一切利益，與生活上之改善，此理可與（甲）（乙）兩點互相發明，故各國立法例中，有禁止社股之利息或盈餘之分配者，卽此故也。合作社如有盈餘，無論如何，必須提出多數之公積金與公益金，以作發展業務及促進社會事業之用，此又各國立法例之所同也。

二　合作社爲法人，其業務之分類如左：

(一)為謀農業之發展，置辦社員生產上公共之需要與設備，及社員生產品之聯合推銷者（農業合作如農村生產合作社、運銷合作社、利用合作社等）。

(二)為謀工業之發展，置辦社員製造上公共之需要與設備及社員製造品之聯合推銷者（工業合作如工業生產合作社、運銷合作社、利用合作社等）。

(三)為生活上之給養，置辦生產品與製造品，以供社員之消費者（交易合作如消費合作社、供給合作社等）。

(四)為謀金融之流通，以低利貸放生產製造必要之資金於社員，以較高之利息，收受社員之存款與儲金者（銀行合作如信用合作社、合作銀行等）。

(五)為謀相互之扶助，對於社員與社員間之災患、疾病、養生、送死，及其所經營事業之災害，作保險之行為者（保險合作如牲畜保險合作社、人壽保險合作社、農作保險合作社等）。

說明　合作社若無法人資格，則不能為法律上權利義務之主體，以為一切法律行為，故合作社為法人，自屬當然之理。至合作社之分類，各國學者，理論分歧，本黨　總理孫中山先生，在地方自治開始實行法中，論及地方自治團體，謂於自治開始之六事辦有成效後，並應辦理農業合作、工業合作、交易合作、銀行合作、保險合作等等，其對於合作社分類之主張，似係采取英國學者費氏（C. R. Fay）之主張，而增加保險合作一種。本原則之分類，係以 總理之主張為根據，並參酌各國之立法例而成。

三 合作社之責任，分左列三種：

(一)有限責任，

(二)保證責任，

(三)無限責任。

說明 各國立法例，於右述三種責任制度，尚有「附加責任」一種，芬蘭一九零一年合作社法第三條第六款之規定是也。其辦法係社員於股額以外，必要時應負附加有限或無限之責任。而此項合作社，應於社名中示明之。惟近來各國合作立法，對於合作社責任問題，似有左列兩種明顯之趨勢，即：

(甲)合作社除於章程中以明文規定為有限責任者外，常為無限，例如比利時、瑞士等是。

(乙)合作社法以列舉式規定各種責任，使合作社於章程中自由選擇一種，例如丹麥、德國、日本等是。

第二種趨勢，就立法上言之，顯然較為明確，且亦為多數國家所采用，故從之，亦即國內學者一致之主張也。芬蘭之附加責任制度，失之繁瑣，無采用之必要。

四 合作社免徵所得稅及營業稅，並得呈由各主管機關核免其他稅捐。

說明　合作社與一般商業異，其盈餘非爲利潤之新獲，實爲多收之歸還，既無所得，稅無從生，故所得稅當然應在豁免之列。合作社雖以資本主義式之商業方法經營業務，但實際無商人之商店，既非商人之營業，自無營業稅之可言。因合作社與社員間之關係，雖亦有買賣之行爲，惟此與家庭內部之消費，無以多異也。至於其他稅捐，若爲獎勵合作事業起見，亦得加以豁免，惟須視各種環境狀況而定，故不以法律規定，俾有伸縮餘地。

五　合作社非有七人以上，不得設立。

說明　各國立法例關於此點，自五人（芬蘭、美國、威斯康辛省等）以至三十人（蘇俄），我國各省市所頒行之條例，及學者之主張，自七人以至二十人，上下紛歧，本無一定之標準。惟多數立法例，如英、德、法、瑞士、比利時、日本等，皆定爲七人，茲因從之。且亦與公司法（第八十七條）關於股份有限公司之規定同也。

六　社員認購社股，每人至少一股，但至多不得超過社股總額百分之二十，社股金額，每股至少國幣二元，至多不得過二十元。

說明　關於此點，各國立法例，及我國各省市所頒行之條例，及私家之主張，均甚參差不一。有對於社員認購股數及每股金額皆不定限度者，例如德國。是有對於二者皆定有限度者，例如英國定爲每股一磅，每人不得超過二百磅，意大利每股一百里爾，每人不得超過五千里爾等是。又有僅定每人之最高限，或僅定每股之最高額者，亦有僅定每人不得超過若干股，而每股之最高額，以命令定之者。要之，就理論上言，不外額小限大，或額大限小之兩種辦法，以互相調和而已。我國有主張限一百元一股，不得過十股者，額大限小之謂也。反之，有主張十元一百股者，額小限大之謂也。茲鑒於我國人民經濟能力之薄弱，與生活程度之低廉，及合作運動之貴在普遍，以求經濟民主之實現，故將每人股數及每股金額定如上數，以便伸縮。

七　合作社盈餘，除彌補損失外，應提存總額百分之二十以上爲公積金，百分之十以上爲公益金。

八　盈餘之分配，不得以社員之出資爲標準，而以社員交易之多寡爲標準。

說明　合作社之目的，第一步在利己而不損人，第二步在利己而又利人。故社員除依照章程應得之股息外，以不得希冀盈餘爲原則，即有盈餘，亦不得儘數作爲紅利而分配之爲原則。意在將盈餘提作公積金及公益金或教育宣傳等之用，所以謀合作事業之發揚，與經濟制度之改進也。惟當初辦之時，酌提盈餘以分配於社員，亦爲提倡與誘掖之道。但其分配，絕對不得以社員之出資爲標準，而應視社員在業務上對於合作社之努力以爲衡，此又合作社之最高原則也。

九　每一社員，僅有一表決權。

說明　合作社既完全爲人的結合，而非資本的結合，故每一社員不問其出資多至如何，皆不得以此資格，要求有一票以上之表決權也。

十　二以上之合作社或合作社聯合會因區域上或業務上之關係，得設立合作社聯合會。同一區域，或同一區域內同一業務之合作事業，不得同時有二個以上之聯合會。

說明　合作社聯合會，爲謀合作運動日臻發達，並實現其理想所必不可少之組織，國家立法，自應予以合理之提倡與獎勵。故同區域或同業務之合作社，得設立聯合會，此乃合作社之合作社也。惟此種組織，最忌分裂，故本款第二項又設明文以限制之。至聯合會之章程，設立之手續及代表會議等一切事實上之問題，在我國尚屬創舉，法律不宜預加詳定，除關於聯合會合作社法就其主要事項有特別規定外，皆可準用合作社之規定也。

此十款原則，經立法院交樓委員桐孫查照辦理，幷令經濟委員會會同起草。樓委員等即依據原則，草擬條文，並迭次開會詳加討論，逐條審查通過，議定合作社法草案共八十七條。二十二年一月二十二日，立法院開第三屆第一次會議，將該草案提出討論，當議決付委員焦易堂、史尚寬、戴修駿、黃右昌、樓桐孫、馬寅初、馮兆異、陳長蘅、衞挺生、唐有壬、吳尚鷹、馬超俊、張志韓、陳肇英、王祺審查。焦委員等迭次集會討論，將原草案修正爲八十三條，提經立法院第三屆第二十五次會議議決，重付委員焦易堂、樓桐孫、馬寅初、吳尚鷹、馬超俊、陳肇英、王毓祥、周緯、林彬、陳長蘅審查。焦易堂等先後開會三次，將該案詳加審查，修正通過，併爲七十六條，報由立法院提出第三屆第四十五次會議議決再付原審查委員等審查。旋審查完竣，立法院於第三屆第四十七次會議開二讀會，將該審查修正案提出逐條討論通過，并省略三讀通過全案，即呈由國民政府於民國二十三年三月一日公布，惟未定期施行。

合作社法全案大致照最末審查修正之案通過，共七十六條，分爲九章，第一章通則，第二章設立，第三章社員社股及盈餘，第四章理事監事及事務員，第五章會議，第六章解散及清算，第七章合作社聯合社，第八章罰則，第九章附則。其內容重要之點，即爲中央政治會議所決定之原則，此外略如次述：

一、合作社社員資格，其積極資格爲（一）中華民國人民年滿二十歲者，與（二）有正當職業者。其消極資格爲（一）褫奪公權，（二）破產，（三）吸用鴉片或其代用品。法人得爲有限責任及保證責任合作社社員。無限責任合作社社員不得爲其他無限責任合作社社員。

二、合作社設理事、監事至少各三人，由社員大會就社員中選任，理事任期一年至三年，監事任期一年，均得連任。

三、合作社會議分四種：（一）社員大會，每年至少召集一次，必要時得召集臨時社員大會；（二）社務會，每三個月至少召集一次；（三）理事會，每月至少召集一次；（四）監事會，每月至少召集一次。

四、合作社聯合社之責任限於(一)有限責任,(二)保證責任。

五、合作社設立人理事、監事、及淸算人違反本法強制之規定者,分別科以三十元或五十元之罰鍰。

第十一節　船舶法船舶登記法船舶載重線法

前淸光緒三十四年九月初二日,郵傳部擬編修船律,派陳壽彭、賈凝禧先譯英國管理船律,以備采擇,至宣統元年六月,該部參議廳廳長陳毅承編四政法規,派定王世澂、李瑞棠、陳壽彭共同起草,於二年二月編成航律綱目草案,經由陳毅呈堂核定,但未頒行。此草案共十四編,第一編總律,第二編商船律,第三編商船註册律,第四編船主律,第五編船長律,第六編經理人員律,第七編船員律,第八編引水律,第九編行船安穩律,第十編旅客律,第十一編貨物運送律,第十二編救護律,第十三編損失平均律,第十四編水險律。編下又各分節款項,其目甚繁。

宣統三年三月二十八日,郵傳部奏定大小輪船公司註册給照章程二十條。民國三年五月二十二日,交通部略加修正,改爲輪船註册給照章程,共二十一條,以部令公布施行。

民國八年二月,交通部以商船航律,亟待釐訂,特設立航律委員會,於三月十三日以部令派參事陸夢熊爲會長,王世澂、張恩壽、張鑄、及顧問英人戴理爾爲會員,又咨由海軍部派視察馬熉鈺科長傅順二員爲會員,聘李國杰、麥信堅、虞和德爲名譽委員,並先後派定戴理爾充編訂股股長,王世澂充審核股股長,張鑄爲編譯主任,加派蔡光勳、秦岱源、朱惟傑爲會員。該會於四月九日成立,幷於五月二十一日由交通部呈奉政府令准辦理。

時海軍部亦設立航律委員會，派定次長徐振鵬並任會長，並分別委聘諳練航務之華洋各員，兼充會員，審訂航船各法，但無甚結果。

交通部設立之航律委員會成立後，即着手編纂所有關於商船應行遵守之各項法規，先由編訂股起草，交審核股審查，名舉委員簽註意見，再開全體會議，逐條討論表決，呈奉總長批示後，由航政司轉送修訂法律館總裁王寵惠審核。計已開會議決者，有船舶註册法四十二條，船舶公安法二十一條；已經審核股審查者，有船東船主責任條例、保全海上人命施用無線電信條例、船舶註册法施行細則、及關於船舶公安法施行細則之搭客章程四種；其業經起草完畢，提交審查者，有關於船舶公安法施行細則之丈量噸位、船員配額、船員合格證書、船員服務證書、檢查證書五種；但均未完成程序，明令頒行。十年十一月，戴理爾請假回國，旋即辭職。十一年七月十日，航律委員會奉令裁撤，一切案卷由航政司接收。

民國十八年七月，交通部部長並中央政治會議委員王伯羣提出確立航政根本方針案，內容分列五項，其第四項爲「航政法規，亟應由立法院從速制定頒布，」理由內所列之法規，有船舶法、海商法、船員法、船舶檢查法、引水法、船舶註册法、航業補助法、造船補助法、海上衝突預防法等。中央政治會議提出第百八十七次會議決議交譚延闓、邵力子、孫科、王正廷、王伯羣、趙戴文、宋子文、楊樹莊八委員審查，由王委員正廷召集開會。王委員等即於七月二十六日集會審查，當將原提案略予修正，並繕具報告，提經中央政治會議於第百九十次會議決議通過，交立法院查照辦理。

同時奚理滿擬具發展中國海上事業意見書，請倣照各國航行法律，制定航行條例，以資遵守，經由關務署呈財政部轉呈行政院咨請立法院核辦。立法院卽連同中央政治會議函送之案一併提出第四十次會議討論，當議決付法制委員會會同委員魏懷審查。該會等審查結果，以制定各項航政法規，應先由行政院令行關係各部分別擬具草案或意見書，再送審議，繕具報告，提經立法院第四十九次會議決議通過，並咨請行政院轉飭遵照辦理。

交通部奉令後，卽擬具船舶法、船舶登記法兩草案，呈由行政院提出第六十二次會議決議送立法院審議。原呈敍述各草案之旨趣有云：

「竊維國內交通與國際貿易，均藉船舶爲水路運輸之利器。當此世界大通，東西各國，對於本國船舶，或用保護政策或施獎勵制度，或取獨佔主義，各視其國內之航業狀況而斟酌取捨於其間。我國航業落後，外輪充斥，坐使國家主權，商民經濟，兩受損失，自宜酌采保護政策，兼取獎勵制度，以期發展航業，恢復航權。惟船舶運載中外商品旅客，不僅在國內航行，或駛外海，或涉重洋，具有國際性質，故關於制定法規，務求於適合國情之中，參照萬國共通之原則。……現在海商法既經公布，大綱雖具，其附屬各法，亟應早日制定，俾得相輔而行。職部奉令起草以來，迭經審察國內航業狀況，參考英、日等先進各國成規，並查照海商法之規定，將船舶註册法改稱船舶登記法，又將船舶檢查法提其綱要容納於船舶法，以期系統分明，法理貫澈，分別擬具草案二種。」

十九年四月五日，立法院於第八十三次會議，將各該草案提出初讀，經各委員就大體討論後，即議決付法制委員會會同軍事委員會、商法起草委員會審查。該會等於第一次聯席會議提出審查，當議決付朱和中、孫鏡亞、戴修駿、魏懷四委員共同初步審查。旋審查完畢，該三委員會復先後開第四次第五次聯席會議，並函由交通部派航政司司長蔡培列席說明，將初步審查結果提出詳加討論，結果認原草案大致妥善，修正通過，并報由立法院提出第百一十次會議議決，再付原審查委員會會同海商法起草委員樓桐孫審查。該會等即開聯席會議討論，由樓委員詳細說明，當將船舶法草案審查修正案第一條第三條修正通過，并將第四條删除，餘各條依次遞改，船舶登記法草案仍照審查修正案通過，立法院於第百十七次會議開二讀會，將各該第二次審查修正案提出逐條討論通過，并由主席諮詢省略三讀，分別以船舶法、船舶登記法全案付表決，衆委員均無異議通過。

民國二十年五月，交通部又遵令擬具船舶載重線法草案二十一條，呈經行政院提出第二十三次國務會議決議轉咨立法院查照審議，原呈略云：

「查船舶航行發生危險，以逾額載重爲最多，各國爲保護海上人命安全起見，均由主管航政官署，對於各項船舶，依法測畫載重線於船之兩旁，以爲最高吃水線，限制船舶航行載重不得超過該線，並由主管航政官署發給證書，以憑查驗，用意至爲妥善。上年五月間，英國曾邀集濱海各國，在倫敦會議，簽訂此項公約，以期各國通行。……本部節經參照公約，及體察我國航業情形，詳細研究，擬具船舶載重線法草案二十一條，……備文呈請鑒核施行。」

立法院提出第百四十五次會議議決，付商法起草委員會審查。該會卽於同年六月十七日、十一月六日，兩次開會討論，當將原草案修正通過，都十九條。立法院復於第百七十一次會議將該審查修正案提出逐條討論，結果，删去二條，餘各條均以次表決通過，並由主席諮詢省略三讀，以船舶載重線法全案付表決，經大多數委員贊成通過。

船舶法經國民政府於民國十九年十二月四日公布，並定於二十年七月一日起施行。全文分六章，共四十三條，第一章通則，第二章船舶檢查，第三章船舶丈量，第四章船舶國籍證書，第五章罰則，第六章附則。其內容重要之點，略如次述：

一、船舶應備具之標誌凡五：(一)船名，(二)船籍港名，(三)船舶登記噸數，(四)船舶登記號數，(五)吃水尺度。又應備具之文書凡十：(一)船舶國籍證書，(二)船舶登記證書，(三)船舶檢查證書，(四)船舶噸位證書，(五)海員證書，(六)海員名册，(七)旅客名册，(八)運送契約及關於裝載貨物之書類，(九)屬具目錄，(十)航海記事簿。

二、船舶應於初次航行未開始時，航行期間屆滿時，及航行期間內遇必要時，由主管航政官署派員檢查，認爲合格時，應將指定航路、搭載人額、汽壓限制、及航行期間分別開列，給予船舶檢查證書。

三、船舶應由所有人向主管航政官署聲請丈量，如遇船身式樣或容積有變更，或察覺噸位計算有錯誤時，并應重行丈量，丈量後，即由主管航政官署發給或換給船舶噸位證書。

四、船舶所有人應於領得船舶檢查證書及船舶噸位證書後，自行認定船籍港，依法爲所有權之登記，主管航政官署即發給登記證書，并呈請交通部發給船舶國籍證書。

四、違反本法強制之規定，或有妨害公益或安全之行爲者，分別處船舶所有人或船長以三年以下有期徒刑，或五百元以上至二千元以下之罰金，情節重大者，並得沒收其船舶及所載貨物。

船舶登記法經國民政府於民國十九年十二月五日公布，與船舶法同日施行。全文分六章，共六十八條，第一章總則，第二章所有權登記程序，第三章抵押權及租賃權登記程序，第四章註銷登記程序，第五章登記費，第六章附則。其內容重要之點如次：

一、船舶關於所有權、抵押權、租賃權之保存、設定、移轉、變更、限制、處分，或消滅，均應登記，由登記權利人及登記義務人或其代理人共同向主管航政官署聲請之，登記完畢，主管航政官署應即發給登記證明書於聲請人。

二、初次聲請登記所有權者，應取具證明其爲所有人之文據，並主管航政官署所發之船舶噸位證書及船船檢査證書，連同聲請書一併呈送。

三、船舶滅失、沈沒、拆散、蹤跡不明經過六個月，或喪失中華民國國籍時，所有權之登記人應檢具證明文件，聲請註銷登記。

四、因抵押權之設定而聲請登記者，聲請書內應記明債權額、其訂有清償時期、及利息、或附帶條件、或其他特約者，均應一併記明。

五、因租賃權之設定而聲請登記時，聲請書內應載明租金數額，其定有存續期間，或付租時期，或許可轉租，或其他之特約者，均應載明。

六、聲請船舶登記時，應分別繳納登記費，由船舶價值千分之一至千分之四。暫時、附記、更正、註銷各登記，則爲每件五角或一元。

七、聲請人或利害關係人對於處理登記之主管航政官署認爲有違法或不當之處分時，得依法提起訴願或行政訴訟。

船舶載重線法經國民政府於民國二十年十二月五日公布，惟尚未定期施行。全文共分七條，大致規定中國船舶，除總噸數未滿百噸，或容量未滿千擔，或軍艦、漁船、游艇、及非用於運送客貨之船舶外，應由船舶所有人或運送人聲請主管航政官署測定船舶載重線後，遵照書明於船身兩旁，并由主管航政官署驗明發給船舶載重線證書，其有效期間爲五年，期滿後應重行聲請測定。船舶航行時，其載重不得超過船舶載重線。船舶載重線經畫明後，如遇艙面搆造變更，船身受損，或船上各項設備有缺損或與證書所載不符時，應將證書繳銷，聲請重行測定。外國船舶航至中國口岸時，應將船舶載重線證書呈由主管航政官署查驗。違反本法強制之規定，或以詐欺取得載重線證書者，處一年以下有期徒刑，或百元以上千元以下之罰金。

第七章　刑法

吾國舊律，自李悝法經，至漢、魏、隋、唐，歷五代、宋、元、明、清，大都爲關於刑事之法則，亦可謂吾國刑法專書。清末變法維新，光緒二十八年，命沈家本、伍廷芳修訂現行律例。光緒三十二年，修律大臣沈家本等編纂新律，至光緒三十三年完成，是爲大清新刑律，於宣統二年十二月奉諭頒行，此爲吾國制定新式刑法法典之始。

民國成立以立法事業非倉猝可就，乃將大清新刑律分別删改定名爲暫行新刑律，於元年三月十日公布施行。民國三年，法律編查會將暫行新刑律加以修改，至四年二月告竣，是爲修正刑法草案。民國七年，修訂法律館又將修正刑法草案加以修訂，是爲刑法第二次修正案。民國十六年四月，國民政府司法部依據第二次刑法修正草案，略加增删，編成新刑法，提經中央常務會議通過，於十七年三月十日公布，至七月一日施行。民國二十三年十一月，立法院制定中華民國刑法，由國民政府於二十四年一月一日公布，但尚未施行。吾國新式刑法之沿革，略具於是，其詳於次各節分述之。此外自民國元年以來，政府又迭次頒布特別刑事法令多種，有已廢止者，有現施行者，茲併述於此章。

第一節　暫行新刑律　附施行細則補充條例

清光緒二十八年四月初六日諭派沈家本、伍廷芳考訂現行律例。時伍氏方出使美、日、祕三國，沈氏任刑部左侍郎，恐編纂新律扞格難行，乃於光緒二十九年奏請將大清律例先行修訂，以為將來施行新律之過渡，至光緒三十四年告竣，是為大清現行刑律。其篇目為名例、職制、公式、戶役、田宅、婚姻、倉庫、課程、錢債、市廛、祭祀、禮制、宮衞、軍政、關津、廄牧、郵驛、賊盜、人命、鬭毆、罵詈、訴訟、受贓、詐偽、犯姦、雜犯、捕亡、斷獄、營造、河防。通計三百八十九條，附例一千三百二十七條，又附禁煙條例十二條，秋審條款一百六十五條。

此律於宣統二年四月初七日頒行，但年餘而清室遂亡，除關於民事之規定外，實際上幷未施行。江庸氏謂：「是書僅刪繁就簡，除削除六曹舊目而外，與大清律根本主義無甚出入，與今之新刑律亦幷未銜接，實不足備新舊律過渡之用。」

光緒三十年四月初一日，沈氏等開館辦公，以編訂新律，應從譯外國法律專書入手，乃調取留學各國卒業生擇要繙譯，其所譯各書，據氏等奏明清廷原摺有云：

「各國法律之譯成者，德意志曰刑法，曰裁判法。俄羅斯曰刑法。日本曰現行刑法，曰改正刑法，曰陸軍刑法，曰海軍刑法，曰刑事訴訟法，曰監獄法，曰裁判所搆成法。曰刑法釋義。法蘭西曰刑法。至英、美各國刑法，臣廷芳從前遊學英國，夙所研究，該二國刑法雖無專書，然散見他籍者不少，飭員依類輯譯，不日亦可告成。復令該員等比較異同，分門列表，展卷瞭然，各國之法律已可得其大概。」

各國法律既已逐次譯成，沈氏等乃奏請編纂新律，以期收回法權，略云：

「臣等以中國法律與各國參互考證，各國法律之精意，固不能出中律之範圍，第刑制不盡相同，罪名之等差亦異。……夫西國首重法權，隨一國之疆域為界限，甲國之人僑寓乙國，卽受乙國之裁判，乃獨於中國不受裁判，轉予我以不仁之名，此亟當幡然變計也。……臣等奉命考訂法律，恭繹諭旨，原以墨守舊章，授外人以口實，不如酌加甄采，可默收長駕遠馭之效。現在各國法律既已得其大凡，卽應分類編纂，以期尅日成書。」

沈氏等卽於光緒三十二年延聘日法學博士岡田朝太郎幫同考訂，並遴選諳習中西律例員司分任纂輯，至光緒三十三年八月，編成大清新刑律，奏請飭下憲政編查館核訂。淸廷以是否與國情民俗相合，着各衙門詳議具奏。時軍機大臣張之洞兼長學部，以刑律草案無姦通無夫婦女治罪明文，以為蔑棄禮敎，大肆詆諆，各省疆吏亦希旨排擊，先後奏請飭下法部會同修訂法律大臣修改。修訂法律館乃將原草案重加修訂，送交法部，尚書廷杰墨守舊律，又附加五條於後，會銜具奏，請作為暫行章程頒布，實隱寓破壞之意。五條大意為加害皇室及內亂外患罪加重，無夫姦處罰，對於尊親屬有犯不得適用正當防衛之類是。淸廷復將該修正草案發交憲政編查館審核。

自新刑律草案告成，朝野之守舊者，將禮教法制觀念混而爲一，羣起而譏議之，其反對最力者，爲勞乃宣氏。勞氏以干名犯義，犯罪存留養親，親屬相姦，親屬相盜，親屬相毆，故殺子孫，殺有服卑幼，妻毆夫，夫毆妻，無夫姦，子孫違教令等款，大清律皆有特別規定，而草案則一筆抹殺，大失明刑弼教之意，著爲論說，遍示京外，朝野多韙其言。青島特別高等學堂教員德人赫氏亦附和之，略謂：「余見中國自置本國古先哲之良法美意於弗顧，而專求之於外國，竊爲惜之。」而守舊派則謂語出西人，大足張其旗鼓，草案幾有根本推翻之勢。沈家本氏憤慨異常，著論痛駁，岡田朝太郎、松岡義正、董康、及憲政編查館、修訂法律館諸人亦助沈氏辭而闢之。其中以楊度氏之論國家主義與家族主義之區別，吳廷燮氏之用舊說議律辯二篇最爲透闢。憲政編查館最後核定之奏則謂：「刑律之是非，但論收效之治亂爲何如，不必以中外而區畛域，且必上折衷於唐、虞、夏、商、周刑措之盛，而不容指秦、漢以後之刑律，爲周孔之教所存。」

新刑律修正草案經憲政編查館核定後，即提交資政院於第一期會議通過總則，分則尚未議決，因預定頒行之期已迫，乃將總則分則一併奏呈，是爲大清新刑律。宣統二年十二月十五日內閣奉諭頒布，未及明定施行日期，而武漢革命事起。

大清新刑律分爲二編，共四百十一條。第一編總則，分十七章，爲法例、不爲罪、未遂犯、累犯罪、俱發罪、共犯罪、刑名、宥減、自首、酌減、加減刑、緩刑、假釋、赦免、時效、時例、文例。第二編分則，分三十六章，爲侵犯皇室罪，內亂罪，外患罪，妨害國交罪，漏洩機務罪，瀆職罪，妨害公務罪，妨害選舉罪，騷擾罪，逮捕監禁脫逃罪，藏匿罪人及湮滅證據罪，僞證及誣告罪，放火決水及妨害水利罪，危險物罪，妨害交通罪，妨害秩序罪，僞造貨幣罪，僞造文書印文罪，僞造度量衡罪，褻瀆祀典及發掘墳墓罪，鴉片煙罪，賭博罪，姦非及重婚罪，妨害飲料水罪，妨害衛生罪，殺傷罪，墮胎罪，遺棄罪，私擅逮捕監禁罪，略誘及和誘罪，妨害安全信用名譽及祕密罪，竊盜及強盜罪，詐欺取財罪，侵占罪，贓物罪，毀棄損壞罪。其編輯宗旨，據沈氏原奏，厥有五端。

「一曰更定刑名。自隋開皇定律，以笞、杖、徒、流、死爲五刑，歷唐至今因之，即泰西各國，初亦未逾此範圍。迄今交通日便，流刑漸失其效，僅俄、法二國行之。至笞杖亦惟英、丹留爲戒兒童之具。故各國刑法，死刑之次，自由刑及罰金居其多數，自由刑之名稱，大致爲懲役、禁錮、拘留三種。……玆擬改刑名爲死刑、徒刑、拘留、罰金四種，其中徒刑分爲無期有期。無期徒刑，懲役終身，以當舊律遣軍，有期徒刑三等以上者，以當舊律三流，四等及五等，以當舊律五徒，拘留專科輕微之犯，以當舊律笞杖，罰金性質之重輕，介在有期徒刑與拘留之間，實亦仍用贖金舊制也。

一曰酌減死罪。死刑之增損，代各不同。唐沿隋制，太宗時簡絞刑之屬五十，改加役流，史志稱之。宋用刑統，而歷朝編敕麗於大辟之屬者，更僕難數。頗傷繁細。元之刑政廢弛，問擬死罪者，大率永繫獄中。明律斬絞始分立決監候，死刑階級，自茲益密歐美刑法，備極單簡，除意大利、荷蘭、瑞士等國廢止死刑外，其餘若法、德、英、比各國，死刑僅限於大逆、內亂、外患、謀殺、放火等項，日本承用中國刑法最早，亦止二十餘條。中國死刑，條目較繁，然以實際論之，應年實決人犯，以命盜爲最多，況秋審別度詳核，實緩倍形慎重，每年實予勾決者，十不逮一，有死刑之名，而無死刑之實，特較東西各國，亦累黍之差爾。茲擬準唐律及國初並各國通例，酌減死罪，其有關於中國之風俗，一時難予驟減者，如強盜、搶奪、發塚之類，別輯暢行章程，以存其舊，視人民程度進步，一體改從新律。

一曰死刑唯一。舊律死刑以斬絞分重輕，斬則有斷脰之慘，故重，絞則身首相屬，故輕。然二者俱屬絕人生命之極刑，謂有重輕者，乃據炯戒之意義言之爾。查各國刑法，德、法、瑞典用斬，奧、大利、匍牙利、西班牙、英、俄、美用絞，俱係一種。惟德之斬刑，通常用斧，亞魯沙斯、盧連二州用機械，蓋二州前屬於法，而割界德國者猶存舊習也。惟軍律所科死刑，俱用銃殺，然其取義不同，亦非謂有輕重之別。茲擬死刑用絞刑一種，仍於特定之行刑場所密行之。如謀反大逆及謀殺祖父母、父母等條，俱屬罪大惡極，仍用斬刑，則別輯專例通行。至開戰之地，頒布戒嚴之命令，亦可聽臨時處分，但此均屬例外也。

一曰刪除比附。考周禮大司寇有縣刑象於象魏之法，又小司寇之憲刑禁，士師之掌五禁，俱徇以木鐸，又布憲執旌節以宣布刑禁，誠以法者與民共信之物，故不憚反復申告，務使椎魯互相警戒，實律無正條不處罰之明證。漢書刑法志高帝詔疑獄者，廷尉不能決，謹具奏附所比律令以聞，此比附之始，然僅限之於疑獄而已。

至隋著爲定例，即唐律出罪者舉重以明輕，入罪者舉輕以明重是也。明律改爲引律比附，加減定擬，現行律同。在唐神龍時，趙冬曦曾上書痛論其非，且曰死生罔由於法律，輕重必因乎愛憎，受罰者不知其然，舉事者不知其法，誠爲不刊之論。……茲擬删除此律，而各刑酌定上下之限，憑審判官臨時審定，並別設酌量減輕宥恕減輕各例，以補其缺，雖無比附之條，而援引之時，亦不致爲定例所束縛。

一曰懲治教育。犯罪之有無責任，俱以年齡爲衡，各國刑事丁年自十四以迄二十二不等，各隨其習俗而定。中國幼年犯罪，向分七歲、十歲、十五歲爲三等，則刑事丁年爲十六歲以上可知。夫刑爲最後之制裁，丁年以內，乃教育之主體，非刑罰之主體，如因犯罪而拘置於監獄，薰染囚人惡習，將來矯正匪易，如責付家族，恐生性桀驁，有非父兄所能教育，且有家本貧窶，無力教習者，則懲治教育爲不可緩也。按懲治教育，始行之於德國，管理之法，略同監獄，實參以公同學校之名義，一名強迫教育，各國倣之，而英尤勵行不懈，頗著成績。茲擬采用其法，通飭各直省設立懲治場，凡幼年犯罪，改用懲治處分，拘置場中，視情節之重輕，定期限之長短，以冀漸收感化之效，明刑弼教，蓋不外是矣。」

大清新刑律大體繼受日本刑法。歷代律例以至於大清現行刑律，均屬民刑不分，此律則爲單一之刑法法典。其要旨除沈氏原奏所列五點外，并規定犯罪行爲之責任能力與條件，及違法阻卻之原因，明示犯罪構成之要素，采用緩刑與假釋之制度，明定起訴權行刑權時效之期間，凡此均爲舊律之所無。至關於親屬之範圍，仍以舊服制圖爲準，以期適合習慣。分則所定，井井有條，要而不繁，簡而得當，溝通中外，融貫新舊，實爲當時最進步最完善之法典。

民國成立，法制未定，臨時政府於元年三月十日明令宣示大清新刑律除與民國國體牴觸各條應失效力外，餘均暫行援用。三月二十一日，臨時大總統據司法部呈請將清末制定之各項法律，以命令頒行，即咨請參議院議決，於四月三十日，公布刪修新刑律與國體牴觸各章條及文字，幷撤銷暫行章程五條，改名稱爲暫行新刑律。司法部幷通告各省，暫行新刑律以公布之日爲施行期，惟全國交通未便，不得不分別辦理，均應自接到或按照事例能接到政府公報及法律原文之日施行。

暫行新刑律既已頒行，施行程序不可無適當之規定，司法部爰擬定施行細則十條，於元年八月十二日通咨各省軍政長官轉飭遵照，幷以部令公布施行。此細則之要點，據原咨所云：

「第一條爲俱發罪，第二條爲累犯罪，第三條爲俱發罪與累犯罪之併合，此皆與單純之犯罪不同，刑法上有應加重或制限加重者，不能以其一罪發覺在舊法時代，遂不用新法之規定，此爲理論上當然之解釋。第四條對於已判決未執行或新法已經廢止其刑名之案件，比較新舊，易以相當之刑名刑期。第五條至第十條爲執行所必要之手續。」

民國三年，大總統袁氏思以禮教號召天下，重典脅服人心，於十二月二十四日公布暫行新刑律補充條例十五條。其內容與清法部尚書廷杰所加之暫行章程五條大致相同，而加以擴充，將強姦罪略誘罪加重，對於藏匿刑事暫保釋人者，強制親屬賣姦或爲娼者，強賣和賣其被扶助養育保護之人者，均分別處罰，行親權之父或母得請求法院施以六個月以下之監禁處分，以懲戒其子。此條例施行後，至民國十一年二月十七日，經廣州軍政府明令廢止。

第二節 修正刑法草案

新刑律既屬暫行，本係一時權宜之計，並非垂爲永制。刑法爲國家重要法典，自應重加編纂，以昭愼重。民國三年，法律編查會成立，以刑法最關緊要，首先提議修訂，並聘岡田朝太郎參預斯役，以資熟手，歷時八月，全編告成，是爲修正刑法草案。該會編訂此案，以民國元年頒行之暫行新刑律爲依據，外觀世變，內審國情，大都於舊律之適用者則保而存之，於新律之未愜者則變而通之，綜計修改各條，約居十分之五六，並附具理由，說明其損益之故，與改變之由，分爲二編，裝繕四册，於民國四年二月十七日呈請袁大總統飭下法制局照章審核後，提交參政院核議，惟迄未議決公布。其修正要旨，依原呈所稱，約有三端：

「昔東漢卓茂有言曰：『律設大法，禮順人情。』故夫刑法之設，所以制裁不法之行爲，而要與其國俗相維繫。誠使整齊一國之法制，內有以葆其善俗，外有以規乎大同，斯其法方爲良法。中國數千年來，以禮教立國，昔人所謂禮之所去，刑之所取，則立法自必依乎禮俗。

一代之法典，緣一代之政體而生，事爲昔人所無者，不妨自我而創，法爲前代所有者，不妨與古爲因，蓋道以政而卽齊以刑，而後治罪不虞其缺略，則立法自必依乎政體。法之所受者罪犯，而刑之所施者法官，中國教養未周，法學幼稚，以犯罪者之日衆也，則刑期似宜縮短，以用法之未習也，則刑等不宜過寬，禮所謂用輕用重，書所謂惟齊非齊，則立法又必視乎吏民之程度。」

又關於禮俗之修訂凡四：

「一則於總則增入親族加重一章。中國舊律，首重服制，除祖父母父母外，其於期親以下，有犯俱視尋常加嚴。原案分則各條，對於尊親屬亦間有特別處罪之文，而旁系親並不在內。雖曰刑期類分等級，如干犯伯叔父母姑及兄姊等項，儘可由裁判官處以較重之刑，然究不如明定條文，較爲畫一。故修正案定爲對於直系尊親屬犯罪者，加重本刑二等，對於旁系尊親屬犯罪者，加重本刑一等，並規定因親屬而加者，許其加至死刑，核與舊律之精神，殊無差異。

一則於直系尊親屬內加入外祖父母一項。東西各國民法，母黨與父黨並尊，外祖父母爲母之所自出，中國服制雖屬小功，而刑律人命鬥毆訴訟各門，往往與期親尊長並論，且有上同祖父母父母者，因母之所尊而尊之，初不得疑爲二本也。

一則采擇補充條例，纂入限制正當防衞及無夫姦二條。對現在不正之侵害，而出於防衞權利之行爲，本屬舊律擅殺擅傷之義，然使遇有尊親屬相犯，而亦援用之，實大背中國之禮教。若姦通無夫之婦，原案根據外國法典，不列正條，自前清資政院以來，久滋爭議，今各依類編入，庶足以饜輿論一則尊長對於卑幼於姦非章增強制賣姦之條，於略誘章著強賣和賣之罪。舊律抑勒妻妾子女與人通姦，及略賣子孫，或有服親屬與人爲奴婢，治罪綦嚴，原案無文，殊不足以昭懲創。茲擬採用舊律，輯爲專條，一以峻廉恥之防，一以敦親愛之誼，且使後有此等案件發生，不至窮於援引。」

關於政體之修訂凡二：

「共和之國，本無君臣之名分，然而政事有從出焉，責任有攸歸焉。一國之元首，既胥一國而推舉之，自應胥一國而尊敬之。若美若法，爲今日共和先進國，其於本國之首出者，無不極致其尊崇，準是以相權，故於分則首增侵犯大總統罪一章，凡以明有尊也。此關乎政體者一也。

一國之稅法，本屬行政事項，初不與刑制相關。惟中國鹽法一端，數百年歷史相沿，其歲入幾與田賦相埒，國家既成爲專利，斯私銷必定有嚴刑。且舊例於梟徒聚衆拒捕各條，久懸厲禁，並有科至斬絞者。今日整頓鹽規，不遺餘力，如有私賣私販各犯，斷不能委諸特別章程，故於分則增入私鹽罪一章，凡以重國計也。此關乎政體者二也。」

關於國民與法官程度之修訂各一：

「新律主刑雖有死刑、自由刑、罰金三種，而科自由刑實居什九。原案有期徒以十五年以下爲限，揆諸刑事政策，頗不適於今日情形。夫中國地方遼闊，戶口繁滋，而又生計艱難，罹罪者衆，使罪犯必令久繫監獄，而一切建築待遇之法，又必勉效外國之文明，不惟絕其事畜之途，國家亦安有此財力。查前淸現行刑律，流遣改爲工作，至重不過十二年，今擬一等徒減爲十二年以下，其次每級以三年爲一等，五等徒則定爲三月未滿一日以上，而刪除拘役之刑，使圜土不至久拘，斯囹圄無由日積。古人以囹圄空虛爲美談，故爲之酌減刑期，亦藉以疏通監獄，此蓋視乎國民之程度焉。

至於刑等之寬嚴，各國不一其例，德意志及日本改正刑法，幷有不設上下之限制者，然必法學昌明，判例具備，一時司法之吏，又皆經驗素富，而後平情亭比，不至有出入之虞。中國之行新律，近不過二三年，新舊遞嬗之交，人材旣未造就，卽求之判例，又無可比附而劑其平。雖原案於科刑之範圍，大都以三等爲限，然細閱近年案牘，有舊律應科死刑，而法庭第處徒刑者，有法庭宣告死刑，而按諸舊律尙可不至實抵者，甲省所辦之案，與乙省顯分輕重，旣在法庭範圍之內，雖有長官監督，亦勢處於無可如何，故修正案除死罪或兼及無期徒刑外，餘概改用一種之刑，俾司法者有所遵循，斯犯法者不至枉縱。其或情罪未能恰合，總則復另設酌加酌減之條，亦不患無所補救。上下比罪，無僭亂辭，此則視乎法官之程度焉。」

修正刑法草案共分二編，第一編總則，凡十七章，第二編分則，凡三十八章，都四百三十二條。其章目大致與暫行新刑律相同，惟將第一編之第三章未遂罪改爲未遂罪、豫備罪、陰謀罪，增入第八章親屬加重，原第八章至第十三章次序遞改，原第十四章赦免刪除。第二編增入第一章侵犯大總統罪，第二十章私鹽罪；第八章妨害選舉罪，改爲妨害議會選舉罪；第十章逮捕監禁人脫逃罪，改爲脫逃罪；第十一章藏匿罪人及湮滅證據罪，改爲湮滅證據罪；第十三章放火決水及妨害水利罪，改爲第十三章放火罪，第十四章決水罪；原第十八章僞造文書印文罪，改爲第二十一章僞造文書罪；第二十一章鴉片煙罪，改爲第二十三章鴉片罪；第二十九章私濫逮捕監禁罪，改爲第三十一章私擅逮捕拘禁罪；其餘各條文次序略有變更。

第三節　刑法第二次修正案

民國七年七月，政府設修訂法律館，特派董康、王寵惠爲總裁。該館成立後，以前法律編查會編訂修正刑法草案時，方處袁氏專制之下，不免迎合意旨，或有所顧忌，時勢變遷，則刑事政策自有變更之必要，於是參考各邦立法，斟酌本國情勢，另爲第二次之修正，編成刑法第二次修正案，凡二編，都三百七十七條。民國八年，該館又將此案加以文字上之修改，是爲改定刑法第二次修正案，增十六條，共三百九十三條。

此案雖名修正，實際上立法主義多未因襲前暫行律及民國四年之修正案，體裁亦有重要之改進。第一編分爲十四章，第二編分爲三十五章，章目與前兩案互有差異。茲列損益表如左：

暫行新刑律（暫行律）	修正刑法草案（修正案）	刑法第二次修正案（本案）

第一編 總則	第一編 總則	第一編 總則
第一章 法例	同上	第一章 法例
第十七章 文例	同上	第二章 文例
第十六章 時例	同上	第三章 時例
第二章 不為罪	同上	第四章 刑事責任及刑之減免
第八章 宥減	第九章 宥減	
第九章 自首	第十章 自首	
第三章 未遂罪	第三章 未遂罪豫備罪陰謀罪	第五章 未遂罪
第六章 共犯罪	同上	第六章 共犯
第七章 刑名	同上	第七章 刑名
	第八章 親屬加重	
第四章 累犯罪	同上	第八章 累犯
第五章 俱發罪	同上	第九章 併合論罪
第十章 酌減	第十一章 酌加酌減	第十章 刑之酌科

第十一章　加減例	第十二章　同上	第十一章　加減例
第十二章　緩刑	第十三章　同上	第十二章　緩刑
第十三章　假釋	第十四章　同上	第十三章　假釋
第十四章　赦免		
第十五章　時效	同上	第十四章　時效
第二編　分則	第二編　分則	第二編　分則
	第一章　侵犯大總統罪	第一章　侵犯大總統罪
第二章　內亂罪	同上	第二章　內亂罪
第三章　外患罪	同上	第三章　外患罪
第五章　漏洩機務罪	同上	
第四章　妨害國交罪	同上	第四章　妨害國交罪
第六章　瀆職罪	同上	第五章　瀆職罪
第七章　妨害公務罪	同上	第六章　妨害公務罪
第八章　妨害選舉罪	第八章　妨害議會選舉罪	第七章　妨害選舉罪

第九章 騷擾罪	同上	第八章 妨害秩序罪
第十六章 妨害秩序罪	第十七章 同上	
第十章 逮捕監禁人脫逃罪	第十章 脫逃罪	第九章 脫逃罪
第十一章 藏匿罪人及湮滅證據罪	第十一章 湮滅證據罪	第十章 藏匿犯人及湮滅證據罪
第十二章 僞證及誣告罪	第十二章 僞證誣告罪	第十一章 僞證及誣告罪
第十三章 放火決水及妨害水利罪	第十三章 放火罪	
	第十四章 決水罪	
第十四章 危險物罪	第十五章 同上	第十二章 公共危險罪
第十五章 妨害交通罪	第十六章 同上	
第二十四章 妨害飲料水罪	第二十六章 同上	
第二十五章 妨害衛生罪	第二十七章 同上	
第十七章 僞造貨幣罪	第十八章 同上	第十三章 僞造貨幣罪
第十九章 僞造度量衡罪	第十九章 同上	第十四章 僞造度量衡罪
	第二十章 私鹽罪	

第十八章　僞造文書印文罪	第二十一章　僞造文書罪	第十五章　僞造文書印文罪
第二十三章　姦非及重婚罪	第二十五章　同上	第十六章　妨害風化罪
第三十章　略誘及和誘罪	第三十二章　同上	第十七章　妨害婚姻及家庭罪
第二十章　褻瀆祀典及發掘墳墓罪	第二十二章　褻瀆祀典罪	第十八章　妨害宗教罪
		第十九章　妨害商務罪
第二十一章　鴉片煙罪	第二十三章　鴉片嗎啡罪	第二十章　鴉片罪
第二十二章　賭博罪	第二十四章　同上	第二十一章．賭博罪
第二十六章　殺傷罪	第二十八章　同上	第二十二章　殺人罪 第二十三章　傷害罪
第二十七章　墮胎罪	第二十九章　同上	第二十四章　墮胎罪
第二十八章　遺棄罪	第三十章　同上	第二十五章　遺棄罪
第二十九章　私擅逮捕監禁罪	第三十一章　逮捕拘禁罪	第二十六章　妨害自由罪
第三十一章　妨害安全信用名譽及祕密罪	第三十三章　妨害安全信用名譽祕密罪	第二十七章　妨害名譽及信用罪 第二十八章　妨害祕密罪

第三十二章　竊盜及強盜罪	第三十四章　竊盜強盜罪	第二十九章　竊盜罪 第三十章　搶奪強盜及海盜罪
第三十四章　侵占罪	第三十六章　同上	第三十一章　侵占罪
第三十三章　詐欺取財罪	第三十五章　同上	第三十二章　詐欺及背信罪
		第三十三章　恐嚇罪
第三十五章　贓物罪	第三十七章　同上	第三十四章　贓物罪
第三十六章　毀棄損壞罪	第三十八章　同上	第三十五章　毀棄損壞罪

本案修訂之要旨，依據修訂法律館原稿，略如次列各點：

第一編　總則

第一　關於編制者

一、本案章次，大概以條文相銜接之先後定之，其不相銜接者，以適用範圍之廣狹定之。各國刑法有不立文例專章，而僅於法例章規定一二條文者，如日刑法第七條，德刑法準備草案第十二條是。有立專章者，如荷蘭、暹邏、蘇丹是。但無論立專章與否，其次序皆列於總則之前，惟荷蘭列於總則之末。暫行律取法荷蘭，謂文例之規定，不僅關於總則之用語，而關於分則之用語爲多，然總則各章，無一不適用於分則，而文例一章之適用於總則者亦不少，故本案從多數國立法例，將文例列爲第二章，而以時例次之。

二、暫行律第二章不爲罪，其名稱未盡妥善。前法律館草案及修正案原名不論罪，但不論罪者，指有罪而不論，似不能包括該章各條。憲政編查館核定案始改名不爲罪章，但亦不能包括各條，與不論罪之失相等。又宥減及自首兩章，關於減等或免除各條，與不爲罪章之減等各條旨意相類，故本案將三章併爲一章，名曰刑事責任及刑之減免。

三、暫行律第三章未遂罪，修正案改爲未遂罪、豫備罪、陰謀罪。但豫備罪及陰謀罪之處罰，惟三數特別重罪，似不應著爲總則條文，故本案仍改爲未遂罪，列爲第五章。

四、暫行律刑名章依墨西哥刑法，列於未遂罪、累犯罪、俱發罪、共犯罪各章之後，謂有罪而後有刑，不當先刑後罪。然未遂與共犯，關於犯罪之狀態，列於刑名之前，固屬允當，至累犯與併合論罪，非關於犯罪之狀態，而實關於科刑之重輕，設不知各種刑名，則無從知累犯與併合論罪之性質矣，故本案將累犯與併合論罪兩章改列刑名章後。

五、暫行律總則第五章俱發罪，係沿用舊律之名稱，但該章所規定者，非限於數罪俱發，即數罪各別發覺，亦得適用，是以日本舊刑法名爲數罪俱發，新刑法改爲併合罪。然所謂併合罪，並非將數罪併合爲一罪，其各罪仍獨立存在，不過併合處斷之耳，故本案改爲併合論罪。

六、暫行律酌減章，修正案改爲酌加酌減。古代刑罰不由法定，法官得自由裁量。近代皆采法定刑主義，以防濫用。惟犯罪而無惡性者，其情節至不一端，科以法定之刑，或過於酷，故得酌減。又證以各國法典之體例，犯罪因特別情節應加重者，皆於分則各罪規定之，故本案將修正案酌加之條文刪去，並倣最近瑞士及德國刑法準備草案之例，特設專條，臚舉科刑時應注意之事項，以爲法定刑內科刑輕重之標準，改章名爲刑之酌科。

七、暫行律赦免章僅有第六十八條，前法律館起草時，聲明當時未有憲法，故規定於刑法中。按約法第二十八條規定大赦、特赦、減刑、復權四種，自應依特別法辦理，無須列入刑法，故本案刪去。又修正案親屬加重章，爲暫行律所無，本案於分則各條規定其加重之刑，亦予刪去。

第二　關於內容者

一、暫行律於新舊法律有輕重時，概從新法，有時科犯人以事後之重刑，殊未平允。本案則以從新爲原則，而於舊法之刑較輕者從輕。

二、親屬之範圍，暫行律以舊律服制圖爲準，而服制圖煩複細密，卽賢智亦難猝記。本案從民律草案之例，用親等計算法，較爲簡易，然其範圍則仍與服制圖適合。

三、故意及過失之範圍，暫行律未經確定解釋，易於出入人罪，故本案從輓近立法例，以明文定之。

四、暫行律於犯某罪因而發生其他結果者，加重其刑等條文頗多。案犯罪所生之結果在犯人意中者，科以較重之刑，未爲不當。若意外之結果，其原因至爲複雜，使犯人負此責任，不獨受罰者不平，亦非刑事政策所宜。故本案依一千九百零二年萬國刑法學會決議，及晚近立法例，規定犯人祇對於其能豫見之結果負責。

五、責任年齡，前清資政院議決之刑律草案，本定爲十五歲，嗣經內閣奏請改爲十二歲，暫行律因之。揆之刑事政策，未爲得當。故本案參酌多數國立法例，改爲十四歲。十四歲以上未滿十六歲者，得減輕其刑，並於感化教育之外，增入由監護人等繳納保證金自行監督品行一法。

六、暫行律於正當防衛之行爲，以不正之侵害爲準，於緊急避難之行爲，凡出於不得已者，皆得爲之，其適用範圍均屬過廣。故本案從多數國立法例，前者以不法之侵害爲限，而後者以救護自己或他人之生命身體自由財產者爲限。

七、從犯暫行律以事前幫助者爲限，此外則準正犯。然事中幫助，不問其行爲與犯罪之關係如何，概與正犯同罰，未見平允。故本案不分事前事中，凡幫助正犯者，皆爲從犯，惟以事中爲直接及重要之幫助者爲限，處以正犯之刑。

八、有期徒刑，暫行律採等級制，以五等爲標準。惟罪之輕重，各有不同，必以五者繩之，恐所定之刑，有不失於酷，卽失於寬之病。且加必一等，減必一等，亦恐畸輕畸重。故本案廢去等級，於分則各條明定年月，而加減則以若干分之幾爲準，既無定刑失當之虞，並免加減相懸之失。

九、罰金暫行律以一圓爲最低度，本案改爲一角；易科監禁暫行律概定爲一圓折算一日，本案改爲一角以上三圓以下；羈押折抵暫行律概以一日抵一圓，本案改爲一角以上三圓以下；俾法官得視犯人之資力及職業等而審酌情形定之。又易科監禁日數，暫行律以三年爲限，然查各國立法例，無過一年者，故本案縮短爲一年。

十、褫奪公權暫行律有必褫奪與得褫奪兩例，褫奪又有全部及一部之分，標準至爲不一，規定亦殊紛歧。故本案於應否褫奪公權，概取裁量主義，並廢去一部之褫奪。

十一、累犯暫行律不分犯罪之異同及性質，同等處罰，不足以懲治有特別之惡性者，故本案分普通累犯與特別累犯二者，後者之處罰較前者加重。

十二、暫行律於裁判確定前所犯之數罪，皆併合論罪，然裁判既經宣告，不當因以後所犯之罪，而復加變更，遷就犯人，使享併合論罪之利益，故本案以裁判宣告前犯數罪者爲限，始得併合論罪。

十三、緩刑之制，本爲較輕之罪而設，暫行律以四等有期徒刑爲緩刑之範圍，證諸各國立法例，失之過廣，故本案改爲二年以下有期徒刑。又緩刑期限之長短，當視刑期之長短定之，暫行律以三年爲最短期限，施之短期自由刑，未免過久，故本案縮短爲二年。

十四、罰金能否緩刑，雖爲刑法上一爭論之問題，而揆之獎勵犯人遷善之旨，則予以緩刑，或較諸施刑之收效爲佳，是以外國刑法，將緩刑擴充至罰金者不少其例。況罰金較輕於徒刑拘役，徒刑拘役尙准其緩刑，而犯較輕之罪，反不許其自新，於刑事政策有所未協，故本案增入罰金一層。

第二編　分則

第一　關於編制者

一、侵犯大總統罪章暫行律無，修正案增入。考共和國刑法，若美若法，侵犯大總統與侵害常人同罪。法國一千八百八十一年七月二十九日報律，雖有譭謗大總統之條文，而於其他侵犯大總統罪仍科以通常之刑。故對於大總統有特別保護，共和國實罕其例。惟暫行律妨害國交罪章，外國元首有特別保護，則本國元首亦應有相當之規定，故從修正案增入此章。修正案侵犯大總統罪凡三條，第八十六條加危害或將加危害者，第八十七條因過失致生危害者，第八十八條有不敬之行爲者，較諸歐洲各國侵犯君主罪爲重。本案對於大總統予以特別保護者，爲生命、身體、自由及名譽，而以通常犯罪行爲爲標準，加重其刑。

二、暫行律漏洩機務罪所規定各條，過於嚴酷，爲他國法律所無，即較諸我國庶民不議之時代，亦無如此重法。查外國立法例，如德國、奧國、意大利、荷蘭、那威等國，凡漏洩祕密，皆於外患罪章規定之，而以有損害於國家之安全致貽外患者爲限。本案略倣其意，併入於外患罪章。

三、暫行律騷擾罪獨立爲一章，但其性質與妨害秩序同，故本案併入妨害秩序罪章。

四、暫行律放火決水及妨害水利罪、危險物罪、妨害交通罪、妨害飲料水罪、妨害衛生罪，各爲一章，但其所規定者，皆屬妨害公共安全之行爲，故本案倣荷蘭、那威、意大利等國刑法，及奧國、瑞士、德國等國刑法準備草案，併爲一章，改稱公共危險罪。

五、暫行律姦非及重婚罪章，不能包舉各種猥褻行爲，而略誘及和誘罪章，又多係妨害婚姻及家庭之制，故本案將該兩章所規定者，分別規定於妨害風化罪，妨害婚姻及家庭罪兩章內。

六、暫行律褻瀆祀典及發掘墳墓罪章，所規定者，大都係侵犯尸體各條，考各國刑法，其定本罪於此章者，類名曰妨害宗教罪，前法律館草案理由及其修正案案語，亦謂本章爲保護宗教之信仰而設，故本案改稱妨害宗教罪。

七、妨害商務罪爲暫行律所無，本案增入，以示保護商務之意。

八、暫行律殺傷罪章包括殺人與傷害兩罪，但二者輕重懸殊，而情節或有未易分明之處，例如殺人未遂故傷，以其有殺人之故意，應科以殺人未遂罪，不應科以傷害罪。又如傷害至死者，以其無殺人之故意，應科以傷害至死之罪，不應科以殺人罪。此種區別，每易錯誤，故本案將兩罪分爲二章。

九、暫行律私擅逮捕監禁罪，及妨害安全信用名譽及祕密罪兩章，其侵害之法益爲個人之自由，而妨害秩序罪，略誘及和誘罪兩章內，亦有侵害個人之自由者，故本案併爲妨害自由罪一章。

十、暫行律第三十一章妨害安全信用名譽及祕密罪，本案以所侵害之法益不同，且有特種免刑之情節，未可與他罪合併，故分爲妨害名譽及信用罪與妨害祕密罪兩章。

十一、竊盜及強盜罪，暫行律合爲第三十二章，但竊盜爲侵犯財產罪，而強盜爲侵犯財產自由罪，其保護之法益不同，故本案分別規定。

十二、暫行律詐欺取財罪章內包含恐嚇，殊未妥協，故本案分列兩章。又詐欺罪章內處理他人財產，違背義務之罪，非必有詐欺之事，故本案於該章章名增入背信字樣。

十三、修正案增入私鹽罪章，其理由謂因私鹽而牽及其他各罪，所在多有，故依民國三年十二月公布之私鹽治罪法增入此章。案鹽爲國家之專利，犯私鹽者，雖侵損國家財權，然於社會治安，究無大影響。各國刑法，對於違背國家專利之罰則，皆委之特別法。況我國鹽政，將來或須修改，則取締之方法既異，犯罪行爲亦恐因之而變，故本案仍從暫行律刪去此章。

第二　關於內容者

一、本案於直接及間接之故意，依總則第二十六條，概行處罰，是爲原則。其例外以直接故意爲限者，皆於各條標舉「明知」字樣，蓋以科罰概行擴充至間接故意，恐於事業之進行或有妨礙也。暫行律以「明知」爲犯罪成立之要件者，僅第二百四十條，本案所規定者凡九條。

二、暫行律過失罪因被害人之身分加重其刑，本案以過失罪無故意侵害之惡性，故刪去過失加重之例。

三、較輕罪之未遂，概不處罰，此各國之通例，茲將暫行律及修正案與日本刑法關於未遂罪之規定，列表如左，以資比較：

罪	名	科	刑	條	文
總	數	罰未遂罪者總	數	罰未遂罪者	
日本	四〇	一九	約一五〇	五六	
暫行律	三五	二九	約二五〇	一二〇	
修正案	三八	三一	約二〇〇	一四二	

右表暫行律未遂罪較諸日本爲多，而修正案較暫行律尤多，卽處以罰金之最輕罪亦有罰者，範圍過廣，輕重失均。又豫備罪及陰謀罪以不處罰爲原則，蓋犯罪之程序，陰謀及豫備皆在著手實行以前，其著手實行而不遂者，爲未遂罪，而未遂罪且有不罰者，故著手以前之豫備及陰謀，與意中所欲犯之罪相去尙遠，無處罰之必要，其有例外，亦爲最少數。暫行律擴充豫備及陰謀罪至八種之多，修正案復擴充至十二種，未免失之過苛。本案於未遂罪斟酌輕重，分別規定，於豫備罪及陰謀罪則以數重罪爲限，並均分揭於各本條，俾援用時可免遺漏。

四、同謀犯罪而未實施者，既不能謂爲共同正犯，又與教唆情形不能並論。日本判例認爲共同正犯，而學者多非難之，謂爲誤解共同實行之觀念，此外學者或以之爲教唆，或以之爲從犯，聚訟無定，故本案倣俄及瑞典等國之例，另設同謀犯，於分則殺人強盜恐嚇等罪定之。

五、暫行律於科刑之範圍廣狹間有失均，例如第一百九十條，其最輕刑爲一百元以下罰金，最重刑爲五等有期徒刑，律文分列四項，詳爲規定，以限制法官之自由裁量。乃第三百十一條之殺人罪，則自有期徒刑以至死刑，反予法官以莫大之自由裁量，於輕重之情節未嘗分別規定，其他類此者尙多，故本案略加修正。

六、暫行律於處三等至五等有期徒刑，或二等至四等有期徒刑者，均躐等而至罰金，例如第一百十九條、第一百二十三條等是。就二等至四等有期徒刑各條而論，其躐等之刑皆重於罰金，而反不能科之，其結果遂使法官非科以二等至四等有期徒刑，卽科以最輕刑之罰金，未免趨於極端，故本案對於躐等之刑，概行補入。

七、多數國立法例，自由刑往往與罰金併科，蓋恐專科自由刑，或不足以懲戒犯人之貪欲也。暫行律自由刑與罰金併科者祇四條，範圍過狹，故本案將其他與貪欲觀念有關之罪一併增入。又暫行律以得利爲限，若犯人未嘗得利，則雖有財產，亦無從併科罰金，仍不足以懲戒其貪欲，故本案删去「因而得利」一句。

八、暫行律科罰金以價額若干倍爲標準者凡十三條，惟判定價額，頗有困難，且價額以某時間內所得爲限亦未規定，尤難確定，故本案廢去倍罰之制，明定罰金數目。

九、褫奪公權爲從刑之一種，其科刑之範圍，大抵以無廉恥之犯罪爲限，與主刑性質不同。德國刑法準備草案且有明文規定，以防濫用。況其受刑之結果，至不公平，與公權無關係者，卽令科之，犯人毫無所覺，與公權有關保者，出獄後復科以此刑，或至奪其自存之路。暫行律對於各罪皆有褫奪公權之規定，修正案除妨害衞生罪外，與暫行律同，其科褫奪公權之範圍略嫌太廣。日本刑法修正案罪名凡三十有九，而規定褫奪公權者僅十有八耳。故本案對於較輕微之罪，或與廉恥無甚關係者，概不科之。

十、暫行律犯某罪因而致人死傷者，援用傷害各條，依俱發罪之例處斷者凡十二條，然其情節，較諸既犯一罪，復犯傷害罪致死傷者，輕重不同，故本案改以本罪比較傷害罪從重處斷。

十一、暫行律於內亂罪之規定，分別既遂未遂，惟內亂罪能否處罰既遂，學者頗多爭論，故本案以着手實行爲犯罪之成立。

十二、暫行律妨害國交罪章，對於外國元首，不問是否友邦，一律特別保護，範圍過廣，故本案以友邦之元首爲限。

十三、暫行律瀆職罪章之賄賂罪，分事前事後爲定刑輕重之標準，與案情輕重未必相應。即如事後關於違背職務之行爲犯賄賂罪，與事前關於非違背職務之行爲相較，則前者當然重於後者。若以時爲區別，適得其反。考各國立法例，多以違背職務與否定刑，我國舊律亦有枉法與不枉法之分，其用意正同。故本案以行爲是否違背職務定刑之輕重，庶於中外法律，均能符合。

十四、各國刑法於僞造文書罪略分兩派，以證明權利義務之文書爲限者，德國是也。以足生損害於公衆或他人之文書爲限者，法國是也。暫行律從德國派，惟證明權利義務之標準未易確定，德國數十年來，施行頗生困難，是以學者多非議之，其準備草案删去足以證明權利義務句，而以欺騙他人重要權利義務爲標準，其結果殆與法國損害制無大區別，故本案從法國派。

十五、暫行律廢舊律無夫姦罪，而當時曾於另輯之暫行章程第四條規定。迨暫行律頒布時，又將該章程删除，未免趨於極端。故本案於妨害風化罪章內，仍增入無夫姦罪，惟以未滿二十歲之良家婦女爲限。

十六、海牙禁止鴉片公約，於鴉片外尚有嗎啡、高根、安洛因及其化合質料等，皆在禁止之列。又民國三年四月頒行嗎啡治罪條例，故本案鴉片罪章內，於暫行律所定鴉片之外，增入嗎啡等字樣。

十七、暫行律賭博罪章，凡賭博財物者，均應處罰，而實際上難於適用，幾成具文，故本案縮小其範圍。

十八、暫行律廢謀殺故殺之別，故科罰自十年以上有期徒刑至死刑。案各國刑法科刑範圍之廣大，如暫行律者，惟日本一國。英、美系分謀殺故殺，德、法系亦然。意大利及南美諸國，皆分別尋常情節及重大情節，而謀殺則重大情節之一也。我國舊律亦大同小異。故本案參酌中外法律，仍分謀殺故殺及情節之輕重科罰。

十九、關於搶奪罪，各國法律及判例略分三派，第一派以強盜論，第二派以竊盜論，第三派獨立科刑。本案以搶奪情節雖重於竊盜，然不至如強盜之甚。蓋強盜須以強暴脅迫或他法致使人不能抗拒，質言之，是使被害人失其自由舉動，卽欲抗拒而有所不能。若搶奪則祇乘人不備，而掠取之，與強盜實有差別，故從第三派。又原案海盜罪無明文，惟在海洋行劫者，爲強盜加重之情節，本案另規定爲海盜罪，科以較重之刑。

綜上列各點，刑法第二次修正案實較前有顯著之進步，爲民國以來最完備之刑法法典。民國十五年，調查法權委員會對於此案亦深致贊美之詞，其報告書有云：「該案第一編內規定較合乎科學精神，及較準確之條文，第六十二條規定科刑時法官應審酌一切情形之輕重，爲法定刑內科刑之標準，第四十二條所規定之刑名，較現行等級制爲便利，本委員會會議時對於暫行新刑律所評論之缺點，在該草案之規定，幾不復見。」

此修正案完成後，未經提交國會議決頒行，當時司法部以新刑律本係暫行，旣有補充條例，又有各種單行法，暫行律本體復支離破碎，擬卽呈請政府作爲條例，早日頒行。惟法制局局長王來氏則謂民國尙未統一，暫行新刑律在西南各省，一律適用，若廢棄之，而另頒一條例以爲代替，西南政府未必遵行，而法律之適用卽趨於分裂。政府甚韙其議，此草案迄未成爲正式刑法法典。

第四節　中華民國刑法　附施行條例

刑法第二次修正案旣未頒行，而暫行新刑律施行以來，頗多疑義，其最滋口實者，則刑名用等級制，而法定刑期又極廣漠，法官援用時無一定標準，遂得自由裁量，任意出入，致有畸輕畸重之嫌。其他反乎各國法例，暨國內現情者亦頗不少。人類進化，犯罪事實亦日新月異，自非從新釐訂，不足以示矜愼而昭明允。民國十六年四月，國民政府定都南京，司法部部長王寵惠氏乃將民國八年之改定刑法第二次修正案詳加研究，認爲大致妥善，卽略予增損，編成刑法草案，提經國民政府發交國府委員伍朝樞、最高法院院長徐元誥會同王寵惠審查。旋審查完畢，出具意見書，謂該草案各編各章於中西法學家學說及一切現情，斟酌損益，折中至當，並臚舉其要點如次：

「一、採用最新法例，有如原則從新法，若新法重於舊法，則以刑輕者爲準。犯罪有因果關係，至犯人有無責任，則以能預見結果者爲準。累犯有普通特別之別，殺人有謀殺故殺之分，內亂罪只以着手實行卽爲成立，僞造文書罪只足損害他人卽爲成立，過失之範圍有確定解釋，防衛及緊急行爲之範圍有明文限制是也。

二、審酌國內民情，親等之計算法與服制圖大致適合，亦爲舊日習慣所公認。至二百八十三條，二百八十九條殺旁系尊親屬者處死刑、無期徒刑，同謀者處五年以上、十二年以下有期徒刑，二百八十四條凡預謀殺人及有殘忍之行爲者，皆處死刑，既爲大多數通行立法例，就吾國一般民衆心理言之，尤有規定之必要。

三、實行本黨政綱，暫行律二百二十四條工人同謀罷工者，首謀處四等以下有期徒刑，與國民黨黨綱保護勞工之意不符，本案概行删去。又如妨害農工商業，其有妨害民生者，本案特定專章，以示注重民生之意。

四、參照犯罪事實，社會進步，犯罪方法亦不同，例如搶奪罪與強盜不同，海洋行劫比強盜罪尤應加重，本案則特設專章。恐嚇罪內近以擄人勒贖者爲最多，鴉片罪外有嗎啡、高根、安洛因皆爲毒物，本案則特設專條，以應時勢之需要。

至於廢過失加重之例，增專科罰金之條，改易科罰金之數，其應併科罰金者，不問其曾否得利，以及緩刑年限之縮短，責任年齡之改定，皆視犯人之個性資力以爲區別，尤與刑事政策大有裨益。又其編次章次，較暫行律爲優，例如騷擾罪與妨害秩序罪同一妨害秩序，妨害水利交通衛生者同一妨害公安，暫行律各爲一章，本案則合併之。殺人與傷害，犯罪之結果不同，竊盜與強盜，被害之法益不同，而暫行律合爲一章，本案則分定之。其最爲扼要者，則刑期長短，各按犯罪情形，分別規定，而廢去等級制度，使司法官不得任意高下。至科刑之輕重與加減則倣德、瑞最新法例，臚舉司法官應行注意事項，以爲科刑標準，即本案第七十六條所定是也。至暫行律第一百十九條、一百二十三條，由最高徒刑至罰金，設躐等之規定，極欠妥協，本案則分別補入通觀本案全體，按之學理，證之事實，均極允當，洵爲完善之刑法。」

伍委員等審查刑法草案，認爲條文間有一二須略加修正者，亦分別酌改，并詮釋其理由如下：

一　草案第十一條第四款原文爲「二親等內之妻親」於「妻親」下加「或夫親」三字。又第十六條原文爲「夫於妻之父母及祖父母，以旁系尊親屬論，妻於夫之尊親屬從夫」改作「夫於妻之親屬視同己之親屬，妻於夫之親屬亦同。」

按本黨對於男女平等之義，不僅抽象主張，且於第二次全國代表大會所議決之婦女運動案中加以具體說明，是以黨政府下之立法，對於偏重男系家族之制度應力事糾正，以符平等之原則，此第十一條第四款及第十六條之規定所由修改也。

二　草案第三十條第一項未滿十四歲改爲未滿「十三」歲，其第二項十四歲以上改爲「十三」歲以上。因各國法例，關於幼年人犯罪多以年齡分別責任之有無，其年齡之標準，各視其國普通之知識發達而定。我國幅員遼廣，其知識發達之程度因各人各地之遺傳稟賦氣候教育及其他原因，而有發達遲速之不同，是以祇能就一般普通之實驗，據爲年齡之標準。但草案以未滿十四歲爲限，在實驗上觀察，尙嫌過寬，故擬改爲十三歲，以期適中，而杜流弊。

三　草案第四十條「不問情形如何」字句嫌冗，擬删去，改爲「決」不能發生犯罪之結果者，以求簡明。

四　草案第四十九條第五款一「角」以上改爲一「圓」以上，「但因犯貧得減至五分之一」。草案第五十五條易科監禁一「角」以上三圓以下，折算一日，改爲易科監禁以一「圓」以上三圓以下，折算一日，「但因犯貧而減罰金者，應以減得之數，比例計算」。其他關係各條照改。

按第四十九條罰金最低額定爲一角以上，依本條之規定完納罰金，自覺寬大。但至不能完納，而依第五十五條易科監禁時，似不免流於苛刻，故采折衷主義，將該兩條略加變更，以資救濟。

五　草案第五十四條但「拘役之囚犯」五字删去。因囚犯令服勞役，概須準酌其年齡、刑期、身分、技能、職業、及將來之生計、體力之强弱定之，其有特別情節者，亦均應免服勞役，自不能僅以拘役之囚犯爲限也。

六　草案第七十條第六款次項「宣告多數之沒收者，併執行之」改爲第七款，原第七款遞改爲第八款，以期款項分明。

七　草案第八十一條「同時加減」之「時」字嫌冗，故删去。

八　草案第九十條「得同時宣告自裁判確定之日起二年以上、五年以下之緩刑」改爲「得同時宣告二年以上、五年以下之緩刑，其期間自裁判確定之日起算」以期文意明顯。

九　草案第一百八十條加「犯前項之罪，因而致被誣告人受刑者，反坐其所受之刑」爲第二項，此係采用我國舊律上之反坐先例，以處罰從嚴，或不敢輕於嘗試，亦刑賞忠厚之意也。

十　草案第一百九十八條第一項或「船艦」及第二項「船艦」二字均改爲「或其他行駛水陸空之舟車，」以求概括而免掛漏，且與第一百九十七條歸於一致。

十一　草案第二百四十四條「六」月以上「五」年以下，改爲「三」年以上「十」年以下，因此類犯罪行爲，與強姦者無大差異，非從嚴懲罰，不足以維持風化也。

十二　草案第二百十六條「一」年以下有期徒刑，改爲「三」年以下；草案第二百四十九條「二」年以下有期徒刑，改爲「七」年以下；引誘未滿十二歲之男女下加「與他人」三字，俾清界限，而免誤解。

按第二百四十六條引誘良家婦女與他人爲猥褻之行爲或姦淫者，一方助成他人犯罪，一方又以營利爲目的，犯情實爲可惡。其第二百四十九條引誘未滿十二歲之男女，犯情尤重，自應從嚴懲處，以挽頹風。

十三　草案第十章妨害商務罪，改爲妨害「農工商」罪因該章第二百六十七條有妨害農工之規定，以期名實相符。

十四　草案第二百七十三條吸食鴉片下加「或其化合質料」因現在社會上有一種化合質料之紅九白丸，與鴉片性質相同者，亦可以供人吸食，應予加入，以免掛漏。

十五　草案第二百七十八條第一項，規定賭博罪係以公衆場所或公衆得入之場所爲限。王寵惠氏原意，以爲賭博惟禮教與論始得而防閑之，非刑法所能爲力，惟在公共場所賭博，貽害社會較甚，故科以刑罰，外國立法例亦大抵如此。在伍朝樞、徐元誥兩氏之意，以爲賭博在中國爲害較大，故規定不妨較各國從嚴，且恐一般賭徒，善爲規避，藉口非公共場所，大開賭博，故照暫行律原文，以「賭博財物者處一千元以下罰金，但以供人暫時娛樂之物爲賭者不在此限」等語改定爲該條第一項，以杜流弊。

十六　草案第二百九十六條七年以上加「無期徒刑或」五字因傷害人致死之手段，有時較殺人者更爲殘酷，應予加重，以期罪刑適當。

十七　草案第三百十四條「二」年以下有期徒刑，改爲「五」年以下。因近年來販賣人口出洋之事實，沿海各省，所在多有。被害之人，一經賣入人手，虐使苛待，直牛馬罪四之不若，此等犯罪，實爲人道之大害，不可不從嚴懲創也。

十八　草案第三百十五條第一項「六」月以上，「五」年以下，改爲「一」年以上，「七」年以下有期徒刑；第二項「一」年以上，「七」年以下，改爲「三」年以上，「十」年以下有期徒刑；第三項「五」年以上，「十二」年以下，改爲「無期徒刑，或」五年以上有期徒刑，删「十二年以下」五字。

按第三百十五條之略誘罪，匪獨妨害個人自由，抑且有乖人道，應予次第加重，以期保刑罰之明允，而挽社會之頹風。

十九　草案第三百二十二條第二項擬删去。緣我國之婦女，智識薄弱，不知告訴。且一旦被略誘後，即日在強暴脅迫中，並無脫離羈絆之能力也。並另以「第三百十五條第一項之罪，親屬告訴，以不違反被略誘人之意思爲限」等語規定爲該條第二項，庶於特別保護之中，仍不背婚姻自由之本旨。

二十　草案第三百三十五條「在他人業務處所」之下，擬加一「於」字，以期明顯。

二十一　草案第三百四十一條「免除其刑」上加一「得」字。草案第三百六十一條第一項「免除其刑」上加一「得」字。草案第三百六十八條第一項「免除其刑」上加一「得」字。

按該三條之親屬，既有變更，自不能不加一「得」字，俾適用上有伸縮之餘地。

又第三百四十一條「於其他親屬之間犯本章之罪者，須告訴乃論」應另作一項，與第三百六十一條、第三百六十八條歸於一致，並將該三條「於其他」「之」四字槪予删去，以期簡明。

二十二　草案第三百五十二條第一項於「無期徒刑」上加「死刑」二字，又加第二項，其文爲「船員或乘客意圖掠奪財物，施強暴脅迫於其他船員或乘客，而駕駛或指揮船艦者，以海盜論。」因近年海盜之盛，非嚴格規定，從重處刑，不足以資懲創，亦辟以止辟之意也。

民國十七年二月，第二屆中央執行委員會開第四次全體會議，國民政府將司法部長王寵惠所編訂之刑法草案，及伍委員朝樞等具報之審查意見書，一併提出討論，當議決付中央常務委員會審議。國民政府法制局局長王世杰以該草案及意見書對於(一)親屬範圍，(二)誣告罪，(三)和姦年齡三事顯有互相矛盾或規定失當之處，爰擬具修正刑法草案意見書，呈請中央常務委員會察核改定。原意見書之要點如次：

(一)　對於草案第十一條第四款及第十六條第二項之修正

草案原文　第十一條　稱親屬者，謂左列各親：

一　夫妻，

二　四親等內之宗親，

三　三親等內之外親，

四　二親等內之妻親。

審查案改定　第十一條　稱親屬者謂左列各親：

一　夫妻，

二　四親等內之宗親，

三　三親等內之外親，

四　二親等內之妻親或夫親。

修正意見　此條應從審查案改定。

草案原文　第十六條　夫於妻之父母及祖父母以旁系尊親屬論；妻於夫之尊親屬從夫。

審查案改定　第十六條　夫於妻之親屬，視同己之親屬；妻於夫之親屬亦同。

修正意見　本條第一項，應從草案原文，第二項應修正如左：

妻於夫之父母、祖父母、曾祖父母、及高祖父母，與己之直系尊親屬同。

說明　草案第十一條規定親屬之範圍，其第四款爲二親等內妻親，是謂夫對於妻之親屬，以二親等內爲限，方視爲己之親屬也。又第十六條規定夫於妻之父母及祖父母，以旁系尊親屬論，妻於夫之尊親屬從夫，是謂夫之尊親屬卽爲妻之尊親屬，而夫對於妻之尊親屬，惟以妻之父母及祖父母爲限，始以旁系尊親屬論。此項條文，按之男女平等之義固有未合，然其重要之點，在於明定夫妻雙方尊親屬之範圍，與第十一條規定親屬之範圍不同。……審查案於草案第十一條第四款原文「二親等內之妻親」句下加「或夫親」三字，是妻之於夫親，及夫之於妻親各以二親等內爲限，認爲己親屬矣。於草案第十六條則又改爲「夫於妻之親屬，視同己之親屬，妻於夫之親屬亦同，」是妻之親屬，皆爲夫之親屬，夫之親屬，皆爲妻之親屬，不復限於二親等內。……似此修改，顯與第十一條第四款之修改互相矛盾。……竊謂草案第十一條第四款審查意見擬加「或夫親」三字，已無偏重男系之嫌。……草案第十六條第一項定爲「夫於妻之父母及祖父母，以旁系尊親屬論，」尙屬斟酌洽當。……第二項應改爲「妻於夫之父母、祖父母、曾祖父母、及高祖父母，與己之直系尊親屬同。」……如此分析規定，範圍明顯，方爲顧全事實而順人情，……固不必強使從同，而後方爲平等也。

（二）對於草案第一百八十條第一項之修正

草案原文　第一百八十條第一項意圖他人受刑事或懲戒處分，向該管公務員誣告者，處五年以下有期徒刑。

審查案原文　草案第一百八十條加「犯前項之罪，因而致被誣告人受刑者，反坐其所受之刑」爲第二項。

修正意見　審查案所擬一項，不應加入草案第一百八十條第一項原文，應修正如左：

意圖他人受刑事或懲戒處分，向該管公務員誣告者，處七年以下有期徒刑。

說明 查誣告罪爲妨害國家審判權之罪，故與僞證罪於同章中定之。即未指定犯人而向公務員誣告犯罪者，亦須處罰，其義可恍然矣。誣告人者，固有使受刑事或懲戒處分之故意，而被誣告者之果受處分與否，則視國家機關之判斷力而定。……而誣告行爲，不過爲誘起審判之原因，蓋與處分之有無輕重，非有直接因果關係之存在，不能使其對於受處分之結果，負完全之責任，此爲刑法學者之通說。審查案擬於草案第一百八十條第一項後，加入「犯前項之罪，因而致被誣告人受刑者，反坐其所受之刑，」爲第二項，核與上述法理，顯然不合。……倘以爲吾國司法行政，目前尚欠健全，誣告行爲，易入無辜於刑罰，則將草案原文第一項所定之刑，酌量提高以資防杜可也。亦不應因是而選採「反坐」之原則，茲故將草案所定最高刑期「五年」改爲「七年」。

（三） 對於草案第二百四十條第二項第二百四十一條第二項及第二百四十九條之修正

草案原文 第二百四十條第二項姦淫未滿十二歲之女子，以強姦論。

修正意見 此項年齡十二歲改爲十四歲。

草案原文 第二百五十一條對於男女以強暴脅迫藥劑催眠術或他法，致使不能抗拒而爲猥褻之行爲者，處五年以下有期徒刑。

對於未滿十二歲之男女爲猥褻之行爲者，亦同。

審查案改定　第二百四十九條引誘未滿十二歲之男女與他人爲猥褻之行爲或姦淫者，處七年以下有期徒刑。

草案原文　第二百四十九條引誘未滿十二歲之男女，爲猥褻之行爲或姦淫者，處二年以下有期徒刑。

修正意見　本條第二項所定年齡十二歲，應改爲十四歲。

修正意見　引誘未滿十四歲之男女與他人爲猥褻之行爲或姦淫者，處五年以下有期徒刑。

說明　查草案第二百四十條第二項所定「十二歲」，即爲學理上之所謂「和姦年齡，」被姦者未滿此項年齡，法律上不認其有和姦之可能，縱令實際上彼曾表示同意，法律亦不認其有表示同意之能力，因之加害者之行爲，不能以和姦論罪。英、美學者所謂「同意年齡」亦屬此義。近今各國法律，對於和姦年齡，大抵主張提高，美國諸邦因女子參政黨人之努力，竟有提高和姦年齡至二十一歲者，其他諸國所定，大抵亦在十五六歲以上，法國最低爲十三歲，識者譏之……我國暫行刑律定爲十二歲，沿用明清舊律，爲並世文明諸國法律之所無，可謂立法之大恥。草案沿襲舊律，不爲改定，殊屬失當。……茲故將該草案所定「十二歲」改爲「十四歲，」凡姦淫未滿十四歲之女子，皆以強姦論。……再女子和姦年齡既有提高之必要，則對幼年男女爲猥褻行爲，或引誘幼年男女使與他人爲猥褻或姦淫者，其年齡自亦須提高。……故將草案第二百四十一條第二項，及第二百四十九條所定年齡「十二歲」應改爲「十四歲」。復次審查案改定草案第二百四十九條之刑期爲七年以下有期徒刑，若與草案第二百四十一條第二項所定刑期相比較，是引誘他人使爲猥褻者之處刑，反較直接實施猥褻行爲者之處刑爲重，仍屬未能允洽，故審查案第二百四十九條所定之最高刑期，應改爲五年。

中央常務委員卽將王局長呈送之修正刑法草案意見書發交司法部核復。該部審核結果，以原意見書關於誣告治罪及和姦年齡兩項尙屬正當，將草案第一百八十條第一項所定之刑酌量提高，並將審查案第二百四十九條之最高刑期七年改爲五年，所見亦屬極是；惟關於親屬範圍，頗有討論之餘地，略謂：

「查該修正意見書以審查案改定第十一條第四款「或夫親」爲適當；對於第十六條第一項則認爲應從草案原文；其第二項應爲修正，妻對於夫之尊親屬，僅以其直系之父母、祖父母、曾祖父母及高祖父母四者爲限。其說明謂凡夫之親屬，以二等爲限，視爲妻之親屬，夫之尊親屬，以四等內之直系宗親爲限，視爲妻之直系尊親屬。詳加研究，其於第十一條第二款第三款之規定，固仍不能貫澈，卽於同條第四款妻對於夫之親屬，限以二等之範圍，亦屬未曾顧及。且對於第十一條第二親等規定，實不免有誤會。……該刑法之親屬之範圍，既沿用成法，則第十一條之第四款及第十六條，似仍以從草案規定之原文，方足以順人情而適時用。」

旋中央常務委員會將王寵惠氏之刑法草案，伍委員朝樞等之審查意見書，王局長世杰所提之修正意見書，及司法部核復之意見，一併提出討論，當決議付譚延闓、徐元誥、于右任、魏道明、王世杰會同審查。譚委員等於二月二十七日及二十八日迭次集會詳加研討，卽議決三項如次：

(一)刑法草案各條，除第十一條、第十六條、第一百八十條、第二百四十條、第二百四十九條外，凡經伍朝樞等審查案改定者，應依該審查案改正，其未經審查案改定者，應照草案原文通過。

(二)刑法草案第十一條及第十六條，應仍照草案原文通過。

(三)刑法草案第一百八十條、第二百四十條、第二百四十一條、暨第二百四十九條，應依王世杰所提修正案改正。

譚委員等並擬刑法議決後，於本年三月十日公布，因暫行新刑律係於民國元年三月十日經孫大總統在南京公布，今於經過十六年後，於同日同地公布刑法，足資紀念。至公布後施行，亦擬以七月一日爲期。

譚委員等報告審查結果後，中央開第百二十次常務會議提出討論，當決議：

(甲)(一)草案第十一條第四款原文「三親等內之妻親」一句下加「或夫親」三字。

(二)草案第十六條第二項原文「妻於夫之尊親屬從夫」一句改爲「妻於夫之父母及祖父母同。」

(三)草案第二百四十條第二項、第二百四十一條第二項、及第二百四十九條原文所定年齡十二歲均改爲十六歲。

（四）草案第一百八十條第一項原文所定「處五年以下有期徒刑，」改爲「處七年以內有期徒刑，」伍朝樞等審查案擬加「犯前項之罪，因而致被誣告人受刑者，反坐其所受之刑」一項刪去。

（五）草案第二百四十九條原文「處二年以下有期徒刑，」改爲「處五年以下有期徒刑。」

（六）草案各條除第十一條、第十六條、第一百八十條、第二百四十條、第二百四十一條、及第二百四十九條外，凡經伍朝樞等審查案改定者，依該審查案改正，其未經該審查案改定者，照草案原文通過。

（乙）決定以三月十日爲本法公布期，七月一日爲施行期。

中央常務委員會通過刑法全案，卽函交國民政府於民國十七年三月十日公布，並定自七月一日起施行，此卽現行之中華民國刑法。嗣最高法院院長徐元誥提議修改刑法第十一條第四款，略謂：

「本款於妻親下加『或夫親』三字，固爲維持夫妻均等之意，然與同條第二款直接衝突。蓋增此三字，則該款夫之宗親，卽與妻毫無關係。謂夫妻平等，各有各宗，固無不可，但上溯夫之祖考，雖屬於夫之單方關係，而下溯子孫，則夫妻雙方，不能謂非同一。若依此規定，子孫曾玄應屬於夫妻何方關係，既覺費解，且所謂二親等內之妻親或夫親，自指旁系親而言，上溯及父爲一親等，再溯及祖而止，由父下溯及於父之諸子，卽己身之兄弟姊妹，便爲二親等之終，而子孫又將何屬，勢非直至不成親屬不止。綜上理由，本款「或夫親」三字，似宜删除，俾夫之宗親，卽爲妻之宗親，然後對於子孫曾玄，夫妻方立於同一關係。……況第十六條關於尊親屬之規定，夫妻旣屬相同，本款修改，益無害於平等之原則矣。」

三月十五日，中央常務委員會復開第一百二十二次會議，決議將刑法第十一條第四款「或夫親」三字暫行删去，候將來制定民法時，再行酌定。

中華民國刑法本經國民政府明令宣示，以民國十七年七月一日爲施行期，旋以刑事訴訟法尚在審查中，不及提前制定公布，而該兩法實有同時施行之必要，司法部乃呈由國民政府提出第七十五次會議決議展期兩月，定自九月一日起施行，並函經第百四十七次政治會議轉請中央第一百五十二次常務會議決議追認。

中華民國刑法之要旨，因原草案由改定刑法第二次修正案略加删修而成，卽爲該案修訂之要旨，幷經伍委員朝樞等於審查刑法草案意見書內詳加闡明，茲不復贅。此外有可說明者凡四。

一、暫行律第十五章及刑法第二次修正案第十四章起訴權及行刑權之時效分爲五個時期，刑法改爲三時期，而擴張其年限，以避繁瑣。

二、暫行律及刑法第二次修正案起訴權及行刑權之時效，有中斷與停止之分，刑法將中斷條文删除，以其同爲時效期限計算之規定，不必另爲劃分。

三、刑法第二次修正案增入侵犯大總統罪章，國民政府由委員組成，采用合議制，卽至憲政時期，總統有無特別保護之必要，尙待研究，刑法特將此章完全删去。

四、和姦年齡，暫行律及刑法第二次修正案均定爲十二歲。至引誘幼年男女爲猥褻行爲，或與他人爲猥褻或姦淫者，其被害男女之年齡亦定爲十二歲。刑法爲堅強女子意志，保育民族健康，將此種年齡提高，一律定爲十六歲。

中華民國刑法分爲二編，共四十八章，都三百八十七條。其編次、章次、章名，與刑法第二次修正案幾完全相同，惟將第二編第一章侵犯大總統罪删除，其餘各章依次遞改；第十八章妨害宗教罪，改爲第十七章褻瀆祀典及侵害墳墓屍體罪，第十九章妨害商務罪，改爲第十八章妨害農工商罪。至與暫行新刑律及修正刑法草案之差異，參照前節所列章目損益表自明，茲不贅及。

中華民國刑法旣經國民政府明令公布，並已定期施行，其施行法實有制定之必要，司法部特擬具中華民國刑法施行法草案十一條，呈送國民政府發交法制局先行審查。該局審査結果，將原草案略加修改如下：

一、此項施行法名稱應改爲中華民國刑法施行條例，因立法程序法第二條明定國民政府爲執行法律，或基於法律之委任，得制定施行法律之規則，此種規則，概稱條例。

二、原案第二條所列新舊刑輕重之標準，必有刑法第二條之情形，始有適用之必要，故加「而有刑法第二條之情形」一句，以期明顯。

旋司法部又將該草案第十一條略加修正，呈經國民政府交法制局審查。該局認爲妥善，深表贊同，卽連同原草案全文及審查修正條文，一併呈由國民政府提會通過，並於十七年六月九日公布，與刑法同日施行。此條例之要點有三：（一）明定比較新舊法刑度重輕之方法；（二）刑法施行前，犯告訴乃論之罪，或無須告訴之罪，均依刑法之規定；（三）依刑律易科罰金，或宣告褫奪公權及沒收之物，於刑法施行後，均不失其效力。

自中華民國刑法施行後，各種特別刑事法令，仍多繼續有效，幷又迭有頒行。至民國二十一年三月，第四屆二中全會，劉委員守中等十五人提議畫一刑法案，略云：

「國民政府於十七年三月頒布中華民國刑法，同年九月一日施行，是爲刑名之總匯，全國所應奉以爲準繩者也。乃於刑法之外，又有各種特別刑事法令，或頒行在前，而沿用未廢，或制定在後，而變本加厲，如禁煙法，則刑法鴉片罪之特別法也；如危害民國緊急治罪法，則刑法內亂罪外患罪之特別法也；如懲治盜匪暫行條例，則刑法強盜罪之特別法也；如懲治綁匪條例，又專就盜匪中之綁匪而爲規定，則特別法之特別法也；如懲治土豪劣紳條例，則刑法詐欺侵占恐嚇及妨害自由等罪雜糅而成之特別法也。此猶就中央頒布之法令而言，更有各省自訂之單行條例，如東北及廣東之懲辦盜匪暫行條例，則又於中央之懲治盜匪暫行條例以外，別自施行者也；如山西、河北、河南、浙江等省之懲治製販毒品暫行條例，則又於中央之禁煙法以外，別自施行者也；凡此種種，大抵欲矯社會上一時之弊病，而特設嚴刑峻法以威之。然而夷考其實，收效幾何？犯罪人數，有增無減。其尤甚者，省自爲政，徒使國家大法，呈支離分裂之象，不獨法官適用條文，時感困難，抑且予外人之覘國者以譏評之口實，於理無據，於勢不便，誠非法治之國所宜出此。擬請凡刑法中已定有刑名者，其各種特別刑事法令，均予分別廢止，如確非得已而必需暫留者，應明定施行期間，並不得延展。至各省所訂之刑事單行條例，均與中央法令牴觸，尤應一律廢止，以示畫一，而新耳目。實於順應輿情，收回法權，均有裨益。」

又委員戴傳賢等十二人提議畫一刑法補充辦法案，略謂：

「查刑法上已定有刑罰之罪，其歧出之各種特別刑事法令，應予分別廢止，已另擬畫一刑法案，提請公決；此就平時概括而言也。若萬不得已爲國家自衞起見，而入於用兵時期，依照戒嚴條例第二條所定，戒嚴地域分爲兩種，一警備地域，二接戰地域。在此兩種戒嚴地域以內，爲確保當地之安寧秩序，自與尋常情形不同，關於刑事案件，原有特別法者，仍先適用特別法，無特別法者，適用刑法，係屬一時臨時緊急處置。其他地方在戒嚴地域以外者，則均照畫一刑法提案辦理，庶幾守經達權，兩得其當。」

全會於第二次會議決議：「交政治會議將各種特別法分別廢止，如確非得已，而必需暫留者，應明定施行期間。」中央政治會議於第三百零二次會議決議交居委員正，覃委員振，羅部長文幹審議。居委員等旋審查完竣，提出報告如次：

甲　書一刑法案

中央頒布之各種刑事特別法，原提案已列舉者五種，審查結果，認爲均應廢止，分述理由於後：

（一）禁煙法　查禁煙法科刑一章，爲刑法鴉片罪之特別規定。但自施行以來，煙犯非惟不減，且益增多，以江蘇一省，民國十七年至十九年之監犯統計論，煙犯逐年遞增，且占全監犯之過半數，其效可見。年老或體弱之有煙癮者，一經入獄，往往瘐斃，名雖處以徒刑，幾與剝奪生命無異。國家不能杜絕鴉片之來源，而徒處吸食者以重罰，亦失其平。至於山西、河北、河南、浙江等省，關於禁制毒品，各定單行條例，以致同一犯罪，而科刑與辦理程序，省各不同，法令紛歧，莫此爲甚，尤應查案一律令飭廢止。

（二）危害民國緊急治罪法　查危害民國緊急治罪法爲刑法內亂外患罪之特別規定，考其內容，體例文字，均欠謹嚴，適用稍不經心，最易出入人罪。且此法之施行期間，原應以命令定之，是立法之初，本不過應暫時之需要，現在施行已逾一年，其中條文，因時勢之變遷，有實際上已不適用者，自應及時廢止。

（三）懲治盜匪暫行條例　查懲治盜匪暫行條例內容，極其糅雜，大率在刑法詐欺恐嚇強盜海盜及公共危險罪各章中已有規定，雖爲刑亂用重起見，然行之數年，盜匪之風，並不因之稍息，民不畏死，奈何以死懼之。且該條例明定施行期間暫爲六個月，而自民國十六年十一月施行以來，迭經延展，無有已時，亦與立法原意不符。至廣東及東北等省所定之懲辦盜匪單行條例，不容存留，尤不待言，應查明分別令飭廢止，或註銷呈請原案。

（四）懲治綁匪條例　查此條例專爲擄人勒贖一事而設，不分首從及已遂未遂，一律處以死刑，其應廢理由，與懲治盜匪暫行條例略同。且懲治盜匪暫行條例第一條第一款之擄人勒贖罪，既爲刑法第三七一條之特別規定，而懲治綁匪條例則又爲懲治盜匪暫行條例第一條第一款之特別規定，更有疊床架屋之病。

（五）懲治土豪劣紳條例　此條例之設，原爲保障人民利益起見，但其內容在刑法傷害、妨害自由、侵占、詐欺、恐嚇罪各章中已有規定。且自施行以來，地方不肖之徒，往往假民事關係，陷人刑網，或翻多年舊案，以相告訐，拖累良善，流弊無窮，揆之立法初衷，適得其反。

此外原提案所未列舉，而審查結果，認爲應一併廢止者，尚有左列二種：

（一）暫行特種刑事誣告治罪法　此法專爲誣告反革命罪及土豪劣紳罪而設，但刑法第十章既有誣告罪之規定，各條處刑，又極有伸縮餘地，無特設專法之必要。且危害民國緊急治罪法及懲治土豪劣紳條例既議廢止，此法自應隨同廢止。

（二）販運人口出國治罪條例　查此條例乃民國十年軍政府在廣東時所公布，自刑法施行後，對於此項犯罪，在妨害自由一章內已有明條規定，原條例應即失效，存而不廢，實等贅疣。

以上各種刑事特別法，既議一律廢止，其有施行條例者，如危害民國緊急治罪法施行條例，自當同時廢止。惟禁煙法施行規則，係規定禁種禁運禁售禁吸各行政事務，其性質原可與禁煙法分離，應飭主管機關另行修訂爲一種獨立之行政法規，與禁煙法之廢止並不相妨。

乙　畫一刑法補充辦法案

原提案所擬補充辦法，雖專爲戒嚴地域臨時確保安寧秩序起見，惟查戒嚴條例，對於各項緊急處置，規定綦詳。又查陸海空軍刑法第二條載：「非軍人而在戰地或戒嚴區域犯左列各罪者，亦適用本法，」其所列罪名共十有餘款，凡與當地安寧秩序有直接關係者，殆包羅無遺。是在戒嚴地域以內，依照戒嚴條例，及陸海空軍刑法各規定辦理，已足應付緊急情形，無再適用刑事特別法之必要。前開各種刑事特別法，應不分地域，一律廢止，以示中央整飭法治之決心。

中央政治會議於四月二日提出第二十八次臨時會議決議：「懲治綁匪條例、懲治土豪劣紳條例、暫行特種刑事誣告治罪法、販運人口出國治罪條例，均照審查意見廢止，交國民政府執行。」國民政府即於二十一年四月十五日明令將各該特別法廢止。至禁烟法復經居委員正等審查，認爲應交立法院修正，而危害民國緊急治罪法，懲治盜匪暫行條例亦尙未可遽廢，應仍繼續施行。時立法院正着手修改刑法，俟修訂完成，此各刑事特別法令卽可完全廢止。

第五節　中華民國新刑法附施行法

中華民國刑法於暫行新刑律及前各刑法草案，參酌損益，折衷至當，實最完備而進步。惟以成立倉猝，條文繁複，施行以來，各地法院函電紛請司法當局或最高法院解釋者，紛至沓來，而短期自由刑易科罰金之制，亦未采用，致各監獄有輕犯人滿之患。時移勢易，刑事政策應隨之變更，而特別刑法，層見叠出，尤須加以劃一，故刑法實有修訂之必要。立法院成立後，卽積極編纂各重要法典，至民國二十年，民商、勞工、土地、自治各法，均已先後完成，乃於十二月指定立法委員劉克儁、史尙寬、郗朝俊、蔡瑄、羅鼎組織刑法起草委員會，草擬刑法修正案。

劉委員克儁等以茲事體大，一方固應依據最新刑法學說，幷采擇世界各國最新立法例從事整理，一方尤應對於我國刑法實施上究有若何窒礙之點，周諮博訪，以期斟酌妥善，特呈請立法院咨司法院轉飭司法行政部、最高法院、及各級法院、各省律師公會擬具改訂刑法意見，以備采擇。惟以國難發生，各方貢獻意見，延至二十一年九月間始陸續寄到，刑法起草委員會逐一詳加審查，酌量容納，於是着手起草修正案，至是年年終，將刑法總則編修改完竣。至二十二年一月，立法院以刑法亟待修訂頒行，特加派委員徐元誥、趙琛、盛振爲、瞿曾澤會同起草，該委員會旋開會將刑法總則編修正草案提出逐條詳加研討，至四月審查完畢。

刑法起草委員會爲求刑法修正案切合實際情形，俾易施行起見，各起草委員先後赴天津、濟南、北平、洛陽、西安、蘇州、無錫、上海、杭州等處調查司法狀況及監獄情形，並徵詢各界對於現行刑法之意見，以供草訂修正案之參考。七月，立法院休會，起草委員等齊集青島開會，歷時月餘，將刑法分則編修改完竣。該委員會又繼續開會，將全部修正草案逐條提出縝密討論，至十二月間完成刑法修正案初稿，計分二編，四十八章，共三百四十五條。

初稿之立法精神，已由客觀事實主義，傾向於主觀人格主義，注意社會化之一般預防，尤着重於個別化之特別預防。加重外患罪，改訂妨害風化、婚姻、家庭等罪，以扶植民族之發展；增補瀆職罪及妨害投票罪，以維護民權之伸張；餘若妨害農工商、竊盜、搶奪、強盜、侵占、詐欺、背信、恐嚇、擄人勒贖各罪之增減，及重利罪之添設，皆所以解除民生之痛苦。又將危害民國緊急治罪法，歸納於內亂外患及妨害秩序各罪章內；軍用槍礮取締法，歸納於公共危險罪章內；懲治盜匪暫行條例，歸納於強盜及擄人勒贖各罪之中；禁煙法歸納於鴉片罪章內；俾修正案成爲完備之法典，特別刑法即可廢止，而我國刑法亦漸趨於畫一。

刑法起草委員會編定刑法修正案初稿，即刊印千册，分送各報館、各法學雜誌社、各大學、各地律師公會，并咨送司法行政部發交各級法院，徵集對於該稿之批評或意見，限於二十三年三月一日以前寄會參考。至民國二十三年四月初旬，該委員會先後收到各方意見文稿共五十餘分，分別參酌整理，復函請司法院、司法行政部、最高法院各派代表到會陳述，於四月後旬，將修正案初稿重加整理完畢。五月五日，立法院院長孫科氏函邀司法行政部羅部長文幹、石次長志泉、法官訓練所董所長康、及顧問寶道、賴班亞到院集會，將該案提出共同詳愼研究，羅部長等并各提出意見書，以備參酌采納。該委員會即依據會議結果及各意見書集中扼要之點，迭次開會，將整理之稿，逐條討論通過。至二十三年十月，完成刑法修正案，計總則編十二章九十七條，分則編三十五章，二百五十三條，都三百五十條，即呈報立法院核提大會公決。

刑法起草委員會草訂刑法修正案，閱時近三年，先後開會共計一百四十八次，稿凡四易，較現行刑法新增四十條，删去七十三條，修改之條文共二百六十九，未改之條文共四十五。其修正之標準，依據該委員會呈報起草經過原文有云：

「年來刑事學理，闡發益精，國際刑法會議，復年年舉行，因之各國刑事立法政策，自不能不受其影響。變動較大者，為由客觀主義而側重於主觀主義，由報應主義而側重於防衛社會主義。然各國社會環境不同，修改法典，自應按照實際需要，在可能範圍內力求推進，絕不能好高騖遠，標奇立異。現行法施行數年，既已深入於一般法官及民衆心理之中，自不宜多事變動，故本會一方參酌最近外國立例法，如一九三二年波蘭刑法一九三一年之日本刑法修正案，一九三零年之意大利刑法，一九二八年之西班牙刑法，一九二七年之德國刑法草案，一九二六年之蘇俄刑法等，以資借鏡。一方復依據考察所得，按照我國現在法官程度、監獄設備、人民教育及社會環境等實在情形，就現行法原有條文，斟酌損益，以期盡善。」

二十三年十月十九日，立法院舉行第三屆第七十五次會議，討論刑法修正案，先由起草委員劉克儁報告修正案內容，舉其最要之點凡十有五。委員黃右昌對於修正案增加保安處分章，及關於褫奪公權之規定略有討論，經趙琛逐一解釋；繼有呂志伊等對於修正案亦有質疑，均由各起草委員分別答復。主席遂命紀錄祕書將全案逐條朗讀後，即宣告開始二讀，第一章共十一條，第二章自第十二條至第二十四條，各委員對於第一、第二、第四、第八、第十八、第二十二各條發表意見甚多，餘各條亦間有討論，結果均照修正案通過。立法院復於二十日開會繼續討論第三章至第十二章，計第二十五條至第九十七條，除第三十四條、第三十六條、及第五十條第八款保留，交刑法起草委員會重新起草，第六十二條修正通過，幷於第十二章增加一條外，均照修正案通過，第一編總則議畢。

十月二十日至二十七日，立法院繼續開二讀會，討論第二編分則，計第一章至第三十五章，自第九十八條至第三百五十條。第一章第九十八條修正通過。第二章第一零一、第一零二、第一零三、第一零五、第一零七各條，將所定刑度加重，均分別修正通過。第三章各條文交刑法起草委員會審查。第七章增加一條；第十章恢復舊刑法第一八一條，均交起草委員會整理。第十一章第一七零、第一七一、第一八零、第一八一、第一九一各條，均修正通過。第十二章第一九五條第二項删去。第十三章第二百條所定刑度減輕，略有修正。第十六章第二一八條增加兩項，修正通過。第十七章第二三四條删，第二三五條修正通過。第二十章第二五五條略有修正，第二十一章第二六一條修正通過。第二十三章第二八零條修正，幷加入保安處分章內，交起草委員會研究，第二八一條及第二十四章第二八三條各增加一項，交起草委員會草擬條文。第二十五章增入舊刑法第三一一條第一項，第二十六章增入舊刑法第三一七條，交刑法起草委員會編定條文次序。第三十二章第三三八條，加高刑度，修正通過。其餘各章各條，均照修正案通過。分則議竣，全部刑法修正案均二讀通過。

二讀會畢，委員黃右昌、史尙寬以刑法修正案第二三四條被删，妨害婚姻及家庭之幸福至爲重大，遂各提新修正案，以資補救。黃案爲：

第二三四條　已經結婚之男女，在家庭與人通姦者，處二年以下有期徒刑，其相姦者亦同。

犯前項之罪因而懷胎者，加重其刑至二分之一。

第二四零條加一項　第二百四十三條之罪，一方縱容或宥恕者，不得告訴。

又史案如下：

第二三四條　姦淫有夫之婦者，處二年以下有期徒刑，其相姦者亦同。

第二四零條第一項在「第二百三十三條」下加入「第二百三十四條」字樣。

第二項　第二百三十四條之罪，其配偶縱容者，不得告訴。

主席依劉盥訓、傅秉常之請，將各該案交刑法起草委員會審查，保留在三讀會前再議。

立法院開二讀會討論刑法修正案，凡歷八日，各委員辯爭之理由與表決之結果，玆扼要述之如左：

一、關於責任年齡　修正案第八條規定「未滿十四歲人之行爲不罰。」劉盥訓謂處罰年齡不應提高，因人一生行動，多由少年養成習慣，不得不愼之於始。盛振爲謂前視察各地監獄，設備不周，每有少年因小偷犯罪判處徒刑，出獄反變成強盜。但少年犯罪者，又不能不處罰，故修正案較現行法提高一年，其未滿十四歲而犯罪者，依保安處分章之規定得令入感化教育處所。郗朝俊謂少年犯罪，以施感化教育爲善，我國尚無少年法，修正案一部分多采取各國之少年法以規定之。樓桐孫、程中行與衞挺生、史尙寬等更互相辨論，主席提付表決，出席委員六十八人，贊成依現行法之規定者僅二十七人，結果仍照修正案通過。

二、關於修改從刑　修正案第三十四條規定從刑爲(一)喪失公務員資格，(二)沒收。黃右昌謂修正案將現行法褫奪公權之規定，改爲僅以喪失公務員資格爲限，其他各種資格之喪失，在各種關係法規中分別規定，不如現行法分款列舉，較有系統。趙琛、郗朝俊極力主張維持修正案，謂褫奪公權幷無確定範圍，各國刑法規定亦各不同。林彬謂現行法規定律師爲自由職業，與會計師醫師性質相同，如采列舉方式，不無遺漏。至選舉人被選舉人之資格，均可在選舉法中規定，刑法無規定之必要。主席宣告中止討論，提付表決，贊成修改從刑者，四十九人，遂交刑法起草委員會重新起草。

三、關於增加流刑　二讀會討論第五章時，焦易堂提議採用流刑，略謂我國交通不便，又係大陸國家，亟應恢復古代有效之流刑。値茲各方高呼開發西北，如能將囚犯移送邊疆，非僅可以捍衞國家，亦可從事生產。陳長蘅謂文明國家均無流刑，如將囚犯逐之遠方，不加拘束，不特不能防衞國土，且恐影響移民，更恐勾結外人爲患邊圉。何遂謂囚犯遠赴邊疆，從事開發，非僅可以生產，亦可令其自新。黃右昌謂移民開發西北，極端贊成，惟恢復流刑欠妥。張志韓謂捍衞國家，須知恥之人，知恥近勇，明恥教戰，如將不知恥之罪犯逐之邊陲，實屬危險。趙迺傳、史維煥均謂增加流刑，絕對不妥，惟訂爲一種代替監禁辦法，使囚犯有遷地爲良之機會，對於實邊政策，大有裨益。羅運炎謂英國宗教犯放逐美洲，有合衆國之產生，帝俄政治犯放逐西伯利亞，有空前十月大革命，蓋被逐之罪犯，均爲現社會所擯絕，致脫離祖國羈絆。就人道言，使罪犯不受應處之徒刑，而令其深入冰天雪地，飽受非人生活，似亦不忍。黃右昌、焦易堂仍相繼爭辨，主席以焦案付表決，終以贊成者少數而廢棄。

四、關於幼年殺直系血親尊親屬　修正案第六十二條規定未滿十八歲人犯罪者，不得處死刑，或無期徒刑。吳經熊謂十八歲人如殺直系血親尊親屬，應不在此限，擬加第二項以規定之。且日本少年法對於謀殺天皇者，謀殺直系血親尊親屬者，均處死刑。程中行謂未滿十八歲人而殺其直系尊親，恐無法感化，劉克儁謂十八歲少年殺父母事爲天下所罕見。主席以吳案付表決，多數委員贊成通過。

五、關於保安處分　修正案倣最新立法例，增設保安處分專章。黃右昌謂保安處分與保護管束訂爲一章，似欠顯明，擬倣日本刑法，另設保護觀察制度。又第八十八條規定酗酒犯罪者，於刑執行後，令入相當處所施以禁戒，中國有酒癖者不似他國之盛，似可不必。劉克儁謂德國立法例，亦未將保護管束與保安處分分開。中國人酗酒者固少，惟旅居內地之外國人，酗酒滋事者甚多，將來正可援引此條以判罪。林彬謂海禁開通以來，不能因某項情形不多，而不以明文規定。陳長蘅請主席付表決，黃右昌認爲附議者少，自動撤銷原議。

六、關於妨害國交罪　二讀會討論妨害國交罪時，傅秉常謂近年各國交際益繁，對於友邦元首，應加保護，以敦睦誼。我國以前刑法草案，及日、意刑法，對於妨害國交罪分爲兩種，一爲殺死毆傷友邦元首，或派至本國之外國代表；一爲公開侮辱外國元首或代表。現修正案僅列公開侮辱部分，而將殺傷一種删去，未識何故？史尙寬謂日、意與我國國體不同，我國對於本國元首，幷無特別規定，對於友邦元首又何必特加保護。呂志伊贊成傅議，主席提付表決，以多數委員之贊成，將妨害國交罪章保留，交刑法起草委員會審查補充。

七、關於妨害考試罪　修正案第一三五條規定以詐術或其他非法之方法使考試發生不正確之結果者，處一年以下有期徒刑。張志韓謂第一四四條規定以詐術或其他非法之方法使投票發生不正確之結果者處五年以下有期徒刑，選舉與考試幷重，犯罪原因亦同，而處刑懸殊，頗令人懷疑，應加重其刑，以示平衡。史尙寬謂考試錯誤，僅誤人，投票錯誤不僅誤人抑且誤國，刑期自有重輕之分。主席提付表決，贊成張委員提議者少數，仍照修正案通過。

八、關於強姦之對象　修正案第二一八條規定「對於婦女以強暴脅迫藥劑催眠術或他法至使不能抗拒而姦淫之者爲強姦罪，處五年以上有期徒刑。」程中行謂男子非法姦淫婦女爲強姦，婦女非法姦淫男子亦爲強姦，應將該條第一項「婦女」二字改爲「男女」，以示平等。羅運炎謂法律係保護弱者，女子固非弱者，惟數千年來傳統觀念男較女終勝一籌，男被女強姦，並無多大損失，女被男強姦，將爲社會所共棄，該條不必修改。簡又文謂女子強姦男子，社會上不能絕無，法律貴平等，應將「婦女」二字改爲「異性」，主席提付表決，贊成修改者少數，仍照修正案通過。

九、關於和姦年齡　修正案第二一八條第二項規定「姦淫未滿十四歲之女子，以強姦論。」王孝英謂依民法規定，男十七女十五爲訂婚年齡，男十八女十六爲結婚年齡。現行法規定姦淫未滿十六歲女子以強姦論，頗與民法相合，修正案減低爲十四歲，顯與民法相違。且女子十四歲正值身體發育時期，該項規定，直接爲摧殘女子生理之發育，仍應改爲十六歲。趙琛謂古人謂女子十四歲而天癸至，可證修正案改爲十四歲之得當。查各國立法例，對於同意年齡，德爲十六歲，英十歲以下，義十二歲，比十四歲，荷十四歲，我國地處温帶，修正案定爲十四歲，已覺較寬。黃右昌謂現行法定爲十六歲，合於中國全部國情，修正案改爲十四歲，只宜於都市，而不適於鄉村。主席提付表決，贊成改爲十六歲者少數，仍照修正案通過。

十、關於共同輪犯強姦　修正案無關於輪姦犯之規定，朱和中謂修正案何以將現行法關於二人以上共同輪犯強姦罪一項删去？呂志伊亦起立質問，劉克儁謂輪姦犯在修正案第二二一條內可以概括。孫維棟、陶履謙、簡又文等均贊成恢復現行法第二四零條第三項，經表決通過，列爲修正案第二二八條第三項。

十一、關於強姦殺人　修正案第二一八條將現行法第二四零條關於犯強姦案故意殺被害人者處死刑之一項删去。呂志伊謂修正案第三二五條對強盜故意殺人者處死刑已予保留，而將此項删去，殊失平衡。劉克儁謂廢除死刑，爲各國立法新例，吾國雖未達此程度，應向此目標前進，故修正案多定有伸縮性之刑度，非至迫不獲已，不處死刑。至強盜故意殺人者處死，係因現行懲治盜匪法規對盜匪處刑綦嚴，故仍定爲死刑，以期此種特別法廢除後，按照刑法科刑時，不致相差懸殊。狄膺、谷正綱附呂議，謂強盜係爲解決生活而走險，強姦犯僅爲解決性慾而圖樂，以犯罪情狀而論，刑度似欠公允。

林彬謂現行法第二四零條對於強姦犯有三種不同情況：第一、犯強姦而故意殺人者處死刑，修正案無此項規定，但依第二二一條，因其係結合犯，應從重處斷，結果，其刑度與現行法無殊。第二、犯強姦罪因而致被害人於死者，依現行法應處死刑，或無期徒刑，修正案第二二一條規定處無期徒刑，相差僅一死刑，吾人須知現行法全爲客觀主義，注重犯罪行爲與結果，故凡致人於死者皆處死。修正案一方採主觀主義，一方仍注重中國社會狀況，故折衷其最高刑度爲無期徒刑。第三、犯強姦罪因而致被害人羞忿自殺，或意圖自殺者，現行法亦依前項處斷，修正案改爲處七年以上有期徒刑。以「我雖不殺伯仁，伯仁由我而死」推論，被姦人羞忿自殺，強姦者當爲主犯，自應處死。惟根據法理判斷，自殺爲其致死之因，故不能處犯姦者以死刑。

羅鼎謂現行法全采報應主義，嚴刑重罰，施行數年，並未減少罪犯，罪犯如病夫，應耐心醫治，不宜操切，主張維持修正案。羅運炎謂應迎合國際刑法立法趨勢，不應採報應主義。罪犯之構成，爲遺傳與環境，應設法改造其犯罪原因，不應徒於事後謀補救。戴修駿、陳長蘅等仍贊成呂議，主席以應否在修正案第二一八條增加現行法第二四零條第六項爲第四項付表決，多數委員贊成通過。

十二、關於和姦罪　修正案第二三四條規定「有配偶而與人通姦者，處二年以下有期徒刑，其相姦者亦同。」戴修駿謂依第二四零條，本條之罪，未經離婚者，不得告訴，此種限制欠妥。楊公達主張刪去本條。黃右昌謂修正案對民事責任與刑事責任未分清，又與刑事政策預防犯罪及減少犯罪之主旨不合，主張恢復現行法第二五六條，以維繫男系血統。陳長蘅謂本條不應刪去，但可減爲處六月以下有期徒刑。傅秉常謂各國立法例有三：（一）英、美諸國認此爲民事問題，此爲男女最平等辦法。（二）法國如有夫之婦與人通姦，則犯刑事，如爲男子，則須另有條件，此爲男女不平等辦法。（三）德國、何牙利則爲有配偶而與人通姦者，均處刑，但處刑甚輕。現世立法趨勢，多采英、美辦法，刪去本條，毫無妨礙。陶玄謂維持家庭和平，在配偶雙方負責，本條刪去與否？均無成見。劉克儁謂現行法僅科有夫之婦與人通姦之罪，殊背男女平等之旨，修正案採用瑞士及德國草案立法例，非離婚不得告訴，藉維家庭之和平。主席付表決，以四十委員之贊成，本條卒被刪去。

十三、關於和誘罪　修正案第二三五條第二項規定和誘有夫之婦脫離家庭者，處三年以下有期徒刑。梁寒操主張列入「有婦之夫」字樣，以符男女平等之旨，謂在國家觀點與社會立場上言，和誘有夫之婦，或有婦之夫，均係妨害家庭福利，均應處罰。陳長蘅謂作雙方面之規定，更可維持家庭和平。陶玄、楊公達、姚傳法均附議，主席以加入「有婦之夫」付表決，多數委員贊成通過。

十四、關於賭博罪　修正案第二六一條規定「賭博財物者，處一千元以下罰金，但以供人暫時娛樂之物爲賭博者，不在此限。」黃右昌主張删去但書。焦易堂謂中國尙無正當娛樂，人民於年節偶爾賭博，殆亦不得已之消遣，主張將此條全删。傅秉常謂各國立法例均規定賭博之定義，以免誤解，主張在條文下加「在公共場所」字樣，以示限制。狄膺、鄧鴻業附議，幷主張「在公共場所」下再加「或公衆得出入之場所」九字。主席付表決，多數委員贊成通過。

十五、關於傳染花柳病之處罰　修正案第二八零條規定「明知自己有花柳病，與他人爲猥褻之行爲或姦淫，致傳染於人者，處二年以下有期徒刑，拘役，五百元以下罰金。」周緯謂現在社交公開，有花柳病者極多，均因互相傳染所致，較酗酒關係尤爲重要，應列入保安處分章內，施以救濟。傅秉常謂按意大利之法例爲明知自己有花柳病，而隱瞞令人不知者，則處罰，此條應加「隱瞞」字樣。呂志伊主張將「瘋癲」列入，主席提付表決，以多數委員之贊成，分別照加，關於列入保安處分章，交刑法起草委員會研究。

十六、關於遺棄直系尊親屬之加重處罰　修正案遺棄罪全章通過後，朱和中起立質問刑法起草委員會因何將現行法第三一一條删去。劉克儁謂遺棄直系尊親屬，可依修正案第二八九條科刑，無庸專條規定。鄧哲熙謂直系尊親屬爲人倫之本，應訂專條，以示隆重。焦易堂附議，幷謂恢復此條，可保持中國孝親之美德。主席付表決，贊成恢復現行法第三一一條者三十二人，多數通過，條文次序，交刑法起草委員會編定。

旋刑法起草委員會將大會保留幷交付之各條文，及各委員所提之新修正案，分別審查整理完畢，立法院復於十月三十一日舉行第七十八次會議，提出逐條討論，共計二十五條，大致均照重行審查之案通過。惟原第二三四條，各委員討論甚久，辯爭最烈。該條爲現行法第二五六條，規定「有夫之婦與人通姦者，處二年以下有期徒刑，其相姦者亦同。」重行審查後，列爲第二三九條，規定「與有配偶之人通姦者，處二年以下有期徒刑，其相姦者亦同。」各委員先後發表意見，歸納之可分七派：(一)孫維棟等主張維持現行法第二五六條；(二)焦易堂等亦主張維持現行法第二五六條，但須將原定刑期減爲一年以下；(三)林彬、史尙寬等主張維持重行審查之案；(四)陶玄等主張維持原修正案；(五)陳長蘅等亦主張維持原修正案，但須將刑期減爲六月以下；(六)楊公達等仍主張刪去此條；(七)黃右昌主張采用其參照德、奥立法例所擬之新修正案。主席逐一付表決，出席委員六十八人，贊成焦案者四十八人，遂以通過，而此條復由刪除而增補。

刑法修正案全部通過二讀後，其章名章數章次均無變更，計增加第三十六、第九十一、第一百七十、第二百二十二、第二百二十三、第二百九十五、第三百零三共七條。立法院於十一月一日接開三讀會，南京市婦女救濟會以二讀通過之第二三九條違背男女平等原則，具文并派代表呈請復議，主席諮詢各委員意見，劉克儁以婦女界之意見，尙有研究餘地，請予復議，陶玄附議。梁寒操謂本案如須復議，應採兩種方式：一由院長提請中央政治會議決定原則，交本院復議；一依民權初步由本院委員三分二以上連署提請復議。史尙寬謂本案尙未開始三讀，根本不發生復議問題，如各委員有意見，卽可重行討論。羅鼎謂此例若開，將來有不勝其復議之煩，立法威嚴，掃地無餘。盛振爲謂本院對於婦女界之請求，如無圓滿答復，將再向中央政治會議呈請發交本院復議，誠不若自動復議爲妙。戴修駿謂中政會將來對於本案另定原則，交本院復議，自當遵辦，與婦女界之請求截然兩事。主席即以本案應否復議付表決，在場委員六十八人，贊成者僅十二人，少數否決。

第二三九條既不復議，主席即宣告開始三讀，由紀錄祕書逐條朗讀，結果條文略有文字上之修正。全文讀畢，主席即以新刑法全案付表決，全體委員一致無異議通過。新刑法共三百五十七條，較原修正案增七條，較舊刑法少二十九條，其章目與暫行律、舊刑法互有差異，茲列損益表如次：

中華民國刑法（新刑法）	中華民國刑法（舊刑法）	暫行新刑律（暫行律）
第一編　總則	第一編　總則	第一編　總則
第一章法例	第一章法例	第一章法例
第二章刑事責任	第四章刑事責任及刑之減免	第二章不爲罪 第八章宥減 第九章自首
第三章未遂犯	第五章未遂罪	第三章未遂罪
第四章共犯	第六章共犯	第六章共犯罪

第七章刑名
第四章累犯罪
第五章俱發罪
第十章酌減
第十一章加減例
第十二章緩刑
第十三章假釋
第十五章時效
第十七章文例
第十六章時例
第十四章赦免
第二編　分則
第二章內亂罪

第七章刑名
第八章累犯
第九章併合論罪
第十章刑之酌科
第十一章加減例
第十二章緩刑
第十三章假釋
第十四章時效
第二章文例
第三章時例
第二編　分則
第一章內亂罪

第五章刑
第六章累犯
第七章數罪併罰
第八章　刑之酌科及加減
第九章緩刑
第十章假釋
第十一章時效
第十二章保安處分
第二編　分則
第一章內亂罪

第二章外患罪	第二章外患罪	第三章外患罪 第五章漏洩機務罪
第三章妨害國交罪	第三章妨害國交罪	第四章妨害國交罪
第四章瀆職罪	第四章瀆職罪	第六章瀆職罪
第五章妨害公務罪	第五章妨害公務罪	第七章妨害公務罪
第六章妨害投票罪	第六章妨害選舉罪	第八章妨害選舉罪
第七章妨害秩序罪	第七章妨害秩序罪	第九章騷擾罪 第十六章妨害秩序罪
第八章脫逃罪	第八章脫逃罪	第十章逮捕監禁人脫逃罪
第九章藏匿人犯及湮滅證據罪	第九章藏匿犯人及湮滅證據罪	第十一章藏匿犯人及湮滅證據罪
第十章僞證及誣告罪	第十章僞證及誣告罪	第十二章僞證及誣告罪
第十一章公共危險罪	第十一章公共危險罪	第十三章放火決水及妨害水利罪 第十四章危險物罪 第十五章妨害交通罪

第十二章偽造貨幣罪
第十三章偽造有價證券罪
第十四章偽造度量衡罪
第十五章偽造文書印文罪
第十六章妨害風化罪
第十七章妨害婚姻及家庭罪
第十八章褻瀆祀典及侵害墳墓屍體罪
第十九章妨害農工商罪
第二十章鴉片罪
第二十一章賭博罪
第二十二章殺人罪

第十二章偽造貨幣罪
第十四章偽造文書印文罪
第十三章偽造度量衡罪
第十四章偽造文書印文罪
第十五章妨害風化罪
第十六章妨害婚姻及家庭罪
第十七章褻瀆祀典及侵害墳墓屍體罪
第十八章妨害農工商罪
第十九章鴉片罪
第二十章賭博罪
第二十一章殺人罪

第二十四章妨害飲料水罪
第二十五章妨害衛生罪
第十七章偽造貨幣罪
第十八章偽造文書印文罪
第十九章偽造度量衡罪
第十八章偽造文書印文罪
第二十三章姦非及重婚罪
第三十章略誘及和誘罪
第二十章褻瀆祀典及發掘墳墓罪
第二十一章鴉片煙罪
第二十二章賭博罪
第二十六章殺傷罪

第二十三章傷害罪	第二十二章傷害罪	
第二十四章墮胎罪	第二十三章墮胎罪	第二十七章墮胎罪
第二十六章妨害自由罪	第二十五章妨害自由罪	第二十九章私擅逮捕監禁罪
第二十七章妨害名譽及信用罪	第二十六章妨害名譽及信用罪	第三十一章妨害安全信用名譽及祕密罪
第二十八章妨害祕密罪	第二十七章妨害祕密罪	
第二十九章竊盜罪	第二十八章竊盜罪	第三十二章竊盜及強盜罪
第三十章搶奪強盜及海盜罪	第二十九章搶奪強盜及海盜罪	
第三十一章侵占罪	第三十章侵占罪	第三十四章侵占罪
第三十二章詐欺背信及重利罪	第三十一章詐欺及背信罪	第三十二章詐欺取財罪
第三十三章恐嚇及擄人勒贖罪	第三十二章恐嚇罪	
第三十四章贓物罪	第三十三章贓物罪	第三十五章贓物罪
第三十五章毀棄損壞罪	第三十四章毀棄損毀罪	第三十六章毀棄損壞罪

立法院開三讀會通過新刑法後，首都婦女等組織力爭法律平等同盟會，以該法第二三九條違背黨綱政策，與訓政時期約法第六條牴觸，呈請中央政治會議核定合於男女平等之原則，交立法院復議。中央委員亦各

提出修正意見，葉委員楚傖、陳委員璧君等謂新刑法第二三九條無庸規定。趙委員丕廉謂應改爲「與有配偶之人通姦者，處一年以下有期徒刑。」王部長世杰以該條應依下列原則修正之：「有配偶之人，與人通姦而虐待其配偶者，應於刑法酌定制裁。」中央政治會議交由法制組審查後，提出第四百三十三次會議決議：「立法院通過之刑法第二三九條，應依男女平等之原則，交立法院修正，各委員所擬修正案，併交立法院參考。」

立法院提出第三屆第八十二次會議議決付法制委員會會同刑法起草委員會審查，旋審查完畢，提出報告略云：

「本會等第三屆第二次聯席會議提出討論，僉以本案係沿用現行刑法第二五六條之原文，僅減輕其刑度。且現行刑法係民國十七年經中央第一百二十次常務會議議決通過，當已注意於男女平等之原則。茲遵中央政治會議決議，將中華民國刑法修正案第二三九條及第二四五條第二項酌加修正，敬候提交大會公決。」

立法院於十一月二十九日，舉行第三屆第八十四次會議提出討論，當議決：新刑法第二三九條修正爲「有配偶而與人通姦者，處一年以下有期徒刑，其相姦者亦同。」結果仍維持原修正案第二三四條，惟將所定刑度減輕。第二四五條第二項仍維持三讀通過之案，未加修正。

立法院開三讀會時，幷議決新刑法於民國二十四年一月一日公布，至施行日期，俟刑事訴訟法、刑法施行法議定後，再行決定。立法院於二十三年十二月二十七日繕錄新刑法全文呈請國民政府屆期公布。

新刑法之要旨及與舊刑法之異點，茲依據刑法起草委員會原稿列舉於次：

第一編　總則

一、舊刑法文例章內關於親屬各條，因民法親屬編已有規定，新刑法予以完全删除，幷廢去文例章，將所餘之第十條、第十七條、第十九條、第二十條併爲第十條，附於法例章內。

二、舊刑法時例章內各條，有爲民法中已規定者，如關於時期之計算是，有爲監獄規則中已規定者，如釋放犯人之時期是，此均無庸列入刑法，所餘刑期計算一條，新刑法併入刑之章內，而將該章删去。

三、舊刑法刑事責任及刑之減免章內各條，大都關於刑事責任問題，僅自首一條，專關於刑之減免，新刑法特將該條移入刑之酌科及加減章內，而將章名簡稱爲刑事責任。

四、未遂乃犯罪未遂之意，非有所謂未遂罪，新刑法將未遂罪章改爲未遂犯章。

五、舊刑法刑名章內各條，不僅刑之種類，且有刑之重輕，刑之執行，刑之宣告及羈押折抵等，故新刑法簡稱該章爲刑。

六、舊刑法併合論罪章內各條，大都爲數罪併合處罰問題，新刑法特改章名爲數罪併罰。

七、新刑法將舊刑法之刑之酌科章及加減例章併爲一章，以期簡括。

八、最近刑事政策，注重社會之防衛，各國新訂刑法，關於保安處分一章，規定頗詳。舊刑法對於少年犯及精神病人，雖有感化教育監督品行，及監禁處分之規定，然嫌範圍太狹，新刑法特增設保安處分一章。

九、舊刑法第二條關於中間法未有規定，且僅以新舊刑法之輕重爲比較之標準，似嫌疏漏。新刑法增置中間法之規定，除保安處分應絕對從新外，其他如裁判前之法律，較有利於行爲人時，則應依行爲時法或其中間法中最有利於行爲人之規定處斷。又處罰之裁判確定後，法律有變更，不處罰其行爲者，似無再執行其刑之必要，新刑法並增定之（第二條）。

十、在飛行於領域外之我國航空機內犯罪，亦應適用我國刑法，新刑法特增入之（第三條）。

十一、使人爲奴隸，爲國際上應禁止之行爲，又公務員在外國犯公務上侵占罪，亦應依我國刑法處罰，新刑法特分別增入之（第五條第六條）。

十二、依舊刑法第七條，中華民國人民在中華民國領域外，或外國人民在中華民國領域外對於中華民國人民，犯最輕本刑爲有期徒刑以上之罪者，卽適用中華民國刑法，範圍太廣，新刑法改爲犯最輕本刑爲三年以上有期徒刑之罪始行適用（第七條第八條）。

十三、關於消極行爲與犯罪事實之因果關係，舊刑法無明文規定，適用上不無困難，新刑法特增定之（第一五條）。

十四、舊刑法關於刑之加減，均稱本刑，實則遞加遞減，先加後減，或先減後加時，其所加減者乃本刑加減後之加減刑，而非本刑，新刑法改稱其刑。

十五、依舊刑法規定不知法令，僅得因其情節，減輕其刑，似嫌過嚴，新刑法將不知法令改為不知法律，且於一定條例之下，得免除其刑（第一六條）。

十六、對於少年犯罪，應以感化教育為主，新刑法將責任年齡提高至十四歲，將宥減年齡提高至十八歲，同時將感化教育監督品行等處分詳細規定於保安處分章中，以資救濟（第一八條）。

十七、舊刑法對於精神耗弱人及瘖啞人之處罰，採必減主義，似嫌過寬，新刑法改為得減（第一九條第二零條）。

十八、舊刑法規定下級公務員對於依所屬上級公務員命令之職務上行為，不問明知違法與否，一律不罰，似嫌過寬，新刑法增設但書之規定（第二一條）。

十九、酗酒犯罪，依法當然處罰，無特別規定之必要，新刑法特將舊刑法第三十三條刪去。

二十、舊刑法對於不能犯之處罰，采得減免主義，並僅以犯罪之方法決不能發生結果者為限，新刑法改為不問方法不能，或目的不能，如無危險者，即必予減免，似較允當（第二六條）。

二十一、教唆犯惡性甚大，宜采獨立處罰主義，惟被教唆人未至犯罪，或雖犯罪而未遂，即處教唆犯以既遂罪之刑，未免過嚴，新刑法規定此種情形，以未遂犯論（第二九條）。

二十二、新刑法對於從犯，一概規定得減，俾法官斟酌情形，自由裁量，以期平允（第三零條）。

二十三、舊刑法對於拘役加重最長期限，未予規定，似嫌疏漏，新刑法規定以四個月爲限，俾與徒刑有別（第三三條）。

二十四、主刑輕重之標準，有非舊刑法第五十一條所能解決者，如專科選科併科等問題，新刑法酌予修正（第三五條）。

二十五、新刑法於總則編中明定宣告或得宣告褫奪公權之條件，而將舊刑法分則編中所有關係褫奪公權之條文，一律删去，以期簡明（第三七條）。

二十六、暫行新刑律關於短期自由刑易科罰金之規定，爲舊刑法所不采，因之受短期自由刑之宣告者，不問有何窒礙，均須送監執行，事實上頗感不便。且偶然犯罪之人因受短期監禁，沾染惡習，亦所難免，法界多有主張恢復此制者，新刑法於嚴格條件之下，准予易科罰金（第四一條）。

二十七、罰金繳納期間，舊刑法定爲一個月，似嫌太促，新刑法改爲兩個月。舊刑法罰金易科監禁最長期得至一年，易與短期徒刑相混，新刑法改爲罰金祇得易服勞役，並以六個月爲限。又舊刑法規定罰金完納期間，得本人之承諾，卽得易科，殊失財產刑之本旨，新刑法改爲非經強制執行後，無力完納時，不得易服勞役（第四二條）。

二十八、受拘役或罰金宣告之犯人，如其犯罪動機在公益上或道義上，顯可宥恕時，似無執行之必要，新刑法特增設得易訓誡之規定（第四三條。）

二十九、易科罰金易服勞役，及易以訓誡之效力如何，與累犯緩刑等極有關係，新刑法特增定之（第四四條）。

三十、羈押折抵，舊刑法規定得以二日折抵一日，意謂看守所之待遇，較優於監獄。惟經實地考察，各地看守所之設備，反多有不及監獄者，因之未決人犯所受痛苦，更甚於已決人犯，故新刑法采必抵主義，並以一日折抵一日（第四六條）。

三十一、舊刑法刑名章關於刑之執行各條，以移於刑事訴訟法或監獄法內規定爲妥，新刑法概予刪除。

三十二、累犯之惡性，未必與罪之同一或同款及次數之多寡爲正比例，新刑法賅括規定累犯加重其刑至二分之一，以便法官斟酌運用（第四七條）。

三十三、連續犯有時情節極重，新刑法特增設加重其刑之規定（第五六條）。

三十四、舊刑法關於罰金之規定，注重在審酌犯人之資力，而於因犯罪所得之利益，未予顧及，致所科罰金數額，常有不及所得利益者，新刑法賦與法官在所得利益之範圍內酌量加重之權（第五八條）。

三十五、新刑法第六十一條各款所列之罪，在刑事訴訟法上均屬簡易程序案件，檢察官固得爲不起訴之處分，但被害人逕向法院自訴，經法院認爲情節輕微，顯可憫恕時，如僅得減輕其刑，似嫌過重，特賦與法官免除其刑之權，以保平衡。

三十六、犯罪自首，舊刑法一律定爲得減三分之一，不足以資獎勵，新刑法在總則編中規定一般得減情形，並在分則編中增訂減輕或免除其刑之規定（第六二條）。

三十七、新刑法規定未滿十八歲人或已滿八十歲人不得處死刑或無期徒刑，蓋一則年少，尙可改善，一則老耄，應予矜宥。惟未滿十八歲人殺直系血親尊親屬者，不適用之（第六三條）。

三十八、舊刑法對於減輕定爲二分之一、三分之一兩種，其無幾分之幾規定者，則至少減輕二分之一，未免寬嚴失當，且對於死刑，無期徒刑，亦有減幾分之幾之規定，理論上亦不無欠缺。新刑法對於死刑無期徒刑減輕者，明定其刑度；對於有期徒刑、拘役、罰金減輕者，原則上減至二分之一，但同時有免除其刑之規定者，得減至三分之二；至依法酌量減輕情形，亦明設準用之規定（第六四條、第六五條、第六六條、第七三條）。

三十九、舊刑法對於緩刑之條件，僅以犯人曾否受有刑之宣告爲限，而對於受緩刑人之監督，並無規定，似欠妥當。新刑法改爲非法官認爲以暫不執行刑罰爲適當時，不得宣告緩刑，並規定受緩刑之宣告者，在緩刑期內，得付保護管束（第七四條、第九三條）。

四十、假釋條件旣以有悛悔實據爲限，則刑之執行期間不必過長，新刑法特將舊刑法所定之未滿二年改爲未滿一年（第七七條）。

四十一、舊刑法關於起訴權及行刑權之時效分爲二十年、十年、三年三種，新刑法改爲二十年、十年、五年、三年、一年五種較爲公允（第八零條、第八四條）。

四十二、舊刑法起訴權之時效期間，自犯罪最終之日起算以連續犯爲限，不能包括有繼續狀態之犯罪，新刑法特改正之（第八零條）。

四十三、依舊刑法之規定，時效停止進行之原因未消滅者，其時效永無完成之日，新刑法特規定經過一定期間，其原因視爲消滅（第八三條、第八五條）。

四十四、新刑法倣最近各國立法例特增設保安處分一章，共分爲（一）感化教育處分，（二）監護處分，（三）禁戒處分，（四）強制工作處分，（五）強制治療處分。惟以上各處分得按其情形以保護管束代之。此外對於受緩刑之宣告者，與假釋出獄者，得付保護管束，對於外國人之受有期徒刑以上刑之宣告而執行完畢者，得驅逐出境。

第二編　分則

一、舊刑法妨害選舉罪章內各條，僅處罰妨害選舉，範圍稍狹，新刑法將該章章名改爲妨害投票罪，俾於創制、複決、罷免等投票亦得適用。

二、僞造公債票、公司股票、郵票、印花稅票及其他一切有價證券，舊刑法納入於僞造文書印文罪章內，似嫌不類，新刑法將關於有價證券條文提出，另訂一章。

三、盤剝重利，情極可惡，新刑法特增處罰條文，附於詐欺背信章內，而將章名改爲詐欺背信及重利罪。

四、舊刑法總則編中關於親屬各條，既經删去，新刑法特於分則編中有關親屬各條，均按其情節，明定範圍，以資適用（第一六二條、第一六七條、第二三零條、第二五零條、第二七二條、第二八零條、第二八一條、第三二四條、第三五一條）。

五、舊刑法關於因而致死或重傷條文，多比較故意傷害罪從重處斷，輾轉引用，頗感困難，新刑法一律明定刑度（第一二五條、第一二六條、第一三五條、第一三六條、第一七七條、第一八五條、第一八九條、第一九零條、第二七七條、第二七八條、第二八九條至第二九一條、第三零二條、第三二五條、第三五三條）。

六、內亂罪僅在預備或陰謀狀態中，危險未著，對於自首者處罰不妨從寬，新刑法特增得免除其刑之規定，俾誤入歧途者，得有覺悟自新之路（第一零二條）。

七、舊刑法第一百零五條所規定之幫助內亂罪，實係內亂罪之從犯，自可適用總則編關於從犯之規定，故删。

八、舊刑法對於與外國訂約損害主權之處罰，僅以違背政府委任者爲限，新刑法以爲如未受政府委任之人，就應經政府允許之事項，私與外國政府或其派遣之人爲約定者，亦應從嚴處罰，故增定之（第一一三條。）

九、舊刑法第一百十二條之罪，因已包括於新刑法第一百零六條，故删。

十、普通故意殺人處刑本已甚高，對於友邦元首如犯此罪，似無再行加重之必要，更不必罰及預備行爲。至對於外國代表犯罪，按其性質，自各有專條，可以適用，亦無須準用妨害公務罪各條之規定。新刑法特將舊刑法妨害國交罪章中第一二一條及第一二三條概予删去。

十一、私與外國戰鬥，普通人犯之者甚少，至軍人已有陸海空軍刑法可以適用，新刑法特將舊刑法第一二四條删去。

十二、公務員不盡厥職，擅棄守地，自屬罪大惡極，新刑法特增訂嚴厲處罰之條文（第一二零條。）

十三、賄賂罪每因授受同科，不易發覺，新刑法特將對於公務員職務上行爲之行賄罪删去。至對於公務員違背職務行爲之行賄罪，並設自首減輕或免除及自白得減之規定，俾貪污案件易於發覺，以期收弊絕風清之效（第一二二條。）

十四、舊刑法第一三三條僅處罰有追訴犯罪職務之公務員，範圍稍狹，新刑法將有處罰犯罪職務之公務員一併加入。至濫用職權，爲逮捕或羈押者，情節亦極重大，不可不加處罰，新刑法並增定之（第一二五條。）

十五、有管收解送或拘禁人犯之公務員，如對於已決未決之刑事被告或嫌疑犯，有淩虐行爲，實屬非法，新刑法特增訂處罰之條文（第一二六條）。

十六、行政司法，應絕對劃分，公務員如越權受理民刑訴訟，於法治大有妨害，新刑法特增設處罰之規定（第一二八條）。

十七、公務員廢弛職務，釀成災害，情難宥恕，新刑法特增訂處罰之條文（第一三零條）。

十八、舊刑法對於公務員犯直接或間接圖利之罪，無沒收及追徵價額之規定，似嫌疏漏，新刑法特增訂之（第一三一條）。

十九、舊刑法第一三七條處罰公務員洩漏或交付祕密以關於民國內政之文書圖畫消息物品爲限，範圍似嫌過狹，新刑法將文字修正爲國防以外應祕密之文書圖畫消息物品，以資包括。又新刑法以公務員因過失洩漏或交付國防以外之祕密文書等物，及非公務員而洩漏或交付因職務或業務知悉或持有國防以外之祕密文書等物者，均不可不加處罰，故增訂之（第一三二條）。

二十、公務員瀆職者，如不嚴加處罰，則吏治永無澄清之望，新刑法除酌加公務員犯罪條文外，對於公務員之處罰一律加重（第一二一條、第一二二條、第一二四條、第一二九條、第一三一條、第一三四條）。

二十一、舊刑法第一三零條係規定有審判職務之公務員或公斷人之特別受賄罪，新刑法以一般受賄罪處刑業已加重，而公斷人現已改爲仲裁人，分別規定於各關係條文之中，故將該條删去。

二十二、考試爲國家要政，如有舞弊情事，使考試發生不正確之結果者，自應加以處罰，新刑法特增定之（第一三七條。）

二十三、挑唆或包攬訴訟，而從中漁利者，情節可惡，新刑法特增設處罰之規定（第一五七條。）

二十四、預防犯罪，本屬國家警察職責，必使人民負此義務，未免太苛，新刑法將舊刑法第一六二條及第一六八條删去。

二十五、舊刑法對於僞證之處罰，僅以審判時之陳述爲限，在偵查時虛僞陳述，無法防止，新刑法將偵查時陳述加入，但以檢察官偵查時爲限（第一六八條。）

二十六、暴露有傳染病菌之屍體，或以其他方法散布病菌，最易發生災疫，關係人民生命健康至鉅，舊刑法第二零六條未加規定，新刑法特增定之（第一九二條。）

二十七、僞造度量衡章內各條之未遂罪，大都情節輕微，而舊刑法第二二一條罰及持有，按照我國社會情形，尤覺過苛，新刑法均予删去。至行使違背定程之度量衡者，以從事業務之人爲最多，幷增訂較重處罰之明文（第二零八條。）

二十八、舊刑法第二三二條關於從事業務之人，登載不實之事項，於其業務上作成之文書者，以醫師之證書爲限，範圍太狹，新刑法擴充其範圍至一切從事業務之人及一切業務上作成之文書，以免疎漏（第二一五條。）

二十九、舊刑法規定姦淫未滿十六歲之女子者，以強姦論，按照通常女子發育程度，及表示同意之能力而言，似覺太嚴，新刑法改爲姦淫未滿十四歲之女子者以強姦論，至姦淫已滿十四歲未滿十六歲之女子，則處以較輕之刑（第二二一條、第二二七條。）

三十、舊刑法第二五六條僅科有夫之婦與人通姦之罪，對於有婦之夫與人通姦者不加處罰，殊背男女平等之旨，新刑法特規定有配偶與人通姦者一律處罰（第二三九條。）

三十一、舊刑法對於和誘略誘，同樣處罰，似嫌輕重失衡，且僅以脫離享有親權之人監護人或保佐人爲限，範圍亦覺太狹，新刑法處罰略誘較和誘爲重，並擴充其範圍爲脫離一切有監督權之人，較爲得當（第二四零條、第二四一條。）

三十二、和誘有夫之婦與和誘有婦之夫，均破壞家庭組織，舊刑法無處罰明文，新刑法特增定之（第二四零條。）

三十三、和誘未滿十六歲之男女，情殊可惡，新刑法規定以略誘論（第二四一條。）

三十四、犯和誘略誘罪，於裁判宣告前送回被誘人或指明被誘人之所在地因而尋獲者，於被害人利益極大，實有獎勵之必要，新刑法特增設減輕其刑之規定（第二四四條、第三零一條。）

三十五、意圖損害他人而妨害其農事上水利者，不獨侵害個人法益且影響農村經濟尤大，新刑法特增設處罰之規定（第二五二條。）

三十六、就商品之原產國或品質爲虛僞之標記者，以僞亂眞，毀壞商業信用，新刑法特增定處罰之明文（第二五五條。）

三十七、舊刑法對於製造販賣鴉片、嗎啡、高根、及安洛因等毒品同一處罰，新刑法以製造販賣嗎啡、高根、海洛因等毒品比較製造販賣鴉片貽害社會尤爲重大，故分別處罰之（第二五六條、第二五七條。）

三十八、舊刑法對於產母殺其子女者以私生子爲限，始得較普通殺人罪減輕處罰，新刑法以爲母子天性相愛，苟非名譽攸關，經濟壓迫，或其他必不得已之情形，焉肯置諸死地，故規定不以私生子爲限（第二七四條。）

三十九、舊刑法對於預謀殺人，以殘忍行爲殺人及便利犯他罪或免他罪之處罰而殺人者，均特別規定其刑。新刑法以爲普通殺人罪既可處至死刑，如犯罪之手段及其他情形極其可惡，法官自可審酌一切，判處極刑，毋庸另爲規定，故將舊刑法第二八四條及第二八五條刪去。

四十、人民健康與否，關係種族強弱，凡傳染花柳病於人，或凌虐幼童，或使人纏足，或以其他方法妨害兒童身體之自然發育者，均應處罰，新刑法分別明定之（第二八五條第二八六條。）

四十一、舊刑法僅對於使人為奴隸者處罰，但事實上往往有名義上雖非奴隸，而其不自由之地位，與奴隸實相類似，如江湖賣藝之幼童，及鴇婦畜養之娼妓等皆是，凡使人居此種地位者，不可不加以處罰，新刑法特增定之（第二九六條）。

四十二、舊刑法第三一五條係規定妨害婦女自由罪，較諸第二五七條一面妨害自由，一面妨害監督權情形為輕，而處罰反重，殊嫌失當，新刑法特修正之（第二九八條）。

四十三、舊刑法對於竊佔不動產之處罰，無明文規定，新刑法特增設一項於竊盜罪章內，以便適用竊盜罪之處罰（第三二零條）。

四十四、犯強盜罪、海盜罪，而又擄人勒贖，情節至為重大，應處極刑，新刑法分別增定之（第三三二條、第三三四條）。

四十五、預備殺人、預備強盜、預備擄人勒贖，危險極大，舊刑法未加處罰，似嫌疏漏，新刑法特增設處罰之規定（第二七一條、第三二八條、第三四七條）。

四十六、舊刑法對於同謀犯之處罰，僅限於殺人、強盜、及擄人勒贖，範圍既嫌太狹，且同謀犯罪如有教唆情形，自可適用總則編關於教唆之規定，如僅參預謀議，則言語幫助，亦為幫助之一種，更可適用總則編中關於從犯之規定，新刑法特將舊刑法第二八八條、第三五一條、及第三七三條關於同謀犯條文一律刪去。

四十七、舊刑法關於自己所有物，已受查封，或擔負物權，或已賃貸，或保險者，於犯公共危險罪，及竊盜、搶奪、強盜、侵占、詐欺、背信、毀棄、損壞等罪時，以他人所有物論。新刑法以爲公共危險罪章內，對於燒燬或侵害自己所有物，既有處罰規定，而妨害公務罪章內，對於損壞除去公務員所施之封印或查封之標示，或爲違背其效力之行爲者，亦有處罰之明文。至於其他情形，儘可依民法請求損害賠償，以資救濟，故將舊刑法第二零九條、第三三九條、第三五四條、第三五九條、及第三八五條一律删去。

新刑法公布後，至二十四年三月，刑法起草委員會復擬具新刑法施行法草案，幷建議以二十四年七月一日爲新刑法施行日期，提經立法院第四屆第九次會議議決通過，呈由國民政府於民國二十四年四月一日公布中華民國刑法施行法，幷明令中華民國刑法自民國二十四年七月一日起施行。此施行法共十條，大致爲刑法施行前，關於褫奪公權、易科監禁、罰金、減刑、緩刑、假釋、及行刑權時效等之規定。

第六節　違令罰法

民國三年六月，參政院代行立法院職權，旋議決違令罰法五條，經大總統袁氏於同年七月十四日公布施行，列爲法律第一號。此法規定依新約法第十九條大總統發布之命令，得設一年半以下之徒刑、拘役、或二百元以下之罰金；依該條大總統使發布之命令，得設八月以下之徒刑、拘役或百元以下之罰金。違反各該命令，卽各依其所規定處罰之，徒刑，由法院審判，拘役罰金，由該管行政官署決定，如須加重減輕，不得過所定罰則四分之民國二十年五月，國民政府令立法院迅速議定違令罰法，立法院卽交法制委員會核議。該會提出第百二十四次會議議決付戴修駿、劉師舜、竺景崧三委員初步審査，結果以該法尙無制定之必要，決定緩議。民國三年之違令罰法，自袁氏歿後，卽失其效力。

第七節　官吏犯贓治罪法

民國三年六月五日，袁大總統以敎令第七十八號公布官吏犯贓治罪條例，經參政院代行立法院提出大會議決追認，復於同年七月十四日明令改編爲法律第二號。此法共十條，規定官吏犯枉法贓至五百元以上者，處死刑，不枉法贓至千元以上者，處無期徒刑，捲擕公款潛逃至五千元以上者，處死刑。死刑得用槍斃，徒刑得遣赴新疆極邊烟瘴之地。此法實行期爲三年，但至民國五年六月，黎氏繼任大總統，卽於七月十八日明令廢止。

民國九年十月十九日，政府以第二十二號敎令公布辦賑犯罪懲治暫行條例四條，規定辦賑人員侵蝕賑款至五百元以上者，處死刑、無期徒刑、或一等有期徒刑。其處罰較重於暫行新刑律中侵占罪。此條例於辦賑完竣之日廢止。民國十年三月二十九日，政府又以敎令第十一號公布官吏犯贓治罪條例七條，其內容大致與刑法第二次修正案瀆職罪章相同，惟科刑較重，施行期限定爲三年。

民國十九年十一月，第三屆四中全會議決刷新中央政治，改善制度，整飭紀綱，確立最短期內施政中心，以提高行政效率案其乙項第九款爲「由立法院另訂貪贓懲治法，規定凡官吏收受贓賄，或侵蝕公款，在金額若干元以上，查有實據者，由國民政府按非常程序處以無期徒刑或死刑，仍查抄其財產。」中央執行委員會函交中央政治會議提經第二百五十一次會議決議交法律組審查。該組審查結果三項：(一)凡公務員收受贓賄或侵蝕公款，其金額未滿一千元者，擬請依刑法瀆職罪加倍治罪，金額在一千元以上者，得處以無期徒刑，除追贓外，並查抄其財產；(二)關於公務員收受贓賄或侵蝕公款之案件，擬請以高等法院爲第一審；(三)行賄人於犯罪未發覺以前自首者，擬請免除其刑。經提會決議通過，函由國民政府令交立法院遵照辦理。

立法院於第百三十二次會議提出討論，當議決付法制委員會審查。該會審查結果，以刑法不日即行修改，關於懲治貪贓罰則，可於刑法內詳加規定，無另訂特別法之必要。立法院復提出第百七十八次會議議決照審查意見通過，於二十一年四月六日呈復國民政府轉函中央政治會議查核。中央政治會議復據顧委員祝同提議整飭吏治，首須嚴懲貪污，謹擬懲治貪官污吏辦法綱要，請核議施行案，即併案提出討論，當決議：

(一)整飭吏治，首須正本清源，於考試銓敍監察注意，應由國民政府飭考試監察兩院切實辦理。

(二)中央於最高法院設懲治貪污專庭，以最高法院院長爲庭長，行政院代表監察院代表參加組織之。

(三)省於高等法院設懲治貪污專庭，以高等法院院長爲庭長，省政府代表參加組織之。

(四)凡犯貪污罪情節重大者，得處死刑、或無期徒刑。

此決議案第二項至第四項，經國民政府令交立法院辦理。

民國二十一年十二月，第四屆中央執行委員會開第三次全體會議，李委員綺庵等提議澄清吏治案，石委員瑛等提議切實懲治貪污案，併經決議交政治會議從速妥擬辦法，切實施行。中央政治會議交由法制政治報告兩組審查後，即提出第三四七次會議決議，關於官吏之刑事制裁，究竟應否於現行刑法之外，另定特種刑法，交立法司法兩院會核，幷錄案函由國民政府令立法院遵辦。

中央政治會議決議以上各案，立法院先後交付刑法起草委員會審查。該會審查結果，以刑法現正積極修改，應將瀆職罪分別酌量加重，無再行制定制裁官吏特別刑法之必要。立法院提經第三屆第二十次會議議決，照審查意見通過。自民國五年七月，官吏犯贓治罪法廢止後，即無關於一般官吏刑事制裁之特別法。

第八節　嗎啡治罪法

民國三年四月十一日，袁大總統以教令第五十號公布嗎啡治罪條例十二條，旋提經參政院代行立法院議決追認，於同年十月十九日明令編爲法律第十五號。此法各條，大致以補暫行新刑律鴉片煙罪之疏漏，對於違法製造或販賣嗎啡與其他痲醉藥劑，以及專供施打嗎啡之器具，並專爲人施打，或倩人施打，或自己施打嗎啡者，均分別科以徒刑或罰金。

此法自施行後，至民國九年十二月三十一日，司法部呈准政府加以修正，及中華民國刑法頒行，卽行廢止。

民國三年十二月二十日，大總統又批准司法部呈擬販賣罌粟種子罪刑文，明定販賣罌粟種子之罰則，此又爲補充前法之疏漏。

第九節　懲治盜匪法

民國三年七月二日，袁大總統以第八十九號教令公布懲治盜匪條例十一條，後又加以修改，提經參政院代行立法院議決通過，於同年十一月二十七日公布，編爲法律第十七號。此法大致規定強盜匪徒犯刑律或本法所規定之特別重罪，得處死刑。在各省由該管審判廳或兼理司法事務之縣知事審判，京師由京師審判廳審判，各特別區由兼理司法事務之縣知事審判，軍隊駐在地由其高級軍官審判，審實後，分別報轉巡按使、司法部、都統或最高級軍事長官覆准後執行，但認爲有疑誤時，得飭令再審，或派員會審，或提交覆審。死刑得用槍斃。

旋政府又提出懲治盜匪法施行法五條，經參政院議決，於三年十二月四日明令公布施行。原令略謂：

「前頒懲治盜匪法，所以示立法之準，現頒懲治盜匪法施行法，所以濟立法之窮。張弛異宜，經權互用，此因時立制之道也。慨自改革以來，盜匪充斥，民不聊生，將欲除暴安良，非峻法不足以資懲艾，故刑亂不嫌用重，縱惡適以長奸。設當事機緊迫之時，亦復拘執成規，迂迴程序，將盜匪以輾轉而久稽顯戮，官吏以推諉而罔顧考成，大之貽誤地方，小之爲害黎庶，安危治亂，關係匪輕。……至此項施行法公布以後，所有施行區域，原以地方情形爲衡，除京師及特別要塞地方關係重要，應責成軍政執法長官依法辦理外，所有各省各地方應否按照懲治盜匪法施行法施行於該管區域之處，應責成各該將軍巡按使都統京兆尹暨各該高級軍官體察現辦盜匪情形，迅速切實呈報，聽候命令遵行。」

未幾，各省區及各軍事長官分別呈報，請予按照施行，此法遂施行於全國。

懲治盜匪法第十一條原定「本法施行期爲五年，」至民國八年屆滿，新國會又議決修正該條爲「本法施行期滿後，延期三年，」於民國八年十一月二十七日經政府明令公布。至民國十一年十二月，司法部以部令通告懲治盜匪法應行廢止，但河南、湖北、及江蘇各省軍事長官頗持異議，民國十二年三月三日，政府遂又明令恢復。

第十節　私鹽治罪法

民國三年，參政院代行立法院議定私鹽治罪法，於是年十二月二十二日公布施行，列爲法律第二十二號。此法共十條，規定（一）私鹽爲未經鹽務署特許而製造販運售賣或收藏之鹽。（二）犯私鹽者處二等以下有期徒刑、或拘役，攜有槍械，意圖拒捕者，加本刑一等。（三）犯私鹽罪結夥十人以上，拒捕殺人傷害人者，處死刑、無期徒刑、或一等有期徒刑；結夥不及十人，則處無期徒刑、或二等以上有期徒刑。（四）搬運、受寄、故買私鹽、或爲牙保者，減犯私鹽罪之刑一等或二等。（五）鹽務官員緝私場警兵役，自犯私鹽罪或與犯人同謀者，加犯私鹽罪之刑一等。

民國十八年五月，財政部以私鹽治罪法沿用有年，惟條文規定與現行新刑法多未符合，特參酌現行法令及歷辦情形，將該法分別修正補充，繕具草案，呈由行政院於五月七日提出第二十三次會議決議刪去第四條，送立法院審議。

立法院於五月十八日第二十五次會議提出討論，當議決付法制委員會會同財政委員會暨委員莊崧甫審查。該會等審查結果以各地鹺綱，流弊滋深，二中全會對於鹽法有根本改革之決議，此案應予緩議。立法院復於第三十六次會議議決，照審查意見通過，并咨復行政院查照。

立法院通過之鹽法迄今仍未施行，私鹽治罪法，政府亦無明令廢止。

第十一節　徒刑改遣條例

民國三年七月三十日，大總統袁氏以教令第一百十號公布徒刑改遣條例十一條，原令有云：

「世界刑法，惟吾國之流刑爲最古，遣與流制雖各異，而按諸刑事政策與移民政策，究亦名異而實同。清季修訂新刑律，始一律定爲徒刑，易以拘禁。蓋以最新刑事政策，義取感化，服定役於監獄，易發其遷善改過之心，正不必屏諸遠方，俾其自甘暴棄。揆當時立法之用意，陳義非不甚高，而不謂行之數年，其結果乃適與相反。獄政尙未修明，則多數雜居，既難於實施教化，設備多仍舊貫，則分房末易，更不免妨害衛生。積是種種原因，遂使在獄者，幾成學習犯罪之地，因之出獄者，適爲獎勵犯罪之媒，爲害公安，所關甚鉅。加以事變而後，盜賊横行，反獄重案，既時有所聞，管獄各官，每窮於防護，法久生弊，亟宜酌量變通。本大總統爲執行刑律起見，特制定徒刑改遣條例，以濟監獄執行之窮。嗣後凡屬於本條例第一條所列徒刑各犯，均一律酌改發遣，並准其編入各該遣地戶籍，近可以爲疏通監獄之謀，遠可以收充實邊防之效，於刑事政策移民政策兩有裨益。」

此條例之要點有三：（一）無期徒刑，有期徒刑爲內亂、外患、強盜等罪宣告刑期五年以上者，得改發遣。（二）發遣地爲吉林、黑龍江、新疆、甘肅、川邊、雲南、貴州、廣西。（三）改遣犯人許攜帶家屬，到配所後，編入該處戶籍。

此條例之頒行，由於政治會議之提議，意在采大清律之流刑，藉以懲儆囚徒，疏通監獄，然各省以遞解人犯不便，多未奉行，遂於五年七月十八日廢止。

第十二節　易笞條例

民國三年四月，司法總長梁啓超條陳改良司法計畫，其第六端爲酌復笞杖，以疏通監獄，經政府交由政治會議核復略云：「爲目前監獄計，酌將輕微案件處短期刑者，改爲換刑，自可收疏通之效。吾國卽用笞刑，未見有傷國體，惟此項換刑，宜有限制，應由司法部詳審規定。」袁大總統卽令交司法部按照所列辦法，切實釐訂，分別呈請施行。該部旋擬訂易笞條例十一條，於十月五日呈奉大總統批令「准如所擬辦理，卽由該部通行遵照。」

此條例規定凡犯刑律姦非、和誘、竊盜、贓物、賭博、鴉片煙及詐欺取財等罪，應處三月以下有期徒刑、拘役、或百元以下罰金折易監禁者，以十六歲以上六十歲以下之男子爲限，得易以笞刑，惟於曾充或現充官員，或有其他相當身分者，不適用之。徒刑、拘役、或罰金易監禁者，其刑期一日折笞二。笞刑由檢察官或知事會同典獄官監視，於獄內執行，若照犯人體格一次不能終了時，分二次執行之。執行笞刑，先命醫師診視犯人，出具堪受笞刑證書，於不堪受者，猶豫執行，責交保證，如滿三月，尚認爲不堪受笞刑時，仍執行本刑。擅用笞刑者因命執行笞刑致死者，於本條例限制外執行笞刑者，均依刑律第一四四條瀆職罪之規定。

此條例雖爲疏通監獄而設，易笞以輕罪之破廉恥者爲限，與前清笞刑迥異，然當改良法制之日，而采用文明諸國久經廢止之身體刑，實足墮司法之聲譽，故至民國五年七月十八日卽行廢止。

第十三節　科刑標準條例

民國九年十月，司法總長董康擬訂科刑標準條例，呈奉政府批准頒行。原呈詳敍訂定此條例之理由有云：

「前清刑律浩繁，宣統二年，最後修輯律文與例文併計，尚存二千有奇。新律删約舊文爲四百十一條，各條科刑，均設上下之限。蓋因一條之中，實包舊律十數條或百餘條不等。以舊律之事類，作新律之參稽，寬嚴之別，自然明瞭。康初長理曹，恆以此旨誥誡庭僚，期無濫縱。迨此次重任，檢閱由院發還更審之案，竟有在從前決不待時之案，改擬輕刑，或宣告無罪者。……此移法曹，見刑事案件之出入，更什百於前，該司以其未越定律，從未加以干涉。殊不知刑事案件事實法律，宜兼權並重，新舊二律，用意不同，其互爲輕重之處，自不能泥昔以例今，若科刑從同，其事實卽爲二律所公認，亦不能趨輕以避重。

昔漢高約法三章，殺人者死，傷人及盜抵罪。歷代刑書，遞有因革，條目雖繁，關於殺傷盜三事，本末軼其範圍，卽今新律，猶墨守勿替。嬗遞之間，宗傳遽墮，以致漫無標準，恐長此以往，譌誤相習，糾正無由，適以啓健訟者操縱之風，於辟以止辟之旨反背馳也。嘗舉命盜兩項，必須擬定科刑標準，疊與大理院院長王寵惠商榷，極謂爲然，且言德國原有將特重特輕情節，敍入判決書之例。最近瑞士刑法修正案，並特設專條，臚舉審理時應行裁奪之事項，以促法官之注意。德國酌師其意，規定更爲周密。是古今中外，本無異術。謹彙擇新舊學說，擬定科刑標準條例九條，擬請明令頒布中外，俾司讞者得所折衷，庶無負大總統敕法明刑之至意。」

此條例規定科刑時，應注意之事項凡九：（一）犯罪之原因，（二）犯罪之目的，（三）犯罪時所受之激刺，（四）犯人之心術，（五）犯人與被害人平日之關係，（六）犯人之品行，（七）犯人知識之程度，（八）犯罪之結果，（九）犯罪後之態度。犯刑律第三一一條之罪，而有下列情形之一者，處死刑：（一）出於豫謀者；（二）卑幼對旁系尊親屬而犯者；（三）支解折割，或以其他殘忍方法而犯者；（四）累犯本條之罪或俱發者；（六）意圖免犯罪之責任，或防護犯罪所得之利益而犯者。犯懲治盜匪法第二條之罪，有下列情形之一者，處死刑：（一）在場持有火器者，（二）爲首謀者，（三）曾充兵役係逃亡者。勘傷有下列情形之一者，以殺人罪論：（一）咽喉要害部位者，（二）致命部位穿透致命部位者；（三）金刃十傷以上或他物三十傷以上者；（四）致命重傷在倒地後者；（五）熱水湯潑情傷慘忍，或時値盛暑，有心淋潑者。

此條例所規定，刑法第二次修正案多已分別增入，民國十七年三月十日公布之中華民國刑法，亦大致仍舊。自刑法於十七年九月一日施行，此條例即行廢止。

第十四節　販運人口出國治罪條例

民國十年五月四日，廣州軍政府公布販運人口出國治罪條例八條，規定意圖營利或其他目的，以強暴脅迫或詐術拐取二十歲以上之男子，移送於中華民國以外，或以其他方法拐取，或預謀收受藏匿此項被害人者，分別處以一等至三等或二等至四等有期徒刑。其移送或收藏至十人以上者，各加本刑一等。此爲暫行新刑律略誘罪之特別法，自中華民國刑法頒行，妨害自由罪章已增入關於此項罪刑之條文，此條例應在失效之列，至民國二十一年四月十五日，國民政府遂明令廢止。

第十五節　禁煙法

清宣統元年十二月二十日，頒行有禁煙條例十四條，暫行新刑律及中華民國刑法均有鴉片罪之規定。至民國十四年七月二十一日，國民政府爲厲行煙禁，特頒禁煙條例十三條，規定自本條例公布施行之日起限四年內將鴉片煙完全禁絕，設禁煙督辦署，管理一切禁煙事宜。鴉片煙在未禁絕期內，由禁煙督辦署專賣，人民須請領牌照，方准吸食。人民不得栽種購運製造販賣或收藏鴉片煙，及其他與鴉片同類之嗎啡、高根、海洛因；招人吸食鴉片煙之館舍一律禁絕；藏有煙土煙膏者，應報由專賣處或分處收買。違犯此規定者，處以罰金或監禁。

此條例頒行後，關於禁煙事宜，旋又由財政部特設禁煙處專任，此條例亦經修正公布，內容更爲詳密，共二十條。其所定之罰則爲：（一）栽種罌粟煙苗者處十年以下五年以上之有期徒刑。（二）設供人吸食鴉片煙等類之處所者，處三年以下一年以上有期徒刑，并沒收其房屋傢具。（三）人民未滿二十五歲吸食鴉片煙者，處五年以下一年以上之有期徒刑。（四）凡未領戒煙執照私自吸食者，處三年以下之有期徒刑，或三千元以下之罰金，再犯者，加重本刑三分之一。（五）未領特許證，販賣鴉片煙者，處三千元以下之罰金，并沒收其商店財產。（六）販賣戒煙藥品，未呈請禁煙處檢查化驗特許者，科以千元以下之罰金，並沒收其藥品。（七）凡入口之鴉片煙，須按値百抽五十稅率，貼足印花稅票，違者處十年以下三年以上之有期徒刑，其承銷及購用者，處五年以下之有期徒刑，或三千元以下之罰金。（八）僞造印花稅票或粘貼之者，處十年以下三年以上之有期徒刑，並沒收其鴉片煙。（九）軍警及職員違反本條例或包運違禁藥品者，除沒收藥品外，并處十五年以下三年以上之有期徒刑。

民國十七年九月，中央政治會議於第百五十三次會議通過禁煙法七條，由國民政府於同月十七日公布施行。此法規定前修正禁煙條例廢止，關於鴉片、罌粟、嗎啡、高根、安洛因及其化合質料之栽種製造販賣運輸，及吸食概依刑法各條治罪，惟公務員犯之，則依各該條所定最高度之刑處斷。

民國十八年三月一日以後鴉片之吸食，

民國十八年一月，全國禁煙會議決議修正禁煙法各條，及刑法關於鴉片罪之第二七三條、第二七五條，經禁煙委員會呈由行政院提出第十三次、第十四次會議決議通過，送立法院審議。

立法院於二月十六日第十三次會議，及三月二日第十五次會議先後提出討論，結果付法制委員會併案審查。該會旋審查完竣，提出報告略云：

「遵於四月九日第十六次常會提出討論，僉以年來雖厲行煙禁，而流毒迄未肅清，未始非刑罰過寬有以致之。爲正本清源計，一面似應修正刑法第十九章各條規定之未完善者，一面關於公務員有保縱鴉片、罌粟、嗎啡、高根、安洛因、尼士丁等麻醉品之輸運栽種吸用等情事，仍應另行起草特別法加重治罪。至公務員強迫人民栽種鴉片，尤應嚴懲，庶於現行刑法及厲行禁煙，兩無關礙。」

立法院於十八年五月四日，提出第二十二次會議議決：（一）付法制委員會起草禁煙法，（二）刑法第十九章鴉片罪各條無庸修正。

法制委員會旋擬具禁煙法草案二十五條，並於第二十二次及第二十三次會議提出討論，全案修正通過。此草案之要旨依據原附說明，包含兩種意義：（一）防制於犯禁之前，（二）懲治於犯禁之後。其內容科刑一章對於一般犯煙禁者所處之罰甚重，而對於公務員之以強迫或庇護他人犯禁爲利藪者處罰尤重。至科故縱之刑，則限於負有禁煙責任之公務員，而又有要求期約收受賄賂等情事。此外關於禁煙之範圍、責任、及其方法，均加概括之規定。凡犯煙禁者，其處斷依本法之規定，本法未規定者，仍依刑法之規定。

十八年七月六日，立法院於第三十二次會議，將該草案提出逐條討論，結果刪去三條，餘各條亦分別修正或照案通過。二讀既畢，主席宣告省略三讀，以禁煙法全案付表決，出席委員均無異議通過。

此法經國民政府於民國十八年七月二十五日公布施行，全文分四章，共二十二條，規定吸食鴉片，施打嗎啡，或使用鴉片之代用品者，處一年以下有期徒刑，得併科千元以下罰金。爲人施打嗎啡，或以館舍供人吸用鴉片或其代用品者，處一年以上五年以下有期徒刑，得併科千元以下罰金。栽種、販賣或運輸罌粟或鴉片代用品之種子者，處五年或三年以下有期徒刑，得併科三千元或千元以下罰金。製造或販賣鴉片或其代用品者，處一年以上五年以下有期徒刑，得併科五千元以下罰金。製造或販賣專供吸食鴉片之器具者，處三年以下有期徒刑，得併科五百元以下罰金。公務員犯本法之罪者，庇護或強迫他人犯本法之罪者，及負有禁煙責任之公務員，要求期約收受賄賂縱容他人犯本法之罪者，均分別加重處罰，其最重者處死刑。

民國二十一年一月，司法行政部擬修正禁煙法科刑各條，草具修正條文，附具理由，提請行政院核議，原提案略云：

「查現行刑法關於吸食鴉片等犯，係科處一千元以下罰金，及自禁煙法施行以後，對於此等人犯，改科徒刑，於是各處監獄，驟患人滿，上年三四月間，本部派員調查各處監獄，僅就江蘇一省而論，各監人犯，總數約一萬五六千人，其中煙犯一項，卽居九千餘人，比較原有人數，增至一倍以上，因之疫癘叢生，死亡累累，引起各方面之責言。……竊維禁煙能否收效，不僅在加重吸犯罪刑，而尤在杜絕煙土及各項代用品來源，使吸者無從購吸。……本部以爲厲行煙禁，並減少監獄收容，似宜采取折中辦法，就現行禁煙法科刑部分關於禁運禁吸禁售及其他重要各條，酌行修正，以資救濟。」

行政院於第九次會議決議送中央政治會議畫一刑法案審查委員會。居委員正等詳加查核，以爲禁煙法一種，在目前既尚有不能遽行廢止之情形，不妨暫予保留，而就施行以來所得之經驗，則酌加修正，洵屬切要。司法行政部所擬修正各條，對於禁種禁運禁售及公務員庇護犯罪均加重其刑，對於吸食人犯得專科罰金，尙能正本清源，斟酌得宜，擬請將該部原提案發交立法院審議修正公布施行。至各省關於禁止毒品所定之單行條例，紛歧滋甚，且其主旨無非對於製造販售毒品人犯從嚴處罰，現在修正案既已加重科刑，更無另訂條例之理由，自應於修正禁煙法施行之日，一律廢止。中央政治會議於第三百三十二次會議，將居委員等報告審查結果提出討論，當決議：

（一）司法行政部所擬禁煙法第六、第八、第九、第十一、第十六等條之修正案，大體通過，交立法院審議。

（二）自修正禁煙法施行之日起，各省關於禁制毒品之單行條例，應一律廢止，交國民政府執行。

民國二十二年一月，司法行政部以煙犯增多，囚糧發生困難，即任其因煙病斃，亦屬有乖人道，請將禁煙法第十一條所規定之刑，量予變通，呈由行政院轉咨立法院，併同前案辦理。

立法院將各該案先後令交法制委員會審查。該會於第百七十四次會議及第三屆第三次第五次會議，先後提出審查。結果，將禁煙法原第十一條修正爲「吸食鴉片，施打嗎啡，或使用鴉片之代用品者，處六個月以下有期徒刑、拘役或三百元以下罰金，有癮者，並應限期令其戒絕。」其第六、第八、第九及第十六各條，認爲原定處罰已屬非輕，無加重之必要，應無庸修正。至關於各省所訂禁止製販毒品之各種單行條例，以既非執行法律，又非基於法律之委任，而其內容，尤與現行法律多所牴觸，自難認爲合法，應由本院呈請國民政府通飭各省限期廢止。立法院即於第三屆第七次會議提出討論，當議決照審查結果通過。

此修正禁煙法第十一條，經國民政府於二十二年三月十六日公布，至各省所頒之禁止製販毒品單行條例，亦經國民政府通飭各該省政府廢止。

第十六節 黨員背誓罪條例黨員犯罪加重處刑暫行法

黨員背誓罪條例　此條例經中央執行委員會於第五十八次常會議定，並提中央政治會議於第十五次會議通過，由廣州國民政府於十五年九月二十二日公布，同日施行。全文共八條，規定黨員背誓而爲不法行爲者，按刑律加一等以上處罰。黨員反革命圖謀內亂者，以職權操縱金融圖利自己或他人者，舞弊侵吞庫款滿千元者，均處死刑，由中央執行委員會組織臨時法庭審判之。

民國十六年七月，中央委員蔡元培、古應芬、李煜瀛、丁惟汾等提議軍政機關人員，如有營私舞弊，應照黨員背誓罪條例擬處。原提案略云：

「最近國民政府經已遷都南京，統治區域，日益增廣。各級黨部一時尚未能組織完備，所有軍政各機關服務人員未正式加入本黨者，亦復不少。近查此項人員，於此時期之內，竟不免有營私舞弊情事，若無嚴刑峻罰，以繩其後，殊不足以資儆惕而示刷新。茲擬請補行規定凡在軍政機關服務人員，雖未入黨，一律以黨員論，其有犯黨員背誓罪條例所定各條之罪者，不論已發覺未發覺，在該案判決未確定以前，均應照黨員背誓罪條例擬處，並得由中央執行委員會酌量情形，委託各該省區最高機關組織臨時法庭，進行審判程序。惟執行時，須先呈由中央核准，如此庶於整頓吏治之中，仍寓愼重刑獄之意。」

中央政治會議即提出第百零九次會議決議通過，並函由國民政府通令遵照。至二十年十二月十七日，國民政府明令將黨員背誓罪條例廢止。

黨員犯罪加重處刑暫行法　民國十八年十月，中央法規編審委員會提議請將黨員背誓罪條例加以修正或廢止，經中央執行委員會詳加查核，認為此項條例可以廢止，至黨員犯罪加重處罰，應由立法機關另訂法律，此後黨員犯罪，概由司法機關辦理，並於第四十一次常會議決：(一)凡黨員犯罪，除死刑及無期徒刑外，應照法定本刑加重三分之一或二分之一處斷，交立法院按此原則制為法律，呈請政府公布施行；(二)黨員背誓罪條例，於黨員犯罪加重處罰之法律頒行之日廢止之。

立法院於十八年十一月二日，第五十七次會議提出報告，並交法制委員會依據原則起草。該會於第四十二次會議提出討論，當決定付劉克儁、羅鼎、孫鏡亞三委員初步起草。劉委員等旋擬具黨員犯罪加重處刑暫行條例草案，提經法制委員會第五十六次會議逐條討論，略予修正通過。立法院復於十九年二月二十二日，第七十七次會議，將該草案提付二讀，結果標題修正爲黨員犯罪加重處刑暫行法，條文大致照原案通過；并由主席諮詢省略三讀，以全案付表決，經出席委員多數贊成通過。

立法院通過黨員犯罪加重處刑暫行法，即呈經國民政府提出第六十五次國務會議決議，函中央政治會議轉送中央執行委員會。此暫行法共六條，規定凡黨員犯刑法或其他法律所定之罪者，除因過失外，加重本刑三分之一，但應處死刑或無期徒刑者，不得加重，處有期徒刑者，不得逾二十年。現任職官雖非黨員，以黨員論。

中央執行委員會第八十次常會將該暫行法提出討論，當決議暫緩公布。至二十年四月，中央政治會議第二百六十九次會議認爲該暫行法第四條應修正爲「現任公務員均以黨員論，但因公務員之身分已特別規定加重其刑者，不得再行加重，」並函由中央執行委員會提經第百三十五次常會決議，推丁惟汾等四委員審查。旋丁委員等審查完竣，報經中央第百三十八次常會決議，全案修正通過。此修正案共五條，其修正之點有二：(一)黨員犯罪之加重處刑，以犯內亂、外患、侵占、賄賂、詐欺取財等罪爲限；(二)删去因過失犯罪不加重處刑之規定。

此修正案經中央執行委員會函由中央政治會議轉送國民政府提出第二十二次會議決議交立法院。立法院正審議間，中央第百六十二次常會復決議緩議，立法院通過之案，及中央執行委員會修正之案，均未公布施行。

第十七節　暫行反革命治罪法危害民國緊急治罪法

暫行反革命治罪法　民國十六年三月十三日，武漢國民政府公布有反革命罪條例十六條，規定犯反革命罪者，多處極刑。至國民政府奠都南京，中央法制委員會擬具反革命治罪條例草案，提經中央政治會議於第百二十次會議詳加核議。中央政治會議第百三十次會議復提出討論，當將該案標題改為暫行反革命治罪法，條文亦分別修正通過，即交由國民政府於十七年三月七日公布施行。

此法共十三條，規定意圖顛覆中國國民黨及國民政府，或破壞三民主義而起暴動者，或與外國締結損失國家主權利益或土地之協定者，利用外力或外資勾結軍隊而破壞國民革命者，均處死刑。凡以反革命為目的，而破壞交通，引導敵人侵入國民政府領域，刺探政治軍事上之重要或祕密消息交付敵人，製造收藏販運軍用品，或以款項或軍用品接濟反革命者，均處死刑，無期徒刑，或二等以上有期徒刑。凡以反革命為目的組織團體或集會者，處二等至四等有期徒刑，加入團體或集會者，處五等有期徒刑，或拘役。宣傳與三民主義不相容之主義及不利於國民革命之主張者，處二等至四等有期徒刑。

民國十九年七月，中央委員胡漢民提議修正暫行反革命治罪法，其提案有云：

「按反革命治罪法施行以後，其大體雖尚妥善，然如第七條下半段規定僅止加入反革命團體或集會者，處五等有期徒刑、或拘役，則未免太輕。不知一般反革命分子，詭詐百出，苟能搜獲其加入反革命團體或集會之證據，已屬不易，若於此而猶欲在一年未滿之期間以內，希冀糾正其犯罪性，事實上恐絕不可能。現在反革命案件，雖已移歸普通法院審理，而各處匪共紛起，其爲禍視前益烈，論者每以此歸罪於普通法院所踐行之程序過於苛細，及司法官不明瞭黨義者有以致之，然法文上所定之罰則過輕，亦未始非其重要原因之一也。

又第六條規定宣傳與三民主義不相容之主義，及不利於國民革命之主張者，處二等至四等有期徒刑。從理論上言之，此項規定本亦無可非議。但一按之實際，則不免感覺其稍涉籠統。且既宣傳與三民主義不相容之主義矣，其下文又緊接一及字，則構成此條之罪者，非具備宣傳與三民主義不相容之主義，及不利於國民革命之主張兩項條件不可，揆之目前情勢，似更不無姑息養奸之嫌。況刑法早經公布施行，而本法所定之罰則，尚係援用舊刑律某等至某等字樣，雖國民政府於十七年八月二十五日曾公布有一特別刑事法令刑等計算標準條例，足資救濟，但適用時究多週折，不如併予改正爲宜。」

中央政治會議於第二百三十六次會議提出討論，當經決議交立法院修正。立法院提出第百零二次會議議決，付法制委員會審查。該會未及審查完畢，而此法因危害民國緊急治罪法之施行而廢止。

危害民國緊急治罪法　民國十九年八月十四日，中央執行委員會開第百零五次常會，胡漢民、王寵惠兩委員提出危害黨國緊急治罪法原則七條，當經決議送政治會議。中央政治會議以暫行反革命治罪法前經交立法院修正，而各地反動分子益形蠢動，應另謀嚴厲處置方法，以遏亂萌，特將該項原則函送立法院查核辦理。立法院提出第百零六次會議議決，付法制委員會起草。

同年十月，中央執行委員會開第十八次臨時會議，胡委員漢民以制定危害黨國緊急治罪法一案，關係重大，特將草案全文提請公決，當經決議交法律組審查。該組審查結果，認爲原草案大致尙妥，惟標題宜改稱爲危害民國緊急治罪法，條文中字句間或不免過於廣泛，經一一爲之改正。中央第二百四十七次常會復提出討論，並決議：「修正通過，交立法院。」立法院卽令交法制委員會查照前案辦理。該會前經擬具草案，復依據中央修正之案，分別修正通過，報由立法院於第百二十八次會議完成二讀程序，經主席諮詢省略三讀，以全案付表決，出席委員均無異議通過。

此法經國民政府於二十年一月三十一日公布，並定於同年三月一日施行。全文共十一條，規定以危害民國爲目的而擾亂治安，私通外國或勾結叛徒圖謀擾亂治安，或煽惑軍人不守紀律、放棄職務或與叛徒勾結者，均處死刑。以危害民國爲目的而煽惑他人擾亂治安或與叛徒勾結，或以文字圖畫或演說爲叛國之宣傳者，均處死刑，或無期徒刑。以危害民國爲目的而爲叛徒購運軍用品，或以政治軍事上之祕密洩漏於叛徒，或破壞交通者，均處死刑，無期徒刑，或十年以上有期徒刑。以危害民國爲目的而組織團體或集會，或宣傳與三民主義不相容之主義者，處五年以上十五年以下有期徒刑。此法末條并規定「暫行反革命治罪法於本法施行之日廢止。」

第十八節　處理逆產條例

民國十六年五月十日，武漢國民政府公布處分逆產條例八條，規定凡軍閥貪官汚吏土豪劣紳及一切反革命者，其財產皆爲逆產，經合法發覺即沒收之。逆產沒收及保管之機關，爲國民政府、省市政府及縣區鄉自治機關。在革命戰爭時，逆產得全數收爲軍事及政費之用。

民國十七年七月十七日，國民政府又公布處理逆產條例十八條，規定自民國十四年七月一日起，犯暫行反革命治罪法第二條至第七條之罪，經法庭判定者或自民國元年一月一日起有危害民國行爲，罪跡昭著，經國民政府通緝者，其財產均視爲逆產，處理逆產委員會得沒收之。其餘大致規定處理逆產委員會之組織，及逆產之處理與用途。末條規定處分逆產條例自本條例公布施行之日廢止。

民國十七年十二月，國民政府第九次國務會議決議，處理逆產事宜，由內政部各省民政廳各特別市市政府接管。十八年八月，內政部以處理逆產條例內容多關於處理逆產委員會之組織及權限，而各級處理逆產委員會早經奉令裁撤，該條例所載，與事實多不相符，應分別加以修正，特呈由行政院提出第三十四次會議決議，咨請立法院審議。

立法院提出第四十四次會議議決，付委員劉盥訓審査。劉委員旋審査完畢，提出報告略云：

「悉心審議，……在原訂處理逆產條例之意，實因當時政治上有特殊情形，故於行使司法一部分職權中，仍寓顧全司法之精意。迨去年年底，此種特殊情形，逐漸減少，於是政府卽將中央及各省市處理逆產委員會毅然裁撤，交由內政部及各省民政廳各特別市市政府接管，仍令依照處理逆產條例辦理，不得任意出入。惟以執行司法一部分職權之機關，而歸併行政機關辦理，自然窒礙叢生，非經修正不可。故本斯旨，將此項處理逆產條例修正要點，分別開列如左：

一、十七年十二月二十六日以前之逆產，由內政部責成警政司保管之。

二、十七年十二月二十六日以後關於處理逆產各事宜，須經國民政府明令通緝，飭交內政部後，內政部始得接受管理。其經由司法機關者，須俟判決移送內政部後，內政部得照判決執行或處理之。

三、內政部執行逆產之處理，須會同財政部行之。

四、逆產如有免予處理或發還等事，應由內政部呈准國民政府核准後行之。

五、各省民政廳、各特別市市政府處理逆產辦法，應由內政部依照上列各項要點，參酌當地情形規定之。」

十八年九月十四日，立法院於第四十九次會議，將該審査報告提出討論，當議決再付委員劉盥訓、林彬、羅鼎審查。劉委員等卽集會討論，經決定推羅委員鼎另行起草。旋羅委員擬具修正處理逆產條例草案，提出審查會逐條詳加討論，分別修正通過。立法院復開第六十次會議，將該修正草案提出逐條討論通過，並省略三讀，通過修正處理逆產條例全案，卽呈由國民政府於十八年十一月二十三日公布施行。

此修正條例共十條，其內容大致與前條例相同，惟規定逆產之範圍較狹，卽犯反革命罪，須經法庭判處十年以上有期徒刑，其財產方視爲逆產。又關於逆產之處理，改爲由各省民政廳、各特別市市政府，受內政部之監督，會同當地法院行之。

第十九節 懲治土豪劣紳條例

土豪劣紳，本爲封建制度下之產物，若不予以懲治，則民衆利益，終無由得其保障。中央政治會議依據國民黨第二次全國代表大會宣言之要旨，於第百十八次會議議定懲治土豪劣紳條例九條，交由國民政府於十六年八月十八日公布施行。

此條例規定土豪劣紳凡武斷鄉曲，欺壓平民致傷害者；欺人寡弱，以強暴脅迫而成婚姻者；因脅產關係而剝奪人身體自由者；重利盤剝者；包庇私設煙賭者；包攬訴訟，從中詐欺取財者；脅迫官吏爲一定或不爲一定之處分者；逞強糾衆妨害地方公益或建設事業者；僞造物證，指使流氓，圖害善良者；恃強怙勢，勒買勒賣動產或不動產者；盤據公共機關，侵蝕公款，或假借名義，斂財肥己者；分別處以死刑、無期徒刑、或一等至五等有期徒刑，並得沒收其財產之一部或全部。凡土豪劣紳犯本條例之罪，地方人民均得舉發，由特種刑事臨時法庭審判之。

此條例施行後中央政治會議又於第百四十八次會議決議於原條例第九條後增加一項，爲「凡依本條例之罪，在本條例施行前尚未經確定判決者，概依本條例處斷」。由國民政府於十七年七月十六日公布。民國二十一年四月十五日國民政府依中央政治會議第二十八次臨時會議之決議，將此條例明令廢止。

第二十節　懲治盜匪暫行條例

懲治盜匪法前於民國十二年三月三日經北京政府明令恢復，但廣東軍政府則已於民國十年一月間明令予以廢止。及國民政府奠都南京，司法部以軍事粗定，匪盜猖獗，乃擬具懲治盜匪暫行條例，呈經國民政府提會通過，并於民國十六年十一月十八日公布施行。

此條例共十二條，列舉盜匪之行爲十有六，凡有其一者，均處死刑，但未遂或情有可原者，減本刑一等或二等。盜匪依本條例判處死刑者，由該管司法機關，江寧地方法院，上海臨時法院，或駐在地之高級軍官審實後，分別報轉各該省政府、司法部，或最高級軍事長官覆准後執行，但如認爲有疑誤時，得飭令再審，或派員會審，或提交覆審。

此條例之施行期間明定爲六個月，至十七年五月，司法部據江蘇福建各高等法院，及上海臨時法院先後以各方匪荷未靖，搶劫擄掠之風尤甚於前，能否將該條例繼續援用？紛請核示，特呈經國民政府提出第六十四次委員會議決議延長六個月，幷於同月二十八日通令飭遵。是年十一月，該條例之施行又屆滿期，中央政治會議爰於第百六十三次會議決議：「自十七年十一月十八日起，再延長六個月。在六個月內，各省各特別市政府應將盜匪一律肅清，由國民政府明令辦理。」但此後仍以盜匪未能肅清，迭次延長六個月，迄今尚未廢止。

第二十一節　懲治綁匪條例

民國十六年十月，司法部擬訂擄人勒贖治罪專條九條，提請國民政府委員會公同核定。原提案敍述草擬該條之理由有云：

「據上海臨時法院呈稱：『擄人勒贖之案，刑律並無明文規定，凡遇此等案件，祇有援引刑律略誘私擅逮捕監禁等罪處斷，其中最重主刑不過二等有期徒刑。夫擄人勒贖之重犯，實非數年監禁所可蔽辜，若不處以極刑，此風斷難稍戢，自非將從前公布之懲治盜匪法仍予適用，實不足以儆效尤。……』各等情請核到部，查懲治盜匪法已於民國十年一月間經前軍政府明令廢止，自未便仍予適用。但綁票之風，各地均有，尤以上海爲甚，遇案無法嚴懲，誠有如該法院所稱者。……自應另定擄人勒贖專條，以資援用。」

國民政府委員會於十一月一日議決交法制局審查。該局審查結果，以司法部所擬擄人勒贖治罪專條，所含要義，不外三點：(一)加重科刑，即審判機關對於擄人勒贖者得科死刑；(二)縮減審判程序，即此項死刑案件，不得上訴；(三)變更審判機關，即允許特種地方之軍隊，對於擄人勒贖者行使審判權。認爲第一第二兩點，可如司法部所擬，以爲短期間內之權宜辦法。至第三點，就原則言，在現代一般國家，犯罪人之受軍事機關審判者，率以軍人爲限，至非軍人則除戒嚴時期外，無不由普通法院審判；就實際言，吾國革命軍除基本軍隊外，其受賄縱匪與誣良爲匪之事，尤時有所聞，倘畀以如此廣泛之審判權，其結果難免不與立法者除暴安良之本意相反；爰將原案第四條酌予修改，至其餘各條，均仍原案。

至民國十七年十一月，中央政治會議以擄人勒贖之綁匪，仍有訂定懲治專法之必要，乃於第百六十三次會議議定懲治綁匪條例十二條，交由國民政府於同月二十一日公布施行。此條例規定綁匪之正犯、從犯、教唆犯，不論既遂、未遂，均處死刑。凡代綁匪通訊關說，或過付金錢取贖者；或窩庇綁匪，或投函恐嚇設局誘挾勒贖者；均以綁匪論。凡被綁者之戶主或負責任人祕而不報，或既報請官署偵緝後，仍祕密取贖，而不報告其經過情形者，處以一年以上五年以下之有期徒刑。

此條例施行後，至民國二十一年四月十五日，經國民政府明令廢止。

第三十二節　共產黨人自首法

民國十七年六月，中央組織部以前有暫行反革命治罪法之頒行，爲促反革命人之覺悟，而予以自新之路，特提出共產黨自首條例草案函送法制局會核參加意見，俾臻完善。該局詳加研討，認爲原草案大體妥適，惟依照立法程序，不宜稱爲條例，而應改名爲共產黨人自首法。又第四條規定自首者自首各情，刑法第一七四條已設明文，應予刪去。又第十一條涉及入黨手續，應由中央黨部通令各級黨部辦理，亦應刪去，藉免政府法令拘束黨部之嫌。其餘各條，亦略有文字上之改正，並附具說明，以詮釋其理由。

司法部對於該草案亦加具意見，將減刑或免刑以年齡或被誘惑脅迫爲條件之規定，改爲曾否在共產黨執行重要職務或有無暴動行爲爲應否減免本刑之標準。中央政治會議於第百五十八次會議，將原草案及法制局司法部審查意見，一併提出討論，當即通過共產黨人自首法九條，交由國民政府於十七年十月二十日公布。

此法規定共產黨人犯有暫行反革命治罪法第二條至第六條之罪，於發覺前自首者，得減本刑三分之一，或二分之一；如檢舉其他共產黨人，因而查獲人犯及證據者，或未犯各該條之罪而自首者，均得免除其刑。自首人犯執行刑期已逾二分之一，行狀善良，悛悔有據者，應准保釋。免刑之共產黨人得由法院交保，或移送反省院。

民國十九年三月，青島特別市黨務指導委員會呈請修正共產黨人自首法第七條爲「自首應經由高級黨部核准，然後向法院或其他官署爲之」，以示愼重。中央政治會議交由法制組審查，以審核共產分子之有無自首理由，則法院及其他官署不如高級黨部之見聞眞而認識確，該會之呈請修改，是蓋出於愼重周詳之意，似可采用，并卽提出第二百二十一次會議決議，交立法院審議修正。

立法院提出第八十三次會議議決付法制委員會審查，旋審查完畢，認爲青島特別市黨務指導委員會所擬之修正案可以采用，復提出第八十五次會議議決，其產黨人自首法第七條修正爲「自首應經所在地高級黨部允許後，向法院或其他官署爲之。」此修正條文經國民政府於十九年四月二十六日公布。

第二十三節　暫行特種刑事誣告治罪法

民國十七年六月，中央執行委員會據江蘇省黨務指導委員會呈請頒布黨員誣告反坐條例，以保障忠實黨員，卽提出常會決議，交組織部起草。該部以制定此項條例，係屬立法範圍，應由政治會議交法制局起草，並擬具特種刑事誣告反坐條例草案，以供參考。

法制局卽參照中央組織部所擬草案，擬就暫行特種刑事誣告治罪法草案九條，定爲凡犯特種刑事誣告罪者，不僅黨員或對於黨員，卽非黨員對非黨員，亦得依本法治罪。此外僞造證據，散布虛僞事實，及公務員瀆職，均與誣告有密切關係，有加重處罰之必要，又訴訟管轄，亦以一併訂入，較爲簡便，草案內均分別規定，俾資援用。

中央政治會議於第百四十八次會議，將該草案提出討論，結果原第六條删去，餘各條完全通過，卽交由國民政府於十七年七月二十四日公布施行。此法共八條，規定意圖他人受暫行反革命治罪法或懲治土豪劣紳條例之處罰，向黨務軍事行政或審判機關爲虛僞之告訴告發者，按其所告罪應科之刑處斷；僞造變造證據，或使用之者，其處罰亦同；以文字圖畫演說或其他方法表示虛僞之事實者，或依法令爲證人爲虛僞之陳述者，則減輕一等或二等處斷。公務員明知誣告，而爲不利益於被誣告人之處分者，依刑法各條之刑加重一等或二等處斷。

此法施行後，至二十一年四月十五日，國民政府依中央政治會議第二十八次臨時會議之決議，明令予以廢止。

第二十四節　毀壞中國國民黨　總理遺像及黨旗論罪辦法

民國十八年五月，立法委員焦易堂等九人提議規定毀壞　總理遺像及黨旗之論罪辦法案，其理由為「全國國民對於　總理遺像及黨旗均應表示敬意。查刑法第一六七條關於公然毀除去或侮辱民國之國旗國章者，已有懲處之規定，則毀壞　總理遺像及黨旗，似應依照刑法第一六七條之規定論罪」。立法院於第二十六次會議詳加討論，當經議決：「全國國民對於中國國民黨　總理遺像與黨旗，均應表示敬意，有意圖侮辱公然加以損壞除去或侮辱之行為者，依照刑法第一百六十七條之規定治罪」，並即呈由國民政府於十八年六月二十七日公布。惟立法院修訂之新刑法，其妨害秩序罪章，已有關於此項規定，新刑法如定期施行，此辦法已失依據，自應廢止。

第二十五節　徒刑人犯移墾暫行條例

民國二十三年六月，司法行政部以各省監獄擁擠，均有人滿之患，特擬具徒刑人犯移墾條例草案，呈由行政院交內政、軍政、實業、教育、交通、鐵道及司法行政七部會同審查，該部等審查完畢，將原草案略加修正，提經行政院第百六十三次會議決議通過，送中央政治會議。中央政治會議提出第四百十二次會議討論，並決議原則通過，交立法院審議。

立法院提出第三屆第六十四次會議議決付刑法起草委員會審查。該會於第百八十七次及第百八十八次會議，先後提出討論，並由司法行政部次長石志泉列席說明，當將該草案修正通過。立法院復於第三屆第六十五次會議，將該審查修正案提出詳加討論，結果，於條例上加「暫行」二字，條文逐一通過，並由主席諮詢省略三讀，以全案付表決，出席委員均無異議通過。

徒刑人犯移墾暫行條例經國民政府於二十三年七月十日公布施行，全文共十二條，規定處無期徒刑之人犯，執行滿五年後，處三年以上有期徒刑之人犯，執行滿五分之一後，如係二十歲以上之男子，得以司法行政部命令移送邊遠地方墾殖，如軍事人犯，得以軍政部命令移送之。人犯移送途中及在移墾地之期間，均按日數折算刑期，期滿後願受地入籍者，授以地若干畝之耕作權，並編入該處戶籍。中央及地方各機關及各地駐軍，對於人犯之移送戒備及其他關於移墾一切事宜，應協助之。

第二十六節　陸海空軍刑法

民國四年三月十九日，袁大總統公布有陸軍刑事條例。七年四月十六日，政府又加以修正，至十年八月十七日更修正之。民國四年四月七日，袁大總統又公布有海軍刑事條例，至七年五月二十一日，政府復加以修正。

陸軍刑事條例共一百零三條，海軍刑事條例共一百一十條，各分爲兩編，第一編總則，規定法例、文例、刑之執行，刑事責任及刑之減免等。第二編分則，分爲叛亂罪、擅權罪、辱職罪、抗命罪、暴行脅迫罪、侮辱罪、詐僞罪、掠奪罪、逃亡罪、軍用物損壞罪、關於俘虜之罪、違令罪，共爲十二章。

民國十四年十月九日，廣東國民政府公布一陸軍刑律八十三條，其章目內容，大致與前陸軍刑事條例相同，惟增一強姦罪，將關於俘虜之罪及違令罪，併爲違背職守罪。

民國十八年六月，陸海空軍總司令蔣中正以陸軍刑律條文簡單，所有關於扣餉、浮報、收容逃兵、盜賣槍枝及軍用品各罪，闕未規定，特將前南昌軍事善後會議通過之陸軍刑律補充條例五章，共十六條，加以暫行二字，呈請國民政府明令頒行，幷請令立法院從速議定完善之軍事刑法，俾便陸海空軍共同遵守。國民政府即批交立法院查照辦理。

立法院提出第三十一次會議議決，付軍事委員會會同法制委員會審查。該會等於第四次聯席會議提出討論，結果認爲有另行起草陸海空軍刑法之必要，幷推定委員朱和中、陳肇英、羅鼎、張志韓起草。旋朱委員等起草完畢，提經該兩會第五次聯席會議詳加討論，結果修正通過，共爲兩編，凡百二十條。立法院於第四十七次會議，將該草案提出逐條討論，分別修正或照原案通過，原第四條改列第一條第二項，二讀通過之案較草案少一條。二讀既畢，主席即諮詢省略三讀，以陸海空軍刑法全案付表決，經出席委員多數贊成通過。

此法經國民政府於十八年九月二十五日公布，第一編總則共十五條，所規定者仍爲法例、文例、刑之執行、刑事責任及刑之減免等，但其內容與陸海軍刑事條例及陸軍刑律均有差異。第二編分則分爲十六章，共百零三條，其所定各罪，除與前兩條例及刑律相同者外，增加（一）盜賣軍用品罪，（二）私藏軍火罪，（三）縱火罪，（四）收容逃亡罪末條爲附則，規定「本法自公布日施行。」

第二十七節　軍機防護法

民國二十一年九月，軍事委員會擬具洩漏軍機治罪法草案，經由軍政部呈請行政院轉送中央政治會議提出第三百二十四次會議決議交立法院審議。

立法院提出第二百零五次會議議決付軍事委員會會同法制委員會審查。該會等於第二十三次聯席會議提出討論，當推定陳肇英、郗朝俊、趙迺傳、黃右昌、宋和中、朱仲公六委員初步審查。陳委員等旋審查完竣，提出第二十五次聯席會議詳加討論，結果將原草案標題改爲軍機防護法，並將條文修正通過，都十四條。立法院復於第二百十一次會議將該審查修正案提出逐條討論，除删去一條外，餘均分別修正或無異議通過，并省略三讀，通過全案，即是由國民政府於二十一年十二月十七日公布。

此法共十三條，規定洩漏交付或公示因職務上所知悉或保管或因刺探收集而得之軍事上機密之消息、文書、圖畫或物品者，或知之因而以暴行使人交付或竊取者，均處死刑，或無期徒刑。刺探收集藏匿非職務上所應知悉或保管之軍事上機密之消息、文書、圖畫或物品者，處三年以上十年以下有期徒刑。未受允准或以詐術取得允准，而入要塞、堡壘、軍港、軍營、軍用船艦、軍用航空港場、軍械廠庫或其他國防上之處所、建築物，或測摹攝影，或記述其內容者，處一年以上七年以下有期徒刑。

此法規定施行日期及期間，以命令定之。民國二十二年三月二十二日，國民政府明令定該法自二十二年四月一日起施行，其施行期間暫定爲九個月。至二十三年一月，施行期滿，國民政府又於是年三月五日明令該法施行期間著予展限九個月。

第二十八節　大赦令政治犯大赦條例大赦條例

大赦令　民國元年三月十日，臨時大總統袁世凱頒布大赦罪犯令云：

「國體變更，首在盪滌繁苛，與民更始。我國民向受專制官吏之弊，失教罹罰，政多不平，陷於囹圄，或非其辜。當茲民國初基，正宜湔除汙染，咸與維新，凡自中華民國元年三月初十日以前，我國民不幸而罹於罪者，除眞正人命及強盜外，無論輕罪重罪，已發覺未發覺，已結正未結正者，皆除免之。我國民其自納於軌物，懷茲刑辟，毋蹈匪彝，以保我同胞之生命與名譽於無極。」

時南北雖已統一，而內閣正在組織中，南京臨時政府尚未交卸，孫總統以臨時約法第四十條規定「臨時大總統得宣告大赦、特赦、減刑、復權，但大赦須經參議院之同意，」又第五十六條規定「本約法自公布之日施行，「袁總統發布大赦令在臨時約法施行之前，應經參議院追認，方能有效，特咨請該院迅予核議。」
參議院即開會提出報告，并交法律審查會審查，旋審查完畢，復於三月二十九日開常會討論，僉以袁大總
統大赦命令，係三月初十日所發布，而約法則在三月十一日公布，中華民國既經成立，頒行大赦，以示與民更始
之意，自屬可行，應即追認，當經出席參議員一致可決。此項大赦命令遂全國一體遵行。

民國十六年七月二日，北京政府又頒布大赦令及管束條例，宣示在該令頒行前，各犯罪除殺傷尊親屬一
項不赦外，其餘分別赦免或減刑。而赦免之中，又分釋放管束兩種辦法。此項赦令及條例頒行後，除釋放者外，其
殺人、盜匪、強姦、略誘經該管官廳判決確定處死刑，及犯陸海軍刑事條例各罪處死刑或無期徒刑者，均各減輕
二等，執行最高法定刑期。至殺人、盜匪、略誘各犯，經判決確定處無期徒刑或一二等有期徒刑，暨涉及共產主義
之犯罪，經判決確定處刑者，依管束條例第一條，分別管束三年至六年，但原判刑期執行所餘期間不足三年者，
應依所餘之刑期為管束期限。又未經判決，或雖經判決尚未確定，及續行發覺之殺人、強盜、略誘各犯，經該管官
廳裁決，認為嫌疑重大者，依管束條例第二條，管束一年至六年。

民國十七年六月，國民革命軍克復北京，司法部接收前大理院案卷，查與前項赦令有關之案，不下數百餘
起，各省法院復紛請核示，懸而未決。司法行政部乃呈請司法院速定辦法，俾資遵守。司法院以北方政府赦令，國
民政府自難認為有效，惟按之事實，北方各省在去年多已遵行，若概予否認，勢必於業經減刑或管束之案，仍照

原判執行或於業經釋放之人重行傳訊，當此統一告成，與民更始，應否由國民政府另施寬典，均屬大赦範圍，特依國民政府組織法第二十二條第三項之規定，於十二月十二八日，咨請行政院查核辦理。

行政院提出第十二次會議，決議，交內政部趙部長，教育部蔣部長，衛生部薛部長審查。該部長等審查結果，以大赦爲國家大典，此時應否舉行，應請中央政治會議決定原則。行政院復提出第十四次會議決議，照審查意見通過。中央政治會議提經第百七十五次會議議決，交司法院提出意見，再行討論。司法院以統一告成，訓政伊始，値大難初夷之日，正與民更始之時，特列舉意見三項如次：

一、軍閥專横時代受壓迫詐欺，鋌而走險以致犯罪者，事所恆有。現在一切惡勢力既已掃除，則從前誤蹈非法之民，悉宜予以自新之路，似應於統一告成之後，由我政府特頒赦令，以示矜恤，而資滌濯。

二、我革命軍尙未統一全國之時，北方政府曾於十六年七月二日公布赦令，司法部上年接收前大理院案卷，查與前項赦令有關者甚多，計不如由我國民政府另施寬典，將前項赦令所定赦免種類，容納於我政府此次赦令之中，庶經時糾紛，悉予解決。

三、赦免範圍，本應從嚴，但我政府此次赦令，如須包涵北方政府赦令所定赦免種類，則不妨就所定犯罪種類內，仍分別情形，定爲不赦及赦免或減刑各種辦法，此不特爲兼顧過去事實計，即就刑事政策立論，亦所應爾。但赦免之後，加以管束，未免於理不順，我政府此次赦令，似應將北方赦令所列管束各罪，分別歸納於減刑範圍之內，應予補救，至於赦免後之善後辦法，自宜於赦令條款內規定再犯之處斷，不必以赦免時更爲監視或管束之處置。

中央政治會議即將上列意見，提出第百七十七次會議詳加討論，當決議交立法院審議。

民國十八年三月九日，立法院提出第十六次會議決，付法制委員會審查。該會於第十五次及第十六次會議先後提出討論，結果，認爲此案係依政治革命之立場，不妨予以成立，惟赦免之範圍時期及其方法，付呂志伊、王用賓、孫鏡亞三委員共同擬定。旋呂委員等擬具意見，提經該會第四次臨時會議詳加討論，僉以赦免之範圍，方法及日期，關係甚重，應請大會決定，較爲允當。立法院於五月十八日開第二十五次會議，將法制委員會審查意見提出討論，各委員均主慎重，結果議決保留，此案遂以擱置。

政治犯大赦條例　民國十九年十一月，第四屆三中全會通過刷新中央政治，改善制度，整飭綱紀，確立最短期內施政中心，以提高行政效率案。原案分甲乙丙三項，乙項關於肅正紀綱與刷新政治之方案，其第一款爲國民政府於民國二十年元旦頒布大赦，除背叛黨國之元惡，及怙惡不悛之共產黨，及有實際行爲者外，其他政治犯應予赦免，以示寬大，由行政院司法院擬具範圍，交由立法院議決，呈請國民政府執行之。行政司法兩院往復商，按照全會議決原則，分別查明各項新舊刑事法令所有應予赦免之政治犯，擬訂條例草案，提經行政院第五次國務會議決議送立法院審議。

立法院卽將該草案交法制委員會審查。該會於第百零一次會議提出討論，結果，認爲大致妥善，略予修正通過。立法院於第百二十三次會議，將該審查修正案提出逐條討論通過，幷省略三讀，通過政治犯大赦條例全案，卽呈由國民政府於民國二十年一月一日公布施行。

此條例共九條，規定赦免之政治犯，指在民國十九年十二月三十一日以前犯內亂罪、反革命罪、及依法規定與其性質相同之罪，不論已起訴未起訴已判決未判決，一律由高等法院院長首席檢察官及推事二人，檢察官一人，組織委員會核准開釋，軍法會審之人犯，由該管軍事機關軍官三人軍法官二人組織委員會核准開釋，如有疑義，應先分別呈請司法行政部或軍政部核示；其未經發覺或未經緝獲者，一律免予緝究。不赦免之背叛黨國元惡，指民國十一年六月十六日在廣州叛亂之元惡，及民國十九年九月九日在北平組織僞政府之元惡；怙惡不悛之共產黨人，指未依共產黨人自首法自首之共產黨人；有賣國行爲者，指犯外患罪，或依法規定與其性質相同之罪。自首之共產黨人，得核准開釋，或移送反省院；未自首之共產黨人得於此條例施行後三個月內宣告緩刑或暫行保釋。

大赦條例　民國二十一年三月，第四屆中央執行委員開第二次全體會議，于委員右任等提議頒行大赦，略云：

「竊以大赦爲國家非常之典，應於非常之時一舉行之。所以滌瑕盪垢，與民更始，意至善也。比年以來，禍變迭起，法令苛煩，天災荐臻，物力凋敝，用是人民迫於饑寒，挺而走險，失教罹罰，多非其辜，久繫囹圄，深堪憫惻。……自約法公布以後，迭據各省各縣監犯合詞呈懇大赦者，無慮數百餘起。上年六月，全國律師協會開第三屆大會，亦曾建議頒布大赦案，呈請施行。茲者強鄰入寇，外患日亟，全國憤慨，爭思禦侮。又逢我統一政府成立伊始，引領新政，羣望昭蘇，所謂非常之時也。且此輩雖同屬罪犯，其中亦品類攸殊，或無心觸網，原多可恕之情，或有志執戈，不乏可用之力。益以各處監獄，無不擁擠異常，平時坐耗囚糧，輒虞不給，一旦發生戰禍，防範更難，與其枝枝節節，謀疏通補苴之方，曷若明頒赦令，咸與自新，既以昭宣黨國寬大公允之懷，亦可策勵人民咸奮效命之氣。」

全會於第二次會議決議：交國民政府飭主管機關迅速擬辦。

此決議案經中央執行委員會函由國民政府交行政、司法、立法三院遵辦。行政院即飭司法行政部擬議具復。該部審酌已往之事實，並現時社會之狀態，擬具大赦條例十條，並附具說明，凡關於不准赦免之範圍，以命盜姦誘情節重大者爲限。並以現時各監獄中之人犯，仍有在舊法有效時期判處罪刑者，故將已廢止之刑律、刑律補充條例、懲治盜匪法、科刑標準條例中不准赦免各案之罪，一併列入，以免遺漏。其未揭載條文，而有涉於上列之罪者，分別另爲規定，均不准赦免。惟爲普及曠典計，所有不准赦免之罪犯，除殺直系尊親屬者外，仍明定准予減刑三分之一，以免向隅，而勵自新。此條例經行政院提出第二十一次會議決議通過，並會同司法院於四月二十日咨立法院審議。

司法行政部所擬之大赦條例，第一條列舉不准赦免之罪，其丙款第九目為陸海空軍刑法法令，應由軍政部海軍部擬辦，行政院即分飭擬議列入。該兩部當按照司法行政部所擬定不准赦免之範圍，分別就陸海空軍刑法擇其罪大惡極者，一一列舉，不予赦免。又以現在執行人犯中在舊法有效時期判處罪刑者，不在少數，并將已廢止之陸軍刑律、陸軍刑事條例、修正陸軍刑事條例、海軍刑事條例各條款比照現行刑法性質相同之罪，逐一列入，以免疏漏，即各繕具大赦條例第一條丙款第九目全文，呈由行政院咨送立法院併案審議。

立法院提出第百八十次會議議決，付法制委員會會同軍事委員會審查。該會等於第二十次及第二十二次聯席會議先後提出討論，並函由司法院、司法行政軍政海軍三部各派代表列席說明，先決定付羅鼎、陳肇英、朱和中、郗朝俊、劉克儁、張志韓、黃右昌七委員初步審查，復依據羅委員等審查意見，詳加研討，結果，將原條例修正通過，都為八條。

二十一年六月十一日，立法院開第百八十八次會議，將該審查修正案提出討論，先由法制委員會委員長王用賓報告審查結果，略謂：

「司法行政部所擬之條例共十條，經審查後修正為八條。原條例第一條采列舉式，從『罪』上着眼，修正為從『刑』上着眼，按刑之輕重，定赦免之方法。原條例對赦免範圍，除所列舉者外，均赦免之。審查會修正為凡犯罪在民國二十一年三月五日以前，其最重本刑爲三年以下有期徒刑、拘役，或專科罰金、褫奪公權，或沒收者，均赦免之。此外犯其他之罪，其最重本刑爲死刑，無期徒刑，或七年以上有期徒刑者，減刑三分之一，七年未滿者，減刑二分之一，但犯特殊重罪、瀆職罪，或公務上之侵占罪，不予減刑。此其一。

原案第四條規定赦免人犯於五年內更犯五年以上徒刑之罪者，其已赦之罪，以未赦論，除因時效而消滅者外，曾處刑者執行原處之刑，未處刑者，與後犯之罪併合論罪。此條實有未妥，蓋既赦其罪，而於其再犯時復執行已赦之罪，未免太嚴。且對於罪犯不應祇用消極方法處理之，尤應用積極方法注重預防，使其不再犯罪，故修正爲赦免人犯，如認爲有再犯之虞者，由司法行政部定再犯條例預防之。此其二。

又依原條例第六條，凡經赦免人犯，其沒收之財產，除已由官署處分，或原狀不能回復者外，應發還之。此亦未妥，蓋大赦在赦免罪犯之刑，而非赦免罪犯之財產，如此規定，轉多糾紛。且財產之沒收，係行政處分，可由行政方法處置之，不應在大赦條例中規定，故予刪去。此其三。

至政治犯已於去歲大赦時僅一減，罪犯不多，故不列入，縱欲赦免，亦可以特赦方法救濟之。此其四。」

王委員長報告畢，各委員對於發還財產一點，略有討論，主席即宣告開始二讀，逐條討論，結果，除第二條修正通過外，各條均無異議通過。在二讀會中，各委員討論最久，辯爭最烈者，爲左列二問題：

（一）以殘忍行爲殺人者之應否減刑　審查修正案第三條列舉不予減刑之罪，其爲第三款爲「以殘忍行爲殺人者。」周緯主張删去此款，謂殺人既可減刑，則不必論其行爲之是否殘忍，且行爲之殘忍與否，並無一定之標準。例如鄉人之欲殺人者，祇用刀棍，費若干之時間，始能置人於死命，此種行爲似屬殘忍。但大盜之殺人，祇須一槍彈卽可置人於死命，此種行爲似不殘忍。以善於殺人而減刑，不善於殺人而不減刑，豈得謂平？樓桐孫贊成周氏意見，朱和中、陳肇英、董修甲則相繼反對。呂志伊謂刑法第二八四條對殺人分「動機」與「行爲」兩項，此款應修正爲「殺人出於預謀或有殘忍行爲者，」就人道言，此種罪犯，應殺一儆百，不應減刑。胡庶華請以呂委員修正案提付表決，結果，出席委員三十四人，以二十六人之贊成通過。

（二）赦免人犯被沒收之財產應否發還　陳肇英主張發還赦免罪犯之財產，謂罪犯之有力者，可用種種方法，使其財產發還，而無力者，財產被沒收後無法恢復，殊不公平。朱和中主張發還被赦免罪犯之財產，其已處分或不能回復原狀者，幷主張償還其價格。史尚寬、陳長蘅駁之，謂如鴉片犯之煙土，賭博犯之金錢，經法院沒收後焚燬或處分，豈得再賠償其煙土或金錢乎？郗朝俊謂沒收之財產可分三類：（一）違禁物，（二）贓物，（三）預備犯罪之物，此皆不可發還。至懲治反革命分子、土豪劣紳所沒收之財產，乃政府之行政處分，非刑事處分，與大赦無關，故不必規定。衆委員均無異議。

二讀旣畢，繼續三讀後，主席卽以全案付表決，遂以委員二十九人之贊成通過。

大赦條例經國民政府於二十一年六月二十四日公布施行，全文共八條，其內容之要點，卽爲王委員長用資報告審查之結果此外規定應赦免之人犯其已判決確定者由高等法院首席檢察官或該管軍事官署核准開釋；其未經判決者依刑事訴訟法關於大赦之規定辦理減刑人犯之已判決確定者由最後審理事實之法院或其他相當官署以裁定行之；其未經判決者於裁判時行之；經明令減刑者應就減定之刑再予減刑。

第八章　訴訟法

吾國關於訴之法規散見於六經而尤詳於周禮。李悝法經有囚法捕法唐律疏義謂：「囚法卽斷獄律捕法卽捕亡律。」漢律九章改爲捕律囚律而興律有上獄廐律有告反訊受自魏迄隋代有增删。其中所列告劾傳覆繫囚鞫獄斷獄繫訊捕斷鬭訟均爲關於訴訟之規定。唐律準開皇之舊其第八篇爲鬭訟律疏義云：「鬭訟律首論鬭毆之科次言告爭之事。」最末爲斷獄律疏義云「諸篇罪名各有類別訊捨出入各立章程。此篇錯綜一部條流以爲決斷之法故承衆篇之下。」宋刑統一本於唐。大元通制二十篇其第十三篇始以訴訟名。明律以六曹分類刑律列有訴訟十二條斷獄二十九條捕亡八條。大清律例亦倂訴訟斷獄捕亡於刑律中。大清會典間載有關於民刑案件之程序。凡此均爲吾國之民刑訴訟法規。

清末設修訂法律館編定民事刑事訴訟律草案及相輔而行之法院編制法草案未及頒行而清亡。民國成立均暫行援用幷迭有删修。政府幷將其他關於行政及軍事之各訴訟法規分別制定頒行。修訂法律館復編纂民刑訴訟法草案，亦經政府以命令頒行。國民政府定都南京，立法院議定民事訴訟法、刑事訴訟法、法院組織法，及關於行政救濟之訴願法、訴訟法，并陸海空軍審判法等，先後公布施行。其詳於次各節分述之。

第一節 刑事民事訴訟法

清末修訂法律大臣沈家本、伍廷芳編訂刑事民事訴訟法，於光緒三十二年三月具奏進呈，擬請明降諭旨，宣布中外，一體遵行。原文略云：

「查中國訴訟斷獄，附見刑律，沿用唐明舊制，用意重在簡括，揆諸今日情形，亟應擴充，以期詳備。泰西各國訴訟之法，均係另輯專書，復析爲民事刑事二項。凡關於錢債、房屋、地畝、契約及索取賠償者，隸諸民事裁判。關於叛逆、僞造貨幣官印、謀殺、故殺、強刼、竊盜、詐欺、恐嚇取財，及他項應遵刑律定擬者，隸諸刑事裁判。……中國華洋訟案，日益繁多。外人以我審判與彼不同，時存歧視。商民又不諳外國法制，往往疑爲偏袒，積不能平，每因尋常爭訟細故，釀成交涉問題，比年以來，更僕難數。若不變通訴訟之法，縱令事事規仿，極力追步，眞體雖充，大用未妙，於法政仍無濟也。中國舊制，刑部專理刑名，戶部專理錢債田產，微有分析刑事民事之意，若外省州縣，俱係以一身兼行政司法之權，官制攸關，未能驟改。然民事刑事，性質各異，雖同一法庭，而辦法要宜有區別。臣等從事編輯，悉心比絜，考歐美之規制，款目繁多，於中國之情形，未能盡合，謹就中國現時之程度，公同商定簡明訴訟法，分別刑事民事，探討日久，始克告成。」

原奏並聲敍民刑訴訟法中有爲各國通例，而我國亟宜取法者，厥有二端：一宜設陪審員，一宜用律師。此法條文雖簡，內容甚爲詳備，幷包含民刑事執行及破產之規定。全編分爲五章，凡二百六十條。第一章總綱，分四節：(子)刑事民事之別，(丑)訴訟時限，(寅)公堂，(卯)各類懲罰。第二章刑事規則，分七節：(子)捕逮，(丑)拘票搜查票及傳票，(寅)關提，(卯)拘留及取保，(辰)審訊，(巳)裁判，(午)執行各刑及開釋。第三章民事規則，分十一節：(子)傳票，(丑)訟件之値未逾五百元者，(寅)訟件之値逾五百元者，(卯)審訊，(辰)拘提圖匿被告，(巳)判案後查封產物，(午)判案後監禁被告，(未)查封在逃被告產物，(申)減成償債及破產物，(酉)和解，(戌)各票及訟費。第四章刑事民事通用規則，分四節：(子)律師，(丑)陪審員，(寅)證人，(卯)上控。第五章中外交涉案件，末附頒行例三條。

此法奏進後，清廷卽於同年四月初二日明諭略謂「法律關係重要，該大臣所纂各條，究竟於現在民情風俗能否通行，着該將軍督撫都統等體察情形，悉心研究，其中有無扞格之處，卽行縷晰條分，據實具奏。」至光緒三十三年，各省先後覆奏，均擬請展緩施行，另交由法部詳覈妥擬，該部以各級審判廳開辦在卽，特奏請編纂試辦章程，幷以直隸總督袁世凱奏定之天津府屬審判廳試辦章程，在法律未備之時，爲權宜開辦之計，調和新舊，最稱允協，卽督飭司員，詳加考究，斟酌采取，復參照修律大臣沈家本奏呈之法院編制法草案，量損益適中，悉臻妥善。完成草案後，又咨交大理院逐條詳覈，意見亦復相同，爰繕具全章程，奏請飭下憲政編查館覈議，幷擬於未經議覆之先，暫由京師各廳先行試辦，俟覆奏奉旨後，再通行各省遵照，以昭劃一，於同年十月二十九日奉旨依議。

各級審判廳試辦章程編次之法，據法部原奏所稱：「以總綱居首，釋民刑之定義；次審判通則，明司法之權能；次訴訟通則，詳呈訴之方法；次檢察通則，盡補助之作用；而以附則終之，定施行之期間。」該奏並說明民事之區別，與訟費之釐定，略謂：

「閭閻之釁隙，每因薄物細故而生，苟民事之判決咸宜，則刑事之消弭不少。惟向來辦理民事案件，僅限於刑法之制裁，今審判各廳，旣分民事爲專科，自宜酌乎情理之平，以求盡乎保護治安之責。玆擇其簡要易行者，量爲規定，庶與刑事顯有區別，而適足相成。至訟費一節，係比照天津審判廳現行之例，而更從輕。蓋訴訟所用之費，取償於輸服之人，乃東西各國之通例，而又有酌量減免之法以救其窮。不知者或且以爲詬病，抑思一切院廳設備，官吏俸糈，無非出自公家，若訟費尙須仰給度支，焉得人人而濟。且此項規費，亦向來所不能無，與其隱忿誅求，不如明定限制，此又臣等所熟思焉不得不豫爲釐定者也。」

此章程共五章，都爲一百二十條。第一章總綱，第二章審判通則，分八節：（一）審級，（二）管轄，（三）迴避，（四）廳票，（五）豫審，（六）公判，（七）判決之執行，（八）協助。第三章訴訟，分六節：（一）起訴，（二）上訴，（三）證人鑑定人，（四）管收，（五）保釋，（六）訟費。第四章各級檢察廳通則。第五章附則。其施行期間，依第一百十九條規定，自各級審判廳開辦之日爲始，俟法院編制法及民事刑事訴訟法頒行後，即停止施行。

此章程采四級三審制，略具法院編制法及民刑訴訟法大要，條文雖簡，內容甚爲完備，其可注意之點有二：第一、凡地方審判廳第一審刑事案件之疑難者，凡現行犯事關緊急者，凡公判案件本係重罪，受理時誤認爲輕罪，或由輕罪發覺其他重罪者，均應行預審。第二、民事判決於上訴期滿後，除被告遵斷完案外，得（一）查封欠債者之物產，勒限完案；（二）管理查封之物產，以其利息抵償欠款；（三）拍賣查封之物產，抵償欠款。如家產淨絕無法執行時，得將理由人收教養局作工一月以上，三年以下。

至宣統元年，憲政編查館詳覈各級審判廳試辦章程，認爲大致妥善，准其通行試辦。惟該章程第七條所定各級審判廳管轄之區域，係專指京師內外城而言，至外省各級審判廳之管轄區域，并無明文規定。法部特就關於各直省者，擬加補訂八條，并擬定各省城商埠各級審判檢察廳編制大綱十三條，各省城商埠各級審判廳籌辦事宜四款，俾率循不至無方，而推行可期盡利，於同年七月初十日一併具奏，并奉旨依議，即通行各省一體遵行。

民國成立，民刑訴訟法尚未頒行，司法部特將各級審判廳試辦章程分別刪修，於民國二年十月二日呈准政府通飭施行。至四年二月二日、十月六日、十二月六日又迭次加以修正。其增刪最重要之點有六：（一）刪除第二章第一節審級各條。（二）刪除關於依法院編制法草案辦理之條文。（三）刪除關於檢察官職權之規定。（四）各級審判廳管轄之區域，修正爲「除京師外，各省城高等審判廳管轄全省訴訟，各縣地方審判廳管轄全境訴訟」（五）規定凡地方審判廳第一審刑事案件豫審時，推事應諮詢檢察官意見，檢察官應於三日內提出意見書。豫審決定後，當事人如有不服，應依抗告程序行之。（六）增加必須親告之事件，如妨害安全信用名譽及祕密罪姦非罪等。至補訂章程八條，亦經司法部於民國三年呈准政府刪去原第一、第二、第七各條，幷修正餘各條之文字。

民國九年一月，司法部將各級審判廳試辦章程第六十條、第六十一條所定民刑事上訴期間，均自宣示或送達判詞之日起算，改爲自宣示或送達判詞之翌日起算。十年二月，又修正第八十七條及第八十九條，將訴訟費用分別增加。此兩次修正案，均呈經政府核准施行。

第二節　大理院審判編制法法院編制法暫行各縣地方分庭組織法

清光緒三十二年九月二十日，諭刑部改爲法部，專任司法；大理寺改爲大理院，專掌審判。大理院旋即改組成立，以中國行政司法二權，向合爲一，現既與法部截然分離，專司審判，則應將裁判之權限等級區畫分明，次第建設，方合各國憲政之制度。爰擬定大理院審判編制法，具摺奏進，於光緒三十二年十月二十七日奉旨依議。此法亦采四級三審制，惟所定以京師爲限。全文分五節，共四十五條。第一節總綱，第二節大理院，第三節京師高等審判廳，第四節城內外地方審判廳，第五節城讞局。其內容上重要之點如次：

一、大理院在京直轄審判廳局有三：（一）京師高等審判廳，（二）京師城內外地方審判廳，（三）京師分區城讞局。自大理院以下各審判廳局，均分民事刑事二類，關於司法裁判，不受行政衙門干涉。各審判廳局均附設檢察局，各須設有檢察官，於刑事有提起公訴之責，可請求用正當之法律，監視判決後正當施行；均須置承差若干人，掌送達訴訟人票提及控案，並辦理審判衙署已審決之案件。

二、大理院於下列事項有審判責任：(一)終審案件，(二)官犯，(三)國事犯，(四)各直省之京控，(五)京師高等審判廳不服之上控，(六)會同宗人府審判重罪案件。其於法堂審判事件時，以推官五人爲問官，至少須以三分之二到堂始可審判，以資高歷深者一人爲問官長。大理院之審判，於律例緊要處表示意見，得拘束全國審判衙門。

三、京師高等審判廳爲京師合議第二審判衙署，置廳丞一員，酌設一課或二課以上之民事刑事課，以審判官五人編成一課，各置課長一人。其審問時亦以五人編制之，公推一人爲問長。該廳於下列事項有審判責任：(一)地方審判廳第一審判決不服之控訴，(二)城讞局判決經過第二審之上告。

四、地方審判廳於民刑事訴訟第一審第二審案件及商民破產事件有審判責任；置廳長一員，得置一課或二課以上之民刑事課，以三人編成一課，各置課長一人；設待質所，如有案情重大者，得拘留入所，案情較輕者，亦得拘留數日。

五、城讞局置二人以上之審判官，以一人爲監督審判。城讞局於民事訴訟左列事項有審判責任：

第一、二百兩以下之訴訟，及二百兩以下之價額物產之訴訟。

第二、不論價額於左開之事項：

甲、田土疆界案件；

乙、占據案件；

丙、有僱傭關係之案件；

丁、旅人客店及飲食店主人間所起之訴訟，旅人與運送人間所起之訴訟。

又於刑事左列事項有審判責任：

第一、違警罪有不服者；

第二、罰金十五兩以下者，枷號者；

第三、婦女折贖在四十兩以下者；

第四、徒罪無關人命者。

此法為確定大理院審判之權限而制定，自法院編制法頒行，即無形失其效力。

大理院審判編制法本有關於高等審判廳、地方審判廳及城讞局之規定，惟其適用限於京師，範圍過狹。欽定逐年籌備事宜清單有令各省分期籌設各級審判廳，以立司法獨立基礎之明文；又規定法院編制法應於宣統元年頒布。修訂法律大臣沈家本氏特精研吾國律例，詳察各國法規，酌擬法院編制法十五章，一百四十條，於光緒三十三年八月初二日開單奏請飭下憲政編查館考核。

該館詳愼研討，逐章逐條考核，認爲原案大致妥善，舉凡機關之設備，及其職掌權限，規定綦詳，於采用各國制度之中，仍寓體察本國情形之意，尚係折衷擬訂。惟其中尚有應行增損者數端，特參照最新法理，證以當時實情，分別修正，條文文義未協，及字句歧異之處，亦經詳細删改，以期完美。此法經考核改正後，釐爲十六章，一百六十四條，該館即於宣統元年十二月二十八日具摺奏進，幷奉諭頒行。其增損修改之點，據該摺所述如次：

一「原奏於條文之內，往往附加小註。查律文以謹嚴爲主，註釋律義，不能與條文混爲一事，今擬一概删除，其條文意義未足者，仍別加款項，以期明顯。

又原奏於法官品級，詳爲區分。查法院編制法，在規定審判廳之辦法權限，其性質屬乎法律，至規定品級等項，則屬乎命令之事，今擬改爲總括之語，其品級及俸給等項詳細辦法，由法部另行酌訂，奏交臣館覆核辦理。

又原奏臚列初級審判廳管轄事件。查審判管轄事件，爲訴訟之要端，現訴訟律及民商各律、刑律，尚待編訂，若於編制法約舉一二，亦屬偏而不全。而地方及初級審判各廳，即須開辦，所有第一審管轄案件，亦須明定辦法，乃有遵循。謹另擬初級暨地方審判廳管轄案件暫行章程，以便施行。

又原奏書記課內，錄事以外，別設書記生查書記生係臨時雇用，無庸列入定章，今擬删改，除典簿主簿外，一律稱爲錄事。

又原奏於考用法官，分劃司法區域現行辦法，均未詳及，謹另擬法官考試任用暫行章程、司法區域分劃暫行章程各一種，以杜濫竽而免紛歧。」

法院編制法大致采取日之裁判所搆成法，其章目爲第一章審判衙門通則，第二章初級審判廳，第三章地方審判廳，第四章高等審判廳，第五章大理院，第六章司法年度及分配事務，第七章法庭之開閉及秩序，第八章審判衙門之用語，第九章判斷之評議及決議，第十章庭丁，第十一章檢察廳，第十二章推事及檢察官之任用，第十三章書記官及繙譯官，第十四章承發吏，第十五章法律上之輔助，第十六章司法行政之職務及監督權。其內容重要之點如次：

一、審判衙門之等級采德日制，共分爲四：(一)初級審判廳，以推事一員行審判權，爲獨任制；(二)地方審判廳，第一審案件以推事一員行審判權，第二審及第一審繁雜之案件以推事三員之合議庭行審判權，爲折衷制；(三)高等審判廳以推事三員之合議庭行審判權，(四)大理院以推事五員之合議庭行審判權，均爲合議制，各分廳及分院均準用各本廳及本院之規定。

二、初級審判廳置一員或二員以上之推事，置二員以上者，以資深者一員爲監督推事。初級審判廳有管轄第一審民刑事訴訟案件，並登記及其他非訟事件之權。

三、地方審判廳酌分民事刑事庭數，並置二員以上之獨任推事。京師地方審判廳置廳丞一員，各省地方審判廳置廳長一員。地方審判廳有管轄左列民刑事訴訟案件及其他非訟事件之權：

第一審　不屬初級審判廳權限及大理院特別權限內之案件；

第二審　不服初級審判廳判決或決定或其命令而控訴或抗告之案件。

四、高等審判廳置廳丞一員，酌分民事刑事庭數，各庭置庭長一員；有審判左列案件之權：

(一)不服地方審判廳第一審判決而控訴之案件，

(二)不服地方審判廳第二審判決而上告之案件，

(三)不服地方審判廳之決定或命令而抗告之案件，

(四)不屬大理院之宗室覺羅第一審案件。

五、大理院爲最高審判衙門，置正卿少卿各一員，置民事刑事科，酌分民事刑事庭數，各置推丞庭長各一員。

大理院卿有統一解釋法令必應處置之權。大理院有審判左列案件之權：

第一、終審　不服高等審判廳第二審判決而上告之案件，或不服其決定或命令而抗告之案件。

第二、第一審並終審　依法令屬於大理院特別權限之案件。

六、司法年度每年自正月初一日起，至十二月底止，各審判衙門於每年年終分配次年之事務。

七、各審判衙門分別配置檢察廳，其管轄區域與各該審判衙門同。初級檢察廳置檢察官一員或二員以上；地方及高等檢察廳各置檢察長一員，檢察官二員以上；總檢察廳置廳丞一員，檢察官二員以上。檢察官職權爲(一)實行搜查處分，提起公訴，實行公訴，並監察判斷之執行；(二)爲訴訟當事人，或公益代表人，實行特定事宜。

八、推事及檢察官應照法官考試任用章程，經二次考試合格者，始准任用。大理院卿俱爲特簡官；總檢察廳、高等審判廳、京師地方審判廳各廳丞、大理院推丞、高等檢察長，俱爲請簡官；各地方審判廳廳長、檢察廳檢察長、及各推事檢察官俱爲奏補官。

九、各審判衙門及各檢察廳分別置典簿、主簿、錄事；京師及商埠地方審判廳以上審判衙門得特置繙譯官；初級及地方審判廳置承發吏；法庭置相當額數之庭丁。

十、法部堂官監督全國審判衙門及檢察廳；各省提法使監督本省各級審判廳及檢察廳；大理院卿監督大理院；總檢察廳廳丞監督該廳及各級檢察廳；餘各級審判廳廳丞、廳長監督推事或獨任推事，各級檢察廳檢察長，監督檢察官或檢察官，以次監督該廳及所屬各廳，或該廳各員。

憲政編查館所擬訂之初級暨地方審判廳管轄案件暫行章程共十二條，法官考試任用暫行章程共十四條，司法區域分劃暫行章程共十條，均經奏准，與法院編制法同時施行。

民國成立，所有前清頒行之法律，均暫准援用，民國四年六月二十日，司法部呈准政府將法院編制法分別修正刊行，至五年二月二日又加以修正。其修正之點有四：(一)刪除關於初級審判廳初級檢察廳之規定；(二)刪去「各省提法使監督本省各級審判廳及檢察廳」；(三)大理院不置正卿、少卿，及民事科、刑事科，惟置院長一員，置民事庭、刑事庭；(四)高等審判廳廳丞，京師地方審判廳廳丞，均改為廳長，總檢察廳廳丞改為檢察長，各審判衙門各檢察廳分置之典簿、主簿、錄事，均改為書記官長、書記官。

法院編制法有關於大理分院、地方及高等審判分廳，并總檢察分廳、地方及高等檢察分廳之規定。其第二十一條及第二十四條規定各省因地方情形，得設地方審判分廳，如置合議庭二庭以上，或獨任推事二員以上，以資深者一員為監督推事。民國六年，政府以地方審判分廳範圍較大，擬於已設地方審判廳地方附近各縣設立地方分庭，其未設立地方分庭各縣，則設立縣司法公署，以完成四級三審之制。國會卽議定暫行各縣地方分庭組織法，咨由政府於六年四月二十二日公布施行。

此法為國會第一次恢復後制定之唯一之法律，全文共十四條，大致規定各縣地方分庭之管轄區域，與所在縣區域同，受理屬於初級或地方廳第一審管轄之民刑案件，以推事一員審理之。不服地方分庭之審判者，分別上訴於本廳高等審判廳或分廳。各縣地方分庭置推事一人或二人，配置檢察官一人或二人，設書記官二人以上，承發吏四人，檢驗吏一人或二人，司法警察若干人。

民國六年五月一日，政府以教令第六號公布縣司法公署組織章程二十一條，規定司法公署卽設在縣行政公署內，以審判官一人或二人及縣知事組織之，管轄初審民刑案件。關於審判事務，概由審判官完全負責，縣知事不得干涉。關於檢舉、緝捕、勘驗、遞解、刑事執行等事項，概由縣知事負責辦理。

吾國自籌辦司法獨立以來，卽采四級三審制，各省均設有高等審判廳、檢察廳，而地方廳、初級廳尚未普遍設立，後又相繼裁撤。至民國三年四月，政治議會之決議案實施，地方審檢廳之撤廢者三分之二，初級審檢廳則完全撤廢。至各特別區域，以財力人才均感缺乏，各級審檢廳俱未設立。凡未設審判衙門地方，所有民刑訴訟案件，均由縣知事兼理，或設審判處以管轄之。政府乃於三年四月五日以教令第四十六號公布縣知事審理訴訟暫行章程十三章共四十八條；同年七月十六日，以教令第九十九號公布熱河都統署歸綏都統署審判處暫行條例十七條；九年十一月四日，以教令第二十八號公布庫烏科唐鎮撫使署審判處組織暫行條例二十四條；以教令第二十九號公布烏科唐恰審判處組織暫行條例十三條；六年四月一日，司法部呈准頒行察哈爾各旗羣翼等審判處組織章程十四條。此均爲關於民刑訴訟及特殊審判衙門之規章，只適用於暫時及特別區域。

歐戰後，吾國收回中東鐵路，爲訴訟便利起見，定路線界內爲東省特別區域，於哈爾濱設高等審判廳、地方審判廳各一處，各配置檢察官一人至三人，並於鐵路沿線設地方分庭。政府於九年十月三十一日以教令第二十五號公布東省特別區域法院編制條例十三條，規定東省特別區域高等及地方審判廳之土地管轄，以東省鐵路界線爲管轄區域。地方審判廳附設簡易庭，審理初級管轄第一審案件。地方審判廳對於鐵路沿線管轄之地方案件，得用巡迴裁判制度。東省特別區域法院內關於外國人訴訟案件得許外國律師出庭。

第三節　民事訴訟律民事訴訟條例

刑事民事訴訟法既未頒行，而各級審判廳試辦章程又過於簡略，不足以資適用，關於民事刑事之訴訟，實有編訂正式法典之必要。修訂法律大臣沈家本等自光緒三十三年十月二十七日開館辦事後，以該館有起草民事訴訟律，刑事訴訟律之專責，而欽定逐年籌備事宜清單有限定宣統五年頒布該二律之明文，乃督飭總纂、纂修、協修各員分別從事編纂，至宣統二年十二月二十七日奏明告成，請飭下憲政編查館考核，未及頒行，而清室遂亡。

民事訴訟律草案幾全抄襲德國民事訴訟法，共分四編，都八百條，其編章節目如次：

第一編審判衙門，分五章：第一章事務管轄，第二章土地管轄，第三章指定管轄，第四章合意管轄，第五章審判衙門職員之迴避拒卻及引避。

第二編當事人，分七章：第一章能力，第二章多數當事人，第三章訴訟代理，第四章訴訟輔佐人，第五章訴訟費用，第六章訴訟擔保，第七章訴訟救助。

第三編普通訴訟程序，分五章。第一章總則，分八節：(一)當事人書狀，(二)送達，(三)日期及期間，(四)訴訟行爲之濡滯，（五）訴訟程序之停止，（六）言詞辯論，（七）裁判，（八）訴訟筆錄。第二章地方審判廳第一審訴訟程序，分七節：（一）起訴；（二）準備書狀；（三）言詞辯論；（四）證據，又分通則、人證、鑑定、書證、檢證、證據保全六款；（五）裁判，（六）缺席判決；（七）假執行之宣示。第三章初級審判廳之程序。第四章上訴程序，分三節：（一）控告程序，（二）上告程序，（三）抗告程序。第五章再審程序。

第四編特別訴訟程序，分五章：第一章督促程序；第二章證書程序；第三章保全訴訟；第四章公示催告程序；第五章人事訴訟，又分四節：（一）宣告禁治產程序，（二）宣告準禁治產程序，（三）婚姻事件程序，（四）親子關係事件程序。

民國成立，法制未定，元年三月二十一日，司法部呈請臨時政府將前清制定之法律及草案，以命令公布遵行，提經參議院議決准暫時適用，惟一面仍須由政府飭下法制局將各該法律中與民國國體牴觸各條，分別刪除修正，提交議決後，再行正式公布施行。旋司法部以各級審判衙門次第成立，民刑訴訟繁賾，亟應確定管轄之範圍，特於四月七日呈准臨時政府暫行援用前清民事刑事訴訟律草案中關於管轄之規定，並於元年五月十二日分別刊發京外司法衙門遵照。民事訴訟律草案第一編關於審判衙門之管轄，共分四章，計第一章事物管轄，第二章土地管轄，第三章指定管轄，第四章合意管轄，凡四十一條。

嗣後政府未將民事訴訟律草案分別刪修，參議院亦於民國二年四月解散。至民國三年四月三日，司法部以民刑事訴訟律尚未頒布，判決違法而確定者，依現行章程，關於刑事得提起非常上告，關於民事尚鮮救濟方法。又以檢察官原以維持公法保護公益為職務，考之各國，當公益上必要時，對於民事違法之確定判決，有由總檢察長上告於大理院請求撤銷之先例，特擬具民事非常上告條例四條，呈准政府頒行。此條例規定高等審判廳以下法院之判決，如顯然與約法或其效力相等之法律牴觸而確定者，總檢察長得隨時向大理院請求撤銷。大理院如認為有理由或應更為審理者，即另行判決，無理由者，以判決駁回。

民國四年二月二十五日，司法部擬修正民事訴訟律草案關於事物管轄之第一章第二條第一款，呈請政府核准施行。原呈略云：

「竊查元年四月七日呈准民事訴訟律草案事物管轄章內，因金額或價額涉訟，其數在三百元以下者，列為初級管轄，而三百元以上案件，雖未滿千元，均屬地方管轄，即宜以大理院為終審。少數錢債，長途跋涉，似非所以便民。茲擬請將民事訴訟金額或價額在千元以下者，收入初級管轄範圍，與其他民事初級管轄案件，由地方廳受理第一審者，即由該廳以三人合議庭為第二審，由兼理司法衙門受理第一審者，歸高等分庭或道署承審員為第二審，而統以各該省高等本廳為終審。」

政府當即批令准如所擬修正，該部即訂定辦法七項，於同年三月二日以部令通飭施行。

民國八年四月十八日，司法部以前刊發之民事訴訟律草案關於管轄各章，不足以資運用，而審判之要，尤在於公平，特呈准政府明令暫行援用民事訴訟律草案第五章。此章自第四十二條至第五十二條，共十一條，爲關於審判衙門職員迴避拒卻及引避之規定。

民國十年三月二日，廣州軍政府以民事訴訟法久未頒行，各級法院受理訴訟案件，深感困難，特將民事訴訟律草案所有牴觸約法及現行法令之條文，分別刪除修正，明令公布，俾便施行。同年四月十三日，又公布民事訴訟律施行細則七條，規定「民事訴訟律於公布後二個月施行，」此爲吾國有正式民事訴訟法典之始。惟此律在當時只施行於西南各省。

民事訴訟律雖經廣東軍政府頒布，惟吾國大多數省分幷未遵行。時北京政府方努力於領事裁判權之撤廢，積極改良司法，編纂法典。至十年七月，修訂法律館已完成民事訴訟法草案，司法部以民事訴訟程序關係綦重，値東省法院收回之初，俄僑喁望尤切，擬將該草案提前公布施行，呈經政府於七月二十二日頒發明令略云：「民事訴訟動關人民私權，一切程序，亟應釐定法規，俾資遵守。東省特別法院需用尤亟，應准將民事訴訟法草案，自本年九月一日起，先就東省特別法院區域施行，仍於國會成立時，提交議決，以重法典。」政府幷於同日以教令第二十七號公布民事訴訟法草案施行條例八條。十年十一月十四日，政府又下令將民事訴訟法草案改爲民事訴訟條例，所有草案中之「本法」字樣，均改爲「本條例，」施行條例中之「本法，」均改爲「民事訴訟條例。」至十一年一月七日，政府據司法部之呈請，明令民事訴訟條例自民國十一年七月一日起全國一律施行。此後吾國有兩種民事訴訟法併行。

民事訴訟律由德國法遞演而來，民事訴訟條例亦同屬德國法系，惟多參采晚出之奧地利、匈牙利兩民事訴訟法，並間采取英、美法，於德法之缺點矯正不少。德國於一千九百二十四年，曾將其民事訴訟法大加修改，日本亦於一千九百二十六年修正其民事訴訟法，此二法所修改之處，民事訴訟條例多已采行，故民事訴訟條例較之德、日舊法及民事訴訟律實已大有進步，惟條文仍不免失之繁瑣。民事訴訟條例共七百五十五條，其編章節目如次：

第一編總則，分三章。第一章法院，分五節：（一）事物管轄，（二）土地管轄，（三）指定管轄，（四）合意管轄，（五）法院職員之迴避。第二章當事人，分八節：（一）當事人能力及訴訟能力，（二）共同訴訟，（三）訴訟參加，（四）訴訟代理人，（五）訴訟輔助人，（六）訴訟費用，（七）訴訟擔保，（八）訴訟救助。第三章訴訟程序，分八節：（一）當事人書狀，（二）送達，（三）日期及期限，（四）訴訟行爲之遲誤，（五）訴訟程序之停止，（六）言詞辯論，（七）裁判，（八）訴訟卷宗。

第二編第一審程序，分二章。第一章地方審判廳訴訟程序，分五節：（一）起訴；（二）言詞辯論及其準備；（三）證據，又分通則、人證、鑑定、書證、勘驗、證據保全六目；（四）和解；（五）判決。第二章初級審判廳訴訟程序。

第三編上訴審程序，分三章：第一章、第二審程序；第二章，第三審程序。

第四編抗告程序。

第五編再審程序。

第六編特別訴訟程序，分五章。第一章證書訴訟程序。第二章督促程序。第三章保全程序。第四章公示催告程序。第五章人事訴訟程序，分五節：(一)婚姻事件程序，(二)嗣續事件程序，(三)親子關係事件程序，(四)禁治產及準禁治產事件程序，(五)宣告亡故事件程序。

民事訴訟條例仍采四級三審制，惟自民國三年四月三十日政府下令裁撤各初級審判廳後，所有初級管轄之訴訟案件，均移歸地方審判廳附設之簡易庭受理，或由縣知事兼理。民國十一年一月二十五日，政府特以教令第一號公布民事簡易程序暫行條例二十二條，凡民事訴訟條例所定初級審判廳管轄第一審之訴訟，均由簡易庭辦理。此條例最要之點有五：(一)起訴得以言詞行之；(二)當事人兩造於簡易庭通常開庭之日，得不待傳喚，自行到案；(三)言詞辯論，應以一次終結；(四)判決原本，應自宣告判決之日起，於三日內交付書記官作成正本，送達於當事人；(五)對於判決提起控告，得以言詞為之。

第四節　民事訴訟法附施行法

國民政府統一全國後，最高法院及前適用民事刑事訴訟律各省，均適用該律。惟前北京政府統治下各省，仍適用民刑事訴訟條例。司法部以統一國家有兩種訴訟法規同時幷行，非法治國所宜有之現象，特呈請國民政府核示辦法。國民政府祕書處於民國十七年二月函達司法部略云：「民事刑事訴訟程序應適用何種法規，不可不有權宜辦法一案，經本府第二十九次委員會決議，應由司法部速提出適用法規，在未提出以前，暫仍舊貫。」司法部即一面通飭所屬一體遵照，一面趕速起草民事刑事訴訟法。

民國十七年七月，司法部擬定民事訴訟法草案五編七百二十六條，及其施行法十三條，呈送國民政府提經第八十三次委員會決議交法制局審查後，送政治會議。該局迭次召集編審會議，詳加討論，認為大致尚屬妥洽，其中尚有應行修改之處，亦酌予分別修正，定為修正案，計刪去二十三條，增加五條，僅從文字上修正及增刪款項者三百四十餘條。其最重要修正之點如次：

（一）原草案倣日本新民事訴訟法，設有船舶審判籍之規定，惟因船舶衝突，海難救助，或其他海上事故而涉訟者，其審判籍如何，獨付闕如，特增入關於此項規定之條文，以便適用。

（二）訴訟標的不能核定價額者，其情形有大小輕重之別，未使一律視為千元以下，猶之不能一律視為千元以上，不如另以法令定其管轄，特將原草案第二十九條第三四兩項完全刪去。

（三）原草案第四十四條規定法院之管轄，依起訴時定之，乃係當然解釋，雖無明文，亦無誤會之虞，特予刪去。

（四）原草案第四十九條第一款所定配偶，及第四款所定親屬會員，皆為親屬關係，已賅括於第二款親屬範圍之內，同條第二款所定養親養子關係，在該局起草之親屬法，視為親屬關係第四款所定監督監護人、保佐人，親屬法草案亦不復有此項名詞，予以一併刪去。其他條文中所有配偶、監督監護人、保佐人，或養親養子關係等字樣，均分別酌加修改。

（五）在男女平等原則下妻有訴訟能力，已不待明言；準禁治產制度，民法上將不采用，故準禁治產人之訴訟能力，毋庸設定明文；特將原草案第六十條第二項刪去。

（六）原草案第一三六條規定訴訟救助之准許，由各審級法院為之。其意以為聲請救助，由各審級法院分別准駁，使敗訴者不敢遽行上訴，較為便利。惟聲請救助人無支付訴訟費用之資力，既經原審法院調查屬實，則在短時期以內，遽能變成有資力者，實所罕有；且由上級法院核定訴訟救助，則調查有無資力之事實，又常先令下級法院查覆，徒費時日，毫無實益可言。為減免程序之繁，顧全無資力人之利益計，准許救助之效力，應不僅以一審級為限，特將該條第一項予以修正，並刪除第二項。

（七）修正案第一三六條與原草案第一三七條第二項相當，而異其旨趣。原草案規定受救助人亡故時，應酌量繼承人之資力，得依聲請或依職權撤銷其救助。修正案改為准予救助之效力，因受救助人亡故而消滅，如繼承人亦無資力，自得依法聲請救助，理論實際，均較妥洽。

（八）依原草案第二八一條規定，以訴狀送達他造時為起訴之界說，若僅提出訴狀，尚不得謂之起訴。惟訴狀應與傳票同時送達他造，其間尙須相當時日，在此未爲送達之期間，不使起訴人受訴訟之拘束，則將輕於起訴，反滋流弊，特修正爲自提出訴狀時卽爲起訴，並將原草案第二九一條第二項删去，另於第三零二條增入一第二項，以便援用。

（九）無論何人，於他人訴訟有爲證人之義務，不宜設例外之規定。證人受合法傳喚，無故不到，固得處以罰鍰，然其數額宜比照刑事訴訟法之規定，特將原草案第三四五條及第三四六條酌加修正。又國民政府主席內爲最高長官外爲國家代表，其地位自應尊崇，若爲證人，應就其所在訊問，國民政府委員爲證人，則就其所在地訊問，其他機關職員均無特別待遇之必要，特就原草案第三四八條及第三四九條加以修正。

（十）法院經當事人兩造同意得命第三人試行和解，然過於干涉，亦多流弊，特將原草案第四三九條删去。當事人兩造表示願爲和解，逾三個月不續爲訴訟行爲者，與其視爲撤回其訴，不如視爲休止訴訟程序，較爲和緩，又將原草案第四四零條予以修正。

（十一）原草案第四八六條規定不得以第一審法院無管轄權爲理由而上訴，其限制上訴失之過嚴。修正案改爲「對於地方法院之判決，不得以該事件應屬初級法院管轄爲理由而上訴」較爲妥適。

（十二）删去原草案第四八九條。以該條規定得爲上訴而不知用上訴名義者，應依上訴程序爲之裁判，察其旨意，在引起法院之注意。但上訴程式有欠缺者，本有應令補正之明文，雖不設此條，亦無窒礙，爲預防流弊起見，自以删去為宜。

（十三）婚姻訴訟，檢察官不宜過於干涉，原草案既於第六五三條規定檢察官參與民事訴訟之職權，而因維持婚姻，檢察官且得提出事實及證據，用意已屬周至。檢察官對於婚姻之撤銷權，及對於婚姻訴訟之上訴權，均可不必付與，特將原草案第六五九條至第六六五條概行删去。

（十四）原草案第四章之第二節嗣續事件程序，及第三節親子關係事件程序，併為第二節，即用原第三節之標題。其中條文有與該局起草之親屬法繼承法顯相牴觸者，并分別酌加修改，以歸一致。

民事訴訟法施行法草案經删改為九條，原第七條至第九條因民事訴訟法草案中關於訴訟救助之效力，罰鍰之數額，及以金額為上訴之限制各規定已有明文，原第十一條所定之親屬，應依民法之規定，特予一併删去，并將標題「施行法」三字依立法程序法改為「施行條例」。旋法制局奉令結束，即繕具審查意見書，并分別附以說明，連同原草案一併移送立法院核辦。

立法院院長胡漢民氏將該草案發交法制委員會研究。該會開第四次臨時會議時，林委員彬提議將民事訴訟法草案提出審查以應急需，當經議決付羅委員鼎、劉委員克儁共同初步審查。該會復開第三十五次會議，將初步審查結果提出討論，僉以該草案與民法及法院組織法均有關係，應參照詳加審查，以期程序法與實體法一貫，俾易施行，當決定再付原審查人審查。劉、羅二委員旋審查完竣，提出報告，經該會於第六十九次至第七十八次會議，及第八十次、第八十一次會議，繼續逐條討論，結果將該草案第一編至第五編第三章修正通過，共五百二十六條，其第五編第四章人事訴訟程序則留待民法親屬繼承兩編制定後再行審查，或將來另定爲單行法，以資適用。

民國十九年九月二日，立法院於第一百零八次會議開二讀會，將該審查修正案提出逐條討論通過。至九月十三日，復於第一百零九次會議開三讀會，結果，民事訴訟法第一編至第五編第三章遂完全通過，并議決民事訴訟法中關於人事訴訟程序部分及其編別章次，俟民法親屬繼承兩編制定後，再行審議；即錄案并繕具條文，呈請國民政府鑒核。國民政府提經第九十六次國務會議之決議，於十九年十二月二十六日將民事訴訟法第一編至第五編第三章明令公布。

十九年十二月二日，立法院於第百二十次會議通過民法第四編親屬，第五編繼承，并呈經國民政府分別於同年十二月六日、二十二日公布，乃令行立法委員林彬、羅鼎、劉克儁起草人事訴訟程序法。林委員等即集會共同討論，以人事訴訟程序，爲民事訴訟程序之一部，應合併爲一完全之訴訟法，以便援用，爰擬定人事訴訟程序一章草案，爲民事訴訟法第五編第四章，內分四節，第一節婚姻事件程序，第二節親子關係事件程序，第三節禁治產事件程序，第四節宣告死亡事件程序，共計六十六條。立法院於第百二十九次會議，將該章草案提付二讀，逐條討論通過，并省三讀，通過全章，即呈由國民政府於二十年二月十三日公布。全部民事訴訟法遂告完成。

民事訴訟法係采民事訴訟條例為藍本，而加以刪改，全部分五編，都六百條，其編章節目如次：

第一編總則，分四章。第一章法院，分二節：（一）管轄，（二）法院職員之迴避。第二章當事人，分四節：（一）當事人能力及訴訟能力，（二）共同訴訟，（三）訴訟參加，（四）訴訟代理人及輔佐人。第三章訴訟標的之價額及訴訟費用，分四節：（一）訴訟標的之價額，（二）訴訟費用，（三）訴訟擔保，（四）訴訟救助。第四章訴訟程序，分七節（一）當事人書狀，（二）送達，（三）期日及期間，（四）訴訟程序之停止，（五）言詞辯論，（六）裁判，（七）訴訟卷宗。

第二編第一審程序，其章數及節目與民事訴訟條例同，惟章名易為通常訴訟程序與簡易訴訟程序。第三編之編名，及第一二兩章之章名，均未變更，惟抗告程序不列為編，列入第三章。再審程序，特別訴訟程序，依次遞升為第四編、第五編。特別訴訟程序編內無證書訴訟程序一章，人事訴訟程序章內無嗣續事件程序一節，其第三節僅為禁治產事件程序，其餘均與民事訴訟條例相同。

此法之立法主義，與內容之要點，及與民事訴訟條例之差異，略如次述：

一、依民國十九年中央政治會議第二百三十一次會議決定之法院組織法立法原則，采三級三審制。關於管轄之規定，僅有土地管轄而無事物管轄，第一審訴訟程序亦無地方法院程序與初級法院程序之分，而分為通常訴訟程序與簡易訴訟程序。

二、對於在中國無住所，在外國有住所之人及外國法人，規定其在中國之普通審判籍；並增設軍人、海員，及關於船舶與登記之數種特別審判籍。

三、關於不動產物權之訴訟，不認不動產所在地之法院有專屬管轄權，倣日本改正民事訴訟法例，而以之爲選擇審判籍。

四、法院就訴訟無管轄權時，不待原告聲請，應依職權將事件移送於有管轄權之法院，此亦倣日改正民事訴訟法之立法例。

五、明定非法人之團體，凡設有代表人或管理人者，均有當事人能力。蓋非法人之團體，雖無民法上權利能力，而其以團體之名義爲交易者，固日常所習見，爲應實際上之需要，允宜使其得以團體名義爲訴訟之主體。

六、關於訴訟擔保之規定，與民事訴訟條例不同之點有三：第一、該條例所定應供訴訟費用之擔保者爲外國人，此法改爲在中國無住所、事務所及營業所之人；第二、法院定擔保額時，依該條例應以被告於各審所應支出之費用總額爲準，此法改爲不得超過被告在第一審所支出之費用額；第三、此法增設變換擔保物之規定，並將訴訟擔保一節所規定，準用於其他情形之原告。

七、關於起訴之規定，與民事訴訟條例出入最大者凡五：第一、訴狀內須表明訴訟之原因與證據；第二、訴不合法者，不問已行言詞辯論與否，應以裁定駁回之；第三、反訴須其標的與本訴之標的或其防禦方法相牽連者，始得提起；第四、原告將訴撤回後復行提起者，被告不得因其未賠償前訴訟費用而拒絕本案辯論；第五、就本案已爲終局判決後將訴撤回者，不許復提起同一之訴。

八、擴張準備程序之適用，使及於一切訴訟，此亦做日本改正法。此外對於行準備程序之受命推事，並賦予以調查證據之權限，無異於德國民事訴訟法改正令所認獨任推事前之程序，實不失爲善制。

九、當事人之一造於言詞辯論期日不到場時，法院得依職權命到場之一造辯論後，卽爲判決，雖因不可避或不能預見之事故而不到場者，亦不許其聲請回復原狀。但被告之未經提出答辯狀者，於最初之言詞辯論期日不到場時，不得許由原告一造之辯論而爲判決。

十、我國登記、公證及警察等項制度，一時尙不能普遍施行，對於他人負有義務者，又大都習於狡展拖延，故宣示假執行之制，實爲必要。民事訴訟條例第四六二條、第四六三條所認得宣示假執行之範圍，尙較德、奧、匈等國所認者爲狹，此法則於認諾判決及輕微給付之判決，不得依職權宣示假執行，且不許以供擔保爲條件而宣示假執行，其範圍更爲狹隘。

十一、關於第二審程序之規定，與民事訴訟條例最大之異點有五：第一、將準備言詞辯論之事項，定爲必須在上訴狀內表明；第二、上訴不合法，及對於無關本案之判決上訴而顯無理由者，不問已行言詞辯論與否，應以裁定駁回之；第三、除經他造同意外，絕不許爲訴之變更追加及提起反訴；第四、至第二審言詞辯論終結後，尙未爲終局判決之間，尙許撤回上訴；第五、增設當事人不得主張第一審法院無管轄權，及法院認第一審法院無管轄權時，應將事件移送管轄法院之規定。

十一、因上訴所應受之利益，民事訴訟條例第五三一條定爲須逾三百元者，此法增其數額爲三百元。又倣英國立法例，其不逾三百元者，原法院因法律上有疑義或其他必要，得特許其上訴。

十三、關於抗告程序規定之異於民事訴訟條例者凡五：第一、就訴訟程序進行中所爲之裁定，未設不許抗告之明文；第二、對於受命推事、受託推事之裁定提出異議後，受訴法院就其異議所爲之裁定，不許聲明不服；第三、再抗告非以原裁定違背法令爲理由，不得爲之；第四、以即時抗告之名，總多數之短期間抗告；第五、未設關於捨棄抗告權及撤回抗告之規定。

十四、以發現未經斟酌之證據，或得使用之，爲再審理由，外國立法例有限制其證據方法必須爲證書者，如德國民事訴訟法及日本舊法是。有於證據方法無所限制者，如奧、匈民事訴訟法是。我國民事訴訟律采德、日主義，民事訴訟條例采奧、匈主義。此法折衷其間，定爲證物固無不可，惟此等證物，必須爲在前程序未經斟酌，且前此若經斟酌，可受較有利益之裁判者。故前程序認爲不必要之證據，或在前程序事實審之言詞辯論終結前尚未存在，無從斟酌之證據，皆不得爲再審理由。

十五、民事訴訟條例倣德國民事訴訟法，有證書訴訟程序之規定。日本舊民事訴訟法亦定有此種程序，其改正法則認爲無甚實益，反足使訴訟關係陷於繁雜，遂廢止之。此法亦踵其後，删除證書訴訟程序，而擴張督促程序適用之範圍。

十六、德日民事訴訟法所采主義，不問請求之金額價額或其性質如何，皆許聲請支付命令。奧匈法主義，則惟就請求之金額價額較寡，或性質上特有速行淸償之必要者，始許聲請支付命令。我國民事訴訟律從德日主義，民事訴訟條例從奧匈主義，此法復捨後主義而采前主義。

十七、基於民法總則、親屬、繼承各編之規定，不設準禁治產事件及嗣續事件之訴訟程序，而將收養關係事件認作親子關係事件之一，併入親子關係事件程序之中，不明示其訴之種類，亦不盡準用婚姻事件程序之規定。

十八、人事訴訟事件，皆於公益有關，故民事訴訟條例特使檢察官參與其程序。此法全將此等規定删除，深合於吾國國情。

民事訴訟法全部既經公布，即應施行，二十年十二月十六日，立法院法制委員會開第百三十四次會議，委員羅鼎、劉克儁、王用賓提議民事訴訟法早經公布，應即制定施行法，以資應用，當經議決付委員羅鼎、劉克儁、朱履龢起草。羅委員等旋起草完竣，提經該會於第百三十九次會議詳加討論，結果議定民事訴訟法施行法草案，都十三條。立法院於第百七十七次會議，將該草案提出逐條討論通過，幷省略三讀，通過全案，即呈由國民政府於二十一年五月十四日公布。民事訴訟法施行法共十三條，大致爲關於民事訴訟法施行前繫屬之訴訟事件應適用新法或舊法之各規定。

民事訴訟法及其施行法均經公布，國民政府即於二十一年五月十六日明令定於二十一年五月二十日起施行。司法行政部羅部長文榦以該法係采三級三審制，而各處地方法院尚未普遍設立，關於訴訟事件之管轄，不免發生問題，爰擬具民事訴訟法施行法第二條適用辦法，提經行政院第四十七次會議決議咨立法院審議。立法院交由委員羅鼎、朱履龢、劉克儁共同審查，認爲在法院組織法未公布以前，可暫由司法行政部依該辦法辦理，並提出第百九十四次會議議決，照審查結果通過。此辦法規定民事訴訟法施行後，法院組織法未公布施行前，法院關於訴訟事件之管轄，其依新法無管轄權，而依舊法有管轄權，或依新法有管轄權而依舊法無管轄權者，仍應依舊法辦理。

第五節　新民事訴訟法附施行法

民事訴訟法自施行後，至二十三年四月，司法行政部又擬具修正草案，其於該法有酌變更者，并撮具修改理由，揭於編首，一併呈請行政院轉咨立法院審議。原文略云：

「竊查民事訴訟法爲國家保護人民私權之程序法規，所定程序貴在迅速解決兩造間之爭執，俾有正當權利之人得受充分保護。現行民事訴訟法自施行以來，已將兩載，徵諸法院之經驗，民間之批評，其關於訴訟程序各規定，有過於繁雜者，亦有尙嫌疏漏者，於訴訟人既多不便，而法院結案亦不免因之延滯。本部認爲有亟行改訂之必要，爰擬定修正案九編，都六百三十九條，……合依修正立法程序綱領第二條之規定，……呈請鈞院核定後，提出立法院審議。」

行政院即詳加審核，簽註意見五點，並提出第百五十五次會議決議咨立法院審議。立法院於第三屆第五十五次會議，將該草案提出初讀，各委員就大體討論後，遂議決付委員羅鼎、劉克儁、林彬、史尚寬、瞿曾澤審查。同年七月初，羅委員等開始集會，將司法行政部所擬修正民事訴訟法草案提出共同研究，並參酌外國最近立法例，從事修訂，務使訴訟程序益趨簡便，兩造爭執，迅速解決，至八月十八日，成修正案初稿，復於十月十八日將初稿加以整理，至十一月二十六日完畢，先後共開會三十五次，完成民事訴訟法修正案計九編，十二章，都六百三十六條。立法院於第二屆第八十五次會議將該修正案提付二讀，結果大致照案通過，並由主席諮詢省略三讀順序，以全案付表決，出席委員均無異議通過。

新民事訴訟法之要旨，依據司法行政部及審查委員羅鼎等原稿，略述於次：

一、因不動產物權或其分割或經界涉訟者，有就地調查之必要，故此法定為專屬不動產所在地之法院管轄，俾構成國家領土之不動產，常保留審判權於本國法院（第十條）。

二、因契約涉訟者，此法定為須當事人曾訂明債務履行地，始得向該履行地之法院起訴，以保護被告之利益（第一二條）。

三、此法增設票據債務、財產管理、船舶碰撞及海難救助之數種特別審判籍，以謀訴訟之便利（第一三條至第一六條）。

四、此法於共同訴訟之審判籍加以限制，如數被告有共同之特別審判籍者，原告應即向該審判籍所在地之法院起訴，不得任意向某一被告普通審判籍所在地之法院起訴，以免被告感遠道應訴之不便（第二零條）。

五、依職權移送訴訟於管轄法院，往往反於原告之意思，故此法改定爲須經原告聲請，遇數法院有管轄權時，並須由其指定移送之法院，如原告未爲聲請或指定者，應於裁判前訊問之（第二八條）。

六、依前法當事人一經聲請推事迴避，訴訟程序應即停止，有遲延訴訟之弊，故此法定爲如其聲請不合程式，或係意圖延滯訴訟而爲者，毋庸停止訴訟程序。並定爲此項聲請，如該推事所屬法院因不足法定人數不能行合議審判者，由院長裁定之，以免送請上級法院裁判，稽延時日（第三五條第三七條）。

七、有多數人就訴訟標的有共同之利益，例如一村或一鄉之住民，因水利或公有山場與人涉訟，又如公司多數股東提起股東會決議無效之訴時，若由其全體出爲原告，或以之爲被告，則訴訟程序不免繁雜而延滯，故此法定爲得由多數人中選定一人或數人爲訴訟之原告或被告，有爲一切訴訟行爲之權。但捨棄、認諾、撤回或和解，則須得全體之同意（第四一條至第四四條）。

八、此法增設關於外國人訴訟能力之規定，雖依本國法無能力，而依中國法有能力者，視爲有訴訟能力，以謀當事人之便利（第四六條）。

十、就他人間之訴訟標的全部或一部爲自己有所請求者，得以本訴訟之兩造爲被告，向該第一審法院提起共同訴訟（主參加訴訟）。前法已設有明文。此法將此項規定加以擴張，其主張因他人間訴訟之結果，將致侵害自己權利，例如主張本訴訟之兩造，係串通起訴，藉以侵害自己之債權或物權者，亦許其提起主參加訴訟，且定爲主參加訴訟之共同被告，應視爲必要之共同訴訟人（第五四條第五六條）。

十一、前法於訴訟參加節下規定「訴訟繫屬中，訴訟標的之權利義務移轉於第三人者，法院因當事人之聲請，得以裁定命第三人承當訴訟，」此法改定爲第三人承當訴訟，須經訴訟他造當事人之同意，如他造不同意時，其訴訟依然由原當事人爲之，而判決之效力，則及於第三人，似於保護他造之利益，較爲周至。且此爲起訴之效力問題，故規定於起訴節下（第二五四條）。

十二、法院書記官、執達員、法定代理人、或訴訟代理人因故意或重大過失致生無益之訴訟費用者，前法規定法院得依職權以裁定命令該官員或代理人負擔。此法並許當事人聲請法院爲此項裁定，以保護其利益（第八九條）。

十三、關於確定訴訟費用額之程序，此法增設若干規定，以補前法之不備（第九一條至第九四條）。

十四、於言詞辯論外，關於訴訟所爲之聲明或陳述，除依本法應用書狀者外，爲當事人便利計，應許其在法院書記官前，以言詞爲之，故此法增設此項概括之規定（第一二二條）。

十五、此法規定當事人雖有訴訟代理人，可受文書之送達，但審判長因實際上之必要，例如命當事人本人到場時，得命將文書送達於本人（第一三二條），對於法定代理人之送達，亦得於當事人本人之事務所或營業所行之（第一三六條）。對於同一當事人，已爲公示送達者，以後之公示送達，自粘貼牌示處之翌日起，即發生效力（第一五二條），以期送達易於施行，而免訴訟之延滯。

十六、於期日所應爲之行爲，如有在法院內不能爲，或爲之而不適當者，其期日應准在法院外開之，此爲法院組織法第六三條所明認，此法特增設此項特別規定（第一五七條）。

十七、前法於遲誤不變期間者，追復訴訟行爲之程序，未設詳密之規定，此法倣刑事訴訟法之例，稱之曰聲請回復原狀，而以明文規定其聲請及裁判之程序，以便適用，且將其聲請期間改定爲十日以內（第一六四條至第一六六條，參照新刑事訴訟法第六八條第六九條）。

十八、本於一定資格，以自己名義爲他人任訴訟當事人之人，喪失其資格，或死亡，或多數有共同利益者所選定爲訴訟當事人之人，全體喪失其資格時，其訴訟程序，有認爲中斷之必要，故此法增設此項規定（第一七二條）。

十九、應承受訴訟之人，延不承受者，此法許由他造當事人聲明承受，以促訴訟之進行（第一七五條）。

二十、當事人兩造遲誤言詞辯論期日者，雖應視爲休止訴訟程序，以示制裁，然殊於法院之事務進行有礙，故此法定爲法院認有必要時，得依職權續行訴訟（第一九一條）。

二十一、當事人逾時始行提出攻擊或防禦方法，致訴訟將因之延滯者，縱該當事人非有延滯訴訟之故意，如係出於重大過失時，此法亦許法院駁回之，俾得從早結案（第一九六條）。

二十二、前法規定判決書事實欄內應記明調查證據結果之要領，此法以調查證據之結果，通常以在理由欄內一面援引一面說明爲便，若一一記載於事實欄內，未免多費推事之勞力時間，故將此項規定删去（第二二六條）。

二十三、此法對於應行注意而無強制性質之規定，用「宜」字表示之，以示與有強制性質之規定有所區別（第二四四條、第二六六條、第四三八條、第四六七條、第四九七條）。

二十四、管轄錯誤之訴，不能移送於他法院，或於本案經終局判決後，將訴撤回而復提起同一之訴者，均應認爲不合法，以裁定駁回之，前法漏未規定，此法特爲增入（第二四九條）。

二十五、關於準備言詞辯論之書狀，前法僅定爲「各當事人應提出準備書狀」，過於簡略。此法對於原告被告，分別定其提出準備書狀之時期，較爲明白易曉（第二六五條至第二六七條）。

二十六、此法增設法院準備言詞辯論之規定，許其於期日前爲種種之處置，俾辯論明於終結（第二六九條)。

二十七、此法明定受命推事所行之準備程序,其任務以闡明訴訟關係爲止。但法院得命該推事於行準備程序之際,同時調查證據(第二七零條)。

二十八、此法增設當事人得於言詞辯論期日前聲明證據之規定,以便法院爲調查證據之準備,如傳喚證人調取證物之類,與第二六九條之規定相輔而行(第二八五條)。

二十九、前法僅規定「法院得囑託相當之公署或法人陳述鑑定意見或審查之」此法將此種調查證據之方法加以擴充,定爲法院得囑託公署或相當之團體爲一切必要之調查(第二八九條)。

三十、得使受命推事受託推事調查證據之情形,此法不采列舉主義,而設概括之規定,法院認爲適當時,即得以庭員一人爲受命推事,或囑託他法院之推事調查證據,以期便於適用(第二九零條)。

三十一、由受託推事調查證據時,如其所定之調查期日,必須傳喚當事人到場,不無妨礙訴訟之進行,故此法定爲受訴法院之審判長應告知當事人,如欲於期日到場者,即赴受託法院所在地指定應受送達之處所,或委任住居該地之人爲訴訟代理人,向該法院陳報,如不爲陳報者,受託推事之調查證據期日毋庸傳喚之(第二九一條)。

三十二、得就證人鑑定人之所在,而爲訊問之情形,此法不采列舉主義,定爲遇證人鑑定人不能到場,或有其他必要情形時，得就其所在訊問之（第三零五條、第三二四條）。

三十三、前法關於一造辯論之規定，未臻妥善，此法改定為不問缺席人為原告為被告，不問為最初期日為續行期日，均得依到場人之聲請，由其一造辯論而為判決，其判決對於未到場人準備書狀之陳述，或以前所為之辯論，或調查證據之結果，均應斟酌之（第三八五條）。

三十四、我國登記公證等制度，一時尚難普遍施行，對於他人負義務者，又不免有拖延之弊，權利人提起訴訟，每至閱時甚久，始能結案。迨判決確定後，開始強制執行，則義務人已將其財產處分殆盡，甚至人亦逃避，以致權利人毫無所得者，事所恆見，故宣告假執行之制度，在我國實為必要。前法所定得宣告假執行之範圍過狹，不足以資保護，故此法增訂之（第三八九條、第三九零條、第四三九條、第四五三條、第四五四條、第四七八條）。

三十五、民事調解通常於起訴前行之，調解如不成立，即繼之以訴訟，此兩種程序之間，宜有相當聯絡，俾當事人於調解不成立時，得即請求審判，免其另案起訴之煩，而由已參與調解之推事續行審判，亦可免就同一事實費重複之調查，故此法將民事調解法及其施行規則各條文，酌予修改，容納於本法之中（第四零九條至第四二五條、第五七三條、第五八三條）。

三十六、此法於簡易訴訟程序，規定傳喚證人鑑定人，得不送達傳票，依法院認為便宜之方法行之。又法院如逆料證人鑑定人之陳述可信用者，得命其於法院外以書狀陳述，俾可以簡便之方法，獲得裁判資料（第四三一條。）

三十七、依前法之規定，提起上訴，得向原審法院或上訴審法院爲之，其向上訴審法院提起上訴者，是否係對於得上訴之判決而爲上訴，與是否未逾上訴期間等情事，該法院每無從知悉，因之其上訴雖不合法，上訴審法院仍須爲之調取原審卷宗，致原判決不能執行，故此法規定上訴狀祗得向原審法院提出之（第四三八條、第四六七條，參照新刑訴法第三四二條。）

三十八、對於財產權上訴訟之第二審判決，上訴於第三審法院者，前法規定如因上訴所得受之利益，不逾三百元者，不得上訴。此法以爲我國幅員廣大，各地經濟狀況，相去懸殊，礙難適用同一之標準，且實行三級三審制後，全國第三審案件悉集於最高級法院，勢非將第三審之上訴稍加限制不可，故此法改定上訴利益額數爲五百元，並定司法行政最高官署得按地方經濟狀況以命令減爲三百元，或增至一千元，以期允當（第四六三條、第四九三條。）

三十九、上訴不合程式，而可以補正者，此法責成原審法院限定期間，命其補正，如不遵命補正時，上訴審法院得逕行駁回之。其第三審上訴狀，未表明上訴理由者，此法並定爲上訴人於提起上訴後十五日內應自行補提理由書於原審法院，未提出者，原審法院及上訴審法院均毋庸命其補正，以防訴訟之延滯（第四三九條、第四四一條、第四六八條。）

四十、此法規定在第三審程序不得提起附帶上訴，因對於上訴人既不許其變更或擴張上訴之聲明，則對於被上訴人亦應加以此項限制，始爲公允（第四七零條）。

四十一、抗告通常雖無停止執行之效力，然實際上每足妨礙訴訟之進行。故此法規定訴訟程序進行中所爲之裁定，除本法別有規定外，不得抗告，卽因指揮訴訟所爲之裁定，及其他非爲終結本案而爲之裁定，原則上均不許抗告。又關於財產權之訴訟，其標的之金額、或價額，在第四六三條所定之上訴利益額數以下之事件，既不許上訴於第三審法院，則對於第二審法院所爲之裁定，自應不許抗告。故此法以明文規定之（第四八零條、第四九一條）。

四十二、前法規定抗告法院之裁定，均得以其違背法令爲理由，再行抗告。但提起再抗告者，均可指原裁定爲違背法令而再抗告，法院因裁判原裁定有無違背法令，通常須審查原法院卷宗，既加重上級法院之負擔，而原法院又往往因卷宗已送交上級法院，輒停止程序之進行，不無拖延訴訟之弊，故此法改定爲抗告法院之裁定，限於係以抗告爲不合法而駁回之，或以抗告爲有理由而廢棄或變更原裁定者，始得對之再爲抗告，以資限制（第四八三條）。

四十三、前法規定通常抗告期間爲十四日，卽時抗告期間爲七日，失之太長，故此法改定通常抗告之期間爲十日，而於所抗告之裁判有特須速行確定之理由者，則規定其抗告期間爲五日（第四八四條、第三六條、第

一零零條、第一一五條、第三三三條）

四十四、原法院或審判長認抗告爲有理由時，許其自行更正原裁定，固可使抗告事件早告終結，並省上級法院裁判之勞。惟無論何種裁定，均許其自行撤銷，亦不無流弊，故此法定爲必原法院或審判長依本法第二三八條不受該裁定之羈束，或該裁定係於訴訟程序進行中所爲者，始得自行更正（第四八七條）。

四十五、此法增設關於捨棄抗告權及撤回抗告之規定，以補前法之不備（第四九零條）。

四十六、當事人知他造之住居所，指爲所在不明，而與涉訟聲請公示送達，因以獲得勝訴之確定判決者，此法許敗訴人本此理由，提起再審之訴。又依第四六三條，不得上訴於第三審法院之事件，其經第二審而確定之判決，如就足影響於判決之重要證物，漏未斟酌者，亦許提起再審之訴，以資救濟（第四九二條、第四九三條）。

四十七、認再審之訴顯無再審理由者，前法定爲應以裁定駁回之，此法改爲得不經言詞辯論，以判決駁回之（第四九八條）。

四十八、婚姻事件，不能依夫之普通審判籍定管轄法院時，此法定明由首都所在地之法院管轄，但以夫或妻係中華民國人者爲限。因夫妻均非中國人，又向未住居於中國者，我國法院無須受理其訴訟。親子關係事件，亦準用此規定（第五六四條、第五八四條、第五九二條）

四十九、前法就收養關係事件規定養子女雖不能獨立以法律行爲負義務者，亦有訴訟能力。此類規定，對於婚姻無效或確認婚姻不成立事件中之夫妻及其他親子關係事件爲當事人之子女，亦同有必要，故此法增訂之（第五六六條、第五九二條）。

五十、婚姻事件及親子關係事件，事關公益，遇有須本人到場時，對於抗傳不到者，宜有制裁之方法，此法定爲得依證人不到之例，科以罰鍰（第五七二條、第五八四條、第五九二條）。

五十一、民法第一零九零條載「父母濫用其對於子女之權利，經最近尊親屬或親屬會議糾正無效時，得請求法院宣告停止其權利之全部或一部」，此項宣告停止親權之請求，與嗣後請求撤銷其宣告，皆宜定作人事訴訟之一種，故此法於親子關係事件程序章下增設此項條文（第五八八條、第五八九條）。

五十二、前法條文中有所規定之事項，爲解釋所當然，毋庸特設明文者，此法概予刪除。

此法共分九編，都六百三十六條。第一編第一章、第二章、第四章，及第二編、第三編之章節目均與前法同。惟第一編第三章爲訴訟費用，分三節：（一）訴訟費用之負擔，（二）訴訟費用之擔保，（三）訴訟救助。此外廢特別訴訟程序之名稱，將抗告程序，再審程序，督促程序，保全程序，公示催告程序，人事訴訟程序以次列爲第四編至第九編；婚姻事件程序，親子關係事件程序，禁治產事件程序，宣告死亡事件程序列爲第九編之第一章至第四章。

此法經國民政府於民國二十四年二月一日公布。立法院特派定委員羅鼎、劉克儁、林彬、史尙寬、瞿曾澤起草施行法，司法行政部及最高法院亦各擬具施行法草案送院，羅委員等迭次集會，將各該草案一併提出討論，結果，另行擬定新民事訴訟法施行法草案，并建議以二十四年七月一日爲新民事訴訟法施行日期。立法院於第四屆第十四次會議提出討論通過，卽呈由國民政府於民國二十四年五月十日公布民事訴訟法施行法，并明令民事訴訟法自民國二十四年七月一日起施行。此施行法共十五條，大致規定在民事訴訟法施行前發生之事項，以適用民事訴訟法爲原則，幷明定不適用民事訴訟法之辦法及民事調解法之廢止。

第六節　刑事訴訟律刑事訴訟條例

清末修訂法律大臣沈家本等於光緒三十三年十月二十七日開館，至宣統二年十二月二十七日，完成刑事訴訟律，共分六編，都五百十四條，其編章節目如次：

第一編總則，分三章。第一章審判衙門，分四節：（一）事物管轄，（二）土地管轄，（三）管轄指定及移轉，（四）審判衙門職員之迴避拒卻及引避。第二章當事人，分三節：（一）原告官，（二）被告人、辯護人及輔佐人。第三章訴訟行爲，分十節：（一）被告人之訊問，（二）被告人之傳喚拘攝及羈押，（三）檢證搜索扣押及保管，（四）證言，（五）鑑定及通譯，（六）急速處分，（七）文件，（八）送達，（九）期間，（十）裁判。

第二編第一審，分二章。第一章公訴，分四節：（一）通則，（二）偵查處分，（三）豫審處分，（四）提起公訴。第二章公判。

第三編上訴，分四章：第一章通則，第二章控告，第三章上告，第四章抗告。

第四編再理，分三章：第一章再訴，第二章再審，第三章非常上告。

第五編特別訴訟程序，分二章：第一章大理院特別權限之訴訟程序，第二章感化教育及監禁處分程序。

第六編裁判之執行。

刑事訴訟律在前清幷未頒行。民國成立，司法部於元年四月七日呈准政府暫行援用該律中關於事物管轄、土地管轄、與管轄指定及移轉之規定，計第一編第一章第一節至第三節，共二十七條，幷於五月十二日刊發各審判衙門遵照。

民國三年，司法部以前刊發之刑事訴訟律關於管轄之各條文，仍不足以資運用，而刑事簡易訴訟有從速處理之必要，爰於四月三日，以部令頒布地方廳刑事簡易庭暫行規則十條，審檢廳處理簡易案件暫行細則九條，規定配置簡易庭之檢察官配受案件後，應卽時起訴，簡易庭應於一小時內開庭審理，自配受案件至諭知判決，不得逾七日。同年九月十五日，司法部又頒發私訴暫行規則二十四條，俾審判衙門處理附帶私訴，有所依據。

民國四年八月十九日，司法部以法院遇有應行請求再審及提起非常上告之案件，無相當法令，可資適用，特呈經政府核准暫行援用刑事訴訟律草案第四編，幷以部令通行遵照。此編爲再理，共分三章，第一章再訴，第二章再審，第三章非常上告，都三十條，此編條文間有準用草案他編條文者，併經司法部分別繕注於各該條文之後，以便援用。至七年五月二十五日，司法部又呈經政府核准暫行援用刑事訴訟律草案執行編共三十九條。

民國八年四月十八日，司法部爲求審判之公平，保持司法之威信，特呈准頒行刑事訴訟律草案第一編第一章第四節。此節自第二十八條至第三十八條，共十一條，均爲關於審判衙門職員之迴避、拒卻、及引避之規定。

民國九年十月二十八日，司法部爲求簡易刑事案件迅速完結，可不經審判，逕以命令處刑，特以部令第八六九號公布處刑命令暫行條例十五條，并明定自十年一月一日施行。依此條例，以命令處刑者，以五等有期徒刑、拘役、或罰金之案件爲限，須經檢察官之聲請，如認爲不適當，仍依簡易程序審判之。

民國十年，廣州軍政府鑒於我國刑事訴訟法規，龐雜糾紛，不成系統，法院極感困難，訴訟或因此停滯，乃將前清刑事訴訟律中與約法及現行法令牴觸各條，分別刪除修正，於三月二日明令公布。同年四月十三日，又公布刑事訴訟律施行細則七條，規定「刑事訴訟律自公布後二個月施行。」吾國之有正式刑事訴訟法，蓋自此始，惟其施行區域，只及於西南數省。時北京修訂法律館適編成刑事訴訟法草案，司法部改稱爲刑事訴訟條例，并擬具刑事訴訟條例施行條例十三條，呈經政府於十年十一月十四日以教令公布，定於十一年一月一日起，先就東省特別法院區域施行。至十一年一月六日，政府又明令自十一年七月一日起，全國各法院一律施行，惟實際上只施行於北京政府統治下各省，西南各省仍遵行刑事訴訟律。

刑事訴訟條例之編章節目如次：

第一編總則，分十五章：第一章法例，第二章法院之管轄，第三章法院及檢察廳職員之迴避，第四章被告之傳喚及拘提第五章被告之訊問第六章被告之羈押第七章證人第八章鑑定人第九章扣押及搜索第十章勘驗，第十一章辯護，第十二章裁判，第十三章文件，第十四章送達，第十五章期限。

第二編第一審分二章。第一章公訴，分四節：(一)偵查，(二)豫審，(三)起訴，(四)審判。第二章私訴。

第三編上訴，分三章：第一章通則，第二章第二審，第三章第三審。

第四編抗告，第五編非常上告，第六編再審，第七編訴訟費用，第八編執行，均不分章。

刑事訴訟條例雖經公布幷已定期施行，而處刑命令暫行條例仍繼續有效，政府幷於十一年一月二十五日，以敎令第二號公布刑事簡易程序暫行條例十二條，以與刑事訴訟條例相輔而行。此條例之要點有三：(一)檢察官於配受案件後，應速起訴，至遲不得逾二日，或被告人自認犯罪或請求依簡易程序辦理之翌日。(二)簡易庭於案件起訴後，應卽開始公判，不得逾翌日。(三)專科罰金之案件，如被告人願納法定最高度之罰金額，得不經審判，逕行執行。此暫行條例施行後，各地方審判廳卽無以命令處刑之事實。

第七節　刑事訴訟法附施行條列

吾國自民國十一年以來，有兩種刑事訴訟法規幷行。至十七年二月，國民政府第二十九次委員會決議，由司法部速提出刑事訴訟適用法規。該部以各省自爲風氣，在同一系統下之法院，而適用關於刑事訴訟程序之兩種法規，實非正軌，而事實上亦窒礙甚多，乃博采成規，旁稽外制，昕夕釐訂刑事訴訟統一法規。甫經脫稿，適中華民國刑法於民國十七年三月十日公布。復以程序法與實體法應相輔而行，未便稍有歧異，致礙援用，乃依據刑法，將該項草案重加編訂，成刑事訴訟法草案，共分七編，都四百九十六條，附施行法草案十七條，於十七年五月送呈國民政府提經第六十五次委員會決議交法制局審查。

該局即召集編審會議，迭次續審研討，詳愼修訂，擬具修正案九編，共五百十三條。其修正之要點如次：

（一）爲防止違法羈押計，增一第七十二條，規定「對於違法之羈押，不問在偵查中或審判中，被羈押人或其法定代理人、保佐人或親屬得向實施羈押之公務員所屬之法院請求撤銷。請求無理由者，法院應以裁定駁回，對於此項裁定，不得抗告。」

（二）羈押逾期，即爲違法，若至期滿後，始行聲請延長期間，則在未爲裁定以前，每易發生此項違法之問題，特修正爲檢察官或推事認被告有繼續羈押之必要者，應於未屆期滿前，聲請所屬法院裁定之。又以豫審制廢止，偵查中延長羈押期間應較長，將原草案所得一月改爲二月。

（三）命具保或責付，均應以應羈押之被告爲限，如認爲無羈押之必要，即無交保或責付之依據，特將原草案第九十四條刪去。

（四）公設辯護人制之采用，本以保護被告之利益爲主要之原因，舊律規定最輕本刑爲三年以上有期徒刑者，即應指定辯護人。原草案第一七八條規定其最輕本刑爲七年以上有期徒刑者，審判長應依職權指定公設辯護人，保護被告尙嫌未周，特將「七年以上」改爲「三年以上」。

(五)告發人在訴訟上之關係，與告訴人異。事件經告發後，已由檢察機關偵查，爲不起訴之處分，固無許告發人聲請再議之必要，且爲預防流弊，亦應不許聲請，特修正爲不起訴之處分書只以正本送達於告訴人，俾得聲請再議。原草案第二五四條中之「告發人」字樣，均予删去。

(六)原草案第二六六條規定「法院不得就檢察官未經起訴之行爲審判，」與承認自訴制度之精神適相牴觸，特增入「除依本法自訴者外」八字。

(七)增一第三三六條，規定辯護人得攜同速記生到庭，紀錄被告及證人之陳述，但須經審判長許可，以昭愼重。

(八)增一第七編簡易程序，凡十五條。蓋以一般刑事案件固應依通常訴訟程序進行，然遇特種案件，事實簡明，毋須經繁雜程序亦可辦結者，自以依簡易程序速結爲宜，即在被告方面，亦有節省時日費用等種種之利益。倘檢察官不爲聲請，或法院認爲不應適用此項簡易程序，或被告願受正式審判時，仍各分別規定依照通常程序審理，俾免滋生流弊。

(九)原草案第一編第一章第三條至第十條，係關於附帶民事訴訟之規定，非尋常法例可比。將此八條列爲第九編，附於執行編之後，即爲全案之殿。

修正案較原草案增二編，凡十七條。原附施行法草案亦分別加以修正。法制局審竣後，即提出意見書，連同修正案，呈經中央政治會議於第一百四十六次會議討論，當決議指定委員李烈鈞、薛篤弼、葉楚傖及最高法院、法制局審查，由司法部部長蔡元培召集開會。蔡部長旋召集審查會，將原草案及修正案一併提出共同討論，詳加修正，其最重要修正之點凡九：

(一)原草案第七十八條及修正案增加之第七十二條，均爲關於防止違法羈押之事項，應於人身保護狀之法規中明白規定，予以一併删除。

(二)原草案第九十四條係應事實上之需要而規定，予以恢復，并改定爲被告經訊問後，雖認爲無羈押之必要，於必要時，仍得命具保或責付。

(三)采用公設辯護人制，係避免指定辯護人不肯盡心之弊，修正案改爲其最輕本刑爲三年以上有期徒刑者，即應指定公設辯護人，則恐案件過多，不遑研究，將與指定辯護人得同一之結果，特照刑事訴訟律，將原草案第一七八條折衷定爲「五年以上」，以期易收公設辯護人制之效。

(四)微罪不檢舉，係一息事寧人之刑事政策，向以部令爲根據，不如於本法中明白規定，特於原草案第二五二條之次增加一條如左：

第二百五十三條　檢察官認爲案件具有左列情形者，得不起訴：

一　初級法院管轄之案件

二　情節輕微以不起訴爲有實益者，

三　被害人不希望處罪者。

（五）原草案第三六四條第二項規定爲被告利益而上訴者，列有自訴人，法制局認爲絕無之事，予以删去，惟爲保護被告計自不妨多設一救濟之方法，仍將「及自訴人」四字保留。

（六）第三審對於管轄違誤之案件概須發交管轄第二審或第一審重新審判，在實際上不免有拖累人民之弊，特於原草案第四一八條加一但書，規定事實已臻明瞭，而該法院對於該案件有終審管轄權者，得自行判決，以救此弊。

（七）處刑命令固應用簡略方式，但如被告姓名，法院名稱，命令年月日，及推事署名蓋章，亦不能省略，特將修正案第四六六條加以修正如左。

處刑命令，應依一定簡略方式，記載左列事項：

一　被告之姓名、年齡、籍貫、職業、住址；

二　犯罪之日時處所；

三　犯罪之行爲，及適用之法條；

四　應科之刑罰及必要之處分；

五　命令處刑之法院及年月日；

六　自接收處刑命令之日起，五日內得聲請正式審判。

（八）原草案第四七八條僅規定檢察官對於未經羈押者執行之辦法，其因以保證金或保證書具保而停止羈押者，應如何處分，未有明文，適用上即發生困難，特增設二三兩項，定爲因具保停止羈押經傳喚執行而不到者，檢察官並得爲沒入保證金之處分，受刑人不服處分時，得聲請該管法院撤銷或變更之。

（九）依立法程序法第二條，凡施行法律之規則，概稱條例，將原附施行法改爲施行條例。

李委員烈鈞等審查完竣後，即繕具報告書提經中央政治會議於第一百四十九次會議，將刑事訴訟法及其施行條例完全通過，交由國民政府於民國十七年七月二十八日公布，幷定於同年九月一日起施行。

刑事訴訟法共分九編，都五百十三條。第一編、第三編、第四編、第六編、第八編之編章節目，均與刑事訴訟條例相同。第二編之第一章公訴，刪除豫審一節，只分偵查、起訴、審判三節，其第二章爲自訴。第五編非常上訴，第七編簡易程序，第九編附帶民事訴訟，均與刑事訴訟條例微異。

此法之立法要旨及其內容重要之點，約如次述：

一、采四級三審制，因當時法院組織法立法原則尚未經中央政治會議決定，故仍依歷來法院之組織，有關於初級法院管轄之規定。但略設例外，卽於第十條規定高等法院於內亂罪、外患罪、妨害國交罪之案件，有第一審管轄權；於第三八七條規定初級法院管轄之案件，其最重本刑爲一年以下有期徒刑、拘役、或專科罰金之罪者，經第二審判決後，不得上訴於管轄第三審之法院。

二、采國家訴追主義，以檢察官代表國家行使刑事原告職權。惟値此注重民權時代，舉凡被害者均須先向檢察官告訴，其不起訴者，卽不得受正式法院之裁判，揆諸保護人民法益之本旨，容有未周，故特設例外規定，使被害人及有告訴權者，得就其被害事實，自向法院起訴，謂之自訴。然又恐人民法律觀念未盡發達，對於犯罪事實不能爲盡量之攻擊，甚至有爲利誘勢迫而自願拋棄訴權者，亦在所難免，故於第三三七條特定自訴案件之範圍，以初級法院管轄之直接侵害個人法益之罪，及告訴乃論之罪爲限。又於第三六一條、及第三四九條、第三六九條規定檢察官有獨立上訴之權、及對於撤回自訴或上訴案件，亦有干涉之餘地。庶於限制之中，仍寓保護之意。

三、初級法院管轄案件，旣可適用簡易程序，又以高等法院爲終審，較之地方法院管轄案件，其手續之繁簡，與調查之難易，迥不相同，特將其管轄範圍量予擴張。我國從前法制，有以最重本刑爲四等以下有期徒刑、拘役、或三百元以下罰金之罪爲主，而定初級法院之管轄者；有以最重本刑爲五等有期徒刑、拘役或罰金之罪爲主，而定初級法院之管轄者；其範圍均嫌過狹。此法於第八條改定以最重本刑爲三年以下有期徒刑、拘役、或專科罰金之罪爲主，並以最重本刑爲五年以下有期徒刑各條中擇其關係不甚複雜者，亦列爲初級法院管轄。但其罪質較爲重大，有不宜適用簡易程序者，雖其最重本刑亦係三等以下有期徒刑，仍劃歸地方法院管轄，以昭慎重。

四、縣長、公安局長及憲兵隊長官之爲司法警察官者，在其管轄區域內須付以與檢察官同一之偵查犯罪職權，在實際上固爲必要，但其偵查期間，若無明文限制，流弊孔多，特於第二二七條設「於查獲犯罪嫌疑人後，除有必要情形外，應於三日內移送該管檢察官偵查」之規定。

五、刑事訴訟條例對於偵查中羈押被告期限，定有明文，而審判中獨付缺如，既於立法本旨不能貫徹，且非所以保護人民身體自由之道。此法於第七十三條特設三月之期限，並許其於必要時，得聲請法院裁定延長，雖不限定聲請之次數及延長之期間，而久被羈押之被告，決不致無故而不予釋放。

六、采用公設辯護人制度，我國自實行指定辯護人制以來，遇有道德高尚及富有責任心之律師，對於指定案件盡心辯護者固不乏人，然因無相當報酬，而敷衍塞責者實居多數，既無利於被告，且有拖延案件之虞，故一般輿論均認此種制度應予糾正，故公設辯護人制實有采用之必要。

七、刑事訴訟條例規定對於諭知拘役或百元以下罰金之第一審判決，不得爲被告利益而上訴於第二審法院，祇得上訴於第三審法院。推立法者之意，蓋以上開案件，若概依通常審級，准其上訴，則其結果反足使被告感受不利，故不如略去二審，較爲適當。然就過去事實觀察，第三審審理此種案件，往往有因事實未明，而發回第一審更爲審判者，往復拖延，殊多不便。且其以宣告刑爲標準，設有情罪本重，而因處刑過輕之故，遂不克經過第二審之程序，亦未免失於簡率。此法特改以法定刑爲標準，並擴充至一年以下有期徒刑，及專科罰金之罪，規定以第二審爲終審，庶於事實點及法律點均有糾正之餘地，且無往復拖延之弊。

八、刑事訴訟條例規定即時抗告期間爲三日，爲期甚短，實有稍縱卽逝之虞。此法爲注重抗告人利益起見，改爲五日，至普通之抗告期間仍爲七日。

九、廢止豫審制度，而於豫審中有利於被告之規定，明定於偵查程序之中，以利訴訟上之進行。我國從前法制，有以豫審屬諸推事者，亦有以豫審屬諸檢察官者，其豫審程序，均可視爲偵查程序之延長。就法律之規定而論，凡在豫審中可以實施之處分，偵查中皆得爲之，實無需此重複程序之必要，故此法毅然予以廢止。

十、刑事訴訟條例有訴訟費用之規定，惟刑事訴訟爲國家刑罰權之實施，其一切費用，均應由國家完全負擔，故此法不設關於訴訟費用之規定。

第八節　新刑事訴訟法附施行法

刑事訴訟法施行條例共十七條，大致爲關於刑事訴訟法施行前之偵查、豫審、審判、上訴、附帶上訴、附帶私訴、聲請再議等之規定。

民國二十年十二月九日立法院以現行刑法，亟待修正，刑事訴訟法亦應同時改訂，特指派委員劉克儁、史尚寬、郗朝俊、蔡瑄、羅鼎組織委員會，起草修正案由劉委員召集開會。該會先着手修正刑法，對於刑事訴訟法未能同時進行。至二十二年六月，司法行政部擬具修正刑事訴訟法草案，並總揭修正要旨於編首，呈請行政院轉送立法院審議，原文略云：

「竊法院組織法上年已經公布正待施行。該法既采用三級三審制，而民國十九年第二三一次中央政治會議議決之立法原則，復經定明應擴張自訴之範圍，則現行刑事訴訟法自有從速改訂之必要。且現行法中關於訴訟程序各規定應加以修正者，更屬不一而足。本部現參酌近今世界立法之趨勢，及二十年來法院辦理刑事案件之經驗，擬定修正刑事訴訟法草案，共分九編，都五百三十八條。……合依修正立法程序綱領第二條之規定，檢同是項草案計五册，呈送鈞院核定後，提出立法院審議。」

行政院提出第一百十二次會議決議咨立法院查照審議。此草案修正之要點共三十九，大致均由立法院分別采納照案通過。其被廢棄者凡五：(一)增設之訴訟能力一章，(二)增設之訴訟費用一章，(三)對於檢察官偵查增設若干訓示之規定，(四)增設宣示裁判時訓誡被告之規定，(五)對於直系血親尊親屬不得告訴、告發、或自訴之規定。

立法院於第三屆第二十五次會議，將該修正草案提出初讀，當議決付刑法起草委員會審查。該會於二十二年十二月二十日開始審查，就該草案詳加研究，並參酌各方意見，及該會各委員考察所得，從事修正，直至二十三年九月二十日完竣，成修正案初稿。復於十月三日開始整理，於十一月十日完畢，成刑事訴訟法修正案九編，二十章，都五百六十條，先後共開會六十七次。該會修改此案方針，除依法院組織法，將四級三審制改爲三級三審制，及遵照中央政治會議決定之原則，擴張自訴範圍外，力求程序簡便，結案迅速，減少訟累，防止流弊。其由司法行政部先後送院之刑事簡易程序暫行條例草案，及刑罰執行法草案等，亦已酌量采納，以期完密，而利施行。

立法院於二十三年十一月二十七日、二十八日開第三屆第八十三次會議，將刑事訴訟法修正案提出討論。首由劉委員克儁報告此案審查經過，及修正要點，各委員就大體上略有討論，主席卽宣告開始二讀。二十七日上午將第一編第一章至第十章各條文議畢，除第五十一條、第六十四條、第七十一條、第一零三條、第一一四條略有修正外，均照修正案通過。下午續議第一編第十一章至第三編。二十八日下午又續議第四編至第九編，全案議畢。惟第二一三條、第二一八條、與第二一七條、第三一七條有連帶關係，暫行保留，付原審查委員會審查，第四六六條修正通過，第四七五條第二項全删，其餘各條，完全照修正案通過。立法院復於二十九日開第三屆第八十四次會議，將保留各條照審查案通過，並由主席諮詢省略三讀，以全案付表決，出席委員均無異議，通過。

立法院通過刑事訴訟法，幷議決：「本法與中華民國刑法均定於民國二十四年一月一日公布，至施行日期，俟將來施行法通過後，再行決定。」此法之修正要旨及內容重要之點，依據刑法起草委員會及司法行政部原稿，略如次述：

一、軍人犯罪除觸犯軍法應受軍事裁判者外，應依本法規定追訴處罰，此法特以明文增訂之（第一條）。

二、法院組織法既采三級三審制，故此法規定凡刑事案件，除內亂罪、外患罪及妨害國交罪，由高等法院管轄第一審外，其餘概以地方法院為第一審法院（第四條）。

三、前法規定牽連案件，屬於二以上不同之法院管轄者，由上級法院併案受理。此法以為若保留此種規定，則牽連案件之屬於地方法院管轄者，將由高等法院合併管轄審判，不獨剝奪被告審級之利益，有時致輕微案件，可上訴於最高法院，殊屬不妥，故予以一併刪去。

四、管轄法院往往有因管轄區域境界不明，及其他情形不能定之者，此法定為此種情形，亦為指定管轄之事由（第九條）。

五、法院及檢察官遇有緊急情形，應許其於管轄區域外執行職務，故此法增訂之（第一三條、第一六條）。

六、推事迴避之聲請，如所屬法院因不足法定人數不能行合議審判者，此法定為由院長裁定，又檢察官迴避之聲請，此法亦定為由所屬法院裁定，以免送請上級法院或上級檢察官核辦，致稽時日（第二一條、第二六條）。

七、應指定公設辯護人之案件，經當事人選任辯護人而無故不到庭者，此法許法院指定公設辯護人，爲其辯護，以免拖延（第三一條。）

八、最重本刑爲拘役或專科罰金之案件，被告在偵查中亦不妨許其委任代理人到場，故此法增訂之（第三六條。）

九、此法將前法關於訊問被告、自訴人、證人、鑑定人、通譯及搜索扣押勘驗等筆錄之規定，合併訂於文書章內，以期簡括（第四一條第四二條。）

十、依前法不問遲誤何種期間，均得聲請回復原狀，但以當事人爲限。此法則限定數種關係較大之期間，不問遲誤者爲當事人與否，均許聲請回復原狀（第六七條第七零條。）

十一、前法對於審判中延長羈押，無明文限制，不無流弊，此法規定如所犯之罪輕微者，以三次爲限（第一零八條。）

十二、案經上訴，如被告之羈押期間已逾原審判決之刑期者，除檢察官爲被告之不利益而上訴外，應撤銷羈押，將被告釋放，此法特增設此項之規定（第一零九條。）

十三、聲請停止羈押不得駁回之情形，前法僅以犯最重本刑爲拘役或專科罰金之罪爲限，此法擴張至六月以下有期徒刑，并將姙婦產婦及重病人應停止羈押之情形加入（第一一四條。）

十四、聲請停止羈押，前法規定以繳納保證金爲原則，不無流弊，此法改訂以提出保證書爲原則，繳納保證金爲例外，並將前法停止羈押後增加保證金之規定刪去（第一一一條）。

十五、沒入保證金之情形，應加以限制，故此法改訂以被告逃匿者爲限（第一一八條）。

十六、依前法被告雖無應羈押之情形，仍得命具保或責付，此種規定，實無必要，故此法將其刪去，另設雖有應羈押之情形，仍得不命羈押，逕命具保或責付之條文（第一二零條）。

十七、被告羈押之處所，檢察官應隨時視察，此法特以明文定之（第一零六條）。

十八、對於第三人之身體物件行搜索勘驗者，此法附以相當條件，與被告異其待遇（第一二四條、第一五七條）。

十九、經搜索未發見應扣押之物者，應付與受搜索人以證明書，此法特增訂之（第一二五條）。

二十、增設囑託拘提、搜索、扣押、勘驗、訊問證人及鑑定各規定（第八二、第一五三、第一六一、第一八二、第一九五各條）。

二十一、對於應扣押物之所有人、持有人、或保管人，以用強制力扣押爲已足，此法不采罰鍰之辦法（第一三八條）。

二十二、前法令證人賠償費用及罰鍰易科拘役之辦法，殊欠允當，此法特刪去之（第一六五條、第一八零條。）

二十三、此法增設證人得請求預給旅費，及鑑定人通譯得請求報酬及償還費用之規定（第一八一條、第一九六條、第一九八條。）

三十四、司法警察官認被拘提或逮捕之犯罪嫌疑人有羈押之必要者，前法規定應於三日內移送，此法改爲二十四小時以內移送，如經檢察官命其移送者，並應即時移送（第二零八條。）

二十五、關於微罪得不起訴之情形，應斟酌刑法之規定，故此法改訂之（第二三二條。）

二十六、不起訴處分確定後，除發現新事實新證據外，尙有其他應許再行起訴之情形，故此法增訂之（第二三九條。）

二十七、犯罪是否成立，或刑罰應否免除，以民事法律關係爲斷者，在民事訴訟終結以前，檢察官能否停止偵查，不可無明文規定，故此法增訂之（第二四零條。）

二十八、此法許檢察官於起訴後第一審辯論終結前，得就與本案相牽連之犯罪，或本罪之誣告罪追加起訴（第二四四條。）

二十九、依前法檢察官已提起之公訴，得任意撤回，流弊滋多。此法規定爲撤回起訴，準用關於不起訴處分之規定（第二四八條、第二四九條。）

三十、法院於審判期日前宜有種種準備，以期審判迅速完結，關於其準備之程序，前法規定似欠完備，故此法增設補充之規定（第二五五條、第二五六條、第二五七條）。

三十一、前法關於補充推事之規定，事實上絕少適用，故此法删除之。

三十二、因被告心神喪失者，於其回復以前，固應停止審判，如有應宣告無罪免刑等情形，似無停止審判之必要，故此法規定得不待其到庭，逕行判決，以期迅速結案（第二八七條）。

三十三、依法免除其刑之情形，前法定爲應諭知免訴之判決，似欠允當，故此法明定爲應諭知免刑之判決（第二九一條）。

三十四、依新刑法因未滿十四歲或心神喪失而不罰者，得付保安處分，故此法於諭知無罪判決之條文內增定之（第二九三條）。

三十五、已經提起自訴之案件，在同一法院重行起訴，或曾爲不起訴處分之案件，再行起訴而不合法，或依本法第八條之規定不得爲審判者，均應諭知不受理之判決，故此法增訂之（第二九五條）。

三十六、依前法不待被告到庭陳述，得逕行判決者，以最重本刑爲拘役或專科罰金之案件爲限，此法加以擴張，如經法院認爲應科拘役或罰金者，均許逕行判決，應諭知免刑或無罪者，亦同，俾得迅速結案（第二九八條）。

三十七、免訴不受理及諭知管轄錯誤之判決，此法定爲得不經言詞辯論爲之，俾得節省勞費（第二九九條）。

三十八、此法規定判決書應將事實與理由分別記載者，以有罪之判決爲限，且不以記載起訴及抗辯要旨爲必要程式（第三百條）。

三十九、此法依照新刑法在有罪判決書主文內規定應記載易科罰金折算之標準，及易以訓誡或保安處分之諭知，在判決書理由內應記載易以訓誡或緩刑或諭知保安處分之理由。

四十、現行刑法僞證及誣告罪章妨害名譽及信用罪章中關於公布判詞之規定，性質上應在本法規定，故此法增訂之（第三零七條）。

四十一、依前法被害人得自訴者，以初級法院管轄直接侵害個人法益之罪，及告訴乃論之罪爲限，此法依照中央政治會議所定原則，改爲凡犯罪之被害人，有行爲能力者，均得提起自訴，以擴張自訴之範圍（第三一一條）。

四十二、自訴之撤回，如漫無限制，流弊滋多，故此法改定爲除告訴乃論或請求乃論之罪外，不准自訴人撤回（第三一七條）。

四十三、法院或受命推事爲準備審判起見，有時須訊問自訴人及被告，故此法明訂之，並規定此項訊問不公開之（第三一八條）。

四十四、自訴人無故不到場者，應許拘提，以防流弊（第三二二條）。

四十五、此法明定檢察官協助自訴辦法，法院應將自訴案件之審判日期通知檢察官，檢察官得於審判期日出庭陳述意見（第三二二條）。

四十六、前法規定自訴人經傳喚無正常理由不到者，以撤回自訴論，似嫌不當。此法定爲此種情形，法院得不待其陳述而爲判決，如法院認爲有必要者，仍得通知檢察官擔當訴訟（第三二三條）。

四十七、依前法自訴人於辯論終結前死亡者，得由其親屬承受訴訟，無人承受訴訟者，始通知檢察官擔當訴訟。此法改爲自訴人於辯論終結前死亡或喪失行爲能力者，法院應分別情形，逕行判決，或通知檢察官擔當訴訟，以期簡便（第三二四條）。

四十八、不得提起自訴而提起，或自訴有管轄錯誤之情形者，依前法法院應以裁定駁回。此法以爲此種情形，應與公訴辦法一致，故改爲應分別諭知不受理或管轄錯誤之判決（第三二六條、第三二七條）。

四十九、前法規定上訴書狀均應敍述理由，對於第二審判決上訴之書狀未敍述不服理由者，原審法院應命於提起上訴後十日內提出理由書。此法以爲此種規定，似欠妥善，故改爲於第一審判決之上訴，不以敍述理由爲必要；至對於第二審判決上訴，如未敍述理由者，上訴人應自提起上訴之日起，十日內不待法院之命，自行補提理由違者得駁回上訴（第三四二條、第三七四條）。

五十、當事人在原審法院提起上訴後，前法定爲原審法院應將卷宗及證物送同院檢察官，再由該檢察官送交上訴審法院檢察官，轉送上訴審法院，頗多周折。此法改定爲由原審法院逕送交上訴審法院，但對於第二審判決上訴之案件，有檢察官爲當事人者，則原第二審法院應將卷宗證物送交第三審法院檢察官轉送，俾檢察官有陳述意見之機會。如第三審法院檢察官於原審法院檢察官提出之上訴書或答辯書外，無他意見者，亦得不添具意見書，藉省勞力而免積壓（第三五五條、第三七七條）。

五十一、由被告上訴，或爲被告之利益而上訴者，第二審法院可否加重原判決之刑，前法無明文規定，此法明定除變更所適用之法條外，不得改判重刑（第二六二條）。

五十二、此法於第二審程序規定法院認上訴不合法，或對於原審諭知管轄錯誤、免訴、或不受理之判決上訴時，認爲無理由而駁回，或認爲有理由而發回者，其判決得不經言詞辯論爲之，俾可節省勞費（第三六四條）。

五十三、此法規定第二審判決書得引用第一審判決書所記載之事實及證據（第三六五條）。

五十四、此法規定第三審程序，毋庸爲被告指定辯護人（第三八零條）。

五十五、現在既采三級三審制，得上訴於第三審案件，應予酌加限制。此法參酌前法，將不得上訴於第三審案件之範圍，量予擴張。同時於再審編增設規定凡經第二審確定之有罪判決，如就足生影響於判決之重要證據漏未審酌者，許爲受判決人之利益，而聲請再審，以資補救（第三六八條、第四一四條）。

五十六、前法所定之抗告期間通常爲七日，短期爲五日，此法縮減前者爲五日，後者爲三日（第三九八條、第四二八條）。

五十七、此法增設原審法院得駁回抗告之規定（第四百條）。

五十八、此法增訂爲受判決人之不利益聲請再審者，以自判決確定之日起，未逾刑法第八十條第一項之期間二分之一者爲限，由自訴人聲請者，以有本法第四一五條第一款之情形爲限，藉以保護受判決人之利益（第四一八條、第四二一條）。

五十九、依前法得適用簡易程序之案件，以最重本刑爲六月以下有期徒刑、拘役、或專科罰金者爲限。此法改爲凡不得上訴至第三審之案件均得依簡易程序以命令處刑，惟所科之刑，以六月以下有期徒刑、拘役、或罰金爲限（第四四二條）。

六十、不得上訴於第三審之案件，經正式審判諭知六月以下有期徒刑、拘役或罰金者，此法許法院以簡略方式，制作判決書，當庭交付被告，以期簡便（第四五九條）。

六十一、處徒刑及拘役之人犯，明定於監獄內拘禁之，以服勞役爲原則，但法律如有特別規定者，依其規定（第四七零條）。

六十二、增設如被告願當庭繳納罰金，罰鍰而檢察官不在場者，得由推事指揮執行之規定（第四七四條）。

六十三、增設罰金易服勞役者，應與處徒刑或拘役之人犯分別執行之規定（第四八四條）。

六十四、增設執行保安處分及執行訓誡之規定（第四八五條、第四八六條）。

六十五、前法關於附帶民事訴訟之規定過於簡略，此法特詳加補充，以資適用（第四九三條以下）。

新刑事訴訟法仍分九編，共五百十六條。第二編至第四編，及第七編至第九編之編章節目與前法同，再審列爲第五編，非常上訴列爲第六編。第一編之章數，與其第一章至第三章之章目未加變更，第四章爲辯護人、輔佐人、及代理人，第五章文書，第六章送達，第七章期日及期間，第八章被告之傳喚及拘提，第九章被告之訊問，第十章被告之羈押，第十一章搜索及扣押，第十二章勘驗，第十三章人證，第十四章鑑定及通譯，第十五章裁判。

新刑事訴訟法經國民政府於民國二十四年一月一日公布，同年三月，刑法起草委員會復擬具該法施行法草案，幷建議以二十四年七月一日爲該法施行日期，提經立法院第四屆第九次會議議決通過，呈由國民政府於民國二十四年四月一日公布刑事訴訟法施行法，幷明令刑事訴訟法自民國二十四年七月一日起施行。此施行法共十六條，大致規定刑事訴訟法施行前關於管轄、偵查、審判、羈押、具保或責付、辯護人、審判費及附帶民事訴訟等之規定。

第九節　反革命案件陪審暫行法

民國十八年七月，中央執行委員會以關於審理共產黨案件，應訂定救濟辦法，特推定王委員寵惠等審議。王委員等旋擬具辦法二項：(一)第一步當地高級黨部聲明不服，檢察官接到聲請書後，當然提起上訴；(二)第二步試行簡單陪審制度，提經中央第十一次常會決議，原則通過，交司法院擬定施行辦法。司法院即將第一項上訴辦法令行司法行政部、最高法院、及最高法院檢察署一體遵辦，并擬具反革命案件陪審條例草案二十八條，附具理由書，送請中央執行委員會提出第二十次常會決議交政治會議送立法院。

立法院提出第三十四次會議議決，付法制委員會審查。該會於第二十六次會議提出討論大體，經議決付劉克儁、孫鏡亞、蔡瑄、呂志伊、羅鼎五委員初步審查。劉委員等旋審查完竣，法制委員會復開會詳加討論，結果認原草案大致妥善，將標題改為反革命案件陪審暫行法，條文亦略予修正通過。立法院於第三十七次會議開二讀會，將該審查修正案提出逐條討論通過，并省略三讀，通過全案，即呈由國民政府於十八年八月十七日公布施行。

陪審制度，起源於英，其他各國，先後采用，其要旨在將法律之適用，任諸法官，而事實之認定，則公諸民衆，實含有人民參預審判之意義。此法為解決反革命案件而制定，規定在暫行反革命治罪法施行期間，法院受理反革命案件，適用陪審制。全文共二十八條，內容之要點，依據原草案理由書，約如左述：

一、陪審須經黨部之聲請　在歐美及日本各國，陪審制係為被告利益起見，凡審判特定之重要案件，無須聲請，皆適用之。此法於第三條規定「反革命案件，其上訴理由基於事實問題者，於發回或發交更審時，得因黨部之聲請，付陪審評議。」如黨部未經聲請，自係認爲毋庸陪審，故不必多此一舉。

二、陪審員限於黨員　此法專適用於反革命案件，則其事實之認定，自以黨員爲確當，故於第五條、第七條、第八條規定陪審員就居住法院所在地之黨員選充，由各該地最高級黨部列表送交各該法院編製名冊，以抽籤編定每二十四人爲一組，自登報公告之日起，於一個月內供人閱覽。外國陪審員亦以居住法院所在地之人爲限，所以免因組織陪審團而致訴訟進行之延滯也。

三、陪審員額定爲六人　各國陪審員額，多有定爲十二人者。就吾國社會現狀而論，每次召集多數之陪審員，實非易事。此法於第四條規定「陪審評議，以陪審員六人所組織之陪審團爲之。」又慮六人中有因病因事不能執行職務者，故於第十條規定審判長以抽籤法先抽定某組，再就該組抽十二名，以先抽之六名爲陪審員，餘依次爲候補陪審員，以備陪審員缺席時臨時遞補。

四、陪審員當庭答覆意見　此法於第十八條、第二十條至第二十二條，及第十六條規定陪審員退庭評議，應互選主席一人，將評議之結果當庭答覆。此答覆限於(一)有罪，(二)無罪，(三)犯罪嫌疑不能證明，記載於詢問書，由評議主席提交審判長。如評議主席利用地位，顚倒事實時，審判長得命陪審員依次各別當庭答覆。除此情形外，陪審員不得洩漏陪審評議之始末。

五、訂定兩種保釋辦法　民國十七年中央特種刑事臨時法庭處理上海特別軍法處上訴之反革命案件，會因特殊情由呈請中央准予保釋。此法特於第二十四條規定有保釋放及無保釋放而交由公安局監視之兩種辦法，以便遇有此類案件得以援用。

反革命案件陪審暫行法公布後，浙江鄞縣執行委員會以該法對於陪審員資格限制過嚴，請加以局部之修正，呈經浙江省執行委員會轉呈中央執行委員會交法規編審委員會審查。該會詳加研究，認爲除檢舉該案之執監委員不得爲陪審員外，其他各級執監委員無加以限制之必要，應請交立法院修正。中央執行委員會復於第四十一次常會提出討論，當決議照審查意見通過，送政治會議交立法院辦理。

十八年十一月九日立法院將該案提經第五十九次會議議決付法制委員會審查。該會於第四十二次會議提出討論，結果認爲删去該法第五條第三款「各級黨部執行委員及監察委員」一與其他條文及全案精神尚無妨礙，即繕具修正反革命案件陪審暫行法第五條，提經立法院第六十七次會議議決通過，幷呈由國民政府於十八年十二月三十日公布。

反革命案件陪審暫行法第五條規定陪審員之資格，其但書列舉不得爲陪審員之人員，原爲五款，即：（一）現任政務官，（二）現役陸海空軍人，（三）各級黨部執監委員，（四）該管法院職員，（五）不識文義者。此修正條文删去第三款，第四五兩款改列第三款、第四款，餘無變更。

第十節　民事調解法

民國十年七月十日，政府公布有民事公斷暫行條例三十三條，規定（一）公斷契約，（二）公斷人，（三）公斷程序，（四）判斷書，（五）管轄法院，（六）依契約以外方法所定之公斷等。

民國十八年十二月，中央政治會議開第二百零八次會議，委員兼立委院院長胡漢民提議民事調解條例草案原則。當經決議交法律組審查後，逕交立法院。原提案敍述提議之旨趣有云：

「查民事訴訟，本以保護私權，而一經起訴之後，審理程序，異常繁重，往往經年累月，始能結案，甚非所以息事寧人之旨。是以晚近各國，均勵行仲裁制度，期於杜息爭端，減少訟累，意至良善。我國夙重禮讓，以涉訟公庭爲恥，牙角細故，輒就鄉里耆老，評其曲直，片言解紛，流爲美談。今者遺風漸息，稍稍好訟，勝負所繫，息爭爲難，斯宜遠師古意，近采歐美良規，略予變通，以推事主持其事，正名爲調解，並確定其效力，著之法令，推行全國。庶幾閭閻無纏累之苦，訟庭有清簡之觀，謹擬具民事調解條例草案原則六項，提請公決。」

法律組旋將該原則加以修正，增加一項，函送立法院依據起草。此原則七項如次：

一　爲求杜息人民爭端，減少法院訴訟起見，於第一審法院附設民事調解處。

二　民事調解處以推事爲調解主任，但經當事人請求，應許其各於具備左列資格之人中，推舉一人助理之：

（一）中華民國國民年在三十歲以上者；

(二)有正當職業者，但現任司法官及律師不得充助理員；

(三)通曉中國文義者。

三　初級管轄及人事訴訟事件，非經調解不和息後，不得起訴；其他訴訟事件，經當事人請求調解者亦同。

四　調解由一造請求者，經調解處通知相對人，而相對人無正當理由不到場者，酌科罰鍰。

五　當事人均經到場者，調解期限為七日，逾期者以調解不和息論；但經雙方同意延期者，不在此限。其相對人受通知後，無正當理由不到場，除在途期間外，經過五日者，亦以調解不和息論。

六　調解和息，應由書記官將和息結果，記載於登記簿，與法院判決者，有同等之效力。

七　不得以任何名義徵收費用。

立法院於第六十五次會議將該原則提出討論，當議決付法制委員會依據起草。該會提經第四十三次會議議決，付劉克儁、蔡瑄、羅鼎三委員起草。劉委員等旋擬具民事調解條例草案，由法制委員會開第六次臨時會議提出討論通過，共十七條。十九年一月十一日，立法院復開第七十次會議，將該草案提付二讀，結果標題修正為民事調解法，第一條無異議通過，第二條修正通過，原第四條删去，以下各條依次遞改，自第三條至末條，大致照原案通過。二讀既畢，主席諮詢省略三讀程序，以全案付表決，經大多數委員贊成通過。

此法經國民政府於民國十九年一月二十日公布，并定自二十年一月一日起施行。全文共十六條，其內容之要點，卽爲前七項原則，茲不贅述。

第十一節　管轄在華外國人實施條例

民國八年，政府努力於各國領事裁判權之收回，先從無約國入手，於五月二十三日，以敎令第九號公布審理無約國人民民刑事訴訟章程六條，至九年十月三十日又以敎令第二十四號修正爲審理無領事裁判權國人民民刑事訴訟章程，條文亦略有修改。此章程大致規定關於無領事裁判權國人民民刑訴訟案件第一審，除刑事訴訟律草案第六條第三款第四款所稱各罪外，由地方審判廳或特別區域審判處附設之地方庭，及受理地方管轄案件之審判處管轄之。審理程序，適用民刑訴訟律呈准各節及其他法令之規定。

民國十八年十二月二十八日，國民政府明令自民國十九年一月一日起，凡僑居中國之外國人民，應遵守中國法令規章，以示廢除不平等條約，收回領事裁判權之決心。原令如次：

「查凡屬統治完整之國家，其僑居該國之外國人民，應與本國人民同樣受該國法律之支配，及司法機關之管轄，此係國家固有之要素，亦爲國際公法確定不易之原則。中國自受領事裁判權束縛以來，已屆八十餘年，國家法權，不能及於外人，其弊害之深，無庸贅述。領事裁判權一日不能廢除，卽中國統治權一日不能完整，茲爲恢復吾國固有之法權起見，定自民國十九年一月一日起，凡僑居中國之外國人民，現時享有領事裁判權者，應一律遵守中國中央政府及地方政府依法頒布之法令規章，着行政院司法院轉令主管機關從速擬具實施辦法，送交立法院審議，以便公布施行。」

行政院司法院卽分令外交部會同司法行政部遵照辦理。該兩部旋擬具管轄在華外國人實施條例草案，呈經行政司法兩院詳加覆核，認爲尙屬妥善，卽於民國二十年五月一日咨送立法院審議。立法院於次日提出第一百四十二次會議議決照案通過，幷繕具全文呈由國民政府於同年五月四日公布，幷定自二十一年一月一日起施行。

此條例共十二條，大致規定民國十八年十二月三十一日在華享有領事裁判權之外國人民，應受中國各級司法法院之管轄。在東省特區、瀋陽、天津、靑島、上海、漢口、巴縣、閩侯、廣州、昆明各地方法院，及其繫屬之各該高等法院內各設專庭，以其所繫屬之院長兼充庭長，受理關於外國人爲被告之民刑訴訟案件。各案件如發生在各該法院管轄以外，被告得用書面聲請受各該法院以外之該管法院審理。外國人之拘提或羈押，及其住宅或其他處所之搜索，應依刑事訴訟法行之；外國人犯有刑法或其他刑事法規上之嫌疑已經逮捕者，應卽移送法院訊問，最遲不得逾二十四小時。外國人與外國人或與其他人民所訂仲裁契約，經聲請時，除違背公共秩序或善良風俗，或依普通法律原則應認爲無效者外，法院應認爲有效，並執行依據該契約所爲之決定書。外國人犯違警罰者，由法院或警察機關審訊之。

第十二節　特種刑事臨時法庭組織條例特種刑事臨時法庭訴訟程序暫行條例

民國十四年秋，廣州國民政府曾設立特別刑事審判所，管轄反革命及土豪劣紳案件，政治委員會并於第六十次會議通過特別刑事訴訟條例及特別刑事審判所條例。至十六年八月，國民政府改設特種刑事臨時法庭，中央政治會議於第百十八次會議通過特種刑事臨時法庭組織條例，由國民政府於十六年十二月一日公布施行。此條例采兩級兩審制，共十四條，大致規定（一）特種刑事地方臨時法庭置庭長一人，審判員三人至六人，審判關於反革命之訴訟案件；（二）特種刑事中央臨時法庭置庭長一人，審判員五人至十人，審判關於反革命訴訟之上訴案件。特種刑事地方臨時法庭得設立分庭，其審判案件，准用各本庭之規定。

民國十七年五月，特種刑事中央臨時法庭庭長丁超五擬具該庭暫行訴訟程序草案，呈由國民政府交司法部會同法制局審核。司法部卽將原草案逐條詳加審查，認爲尙屬可行，惟於第二條第三條略予修正，俾臻妥適。法制局復開編審會議，將該草案提出共同討論，結果，改標題爲特種刑事臨時法庭訴訟程序暫行條例，并以原第三條顯然承認特種刑事法庭以外機關之非法裁判，且不准謀上訴之救濟，流弊甚大，特予删去。其餘各條，亦略有文字上之修正。同年六月十一日，國民政府卽將該暫行條例公布施行。

特種刑事臨時法庭訴訟程序暫行條例共十二條，大致規定反革命或土豪劣紳案件，不論何人，均得起訴；起訴人、被告人及被告法定代理人、保佐人、或配偶均得上訴。各省省黨部、省政府、或各特別市市黨部、市政府，認地方特種刑事臨時法庭確定判決違法時，得向中央特種刑事臨時法庭提起非常上訴。中央黨部或國民政府認中央特種刑事臨時法庭判決違法時，得令覆審。中央特種刑事臨時法庭就已上訴之案件，發見非法裁判，得發交有權審判法庭重行審判；原判認定事實有錯誤者，得以判決發回更審；如無提審必要或有特別障礙者，得派員蒞審。其未規定之事項，准用刑事訴訟條例及其他法令。

十七年十一月，中央政治會議於第百六十四次會議決議將反革命案件由各省高等法院或其分院依通常程序受理第一審，土豪劣紳案件由各地方法院或其簡易庭依通常程序受理第一審，所有中央及地方特種刑事臨時法庭遂一律裁撤。前兩條例即當然廢止。

第十三節　最高法院組織法

前北京大理院，其組織無單行法規，大致依法院編制法所規定。

民國十六年十月二十五日，國民政府公布有最高法院組織暫行條例。全文共十四條，規定最高法院為最高審判機關，審判(一)不服高等法院第一審及第二審判決而上訴之案件，(二)不服高等法院之裁決而抗告之案件；其審判權以推事五員之合議庭行之，暫置民事二庭，刑事一庭。最高法院置院長一員，總理全院事務，並監督其行政，有統一解釋法令及必要處置之權。置首席檢察官一員，檢察官五員，處理關於檢察之一切事務。又置書記官長及書記官，分掌錄供、編案、會計、文牘及其他庶務。

民國十七年十月，司法院院長王寵惠擬具最高法院組織法草案，提請中央政治會議於第一百六十二次會議決議：「暫照原案通過，仍提交立法院審議。」

立法院於同年十二月十三日交法制委員會審查。該會於十八年七月二十六日開第二十六次會議討論，並函由最高法院院長林翔列席說明。原草案規定推事薦任或簡任，檢察官爲若干人，審查結果，將推事一律定爲簡任，幷確定檢察官員額爲三人至五人，所有條文，亦經分別修正通過。八月三日，立法院於第三十八次會議開二讀會，將該審查修正案提出逐條討論，自標題及第一條至第十二條，均無異議通過。第十三條規定「最高法院之預算、決算，須經司法院院長核定之，」各委員討論甚久，結果完全删去。原第十四第十五兩條，依次遞改，其內容亦無異議通過。二讀既畢，主席諮詢省略三讀，以最高法院組織法全案付表決，經出席委員一致議決通過。

立法院通過最高法院組織法，即呈請國民政府鑒核公布。國民政府將該法第六條所定之檢察官三人至五人，改爲七人至九人，幷於十八年八月十四日明令公布全案。此法共十四條，與前暫行條例相異之點有四：一、規定最高法院民事庭刑事庭之庭數，以司法院院令定之。二、最高法院配置檢察署，幷置檢察長一人。三、最高法院及檢察署各設書記官長及書記官。四、明定最高法院院長及以次簡薦委任各人員任命之程序。

第十四節　法院組織法

法院編制法爲前清所頒布，民國援用，本係暫時，自刊行以來，時有窒礙，而司法事務之改進，尤必以法院制度爲根基，則關於法院之組織，實有另行制定法律之必要。民國十七年八月，司法部特擬具暫行法院組織法草案，並附具理由，呈由國民政府轉送中央政治會議提出第百五十二次會議決議交法制局作初步審查。該草案所附之理由，略如次列各項：

一、吾國司法既確定四級三審制，自應依據是項制度，草訂法院組織法，俾資遵循。

二、各級法院，決不因司法院之成立而變更組織，卽司法行政之應歸司法部監督者，在司法院成立後，仍可屬之司法院。

三、法院有特別普通兩種，本法所定爲純粹之普通法院，凡依特別法組織之法院，不歸司法部監督者，均不受本法之支配。

四、登記事件，依現行不動產登記法，不屬法院職權之內，故刪。

五、社會愈進步，訴訟事件愈繁多，爲便利人民計，初級法院自不可省。惟目下所急者，爲普設地方法院，初級尚可緩圖，故參照向例，先於地方法院內附設簡易庭，在本法施行法上明白規定，以便受理初級案件。

六、高等法院管轄第三審案件，較之最高法院所受理者關係爲輕，故純以三人之合議制行之。

七、分院爲交通不便地方遼闊而設立，但設置分院，費用較鉅，故本法酌采循環審判制度。

八、豫審制度，依新頒之刑事訴訟法已廢除，故本法亦刪去。

九、最高法院院長解釋法律事實上均係由庭長庭員討論解答，似不如明白規定。

十、最高法院現制並無管轄一審並終審之案件，故刪去。

十一、歷來法院情勢，地方法院院長有不兼庭長者（如上海是）故與最高法院院長同爲得兼庭長。高等法院院長向不兼庭長，故因之。至分院及初級法院院長，爲必須兼任庭長推事，以組織簡單，行政事務，並不繁雜，兼任庭長推事，自有餘裕。

十二、年終會議以全體列席，俾各盡量發表意見爲宜，不必限於資深之庭員，故刪。

十三、舊法第六十二條所定應不聽其辯論，即行審判，應聽在庭當事人之供述，行其審判云云。查審判案件，最忌意氣用事，如因言語頂撞，或其他不當行徑，於受制裁外，並不容其陳述，即行判決，是以法律獎許審判官之武斷也。即在日本法亦係規定未經本人請宥恕表恭順謝不敬之罪，得中止其審問，並無不聽其辯論可逕行判決之意味。且此種規定，亦含有專制抑勒之嫌，故應刪除。至拘留日數，比舊法減輕罰金元數，比拘留日數加多，以此種處分，不過用以維持法庭秩序，不宜過重，而目下人工勞力所得，一日亦不止一元也。

十四、庭丁不過在庭執務，無特設一章之必要，舊法且列在承發吏之前，尤覺不妥，故本法在承發員之後，加立一條，而將舊法第十章刪去。

十五、現制不廢檢察官，僅廢檢察長，而代以首席檢察官，削減其獄務行政權，比之舊制，不過縮小範圍而已。實施結果，往往因權限不淸，動多齟齬，似不如別爲檢察處，從而規定其職務，可以減少多少之誤會衝突。

十六、近來檢察官爲人所不滿意者，以其不能厲行檢察職權，等於審判方面之收轉機關，似應明立專條，促其注意。

十七、學習推檢，以及城鎭鄕當代理或辦理檢察事務，爲歷來稀有之事。且偵查爲審判基礎，往往一縱卽逝，非有敏捷之手段，與相當之經驗，不足以搜羅一切證據，似非學習人員及地方人士所能代庖。至公安局長爲司法警察官，有偵查職權，與檢察官同，刑訴法已有明文規定，故將法第一百零一條第一百零二條悉予删除。

十八、推事代理檢察官，向例亦不多覯，且依訴訟法推事得行使檢察官職務者，對於該案卽應迴避，故以删去爲宜。

十九、將法最高法院及高等法院長官以何資格，如何任用，迄未規定，故又別定一種簡任法官資格，以濟其窮。查日本裁判所構成法，大審院長由勅任判事中任之，控訴院長及大審院之部長，又檢事總長、檢事長因司法大臣之上奏，由勅任判事檢事中補之，本法采其意，並稍寬其格。

法制局卽開編審會議，詳加研究，僉謂本草案有衆多問題，均與未來司法院之組織及權限有密切之關係，在司法院未成立前，似難得審查之標準。現司法院組織法雖已頒行，而司法行政署、司法審判署、行政審判署之組織法規，尚未公布，本草案是否有改訂之必要，仍難懸擬，當決定暫緩審查修正。旋該局奉令結束，乃將此項草案及初步審查意見呈經中央政治會議轉送立法院斟酌辦理。立法院於十七年十二月十五日提出第二次會議議決付法制委員會審查。

至民國十九年六月，司法院又迭次詳愼研究，草具法院組織法，并開列立法原則十六項，附具說明，送請中央政治會議詳加審查，斟酌修改，於第二百三十一次會議議決，法院組織法立法原則十二項，函交立法院查照辦理。至法院組織法草案，則交還司法院依據原則整理。此十二項原則及所附說明如次：

一　刑事訴訟就現行之檢察制度加以改善，并擴張自訴之範圍，凡因犯罪而被害之個人，以許自訴爲原則。

說明　按檢察制度試行以來，因未獲得相當利益者，主張絕對廢除，而代以人民自訴制度。但若一旦遽廢，照吾國情形，亦恐尙有窒礙，與其多事更張，不如加以改善。查現行刑事訴訟法中，已有自訴之規定，惟自訴祇限於(一)初級法院管轄直接侵害個人法益之罪，(二)告訴乃論之罪，範圍仍嫌過狹。若就此而擴張至凡因犯罪而被害之個人以許自訴爲原則，則人民亦有自訴之途，不患爲檢察官所阻隔。存檢察制之利而去其害，自較適宜。至對於人民自訴之原則，應否加以限制，俟修正刑事訴訟法時再行討論。

二　每縣或市各設地方法院，但縣或市區域狹小者，得合數縣或市設一地方法院，其縣或市區域遼闊者，得設分院。

說明　設地方法院以縣區爲單位，而繁盛之市，人口衆多，訴訟及非訟事件之數，恆有超過於縣區者，故市區不得不與縣區並重，此原則也。而縣或市區域狹小者有之，遼闊者亦有之，如皆限以一定之原則，則亦於事實諸多不便，故定爲縣或市區域狹小者，得合數縣或市設一地方法院，其縣或市區域遼闊者，得設分院。

三　實行三級制度，地方法院爲法院之單位，上級爲高等法院，再上級爲最高法院，以三審爲原則，二審爲例外。

說明　我國舊制爲四級三審。然自民國三年裁撤初級審判廳後，四級之名實俱亡久矣。嗣乃於地方審判廳添設簡易庭，而以向屬初級審判廳管轄之案屬之，所爲判決，仍上訴於該地方審判廳。以同一之法院，強分之爲二級，同一法院之判決，強名之曰兩審，訴訟轉滋糾紛，人民實受苦累。茲定爲實行三級制度，曰地方法院，曰高等法院，曰最高法院，簡單明瞭，民聽不紛。其訴訟以三審爲原則者，求訴訟之詳愼也。沿用現行民刑訴訟之立法例，以二審爲例外者，求訴訟之早結，減除人民纏訟之苦也。若其詳細規定，應俟諸民刑訴訟法。

四　地方法院審判案件，取獨任制，高等法院審判案件，爲三人合議制，最高法院爲五人合議制。

說明　舊制高等審判廳以三人合議爲原則，第三審案件得加至五人，地方審判廳或爲三人合議，或爲一人獨任。而試辦二十年，高等審判廳迄無五人合議之事例，地方審判廳雖有由三人合議庭實施第一審程序者，而揆之實際，殊無必要。茲定地方法院爲獨任制，高等法院爲三人合議制，最高法院爲五人合議制，庶爲整齊劃一。

五　各省及特別區域各設一高等法院，其省區遼闊者，增設分院，將本院分院之行政事項，酌予劃分。

說明　現在除西康一省外，各省已漸次設立高等法院，東省特別區域亦同。其各省之設立分院者，復逐漸加多，茲以增設分院，定爲原則。因我國現時交通，尚未發展，高等法院又以審理事實爲重，則以一省訴訟之繁，使全集於一高等法院，致人民之涉訟者，跋涉爲勞，殊非便民之道，故主增設分院，將高等法院管轄事項分區劃歸管理。至關於司法行政事項，舊制凡設有高等分院者，仍總匯於高等法院。本法既定爲每縣或市各設地方法院，則將來上級法院之行政事務，必多於往日，若仍使匯於一高等法院，則不特應付爲難，且延滯稽壓，在所難免，非所以謀行政敏活之道也。故將分院應行處理之司法行政事項，酌予高等法院劃分，以求簡便。但各省之高等法院關於行政事項，與省政府及其他官署應互相接洽之處甚多，而對外接洽，利在事權統一，故各省之高等法院及分院，其關於司法之行政事項，應分者不可匯於一，應合者亦不可無所統。茲定各省設高等法院，另設分院，至於本院分院之行政權限，孰應分合，應按各省情形，詳爲規定。

六　在交通未發展以前，得於距離中央政府所在地較遠之處，設立最高法院分院，但關於統一解釋法令之事項，應加以限制。

說明　我國幅員極廣，訴訟繁多，若終審案件，均以中央政府所在地之最高法院爲匯歸，深恐寄遞遲緩，案件積壓，在民事則難免事過境遷，糾紛愈甚，在刑事則更或停囚待決，瘐斃堪虞。故由人民方面言之，尤見最高法院分院有不得不設之勢。惟設置最高法院分院，既因調送卷證，寄遞遲緩，始見爲必要，而寄遞遲緩，實以交通不便爲原因。現在交通事業，正在努力推行，如交通已經發展後，則寄遞卷證，不致遲緩，亦無取乎多設機關。故最高法院分院之設立，應以在交通未發展以前爲限，並定爲得設，以爲斟酌之地。

又分院之設立，如毫無限制，亦慮最高法權，漸即割裂。其最有統一之必要者，莫如解釋法令，統一解釋法令之權，應專屬於中央，而刑事非常上訴，既與統一解釋法令有關，亦應專屬於最高法院，故對於分院，不得不加以限制。至於司法行政事項，更應力求統一，固不待言。

七　各級法院及分院均置院長，以綜理行政事務。但地方法院之分院，如推事員額僅有一人時，因行政事務之簡單，即由該推事兼理之，不另設院長。

說明　舊制分廳之長官，稱爲監督推事，初級審判廳亦同。現既釐然劃爲三級，各該長官對內各管相當之行政對外應有相當之名稱。改革以還，凡法院及分院之長官，統稱之爲院長，名與實符，應卽定爲原則。至如地方分院之推事員額，如有僅止一人者，行政事務旣極簡單，卽由該推事兼理足矣，故劃爲例外，不設院長。

八　各級法院及分院之院長，均兼任推事。

說明　舊制地方審判廳廳長以兼充庭長爲原則，大理院院長亦得兼庭長，惟高等審判廳則否。茲定爲各級法院及分院院長，均兼任推事，以歸劃一。

九　檢察官員於刑事自訴案件應協助之，其自訴人撤回起訴時，除告訴乃論之罪外，如認爲應起訴者，並擔當之。

說明　檢察制度旣擬改善如一項之所述，則除關於訴訟程序之改善辦法，應俟修改刑事訴訟法時再行討論外，應將檢察官官員之職權略予變通。卽雖自訴案件，亦使其協助辦理，此因人民自訴之範圍，在今日雖有不得不擴張之勢，而關於實體法及程序法，亦難期盡人皆知循行悉當。故使檢察官員爲之協助，旣足補人民之所短，亦足盡檢察官員之所長。至於自訴人於訴訟已開始進行後，容或有撤回其起訴者，聽之則流弊滋多，不許亦於理不順。故除告訴乃論之罪外，如檢察官員應爲應起訴者，卽擔當其訴訟，無庸另行起訴，以免自訴人有所操縱。是於擴張自訴範圍之中仍藉檢察制度，以爲補偏救弊之用。第一項所謂改善者，此其一端。

十　凡法院均配置檢察署，以爲檢察官員執行職務之所。

說明　舊制審判與檢察分設公署，改革以來，僅於法院設置檢察官，行之稍久，頗有疑檢察官係附屬於法院者，是以修正最高法院組織法第六條規定最高法院配置檢察署，亦求名實相符而已。茲更進一步，定爲凡法院均配置檢察署，以表示其獨立執行職務之精神，非復舊也，乃從宜也。

十一　實任推事，除有法定原因，並依法定程序外，對之不得有勒令停職、免職、轉職及減俸等事。

說明　各國於審判官均予以特別保障，非惟以增長其獨立之精神，抑以堅人民之信賴，故定爲除有法定原因，幷依法定程序外，對之不得有勒令停職、免職、轉職及減俸情事。惟依各國先例，所應予以特別保障者，以審判官爲限，若檢察官員，實具有司法行政官之性質，受文官之保障，卽爲已足。且職司檢察，有時爲地擇人，輒有轉職之必要，故以不定入爲宜。再者，現在任用推事，往往先以署任，凡在署任時期之人，均係認爲應行試察者，遽予以特別之保障，亦恐窒礙難行，故特別保障，以實任之推事爲限。

十二　各級法院均設分院，故不采巡迴審判制度。

說明　巡迴審判之制度，曾經一度爲采用之擬議，然察全國情形，認爲不便，最著者計有兩點：（一）訴訟發生，宜於隨時處理，巡迴未及之際，貽誤將多；(二)調查證據，往往不能立時完畢，審判開始後，久駐其地，轉失巡迴之眞意；故不采用巡迴制度。

此十二項原則，經立法院於第九十六次會議提出報告，幷交法制委員會查照。至二十年二月，司法院將原擬法院組織法草案，依據原則，整理完竣，經中央政治會議函送立法院轉交法制委員會審查。該會於第百零九次會議將前案一併提出討論，當議決付林彬、劉克儁、羅鼎三委員初步審查。

民國二十一年七月，司法行政部部長羅文榦氏以法院組織法立法原則前經中央政治會議參酌新舊，備極精審，自不能輕議變更。惟法院組織法既爲設置法院之根本法典，而此項原則又爲制定法典之重要基礎，關係綦重，應不厭詳求，務期允當。爰據二十年來之經驗，揆諸吾國現在及將來之情形，並參考各國立法之趨勢，認爲是項原則，似有應行補充或變通之處，特擬具法院組織法立法原則修正案及說明理由，呈請行政院轉送中央政治會議重付討論，量予採擇，以期推行盡利。行政院提經第三十八次會議之決議，函由中央政治會議決議：「法院組織法立法原則修正案，修正通過，交立法院。」修正法院組織法原則共分五項如次：

一　原第四項修改如左：

地方法院審判案件原則用獨任制，遇特別重大之案件，亦得斟酌情形以三人之合議行之。高等法院審判案件用三人合議制，但對最初準備及調查程序，得以推事一人爲之。最高法院用三人或五人合議制。

說明　地方法院審判第一審案件，誠宜用獨任制，以期便捷。惟特別重大之民刑案件，由推事一人操其審判，或不足以昭愼重，故應使法院斟酌情形，得以三人之合議行之，即獨任爲原則，而合議爲例外也。至高等法院之第二審，不問如何案件，應一律用三人合議制。惟對最初之準備及調查程序，得以推事一人爲之。又最高法院審判第三審案件，爲節省時間勞力計，亦以許其得用三人合議爲宜。

二　原第六項修改如左：

最高法院不設分院。

說明　查最高法院設立分院，立法例中絕無僅有，蓋以最高法院判決有統一全國法令解釋之功用，設立多數分院，易致紛歧。舊法院編制法雖有大理分院規定，而事實上幷未曾設立。其後東北、山西雖經設立最高分院，均係以一區政治之關係，爲暫時遷就之辦法，按之實際，原非必要。若謂我國幅員遼闊，僅中央設一最高法院，於人民訴訟，恐滋不便。其實民刑案件之上訴於最高法院者，率用書面審理，現時郵政設施日漸完備，邊遠各省，並陸續增設航空郵遞，書面傳遞，上訴案件無阻滯之虞，解釋從同，法令適用有劃一之效，權衡輕重，實以不設分院爲宜。

三　原第七項但書首句「地方法院」之上增入「高等法院」四字。

說明　高等分院有案件極少者，自可僅設推事一人，所有第二審民刑案件，槪先由該推事獨任審理，最後行合議時，則調用地方法院推事，或由高等法院臨時派遣推事前往陪席。此種高等分院行政事務亦甚簡單，無另設院長之必要，與地方分院同。

四　原第十項修正如左：

於最高法院內置檢察署，其他各法院均僅配置檢察官，其有檢察官二人以上者，以一人爲首席。

說明　中央之最高檢察機關，固宜崇其體制，稱之曰署，並名其長官曰檢察長。至各高等法院、地方法院、及其分院，因檢察官之職務，視前大爲減少，將來所設員額，亦無復今日之多，自無庸別樹一幟，僅配置檢察官可矣。關於檢察事務，雖得獨立行其職權，若關於會計、統計及其他行政事宜，則應統於其所配置之法院，既節糜費，亦可免歷來互爭權限之弊。

五　原第十二項修改如左：

高等法院及地方法院，得於其所在地外適當之地點，定期開庭。

說明　既采三級三審制，所有第二審案件，萃集於高等法院，其轄境較廣者，勢必多設高等分院，以期便利民衆。惟往往有某一地方距省會甚遠，而案件極少，若設分院，殊不經濟。彼外國之巡迴審判制，雖難通行於我國，然此際自無妨略師其意，由高等法院定期指派本院或分院推事，前往該地借用地方法院或行政官署臨時開庭。至開庭前之收受書狀蒐集證據等行爲，可由地方法院或行政官署等代行之，尙不見有若何窒礙。地方法院審判第一審案件，亦有時可采用此項辦法，以代設立地方分院。

立法院卽將此修正原則，令交法制委員會審照，該會交由委員林彬等三人併案初步審查後，先後開第二次臨時會議，及第一百二十次、第一百三十四次、第一百六十一次、第一百六十四次、第一百六十六次、第一百六十七次會議詳加討論，結果依據法院組織法立法原則及修正原則，將法院組織法草案修正通過，都九十條。立法院於第二百零五次會議開二讀會，將該審查修正案提出逐條討論通過，並增加一條，規定「本法施行日期，以命令定之，」列爲第十五章附則。二讀旣終，接開三讀會，最末由主席以全案付表決，經出席委員一致贊成通過。

法院組織法經國民政府於民國二十一年十月二十八日公布，全文共分十五章，都九十一條。第一章總則；第二章地方法院；第三章高等法院；第四章最高法院；第五章檢察署及檢察官之配置；第六章推事檢察官之任用及待遇；第七章書記官及通譯；第八章檢驗員、執達員、庭丁、及司法警察；第九章司法年度及事務分配；第十章法庭之開閉及秩序；第十一章法院之用語；第十二章裁判之評議；第十三章法律上之協助；第十四章司法行政之監督；第十五章附則。此法較舊法院編制法少一章，條文幾少一倍，而規定反較周密，立法技術上實有顯著之進步。其立法之精神，及內容上重要之點，卽爲中央政治會議決定之原則，茲扼要述之於次：

一、審級制度之改革　舊法院編制法以德日法院搆成法爲藍本，採四級三審制。此法改法院爲三級，以三審爲原則，於第二條、第十條、第十七條、第二十二條明定之。其采三級三審之理由有二：（一）爲完全保護權利，蓋法官亦人也，欲其判斷案件百無一失，殊不可能，設無救濟之方，則一旦誤判，平反末由，寃抑滋多，故對於不服判決者，許其一再上訴，庶幾幾經研訊，庶得其平，人民權利，可以確保。（二）爲統一全國法律之解釋，各法院適用法規，解釋法規，見解難免互異，國家爲謀審判之審愼縝密計，對於法院，一方承認其有獨立解釋適用法規之特權，他方又許不服判決者，上訴達於最高法院而後已，蓋以求法規適用上解釋之統一。

二、檢察官職權之擴充　舊法院編制法第九十條第一項規定檢察官關於刑事之職權爲「遵照刑事訴訟律及其他法令所定，實行搜查處分，提起公訴，實行公訴，並監察判斷之執行。」此法於第二十八條則分析檢察官關於刑事之職權爲（一）實施偵查，（二）提起公訴，（三）實行公訴，（四）協助自訴，（五）擔當自訴，（六）指揮刑事裁判之執行。其擴充檢察官之職權有二：第一、協助自訴，蓋以訴訟程序之紛繁，實體法規之援引，非常人所能了解，故法律雖許人民自訴，亦有使檢察官協助之必要。第二、擔當自訴，自訴人於第一審辯論終結前撤回自訴，固可減少訟累，但自訴人可藉訟需索，被告亦足助長其惡性，故使檢察官擔當之，而繼續進行其訴訟。

三、最高法院之唯一　依舊法院編制法，大理院得設分院，蓋以我國幅員遼闊，訴訟繁多，若終審案件，均以大理院爲匯歸，深恐寄遞稽遲，積壓堪虞，故爲便民計，實有設立分院之必要。我國現在交通，雖未全臻發達，然視二十餘年前舊法編訂時之交通情形，不可同年而語，亦無取乎多設機關，此其一。語云：「立法期以百年，」吾人不能盱衡目前暫時之情狀，而故爲遷就之立法，此其二。故本法改革舊制，於最高法院不設分院。

四、推事檢察官待遇之提高　推事檢察官之資格，既極嚴格，而其職務又至繁重，然現行司法官俸給至爲微薄，遠不及普通公務員，此法於第四十一條規定「推事檢察官之俸給，適用普通公務員俸級之規定。」又第四十二條規定「任薦任推事或檢察官十年以上而成績優異者得以簡任職待遇。」第四十三條規定「推事檢察官任職在十五年以上，因積勞不能服務而辭職者，應給退養金。」此不僅提高推事檢察官之待遇，幷可獎進其久於其職，其嘉惠於司法官個人者小，而有利於司法前途之淸明者實大。

第十五節　訴願法

民國三年六月二十九日，參政院奉令代行立法院職權，旋卽議定訴願法十八條，由袁大總統於同年七月二十日，公布施行，列爲法律第五號。

此法，大致規定人民對於中央或地方行政官署之違法或不當處分，致損害其權利或利益者，得向原處分行政官署之直接上級行政官署提起訴願，如不服其決定，幷得向原決定行政官署之直接上級行政官署再提起訴願。如係違法處分，訴願至中央或地方最高級行政官署不服其決定者，得向平政院提起行政訴訟；如係不當處分，卽以中央或地方最高級行政官署之決定爲最終之決定。人民對於中央或地方最高級行政官署之不當處分訴願，應向原官署提起，如不服地方最高級行政官署之決定，得再向中央最高級行政官署提起訴願，均以中央最高級行政官署之決定爲最終之決定。訴願須用書狀，於處分書或決定書到達之次日起六十日內提起，原處分或原決定之行政官署，須於收到訴願書副本之次日起十日內添附辯明書及必要書狀。受理訴願之行政官署得就書狀決定，但認爲不應受理，得駁回之。

民國十九年一月，行政院以行政處分，關係人民生命財產甚鉅，各國對於人民不服處分提起訴願者，均以法律定其程序，俾人民訴權賴以保障，政府處理有所準繩。前北京政府雖頒有訴願法，但施行已久，今昔體制既殊，行政系統亦異，應從速制定新法，以利進行，特飭由內政部擬具行政訴願法草案，並附說明，提經第五十四次會議決議送立法院審議。

立法院於第七十三次會議，將該草案提付初讀，各委員就大體討論後，認爲應予成立，當議決付法制委員會審查。該會提出第五十三次會議議決，付劉克儁、王用賓、羅鼎、孫鏡亞四委員共同初步審查，劉委員等兩次集會研討，即將原草案審查完畢，並經法制委員會開第五十八次會議，逐條詳加討論，結果，修正通過。立法院復於第八十次會議開二讀會，將該審查修正案提出逐條通過，并省略三讀，通過訴願法全案，即呈由國民政府於十九年三月二十四日公布施行。

此法共十四條，規定訴願之性質及範圍與前法同；并定不服不當處分者，以再訴願之決定爲最終之決定，不服違法處分再訴願之決定，得提起行政訴訟，較前法爲簡明。訴願之受理官署，因現在行政系統複雜，行政官署組織各異，故逐一列舉，計分縣市政府、省政府各廳與特別市各局、省政府與特別市政府、中央主管部會、主管院各級。訴願之期限縮短爲三十日。此外增加之規定有三：

第一、原處分官署收到訴願書副本後，認訴願爲有理由者，得自行撤銷原處分，並呈報受理訴願之官署。

第二、訴願決定書應載明下列事項：（一）訴願人姓名、年齡、性別、籍貫、職業、住所；如係法人，其名稱及代表人之姓名、年齡、性別。（二）主文、事實及理由。（三）決定官署之長官署名蓋印。（四）年月日。

第三、官吏因違法處分，或不當處分應負刑事責任或應付懲戒者，由最終決定之官署於決定後，送主管機關辦理。

第十六節　行政訴訟法

民國三年，參政院代行立法院議定訴願法，并同時議定行政訴訟法三十五條，亦經政府列爲法律第三號，於民國三年七月二十日公布施行。此法分四章，第一章行政訴訟之範圍，第二章行政訴訟之當事人，第三章行政訴訟之程序，第四章行政訴訟裁決之執行，最末爲附則。其內容之要點，略如次述：

一、人民對於左列事件，得於處分書或決定書達到之次日起，六十日內，提起行政訴訟於平政院：

（一）中央或地方最高級行政官署之違法處分，致損害人民權利者；

(二)中央或地方行政官署之違法處分，致損害人民權利，經訴願至最高級行政官署不服其決定者。

二、肅政史依左列規定，於過期後六十日內，亦得提起行政訴訟，幷執行原告職務：

(一)人民對於中央或地方最高級行政官署之違法處分致損害其權利，過期未提起訴訟者；

(二)人民依訴願法得提起行政訴訟之訴願，過期未提起訴願者。

三、行政訴訟之訴狀及肅政史提起訴訟之公文，均應載明(一)被告之官署，及其他被告；(二)告訴之事實及理由；(三)證據；(四)年月日。人民提起訴訟，幷應署名簽押，載明原告之姓名、年齡、職業、住址；若爲法人，則載其名稱及住址。

四、平政院受理之訴訟，應將訴狀副本及其他副本，或肅政史之公文，發交被告，限期令其提出答辯書，於必要時，幷得限期令原被告以書狀爲第二次相互之答辯。

五、被告提出答辯書後，平政院應定期傳原被告及參加人對審，但認爲便利或依原被告之請求時，得就書狀裁決之。裁決後不得請求再審。裁決理由書由評事書記官署名鈐章，並另用繕本，發交原被告及參加人。

六、行政訴訟裁決後，對於主管官署違法處分應取銷或變更者，由平政院長呈請大總統批令主管官署行之。

民國二十年四月，司法院以行政法院亟待設立，行政訴訟法關係重要，特詳愼研究，擬具草案七章，共四十七條，附具理由書，提經第二十次國民政府會議決議交立法院。

立法院於第百四十二次會議提出初讀後，即議決付法制委員會審查。該會提經第百二十二次會議議決，付郗朝俊、朱履龢、黃右昌、羅鼎、周緯五委員共同初步審查。旋審查完竣，復經法制委員會詳加討論，當依據初步審查結果將原草案修正通過共二十七條。立法院開第百八十八次會議，將該審查修正案提出討論，各委員先後發表意見，僉認爲有重加審查之必要，當議決再付法制委員會會同陳委員長衡審查。該會等於第百五十六次及第百六十九次會議先後提出審查結果，將該案第一、第二、第八、第二十五及第二十八各條修正通過，餘各條未加變更。立法院於第二百零七次會議，將最後審查修正之案提出逐條討論通過，并由主席諮詢省略三讀，以行政訴訟法全案付表決，經出席委員大多數贊成通過。

此法經國民政府於民國二十一年十一月十七日公布，并定於二十二年六月二十三日起施行，全文共二十七條，不分章節，較前法簡當而有進步，其立法旨趣及內容重要之點，依據原草案理由書略述如次：

一、行政訴訟歸行政法院受理　關於受理行政訴訟之機關，各國不同。瑞士、比利時則於司法機關中特設一部管轄之；法蘭西則以參事院及州參事會兼管之；日本、奧地利則特設行政法院掌理之；普魯士則於特設行政法院之外，以州參事會兼掌之。此法依國民政府組織法第三十三條及修正司法院組織法第一條、第六條之規定，采用日奧制，以行政法院爲受理行政訴訟之機關（第一條。）

二、行政訴訟範圍采概括主義並得附帶損害賠償之訴　行政訴訟之範圍，日本、普魯士、巴威倫采列舉主義，即對於列舉事項之行政處分，得提起行政訴訟。法國、奧國、及維爾登堡則用概括主義，即以概括條文規定，凡屬行政處分，不問其關於何種事項，均得提起行政訴訟，法國更擴充及於損害賠償之訴。此法采用概括主義，俾人民得易提起行政訴訟，以保護其權利。其附帶損害賠償之請求者，亦歸行政法院併案審理，以期簡捷（第一條第二條。）附帶訴請損害賠償制之采取，為與前法相異之要點。

三、對於違法處分始得提起行政訴訟　人民對於行政官署之不當處分，已有訴願及再訴願為救濟之途，惟對於違法處分始得提起行政訴訟，所以明區別而示限制。訴願法第四條如此規定，此法因之（第一條。）

四、行政訴訟以一審為限　行政訴訟審級，各國不同。法國及普魯士俱以州參事會為初審機關，參事院行政法院為第二審即終審機關。日本及奧地利則用一審制度，只設一初審即終審之行政法院（日本名曰行政裁判所，）但須先行訴願於地方上級行政官廳，經其裁決，仍然不服，始得提起行政訴訟，是不啻以訴願為行政訴訟之初步。此制（一）可無須設下級行政法院，節省經費；（二）使行政訴訟歸於簡易，免去上訴及第二審之煩。中國現在情形，省政府縣政府之內，既無類似參事會之機關，可以兼理行政訴訟，而地方財政拮据，縣法院且未遑遍設，自無餘力設置下級行政法院。此法采日制，設一行政法院以為初審即終審之機關，并規定對於該院之裁判，不得上訴或抗告（第三條。）

五、行政訴訟原告與被告對立　行政訴訟，有主張當事人皆無說，以此項訴訟，專爲維持法規，縱令法律有原告被告之規定，此不過訴訟之形式，按其實際，確無當事人之可言。有主張一方當事人說，以行政訴訟爲一方訴訟，其形式雖與訴願異，其性質仍與訴願同。索遜及威典堡之行政訴訟法，分當事人訴訟及抗告訴訟，所謂當事人訴訟，卽個人與個人，或團體與團體，關於權利之爭，與民事訴訟無以異，有原告被告之名稱。至抗告訴訟，係不服行政官署之處分而起，殆與訴願相等，起訴者惟述其不服之理由，請求裁決，固不必指定被告官署。巴威倫之訴訟法亦然，奧、普、日等國則反是，雖不服之訴，亦必使原告與被告相對立，而取普通訴訟之形式。此法采普、奧、日制，并規定提起行政訴訟之書狀，應詳載原告及被告（第十條）。

六、原被告之辯駁書均由行政法院轉交　在訴訟程序中，原被告之辯駁書，均由行政法院轉交，當事人並不直接，所以避行政官署與人民之衝突，用意至善，凡施行行政訴訟制之國多采用之。此法亦然（第十二條至第十四條）。

七、被告行政官署延置不理者行政法院得逕爲判決　行政訴訟以迅予解決爲宜，若被告官署不派訴訟代理人，或不提出答辯書，經行政法院另定限期，以書面催告，而仍延置不理者，則行政法院得以職權調查事實，逕爲判決。蓋不如此規定，則案懸日久，訴訟無從進行，此足以補前法之漏略（第十五條）。

八、行政訴訟以書狀判決爲原則　關於行政訴訟之審理，法國用書面審理制，日本於原則上用口頭審理制，但經原被告或第三者之請求時，得就書面審理。中國幅員遼闊，交通未盡發達，行政法院只設於首都，若必須口頭審理，反使人民深感不便，故本法采法國制，以書面審理爲原則，但行政法院認爲必要或依當事人之聲請，亦得爲言詞辯論（第十六條）。

九、准許再審　德國奧國對於行政訴訟之判決准許再審，此法略倣其意，規定當事人得提起再審之訴，惟以民事訴訟法准許再審之條件爲條件。此與前法之規定完全相反（第二十二條）。

十、提起行政訴訟及再審之期限均定爲六十日　提起行政訴訟之期限，日本定爲六十日，法國定爲兩月。中國幅員遼闊，交通阻滯，故此法對於提起訴訟及再審期限，均定爲六十日，惟是否扣除在途期間，無明文規定（第八條第二十三條）。

十一、判決之執行用行政手續　關於行政訴訟判決之執行，法、德、奧諸國用行政手續，日本得委託普通法院。揆以中國情形，以行政手續爲適宜，故此法定爲由行政法院呈由司法院轉呈國民政府訓令行之（第二十五條）。

十二、關於行政訴訟準用民事訴訟法之規定　行政訴訟程序繁賾，德、奧、日本均規定準用民事訴訟法。此法特師其意，規定「本法未規定者，準用民事訴訟法，」較前法完密（第二十六條）。

第十七節　行政訴訟費條例

民國三年公布之行政訴訟法無關於行政訴訟費之規定。國民政府公布之行政訴訟法，其第二十四條載：「行政訴訟費用條例另定之。」民國二十二年一月，司法院特依據該條，擬定行政訴訟費用條例草案八條，咨送立法院審議。立法院提出第三屆第三次會議議決，付法制委員會審查。該會即提會議決付羅鼎、黃右昌、蔡瑄三委員共同初步審查，復開第三屆第十三次會議，依據初步審查結果，將原草案修正通過。立法院又開第三屆第十五次會議，將該審查修正案提出討論通過，即繕具全案，呈由國民政府於同年五月六日公布。

行政訴訟費條例共六條，自行政訴訟法施行之日施行，規定行政訴訟只收狀紙費、送達文件費、鈔錄費、繙譯費，不收審判費。

第十八節 行政法院組織法

民國三年三月三十一日，袁大總統以教令第三十九號公布平政院編制令。全文共二十九條，規定平政院察理行政官吏之違法不正行爲，就行政訴訟及糾彈事件，行使審判權。置院長一人，評事十五人，共分三庭，各以評事五人組織之，并以一人爲庭長。平政院設肅政廳，置都肅政史一人，肅政史十六人，糾彈行政官吏之違憲、行賄受賄、濫用威權、玩視民瘼事件，并得提起行政訴訟，監視平政院裁決之執行。評事、肅政史以曾任薦任以上行政職三年以上，或司法職二年以上，著有成績者，由平政院長、大理院長、各部總長及高等諮詢機關，密薦大總統選擇任命；非受刑法之宣告及懲戒之處分，不得強令退職、轉職及減俸。平政院及肅政廳各置書記官，掌理訴訟紀錄、統計、會計、文牘，及其他庶務。

民國二十年一月，司法院以政局統一，百度更新，審判全國行政訴訟之最高機關，應從速設立，爰擬具行政法院組織法草案十三條，呈由國民政府令交立法院審議。

立法院於第百二十八次會議提出討論大體，當議決付法制委員會審查。該會於第百十六次及第百十九次會議，先後提出討論，結果修正通過，共十二條。其修正之要點凡五：

(一)原草案規定行政法院置二庭，遇有添庭之必要時，得以院令行之。審查案改為行政法院置二庭或三庭。

(二)原草案規定行政法院之審判，以評事五人之合議庭行之。審查案定為每評事五人中，應有曾充法官者二人。

(三)原草案規定置書記官長一人，書記官若干人。審查案確定書記官員額為十八至十八人。

(四)增一第六條，規定評事之資格，須年滿三十歲以上，對於黨義有深切之研究，曾任簡任職公務員二年以上者。

(五)删去原草案第九條，并將第七第八兩條併為第八條，規定院長、評事、書記官長、書記官任命之程序。

二十年五月二日，立法院開第百四十二次會議，將該審查修正案提出逐條討論，大致均無異議通過，并省略三讀通過行政法院組織法全案，即呈請國民政府公布。此法規定行政法院掌理全國行政訴訟審判事務，置院長、評事、書記官長、書記官，并得酌用雇員及庭丁。至二十一年十一月十七日，國民政府始將此法公布施行。

第十九節　陸海空軍審判法

民國四年三月二十五日，袁大總統以教令第十五號公布陸軍審判條例，至七年四月十六日，經政府加以修正，十年八月十七日，復爲第二次之修正。此條例共五十七條，分七章，第一章總則，第二章軍法會審之組織，第三章軍法會審之權限，第四章陸軍檢察，第五章審問，第六章判決，第七章再審。民國七年五月二十一日，政府又以教令第二十三號公布海軍審判條例七章，都五十九條，其章目與陸軍審判條例同，惟第四章爲海軍檢察。此兩條例內容大致相同，規定軍人犯陸軍刑事條例或海軍刑事條例，或刑律所揭各罪，或違警罰法，及其他法律之定有刑名者，又雖非軍人而犯陸海軍刑事條例第二條所列之罪者，陸海軍官署或軍人受有損害之附帶私訴者，均依陸海軍軍法會審審判之。

民國十四年十月，廣東國民政府公布國民革命軍陸軍刑律，并同時制定國民革命軍陸軍審判條例。民國十七年，陸海空軍總司令部以該條例有修正之必要，特擬具草案，提經南昌軍事善後會議討論通過，呈由國民政府於同年二月十日公布施行。此條例共五十九條，其章次、章目、內容均大致與民國十年修正之陸軍審判條例相同，惟第七章改爲復審，其餘條文內之文字及軍事機關之名稱略有變更。

民國十八年十二月，陸海空軍總司令部以陸軍審判條例原與陸軍刑律相輔而行，陸軍刑律既經立法院修正，改爲陸海空軍刑法，於十八年九月二十五日公布施行，則陸軍審判條例不特名稱不符內容亦不盡相合，爰呈經國民政府令交立法院審核修正，俾資適用。

十九年一月四日，立法院開第六十九次會議，將該案提出討論，當議決付法制委員會會同軍事委員會審查。該兩委員會提經第九次聯席會議議決付朱和中、劉克儁、陳肇英三委員初步審查。朱委員等旋審查完竣，該會等復繼續開第十次第十一次聯席會議，將初步審查結果提出詳加討論，結果認爲該項條例應準照陸海空軍刑法訂定，以免分歧，當將標題改爲陸海空軍審判法，原條文亦量予修正通過。立法院卽將該審查案提經第七十七次會議議決，再付原審查委員會審查。該會等於第十二次聯席會議提出審查結果，修正通過。立法院復開第七十九次會議，將該審查修正案提出逐條討論通過，幷省略三讀，通過全案，卽呈由國民政府於十九年三月二十四日公布施行。

陸海空軍審判法共五十六條，分爲八章，其章目仍與前各條例略同，惟將附則列爲一章。其內容亦與前各條例無甚差異，惟併陸海軍審判於一法，幷增入關於空軍之審判。大致規定凡陸海空軍軍人犯陸海空軍刑法或刑法所揭各罪，或違警罰法或其他法律之定有刑名者，依本法審判，但在鄉軍人，非徵集中，不適用之。非軍人而犯陸海空軍刑法第二條所揭之罪者，應由法院審理之，此爲與前各條例相異之要點。軍法會審分三種：（一）

罪者；（二）普通軍法會審審判校官及同等軍人之犯罪者；（三）高等軍法會審審判將官及同等軍人之犯罪者。餘詳定軍事檢查、審問、審判、復審之程序。

第二十節　海上捕獲條例捕獲法院條例

民國六年五月，政府擬對德奧宣戰，幷公布海上捕獲條例，捕獲審檢廳條例，及海軍官署保管拿捕物件規則，以便本國軍艦，在與敵國開戰期內，得對於商船爲臨檢、搜索、拿捕，有所依據。

海上捕獲條例凡六章，共五十條。第一章總綱，第二章臨檢，第三章搜索，第四章拿捕，第五章制裁，第六章附則。捕獲審檢廳條例凡三十六條，分總綱、審檢程序、附則三章。海軍官署保管拿捕物件規則共六條。

民國二十一年十月，海軍部以前三種法規，於國際司法，均有關係，惟歷時甚久，其中條文字句，於現時多不適用，特呈請行政院轉送立法院審核修正，以昭愼重。立法院提經第二百零六次會議議決，付外交委員會會同軍事委員會審查。該兩會於第三、第四、第五等次聯席會議，先後提出討論，幷經函請海軍部派員列席說明，當將海上捕獲條例原文詳加修正，計成草案五十條，捕獲審檢廳條例改稱爲捕獲法院條例草案亦經逐條修正，全文凡三十七條，至海軍官署保管拿捕物件規則，應由海軍部自行制定，此於捕獲法院條例草案第三十三條已有規定，自無庸經本院審議。立法院於第二百十三次會議將各該審查修正案提出逐條討論通過，幷議決海軍官署保管拿捕物件規則無庸審議，由海軍部自行制定。

海上捕獲條例經國民政府於二十一年十二月十五日公布施行；全文共五十條，分六章，第一章通則，第二章臨檢，第三章搜索，第四章拿捕，第五章制裁，第六章附則，大致規定敵國、敵船、敵貨、住所、船舶文書、戰時禁制品、戰時禁制人、捕獲品、封鎖、破壞封鎖等項，及臨檢、搜索、拿捕、制裁之程序。

捕獲法院條例亦於二十一年十二月十五日公布施行，共分三章，都三十七條，大致規定捕獲法院審檢海上捕獲事件，分爲（一）地方捕獲法院，（二）高等捕獲法院，各設院長一人，推事八人，檢察官二人，書記官二人至五人。凡執行拿捕軍艦艦長，應將應拿捕之船舶，引送至地方捕獲法院所在口岸，將供述書送達地方捕獲法院。地方捕獲法院院長指定主任推事檢查完竣後，卽裝成調査書，連同供述書及其附帶文件，移送於檢察官。檢察官應製成意見書，主張釋放或捕獲被拿捕之船貨，地方捕獲法院卽製成釋放裁定書，或爲公告之程序，限關係人於翌日起三十日內提出申訴書。關係人過期未提出申訴書者，地方捕獲法院卽開始審檢，如已提出申訴書，卽開庭審問，審問終結後卽裝成判決書。檢察官及申訴人得提出上訴書，高等捕獲法院對於判決事實或證據調査終結後，卽爲書面審理判決。判決之執行，由檢察官行之。

第九章　勞工法

我國自昔以農立國，產業幼稺，經濟落後，無所謂勞工運動，更無所謂勞工立法。自海禁大開，工業漸興，外人國人亦多設立工廠於通商鉅埠，遂以發生勞工問題，更演進而發生勞工立法運動，於是民國十二年三月二十九日，北京農商部有暫行工廠通則之頒布，十三年十一月，廣州軍政府又有工會條例之頒行，此爲我國有勞工法規之始。

中國國民黨第一次全國代表大會所發布之對內政策其第十一條爲「制定勞工法，改良勞動者之生活狀況，保障勞工團體，並扶助其發展」第二次全國代表大會又議決制定勞工法，并通過其他改良勞工待遇之決議，共分爲十項：（一）主張八小時工作制，禁止十小時以上的工作；（二）最低工資之制定；（三）保護童工女工，禁止十四歲以下之兒童作工，并規定學徒制，女工在生育期內，應休息六十日，並照給工資；（四）改良工場衞生，設置勞動保險；（五）在法律上，工人有集會結社、言論、出版、罷工之絕對自由；（六）主張不以資產及知識爲限制之普通選舉；（七）厲行工人教育補助工人文化機關之設置；（八）切實贊助工人生產的消費的合作事業；（九）取消包工制；（十）例假休息，照給工資，此雖無法律之形式及效力，而實爲勞工立法之基本原則。

及國民政府奠都南京，乃設立勞動法起草委員會，編纂勞動法典，至十八年春完成草案，立法院成立，先後制定工會法、工廠法、勞資爭議處理法、團體協約法等，勞工立法至此已漸臻完備，其詳於次各節分述之。

第一節　勞動法典草案

吾國勞工立法運動，實萌芽於民國十年。是年四月，基督教組織教會與工業關係委員會，研究工業與勞工問題。同年五月，基督教開全國大會於上海，該委員會提出兩種工業標準：（一）最後目的須與國際聯盟會之工業標準相符。（二）暫時目的應對於下列三條宣傳鼓吹：（甲）工廠不得僱用未滿十二週歲之兒童；（乙）七日中休息一日；（丙）保護工人健康，如限制工作時間，改 工廠衞生及設置安全機等。此提案均經大會通過，交由教會與工業關係委員會執行。

民國十一年春，香港海員罷工，大獲勝利，廣州軍政府乃明令廢止暫行新刑律第二百二十四條，工人於是爭得罷工之自由。同年九月四日，武漢工團聯合會電請國會制定保護勞工之法律，要求之條件凡十有九，其最重要者爲（一）集會結社及罷工權，（二）八小時工作制，（三）政府取締農產品之銷售，（四）鄉村重利之廢除，（五）女工童工夜間作工之廢除，（六）義務教育。民國十二年二月，京漢鐵路大罷工，勞工立法運動日以擴大，北京農商部遂於同年三月二十九日公布暫行工廠通則二十八條，十三年十一月，廣州軍政府又頒布工會條例二十一條，此均爲單行法規，且未經正式立法程序。北京農商部亦先後擬定工會法草案，但迄未發表。此外民國十五年十一月，有湖北臨時工廠條例之頒行，十六年有上海勞資調節條例及陝甘區域內臨時勞動法之頒行，均僅施行於特定區域，且時間甚暫。北京政府亦於十六年十月二十七日公布工廠條例，但實際上幷未發生效力。

國民政府定都南京後，以國民黨政策有制定勞工法之明文，而第二次全國代表大會復有制定勞工法之決議，乃設立勞動法起草委員會，指派戴傳賢、王寵惠、伍朝樞、葉楚傖、王世杰、虞洽卿、馬超俊七人爲委員。該會於民國十六年七月九日成立，即擬編纂勞動法典，並分別緩急，以定編纂之先後。同年九月十一日，勞工局成立，勞動法起草委員會遂併入該局，由馬超俊任主席，黃元彬任副主席，於是編定勞動法典大綱，幷起草勞動組織編。十七年一月七日，國民政府又公布勞動法起草委員會組織條例八條，規定該會由委員四人專門委員三人及法制勞工兩局局長組織之，應於六個月內將勞動法典全部草案擬就，呈送國民政府核奪。同年二月，國民政府設立工商部，中央政治會議於第百三十次會議決議勞工局行政部分併入工商部，勞動法起草委員會併入法制局，但該局迄未將勞動法典草擬完竣。

時馬超俊已調長廣東省農工廳，以職司工政，尤感勞工之必要，爰於十七年二月一日復組織勞動法起草委員會，附設於該廳，仍由馬超俊任主席，黃元彬任副主席兼委員，而以史尚寬、王人麟、朱公準、高廷梓、陶因、戴時熙、簡功桂分任委員，後又加聘史太璞爲專門委員。該會即博采德意志、奧大利、新西蘭、法蘭西、蘇俄、瑞士、瑞典、挪威、比利時、芬蘭、荷蘭、英吉利、盧森堡、匈牙利、西班牙、日本諸國之成法草案，及國際聯盟勞動會議之議決案，幷遠紹學者之理論，參照我國特有之習慣，準諸黨義，考諸統計，折衷於勞動中心主義與資本中心主義之間，於不妨礙產業之發展或存在之限度以內，予勞動者以相當之保障，即以促進勞資之協調。以此爲立法之方針，而從事於全部法典之編纂。

至十八年春，該會先後開會二百餘次，歷時十一閱月，勞動法典草案遂以完成，共分七編，凡二十一章，都八百六十三條。該會起草時，最先編成勞動法典綱目及第三編勞動組織之第一章工會法草案；次編成第二編勞動協約之第一章團體協約法草案；又其次編成第五編勞動訴訟之第一章調解委員法草案及第二章勞動法院法草案；最末乃將第一編勞動契約之第一章一般勞動契約，第二章特種勞動契約，第四編勞動保護，第六編勞動救濟之第一章職業介紹，第七編勞動保險之第一章傷害保險，第二章疾病保險分別編竣。其中勞動法典大綱，經胡漢民氏之審核，認為醇而無疵。工會章經戴傳賢氏加以意見，並經政治會議廣州分會建設委員會之審查。團體協約章經林雲陔、李濟深、戴傳賢諸氏之再三修訂。而全部草案，均經該會委員共同縝密研究，詳慎審議。惟特種勞動者契約、經營協約、勞資協會、勞動教育、老廢保險、失業保險等，則非當時所急需，或須經長期間之調查，遂不得不暫付缺如。

勞動法起草委員會完成勞動法典草案後，即函由農工廳呈政治分會轉送中央交立法院審議。時立法院已指定委員邵元沖等五人起草勞工法，并決定采單行法形式，僅將此草案留備起草時之參考。實際上立法院所制定之工會法、工廠法、團體協約法等，均多取材於此。此草案雖未成為法典，而旁搜約采，尋原竟委，彙編別章，體情蘊理，實開吾國勞動立法之新紀元，其立法理由頗有可述，茲依據該委員會呈請廣州政治分會審核原文，扼要列舉如次：

一、勞動契約之定義　此案規定勞動契約謂當事人之一方，對於他方在從屬關係提供其職業上之勞動，而他方給付報酬之雙務契約。於此定義有四要點：(一)不劃分勞動之種類；(二)不限制僱主及勞動者之資格；(三)不論報酬以時計以件計或以他方法計；(四)勞動者須在從屬關係提供其勞力。

二、契約當事人之行為能力　一般契約當事人之行為能力從民法之規定此案則將有關於勞動契約者，特別規定，對於未成人及妻與以較高之地位。

三、僱主與勞動者相互之權利義務　此案保持勞資之均衡，務使勞資一切糾紛之解決，皆有準據，而易趨於調協，於保護勞動者生活安全之中，仍寓維護僱主利益之意。

四、勞動契約之終了　此案列舉勞動契約終了之事由及方法，分別僱主及勞動者之過失，而與他方以解約之權，其由於天災事變或其他不能歸責於當事人一方之事由有不得已之情形，或依地方習慣於季節之一定日期者，雖與以解約權，而須於一定期間前先行預告，至解約之效果則因責任之所在，而定賠償之離屬，并限定賠償之金額，以期減少糾紛，此與民法異其原則。

五、學徒契約之範圍　學徒契約之立法從來多限於手工業者。至於商業學徒，則規定於商法中。近世產業發達之結果，事業主自己雖不任傳授之責，亦往往招收學徒，因之學徒契約之關係益加複雜。此案特創立法新例，將學徒契約範圍擴張，不問其商業、工業、手工業，凡當事人之一方，對於他方，於一定期間內，傳授其職業上之智識及經驗，其他方與以勞動上補助之合同，皆稱為學徒契約。事業主雖不直接任傳授之責，亦得為契約締結當事人，此可稱為統一學徒契約法。

六、學徒契約之條件　此案所規定者，即招收學徒之業師資格，並其資格之剝奪，蓋學徒契約與他種勞動契約不同，在養成將來之熟練勞動者，有關於國家之教育權，自不能過於放任。

七、學徒立法之趨勢　近代各國鑒於業師對於學徒之虐待，並稽延學徒習業之期間，多設職業習練學校以代替之。瑞士之學徒法已有強制學徒入此種學校之規定，德國亦有設立此種學校之擬議。我國現狀尚不能不利用私人以任傳授學徒之責，此案特明定業師之權利義務，以期學徒制度之改善。

八、團體協約之主體　此案規定有協約能力者，限於僱主及有法人資格之團體。對於勞動者團體，更以不屬於一特定經營，並以不許僱主參加者為限。

九、團體協約之客體　此案依德制，用「勞動關係」四字，更列舉學徒制度數事，亦稱為勞動關係，使可發生協約上之效力。

十、團體協約之存續期間　法國法為五年，德國法為三年，此案從德例，規定定期團體協約之期限，不得超過三年。

十一、團體協約之效力　此案所規定者，(一)效力所及之範圍，(二)民法上物權之效力，(三)民法上債權之效力，（四）團體組織上之效力，均為團體協約之特色。

十二、標準協約之采用　以協約之效力，擴張至非協約所關者，可稱一種立法行為。惟協約效力，有時間、地方與職業之限制，與法律不同，且能因時因地宜告適宜之勞動條件，較之法律確有運用自如之妙，此案特采用之。

十三、工會之目的　此案規定工會以勞動條件之維持改善，或會員間共同利益之保護增進為目的。

十四、會員之人數　此案規定組織工會，無論產業或職業，均須有勞動者五十人以上，蓋人數過少，則自立門戶者多，殊難達工會之目的。

十五、罷工之限制　自由罷工，現各國多認為合法，絕對禁止之者蓋寡，惟多附以民刑法上之限制，或加以目的上或暫行上之限制，或須經調解仲裁之一定手續，或須經總會一定票數之決議。此案采用挪威、瑞士之日內瓦州、及北美之哥羅拉的州之制，寓和平於強制之中，既免勞資雙方鬥爭之損失，復能兼顧社會全民之利益。

十六、比例分紅合同之規定　此規定在使工人以紅利入股，或其他儲存生利辦法，以期勞資之互利。一八四二年法國巴有廠主麗苦黎創行此制，而收大效，現今各大工廠多采行之，此案特定為強行法，俾勞資日趨於協調。

十七、工會財政之監督　此案規定工會應提出會計簿於行政官廳，其收支記載應編號粘付收據，每年一月內須制定預算，此均采西班牙制，務求完密，以杜浮濫。

十八、工會解散後財產之歸屬　匈牙利規定市鄉鎮之公吏，應作成財產目錄，提出於內政部，使用於公共之目的。智利規定應移歸於同種類之工會。意大利則以勅令移屬於其所加入之全國聯合會，如未加入聯合會，應爲其所屬人員之利益利用之。此案規定應依章程之規定，或大會之決議，無法處分時，歸屬於國庫。

十九、勞動保護法之適用範圍　範圍過狹，則有背於潮流，過廣又阻礙產業之發達，此案規定適用於(一)僱用勞動者十人以上之工業，(二)使用千噸以上船舶之航業及其他運輸業，(三)僱用店員或使用學徒五人以上之商業，(四)含有危險性或於衞生有害之事業。

二十、服務規則制定之干涉　比國之服務規則法僅使勞動者於制定服務規則時陳述意見，采用與否，仍聽事業主之自由，亦無須官廳之認可。德之企業協議會法規定勞動者得派代表與僱主共同協定服務規則，而官廳僅有消極之監督權，此屬於消極干涉。俄之勞動法及芬蘭之服務規則法則規定制定服務規則時，必須參照勞動者之意見，並須經官廳之認可，此屬於積極干涉。此案倣芬蘭、俄國之制，而參以比制，規定制定服務規則時，須使勞動者陳述意見，並呈請監督官廳核定之。

二十一、勞動時間之保護　國際聯盟及歐洲諸國雖有以八小時勞動爲原則之規定，而實際上特種產業之勞動時間，仍有不少之例外。我國產業落後，勞動者之智識技能，尙屬幼穉，若遽采用八小時或九小時制，不獨難望產業之發展，而不熟練勞動者之失業，恐反因而增多，故一般勞動時間應較長於他國，此案特采用十小時爲標準時間。又因天災、事變、季節之關係，業務之性質，有須較長之勞動時間者，特於標準時間外，設延長至十二小時至十四小時之規定，而對其時間之延長，又設相當之限制，以便勞動者之休養。

二十二、勞動者之休假　我國向例有年節休假者，有師傅誕休假者，有禡期休假者，而各國則概采星期休假制。此案參照中外情形，每月定假期爲一次以上，略爲流動，以免窒礙難行。又我國勞動者常於假期內要求工作，以博額外之報酬，殊與保護國民健康之本旨相背馳，特設禁止勞動者於休假日作工之規定。

二十三、勞動者之最低年齡　各國多定爲十四歲，亦有定爲十六歲者，此案則與多數國相同，采用一九一九年國際勞動會議十四歲制之決定，不許事業主使用未滿十四歲之兒童。蓋未滿十四歲者，國民義務教育多未完畢，其身體亦多未適於勞動，自不得不加以特別之保護。

二十四、童女工之勞動時間　此案根據我國現狀，並參照專家之意見，規定童工每日勞動時間不得超過十小時，女工則不得超過十一小時，雖覺稍長，然以童女工之勞動，概屬輕便，於其身體之健康，及智識能力之休養，已無妨礙。又童女工之夜間勞動，有絕對禁止者，如瑞、西是，有相對禁止者，如英、俄、意、日等國是。此案以禁止爲原則，而於必要時，在一定條件之下，滿十六歲以上之童女工亦得勞動。

二十五、童女工勞動之種類　此案規定凡有毒與危險性，及有關風紀者，除特別許可外，均在禁止之列。

二十六、女工產前產後休息之期間　各國對於女工產前休息期間有定八星期者，如俄國是，有定四星期者，如日本是，有不明定者，如瑞、西是。產後休息期間則多采國際勞動會議六星期之決議，俄國則定爲八星期。此案規定女工產後休息六星期，產前休息二星期，較爲適中。

二十七、礦工海員之特別保護　礦業勞動者除砂礦石礦外，皆在礦坑內部勞動，其危險及有害健康之程度，均較普通工業爲尤甚，故其安全與衛生之設備，亦應較普通工業爲尤重。且礦務多在偏僻交通不便之處，如使用多數工人之礦場，並應有學校、郵寄代辦處、匯兌處、及病院之設備。其勞動時間，亦應少於普通工業，又海員寄身海面危險特多，因船舶之移動，易受風土病、傳染病，故於船舶之安全，飲食居處之衛生，傷病死亡之醫治撫卹，解工辭工之待遇，勞動時間及休息上陸之限制，與夫安全衛生規則之制定，均應與其他勞動者不同。此案特對於礦業勞動者及海員之特別保護，分別設詳密之規定。

二十八、調解機關之種類　調解勞動糾紛之機關有協定與法定之別，在容許勞動協約與自治思想發達之國家，多承認協定調解機關，對於協定調解機關，各國立法有予以優先權者，有設登記之規定者，亦有設組織程序之補充規定者，此案則設關於調解程序之規定。法定調解機關分臨時機關與常設機關，此案則同時采取臨時與常設兩制。調解機關又有普通與特別之別，法國一九零九年之法律，對於海運業之爭議，設特別調解機關。德新調解法草案大綱規定關於德國及其各邦之事業或管理，得設置特別調解委員會。此案則規定團體糾紛，影響社會安寧秩序，非普通調解機關所能解決時，得由行政官廳召集特別調解委員會，以便爲適宜之處置。

二十九、勞資糾紛之處置　勞資糾紛可分爲事實上糾紛與法律上糾紛。後者大抵僅屬於勞動者個人之關係，故又稱爲個人糾紛；前者多爲勞資間利害之爭執，故可稱團體糾紛。各國立法例，對於團體糾紛與個人糾紛設置相異之特別機關者，有法、德、比利時、瑞士之制度。以個人糾紛之審判機關兼任團體糾紛之調解者，有意、德之法制。以團體糾紛之調解機關兼任個人糾紛之調解者，有英、坎拿大、新西蘭、瑞典之成例。此條則因法律上糾紛與事實上糾紛而異其處置。在法律上糾紛，無論其爲團體糾紛或個人糾紛，均由勞動法院判決，此與德國勞動裁判所之立法相同；而在事實上糾紛，則須經調解委員會之調解，調解不協時，始移付勞動法院裁決，此又與德立法稍異，而與新西蘭之立法相似。

三十、調解委員會與勞動法院之組織　此條依各國立法之成例，采取勞資平等主義，凡構成調解委員會與勞動法院之開庭，皆使勞資雙方出同數之代表或參審員。如調解委員會之會議，勞資雙方委員之出席人數，一方超過他方時，其超過方面委員中之年幼者，無表決權，此即調解機關之特色。

三十一、勞動法院之審級　此條規定勞動法院分爲三級，地方勞動法院爲初審，省勞動法院爲控訴審，中央勞動法院爲上告審，前二者爲事實審，後者爲法律審，故非法律問題，以控訴院爲終審，不得上告。於此有惟一之例外，則團體之事實上糾紛，在兩省勞動法院區域以上，經調解委員會調解不協，由中央政府移付中央勞動法院裁決時，中央勞動法院同時爲事實審之初審。

三十二、勞動訴訟之程序　此案分爲判決程序與裁決程序兩種。凡處理法律上糾紛，依判決程序行之，處理事實上糾紛、團體內糾紛、及非訟事件，依裁決程序行之。又勞動糾紛之審理，時間貴迅速，手續貴簡易，此案務求避免民事訴訟之繁冗，規定起訴得以口頭行之，控訴上告及訴願，則提出於原判決或裁決之勞動法院，抗告則原則上以對於地方勞動法院之決定或處分爲限，其他關於控訴上告再審之理由，關於控訴上告之金額或價格，皆嚴爲限制，皆所以使訴訟程序之歸於迅速與簡易。

三十三、勞動訴訟之費用　此案爲減輕勞動者負擔起見，對於訟費特別從輕，幷規定免收訟費之事項，以示優異。又爲獎勵當事人之和解，規定訴訟無論至何程度，皆得成立和解，免徵訟費，和解契約，免貼印花。

三十四、職業介紹之種類　各國職業介紹事業，有官營與私營之別。官營者概不徵收酬金，但對於僱主之請求，亦有時酌量徵收；私營者復分爲有償無償兩種，經濟團體所經營者，概爲無償，個人經營者多爲有償。最近英、法、德、俄皆趨於國營主義，然因國家之情形，有未能澈底實行者，故不能不有一折衷辦法。此案卽采用折衷辦法，一面規定自縣市以至中央皆須設立職業介紹機關，以成縱面之統系，並圖橫面之聯絡。一面對於私設職業介紹機關，則因其爲有償無償而異其待遇，對於無償職業介紹所，許其自由設立，但須先行呈報官廳，幷按月報告其介紹事業之狀況，以便監督；對於有償之職業介紹營業者，則取嚴厲之監督，並課以種種之義務，違反義務時，卽停止其營業。

三十五、職業介紹委員會制之采用　此種制度爲德、法、日、羅馬尼亞所采用，其權限組織，各國不同。此案原則上以職業介紹委員會爲公設職業介紹機關之諮詢及建議之機關，務使有直接利害關係之勞資雙方，各得抒其意見，以備官廳之采擇，而謀最善之解決方法。至若使其直接經營職業介紹事業，則與國情不合，未予采用。

三十六、傷害保險之範圍　各國多取漸進主義，大抵先限於工業、礦業，漸推而至於建築業、運輸業，最後始及於農林業、商業。德國限於工礦建築運輸四業之勞動者，始得受保險之利益，關於海員及農林業，則另有單行法之規定。英國則定凡屬各種被傭人及海員漁夫，均得受保險之利益，但年收入在二千五百磅以上之被傭人，則在保險範圍之外。意國凡屬工業、礦業、農業之勞動者，瑞士凡屬工業、土木工業之勞動者，乃在保險範圍之內，其他不與焉。法國限於年收入在四千五百法郎以下之工業農業商業之勞動者及海員。比國限於年收入在七千法郎以下之農工商業之勞動者，始得列於保險範圍之內。此案規定工業、礦業、建築業、運輸業之勞動者，在相當限制之下，均爲強制被保險人。

三十七、傷害保險之性質　各國之立法略分三期，自一八八一年至一八九五年爲第一期，德、奧、挪威、芬蘭、意大利均采用強制主義。一八九七年至一九零三年爲第二期，英、法、西班牙、瑞典、俄、比均采用任意主義。一九零一年至一九一二年爲第三期，荷蘭、盧森堡、匈牙利、瑞士、俄羅斯則又采用強制主義，此案參照近日各國立法之趨勢，證以傷害保險之利益，亦采用強制主義。

三十八、傷害保險金之負擔　德、法、英、意、比、美、澳、瑞士均由僱主負擔，僱主對於保險費可算入生產費內，實則轉嫁於消費者，僱主亦無所損。此案亦依各國通例，及本國習慣，規定保險金由僱主負擔之。

三十九、傷害保險給付之種類　此案對於短期傷害者，與以醫療及津貼費，長期傷害者，與以療養費及殘廢年金，死亡者與以喪葬費及遺族之年金，各有等差。

四十、傷害保險社之組織　各國分爲私營相互國營三種。在強制保險之國，有由國家指定保險機關者，或爲獨占國營保險社，挪威是；或爲僱主相互組織保險社，而受國家之監督，德、澳、匈、俄是；有自由選擇保險機關者，或則相互國營私營保險社之幷立，意大利、荷蘭是；或則僅有相互私營之保險社，芬蘭是。在任意保險之國，亦有相互私營國營保險社之並立者，瑞典、法蘭西是；又或僅有相互私營之保險社，而無國營者，英、比、日、丹是。澳大利傷害保險社經理人由僱主僱工之代表，及政府任命之人各佔三分之一。瑞士強使全國之僱主組織一相互保險社，其執行委員會定爲五十八人，其中勞動者及僱主之代表各十六人，國家之代表十八人，政府勞資三方共同管理，此案亦參酌采用之。

四十一、傷害保險金之徵收　各國通例有分配法及積資法。積收賠償費所應用之資本，若以當年賠償費爲基礎，而計算所需資本之數，是爲估費積資法。若預先計算固定之數，以決疑數學爲基礎，依保險原則估計，除管理費及公積金之外，其資本價值足以賠償每年之所需者，是為定額積資法。分配法即依當年需要之數，由僱主分攤，擔任分攤之法，按照每會員支取薪金或工資之數，及其經營事業所屬之危險等級算定之。其徵收之保險金，不超過於每年所必需之數，其用費可詳確計算，且僱主不須預納基金，得將此款為營業之用，德國及盧森堡皆用此法，此案亦采用之。

四十二、疾病保險之性質　勞動疾病保險，起源甚古，其始皆取任意保險主義。德國於一八八三年首先采取強制保險主義，其後奧大利於一八八八年，匈牙利於一八九一年，盧森堡於一九零一年，挪威於一九零九年，塞爾維亞於一九一零年，英國於一九一一年，俄國、羅馬尼亞於一九一二年，荷蘭於一九一三年，相繼采用強制保險主義。此案亦倣照各國現行制度，采用強制保險主義。

四十三、疾病保險之範圍　各國有廣狹之不同，大抵初設保險之時，範圍較狹，嗣後漸次推廣。日本健康保險法之強制被保險人，僅限於適用工廠法及礦業法之職員、職工、礦夫。德國一八八三年之法律，關於被保險人之範圍，限定於一定之職業種類，其後於一九一一年之改正法，始擴大其範圍，幾包含一切之勞動者，惟對於高級官吏、教師、船長等，以其所得不超過二千五百馬克為強制之條件。一九零九年之挪威法，及一九一一年之英國法，幾使一切勞動者，皆為強制被保險人。此案參照各國最近立法之趨勢，規定「凡為工資工作之勞動者，除有特別規定外，皆為強制被保險人」，同時鑒於國內產業現狀，其中有未便於即時施行者，則又定為不為強制被保險人。又關於被保險人之規定，各國立法通常亦分爲強制及任意兩種，大抵普通勞動者概爲強制被保險人，然其經濟地位較高收入較多者，不爲強制被保險人。又小事業主及小所得者，其地位與勞動者無大差異，各國通例得爲任意被保險人。此案倣各國立法例，分別明定之。

四十四、疾病保險給付之種類　日本法分爲疾病給付、分娩給付、死亡給付三種。德國法則分爲疾病給付、產婦給付、死亡給付、家族給付四種，此案采用德制。又日本法保險給付之種類金額支付期間，皆依法令之規定，於法令規定以外，不得爲保險給付增加保險金額，或延長支付期間。德國則分爲正常給付與附加給付，正常給付爲法令所規定最少限度之給付，附加給付則爲保險社財政有餘裕時，於法令所認許之範圍內，依章程之規定所增加之保險給付。自被保險人保護之點觀之，德法較善於日法，此案亦倣德制。

四十五、疾病保險社之組織　德國保險社分爲自治區組合、地方組合、工廠組合、手工業組合四種，保險機關極複雜。日本健康保險之保險者爲政府及健康保險組合。盧森堡分爲地方疾病保險社與事業疾病保險社兩種。此案參照盧森堡制度，規定「疾病保險之保險人，爲地方疾病保險社及事業疾病保險社。」

四十六、疾病保險金之負擔　各國立法例大別爲二：(一)勞動者負擔三分二，僱主負擔三分一，國家不補助；(二)僱主與勞動者平均負擔，國家與以補助。前者爲德制，已屬陳舊，近世各國立法多采後者。日本規定事業主及勞動者各負擔保險金之一半，國家負擔各健康保險組合之保險給付所需費用之十分一。英國則事業主及勞動者共負擔經費九分之七，國庫負擔九分之二。此案參照各國最近立法例，規定保險金由事業主及勞動者各負擔一半，政府對於地方疾病保險社，負擔其事務費，對於事業疾病保險社，每年津貼五百元。

第二節　工會法附施行法

吾國勞動團體之組織，向極幼稚，關於勞動團體立法之歷史，爲日甚淺。政府且於民國三年三月二日公布治安警察條例，其第一條、第二十二條規定對於勞動工人之聚集，行政官署得行使治安警察權。警察官吏並得加以禁止。至民國十年一月十九日，廣州軍政府明令廢止該法，國內工人亦多組織團體，惟尚未得國家法規之保障。民國十二年二月，京漢鐵路工人大罷工，實爲要求組織工會之一種具體表示，雖經軍政當局用武力驅散，而實際上影響於國內之勞工運動甚大。參衆兩院議員一百餘人特開一聯席會議，通過議決案四條如下：

（一）政府遵守臨時約法，給予工人以集會結社權；

（二）政府釋放被捕工人；

（三）政府撫卹死傷工人及其家屬；

（四）政府命令撤退駐在各鐵路車站之軍隊。

同年二月二十二日，黎大總統卽明令主管機關擬訂工會法，略云：

「邇者京漢鐵路工人，偶因集會細故，率爾罷工，竟與軍警衝突，致有死傷。罷工爲刑律所不容，何得遽以罷工爲要挾，置身咎戾。所有此次肇事情由，着由內務交通兩部會同查明，呈候核辦。並着主管部妥擬工會法，咨送國會議決，尅期公布，俾資遵守。」

農商部即遵令擬定工會法草案，經政府咨交國會討論，其主要之點如次：

(一)承認同一業務工人之組織工會權。

(二)工會之工作範圍凡五：

甲、會員間之互助，

乙、僱傭情形之改善，

丙、調查勞動情形，

丁、對於政府關於勞工立法之建議，

戊、答復政府諮詢事件。

(三)工會通過或實行議案於下列情形之一者，主管機關得解散之：

甲、妨害政府組織，

乙、妨害治安，

丙、加害共同生活，

丁、阻礙交通及加害政府或社會。

同年六月十三日政變發生，黎總統去職，一部分議員去京，此草案遂未通過，亦未經農商部以部令發表。民國十三年九月，中國國民黨廣州市黨部因廣州各工會聯請政府從速頒布工會條例，特呈請中央執行委員會提出討論，認爲有頒行之必要，當推定委員汪精衛、廖仲愷等起草，汪委員等旋擬具草案，提經中央執行委員會及政治委員會先後通過，由孫大元帥於十三年十一月正式公布施行。起草人以我國今日大機械工業尚在極幼稚之時代，大部分手工業之工人，又多不感覺組織團體之切要，其理由書說明本案注意之點凡三：第一、確認勞工團體之地位；第二、允許勞工團體以較大之權利及自由；第三、打破妨礙勞工運動組織及進行中之障礙，使勞工團體得漸有自由之發展。基於此三項理由，特列舉十大要點如下：

一、承認工會與雇主團體立於對等之地位（第三條）。

二、承認工會以言論出版及辦理教育事業之自由（第四條）。

三、工會以產業組織爲主；但中國大部分之工業仍係手工業，故職業組織亦未絕對廢止，以求事實上之適用（第六條）。

四、承認工會對雇主之團體契約權（第十條第三款）。

五、承認工會對於與雇主爭執事件發生時，有要求雇主開聯席會議仲裁之權，並得請求主管行政官廳派員調查及仲裁（第十條第十款）。

六、承認工會之罷工權（第十四條）。

七、承認工會對雇主方面有參與規定工作時間，及改良工作狀況與工場衛生之權（第十五條）。

八、行政官廳對於非公用事業之雇主或工人間衝突，祇任調查及仲裁，不執行強制判決，以養成工會自動之能力（第十六條）。

九、予工會以公共財產之保障（第十七條第十八條）。

十、特別聲明對於刑律及違警律中所禁止之聚衆集會等條文，不得適用於工會法，以免法院警廳之比附，而妨礙工會之進行（第二十條）。

工會條例共二十一條，內容甚爲完備，惟其施行區域，僅及於西南各省。

自民國十三年至十四年間，各地工人之罷工較前加多，社會之不安更加劇，因之工商業團體及教育機關紛紛請求政府制定勞工法，而政府亦稍覺悟，頗思頒行適當法規，以資補救。且第七次國際勞工大會開會期近，政府擬對於社會改良多所建樹，以便中國代表在會議席上可以爲國增光。當時復有少數政客，思利用工會法以產生工團，並由工團舉代表加入臨時參政院，故爲勞工界運動立法甚力。自五卅慘案發生後，各界以爲勞工立法，萬不容緩，上海總商會特於七月二日電請執政府從速頒行工會法及施行細則，原文略云：

「此次日廠工潮遷延未決，癥結卽在工會一點。若我國已有法令，日廠主未必不能遵從。近來工人知識日見增高，國家對於農會、商會、教育會，均頒有法令章程，而工會獨付缺如，未免偏枯。況連年國際勞動會議，我國只派遣政府代表，以工會組織未定，無從選派，揚上時聞責言，亦非久計。因請政府從速制定並頒布工會法及施行細則，俾工人結社有所遵守，而產業發展易於進行。」

上海工商學聯合會又電促政府迅予頒布工會法，農商部乃擬訂工會條例草案十四章五十條，於十四年七月二十八日通過閣議，其重要之點如次：

一、工會管理下列事務：（甲）會員之僱用及互助；（乙）工人待遇之改善；（丙）調查及報告工作情形；（丁）會員儲蓄及勞工保險；（戊）消費合作社及會員住房合作社；（己）增設勞資調停機關；（庚）關於勞工事件，得呈請及建議政府；（辛）工廠衛生及增進工人技能。

二、工會發起人爲（甲）現在從事業務在三年以上者，（乙）三十歲以上者，（丙）能識字之工人。

三、工會有違反現行法律時，或妨害治安或公益，或不遵守主管官署之命令時，該管官署得呈報農商部或其他主管官署，解散工會。

該草案有數條頗爲當時各界所反對，上海總工會并於七月八日通電籲請改正，略謂：

「閱報載政府擬公布之工會條例草案，竊爲有不得不及早糾正者，對於發起人之人數及資格，嚴加限制，年齡與教育，竟成與奪人民公權之準則，此當改正者一。草案既明定公會為法人，又限制工會基金須存儲代理國庫之銀行，國人自由處置財產權之謂何，此當改正者二。再則草案僅許各地之同業工會聯合，而不與一地方各業工會以聯合之權，違反該案之工會，不但將立遭解散，發起者且罹刑罰，此當改正者三。

工人等認為凡為工人，既可取得工會會員之資格，當然皆有發起工會之權利。工會一切財產，當由工會自擇可靠之銀行儲蓄，不應於條例上加以限制。每一地域，以至於全國各業工人，均有共同之利益，如工人教育醫藥互助等，萬不能各業人自為計，宜有承認每一地方及全國總工會之組織之規定。至於各工會章程內容，條例上既有應行訂明諸項之條款，則對於選舉方法、職員任期、及資格等事，不宜有籠統之限制。……

現今列強凌逼，中國之獨立解放，胥賴民權伸張，羣衆團結，工會之組織，關係非僅工人，當此全國勞工奮起救國之時，望速删除工會條例草案種種束縛之規定。」

該草案復經政府發交法制院修正，交通部亦審查簽註，結果將原草案減為三十四條。交通部又主張將工業分為公家私家兩大類，公家工業又分三門：(一)國有事業，如兵工廠；(二)公有事業，如自來水；(三)交通運輸事業，如鐵路；上列各種工業之工會，應另訂章程管束之。

民國十五年春，農商部又擬訂工會條例草案，以修正前定之草案，但未公布施行。其重要條文如下：

第一條　凡從事於同一職業或同一產業之工人，為維持及增進其公共利益起見，得依本條例組織工會。

依前項組織之工會，其種類相同者，得組織工會聯合會。

第八條　工會會員，以現在從事業務之成年工人，出於志願入會者爲限。

第六條　工會之設立，應由第八條資格之工人三十人以上爲發起人。

第三十四條　會員與僱主發生爭議時，該管地方行政長官得因關係人之呈請，調查公斷，幷得酌量情形，遴命工會及僱主各推舉同數之公正人，加派同數之專門委員，組織調處委員會，擔任調查公斷，仍應經該管長官之核准。

前項爭議，如僱主係公有事業，應先由該管機關公平處理，或會同地方行政長官公斷，幷呈報主管官署核准。經前項公斷或核准後，如雙方仍固執成見，致形勢擴大，或拖延不結時，該管地方行政長官得以行政處分，依公斷之所定，強制執行，但應呈由該地方最高行政長官咨報農商總長及主管部署長官。

第三十五條　在調查或公斷期間，僱主對於工人，不得解僱，工人對於僱主，不得罷工。

第三十六條　公有事業之工會，應呈報直接主管機關轉呈主管部署長官查核備案。

第三十七條　從事國有事業及交通事業之工人，除別有規定外，得適用本條例之規定。

第二十四條　工會之基金及會費，應存儲於代理國庫之銀行，或經大會議決之銀行銀錢號。

及國民政府統一全國，中央執行委員會以各工會之組織，有擴大健全之必要，幷應有一貫之系統，爰於十七年七月九日第百五十四次常務會議通過工會組織暫行條例三十條，又根據此條例第二十八條之規定，於七月二十六日第百五十九次常務會議訂定特種工會組織條例十五條。此兩條例內容上之要點如下。

一　凡年在十六歲以上，同一產業或職業之體力腦力男女勞動者，集合在四十五人以上者，得組織工會。

二　組織系統爲：

(甲)全國總工會—全國代表大會—全國總工會執行委員會

(乙)省特別市總工會—全省特別市代表大會—省特別市總工會執行委員會

(丙)縣市總工會—全縣市代表大會—縣市總工會執行委員會

(丁)各業工會—同業代表大會—各業工會執行委員會

(戊)各區廠工會—各區廠代表大會或會員大會—各區廠工會執行委員會—分會支部—分會支部會員大會—分會支部幹事會

(己)小組—小組會議—小組長

三　呈請立案之工會章程，須載明(甲)名稱及業務之性質；(乙)目的及職務；(丙)區域及所在地；(丁)職員之人數、職權、及選任解職之規定；(戊)會議之組織及選舉法；(己)現在職務；(庚)會員之資格限制及其權利義務。

四　各廠工會或區會以上得組織各項合作社、職業介紹所等；縣總工會以上爲籌畫合作事業與工人教育計，得設各項特種委員會。

五　特種工會凡五：(甲)鐵路工會，(乙)海員工會，(丙)礦業工會，(丁)郵務工會，(戊)電務工會。其他產業工會，如中央民衆訓練委員會認爲必要時，得呈准中央執行委員會列爲特種工會。

民國十七年九月國民政府法制局以十三年十一月頒布之工會條例，與現時政情或現行法令殊多扞格，如該條例第一條承認一切政府機關之事務員，概得組織工會，在行政紀律亟待整飭之今日，此種規定，實有糾正之必要；又如該條例關於勞資爭議、同盟罷工、聚衆集會等問題之規定，與中央最近頒布之勞資爭議處理法、新刑法亦頗有牴觸之處，此外各條文因文句流於空疏草率，以致執行發生困難者，亦屬不少；爰依據本黨政綱，斟酌當時政情法規，擬具工會法草案二十五條，提請中央政治會議核議。此草案之目的大別爲四：

一　預防雇主壓迫勞動者。爲實現此項目的，本法特承認工會享有團體締約權（第八條），幷對於雇主之解雇行爲，酌設限制（第九條）。

二　預防工會壓迫雇主、工會會員，或社會全體。爲實現此項目的，本法對於工會章程，或工會決議之違法，以及工會擾亂安寧秩序之行爲，俱設有相當之制裁（第十七條至第十九條）；對於工會會員之入會、出會，設有相當之保證（第十條）；對於工會聯合會之設置，亦設有相當之條件（第二十三條）。

三　預防行政官署壓迫工會。爲實現此項目的，本法對於工會之成立，既不採自由設立主義，亦不採行政特許主義，而採呈報主義（第三條）。對於工會之解散，一方面雖承認行政官署得不經司法手續，解散工會，一方面卻亦承認工會對於施行解散手段之官署，得提起訴願或訴訟（第二十條）。

四　促進勞工階級之互助。爲實現此項目的，本法對於工會救濟基金之設置，特設諸種保護及優待條件（第十一條至第十四條），以期工會之性質，漸漸地不以對抗雇主爲主要目的，而以勞工階級自謀福利爲其根本精神。

中央政治會議於第百五十次會議提出討論，以中央常會已通過工會組織暫行條例，特決議將原草案發交法制局參照該條例整理後，再行提出。法制局卽將該草案酌加修正，共爲二十三條，其說明修正之點有云：

「本案第一條第一項已參照工會組織條例酌加修正；工會法既係關於工會之根本大法，擬卽將工會組織條例第一條列入工會法第一條，而工會組織條例則删除該條，以避重複，而求整齊。又本案第一條第二項雖爲工會組織條例所無，然徵諸事實，行政機關服務人員之組織工會者，亦所恆有，……此項限制，殊爲必要，故仍照原案列入。復查工會組織條例係專就工會之組織而爲規定，其爲工會法之部分法，自不待言，故本案新增第三條，以明示工會組織條例產生之根據，俾資援用。至工會法原案第三條關於工會立案程序，與工會組織條例第二十一條頗有出入，現已查照工會組織條例改歸一致。又工會法原案第四條、第五條、及第二十三條，爲避免與工會組織條例重複起見，茲均刪去。」

中央政治會議提經第百五十三次會議討論，當決議交孔委員祥熙、王局長世杰詳細審查。孔委員等復迭次會商，結果擬具工會法二次修正案，其與原修正草案不同之點，約有四端：

（一）原修正草案第三條刪去，關於工會之組織，仍照第一次草案，於本案以明文規定，其未盡之處，則由工商部制定本法施行細則補充之。

（二）原修正草案第四條規定工會經當地黨部認可，呈報地方行政官署後，卽視爲成立，本案則主張以呈請地方行政官署核准立案爲工會成立條件。

（三）本案仍照第一次草案，增加一條，規定工會聯合會，須限於種類相同之工會，方得聯合組織，緣非同種類工會聯合組成之工會聯合會，如近來之所謂總工會等，既非代表某一種職業以謀利益，復易被利用爲階級鬥爭之工具，似不宜准其組織，故設此項限制。

（四）本案加添一條，文曰：「本法施行細則，由工商部另定之。」緣關於工會之組織，既由本案以明文規定，其所規定者，自係大綱，至細末之處，仍不能不以行政命令臨時規定，故增設此條。

中央政治會議又於第百六十一次會議詳加討論，當決議交立法院。時立法院尙未成立，此案遂付諸延擱中。

民國十八年一月二十九日，立法院於第十次會議議決制定勞工法，并推定委員邵元沖、王葆眞、史尙寬、羅鼎、盧奕農起草。立法院院長胡漢民氏復召集顧問戴傳賢、王寵惠，及各起草委員等幷其他法律專家，迭次開會討論，僉以勞動法關係綦重，立法務期適用，研究不厭求詳，結果對於體裁采用單行法，以其富於彈性，日後較易修正，並決定先起草工會法，以應社會需要，卽陸續擬訂該法原則，其重要之點凡十有八。基此原則，邵委員等旋草擬條文，至同年八月，遂將工會法起草完竣，幷於二十一、二十二兩日開會審查，修正通過。

立法院於第四十五次會議，一併提出討論，當決議：（一）工會法原則草案付勞工法起草委員會會同委員馬寅初、朱和中從速審查；（二）工會法草案俟工會法原則審議完畢，提送政治會議決定後再議。邵委員元沖等復集會詳加審議，當將工會法原則草案分別加以修正，擬具審查案，逐條附以說明，呈報立法院提交中央政治會議核議。此審查案共分十六條如次：

一　同一產業或職業之工人，得組織工會。

說明　按自產業革命而後，家庭工業，次第崩頹，以致一般工人，均服勞於工廠，而工廠中每集合各種職業之工人。且同時各種產業，又應運而生，如鐵道業等類，更集合多種職業之工人，從事工作。卽同處此產業組織中或工廠中，其職業雖異，而其利害關係實相同，故于同一產業中之工人，自有聯合組織之必要。然各種職業工人，亦各因其職業上之共同利害關係，有各自組織工會之必要。且我國各地大工業尚未發達，職業工人數甚極多，尤不能不適應時代之需求，而使產業工會與職業工會並存焉。

二　工會應以增進智識技能，發達生產，改善其同一職業或同一產業工人之生活及勞動條件爲目的。

說明　按工人亦爲組織社會之一份子，立于社會共同生活當中，互負有促進社會進步的連帶責任。而惟增進智識技能，始能謀每一個工人之自立與進步，亦惟能發達社會生產，始能增加工人生活上之需要，故工會之目的，除謀改善其勞動條件之外，尤當附帶有促進社會發達，及增加本身智能上之目的也。

三　工會之指導機關爲各該地方之最高黨部，其監督機關爲其所在地之省市縣政府及特別市政府。

說明　根據民衆組織方案之原則，凡黨部對於依法組織之人民團體，應盡力扶植，加以指導之本旨，至監督之權，仍應屬之所在地之行政機關，俾得爲適當之處理。

四　同一職業工人或同一產業工人應設一個工會，如該地方仍未有此種職業或產業工會之設立，而該地主管行政機關認爲有設立之必要時，得請該地最高黨部依據工會法之規定指導組織之。

說明　按現在各國所謂工人有結社之自由者，不過於法律範圍以內組織之工人團體，予以相當之便利耳。惟本黨對於國內之勞工運動，非因事實上有工會存在，而謀應付之方法，始予以法律上之確認，乃積極的以黨領導民衆，而從事於各種民衆運動，不獨容認其團結已也，更進而誘掖其團結，藉以集中民衆力量于黨。且勞動條件之改善，非組織工會尤難收效。然國家對於勞資關係之調整，失業之救濟，勞力提供之調劑，須咨詢于工會者正多，故應于認爲必要時促其設立。惟一切民衆團體，應統屬于黨的指導之下，故對于其組織應由黨指導之。

五　工會之設立，應經呈報立案之手續，其未經呈報或雖呈報仍未經該地主管機關核准立案者，不得享有工會法所規定之權利及保障。

說明　按各國政府對於工會之設立，有允許任意設立者，有必經特許者，有須經呈報立案之手續者。惟允許任意設立，則失諸濫，致難稽核，必經特許，則失之限制過嚴，甚至引起種種祕密之組織，不如採用呈報立案之手續，較爲妥當。至未經呈報，或呈報而未經主管機關核准立案者，是則對於法律上之手續未經完備，當然不能享受法律上所規定權利及保障也。

六　工人祇得加入于同一職業或同一產業之工會，工會對于工人須予以入會之便利，不得課以高額之入會費、年費或月費。

說明　按工人之加入工會，既爲謀團體間之互助及進步，當然祇能以加入於同一職業或同一產業工會爲適當。而工會既以扶助工人爲目的，亦應予工人以入會之便利也。

七　工會不得以強力脅迫工人入會，亦不得限制工人退會。

工會不得妨害未入工會工人之工作。

說明　按工會之極端團體自由，誠恐有壓迫工人之虞，故各國對于此種情事，多有明確規定，以爲之防，如一九二四年九月八日智利之工會法第二十八條，工會不許抑制個人之自由，有明白之規定，其餘各國，亦多有類似之規定。

八　工會得辦理消費生產等合作社，及職業介紹所、托兒所、失業救濟基金，與其他一切互助事業。

說明　工會爲改善其會員生活起見，自應辦理一切互助事業，如失業救濟基金之準備，老衰疾病保險之經營，生產消費等合作社之組織，所以求貫澈其互助目的也。

九　工會尙未舉辦其章程所訂定之互助事業，而該地主管行政機關認爲有舉辦之必要時，得請該地最高黨部派員協助辦理之。

說明　徵諸既往事實，工會章程所訂定之互助事業，祇有其名，見諸實行者固少，而辦有成效者尤稀，純正工人，絕無實益，殊失卻組織工會之本旨。倘長此放任，不加督促扶助，實不足以改善工人之生活，故政府對於工會章程中規定之互助事業，應于工會成立之日起，限期繕具實施計劃書，定期按照實行，倘逾期仍不見舉辦者，應請黨部派員協促辦理。至其已舉辦者，政府應予以相當便利，如救濟基金及其他收入，免除所得捐及其他稅捐，所以助長其互助事業之發展也。

十 工會對於其職員執行職務時所加於他人之損害，應負連帶賠償之責。

說明 按工會對於其職員行使職務時所加於他人之損害，應負連帶賠償損害之責，此爲理法之當然，蓋工會職員行使職務時，乃代工會而活動，卽此行爲之負責者，不但應屬之于其職員，而工會亦應連帶負之也。

十一 雇主對於工人，不得以退出工會及不加入工會爲雇用條件。

說明 按雇主每欲分散工人力量之集中，間有以退出工會，或不加入工會爲雇用條件者，若不加以制止，殊不足以保障二人之結合。

十二 雇主對於工人，不得因其爲工會會員或職員之理由，而拒絕雇用或解雇。

說明 雇主之不明工會眞相者，對工會每懷疑懼之心，故對於受雇之工人，常因其爲工會會員或工會職員之故，而拒絕雇用，或已雇之後，旣知而解雇。此種隔閡，不加消泯，則勞資兩方之糾紛，永不能解決，故此項原則，有規定之必要。

十三 工會爲法人，工會之解散合併清算，依民法法人之規定。

說明 按從現代法律觀念上所得享權利負義務者，自然人以外，則爲法人，是則工會爲法人，當無疑義。惟完全適用民法法人之規定，間或有妨礙工會之機能，但對於解散合併清算之規定，應適用民法法人之規定。

十六　工會法不適用於國家行政、交通、軍事、軍事工業、國營產業、教育事業、公用事業各機關之職員或雇用員役。

說明　按茲所列舉各種事業，關係於國計民生，至深且鉅，與一般之產業或職業不同，即對於此種事業之服務人員，自不能不加以限制，庶於行政之紀律，易於整飭，而社會之秩序，始可維持。是以各國立法例，對於此種事業之服務人員，多加以限制者，如智利、羅馬尼亞、意大利則不許國家機關服務人員爲工會會員。就中意大利工會法施行令尤嚴加限制，雖從事於國有鐵道、郵政、電信、電話及從事公共團體事務之工人，並有禁止加入普通工會之明文。瑞士則於官吏服務規則法案中規定官吏不得加入於規約上預見有同盟罷業之團結。英國對於警察官吏，除准其加入警官聯合以外，其餘不許加入任何職業團體。又如俄國憲法第十六條，祇認工人與農民有團結權，而對於國營產業下之工人，不准罷工，其罷工視同反動，即對於此等工人已有特殊限制。故如教職員等亦未聞有援用工會法組織工會者，要之服務於國家機關人員，其性質與一般工人有別，自不許其適用工會法之規定而組織工會也。

十七　同一產業或職業之工會，得組織工會聯合會，其成立條件及手續，與工會之組織同。

說明　按各個職業或產業團體，棋布星羅，於必要時，不加以相當之聯絡，不特不能發揮工人互助之精神，且往往引起絕大之糾紛，故應有此規定。

十六　工會非經政府之許可，不得與各國任何工會聯合。

說明　按晚近社會思潮，至爲龐雜，工會之國際組織，稍一不愼，尤易致流弊，因此各國多有加以限制者。我國當此工人組織尙在幼稚之時，是否有採用國際聯絡之必要，尙爲應愼重考慮之問題，如至必須有國際聯絡之時，自應經政府許可之手續也。

此十六條工會法原則草案審查案，經中央政治會議提出第百九十五次會議決議交法律組審查。該組旋審查完畢，將原審查案略予修改，提經中央政治會議第百九十六次會議決議通過，即函送立法院於第五十次會議提出報告後，交勞工法起草委員會。中央政治會議核定之工會法原則，大致照原審查案通過，其修正之點有三：（一）於第九條規定主管行政機關認工會有舉辦其章程所定互助事業之必要時，得逕協助辦理，刪除「請該地最高黨部派員」字樣。（二）原第十四條改爲第十六條，幷增一第二項爲「前項所舉各種事業之工人所組織之工會，不得宣言罷工，亦無締結團體協約權。」（三）原第十五條改爲第十四條，幷修正爲「在法律所許之範圍內，同一產業或職業之工會，得組織工會聯合會。」此外原第十六條改爲第十五條，其餘均未變更。

勞工法起草委員會即依據中央政治會議通過之工會法原則，將前擬工會法草案分別加以修正整理，共八節，都五十二條。十八年九月二十八日，立法院於第五十一次會議開二讀會，將該草案提出逐條討論通過，并增一第十九條，規定工人只得加入於同一產業或職業之一工會。二讀既終，繼續三讀，工會法全案遂經多數委員之贊成通過。立法院通過工會法，即呈經國民政府於十八年十月二十一日明令公布，并定於同年十一月一日施行。

工會法共五十三條，分八節：(一)設立，(二)任務，(三)監督，(四)保護，(五)解散，(六)聯合，(七)罰則，(八)附則。其立法之大旨及內容之要點，略如次述：

一　工會之目的　工會之主要目的爲勞動條例及生活之維持與改善，其次爲增進知識技能，發達生產，此法於第一條明定之。至於政治運動、社會改造運動等，則未加規定，自不得以爲目的。

多數國家對於工會之爲經濟營業，於職業組合法明爲禁止者，有比、法、西等國，於一般結社爲禁止之規定者，有奧、法、芬蘭等國；於法律分別規定爲經濟目的之結社，與非營利目的之結社，而列工會於非營利目的之結社中者，有波蘭、瑞典、瑞士、捷克斯拉夫等國。此法於第十條明定工會不得爲營利事業。

二　工會之會員　一定最小限度人數之會員爲工會成立之要件。意大利對於工會之組織，至少須有被僱於特定產業之勞動者十分一以上之集合，法國對於職業組合，須至少有二十人之結合。此法則因職業與產業結合之不同而有別，於第一條規定組織產業工會，至少須有產業工人八百人之集合；組織職業工會，至少須有職業工人五十人之集合。

工會會員，須以從事於一定之產業或職業者爲限，巴西、智利、意大利、羅馬尼亞等國皆同。在蘇俄則不問職業如何，凡勞動者皆可成立工會。智利則工人離去原業六個月以上，卽喪失其爲該業團結之會員資格。此法於第一條第二條限定組織工會之工人，須有從事於同一職業或同一產業之關係，幷許會選任爲其工會之職員，或曾爲同一產業或職業之工人，皆得加入工會爲會員，於時間上並無限制。

僱用人之加入勞動團體，勞動者之加入僱用人團體，在法國、智利、匈牙利、羅馬尼亞等國均認爲職業團結。意大利承認僱用人團體與受僱人團體之聯合團體。蘇俄不許僱用人組織或加入職業團體。此法略倣俄例，於第二條規定僱主或其代理人不得加入工會爲會員。

意大利對於國有鐵道、郵政、電信、電話事務，一定之銀行，受國庫補助之儲蓄機關，或其他機關，及自治地方團體事務之勞動者，禁止其加入通常之工會。智利、匈牙利、意大利、羅馬尼亞皆禁止官吏爲職業團結之會員。此法於第三條明定國家行政、交通、軍事、軍事工業、國營產業、教育事業、公用事業各機關之職員及僱用員役，不得組織工會。但以上各事業之工人仍得組織工會，惟無罷工權及締結團體協約權（第十六條、第二十三條）。

意大利對於未成人，匈牙利對於學徒及未成年人，比利斯對於十六歲未滿者，均不許加入工會。在法國、比利斯、智利，因有夫之婦在民法上行爲能力受有限制，故加入工會亦略受限制。此法於第一條規定凡年滿十六歲之工人，皆有設立及加入工會之權，而性別則毫無限制。

三 工會之種類 工會依其組成分子之種類及範圍，得分爲（甲）職業別之工會，（乙）產業別之工會，（丙）僱傭單位之工會，（丁）材料單位之工會，（戊）聯合工會。此法於第一條、第六條、第四十五條明定工會得爲職業或產業工會，不承認其他種類之組織。在同一區域內，只得設立一個工會，即聯合工會亦以產業或職業之結合爲限。惟所謂同一產業，同一職業，其範圍之界限如何，實際上不易解決，而各地情形，亦難以此例彼，故又規定產業工會職業工會之種類以命令定之。

四 工會之組織 工會組織之基本爲章程，通常以法律定其應記載之事項，至在如何程度及範圍，工會得決定其內部之組織，則因各國立法干涉之程度而不同。此法於第八條規定工會章程須載明（甲）名稱，（乙）目的，（丙）區域及會址，（丁）會員之資格及其權利義務之規定，（戊）會員入會、退會及除名之規定，（己）職員之規定，（庚）會議之規定，（辛）會費及其他會計之規定，（壬）互助事業之規定，（癸）章程變更之規定。

工會之主要機關爲會員大會或代表大會，依德國法律，會員大會之召集，應對於全部會員發通知，否則大會之決議爲無效。希臘法律規定會員大會之決議，應有會員三分一以上之出席。關於人事問題、會計、同盟能工之決議，並應以無記名投票行之。此法對於應經會員大會或代表大會議決之事項，於第十三條、第十四條、第二十三條明定之，對於宣言罷工，以無記名投票得全體會員三分二以上之同意。工會執行機關爲執行委員或理事，巴西、智利、法國、希臘、意大利規定執行委員應爲其本國之人民；法國、羅馬尼亞規定執行委員應以現從事於關係業務或職業者爲限；希臘、羅馬尼亞並定爲應爲工會之會員。此法於第十一條明定理事由委員中選任，但必要時，經主管官署之認可，得選非會員任之。

五　工會之成立　工會成立最重要之方式爲官署之認可，有規定非得官署之認可不得爲團結者，例如匈牙利、葡萄牙。有規定請求官署之認可與否，一任自由，而得認可與未得認可者所享受之權利，則大有不同，例如意大利。認可之方式有依登記而爲之者，在西班牙、智利、奧國則爲強制登記，羅馬尼亞、愛斯頓尼亞則爲任意登記。亦有無須經官署之許可，但應報告章程及職員之姓名者，例如比、法、巴西。此法於第五條規定發起組織工會，須提出章程，向主管官署呈請立案，並呈報成立日期，職員履歷及住址。未經呈准立案及爲呈報者，不得享受此法所定之權利及保障。至對於工會聯合會之組織，則采許可主義，須呈經主管官署之核准，於第四十五條明定之。

六　工會之性質　工會性質上爲社團，是否有法人資格，各國立法例微有差異。法國職業組合法第五條，蘇俄勞動法典第百五十四條均規定其當然有法人資格。在德國則依勞動團體之希望，得依民法登記於區裁判所，取得法人資格，卽爲法人與否，一任勞動團體之自由選擇。此法倣法、俄例，於第十條規定工會爲法人。

七　工會之任務　工會之主要目的爲勞動條件之維持改善，故與僱用人訂立修改或廢止團體協約，爲對外最主要之任務，此法特於第十五條第一款明定之，惟協約之訂立改廢，須經主管官署之認可，方生效力。

工會對於國家活動參加之程度，各國立法例各有不同，有參加社會立法之提案者，例如德國憲法所定之聯邦經濟會議。有參加法令之施行者，例如巴西、亞爾然丁之職業團結對於勞動保護法規之違反，得抗告於行政官署。有關於特種危險之產業工會代表得協同工廠監督官行使職務者，例如奧、荷、瑞士、芬蘭。有參加國家之行政者，例如德、比、波蘭之職業團結之代表參加公設職業介紹所。有參加國家設立之調解及仲裁機關之事務者，例如法國、丹麥。此法於第十五條第十一款規定工會關於勞動法規之規定改廢事項，得向行政機關、法院、立法機關陳述意見，並答復諮詢。

工會之對內任務，爲增進會員利益之事業，皆爲各國法律所許可，且有加以獎勵者，此法於第十五條列舉之，卽(子)會員之職業介紹及職業介紹所之設置；(丑)儲蓄機關、勞動保險、醫院、診治所及托兒所之舉辦；(寅)生產、消費、購買、信用、住宅等各種合作社之組織；(卯)職業教育及其他勞工教育之舉辦；(辰)圖書館及書報社之設置；(巳)出版物之印行；(午)會員懇親會、俱樂部及其他各項娛樂之設備；(未)工會或會員間糾紛事件之調處；(申)勞資間糾紛事件之調處；(酉)調查工人家庭生計經濟狀況及其就業、失業，並編製勞工統計；(戌)其他有關於改良工作狀況、增進會員利益之事業。以上所列，工會如未舉辦，主管官署認爲必要時，得派員協助辦理之。

八　工會之監督　工會對於新會員之加入，有開放主義與非開放主義之別。在美國有所謂開放店與閉鎖店，閉鎖店又分爲反對會員店開放工會之閉鎖店與閉鎖工會之閉鎖店。此法爲保護個人之自由，於第二十條至第二十二條及第二十七條規定工會不得強迫工人入會，及阻止其退會；不得拒絕合格之人入會，及許不合格之人入會；不得妨害未入會工人之工作，及限制僱主雇用其介紹之工人；對於會員所處之罰款，不得超過其三日之工資；非有正當理由及得會員三分二以上之同意，不得將其會員除名；會員得隨時退會，章程所定退會預告期間，不得超過一個月。

工會財政上之監督，各國均有規定，此法略采西班牙、意大利制，於第二十五條至第二十七條，及第五十條、第四十七條、第十七條規定工會呈准立案後，須提出空白會計簿，請求主管官署蓋印，嗣後更用新簿亦同。會計簿之收支須黏付收據，如主管官署認爲必要，得令工會僱會計師鑑定之。工會在每年六月及十二月內，應將會計簿及事業經營之狀況，報告於主管官署。工會不得勒索工人及擅抽佣金或捐項。如違以上各規定，分別處以罰鍰罰金。又工會徵收入會費，每人不得超過一元，經常會費不得超過其收入百分之二；徵收特別基金，臨時募集金、股金，須呈經主管官署核准。

工會會員監督工會財政之方法亦有多種，此法於第十三條、第十四條、第十八條規定工會經費之收支預算，事業報告及收支決算之承認，基金之管理及處分，公共事業之創辦，均應經會員大會或代表大會之議決。工會得依章程或大會之決議，設置監事，審核簿記帳目。工會每六個月應將財產狀況，報告會員，如會員有十分一以上之連署，得選派代表查核之。

比、智利、西班牙、羅馬尼亞均規定工會應定期將其執行委員之姓名，會員之人數，報告於官署。英國已登記之職業組合每年六月一日以前，應提出收支計算，及財政狀況之報告於登記官吏。此法於第二十四條、第二十六條、第五十條規定工會章程或理事與其他職員有變更時，須即呈報主管官署。工會每年六月及十二月內應將職員之姓名履歷、會員名簿、會計簿、事業經營之狀況及各項糾紛事件之經過，報告於主管官署。主管官署認為必要時，得令隨時報告。

關於勞資爭議，應有法律為之限制，通常限制罷工之方法，可分為關於人之限制，關於目的上之限制，關於實行上之限制。各國對於(甲)農業勞動者，(乙)海員，(丙)工場委員會之委員，(丁)鐵路服務人員，(戊)必需產業之服務人員，(己)公務員，皆禁止其罷工。德、荷、瑞士限制罷工不得以反於公共秩序或善良風俗之目的為之。比、法、荷限定罷工不得含有侵害第三人權利之目的。在美國，罷工之目的以損害他人為主，維持或伸張個人或職業上之利益為從者，為不法。希臘法律規定罷工應經工會總會無記名投票之議決。澳洲則定為非依無記名投票一定多數之決議，不得宣言罷工，加拿大、德國、瑞士之日內瓦州、挪威則限制於罷工前，應經調解或仲裁之程序。此法彙采各國立法例，於第二十三條、第二十七條、第四十七條規定：

(甲)國家行政、交通、軍事、軍事工業、國營產業、教育事業、公用事業之工人所組織之工會，不得宣言罷工。

(乙)工會不得要求超過標準工資之加薪而宣言罷工。罷工時不得妨害公共秩序之安寧及加危害於僱主或他人之生命財產。

(丙)勞資間之糾紛，非經過調解仲裁程序後，於會員大會以無記名投票得全體會員三分二以上之同意，不得宣言罷工。工會不得(子)封鎖商店或工廠，(丑)擅取或毀損商店工廠之貨物器具，(寅)逮捕或毆擊工人與僱主，(卯)集會或巡行時攜帶武器，違者處以二百元以下之罰金。

工會之章程及行動如逸出法律範圍以外，則國家不可不有防止之方法，在意大利，職業團結應將一切決議報告於主管官署，如決議違反法規章程或團結之主要目的時，主管官署得禁止其決議之執行，亦得宣言此決議爲無效。在智利，則工會章程之變更，應經官署之認可。此法於第二十八條至第三十條規定工會之選舉或決議如違背法令或章程，主管官署得撤銷之；工會章程如違背法令，主管官署得令其變更；但有不服，得於三十日內提起訴願。

九　工會之保護　僱用人每主張契約自由之原則，而防止工人加入工會，以締結團體協約。美之僱用人正如此主張，其法院亦以此主張爲合法。惟意大利、蘇俄對於得法律上容認之團體，承認其爲法律上之代表人，認僱用人之此種行爲爲不合法。德憲規定限制職業團結自由之一切約定及方法，皆爲違法。比利斯法律規定對於勞動者以解僱爲威嚇之行爲，應與暴行強制之行爲，受同樣之處罰。希臘法律規定爲阻止工會之組織，或加入工會而解僱工人，或以解僱爲威嚇之僱用人行爲爲違法。然在英、荷、瑞士、加拿大等，則職業之團結權，未受如此之保護。此法於第三十一條至第三十三條，及第四十八條、第四十九條規定僱主不得因工人爲工會會員或職員，而拒絕僱用，或解僱及爲其他不利益之待遇；對於工人不得以不理工會職務，不入工會或退會爲僱用條件；在勞資糾紛之調解仲裁期間內，不得解僱工人；違者分別處以罰鍰。

工會之罷工怠業等經濟鬬爭手段，對於僱用人，當然使受損害。在國家以刑罰抑制工會，自無爲賠償訴訟之必要。自刑罰時代過去後，僱用人則不得不依民事訴訟以爲防禦。惟自英產業爭議法第三條規定「爲企圖或助成產業爭議所爲之行爲，不得僅以其勸誘他人破棄勞動契約，或以其干涉他人之產業業務或勞動關係，或以干涉他人得任意處置其資本或勞動之權利爲理由，而被訴追」，是損害賠償之時代亦已過去。此法特於第十二條規定工會之理事或其代理人因關於勞動條件使會員爲協同之行爲，或對於會員之行爲加以限制，致使僱用人受僱用關係上之損害，不負損害賠償責任，以保護工會及理事。

各國對於工會財產，均以法律特加保護，此法特於第三十四條至第三十六條規定工會免課所得稅、營業稅、及登記稅；對於債務人有優先受淸償之權；所有會所、學校、圖書館、書報社、俱樂部、醫院、診治所、託兒所、生產消費住宅購買等合作社之動產及不動產，并工會基金、勞動保險金，均不得沒收。

十　工會之解散　工會解散有任意解散與強制解散。此法於第三十八條規定任意解散之原因凡五：（甲）依大會之決議，（乙）章程內規定事由之發生，（丙）工會破產，（丁）會員人數不足，（戊）合併或分立。各國立法例均以會員法定人數不足，工會破產爲強制解散之原因，此法定爲任意解散之原因，實爲特色。

工會之強制解散，各國法律所定之原因不同，有以職業組合繼續存在之不可能者，例如英國；有以會員人數之過少者，例如坎拿大。又有以會員人數在二十名以下即應解散者，例如智利。有以執行委員人數之不足而應解散者，例如瑞士。亦有以破產爲解散之原因者，例如德、諾威、瑞士、奧、比、法、意、捷克則定爲不具備團結存在之基本要件；奧、法、希臘、匈牙利、立陶宛規定爲違反章程之條款。此法倣各國立法例，於第三十七條規定原因凡三：（甲）存立之基本要件不具備，（乙）違反法規情節重大，（丙）破壞安寧秩序或妨害公益。

十一　工會之聯合　工會聯合分爲國際聯合與國內聯合，各國立法均有限制之規定。此法於第四十五條第四十六條規定國際聯合須得政府之認可。國內聯合須召集各關係工會開聯合大會，議定章程，呈經主管官署之核准；此外準用關於工會之規定，惟其目的只在謀增進會員間之智識技能，發達生產，辦理互助事業。

工會法既經國民政府明令公布施行，工商部以職掌全國勞工行政，對於勞工團體，負有指導監督之責，工會之設立、解散、合併、分立、聯合等項，應否呈經主管官署轉報備案，於法幷無明文。又組織跨有一省以上之工會聯合會，其組織立案似以呈請所在地之主管官署轉咨核准，較爲妥適，此點該法亦未規定，爰擬訂定一種施行細則，分別補充，以期詳盡而利施行，其文呈由行政院轉呈國民政府令交立法院核議。立法院即飭勞工法起草委員會開會討論，結果為工會法施行便利起見，可由工商部草擬施行細則，仍送本院審議。

工商部旋擬具工會法施行細則草案，呈經行政院提出第六十次會議決議送立法院審議。十九年三月十五日，立法院提出第八十次會議議決付勞工法起草委員會審查。該會於三月二十六日開會詳加討論，當將原草案修正通過，立法院復於第九十二次會議，將該審查修正案提付二讀，結果標題改為工會法施行法，條文亦逐條討論通過，幷省略三讀通過全案，即呈由國民政府於民國十九年六月六日公布施行。

工會法施行法共二十五條，大致規定(一)工會名稱應為某地某業工會；(二)工會種類為產業工會，職業工會；(三)工會區域以市縣之行政區域為其區域；(四)工會之成立、合併、分立、聯合、解散，應轉報工商部備案；(五)工會每年至少開會員大會一次；(六)工會得設理事五人至九人，監事三人至五人，任期均為一年；(七)工會辦理之生產、消費、購買、信用、住宅等合作社，視為非營利事業。

民國十九年十二月，中央政治會議以關於非國營之交通事業之工會締結團體協約，應否加以限制？函請立法院詳慎核議。立法院提經第百二十二次會議議決付勞工法起草委員會審查。至二十年十月二十八日，該會開會共同討論，僉以工會法第十六條有「第三條所列舉各種事業之工人所組織之工會，無締結團體協約權」之規定，故凡工會法第三條所列舉各種事業之工人所組織之工會，不論各該事業係國家經營，與私人經營，皆無締結團體協約之權，已無疑義，惟私營之交通事業及公用事業，較諸國營者情形略有不同，限制似可從寬，當決定於工會法第十六條增一但書，爲「私營之交通及公用事業不在此限，」以免施行之際，致生窒礙。立法院於第百六十九次會議將該修正工會法第十六條條文通過，幷呈由國民政府於二十年十二月二十日公布。

民國二十年十一月，中央訓練部以工會法第十三條有代表大會之規定，則工會法施行法第十三條及第十六條第一項內應各加「或代表大會」五字，第十六條第二項應加「或代表」三字，特函由中央執行委員會祕書處轉請國民政府交立法院將各該條文查照修正。立法院卽令交勞工法起草委員會審查。該會於十一月二十八日開會討論，認爲可依照修正，惟代表之選舉方法，亦應明白規定，又於工會法第十三條增一第二項，爲「前項代表之選舉方法，由實業部定之，」卽繕具審查修正案，提經立法院於第百七十三次會議議決通過，幷呈由國民政府於二十年十二月十九日公布。

民國二十一年七月，上海市長吳鐵城提請中央政治會議修改勞資爭議處理法，恢復強制仲裁制度，經決議交立法院。立法院提出第百九十六次會議議決付勞工法起草委員會審查。該會以工會法第二十三條與強制仲裁有相互關係，並經加以修正，提請立法院於第二百零一次會議議決通過，卽呈由國民政府於二十一年九月二十七日公布。修正工會法第二十三條規定勞資間之糾紛，其已付仲裁或應付仲裁者，仍不得宣言罷工，如是則罷工在事實上實無發生之可能。

民國二十二年六月，中央民衆運動指導委員會以軍用工廠，製造軍用品，關係重大，管理尤須嚴密，各廠工人，實有認爲軍屬之必要，値玆國難日亟，軍務倥偬，各廠工人，尤須竭其全力從事製造，更無餘暇參加工會組織，應將工會法及其施行法分別加以修正，規定軍用工廠工人以軍屬關係，毋庸組織工會，提經中央第七十四次常會決議：「軍用工廠工人毋庸組織工會，送政治會議交立法院修正工會法第三條，及工會法施行法第五條。」

立法院提出第三屆第二十四次會議議決，付勞工法起草委員會審查。該會於七月六日開審查會詳加討論，結果遵照中央決議案，將工會法第三條及工會法施行法第四條加以修正，並將工會法施行法第五條刪除，第六條以下各條均依次遞改。立法院於第三屆第二十六次會議將該審查修正案提出討論通過，即是由國民政府於二十二年七月二十日公布修正工會法第三條規定國家行政、交通、國營產業、教育事業、公用事業各機關之工人得組織工會，惟其職員僱用員役，及軍事、軍事工業各機關之員役工人不在此限。至修正工會法施行法第四條，僅文字上之修正。

第三節 工廠法附施行條例工廠檢查法

吾國關於勞動保護之立法，僅有十五六年之歷史。民國三年三月十八日公布之礦業條例及其施行細則，其中有一部分條文爲關於保護礦工之規定，是爲吾國保護勞動立法之始。至民國十二年二月，京漢鐵路工人大罷工，國內勞工立法運動日以擴大，政府亦漸承認勞工運動之勢力，籌畫取締辦法，農商部特於同年三月二十九日以部令公布暫行工廠通則二十八條，雖未經國會通過，實爲我國第一工廠法。此通則最重要之條文爲（一）規定勞工者最低年齡，（二）限制工作時間，（三）禁止童工夜間工作，（四）規定女工生產之優待，（五）輔助工人之教育，（六）規定工廠衞生安全之設備。民國十五年十一月，國民革命軍到達武漢，湖北政務委員會制定臨時工廠條例，在湖北施行。十六年十月二十七日，北京政府公布工廠條例十五章五十條，十一月二日又公布檢查工廠規則二十七條。然該政府旋卽消滅，此兩法規亦成具文。

民國十八年一月，工商部以前北京農商部頒布之暫行工廠通則既不合黨綱，且亦未臻完備，有另行制定工廠法之必要，特擬具草案，詳加說明，呈請行政院轉送立法院核議。原呈略謂：

「自家庭工業變爲工廠工業，徒手工作變爲機器工作，工人之生活狀況因以不同。凡工資、工時、勞動契約、安全設備、以及女工童工之待遇，均有賴於工廠法之規定。環顧世界，此項法律，發軔於英，而德、法次之，而美國、奧國、日本、瑞典、蘇俄、波蘭、印度、智利、丹麥、荷蘭、西班牙、比利時、意大利、紐西蘭諸國，無不接踵而起。我國工廠工業，已在日漸發達之中，工廠法之需要，實殷且切。……職部迭經研究，并交工商法規討論委員會討論，結果，遵據黨綱，並內審經濟狀況，社會遺傳，外度世界潮流，國際協定，擬具工廠法草案一百十七條，並要點說明一册，理合繕呈鑒核轉咨立法院議決。」

行政院提出第十二次會議決議咨立法院。立法院於同年二月二日第十一次會議提出討論，各委員先後發言，僉以關於工廠法之重要原則，應由中央政治會議決定後再行依據審議，遂決定緩議，并將原草案交勞工法起草委員會參考。

工商部擬具工廠法草案，并經國民政府函送中央政治會議提出第百七十二次會議討論，當決議指定胡漢民、戴傳賢、王寵惠、孔祥熙、孫科、陳果夫六委員審查，由孔委員召集開會。各委員兩次集會詳加研討，結果擬定工廠法原則，提經中央政治會議第百七十七次會議決議通過，於十八年二月二十八日函送立法院查照審議。工廠法原則共分十二條如次：

一　適用本法之工廠，暫以三十人以上爲標準。

二　以已及十四歲之男女爲工人最低年齡。

三　男女作同等之工作，而其效力相同者，須給同等之工資。

四　採限定工作時間制：

甲、每日實在工作時間以八小時爲原則；

乙、成年工之實在工作時間得定至十小時；

丙、幼年工女工之實在工作時間不得過八小時，並須有夜工之限制；
丁、女工在產前產後相當期間內，不准工作，但工廠仍須照付工資；
戊、含有危險性之工作時間，由主管機關規定之。

五　工人每日繼續工作若干時間後，必須有一定之休息時間，再行工作。每星期應有十八小時不斷之休息，繼續工作滿半年及滿一年者，應有特別休假。

六　工廠得規定工人工作效率標準。

七　最低工資宜以各工廠所在地之工人生活狀況爲標準，並規定工資之給付方法。

八　工廠於年終對於全年工作並無過失之工人，應給以獎金或分配盈餘。獎金以一個月至兩個月之工資爲則。採用分配盈餘之工廠，於每屆結帳所得之盈餘項下，除提存公積金及支付股息外，以其餘分配於廠工兩方及管理部人員，其分配成分，廠工各得十分之四．五，管理部人員得十分之一。

九　工廠內設備以能適合衞生清潔及安全爲標準，條文中宜採取列舉的規定。

十　工廠得經主管機關之核准，由廠工兩方之代表組織廠工委員會，其任務以調解工場糾紛，及關于工場改良狀況，舉辦工人福利事業爲限。

十一　工廠得收用學工，但關於學工之保護方法，宜詳加規定。

十二　關於幼年工及失學職工之教育，工人之正當娛樂及保恤，均宜明白規定。

十八年三月九日，立法院於第十六次會議將該原則提出討論，當議決付勞工法起草委員會依據起草。同年十月，中央政治會議准胡委員漢民、戴委員傳賢提議略稱：「查工廠法原則早經政治會議決議通過，現在工廠法亟待起草，而工廠法原則中尚有應請解釋者，計有工廠工人人數標準，工人最低年齡及最低工資之規定等三點，請明白解釋，俾資依據」，即提出第百九十九次會議決議交法律組審查。旋該組審查完竣，繕具報告，提經中央政治會議第二百零一次會議決議，工廠法原則第一第二第七第八各條修正通過，即函送立法院轉交勞工法起草委員會查照起草。工廠法原則修正條文如次：

一　凡用機器發生動力之機器工廠，適用本法，其人數暫以三十人爲標準。

二　以已及十四歲之男女爲工人最低年齡，其有十二歲以上不及十四歲而已在廠者，施行時，得由主管監督機關寬其年限，但自工廠法公布以後，不得有新僱不及年齡之工。

七　最低工資宜以各工廠所在地之工人生活狀況爲標準，並規定工資之給付方法，

八　工廠於年終有盈餘時，對於全年工作並無過失之工人，應給以獎金或分配盈餘。

勞工法起草委員會即根據工廠法原則及修正條文，并參照工商部擬訂之草案，迭次開會詳愼研討，議定工廠法草案十三章，都七十七條。立法院於第五十七次會議將該草案提出初讀，各委員就大體討論後，遂議決

付勞工法起草委員會會同法制委員會審查。該會等先後開聯席會議三次，繼續詳加討論，結果，將原草案修正案，卽呈由國民政府於十八年十二月三十日公布。通過。立法院復於第六十七次會議開二讀會，將該審查修正案提出逐條討論通過，并省略三讀，通過工廠法全案，卽呈由國民政府於十八年十二月三十日公布。

工廠法計分總則，童工女工，休息及休假，工資，工作契約之終止，工人福利，工廠安全與衞生設備，工人津貼及撫卹，工廠會議，學徒，罰則，及附則等十三章，共七十七條，其立法主義及內容要旨如次：

一、適用範圍　各國關於勞動保護法之適用範圍，皆取漸進主義。英國工廠法於一八零二年僅適用於紡織工廠及九歲以下之兒童，其後漸次擴張，至一八七八年方及於一般工業。日本之工廠法，最初亦僅適用於使用十五人以上之工廠，及事業之性質上有危險或於衞生上有妨害之虞者，現雖減至十人，而其限制尚無撤銷之期。瑞士之工廠法亦限於使用十人以上之工廠，及用動力而使用十八歲以下之勞動者，或於勞動者之生命健康有危險，使用五人以上之工廠，與夫工業之性質不明，使用六人以上之工廠。法國新編勞動法典勞動保護編，分爲勞動年齡、勞動時間、安全設備、及衞生設備四章，則因章而異其適用之範圍。此法定爲適用於凡用汽力、電力、水力發動機器，平時僱用工人三十人以上之工廠，亦因鑑於現代潮流，及我國產業現狀，故對於適用範圍，不得不略加限制（第一條）。

二、工廠衞生與安全　近代勞動方法，增加對於工人健康與生命之危險，故工廠之衞生與安全，應有必要之設備。此法明定工廠之衛生應爲空氣流通、飲料淸潔、光綫充足、毒質防衛、及盥洗所廁所之設備；工廠之安全應爲工人身體上、工廠建築上、機器裝置、及預防火災水患等之設備。衛生與安全設備之改進，爲工廠會議之職務。此均屬一般之規定，各國立法例大致相同（第四十二條、第四十一條、第五十條第五款）。

三、工作時間　自一九一九年第一次國際勞動會議成立工業勞動一日八小時之條約案以來，八小時之勞動，已爲各國之標準勞動時間，蘇俄在過去數年，有逐漸縮短勞動時間之傾向，並決定在五年計畫中實現一日七小時勞動制。日本則至今仍實行十一小時勞動制。美國各州工廠，亦多每日工作九小時至十小時。至限制工作時間方法，德、法、美定爲每日不得過九小時；葡萄牙、阿根廷、意大利規定每星期不得過九十小時；瑞典則規定每月不得過幾百小時。此法規定勞動時間之最長限度，就每日爲之，原則上采八小時勞動制，如因地方情形或工作性質之必要，得延長至十小時，又因天災事變季節之關係，仍得延長，但每日不得過十二小時。其所定工作時間既非過長，有違各國立法之通例，亦不過短，致礙我國產業之發達。至延長時間之最長限度，采法定主義，以免廠主之擅斷，與官署之操縱，尤與吾國國情相合（第八條第十條）。

四、休息與休假　法國勞動法典第二編第三十三條規定每星期休息，應於星期日給與之。一九二一年第三回日內瓦勞動總會所決議之關於工業企業星期休息之適用條約案第二條規定每七日至少應給與繼續二十四小時之休息時間。此法倣此例，規定工人每七日中，應有一日之休息，作爲例假，采星期休息制，其休息日之分配，則無限制，以便各工廠得自由酌定（第十五條。）

德國一九二三年十二月二十一日關於工業勞動者之勞動時間制之命令第五條規定女工及幼年工每日勞動時間不及四小時者，無給與休息時間之必要；四小時以上不及六小時者十五分鐘；六小時以上不及八小時者，一次三十分或兩次十五分；八小時以上者，依工業條例第一三六條及第一三七條之規定。該兩條定爲正午至少應與以一小時之休息，午前午後各三十分。日本工場法第七條規定一日之就業時間超過六小時者，以至少就業時間中設三十分之休息時間，超過十小時者，以至少設一小時之休息時間爲原則。法國勞動法典第二編第十四條規定勞動時間之間，應設一次以上之休息時間，一日不得少於一小時。此法倣各國法例而略加變更，規定「凡工人繼續之工作至五小時，應有半小時之休息」（第十四條。）

各國紀念日各因因襲習慣而不同，惟英、德、法、奧、荷、匈、希、瑞士、丹麥等國均以明文禁止紀念日之勞動。此法特倣此例，規定凡政府法令所定應放假之紀念日，均應給假休息（第十六條。）

各國立法例有以受僱人一定期間勞動之繼續，爲決定休假之有無及其期間長短之標題者，德勞動契約法草案規定如勞動關係繼續一年者，受僱人得請求一年內三工作日之繼續最低休假，勞動關係每增加一年，增加一日之最低休假，但以九日爲限。奧國一九一九年之勞動者休假法則定爲工作繼續一年者一星期，繼續五年者二星期。此法略倣此例，以工人在廠繼續工作時間之長短，而定休假日之多少，幷限定至多不得過三十日，俾工人有相當時間之休養，而工廠亦無勞力不足之困難（第十七條）。

一九二一年關於工業企業星期休息之適用條約案規定各條約國得對於星期休息爲停止或縮短其時間之例外規定，但應考慮人道及經濟上之情事，如在現行法制未設例外規定之國家，並應徵求所屬事業勞資雙方團體之意見，對於停止或縮短之休息時間，應設代償休息之制。瑞士工廠法即許可星期日之勞動，於徵得工人同意外，並應經主管官廳之許可，設代償休息制。德一九一八年關於工業勞動者時間之命令則不獨星期日，即對於紀念日亦承認例外，並無須得勞動者之同意，不設代償休息制。此法規定工作休假之停止，須主管官署認爲必要，并以關於軍用公用之工作爲限，較之他國法制，保護更爲周到（第十九條）。

五、工人工資　國際勞工組織大會第十一次會議所提出之關於適用規定最低工資辦法之建議案第三項原則規定爲最低工資率之規定時，應酌量關係工人情況，使能維持其適當生活程度爲要件。我國現尚無最低工資法，此法特依此原則，明定「工人最低工資率之規定，應以各廠所在地之工人生活狀況爲標準」，既爲將來最低工資立法之準據，亦爲各工廠給付工人最低工資之限度（第二十條）。

實物工資制始於英國，法國昔亦盛行，惟流弊甚多。英自一八三一年至一八九六年之實物法令，即禁止雇主支付工資不以通用貨幣。美紐約一九零六年之法律，比利時一八八七年之法律，俄國一八八六年之法律，瑞士一八七七年之聯邦法律，奧大利一八八五年之法律，匈牙利一八八四年之法律，德國一八九一年之法律，挪威一八九二年之法律皆禁止支付實物工資。此法倣各國立法例，特規定工廠應以當地通用貨幣爲工資之給付，以保護工人之利益（第二十一條）。

各國立法例對於工資支付時期，均有一定之規定。法一九零九年十二月七日公布之法律規定工商業工人，其工資至少每月須爲二次之支付；職員或戲劇演員至少須每月支付一次。在計件工作中，如其製造品須超過十五日而始能完成時，則支付工資之時，可以隨意決定，但每十五日仍須分期交款，且製造品一經點收，卽將工資全額付淸。其他各國有准許勞資雙方契約可以指定工資支付時期者，如奧大利、匈牙利、挪威是；有不許締約雙方以意志變更工資支付時期者，如比利時、美國、瑞士是。此法規定「工資之給付應有定期，至少每月發給二次；論件計算工資者，亦同。」既倣多數國法例，並適合於吾國工商界實際情形（第二十二條）。

六、工作契約　各國關於契約訂立之保護，在於使僱用人明確規定勞動條件，並使其以適當之方法公示之，其所采方式，卽爲工廠規則之強制制定與強制公示。瑞西一八七七年之工廠勞動法，德國一八九一年之職業條例，比國一八九六年之服務規則法，英國一八九六年之交易法，俄國一九二二年之勞動法，芬蘭一九二二年之服務規則法，對於工廠規則之制定與公示，均設相當之規定。此法對於訂立契約之保護，規定較爲簡略，僅限制「工廠規則之訂立或變更，須呈准主管官署，並揭示之；」至於學徒契約，則限定訂立三份，載明必要之事項，分存雙方當事人，及送主管官署備案（第七十五條、第五十六條）。

勞動契約定有一定期間者，自因屆期而終了，如欲續約，此法定爲須經雙方之同意。勞動契約未定期間，亦不能依勞務之性質或目的定其期限者，各當事人得隨時終止契約，民法已有規定。惟德勞動契約法規定對於使用人得以每四分一年末日爲終期，於六個星期前通知解約；對於勞動者得隨時以十四日之預告期間通知解約。此法則對於工廠之終止契約，因工人在廠繼續工作時期之不同，而定工廠預告期間之長短；對於工人方面之終止契約，定爲應於一星期前預告工廠。此與民法異其原則，爲工廠立法之特色（第二十六條、第二十七條、第三十二條）。

勞動契約縱定有期限，當事人之一方遇有重大事由，得不經預告，即時解約。德勞動契約法草案規定如於契約之目的，善良風俗或信義上，對於當事人之一方，有不能強其繼續勞動關係之情事，即有重大事由之存在。此法規定工人屢次違反工廠規則，或無故繼續曠工三日以上，或一月內無故曠工至六日以上時，工廠得不經預告終止契約。工廠違反工作契約，或勞動法令之重要規定，或無故不按時發給工資，或虐待工人時，工人得不經預告終止契約。此與民法之原則相同。至對於重大事由之發生有爭執時，則定爲得由工廠會議處理之，以期減少訟累，俾免引起勞資之衝突（第三十一條、第三十三條、第三十四條）。

七、童工女工學徒　勞動者之最低年齡，徵諸各國立法例，以十四歲爲最普通。例如英、荷、比、奧、瑞、挪威、美國多數之州、加拿大多數之州、澳洲等均定爲十四歲。俄及美之三州則定爲十六歲；美國及加拿大之其他三州則定爲十五歲；德法爲十三歲；意大利、羅馬尼亞、波蘭、墨西哥、巴西等均爲十三歲；西班牙、匈牙利爲十歲；印度則爲九歲。此法倣多數國立法例，幷依國際得僱用於工業兒童最低年齡條約案第二條之規定，以十四歲爲男女工人之最低年齡，十四歲以上未滿十六歲者爲童工，凡未滿十四歲者，工廠不得僱用，亦不得收爲學徒。然若絕對貫澈此旨，於人民生計及國家產業不無妨礙，故又明定十二歲以上之男女已入廠工作或爲學徒者，得由主管機關核准寬其年限（第五條、第六條、第五十七條）。

各國法制對於童工女工勞動之種類，均加以限制，此法特規定童工祇准從事輕便工作，幷列舉凡有物理危險、化學危險、及風紀上危險之各種工作，均禁止童工、女工、學徒之從事。蓋以童工、女工、學徒之體力，注意力均不甚強，易染疾病，爲民族健康計，爲勞資雙方利益計，故設此強制之規定（第六條、第七條、第五十九條）。

關於童工女工勞動之時間，有特加保護之必要，故各國均禁止童工女工之夜間工作。依一九一九年國際條約案，夜間謂包含夜十時至翌晨五時之至少十一小時之繼續時間。意、英、比、瑞西、希臘、捷克、羅馬尼亞等國均依此條約之規定。法國勞動法典，匈牙利夜間勞動法均規定午後九時至翌晨五時之勞動謂之夜工。瑞典勞動保護法對於童工規定午後七時至翌晨六時爲夜間；紐西蘭則規定午後六時至翌晨七時四十五分爲夜間。印度工廠法規定童工不得於午後七時至翌晨五時半使用之；日本工場法規定不得使未滿十六歲之幼年於午後十時至翌晨五時之間勞動。此法參酌各國立法例，規定「童工不得於午後七時至翌晨六時之時間內工作」

其禁止工作之夜間其爲十一小時，與國際條約及瑞典法例相合（第十二條）。

關於女工禁止夜工之時間，有與童工保護不取同一主義者，例如國際條約及意、比、瑞、西、希臘、捷克、羅馬尼亞等國。有采取差別主義者，例如匈牙利夜間勞動法，瑞典勞動保護法均定女工夜工禁止之時間爲夜十時至翌晨五時，其保護時間較短。紐西蘭工廠法所定女工夜工禁止之時間爲夜六時至翌晨八時，其保護時間又略長。又女工之夜工禁止，有不問其年齡如何，均受保護者，如英、德、法、比、荷、丹、衞、瑞士、挪威等國是。有因年齡不同，而保護亦異者，如奧國、大利之六州、瑞士之三十三州是。此法對於已滿十六歲之女工，不設年齡上之限制，并采取差別主義，規定「女工不得在午後十時至翌晨六時之時間內工作」其禁止工作之夜間共爲八小時，較之童工少三小時（第十三條）。

八、工人福利　近代工廠立法，不獨於經營上及勞動時間，勞動契約設保護之條文，即對於工人福利，亦有相當之規定。童工與學徒，大都爲十六歲以上失學之男女，自應使之受相當補習教育，俾增進智識能力，而於工作效率，產業發展均有裨益。此法特規定補習教育之費用，全部由工廠負擔，補習教育之時間，每星期至少十小時，庶工廠不致敷衍推諉，而童工學徒得受補習教育之實益（第三十六條）。

女工產前產後，爲保護胎兒及母體起見，應有一定之休息期間。各國立法有采產後休息制者，例如英、比、丹、西、葡萄牙等國規定產後休息期間爲四星期；瑞士、瑞典、挪威、羅馬尼亞等國定爲六星期；意大利定爲一個月；日本定爲五星期。有采產前產後休息制者，德營業條例規定產婦休息期間共八星期，產後六星期內絕對禁止工作。美紐約等州法律規定產前休息三星期，產後休息四星期。蘇俄定產婦休息期間最長，產前產後各八星期。日本工場法對於產前婦女取任意限制主義，對於產後婦女取強制限制主義。此法規定「女工分娩前後，應停止工作，共八星期，工資照給，」采德立法例而酌加變更，未限定產前產後各休息若干期間，俾女工與工廠得自由協定，不受法律之束縛（第三十七條）。

工廠之盈餘，雖其原因非一，而工人工作之效率，實與有直接之關係。此法特規定工廠每營業年度終結算，如有盈餘，除提股息公積金外，應對於全年工作無過失之工人，給以獎金，或分配盈餘，俾工人益圖奮勉，增加工作效率，而生產事業亦得日臻發展，實於勞資雙方，兩有裨益（第四十條）。

九、工人津貼及撫卹　關於勞動者傷害賠償制度，自十九世紀後半期，已爲一般國家所承認。我國勞動保險法尚未制定，此法特規定工人因執行職務而致傷病者，工廠應擔任其醫藥費，如暫時不能工作，并應每日給以平均工資三分二之津貼，但逾六個月尚未痊愈，得減至二分一，以一年爲限。其因傷病成爲殘廢者，給以一年至三年平均工資限度內之津貼；死亡者給與五十元喪葬費，三百元遺族撫卹費，并二年之平均工資。蓋以工人皆賴其勞力以謀生，一旦傷亡，其慘狀有不可以言喻者，故應由工廠給予津貼撫卹以救濟之（第四十五條）。

十、工廠會議　自十九世紀後半期以來，歐美各國企業者多容認設立工場委員會，或經營協議會，對於勞勤者，付與關於經營上之共定權限。至以法律之形式定之者，則有一九二零年德公布之經營協議會法，一九二一年捷克公布之全國經營委員會法，及一九一九年奥大利公布關於設立經營委員會之法律。此法做各國成例，參酌吾國現狀，規定工廠會議之組織，以勞資平等爲原則，列舉工廠會議之職務，務在調協勞資，力謀工人之福利，與產業之發展（第四十九條、第五十條）。

工廠法旣經公布，其施行條例及關於工廠檢查之法規，應卽賡續擬訂，以期工廠法得以早日施行。至十九年八月，工商部以該項法案，與主管之勞工行政，關係至切，爰依據工廠法擬訂工廠法施行條例草案六十一條，並參照各國現行工廠檢查制度，擬訂工廠檢查法草案二十三條，呈由行政院轉送立法院核議。立法院卽將該兩草案發交勞工法起草委員會審查。該會旋審查完竣，報告審查結果略云：

「查工廠法施行條例，根據工廠法第七十六條之規定，自應另定，特將原草案修正通過。至於工廠檢查法，實爲勞工法中重要之部分，對於工廠之安全設備，及其他勞工保健，勞工福利等事項，是否依照工廠法實行，須賴主管機關之檢查。其檢查方法與其程序，須賴工廠檢查法爲詳密之規定。茲按照我國產業情況，參考各國立法例，折衷於黨義黨綱，詳愼審查，迭經開會討論，修正通過。」

十九年十二月四日，立法院開第百二十一次會議，通過工廠法施行條例全案；並議決，工廠檢查法審查修正案再付勞工法起草委員會審查。

十九年十二月十六日，國民政府公布工廠法施行條例，幷明令定民國二十年二月一日爲工廠法及工廠法施行條例施行日期。旋國民政府又提會議決展至民國二十年八月一日起施行。

工廠法施行條例共三十八條，大致規定關於（一）工人年齡（二）工作時間（三）休息及休假（四）工廠停工或歇業（五）工人福利（六）工廠安全與衛生設備（七）工人津貼及撫卹（八）工廠會議等事項。

勞工法起草委員會復將工廠檢查法審查修正案提出詳加討論，結果修正通過共二十條，立法院於第百二十九次會議開二讀會，將該案提出逐條討論通過，幷省略三讀通過工廠檢查法全案，呈經國民政府於民國二十年二月十日公布，幷於九月十九日明令定同年十月一日起施行。

工廠檢查法共二十條，大致規定工廠檢查事務由中央勞工行政機關派工廠檢查員辦理。工廠應檢查者，爲男女工人年齡、工作種類、工作時間、休息及休假、女工分娩假期、工廠安全及衛生設備、工廠災變、工人死亡傷害、學徒年齡、工作人數及待遇、簿册及登記事項。工廠檢查員應就工業專門以上學校畢業，或在工廠工作十年以上有相當學術技能經訓練合格者委任之。工廠檢查員得向工廠人員工會職員詢問事實，幷檢閱簿册、文件；幷得向廠方及工人提出意見以改進工廠之衛生與安全。工廠檢查員每三個月應將其所檢查區域內各業工廠工人之統計，及實際狀況，詳報主管官署。

第四節　修正工廠法附施行條例

工廠法及工廠法施行條例公布後，十九年三月，江、浙、皖絲廠繭業總公所首具文臚陳意見，請予修改。二十年一月至九月，中華工會總聯合會，永豫和記紡織股份公司，中國工商管理協會，上海市華商捲菸廠同業公會，茂昌股份有限公司，河北省大興紗廠，先後認該法窒礙難行，擬具修改意見，呈請實業部轉請酌核修正。十九年四月，二十年四月，上海市社會局亦以工廠法有多數條文不盡合事實，實施上已發生困難，迭將實際情形，呈由上海市政府轉呈行政院咨立法院修改。二十一年三月，實業部據河北省實業廳呈報召集各工廠會議經過，及施行困難情形，復轉呈行政院咨立法院核辦。

立法院先後交勞工法起草委員會會同法制委員會核議。該會等迭開聯席會議，詳慎討論，以工廠法不合實際勞資雙方狀況，實有量予修改之必要，當決定函實業部將各省奉行確實困難情形，及該部意見彙集詳復，藉資參證，而便刪修。實業部遂將各地勞資雙方對於修改工廠法之意見，分別彙齊，并行文各省市政府及勞資團體，諮詢關於工廠法及其施行條例施行窒礙之點。迨各該政府團體詳細聲復，實業部勞工司復組織修改工廠法委員會共同研究，當參酌各方意見及國內實際情形，逐條審查，分別將要求修改之意見及所陳修改之理由，附列於工廠法各條之後，并將審查結果擬具修改工廠法及其施行條例草案，一併由實業部函復勞工法起草及法制兩委員會查照。

勞資雙方及各勞工行政機關對於修正工廠法之意見，約如下列：

第一條　凡用汽力、電力、水力發動機器之工廠，平時僱用工人在三十人以上者，適用本法。

（要求意見）1.擬將本條文中所舉發動機及人數兩重限制，加以明白之規定。

2.擬將本條文中所舉「僱用工人」四字加以明白之規定。

3.擬將本條第一句改爲「凡用機器爲原動力之工廠」

（所陳理由）1.按本文所舉發動機及人數之限制，係並舉的而非聯屬的，推其意似任何工廠必同時具備此兩條件，方可適用本法，但查本市區內各工廠，其無發動機而人數在三十人以上者，及有發動機而人數略低於三十人之限度者，爲數當亦不少，此兩種工廠，究竟適用本法與否，似應有明白之規定。

2.按工廠工人，除直接生產者外，尚有非直接生產者，如門丁、庖丁、雜役等是，而原文於「僱用工人」四字之含義，並未指明，將來事實上恐易滋爭端也。再按本條所稱之工人，係指長工而言，惟此外尚有一種爲臨時工者，如蛋粉榨油等業，因其原料之來源，淡旺不一，來源旺則添工趕製，猶恐不及，來源淡則曠輟數月，亦屬常事，故工人之永久僱用者絕少，而臨時僱用者爲數甚大，查工人與工廠之關係，祇發生於僱用期間之內，今此種臨時工人之僱用時間既短，且時有間歇，似不能一律繩以本法，應有明白之規定也。

3.按原動力種類甚多，除原條文所稱汽力、水力、電力外，尚有各種瓦斯機關、油機關、及水銀鍋鑪等類，故原文所云，似未能包括淨盡也。

（附註）以上係上海市社會局意見。

第三條　工廠應備工人名册，登記關於工人之左列事項：

一、姓名、年齡、籍貫、住址；

二、入廠年月；

三、工作類別、時間、及報酬；

四、技能品行；

五、工作效率；

六、在廠所受賞罰；

七、傷病種類及原因。

（要求意見）擬將本條第四第五兩款删去，以第六第七兩款改爲第四第五兩款。

（所陳理由）技能品行，工作效率等，殊不易塡寫，且將啓無窮糾紛，蓋此種抽象的評語，難得確切的界限也。

（附註）以上係上海中華工業總聯合會意見。

（要求意見）擬增加「工人體格」一款。

(所陳理由)以工人體格與工人之工作效率有關也。

(附註)以上係上海市社會局意見。

第四條　工廠每六個月應將左列事項呈報主管官署一次:

一、工人名册,

二、工人傷病及其治療經過,

三、災變事項及其救濟,

四、退職工人及其退職之理由。

(要求意見)擬請變通本條第一項辦法,除第一次應造送全體名册外,以後遇有解僱或新僱工人時,再行六個月彙報一次。

(所陳理由)關於本條第一項塡報工人名册,手續最嫌煩重,良以工廠組織,素重節省消耗,故無書記司書,專司繕寫。若照本條辦法,每六個月呈報一次,不獨官廳所收册報汗牛充棟,査不勝査,而各廠遵限造報,工人衆多,亦覺繁重異常。如能照以上變通辦法,則在廠方固可節省時間與人工之虛耗,而官廳考核,亦不致徒託空言,似屬兩便。

(附註)以上係上海永豫和記紡織股份有限公司意見。

(要求意見)擬將本條第一款「工人名册」改爲「新進工人名册,」第四款「理由」改爲「事由。」

(所陳理由)工人名册如六個月全部呈報一次,在工廠不勝其煩,在主管官署徒積無數廢紙,如改爲新進工人名册,並不失原條文之用意,而便利實多。至於第六款之「理由」二字,易生誤會,亦不如「事由」二字之確切。

(附註)以上係上海中華工業總聯合會意見。

(要求意見)擬增加「安全及衛生設備之變動」一款。

(所陳理由)工廠之安全及衛生設備,對於勞工生命之安全,關係至切,可否於原文中加此一款,以便主管官署之稽核。

(附註)以上係上海市社會局意見。

第八條　成年工人每日實在工作時間,以八小時爲原則,如因地方情形,或工作性質,有必須延長工作時間者,得定至十小時。

(要求意見)擬將本條改爲「每日實在工作時間以十小時爲原則,如事實上有變更之必要者,至多不得過十二小時,至少不得低於八小時。」

(所陳理由)八小時工作,爲近代理想的制度,各先進國,尚不能完全實行,況我國民生落後之國家,尤難推行盡利。查法國規定童工每日工作不得過於十小時，日本至今尚實行十一小時制，其工廠法第三條僅規定未滿十五歲之幼年工及女子，每日工作時間，不得超過十二小時以上，成年工並無明文規定。現在我國工廠，多數皆爲十二小時制，如減爲八小時，或十小時，非生產率減少三分之一至六分之一，卽工作成本增加三分之一至六分之一，直接使實業破產，間接使工人謀生爲難，更不能與外貨競爭，在紗廠及各種小工業尤爲顯著。

（附註）以上係上海中華工業總聯合會意見。

（要求意見）八小時工作制與國情不合，請糾正。

（所陳理由）查八小時制，雖爲世界各國所採用之法定工時，然實際上實施者，除一二大工業國，因減縮產額而實行者外，倘因市面良好，仍須隨時增加工作。卽如美國非世界工業之先進，而工人福利，爲世人所豔稱者乎，然據最近英國某著名團體之總幹事調查美國工廠報告，美國各州工廠規定工時如下：

州名	每日工時	每週工時	州名	每日工時	每週工時
阿拉巴馬			加利佛尼亞	八	四八
亞利桑拿	八	四八	干薩斯	九	四九・五
喬其亞	一〇	六〇	科羅拉多	八	五六

伊達阿	九	六三	阡的伊	一〇	六〇
阿甘色斯	九	五四	康湼狄格	一〇	五五
伊黎納愛	一〇	七〇	紐安西納	一〇	六〇
特拉華	一〇	五五	面因	九	五四
可倫比亞	八	四八	馬里蘭	一〇	六〇
麻省	九	四八	內布拉斯加	九	五四
密西干	九	五四	內華達	八	五六
明尼蘇達	九	五四	納罕什爾	一〇・二五	五四
米西西比	一〇	五五	紐折爾西	一〇	五四
密蘇里	九	五四	新墨西哥	八	五六
蒙大拿	八	五六	紐約(尙有例外)	八	四八
北加羅利拿	一一	六〇	坦納西	一〇・五	五七
北達利他	八・五	四八	塔克薩斯	九	五四
俄亥俄	九	五〇	烏台	八	四八

俄克拉哈麻	九	五〇	蛙滿的	一〇・五	五六
俄勒岡	九	四八	佛及尼亞	一〇	六〇
賓夕爾凡尼亞	一〇	五四	華盛頓	八五	五六
羅斯德	一〇	五四	西佛及尼亞		
南加羅利拿	一〇	五五	魏斯康新	九	五〇
南達克他	一〇	五四	窩民	八・五	五六

上表爲女工之規定工時，其他阿拉巴馬、佛羅利達、印第安那、衣阿華、西佛及尼亞等，爲無限制之州，全國男工現時完全無法定工時之存在，遇時季需要，即須增加工作。觀此表則每日十時以上之工作，雖在美國女工，亦屬所在多有，而男工竟無法定工時之限制。又若英國表面上果實行八時制已久，然此制始終未經國會批准，最近且有提議修改國際勞働公約者。即東鄰日本，雖經加入國際公約之林，而每日工時，實行十一小時如故。乃實業幼稚，生計艱難之我國，獨不許超過十時之工作，而對於原則八小時所延長之工時，復有增給工資之規定，一方面原有工資，既因減少工時，未必能減，廠方負擔，將一躍而增二分之一，而延長工時，又須增加四分之一至二分之一，廠方能力幾何？工人效率若何？皆不顧及。且全國工廠，工人最多者，即爲紗廠，而婦女又居大半，工廠法既規定女工不許夜間工作，勢非將夜

班工作完全停止不可，以生產落後之國家，工作效率又不如人，而必強令縮減工作，實於實業前途，大有障礙。

（附註）以上係上海市華商紗廠聯合會意見。

（要求意見）對於八小時制，因工人工作不同，似應有分別之規定。

（所陳理由）工廠工人，向分兩種工作，一爲看守工作，一爲體力工作，前者工作時間較長，因無身體上之過分勞動，倘一律限定八小時，則後者與前者未免苦樂不均。

（附註）以上係江浙皖絲廠繭業總公所意見。

第九條　凡工廠採用晝夜輪班制者，所有工人班次，至少每星期更換一次。

（要求意見）擬將本條修正爲「凡工廠採用晝夜輪班制者，所有工人班次，每半月更換之。」

（所陳理由）工人晝夜輪班之更換期，若過於短促，往往妨礙工作之效率，且工廠發給工資，每以大小月底計算也。

（附註）以上係上海市華商捲菸廠業同業公會意見。

第十條　除第八條之規定外，因天災事變季節之關係，仍得延長工作時間，但每日總工作時間，不得超過十二小時，其延長之時間，每月不得超過三十六小時。

(要求意見)擬將本條但書之規定改爲「但每星期實在工作時間總數，不得過七十二小時」

(所陳理由)各廠工作時間不同，如每日已爲十二小時者，當然不許再延長工作時間，如每日工作十小時或八小時者，則延長工作時間，不必限制太嚴，庶於生產及工人生計，均有裨益，且亦不致過勞也。

(附註)以上係上海中華工業總聯合會意見。

第十二條　童工不得在午後七時至翌晨六時之時間內工作，

(要求意見)保留五年，俟各廠逐漸添置機器，提高童工年齡，增加工作效率，及得以男工賡替女工時再實施。

(所陳理由)若照原條文辦理，必使紗絲、火柴、製煙各廠產量銳減，成本加重，對外競爭力量愈趨薄弱，而失業人數亦必隨之增加，影響所及，將有停工之虞。

(附註)以上係中國工商管理協會意見。

第十三條　女工不得在午後十時至翌晨六時之時間內工作。

(要求意見)暫緩施行五年。

(所陳理由)1紡織廠女工多於男工，男女工日夜輪班，工作不易支配，且男工與女工工作不盡相同，尤難互相替代。

2.養成接頭工作之時間，約須六個月，去年日商紗綻約增十餘萬枚，現已成爲工荒時期，若立卽取締女工夜工，則各廠勢非於每日午後十時至翌晨六時期間停止不可。

3.每日午後十時至翌晨六時，此八小時內，遽行停工，則鍋爐燃煤之消耗，與紡機溫度之低降，工作情形，必生障礙。

4.紗廠女工工作半多以出品多少爲給資標準，目下生活日高，貧民日衆，若女工每日停止八小時工作，卽以上海一地紗廠而論，女工已約佔十六萬，工資旣隨工作而減少，則工人生活必驟感困難。

5.女工工資減少，卽直接與工人生計有關，工人勢必取補於廠方，現在廠商因種種關係，已難發展，觀於去年倒閉之廠約有十七萬綻，廠商之苦困可知，若再因改用男工，增加工資，國內廠商，實難勝任。

6.現在女工已收相當訓練，方成爲精練工人，若遽予停止夜工，無論易以男工與否，工廠之生產力必隨之驟減。

7.吾國現尙未脫離大家庭制度，婦女入廠工作者，大多數均有直系親屬，代其照料家務，撫育子女，故婦女雖爲夜工，尙無重大妨礙。美國爲工業先進國，而今仍有少數省分，無此禁例。卽以蘇俄一九二二年公布之新勞働法而論，其第一三〇條「禁止使役婦女及十八歲以下者從事夜間作業」之備考項內，亦稱「勞働部認某種生產業有特別必要時，得照職業組合全俄委員會之協議，有許可成年婦女從事夜業之權，」是該國亦無絕對禁止婦女夜間工作之規定。

（附註）以上係永豫和記紡織股份有限公司意見。

（要求意見）從緩施行。

（所陳理由）查此條以保障女工身體與家庭之健全為原則，但工作之種類不一，勞力之情形不同，試以紗廠及針織而論，自為輕工業之一種，工作輕便，對於女性生活最為相宜，女性亦所樂為。僅就中外紗廠工友之調查統計，女工竟佔百分之六十五強，……今使一旦停止夜工，在廠方則為抵制外貨侵略與維持生產數量計，勢必加僱男工，以謀輔助，所受損失，猶屬較小，而在女工則驟失工作之代價，生活必難支持。……且日本對於此條公布以後，猶豫多年，直至一九三〇年，因全國生產過剩，方始實行，然則在吾國生產落後之國家，尤足深長思之矣。

（附註）以上係中華工業聯合會意見。

（要求意見）暫緩施行，或竟刪去。

（所陳理由）紗綢業現在習慣係晝夜兩班制，且紗廠大部份細工，非女工不可，倘停止女工夜間工作，不特影響女工生活，卽紗廠生產能力亦須減少一半。

（附註）以上係江浙皖絲廠繭業總公所等意見。

第十四條　凡工人繼續工作至五小時，應有半小時之休息。

（要求意見）擬請删去。

（所陳理由）各業工作勞逸不同，所用之勁力亦不同，其在體力難勝之勞苦工作，或可以中斷之工作，雖無法律限制，勞資雙方自有其休息之規定；其在事實上不能中斷之工作，因法律上有此條規定，勞資雙方均感極大之不便。

（附註）以上係上海中華工業總聯合會意見。

第十五條　凡工人每七日中應有一日之休息。

（要求意見）擬請予以變通，於工作繁忙時，無庸停工，於工作稀簡時，多予休息，俾資調劑，惟規定每次繼續工作不得超過三星期之久。

（所陳理由）本條因各廠工作情形之不同，恐難一概實施。在工場可以隨時啓閉，工作可以隨時作輟之各廠，每週休息一天，雖不免影響產額，但尙可勉強奉行；若在特種性質之工廠，工作須日夜進行，原料須立卽使用，不能稍事停頓者，如亦逢週休息，不惟產量銳減，且於機器原料，一切均受重大損失，廠家血本所關，似難遵辦。

（附註）以上係中國工商管理協會意見。

（要求意見）請暫緩施行。

（所陳理由）放假時間，每年多至七十餘日，增加全年工資百分之二十七左右，經濟上難以負擔。

（附註）以上係江浙皖絲廠繭業總公所等意見。

第十七條　凡工人在廠繼續工作滿一定期間者，應有特別休假。……

（要求意見）對於應有特別休假之規定，應加以「其間請假或曠工日數多寡之限制。」

（所陳理由）按繼續工作之「繼續」兩字，係指連續工作，絕無請假或曠工者而言，抑指工人名册並不除名，不問請假曠工與否而言。如指前者，則事實所必無，如指後者，則工人工作原有勤惰之別，如一律適用本條，勢使勤者亦惰，惰者更無所戒懼，而廠方之損失將不貲，最好除限以須滿一定之期間外，更加以其間請假或曠工日數多寡之限制。

（附註）以上係上海市社會局意見。

第十八條　凡依照第十五條至第十七條所定之休息日及休假期內，工資照給。……

（要求意見）從緩施行。

（所陳理由）查本條關於休息日照給工資一節，在月工自屬毫無問題，但工廠工資尚有日工、點工、件工之別，此類工人根本上係按日按件計算，並無休息日之可言。目前各工廠對於此類工人平常之工資，因欲使其與月工有相當之比率，實已從優發給，今若再比照月工於休息日照給工資，則對於日工比率不能保持原有平衡之優長。

（附註）以上係中華工業總聯合會意見。

（要求意見）擬於本條文下加一但書之規定，「但短工件工不在此例。」

（所陳理由）短工以時計值，件工以件計值，本與按月計算工資之長工有別。工廠法所規定，均係以按月計算工資者為準，觀第二十二條「論件計算工資者亦同」可以證明，但此條如不加但書，短工件工易起誤會，不如明白規定，可省無數糾紛。

（附註）以上係上海中華工業總聯合會意見。

第二十條　工人最低工資之規定，應以各廠所在地之工人生活狀況為標準。

（要求意見）對於本條「工人最低工資率」應有一對待的「工人每日最低生產率」之標準。

（所陳理由）按工人之工資率，應依生活狀況為標準，固屬當然，但工人既受相當之工資，則對於廠方盡量供給其勞力，自亦為對待之義務。惟勞力係抽象之詞，其供給之盡量與否，非若布粟可以度量而得，設不樹一準則，必致漫無依據。……擬請參照蘇俄新勞動法第五十六條之辦法，「准由各地方主管官署參酌當地各業勞資情形，各定一日生產之標準，」俾與最低工資率相對待，而使勞資雙方均得保障也。

（附註）以上係上海市社會局意見。

第二十六條　凡有定期之工作契約期滿時，必須雙方同意，方得續約。

（要求意見）對於未成年尚無法定之意思能力之被雇者，應有保護之規定。

（所陳理由）按契約之訂立，固當基於雙方之同意，但被雇之一造，如係未成年，尚無法定之意思能力者，則應如何處置？又若契約之內容，顯爲不利於被雇人時，又當如何處理之？

（附註）以上係上海市社會局意見。

第三十一條　有左列各款情事之一時，縱於工作契約期滿前，工廠得不經預告，終止契約：

一、工人屢次違反工廠規則時，

二、工人無故繼續曠工至三日以上，或一個月內無故曠工至六日以上時。

（要求意見）擬將本條第一款違犯廠規之程度及性質加以規定。

（所陳理由）按工人違反廠規，其程度與性質亦有等差，若不論輕罪重罪，祇以事非一次，即一律繩以第一款之規定，未免失之不允，似應由各業分別擬訂，呈請主管官署核准後，永資遵守，以免爭執。

（附註）以上係上海市社會局意見。

第三十七條　女工分娩前後，應停止工作共八星期，工資照給。

（要求意見）本條應依入廠之久暫，而定發給工資之多寡。

（所陳理由）按本條爲謀保護女工之道，惟如有孕婦入廠未數月，即以分娩而請求八星期之休息，於廠方未免受損，本條可否再依入廠之久暫，定發給工資之多寡，否則勢必至廠方拒絕有娠之婦，而有娠之婦亦將爲生活計，而不復顧其胎兒，有自放棄其本條所賦予之權利矣。

（附註）以上係上海市社會局意見。

第四十五條　在勞動保險法施行前，工人因執行職務，而致傷病或死亡者，工廠應給其醫藥補助費及撫恤費。……

（要求意見）對於本條所謂「執行職務」四字，應有切實之規定；至於非執行職務之時，遇有意外災變，而致傷亡者，亦應有明白之規定。

（所陳理由）本條所謂「執行職務」四字，含義甚廣，如工作時因藥品或機器爆烈而致傷病死亡，固由於執行職務，而某種工廠之工作，可以促成肺癆，則肺癆病亦因執行職務而起，故此四字似應有較爲切實之規定。又如工人因工廠有意外災變而致傷亡，而此項災變並不發生於執行職務之時，則此項傷亡工人，是否即無須給以醫藥撫恤等費。又工人因執行職務而致傷病死亡，其原因或由工廠設備不全，或因工人自身忽略錯誤，或因其他工人失職而遭波及，是否無分輕重，概由工廠依照本條負給費之責任，亦應有規定。

（附註）以上係上海市社會局意見。

第四十九條　工廠會議由工廠代表及工廠工人選舉同數代表組織之。

（要求意見）擬於本條文首加「工廠得工人多數之同意得組織」一句。

（所陳理由）工廠會議爲德國、捷克最新之方法，然勞資雙方程度不同，各廠情形亦異，勢難以劃一之方法強制執行，且工人如不同意，亦難進行順利，不如以雙方同意組織之爲愈也。

（附註）以上係上海中華工業總聯合會意見。

第五十四條　工廠會議之工人代表，及工廠代表，各以五人至九人爲限。

（要求意見）擬將本條文內「各以五人至九人爲限」改爲「工人在一百以上一千未滿者，各以三人爲限，一千以上五千未滿者，各以五人爲限，五千以上一萬未滿者各以七人爲限，一萬以上各以九人爲限；但廠方無從推舉多數代表者，得減少雙方代表人數。」

（所陳理由）照工商部勞字第一五八〇號解釋，代表僱主資格，限於廠長、副廠長、總經理、經理、協理之類，各部主任不得代表僱主，是工廠在事實上無從派多數代表，根本上工廠會議無從組織，即使組織，非減少代表人數不可矣。

（附註）以上係上海中華工業總聯合會意見。

第十章　關於工廠會議各條。

（要求意見）請緩施行或刪去。

（所陳理由）按本章各規定，既置勞資雙方於同等之地位，是即使害工廠管理權，且於第五十條所列舉之職權，無一非足以引起糾紛者，國家立法，是在融洽勞資情感，以促進合作，結果不但糾紛難免，且反增惡感，以會議為決鬥之場，殊為工業組織上莫大之破壞。在英、美、德、法、日等國，祇廠主有表決權，勞方任何議案，未經廠主同意者，即議決通過，不生法效，何況本章全文取協定方式，豈非使廠方失其財產權上之法益。

（附註）以上係江浙皖絲廠繭業總公所等意見。

第六十三條　工廠所招學徒人數，不得超過普通工人三分之一。

（要求意見）應明令規定學徒比額。

（所陳理由）按工廠之大者，常分爲數部分，學徒之數額，是否各部自爲比例？抑以全廠普通工人爲標準？如係後者，爲有普通工人三千之廠，學徒將可收一千，如是恐未免太濫，且恐失業問題，亦將因而難以解決矣。

（附註）以上係上海市社會局意見。

第六十六條　除第三十一條所列各款外，有左列情事之一者，工廠得終止契約：

一、學徒反抗正當之教導者，

二、學徒有偷竊行爲，屢戒不悛者。

（要求意見）擬將本條第二款文內屢戒不悛四字删去。

（所陳理由）偷竊行爲，干犯刑法，一之爲甚，豈可再乎？如此四字不删，則無異奬勵學徒可犯二三次之偷竊也，不惟於事理不合，亦且置刑法於何地。

（附註）以上係上海中華工業總聯合會意見。

實業部擬訂之修改工廠法草案共十三章，都七十四條，修改工廠法施行條例共四十二條，大致依據前列修改之意見而擬訂，其修改之要點如次：

一、適用本法之工廠，改爲用發動機器，平時雇用工人在二十人以上者。但工廠之全部或一部以特別情形不能適用時，得由實業部核定之。以發動機器，不止用「汽力、電力、水力，」故予删去；又爲擴大本法適用之範圍，故將工人人數減爲二十人。

二、工人名册應登記之事項删去「技能品行」「工作效率，」增入「工人體格。」又以男女工人之保護各有不同，於工人姓名下，加入「性別」二字；并以工人名册原以備主管官署之查考，特加「呈報主管官署備案」之規定。

三、於原第五條增加但書，規定未滿十四歲男女之體重身長經醫生證明不妨害其健康及發育者，工廠亦得雇用，俾免因本條之限制而失業。

四、因天災事變季節之關係延長工作時間，增加「取得工會同意」之規定，以限制工廠藉故任意延長工作以役使工人，并以提高工會之地位，引起工人對於工會之注意，而使工會組織，益增健全。

五、以女工之禁止夜間工作，曾迭經地方政府及工商團體呈請修改，特於原第十三條加一但書，規定「某種產業，認爲有必須作夜工時，得經主管官署之呈請，由實業部核定之，」以適應國內現時生產之狀況。

六、於有定期工作契約期滿時之續約，根據民法，增一但書爲「在未成年工人須得其法定代理人之同意。」

七、女工分娩停止工作期間改爲六星期，并改定其入廠工作不足六個月者，假期內工資減半發給。其理由略謂：「按各國對於分娩休息多爲六星期，且一九一九年第一屆國際勞工大會通過之第三公約草案對於分娩休息，亦定爲六星期，故擬將原定八星期改爲六星期。……如孕婦入廠工作未久，卽以分娩而請求休息，於廠方未免受損，……故擬加依入廠期間久暫定發給工資多寡之規定。」

八、以現在各國對於工人住宅之設備成爲勞工行政中之一重要問題，特增加「工廠應於可能範圍內建築工人住宅」之規定。

九、以年滿十六歲者已取得「成年工人」之資格，依民法總則之規定，以二十歲爲成年，特將工人代表選舉人之最低年齡改爲十六歲，被選舉人之最低年齡改爲二十歲。又爲規模較小工廠之選派代表便利計，將廠工兩方代表人數，改爲三人至九人。

十、增定工廠會議表決之人數，爲出席代表三分之二，以預防勞資雙方於提案或決議時之取巧及操縱。

十一、學徒於習藝期間，限定工廠給予津貼，須按照最低工資月給四分之一至三分之一，以免廠方有濫換學徒之弊，亦以減學徒經濟壓迫之苦。

十二、原第七十三條規定「工人以暴力妨害廠務進行，或損毁廠內貨物器具者，依刑法最高度之刑處斷」以觸犯刑法，自當以其犯罪行爲之輕重處斷，不應竟以最高度之刑處斷，特改爲「依法處斷」。

十三、爲便利女工計，增「工廠雇用女工者，應設哺乳室」之規定，俾普通工廠，不能設置託兒所，雇用看護褓母照料時之救濟。

十四、明定「工廠法第四十五條所稱工人因執行職務而致傷病之致病部分，係指工人因執行職務而發生之職業病而言」，以免因病之界限不明而引起糾紛。

立法院勞工法起草委員及法制委員會即迭開聯席會議，將各方修改工廠法之意見，及實業部所擬之修改工廠法及其施行條例兩草案，一併提出詳加討論，並由實業部派員列席說明草案旨趣，結果，將工廠法分別加以修正，擬定審查修正案七十七條，又將工廠法施行條例第一、第五、第八、第九、第二十各條加以修正，其餘條文未加變更。二十一年十二月十九日，立法院於第二百一十一次會議開二讀會，將各該審查修正案完成二讀程序，并省略三讀，分別通過全案，即呈由國民政府於同年十二月三十日一併公布施行。

修正工廠法仍分十三章，都七十七條，大致依據實業部之修正草案而酌加增刪，其刪修重要之點如次：

一、適用本法之工廠，仍定爲平時僱用工人在三十人以上者，惟發動機器之「汽力、電力、水力」六字刪去，以免掛漏。

二、工廠延長工作之總時間，改爲每月不得超過四十六小時，較多十小時。

三、童工禁止夜工之時間改爲午後八時至翌晨六時，減少一小時。

四、女工分娩前後休息期間，仍定爲八星期，惟假期內之工資，如入廠工作不足六個月，則減半發給。

五、增定工廠會議之法定出席人數爲代表之過半數。

六、學徒之最低年齡改爲十三齡，以示有異於童工。

七、學徒在學藝期間之津貼，定爲「由主管官署酌量各該地方情形，及工廠經濟狀況，擬定標準，呈請實業部核定之。」

修正工廠法施行條例仍爲三十八條，第一條原文删去，依司法院解釋，明定工廠法所稱之工人，係指直接生產或輔助其生產工作之工人而言，其僱用員役與生產工作無關者，不在此限。實業部所擬之「職業病」認爲無規定之必要，予以删去。此外第五第八兩條工人姓名下加「性別」二字。第九條之第二項删去，將五一勞動節列爲第一項第四款，以昭愼重。

第五節　勞資爭議處理法

民國十五年間，工人運動激烈，勞資雙方亦時有衝突，中央政治會議特於第五次會議通過勞工仲裁會條例，及解決僱主僱工爭執仲裁會條例，由國民政府於十五年八月十六日公布施行。

勞工仲裁會條例共十條，規定勞工仲裁會由政府委仲裁代表一人，及有關係之各方各派代表一人共同組織之，解決工人糾紛，決定工會範圍。凡工人爭執，須在仲裁會解決，不得聚衆械鬪，或有違犯警律或危害公安之行動。兩工會發生爭執，不得危及第三方。對於仲裁會之判決如不滿意，可上訴國民政府，國民政府認爲公平或修改之判決，卽爲最後之判決。此條例至十九年九月二十七日經立法院之議決，由國民政府明令廢止。

解決僱主僱工爭執仲裁會條例共九條，爲吾國之第一處理勞資爭議之法規，大致規定仲裁會由政府委仲裁代表一人，及有關係之各方各派代表二人共同組織之，解決僱主僱工間各糾紛，如工値問題、補償傷害問題、工作時間問題、僱工待遇問題、及其他爭執之問題。至十七年六月勞資爭議處理法公布，此條例事實上已失其效力。

民國十七年二月，中央政治會議以各處勞資糾紛日益劇烈，關於仲裁法規實有另行制定之必要，爰於第百二十八次會議決定推葉委員楚傖起草。旋葉委員擬具勞資仲裁暫行條例草案，經提會決議交法制局作初步審查。該局即召集編審會議，詳加研討，結果以該草案內容涉及調解與仲裁兩種程序，擬將標題改爲勞資爭議處理法，并擬定立法原則，以爲審查該草案之依據，提出審查報告略云：

「查該草案所定仲裁機關，分爲兩級，一爲地方仲裁委員會，一爲省或中央仲裁委員會。地方仲裁委員會之決定，當事人尙得聲明不服，實與一般國家勞動法規上所謂調解程序者不無相似；省或中央仲裁委員會之決定，則含有強制執行性質，蓋純然一種仲裁程序。勞資爭議，依草案俱須先經類似調解之程序，調解無效，始經過仲裁程序，此種方法，列國采行者頗衆，就理論言，亦確爲比較適當之方法。…… 以是職局編審同人，洽次商議，均認勞資爭議之處理，在大體上可容納草案之精神，採行先經調解後付仲裁之辦法。惟此項辦法適用之範圍，以及其他若干事項，似尙不能不取草案條文而酌加變更耳。茲特參照草案精神，及職局編審人員意見，提出幾項立法原則，請求鈞會審議，倘蒙照准通過，職局當再就原草案逐條審查，提出完整之修正案，請求鈞會議決。」

中央政治會議於第百三十二次會議提出討論，當將該原則照案通過，其詳如次：

一　本法適用範圍

本法應僅適用於勞資間之「團體爭議，」卽勞動團體或勞動者若干人以上與雇主間之爭議。

二　處理勞資爭議程序

勞資爭議發生時，經當事者一方或雙方之請求，或行政官廳認爲有必要時，應付一種調解委員會調解。調解終結當事人不服調解委員會之決定時，經當事者雙方請求或經行政官廳之決定，該爭議應付一種仲裁委員會仲裁，對於仲裁之結果，不得聲明不服。

特種公用事業（如電燈自來水業之類）及軍需製造業發生爭議時，如調解無效，必須交付仲裁。

三　處理勞資爭議機關

（甲）調解委員會　由爭議當事者之勞資兩方，各推同等數額之代表組織之，并由地方行政官廳加派代表一人爲主席。

前述地方行政官廳代表在特別市時，由特別市政府委派，在縣或普通市時，由縣政府或普通市政府委

派，

(乙)仲裁委員會　仲裁委員會由左列人員組織之：

(一)省政府(或特別市政府)派代表一人，

(二)省黨部(或特別市黨部)派代表一人，

(三)地方法院院長或其代表(代表院長者以推事爲限)，

(四)與爭議無直接關係之勞方代表及資方代表各一人。

省政府及特別市政府每年於一定時期(例如每年六月)應令所轄區域內之勞工團體及雇主團體，各推定堪爲仲裁委員若干人(例如三十人)，送請各該政府核准，遇有仲裁事件發生，上述第(四)項代表，即由各該政府就此項仲裁委員名單指定與爭議無關之勞資代表各一人充之。

凡曾任調解委員會委員者，不得爲同一事件之仲裁委員。

四　罷工與閉廠之限制

特種公用事業及軍需製造業，發生勞資爭議時，於未經調解仲裁前，絕對不准罷工或閉廠。

其他工商業發生爭議時，在調解仲裁期間，任何一方不得開始罷工或閉廠。

地方行政官廳在調解仲裁期內，幷得酌量情形，命已罷工之勞動者，或已停閉之工廠、商店，先行復工或復業。

法制局卽根據以上原則，將原草案重加審查，擬具修正案六章，共四十五條，提經中央政治會議第百三十五次會議決議：推工商、農礦、司法、交通、內政五部及政治會議祕書長、法制局長審查，並指定司法部長召集開會。蔡部長元培迭次召集審查會，將原修正案提出逐條研究，當參照各部意見擬訂第二次修正案，都四十八條，報請中央政治會議於第百三十七次會議將第一章通過，幷決議：第二章以下，交由法制局、工商部、司法部審查後，再行提出。該部局復審查完畢，提請中央政治會議於第百三十八次會議通過全案，卽函送中央執行委員會轉交國民政府公布。

中央執行委員會於第一百三十二次常會提出討論，朱委員霽青詳述意見，謂該案之立足點，偏重在資本家方面，而於勞動者本身利害，多未顧及，且條文多因襲帝國主義者之陳跡，於本國國情及本黨扶助勞工之旨，不無疏忽之處，而內容之可議者甚多，此法關係勞資雙方利害，及公共安寧秩序至重且大，認爲有再行詳愼審議之必要。當決議：由朱委員以書面提出意見，將該案交囘中央政治會議覆議。朱委員當卽提出意見書，共分五要點如下：

「一、同盟罷工　同盟罷工，依其目的分爲經濟的與政治的兩種，……本法所謂同盟罷工，乃指經濟的同盟罷工而言，其目的在求勞動工資時間及勞動組合等之經濟的承認。……本黨爲謀勞資雙方利益，消弭階級鬥爭，對此種經濟的同盟罷工，決不能因其於對方當生若何損失，而遂排斥或剝奪之。是故先總理手定工會條例，曾有『工會在必要時，得根據會員之多數決議，宣告罷工』之規定。……乃該法對爭議當事者勞工方面行爲之限制，幾將同盟罷工權全部剝奪殆盡。……如此立法，不特與本黨扶助勞工之旨相違，且恐非調解仲裁之意。要之吾人爲顧全勞資雙方利益計，在仲裁裁決之後，如確因裁決不平而致不服，則此時無論如何，應予當事者以相當之罷工權。但此種罷工權，不得妨害公共秩序之安寧，或危及他人之生命財產，并以至上訴裁決時爲止。此其一。

二、仲裁裁決之效力　仲裁云者，凡爭議發生經和解不成立時，第三者出而裁決之謂。此種制度，本有強制與任意之分。強制仲裁，係不論當事者之意思如何，其裁決與司法裁決之判決，同具有拘束之效力。任意仲裁，其裁決之有拘束力，僅限於當事者雙方同意時。前者除澳洲立法及挪威之戰時法行之，英、美大陸諸國均未有行之者；後者英、德、法、奧、坎拿大、荷蘭、瑞典等國均多采用。……新近各國立法，對於強制制度多未采用，而該法關於仲裁效力一點，竟采強制裁決。……竊以爲勞資雙方，均在本黨領導之下，不應有此強制裁決。且本黨對勞動者，只有扶助其改善條件，增進利益，更無強制壓迫之理。……此亦本黨今日立法所不可不愼重考慮者也。此其二。

三、仲裁裁決之上訴　按通常調停爭議程序職務之管轄，除英、德等國將和解與仲裁統屬於同一機關之管轄外，恆將和解與仲裁分設機關行之。按照程序，遇爭議時，先委諸和解機關之管轄，如爭議當事者間和解不成立時，始移諸仲裁機關而爲仲裁裁決，法國立法，卽采此制。其他如美、新西蘭、瑞典等國亦同。該法采和解仲裁分設制度，未爲不妥，惟所缺者，仲裁之後無上訴機關耳。……所謂上訴機關，卽國民政府是也，經國民政府之最後判決，無論如何，較仲裁裁決正確多矣，此時當事者不能不服從其判決，此法民國十五年八月十六日所公布之勞工仲裁會條例第七條之規定，已有先例。……此主張添設上訴機關之要點也。此其三。

四、調解仲裁上訴之組織　調解仲裁機關之組織，在各國雖有臨時與常設之分，其構造上不無若干差異，然二者皆由代表勞資雙方利益之同數委員所組織而成，則無以異。……該法關於調解委員會與仲裁委員會之組織，行政官署均自派代表加入，并各以行政官署代表爲主席，此則與調解爭議之根本意思相背。……今依普通原則，及吾國現在情況論，在調解機關，行政官署固可參加代表，陳述意見，但在仲裁機關，行政官署除負召集之責外，其主體應由第三者所謂民衆團體之代表爲之，其主席似應在此項代表中選任。……次之，上訴機關之組織，……查民國十五年八月十六日公布之勞工仲裁會條例，及國民政府組織解決僱主僱工爭執仲裁會條例，其對仲裁裁決之上訴，均以國民政府行之。吾人今日爲免除另設上訴機關之繁，卽仍依該項條例先例，以國民政府爲上訴機關，亦無不可。此其四。

五、調解與仲裁之對象　凡勞資間所發生經濟上之爭議，可別之爲二，其一爲關於契約所定勞動條件履行上之爭議，可謂爲法律上之爭議。其次則爲關於僱傭契約之繼續或變更時所起之爭議，可謂爲事實上之爭議。前者僅屬於勞動者個人之關係，故又可謂爲個別的爭議。後者通例與多數勞動者關係綦切，故又可謂爲集合爭議。個別的爭議，宜適用法律解決，爲各國通例。但集合的爭議，則非法律所能解決，自當折衷雙方利害，使其妥協解決，故各國調停機關之對象，大都以集合的爭議爲限。按該法第一條只有當事者資格之規定，并未提及對象；第四條雖列舉事實爲應付仲裁之標準，然所列各事，究限於集合的爭議，抑另有個別的爭議，則殊難明斷。……此亦該法立法原理上之缺點，應主張修正者也。此其五。」

中央政治會議復於第百四十次會議提出討論，當決議將朱委員提出之意見書，及前通過之案，併交法制局會同工商部及朱委員再行審議。法制局於五月二十一日召集開會討論，結果擬具第三次修正案，提經中央政治會議第百四十一次會議決議：（一）勞資爭議處理法照第三次修正案通過，送中央執行委員會交國民政府公布；（二）爲使該法得相當試驗起見，以一年爲試行期間，在試行期間，不議變更，送中央執行委員會交國民政府備案。

勞資爭議處理法經國民政府於民國十七年六月九日公布，共分六章，都四十七條。第一章，總則；第二章，勞資爭議處理之機關，又分調解機關與仲裁機關二節；第三章勞資爭議處理之程序，又分調解程序與仲裁程序二節；第四章，爭議當事者行爲之限制；第五章，罰則；第六章，附則。其內容之要點，及立法之旨趣，略如次述：

一、處理之標的　勞資爭議有二，一爲法律上之爭議，亦謂之個別爭議；一爲事實上之爭議，亦謂之團體爭議。各國立法例對於團體爭議與個人爭議有設置相異之特別機關者。如法、德、奧、比利時、瑞士之日內瓦等國之制是。有以個人爭議之審判機關兼任團體爭議之調解者，則如意大利、德國一八九零及一九零一年之工業裁判所法之法制。亦有以團體爭議調解機關兼任個人爭議之調解者，有如英、加拿大、新西蘭、瑞典、亞爾然丁之成例。制度雖有三種，究以團體爭議與個別爭議之分別機關處理爲當。而處理之標的，應以事實上之爭議卽團體爭議爲限。此法於第一條規定「本法於雇主與勞工團體或勞工三十人以上，關於雇傭條件之維持或變更發生爭議時適用之，」明示以團體爭議卽事實上之爭議爲處理之標的。至個人爭議，爲法律上之問題，屬於普通法院之範圍。

二、處理之機關　處理機關有協定機關與法定機關。法定機關又分臨時與常設兩種制度。外國先例每於勞動爭議事件發生時設置機關，然勞動爭議加多，產業進步之國，則槪設常設機關。英、德、奧、瑞士、瑞典、挪威、丹麥、西班牙、紐西蘭等國皆采常設制；一八九二年之法國調解仲裁法，一九零七年之加拿大產業爭議調查法，及一九二零年羅馬尼亞之法律，則采臨時制。此法於第三條規定行政官署於勞資爭議事件發生，經當事人聲請，或認爲必要時，召集調解委員會調解之。又於第十六條第十八條規定行政官署遇有仲裁事件，就先定堪爲仲裁委員者，指定與爭議無直接利害關係之勞方資方代表各一人，由省政府或特別市政府召集仲裁委員會。調解委員會與仲裁委員會均爲臨時機關。

爭議之處理可分爲調解之程序與仲裁裁決，各國立法例有分設機關各別管轄者，如法、美、瑞典、荷蘭、紐西蘭等國是。有設同一機關以管轄之者，如英、奧、德、瑞士、加拿大等國是。此法就調解與仲裁之管轄，采取機關各別主義。

處理機關之構成，由僱用人及勞動者兩方面各推代表其利益之同數委員，并設置中立議長爲一般之原則。此法倣各國立法例，承認勞資平等之原則，惟於中立議長采官選主義，於第九條、第十一條、第十三條規定調解委員會置委員五人或七人，由行政官署或工商部派代表一或三人，爭議當事者雙方各派代表二人，以行政官署或工商部所派之代表爲主席。又於第十五條、第十八條、第二十條規定仲裁委員會置委員五人，計省政府、或特別市政府、或工商部派代表一人，省黨部或特別市黨部或中央黨部派代表一人，地方法院院長或其代表一人，與爭議無直接利害關係之勞方資方代表各一人，以省市政府或工商部所派之代表爲主席。

三、處理之程序　此法規定勞資爭議處理之程序，分爲兩種，即對於爭議先行調解，調解不成，再付仲裁，但當事人雙方聲請逕付仲裁時，得不經調解程序。

調解程序之開始，各國立法例不盡相同。奧國以當事人一方之聲請開始調解。德國現行法亦以當事人一方之聲請爲已足，亦得以職權交付調解。又有因當事人一方之聲請，國家催促他方之同意，或於雙方俱未聲請，由國家催促雙方爲調解程序開始之同意者。此法采臨時機關主義，於第三十五條規定以調解機關之召集爲調解程序之開始。其第三條第四條規定勞動爭議發生時，調解委員會因左列情事之一而召集：

甲、當事人一方或雙方之聲請，

乙、主管行政官署認爲有付調解之必要，

丙、公益事業發生勞資爭議之當然付調解。

關於仲裁程序，其調解與仲裁屬於同一機關者，於調解不成立時，通常當然開始仲裁程序，例如德之調解仲裁所，日之調停委員會。有須當事人一方或雙方之聲請而開始仲裁者。有於特別情形，以職權交付仲裁者，在采強制仲裁之國家，則概以職權開始仲裁程序。亦有規定當事人如於一定期限內不聲請仲裁則視已承認調解者。此法於第三十五條規定以召集仲裁機關，爲仲裁程序之開始，至交付仲裁有聲請交付與職權交付之分，而職權交付又有當然交付與裁量交付之別。其第四條規定公益事業發生勞資爭議經調解而無結果，依職權當然交付仲裁。又第五條第六條規定此外之勞資爭議經調解無結果，或未經調解，依當事者雙方之聲請而交付仲裁；如爭議情勢重大，延長至一月以上尚未解決，則依職權裁量交付仲裁。

調解委員會，仲裁委員會之職務，在努力於爭議之解決，故應迅速爲事件之處理。加拿大爭議調解法限定據當事人一方之聲請，應於五日內決定他方之代表，其後五日內，應使雙方代表選出議長，自聲請之日起，十五日內應成立會議。德國調解仲裁法草案規定自聲請至口頭辯論開始，不得超過一星期，在公益事業不得超過三日，口頭辯論務於一日終結之。此法於第二十四條至二十八條，及第三十三、第四十、第四十一各條規定調解委員會與仲裁委員會於召集後二日內，應開始調查(甲)事件之內容，(乙)當事者提出之書狀及其他關係文件，(丙)當事者雙方之現狀，(丁)其他應調查之事項。調查期間不得逾七日。該委員會得傳喚證人，或命關係人到會說明或提出說明書，并得入關係工廠商店等調查或詢問，但不得漏洩調查所得之秘密。如無故不到會，不提出說明書，拒絕調查答復，或爲虛僞之陳述，或漏洩秘密者，均分別處以百元以下之罰金。調查完畢，應於二日內爲調解之決定，或仲裁之裁決。

四、處理之效力　調解委員會之決定，經當事者雙方之同意，即生拘束力，其所定之勞動條件，視同當事人間之勞動契約，此爲各國之通例。此法於第三條明定之。又規定此調解決定，如定明存續期間，除適法解約外，當事者任何一方，不得於該期限內提出變更之要求。又於第三十四條規定爭議當事者不論仲裁程序至何程度，均得成立和解，其和解條件亦應與調解決定有同等之效力。

仲裁制度，各國立法有采強制主義者，例如紐西蘭、澳洲、加拿大；有采任意主義者，例如英、美、德、法、日。此法采強制仲裁制，於第七條規定「爭議當事者對於仲裁委員會之裁決，不得聲明不服，」此裁決視同爭議當事者間之勞動契約。至於裁決有效期間，依紐西蘭之立法，如未特別指定，則爲三年。此法則定爲裁決如經定明存續

期間，除適法解約外，當事者任何一方，不得於該期限內提出變更該裁決之要求，

調解決定與仲裁裁決既視同勞動契約，則爭議當事人間應即依照履行，如有不履行者，應予以相當之制裁。此法於第三十八條規定處爭議當事人不履行視同勞動契約之決定或裁決者以二百元以下之罰金，或四十日以下之拘役，爭議當事人幷得仍依民事法規，逕向法庭請求強制執行。

五、爭議當事人行爲之限制　勞資爭議發生後，對於當事人之行爲，應加以限制，以免事件之擴大，而利調解與仲裁之進行。此法於第三十五條、第三十六條、第三十八條、第三十九條規定公益事業之雇主或工人，不得因任何勞資爭議停業或罷工。其他工商業之僱主或工人在調解或仲裁期內，不得開始停業或罷工，雇主幷不得開除工人。工人或勞工團體不得（甲）強迫他人罷工，（乙）封閉商店或工廠，（丙）擅取或毀損商店工廠之貨物器具。爭議當事人如違反以上各規定，行政官署及調解委員會或仲裁委員會得隨時制止，不服制止者，處二百元以下之罰金，或四十日以下之拘役，其行爲已涉刑事者，仍依刑法處斷。

勞資爭議處理法前經中央政治會議決議以一年爲試行期間，該法於十七年六月九日公布，至十八年六月九日試行期滿，中央政治會議准行政院轉據南京特別市政府之呈請核示，於第百八十四次會議決議展期六個月。至十九年春，立法院勞工法起草委員會以該法試行期間前經展限，現又屆滿，亟應重加修正，以便處理勞資爭議時有所依據，爰於二月二十七日開會提出共同討論，當參照舊法，斟酌現情，擬具草案四十條，並更定

名稱爲勞資爭議法，十九年三月八日，立法院於第七十九次會議開二讀會，將該草案提出逐條討論，結果，標題仍改爲勞資爭議處理法，自第一條至末條大致照原草案通過。二讀既畢，主席諮詢省略三讀，以全案付表決，經大多數委員贊成通過。

此法經國民政府於民國十九年三月十七日公布施行，共四十條，其章目與前法相同。此法與前法最大之差異，厥爲調解與仲裁制度，即一采強制主義，一采任意主義，其實質上不同之點有九：

一、前法適用於僱主與三十人以上之勞工，其範圍較狹；此法適用於雇主與十五人以上之工人，其範圍較廣。

二、前法特定公益事業發生勞資爭議，當然付調解，調解無結果，當然付仲裁，其雇主或勞工不得因任何爭議罷工或停業，此法無此規定。

三、此法規定調解委員會之調解，經爭議當事人雙方代表之同意簽名於調解筆錄而成立。前法規定「調解委員會之決定，以全體委員之合議行之，取決於多數」，惟須爭議當事者雙方之同意，乃生拘束力。

四、勞資爭議調解不成立時，此法規定經當事人雙方或一方之聲請，應付仲裁，采聲請交付主義。前法則明定須當事者雙方之聲請，乃付仲裁，并規定爭議情勢擴大延長至一月以上，行政官署認爲有付仲裁之必要時，雖無當事者之聲請，亦得交付仲裁；又勞資爭議未經調解，經當事者雙方聲請逕付仲裁時，亦得付仲裁；實兼采職權交付主義。

五、前法規定仲裁委員會由省政府或特別市政府召集，如縣政府或普通市政府收受仲裁聲請書，應轉送省政府辦理。此法則規定省市縣政府均得召集仲裁委員會。

六、前法規定爭議當事者對於仲裁裁決，不得聲明不服；此法規定爭議當事人得於仲裁裁決送達後五日內聲明異議。

七、前法於爭議當事者雙方同意之調解決定，及仲裁裁決，對於當事者一方爲工會時之效力如何，漏未規定。此法則明定調解成立，與仲裁裁決經送達後五日內未聲明異議者，如當事人一方爲工會時，視同當事人間之勞動協約。

八、前法規定視同勞動契約之調解決定，或仲裁裁決，如經定明存續期間，除適法解約外，當事者任何一方不得於該期限內提出變更之要求，此法無此規定。

九、前法規定爭議當事者對於視同勞動契約之決定或裁決有不履行者，處二百元以下之罰金，或四十日以下之拘役，仍得由當事者另依民事法規，請求法庭強制執行，此法亦無此規定。

此法自公布施行後各地勞資糾紛，仍相繼迭起。至二十一年七月二十三日，上海市長吳鐵城以滬戰以還，市面蕭條，產業疲敝，勞資雙方因工資工時之爭執，解雇停職之糾紛，衝突日有所聞，終至關廠罷工，各走極端，雖其故不一端，而勞資爭議處理法之拋棄強制仲裁，改用自願仲裁，實爲促成勞資直接行動之一大原因，爰向中央政治會議提議修改該法，恢復強制仲裁制度。原提案略云，

「依據現行立法例，強裁仲裁之要義，有如下列：(一)勞資爭議調解無結果後，必須提付仲裁；(二)證人必須作證，並須提出證書；(三)調查證據及進行裁定時，禁止關廠及罷工；(四)仲裁必須裁定及公布；(五)裁定必須執行，不得聲明異議，並在有效期間，禁止關廠及罷工，違者處以罰金或監禁。……第一次勞資爭議處理法本采強制仲裁，……行之兩年，收效頗宏。……乃修正勞資爭議處理法遽將強制仲裁拋棄，改行自願仲裁，……爭議當事人對於仲裁裁決，得於五日內聲明異議，聲明異議之後，仲裁裁決毫無拘束當事人之效力，而法院依當事人之起訴，且得推翻原裁決而重爲判決，是則政府並非受理勞資爭議之最後機關，且無處決勞資爭議之實際權能。……基於上開事實及理由，重行修改勞資爭議處理法，恢復強制仲裁，實爲當務之急。」

中央政治會議於第三百十九次會議提出討論，當決議：「修改勞資爭議處理法，恢復強制仲裁辦法，交立法院審議。」立法院提經第百九十六次會議議決付勞工法起草委員會審查。該會於八月十八日開會討論，當將勞資爭議處理法分別加以修正，其修正要點即將第一次勞資爭議處理法所有有關強制仲裁之條文完全增入，幷繕具修正案提請立法院開第百九十九次會議討論，各委員先後發言，僉認爲有再行詳加審查之必要，

逐議決重付勞工法起草委員會會同經濟委員會、軍事委員會審查。該會等於九月二日開聯席會議，幷函請實業、交通、鐵道、軍政各部及建設委員會、上海南京兩市政府各派代表陳述意見，當分別采納，審愼討議，將原修正案修正通過。立法院於第二百零一次會議將該審查修正案提出逐條討論通過，幷省略三讀通過全案，卽呈由國民政府於民國二十一年九月二十七日公布施行。

修正勞資爭議處理法共四十四條，章目章數均未變更，其修正最要之點，卽在於廢棄任意仲裁制，恢復強制仲裁制。第一次勞資爭議處理法所有之規定爲第二次勞資爭議處理法所無或未采者，均分別增入，實較前兩法爲完備。關於強制仲裁之回復，立法院開二讀會時，各委員討論甚久，辯爭甚烈，反對贊成，各有理由：

反對者謂十七年之勞資爭議處理法，原定試行期間爲一年，十九年加以修改，采任意仲裁制度，施行以來，效果較優。且十八年十月二十一日公布之工會法，其第二十三條規定勞資間之糾紛，非經過調解仲裁程序後，不得宣告罷工，是明白承認仲裁後可以罷工。強制仲裁在上海只能拘束少數華人工廠，而租界內之工廠，則爲政治力所不及，亦難使此種制度之普遍推行。

贊成者則謂十七年勞資爭議處理法之不能奏效，乃因乘十六年共產黨煽動之餘，非強制仲裁之不當，依據上海市社會局之統計，以後勞動爭議案件亦逐漸減少，蓋強制仲裁勞資雙方皆知直接衝突之無益，轉不如就政府之範圍，彼此胥蒙其利。依十九年之勞資爭議處理法，法院得依當事人之起訴，推翻原裁決而另爲判決，是一事再理，徒生糾紛，且案經三審，方可確定，效力遲緩，亦非處理情勢嚴重之勞資爭議之良法。

反對者又謂勞資仲裁雖具有特殊性質，要不外屬於民間私人之糾紛，吾國爲司法獨立之國家，在不背黨義黨綱之範圍以內，處理勞資糾紛之最高權能，自應屬之法院。如以仲裁爲最後之決定，法治之謂何？若認一事再理，徒生糾紛，則仲裁未盡適當，致當事人無法執行時，又豈能免於糾紛？且強制仲裁，非勞資雙方滿意，及使其惡感日深，幷有時仲裁裁決亦難實行，更不足以防止罷工，去歲郵務人員之罷工，即其實例。

反對者雖持之甚堅，惟以恢復強制仲裁制度，爲中央政治會議所議決，立法院固無權變更，結果修正勞資爭議處理法仍采強制仲裁制。至三法相異之點，約如次述：

一、第一次勞資爭議處理法所列舉之公益事業凡三款：(甲)軍事機關直接經營之軍需製造業；(乙)供公衆需要之自來水、電燈、或煤氣事業；(丙)供公衆使用之郵務、電報、電話、鐵道、電車、航運及公用汽車事業。第二次勞資爭議處理法全未規定，修正勞資爭議處理法，所定之公益事業，刪去第一款，只列入第二第三兩款。

二、前兩法規定之行政官署爲市縣政府，修正案增入國營事業之主管機關。

三、第一次勞資爭議處理法關於視同勞動契約之決定或裁決，如經定明存續期間，不得要求變更之規定，修正勞資爭議處理法亦未采取。

四、前兩法規定仲裁委員之人選，每年推定名額爲十五人至三十八人。修正勞資爭議處理法改爲每二年推定二十四人至四十八人；并規定國營事業之工人團體及各該事業之直接主管機關，亦各每二年推定二十四人至四十八人。

修正勞資爭議處理法公布施行後，交通、鐵道、實業各部以適用於國營事業，實有窒礙難行之處，特於十二月十二日在實業部開會詳加研究，擬具意見，呈請行政院轉咨立法院重行審議修正，俾便適用。原呈縷陳四點如次：

「第一點，國營事業之性質，與一般企業逈不相同，在一般企業中，雖有勞資關係之存在，但在國營事業之工人，乃提供其勞力於政府，卽直接爲國家服務，故工人與國家之間，絕不能成立相互對待之勞資關係。

第二點，國營事業之工人，與政府間既不應有勞資關係之存在，則國營事業之工人團體，當不能與政府締結團體協約。但修正勞資爭議處理法第七條第二項明白規定『前項裁決，視同爭議當事人間之契約。如當事人之一方爲工會時，視同爭議當事人間之團體協約，』不獨與此項原則不合，亦與工會法第十六條所載『第三條所列舉各種事業之工人所組織之工會，無締結團體協約權』之規定相衝突。

第三點，修正勞資爭議處理法第十六條第二項及第十五條第一項第四款各規定，證明第十五條第一項第四款所稱之資方代表，當由各該事業之直接主管機關推定之。又本法第二條，及第十五條第一項第一款各規定，證明第十五條第一項第一款之政府代表，當由各該事業之主管機關推定之。按之法文雖有『直接主管機關」與「主管機關」之分，但在國營事業之直接主管機關，與主管機關，實同爲一個行政系統。故本法第十五條第一項第一款所規定之政府代表與第四款所規定之資方代表，實混而爲一，再該條所規定之仲裁委員五人中，政府或資方已佔其三，似亦與平等仲裁之立法原意不合。

第四點，國營事業發生爭議，無異於國營事業之工人與國家行政機關發生爭議，則依本法第十五條所組織之仲裁機關，是否有權仲裁，亦爲疑問。」

立法院即將原呈發交勞工法起草委員核議，該會迭經召集會議，幷徵詢南京上海各市政府意見，討論結果，認爲修正勞資爭議處理法毋庸再行修正，幷依照交通部等所陳窒礙難行之點，議決四項如次：

（一）經濟事業中，有以人民獨自經營，財力不克負荷，人才不易羅致，有以私人壟斷，利於富豪，不利於平民，馴致貽害於國民經濟，而政府驟受其害，因是而歸諸國家經營者，事所恆有。此類國營事業，其經營之主體，雖爲國家，受雇而從事於此之工人，雖服務於政府，然以性質而言，可謂爲雇傭關係，以法理而言，可謂爲契約關係，倘非義務勞役之可與相提並論。是以受雇人之工人與國營事業之主體，並非如交通部等所稱絕不能成立相互對待之勞資關係。

（二）工會法第三條所列舉各種事業之工人所組織之工會，無締結團體協約權。修正工會法第十六條條文業經明白規定，非如交通部等所稱兩規定相衝突。

（三）修正勞資爭議處理法第十五條第一項第四款所規定之代表，係就與爭議無直接利害關係之其他國營事業之勞資雙方指派之，則第十五條第一項第一款之代表，不致如交通部等所稱之同出於一個行政系統，亦易顯明。且第四款之代表，既與爭議事件無直接利害關係，更無礙於平等仲裁之原則。

（四）國營事業發生爭議，既適用勞資爭議處理法，則依本法第十五條所組織之仲裁機關，對於爭議之當事人，當然有權仲裁，並無疑問。

立法院於第三屆第二十五次會議提出討論，當議決照審查意見通過，并於二十二年七月八日咨復行政院轉飭各該部遵照。

第六節　團體協約法

勞動協約立法之運動，至十九世紀後半期方日趨盛大，因世界大戰之結果，更有顯著之進步。我國之勞工立法較遲，而團體協約法之制定更晚。民國十九年五月，立法院勞工法起草委員會以勞動法之起草，前經決定采用單行法形式，並工會法、工廠法均已分別草竣提會通過公布，乃由該會委員史尙寬起草團體協約法，於五月二十日開會逐條討論通過，共三十一條。

立法院於第九十二次會議將該草案提付初讀，各委員就大體討論後，即議決付法制委員會會同勞工法起草委員會審查。該會等旋開聯席會議，提出共同討論，結果略加修正通過。立法院復於第百十三次會議開二讀會，將該審查修正案提出逐條討論通過，並省略三讀通過團體協約法全案，即呈由國民政府於十九年十月二十八日公布，至二十一年十月八日國民政府明令該法定於二十一年十一月一日起施行。

團體協約，俗稱勞資條件，所以決定勞動契約之內容及其標準，我國各大商埠已風行一時，惟未立有完密之法規，協約無所準繩，糾紛遂莫由解決。此法係參考德、奧、俄、法、新西蘭諸國立法，並德國新草案及其他私人草案，按諸我國現狀而制定，要在顧全勞資雙方之權利義務，保持協約期間之和平，而預防勞資糾紛於未然，並爲解決勞資糾紛之準據。全文都三十一條，其分五節：(一)總則，(二)限制，(三)效力，(四)存續期間，(五)附則。其立法之理由，及內容之要點如次：

一、協約之主體　僱主個人有協約能力，此爲各國立法例所同；至受僱人與團體有無締結協約之能力，則立法例未能一致。此法第一條規定團體協約者，謂僱主或有法人資格之僱主團體與有法人資格之工人團體所締結之契約。蓋以有法人資格之團體，較有永久性，履行協約上之義務，則以具有永久性之團體爲宜，故特定有協約能力者，限於僱主個人與有法人資格之僱主團體或工人團體。

協約之訂立，團體通常依章程所規定，或依團員之決議，始有此種權限。此法於第三條規定勞動團體之代表機關締結協約，應依章程，或團員事先之授權，或事後之追認。蓋團體協約之拘束力及於其全體之團員，須使其有發展意思之機會，方無背於民主主義之精神。

二、協約之客體　協約規定之範圍，依各國立法例，有廣狹之不同。法國用勞動條件字樣，德國用勞動關係字樣。此法從德例，并於第一條第二項列舉（甲）學徒關係，（乙）一企業內之勞動組織，（丙）關於職業紹介機關之利用，（丁）關於勞資糾紛調解機關或仲裁機關之設立或利用，均稱爲勞動關係，使亦發生協約之效力。

三、協約之成立　協約依當事人意思之合一而成立，口頭協約、書面協約，均爲有效。然欲其明確而防爭議於未然，則以書面爲宜，此法倣德、法、蘇俄例，於第一條明定之。又協約之成立，蘇俄團體協約章第二十一條及第二十二條定爲須經主管官署之認可，此法亦於第四條明加規定，蓋以吾國勞動運動尙屬幼稚，勞資各走極端，不免有損彼益此之協定，惟官署處於第三者之地位，自可以顧全雙方之利益。

四、協約之限制　協約之內容，各國均任當事人之自由協定，惟我國產業尙屬幼稺，勞資雙方未明協約之本旨，每走極端，大反勤業與工之意，馴致陷於兩敗俱傷，破壞生產秩序之原則，此法特設第二節之規定，略示限制，俾入正軌。

五、協約之效力　團體協約之效力，不僅及於當事人，並及於當事人以外之第三人，此爲團體協約之特色，與民法異其原則。此法於第十四條規定協約效力所及之範圍，即（甲）爲團體協約當事人之僱主；（乙）屬於團體協約當事團體之僱主及工人，或於團體協約訂立時或訂立後加入該團體之僱主及工人，均應遵守團體協約所定之勞動條件。至對於團體協約訂立後始加入之團員，勞動條件之效力發生時期，依協約之所定，如協約無規定時，自爲團員之日適用協約。又協約當事人之一方，往往欲避免協約上之不利益，而用解散或合併分立之手段，使協約瓦解，此法特設第二十七條之規定以預防之。并於第十五條規定僱主或工人由協約當事團體退出時，其協約所爲關係，不因此消滅。

團體協約應自成立之時發生效力，此法於第四條規定團體協約之效力發生於主管官署認可之翌日，蓋以認可爲成立之要件。又團體協約已屆滿期，其關於勞動條件之規定，於勞動契約存續期間，仍繼續有效，此法特於第十七條明定之。

團體協約皆有民法上物權與債權之兩種效力，此法於第十六條規定協約之物權效力，即自動效力與不可變效力，亦稱補充性與代替性，於第十九條規定協約關係人之債權效力，第二十條規定協約當事人之債權效力，因此種債務違反時之損害不明或難於計算，故科以罰金與給付代替損害賠償之一定償金。又於第二十一條第二十二條采法國立法例，規定團體協約當事人及當事人以外之人不履行債務而生損害賠償之責任，以示有異於民法上之原則。

六、協約之期間　協約之存續期間，各國立法多有限制，法國協約法第三十一條限定不得超過五年，德協約法草案第九條定爲三年，此法采德國制，於第二十五條規定「團體協約爲定期者，其期限不得超過三年，超過三年者視爲三年。」蓋經濟現象，變化無常，故不能使受長期之拘束，而陷當事人一方於不利。

七、協約之終了　協約之通常終了，法協約法第三十一條規定當事人雙方俱得以一方之意思，於一個月前通知終止協約；德協約法草案第九條規定當事人亦得隨時解約，但於解約通知後，經過三個月而協約始終了；瑞士債務法第三二二條規定當事人於協約經過一年後，隨時得以六個月之預告期間解除之。此法於第二十四條規定團體協約訂立一年後，當事人一方得隨時終止之，但應於三個月前，以書面通知他方當事人，其立法用意與德瑞法相同。此法又於第二十八條規定協約之非常終了，則因經濟界情形之重大變更，或協約目的無達到之希望。惟協約效力所及之範圍甚廣，而終了之影響甚大，德協約法草案特定應依當事人一方聲請，由團體協約裁判所爲有創設效力之判決；此法則規定主管官署因當事人一方之聲請，得廢止團體協約。

第七節　鐵路員工服務條例

比於一八九六年，芬蘭於一九二二年，均頒有服務規則法。英之交易法，俄之勞動法，德之職業條例，瑞西之工廠勞動法，對於工人服務之規則，均有相當之規定。我國現尚無關於一般工人服務之法規，惟民國十七年二月，中央政治會議廣州分會頒布一鐵路員工服務條例，其適用範圍，限於粵漢、廣九、廣三、潮汕等路之員工。

民國十八年七月，中央執行委員會據廣東省各鐵路工會瀝陳鐵路員工服務條例損害工人利益，請飭令停止執行，當經推孫科、古應芬、戴傳賢、李文範、張道藩五委員審查。孫委員等旋審查完畢，繕具報告，提經中央第二十六次常會決議辦法三項：（一）由鐵道部於一個月內以此條例所規定之辦法爲主要參考文件，擬定一般的鐵路員工服務條例經立法院議決後公布施行；(二)由中央懇切訓勉廣東鐵路員工，俾知現行條例之原則，爲救濟鐵路破產之方法，而爲中央所承認者，現在中央正在制定一般鐵路員工服務條例，望安靜努力服務；(三)再由中央訓令廣東省黨部，幷由國民政府電令廣東省政府在中央新條例未頒定以前，本條例照舊施行。

鐵道部遵照中央決議案，即擬具鐵路員工服務條例草案四十二條，幷將起草意見詳加說明，呈由國民政府令交立法院查照審議。原說明書說明草案之要旨凡三，略云：

「謹按本黨政綱對內政策第十一條載明制定勞工法，改良勞工之生活狀況，保障勞工團體，幷扶助其發展等語。鐵路員工當爲勞工團體之一，在勞工法未由中央頒布以前，鐵路員工不可無專法遵守，在本黨政策上，對於勞工生活，應有相當保障，故本條例關於待遇方法，主張從優。

惟是我國產業落後，不惟遠遜歐美，亦幷不如日本。年來國有各路，幾瀕破產，勢必保養維持，方足以維原狀，而圖發展。査歐美勞工立法之趨勢，皆以工作時間不宜過長，工人薪金不可過薄爲原則。此在產業不發達之國家頗難辦到，必須設備完全及提高工作能率，然後能施行無礙。以我國鐵路之設備，自不易提高工作能率，而鐵路工人之訓練未充，及曾受共黨之誘惑薰染之汚，仍未滌盡以前，更不易有自動提高工作能率之希望。爲施行條例計，必須嚴定工場管理細則，以增大工作之密度，然後路局因加工而增重之負擔，方得而補塡。……故本條例對於工作管理方面，主張從嚴。」

十八年九月十四日，立法院將該草案提出第四十九次會議議決付勞工法起草委員會審查。該會於十九年二月七日開會詳加討論，當將原草案修正通過，删爲三十五條。立法院復於第七十六次會議開二讀會，將該審查修正案提出逐條通過，并省略三讀，通過全案，即呈由國民政府於十九年三月三日公布施行。此條例共三十五條，分七章：(一)總則，(二)管理，(三)工作，(四)待遇，(五)奬勵，(六)懲罰，(七)附則。其內容之要點如次：

一、此條例適用於國營、公營、民營各鐵路。

二、員工應遵守法令規章，服從命令，忠實服務；其工作由路局長官或路公司總經理，及各主管人員，切實監督，隨時考核。

三、鐵路工人年齡在十四歲以上未滿十八歲者爲幼年工，十八歲以上者爲成年工，未滿十四歲者不得僱用，並不得收爲藝徒。幼年工及藝徒只准從事輕便工作。年齡在六十歲以上者，不得僱用，其已僱用之員工滿六十歲時，得酌量令其退休。此條例規定工人最低之年齡，與工廠法同，惟又規定員工之最高年齡，較工廠法更爲完密。

四、工人在廠內工作，每日操作淨工八小時，在廠外工作，每日操作不得超過十二小時，但間歇時間較多者，得延長至十六小時。其因工作上之必要，須延長工作時，或主管人員指定加開夜工，或於休假日工作者，均分別給予加工薪資。員工故意不於規定工作時間完成工作，致不能不加開夜工，休假日或工作時間外之工作者，予以怠工之處分。

五、藝徒每日最低工資三角，一年後，每半年得加一角。至員工工資，向極優厚，未予規定。

六、員工於服務期內發生疾病，或因執行職務而致傷病或殘廢，或死亡，或遭意外損失者，由路局或路公司負擔醫藥費，并分別給予津貼、給養費、喪葬費、撫卹費、救助費，其數額較工廠法所定者為優。

七、鐵路營業，每屆年度終獲有盈餘，得酌提員工獎金，此與工廠法所規定者略同。員工服務每滿三年，得照原薪給與酬勞金一個月；其繼續服務至二十五年以上，而年齡已達六十歲者，准予退休，每月發給半薪，至身故日止；此為工廠法所未規定。

八、員工之獎勵為記功、記大功、升級加薪；其懲罰為記過、記大過、降級、革除，情節重大者送法院懲辦，并得按軍法處斷；此均為工廠法所未規定。

第十章　土地法

吾國舊律關於田土等事，視為細故，規定甚為簡單。民國四年春，全國經界局成立，編纂經界法規草案多種，內容詳備，惟迄未頒布施行。民國四年十月二十二日，政府公布土地收用法，對於國家、自治團體或人民因公益事業收用土地之事項，設有相當之規定。國民黨政綱之對內政策第十四條規定「由國家規定土地法、土地使用法、土地徵收法、及地價稅法，」國民政府卽於民國十七年七月二十八日頒行土地徵收法，較土地收用法更爲詳密。立法院成立後，制定土地法，爲一精密完整而有系統之法典，與勞工法同爲現代之所謂社會法。至二十四年三月，立法院又通過土地法施行法。惟土地法迄今尙未見諸實施。

第一節 經界法規草案

民國三年十二月十一日，政府下令淸理田畝，釐定經界，着內務財政兩部會同酌定辦法，呈候特派大員，設局籌辦，先由京兆區域試辦，以次推行各省。該部等商榷再三，請於中央設立全國經界局，特派督辦大員主持，分測丈、造册、淸賦、總務諸科，於京兆地方設經界行局，置坐辦等員，以期承上啓下，於實行測丈縣內設立經界事務所，編制測丈隊，並參用本地士紳，隨同組合。又以我國地畝，久未整理，遽行淸丈，糾葛難免，非有評判機關，不足以平爭議，應設立特別經界評判會及普通經界評判會，專司判定經界爭議案件，其組織及權限，俟經界局成立後再定。政府旋卽批令准照該兩部所擬辦理，並特派蔡鍔督辦。

全國經界局成立後，以淸理全國地畝，在使國家周知其方輿，人民確定其權利，事體重大，且屬創舉，爰派員分赴日本、印度、朝鮮、安南、緬甸實地調查，幷搜討關於土地之中外載籍，卽本其采輯所得，擷取英華，纂爲中國歷代經界紀要及各國經界紀要兩書，並審酌吾國舊制，參照外國成規，期盡古今中外之宜，而完成一有系統之土地制度，編定經界法規草案四十二種如次：

編制一：經界局暫行編制十五條。

條例三：(1)經界條例十九條，(2)地稅條例三十二條，(3)經界審查委員會條例十條。

章程七：(1)經界調查章程六條，(2)經界測丈章程五章三十二條，(3)土地整理章程十一條，(4)變更地整理章程二十五條，(5)各省經界籌辦處章程十條，(6)各省經界傳習所章程十六條，(7)盡力經界紳董獎勵章程五條。

規則二十五：(1)經界預查規則六十八條，(2)業主選任規則八條，(3)土地陳報規則十八條，(4)水旱地地位等則調查規則九條，(5)宅地地位等則調查規則七條，(6)城市地地位等則調查規則八條，(7)地價計算規則六條，(8)地位等則調查外業處務規則三十六條，(9)調查外業視察規則九條，(10)一等圖根測量實施規則五十三條，(11)二等圖根測量實施規則八十九條，(12)經緯網測量實施規則三十四條，(13)細部測圖實施規則百二十六條，(14)製圖求積規則四十五條，(15)測丈外業處務規則五十條，(16)經界測量標保管規則八條，(17)變更地整理外業處務規則六十三條，(18)簿書整理規則七條，(19)土地清册規則十二條，(20)經界行局處務規則六十四條，(21)經界分局處務規則四十六條，(22)經界外業員服務規則十七條，(23)經界外業員旅費規則十四條，(24)經界局國內調查規則六條，(25)經界局調查員旅費規則八條。

細則二：(1)經界條例施行細則九條，(2)經界審查委員會條例施行細則八條。

簿册表式四：(1)地方經濟及習慣調查表式，(2)一等圖根測量簿式，(3)二等圖根測量實施規則附式，(4)地稅戶册式。

此各草案條文繁密，內容豐富，大致為關於測丈地畝，釐正經界，整理田賦之規定，其最重要之點如次：

一、土地按其種類，分定地目，並測量其地積，每一區域編列地號。地目凡三：

(一)水田、旱田、宅地、鹽地、礦地、牧場、池蕩、林地、荒地、雜地。

(二)寺觀地、祠廟地、墳墓地、衙署地、學校地、局會地、善堂地、教堂地、公園地、操場、軍營地、砲台地、船塢地、鐵道用地、水管用地、碼頭地。

(三)道路、溝渠、江河、堤防、城堞、鐵道線路、水管線路。

水旱地、京城省城縣城與其附郭地、及市鎮地、並其他宅地，均每起編列地位等則。水旱地地位等則，按每畝主產及副產收穫物價以表區分之，城市地、宅地地位等則，按每方丈地價以表區分之。

二、經界調查分預查、實地調查、覆查、地位等則調查四種。經界測丈分圖根測量、細部測圖、求積、製圖四種。土地經調查測丈後，由經界行局諮詢地方經界審查委員會查定其地主及界址，幷由經界分局於該地方公示六十日。對於查定有不服者，得於公示期滿後六十日內陳訴於高等經界審查委員會，請其裁決。裁決後卽公示幷通告經界行局及地方官公署。

三、水旱地之地價，依其地位等則，由收穫物價額內除去耕作費、土地修繕及維持費、並地稅、與其他負擔金額，用還元率算出之。城市地及城市以外之宅地地價，各依其地位等則表評算，其以租賃價格推算時，由全年收益總額中除去土地修繕及維持費、並地稅、與其他負擔金額，用還元率算出之。地價每十年普行修正一次。土地之開製，每十年按其成功部分修正地價。

四、地稅以地價百分之三為一年之定率。有稅地分二類：（一）水旱田、園圃、鹽地、礦泉地、鄉村及城市宅田；（二）池蕩、林地、牧場、荒地、雜地。地稅分二期徵收，第一期自五月一日至三十一日，第二期自十一月一日至三十日，每期徵收二分之一。免稅地為（一）國有地；（二）國家或地方公共團體公用之地，或供公共使用之地，但有租者不在此限；（三）耕作用之蓄水地。變免稅地為有稅地時，應先受所管地方官署之許可，其地稅自得許可後，於次月分起徵收之。土地開製不能於十年內成功者，應陳請所管地方官署受三十年內試耕年期之許可，按原地價徵收地稅。各縣徵稅官署應編製土地清册，登錄（一）土地所在；（二）地號；（三）等則；（四）地目；（五）地積；（六）法定地價；（七）地主之住所、姓名、或名稱；（八）質權者、抵押權者、地上權者、或租地權者之住所、姓名、或名稱。

第二節　土地收用法土地徵收法

民國四年九月一日，參政院代行立法院開會，旋議決土地收用法，由政府於同年十月二十二日公布施行。

此法共三十八條，分五章：（一）總綱，（二）土地收用之價額，（三）土地收用之準備，（四）土地收用之程序，（五）監督及訴訟。其內容重要之點如次：

一、土地收用之主體　收用土地之主體爲國家。如地方自治團體或人民，則須得國家之認許。

二、土地收用之種類　凡得收用之土地，分國有、公有、民有三種。凡宅地、田園、山林、礦山、沙地、荒地、街市、道路、河川、溝渠、池沼、葬地皆屬之。凡附屬於土地之房屋、墳墓、青苗、樹木、蔬果及其他一切之建設或權利，得一倂收用。

三、土地收用之原因　國家或國家認許地方自治團體或人民之收用土地，須因謀公益而設事業之必要。其事業以合於下列之一者爲限：(一)關於國防或其他軍備之事業，(二)關於建設鐵路、公路、街市、電信、公園、橋梁、河渠、隄防、船塢、商港、碼頭、水道、溝渠、義塚及其他附設之事業，(三)關於教育、學術、慈善所應設之事業，(四)關於水利、衛生、測候、探海、水標、防風、防火所應設之事業，(五)關於建築官署之事業，(六)關於以上所列以外之事業。

四、土地收用之價額　收買土地者，對於業主須交付所值之地價，如連同土地之附屬物件，或土地收益，幷應交付其市價。租用土地者，應以依其附近土地相當之租價交付之。收用土地之一部分者，對於其餘地所受之損失，依業主之要求，應酌予賠償費。土地之附屬物件，得由土地收用者支付遷移費。

五、土地收用之程序　收用土地，應由起業之主管官署或創辦人擬定計畫書，呈轉大總統核准，幷由地方長官於各該地方公告之。關於土地收用之價額，及其區域或辦法決定後，土地收用者得要求業主於一定期間將土地與其附屬物件及其他契據一併移交，並應在此期間將所定之價額及遷移費、賠償費等交付於業主。

至民國十七年六月國民政府法制局以軍事告終，各省市開始建設收用土地之事日益增多，前法不盡適用，爰參照國民黨主義及政綱，擬定土地收用法草案八章都四十七條，並附其說明，列舉要點凡四：

（一）土地收用之目的　土地收用之目的有二，即創辦公共事業與調劑土地之分配以發展農業或改良農民生活。前者為土地收用法上當然之規定，後者係為將來推行「平均地權」政策而設。

（二）土地收用之給價　土地收用，概應事先給以公平之補償金。其土地所有人已依不動產登記法呈報地價者，此項補償金得照所呈報之地價給付；但土地價值於報價後，因土地所有人自己增加勞力或資本而有所增加時，其增加之價額，於決定地價補償額時，應行算入。

補償金之數額，應由土地收用者及土地所有人協議，不能協議時，由收用審查委員會協議。土地所有人不服該項議定時，仍得訴願於上級行政官署，或訴訟於法院，但此項訴願或訴訟，不能停止事業之進行。

（三）收用審查委員會之組織　收用審查委員會為臨時性質之機關，置委員長一人，委員四人或六人。委員長由地方行政官署之長官充任，委員之半數由地方行政官署指定之工會、商會、商民協會等法定團體選派代表充任，其他半數由行政官署之代表充任。

（四）土地收用之計劃　土地收用者之計劃大綱，應分別預經國民政府省政府或特別市政府核准。

中央政治會議於第百四十六次會議將該草案提出討論通過，函由中央執行委員會於第百五十一次常會討論時，朱委員霽青謂該法與本黨平均地權本旨未盡符合，宜正名爲土地徵收法，而以土地收用法爲其一部分，當經決議交政治會議覆議。中央政治會議覆議結果，亦遂將該法改稱土地徵收法，幷發交法制局詳細審查修正，再行提出討論。該局卽將原案分別加以修正，其要點爲（一）凡條文內之「收用」字樣，均改爲「徵收」；（二）增加關於解釋土地之規定，爲「稱土地者，凡宅地、田園、礦山、沙地、荒地、街市、道路、河川、溝渠、池沼、葬地等皆屬之；」（三）收用審查委員會之其他半數委員員額改爲「由地方行政官署所指定之工農商等法定團體選派代表充之；」（四）增加「徵收土地時，得由國民政府及省政府核准發行與辦該事業之公債券充給付補償金一部之用」之規定。中央政治會議旋於第百四十八次會議將該審查修正案通過，由國民政府於民國十七年七月二十八日公布施行。

土地徵收法共四十九條，分八章：（一）總綱，（二）徵收之準備，（三）徵收之程序，（四）徵收審查委員會，（五）損失之補償，（六）徵收之效果，（七）監督強制及罰則，（八）訴願及訴訟，末爲附則。其內容主要之點，除原草案說明書所列舉外，略如次述：

一、土地徵收之主體　國家、省、市、縣及其他地方政府，地方自治團體或人民，均得爲土地徵收之主體。地方自治團體或人民之徵收土地，幷無須得國家之認許，此爲與前法相異之點。

二、公共事業之範圍　公共事業較前法所列舉者為詳，即(一)關於創興或擴充公共建築物之事業，(二)關於開發交通之事業，(三)關於開闢商港及商埠之事業，(四)關於公共衛生設備之事業，(五)關於改良市村之事業，(六)關於發展水利之事業，(七)關於教育、學術、或慈善之事業，(八)關於創興或擴充國營工商業之事業，(九)關於布設國防及其他軍備之事業，(十)其他以公用為目的而設施之事業。

三、徵收審查委員會之職權　徵收審查委員會得議定之事項為(一)徵收土地之範圍，(二)補償金額，(三)收買時期或租用之期限；并得駁斥興辦事業人違反法令之主張，其議定如逾越權限，或違反法令，內政部或省政府得撤銷之。

此外關於土地徵收之準備及程序，並監督、強制、訴願、訴訟等，均大致與前法所規定者相同。

第三節　土地法

民國十一年，孫中山先生開府廣州時，關於土地行政，設有土地局，並頒布土地稅法，於申報地價與地價稅率略為規定，惟以時局多故，未及實行。民國十二年，孫中山先生又延聘土地問題專家德人單維廉博士 Dr. Wilhe Im Schrameier 為顧問，從事實地調查，擬具意見書為土地法起草之參考資料。單博士旋擬定土地登記徵稅法共三十餘條，經由土地法審查委員會詳加審核，以廣東省政府名義公布施行，惟其內容亦甚簡略。此二法均限於地價稅一項，且專適用於都市。及國民政府定都南京，於十七年七月二十八日頒行土地徵收法，其內容亦僅限於土地徵收之事項，較之國民黨政綱所規定，不完備之處甚多，實有編纂完整土地法典之必要。

民國十七年十一月，中央政治會議開第百六十九次會議，胡委員漢民、林委員森，根據孫中山先生平均地權之旨，酌用廖仲愷在廣州與沙尾博士等討論土地稅法之結果，並參考膠州、加拿大、英國、德國等關於土地之法案，草擬土地法原則草案，提請公決，當經決議：指定委員胡漢民、戴傳賢、閻錫山、王寵惠、孔祥熙、馮玉祥、蔣中正、孫科、宋子文、趙戴文共同審查。旋胡委員等迭開會議，共同詳加討論，於同年十二月三十一日審查完竣，提經第百七十一次政治會議決議通過，於十八年一月十六日函送立法院查照。

土地法原則之要旨在使地盡其用，并使人民有平均享受使用土地之權利，以符孫中山先生平均地權之精意。爲求達此目的，必須防止私人壟斷土地以謀不當利得之企圖，并設法使土地本身非因施以資本或勞力改良結果所得之增益歸爲公有，其最有效之辦法，厥爲按照地值徵稅及徵收土地增益稅。此項辦法所根據之原則，及與原則有關係之要點，依原案錄之於次：

一　徵收土地稅以地値爲根據

總理主張由人民（卽土地所有權者）自由申報地價，以所申報之數額，爲徵稅標準。但政府得按照申報之價收買之。其目的在使人民不敢因圖避免少數地稅，致將地價短報，用意至善。查政府於此情形中，收買人民土地，普通辦法，係將其土地拍賣，所得之賣價，先照原地主申報之價償還，餘歸政府所有。查此種辦法，在實施時，每爲社會上及經濟上一時的情形所迫，致生窒礙（例如加拿大之雲哥華市，於歐戰後之數年間，將欠繳地稅之土地，每次拍賣，少有應之者。又青島在德人管理時，關於此點，戚受同樣困難。）茲擬於此辦法，略加以補充。關於都市之土地，在人民申報地價後，政府再加以估定，每年徵收地稅，以政府估定地値爲標準。至徵收土地增益稅，則以申報地價爲標準。但政府仍保留其按照申報地價收買之權，似此於實行上較爲便利也。

二　土地稅率采漸進辦法

按照根據地値徵稅原則，土地稅率，應等於地貸之數。蓋地貸旣變爲地稅，歸諸國家，則地主除用人力資本，改良土地，以得收益外，無坐享地貸利益之機會。而土地所有權者，不能以土地居奇，棄不使用，其結果則地價廉，於是使用土地之權利，必漸趨普遍。前此以壟斷土地圖利之資本，亦必逐漸轉投於生產事業。彼主張根據地値徵稅之經濟學者，每謂「地稅貴，地價廉，而生產事業發達，」卽指此也。

關於決定稅率問題，據地値學專家單維廉氏之主張，以地方上通行貸款利率之平均數目爲稅率之標準。曾假定廣州通行貸款利息之平均數目爲百分之十，卽主張以按照地値百分之十爲廣州土地稅率。惟　總理對於土地稅率，曾言各國土地的稅法大概都是値百抽一，並有主張値百抽一之意（見民生主義第二講。）與單維廉氏之說，大有出入。單維廉氏以百分一稅率爲過輕，決不能達到地價低廉之目的。所以單維廉氏在廣州時，主張澈底辦法，竭力維護其高稅率之原則。而廖仲愷先生則以百分之十高稅率爲不可行，仍主張百分一之輕稅率，俟將來逐漸增加。當時關於此點之討論，意見兩歧，主張輕稅率者之意，乃爲便於施行起見，或於經濟現狀，不願發生重大影響，故決采漸進方法。

三　對於不勞而獲的土地增益行累進稅

地值稅須與不勞而獲的土地增益稅一併施行，方能收平均地權之效。互相爲用，不可缺一。按照地值稅原理，地價之增漲，由於人口增加與社會及經濟的進步，非由於地主之力量得來，其增益應歸諸社會，以衆人之財富，還諸衆人，本極合乎社會的公道原則也。

地值稅按年徵收，土地增益稅則於土地所有權移轉，或經若干年而不移轉時徵收之。其稅率之輕重，互爲因果。蓋地值稅輕，土地增益必大。反之，地值稅重，土地增益必微。前者，地主以稅率輕微，尙可以土地爲投機。後者，地主因負重稅，勢必急圖改良，或變賣其土地，不能置之不顧，專候漲價而售。若重收地值稅，並決定土地增益稅爲土地漲價之全部，其結果則地價廉，生產事業發達，此爲地值稅經濟學者所主張之澈底辦法。若地值稅與增益稅均輕，其結果則地價仍漲不已，不能完全制止土地之投機。此單維廉氏在廣州土地稅委員會討論稅率輕重之點，所以力辯廣州暫擬地值稅率百分一，及增益稅爲增益全部三分一之條爲不可行。至輕課地值並徵收土地增益全部，既可收澈底之效，又於社會經濟現狀，不致有劇烈反響，此乃中庸之道，所以　總理主張地值稅值百抽一，而增益全部歸公也。惟是法貴施行有序，且貴乎便民，有主張分期辦法，先徵一部分，俟推行便利，然後逐漸增加稅率者。有主張累進徵稅者。本立法原則，即決采用後者，且主張只定大體原則，予各地方以斟酌情形，決定辦法之餘地。

四 土地改良物之輕稅

依照根據地值徵稅原則，於徵收地值稅外，所有地面改良物，一概免徵，以收土地改良之效。在土地稅實行後，如廣州之房捐，及北平之鋪捐等類，須一律廢除，或逐漸減輕。否則與按地值徵稅之原則相違反，不特無大效可見，反於經濟上發生不良影響。惟從財政上實際情形觀之，若一律廢除，恐生窒礙。查加拿大有數城市於實行地值稅時，地面改良物完全停止徵稅，市庫收入爲之不敷。雲高華一市行之不及數年，即回復徵收改良物辦法。據其當局言，亦因格於財政上實際情形，不能不采權宜辦法。以現在中國各都市情形而論，房捐實占市庫收入一大部分，若新稅收入未能抵補之前，即驟行廢止之，恐亦蹈雲高華市覆轍，此點似應詳加考慮。查 總理在大元帥任內時，頒行土地稅法，規定改良物值千抽五，其意在雙方顧全，不肯偏重。本立法原則采用之。

五 政府收用私有土地辦法

政府得用價收買私有土地，爲國防公益或公營事業之用，但不得收買土地爲營利目的。收用私有土地時，所有土地上改良物，政府須予以相當賠償。

六 免稅土地

政府機關及地方公有之土地，不以營利爲目的者，經政府許可後，得免繳地稅。

七　以增加地稅或估高地値方法促進土地之改良

現代都市規畫，將市內土地劃分用途，地主須遵政府規定辦法，依時實行使用。逾期不遵辦，卽將該地稅率增加，或估高其地値，以促進土地之改良。至於都市外之荒地，亦依此原則行之。

八　土地掌管機關

關於土地掌管機關，設省及市土地局及縣土地局，並設一中央機關監督並指揮之。

土地掌管機關職權：

1. 管理公有土地，
2. 土地測量，
3 土地登記，
4. 保管土地册籍，
5. 發給土地契據，
6. 估計地値，
7. 解決因本法發生之爭執，

8.　訂定地稅册。

關於收稅事項應由財政機關辦理。

關於減稅或免稅事項，非本法明白規定者，由國民政府決定之。

關於解決本法發生之爭執，設土地仲裁裁判所辦理之。

九　土地權移轉須經政府許可

土地爲生產之根本要素，且係有一定限量之物，實爲國民生計之基礎，與其他財富之可以用人力增減者不同。故政府於土地權之移轉，認爲於國計民生有妨礙時，可以制止及取消之。查德國人所定之膠州土地法，於土地移轉須得政府之允許，可爲前例也。

民國十八年一月二十九日，立法院第十次會議討論制定各重要法典案，當議決土地法由委員吳尙鷹、王用賓、鄧召蔭、陳肇英、黃昌穀起草，並特聘戴傳賢、王寵惠爲顧問。吳委員等旋卽組織委員會積極起草，以期早日完成土地法典。

十八年十月，內政部以整理土地，爲解決民生問題之根本要政，而建國大綱亦規定測量全縣土地，爲訓政時期完成縣自治之必要條件，二中全會又有限於二十一年底以前初期淸丈土地完畢之決議，惟土地法規尙未頒布，一切進行，無所依據，特呈由行政院轉咨立法院將各項土地法規從速制定頒行，俾資遵循。同時上海特別市政府亦以土地行政，不能統一，感受種種困難，呈由國民政府及行政院分別令咨立法院迅將土地法提前釐訂。十九年二月，行政院據南京、上海、廣州、漢口各特別市政府呈以發展市政，首在整理土地，苦無法令依據，實屬無從進行，卽轉咨立法院査核辦理。四月，國民政府據行政院轉呈湖北省政府請中央早日頒布土地法規一案，當批交文官處函達立法院査照，立法院均經先後令交土地法起草委員會遵照辦理。

土地法起草委員會依據中央政治會議決定之原則，迭次開會研討，初擬按照國民黨政綱，分別爲各個單行法之起草，嗣以各法既同時起草，且多有相互之關係，乃決定編爲法典，將各法分列一編，較爲整齊而有系統。又以土地行政，應先從登記入手，於政綱所列四種法規之外，加入土地登記一編，并將應規定於政綱所謂「土地法」之各條文，另列一編，改稱爲總則，全部法典共分五編，統稱爲土地法。歷時年餘，該委員會草成土地法初稿，復召集戴王兩顧問，及民法起草委員會，財政、法制、經濟各委員會迭開聯席會議，詳加審查，分別修正通過，完成土地法草案共四百零五條。十九年六月三日，立法院開第九十四次會議，將該草案提付二讀，結果，除刪去八條并略有文字上之修正外，大致照原草案通過。立法院復於第九十五次會議開三讀會，土地法全案遂以出席委員一致之贊成通過。

土地法共分五編，都三百九十七條，第一編總則，分五章：（一）法例及施行，（二）土地所有權，（三）土地重劃，（四）土地測量，（五）地政機關及土地裁判所。第二編土地登記，分五章：（一）通則，（二）登記簿册及登記地圖，

（三）登記程序，（四）登記費，（五）土地權利書狀。登記程序章又分通則，第一次土地登記程序，所有權登記程序，所有權以外權利登記程序，塗銷登記五節。第三編土地使用，分四章：（一）通則，（二）市地，（三）農地，（四）土地重劃程序。市地章又分使用限制，房屋救濟兩節，農地章又分耕地使用，荒地使用兩節。第四編土地稅，分十章：（一）通則，（二）地價之申報及估計，（三）改良物價値之估計，（四）地價冊，（五）稅地區別，（六）土地稅徵收，（七）改良物徵稅，（八）欠稅，（九）土地稅之減免，（十）不在地主稅。第五編土地徵收，分七章：（一）通則，（二）徵收準備，（三）徵收程序，（四）補償地價，（五）遷移費，（六）訴願與公斷，（七）罰則。

土地法內容，不僅包含民法行政法等之實體法，并包含土地登記、土地重劃等之程序法，其要點略如次述：

一、土地之意義　土地謂水陸及天然富源。天然富源包括一切天空地下之空氣、光、熱、礦產、水力及尙未與土地分離之出產物，此蓋采取經濟學原理，而從廣義之解釋（第一條）。

二、土地之執行　土地法由地政機關執行之。地政機關分中央與地方，地方地政機關爲省地政機關及市縣地政機關，負實際執行之責，中央地政機關僅有指揮監督之責。地方地政機關每年度應將全年行政經過，編造報告書呈送中央地政機關，中央地政機關應編造全國土地行政報告書呈送國民政府。惟土地法雖由地政機關執行，如法律別有規定，則仍由其他機關辦理（第二條、第三條、第二六條至第二八條）。

三、土地法之施行　此法在編制上有一特殊之點，即將「施行」與法例同列在首章。法律之施行，多由行政機關以命令定之，此法則定爲應以法律定之。又此法各編，卽爲各個之單行法，吾國幅員遼闊，各地方社會經濟狀況，互相懸殊，勢難同時普遍推行，故定爲施行日期及區域分別以命令定之（第五六兩條。）

四、土地私有權之限制　中華民國領域內之土地，屬於國民全體，其經人民依法取得所有權者，爲私有土地，但附着於土地之礦不受影響，此與建國大綱第十一條之規定相符，而礦業法第一條亦規定中華民國領域內之礦爲國有。又水道、湖澤、道路、礦泉、瀑布、水源及名勝、古蹟等，均不得爲私有，市鎮區域之水道湖澤，其沿岸相當限度內之公有土地，不得變爲私有，此爲顧全公衆利益之需要。地方政府幷得對於私有土地，斟酌地方需要，與土地之種類及性質，限制其面積之最高額，以防止私有土地過度之擴張。此外農林、漁牧、鹽礦各地，及要塞軍備區域，與領域邊境之土地，均不得移轉，設定負擔，或租賃於外國人，此爲國民生計與國防之需要。凡此均爲限制土地私有權最重要之規定（第七條、第八條、第一四條、第一七條。）

五、土地分段之整理　一定區域之土地，其分段面積，有狹小奇零不合耕作之經濟使用者；全部或大部分未建築之建築區，因路線通過，或因水火或其他之災變毀滅，致其中各地段面積過小或形式不整，不適於建築房屋，或其位置不臨街道者；街道狹小者；得由主管地政機關就該區域內土地之全部，重行劃分，俾得化零爲整，以符經濟使用之原則。重劃土地之分配，各國立法例有采面積標準主義，地價標準主義，折衷主義之不同，此法規定已重劃之土地，依原有地段之價値或面積，爲相當之分配於原土地所有權人，蓋采選擇主義（第一八條，

第二一一條、第一五二條、第一五四條、第二二一條。）

六、土地測量計畫之準備　土地測量為整理土地之先決問題，未經依法測量之土地，不得為所有權之登記。又土地測量分地籍測量與地質探驗，屬於專門技術性質，應由專家先為充分之研究，方能確定其辦法，故規定關於土地測量計畫由中央地政機關定之（第二四條、第二一條。）

七、土地權利之登記　無論公有土地或私有土地，凡所有權、地上權、永佃權、地役權、典權、抵押權之取得、設定、移轉、變更或消滅，均應登記。未登記所有權之土地，不得為其他權利之登記。在登記程序中發生爭議，則由土地裁判所裁判之（第三三條、第四四條、第三四條。）

八、土地登記之效力　土地登記制度大別為托崙氏制（Robert Torrens System）、德制、法制三種。此法采托崙氏制度之精神，規定「依本法所為之登記，有絕對效力，」此乃表示凡經登記之土地權利，不能推翻，即托崙氏制所謂不能推翻之登記權利。又規定因登記錯誤遺漏或虛偽致受損害者，由地政機關負損害賠償責任，但能證明其原因應歸責於受損害人時，不在此限，蓋因登記權利有絕對不能推翻之效力，故有損害賠償之規定，此亦師托崙氏制之意，而加以但書之限制（第三六條、第三九條。）

九、土地登記之程序　登記應由權利人及義務人或代理人聲請，須提出聲請書、證明登記原因文件、土地所有權狀或土地他項權利證明書，及依法應提出之書據圖式。地政機關接收聲請書後，應於十五日內調查完畢，即依次登記。土地所有權登記完畢時，應給聲請人以土地所有權狀，土地所有權以外權利登記完畢時，應給聲請人以土地他項權利證明書。但聲請爲第一次之登記時提出之聲請書，土地他項權利清摺、契據、及其他關係文件，應由契據專員審查，擬具報告書，記載土地標示，所有權來歷，所有權以外之權利關係，保證書之調查，及備考事項，經地政機關公告六個月期滿無異議，乃爲所有權之登記，並依次爲所有權以外權利之登記。此因我國土地行政已趨紛亂，不能不爲一勞永逸之計，故有此嚴密程序之規定（第五八條、第六五條、第七八條、第七九條、第八九條、第九零條、第九五條、第九六條、第九九條、第一百條、第一零三條）。

十、土地登記之費額　土地登記之主要目的，不在於收入，而在於土地權利之清理，其於財政有重大關係之土地稅，必俟登記完竣，方能着手徵收。且土地登記爲政府應負之行政責任，亦爲整理土地之入手辦法，不宜使登記者負擔過重，反致窒礙難行。此法規定登記費均從輕徵收，即在第一次爲所有權之登記者，按照申報價値繳登記費千分之二，此後爲移轉登記及所有權以外之權利登記，按其價値繳登記費千分之一。土地權利書狀每張應繳費額，依土地或權利價値之大小爲準，在不滿百元者收費二角，遞增至萬元以上者收費十元。其於更正、塗銷、更名與住所變更所爲之登記，每件收費一角。鈔錄費每百字一角，閱覽費每次一角。更正登記原因因可歸責於登記人員而發生者，與土地因重劃而登記時，均免納登記費（第二編之第四章）。

十一、市地使用之限制　市地於其使用得分爲限制使用區及自由使用區。限制使用區關於下列事項，應於市設計時分別定之：(一)土地及其建築物使用之限制；(二)各區段建築地有規定房屋建築線之必要時，其房屋建築線；(三)建築物之高度，層數及其形式；(四)建築地段之深度及寬度；(五)建築物所占土地面積及應留餘地。自由使用區除以上第一項外，餘則同受限制。又市地不得建築者凡三：(一)地段面積過小或其形式不整，不適於建築獨立房屋時，市政府得不許其建築；(二)土地已公布為街道者，雖未公布徵收，不得為一切建築；(三)空地內建築地段之劃分，未經市政府核准者，不得建築。至繁盛區域內之空地，市政府得參酌地方需要，限定二年以上之建築期，則都市中所不應棄置之空地，可促其建築（第一零八條至第一五一條、第一五三條、第一六零條、第一五五條）

十二、市內房屋之救濟　市內房屋應以總數百分之二為準備房屋。準備房屋額繼續六個月不及房屋總數百分之一時，應依下列規定為房屋之救濟：(一)規定房屋標準租金，以不超過土地及其建築物之估定價額年息百分之十二為限；(二)減免新建築房屋之稅款；(三)建築市民住宅，其租金不得超過建築地及建築費總價額年息百分之八。房屋為人生衣食住行四大需要之一，關係極為重大，我國都市日見發達，房屋問題常隨之發生，此法特為此原則之規定，俾市政府有所遵循，得謀相當之救濟（第一六一條至第一六三條、第一六九條）。

十三、佃農耕作權之保護　以自耕作為目的，約定支付地租，使用他人之農地者，為耕地租用，其實際即佃農之謂。此法關於保護佃農耕作權之規定有六：(一)租用耕地契約滿期時，除出租人收回自耕外，如承租人繼續耕作，視爲不定期繼續契約；（二）收回自耕之耕地再出租時，原承租人有優先承租之權；（三）出租人出賣耕地時，承租人有優先承買之權；（四）承租人續耕作十年以上之耕地，其出租人爲不在地主時，得請求徵收其耕地；（五）地租不得超過正產物收穫總額千分之三百七十五，出租人不得預收地租，並不得收取押租；（六）承租人不能按期支付全部地租，而支付一部時，出租人不得拒絕收受。凡此均所以謀佃農之解放，而達耕者有其田之目的（第一七一條、第一七二條、第一七三條、第一七五條、第一七七條、第一七八條、第一八四條）。

十四、公私荒地之開墾　公有土地之荒地，應由地政機關勘測完竣，劃分地段，編爲墾荒區。墾荒區內地段，由地方政府招墾。承墾人分農戶與農業合作社二種，以自爲耕作之中華民國人民爲限，墾竣荒地，即無償取得其土地耕作權，應繳該土地正產物收穫總額百分之十五之地租。荒地須有大規模之組織始能開墾者，地政機關僅准代墾人承領，墾竣後分配於農人，而收回墾價。代墾人不得享有耕作權，分配墾竣地之農人，其取得耕作權及應繳納之租額，與承墾人同。私有荒地應由主管地政機關限令其所有權人於一定期間內開墾，逾期得由需用土地人呈請徵收之（第一八八條至第一九一條、第一九六條、第一九八條、第一九九條、第二百條、第二零六條、第二零八條）。

十五、地價之估計　估計地價之方法與手續，美國各都市多采用岑默氏方法（Sommer's method），最爲精密，在我國現時情形，尙可適用較爲簡易之法。此法規定地政機關爲地價之估計，應將所轄區內之土地，以前五年內之市價爲準，就其地價情形相近者，劃分爲地價區。於同一地價區內之土地，參照其最近市價，或其申報地價，或參照其最近市價及申報地價，爲總平均計算。惟因財政或經濟政策之必要，得就同一地價區內之土地最近市價或申報地價，擇其中地段價值之較高者，爲選擇平均計算。依總平均計算或選擇平均計算所得之地價數額，爲標準地價。地政機關於地價估竣後，應將標準地價分區公告，於三十日內不發生異議，或發生異議經主管地政機關決定，或公斷決定者，爲估定地價。地價除有重大變更外，每五年從新估計一次（第二三九條、第二四一條至第二四四條、第二四六條、第二五四條、第二五六條）。

十六、改良物價之估計　土地定着物，其存在爲施用勞力及資本之結果，是謂改良物，分建築改良物與農作改良物二種。建築改良物價值之估計，應以同樣之改良物於估計時爲重新建築需用費額爲準。農作改良物價值之估計，以等於農作改良物附着之土地估定價值百分之十至百分之五十限度內，爲農作改良物價值之標準，地政機關就此標準，估計農作改良物價值之實數。地政機關於改良物價估竣後，即以書面通知其所有權人，於十五日內不發生異議，或發生異議經主管地政機關決定，或公斷決定者，爲改良物之估定價值（第二二八條、第二五九條、第二六〇條、第二六三條、第二六四條、第二六六條、第二六七條、第二六九條）。

十七、土地稅之徵收及減免　徵收土地稅之最大意義，在使土地因人口增加與社會進步而增漲之價值，以租稅形式徵收之使歸於國有，以爲社會公益之用。土地稅全部爲地方稅，分地價稅與土地增值稅二種，其徵收程序由中央地政機關核定，交該管地方政府依照徵收之。地價稅照估定地價按年徵收，每年得分四期繳納。土地增值稅按土地增值實數計算，於土地所有權移轉，或於十五年屆滿無移轉時徵收之。欠稅者，自應繳納之日起，按年息百分之五徵收之。積欠地價稅等於三年稅額總數時，欠土地增值稅延至一年仍未完納時，主管地政機關均得將其土地及定着物拍賣抵償。公有土地，學校、學術機關、公園、公共體育場、農林試驗場、公共醫院、慈善機關、公共墳場、森林、及其他舉辦公益事業等用地，又因發生災難或調劑經濟之土地，均得由中央地政機關呈准國民政府免稅或減稅（第二三零條、第二三一條、第二三三條、第二八三條至第二八六條、第三一七條、第三二一條、第三一八條、第三二二條、第三二七條、第三二八條）。

十八、地價稅之稅率　地價稅率依據政治會議決定之原則，取漸進主義，分市地、鄉地兩大類，因其改良情形，為高低之伸縮。如已依法改良至完滿程度之土地，徵稅最輕，改良情形較次者略重，全未改良之荒地，徵稅最重，以其估定地價數額千分之十至千分之百為稅率，此係采等級稅制，而市地稅率又略重於鄉地。地方政府斟酌地方財政社會經濟之需要，得就法定稅率範圍內為增減，但應於會計年度開始時為之（第二九一條至第二九六條、第三零三條、第三零四條）。

十九、土地增值稅之稅率　土地增值，本應全部歸公，而以租稅形式徵收其一部，亦係采漸進主義，以期推行便利，逐次達到孫中山先生平均地權之主張。土地增值之總數額，市地在其原地價數額百分之十五以內，鄉地在其原地價數額百分之二十以內者，不徵土地增值稅，其超過者，爲土地增值之實數額，就此實數額超過原地價數額之多寡，定土地增值稅稅率之高低，自未超過百分之五十，徵收百分之二十起，累進至超過百分之三百完全徵收止（第三零八條、第三零九條）。

二十、改良物之徵稅　改良物爲勞力資本之結果，於原則上不應徵稅。惟以各地舉辦市政，經費多出房屋租稅，一旦完全豁免，恐新辦之土地稅驟難相抵，於市政進行，或生窒礙，不得不爲權宜之計，仍徵收改良物稅，而減輕稅率以不超過千分之五爲限。至鄉地之改良物，則全不徵稅，市地之農作改良物，得由地方政府免予徵稅（第三一一條、第三一五條、第三一六條）。

二十一、不在地主稅之徵收　不在地主稅之要旨在防止大地主之發生，澳大利亞洲各屬采用此法，頗著成效，此法規定不在地主之土地，得由主管地政機關按其應納地價稅率遞年增高，但不得超過一倍。土地增值稅繳納時之土地所有權人爲不在地主者，按其應繳稅額加倍徵收，但不得超過其增值之實數額。土地所有權人爲不在地主時，應於次期繳稅前呈報主管地政機關，逾期不報者，按其應繳稅額，加倍增收（第三三一條至第三三三條）。

二十二、土地徵收之主體及客體　土地徵收之主體爲國家，國民政府直轄各機關，地方各級政府及其所屬機關，地方自治機關，私人均得因與辦公共事業之需用土地而請求徵收。惟需用土地人與土地所有權人不能為直接協訂，或協訂不成立者，方聲請徵收，與土地徵收法所定徵收土地計劃書經核准後，為取得該土地之權利，而與土地所有人及關係人協議者不同。土地徵收之客體為私有土地及其定着物（第三三五條、第三三七條、第三四四條。）

二十三、公共事業之範圍　土地徵收立法例所設定公共事業之範圍，大概采用（一）認定制度，如法國是；（二）指定制度可分為二：一為特別指定制度，如奧國是，一為一般指定制度，如普魯士是。此法采一般指定制，規定公共事業以適合於下列之一者為限：（1）實施國家經濟政策；（2）調劑耕地；（3）國防軍備；（4）交通事業；（5）公共衞生；（6）改良市鄉；（7）公用事業；（8）公安事業；（9）國營事業；（10）政府機關地方自治機關及其他公共建築；（11）教育學術及慈善事業；（12）其他以公共利益為目的之事業（第三三六條）。

二十四、土地徵收之程序　徵收土地，應由需用土地人擬具詳細計畫，並附圖說，分別聲請行政院或省政府核准後，令知該土地所在地之地政機關，地政機關應即公告，以滿三十日為完畢，並通知土地所有權人及土地他項權利人。需用土地人應於公告完畢後十五日內將應補償地價，及其他補償費額發給完竣。被徵收土地於一切補償金發給完竣後為徵收完竣。被徵收土地之所有權人因其土地發生之權利義務，於徵收完畢時終止（第三五四條、第三五八條、第三六零條、第三六四條、第三六八條、第三七零條、第三七一條。）

第四節　土地法施行法

土地法公布後，其第五條規定「本法之施行法另定之，」民國十九年八月，內政部以江浙及廣東等省對於整理土地，已着手試辦，土地法施行法不提前制定公布，不獨各省工作進行，難免紛歧，即中央統籌規畫亦殊感困難，爰是由行政院咨請立法院將土地法之施行法從速制定頒行，俾資遵守。立法院提出第一百零六次會議議決，付土地法起草委員會起草。

民國二十年一月，行政院據廣東省政府呈請從速頒布土地法施行法，並定期先由廣州市實行，經飭由內政部核復，認為制定土地法施行法，洵為實施整理土地不可緩之圖，乃轉咨立法院查照辦理。同年七月，行政院復據上海市政府呈以土地局辦理土地行政，向無完備之法規，在土地法未定期施行以前，可否暫行援用？經轉呈國民政府提出第二次常會討論，當決議未便先行適用，交由文官處函催立法院從速訂定土地法施行法。八月，湖北省政府又呈由行政院轉咨立法院迅將土地法之施行法，地政機關之組織法，土地裁判所之組織及其受理事件之程序法議定頒行。立法院均經先後令交土地法起草委員會查照辦理。

民國二十一年四月二十六日，土地法起草委員會開第一次會議，討論起草土地法施行法案，當決議推陳委員肇英向行政院及有關係各機關接洽具體辦法再議。五月十日，該會復開第二次會議詳加討論，僉以土地法施行法關係重要，若不體察各地情形起草，實際上恐難適用，經決議在中央地政機關未成立前，由主管土地機關斟酌各地實情，擬具草案送院審議，當即呈由立法院咨請行政院轉飭內政部遵照辦理。

內政部以此種法案關係國家根本大計，應體察情形，愼重辦理，擬組織一土地法規委員會，以土地司司長及各科科長爲當然委員，並由參謀本部及司法、行政、實業、財政、外交、軍政各部推薦簡薦人員任委員，由土地司司長爲主席，惟以經費困難，未能成立，乃令由主管員司分別起草。所有各種參考資料，則蒐集各省市新舊成案，其已着手整理土地地方如江蘇、浙江、上海等處，則派員實地考察，歷時數月，至民國二十二年六月，始將土地法施行法草案及各種補充法規附屬書表同時脫稿。又爲將來運用無礙，推行盡利起見，分咨各關係部會及各省市政府徵求意見，至同年十一月，准各該機關先後咨復，卽詳加審核，彙齊整理完竣，並繕具說明書一併呈送行政院察核。各該草案之要目，依據原附說明，略如次述：

（一）土地法第二十四條有未經依法爲地籍測量之土地，不得爲所有權之登記之規定，而土地法第三編、第四編、第五編土地使用之統制，土地之估價與徵稅，土地徵收之補償金額，悉以土地登記之結果爲依據，是土地測量登記，實爲辦理土地行政最先之程序。土地法中關於土地測量之規定，較爲簡單，且土地測量在技術上、法式上，應求全國統一，其結果方能全國銜接吻合，此項測量法規，以不應由地方政府各自爲政，故施行法草案於第一編第三章對於土地測量作大體之規定，而另附以土地測量實施規則。其所采辦法，悉依各國施行已有成效之三角測量，而爲節省時間，於戶地測量時得采航空測量，蓋一方遷就已辦測量各省之實際情形，一方力求全國技術上之統一，以期推行盡利。

（二）土地測量僅在土地面積之求得，而關於土地權利之關係，及地位地則地目等，均須以調查得之。誠以土地調查，可以包含土地測量，而土地測量不能包含土地調查，土地法中對於土地調查未有規定，實施上不無困難，故施行法草案於第十條第十一條略設明文，以為補救。至土地調查規則，則由各省市地政機關根據地方情形，自行訂定以利推行。又土地調查測量及第一次登記，係屬臨時行政性質，而又為一般土地行政之先決條件，似不如另以條例定之，提前公布施行，將來土地法各編之施行，即以曾否依法舉辦第一次登記為準，實施上當較便利。

（三）土地裁判所之性質，土地法未有明確之規定，就各條精神推之，似應為離開司法機關及地政機關之特種裁判機關，土地裁判所組織條例草案，大體即如此規定。目前各省舉辦測量之縣分甚多，將來各縣辦理登記時，自應同時設立土地裁判所，惟在實際上是否有此經濟力量，不無可以顧慮之處，故於草案第四條規定市縣土地裁判所未設立地方，得暫附設於地方法院，或兼理司法之縣政府，以為過渡辦法。至於經濟力量較優之縣市，如能設立，自仍應專設土地裁判機關，兩種辦法，實可以並行不背。又各地方土地裁判所上訴案件，皆集中於中央土地裁判所，在事實上恐不無困難，故於草案中規定中央土地裁判所得設分所於各省，以資救濟。

（四）土地行政，大都含有強制執行性質，土地法及其施行法所定行政程序，往往須附以較有力之行政處分，方易於進行。土地法惟第五編附有罰則，而其他各編皆闕如，如土地登記、土地稅、土地使用等編，在施行便利上尤有明定罰則之必要。且施行法條文中亦有不乏需要規定罰則以加強其執行力量者，似應請立法院對於此點特加注意，最好將土地法第五編所定罰則全部抽出，併其他各編及施行法中應行規定之罰則，另訂土地行政罰例，以資適用。

行政院卽將各該草案交內政、實業、財政、司法行政四部審查，幷函請參謀本部轉知陸地測量總局派員參加討論。該部等先後開會五次，將各原案審查完竣，繕具總報告書，於民國二十三年五月，提出行政院第一百五十八次會議決議：

「一、土地法施行法草案、估計專員任用條例草案、契據專員任用條例草案，一併送立法院審議。又施行法草案所附書表册式，並送立法院參考。土地測量實施規則應俟土地法施行法公布後，由院公布施行。公斷規則、土地申報規程、土地調查規程及書表等式各草案，仍交內政部，俟土地法施行法公布後，再行核辦。土地裁判所組織條例草案，應咨詢司法院意見。

二、關於罰則之規定由院向立法院建議，將土地法及其施行法中應規定之一切罰則，均予提出，另制定一土地法罰例。關於土地調查測量及第一次登記各程序，應否另訂條例由立法院審議決定。」

土地法施行法草案共分五編二十四章，都一百四十二條，經內政部等審查及行政院會議討論，分別修正通過，增爲一百五十九條，其重要之點如次：

甲　關於地政機關

(一)中央地政機關未成立以前，中央地政事宜，由內政部主辦。

(二)省地政機關為土地廳，在未成立前，省地政事宜，由民政廳設科或由省政府設土地局主辦。

(三)縣市地政機關為土地局，在未成立以前，縣市地政事宜，由市縣政府或市財政局設科主辦。

乙　關於土地測量

(一)大三角測量應由中央地政機關會同參謀本部統籌辦理，小三角測量圖根測量及戶地測量，由各省市依中央地政機關頒布之實施規則分別辦理。

(二)大三角尚未測到之區域，各省市政府得呈准提前舉辦小三角測量，其邊長平均在十公里以上，角閉塞差不得超過十二秒，邊閉塞差不得超過五千分之一。

(三)戶地測量得采用人工器械測量或航空攝影測量。

(四)土地測量所用尺度及地積名稱單位，應依照新頒度量衡法及修正土地測量應用尺度章程之規定辦理。

(五)戶地測量應用比例尺為四千分之一、二千分一、一千分一、五百分一。

(六)市縣一覽圖之比例尺定為一萬分一，區圖為四千或八千分一。

(七)戶地測量原圖圖廓東西爲五零公分(卽一尺五寸),南北爲四零公分(卽一尺二寸)。

(八)各省市實施水準測量概以中等海水面爲基準在中等海水面未決定以前暫以上海、吳淞海平零點爲基準點。

丙　關於土地登記

(一)凡土地經測量登記確定後,應依丈量畝分發給所有權狀,其他證明權利之一切文契,於法律上不得再生效力。

(二)土地登記及關於土地權利之登記,須於某一區內地籍測量完竣時方得行之,並規定每一區之登記期間爲八個月,在前定期間,苟非有不可歸責自己之事由,不爲聲請時,一律作爲公地。

(三)聲請爲所有權登記之土地,係因依法佔有而取得其所有權者,須經土地裁判所核定後,始行聲請登記。

(四)登記完畢後,地政機關於三十日內塡發土地權利書狀。

(五)實際測量所得之面積,較提出契據所載數目有增減時,如其契據所載四至相符,應認爲所有權人土地之增減。

丁　關於土地使用

（一）市地限制使用區得分為行政、文化、工業、商業、住宅五種。

（二）一等水陸農道為四公尺至三公尺，二等水陸農道為三公尺至二公尺，三等水陸農道為二公尺至一公尺。

（三）可墾公有荒地應由中央及各省市地政機關會同各該墾務機關定期清理，按地段劃定墾區，實行墾殖，並於必要時，得由中央地政機關會同最高軍事機關劃為屯墾區，駐軍屯墾。

（四）私有荒地，應由省市地政機關會同各該主管墾務機關按土質面積，規定墾竣年限，限令所有權人如期墾竣。

（五）土地重劃得因一區域內過半數之土地所有權人，並其所占土地面積，除公有土地外，超過該區域總面積之半者之協同請求，由主管地政機關核准行之。

戊　關於土地稅

（一）各省地價稅應以百分之五十為縣市地方收入，土地增值稅及改良物稅全部為縣市地方收入。

（二）最近市價市地以地價區域內各段地最近一年內平均地價為標準，鄉地以地價區內各段地最近五年內平均地價為標準。

（三）不在地主之土地，由原地主委託代理人常駐負責經營，仍繼續進行改良者，不準用土地法第三百三十一條之規定。

己　關於土地徵收

(一)附帶征收之土地，不得超過興辦事業所需土地面積三分之一。

(二)需用土地人以其徵用之土地移轉他人時，應得該管地政機關之許可。

(三)徵用土地之事業興辦人，非經該事業主管機關之許可，不得變更其事業。

(四)需用土地人聲請徵收土地，應同時申報征收土地之準備金額，核准機關於必要時，得核驗之。

土地裁判所組織條例草案經行政院咨詢司法院意見後，復召集內政、財政、司法行政三部會同審查，將原草案重加修正，并擬具土地裁判所附設於各級法院暫行辦法草案，提出第一百六十八次會議決議：「修正通過，咨立法院併案審議。」

立法院於二十三年五月十八日開第三屆第五十九次會議，將土地法施行法草案及各種補充法規草案一併提出初讀，各委員就大體討論後，即議決付土地法起草委員會會同法制委員會審查。該會等迭開聯席會議詳加討論，認爲土地法施行法應從速議定頒行；估計專員契據專員之資格及任用辦法，可由中央地政機關訂定，無再定單行條例之必要；至土地裁判所之隸屬及組織，土地法內無明文規定，應由中央政治會議核定後，再行審議；結果將土地法施行法草案修正通過，於二十四年二月二十五日提出報告如次：

「(一)審查經過　本會等舉行聯席會議，討論結果，僉以該施行法等案關係重大，應經初步審查，以期縝密，當指定委員姚傳法、史尚寬、陳長蘅、趙迺傳、黃右昌等五人先為初步審查，由姚委員傳法召集。旋又發見該草案條文次序數目多誤，須由原起草機關加以更正，方能繼續審查。候至九月二十六日，再由本院祕書處將行政院更正草案奉諭交付到會，其時距本院第三屆委員任滿祇二月有餘，即由初步審查各委員趕緊審議，期速竣事。但以去年暑假後，各委員忙於審議憲法草案及刑法與刑事訴訟法之修正案，雖經先後開會審查有十五次之多，仍未能於上屆內審查完竣。自本屆委員就職後，再行連續開審查會七次，並函請行政院內政部土地委員會派代表列席陳述意見，經初步審查完竣報告到會，並經本會等迭開聯席會議，詳慎討論，當將土地法施行法草案修正通過。

(二)草案內容　行政院咨送之土地法施行法原草案，其編制悉依土地法體例分為五編，每編分若干章。嗣經審查結果，以土地法非每章皆有規定施行法之必要者，必使與土地法之編章符合，則章內條文難免牽強重複之嫌，乃決定分編不分章，其編數與土地法同。

土地法施行法之要旨約有三端：(1)就土地法所未明定之事項，應為規定者加以規定；(2)因各地方在土地法施行前已經舉辦之土地行政事項，於土地法施行後有改正之必要，須於施行法中有適當規定為之救濟者；(3)關於土地法條文有為補充規定之必要者。

查原草案共有條文一百五十九條，經審查後加以删改，結果爲九十一條。其所爲删改之理由：一因原草案條文與土地法條文重複，於施行法中無再爲規定之必要者；一因原草案條文涉及技術範圍，須由中央土地行政機關經技術上之研究，根據實際情形方能擬定者。計原草案條文經審查結果完全采用原文者，祇有數條，修正采用者，約四十餘條，此外各條文，均由審查會重新草擬。」

民國二十四年三月一日立法院開第四屆第七次會議，將該審查修正案提出討論，結果第一條至第八條，及第十條至第二十三條均二讀通過，并議決第九條保留，交刑法起草委員會研究。該會卽將該條條文加以修正，立法院復開第四屆第八次會議繼續討論，將該修正條文及其餘各條以次通過，并省略三讀順序，通過土地法施行法全案，卽呈由國民政府於同年四月五日公布。

土地法施行法大致依照審查修正案通過，共九十一條，多爲關於土地法各編施行程序之規定，其就土地法所未明定而爲補充規定之重要者，略如次述：

一、土地法施行前舉辦地政事項之補救　在土地法施行之區域，於施行前已舉辦之地政事項，應呈請中央地政機關依法核定。其已核定者，經登記並領有憑證之土地，經過一年未發生糾紛者，視爲已依土地法登記，應由主管地政機關記載於登記簿，並換給土地權利書狀，不收其登記費。

二、公有土地之撥用　各級政府機關需用公有土地時，應商得該公地保管機關之同意，予以租用或無償撥用，並呈請國民政府備案。國營事業需用公有土地時，應由該事業最高級主管機關核定其範圍，向該公地保管機關無償撥用，但應呈請國民政府核准。

三、土地權利以外之登記　土地權利之登記，土地法已設有規定，此外爲保全關於土地權利移轉或使其消滅之請求權，爲保全土地權利內容或次序之變更之請求權，或於附有條件或將來之請求權，均得聲請爲預告登記，因登記原因之無效或撤銷提起訴訟者，得聲請爲異議登記。以所有建築物或其他工作物或竹木爲目的承租他人土地者，得聲請爲租賃之登記。外國人依條約租用之土地，由租用人爲租賃之登記。

四、租賃契約之繼續　以所有建築物爲目的，承租他人之土地，於租賃契約期間屆滿尙有建築物存在者，承租人對於該土地有優先承租之權，如承租人繼續使用其土地，而出租人於期滿後三個月內不提出異議者，視爲依原契約之條件訂立新約。

五、土地重劃及於土地權利之關係　土地重劃後分配於土地所有權人之地段，自決定之日起，視爲其原有之土地。因土地重劃，致地上權、永佃權、或地役權不能達其設定之目的者，地上權人、永佃權人、或地役權人得拋棄其權利，對於土地所有權人請求相當之補償。土地上所存之地役權，於重劃後仍存於原有土地之上，但地役權人已無行使其權利之利益者，其地役權消滅。因土地重劃，地役權人不能享受與從前相同之利益者，得於保存其利益之限度內，請求設定地役權。承租地因土地重劃不能達租賃之目的者，承租人得終止契約。因土地重劃，致妨害承租地之原使用者，承租人得請求租金之相當減額；致增加承租地利用之價值者，出租人得請求租金之相當增額，但承租人得終止契約而免其義務；此規定并於地上權、永佃權、及地役權準用之。

六、特別徵費之條件　因改良地區，就其土地享受改良利益之程度特別徵費者，其辦法由主管地政機關擬定，送請市縣政府審核後，提送市縣人民代表機關議決之。特別徵費以建築道路或開濬河渠爲限。爲特別徵費時，按事業爲一地方全部及局部之利益，或僅爲局部之利益，得使受益人負擔事業舉辦所必需費用之一部或全部，并按土地之面積土地與道路或河渠毗連之寬度及距離，以定受益人之負擔金額，但其事業係爲一地方之全部利益者，不得爲特別徵費。

七、土地徵收之限制　土地徵收應於不妨害徵收目的之範圍內，就受損害最少之土地爲之。需用土地人爲私人時，主管官署對於其聲請之核准，應以其事業必須使用該地者爲限。需用土地人以其徵收之土地移轉於他人或變更其原計劃書所載明之使用目的時，應得原核准機關之許可。

八、違反強制規定之處罰　行政院咨送原案本建議制定一土地法罰例，土地法起草委員會等審查結果，以刑法、違警罰法中均有條文可資援用，毋庸另定罰則，以免繁複。至對於農林牧漁鹽礦等地及要塞軍備區域與領域邊境土地之移轉設定負擔或租賃於外國人；或對於外國人爲條約所未許可之土地權利之遷轉設定負擔或租賃；均有處罰之必要，惟只處以罰鍰，而不處以罰金，而罰鍰以所得利益全數以上二倍以下爲限。

附錄目次

一　民國根本法變遷表

中華民國臨時政府組織大綱（辛亥年十月十三日宣布民國元年一月二日修正同年三月十一日廢止）

中華民國臨時約法（民國元年三月八日參議院宣布同月十一日臨時大總統公布三年五月一日廢止）

大總統選舉法（民國二年十月四日宣布後併入於民國十二年十月十日中華民國憲法民國三年十二月二十九日曾經修正但因四年十二月十二日袁氏之下令承認稱帝而失效）

中華民國約法（民國三年五月一日公布五年六月二十九日失效）

中華民國臨時約法（民國五年六月二十九日黎大總統申令遵行十二年十月十日失效）

中華民國憲法（民國十二年十月十日公布爲十三年十一月二十四日臨時執政府組織令所推翻）

中華民國國民政府組織法（民國十四年七月一日公布施行至今迭經修訂）

中華民國訓政時期約法（民國二十年六月一日公布現在施行中）

二　民國立法機關變遷表

各省都督府代表聯合會（辛亥年九月二十五日集會臨時政府成立後代行參議院職權）

參議院（民國元年一月二十八日成立二年四月八日解散）

國會（民國二年四月八日成立二年十一月十三日中止議事）

約法會議（民國三年三月十八日開會四年三月十八日閉會）

參政院（民國三年六月二十日成立同月二十九日代行立法院職權五年六月二十九日裁撤）

舊國會（民國五年六月二十九日黎大總統申令召集同年八月一日開會六年六月十二日解散）

西南國會（民國六年八月二十五日開非常會七年九月開正式會九年四月護法議員離粵十年一月回粵十一年六月去粵）

新參議院（民國六年十一月十日成立七年八月十二日解散）

新國會（民國七年八月十二日成立九年八月三十日閉會同年十月三十日政府令依照舊法重選兩院議員）

舊國會（民國十一年六月十三日黎大總統令撤銷六年六月十二日解散國會令同年八月一日開會十三年十一月二十四日臨時執政府成立消滅）

中國國民黨中央執行委員會（民國十三年一月第一次全國代表大會選定中央執行委員組織成立現爲第五屆中央執行委員會）

中國國民黨中央執行委員會政治委員會（民國十三年七月十一日成立十五年七月四日改稱政治會議現仍稱爲政治委員會）

立法院（民國十七年十二月五日成立現已開至第四屆第八十二次會議）

國民會議（民國二十年五月五日開幕同月十七日閉幕）

三　各省都督府代表聯合會代表表

甲　武昌代表會

議長　譚人鳳（湖南代表）

代表　湖北　孫發緒　時象晉　胡瑛　王正廷

山東　謝鴻燾　雷光宇

福建　潘祖彝

湖南　鄒代藩

廣西　張其鍠

四川　周代本

安徽　趙斌　王竹懷　許冠堯

浙江　陳　毅　陳時夏　湯爾和　黃　群

江蘇　馬君武　雷　奮　陳陶怡

直隸　谷鍾秀

河南　黃可權

乙　南京代表會

議　長　湯爾和（浙江代表）

副議長　王寵惠（廣東代表）

代表　江蘇　陳陶怡　袁希洛

浙江　陳時夏　陳　毅　黃　群　屈映光

湖北　王正廷　胡　瑛　馬伯援　居　正　楊時傑

湖南　譚人鳳　鄒代藩　廖名搢　宋教仁

四川　蕭　湘　周代本

雲南　呂志伊　張一鵬　段宇清

山西　景耀月　李　素　劉懋賞

陝西　張蔚森　馬步雲

安徽　許冠堯　王竹懷　趙　斌

江西　林子超　趙士北　王有蘭　俞應麓　湯　漪

福建　潘祖彝　林長民

廣東　鄧憲甫

廣西　馬君武　章勤士

奉天　吳景濂

直隸　谷鍾秀

河南　李　槃

山東　謝鴻燾

四　參議院議員表

甲　南京參議院

議　長　林　森（福建）

副議長　王正廷（浙江）

全院委員長　李肇甫（四川）

議員　江西　王有蘭　文　羣　湯　漪

湖南　劉　彥　彭允彝　歐陽振聲

湖北　時功玖　劉成禺　張伯烈

福建　潘祖彝　陳承澤

安徽　常恆芳　凌　毅　胡紹斌

江蘇　楊廷棟　陳陶怡　凌文淵

浙江　殷汝驪　黃　羣

四川　熊成章　黃樹中

山西　劉懋賞　李　素

陝西　趙士鈺

廣東　錢樹芬　趙士北　金　章

廣西　鄧家彥　曾　彥

雲南　張耀曾　席聘臣　段宇清

貴州　平　剛　文崇高

山東　彭占元　劉星楠

河南　李　鋆　陳景南

奉天　吳景濂

直隸　谷鍾秀

乙　北京參議院

議　長　吳景濂（奉天）

副議長　湯化龍（湖北）

全院委員長　谷鍾秀（直隸）

議員　奉天　曾有翼　李秉恕　孫孝忠　劉興甲

吉林　王樹聲　金鼎勳　楊　策　何裕康　李　芳

黑龍江　高家驥　王赤卿　戰雲霽　闞文鐸　壽山

直隸　王振堯　籍忠寅　李　榘　谷芝瑞

山東　彭占元　劉星楠　丁世嶧　侯延爽　周樹標

山西　李素　苗雨潤　宋汝梅　張聯魁　劉盥訓
陝西　趙士鈺　李述膺　景志傳　茹欲可　陳同熙
甘肅　王鑫潤　田駿豐　秦望瀾　宋振聲
新疆　蔣舉清　劉焜
河南　陳景南　阮慶瀾　劉積學　孫鍾
湖北　劉成禺　時功玖　張伯烈　鄭萬瞻
湖南　歐陽振聲　劉彥　彭允彝　覃振　陳家鼎
四川　李肇甫　熊成章　鄧鎔　楊芬　劉聲元
江西　湯漪　盧士模　曾有瀾　李國珍　陳鴻鈞
安徽　曹玉德　王慶雲　江辛　俞道暄　胡璧城
江蘇　楊廷棟　秦瑞玠　汪榮寶　張鶴第　王嘉賓
浙江　殷汝驪　周珏　王家襄　王文慶　陳時夏
福建　劉崇佑　李兆年　周翰　林翰　連賢基
廣東　楊永泰　徐傅霖　梁孝肅　盧信　司徒穎

廣西　蒙啓勳　曾彥

雲南　張華瀾　段宇清　席聘臣　顧視高　張耀曾

貴州　劉顯治　陳國祥　陳廷策

蒙古　葉顯揚　張樹桐　阿穆爾靈圭　博迪蘇　那彥圖　祺誠武　鄂多台

熙凌阿　達賚

青海　唐古色

五　國會議員表

甲　參議院

議長　張繼（後辭職王家襄補）

副議長　王正廷

全院委員長　林森

議員　奉天　趙連祺　陳瀛洲　蘇毓芳　富元　謝書林　楊渡　延榮　龔玉琨

李紹白　孫乃祥

吉林　婁鴻聲　蕭文彬　楊福洲　高鴻恩　齊忠甲　楊繩祖　金鼎勳　王洪身

趙成恩 趙學成

黑龍江 蔡國忱 劉正堃 郭相維 金德馨 姚翰卿 楊崇山 鄭林皋 楊喜山

李伯荊 高家驥

直隸 籍忠寅 劉彭壽 王法勤 郝 耀 宋 楨 王試功 王文芹 王觀銘

張其密 張 繼

山東 丁世嶧 蕭承弼 曹仰懷 劉星楠 安舉賢 徐鏡心 張錫嘐 尹宏慶

王鳳翥 楊日訓

河南 李 槃 劉積學 陳銘鑑 謝鵬翰 王靖芳 段世垣 黃佩蘭 毛印相

萬鴻圖 賈濟川

山西 田應璜 張杜蘭 劉懋賞 張瑞璣 陳敬棠 張聯魁 段硯田 苗雨潤

班廷獻 王用賓

陝西 鍾允諧 焦易堂 陳 佶 岳雲韜 何毓璋 張蔚森 趙世鈺 寶應昌

李述膺 范 樵

甘肅鑫潤 王 宋 梓 馬良弼 萬寶成 文登瀛 范振緒 梁登瀛 王沚清

馬維麟　魏鴻翼

新疆　蔣舉清　李　溶　龐炳華　孔憲瑞　劉雋佺　宋國忠　哈得爾　閻光耀

何海濤　何多才

四川　李國定　饒應銘　潘　江　王　湘　楊　芬　趙時欽　謝　持　周　擇

程瑩度　吳炳臣

湖南　陳煥南　彭邦棟　李漢丞　周震麟　黎尚雯　胡　瑛　吳景鴻　田永正

盛　時　向乃祺

湖北　劉成禺　韓玉辰　張　漢　董昆瀛　居　正　彭介石　高仲和　鄭江灝

蔣義明　胡秉柯

江西　蕭輝錦　周澤南　湯　漪　燕喜達　蔡突靈　鄒樹聲　符鼎升　朱念祖

盧式楷　劉　濂

安徽　李子幹　章兆鴻　張我華　丁象謙　馬　坤　石德純　汪律本　吳文翰

胡璧城　高蔭藻

江蘇　陶　遜　蔣曾燠　辛　漢　鄭斗南　藍公武　王立廷　秦錫圭　解樹強

朱甲昌　楊擇

浙江　金兆棪　張烈　許燊　陸宗輿　王正廷　王家襄　陳洪道　張嘈

童杭時　鄭際平

福建　宋淵源　陳祖烈　林森　常煥猷　楊家驪　潘祖彝　劉映奎　黃樹榮

李兆年　方聖徵

廣東　周廷勵　溫雄飛　何士果　李自芳　彭建標　楊永泰　王鴻龐　李茂之

李英銓　黃錫銓

廣西　馬君武　曾彥　盧天游　梁士模　梁培　黃宏憲　黃紹侃　嚴恭

郭椿森　易文藻

貴州　徐承錦　吳作棻　黃元操　周學源　張金鑑　姚華　張光煒　李燿忠

劉光旭　陳光燾

雲南　呂志伊　謝樹瓊　朱家寶　孫光庭　王人文　袁嘉穀　李文字　趙鯨

陳善　楊瓊

華僑　唐瓊昌　吳湘　朱兆莘　蔣報和　謝良牧　盧信

內外蒙古　阿穆爾靈圭　色旺端噜布（以上哲里木盟）

金永昌　熙凌阿（以上卓索圖盟）

德色賚托布　蘇珠格圖巴圖魯（以上昭烏達盟）

羅布桑車珠爾　佈霖（以上錫林郭勒盟）

旺楚克拉布坦　諾爾布三布（以上烏蘭察布盟）

劉新桂　王鑾聲（以上伊克昭盟）

祺誠武　鄂多台（以上土謝圖汗部）

鄂伯噶台　車林桑都布（以上車臣汗部）

祺克坦　榮厚（以上三音諾顏部）

布爾格特　陸大坊（以上札薩克圖汗部）

唐古色　曹汝霖（以上烏梁海）

楊增炳　噶拉增（以上科布多及舊土爾扈特）

堵旺布理甲拉（阿拉善）

巴圖永東（額濟納）

青海　洛藏逵　結山住　布札細

中央學會（八名未選出）

西藏　頓柱羅布　札希士噶　王度　度札噶布倫　孫維籍（以上前藏）

江贊桑布　傅諧　龔煥辰　度仲阿旺益喜　程克（以上後藏）

乙　衆議院

議長　湯化龍

副議長　陳國祥

全院委員長　張耀曾

議員　奉天　馮泮春　劉恩格　姜毓英　翁恩裕　楊大實　張嗣良　付有鶚　蔣宗周

吳景濂　李有忱　鄧克莊　王蔭棠　劉興甲　李秉恕　仇玉珽　羅永慶

吉林　張雅南　李膺恩　齊耀珊　黃耕雲　畢維垣　王玉琦　范殿棟　楊振州

莫德惠　徐清和

黑龍江　藥成玉　劉振生　孟昭漢　秦廣禮　邵慶麟　楊榮春　陳耀先　關文鐸

王文璞　田美峯

直隸　鄧毓怡　恆　鈞　韓增慶　馬文煥　李搢榮　金詒厚　王吉言　李春榮
呂泮林　王玉樹　張雲閣　李保邦　張滋大　谷芝瑞　劉景沂　王錫泉
張國淦　張官雲　楊式震　耿兆棟　温世霖　孫洪伊　馬英俊　李家楨
張書元　賈濬熙　杜凱元　董啓曾　呂　復　張秉文　谷鍾秀　王葆眞
王振垚　崔懷灝　張士才　胡源匯　張則林　呂金鏞　李景濂　陳純修
張敬之　李永聲　王雙岐　常堉璋　張恩綬　趙金堂
山東　周慶恩　劉昨一　穆肇仁　閻與可　艾慶鏞　張玉庚　袁景熙　張金蘭
王廣瀚　金承新　王謝家　盛際光　王之籙　杜凱之　周祖瀾　侯延爽
管象頤　丁惟汾　于洪起　于廷樟　黃毓梅　于恩波　于元芳　周樹標
王　訥　郭廣恩　劉冠三　周廷弼　魏丹書　彭占元　林元亮　曹　瀛
史澤咸
河南　賀昇平　張錦芳　李載賡　胡汝麟　王　傑　任曜墀　孫正宇　岳秀夫
丁廷謇　張協燦　王印川　王廷弼　杜　潛　劉峯一　耿春宴　魏　毅
張善與　郭桂芬　王敬芳　魏文潤　郭光麟　韓臚雲　張　坤　張嘉謨

金　滌　陳其甫　袁智豐　林英鍾　劉奇瑤　凌　鉞　彭運斌　劉榮棠

山西　常不謙　冀鼎鉉　康慎徽　周克昌　裴清源　康佩珩　谷思慎　梁善濟

趙良臣　穆　郇　羅　黼　張升雲　閻鴻舉　耿臻顯　李技泉　王定圻

賈鳴梧　郭德修　侯元耀　石　璜　李慶芳　劉祖堯　劉志詹　景定成

王國祜　景耀月　狄樓海　劉盥訓

陝西　焦子靜　譚煥文　王鴻賓　白常潔　李含芳　茹欲立　楊詩浙　馬　驤

段大信　寇　遐　尚鎮圭　劉治洲　朱家訓　陳　豫　高　杞　姚守先

張樹森　楊銘源　裴廷藩　高增融　王兆離

甘肅　李增穠　張國鈞　王宗國　祁連元　郭自修　侯效儒　李克明　賈纘緒

楊潤身　張廷弼　周之翰　段維新　李發春　丁豐沛

新疆　文篤周　繼　孚　劉庶倫　張萬齡　陳世祿　袁炳煌　李武璐　羅潤業

張　瑞　米家驥

四川　李為綸　張治祥　曾　銘　熊成章　張知競　劉澤龍　劉　緯　廖希賢

袁弼臣　周　澤　郭成炆　黃雲鵬　蕭　湘　楊　霖　江　椿　李肇甫

王安富　孫鏡清　傅鴻銓　杜　華　李文熙　秦肅三　蕭德明　張瑾雯
蒲殿俊　唐　玠　盧仲琮　王　樞　蕭賢俊　黃　璋　張　瀾　佘紹琴
熊兆渭　黃汝鑑　楊肇基

湖南　郭人漳　劉　彥　李　錡　石潤金　李積芳　陳家鼎　陳嘉會　黃贊元
周大烈　彭允彝　鄭人康　羅永照　魏肇文　胡壽昺　程崇信　鍾才宏
陳九昭　席　綬　覃　振　周澤苞　王恩溥　李執中　張宏銓　梁系登
彭施滌　禹　瀛　歐陽振聲

湖北　范熙壬　汪曦鶯　胡祖舜　覃壽恭　張大昕　田　桐　石　瑛　彭漢遺
湯化龍　陳邦燮　吳壽田　張伯烈　王篤成　白逾桓　查季華　劉　英
廖宗北　胡鄂公　鄭萬瞻　時功玖　駱繼漢　邱國翰　蕭　萱　馮振驥
楊時傑　歐振啓勳

江西　張于潯　徐秀鈞　黃懋鑫　梅光遠　李國珍　王　恆　王有蘭　曾翰楨
曾有瀾　陳鴻鈞　葛　莊　陳子斌　賴慶暉　劉景烈　黃裳吉　戴雲書
郭　同　黃攻素　程　鐸　黃格鷗　鄒繼龍　文　羣　潘學海　辛際唐

盧元弼　吳宗慈　鄧　元　王　侃　黃象熙　歐陽沂　羅家衡　歐陽成
彭學浚　邱冠棻　賀贊元
安徽　何　雯　賀廷桂　陶　鎔　丁秉炎　張　塤　余　棨　吳汝澄　唐理淮
凌　毅　戴聲教　常恒芳　楊士聰　陳　策　曹玉德　劉鴻慶　甯繼非
湯松年　吳日法　汪建剛　江　謙　陳光譜　汪彭年　王多輔　許植材
王源瀚　周學輝　彭昌福
江蘇　吳榮萃　陶保晉　方　潛　汪秉忠　張鶴第　夏寅官　董增儒　凌文淵
徐兆瑋　王紹鏊　孫潤宇　蔣鳳梧　陳允中　徐蘭墅　姚文枏　孫熾昌
瞿啟甲　陳經鎔　胡兆沂　劉可均　孫光圻　茅祖權　石　銘　孟　森
陳　義　高　旭　朱溥恩　董繼昌　居　寬　楊廷棟　王汝圻　楊　潤
陳士髦　胡應庚　謝翊元　邵長鎔　吳　濂　張相文　王茂材　朱繼之
浙江　俞鳳韶　周　珏　姚勇忱　褚輔成　杭辛齋　陳敬第　張世楨　胡翔青
謝國欽　張傳保　杜士珍　金尚詵　盧鍾嶽　朱文劭　周繼濚　俞　煒
傅家銓　韓　潞　田　稔　蔣著卿　陳燮樞　戚善謀　丁儁宣　金秉理

王　烈　袁榮叟　邵端彭　蔡汝霖　傅夢豪　張　浩　殷汝驪　黃　羣
趙　舒　虞廷愷　徐象先　林玉麒　陳黻宸　杜師業

福建　劉崇祐　林萬里　歐陽鈞　鄭得元　高登鯉　曾振懋　丁超五　丁濟生
陳承基　陳　堃　朱金紫　李垚年　張　琴　黃肇河　楊樹璜　林鴻超
朱騰芬　黃　荃　陳蓉光　林輅存　詹調元　連賢基　劉萬里　楊士鵬

廣東　伍朝樞　陳　垣　劉栽甫　伍漢持　譚瑞霖　葉夏聲　馬小進　黃霄九
蘇祐慈　徐傅霖　黃汝瀛　蕭鳳翥　鄭懋修　鄒　魯　饒芙裳　郭寶慈
楊夢弼　梁仲則　林伯和　梁夢元　司徒穎　易次乾　黃增耆　江　瑔
許峭嵩　梁成久　林繩武　陳治安　林文英　陳發檀

廣西　蔣可成　黃寶銘　馬如飛　凌發彬　鍾業官　程大璋　龔　政　蒙　政
劉繩虬　程修魯　陳太龍　趙炳麟　王永錫　梁昌誥　王乃昌　蕭晉榮
翟富文　覃　超　羅增麒

貴州　陳國祥　唐瑞銅　陳廷策　金鑄昌　蹇念益　牟　琳　符詩鎔　杜成鎔
劉顯治　孫世杰　萬賢臣　夏同龢　劉尙衡

雲南 李增 王楨 殷天駿 張大義 由宗龍 張翼會 陳光勳 蕭瑞麟

李發陽 何秉謙 陳時銓 陳祖基 朱朝瑛 張華瀾 張聯芳 沈河清

段雄 寸品昇 李根源 趙藩

內外蒙古 富勒琿 阿昌阿(以上哲里木盟)

棻顯揚 張樹桐(以上卓索圖盟)

樂山 鮑喜(以上照烏達盟)

卜彥吉里郭勒 阿育勒烏貴(以上錫林郭勒盟)

棻騰東 拉什(以上烏蘭察布盟)

唐寶鍔 吳淵(以上伊克昭盟)

孫鍾 汪榮寶(以上土謝圖汗部)

熙鈺 李景龢(以上車臣汗部)

金還 林長民(以上三音諾顏部)

克希克圖 易宗夔(以上札薩克圖汗部)

恩和布林 張國溶(以上烏梁海)

諾們達賴　烏澤聲　鄧溶（以上科布多及舊土爾扈特）

莽哈賚（阿拉善）

奇米子（額濟納）

方貞　江天鐸　阿旺根敦　恩華　蘇麻的（以上後藏）

西藏　一喜託美　王弋　康士鐸　薛大可　羅桑班爵（以上前藏）

青海　顒豕　楞住布　花力旦

六　約法會議議員表

議長　孫毓筠

副議長　施愚

議員　京師　鄧鎔　寶熙　黎淵　程樹德

直隸　王邵廉　李槃

奉天　袁金鎧　陳瀛洲

吉林　齊耀珊　徐鼎霖

黑龍江　施愚　秋桐豫

江蘇　莊蘊寬　馬　良

安徽　孫毓筠　王揖唐

江西　李盛鐸　趙惟熙

浙江　朱文劭

福建　嚴　復　王世澂

湖北　劉心源　張國溶

湖南　夏壽田　舒禮鑑

山東　柯劭忞　王丕煦

河南　王祖同　王印川

山西　賈　耕　田應璜

陝西　汪　涵　王恆晉

甘肅　顧　鼇　秦望瀾

新疆　王學曾　王樹枏

四川　傅增湘　曾彝進

廣東　梁士詒

廣西　張其鍠　闞冕鈞

雲南　嚴天駿

貴州　任可澄　陳國祥

蒙藏青海　那彥圖　阿旺根敦　棍布札布　噶那增　許世英　錢能訓

全國商會聯合會　馮麟霈　向瑞琨　李湛陽　張振勳

七　參政院（代行立法院）參政表

院長　黎元洪

副院長　汪大燮

參政　陸徵祥　聯芳　李家駒　張蔭棠（旋以病辭）李國杰　瞿鴻禨　唐景崇　呂海寰

于式枚　熊希齡　嚴修　周學熙　梁士詒　梁啓超　寶熙　王家襄　陳漢第

施愚　汪有齡　王世澂　黎淵　陳國祥　鄧鎔　程樹德　朱文劭　王印川

胡鈞　蔭昌　薩鎮冰　蔡鍔　蔣尊簋　徐紹楨　王揖唐　趙爾巽　李經羲

丁振鐸　錫良　袁樹勳　馮煦（旋以病辭）孫毓筠　趙惟熙　那彥圖　宋小濂

李盛鐸　樊增祥　姚錫光　毛慶蕃（旋以病辭）饒漢祥　劉若曾　陳鈺　李開銑

王闓運　楊守敬　勞乃宣（旋以病辭）柯劭忞　王樹枏　嚴復　馬良　馬其昶

張振勳　劉錦藻　朱焯臣　梁本翹　孫多森　李湛陽　馮麟霈　李士偉　錢恂

楊度　高增爵　秦望瀾　增韞　孟繼笙　張鎮芳　張國淦　阿穆爾靈圭

八　國會第一次恢復新出席議員表

甲　參議院議員

奉天　王秉謙

吉林　裴鴻聲　楊福洲　谷嘉蔭

黑龍江　戰雲霽

直隸　江浩

山東　馬陸棠　安鵬東　張魯泉

河南　王湘芳

陝西　陳毅

甘肅　王沚清

湖北　張則川　杜樹勳

浙江　陳洪道

廣西　盧天游

貴州　陳光燾　劉光旭

蒙古　噶拉增　李　芳　汪震東　烏澤聲　唐寶鍔　吳　淵　蔡匯京

西藏　廈仲可　旺磁喜　江質桑希　札布士噶　龔煥辰　阿旺曲札　格勒索巴

華僑　劉芷芬　傅　諧

乙　衆議院議員

黑龍江　邵仲康

直隸　錢仲愷

山東　張瑞萱　丁均生　周家坦　鄧俊德

河南　丁　騫　郭　涵　袁振黃　陳鴻疇　方鎮東　李夢麟

山西　鄭代國　郭生榮

陝西　王兆離　李夢彪

甘肅　張士維
新疆　羅業潤
湖北　吳崑
江西　陳友清　黃序鵷
安徽　馬伯瑤　張泊衍　彭昌福　李振鈞　陳衡之　李茂楨
浙江　袁榮賓　秋桐豫　陳洪道　韓潞　蔣著卿　傅家銓　金溶熙　田稔
福建　朱觀玄　陳儀辰
廣東　黃元白
廣西　蒙經
雲南　王雄
貴州　張華
蒙古　王鑾聲　劉丕光　祺古色　熙凌阿　布霖　劉新貴
西藏　王弍　江天鐸　康士鐸　恩華　一喜托美　羅桑班覺　石鳴岐　方貞

九　西南國會議員表

甲 參議院

議長 林森

副議長 王正廷

議員 以席次爲序

丁銘禮 張我華 金永昌 譚正 章兆鴻 訥謨圖 江浩 苗雨潤 盧信
恩克阿穆爾 劉景雲 秦錫圭 唐浩鎮 張鴻鼎 佈霖 陳宏棟 杜汝舟
李希蓮 李漢丞 金鏞昌 嚴恭 梁登瀛 王秉謙 黃金鼎 謝鵬翰 王試功
札瑪巴拉多爾濟 張生彩 梁培 呂志伊 于仲銓 李瑞 龔玉昆 沈智夫
陳煥南 易仁善 陳洪道 王鑾聲 張秋白 劉芷芬 邱仲青 趙時欽 王正廷
田永正 張知本 董昆瀛 婁鴻聲 居正 王湘 王文慶 謝持 李正陽
曾彥 宋汝梅 蔣曾煥 熊相冕 張復元 王鴻龐 何海濤 劉正堃 高振霄
李文治 梁士模 樊文耀 丁象謙 蔣應澍 龔煥辰 王觀銘 周震鱗 王福緣
謝家鴻 謝良牧 章士釗 吳作棻 楊擇 馬陰榮 李廣濂 李國定 韓玉宸
丁文璗 塔旺阿拉布坦 朱念祖 傅諧 王淸瑞 唐支廈 彭廷珍 趙鯨

楊福洲　鄒樹聲　牟鴻勛　王　謨　揭曰訓　李茂之　湯　漪　禹鴻圖　郝　濯

黃樹棻　劉　濂　姚翰卿　焦易堂　汪徵源　王觀彤　彭建標　宋淵源　李伯荊

高蔭藻　鄭際平　侯汝信　趙世鈺　譚惟洋　李紹白　張光煒　盧世楷　王法勤

蔡突靈　方聖徵　何　畏　吳　湘　陳啓棠　陳子鏘　孫乃祥　王用賓　廉炳華

裴章淦　戰雲霽　楊開源　孫光庭　劉積學　李述膺　胡璧雯　黃維熙　吳景鴻

金兆棪　何士果　竇應昌　許　淼　馬君武　陳　毅　郭相維　李　槃　張　演

谷嘉蔭　汪律本　郭椿森　范　樵　李恩陽　楊永泰　趙師鼎　沈鈞儒　楊繩祖

李自芳　賈述堯　彭邦棟　李英銓　劉錦孝　朱　楨　張金鑑　劉成禺　彭介石

林　森　王鑫潤　陳祖烈　楊大驥　高家驥　何印川　范振緒　孫品璋　蕭文彬

李　素　巴達瑪林沁　張魯泉　童杭時　黃紹侃　王　田　蕭輝錦　劉丕元

文登瀛　陳峻雲　符夢松　楊景文　張蔚森　潘　江　張杜蘭　周恭壽　沈殿三

潘祖詒　史之照　陶禮燊　周維屏　雷煥猷　田銘璋　王蘊章　陳時夏　張瑞璣

張效翰　色凌端嚕布　棟固爾多爾濟　關　棣　車林桑幸　孫　芳　博迪蘇

彭承念　車林端多布　周世屏　何其義　毛印相　拉什呢瑪　劉新桂　王　猷

于　溥　佈顏朝克　楊森札布

乙　衆議院

議　長　吳景濂

副議長　褚輔成

議員（以席次爲序）

劉盟訓　趙金堂　白逾桓　陳友青　邱冠棻　石鳳岐　王運謀　王汝圻　梁星五

白　瑞　韓　藩　張書元　余紹琴　王紹鏊　王　樞　王源瀚　周　珏　王　釜

陳榮廣　王有蘭　何曉川　段　雄　方　潛　羅永漢　陳　義　張嘉謨　周之翰

張廷弼　呂　復　李炳煜　龍鶴齡　孔慶愷　胡祖舜　凌　毅　陳純修　龔　政

王永錫　鄭衡之　汪建剛　石　璜　黃肇河　張善與　王　傑　唐寶鍔　褚輔成

劉奇瑤　盧仲琳　舒祖勳　陳　堃　蔣宗周　程修魯　潘學海　王乃昌　陳時銓

鄭懩辰　時功玖　王慶雲　李載賡　陳嘉會　張華瀾　詹永祺　黃元白　田美峯

席　綬　陳玉麟　章啓曾　曹振懋　張敬之　周廷弼　周慶恩　王鴻賓　朱騰芬

王維新　盛際光　阮性言　王宗堯　裴廷藩　牟　琳　魯　魚　周澤苞　諾門達賴

江　聰　郭寶慈　趙　誠　李華林　劉冠三　凌發彬　戴維藩　丁維汾　耿春宴
汪曦鸞　陳燮樞　王　恆　劉可均　趙　舒　畢　寶　陳國樞　楊大實　劉尚衡
黃汝鑑　張官雲　賀贊元　劉雲昭　楊榮春　孫熾昌　尚鎮圭　李建民　陳　策
陳鴻鈞　梁英龍　彭漢遺　彭古元　劉欽讓　常恆芳　陸　祺　盧元弼　狄樓海
茅祖權　邱國翰　李景泉　徐宗德　賀升平　黃寶銘　關文鐸　詹調元　羅　黼
張士才　黃攻素　汪秉忠　黃得九　廖希賢　王定國　畢鼎琛　李積芳　陳子斌
孫　鍾　李克明　張　嶧　方鎮東　李式璠　邱福滋　張　浩　梁系登　王玉樹
賴慶輝　金溶熙　呂耀璣　陳承箕　孔昭晟　鄭　元　郭生榮　朱觀玄　溫廷相
李春榮　劉萬里　李瑞春　葉夏聲　鄭人康　張瑞萱　岳秀夫　鄒繼龍　唐樹湛
徐傅霖　張傳保　楊樹璜　張樹桐　劉峯一　周積芹　杭辛齋　田　稔　李東璧
王欽宇　李清源　金秉理　張大昕　陳光勳　石　銘　高　旭　文篤周　楊夢弼
葛鼎鉉　王　烈　歐陽沂　馬　驤　陳則民　龔肇新　鄭懋修　王恩波　彭昌福
李永聲　陳祖基　梁昌誥　丁超五　歐陽球　劉祖堯　呂蔭南　楊銘源　李執中
段　炳　廖宗北　鍾才宏　袁弼臣　王葆眞　吳景濂　劉治洲　劉楚湘　馮振驥

傅夢豪 邵仲康 孟 森 朱家訓 曹玉德 易次乾 曾 銘 蔡匯東 景定成
陸榮鈞 秦廣禮 劉炳蔚 淩 鉞 徐際恆 林伯和 胡應庚 吳崑 歐陽振聲
劉盛垣 彭學浚 黃明新 周學宏 莊懷廣 蔣著卿 朱溥恩 溫世霖 蕭鳳翥
汪汝梅 羅上霓 孔紹堯 胡兆沂 角顯清 陳九韶 程 鐸 張鴻倓 楊式震
董繼昌 羅家衡 李 錡 萬 鈞 曾幹楨 羅增麒 許峭嵩 李燮陽 劉榮棠
翟富文 陳廷颺 劉栽甫 覃 超 金尙銑 張大義 申炳炎 魏肇文 姚桐豫
張知競 孫正宇 蘇佑慈 林者仁 許鎮庚 趙中鵠 李含芳 黃耕雲 于洪起
郭八漳 程大璋 于均生 黃汝瀛 蒙民偉 唐 玠 盧觀球 陸昌烜 陳允中
雷 洮 黃懋鑫 周嘉坦 魏丹書 杜凱元 丁 雋 彭允彝 呂泮林 李有忱
吳宗慈 王吉言 禹 瀛 元因培 饒芙裳 鄧天一 陳紹元 徐繩曾 盧鍾嶽
丁儁宣 覃壽公 崔懷灝 田 桐 冠 遐 杜 潛 丁善慶 戴書雲 陳家鼎
范鴻鈞 徐蘭墅 郭傳名 馬小進

十 新國會議員表

甲 參議院

議長 李盛鐸

副議長 田應璜

議員 直隸 馮家遂 曹鈞 楊以儉 陳居庚 趙元禮 朱仕濟 畢桂芳 王邦隆

盧潤生

奉天 曾有翼 陳瀛洲 趙連琪 陳克正 蘇毓芳 毓朗 林紹宮 溥緒

熙洽

吉林 祝椿如 于貴良 畢維垣 成多祿 徐鼐銓

黑龍江 翟文選 蔡國忱 楊崇山 李古英 朱連甲

江蘇 段書雲 楊壽枏 鄧邦述 徐果人 周作民 劉文煜 沈國鈞 羅鴻年

吳宗濂 任鳳賓

安徽 倪道杰 蘇文選 張敬舜 姜兆璜 柳汝士 許世英 周秀文 李國杰

唐理淮 張汝鈞 汪聲玲 周詒春

江西 吳鈁 陶家瑤 熊元鍠 許受衡 魏斯炅 蔡儒楷

浙江　吳鍾鎔　張　烈　沈金鑑　潘　補　汪有齡　蔣　棻　吳德培
福建　陳懋鼎　陳之麟　林灝深　張超南　施景琛　梁鴻志　王世澂　張元奇
　　　李兆珍
湖北　陳寶書　錢葆青　蔡漢卿　蕭延平　陳元祥　胡　鈞　陳邦燮
湖南　陳　介　劉冕執　陳嘉言　易順豫　杜　俞
山東　尹宏慶　莊陔蘭　李元亮　王錫蕃　張玉庚　劉星楠
河南　張鳳台　畢太昌　李時燦　蘇思溫　史寶安　馮汝騤
山西　賈　耕　解榮輅　梁善濟　曾紀綱　王學曾　李鐘齡　許　喆
陝西　張孝慈　武樹善　郭毓璋　宋伯魯　何毓璋
甘肅　秦望瀾　趙守愚　李增穠　吳本植　段永新
新疆　一不拉引
四川　趙得心
廣東　黃錫銓　何焱森　陳煥章　梁尃聯　譚瑞霖　韋榮熙　陳振先
廣西　林炳華

京兆　孟志蘇

熱河　高錫恩

綏遠　劉　瑛

察哈爾　鄭仲竹

蒙古　阿穆爾靈圭　德色賴托布　鄂多台　扎噶爾　色丹巴志勒珠爾庭

棍布札布　漢羅札布　阿拉坦瓦齊爾

西藏　格勒索巴　阿旺曲札

乙　參議院

議長　王揖唐

副議長　劉恩格

議員　直隸　卞蔭昌　籍忠寅　葉雲表　張　濂　王葆崧　田子鵬　蘇藝林　汪鐵松

張佐漢　耿兆棟　張恩綬　王恩溥　蕭琮勳　盧　嶽　王文芹　賀培桐

武繩緒　苗　磊　王傳岐　谷芝岫　吳得祿　賈應熙　韓梯雲　王樹枬

奉天　鄭克莊　佟遠文　高清和　魏福錫　董寶麟　孫孝宗　蔣沛春　教德興

翁恩格　劉興甲

吉林　金明川　逯長增　賈明善　趙　驥　王汝澂　孫恩溥　劉　哲　烏澤聲

黑龍江　趙仲仁　劉振生　文子鐸　張文翰　李維周　趙　鎮　王文璞

江蘇　夏仁虎　孫錫恩　柳肇慶　蔣士杰　陸沖鵬　鮑宗漢　金詠榴　陸木甫

藍公武　黃家璘　孫潤宇　葛夢樸　彭清鵬　孫靖圻　解樹強　楊　潤

任祖棻　夏寅官　郝崇壽　李龍圖　顧詠葵　楊毓逵　沈仲良　王玉樹

王立廷　張從仁　臧蔭松

安徽　洪玉麟　吳厚卿　光雲錦　趙熙民　周行原　胡延禧　丁葆光　劉麟光

倪道煌　丁冠軍　華維嶽　蔣尙恆　吳　山　江忠膺　崔　法　陳嘉言

陳光譜　黃光昌　黃立中　周維藩　吳棨成　史啓藩　龔慶霖　吳文瀚

江西　包發鸞　熊正琦　饒孟任　吳道覺　程　臻　梅士煥　楊蔭喬　葉先圻

黃文濬　林金相　劉恩桂　熊　坤　龍　晃　李學蓮　黃大壎　邱　珍

葛　莊　魏會英　劉樹棠　熊正瑗　宋育德　李家浦　魏調元　蔡公一

浙江　汪　然　金紹城　周承菼　汪立元　金　森　錢　豫　沈椿年　謝鍾靈

杜棣華　黃能潛　王行健　黃秉發　王錫榮　袁　鼎　何勳業　黃秉鑑

汪　履　黃鍾雨　蘇應銓　黃　峯　章獻猷　杜　持　蔣季哲　姜周輔

林　卓　林　同　賀德森

福建　邵繼璨　林　棟　劉以芬　李　俊　林佑衢　鄭　斷　王大貞　陳蓉光

黃　蔭　陳　亮　陳爲銚　邱伯燦　劉映奎　鄭元楨　高登鯉　李兆年

陳　堤　伯毓熙

湖北　賀繼堯　呂瑞庭　饒漢祕　趙儀威　周　棠　劉　亮　李繼楨　李寶楚

胡柏年　湯用彬　王　彭　劉　果　甘鵬雲　余德元　鄭萬瞻　王述孚

王璟芳　何佩瑢

湖南　李棠生　羅正緯　吳德潤　易克臬　吳劍豐　張　宜　周　渤　晏才猷

王　毅　朱後烈　何海鳴　陳琢章　符定一　唐乾一　向乃祺　楊　倣

吳凌雲　廖名縉

山東　李慶璋　艾慶鏞　郭光烈　韓純一　勞慶郁　邵晉齊　周福岐　呂慶圻

王廣瀚　王之籙　杜惟儉　周祖瀾　沙明遠　王廣瑞　張棟銘　王　訥

王宗元　安鵬東　曲卓新　于之鳳　謝鴻壽

河南　徐卓增　郭景岱　李隨楊　陳鴻疇　鄭錫田　王曾禮　李自辰　何霽峯

李綏恩　原恩瀛　王印川　王澤攽　張　坤　王敬芳　郭　涵　林東郊

彭運斌　陳善渠　袁振黃　張縉璜　張石生　金　壽　徐亞屏　程　克

王伊文

山西　李元晉　郭象升　裴寶棠　樊振聲　祁景頤　常贊春　李友蓮　耿臻顯

劉　棫　邢殿元　蘭　均　狄麟仁　楊柏榮　劉培潤　高時臻　郭德修

李道在

陝西　潭　湛　崔雲松　岳　維　王　珍　李步雲　史作鑑　楊逢盛、盧植瑞

李少唐　鍾允諧　羅仁博　白建勳　李蘊華

甘肅　宋振聲　彭立栻　敏翰章　王廷翰　宋　梓　馮翊瀚　侯效儒　張　超

趙國瑞　郝天章

新疆　謝萬魁　安大榮　楊增美　加　拉　厥和浦　袁進業

四川　饒應銘　吳　淵　黃雲鵬

雲南　楊增美

貴州　姚　華

京兆　張麗泉　康士鐸　白常文　孟錫鈺　徐世一

熱河　李東萊　鄧沛霖　張其密

察哈爾　張欽　高煥章　章特巴札布

綏遠　卜兆瑞　賀色希

蒙古　阿昌阿　張　文　李　芳　車林桑都布　布爾格特　克布克圖

羅卜桑華東珠爾布

西藏　巫懷清　劉朝望

十一　國會第二次恢復出席議員表

甲　參議院

議長　王家襄

副議長　王正廷

議員　直隸　宋　楨　王文芹　王觀銘　江　浩　王法勤　李廣濂　籍忠寅　張　繼

郭熙洽　張樹桐

奉天　陳瀛洲　臧景祺　楊　渡　孫乃祥　謝書林　王秉謙　龔玉崑　黃樹忱

楊顯青　趙連祺

吉林　楊繩祖　王洪身　蕭文彬　趙成恩　趙學良　谷嘉蔭　楊福洲　逯長增

劉　哲

黑龍江　李伯荊　劉正堃　姚翰卿　高家驥　郭相維　楊崇山　戰滌塵　劉鳳翔

趙仲仁　楊國瑞

江蘇　解樹強　秦錫圭　王立廷　沈維賢　藍公武　丁文璗　蔣曾燠　潘承鍔

辛　漢　楊　擇

安徽　章兆鴻　丁銘禮　桂殿華　張我華　汪律本　謝家鴻　胡璧城　倪道烺

張雲翼　呂祖翼

江西　黃緝熙　湯　漪　鄒樹聲　劉　濂　符鼎升　蔡復靈　蕭輝錦　毛玉麟

熊正瑗　蕭炳章

浙江　王家襄　黃杭時　許　菊　金兆棪　鄭際平　張復元　沈鈞儒　王正廷
　　　盛邦彥　孫棣三
福建　李兆年　高煥徽　陳祖烈　劉映奎　朱觀源　林　森　裴鑒淦　陳之麟
　　　劉調初　劉以芬
湖北　韓玉辰　董昆瀛　牟鴻勳　高仲和　鄭江灝　彭介石　張　渙　周兆沅
　　　廖輔仁　葉開彬
湖南　周震鱗　吳景鴻　盛　時　唐支廈　田永正　向乃祺　彭邦棟　章士釗
　　　唐　業　仲繼梧
山東　丁佛言　劉星楠　尹宏慶　蕭承弼　張玠泉　王鳳翥　徐寶田　張駿烈
　　　王樂平　張漢章
河南　王伊文　陳銘鑑　黃佩蘭　毛相印　李　槃　萬鴻圖　侯汝信　楊允升
　　　楚緯經　任同堂
山西　陳受中　劉懋賞　班廷獻　苗雨潤　田應璜　張聯魁　李　素　閻乘城
　　　王用賓　續桐溪

陝西　竇應昌　焦易堂　范　樵　李述膺　張蔚森　岳雲韜　鍾允諧　張鳳翽
楊逢盛　趙世鈺
甘肅　萬寶成　文登瀛　魏鴻翼　王鑫潤　梁登瀛　范振緒　姜　繼　鄭　濬
趙守愨　李鳳威
新疆　何海濤　那德昭　蔣舉清　閻光耀　李　溶　劉駕佺　徐萬清　謝萬魁
王學曾
四川　王　猷　吳蓮炬　王　湘　趙時欽　謝　持　程瑩度　潘　江　楊庶堪
楊肇錫　潘大道
廣東　李英銓　黃錫銓　彭建標　易仁善　李茂之　李自芳　王鴻龐　黃金鏊
胡漢民　楊永泰
廣西　林炳華　劉景雲　郭椿森　黃紹侃　嚴　恭　馬君武　林　繹　雷　殷
雷哲明　潘乃德
雲南　李文治　王人文　李正陽　呂志伊　李恩陽　孫光庭　何　畏　張之霖
周澤南　趙　伸

貴州　陳光譜　張金鑑　黃元操　姚　華　胡[illegible]　吳作棻　張光煒　張世昌

黎鼓焜　趙世鈺

蒙古　鄂博噶台　訥謨圖　李鍾麟　祺克坦　唐古色　劉丕元　祺成五　張　文

劉新桂　車林端多布　德色賴托布　佈　霖　陸大坊　塔旺布理甲拉

朱汝梅　壽明阿　鄉[illegible]　博彥德勒格爾　崔士恩　棍布札布　婁裕熊

鄉步瀛　蘇珠克圖巴圖爾

西藏　騏煥辰　巫懷清　劉文通　巴達瑪林沁　王澤攽　胡　鈞　李安陸

青海　劉丕烈　那旺呢嘛　畢慶霖

中央學會　八名未選出

華僑　陳耀如　鄭宗榮　謝良牧　沈智夫　馮自由　黃伯耀

乙　衆議院

議長　吳景濂

副議長　張伯烈

議員　直隸　鄧毓怡　恢　鈞　韓增慶　馬文煥　金貽厚　王吉言　李搢榮　呂泮林

王玉樹　張雲閣　李保邦　張滋大　谷芝瑞　劉景沂　王錫泉　張國淩
張官雲　楊式震　耿兆棟　溫世霖　張鼎彝　馬英俊　錢崇塏　張書元
賈庸熙　杜凱元　董啓曾　呂　復　張秉文　張良弼　王葆眞　崔懷灝
張士才　胡源匯　張則林　李東璧　李景濂　陳純修　張敬之　李永聲
王雙岐　常堉璋　張恩綬　趙金堂

奉天　焉泮春　劉恩格　姜毓英　翁恩裕　楊大實　張嗣良　曾有翼　蔣宗用
吳景濂　李有忱　邴克莊　王蔭棠　劉興甲　李秉恕　仇玉廷　羅永慶

吉林　張雅南　李膺恩　齊耀瑄　董耕雲　畢維垣　邢麟章　范殿棟　楊振春
莫德惠　徐清和

黑龍江　葉玉成　劉振生　孟昭漢　楊榮春　邵仲康　陳耀光　王文璞　田美峯

江蘇　吳榮萃　陶保晉　方　潛　汪秉忠　夏寅官　董增儒　凌文淵　徐兆瑋
王紹鏊　孫潤宇　蔣鳳梧　徐蘭墅　姚文枬　瞿啓甲　孫熾昌　高　旭
胡兆沂　劉可均　孫光圻　茅祖權　孟　森　陳　義　陳　中　朱溥恩
董繼昌　楊廷棟　石　銘　王汝沂　楊　潤　陳士髦　胡應庚　謝翊元

邵長鎔　張相文　王茂材

安徽　何雯　賀廷桂　張伯衍　余棨　吳汝澄　唐理淮　鄭衡之　李振鈞

常恒芳　凌毅　陳策　楊士聰　曾繼恭　湯松年　劉鴻慶　汪建剛

張佩紳　吳日法　汪彭年　陳光譜　王源翰　周學煇　許植材　彭昌福

江西　張毓芳　陳友青　黃懋鑫　梅光遠　李國珍　王恢　王有蘭　曾幹楨

邱珍　陳鴻鈞　葛莊　陳子斌　賴慶暉　劉景烈　汪汝梅　戴書雲

郭同　黃攻素　程鐸　黃序鵷　邱繼祖　張嶧　潘學海　盧元弼

吳宗慈　鄒光　王侃　黃象熙　歐陽沂　羅家衡　歐陽成　彭學浚

邱冠棻　賀贊元

浙江　周學宏　周珏　金溶熙　褚輔成　梓辛齋　張世楨　胡翔青　謝國欽

張傳保　金尚銑　盧鍾嶽　朱文劭　周繼濚　姚桐豫　韓藩　田稔

蔣著卿　陳燮樞　戚嘉謀　丁儁宣　王烈　袁榮叟　邵瑞彭　陳煥章

傅夢豪　張浩　傅師說　黃羣　趙舒　徐象先　林玉麟　杜師業

福建　劉崇佑　歐陽鈞　鄭懷辰　朱騰芬　高登鯉　曹振懋　丁超五　陳承箕

陳　堃　朱觀玄　李垚年　張　琴　陳蓉光　黃　荃　黃肇河　楊樹璜

林鴻超　楊士鵬　連賢基　詹調元　劉萬里

湖北　范熙壬　汪曦鸞　楊時傑　胡祖舜　覃壽公　張則川　張大昕　田　桐

阮毓崧　彭漢遺　陳邦燮　吳　崑　張伯烈　王篤成　白逾桓　廖宗北

胡鄂公　鄭萬瞻　時功玖　駱繼漢　杜樹勳　馮振驥

湖南　郭人漳　劉　彥　李　錡　石潤金　陳家鼎　陳嘉會　黃贊元　周大烈

彭允彝　鄭人康　羅永紹　魏肇文　胡壽昺　程崇信　歐陽振聲　鍾才宏

陳九韶　席　綬　覃　振　周澤苞　王恩博　李執中　張宏銓　梁系登

彭施滌　禹　瀛

山東　周慶恩　劉昭一　周嘉垣　閻與可　艾慶鏞　張玉庚　袁景熙　張瑞萱

王廣瀚　金承新　王謝家　盛際光　王之籙　杜凱之　周祖瀾　趙正印

管象頤　丁惟汾　于洪起　于均生　董毓枚　于恩波　于元芳　鄧天一

王志勳　郭廣恩　劉冠三　周廷弼　魏册書　彭占元　李元亮　曹　瀛

史澤咸

河南　賀升平　徐繩什　李載賡　胡汝麟　王　傑　孫正宇　岳秀夫　丁　鍵
陳鴻疇　王廷弼　杜　潛　劉峯一　耿春宴　張善與　郭　涵　王敬芳
梁文淵　郭光麟　張家謀　金　燾　陳金三　袁振黃　方振東　劉奇瑤
凌　鉞　劉榮棠
山西　郭步榮　葛鼎鉉　康慎徽　周克昌　裴清源　谷思慎　梁善濟　趙良辰
穆　郇　羅　黼　張杜棠　閻鴻舉　耿臻顯　李慶泉　鄭化國　賈鳴梧
郭德修　侯元耀　石　璜　李慶芳　劉祖堯　劉志詹　狄定成　王國祜
景耀月　狄樓海　劉盥訓
陝西　焦子靜　譚煥文　王鴻賓　白常潔　李含芳　趙世鈺　楊時浙　馬　驤
段大信　寇　遐　尚鎮圭　劉治洲　王兆離　宋家訓　高　杞　姚守先
張樹林　楊銘源　裴廷藩　高增融
甘肅　李增穠　張　維　祁連元　郭　修　李克明　賈纘緒　張廷弼　段永新
周之瀚　李發春　張全貴
新疆　文篤周　繼　孚　劉馥倫　陳世睞　袁炳煌　李式璠　羅渭棠　張　瑞

楊應南
四川　李爲綸　曾　銘　熊成章　張知競　劉澤龍　劉　緯　廖希賢　李弼臣
周　澤　黃雲鵬　蕭　湘　陳國璽　孫鏡清　李肇甫　王安富　江　椿
傅鴻銓　杜　華　李文熙　秦肅三　徐際恆　張瑾雯　蒲伯英　唐　玠
盧仲琳　舒祖勳　奉　楷　李汝翼　王　樞　余紹琴　熊兆渭　黃汝鑑
楊肇基
廣東　黃明新　陳　垣　劉栽甫　譚文駿　譚瑞霖　葉夏聲　馬榮昌　黃霄九
徐傅霖　黃汝瀛　鄭懋修　鄒　魯　饒芙裳　郭寶慈　楊夢弼　林伯和
陳紹元　司徒穎　易次乾　黃元白　許峭嵩　梁成久　林纘武　王　釜
王欽宇
廣西　黃寶銘　詹永祺　陳繩虬　程大璋　程修魯　龔　政　陳太龍　蒙民偉
王永錫　梁昌誥　趙炳麟　王乃昌　覃　超　翟富文　羅增麟　凌發彬
雲南　李　增　王　楨　嚴天駿　畢　宣　角顯清　張大義　由宗龍　李華林
陳光勳　劉盛垣　李燮陽　俞之昆　陳時銓　陳祖基　萬鴻恩　張華瀾

張聯芳 沈河清 段雄 劉炳藜 劉楚湘 趙誠

貴州 卞琳 甯述 符詩鎔 杜成鎔 萬鈞 孫世杰 劉尚衡 夏同龢

蒙古 阿昌阿 張樹桐 樂山 李芳 蔡達生 吳淵 孫鐘 羅綸

熙鈺 金還 鄭銘 廣寶鍔 李扶鉌 林長民 易宗夔 烏澤聲

汪嚴東 張海若 克希克圖 諾們達賴 恩和布林

西藏 王式 康士鐸 蕭必達 方貞 江天鐸 恩華 石鳳岐

附選補議員 陳廷颺 譚啟柱 王任化 凌鴻壽 王迪成 沙彥楷 范鴻鈞

袁麟閣 蕭汝玉 張鴻俠 任煥奎 李時燦 竇秉璋 沈椿年

陳金臺 饒孟任 江聰 甯椿森 鍾麟祥 丁濟慶 王宗堯

洪國垣 張映南 魏郁文 孔慶愷 楊山光 孔昭綬 何浩綸

賴德嘉 曾慶模 薛珠 陸祺 宋慶餘 李燕文 龍鶴齡

楊國權 梁俊耀 陳時夏 謝越石 王汝岐 齊守樸 劉景晨

陳尚齋 林樹森 陸昌煌

十二 中國國民黨中央執監委員表

甲　第一屆中央執行委員

胡漢民　汪兆銘　張靜江　廖仲凱　李烈鈞　居　正　戴傳賢　林　森　柏文蔚

丁惟汾　石　瑛　鄒　魯　譚延闓　覃　振　譚平山　石青陽　熊克武　李守常

王法勤　于右任　楊希閔　葉楚傖　于樹德　恩克巴圖

候補執行委員

鄧家彥　沈定一　林祖涵　茅祖權　李宗黃　張知本　白雲梯　彭素民　毛澤東

傅汝霖　于方舟　張葦村　瞿秋白　張秋白　韓麟符　張國濤　邵元沖

第一屆中央監察委員

鄧澤如　吳敬恆　李煜瀛　張　繼　謝　持

候補監察委員

蔡元培　許崇智　劉震寰　樊鍾秀　楊庶堪

乙　第二屆中央執行委員

汪兆銘　譚延闓　胡漢民　蔣中正　譚平山　宋慶齡　陳公博　于右任　恩克巴圖

程　潛　朱培德　徐　謙　顧孟餘　經亨頤　宋子文　丁惟汾　戴傳賢　李濟深

林祖涵　李大釗　于樹德　甘乃光　吳玉章　陳友仁　李烈鈞　王法勤　楊匏安
惲代英　彭澤民　朱季恂　柏文蔚　劉守中　何香凝　伍朝樞　蕭佛成　孫　科

候補執行委員

白雲梯　毛澤東　許甦魂　周啓剛　夏　曦　鄧演達　韓麟符　路友于　黃　實
董用威　屈　武　鄧穎超　陳嘉祐　陳其瑗　朱霽青　丁超五　何應欽　陳樹人
褚民誼　繆　斌　吳鐵城　詹大悲

第二屆中央監察委員

吳敬恆　張人傑　蔡元培　古應芬　王寵惠　李煜瀛　柳亞子　邵力子　高語罕
陳果夫　陳璧君　鄧澤如

候補監察委員

黃紹雄　李宗仁　江　浩　郭春濤　李福林　潘雲超　鄧懋修　謝　晉

丙　第三屆中央執行委員

蔣中正　譚延闓　戴傳賢　何應欽　胡漢民　孫　科　閻錫山　陳果夫　陳銘樞
葉楚傖　朱培德　馮玉祥　吳鐵城　于右任　宋慶齡　宋子文　汪兆銘　伍朝樞

何成濬　李文範　王伯齡　邵元沖　朱家驊　張　羣　劉　峙　楊樹莊　方振武

趙戴文　周啓剛　陳立夫　陳肇英　劉紀文　劉蘆隱　丁惟汾　曾養甫　方覺慧

候補執行委員

王伯羣　丁超五　王正廷　陳耀垣　張　貞　孔祥熙　劉文島　魯滌平　張道藩

繆　斌　趙丕廉　經亨頤　余井塘　桂崇基　薛篤弼　焦易堂　馬超俊　鹿鍾麟

陳濟棠　黃　實　程天放　苗培成　克興額　陳　策

第三屆中央監察委員

吳敬恆　張人傑　古應芬　林　森　蔡元培　張　繼　王寵惠　邵力子　李煜瀛

鄧澤如　恩克巴圖　蕭佛成

候補監察委員

褚民誼　頓布雞　商　震　陳嘉祐　林雲陔　劉守中　鄧青陽

丁　第四屆中央執行委員

蔣中正　汪兆銘　胡漢民　孫　科　戴傳賢　宋慶齡　何應欽　陳果夫　陳銘樞

葉楚傖　朱培德　吳鐵城　于右任　宋子文　何成濬　王柏齡　邵元沖　朱家驊

張　群　劉　峙　楊樹莊　周啓剛　陳立夫　陳肇英　丁惟汾　曾養甫　李濟深
方覺慧　王伯群　何香凝　方振武　伍朝樞　李文範　劉紀文・劉蘆隱　鄒　魯
閻錫山　馮玉祥　趙戴文　李烈鈞　柏文蔚　覃　振　石青陽　熊克武　陳友仁
王法勤　陳公博　程　潛　顧孟餘　經亨頤　甘乃光　居　正　石　瑛　劉守中
丁超五　張　貞　孔祥熙　王正廷　周佛海　顧祝同　夏斗寅　賀耀組　楊　杰
桂崇基　馬超俊　陳濟棠　陳　策　白崇禧　李揚敬　余漢謀　林翼中　張惠長
鄧家彥　茅祖權　李宗黃　白雲梯　張知本　傅汝霖（茅祖權以下六人係由候補
執行委員遞補）

候補執行委員

張葦村　黃　實　朱霽青　陳樹人　繆　斌　陳耀垣　劉文島　谷瀛平　張道藩
趙丕廉　余井塘　薛篤弼　焦易堂　鹿鍾麟　苗培成　程天放　克興額　區芳浦
蕭吉珊　黃旭初　朱紹良　程天固　龍　雲　詹菊似　謝作民　黃季陸　梁寒操
錢大鈞　關素人　段錫朋　李任仁　鄭占南　曾仲鳴　黃慕松　崔廣秀　張厲生
黃復生　羅家倫　張定璠　戴愧生　李敬齋　王　祺　何世楨　范予遂　曾擴情

王懋功　唐生智　陳慶雲　谷正綱　唐有壬　楊愛源　王陸一

第四屆中央監察委員

鄧澤如　蕭佛成　謝　持　陳璧君　王寵惠　吳敬恆　張人傑　林　森　蔡元培
張　繼　邵力子　李煜瀛　恩克巴圖　褚民誼　柳亞子　張學良　楊　虎　蔣作賓
洪陸東　許崇智　香翰屏　唐紹儀　李宗仁　張發奎

候補監察委員

楊庶堪　黃紹雄　郭春濤　李福林　潘雲超　陳布雷　商　震　陳嘉祐　林雲陔
鄧青陽　林直勉　黃吉宸　繆培南　方聲濤　李綺庵　陳中孚　鄧飛黃　孫鏡亞
黃少谷　蕭忠貞　紀　亮　李次温

戊　第五屆中央執行委員

蔣中正　汪兆銘　胡漢民　戴傳賢　閻錫山　馮玉祥　于右任　孫　科　吳鐵城
葉楚傖　何應欽　朱培德　鄒　魯　居　正　陳果夫　何成濬　陳立夫　石　瑛
孔祥熙　丁惟汾　張學良　宋子文　白崇禧　劉　峙　顧祝同　朱家驊　楊　杰
馬超俊　張治中　曾擴情　賀衷寒　蔣鼎文　方覺慧　陳濟棠　黃慕松　錢大鈞

韓復榘　何　鍵　曾養甫　劉蘆隱　陳　誠　周佛海　徐恩曾　洪蘭友　余井塘

陳　策　邵元冲　張道藩　陳布雷　方　治　陳公博　梁寒操　李宗黃　劉紀文

徐源泉　潘公展　王法勤　柏文蔚　王陸一　張　羣　劉維熾　吳醒亞　丁超五

趙戴文　蔣伯誠　顧孟餘　甘乃光　陳繼承　蕭吉珊　王以哲　李文範　張勵生

周伯敏　王柏齡　苗培成　劉健羣　谷正綱　梅公任　余漢謀　鄭占南　王漱芳

朱紹良　林翼中　谷正倫　傅作義　吳忠信　王　祺　黃旭初　戴愧生　于學忠

陳肇英　張　沖　蕭同茲　周啟剛　麥斯武德　衛立煌　洪陸東　焦易堂　李生達

田崑山　羅桑堅贊　貢覺仲尼　樂景濤　李揚敬　唐有壬　王泉笙　繆培南

王　均　熊式輝　夏斗寅　鹿鍾麟　王伯羣　徐　堪　傅秉常　劉　湘　陳紹寬

陳　儀　彭學沛　茅祖權　沈鴻烈

候補執行委員

吳開先　薛篤弼　葉秀峯　賴　璉　谷正鼎　陳調元　俞飛鵬　經亨頤　蕭　錚

吳挹峯　陳樹人　李品仙　鄧家彥　林　燕　朱霽青　時子周　陳慶雲　王用賓

劉建緒　傅汝霖　張　強　王正廷　黃季陸　唐生智　黃　實　余俊賢　李任仁

宋慶齡　曾仲鳴　張定璠　吳保豐　羅家倫　趙棣華　李敬齊　楊永泰　羅翼羣
尼馬鄂特索爾　馬鴻逵　謝作民　段錫朋　陳泮嶺　王懋功　楊愛源　陳訪先
李嗣聰　程潛　張鈁　鄭亦同　張貞　張知本　陳耀垣　趙丕廉、諾那
王崑崙　趙允義　區芳浦　程天固　詹菊似　石敬亭　吳經熊

第五屆中央監察委員

林森　張繼　蔡元培　吳敬恒　張人傑　楊虎　邵力子　李宗仁　謝持
楊虎城　王寵惠　許崇智　張發奎　陳璧君　姚大海　柳亞子　蔣作賓　褚民誼
程天放　胡宗南　香翰屏　黃紹雄　宋哲元　商震　邵華　李煜瀛　李烈鈞
孫連仲　薛岳　劉鎮華　龍雲　李福林　龐炳勳　麥煥章　林雲陔　蕭佛成
賀耀組　王子壯　覃振　恩克巴圖　章嘉　熊克武　安欽　秦德純　盛世才
王秉鈞　司倫　王樹翰　徐永昌　張任民

候補監察委員

魯蕩平　雷震　歐陽格　王世杰　劉文島　李次温　何思源　劉守中　譚道源
彭國鈞　聞亦有　鄧青陽　張默君　狄膺　楊庶堪　唐紹儀　馬麟　郭泰祺

崔廣秀　潘雲超　何世楨　胡文燦　李綺庵　蕭忠貞　孫鏡亞　陳嘉祐　溥　侗

黃麟書　陸幼剛　楊熙績

十三　中國國民黨中央執行委員會政治委員會委員表

甲　最初由　總理孫中山先生指派之委員

胡漢民　汪精衞　廖仲凱　伍朝樞　邵元沖　戴傳賢　譚平山（旋辭職）　瞿秋白

譚延闓　許崇智　孫　科　蔣中正

乙　十五年一月二屆一中全會推定之委員

汪精衞　譚延闓　胡漢民　蔣中正　伍朝樞　孫　科　譚平山　朱培德　宋子文

候補委員

陳公博　甘乃光　林祖涵　邵力子

十四　中國國民黨中央執行委員會政治會議委員表

甲　十五年七月中央執行委員會第四十次常會推選之委員

汪精衛　譚延闓　蔣中正　胡漢民　甘乃光　陳公博　邵力子　林祖涵　伍朝樞
孫　科　朱培德　譚平山　張靜江　于樹德　丁惟汾　王法勤　吳稚暉　陳友仁
何香凝　顧孟餘　宋子文

乙　十七年八月二屆五中全會選定之委員

汪精衛　譚延闓　蔣中正　胡漢民　甘乃光　陳公博　邵力子　伍朝樞　孫　科
朱培德　張人傑　丁惟汾　王法勤　吳稚暉　陳友仁　何香凝　顧孟餘　宋子文
李濟深　陳果夫　李烈鈞　戴傳賢　柏文蔚　李宗仁　蕭佛成　宋慶齡　蔡元培
李煜瀛　鄧澤如　何應欽　白崇禧　陳可鈺　陳銘樞　賀耀組　葉楚傖　馮玉祥
古應芬　閻錫山　于右任　易培基　楊樹莊　黃　郛　孔祥熙　王伯羣　薛篤弼
王正廷

丙　十七年九月中央執行委員會第一六八次常會決議以後之委員

常務委員　中央常務委員
委　　員　中央執監委員
列席委員　中央候補執監委員

十五　中國國民黨中央執行委員會政治委員會委員表

主　席　汪兆銘

副主席　蔣中正

委　員　張人傑　閻錫山　許崇智　李烈鈞　王寵惠　李文範　張學良　唐生智
陳璧君　宋子文　朱培德　顧孟餘　朱家驊　馬超俊　鄒元沖　劉守中
陳公博　王伯羣　程　潛　陳果夫　梁寒操　張定璠　何應欽　曹紹竑
王陸一

十六　立法院立法委員表

中　第一屆

院　長　胡漢民

副院長　林　森

委　員　呂志伊　焦易堂　史尚寬　陳肇英　林　彬　繆　斌　馬寅初　戴修駿　黃昌穀

郭泰祺　馬超俊　邵元沖　周震鱗　鈕永建　孫鏡亞　周　覽　黃居素　樓桐孫

吳尚鷹　張志韓　王用賓　蔡　瑄　劉盥訓　趙士北　莊崧甫　盧仲琳　劉積學

田　桐　羅　鼎　鄧召蔭　曾　傑　衛挺生　張鳳九　傅秉常　陳長蘅　方覺慧

劉克儁　陶　玄　王葆眞　王世杰　鄭毓秀　宋美齡　朱和中　吳鐵城　劉景新

盧奕農　鄭愼辰　魏　懷　恩克巴圖

乙　第二屆

院　長　胡漢民（旋辭職）　林　森　張　繼　孫　科（上三人均未就職）

副院長　林　森　邵元沖　覃　振（旋調司法院副院長仍以邵元沖繼）

委員　呂志伊　焦易堂　史尚寬　陳肇英　林　彬　馬寅初　戴修駿　馬超俊　鈕永建

孫鏡亞　馮兆異　樓桐孫　吳尚鷹　張志韓　王用賓　蔡　瑄　劉盥訓　趙士北

莊崧甫　盧仲琳　劉積學　周　緯　羅　鼎　鄧召蔭　曾　傑　衛挺生　張鳳九

傅秉常　陳長蘅　方覺慧　劉克儁　王葆眞　朱和中　吳鐵城　劉景新　彭養光

陶　玄　宋美齡　鄭愼辰　魏　懷　恩克巴圖　史維煥　朱履龢　黃右昌　郗朝俊

劉師舜　李書華　竺景崧　張默君　張維翰　王柏齡　胡庶華　黃序鵷　董修甲

趙迺傳　程中行　狄膺　何遂　凌陞　廣祿　諾那呼圖克圖　傅汝霖

丙　第三屆

院長　孫科

副院長　邵元沖

委員　張知本　馮自由　馬寅初　傅秉常　呂志伊　焦易堂　史尚寬　林彬　陳肇英

馬超俊　劉盥訓　戴修駿　樓桐孫　吳尚鷹　馮兆異　張志韓　陶玄　鄧召蔭

盧仲琳　張鳳九　方覺慧　劉積學　羅鼎　蔡瑄　衛挺生　陳長蘅　劉克儁

劉景新　朱和中　史維煥　朱履龢　黃右昌　郗朝俊　竺景崧　鄭愾辰　傅汝霖

張維翰　李仲公　狄膺　程中行　何遂　丁超五　彭養光　黃季陸　梁寒操

潘雲超　唐有壬　黃復生　王祺　王秉謙　戴任　張國元　徐元誥　黃一歐

劉通　鄧哲熙　王昆崙　鄧鴻業　王漱芳　鄧公玄　吳經熊　瞿曾澤　趙琛

盛振爲　陳茹玄　羅運炎　姚傳法　孫維棟　郗志厚　陳君樸　王曾善　陳劍如

陶履謙　簡又文　鍾天心　王孝英　胡伯明　王毓祥　楊公達　謝壽康　黃其政

周一志　趙文炳　周緯　趙迺傳　吳開先　迪魯瓦　傅克濟雅　羅桑堅贊

賈覺仲尼

丁 第四屆

院　長 孫　科

副院長 葉楚傖

委員 焦易堂 陳肇英 陳璧君 李任仁 闗素人 梁寒操 連聲海 劉盥訓 呂志伊

盧仲琳 劉積學 朱和中 戴　任 王秉謙 鄭洪年 凌　鉞 傅秉常 吳尚鷹

馬寅初 陳長蘅 衛挺生 王　徵 劉振東 黃右昌 戴修駿 樓桐孫 羅　鼎

蔡　瑄 郗朝俊 林　彬 劉克儁 吳經熊 陳茹玄 趙　琛 盛振爲 瞿曾澤

周　緯 趙迺傳 楊公達 陶履謙 夏晉麟 楊幼炯 陳顧遠 梅汝璈 徐元誥

鄧公玄 陳劍如 王崑崙 何　遂 鍾天心 周一志 蕭淑宇 羅運炎 姚傳法

胡宣明 簡又文 趙懋華 劉　通 彭養光 黃一歐 史尚寬 史維煥 程中行

董其政 林柏生 張國元 吳開先 張志韓 王淑芳 李仲公 狄　膺 鄧哲熙

鄧宏業 郁志厚 戈定遠 彭醇士 梅恕曾 孫維棟 張維翰 吳煥章 王曾善

趙文炳 杭錦壽 馮自由 王毓祥 葉夏聲 李登輝 補英達賴 羅桑堅贊

賀覺仲尼

十七　國民會議代表表

姓名	地方	職業	備考
于懷忠	江蘇省	農	
張民權			
夏鼎文			
高柏楨			
邱立騏	江蘇省	工	
陳長庚			
汪鑑秋			
王次青			
于小川		商	

姓名	地方	職業	備考
石民傭	江蘇省	農	
仲健輝			
張恨天		工	
惠紀之			
秦鳳翔	江蘇省	教	
馬飲冰			
祁錫勇			
陳斯白			
秦聯奎			

藍伯華		
王敬庭		
錢孫卿		
李升伯		
張守一		
狄膺	江蘇省	黨
王廷揚	浙江省	農
莊崧甫		
顧佑民		
虞協		
張臨球		
何子成		工
史志英		
楊培根		

彭大銓		
黃宇人		黨
楊興勤		
鈕永建		
葉秀峯		
徐文元	浙江省	工
項定榮		商
王竹齋		
朱惠清		
陳勤士		
褚輔成		
陳布雷		教
張任天		
胡健中		

陳安均			
張乃燕	浙江省	教	
姜卿雲		黨	
陳希豪			
張　強			
方青儒			
夏霞堂	安徽省	農	
汪培實			
王寄一			
操宏耕			
陳卓夫		工	
張介清	安徽省	教	
王建今		黨	
吳企雲			

朱家驊			
陶　俊	安徽省	工	
何鑑堂			
余少平			
佘策琴		商	原當選人張蔭森因病辭
劉亮章			
陶玉堂			
高蔚軒			原當選人楊力瑳因病辭
楊中明		教	
程濬遺			
葉家龍			
孫西成	江西省	工	
尹敬讓			
吳亞北			

甯　坤		
劉重炬	江西省	農
李光烈		
張春鈐		
李海龍		
劉煒昌		
冷開元		
黃吉裳	江西省	商
蕭宗川		
劉作舟		教
陳泮藻		
徐谷生		
陳　綱		
李承忠		

劉吉光		
劉　昌		
黃允祕		
張繼周		商
王試蓉		
徐希陳		
周克勝		
劉振亭	江西省	黨
毛丕恩	河北省	農
劉書城		
郭雨村		
王任民		
許惠東		
杜松延		

周利生		黨	
田克明			
段錫朋			未到
楊清濬	河北省	工	
馬均元		工	
秦振鵬			原當選人王其駿不應選
冉凌雲		商	
高廷梓			
祖興寶			
劉守榮			
趙恩慶			
劉子麟			
李卓文		教	
張瑞璜	山東省	農	

尚有珍		工
薛永昶		
高尚志		
李嗣璁	河北省	教
王乘乾		
胡夢華		
閻振熙		
張國鐘		
張厲生		黨
李東園		
李峙山		
何玉芳		
李文齋	山東省	農
張挺青	山東省	工

姓名	省別	職業
方鴻俊		
劉子堯		
曹班亭		
劉廷琛		
李文成		工
顧熾		
李德祥		
蘇守貴		
于益三		
蔡自聲	山東省	教
李天倪		
馮冠馨		
張葦村		黨
蔣伯誠		

姓名	省別	職業
石紹先		商
苗杏村		
朱桂山		
李樹臣		
張聘之		
劉振聲		
何思源		教
張鴻漸		
劉次簫		
閻友石	山西省	工
韓繼周		
渠仙洲		
王憲		商
宋純如		

鄭鶴年		
劉漣漪		
劉達九	山西省	農
趙煊		
武振鐸		
李雅仙	河南省	農
郭仲隗		
張斗垣		
李汝泉		
武旭如		
黃學周		
張國慶		
劉元泰		
胡長清		

王錄勛		教
蘇體仁		
胡伯岳		黨
韓克溫		
杜竹五	河南省	農
王植武	河南省	工
李漢珍		商
張森林		
李文浩		
張波岑		
王常森		
許承謨		
張善興		教
朱垣忠		

郭民鐸		
翟韶武	河南省	教
魏士駿		
朱紀章		
陳泮嶺		
劉積學		
李敬齋		
薛廣漢		
陳聯芬	福建省	農
史家麟		
王懷晉		
林學淵	福建省	黨
楊錦昱	湖北省	農
劉柏芳		

朱幹卿		
孫世華	福建省	工
張賴懋		
劉澄清		
黃　趙		商
黃弈守		
林黃卷		
沈觀宜		教
黃展雲		
毛一豐		
詹調元		黨
陳光橋	湖北省	工
劉鳳經		
張以焜		

黃格君		
張瀾川		
羅貢祉		
傅向榮		
顧耕野		工
崔從灝		
高玉峯		
田逸生	湖北省	教
夏正聲		
王世杰		
廖西平		
黃應中		
汪世鎏		黨
左[illegible]鐸		

方本仁		商
傅光海		
艾毓英		
孫業超		
向　夔		
蘇　存		
石信嘉		教
劉寶書	湖南省	農
閻幼甫		
張鑑暄		
鄧　助		
周安漢		
梁國棟		工
凌霞新		

龍光祐	廣東省	農
方克剛		
陳介石		
喻紹勛		教
楊少雲		
曾浴雲		
曹伯晉		
萬國鈞		
石永年		
陳正言		商
劉嶽厚	湖南省	工
殷德洋	湖南省	農
喻育之		
王獻芳		

龐安民	廣東省	商
譚肇均		
林植夫		
羅懷材		
曾省齋	廣東省	農
張炯		
譚常愷		黨
王祺		
羅傳矩		
向郁階		
雷鑄寰	湖南省	教
賓步程		
成希文		
鍾齡		

連聲海			
譚偉民			未到
陳述經			
易元			
陳特向			
劉煥章			未到
侯映澄			
蔡炯堂		商	原當選人鄒殿邦不應選
陳少文			未到
黃麟書	廣東省	黨	未到
陳慶雲			
鄧蕙芳			
伍智梅			
楊道儀			以上均未到

陳廣材			
歐光行			
蔡熾垣			
馮天如		教	
曾濟寬			
溫仲良			
吳棻楷			
謝中治			
曾迺楨			未到
陳竹軒	廣西省	商	
陳爾交			
溫仲瑧		教	
陶生熙			原當選人鍾建閎不應選
曾如柏		黨	

楊愿公	廣西省	農	
劉運楨			
高唯仁			
朱式		工	
黃拱宸			以上均未到
張明經	陝西省	工	
于國楨			
郭自興			
劉純一			
張文生		商	
紀時若			
周鳳岡			
李範一		教	
高錦章			

吳魯賢			以上均未到
蘇資深	陝西省	農	
成柏仁			
米登嶽			
梁壽珊			
田毅安	陝西省	黨	
李百齡			原當選人楊虎城不到
楊廷楨	甘肅省	農	
董健宇			
李鼎超		工	
楊建信			
潘其俊		商	
陳澤世		教	
田崑山		黨	

劉宗向			
馬國潘	新疆省	工	
朱炳		商	
王汝翼		教	
張鳳九		黨	
張必果	四川省	農	
杜履謙			
朱緬楨			
邱懷璀			
常毓清			
楊晉唐			
李思純	四川省	商	
邱待宗			
黃美澍		教	

廣祿	新疆省	農	
冷驅冬	四川省	工	
李鐵夫			
陳銘德			
喻正衡			
胡子昂			
馬瑞生			
董鴻詩		商	
林啓一			
李春安			原當選人陳學池不應選
廖學章			
彭綸	四川省	黨	
楊文清	雲南省	農	
劉世英			

鍾君猷			
王宏實			
李為綸			
蒲殿欽			
向傳義		黨	
石青陽			
吳淡人			
楊家鳳	雲南省	教	
陳玉科		黨	
裴存藩			
邱文伯	貴州省	農	
周　浩			
劉思齊			
花萊峯		工	

朱文興			
何　瑶		工	
張大義			
蕭壽民			
嚴　鑄		商	
雷　宣			
楊天理		教	
龔植三	貴州省	教	
邵明軒			
王漱芳		黨	
馮吉揚			閉會後到
閻寶航	遼寧省	農	
葉奇峯			
敖德興			

趙用之		工
張步先		商
楊德衡		
金恩祺	遼寧省	商
劉廣沛		
楊大光		
王卓然		教
王化一		
趙雨時		
彭濟羣		黨
梅公任		
朱光沐		
謝廣霖	吉林省	農
楊棨九	察哈爾省	工

盧廣績		工
杜乾學		
王廣恩		
王育安	吉林省	工
張松齡		商
張樹珊		教
石九齡		黨
王維周	黑龍江省	農
趙仲仁		工
楊香欽		商
王福維		教
王憲章		黨
崔廷璜	察哈爾省	農
陳國士	熱河省	工

郭堉愷		商
張　鐸		教
馬　亮		黨
李正樂	綏遠省	農
劉效賢		工
李士魁		商
潘秀仁		教
趙偉民		黨
姜迺震	熱河省	農
趙咸丞	甯夏省	工
喬森榮		商
宋興儒		教
馬福祥		黨
陳管生	上海市	農

楊裕文		商	
胡之潤		教	
譚文彬		黨	
李　藹	青海省	農	
趙養天		工	
李樹林		商	
楊　煥		教	
張得善		黨	
董英斌	甯夏省	農	原當選人方少雲不到
洪陸東	南京市		
杜哲庵			
唐允恭	廣州市		原當選人翟廣河不到
趙靜山			未到
邱裕生			

后大椿		工
王延松		商
胡庶華		教
吳開先		黨
黃仲翔	南京市	
王錦霞	漢口市	
劉不同	天津市	
魯蕩平		
陳文彬		
奚亦文	青島市	
徐箴	哈爾濱	
諾那	西康	
劉子嶼		
孫心田	威海衛	

陳石泉	北平市	
周作民		
董霖		
李少若	漢口市	
單成儀		
吳鶴齡	蒙古	
戴清廉		
趙桂林		
胡爾方		
拉希色楞		
奇子俊		
春德		
尼瑪鄂特索爾		
榮祥		

蘇寶麟	蒙古		
楚增丹增	西藏		
曲批圖丹			
阿汪堅贊			
降巴曲汪			
棍却仲尼			
巫明遠			
羅桑囊加			
羅桑堅贊			
羅桑楚臣			
王羅皆			
謝作民	印度		
許瑞鋆	緬甸		
陳肇琪	安南		
陳賡揚			
戴愧生	菲律濱		
林壘	檀香山		
陳安仁	祕魯		
梁慶崇	智利		未到
甄秉鈞	墨西哥		
黃鼎之	古巴		
黃伯耀	美國		
鄭占南			
麥造舟	加拿大		閉會後到
王冠英			未到
王均	軍隊黨部		原當選人蔣鼎文不到
韓復榘			
王金鈺			

魏廷鶴	日本		
宮鶴汀	朝鮮		
陳任一	澳洲		
巫笑竹	大溪地		
陳燮勛	荷屬		
馬鴻逵	軍隊黨部		原當選人顧祝同不到
陳誠			
賀耀組	軍隊黨部		
劉鎮華			出席後因公離京
陳紹寬			補劉鎮華缺
梁冠英			原當選人蔣光鼐不到

陳調元			
夏斗寅			
趙觀濤			
何鍵			原當選人朱紹良不到
張之江			
李鳴鐘			
徐源泉			

敬啟

『民國專題史』叢書，乃民國時期出版的著名學者、專家在某一專題領域的學術成果。所收圖書絶大部分著作權已進入公有領域，但仍有極少圖書著作權還在保護期内，需按相關要求支付著作權人或繼承人報酬。因未能全部聯系到相關著作權人，請見到此説明者及時與河南人民出版社聯系。

聯系人 楊光
聯系電話 0371-65788063
2016年3月28日